MEYERS FORUM

Meyers Forum stellt Themen aus Geschichte, Politik, Wirtschaft, Naturwissenschaft und Technik prägnant und verständlich dar. Jeder Band wurde von einem anerkannten Wissenschaftler eigens für diese Reihe verfaßt. Alle Bände haben 128 Seiten.

Eine Auswahl:

Holm Sundhaussen
Experiment Jugoslawien
Von der Staatsgründung bis zum Staatszerfall
Mit mehreren Karten.

Imanuel Geiss
Europa – Vielfalt und Einheit
Eine historische Erklärung

Rüdiger Pohl
Geld und Währung

Detlef Junker
Von der Weltmacht zur Supermacht
Amerikanische Außenpolitik im 20. Jahrhundert

Dietmar Rothermund
Staat und Gesellschaft in Indien
1947–1991

Horst Eichel
Ökosystem Erde
Der Störfall Mensch – eine Schadens- und Vernetzungsanalyse

Juergen B. Donges
Deutschland in der Weltwirtschaft
Dynamik sichern, Herausforderungen bewältigen

Andreas Dengel
Künstliche Intelligenz
Allgemeine Prinzipien und Modelle

Wolfgang Franz
Der Arbeitsmarkt
Eine ökonomische Analyse

Thomas Ellwein
Verwaltung in Deutschland
Beiträge zur Theorie der Verwaltungsentwicklung

Christian-Dietrich Schönwiese
Klima
Grundlagen, Änderungen, menschliche Eingriffe

Werner Pascha
Die japanische Wirtschaft

Bruno
Ökolog.

Günter Nimtz / Susanne Mac...
Elektrosmog

Franz Ansprenger
Südafrika
Eine Geschichte von Freiheitskämpfen

Rolf Peffekoven
Die Finanzen der Europäischen Union

Karl Georg Zinn
Die Wirtschaftskrise

KINDER- UND JUGENDBÜCHER

Meyers Jugendlexikon
Ein Lexikon, das auf keinem Schülerschreibtisch fehlen sollte. 672 Seiten, rund 7500 Stichwörter, zahlreiche meist farbige Abbildungen, Fotos, Schautafeln und Tabellen.

Meyers Großes Kinderlexikon
Das Wissensbuch für Vor- und Grundschulkinder. 323 Seiten mit 1200 Artikeln, 1000 farbigen Abbildungen sowie einem Register mit etwa 4000 Stichwörtern.

Meyers Kinderlexikon
Mein erstes Lexikon. 259 Seiten mit etwa 1000 Stichwörtern und je einer farbigen Illustration.

Meyers Buch vom Menschen und von seiner Erde
Erzählt für jung und alt von James Krüss, gemalt von Hans Ibelshäuser und Ernst Kahl. 162 Seiten mit 77 überwiegend ganzseitigen, farbigen Bildtafeln.

Meyers kleine Kinderbibliothek
Die Bilderbuchreihe mit umweltverträglichen Transparentfolien zeigt das Innen und Außen der Dinge und macht Veränderungen spielerisch sichtbar. Jeder Band mit 24 Seiten, durchgehend vierfarbig.

Meyers Jugendbibliothek
Bücher zum Erleben, Staunen und Entdecken. Jeder Band 42 Seiten und 14 Seiten Anhang. Durchgehend farbig. Mit zahlreichen Transparentseiten, eingeklebtem Material und Stickern.

Meyers großes Sternbuch für Kinder
126 Seiten mit über 100 farbigen, teils großformatigen Zeichnungen und Sternkarten.

MEYERS LEXIKONVERLAG
Mannheim · Leipzig · Wien · Zürich

Der Duden in 12 Bänden

Das Standardwerk zur deutschen Sprache

Herausgegeben vom Wissenschaftlichen Rat
der Dudenredaktion:
Prof. Dr. Günther Drosdowski, Dr. Wolfgang Müller,
Dr. Werner Scholze-Stubenrecht,
Dr. Matthias Wermke

1. Rechtschreibung

2. Stilwörterbuch

3. Bildwörterbuch

4. Grammatik

5. Fremdwörterbuch

6. Aussprachewörterbuch

7. Herkunftswörterbuch

8. Sinn- und sachverwandte Wörter

9. Richtiges und gutes Deutsch

10. Bedeutungswörterbuch

11. Redewendungen und sprichwörtliche
Redensarten

12. Zitate und Aussprüche

DUDEN
Band 4

DUDEN

Grammatik

der deutschen Gegenwartssprache

5., völlig neu bearbeitete und
erweiterte Auflage
Herausgegeben und bearbeitet von
Günther Drosdowski
in Zusammenarbeit mit
Peter Eisenberg, Hermann Gelhaus,
Helmut Henne, Horst Sitta
und Hans Wellmann

DUDEN BAND 4

DUDENVERLAG
Mannheim·Leipzig·Wien·Zürich

Bearbeitung: Prof. Dr. Günther Drosdowski

Autoren:

Prof. Dr. Peter Eisenberg:
   Der Laut und die Lautstruktur des Wortes
   Der Buchstabe und die Schriftstruktur des Wortes
Prof. Dr. Hermann Gelhaus: Die Wortarten
Prof. Dr. Hans Wellmann: Die Wortbildung
Prof. Dr. Helmut Henne: Wort und Wortschatz
Prof. Dr. Horst Sitta: Der Satz

Die Deutsche Bibliothek – CIP-Einheitsaufnahme
Der **Duden**: in 12 Bänden; das Standardwerk zur deutschen Sprache /
hrsg. vom Wissenschaftlichen Rat der Dudenredaktion: Günther Drosdowski ... –
[Ausg. in 12 Bd.]. – Mannheim; Leipzig; Wien; Zürich: Dudenverl.
NE: Drosdowski, Günther [Hrsg.]
[Ausg. in 12 Bd.]
Bd. 4. Duden »Grammatik der deutschen Gegenwartssprache«. –
5., völlig neu bearb. und erw. Aufl. – 1995
Duden »Grammatik der deutschen Gegenwartssprache« /
hrsg. u. bearb. von Günther Drosdowski in Zusammenarbeit mit Peter Eisenberg ...
[Autoren: Peter Eisenberg ...]. – 5., völlig neu bearb. u. erw. Aufl. –
Mannheim; Leipzig; Wien; Zürich: Dudenverl., 1995
(Der Duden; Bd. 4)
ISBN 3-411-04045-9
NE: Drosdowski, Günther [Hrsg.]; Eisenberg, Peter;
Grammatik der deutschen Gegenwartssprache

Das Wort DUDEN ist für Bücher aller Art für den Verlag
Bibliographisches Institut & F. A. Brockhaus AG als Warenzeichen geschützt.
Alle Rechte vorbehalten
Nachdruck, auch auszugsweise, verboten
Kein Teil dieses Werkes darf ohne schriftliche Einwilligung des Verlages
in irgendeiner Form (Fotokopie, Mikrofilm oder ein anderes Verfahren), auch nicht
für Zwecke der Unterrichtsgestaltung, reproduziert oder unter Verwendung
elektronischer Systeme verarbeitet, vervielfältigt oder verbreitet werden.
© Bibliographisches Institut & F. A. Brockhaus AG, Mannheim 1995
Satz: Bibliographisches Institut & F. A. Brockhaus AG (DIACOS Siemens)
Druck und Bindearbeit: Graphische Betriebe Langenscheidt, Berchtesgaden
Printed in Germany
ISBN 3-411-04045-9

Vorwort

Jeder, der sich heute für grammatische Fragen interessiert und sich mit dem Bau der deutschen Sprache vertraut machen möchte, sieht sich einer Fülle von theoretischen Ansätzen und Beschreibungsmodellen gegenüber und stößt auf eine schwer zu durchdringende terminologische Vielfalt. In einer Zeit widerstreitender sprachwissenschaftlicher Richtungen kommt der Duden-Grammatik in besonderem Maße die Aufgabe zu, Lehrenden und Lernenden die Orientierung zu erleichtern und ihnen gesichertes Wissen zur Verfügung zu stellen.

In der 5. Auflage ist der bewährte Aufbau der früheren Auflagen, der vom Laut über das Wort mit all seinen Abwandlungs- und Kombinationsmöglichkeiten zum Satz führt, beibehalten worden. Die Grammatik hat folgende Abschnitte: Der Laut und die Lautstruktur des Wortes – Der Buchstabe und die Schriftstruktur des Wortes – Die Wortarten – Die Wortbildung – Wort und Wortschatz – Der Satz. An die Satzlehre schließt sich ein Kapitel »Vom Wort und Satz zum Text« an. Die einzelnen Abschnitte sind unter Berücksichtigung der neuesten Forschung entweder grundlegend überarbeitet oder neu verfaßt worden.

Ziel der Neubearbeitung war es auch, durch eine noch übersichtlichere und verständlichere Darstellung die Benutzbarkeit der Duden-Grammatik zu verbessern. Auch derjenige, der nur Rat sucht bei grammatischen Zweifelsfällen, soll diese Grammatik benutzen können. Nicht zuletzt soll die Duden-Grammatik auch ein praktisches Handbuch für den Unterricht der deutschen Sprache als Fremdsprache sein.

Mannheim, den 20. April 1995
Der Wissenschaftliche Rat der Dudenredaktion

Vorwort des Herausgebers

Die Duden-Grammatik steht in einer langen Tradition: 1850 erschienen die »Grundzüge der neuhochdeutschen Grammatik für höhere Bildungsanstalten und zur Selbstbelehrung für Gebildete« von Friedrich Bauer. Diese »Grundzüge« galten als eine mustergültige Verbindung von wissenschaftlicher Forschung und schulischer Vermittlung und erlebten zahlreiche Auflagen. Ihren ungewöhnlichen Erfolg über viele Jahrzehnte verdankten sie auch Konrad Duden, der sie von der 18. bis zur 27. Auflage (1881–1912) bearbeitete und herausgab.

Die »Grammatik der deutschen Sprache« von Otto Basler, die 1935 in der Reihe »Der Große Duden« erschien, übernahm die Anlage und – ohne nennenswerte Änderungen – auch die gesamte Darstellung der »Grundzüge der neuhochdeutschen Grammatik« von Bauer und Duden. Da die Baslersche Grammatik ganz der Sprachwissenschaft des 19. Jahrhunderts verhaftet war und auf eigene Untersuchungen des Sprachgebrauchs verzichtete, blieb ihre Wirkung blaß.

Anschluß an die Grammatikforschung gewann erst wieder die neue Duden-Grammatik, die Paul Grebe in Zusammenarbeit mit Dieter Berger, Helmut Gipper, Rudolf Köster, Max Mangold und Christian Winkler 1959 herausbrachte und bis zur 3. Auflage (1973) betreute. Diese »Grammatik der deutschen Gegenwartssprache« vermittelte – in enger Bindung an die inhaltbezogene Sprachbetrachtung – nicht nur neueste Erkenntnisse grammatischer Forschung, sondern drang selbst in Neuland vor, etwa im Bereich der Syntax. Sie stellte eine vorbildliche Mischung aus wissenschaftlicher Grammatik und Gebrauchsgrammatik dar und brachte Sprachwissenschaft und Sprachpflege in Verbindung. In der zweiten, vor allem aber in der dritten Auflage löste sich die Duden-

Grammatik aus der engen Bindung an die inhaltbezogene Sprachbetrachtung und öffnete sich anderen Richtungen. Diese Öffnung brachte aber nicht nur Vorteile, sie führte auch zu einer gewissen Uneinheitlichkeit, die sich nachteilig auf die Benutzbarkeit auswirkte. Zentrales Anliegen der Neubearbeitungen seit den achtziger Jahren war es daher, trotz der Einbeziehung der Ergebnisse verschiedener Forschungsrichtungen eine in sich geschlossene und verständliche Beschreibung des Baus der deutschen Gegenwartssprache zu geben.

Gegenstand der Duden-Grammatik ist die gesprochene und geschriebene deutsche Standardsprache (Hochsprache) der Gegenwart. Mit »Standardsprache« ist die überregionale und institutionalisierte Verkehrs- oder Einheitssprache gemeint, die den Interessen der ganzen Gesellschaft dient. Innerhalb des Gesamtgefüges der Existenzformen der deutschen Sprache kommt ihr Leitbildfunktion zu, weil sie – im Gegensatz zu den Mundarten, lokalen Umgangssprachen und Gruppensprachen – Trägerin und Vermittlerin von Kultur, Wissenschaft und Politik ist, in der Literatur, in den Medien, in Schule, Universität und Kirche und in allen anderen öffentlichen Bereichen verwendet wird.

Zwischen der Standardsprache und den anderen Erscheinungsformen der deutschen Sprache bestehen natürlich keine undurchlässigen Trennwände; es gibt zahlreiche Wechselwirkungen, auf die in dieser Grammatik auch hingewiesen wird. Die Standardsprache ist durch ihre Schriftnähe charakterisiert, sie ist aber nicht mit Schriftsprache gleichzusetzen. Gegenüber dem 19. Jahrhundert hat sich nicht nur ihre Basis außerordentlich erweitert – heute haben alle Bevölkerungsschichten an ihr Anteil –, sie ist auch immer stärker zu einer gesprochenen Sprache geworden. Geschriebene und gesprochene Standardsprache stimmen – auch wenn sie verschiedene situationelle Bedingungen haben und eine Reihe von Unterschieden vor allem im Bereich der Syntax aufweisen – doch weitreichend überein. Mit »Standardsprache der Gegenwart« schließlich ist gemeint, daß ein Sprachzustand beschrieben wird, die Darstellung also synchronisch ausgerichtet ist. Das schließt nicht aus, gelegentlich auf Entwicklungen – die ja nur im Verlauf beobachtet werden können – hinzuweisen, etwa auf Tendenzen zum Abbau der Deklination bei den sogenannten schwachen Maskulina, zur Aufgabe des e/i-Wechsels im Imperativ Singular oder zur Voranstellung des Verbs in mit der Konjunktion »weil« angeschlossenen Nebensätzen.

Im engeren Sinne ist der Gegenstand der Duden-Grammatik das System der deutschen Standardsprache, dasjenige System von Regeln, das den einzelnen sprachlichen Äußerungen zugrunde liegt. Dieses System ist nicht einheitlich aufgebaut, es ist nur ein systemähnliches Gebilde mit geschichtlichen, landschaftlichen und sozialen Varianten. Dem Umstand, daß das sprachliche System nicht homogen und stabil ist, versucht die Duden-Grammatik durch eine differenzierte, der unterschiedlichen Strukturiertheit entsprechende Darstellung und eine offene Norm gerecht zu werden. Sie beschreibt primär, sie führt die Breite des Üblichen vor, verschweigt nicht konkurrierende Wortformen und Verwendungsweisen, sondern erläutert sie, und sie achtet darauf, daß Sprachgebrauch und kodifizierte Norm nicht auseinanderklaffen.

Das Bekenntnis zu einer grundsätzlich deskriptiven Orientierung bedeutet auf der anderen Seite keinen Verzicht auf normative Geltung – diese ergibt sich überdies bereits aus der Kodifizierung der Standardsprache! Die Duden-Grammatik führt somit die sprachkulturelle Aufgabe fort, sie bleibt nicht bei der Deskription stehen, sondern klärt – im Rahmen wissenschaftlich begründeter Sprachpflege – auch Normunsicherheiten und wirkt den Zentrifugalkräften in der Sprache entgegen. Die Legitimation dazu leitet sie aus der Überzeugung ab, daß eine Sprachgemeinschaft eine über regionale, soziale, berufliche und andere Schranken hinweg verständliche, in der Schule lehr- und erlernbare Sprache braucht. Nicht zuletzt will die Duden-Grammatik die Sicherheit im Sprachgebrauch fördern und zu einem bewußten und schöpferischen Sprachverhalten führen.

Zu danken habe ich an dieser Stelle den Autoren, vor allem dafür, daß sie in ihren Beiträgen die Ergebnisse ihrer eigenen wissenschaftlichen Forschungen zur Verfügung gestellt haben. Dank schulde ich auch Matthias Wermke, der an der Bearbeitung mitgewirkt und die Register erstellt hat.

Mannheim, den 20. April 1995
Günther Drosdowski

Inhalt

Das Wort

Der Laut und die Lautstruktur des Wortes

1	Artikulation und Verschriftung der Wörter	21
1.1	Allgemeines	21
1.2	Artikulation	23
	Konsonanten (Mitlaute)	24
	Artikulationsort (Artikulationsstelle)	24
	Artikulierendes Organ	24
	Artikulationsart (Artikulationsmodus)	25
	Stimmton	27
	Vokale (Selbstlaute)	27
1.3	Schreibkonventionen und Beispiele	30
	Konsonanten	30
	Vokale	31
	Weitere Schreibkonventionen	31

2	Das System der Laute: Phoneme	32
2.1	Funktionale Merkmale von Lauten (Opposition und Kontrast)	32
	Allgemeines: Phonologie und Phonetik	32
	Opposition	33
	Kontrast	33
2.2	Das System der Konsonanten	34
2.3	Das System der Vokale	35

3	Die Silbe	37
3.1	Silbe und Morphem	37
3.2	Der Silbenbau	38
	Das allgemeine Silbenbaugesetz	39
	Anfangsrand	40
	Kern und Diphthonge	42
	Endrand	42
	Silbenschema	43
3.3	Zur Lage der Silbengrenze	44
	Einfache Wortformen	44
	Wortformen mit internen Morphemgrenzen	45

4	Wortbetonung	46
	Einfache Wörter	46
	Abgeleitete Wörter	46
	Zusammensetzungen	47

5	Aussprachevarietäten	48
5.1	Explizitlautung und Überlautung	48
5.2	Hochlautung und Standardlautung	50
5.3	Umgangslautung	53

Der Buchstabe und die Schriftstruktur des Wortes

1	Allgemeines	56
1.1	Gesprochene und geschriebene Sprache	56
1.2	Die orthographische Norm	59
2	Das phonographische Prinzip	60
2.1	Buchstaben und Grapheme	60
2.2	Graphem-Phonem-Korrespondenz (Buchstaben-Laut-Zuordnung)	62
3	Das silbische Prinzip	65
3.1	Eigenschaften der Schreibsilbe	65
3.2	Mehrsilbige Wörter	68
4	Das morphologische Prinzip	71
5	Weitere Mittel der Wortschreibung	77
	Groß- und Kleinschreibung	77
	Zusammen- und Getrenntschreibung	78
	Schreibung mit Bindestrich	79
	Logogramme (ideographische Zeichen) und Abkürzungen	79
6	Fremdwortschreibung	80

Die Wortarten

1	Überblick über die Wortarten	85
	Die Flektierbaren (Verben, Substantive, Adjektive, Artikel, Pronomen)	85
	Die Unflektierbaren (Adverbien, Partikeln, Präpositionen, Konjunktionen)	87
2	Das Verb	89
2.1	Untergliederung der Verben	90
2.1.1	Bedeutungsgruppen und Aktionsarten	90
2.1.2	Vollverben, Hilfsverben, Modalverben, modifizierende Verben	92
	Zum Gebrauch der Modalverben	93
	Der modale Infinitiv	104
2.1.3	Die Verbindung der Verben mit Wörtern im Satz	105
	Verben mit und ohne Ergänzung	105
	Reflexive Verben	106
	Reziproke Verben	109
	Persönliche und unpersönliche Verben	111
	Funktionsverben	111
2.2	Die Bildung der Verbformen	112
2.2.1	Verbale Kategorien	112
2.2.2	Die regelmäßige Konjugation	113
2.2.3	Die unregelmäßige Konjugation	122
	Liste aller unregelmäßigen Verben	132

2.3 Die Funktionen der Verbformen 143
2.3.1 Das Tempus: Die Zeitformen 143
Das Präsens 145
Das Futur I 146
Das Präteritum 148
Das Perfekt 149
Das Plusquamperfekt 151
Das Futur II 151
Die Folge der Tempora (Consecutio temporum) 153
2.3.2 Der Modus: Indikativ, Konjunktiv, Imperativ 154
Der Indikativ 154
Der Konjunktiv 156
Der Imperativ 168
2.3.3 Genus verbi: Aktiv und Passiv 170
Das Vorgangs- oder *werden*-Passiv 171
Das Zustands- oder *sein*-Passiv 180
2.3.4 Person und Numerus: Finite Verbformen 184
2.3.5 Infinitiv und Partizip: Infinite Verbformen 185

3   Das Substantiv 191
3.1 Bedeutungsgruppen des Substantivs 192
3.1.1 Konkreta und Abstrakta 192
3.1.2 Untergruppen der Konkreta 192
Eigennamen 193
Gattungsbezeichnungen (Gattungsnamen, Appellativa) 193
3.2 Das Genus des Substantivs 195
3.2.1 Das Genus von Substantiven bestimmter Sachgruppen 196
3.2.2 Zusammenstellung einiger Endungen, an denen man das Genus
des Substantivs erkennen kann 202
3.2.3 Wechsel und Schwanken des Genus 204
3.3 Der Numerus des Substantivs 209
3.3.1 Der Singular 210
3.3.2 Der Plural 215
3.4 Die Deklination des Substantivs 217
3.4.1 Das Kasussystem im Deutschen 217
3.4.2 Die Deklinationstypen 219
Die Deklination im Singular 221
Die Deklination im Plural 226
Der Zusammenhang zwischen Singular- und Pluraltypen 233
3.4.3 Die Deklination der Fremdwörter 234
3.4.4 Die Deklination der Eigennamen 240
3.4.5 Die Deklination der Völkernamen 248
3.4.6 Die Deklination der Abkürzungs- und Kurzwörter 248
3.4.7 Die Unterlassung der Deklination bei Gattungsbezeichnungen 249

4   Das Adjektiv 253
4.1 Zum Gebrauch des Adjektivs 254
4.1.1 Bedeutungsgruppen 254
4.1.2 Attributiver, prädikativer und adverbialer Gebrauch 255
4.1.3 Das Adjektiv als Gleichsetzungsglied 262
4.1.4 Adjektive mit und ohne Ergänzung 263
4.1.5 Gebrauch und Bildung der Zahladjektive u. ä. 264
Die Kardinalzahlen (Grundzahlen) 264

Die Ordinalzahlen (Ordnungszahlen) 271
Die Bruchzahlen 272
Die Vervielfältigungszahlwörter 273
Die Gattungszahlwörter 273
Die unbestimmten (indefiniten) Zahladjektive 273
Die demonstrativen Adjektive *solch* und *derartig* 275
4.2 Die Deklination des Adjektivs 276
4.2.1 Die Deklination des attributiven Adjektivs 277
4.2.2 Die Deklination des substantivierten Adjektivs 288
4.3 Die Vergleichsformen (Steigerungsformen) des Adjektivs (Komparation) 293

5 Der Artikel 303
5.1 Artikel und Substantiv 303
5.2 Abgrenzung der Wortart Artikel 304
5.3 Der Artikel im engeren Sinne: bestimmter und unbestimmter Artikel 306
5.3.1 Form und Flexion 306
5.3.2 Semantik und Funktion 308
5.3.3 Sonderfall: artikellose Substantivkonstruktionen 315
5.3.4 Verschmelzungen (Kontraktionen) 318
5.4 Der Artikel im weiteren Sinne 321

6 Die Pronomen 321
6.1 Gebrauch 322
6.2 Deklination und Kongruenz 323
6.3 Einteilung der Pronomen 324
6.3.1 Das Personalpronomen und das Reflexivpronomen 324
Das Personalpronomen 324
Das Reflexivpronomen 327
6.3.2 Das Possessivpronomen 330
6.3.3 Das Demonstrativpronomen 332
6.3.4 Das Relativ- und Interrogativpronomen 339
6.3.5 Das Indefinitpronomen 343

7 Das Adverb 355
7.1 Form 355
7.2 Gebrauch 357
7.3 Teilklassen des Adverbs 358
7.3.1 Die Lokaladverbien (Adverbien des Ortes, des Raumes) 359
7.3.2 Die Temporaladverbien (Adverbien der Zeit) 361
7.3.3 Modaladverbien (Adverbien der Art und Weise) 362
7.3.4 Konjunktionaladverbien 363
7.3.5 Kommentaradverbien (Adverbien der Stellungnahme und Bewertung) 364
7.3.6 Pronominaladverbien (Präpositionaladverbien) 365
7.3.7 Besondere Adverbgruppen 369

8 Die Partikeln 369
8.1 Allgemeines 369
8.2 Teilklassen der Partikeln 370
Gradpartikeln (Partikeln des Grades und der Intensität) 370
Fokuspartikeln (Partikeln der Hervorhebung) 371
Modalpartikeln (Partikeln der Abtönung) 371
Gesprächspartikeln 372
Negationspartikeln 375

9	Die Präposition	375
9.1	Gebrauch	376
9.2	Die durch die Präpositionen gekennzeichneten Verhältnisse	378
9.3	Die Rektion der Präpositionen	383
9.4	Schwierigkeiten beim Gebrauch der Präpositionen	389

10	Die Konjunktion	390
10.1	Nebenordnende Konjunktionen	391
10.2	Satzteilkonjunktionen	394
10.3	Infinitivkonjunktionen	394
10.4	Unterordnende Konjunktionen	395

Die Wortbildung

1	Allgemeines	399
1.1	Analyse des Wortverstehens und der Wortbildung	400
1.1.1	Form- und Inhaltsanalyse von Komposita	400
1.1.2	Form- und Inhaltsanalyse von Ableitungen	403
1.1.3	Grenzen der Analyse: die Lexikalisierung	407
1.1.4	Grenzen der Analyse: „externe" Wortbeziehungen	408
1.2	Die Bildungsarten	408
1.2.1	Die Ausdruckskürzung: Abkürzungs- und Kurzwörter	410
1.2.2	Die grammatische Umsetzung (in eine andere Wortart: Konversion)	414
	Die Substantivierung	414
	Die Adjektivierung	419
	Die Verbalisierung	419
1.2.3	Die Ausdruckserweiterung	420
	Die Wortzusammensetzung (Komposition)	420
	Der Zusatz von Präfixen und Halbpräfixen	423
	Die kombinierte Ableitung	423
	Die Ableitung durch Suffixe und Halbsuffixe	423
1.2.4	Besondere Bildungsweisen	425
	Die Zusammenbildung	425
	Die Wortkreuzung (Kontamination)	426
	Die „Zusammenrückung"	426
	Wortbildung durch Dopplung	427
1.3	Die Verteilung der Bildungen auf die verschiedenen Wortarten	427
1.4	Faktoren, die die Wortbildung bestimmen	430
1.5	Wortbildung und Fachsprachen	432
1.6	Wortbildung und literarischer Sprachgebrauch	433
1.7	Ausbau der Wortarten durch Wortbildung	433

2	Das Verb	434
2.1	Die Typen der Verbverbindung	435
2.1.1	Scheinbare Zusammensetzung (Der Typ des Pseudokompositums)	435
2.1.2	Der Typ Substantiv + Verb	436
2.1.3	Der Typ Adjektiv + Verb	436
2.1.4	Der Typ Verb + Verb	437
2.1.5	Der Typ Partikel + Verb	437
2.2	Der Zusatz von Präfixen und Halbpräfixen	439
2.2.1	Die Funktionen der Präfixe und Halbpräfixe	439
	Die grammatische (morphosyntaktische) Abwandlung (Modifikation)	439

Die Muster der semantischen Abwandlung (Modifikation) 440
Die stilistisch-pragmatische Abwandlung (Modifikation) 444
2.2.2 Die einzelnen Bildungselemente: Präfixe und Halbpräfixe 445
Die Präfixe 445
Die Halbpräfixe 449
2.3 Die Verbalableitung 456
2.3.1 Verben aus Substantiven (desubstantivischer Typ) 457
Ereignisverben 457
Vergleichsverben 457
Übergangsverben 458
Effizierende Verben 458
Abstraktionsverben 459
Ornative Verben 459
Privative Verben 460
Instrumentative Verben 460
Lokative Verben 461
2.3.2 Verben aus Adjektiven (deadjektivischer Typ) 461
Zustandsverben (Durativa) 461
Verben des Zustandseintritts (Ingressiva) 462
Bewirkungsverben (Faktitiva) 462
Verhaltenscharakterisierende Verben 463
2.3.3 Verben aus Verben (deverbaler Typ) 464
Veranlassungsverben (Kausativa) 464
Wiederholungsverben (Iterativa) 464
2.3.4 Die Wortfamilie (z. B. von *fahren*) 464

3 Das Substantiv 465
3.1 Die Substantivzusammensetzung 466
3.1.1 Kopulativzusammensetzungen 466
3.1.2 Determinativzusammensetzungen 467
3.2 Der Zusatz von Präfixen und Halbpräfixen 488
3.3 Die Substantivableitung 488
3.4 Die Funktionen der Präfix- und Suffixbildungen 489
3.4.1 Die semantische Abwandlung (Modifikation) 489
Diminutivbildungen (Verkleinerungsbildungen) 489
(„Steigernde“) Augmentativbildungen 491
Movierungen (Motionsbildungen) 492
Kollektivbildungen 492
Soziativbildungen 493
Negationsbildungen 493
Bildungen der „taxierenden“ Einstufung 493
Rollenbezeichnungen 494
Fachsprachliche Bildungen mit spezifischer Bedeutung 494
3.4.2 Die Umwandlung in eine andere Wortart 495
Abstrakta 498
Abgeleitete Konkreta 506

4 Das Adjektiv 514
4.1 Die Adjektivzusammensetzung 515
4.1.1 Der Typ Verb + Adjektiv (Partizip) 515
4.1.2 Der Typ Substantiv + Adjektiv (Partizip) 516
4.1.3 Der Typ Adjektiv + Adjektiv (Partizip) 517

4.2   Der Zusatz von Präfixen und Halbpräfixen   518
4.3   Die Arten der Adjektivableitung   522
4.3.1   Die semantische Abwandlung („deadjektivisch")   523
4.3.2   Die Umwandlung in eine andere Wortart durch Suffixe und
        Halbsuffixe   524

5   Das Adverb   534
5.1   Die Bildung von Adverbien durch Zusammensetzung,
        Inversionsbildung und Konversion   534
5.2   Die Adverbableitung durch Suffixe   535

6   Andere Wortarten   536
7   Wortbildung und mentaler Sprachbesitz   536

Wort und Wortschatz

1   Wort, Lexem und Bedeutung   540
1.1   Die sprachliche Konstitution der Welt   540
1.2   Wort und Lexem   540
1.3   Lexikalische Bedeutung und ihre Erklärung   542
1.4   Lexikalische Verwandtschaft und Mehrdeutigkeit   543
1.5   Denotative und konnotative Bedeutung   546
1.6   Wortartenbedeutung, syntagmatische und übertragene Bedeutung   547
1.7   Paradigmatische und syntagmatische Beziehungen   548

2   Sprachzeichen und Sprachzeichenmodelle   548
2.1   Bilaterales („zweiseitiges") Zeichenmodell Saussures   548
2.2   Bedeutungsdreieck nach Ogden und Richards   551
2.3   Neuere Zeichenmodelle   552

3   Sprachzeichentypologie, Benennung und Lexembildung   553
3.1   Klassifikation von Sprachzeichen   553
3.2   Wortschatz und Wortbildung   555
3.3   Wortfamilie   558
3.4   Kurzwortbildung   559
3.5   Phraseologischer Wortschatz   561
3.6   Namenwortschatz   562

4   Bedeutung: Konzepte, Strukturen, Probleme   566
4.1   Bezugnahme auf die Welt und semantische Merkmalanalyse   566
4.2   Zur Analyse synonymischer und mehrdeutiger Lexeme   567
4.3   Neuere Konzepte: Stereotypen-, Prototypen- und Rahmensemantik   571
4.4   Lexikalische Bedeutungsbeziehungen   575
4.5   Zur Unbestimmtheit sprachlicher Zeichen   579

5   Geordnete Fülle des Wortschatzes   581
5.1   Wörterbuch-Wortschatz   581
5.2   Wortschatz in der Geschichte   582
5.3   Wortschatz und innere Mehrsprachigkeit   586
5.4   Wortschatz und Literatur   588

Der Satz

1	Gegenstandsbereich und Grundbegriffe des Syntax	590
1.1	Der Gegenstandsbereich	590
1.2	Satzarten	590
1.2.1	Der Aussagesatz	591
1.2.2	Der Fragesatz	592
1.2.3	Der Aufforderungssatz	595
1.2.4	Der Wunschsatz	596
1.2.5	Der Ausrufesatz	597
1.3	Satzformen	597
1.3.1	Der einfache Satz	597
1.3.2	Der zusammengesetzte Satz	598
1.3.3	Das Satzäquivalent	600
1.4	Operationale Verfahren in der Syntax	600
1.4.1	Klangprobe	601
1.4.2	Verschiebeprobe (Umstellprobe, Permutation)	601
1.4.3	Ersatzprobe (Substitutionstest, Kommutation)	602
1.4.4	Umformungsprobe (Transformation)	603
1.4.5	Weglaßprobe (Abstrichprobe, Eliminierungstransformation)/ Erweiterungsprobe (Augmentation)	603
2	Der einfache Satz	604
2.1	Allgemeines	604
2.2	Das Prädikat	605
2.3	Die Satzglieder im Deutschen	607
2.3.1	Die Segmentierung von Satzgliedern	608
2.3.2	Die Klassifizierung von Satzgliedern	610
	Die Satzglieder im einzelnen	613
	Subjekt	613
	Gleichsetzungsnominativ	616
	Gleichsetzungsakkusativ	617
	Akkusativobjekt	618
	Dativobjekt	619
	Genitivobjekt	619
	Präpositionalobjekt und adverbiales Präpositionalgefüge	619
	Adverbialakkusativ	622
	Adverbialgenitiv	623
	Zugeordnete und locker integrierte Glieder	623
	Anredenominativ	623
	Absoluter Nominativ	624
	Absoluter Akkusativ	624
	Satzadjektiv	626
	Satzpartikel	627
	Prädikat und Satzglieder im Überblick	627
	Zum Problem einer inhaltlichen Interpretation der Satzglieder	628
2.4	Der Satzgliedinnenbau	635
2.4.1	Allgemeines	635
2.4.2	Die Attribute im einzelnen	636
2.4.3	Spezielle Probleme attributiver Konstruktion	638
2.4.4	Zum Problem einer inhaltlichen Interpretation der Teilglieder	640
	Attributive adverbiale Bestimmungen	641

Zur inhaltlichen Interpretation des attributiven Genitivs
(Genitivus possessivus, subiectivus u. a.)   641
2.5   Die deutschen Satzbaupläne   650
2.5.1   Allgemeines zu den Satzbauplänen   650
2.5.2   Die Satzbaupläne im einzelnen   654
2.5.3   Zu einigen Detailfragen bei den Satzbauplänen   675
2.5.4   Die Satzbaupläne im Überblick   681
2.6   Ellipse (Ersparung von Redeteilen)   682
2.6.1   Allgemeines   682
2.6.2   Die Ersparung von Redeteilen   683
2.7   Redeansätze und Satzbrüche   686
2.8   Die Negation   688
2.8.1   Allgemeines   688
2.8.2   Die Negation im einzelnen   689
        Zur Klassifikation der Negationswörter   689
        Zum Wirkungsbereich von Negationswörtern   691
        Zur Stellung von *nicht*   693
        Zum Verhältnis von *kein* zu *nicht ein* und *nicht*   694
2.8.3   Zu einigen Detailfragen bei der Negation   696
2.9   Grammatische Kongruenz   697
2.9.1   Allgemeines   697
2.9.2   Die Kongruenz zwischen Subjekt und Prädikat (Finitum)   699
2.9.3   Die Kongruenz zwischen Gleichsetzungsnominativ und Finitum   710
2.9.4   Die Kongruenz bei Gleichsetzungsgliedern und verwandten Satzteilen 711
2.9.5   Die Kongruenz zwischen begleitendem Pronomen (Artikel)
        bzw. attributivem Adjektiv (Partizip) und Bezugssubstantiv   722
2.9.6   Die Beziehungskongruenz des Pronomens als Stellvertreter eines Wortes 723
2.9.7   Die Kongruenz im Numerus beim Bezug einer Sache auf eine Mehrzahl
        von Personen   726

3   Der zusammengesetzte Satz   726
3.1   Allgemeines   726
3.1.1   Die formale Ordnung der Nebensätze   727
3.1.2   Die funktionale Ordnung der Nebensätze   727
3.1.3   Die inhaltliche Ordnung der Nebensätze   729
3.1.4   Zum Aufbau der Darstellung   730
3.2   Relativsätze   730
3.2.1   Allgemeines   730
3.2.2   Die Relativsätze im einzelnen   733
3.2.3   Die Relativbeziehungen im Überblick   737
3.3   Inhaltssätze   738
3.3.1   Allgemeines   738
3.3.2   Die Inhaltssätze im einzelnen   741
        daß + Endstellung des Finitums   742
        Infinitivanschluß mit und ohne *zu*   744
        wenn + Endstellung des Finitums   745
        als + Endstellung des Finitums   745
        als + Zweitstellung und *als ob* + Endstellung des Finitums 746
        wie + Endstellung des Finitums   746
        Akkusativ mit Infinitiv   747
        Angeführter Satz mit Finitum in Zweitstellung   747
        ob + Endstellung des Finitums   748
        W-Anschluß + Endstellung des Finitums   749
        Besonderheiten der Umsetzung von direkter Rede in „indirekte Rede" 750

Zur Modusumwandlung in indirekter Rede 752
Zur Tempusumwandlung in indirekter Rede 754
3.3.3 Überblick: Kategorialer Wert und Anschlußmittel bei den Inhaltssätzen 757
3.4 Verhältnissätze 758
3.4.1 Allgemeines 758
3.4.2 Die Verhältnissätze im einzelnen 760
Kausalsätze 760
Konsekutivsätze 763
Konzessivsätze 764
Temporalsätze 766
Konditionalsätze 771
Finalsätze 775
Modalsätze 777
Nebensätze in einer Konfrontationsbeziehung 778
Nebensätze der Aussagenpräzisierung 779
3.4.3 Die Verhältnisbeziehungen im Überblick 781

4 Die Wortstellung 784
4.1 Die Prädikatsteile 784
4.1.1 Die Stellung des Finitums 784
4.1.2 Die Stellung der Prädikatsteile bei mehrteiligen Prädikaten 785
4.2 Satzklammer und Stellungsfelder 787
4.3 Die Besetzung der einzelnen Stellungsfelder 788
4.3.1 Die Besetzung des Vorfelds 788
4.3.2 Die Besetzung des Nachfelds – die Ausklammerung 790
4.3.3 Die Besetzung des Mittelfelds 791
4.4 Die Wortstellung innerhalb des komplexen Satzglieds 796
4.4.1 Die Wortstellung innerhalb komplexer, im Kasus bestimmter Satzglieder 797
4.4.2 Die Wortstellung innerhalb komplexer, im Kasus nicht bestimmter Satzglieder 799
4.5 Die Stellung von Präpositionen und Konjunktionen 799
4.5.1 Die Stellung von Präpositionen 799
4.5.2 Die Stellung der Konjunktionen 800
4.6 Die Stellung von Teilsätzen und von satzwertigen Infinitiven und Partizipien im zusammengesetzten Satz 801

5 Vom Wort und Satz zum Text – ein Ausblick 802
5.1 Zum Gegenstandsbereich 802
5.2 Was ist ein Text? 803
5.3 Thema 806
5.4 Funktion/Sprachfunktion/Textfunktion 809
5.4.1 Sprachfunktion 809
5.4.2 Textfunktion 810
5.4.3 Textfunktion und Textsorte 811
5.5 Kohärenz 815
5.5.1 Wissensbestände beim Sprecher/Schreiber und beim Hörer/Leser 816
5.5.2 Sprachliche Mittel der Kohäsion 819
5.6 Perspektiven an der Grenze linguistischer Beschreibungsmöglichkeit 824

Verzeichnis der verwendeten Abkürzungen 827
Verzeichnis der Fachausdrücke 828
Literaturverzeichnis 838
Sachregister, Wortregister und Register für sprachliche Zweifelsfälle 843

Das Wort

Der Laut und die Lautstruktur des Wortes

1 Artikulation und Verschriftung der Wörter

1.1 Allgemeines

Zu den Grundbausteinen der Sprache gehört das Wort. Der Mensch spricht und 1
schreibt in Wörtern. Macht jemand eine sprachliche Äußerung, so reiht er Formen von Wörtern aneinander. Er verknüpft sie zu größeren Einheiten, den Sätzen und Texten.

Wörter spielen nicht nur für das Sprechen und Schreiben selbst, sondern auch für
den Umgang mit Sprache und darüber hinaus für die Vermittlung von Wissen
eine besondere Rolle. Übersetzt jemand etwas von einer Sprache in eine andere,
so muß er wissen, welche Wörter einander entsprechen. Will sich jemand über
etwas informieren, so schlägt er in einem Wörterbuch oder Lexikon nach. Keine
sprachliche Einheit ist den Sprechern einer Sprache in so hohem Maße bewußt
wie das Wort. Das Wort gilt als sprachliche Einheit schlechthin.

Jedes Wort hat eine Formseite und eine Inhaltsseite (Bedeutung). Die Formseite
kann im Gesprochenen als eine Folge von Lauten angesehen werden. Im Geschriebenen besteht sie bei Sprachen mit Alphabetschrift aus einer Folge von
Buchstaben. Aufgabe der Grammatik ist es, die Form und die Bedeutung der
Wörter zu beschreiben. Die Grammatik legt dar, welchen Regularitäten der Bau
der Formen und der Bau der Bedeutungen folgt und wie Form und Bedeutung
aufeinander bezogen sind. Nur wenn man die Regularitäten kennt, wird verständlich, daß die Sprecher die vielen tausend Wörter ihres Wortschatzes mühelos
beherrschen.

Die Wörter des Deutschen sind nicht nach einem einheitlichen, festen Schema ge- 2
baut. Der Wortschatz selbst verändert sich, aber es verändern sich auch die Regularitäten, die den Bau der Wörter bestimmen. Das ist bei allen Sprachen so. Das
Deutsche steht darüber hinaus in Kontakt mit vielen anderen Sprachen, von
denen es beeinflußt wurde und die es selbst beeinflußt hat. Die einfachste Form
der Beeinflussung ist die Entlehnung von Wörtern oder Wortbestandteilen. Das
Deutsche hat vor allem aus dem Griechischen, Lateinischen, Französischen und
Englischen entlehnt und tut es noch.

Von vielen Wörtern wissen wir, daß sie entlehnt sind und woher sie entlehnt sind.
Wörter wie *Engagement* oder *Kollier* kommen offensichtlich aus dem Französischen, solche wie *Jazz* und *Playback* aus dem Englischen. Sie haben Eigenschaften, die „typisch deutsche" Wörter nicht haben, beispielsweise die nasalierten Vokale in *Engagement* oder die Anlautkombination [dʒ] in *Jazz*. Andere Wörter sind
ebenfalls auffällig, aber nur wenige Sprecher wissen, aus welchen Sprachen ihre
Bestandteile stammen. *Rhythmus* fällt orthographisch aus dem Rahmen, *Elativ*
(die höchste, absolute Steigerungsstufe beim Adjektiv, daneben auch ein Kasus
von Sprachen wie dem Finnischen) hat eine wenig bekannte Bedeutung, und
Pteranodon (eine Flugsaurierart) weist zudem noch eine schwer aussprechbare
Lautfolge auf, die im Deutschen nicht vorkommt.

Ein Sprecher des Deutschen kann also Wörter als fremd erkennen, auch wenn er
nicht weiß, woher sie stammen. Er erkennt solche Wörter an bestimmten Merk-

malen ihrer Form- oder Bedeutungsseite, indem er sie mit den Eigenschaften deutscher Wörter vergleicht. Es ist nun aber gerade nicht so, daß alle entlehnten Wörter solche Auffälligkeiten haben. Wer nicht spezielle Kenntnisse hat, wird kaum vermuten, daß *Fenster* aus dem Lateinischen, *Start* aus dem Englischen und *Möbel* aus dem Französischen stammt. Diese Wörter sind mit all ihren Eigenschaften in den Wortschatz des Deutschen integriert. Einer besonderen Aufmerksamkeit bedürfen sie nicht.

Dagegen sind die weiter oben erwähnten Wörter nicht vollständig integriert. Sie haben Eigenschaften, die sie als fremd ausweisen. Zum Verständnis ihres Baus muß man über die Regularitäten hinaussehen, die für den Wortschatz im Kernbereich des Deutschen gelten. Diesen Kernbereich kennzeichnet man mit Begriffen wie nativer Wortschatz, heimischer Wortschatz oder Kernwortschatz. Alle Wörter, die nicht zum Kernbereich gehören, werden zum nichtnativen Wortschatz gezählt. Wir meinen Wörter des nichtnativen Wortschatzes, wenn wir von Fremdwörtern sprechen.

Nicht immer ist leicht zu entscheiden, welche Wörter und damit welche Regularitäten in einer Sprache zum Kernbereich gehören. Für eine Grammatik des Deutschen ist die Unterscheidung nativ/nichtnativ (heimisch/fremd) unerläßlich. Die Lautstruktur wie die Schriftstruktur von Wörtern läßt sich auf einfache und plausible Weise darstellen, wenn man die Grundregularitäten im Kernbereich von den besonderen Regularitäten in den Randzonen (der Peripherie) unterscheidet.

3   Die kleinsten Bestandteile des gesprochenen Wortes sind die Laute. Daß eine Wortform als Folge von Lauten angesehen werden kann, wird den meisten Sprechern erst bewußt, wenn sie schreiben und lesen lernen. Aus der Buchstabenfolge des geschriebenen Wortes schließen sie auf die Lautfolge des gesprochenen Wortes, auch wenn eine Zuordnung nicht immer auf einfache Weise möglich ist.

Die Beschreibung der Laute selbst orientiert sich daran, wie sie artikuliert werden. Die Beschreibung muß mindestens so genau sein, daß jeder Laut der Sprache von jedem anderen unterscheidbar ist. Dabei werden nur solche artikulatorischen Unterschiede berücksichtigt, die man auch hört, denn das Ohr muß ja jeden Laut einer Sprache von jedem anderen Laut dieser Sprache unterscheiden können. Die Wörter *Ruder* und *Luder* unterscheiden sich durch genau einen Laut. Kann ein Sprecher den Unterschied zwischen *l* und *r* nicht artikulieren oder kann ein Hörer ihn nicht hören, so kommt es zu Verständigungsschwierigkeiten.

Für seine Orthographie verwendet das Deutsche gemeinsam mit vielen anderen Sprachen das lateinische Alphabet. Jede dieser Sprachen verwendet das Alphabet auf eigene Weise, und viele von ihnen wandeln es für die je besonderen Anforderungen ab. Das Verhältnis von Laut und Buchstabe bleibt dennoch in den meisten Sprachen uneindeutig. Um etwa die Aussprache der Wörter des Deutschen eindeutig Laut für Laut wiederzugeben, müßte das Alphabet mehr Buchstaben haben. Das Deutsche hat mehr Laute als Buchstaben im Alphabet. So hören wir deutlich einen Unterschied zwischen dem *o* in *Ofen* und dem in *offen,* aber beiden entspricht derselbe Buchstabe.

4   Zur Erfassung der Lautstruktur von Wörtern muß man also ihre Aussprache genauer wiedergeben, als das mit dem lateinischen Alphabet möglich ist. Außerdem will man die Aussprache so darstellen, daß sie mit der Aussprache von Wörtern anderer Sprachen vergleichbar wird. Diesem Zweck dienen spezielle Lautschriften (phonetische Schriften, phonetische Alphabete), die viel mehr Zeichen enthalten als das Alphabet unserer Orthographie. Die weiteste Verbreitung

unter den Lautschriften hat das Internationale Phonetische Alphabet (IPA) gefunden.[1]
Das IPA stellt für jeden überhaupt denkbaren Sprachlaut ein Zeichen zur Verfügung. Mit dieser Lautschrift lassen sich daher alle Wörter aus allen Sprachen unabhängig von der Orthographie der jeweiligen Sprache schreiben. Das *o* in *Ofen* etwa wird nach dem IPA als [o] geschrieben, das in *offen* als [ɔ]. Um die Zeichen der Lautschrift von den Buchstaben des Alphabets abzuheben, werden sie in eckige Klammern gesetzt. Für jedes Zeichen liegt fest, wie der Laut artikuliert ist. Wir beschreiben im Folgenden die Artikulation der Laute, soweit sie für das Deutsche benötigt wird. Die dabei verwendeten Schreibkonventionen des IPA sind in Abschnitt 1.3 zusammengestellt.

1.2 Artikulation

Bei der Artikulation von Sprache befindet sich der gesamte Sprechapparat in   5
ständiger Bewegung. Eine genaue Beschreibung der Laute berücksichtigt deshalb
das Verhalten aller Sprechorgane. Für praktische Zwecke ist dies nicht erforderlich. Es genügt, jeden Laut mit wenigen charakteristischen Merkmalen zu erfassen.

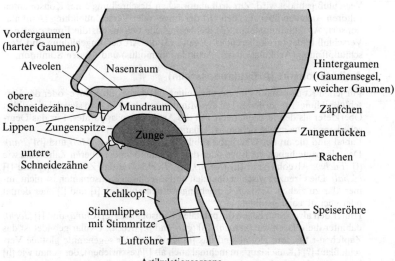

Vordergaumen (harter Gaumen)
Alveolen
obere Schneidezähne
Lippen
Zungenspitze
untere Schneidezähne
Nasenraum
Mundraum
Zunge
Kehlkopf
Stimmlippen mit Stimmritze
Luftröhre
Hintergaumen (Gaumensegel, weicher Gaumen)
Zäpfchen
Zungenrücken
Rachen
Speiseröhre

Artikulationsorgane

Die Fachausdrücke für artikulatorische Merkmale sind von den lateinischen oder griechischen Bezeichnungen der Artikulationsorgane abgeleitet. Die folgende Tabelle enthält die wichtigsten Entsprechungen zum Deutschen.

[1] Vgl. The International Phonetic Alphabet (revised to 1989). International Phonetic Association. Leeds (Großbritannien).
Das IPA ist vollständig im Duden-Aussprachewörterbuch (³1990) wiedergegeben.

Hintergaumen	–	velum (velar)
Kehlkopf	–	larynx (laryngal)
Lippe	–	labium (labial)
Mund	–	os (oral)
Nase	–	nasus (nasal)
Rachen	–	pharynx (pharyngal)
Stimmritze	–	glotta (glottal)
Vordergaumen	–	palatum (palatal)
Vorderzunge	–	corona (koronal; eig. „Zungenkranz")
Zahn	–	dens (dental)
Zahndamm	–	alveoli (alveolar; eig. „kleine Rillen")
Zäpfchen	–	uvula (uvular)
Zungenrücken	–	dorsum (dorsal)
Zungenspitze	–	apex (apikal)

Wir nehmen die artikulatorische Beschreibung der Sprachlaute getrennt nach Konsonanten und Vokalen vor. Vokale untereinander und Konsonanten untereinander weisen wesentliche Gemeinsamkeiten auf. Deshalb führt es insgesamt zu einer Vereinfachung der Beschreibung, wenn die beiden Lautgruppen getrennt werden.

Konsonanten (Mitlaute)

6

Ein Sprachlaut ist ein Konsonant, wenn er mit einer Friktionsenge oder einem Verschluß gebildet wird. Zur artikulatorischen Beschreibung eines Konsonanten gehören Angaben über: (1) den Ort der Enge- oder Verschlußbildung (Artikulationsort, Artikulationsstelle), (2) das bewegliche Organ, das die Enge oder den Verschluß bildet (artikulierendes Organ), (3) die Art der Engebildung und Verschlußöffnung (Artikulationsart, Artikulationsmodus) und (4) den Stimmton.

Artikulationsort (Artikulationsstelle)

7

Für jeden Konsonanten gibt es genau einen Ort der größten Enge- oder der Verschlußbildung. Im vorderen Teil des Mundraumes bezieht man sich dabei auf den Oberkiefer als den feststehenden Teil des Artikulationsapparates. Für das Deutsche kennzeichnen wir sieben Artikulationsorte.
Labial sind die an der Oberlippe gebildeten Laute wie [m] *(Mai)* und [b] *(Bau).* Dentale Laute haben die Enge oder den Verschluß an der oberen Zahnreihe wie [f] *(Fuchs).* Alveolar sind [n] *(Nacht),* [t] *(Tier)* sowie das Zungen-r [r] und [ʃ] *(Schal).* Die Grenze zwischen dentalen und alveolaren Konsonanten ist nicht immer klar zu ziehen. Je nach Umgebung werden etwa [n], [t] und [l] eher dental oder eher alveolar gebildet.
Hinter den alveolaren liegen die palatalen Konsonanten [ç] *(China)* und [j] *(Joch),* dahinter die velaren wie [x] *(ach),* [g] *(gut)* und [k] *(Koch).* Uvular gebildet ist das Zäpfchen-r [ʀ], und glottal sind das [h] *(Hof)* und der sogenannte glottale Verschlußlaut [ʔ] (,Knacklaut', manchmal auch als [|] geschrieben), der genau wie [h] in der Regel nur anlautend vor Vokal auftritt.

Artikulierendes Organ

8

An der Enge- und Verschlußbildung haben die Unterlippe und die Zunge als bewegliche Organe entscheidenden Anteil. Die Unterlippe bildet eine Enge entweder mit der Oberlippe oder mit den oberen Schneidezähnen. Im ersten Fall entstehen bilabiale Laute, z. B. [m] und [p]. Im zweiten Fall sprechen wir von labiodentalen Lauten, z. B. [f] *(Fall)* und [v] *(Wall).*

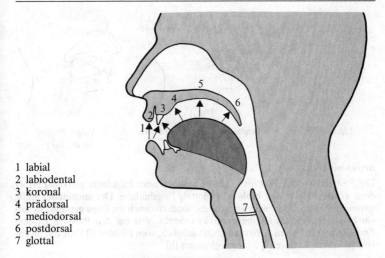

1 labial
2 labiodental
3 koronal
4 prädorsal
5 mediodorsal
6 postdorsal
7 glottal

Position des artikulierenden Organs

Bewegt sich die Vorderzunge gegen die obere Zahnreihe oder die Alveolen, so entstehen Vorderzungen- oder koronale Konsonanten wie [t], [s] und [l]. Alle mit dem Zungenrücken gebildeten Konsonanten heißen dorsal, wobei unterschieden wird zwischen prädorsal ([ç] und [j]), mediodorsal ([k] und [g]) und postdorsal ([x], [ʀ]). Im glottalen Bereich läßt sich ein artikulierendes Organ von einem Artikulationsort nicht unterscheiden. Deshalb taucht „glottal" hier ebenso auf wie bei den Artikulationsorten.

Artikulationsart (Artikulationsmodus)

Verschlußlaute (Plosive)   9

Ist der Mund- und Rachenraum für den austretenden Luftstrom vollkommen verschlossen und wird der Verschluß abrupt geöffnet, so entsteht ein Verschlußlaut oder Plosiv. Zu den Plosiven gehören [p], [t], [k], [b], [d], [g] und [ʔ]. Mit Ausnahme von [ʔ] sind alle Plosive oral, d. h., bei ihrer Artikulation ist auch der Nasenraum verschlossen. Das Velum darf, anders als bei den Nasalen (s. u.), nicht gesenkt sein.

Das Schließen des Verschlusses erfolgt in der Regel an derselben Stelle wie seine Sprengung. Es gibt aber auch Fälle, in denen z. B. ein Plosiv, der auf einen mit demselben Organ gebildeten (homorganen) Nasal folgt, durch Heben des Velums geschlossen und dann an der oralen Artikulationsstelle geöffnet wird *(Ampel, Enkel, Ende)*. Auch der umgekehrte Fall, also Schließung eines Plosivs an der oralen Artikulationsstelle und Sprengung mit einem anderen Artikulationsorgan (Velum oder Glottis), ist möglich (vgl. 65).

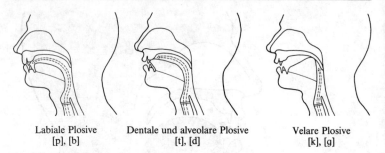

Labiale Plosive   Dentale und alveolare Plosive   Velare Plosive
   [p], [b]   [t], [d]   [k], [g]

Reibelaute (Frikative)

Die Reibelaute oder Frikative (auch Spiranten oder Engelaute genannt) erfordern wie die Plosive eine orale oder glottale Engebildung. Der austretende Luftstrom wird hier jedoch nicht angehalten, sondern durch die Enge gepreßt, so daß ein Friktionsgeräusch (Reibegeräusch) entsteht. Wie bei den Plosiven ist eine Engebildung an jedem Artikulationsort möglich, vom labialen [f] über das alveolare [ʃ] und das velare [x] bis zum glottalen [h].

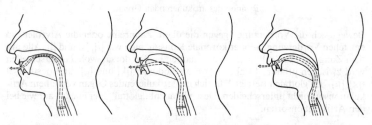

Labiale Frikative   Dentale und alveolare Frikative Palatale und velare Frikative
   [v], [f]   [z], [s], [ʒ], [ʃ]   [j], [ç], [x]

Plosive und Frikative faßt man unter der Bezeichnung Obstruenten zusammen. Obstruenten sind Laute, bei denen der Luftstrom ein starkes Hindernis überwinden muß.

Affrikaten

Folgt ein Frikativ unmittelbar auf einen homorganen Plosiv (d. h. einen Plosiv mit demselben Artikulationsort), so können die beiden Laute artikulatorisch eine enge Verbindung eingehen. Sie verschmelzen zu einem Doppellaut und heißen dann Affrikaten. Für das Deutsche setzt man die Affrikaten [ts] *(Zahn)*, [tʃ] *(Matsch)* und [pf] *(Pferd)* an (zur Schreibweise vgl. 18).

Nasale

Die Nasale werden durch Verschließen des Mundraumes und Senken des Velums gebildet. Die Luft kann dann nur durch den Nasenraum austreten. Nach dem Ort des Verschlusses im Mundraum sind für das Deutsche ein labialer, ein alveolarer und ein velarer Nasal zu unterscheiden.

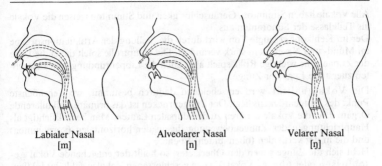

Labialer Nasal	Alveolarer Nasal	Velarer Nasal
[m]	[n]	[ŋ]

Liquide
Ist der Mundraum in der Mitte verschlossen und strömt die Luft geteilt an beiden
Seiten des Verschlusses aus, so ergibt sich ein Seitenlaut oder Lateral. Der einzige
Lateral des Deutschen ist das [l].
Eine eigene Artikulationsart kommt den r-Lauten zu. Sie entstehen durch eine Vi-
brationsbewegung der Zungenspitze oder des Zäpfchens und heißen Vibranten
oder Intermittierende. Dies gilt für [r] (Zungen-r) wie für [ʀ] (Rachen-r).
Die r-Laute werden im Deutschen auf vielfältige Weise artikuliert. So kann der
Vibrant auf einen einzigen Schlag („Flap") reduziert sein. Häufig wird das r auch
als stimmhafter postdorsaler Frikativ ([ʁ]) realisiert. Von besonderer Bedeutung
ist das sogenannte vokalische r (vgl. 57).

Stimmton

Der Stimmton entsteht dadurch, daß sich die Stimmritze unter dem Druck der   10
nach außen strömenden Luft periodisch öffnet und schließt. Der Stimmton spielt
für die Laute aus verschiedenen Gruppen eine recht unterschiedliche Rolle.
Bei der Artikulation der Obstruenten wird durch Öffnen eines Verschlusses
(Plosive) oder durch Engebildung (Frikative) ein Geräusch erzeugt. Zu diesem
Geräusch kann noch der Stimmton hinzutreten. Es entstehen dann stimmhafte
Obstruenten wie [b], [d], [g], [z] und [v] im Gegensatz zu den stimmlosen reinen
Geräuschlauten wie [p], [t], [k], [s] und [f].
Anders verhält es sich bei den sogenannten Sonoranten, zu denen im Deut-
schen die Nasale sowie [l] und die r-Laute gehören. Sonoranten haben immer
Stimmton, aber sie haben mit Ausnahme der r-Laute kein Geräusch. Ein stimm-
loser Sonorant ist daher normalerweise stumm. Er kann nur durch seine Auswir-
kung auf benachbarte Laute hörbar werden. Stimmlose Sonoranten gibt es im
Deutschen nicht.

Vokale (Selbstlaute)

Trotz der Grundklassifikation der Laute in Konsonanten und Vokale läßt sich die   11
artikulatorische Beschreibung der Vokale in den Grundzügen an die der Konsonanten anschließen.
Die Artikulation der Vokale erfolgt ohne Engebildung im Mund und Rachenraum. Sie sind die offensten Laute. Man kann dies als ihre Artikulationsart ansehen.

Alle Vokale haben Stimmton. Geräuschlosigkeit und Stimmton weisen die Vokale als Teilklasse der Sonoranten aus.

Der im Kehlkopf erzeugte Ton wird durch die Stellung der Artikulationsorgane im Mund- und Nasenraum stark verändert. Die Hauptrolle spielt dabei die Lage der Zunge, eine wichtige Rolle spielt aber auch die Lippenrundung. Wir betrachten zuerst die Lage der Zunge.

12 Die Vokalqualität wird entscheidend dadurch bestimmt, wo der höchste Punkt des Zungenrückens liegt. Der Zungenrücken ist das primäre artikulierende Organ, d. h., die Vokale gehören zu den dorsalen Lauten. Man berücksichtigt als Hauptrichtungen der Zungenbewegung die in der horizontalen (vorn–hinten) und die in der vertikalen (oben–unten) Ebene.

Hebt sich die Zunge gegen den Oberkiefer, so heißt der entstehende Vokal geschlossen oder oberer Vokal. Zu den geschlossenen Vokalen zählt das [i:] (langes *i*) wie in *Lied* und das [u:] wie in *Hut*. Senkt sich die Zunge gegen den Unterkiefer, so öffnet sich der Mund. Es entsteht ein offener oder unterer Vokal wie das [ɑ:] in *Rat*. Zwischen den geschlossenen und den offenen Vokalen sind Zwischenstufen wie halbgeschlossen und halboffen zu unterscheiden.

Bewegt sich die Zunge im Mundraum nach vorn, so spricht man von einem vorderen Vokal. Zu den vorderen Vokalen gehört wieder das [i:] wie in *Lied*. Das [i] ist der geschlossenste und am weitesten vorn artikulierte Vokal überhaupt. Ein vorderer Vokal ist auch das [a] wie in *Mann*. Im Gegensatz zum [i] ist beim [a] die Zunge gesenkt. [a] ist ein vorderer offener Vokal.

Bei Bewegung der Zunge nach hinten entsteht ein hinterer Vokal wie das [u:] in *Hut*. Das [u:] ist gleichzeitig geschlossen. Wird die Zunge in hinterer Stellung gesenkt, ergibt sich ein hinterer offener Vokal. Der am weitesten hinten artikulierte und offenste Vokal ist das [ɑ:] in *Rat*.

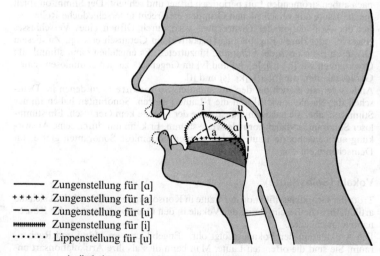

————— Zungenstellung für [ɑ]
+ + + + + Zungenstellung für [a]
– – – – Zungenstellung für [u]
ıııııııııı Zungenstellung für [i]
• • • • • • Lippenstellung für [u]

Artikulationsorgane mit Vokalviereck im Mundraum

Zwischen den vier Extremlagen der Zunge (oben–unten, vorn–hinten) wird das 13
sogenannte Vokalviereck aufgespannt. An den Eckpunkten des Vokalvierecks
liegen die Vokale [i], [a], [ɑ] und [u].
Jeder überhaupt denkbare Vokal hat entsprechend seiner Zungenstellung einen
Platz im Vokalviereck. Die Vokalqualitäten, die nach dem IPA unterscheidbar
sind, füllen den gesamten Vokalraum aus. (Die Vokale des Deutschen sind durch
Fettdruck hervorgehoben. Beispiele dazu vgl. 18)

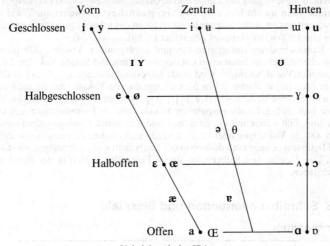

Vokalviereck des IPA

Neben der Zungenstellung spielt die Lippenrundung die entscheidende Rolle bei 14
der Vokalartikulation. Lippenrundung heißt Schließen des Mundes und Verengung des vorderen Mundraumes. Verengung des vorderen Mundraumes heißt
Zurückziehen der Zunge, deshalb liegt ein gerundeter Vokal weiter hinten als sein
ungerundetes Gegenstück. Öffnen des Mundes heißt Entrundung der Lippen,
deshalb sind die offenen Vokale natürlicherweise ungerundet.
Wie in den meisten Sprachen ist das Merkmalspaar gerundet/ungerundet im
Deutschen nur von Bedeutung für die vorderen nicht offenen Vokale. So ist [i:]
(Lied) ungerundet, [y:] *(kühn)* gerundet, ebenso [e:] *(Weg)* – [ø:] *(schön)*. Die hinteren Vokale [u], [o] sind gerundet ohne ungerundetes Gegenstück. Dagegen sind
[æ] und [ɑ] ungerundet ohne gerundetes Gegenstück (vgl. 18).

Bei den bisher beschriebenen Vokalen tritt der Luftstrom durch den Mund aus. 15
Der Weg durch die Nasenhöhle ist verschlossen. Durch Senken des Velums (Hin-
tergaumens) kann dieser Weg geöffnet werden. Vokale, die mit gesenktem Velum
artikuliert werden, heißen nasaliert. Das IPA verwendet zu ihrer Kennzeichnung
ein ~. Nasalierte Vokale treten vorwiegend in Fremdwörtern aus dem Französischen auf, z. B. [ɑ̃] *(Parfum)*, [ɛ̃] *(Teint)*.

In der Mitte des Vokalvierecks liegt der Vokal [ə], bei dem die Zunge weder nach 16
oben oder unten noch nach vorn oder hinten aus der Ruhelage bewegt ist. Der
Vokal [ə] heißt nach seiner Bezeichnung im Hebräischen Schwa. Er wird auch

Zentralvokal oder Reduktionsvokal genannt. Das Schwa kommt nur in unbetonten Silben wie in der zweiten Silbe von *Rübe, Esel, Garten* vor. Bei Standardlautung tritt als weiterer Reduktionsvokal das [ɐ] wie in der zweiten Silbe von *munter* auf (vgl. 57).

17 Schwa ist der Vokal, bei dem die Zunge sich in entspannter Ruhelage befindet. Je weiter ein Vokal im Vokalviereck von Schwa entfernt ist, desto größer ist die Artikulationsbewegung der Zunge und damit der Muskelaufwand bei seiner Artikulation. Man spricht hier auch von Gespanntheit. Je weiter ein Vokal von Schwa entfernt ist, desto gespannter ist er. So ist das [i:] *(ihn)* gespannt gegenüber [ɪ] *(in)*, [o:] *(Ofen)* ist gespannt gegenüber [ɔ] *(offen)* (vgl. 24).

Die Unterscheidung von gespannten und ungespannten Vokalen fällt für das Deutsche weitgehend zusammen mit der von langen und kurzen Vokalen. Ist ein gespannter Vokal betont, so wird er als Langvokal artikuliert, z. B. [o:] in *Ofen*, [e:] in *edel*, [u:] in *Buche*, [i:] in *Biene*. Ungespannte Vokale sind dagegen auch dann kurz, wenn sie betont sind, z. B. [ɔ] in *offen*, [ɛ] in *Henne*, [ʊ] in *Mutter*, [ɪ] in *Rinne* (vgl. 40 ff.). Da die gespannten Vokale außer in Fremdwörtern meist betont sind, fällt Länge mit Gespanntheit und Kürze mit Ungespanntheit zusammen. Ob ein Vokal lang oder kurz ist, ergibt sich automatisch aus Gespanntheit und Betonung. Länge muß deshalb in der Lautschrift nicht unbedingt notiert werden. Der Deutlichkeit halber wird sie im Folgenden jedoch in der Regel mitgeschrieben.

1.3 Schreibkonventionen und Beispiele

Konsonanten

18

IPA-Zeichen	Beispiel	Ort	Organ	Modus	Stimme
[b]	Ball	labial	labial	plosiv	stimmhaft
[ç]	China	palatal	dorsal	frikativ	stimmlos
[d]	Dampf	alveolar	koronal	plosiv	stimmhaft
[f]	Frosch	dental	labial	frikativ	stimmlos
[g]	Gans	velar	dorsal	plosiv	stimmhaft
[h]	Haus	glottal	glottal	frikativ	stimmlos
[j]	Jacke	palatal	dorsal	frikativ	stimmhaft
[k]	Kamm	velar	dorsal	plosiv	stimmlos
[l]	List	alveolar	koronal	lateral	stimmhaft
[m]	Milch	labial	labial	nasal	stimmhaft
[n]	Napf	alveolar	koronal	nasal	stimmhaft
[ŋ]	Ring	velar	dorsal	nasal	stimmhaft
[p]	Pult	labial	labial	plosiv	stimmlos
[r]	Rand	alveolar	koronal	vibrant	stimmhaft
[ʀ]	Rand	uvular	dorsal	vibrant	stimmhaft
[s]	Muße	alveolar	koronal	frikativ	stimmlos
[ʃ]	Schal	alveolar	koronal	frikativ	stimmlos
[t]	Teer	alveolar	koronal	plosiv	stimmlos
[v]	Wald	dental	labial	frikativ	stimmhaft
[x]	Kachel	velar	dorsal	frikativ	stimmlos
[z]	Sinn	alveolar	koronal	frikativ	stimmhaft
[ʒ]	Genie	alveolar	koronal	frikativ	stimmhaft
[ʔ]	Uhr	glottal	glottal	plosiv	stimmlos

Vokale

IPA-Zeichen	Beispiele	offen–geschlossen	vorn–hinten	Rundung
[a]	kalt	offen	vorn	ungerundet
[ɑ]	Kahn	offen	hinten	ungerundet
[ɐ]	Schieber	halboffen	zentral	ungerundet
[ã]	Gourmand	offen	vorn	ungerundet
[æ]	nähme	fast offen	vorn	ungerundet
[e]	Reh	halbgeschlossen	vorn	ungerundet
[ɛ]	Bett	halboffen	vorn	ungerundet
[ɛ̃]	Teint	halboffen	vorn	ungerundet
[ə]	Rabe	neutral	zentral	ungerundet
[i]	Brief	geschlossen	vorn	ungerundet
[ɪ]	Sinn	fast geschlossen	fast vorn	ungerundet
[o]	Hof	halbgeschlossen	hinten	gerundet
[ɔ]	Topf	halboffen	hinten	gerundet
[ɔ̃]	Balkon	halboffen	hinten	gerundet
[ø]	Föhn	halbgeschlossen	fast vorn	gerundet
[œ]	Körner	halboffen	fast vorn	gerundet
[œ̃]	Parfum	halboffen	fast vorn	gerundet
[u]	Mut	geschlossen	hinten	gerundet
[ʊ]	Hund	fast geschlossen	fast hinten	gerundet
[y]	süß	geschlossen	fast vorn	gerundet
[ʏ]	Sünde	fast geschlossen	fast vorn	gerundet

Weitere Schreibkonventionen

Zeichen	Beispiel	Erläuterung
‿	t͜saːn (Zahn)	Zusammenziehung zweier Segmente zu einer Affrikate (vgl. 9; manchmal auch [ts] geschrieben)
ʰ	tʰaːl (Tal)	behauchter Konsonant
χ	ɪχ–ɑχ (ich-ach)	steht für die Vereinigung von [ç] und [x] (vgl. 23)
ˈ	ˈhʏrdə (Hürde)	Hauptakzent des Wortes bei phonetischer oder phonologischer Schreibweise; steht vor der betonten Silbe (vgl. 40 ff.)
ː	zoːn (Sohn)	langer Vokal
_	Hüṟde	Hauptakzent des Wortes bei orthographischer Schreibweise; steht unter dem Vokalbuchstaben, der dem Kern der betonten Silbe entspricht
.	kɪn.dəʀ (Kinder)	Silbengrenze zwischen Sprechsilben; steht unter der Linie (vgl. 51 ff.)
-	Kin-der	Silbengrenze zwischen Schreibsilben
#	Kind#er	Morphemgrenze (vgl. 25)
ˌ	geːbn̩ (geben)	silbischer Konsonant; steht unter dem Konsonantzeichen (vgl. 56)
̯	feːʀi̯ən (Ferien)	nichtsilbischer Vokal; steht unter dem Vokalzeichen
[]	[buːx] (Buch)	phonetische Schreibweise
//	/balkən/ (Balken)	phonologische oder phonemische Schreibweise (vgl. 22)
⟨ ⟩	⟨heute⟩	orthographische oder graphematische Schreibweise

2 Das System der Laute: Phoneme

2.1 Funktionale Merkmale von Lauten (Opposition und Kontrast)

Allgemeines: Phonologie und Phonetik

19 Im vorausgehenden Abschnitt wurde dargelegt, wie die Sprechorgane bei der Artikulation der einzelnen Sprachlaute zusammenwirken. Eine Beschreibung dieser Art ist Aufgabe der artikulatorischen Phonetik. Die artikulatorische Phonetik beschäftigt sich mit den Bewegungsabläufen bei der Sprachproduktion. Laute müssen nicht nur artikuliert, sondern sie müssen auch gehört werden. Die Artikulation von Lauten und die Verarbeitung von Lauten im Gehör (auditive Analyse) sind nicht voneinander zu trennen. Artikulatorische Unterschiede, die nicht hörbar sind, spielen als Merkmale von Sprachlauten ebensowenig eine Rolle wie hörbare Unterschiede, die der Sprechapparat nicht zustande bringt. Die Beschreibung von Lauten nach dem Gehörseindruck und ihre Verarbeitung durch die Hörorgane ist Gegenstand der auditiven Phonetik. Prinzipiell können Sprachlaute ebenso gut auditiv wie artikulatorisch beschrieben werden. Für praktische Zwecke wählt man die artikulatorische Beschreibung, schon weil die Gehörseindrücke ungleich schwerer zu beschreiben sind.

Sprachlaute können schließlich in Hinsicht auf ihre physikalische Substanz beschrieben werden. Die akustische Phonetik ermittelt die physikalischen Eigenschaften von Lautereignissen. Sie stellt beispielsweise fest, welches Frequenzgemisch ein Vokal aufweist oder wie sich die Schallenergie bei der Öffnung eines Plosivs in der Zeit verändert.

Insgesamt beschäftigt sich die Phonetik mit der materiellen Seite von gesprochenen Äußerungen und damit auch der materiellen Seite der Laute. Die Verbindung von artikulatorischer, auditiver und akustischer Phonetik ist dann hergestellt, wenn man weiß, welchen physikalischen Eigenschaften ein Gehörseindruck entspricht und wie er artikulatorisch erzeugt werden kann.[1]

20 Die im engeren Sinn linguistische Beschreibung der Sprachlaute ist Gegenstand der Phonologie. Im Gegensatz zur Phonetik beschreibt die Phonologie die Laute als Bestandteile eines kontinuierlichen Sprachsignals nicht vollständig, sondern nur in Hinsicht auf ihre sprachliche Funktion. Abgesehen wird zunächst davon, daß jedes Lautsegment bei jeder Äußerung genaugenommen eine andere phonetische Gestalt hat, daß es systematische Unterschiede zwischen Frauen- und Männerstimme gibt, daß es systematische Altersunterschiede gibt usw. Darüber hinaus interessiert aber die Phonologie auch das nicht, was phonetisch immer zu einem Laut gehört und dennoch nicht funktional ist.

Die funktionalen Eigenschaften der Laute werden erfaßt mit Hilfe der Begriffe Opposition und Kontrast. Diese Begriffe erlauben es, von den vielen Eigenschaften der Laute einige als funktional auszuzeichnen. Werden Laute nur unter Berücksichtigung ihrer funktionalen Eigenschaften beschrieben, so spricht man von Phonemen. Phonetisch vollständiger beschriebene Laute nennt man dagegen Phone. Phoneme sind also gegenüber Phonen abstrakt in dem Sinne, daß ihnen weniger Eigenschaften zugeschrieben werden.

---

1 Zur Phonetik allgemein und zu den Verhältnissen im Deutschen vgl. O. v. Essen: Allgemeine und angewandte Phonetik. Berlin ⁵1979; K. J. Kohler: Einführung in die Phonetik des Deutschen. Berlin 1977; H. G. Tillmann/P. Mansell: Phonetik. Lautsprachliche Zeichen, Sprachsignale und lautsprachlicher Kommunikationsprozeß. Stuttgart 1980.

Opposition

Die Lautformen zweier Wörter wie [tanə] *(Tanne)* und [kanə] *(Kanne)* unterschei-   21
den sich in genau einem Laut. Die erste enthält dort ein [t], wo die zweite ein [k]
aufweist. [t] und [k] sind beide stimmlose Plosive, sie unterscheiden sich im Artikulationsort. [t] ist alveolar, [k] ist velar. Der Unterschied läßt sich auch über das
artikulierende Organ ausdrücken: [t] ist koronal, [k] ist dorsal.
Der Unterschied zwischen [t] und [k] kann also auf verschiedene Weise erfaßt
werden. Die Phonologie wählt die Eigenschaften zur Darstellung aus, mit deren
Hilfe sich das Lautsystem insgesamt am einfachsten beschreiben läßt. Im vorliegenden Fall wird das Merkmalspaar koronal/dorsal gewählt (vgl. 23).
Die Merkmale koronal und dorsal sind im Deutschen distinktiv, das heißt, sie
unterscheiden verschiedene Wörter wie [tanə] *(Tanne)* und [kanə] *(Kanne)*. Sie
haben damit eine sprachliche Funktion. Zwei Laute, die sich durch mindestens
ein distinktives Merkmal unterscheiden, stehen zueinander in Opposition. [t]
steht in Opposition zu [k], aber z. B. auch zu [v]: *Tanne – Wanne.* Man erkennt
Distinktivitäten, indem man Paare von Wörtern nebeneinanderstellt, die sich in
genau einem Laut in derselben Position unterscheiden. Solche Paare heißen Minimalpaare. Für den zweiten Laut in *Tanne*, das [a], können wir etwa die Minimalpaare *Tanne – Tonne* und *Tanne – Tenne* bilden. Die phonologische Beschreibung der Vokale muß also auf jeden Fall die Unterschiede [a] – [ɔ], [a] – [ɛ] und
[ɔ] – [ɛ] erfassen (vgl. 24).

Kontrast

In einem Wort wie [maʀkt] *(Markt)* folgt [t] unmittelbar auf [k]. [kt] ist in dieser   22
Position eine mögliche Lautfolge. Die Folge [tk] ist hier nicht möglich (vgl. 26 ff.).
Ein Wort wie [maʀtk] kann es nicht geben.
Es lassen sich allgemeingültige Regeln für die Abfolge von Lauten angeben (vgl.
26). Zur Formulierung solcher Regeln nimmt man wieder Bezug auf Lauteigenschaften. Unser Beispiel etwa zeigt, daß in der gegebenen Position ein koronaler
Plosiv auf einen dorsalen folgen kann, nicht aber umgekehrt. Lautmerkmale, die
zur Formulierung von Abfolgeregeln verwendet werden und in diesem Sinne
funktional sind, heißen kontrastive Merkmale. Zwei Laute, die sich wie [k] und
[t] durch mindestens ein kontrastives Merkmal unterscheiden, stehen in Kontrast.
[k] und [t] stehen also sowohl in Opposition als auch in Kontrast.[1]
Distinktive und kontrastive Merkmale machen gemeinsam die Menge der funktionalen Merkmale der Laute im Sinne von Phonemen aus. In den meisten Fällen genügt es, die distinktiven Merkmale der Phoneme zu kennen, weil ein kontrastives Merkmal im allgemeinen auch ein distinktives ist. Selbstverständlich ist
dies aber nicht. Ein Phonem muß von allen Phonemen unterscheidbar sein, mit
denen es austauschbar ist (Opposition). Es muß aber auch von allen Phonemen
unterscheidbar sein, mit denen es zusammen auftritt (Kontrast).
Wird die Lautform eines Wortes als Phonemfolge wiedergegeben, so setzt man
sie in Schrägstriche, z. B. /kanə/, /tanə/, /markt/. Diese Schreibweise verwenden
wir dann, wenn es ausdrücklich auf die funktionalen Merkmale der Laute ankommt. In allen anderen Fällen werden Lautformen in eckige Klammern eingeschlossen (vgl. 18).

---

[1] Der Terminus ‚Kontrast' wird in der Phonologie auch anders verwendet. Zur hier gewählten
    Verwendung vgl. R. Jakobson/M. Halle: Grundlagen der Sprache. Berlin 1960, S. 4.

2.2 Das System der Konsonanten

23   In Abschnitt 1.2 wurden 23 Konsonanten artikulatorisch beschrieben. Nicht alle diese Konsonanten sind selbständige Laute im Sinne von Phonemen. Auf Grund folgender Überlegungen wird die Zahl der Konsonantphoneme des Deutschen auf 21 festgesetzt. Zum selben Phonem gehören einmal das Zungen-r [r] und das Rachen-r [ʀ]. Überall dort, wo das Zungen-r steht, kann auch das Rachen-r stehen. Manche Sprecher sagen [rʊndə], andere sagen [ʀʊndə]. Ein Bedeutungsunterschied ist damit nicht verbunden, [r] und [ʀ] stehen nicht in Opposition. Man sagt, [r] stehe mit [ʀ] in freier Variation. Für das Phonemsystem wird nur ein r-Phonem angesetzt. Da das Rachen-r weiter verbreitet ist, wird dieses Phonem mit /ʀ/ bezeichnet.

Auch die Konsonanten [ç] und [x] sind nicht selbständige Phoneme. Sie stehen nicht in Opposition, denn sie treten in unterschiedlichen Umgebungen auf. [x] steht nach offenen und hinteren Vokalen *(Dach, Loch, Bruch),* nach allen anderen Vokalen steht [ç] *(Stich, Hecht, Küche, Köcher).* Auch nach Konsonanten steht [ç] *(manch, Milch, Lurch).* Man sagt, [x] und [ç] haben komplementäre Verteilung. Da [ç] weiter verbreitet ist, setzen wir ein Phonem /ç/ an. Dieses Phonem schreiben wir gelegentlich auch als /χ/. /χ/ steht im heimischen Wortschatz im allgemeinen nicht im Morphemanlaut. Einzige Ausnahme ist das Diminutivsuffix *-chen.* Bei den Fremdwörtern kommt [x], besonders häufig aber [ç], auch im Anlaut von Wörtern vor (vgl. 51 ff.).

Die 21 Konsonanten bringen wir nun in ein System, das ihre funktionalen Eigenschaften berücksichtigt. Dieses System erfaßt die Konsonanten nach drei artikulatorischen Parametern, nämlich Artikulationsart (plosiv, frikativ, nasal, oral), Stimmhaftigkeit (stimmlos, stimmhaft) und artikulierendem Organ (labial, koronal, dorsal, glottal). Auf Einbeziehung des Artikulationsortes kann verzichtet werden.

		labial		koronal		dorsal		glottal
		stl	sth	stl	sth	stl	sth	
obstruent	plosiv	p	b	t	d	k	g	ʔ
	frikativ	f	v	s ʃ	z ʒ	ç	j	h
sonorant	nasal	m		n		ŋ		
	oral			l		ʀ		

Das System der Konsonanten

Plosive und Frikative bilden die Oberkategorie der Obstruenten, der die Oberkategorie der Sonoranten gegenübersteht. Die Obstruenten treten paarweise als stimmhaft/stimmlos auf. Eine Ausnahme machen der glottale Verschlußlaut /ʔ/ (manchmal auch als /l/ geschrieben) sowie /h/. Da die Geräuschbildung bei /ʔ/ an der Stimmritze erfolgt, ist die Unterscheidung eines stimmhaften Lautes von einem stimmlosen nicht möglich. Bei /h/ ist der Unterschied prinzipiell möglich, er ist aber schlecht wahrnehmbar.

Die Felder der koronalen Frikative sind im Schema doppelt besetzt. Als stimmlose haben wir /s/ und /ʃ/ *(Bus – Busch),* als stimmhafte /z/ und /ʒ/ *(Lose – Loge).* Diese Lautpaare sind zu unterscheiden durch die Merkmale eng gerillt/weit gerillt[1]. Bei /s/ und /z/ findet die Friktion in einer engen Rille zwischen Zunge und Alveolen statt, bei /ʃ/ und /ʒ/ ist diese Rille flach. Eine Alternative wäre natürlich, unter den koronalen die Gruppe der apikalen Laute auszuzeichnen. /s/ und /z/ wären apikal, /ʃ/ und /ʒ/ nicht. Das Phonem /ʒ/ kommt ausschließlich in Fremdwörtern *(Garage, Genie, Dschungel)* vor. Es hat aber einen wohldefinierten Platz im System der deutschen Konsonanten.

Die Sonoranten werden unterteilt in nasale und orale. Die Kategorie „oral" ist begriffslogisch die Gegenkategorie zu „nasal". Die oralen Sonoranten heißen in den meisten Systemen „Liquide" (vgl. 9).

Da alle Sonoranten Stimmton aufweisen, bleiben die Felder der glottalen Sonoranten unbesetzt. Ein labialer Sonorant ist dagegen denkbar. Er könnte so aussehen wie das /ʋ/ in englisch *what*. Ein solcher Konsonant hätte im Deutschen eine schwache Stellung, weil er dem stimmhaften Frikativ /v/ zu ähnlich wäre. Insgesamt bilden die Konsonanten ein System von großer Geschlossenheit und Konsistenz.

2.3 Das System der Vokale

Zur Beschreibung des Vokalismus im Kernwortschatz werden 16 Vokalphoneme   24
angesetzt. 15 der Vokale können betont sein. Das einzige nicht betonbare Vokalphonem ist Schwa. Schwa steht zu keinem anderen Vokal in Opposition.

Bei den betonbaren Vokalen sind zwei Hauptgruppen zu unterscheiden, nämlich die gespannten und die ungespannten Vokale. Das Vokalsystem ist so aufgebaut, daß jedem gespannten ein ungespannter Vokal entspricht. So entspricht dem gespannten Vokal /i/ in *Miete* der ungespannte Vokal /ɪ/ in *Mitte*. Gespannte Vokale liegen im Vokalviereck weiter außen als ungespannte (vgl. 11 ff.).

Der Unterschied gespannt/ungespannt ist distinktiv. Es finden sich für alle Vokale Minimalpaare mit diesem Unterschied, z. B. *Miete – Mitte; Höhle – Hölle; schwelen – schwellen; Bahn – Bann; Ofen – offen; Pute – Putte.* Dieses Prinzip ist nur an einer Stelle durchbrochen, nämlich beim /æ/ wie in *wäre, nähme*. Das /æ/ hat keine ungespannte Entsprechung für sich, sondern teilt sie mit /e/. Das ungespannte Gegenstück für beide ist /ɛ/ (vgl. 53).

Das System der gespannten Vokale wird im schematisierten Vokalviereck folgendermaßen dargestellt:

	vorn		hinten			
	ungerundet	gerundet				
geschlossen	i	y	u	*nie*	*früh*	*Kuh*
halbgeschlossen	e	ø	o	*Reh*	*Bö*	*Floh*
offen		æ	ɑ		*jäh*	*nah*

Die gespannten Vokale

Charakteristisch für das System ist, daß die vorderen oberen Vokale paarweise als gerundet und ungerundet auftreten *(triebe – trübe, lesen – lösen)*. Für die hinteren

---

[1] Vgl. K. J. Kohler: Einführung in die Phonetik des Deutschen. Berlin 1977, S. 63.

und die unteren Vokale gibt es eine solche Opposition nicht. Die hinteren Vokale /u/ und /o/ sind stets gerundet, die unteren /æ/ und /ɑ/ sind ungerundet. Die ungespannten Vokale bilden auf dieselbe Weise ein System wie die gespannten. Der einzige Unterschied besteht darin, daß das Feld der offenen Vokale nicht doppelt besetzt ist. Es enthält nur /a/, das ungespannte Gegenstück zu /ɑ/. Nach dem IPA liegt hier der ungespannte Vokal weiter vorn als der gespannte, deshalb ist er im Schema als „vorn" ausgewiesen. Artikulatorisch ist das unsicher. Bei den offenen Vokalen ist sehr schwer zu entscheiden, wo der höchste Punkt der Zunge liegt. Außerdem zeigt das Vokalviereck (vgl. 13), daß die Bewegungsfreiheit des Zungenrückens in horizontaler Richtung bei den offenen Vokalen stark eingeschränkt ist, so daß [a] auf jeden Fall weniger weit vorne liegt als [e] oder [i].

	vorn		hinten				
	ungerundet	gerundet					
geschlossen	ɪ	ʏ	ʊ		Wind	hübsch	Hund
halbgeschlossen	ɛ	œ	ɔ		Welt	Mönch	Volk
offen	a				Rand		

Die ungespannten Vokale

Wie bei den gespannten stehen sich hier bei den oberen vorderen Vokalen ein gerundeter und ein ungerundeter gegenüber *(Kiste – Küste, Hecke – Höcker)*.
Die Unterscheidung von gespannten und ungespannten Vokalen ist nicht nur in Hinsicht auf Opposition von Bedeutung, sondern auch in Hinsicht auf Kontrast. Beide Gruppen von Vokalen kommen in unterschiedlichen Silbentypen vor. In betonter offener Silbe treten nur gespannte Vokale auf (z. B. *Vieh, Schuh, weh*). Folgen dem Vokal dagegen zwei oder mehr Konsonanten, so treten regelhaft nur ungespannte Vokale auf, z. B. *Kind, Wulst* (vgl. 37 ff.).
Zwischen einigen Vokalen des Systems besteht eine besondere Beziehung, die man als Umlautung bezeichnet. Von Umlaut spricht man dann, wenn der Vokal eines Wortstammes in bestimmten Flexionsformen oder Ableitungen nach vorn verschoben (frontiert) wird, z. B. [huːt] – [hyːtə] *(Hut – Hüte)*, [hoːf] – [høːflɪç] *(Hof – höflich)*, [jʊŋ] – [jʏŋəʀ] *(jung – jünger)*, [tɔpf] – [tœpfə] *(Topf – Töpfe)*.

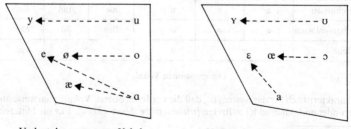

Umlaut der gespannten Vokale   Umlaut der ungespannten Vokale

Besondere Bedingungen gelten für den Umlaut der offenen Vokale. Das gespannte [ɑ] kann meist sowohl nach [e] wie nach [æ] umgelautet werden: [hɑ:n] – [he:nə] oder [hɑ:n] – [hæ:nə] (*Hahn – Hähne;* vgl. auch 53). Beim Übergang [ɑ] – [e], [æ] und [a] – [ɛ] ist Umlautung mit Frontierung und Hebung verbunden. Von Umlaut spricht man auch beim Übergang des Doppelvokals (Diphthongs; vgl. 32) [au] zu [ɔɪ] wie in [baum] – [bɔɪmə] (*Baum – Bäume*).

3 Die Silbe

3.1 Silbe und Morphem

Jede Wortform besteht vollständig aus Silben, jede Silbe besteht ihrerseits vollständig aus Lauten. Als sprachliche Einheit ist die Silbe zwischen dem Lautsegment und der Wortform angesiedelt. Wortformen werden also nicht direkt als Folgen von Lauten beschrieben, sondern als Folgen von Silben. 25
Die Gliederung einer Wortform in Silben ist dem Sprecher intuitiv zugänglich. Ohne Schwierigkeiten läßt sich angeben, wie viele Silben eine Wortform hat. Kinder verfügen über diese Kenntnis genauso wie Erwachsene. Bevor Kinder schreiben lernen, wissen sie im allgemeinen nicht, daß Wortformen aus Lautsegmenten aufgebaut sind. Dagegen machen viele Kinderspiele von der Gliederung der lautlichen Formen in Silben Gebrauch (z. B. Abzählreime).
Silben können betont oder unbetont sein, sie sind die Träger von Akzenten und damit von entscheidender Bedeutung für den Sprachrhythmus. Die Gliederung einer Wortform in Silben („Sprechsilben") darf nicht verwechselt werden mit der Gliederung in Morpheme (manchmal „Sprachsilben" genannt). Morpheme sind die kleinsten bedeutungstragenden Einheiten (vgl. Die Wortbildung 1.1). Silbengliederung und Morphemgliederung fallen häufig zusammen, aber sie können sich auch unterscheiden. Kennzeichnen wir eine interne Silbengrenze mit „-" und eine Morphemgrenze mit „#", dann ergeben sich beispielsweise folgende Gemeinsamkeiten und Unterschiede.

Wortform	Silbengliederung	Morphemgliederung
Kind	*Kind*	*Kind*
Kinder	*Kin-der*	*Kind # er*
kindlich	*kind-lich*	*kind # lich*
Zettel	*Zet-tel*	*Zettel*
verzetteln	*ver-zet-teln*	*ver # zettel # n*
rufen	*ru-fen*	*ruf # en*
rufst	*rufst*	*ruf # st*

Silbengliederung und Morphemgliederung von Wortformen

Weder in der Zahl noch in der Lage der Grenzen müssen Silben und Morpheme übereinstimmen. Eine Wortform kann mehr Silben haben als Morpheme, aber auch das Umgekehrte kommt vor. Zunächst werden die Silbenstruktur und die Gliederung von Wortformen in Silben unabhängig von Morphemgrenzen beschrieben. Das Zusammenwirken von Silben- und Morphemgrenzen bei der Gliederung von Wortformen wird in Abschnitt 3.3 behandelt.

3.2 Der Silbenbau

26 Eine Silbe ist eine Folge von Lauten. Die Abfolge der Laute ist streng geregelt. So weiß jeder Sprecher, daß etwa [kRaft] eine Silbe des Deutschen ist, während [ktafR] nicht den Abfolgeregeln gehorcht und deshalb als Silbe ausgeschlossen ist. Dagegen könnte [pRaft] durchaus vorkommen. Diese Silbe gibt es im Deutschen nicht, aber die Lautfolge bildet eine mögliche Silbe. Man erkennt daran, daß es Regularitäten für die Abfolge von Lauten gibt, unabhängig davon, welche dieser Lautfolgen als Silben tatsächlich existieren.

Jede Silbe enthält einen Laut, der den Kern dieser Silbe bildet. Im allgemeinen ist der Silbenkern ein Vokal. In der Standardlautung (vgl. 51 ff.) und in der Umgangslautung (vgl. 60 ff.) kommen aber auch Konsonanten (und zwar Sonoranten) als Silbenkerne vor. Dem Silbenkern können mehrere Laute vorausgehen. Sie bilden den Anfangsrand der Silbe. Dem Kern können auch mehrere Laute folgen. Sie bilden den Endrand der Silbe. Kern und Endrand zusammen bilden den Silbenreim.

See	[z eː]		
halt	[h a l t]		
alt	[ʔ a l t]		
Kraft	[k r a f t]	1 Anfangsrand	(a)
	1 2 3	2 Kern	(k)
	4	3 Endrand	(e)
	5	4 Reim	(r)
		5 Silbe	(σ)

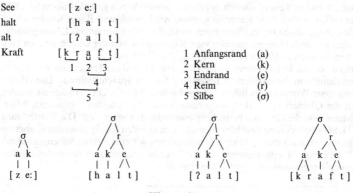

Silbenstrukturen

Geht dem Silbenkern kein Laut voraus (leerer Anfangsrand), so spricht man von einer nackten Silbe. Nackte Silben sind im Deutschen nicht sehr häufig. Fängt ein geschriebenes Wort mit einem Vokalbuchstaben an, so steht im Gesprochenen ein Konsonant, nämlich [ʔ], wie in unserem Beispiel [ʔalt] (alt). Diese Silbe ist also nicht nackt. Nackte Silben kommen im heimischen Wortschatz z. B. als nichtbetonbare Silben wie die zweiten Silben in [geːən] (gehen) oder [tɔɪəR] (teuer) vor (vgl. 37 ff.). Bei den Fremdwörtern kommen auch zahlreiche betonbare (mit Vollvokal) wie in [poeziː] (Poesie) und sogar betonte nackte Silben vor (z. B. [poeːt] (Poet)).

Folgt dem Silbenkern kein Laut, so spricht man von einer offenen Silbe (Silbe mit leerem Endrand, z. B. [zeː] (See), [fRoː] (froh)). Bestehen ein Anfangsrand oder ein Endrand aus genau einem Laut, so heißen sie einfach. Bestehen sie aus mehreren Lauten, so heißen sie komplex. Silben mit komplexen Rändern sind im allgemeinen betonbar. In betonbaren Silben finden sich viele Lautkombinationen, die in nichtbetonbaren Silben (Schwasilben) ausgeschlossen sind. Wir betrachten nur den Aufbau der betonbaren Silben.

Das allgemeine Silbenbaugesetz

Als rhythmisch-prosodische Grundeinheit ist die Silbe in ihrem Aufbau auf den Rhythmus der Artikulation und auf den Rhythmus der Lautwahrnehmung bezogen. Bei der Artikulation wird die Stärke des ausströmenden Luftstroms rhythmisch verändert. Dies geht Hand in Hand mit den Öffnungs- und Schließbewegungen der Artikulationsorgane. In der Regel findet pro Silbe genau eine Öffnungs- und Schließbewegung statt. Am Silbenkern (Vokal) ist der größte Öffnungsgrad erreicht. Während der Artikulation des Anfangsrandes findet eine Öffnungsbewegung statt, während der Artikulation des Endrandes eine Schließbewegung. 27

Dem entspricht auf der Seite der Wahrnehmung ein rhythmischer Wechsel von Lauten mit dominantem Geräuschanteil und solchen, bei denen der Stimmton dominiert. An den äußeren Enden der Silbe finden sich häufig reine Geräuschlaute (stimmlose Obstruenten). Im Zentrum der Silbe steht dagegen in der Regel ein Vokal (ohne Geräuschanteil mit besonders deutlich wahrnehmbarem Stimmton). Wahrnehmungsmäßig zwischen den stimmlosen Obstruenten und den Vokalen liegen die stimmhaften Obstruenten und die Sonoranten. Erstere haben Stimmton, aber das Geräusch ist wahrnehmbar dominant. Letztere haben – abgesehen vom Sonderfall [R] – keinen Geräuschanteil, aber der Stimmton ist weniger dominant als bei den Vokalen. Die damit charakterisierten Lauteigenschaften faßt man unter dem Begriff S o n o r i t ä t zusammen.

Auf dieser Grundlage lassen sich Bedingungen für die Abfolge von Lauten in der Silbe angeben. Ordnet man die Laute nach Öffnungsgrad und Sonorität, dann ist diese Ordnung gleichzeitig ausschlaggebend für die mögliche Abfolge von Lauten in der Silbe. 28

Man nennt diese Ordnung zwischen den Lauten S o n o r i t ä t s h i e r a r c h i e. Die Sonoritätshierarchie bezieht sich nach den obigen Ausführungen (trotz ihres Namens) nicht nur auf den auditiven (d. h. auf das Ohr bezogenen) Faktor Sonorität, sondern auch auf den artikulatorischen Faktor Offenheit. Allgemeiner formuliert heißt das: Die Abfolgeregularitäten sind von auditiven *und* artikulatorischen Gesichtspunkten abhängig. Eine Lautfolge muß für das Ohr Laut für Laut wahrnehmbar sein, und sie muß artikulierbar sein.

Die Sonoritätshierarchie wird gewöhnlich nicht für Einzellaute einer Sprache aufgestellt, sondern für Lautklassen, die S o n o r i t ä t s k l a s s e n. Eine Sonoritätsklasse umfaßt Laute gleicher Sonorität. Eine Sonoritätshierarchie, die mit fünf Lautklassen arbeitet und mit der man die meisten Silbentypen im Kernwortschatz des Deutschen richtig erfaßt, ist die folgende:

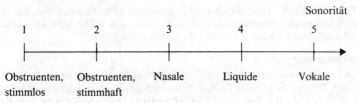

				Sonorität
1	2	3	4	5
Obstruenten, stimmlos	Obstruenten, stimmhaft	Nasale	Liquide	Vokale

Sonoritätshierarchie

Der Zusammenhang zwischen der Sonorität von Lauten und ihrer Position in der Silbe wird über das sogenannte a l l g e m e i n e S i l b e n b a u g e s e t z hergestellt: 29

Zwischen den Lauten zweier Sonoritätsklassen nimmt die Sonorität im Anfangsrand zu, erreicht im Silbenkern ihr Maximum und nimmt im Endrand ab.[1] Die
folgende Skizze veranschaulicht den Silbenbau anhand einiger Beispiele.

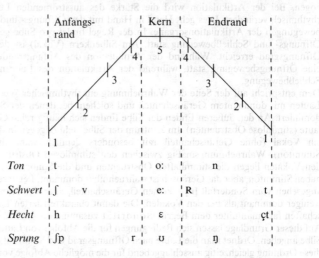

Sonoritätsprofil der Silbe

Bei allen Unterschieden im einzelnen folgt der Silbenbau sämtlicher Sprachen der
Erde doch dem Bauprinzip, wie es im allgemeinen Silbenbaugesetz formuliert ist.
Eine große Variationsbreite besteht hinsichtlich des Aufbaus von Anfangs- und
Endrand. Anfangsrand und Endrand können leer sein, sie können aber auch sehr
komplex sein. Es gibt Sprachen, die nur offene Silben haben und andere, die viele
Silbentypen unterschiedlicher Komplexität aufweisen. Zu diesen Sprachen gehört
das Deutsche. Die einfachste Silbe des Deutschen besteht aus einem Vokal, z. B.
die zweite Silbe in [ge:ə] *(gehe)*, komplexe Silben können aus einer Folge von mindestens sieben Lauten bestehen, z. B. [ʃpʀɪçst] *(sprichst)*.

Die Bestandteile der Silbe im einzelnen

30 Der Silbenbau des Deutschen hat einige charakteristische Eigenschaften, die aus
dem allgemeinen Silbenschema noch nicht hervorgehen. Die Silbe wird daher
getrennt nach Anfangsrand, Kern und Endrand beschrieben.

Anfangsrand

31 Der Anfangsrand der Silbe besteht aus höchstens drei Konsonanten. Im heimischen Wortschatz sind das die Kombinationen [ʃpʀ] *(Sprung)*, [ʃpl] *(Splint)* und
[ʃtʀ] *(Strich)*. Drei Konsonanten sind nur mit [ʃ] als erstem Segment möglich. Be-

---

1   Vgl. Th. Vennemann: Neuere Entwicklungen in der Phonologie. Berlin 1986 sowie die Bei-
    träge in: P. Eisenberg/K. H. Ramers/H. Vater (Hg.): Silbenphonologie des Deutschen. Tübin-
    gen 1992.

zieht man die Fremdwörter mit ein, kommen noch die Kombinationen [skʀ] *(Skrupel, Skript)* und [skl] *(Sklave, Sklerose)* dazu. Insgesamt sind drei Konsonanten nur möglich mit koronalem stimmlosem Frikativ als erstem und stimmlosem Plosiv als zweitem Segment. Die Kombinationsmöglichkeiten sind also sehr beschränkt.

Eine reiche und hochstrukturierte Kombinatorik weist der zweikonsonantige Anfangsrand auf. Zunächst gibt es eine Anzahl von Kombinationen aus stimmlosem Frikativ und stimmlosem Plosiv, nämlich wie schon in den dreikonsonantigen Rändern [ʃt] *(Stein),* [ʃp] *(Spalt)* und [sk] *(Skat)* und darüber hinaus auch [st] *(Story)* und [sp] *(Speed),* wiederum vor allem bei den Fremdwörtern. Schließen wir diese Folgen von zwei stimmlosen Obstruenten von der weiteren Betrachtung aus und schließen wir die Affrikaten [t͡s] und [p͡f] mit ein, so ergibt sich folgender Gesamtbestand:

2.Pos \ 1.Pos	p	t	k	b	d	g	f	ʃ	v	t͡s	p͡f
ʀ	+	+	+	+	+	+	+	+	+		+
l	+		+	+		+	+	+			+
n			+			+		+			
m								+			
v			+					+		+	

Anfangsrand mit zwei Konsonanten

Das Schema macht deutlich, daß nur ein Teil der möglichen Kombinationen aus Obstruent und Sonorant tatsächlich vorkommt. Die existierenden Kombinationen sind mit einem Kreuz markiert. [p] in erster Position verbindet sich beispielsweise mit [ʀ] und [l] in zweiter Position wie in *Pracht* und *Plan.*[1]

Das Schema zeigt weiter, daß die Kombinatorik von stimmlosen und stimmhaften Plosiven im Anfangsrand nahezu identisch ist: [p] verhält sich wie [b], [t] wie [d] und [k] nahezu wie [g]. Die enge Verwandtschaft der lautlichen Substanz drückt sich auch in der Kombinatorik aus.

Strukturell bedeutsam ist, daß in erster Position nur Obstruenten, in zweiter Position nur Sonoranten auftreten. Die einzige Ausnahme im heimischen Wortschatz ist [v], das sich von seinen Eigenschaften her an der Grenze zwischen Obstruenten und Sonoranten befindet. Es kommt sowohl in erster Position *(Wrack, wringen)* als auch in zweiter Position vor *(Schwester, Zwang).*

Im Fremdwortschatz gibt es weitere Kombinationen von zwei Obstruenten, etwa [tʃ] in *Tschador* oder [dʒ] in *Dschungel.* Die Standardkombination im zweikonsonantigen Anfangsrand besteht jedoch aus einem Obstruenten, gefolgt von einem Sonoranten. Das Merkmalspaar obstruent/sonorant ist kontrastiv. Es spielt eine wichtige Rolle für die Kombinatorik des Anfangsrandes. Festzustellen ist noch, daß der Anfangsrand genau einen Sonoranten enthalten kann. Folgen von mehreren Sonoranten gibt es nicht.

---

1 Eine allgemeine Regel, die genau die vorkommenden Kombinationen ausgliedert, ist nicht bekannt. Eine gute Annäherung besagt: Ausgeschlossen sind solche Verbindungen, bei denen Obstruent und Sonorant mit demselben Organ artikuliert sind (homorgane Cluster). Damit erfaßt man etwa das Nichtvorkommen von [pm], [pv], [tl], [tn], [bm], [bv], [dl], [dn], [fm], [vm]. Man erfaßt jedoch nicht das Fehlen von [tm], [tv], [km] usw. Auch erfaßt man nicht, daß [kʀ], [gʀ] und [ʃl] vorkommen, obwohl die Laute in diesen Verbindungen homorganisch sind.

Zahlreiche Anfangsränder enthalten genau einen Konsonanten. In betonbaren Silben des heimischen Wortschatzes kommen 18 der 21 Konsonantphoneme vor (vgl. das Konsonantenschema auf S. 34). Ausgeschlossen sind nur [ŋ], [s] und [ç] bzw. [x].

Kern und Diphthonge

32 Bei deutlicher Artikulation (Explizitlautung, vgl. 44 ff.) besteht der Silbenkern aus genau einem Vokal. Auch das Umgekehrte gilt: Jeder Vokal kann einen Silbenkern bilden (zu den silbischen Konsonanten vgl. 56).

Am Übergang zwischen dem Silbenkern und den Silbenrändern treten einige Laute auf, die sich nicht ohne weiteres in eine der bis jetzt aufgestellten Lautklassen einordnen lassen. Diese Laute sind den Vokalen sehr ähnlich und verbinden sich eng mit dem Vokal im Kern zu Diphthongen (Doppellauten). Die Diphthonge werden häufig als Ganzes dem Vokalinventar zugeordnet.

Zwei Klassen von Diphthongen lassen sich unterscheiden, die öffnenden und die schließenden. Die öffnenden Diphthonge kommen ausschließlich in Fremdwörtern vor, beispielsweise in *Guano, Gouache, Suada,* in *Region, Union, Mission* und in *Duell, Menuett.* Wie viele solche öffnenden Diphthonge man im Deutschen ansetzen soll und wie weit sie ins System integriert sind, ist schwer zu entscheiden (vgl. auch 55). Im Folgenden werden diese Diphthonge als Folge von nichtsilbischem Vokal [u̯] bzw. [i̯] und silbischem Vokal [ɑ], [o] oder [ɛ] beschrieben. Transkribiert wird etwa [gu̯a:no] und [ʀegi̯o:n]. Die nichtsilbischen Vokale in öffnenden Diphthongen werden nicht als Bestandteil des Silbenkerns, sondern des Anfangsrandes angesehen, weil sie noch innerhalb der Öffnungsbewegung liegen. Die nichtsilbischen Vokale nennt man auch Halbvokale. Sieht man sie als Konsonanten an, dann heißen sie Gleitlaute oder Approximanten.

Die drei schließenden Diphthonge sind fester Bestandteil des heimischen Wortschatzes, vgl. [mai̯] *(Mai),* [hɔi̯] *(Heu),* [fʀau̯] *(Frau).* Bei ihnen bildet der erste Bestandteil den Silbenkern, während der zweite zum Endrand gehört.

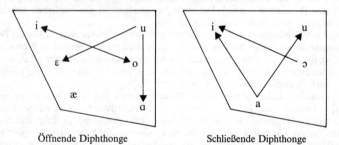

Öffnende Diphthonge   Schließende Diphthonge

Endrand

33 Für den Endrand der Silbe gelten teilweise dieselben, teilweise auch andere Kombinationsregeln als für den Anfangsrand. Zahlreiche Lautkombinationen des Anfangsrandes treten im Endrand in umgekehrter Abfolge auf: [tʀ] – [ʀt] *(Traum – Wirt),* [kl] – [lk] *(Klang – Kalk),* [fl] – [lf] *(Flug – Wolf).* Die wichtigsten Besonderheiten des Endrandes gegenüber dem Anfangsrand lassen sich in drei Punkten zusammenfassen:

1. Im Endrand gibt es keine Beschränkung auf einen Sonoranten. Liquide und Nasale stellen je eigene Sonoritätsklassen dar: *Garn, Arm, Köln, Halm.* Innerhalb der Liquide hat [ʀ] gegenüber [l] die höhere Sonorität: *Kerl, Quirl.*

2. Im Endrand gibt es keine stimmhaften Obstruenten (vgl. aber 38, Silbengelenke). Möglich sind also Silben wie [ʀuːs], [bʊnt], [hɛʀpst], nicht aber solche wie [ʀuːz], [bʊnd], [hɛʀbst]. Die Beschränkung des Endrandes auf stimmlose Obstruenten führt zu der sogenannten Auslautverhärtung, die als eines der Charakteristika der Silbe im Deutschen gilt.

34

Man spricht von Auslautverhärtung dann, wenn ein Wortstamm zwei lautliche Varianten hat, wobei die eine Variante einen stimmlosen und die andere einen stimmhaften Obstruenten enthält. So weist [hʊndə] *(Hunde)* dort ein [d] auf, wo [hʊnt] *(Hund)* ein [t] hat. Ähnlich in [leːgən] – [leːkst] *(legen – legst),* [ʀoːzə] – [ʀøːslaɪn] *(Rose – Röslein),* [kɛlbəʀ] – [kalp] – [kɛlpçən] *(Kälber – Kalb – Kälbchen).* Auslautverhärtung tritt ein, wenn ein stimmhafter Obstruent auf Grund morphologischer Bedingungen vom Anfangsrand in den Endrand übergeht. Das [d] in *Hunde* etwa befindet sich im Anfangsrand der zweiten Silbe, das [t] in *Hund* dagegen im Endrand der ersten Silbe.[1] Die Auslautverhärtung wird in der Orthographie nicht abgebildet, d. h., beide Formen des Stammes schreibt man mit demselben Buchstaben *(Hunde – Hund).*

Im Zusammenhang mit der Auslautverhärtung ist auch die sogenannte Spirantisierung des [g] zu sehen. Ein [g] nach [i] bzw. [ɪ] gibt es in der Standardsprache nicht innerhalb des Endrandes unbetonter Silben, wohl aber ein [ç]. Erscheint ein [g] wie das in [køːnigə] *(Könige)* im Silbenendrand *(König),* so wird es nicht nur entstimmt zu [k], sondern auch noch spirantisiert zu [ç]. Es ergibt sich [køːnɪç] (vgl. auch 58).

3. Zwischen Endrand und Kern gibt es einen Längenausgleich. Ist der Endrand leer, so ist der Vokal im Kern lang, d. h., er ist gespannt und betont (vgl. 17): [kuː] *(Kuh),* [kniː] *(Knie).* Enthält der Endrand zwei oder mehr Konsonanten, so ist der Vokal kurz (d. h. ungespannt): [bʊnt] *(bunt),* [zanft] *(sanft),* [ɛʀnst] *(ernst).* Von dieser Regel gibt es nur wenige Ausnahmen. Zu ihnen gehören *Mond, wüst, Obst.* Hier ist der Vokal lang, obwohl der Endrand komplex ist. Regelhaft und in großer Zahl stehen Langvokale und Kurzvokale in betonten Silben mit einfachem Endrand: [baːn] – [ban] *(Bahn – Bann),* [veːn] – [vɛn] *(wen – wenn),* [beːt] – [bɛt] *(Beet – Bett).*

35

Einen Längenausgleich dieser Art gibt es nur zwischen Endrand und Kern, nicht aber zwischen Anfangsrand und Kern. Deshalb faßt man Kern und Endrand bei der Beschreibung der Silbe häufig zu einer Einheit zusammen, dem Silbenreim. Die Bezeichnung Silbenreim erinnert auch daran, daß bei schulmäßig gereimten Versen die letzten Silben wenigstens in Kern und Endrand übereinstimmen *(Hut – Mut, Kind – Wind, ernst – lernst).*

Silbenschema

Die wichtigsten Regularitäten für die Abfolge von Lauten in betonbaren Silben lassen sich in folgendem Silbenschema zusammenfassen.

36

Die beiden äußeren Positionen 1 und 10 sind mehrfach – wenn auch mit sehr beschränkter Kombinatorik – besetzbar, z. B. *Strumpf, Sprung* und *ernst, Obst.* Alle

---

[1] Man hat häufig davon gesprochen, daß [d] und [t] hier ‚eigentlich' derselbe Laut seien, und für diesen Laut Begriffe wie Morphophonem oder Archiphonem verwendet.

stimm-lose Obstru-enten	stimm-hafte Obstru-enten	Sono-ranten	Gleit-laute	Vokale	Gleit-laute	R	l	Nasale	stimm-lose Obstru-enten
1	2	3	4	5	6	7	8	9	10

Silbenschema des Deutschen

anderen Positionen sind höchstens einmal besetzbar. Einige der Positionen schließen einander aus, so die Gleitlaute. Es kann nur entweder Position 4 *(Leguan, Radio)* oder Position 6 *(Reis, Haus)* besetzt sein. Auch die Positionen 6 und 7 sind alternativ, d. h., es gibt kein [ʀ] nach Diphthong. Von den Positionen 7, 8 und 9 können jeweils maximal zwei besetzt sein, z. B. *Kerl* und *Kern,* nicht aber **Kerln.* Auch die Positionen 1 und 2 schließen einander weitgehend aus. Die einzigen Kombinationen aus stimmlosem und stimmhaftem Obstruenten im Anfangsrand sind [kv] *(Qual)* und [ʃv] *(schwer).*

Insgesamt weist der Anfangsrand der maximal besetzten Silbe ein größeres Sonoritätsgefälle auf als der Endrand.

3.3 Zur Lage der Silbengrenze

37 Mehrsilbige Wortformen weisen interne Silbengrenzen auf. Silbengrenzen sind nicht durch spezielle lautliche Mittel markiert, sondern sie ergeben sich aus der Struktur der benachbarten Silben.

Bei Wortformen mit internen morphologischen Grenzen hängt die Lage der Silbengrenzen teilweise von der Lage der morphologischen Grenzen ab. Deshalb werden im ersten Schritt nur einfache Wortformen betrachtet, danach Wortformen mit morphologischen Grenzen. In manchen Fällen – besonders innerhalb des Fremdwortschatzes – ist unklar, wo morphologische Grenzen liegen. Solche Zweifelsfälle bleiben außer Betracht.

Einfache Wortformen

38 In einfachen mehrsilbigen Wortformen sind bezüglich der Lage der Silbengrenze drei Fälle zu unterscheiden:

1. Bei Explizitlautung hat jede Silbe genau einen Vokal als Kern. Folgen in einer Wortform zwei silbische Vokale unmittelbar aufeinander, so liegt deshalb zwischen ihnen eine Silbengrenze:

[ʀuːə] *(Ruhe),* [leːən] *(Lehen),* [hɛːəʀ] *(Häher).*

Regel 1 gilt nicht für Diphthonge, denn nur einer der beiden Vokale eines Diphthongs ist silbisch (vgl. 32). In Formen wie [fʀai̯] *(frei)* und [ʃtau̯] *(Stau)* gibt es keine internen Silbengrenzen. Folgt dem Diphthong ein weiterer Vokal, so liegt die Grenze zwischen dem Diphthong und diesem nachfolgenden Vokal:

[mau̯əʀ] *(Mauer),* [gʀɔy̯əl] *(Greuel),* [ʀai̯ə] *(Reihe).*

2. Weist eine Wortform zwischen zwei Silbenkernen einen Konsonanten auf, so gehört dieser zur zweiten Silbe.

[haː ̯fɐʀ] *(Hafer)*, [boː ̯tə] *(Bote)*, [ʃtʀuː ̯dəl] *(Strudel)*.

Weist eine Wortform zwischen zwei Silben mehrere Konsonanten auf, so gehören alle die Konsonanten zur zweiten Silbe, die zusammen einen wohlgeformten Anfangsrand (vgl. 26 ff.) bilden können.

[gaʀ ̯tən] *(Garten)*, [vɛs ̯pə] *(Wespe)*, [zɛl ̯tə] *(selten)*, [kaʀp ̯fen] *(Karpfen)*.

Wertet man [p͡f] als ein Segment (Affrikate), dann liegt die Silbengrenze vor diesem Segment: [kaʀ ̯p͡fən]. Viele Sprecher sind unsicher, wie sie in einem solchen Fall entscheiden sollen.

3. Im Deutschen gilt eine allgemeine Beschränkung für den Aufbau von betonten Silben mit ungespanntem Vokal. Sie besagt, daß solche Silben nicht offen sein können: Betonte Silben mit ungespanntem Vokal haben mindestens einen Konsonanten im Endrand.

In einer Wortform wie [ʃɔlə] *(Scholle)* gehört das [l] nach Regel 3 zur ersten Silbe. Nach Regel 2 gehört es aber zur zweiten Silbe, denn es ist der einzige Konsonant zwischen den Silbenkernen. Damit gehört das [l] zu beiden Silben gleichzeitig, die Silbengrenze liegt im Konsonanten: [ʃɔlə] besteht aus den Silben [ʃɔl] und [lə]. Konsonanten, die zu zwei Silben gleichzeitig gehören, nennt man Silben-gelenke.

Silbengelenke sind eine im Deutschen weit verbreitete Erscheinung. Fast alle Konsonanten kommen als Silbengelenke vor.

[vasɐʀ] *(Wasser)*, [ʀɔbə] *(Robbe)*, [mʊtɐʀ] *(Mutter)*, [kapə] *(Kappe)*, [ʀɔgən] *(Roggen)*, [nɪkəl] *(Nickel)*, [vafə] *(Waffe)*.

In Abschnitt 3.2 wurde festgestellt, daß im Silbenendrand keine stimmhaften Obstruenten vorkommen können. Dies gilt dann nicht, wenn der stimmhafte Obstruent Silbengelenk ist. Wörter wie [ʀɔbə] *(Robbe)*, [ʀɔgən] *(Roggen)*, [padəl] *(Paddel)*, [kvasəln] *(quasseln)* haben ja alle einen stimmhaften Obstruenten im Endrand der ersten Silbe.

Nach Regel 1 bis 3 ergibt sich die Lage der Silbengrenze allein auf Grund phonologischer Bedingungen. Man spricht hier von der phonologisch bestimmten Silbengrenze.

Wortformen mit internen Morphemgrenzen

Bei mehrsilbigen Wortformen mit internen Morphemgrenzen (flektierte Formen, Ableitungen und Zusammensetzungen) liegen die Silbengrenzen in vielen Fällen nicht dort, wo sie auf Grund der phonologischen Bedingungen zu erwarten wären. Als Grundregeln gelten:

1. Enthält eine Wortform ein vokalisch anlautendes Suffix, so ist die Lage der Silbengrenze phonologisch bestimmt. Es gelten die oben formulierten Regeln 1 bis 3.

Suffix [ən]: [zaː ̯gən] *(sagen)*, [bʊʀ ̯gən] *(Burgen)*, [ʃøː ̯nən] *(schönen)*;
Suffix [ɐʀ]: [leː ̯ʀɐʀ] *(Lehrer)*, [gʀøː ̯sɐʀ] *(größer)*, [gʀøː ̯sɐ.ʀɐʀ] *(größerer)*;
Suffix [ɪn]: [boː ̯tɪn] *(Botin)*, [leː ̯ʀə ̯ʀɪn] *(Lehrerin)*.

2. In allen anderen Fällen fällt die Silbengrenze mit der Morphemgrenze zusammen, unabhängig davon, wo sie auf Grund der phonologischen Bedingungen liegen müßte.

Man spricht hier von einer morphologisch bestimmten Silbengrenze. Sie liegt insbesondere vor bei:

a. Konsonantisch anlautenden Suffixen, z. B. [lıç] in [vɪʀk̩lıç] *(wirklich)*, [nıs] in [vaːk̩nıs] *(Wagnis)*. In beiden Beispielen läge die phonologisch bestimmte Silbengrenze an anderer Stelle, nämlich [vɪʀ̩klıç] und [vaː̩gnıs].

b. Präfixen und Präfixoiden jeder Art, z. B. [ɛnt] in [ɛnt̩ʀaː̩tən] *(entraten,* phonologisch müßte syllabiert werden [ɛn̩tʀaː̩tən]); [aʊf] in [aʊf̩lasən] *(auflassen),* phonologisch müßte syllabiert werden [aʊ̩flasən].

c. Zusammensetzungen, z. B. [haʊs̩tyʀ] *(Haustür),* [miːt̩ʀɛçt] *(Mietrecht,* phonologisch müßte syllabiert werden [haʊ̩styʀ], [miː̩tʀɛçt]).

4 Wortbetonung

40

Die Wörter des Deutschen werden nach Regeln betont, die sich auf die lautliche Struktur und auf die morphologische Struktur der Wörter beziehen. Es ist deshalb sinnvoll, die Betonung einfacher, abgeleiteter und zusammengesetzter Wörter getrennt darzustellen.[1]

Die Betonung von Wörtern wird auf Silben bezogen. Betonungsregeln geben an, auf welcher Silbe eines mehrsilbigen Wortes die Hauptbetonung liegt. Für Nebenbetonungen lassen sich ebenfalls Regeln angeben, diese bleiben im Folgenden jedoch unberücksichtigt.

Die Betonung eines Wortes ergibt sich in vielen Fällen zwangsläufig daraus, daß das Wort nur e i n e betonbare Silbe enthält. Betonbar sind alle Silben, die nicht [ə] (Schwa) als Silbenkern haben (vgl. 16). Schwasilben sind nicht betonbar. Deshalb liegt die Betonung von Wörtern mit nur einer betonbaren Silbe fest.

Ofen, Schule, munter, edel, schreiben, wegen, heute.

Einfache Wörter

41

Beim weitaus größten Teil der einfachen Wörter wird die letzte betonbare Silbe betont. Dies ist meist die letzte oder die vorletzte Silbe:

Paket, Organ, Konzert, abstrakt, naiv, Metall, Kongreß;
Pudel, gestern, laufen, Jugend, Forelle, Hornisse, Holunder.

Tritt bei den Flexionsformen solcher Wörter eine Silbe hinzu, so ändert sich die Betonung nicht. Die hinzukommenden Silben sind immer Schwasilben.

Paket – Pakete, abstrakt – abstrakter, Tugend – Tugenden.

Eine besondere Regel gilt für Substantive mit *s*-Plural. Bei ihnen wird die vorletzte Silbe betont, auch wenn die letzte Silbe betonbar ist:

Kognaks, Slaloms, Autos, Gummis, Uhus, Omas.

Abgeleitete Wörter

Suffixbildungen

42

Der größte Teil der heimischen Ableitungssuffixe ist betonungsneutral. Solche Suffixe beeinflussen die Lage der Betonung innerhalb des Wortstammes nicht, z. B. *Wolke – wolkig, sagen – sagbar.* Betonungsneutrale Ableitungssuffixe sind:

---

[1]   Vgl. W. U. Wurzel: Der deutsche Wortakzent: Fakten–Regeln–Prinzipien. In: Zeitschrift für Germanistik 1 (1980), S. 299–318; P. Eisenberg: Syllabische Struktur und Wortakzent. Prinzipien der Prosodik deutscher Wörter. In: Zeitschrift für Sprachwissenschaft 10 (1991), S. 37–64.

-bar, -chen, -er, -haft, -heit, -ig, -in, -keit, -lein, -ler, -lich, -ling, -ner, -nis, -sam, -schaft, -tum, -ung.

Auch viele fremde Suffixe sind betonungsneutral, z. B. *-ian (Grobian)* und *-um (Zentrum).* Andere hingegen ziehen die Betonung auf sich, z. B. *-ist (Sozialist)* und *-ant (Musikant).* Betonte Ableitungssuffixe sind:

-abel, -age, -(i)al, -and, -ant, -anz, -är, -at, -ell, -ent, -ei, -enz, -euse, -ibel, -ier, -ine, -ion, -ist, -ität, -iv, -os, -ös, -nal, -nell, -ur.

Einige Suffixe haben besondere Betonungseigenschaften. So fixiert *-isch* den Akzent auf der Silbe vor dem Suffix, wenn diese betonbar ist: *Korea – koreanisch.* Das Suffix *-or* wird nicht betont, wenn es am Wortende steht. Folgt ihm jedoch eine nichtbetonbare Silbe, so wird es betont: *Lektor – Lektoren.*

Präfixbildungen

Die größte Gruppe unter den Präfixen sind die Verbpräfixe. Die nichttrennbaren Verbpräfixe *be-, ent-, er-, ge-, ver-, zer-* sind betonungsneutral. Trennbare Verbpräfixe (Verbpartikeln, Präfixoide und andere Verbzusätze) sind betont.

laden – aufladen – abladen, gehen – hingehen – weggehen – hergehen – angehen – untergehen – aufgehen – vorgehen – zugehen.

Einige Verbpräfixe kommen sowohl betont als auch unbetont vor. Am häufigsten sind:

um- (umfahren – umfahren), durch- (durchbrechen – durchbrechen), über- (überlegen – überlegen), unter- (unterstellen – unterstellen).

Die Nominalpräfixe *un-, ur-, miß-* und *erz-* sind betont.

Ungnade, Urvertrauen, Mißverständnis, Erzvater.

Zusammensetzungen

Bei Zusammensetzungen mit zwei Bestandteilen wird der erste Bestandteil betont, und zwar auf der Silbe, die bei seinem freien Vorkommen betont wird.

Fensterrahmen, Autoreifen, Muntermacher, Vorderseite, Arbeitsjacke.

Bei Zusammensetzungen mit drei Bestandteilen sind mehrere Fälle zu unterscheiden.[1]

1. Hat die Zusammensetzung die Struktur (a+(b+c)), so wird der zweite Bestandteil betont, d. h. der Bestandteil b:

Welthungerhilfe, Bundesaußenminister, Verwaltungsnebenstelle.

2. Hat die Zusammensetzung die Struktur (a+(b+c)) und ist der zweite Hauptbestandteil (b+c) zu einer festen Verbindung geworden, so wird der erste Bestandteil betont:

Hauptbahnhof, Frauenparkplatz, Studentenwohnheim.

3. Hat die Zusammensetzung die Struktur ((a+b)+c), so wird der erste Bestandteil betont, also der Bestandteil a:

Bahnhofsvorplatz, Parkplatzsorgen, Nebenstellenleiter.

---

[1] Vgl. z. B. W. A. Benware: Accent variation in German nominal compounds of the type (A(BC)). Linguistische Berichte 108 (1987), S. 102–127.

In manchen Fällen sind mehrere Analysen von Zusammensetzungen möglich und daher auch unterschiedliche Betonungen.

Straßenbauamt – Straßenbauamt, Einfamilienhaus – Einfamilienhaus.

Die Betonung von Zusammensetzungen mit mehr als drei Bestandteilen ergibt sich aus einer Kombination der angegebenen Regeln. So hat *Bahnhofsgaststätte* zwei Hauptbestandteile, deren zweiter lexikalisiert ist *(Gaststätte)*. Deshalb liegt die Betonung auf dem ersten Hauptbestandteil (Regel 2) und innerhalb dessen wieder auf dem ersten Bestandteil. Dagegen ist in *Eisenbahnbetriebsgesellschaft* der erste Hauptbestandteil lexikalisiert *(Eisenbahn)*, während der zweite als verzweigend anzusehen ist (Regel 1).

5 Aussprachevarietäten

43

Innerhalb des deutschen Sprachgebietes gibt es eine große Zahl von Aussprachevarietäten, die alle der deutschen Sprache zuzurechnen sind. Welche Varietät gesprochen wird, ist landschaftlich und sozial bedingt, kann vom Alter der Sprecherinnen und Sprecher abhängen und schließlich auch davon, in welcher Situation gerade gesprochen wird. Zumindest alle erwachsenen Sprecherinnen und Sprecher beherrschen mehrere Aussprachevarietäten. So kann man seine Aussprache mehr oder weniger stark dem Heimatdialekt einerseits oder der Standardlautung andererseits anpassen, und man kann eine eher formelle oder informelle Aussprachevarietät unabhängig vom Dialekt wählen.

Von den verschiedenen Aussprachevarietäten fassen wir in den folgenden Abschnitten nur eine kleine Zahl ins Auge. Die Auswahl betrifft Varietäten des Deutschen, die als überregional zu gelten haben. Unberücksichtigt bleiben insbesondere die Dialekte und regional beschränkte Soziolekte.

Grundlage für die Beschreibung der einzelnen Varietäten ist das in den Abschnitten 2 bis 4 in den Grundzügen dargestellte Lautsystem. Auf diesem System beruht eine Aussprachevarietät, die wir die Explizitlautung des Deutschen nennen. Die anderen Aussprachevarietäten werden unter Bezug auf die Explizitlautung dargestellt. Für jede Aussprachevarietät ist anzugeben, inwiefern sie von der Explizitlautung abweicht.

5.1 Explizitlautung und Überlautung

44

Explizitlautung als wortphonologische Bezugsgröße für andere Aussprachevarietäten ist unter folgenden Voraussetzungen gegeben.[1]

1. Die Wortformen werden einzeln ausgesprochen. Ihre Lautform ist nicht durch die Lautform vorausgehender oder nachfolgender Formen beeinflußt, wie das in zusammenhängender Rede der Fall ist.

2. Die Wortformen werden so ausgesprochen, daß jeder Einzellaut alle seine funktionalen artikulatorischen Merkmale hat. Beispielsweise ist [zanft] als Explizitlautung von *sanft* anzusehen, nicht aber [zamft].

3. Die Wortformen werden so ausgesprochen, daß alle Silben vorhanden sind und jeder Silbenkern ein Vokal ist. So ist [geːbən] *(geben)* eine Explizitlautung, nicht aber [geːbn̩]. Noch deutlicher ist der Unterschied bei einer Form wie *wollen*.

---

[1] Vgl. Th. Vennemann/J. Jacobs: Sprache und Grammatik. Darmstadt 1984.
In H. Basbøll/J. Wagner: Kontrastive Phonologie des Deutschen und Dänischen. Tübingen 1985, S. 8 f. ist von distinktiver Aussprache statt von Explizitlautung die Rede.

Ihre Explizitlautung ist [vɔlən]. Fällt der Vokal in der Endung aus, so kann die Form einsilbig werden: [vɔln].

4. Die Wortformen werden mit Normalbetonung ausgesprochen, nicht aber mit besonderen Betonungen wie der Kontrastbetonung. So entspricht die Betonung der Formen in *beladen* und *entladen* der Explizitlautung, nicht aber die in *beladen* und *entladen*.

Die Lautform eines Wortes in Explizitlautung ist nicht lediglich ein theoretisches Konstrukt. Vielmehr hat sie die Eigenschaften, die wir als die „wirkliche Lautform" eines Wortes im Kopf haben. Wir „hören" viele Eigenschaften dieser Lautform auch dann, wenn sie – etwa bei schnellem Sprechen – physikalisch nicht vorhanden sind.

Was zum Kernsystem des Deutschen gehört und also mit der Explizitlautung zu erfassen ist, steht nicht ein für allemal fest. Beispielsweise hat das [ʒ] wie in *Garage* einen festen Platz im System der Konsonanten. Das System hätte ohne diesen Laut eine Lücke, [ʒ] ist aber dennoch eindeutig beschränkt auf den Fremdwortschatz (vgl. 23). Ähnliche Fragen stellen sich für alle Teile des Lautsystems. So passen Lautkombinationen wie [sl] *(Slum)*, [sn] *(Snob)* oder [pj] *(Computer)* gut zur Struktur des Silbenanfangsrandes (Kombination von Obstruent und Sonorant, vgl. 31), und es ist auch nicht einzusehen, warum [ç] im Silbenanfangsrand *(China, chemisch)* nicht in das System integrierbar sein soll. | 45

Die Begriffe Kernsystem und Explizitlautung werden durch Abgrenzungsschwierigkeiten selbstverständlich nicht in Frage gestellt. Ihr Nutzen zeigt sich ja auch daran, daß man genau angeben kann, in welcher Hinsicht ein Fremdwort, ein Laut, eine Lautfolge usw. in das System des Deutschen integriert ist und in welcher nicht.

Von der Explizitlautung zu unterscheiden ist die Überlautung. Während die Explizitlautung phonologisch bestimmt und in diesem Sinn als grundlegende Lautform einer Wortform anzusehen ist, dient die Überlautung bestimmten praktischen Zwecken. Die Form der Überlautung hängt in den Einzelheiten von diesen Zwecken ab und kann sich von den phonologischen Eigenschaften der Wortform mehr oder weniger stark entfernen. Es entstehen künstliche Lautgestalten. Verschiedene Formen der Überlautung finden sich etwa, wenn bei lauter Umgebung gesprochen werden muß, wenn eine große Entfernung zwischen Sprecher und Hörer überwunden werden muß, beim Gesang und insbesondere beim lautierenden Lesen von Kindern und schriftbezogener Aussprache beim Diktat. Typische Merkmale der Überlautung gegenüber der Explizitlautung sind die folgenden:

Ersatz von Schwa durch Vollvokal

Bei Überlautung wird [ə] in Präfixen häufig durch [e] oder [ɛ] und in Suffixen durch [ɛ] ersetzt, z. B. [beɡʀaifn̩], [ɛntlaufn̩] (Überlautung von *begreifen, entlaufen*) anstelle von [bəɡʀaifən], [əntlaufən] (Explizitlautung). | 46

Einschub von intervokalischem *h*

Bei Überlautung wird in Anlehnung an die Orthographie zwischen unmittelbar benachbartem betontem und unbetontem Vokal ein [h] eingeschoben. So werden etwa *Ruhe* und *fliehen* in Überlautung als [ʀuːhə] und [fliːhən] ausgesprochen. Die Explizitlautungen sind [ʀuːə], [fliːən]. | 47

Zungen-r

48 Manche Sprecher verwenden bei Überlautung das Zungen-r [r], auch wenn sie sonst das velare [ʀ] verwenden. Solche Sprecher, die bei Standardlautung (vgl. 51 ff.) das [ʀ] verwenden, verwenden es bei Überlautung auch dort, wo es sonst nicht vorkommt, beispielsweise im Auslaut unbetonter Silben, wie in [yːbɛʀ] *(über)*.

Längung unbetonter Vokale

49 Nach den Ausführungen in Abschnitt 2.3 treten Langvokale in Explizitlautung dann auf, wenn gespannte Vokale betont werden wie in [buːxə] *(Buche)* oder [zeːgəl] *(Segel)*. Gespannte unbetonte (und damit kurze) Vokale kommen vor allem in mehrsilbigen nichtnativen Wörtern vor wie [mobilitɛːt] *(Mobilität)*, [hydrogeːn] *(Hydrogen)*. Solche gespannten Kurzvokale werden bei Überlautung häufig lang gesprochen: [moːbiːliːtɛːt], [hyːdroːgeːn].

Doppelkonsonanten an Morphemgrenzen

50 Gleiche oder homorganische Konsonanten an Morphemgrenzen werden bei Überlautung häufig getrennt artikuliert:

> *annehmen* [annemən], *Bettuch* [bɛttux], *abprallen* [appralən].

Bei Explizitlautung werden solche Doppelkonsonanten mit zeitlicher Verzögerung artikuliert: Plosive öffnen später, alle anderen Konsonanten werden lang. Beides notieren wir als [k̲k̲]. Es ergibt sich für Explizitlautung:

> *annehmen* [an̲n̲emən], *Bettuch* [bɛt̲t̲ux], *Waschschüssel* [vaʃ̲ʃ̲ʏsəl], *abprallen* [ap̲p̲ralən].

5.2 Hochlautung und Standardlautung

51 Bis zum Ende des 19. Jahrhunderts gab es im deutschen Sprachgebiet eine überregional mehr oder weniger einheitliche Aussprachevarietät, die an der Schriftform der Wörter orientiert war und als „vorbildliche Aussprache" galt. Von einer Hochlautung spricht man hier noch nicht. Zu einer Hochlautung gehört die Bindung an eine Norm.

Der einflußreichste Versuch, eine Aussprachenorm für das Deutsche zu fixieren, ist das Wörterbuch von Theodor Siebs, das erstmals 1898 unter dem Titel „Deutsche Bühnensprache" erschienen. Schon der Titel zeigt, daß als maßgebend eine literarische Sprachform angesehen wurde, die auf den Bühnen des deutschen Sprachgebietes auf dieselbe Weise ausgesprochen werden sollte. Siebs' Wörterbuch führte später neben der Bühnensprache auch die Hochsprache im Titel, so in der 13. Auflage von 1922 „Deutsche Bühnensprache – Hochsprache". Daraus wurde dann „Siebs deutsche Hochsprache" mit „Bühnensprache" im Untertitel (16. Auflage 1957) und später „Deutsche Aussprache. Reine und gemäßigte Hochlautung" (19. Auflage 1969). Andere Wörterbücher für das gegenwärtige Deutsch verwenden nicht mehr den Terminus Hochlautung, sondern sprechen von Standardlautung.[1]

52 Zur Herausbildung und Durchsetzung eines einheitlichen Lautstandards tragen neben der Orthographie im 20. Jahrhundert vor allem der Rundfunk und das

---

[1] Z.B. Duden-Aussprachewörterbuch ³1990; Krech, H. u.a.: Wörterbuch der deutschen Aussprache. Leipzig ²1967 spricht von „Hochlautung als Standardsprache".

Fernsehen bei. Nicht zuletzt unter dem Einfluß der Massenmedien ist die Bühnensprache in den vergangenen Jahrzehnten durch eine neue Norm abgelöst worden, die als Standardaussprache oder Standardlautung bezeichnet wird. Mit der zunehmenden Verbreitung einer Standardlautung geht nicht unbedingt ein Verlust von Dialektlautungen einher. So gut wie alle Sprecherinnen und Sprecher verstehen die Standardlautung ohne jede Schwierigkeit, und eine immer größere Zahl verfügt auch aktiv über eine Aussprachevarietät, die der Standardlautung nahekommt. Dieses Vermögen steht aber meist neben der Fähigkeit zum Sprechen und Verstehen eines Dialekts.

Betont werden muß, daß man sich die Standardlautung nicht als eine „Norm" vorstellen darf, in der alle Eigenschaften der Lautung eindeutig geregelt sind. Es gibt eine Reihe von Aussprachemerkmalen, die als Standard gelten. Daneben gibt es aber auch einen breiten Bereich von Variation innerhalb der Standardlautung. Für die Beschreibung der Standardlautung wird wie bei der Explizitlautung eine Wort-für-Wort-Aussprache vorausgesetzt. Es kommt auf die Lautform der einzelnen Wortform an, nicht auf Verschleifungen zwischen den Formen in der fortlaufenden Rede. Allgemeine Kennzeichen der Standardlautung sind ihre Schriftnähe, ihre überregionale Gültigkeit und ihre Tendenz zur Einheitlichkeit. Charakteristische Merkmale der Standardlautung gegenüber der Explizitlautung sind die folgenden:

Aussprache des Umlauts von [ɑ]

Zur Unterscheidung der Formen des Konjunktivs II von denen des Konjunktivs I muß bei einer Anzahl von starken Verben ein geschlossenes [e] von einem offenen [æ] unterschieden werden, z. B. [ne:mə] – [næ:mə] *(sie nehme – nähme),* ähnlich in *gebe – gäbe, sehe – sähe, trete – träte* usw. Systematisch taucht [æ] auch sonst als Umlaut von [ɑ] auf, z. B. [fɑ:tɐ] – [fæ:tɐ] *(Vater – Väter).* Hier steht [æ] aber nicht in Opposition zu [e], sondern nur zu [ɑ]. Es besteht deshalb in der Standardlautung eine Konkurrenz zwischen [e] und [æ]. Sie führt dazu, daß sich ein halboffenes [ɛ] als Standard durchsetzt. Man hört heute sowohl [fæ:tɐ] wie [fɛ:tɐ] und [fe:tɐ] (letztere Aussprache vorwiegend in Norddeutschland). In Wörtern wie *Ähre* und *Bär* ist der Vokal – anders als in *Väter* – kein Umlaut von [ɑ]. Auch hier kommen mehrere Öffnungsgrade des Vokals vor.

Schließende Diphthonge

In die Standardlautung sind eine Reihe von schließenden Diphthongen integriert, die im nativen Wortschatz nicht vorkommen. Zu nennen sind vor allem [ei̯] wie in [lei̯di] *(Lady),* [plei̯ʔɔf] *(Play-off)* und [ou̯] wie in [ʃou̯] *(Show),* [gou̯ʔɪn] *(Go-in).*

Öffnende Diphthonge

Die Gleitlaute in öffnenden Diphthongen haben wir in Explizitlautung als nichtsilbische Vokale dargestellt, z. B. [ʀegi̯o:n] *(Region),* [legu̯an] *(Leguan,* vgl. 32). In Standardlautung werden diese Gleitlaute meist als stimmhafte Frikative ausgesprochen: [ʀegjo:n], [legβa:n] ([β] ist ein stimmhafter bilabialer Frikativ).

Silbische Konsonanten

Sonoranten in auslautenden Schwasilben werden bei Standardlautung silbisch, d. h., sie bilden an Stelle von Schwa den Silbenkern: [lo:bn̩] *(loben),* [ʃʏsl̩] *(Schüssel),* [ɑ:tm̩] *(Atem),* [tu:gn̩dn̩] *(Tugenden).* Enthält eine Schwasilbe mehrere Sono-

53

54

55

56

2*

ranten, so wird bei Wegfall des Schwa immer der erste dieser Sonoranten silbisch: aus [ho:ˈlən] *(holen)* wird also [ho:ln̩], aus [hɛləm] wird [hɛlm̩] *(hellem),* aus [hɛlˌmən] hingegen [hɛlmn̩] *(Helmen,* auch reduziert zu einer Form mit langem silbischen [m]) und aus [kɛʀˌnən] wird [kɛʀnn̩] *(Kernen).* Besondere Bedingungen gelten für die Artikulation von [əʀ] (s. u.).

r-Laute

57 Im Anfangsrand der Silbe wird /ʀ/ entweder velar als [ʀ] oder alveolar als [r] artikuliert (freie Variation), z. B. in *Rand, Schraube, Trick,* aber auch intervokalisch in *Barren, bohren, Säure.*

Im Endrand nach Vollvokal wird /ʀ/ in Standardlautung als [ɐ̯] ausgesprochen. Man spricht hier vom vokalischen /ʀ/, z. B. [vɪɐ̯t] *(Wirt),* [dɔɐ̯f] *(Dorf),* [hi:ɐ̯] *(hier),* [ʃve:ɐ̯] *(schwer).* Die Vokalisierung von /ʀ/ führt häufig dazu, daß der vorausgehende Vokal angehoben, d. h. geschlossen wird. So sagen viele Sprecher, besonders auch Kinder, [do̝ɐ̯f] *(Dorf),* [vi̝ɐ̯t] *(Wirt).* Die Vokalisierung des /ʀ/ führt nie dazu, daß eine zusätzliche Silbe entsteht. [ɐ̯] ist immer nichtsilbisch.

Ein Silbenreim /əʀ/ wird als ganzer [ɐ] ausgesprochen: [mʊntɐ] *(munter),* [mʊntəʀɐ] *(munterer).* Hier ist [ɐ] natürlich Silbenkern, und zwar auch dann, wenn noch ein weiterer Sonorant folgt: [ʃmi:ɐ̯n̩] *(schmieren),* [po:ɐ̯n̩] *(Poren).*

Verteilung von [ç] und [x]

58 Es gibt eine Anzahl von Konsonanten, die in einem größeren, heimische und fremde Wörter umfassenden Wortschatz des Standarddeutschen zwar eine Aussprache haben, wie sie bei Explizitlautung gefordert ist, die aber eine andere Verteilung haben als im Kernwortschatz. Zu diesen Konsonanten gehören [ç] und [x], die im Kernwortschatz komplementär verteilt, d. h. Allophone desselben Phonems sind. Im Anlaut von Wortstämmen kommen sie dort nicht vor. Dagegen tritt [ç], wie schon in Abschnitt 5.1 erwähnt, im größeren Wortschatz der Standarddeutschen recht häufig in dieser Position auf: *Chemie, China, Chinin.* Vor [a] ist der Unterschied zwischen [ç] und [x] sogar distinktiv, vgl. *Chalikose* [çaliko:zə] – *Chanukka* [xanʊka]. Der phonologische Status eines Lautes liegt also nicht ein für allemal fest. Insbesondere durch Entlehnungen und Lehnbildungen sind Veränderungen möglich.

Aspiration (Behauchung)

59 Wird der Verschluß eines stimmlosen Plosivs unter hohem Innendruck geöffnet, so wird die ausströmende Luft als Behauchung (Aspiration) hörbar. Die aspirierten Plosive werden notiert als [pʰ], [tʰ], [kʰ]. Aspiration ist im Deutschen niemals distinktiv, sondern sie ist umgebungsabhängig.

Starke Aspiration tritt im Deutschen dann auf, wenn ein stimmloser Plosiv allein den Anfangsrand einer betonten Silbe bildet wie in [pʰɑ:tə] *(Pate),* [tʰy:tə] *(Tüte),* [kʰu:xən] *(Kuchen).* Gut hörbar ist die Aspiration auch dann, wenn dem Plosiv ein Sonorant folgt wie in [pʰlɑ:n] *(Plan),* [tʰʀo:n] *(Thron)* oder wenn er intervokalisch zwischen betontem und unbetontem Vokal steht, z. B. [vatʰə] *(Watte),* [mʏkʰə] *(Mücke).* In allen anderen Positionen sind die Plosive wenig behaucht, insbesondere nicht im Endrand, *(Raps, Bank)* und nicht im Anfangsrand nach [ʃ] *(Stein, Span).*

Die Aspirierung stimmloser Plosive ergibt sich im Deutschen auf natürliche Weise bei der Artikulation. Ihre normative Fixierung wäre nicht sinnvoll und nicht funktional.

5.3 Umgangslautung

Der weitaus größte Teil des Sprechens vollzieht sich für den weitaus größten Teil der Sprecher in Umgangslautung. Die Umgangslautung ist die Aussprachevarietät der alltäglichen mündlichen Kommunikation. Als solche ist sie uneinheitlich und einer umfassenden Beschreibung schwer zugänglich. Es gibt aber eine Reihe von Artikulationsweisen, die weitgehend unabhängig von dialektalen und soziolektalen Einflüssen sind und die es erlauben, die Umgangslautung als Ganzes von der schriftnäheren Standardlautung zu unterscheiden. Die im Folgenden links vom Zeichen > stehenden Formen geben Standardlautung wieder, die rechts davon Umgangslautung. Die Formen werden nicht als Ganze in Umgangslautung wiedergegeben, sondern nur in der jeweils besprochenen Eigenschaft. 60

Gespannte und ungespannte Vokale

In der Umgangslautung werden vielfach gespannte Vokale der Standardlautung durch ungespannte ersetzt. Dabei sind zwei Fälle zu unterscheiden. 61

1. Die Ersetzung erfolgt in Einsilbern mit einem einzelnen Obstruenten im Endrand, der durch Auslautverhärtung entstimmt ist. Beispiele:

Wort	mehrsilbige Form	Einsilber Standardlautung	Einsilber Umgangslautung
Glas	[glɑ:zəs]	[glɑ:s]	[glas]
Rad	[ʀɑ:dəs]	[ʀɑ:t]	[ʀat]
grob	[gʀo:bə]	[gʀo:p]	[gʀɔp]
Herzog	[hɛʀt͡søgə]	[hɛʀt͡sok]	[hɛʀt͡sɔk]
Zug	[t͡sy:gə]	[t͡su:k]	[t͡sʊk]
Betrug	[bɛtʀu:gəs]	[bɛtʀu:k]	[bɛtʀʊk]

Die Ersetzung kommt nur bei [ɑ], [o], [u] vor. Das sind die Vokale, für die die Lippenrundung nicht distinktiv ist. Alle anderen Vokale sind von der Ersetzung ausgeschlossen.

2. In mehrsilbigen, besonders fremden Stämmen wird ein unbetonter gespannter Vokal in der Umgangslautung häufig durch einen ungespannten Vokal ersetzt.[1]

[ʀet͡sipʀo:k] > [ʀɛt͡sipʀɔ:k] *(reziprok)*; [diʀigɛnt] > [dɪʀɪgɛnt] *(Dirigent)*; [pʀofɑ:n] > [pʀɔfɑ:n] *(profan)*; [kuʀatɛl] > [kʊʀatɛl] *(Kuratel)*.

Die Vokalreduktion kann so weit gehen, daß der Vokal phonetisch dem nichtbetonbaren [ə] nahekommt: [apote:kə] > [apɔte:kə] > [apəte:kə] *(Apotheke)*. Das gilt besonders dann, wenn ein [ɛ] reduziert wird: [aʀɛti:ʀən] > [aʀəti:ʀən] *(arretieren)*, [mɔlɛkulɑ:ʀ] > [mɔləkulɑ:ʀ] *(molekular)*.

Entrundung von Vokalen

Das besonders in Fremdwörtern häufige [ʏ] wird in Umgangslautung vielfach entrundet zu [ɪ]: [hʏste:ʀiʃ] > [hɪste:ʀiʃ] *(hysterisch)*; [zʏste:m] > [zɪste:m] *(System)*. 62

---

[1]   Vgl. zu den Bedingungen für solche Reduktionen genauer: Th. Vennemann: Syllable structure and syllable cut prosodies in modern Standard German. In: P. M. Bertinetti u. a. (Hrsg.): Certamen Phonologicum II. Turin 1990. S. 261–305.

Im heimischen Wortschatz kommt etwas Ähnliches in manchen Dialekten vor, z. B. [ʃøːn] > [ʃeːn] *(schön;* ostpreußisch). Umgekehrt wird im Berlinischen gerundet: [ɪməʀ] > [ʏməʀ] *(immer).*

Spirantisierung von [g]

63 Steht ein [g] im Stammauslaut *(legen, sagen)* und erscheint es auf Grund morphologischer Bedingungen im Endrand der Silbe, so wird es in der Umgangslautung häufig spirantisiert und entstimmt zu [ç] und [x], vgl. [leːçst] *(legst);* [zaːxst] *(sagst).* Die Verteilung von [ç] und [x] ist in diesen Fällen die durch die Explizitlautung vorgegebene, d. h., [x] steht nach hinteren und offenen Vokalen, sonst steht [ç] (vgl. 24).

Umgekehrt unterbleibt die Spirantisierung des [g] in der Umgangslautung gelegentlich dort, wo sie standardsprachlich vollzogen wird, besonders im Auslaut des Suffixes *-ig:* [fʀɔɪdɪç] > [fʀɔɪdɪk] *(freudig);* [ɪnɪçst] > [ɪnɪkst] *(innigst).*

Nasalassimilation

64 In der Umgangslautung tritt häufig Nasalassimilation auf. Darunter versteht man die Angleichung des Artikulationsortes eines Nasals, im Deutschen meist des [n], an den Artikulationsort eines ihm vorangehenden oder folgenden Obstruenten. Im ersten Fall spricht man von progressiver, im zweiten von regressiver Assimilation.

Progressive Nasalassimilation: [haːkn̩] > [haːkŋ̍] *(Haken);* [leːgn̩] > [leːgŋ̍] *(legen);* [ʃʊpn̩] > [ʃʊpm̩] *(Schuppen);* [glaʊbn̩] > [glaʊbm̩] *(glauben).* Die Beispiele zeigen, daß progressive Nasalassimilation auch über Morphemgrenzen hinweg vorgenommen wird.

Die regressive Nasalassimilation ist beschränkter. In einfachen Wortformen tritt sie nur in wenigen Fällen auf, z. B. in [zanft] > [zamft] *(sanft).* Über Morphemgrenzen hinweg ist sie häufiger, z. B. [ʊngɛnaʊ̯] > [ʊŋgɛnaʊ̯] *(ungenau);* [ʊnpasənt] > [ʊmpasənt] *(unpassend).*

Ersatzartikulationen für Plosive vor Sonoranten

65 Wenn in einer nicht betonbaren Silbe der Vollvokal zugunsten eines silbischen Sonoranten ausfällt (vgl. 56), kann es vorkommen, daß dieser Sonorant unmittelbar nach einem homorganen (d. h. mit dem gleichen artikulierenden Organ gebildeten) Plosiv im Anfangsrand steht, z. B. [ʔaɪ̯tl̩] *(eitel),* [hatn̩] *(hatten),* [gʀoːbm̩] *(grobem).* Da sich die Sprengung des Plosivs und die Artikulation des Sonoranten in diesem Fall gegenseitig behindern, wird die Sprengung (nicht aber das Schließen) von einem anderen artikulierenden Organ übernommen. Im Falle von [tl] erfolgt die Sprengung mit beiden Seiten des Zungenkranzes (lateral), während die Zungenspitze an den Alveolen (in der Position des nachfolgenden [l]) verharrt. Ein solches lateral gelöstes [t] notieren wir nach dem IPA mit [tˡ]. Bei nachfolgendem Nasal erfolgt die Sprengung eines homorganen Plosivs entweder durch das Gaumensegel (velisch) oder durch die Stimmritze (glottal). Wir notieren den Plosiv mit hochgestelltem n (velisch) oder ʔ (glottal):

eitel [ʔaɪ̯təl] > [ʔaɪ̯tˡl̩]; *hatten* [hatən] > [hatʔn̩] oder [hatⁿn̩]; *grobem* [groːbəm] > [groːbⁿm̩].

Während die velische Ersatzartikulation bei allen oralen Plosiven möglich ist, kommt die glottale nur für die stimmlosen (also für [p], [t], [k]) in Betracht. Die Ersatzartikulationen finden sich auch dort, wo der einem vorangehenden Plosiv homorgane Nasal das Ergebnis einer progressiven Nasalassimilation (vgl. 64) ist:

Regen [ʀeː‿gən] > [ʀeː‿gⁿŋ]; *laben* [laː‿bən] > [laː‿bⁿm];
Haken [haː‿kən] > [haː‿kʔŋ] oder [haː‿kⁿŋ].

Konsonantreduktion an morphologischen Grenzen

Homorgane oder gleiche Konsonanten an Morphemgrenzen, die bei Explizitlautung als „lange Konsonanten" artikuliert werden (vgl. 50), zieht man bei Umgangslautung häufig zu einem einfachen Konsonanten zusammen (Geminatenreduktion). 66

ausschalten [ausʃaltən] > [auʃʃaltn̩] > [auʃaltn̩]; *enttäuschen* [ɛnttɔiʃən] > [ɛntɔiʃn̩], *Schirmmütze* [ʃɪʀmmʏtsə] > [ʃɪʀmʏtsə].

Steht der Doppelkonsonant zwischen zwei Vokalen und ist der vorausgehende Vokal ungespannt und betont, so ergibt sich ein Silbengelenk (vgl. 37 ff.).

Bettuch [bɛttux] > [bɛtux]; *annehmen* [annemən] > [anemn̩].

Angleichung fremder Ausspracheformen

Die Angleichung der Artikulation zahlreicher fremder Laute und Lautkombinationen an heimische Lautungen erfolgt zuerst in der Umgangslautung. Beispiele: 67

1. Ersetzung von nasalierten Vokalen in Fremdwörtern aus dem Französischen:
   Parfum [paʀfœ̃ː] > [paʀfœŋ] > [paʀfyːm]; *Teint* [tɛ̃ː] > [tɛŋ].

2. Ersetzung von [ʒ] in Fremdwörtern aus dem Französischen:
   Garage [gaʀaːʒə] > [gaʀaːʃə]; *Genie* [ʒeniː] > [ʃeniː].

3. Nasalierung von [g] vor Nasal:
   Magnet [magneːt] > [maŋneːt]; *Signal* [zɪgnaːl] > [zɪŋnaːl].

4. Reduktion schließender Diphthonge in Fremdwörtern aus dem Englischen:
   Lady [leidi] > [leːdi], *Go-in* [goum] > [goːɪn].

Einige Angleichungen werden auch in die Standardlautung integriert. So ist die Ersetzung der nasalierten Vokale in häufig vorkommenden Wörtern längst in der Standardlautung vollzogen, z. B. [balkoŋ] *(Balkon)*, [betɔŋ] *(Beton)*. Die Aussprache [balkɔ̃] ist als eine Form von Überlautung anzusehen.

Der Buchstabe und die Schriftstruktur des Wortes

1 Allgemeines

1.1 Gesprochene und geschriebene Sprache

68 In einer Sprache, die eine Schrift besitzt, kann man sich mündlich oder schriftlich verständigen. Sprache ist einerseits gesprochene Sprache. Als Lautsprache ist sie ein akustisches Phänomen. Sie reicht nur so weit, wie die Stimme trägt, und ist nur so lange vorhanden, wie die Schallwelle Dauer hat. Andererseits ist die Sprache geschriebene Sprache und damit ein visuelles Phänomen. Mit Hilfe der Schrift ist es möglich, der Sprache Dauer zu verleihen und sie räumlich zu verbreiten. Zwischen beiden Materialisierungen von Sprache, der gesprochenen und der geschriebenen, bestehen bedeutsame Unterschiede.[1]

69 Der normale Gebrauch der gesprochenen Sprache ist situationsbezogen. Die Sprechsituation ist dieselbe Situation für den Sprecher wie den Hörer. Dies hat weitreichende Folgen für den Sprachgebrauch. So können sich Sprecher und Hörer ohne viele Worte auf die Gegenstände beziehen, über die sie sprechen. Sie können sprachliche Äußerungen durch Gesten ergänzen und ersetzen. Sie können sich unmittelbar vergewissern, ob die Verständigung klappt, und sie können die Rolle des Sprechers und des Hörers so oft wechseln wie erforderlich. Weil das gesprochene Wort flüchtig ist, kann es der Hörer nicht selbst wiederholen, wenn er es nicht verstanden hat. Er kann aber darum bitten, daß langsamer und deutlicher gesprochen oder daß verständlicher formuliert wird. Verhalten sich Sprecher und Hörer kooperativ, dann kann die Verständigung in der gesprochenen Sprache fast immer gesichert werden.

Wenn Menschen miteinander sprechen, geht es ihnen oft gar nicht in erster Linie um den Austausch von Informationen, die ein „Sender" und ein „Empfänger" in einer „Kommunikationssituation" als der Bedeutungen von Sätzen und Texten einander „übermitteln". Was gesprochen wird und wie gesprochen wird, hängt davon ab und drückt aus, welche Beziehungen zwischen den Gesprächspartnern überhaupt bestehen. Miteinander sprechen heißt Beziehungen herstellen, bestätigen, entwickeln oder auch abbrechen. Das Sprachliche kann dabei eine mehr oder weniger wichtige Rolle spielen, und wenn es eine Rolle spielt, kann diese von ganz unterschiedlicher Art sein. Man spricht mit jemandem, um ihm etwas zu sagen, um ihn zu etwas zu bewegen, um sich selbst darzustellen oder einfach um mit ihm zu reden. „Mit jemandem nicht mehr sprechen" heißt soviel wie eine Beziehung zu ihm abzubrechen. Das alles zeigt, daß gesprochene Sprache nicht in Isolierung, sondern nur als Bestandteil von Sprechsituationen verstanden werden kann.

---

[1] Zum Verhältnis von gesprochener und geschriebener Sprache allgemein vgl. z. B. P. Koch/W. Oesterreicher: Sprache der Nähe – Sprache der Distanz. Mündlichkeit und Schriftlichkeit im Spannungsfeld von Sprachtheorie und Sprachgeschichte. In: Romanisches Jahrbuch 36 (1986), S. 15–43; H. Glück: Schrift und Schriftlichkeit. Eine sprach- und kulturwissenschaftliche Studie. Stuttgart 1987; W. Raible: Konzeptionelle Schriftlichkeit, Sprachwerk und Sprachgebilde. Zur Aktualität Karl Bühlers. In: Romanisches Jahrbuch 39 (1989), S. 16–21; H. Günther: Schriftliche Sprache. Tübingen 1988.

Auch mit geschriebener Sprache wird kommuniziert, tritt der Schreiber mit seinen Lesern oder „Adressaten" in Beziehung. Diese Beziehung ist aber indirekt. Häufig weiß man gar nicht, wer einen Text geschrieben hat oder wer ihn liest, der Leser ist typischerweise gerade nicht in der Schreibsituation anwesend. Wäre er anwesend, so würde er angesprochen, nicht angeschrieben. Für das Geschriebene ist die Schreibsituation meist ganz unerheblich. Der geschriebene Text selbst muß so beschaffen sein, daß er in jeder anderen Situation ebenfalls verständlich bleibt. Schon deshalb bedient man sich beim Schreiben gewöhnlich einer Standardsprache und nicht eines Dialektes. Der geschriebene Text ist so ausführlich, daß Nachfragen des Lesers aus ihm selbst beantwortbar sind. Der Schreiber hat Zeit, den Text zu planen und seine Formulierungen auszuarbeiten. Der Leser kann mit beliebiger Geschwindigkeit lesen, er kann Teile des Textes überspringen oder wiederholt lesen. Das geschriebene Wort ist nicht flüchtig. Die Grundfunktion des Schreibens ist nicht die Verständigung in einer Situation, sondern die Übermittlung von Informationen über Raum und Zeit hinweg. **70**

Das Schreiben in der heute üblichen Form ist historisch jünger als das Sprechen. Das Schreiben setzt aber voraus, daß eine Fähigkeit zum Lesen vorhanden ist. In einem weiteren Sinne konnte der Mensch lesen, bevor er schreiben konnte. Er verfügte über eine entwickelte Fähigkeit zur visuellen Wahrnehmung und konnte Zeichen aller Art erkennen.[1] **71**
Ein Übergang zur Schriftlichkeit vollzog sich über bildliche Darstellungen von Geschichten. Von einer Schrift im eigentlichen Sinne spricht man erst dann, wenn sich die Schriftzeichen auf bestimmte sprachliche Einheiten fest beziehen lassen. Die ältesten Schriften dieser Art sind die ägyptische, die babylonische und die chinesische. Ihr Alter beträgt ungefähr fünftausend Jahre. Man nimmt heute an, daß das Sprechen zwanzig- bis dreißigmal so alt wie das Schreiben ist.
Die ältesten Schriften sind Wortschriften. In einer solchen Schrift hat ein Schriftzeichen als Ganzes Bedeutung, und es hat keine systematischen Bezüge auf kleinere sprachliche Einheiten. Schriften, deren kleinste Einheiten Wörter oder Morpheme sind, heißen logographische Schriften. Die größte heute existierende Schrift, die im Prinzip logographisch ist, ist die des Chinesischen.[2]
Die Schriften unseres Schriftenkreises haben sich von logographischen über Silbenschriften zu Alphabetschriften entwickelt. Eine Alphabetschrift, wie wir sie kennen, wurde erstmals vor knapp dreitausend Jahren für das Griechische verwendet.
In Alphabetschriften lassen sich die kleinsten Einheiten Segment für Segment regelhaft bestimmten Abschnitten des Lautkontinuums der gesprochenen Sprache zuordnen, eben den Sprachlauten. Die Sprachlaute ihrerseits sind die wiederkehrenden Bestandteile der Silben. Da die Silben der gesprochenen Sprache mit wenigen Lauten dargestellt werden können, braucht eine Alphabetschrift nur wenige Grundeinheiten, die Buchstaben. Alle Wörter lassen sich in den Schriften unseres Schriftkreises mit etwa dreißig Buchstaben schreiben. Darin besteht der Vorteil der Alphabetschriften. Wer die Buchstaben und die Regeln ihrer Verwendung kennt, kann im Prinzip alle Wörter der Sprache lesen und auch schreiben.

---

[1] Zur Geschichte von Schrift und Schriftlichkeit vgl. z. B. H. Jensen: Die Schrift in Vergangenheit und Gegenwart. Berlin 1958; A. Schmitt: Entstehung und Entwicklungen von Schriften. Köln/Wien 1980; J. Goody (Hrsg.): Literalität in traditionellen Gesellschaften. Frankfurt 1981; W. Ong: Oralität und Literalität: die Technologisierung des Wortes. Opladen 1987.
[2] Zu den Schriftsystemen der Erde vgl. Jensen, a. a. O.; F. Coulmas: The writing systems of the world. Oxford 1989.

In einer logographischen Schrift müssen die Zeichen dagegen Wort für Wort gelernt werden. Die chinesische Standardsprache benötigt zwischen zweitausend und fünftausend der insgesamt mindestens zwanzigtausend Schriftzeichen, über die diese Sprache verfügt. Das Schreibenlernen und Lesenlernen ist im Chinesischen sehr viel langwieriger als im Deutschen. Der Vorteil des logographischen Systems dem alphabetischen gegenüber liegt andererseits gerade darin, daß kein systematischer Bezug zum Lautlichen besteht. Mit dem chinesischen Schriftsystem schreibt man das Kantonesische auf dieselbe Weise wie das Pekinger Chinesisch, obwohl die Pekinger und die Kantonesen sich mündlich nicht miteinander verständigen können.

Im alphabetischen System einerseits und dem logographischen System andererseits ist das Charakteristische der geschriebenen Sprache auf unterschiedlichen Ebenen des Systems festgeschrieben. Im logographischen System ist eine Zeichenform direkt auf eine Bedeutung bezogen. Das System gibt wenig Auskunft darüber, wie seine Benutzer sprechen. Es kann unabhängig von der Lautform der Wörter in der Einzelsprache verwendet werden, braucht aber viele Zeichen. In alphabetischen Systemen ist eine Zeichenform (Buchstabe) auf einen Sprachlaut bezogen. Eine sprachliche Bedeutung hat der Buchstabe als Grundzeichen nicht. Das alphabetische System ist extrem flexibel. Es benötigt nur wenige Grundzeichen, ist aber an die Lautstruktur der Einzelsprache gebunden.

Das Schriftsystem des Deutschen ist als Mischsystem anzusehen. Auf der Basis des Alphabets weist es eine ausgeprägte silbenschriftliche und logographische Komponente auf (vgl. Abschnitte 3 und 4).

72 An Hand der unterschiedlichen Bezüge des Schriftsystems läßt sich auch verdeutlichen, worin das Charakteristische des Schriftspracherwerbs gegenüber dem primären Spracherwerb besteht.[1] Die gesprochene Sprache wird als Muttersprache so angeeignet, wie es die soziale Interaktion des Kindes erfordert und möglich macht. Entscheidend ist das sprachliche Handeln als Bestandteil der sozialen Interaktion. Das Kind lernt sprechen, bis es die Sprache kann, aber es weiß wenig über die Sprache. Sprachliche Kompetenz und explizites Wissen über die Sprache haben beim primären Spracherwerb wenig miteinander zu tun.

Mit dem Erwerb der Schriftsprache ändert sich dies. Die Beherrschung der Schrift ist nur möglich, wenn ein Mindestmaß an sprachlichem Wissen vorhanden ist. Die größte Leistung der Kinder besteht darin, die Buchstaben auf lautliche Einheiten zu beziehen. Mit dem Herstellen dieses Bezuges bildet sich ein buchstabenbezogener Lautbegriff heraus. Gleichzeitig entwickeln die Kinder einen Wortbegriff, denn Wortformen sind im Geschriebenen als Einheiten vorgegeben. Auch ein Silbenbegriff muß vorhanden sein, schon weil es die Silbentrennung am Zeilenende gibt. Je weiter der Schrifterwerb fortschreitet, um so umfangreicher und differenzierter ist das erforderte sprachliche Wissen. Beispielsweise muß das Kind über eine Reihe grammatischer Kategorien verfügen, um die Regeln zur Groß- und Kleinschreibung und zur Interpunktion zu beherrschen. Die Herausbildung eines sprachlichen Wissens beim Schrifterwerb führt umgekehrt dazu, daß unser alltagssprachlicher Begriff von Sprache weitgehend schriftgeprägt ist. Was ein Laut, Wort und Satz ist, ergibt sich für den Normalsprecher weitgehend aus Eigenschaften geschriebener Texte. Daß erhebliche Unterschiede zur gesprochenen Sprache bestehen, kommt ihm nur selten zu Bewußtsein.

---

[1] Vgl. H. Andresen: Schriftspracherwerb und die Entstehung von Sprachbewußtheit. Opladen 1985.

1.2 Die orthographische Norm

73

In unserer Gesellschaft besteht weitgehend Einigkeit darüber, daß man erst dann wirklich schreiben kann, wenn man richtig schreibt. Es genügt nicht, wenn dem Geschriebenen gerade noch ein Sinn entnommen werden kann. Für jede Wortform gibt es – von wenigen Varianten abgesehen – nur eine mögliche Schreibweise, für jedes Interpunktionszeichen gibt es bestimmte Plazierungen. Unsere Schreibweise ist normiert. Das Deutsche kann nicht irgendwie geschrieben werden, sondern es besitzt eine Orthographie.

Die in unserer Orthographie festgelegten Schreibweisen gibt es insgesamt seit etwa 250 Jahren. Um die Mitte des 18. Jahrhunderts schrieb ein Teil der gebildeten Schichten schon beinahe so, wie wir heute schreiben. Diese Schreibweise setzte sich mehr und mehr im überregionalen Schriftverkehr und im Druckwesen durch. Sie erlaubte es, über politische und Dialektgrenzen hinweg dieselbe Sprache zu verwenden.

Die geltende Orthographie ist in den Richtlinien zur Rechtschreibung, Zeichensetzung und Formenlehre sowie im Wörterverzeichnis des Rechtschreibdudens niedergelegt.[1] Die Regeln der Rechtschreibung gehen zurück auf die Beschlüsse der 2. Ortographischen Konferenz im Jahre 1901.[2] Die Tradition des Rechtschreibdudens ist älter als das Regelwerk. Sie wurde begründet im Orthographischen Wörterbuch von Konrad Duden, das erstmals im Jahre 1880 erschien.[3] Dieses Wörterbuch setzte sich schnell im deutschen Sprachraum durch und trug viel dazu bei, die deutsche Orthographie zu vereinheitlichen. Es enthielt etwa 27 000 Einträge, und man war damals der Auffassung, daß dies der vollständige Wortschatz des Deutschen sei. Die jetzt gültige Ausgabe des Rechtschreibwörterbuches weist 115 000 Einträge auf, aber auch sie ist nicht vollständig. Ständig werden neue Wörter gebildet oder aus anderen Sprachen entlehnt, und es gehen auch Wörter verloren, weil sie aus dem Gebrauch kommen und veralten. Das Wörterverzeichnis läßt die Benutzer dennoch so gut wie nie im Stich. Es wird laufend aktualisiert und enthält bei seltenen Zusammensetzungen und Ableitungen zumindest deren Bestandteile.

74

Festlegungen in der Orthographie bedeuten nicht, daß Schreibungen unveränderlich sind. Eine Einheit wie *anstelle/an Stelle* hat zwei Schreibungen, die als korrekt anerkannt sind. Die ältere von beiden ist *an Stelle*. Diese Form taucht im Rechtschreibwörterbuch von 1926 noch gar nicht auf, wohl weil noch niemand auf die Idee kam, die Fügung aus Präposition und Substantiv als ein Wort aufzufassen. In der Ausgabe von 1941 dagegen ist *an Stelle* verzeichnet, aber nur in dieser einen Schreibweise. Heute sind, wie gesagt, beide Schreibweisen zugelassen. Die Veränderung der orthographischen Norm folgt dem Zusammenwachsen der beiden Wörter beim Gebrauch als Präposition zu einem.

---

1 Duden. Rechtschreibung der deutschen Sprache. Mannheim usw. [20]1991.
2 Vgl. Regeln für die deutsche Rechtschreibung nebst Wörterverzeichnis. Herausgegeben im Auftrage des Königlich Preußischen Ministeriums der geistlichen, Unterrichts- und Medizinal-Angelegenheiten. Berlin 1902. Die Beschlüsse der Wiener Orthographiekonferenz vom 22. bis zum 24. November 1994 sehen einige Änderungen vor, auf die in der folgenden Darstellung Bezug genommen wird. Vgl. dazu Informationen zur neuen deutschen Rechtschreibung. Mannheim usw. 1994.
3 K. Duden: Vollständiges Orthographisches Wörterbuch der deutschen Sprache. Leipzig 1880.

Häufig treten Änderungen der Schreibweise im Fremdwortbereich auf, wo die Schreibung dem Prozeß der Eindeutschung zu folgen hat, etwa *Strike* > *Streik, Blouse* > *Bluse, Cakes* > *Keks*. Bei anderen Fremdwörtern stehen beide Schreibungen noch nebeneinander, z. B. *chic* neben *schick, Telephon* neben *Telefon* und *Shredder* neben *Schredder*.

In manchen Fällen läßt das orthographische Wörterbuch auch dann mehrere Schreibungen zu, wenn weder ein Sprachveränderungsprozeß noch ein Integrationsprozeß vorliegt. So können wir sowohl *Existentialismus* als auch *Existenzialismus* schreiben. Der Grund ist, daß es ein Adjektiv *existent* und ein Substantiv *Existenz* gibt. Beide können als Basis für die Ableitung des Substantivs auf *-ialismus* gelten. Nach beiden Mustern werden im Deutschen viele Wörter gebildet. Die Einheitlichkeit der Orthographie ist durch solche Varianten nicht gefährdet. Die möglichen Schreibweisen sind genau festgelegt. Sie sind nicht Ausdruck von Willkür, sondern es gibt gute Gründe, sie zuzulassen. Viel willkürlicher wäre es, eine von ihnen als einzige für verbindlich zu erklären. Das würde die Orthographie unflexibel machen. Es würde in gleicher Weise historische wie systematische Zusammenhänge zerreißen.

75   Die Beschreibung der deutschen Orthographie in den folgenden Abschnitten legt die amtliche Rechtschreibung zugrunde. Sie ist aber dennoch etwas anderes als eine Zusammenstellung von orthographischen Regeln, wie wir sie im Rechtschreibduden finden. Dort kommt es darauf an, die Regeln so zu formulieren, daß der Benutzer sich schnell zurechtfindet und orthographische Zweifelsfälle klären kann. Hier kommt es darauf an, die Systematik der Orthographie herauszustellen. Es soll gezeigt werden, welche Schriftstruktur die Wörter des Deutschen haben. Die Regularitäten der Wortschreibung sind so formuliert, daß Zusammenhänge innerhalb des Schriftsystems deutlich werden und daß erkennbar wird, welche Zusammenhänge zu den Lautstrukturen der Wörter bestehen. Der direkteste Bezug besteht dabei zur Explizitlautung (vgl. 44 ff.).

Eine Darstellung dieser Art stellt nicht nur fest, wie geschrieben wird, sondern sie beantwortet auch die Frage nach dem Warum. Sie zeigt, welche allgemeinen Prinzipien der Wortschreibung des Deutschen zugrunde liegen. Der Schreiber kann die Orthographie seiner Sprache nicht nur beherrschen, er kann sie auch verstehen. So wird auch einsichtig, daß die Behandlung der Schriftstruktur sprachlicher Einheiten Teil einer Grammatik des Deutschen sein muß.

2 Das phonographische Prinzip

2.1 Buchstaben und Grapheme

76   Gemeinsam mit vielen anderen Sprachen verwendet unsere Schrift das lateinische Alphabet. Dieses Alphabet läßt sich in gerader Linie zurückbeziehen auf die sogenannte Kapitalschrift der römischen Antike, deren Buchstaben unseren Großbuchstaben ähnlich sind. Die Unterscheidung von Groß- und Kleinbuchstaben ist viel jünger. Das Deutsche verwendet sie systematisch erst seit etwa vierhundert Jahren.

Die Sprachen, die vom lateinischen Alphabet Gebrauch machen, unterscheiden sich in ihrer Lautstruktur teilweise erheblich voneinander. Dies ist einer der Gründe dafür, daß das lateinische Alphabet auf verschiedene Weise abgewandelt worden ist. Die Besonderheiten einzelner Sprachen beziehen sich vor allem darauf, daß

- neue Buchstaben entwickelt werden. Im Deutschen haben wir als Besonderheit das *ß*.
- Buchstaben durch Diakritika abgewandelt werden. Im Deutschen haben wir die Umlautbuchstaben *ä, ö, ü*.
- mehrere Buchstaben zu festen Einheiten zusammengefaßt werden. Im Deutschen haben wir etwa *sch, ch* und *qu* als feste Buchstabenverbindungen anzusehen.

Solche Angleichungen des lateinischen Alphabets an die besonderen Anforderungen des Deutschen ändern natürlich nichts an der Tatsache, daß das Deutsche eine Alphabetschrift hat. Als Grundeinheiten dieser Schrift sind aber nicht einfach die Buchstaben des lateinischen Alphabets anzusehen, sondern die Einheiten, aus denen das Deutsche im Geschriebenen tatsächlich größere Einheiten wie Morpheme und Wortformen aufbaut. Diese Einheiten nennen wir – analog zu den Phonemen der gesprochenen Sprache – die G r a p h e m e des Deutschen.

Die Grapheme sind die kleinsten segmentalen Einheiten des Schriftsystems, genauso wie die Phoneme die kleinsten segmentalen Einheiten des Lautsystems sind. Zu den Graphemen gehören alle Einzelbuchstaben, die eine Sprache als kleinste segmentale Einheiten verwendet und außerdem alle Buchstabenverbindungen (sogenannte Mehrgraphe), die wie Einzelbuchstaben als kleinste, systematisch unteilbare Einheiten zu gelten haben. Der Phonologie bei der gesprochenen Sprache entspricht bei der geschriebenen Sprache die G r a p h e m a t i k. Die Graphematik ist das Teilgebiet der Grammatik, in dem die graphematische Struktur von Wortformen beschrieben wird. In der Graphematik einer Einzelsprache fragt man, welche Grapheme diese Sprache hat und nach welchen Regeln die Grapheme zu größeren Einheiten kombiniert werden. 77

Um Einheiten als graphematische Einheiten kenntlich zu machen, setzt man sie in spitze Klammern. Ist beispielsweise [Ro:t] eine phonologische Einheit (Wortform) der gesprochenen Sprache, so ist ⟨rot⟩ die entsprechende graphematische Einheit der geschriebenen Sprache.

Um festzustellen, welche Grapheme das Deutsche hat, kann man sich weitgehend ähnlicher Methoden bedienen wie bei der Ermittlung der Phoneme. Eine besondere Rolle spielt auch hier das Bilden von Minimalpaaren. Betrachten wir als Beispiel die graphematische Wortform ⟨kraut⟩. Sehen wir von der Groß-/Kleinschreibung ab, dann bildet sie ein Minimalpaar mit der Form ⟨klaut⟩ bezüglich des zweiten Graphems. Bezüglich des ersten Graphems bildet sie ein Minimalpaar mit ⟨braut⟩.

Vergleichen wir damit den Anfang der graphematischen Wortform ⟨schrank⟩. Bezüglich des ⟨r⟩ bildet sie ein Minimalpaar beispielsweise mit ⟨schlank⟩. Versucht man nun, die Buchstabenfolge ⟨sch⟩ weiter zu zerlegen, so gelingt das nicht, d. h., ⟨sch⟩ bildet eine Einheit. Es besetzt einen Platz, der sonst von Graphemen besetzt wird, die nur aus einem Buchstaben bestehen. Es gibt viele Minimalpaare des Typs ⟨schrank⟩ – ⟨krank⟩, ⟨schrot⟩ – ⟨brot⟩, ⟨schlau⟩ – ⟨blau⟩, ⟨schnattern⟩ – ⟨knattern⟩. ⟨sch⟩ erweist sich also als e i n Graphem, es muß in das Grapheminventar des Deutschen unzerlegt aufgenommen werden.

Mit Hilfe der Minimalpaaranalyse und weiterer Methoden läßt sich das Grapheminventar des Deutschen insgesamt ermitteln. Ohne alle Analyseschritte im einzelnen vorzuführen, setzen wir folgendes Grapheminventar an: 78

Vokalgrapheme
⟨a⟩, ⟨e⟩, ⟨i⟩, ⟨ie⟩, ⟨o⟩, ⟨u⟩, ⟨ä⟩, ⟨ö⟩, ⟨ü⟩

Konsonantgrapheme
⟨p⟩, ⟨t⟩, ⟨k⟩, ⟨b⟩, ⟨d⟩, ⟨g⟩, ⟨f⟩, ⟨w⟩, ⟨s⟩, ⟨ß⟩, ⟨j⟩, ⟨h⟩,
⟨m⟩, ⟨n⟩, ⟨l⟩, ⟨r⟩, ⟨qu⟩, ⟨ch⟩, ⟨sch⟩, ⟨v⟩, ⟨x⟩, ⟨z⟩

Die Grapheme des Deutschen

Die Grapheme in dieser Tabelle reichen aus, um den weitaus größten Teil des heimischen Wortschatzes zu erfassen. Soll ein größerer Wortschatz erfaßt werden,
zu dem viele Eigennamen und Fremdwörter gehören, so braucht man weitere
Grapheme, etwa das Vokalgraphem ⟨y⟩ und das Konsonantengraphem ⟨c⟩. Auch
zahlreiche Mehrgraphe kann man zulassen, etwa ⟨th⟩,⟨ph⟩,⟨ea⟩,⟨ui⟩ usw. Wie in
der Phonologie richtet sich der Umfang des Inventars danach, welche Wörter
noch berücksichtigt werden sollen.

Zur Benennung der Graphemklassen wurden Bezeichnungen gewählt, die sich an
Bezeichnungen für Phonemklassen anlehnen, so daß die Beziehung zwischen
Graphemen und Phonemen gleich in den Bezeichnungen deutlich wird. Das darf
aber nicht darüber hinwegtäuschen, daß Grapheme die kleinsten segmentalen
Einheiten des Geschriebenen sind, die man am Geschriebenen allein und ohne
Bezug auf die Phoneme ermitteln kann.

Wie bei der Ermittlung der Grapheme, so kann man bei der gesamten Wortgraphematik lautunabhängig verfahren: Es ist ohne weiteres möglich, die Struktur
graphematischer Wörter so zu beschreiben, als gäbe es die weitgehend parallel
aufgebauten phonologischen Wörter gar nicht. Eine solche Analyse ist von erheblichem theoretischen Interesse, und sie ist die Voraussetzung für die Lösung bestimmter praktischer Probleme. Man muß solche Analysen beispielsweise durchführen, wenn man wissen möchte, ob bestimmte Bereiche der Orthographie überhaupt regelhaft sind oder nicht.

Für praktische Zwecke allgemein interessiert nicht so sehr die Struktur des Geschriebenen an sich, sondern das Verhältnis von Geschriebenem und Gesprochenem. Im Folgenden wird das Hauptgewicht auf diesen Punkt gelegt. Die Kernfrage wird sein, wie die Struktur des graphematischen Wortes mit der des phonologischen Wortes zusammenhängt. Die Blickrichtung geht wie beim Schreiben
vom Gesprochenen auf das Geschriebene und nur gelegentlich wie beim Vorlesen
vom Geschriebenen auf das Gesprochene.[1]

2.2 Graphem-Phonem-Korrespondenz
(Buchstaben-Laut-Zuordnung)

79

Den Phonemen lassen sich regelhaft Segmente des Geschriebenen, nämlich Grapheme, zuordnen (phonographisches Prinzip). Die Zuordnungsregeln nennt man
G r a p h e m - P h o n e m - K o r r e s p o n d e n z r e g e l n (GPK-Regeln). Eine GPK-
Regel stellt fest, welches Segment des Geschriebenen einem bestimmten Phonem

---

[1] Zur Graphematik des Deutschen vgl. z. B. die Beiträge in: G. Augst (Hrsg.): Graphematik und
Orthographie. Frankfurt/Bern/New York 1985; P. Eisenberg/H. Günther (Hrsg.): Schriftsystem und Orthographie. Tübingen 1989, sowie U. Maas: Grundzüge der deutschen Orthographie. Tübingen 1992; D. Nerius u. a.: Deutsche Orthographie. Tübingen ²1989.

im Normalfall entspricht. Eine GPK-Regel hat die Form $[x_1 ... x_m] \rightarrow \langle y_1 ... y_n \rangle$. Dabei sind $x_1 ... x_m$ Phoneme und $y_1 ... y_n$ sind Grapheme. Einem Phonem oder einer Phonemfolge kann also ein einfaches Graphem oder eine Folge von Graphemen zugeordnet sein. Im Deutschen wird in den meisten Fällen einem Phonem genau ein Graphem zugewiesen. Die GPK-Regeln werden im Folgenden getrennt für Vokale und Konsonanten formuliert. Zu jeder Regel wird ein Anwendungsfall als Beispiel gegeben.[1]

Da die Darstellung des Phonemsystems nicht auf einer Unterscheidung zwischen Kurz- und Langvokalen, sondern auf der zwischen gespannten und ungespannten Vokalen beruht, müssen die GPK-Regeln ebenfalls mit gespannten und ungespannten statt mit langen und kurzen Vokalen operieren. Ein Langvokal ergibt sich, wenn ein gespannter Vokal betont ist (vgl. 17).

80

Gespannte Vokale	Ungespannte Vokale
$[i] \rightarrow \langle ie \rangle$ [ʃpiːs] – ⟨Spieß⟩	$[\text{ɪ}] \rightarrow \langle i \rangle$ [ʃplɪnt] – ⟨Splint⟩
$[y] \rightarrow \langle ü \rangle$ [tyːʀ] – ⟨Tür⟩	$[\text{ʏ}] \rightarrow \langle ü \rangle$ [gəʀʏst] – ⟨Gerüst⟩
$[e] \rightarrow \langle e \rangle$ [veːk] – ⟨Weg⟩	$[\text{ɛ}] \rightarrow \langle e \rangle$ [vɛlt] – ⟨Welt⟩
$[ø] \rightarrow \langle ö \rangle$ [ʃøːn] – ⟨schön⟩	$[\text{œ}] \rightarrow \langle ö \rangle$ [gœnən] – ⟨gönnen⟩
$[æ] \rightarrow \langle ä \rangle$ [tʀæːgə] – ⟨träge⟩	$[a] \rightarrow \langle a \rangle$ [kalt] – ⟨kalt⟩
$[ɑ] \rightarrow \langle a \rangle$ [pfɑːt] – ⟨Pfad⟩	$[\text{ɔ}] \rightarrow \langle o \rangle$ [fʀɔst] – ⟨Frost⟩
$[o] \rightarrow \langle o \rangle$ [ʃʀoːt] – ⟨Schrot⟩	$[\text{ʊ}] \rightarrow \langle u \rangle$ [kʊnst] – ⟨Kunst⟩
$[u] \rightarrow \langle u \rangle$ [huːt] – ⟨Hut⟩	

Reduktionsvokal

$[ə] \rightarrow \langle e \rangle$ [zɔnə] – ⟨Sonne⟩

GPK-Regeln für die Vokale

Bei den graphematischen Wortformen in den Beispielen geht es nur um die Verdeutlichung der GPK-Regeln für die Vokale. Alle anderen Eigenschaften der Wortformen interessieren hier nicht. Das Regelsystem der Vokale ist so aufgebaut, daß jedem Phonem genau ein Graphem entspricht. Für jeden Vokal gibt es eine Normalschreibung.

Auffällig ist, daß gespannte Vokale und ungespannte Vokale paarweise demselben Graphem entsprechen, z. B. haben [o] und [ɔ] beide das ⟨o⟩ als Normalschreibung. Dieses Prinzip ist nur beim *i* durchbrochen. Gespanntes und betontes [iː] wird im Normalfall als ⟨ie⟩ geschrieben, ungespanntes [ɪ] als ⟨i⟩.

Die soweit formulierten GPK-Regeln gelten für die Normalschreibung der Vokale im heimischen Kernwortschatz. Bei der Berücksichtigung von Eigennamen und Fremdwörtern braucht man weitere Regeln, z. B. [y] → ⟨y⟩ *(Mythos)* und [ø] → ⟨eu⟩ *(Malheur)*. Solche GPK-Regeln stellen regelhafte Sonderfälle gegenüber dem Normalfall (hier etwa [y] → ⟨ü⟩, [ø] → ⟨ö⟩) dar. Sie gelten nur für entsprechend markierte Formen.

---

[1] Bei der Zuordnung von phonologischen und graphematischen Einheiten werden im Folgenden zur Kennzeichnung phonologischer Einheiten generell eckige Klammern und nicht Schrägstriche verwendet (vgl. 18 und 19 ff.). Es kommt ja nicht in erster Linie auf die distinktiven Eigenschaften der Einheiten an, sondern auf die Entsprechungen zwischen Einheiten des Geschriebenen und Einheiten des Gesprochenen. Dazu ist die neutrale Kennzeichnung [ ] besser geeignet als die funktionale //.

81 | Konsonanten

[p]	→	⟨p⟩	[pʊlt] – ⟨Pult⟩	[x]	→	⟨ch⟩ [vax] – ⟨wach⟩
[t]	→	⟨t⟩	[ta:l] – ⟨Tal⟩	[v]	→	⟨w⟩ [vɪnt] – ⟨Wind⟩
[k]	→	⟨k⟩	[kalt] – ⟨kalt⟩	[z]	→	⟨s⟩ [zɔnə] – ⟨Sonne⟩
[kv]	→	⟨qu⟩	[kva:l] – ⟨Qual⟩	[j]	→	⟨j⟩ [ja:ʀ] – ⟨Jahr⟩
[b]	→	⟨b⟩	[bʊnt] – ⟨bunt⟩	[m]	→	⟨m⟩ [mu:s] – ⟨Mus⟩
[d]	→	⟨d⟩	[do:m] – ⟨Dom⟩	[n]	→	⟨n⟩ [no:t] – ⟨Not⟩
[g]	→	⟨g⟩	[gʊnst] – ⟨Gunst⟩	[ŋ]	→	⟨ng⟩ [ʀɪŋ] – ⟨Ring⟩
[f]	→	⟨f⟩	[fɪʃ] – ⟨Fisch⟩	[l]	→	⟨l⟩ [lʊft] – ⟨Luft⟩
[s]	→	⟨ß⟩	[ʀu:s] – ⟨Ruß⟩	[ʀ]	→	⟨r⟩ [ʀɪŋ] – ⟨ring⟩
[ʃ]	→	⟨sch⟩	[ʃʀo:t] – ⟨Schrot⟩			

Affrikate

[t͡s] → ⟨z⟩ [t͡sa:n] – ⟨Zahn⟩

GPK-Regeln für die Konsonanten

An den GPK-Regeln für die Konsonanten fällt zunächst auf, daß nicht alle Laute, die im Phonemsystem angesetzt werden, vorkommen. So gibt es keine Regel für den glottalen Plosiv [ʔ]. Das Vorkommen dieses Lautes ist morphonologisch bestimmt. Er kann nur vor Vokal in solchen Morphemen auftreten, die am Wortanfang stehen können (vgl. 26). Dem [ʔ] entspricht kein graphematisches Segment, deshalb gibt es keine GPK-Regel.

Daß es keine Regel für den stimmhaften Konsonanten [ʒ] gibt, hat andere Gründe. [ʒ] kommt nur in Fremdwörtern vor. Will man solche Wörter erfassen, muß eine Regel für [ʒ] angenommen werden, als Normalfall wohl [ʒ] → ⟨g⟩ *(Genie, Garage)*. Für [ʒ] gibt es auch andere Schreibungen, z. B. in *Dschungel*. Ein weiterer Konsonant, der für die Schreibung von Fremdwörtern in Frage kommt, ist z. B. der stimmlose dentale Frikativ [θ] (engl. *th*). Nur die Berücksichtigung einer großen Zahl von Fremdwörtern kann Aufschluß über die Schreibregeln für Wörter mit solchen Lauten geben.

In der Liste findet sich ein Fall, in dem auf der linken Seite der Regel nicht ein einzelner Laut, sondern eine Lautfolge steht: Die normale Schreibung für [kv] ist ⟨qu⟩. Solche Regeln sind ohne weiteres möglich. Sie verstoßen nicht gegen das phonographische Prinzip.

Von den beiden Affrikaten [t͡s] und [p͡f], die man gewöhnlich für das Deutsche ansetzt, wird nur das [t͡s] mit Hilfe einer GPK-Regel abgebildet. Für [p͡f] wird keine Regel benötigt, weil hier immer die Regeln für [p] und [f] ausreichen.

In der Liste der GPK-Regeln tauchen auch nicht alle Konsonantgrapheme auf. Es gibt keine Regeln für ⟨v⟩ und für ⟨x⟩. Diese beiden Grapheme kommen nur in Sonderregeln vor.

82 Die GPK-Regeln zeigen, welche Phoneme im Geschriebenen direkt abgebildet werden und welche graphematische Einheit einem Phonem im Normalfall entspricht. Die orthographisch korrekte Schreibung vieler Wortformen läßt sich allein aus den GPK-Regeln herleiten, z. B. für *grün, Wüste, Regen, edel, Muße, Schachtel, Wiese*. Für viele andere Wortformen ergibt sich nicht die korrekte Schreibung. Zu ihrer Herleitung muß auf die Silbenstruktur, die morphologische Struktur und anderes zurückgegriffen werden (vgl. Abschnitte 3 bis 5).

Die GPK-Regeln stellen den alphabetischen Anteil der Schreibungen des Deutschen dar. Sie verwirklichen in ihrer Form das Grundprinzip der Alphabetschrift, das ja darauf beruht, einem Lautsegment ein bestimmtes graphisches Element zuzuweisen. Daß sich mit den GPK-Regeln nicht immer korrekte Schreibungen ergeben, zeigt eben, daß das Schriftsystem des Deutschen ein Mischsystem ist. Neben den Graphem-Phonem-Korrespondenzregeln lassen sich für eine Sprache auch umgekehrt Phonem-Graphem-Korrespondenzregeln (PGK-Regeln) formulieren. Ausgangspunkt sind dabei die Grapheme. Die PGK-Regeln stellen fest, welches phonologische Segment einem Graphem normalerweise entspricht. Sie werden hier nicht aufgeführt. Unsere Darstellung behält stets die Blickrichtung vom Phonologischen auf das Graphematische bei. 83

3 Das silbische Prinzip
3.1 Eigenschaften der Schreibsilbe

Im vorausgehenden Abschnitt wurde gezeigt, daß die Schreibung vieler Wortformen mit Hilfe der GPK-Regeln richtig hergeleitet werden kann. Bei solchen Wortformen läßt sich die Phonemfolge Segment für Segment auf die Graphemfolge abbilden. 84
Für zahlreiche Wortformen führt dieses Verfahren nicht zu korrekten Schreibungen. Die Gründe für solche Abweichungen sind recht unterschiedlicher Art. Zu den wichtigsten gehört die Bezugnahme auf silbische Information. Damit ist folgendes gemeint: Laute, die in der Sprechsilbe eine bestimmte Rolle spielen, werden im Geschriebenen nicht so wiedergegeben, wie es der entsprechenden GPK-Regel entspricht, sondern ihre Schreibung unterliegt besonderen, eben silbenbezogenen Regeln. Damit hat die Silbe im Geschriebenen häufig eine andere segmentale Gestalt als die im Gesprochenen. Allgemein kann man sagen, daß die Gestalt der Schreibsilbe stärker regularisiert ist als die der Sprechsilbe. Ein Merkmal der Schreibsilbe ist, daß sie eine größere Formkonstanz hat als die Sprechsilbe. Es gibt auch im Gesprochenen gewisse Ausgleichsvorgänge, die dazu führen, daß Sprechsilben als rhythmisch-prosodische Grundeinheiten sich in der Länge nicht allzusehr voneinander unterscheiden (vgl. 26 ff.). Solche Tendenzen sind im Geschriebenen wesentlich stärker ausgeprägt. Das Geschriebene strebt danach, die Silben gleich lang zu machen. Es bedient sich dabei immer wieder derselben Ausgleichsmittel. Auf diese Weise kommt es immer wieder zu denselben Buchstaben- und Graphemverbindungen. Das Auge lernt bald, solche festen Muster zu erkennen und damit die silbenstrukturelle Information zu erschließen. Man darf annehmen, daß der starke silbische Zug der deutschen Orthographie eher für das Lesen als für das Schreiben funktional ist. Wir beschreiben im Folgenden nur die wichtigsten und auffälligsten auf die Silbenstruktur bezogenen Eigenschaften der deutschen Orthographie.
Im Silbenanfangsrand wird fast durchweg phonographisch geschrieben. Eine eindeutig silbische Schreibung gibt es nur in einem Fall, nämlich beim [ʃ]. Im heimischen Wortschatz ist [ʃ] der einzige Konsonant, der in dreiphonemigen Anfangsrändern an erster Stelle vorkommt ([ʃtʀɪç], [ʃplɪt]). Sieht man von den Affrikaten ab ([t͡svan], [p͡fɪlçt]), so sind dies gleichzeitig die einzigen Anfangsränder, in denen zwei Obstruenten stehen können. Diese Ränder sind von ihrem Aufbau her markiert. Das Auftreten von [ʃ] vor [t] und [p] ist strukturell ein Einzelfall. 85
Schriebe man in diesen Fällen phonographisch, so würden die sowieso schon längsten Anfangsränder mit [ʃ] im Geschriebenen noch länger, z. B. ⟨schtr⟩ und

⟨schpl⟩. Die Überlänge wird dadurch vermieden, daß dem [ʃ] vor [t] und [p] ein ⟨s⟩ entspricht, wir erhalten also ⟨str⟩ und ⟨spl⟩. Diese Schreibung ist möglich, weil [s] in der Position von [p] und [t] nicht vorkommt, eine nicht eindeutige Zuordnung also ausgeschlossen ist. Die strukturelle Besonderheit der Anfangsränder [ʃt] und [ʃp] ist im Geschriebenen an die Graphemmuster ⟨st⟩ und ⟨sp⟩ gebunden. Diese Muster werden als Einheiten wahrgenommen und immer richtig gelesen. Eine Irritation auf Grund der Abweichung von der normalen Graphem-Phonem-Zuordnung kann nicht entstehen. Das Muster erleichtert das Lesen trotz der Abweichung von der Normalzuordnung.

86 Ein ausgeprägtes silbisches Element findet sich bei der Schreibung des Silbenkerns und bei der Wechselbeziehung zwischen Kern und Endrand. Betrachten wir zuerst die Schreibung der schließenden Diphthonge.

Die drei Diphthonge [ai̯], [au̯], [ɔi̯] erscheinen in fünf Formen, nämlich ⟨ai⟩, ⟨ei⟩, ⟨au⟩, ⟨eu⟩, ⟨äu⟩. Die Schreibung ⟨äu⟩ hat eine morphologische Grundlage (vgl. 98). Von den vier anderen Schreibdiphthongen sind zwei als phonographisch anzusehen, nämlich ⟨ai⟩ und ⟨au⟩, die beiden anderen sind es nicht. Dennoch sind ⟨ei⟩ und ⟨eu⟩ nicht einfach unsystematisch. Die Schreibung der Diphthonge ist so geregelt, daß zwei Grapheme fest die erste Position des Diphthongs besetzen (⟨a,e⟩) und zwei Grapheme die zweite Position (⟨i,u⟩). Nutzt man alle damit gegebenen Möglichkeiten aus, so ergeben sich gerade die vier Schreibungen.

1. Pos.   2. Pos.

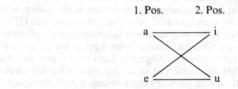

Struktur der Diphthongschreibungen

Durch die Fixierung der Grapheme auf die erste bzw. zweite Position im Diphthong entstehen feste Buchstabenverbindungen als Diphthongmuster, die das Auge als solche erkennt unabhängig davon, ob sie phonographisch fundiert sind oder nicht. Die Diphthongschreibungen sind auf die direkte Informationsentnahme durch das Auge eingerichtet und weniger auf eine Umsetzung ins Lautliche. Diphthonge als Bestandteile von Silben und somit von Wortformen bedürfen zu ihrer Identifizierung beim Lesen nicht des Umweges über die lautlichen Entsprechungen.

87 Noch klarer tritt das silbische Element bei den Entsprechungen zur Vokallänge in betonten Silben hervor. In betonten Silben sind gespannte Vokale lang, ungespannte kurz. Ist eine betonte Silbe offen, so kann ihr Vokal nur lang sein wie bei der ersten Silbe in [ʀoː:zə] *(Rose)* oder [gɑ:bəl] *(Gabel)*. Hat der Endrand einer betonten Silbe dagegen zwei oder mehr Konsonanten, so ist ihr Vokal in der Regel kurz wie in [lɪst] *(List)*, [fʊrʀçt] *(Furcht)*. In all diesen Fällen muß also nicht besonders angezeigt werden, ob ein Vokal lang oder kurz zu lesen ist. Die Vokallänge ergibt sich aus dem Aufbau der Silbe, in der er steht.

Bei betonten Silben mit einfachem Endrand gilt das nicht. Hier gibt es daher besondere Regeln dafür, wann ein Vokal lang und damit gespannt oder kurz und damit ungespannt ist. Für flektierende Einheiten gilt:

1. Hat ein Einsilber nur ein Graphem im Endrand, so wird der Vokal lang gelesen, z. B. *Ton, Flut, schön, groß.*

2. Hat eine Silbe im Mehrsilber ein Graphem im Endrand, so wird sie kurz gelesen, z. B. *Mul-de, Kan-te, Gür-tel, Wol-ke* (Ausnahme: *Wüs-te*).

Auch in diesen Fällen müssen Länge/Gespanntheit nicht besonders angezeigt werden. Die deutsche Orthographie verfügt aber dennoch über Mittel, um die Vokallänge anzuzeigen. Diese Mittel werden eingesetzt, um die Informationsentnahme zu erleichtern und um einen Längenausgleich bei bestimmten Typen von Schreibsilben herbeizuführen. Zur besonderen Kennzeichnung von Langvokalen (gespannten Vokalen in betonter Silbe) stehen das Dehnungs-*h* und die Verdoppelung von Vokalgraphemen zur Verfügung.

Das Dehnungs-*h*

Das Dehnungs-*h* kann genau dann stehen, wenn einem Vokalgraphem ein einzelnes Graphem für einen Sonoranten folgt (⟨r⟩, ⟨l⟩, ⟨n⟩, ⟨m⟩). Das gilt sowohl für einsilbige wie für zweisilbige Formen: 88

> *Jahr, Kohl, Huhn, Wahn, kühn, lahm*
> *Bahre, Kohle, Sühne, Sahne, Rahmen, dehnen*

Bei all diesen Formen würde der Vokal in der betonten Silbe auch ohne das ⟨h⟩ als gespannt und lang gelesen. Es ist also nicht die Aufgabe des ⟨h⟩, die Dehnung anzuzeigen.

Die Funktion des Dehnungs-*h* ergibt sich aus der Beschränkung seiner Position vor ⟨r⟩, ⟨l⟩, ⟨n⟩, ⟨m⟩. Diese Grapheme entsprechen phonographisch den Sonoranten [ʀ], [l], [n], [m]. Die Sonoranten sind die Konsonanten mit der höchsten Sonorität, deshalb folgen sie im Endrand unmittelbar dem Silbenkern (vgl. 33). Da auf die Sonoranten noch weitere Konsonanten folgen können, stehen Sonoranten besonders häufig am Anfang komplexer Endränder. Komplexe Endränder mit zwei, drei oder vier Konsonanten haben als erste Konsonanten meistens einen Sonoranten, so beispielsweise in *Welt, Furcht, Hirn, Sand, Amt.* Ein Sonorant unmittelbar nach dem Silbenkern deutet also häufig darauf hin, daß der Endrand komplex ist und damit der vorausgehende Vokal als ungespannter Kurzvokal zu lesen ist. Es ist deshalb eine Erleichterung für das Lesen, wenn bei einem Sonoranten besonders angezeigt wird, daß der vorausgehende Vokal ein gespannter Langvokal ist.

Da das Dehnungs-*h* nur bei kurzem, d. h. einfachem Endrand auftritt, trägt es gleichzeitig dazu bei, daß die Endränder optisch verlängert werden. Es findet ein Ausgleich bei der Länge der Schreibsilben statt.

Die Regel „Dehnungs-*h* steht vor einem einzelnen Sonorantgraphem" gibt eine notwendige Bedingung für das ⟨h⟩ an, nicht eine hinreichende. In vielen Fällen steht das Dehnungs-*h* dort nicht, wo es stehen könnte. Dabei besteht statistisch wieder eine Korrelation zur Silbenlänge. Bei Silben mit komplexem Anfangsrand ist das Dehnungs-*h* eher unwahrscheinlich, vgl. *Strom, schwer, Schwan, Schnur, schwül.* Bei Silben mit einfachem Anfangsrand ist das Dehnungs-*h* dagegen eher wahrscheinlich, vgl. *Hahn, hohl, kahl, Ruhm, Wehr, kühn.* Auch hier besteht also die Tendenz zum Ausgleich der optischen Silbenlänge. Es handelt sich freilich um eine Tendenz und nicht um eine Regel. Eine feste Regel gibt es nur dafür, wo das Dehnungs-*h* stehen kann, nicht aber dafür, wo es stehen muß.

Verdoppelung von Vokalgraphemen

89 Die Verdoppelung von Vokalgraphemen ist wie das Dehnungs-*h* auf solche Positionen beschränkt, in denen ein Vokalgraphem lang gelesen wird. Auch die Verdoppelung zeigt daher nicht Vokallänge an, sondern dient als visuelle Stütze beim Lesen und zum optischen Längenausgleich der Schreibsilbe. Die Verdoppelung von Vokalgraphemen tritt vor allem in drei Kontexten auf.

1. ⟨ee⟩ steht in offener Silbe wie in *Schnee, Tee, See, Fee*. Es ist ersichtlich, daß es funktional ist, solche Silben optisch zu längen.

2. ⟨aa⟩, ⟨ee⟩, ⟨oo⟩ treten auf vor ⟨r⟩ und ⟨l⟩ wie in *Aal, Saal, Haar, Paar, scheel, Heer, Meer, Teer, leer, Moor,* in einer Umgebung also, in der auch das Dehnungs-*h* auftritt. Auch hier geht es um eine Erhöhung des optischen Gewichts der Silbe.

3. ⟨aa⟩, ⟨ee⟩, ⟨oo⟩ stehen vor ⟨t⟩ wie in *Staat, Saat, Maat, Beet, Boot,* auch wenige Einheiten mit ⟨s⟩ gibt es *(Aas, Moos)*. Neben den Sonoranten sind [t] und [s] diejenigen Laute, die am häufigsten in komplexen Enderändern und damit nach kurzem, ungespanntem Vokal vorkommen. Deshalb gibt es auch hier einen guten Grund, den Langvokal besonders hervorzuheben.

Daß ⟨ii⟩ und ⟨uu⟩ als Doppelvokalgrapheme nicht vorkommen, liegt wohl an der Form der Buchstaben. Beide würden nicht zu einer Erleichterung, sondern zu Irritationen für das Auge führen, insbesondere bei Schreibschriften.

3.2 Mehrsilbige Wörter

Silbengrenze und Silbentrennung

90 Die Schrift verfügt über besondere Mittel zur Markierung von Silbengrenzen. Da die Schreibsilbe als Einheit für das Lesen eine so bedeutende Rolle spielt, ist es funktional, wenn die Schreibsilben auf eindeutige Weise voneinander abgegrenzt sind. Für das Schreiben ist die Lage der Silbengrenze bei der Trennung am Zeilenende ebenfalls von Bedeutung.

Als Regelfall für phonographisch geschriebene Formen gilt, daß die Silbengrenze der phonologischen Wortform direkt auf die graphematische Wortform abgebildet wird. Die Lage der Silbengrenze im Geschriebenen entspricht der Lage der Silbengrenze im Gesprochenen (vgl. 37 ff.).

phonologisch	graphematisch
[kan̩tə]	⟨Kan-te⟩
[bʁuː.dəʁ]	⟨Bru-der⟩
[eː.zəl]	⟨E-sel⟩
[trau̯.əʁ]	⟨Trau-er⟩
[ɛrn̩tə]	⟨Ern-te⟩
[løːtə.tə]	⟨lö-te-te⟩
[pols̩təʁ]	⟨Pol-ster⟩

Lage der Silbengrenze bei phonographischen Schreibungen

Als Besonderheit der Silbentrennung hat im Bereich der phonographischen Schreibungen zweierlei zu gelten:

1. ⟨st⟩ darf nicht getrennt werden, sondern wird als Einheit der zweiten Silbe zugeschlagen. Deshalb wird aus dem Beispiel *Pols-ter* orthographisch korrekt *Pol-ster*. Eine linguistische Begründung für diese Regel gibt es nicht. Sie kommt aus

dem Buchdruck in Frakturschrift, wo das sogenannte lange *s* (ſ) und das *t* (t) auf einem Block standen und deshalb nicht getrennt werden konnten.
2. Ein einzelnes Vokalgraphem wird nicht abgetrennt. *E-sel, A-bend* sind orthographisch unzulässig, weil die abgetrennte Schreibsilbe visuell zu schwach wäre. Diese Regel ist letztlich ästhetisch begründet.
Diese beiden Besonderheiten werden in der Neuregelung der deutschen Rechtschreibung abgeschafft. Man trennt danach z. B. *Pols-ter, A-bend.*
Eine explizite graphische Markierung der Silbengrenze findet im Geschriebenen in zwei Fällen statt: (1) wenn zwei Silbenkerne unmittelbar aufeinanderfolgen, wird die zweite Silbe mit einem ⟨h⟩ eröffnet, und (2) wenn ein Silbengelenk vorliegt, wird dies auf zwei graphematische Einheiten zerdehnt. Wir betrachten beide Fälle genauer:

Das silbeninitiale *h*

Es kommt häufig vor, daß auf eine betonte offene Silbe unmittelbar der Kern   91
einer nichtbetonbaren Silbe folgt. Im Geschriebenen wird dann zu Beginn der   ___
zweiten Silbe ein ⟨h⟩ eingefügt. Man spricht hier vom silbeninitialen ⟨h⟩:

phonologisch	graphematisch
[dʀoː ən]	⟨dro-hen⟩
[zeː ən]	⟨se-hen⟩
[hæː əʀ]	⟨Hä-her⟩
[myː ə]	⟨Mü-he⟩
[ʀuː ə]	⟨Ru-he⟩

Silbeninitiales *h*

Das silbeninitiale ⟨h⟩ ist wie das Dehnungs-*h* ein sogenanntes stummes ⟨h⟩, d. h., dem Graphem entspricht in dieser Position kein Phonem. Vergleicht man die phonologischen mit den graphematischen Wortformen in den Beispielen, so wird deutlich, daß das silbeninitiale ⟨h⟩ die Silbengrenze markiert und gleichzeitig zur visuellen Prägnanz der graphematischen Wortform beiträgt. Wie wichtig diese Funktion ist, wird besonders deutlich in Formen mit Häufungen von Vokalbuchstaben. Ohne silbeninitiales ⟨h⟩ würden wir beispielsweise an Stelle von ⟨ziehe⟩, ⟨fliehe⟩ zu schreiben haben ⟨ziee⟩, ⟨fliee⟩.
Das silbeninitiale ⟨h⟩ steht im Regelfall dann, wenn zwei silbische Vokale aufeinanderfolgen. Es steht dann nicht, wenn der erste Vokal als Mehrgraph geschrieben wird *(See - Seen, Knie - Knie)*, und es steht nicht nach Diphthongen, bei denen ja der zweite Vokal nicht silbisch ist: [fʀɔɪ ən] - ⟨freu-en⟩, [tʀaʊ əʀ] - ⟨Trau-er⟩. Die Schreibung *rauh* ist eine isolierte Ausnahme.
Der einzige Schreibdiphthong, nach dem ein silbeninitiales ⟨h⟩ dennoch stehen kann, ist ⟨ei⟩ wie in ⟨Rei-her⟩, ⟨Wei-he⟩. Als Grundregel gilt hier, daß das silbeninitiale ⟨h⟩ dann nicht auftritt, wenn die Grundform einsilbig ist wie in *Schrei - schreien* oder *Blei - verbleien.* Die Besonderheiten des silbeninitialen ⟨h⟩ nach ⟨ei⟩ sind historisch bedingt, sie sind aber durchaus verträglich mit der allgemeinen Funktion dieses Schriftelements, das ja generell Mehrsilbigkeit anzeigt.

Silbengelenke

Steht in einer phonologischen Wortform zwischen einem betonten ungespannten   92
und einem unbetonten Vokal ein einzelner Konsonant, so ist dieser Konsonant

ein Silbengelenk. In der phonologischen Wortform [ʃlɪtən] *(Schlitten)* beispielsweise gehört das [t] sowohl zur ersten wie zur zweiten Silbe (vgl. 38). Segmente, die zu zwei Silben gleichzeitig gehören, gibt es im Geschriebenen nicht. Ein graphematisches Segment gehört stets einer und nur einer Schreibsilbe an. Dem Silbengelenk des Gesprochenen entspricht daher im Geschriebenen nicht ein Segment, sondern eine Segmentfolge. In den meisten Fällen wird ein Silbengelenk durch Verdoppelung des Konsonantgraphems dargestellt, das der phonographischen Schreibung entspricht:

phonologisch	graphematisch
[vatə]	⟨Wat-te⟩
[mapə]	⟨Map-pe⟩
[kladə]	⟨Klad-de⟩
[ʀɔbə]	⟨Rob-be⟩
[ʀɔgən]	⟨Rog-gen⟩
[vaʃə]	⟨Waf-fe⟩
[vasəʀ]	⟨Was-ser⟩
[kaʀə]	⟨Kar-re⟩
[kaməʀ]	⟨Kam-mer⟩
[kanə]	⟨Kan-ne⟩
[kʀalə]	⟨Kral-le⟩

Doppelkonsonantgrapheme an der Silbengrenze

Durch Verdoppelung des Konsonantgraphems wird erreicht, daß sowohl die erste als auch die zweite Silbe das Konsonantgraphem enthält. Die Silbengrenze liegt dazwischen. Auch bei Worttrennung am Zeilenende behält jede der Silben ihre ursprüngliche graphematische Gestalt.

93 Doppelkonsonantgrapheme haben nach dieser Auffassung ihren Ursprung nicht in der Kennzeichnung von Vokalkürze, sondern der Markierung von Silbengelenken. Da Silbengelenke nur nach Kurzvokalen vorkommen, stehen solche Geminaten nur nach Kurzvokalen. Es ist aber unzutreffend, den Kurzvokal selbst als Grund für das Auftauchen der Geminate anzusehen. Es gibt zahlreiche Konsonanten nach Kurzvokalen, die nicht Silbengelenke sind und denen deshalb im Geschriebenen keine Geminate entspricht, vgl. z. B. *in, von, um, ab, an.* Erklärlich wird so auch, warum Doppelkonsonantgrapheme nur dann auftreten, wenn dem Kurzvokal ein einzelner Konsonant folgt. In komplexen Endrändern morphologisch einfacher Wörter werden Konsonantgrapheme auch nach Kurzvokal nie verdoppelt. Wir schreiben *bald, bunt, Gurt* und nicht *balld, bunnt, Gurrt,* weil ⟨l, n, r⟩ hier niemals Silbengelenk sein können. Die Geminate am Ende von Wortformen wie *Kamm, soll, wirr* erklärt sich daraus, daß der entsprechende Konsonant in einer anderen Form des Paradigmas Silbengelenk ist (*Kämme, sollen, wirres,* vgl. 102). Ausnahmen sind nur die Schreibungen *wenn, wann, denn, dann.* Sie stammen von Zweisilbern ab und haben die alte Form der Schreibung beibehalten *(wannen, dannen).* Diese dient gleichzeitig zur Unterscheidung von *wenn – wen* und *denn – den.*

94 Nicht allen Silbengelenken entspricht im Geschriebenen eine Geminate. Drei Gruppen von Sonderfällen sind zu unterscheiden:

1. Dem Silbengelenk entspricht eine Buchstabenfolge, die als Graphemfolge angesehen werden kann.

a) [ŋ] als Silbengelenk wird als ⟨ng⟩ abgebildet: [zɪŋən] – ⟨sin-gen⟩;
[lʊŋə] – ⟨Lun-ge⟩.

b) [t͡s] als Silbengelenk wird als ⟨tz⟩ abgebildet: [kat͡sə] – ⟨kat-ze⟩; [kɛt͡səʀ] – ⟨Ket-zer⟩. Damit erklärt sich auch, warum die Affrikate [t͡s] nur dann als ⟨tz⟩ geschrieben wird, wenn sie Gelenk ist. In allen anderen Fällen wird sie phonographisch als ⟨z⟩ geschrieben: *Zahn, Kerze, Walze.*

2. Entspricht einem Konsonanten phonographisch ein Mehrgraph, so erfolgt grundsätzlich keine Verdoppelung. In solchen Fällen gehört der Mehrgraph zur zweiten Schreibsilbe. Beispiel: In der phonologischen Wortform [vaʃən] ist [ʃ] ein Silbengelenk. Trotzdem schreiben wir nicht ⟨wasch-schen⟩, sondern ⟨wa-schen⟩. Ähnlich liegt der Fall bei ⟨Si-chel⟩, ⟨Ka-chel⟩ usw.

3. Ist [k] ein Silbengelenk, so entspricht ihm im Geschriebenen ein ⟨ck⟩, bei Trennung am Zeilenende ein ⟨k-k⟩: [bakə] – ⟨Backe⟩ – ⟨Bak-ke⟩. Der Grund für dieses besondere Verhalten von [k] liegt in seinem Verhältnis zu [ç] und [x]. Im Silbenendrand vor [s] wird [k] wie [ç] und [x] als ⟨ch⟩ geschrieben: [byksə] – ⟨Büchse⟩, [vaksən] – ⟨wachsen⟩. Für [k] gibt es damit insgesamt drei Schreibungen, nämlich ⟨k⟩, ⟨ck⟩ und ⟨ch⟩. Die Schreibung ⟨ck⟩ stellt dabei den visuellen Bezug zwischen ⟨k⟩ auf der einen und ⟨ch⟩ auf der anderen Seite her. Würde das Gelenk [k̩] als ⟨kk⟩ geschrieben, so ginge dieser Bezug verloren. In der Neuregelung der deutschen Rechtschreibung wird der Wechsel von ⟨ck⟩ zu ⟨kk⟩ aufgegeben. Man trennt dann z. B. *Ba-cke, Zu-cker.*

Silbentrennung an Morphemgrenzen

Ist die Lage der Silbengrenze in einer Wortform nicht phonologisch, sondern morphologisch determiniert, so gilt das für die Lage der Silbengrenze in der graphematischen Wortform ebenfalls. Trennungen an einer Morphemgrenze liegen beispielsweise vor in ⟨wirk-lich⟩, ⟨Wag-nis⟩, ⟨ent-raten⟩, ⟨auf-lassen⟩, ⟨Miet-recht⟩. Diese Segmentierung in morphologische Einheiten erleichtert die Informationsentnahme beim Lesen.   95

4 Das morphologische Prinzip

Wortformen sind aus bedeutungstragenden Einheiten aufgebaut, den M o r p h e - m e n. Viele Wortformen enthalten genau ein Morphem *(bei, schnell, Hand),* die meisten Wortformen enthalten jedoch mehrere Morpheme *(da # bei, schnell # er # es, hand # lich).* Morpheme erscheinen im Gesprochenen nicht immer in derselben Gestalt, sondern sind gewissen lautlichen Veränderungen unterworfen. Beispielsweise erscheint *Buch* im Singular als [bu:x], im Plural dagegen als [by:ç] wie in *Büch # er.*   96

In der Schrift gibt es eine allgemeine Tendenz, solche lautlichen Veränderungen von Morphemen nicht mitzumachen. Die verschiedenen lautlichen Varianten eines Morphems sind sich im Geschriebenen meist ähnlicher als im Gesprochenen. In unserem Beispiel hat das Gesprochene die Varianten [bu:x] – [by:ç], während das Geschriebene die Varianten ⟨Buch⟩ – ⟨Büch⟩ aufweist. Die orthographische Schreibung weist mehr Ähnlichkeiten zwischen den Varianten auf als die Lautschrift. Die große Ähnlichkeit hilft dabei, das Morphem beim Lesen schnell zu identifizieren. Graphematische Form und Morphembedeutung sind direkt aufeinander bezogen. Das Morphem kann in seiner Gestalt ganzheitlich visuell identifiziert werden. Im automatisierten Leseprozeß muß nicht erst die Lautform einer Einheit ermittelt werden, bevor ein Zugriff auf die Bedeutung möglich ist. Die weitgehende Unveränderlichkeit des Morphems führt zu einer starken Abweichung vom phonographischen Prinzip. Dieses Abweichen ist jedoch weder willkürlich noch disfunktional. Das morphologische Prinzip (auch Prinzip der Morphemkonstanz oder Schemakonstanz genannt) gehört zu den wichtigsten Merkmalen des deutschen Schriftsystems. Es tritt auf vielfältige Weise in Erscheinung.

Tilgung von Lauten an einer Morphemgrenze

97 Beim Aufeinandertreffen gleicher oder hinreichend ähnlicher Laute an einer Morphemgrenze verschmelzen diese Laute zu einem Laut. So wird aus [an]+[ne:mən] die Form [anne:mən] und in der Umgangslautung sogar [ane:mən] (*annehmen*, vgl. 66). Im Geschriebenen werden solche Reduktionen häufig vermieden. Es gelten folgende Grundregeln:

1. An der Grenze von Ableitungsaffixen findet im allgemeinen keine Reduktion statt. Sowohl bei Präfixen (*verrohen, enttarnen, zerreden*) wie bei Suffixen (*Schrifttum, behebbar*) kann es daher zu einer Graphemverdopplung kommen, die phonographisch keine Grundlage hat.
Eine Ausnahme macht das Suffix *-heit: zäh + heit = Zäheit*. Die Neuregelung der deutschen Rechtschreibung ändert dies zu *Rohheit, Zähheit*.
2. Zwischen den Bestandteilen von Zusammensetzungen (an der sogenannten Kompositionsfuge) findet im allgemeinen keine Reduktion statt. *Türrahmen, Waschschüssel, Strohhaufen, Lauffeuer*. Sogar beim Zusammentreffen von drei gleichen Konsonantgraphemen findet keine Reduktion statt: *Pappplakat, Werkstatttreppe, Sauerstoffflasche*.
Steht beim Zusammentreffen gleicher Konsonanten zu beiden Seiten der Kompositionsfuge genau ein Konsonant, so findet Reduktion von drei auf zwei gleiche Grapheme statt: *Stoffetzen, Geschirreiniger, Bettuch, Fallinie, Kammacher, Brennessel*. Der Grund für diese Reduktion ist darin zu sehen, daß bei Zusammensetzungen im Regelfall das erste Element betont ist. Die Kompositionsfuge steht daher sehr häufig zwischen einer betonten und einer unbetonten Silbe, der Konsonant zwischen den Vokalen wird zum Silbengelenk. Die graphematische Abbildung des Silbengelenkes ist hier wie auch sonst ein Doppelkonsonantgraphem: [bɛtux] = ⟨Bettuch⟩. Die Neuregelung der deutschen Rechtschreibung sieht vor, hier immer drei statt zwei Konsonantgrapheme zu schreiben, also z. B. *Stofffetzen, Betttuch*.
3. An der Grenze zwischen Stamm und Flexionsendung ist Konsonantenreduktion normalerweise grammatikalisiert. Sie wird im Geschriebenen wie im Gesprochenen vollzogen. Beispiele: (a) Bei Verbstämmen auf alveolaren Obstruenten wird die 2. und 3. Person Singular reduziert: *reisen – du reist* (nicht *reisst*), *raten – er rät* (nicht *rätt*). (b) Bei Substantiven mit *-(e)n* im Nominativ Plural wird der Dativ Plural reduziert: *die Frauen – den Frauen* (nicht *Frauenn*). (c) Bei Substantiven, deren Stamm auf ⟨e⟩ endet, wird die Pluralform reduziert: *das Knie – die Knie; der See – die Seen* (nicht *Seeen*).

Umlautschreibung, Ablaut

98 Die Grapheme ⟨ä⟩, ⟨ö⟩, ⟨ü⟩ zeigen durch ihre Form an, daß der Umlaut morphologisch bestimmt ist (vgl. 24). Die Zusammengehörigkeit von Formen wie *flach – Fläche – flächig; Not – Nöte – nötig; Fluß – Flüsse – flüssig* wird durch die Umlautschreibung hervorgehoben. Dasselbe gilt für den Diphthong ⟨äu⟩ wie in *Haus – Häuser, Schaum – schäumen*.

Zwischen ⟨ö⟩ und ⟨ü⟩ einerseits sowie ⟨äu⟩ andererseits besteht ein wesentlicher Unterschied. ⟨ö⟩ und ⟨ü⟩ kommen als Umlautgrapheme ebenso vor wie als normale phonographische Schreibungen. In Formen wie *schön, Föhn, Hölle, dünn, Mühle, blühen* kommen ⟨ö⟩ und ⟨ü⟩ ohne Bezug auf ⟨o⟩ und ⟨u⟩ vor. Dagegen ist ⟨äu⟩ fast durchweg auf ⟨au⟩ bezogen wie in *laut – läuten, Braut – Bräutigam*. Ist ein derartiger Bezug nicht vorhanden, so wird ⟨eu⟩ geschrieben wie in *Leute, Eule, heulen.* Eine Ausnahme ist *Säule*. Bei ⟨ä⟩ ist ein morphologischer Bezug in der Regel ebenfalls vorhanden *(Sache – sächlich, lachen – lächerlich, wachen – Wächter)*. Es gibt allerdings eine größere Anzahl von Wörtern, bei denen ein morphologischer Bezug auf ⟨a⟩ nicht besteht, z. B. *Bär, träge, Krähe, Lärm, Geländer.* Umgekehrt gibt es einige Wörter, bei denen Umlautschreibung zu erwarten wäre, die sie aber nicht haben: *Überschwang – überschwenglich, blau – verbleuen.* Die Neuregelung der deutschen Rechtschreibung verlangt hier Umlautschreibung, also *überschwänglich, verbläuen.* Bei *Eltern* (eigtl. „die Älteren", zu *alt*) und einigen anderen Wörtern ist die morphologische Beziehung bereits zerrissen.

Im Unterschied zum Umlaut schlägt sich der Ablaut nicht in der Schrift nieder. Als Ablaut bezeichnet man im gegenwärtigen Deutsch den Vokalwechsel in den Stammformen des Verbs, z. B. *singe – sang – gesungen, liege – lag – gelegen* (vgl. 230 ff.). Die Vokale in den verschiedenen Stammformen werden phonographisch geschrieben auch dann, wenn zufällig ein Lautverhältnis wie beim Umlaut vorliegt. So heißt es *berge – barg – geborgen* und nicht *bärge – barg – geborgen.* Ebenso *bersten – barst, gelten – galt, sterben – starb.* Auch der Unterschied beim sogenannten Rückumlaut führt nicht zu morphologischen Schreibungen, vgl. *brenne – brannte, nenne – nannte, renne – rannte, wende – wandte, kenne – kannte, sende – sandte.* All diese Schreibungen mit ⟨e⟩ für den Stammvokal sind regelmäßig und verstoßen nicht gegen das morphologische Prinzip.

Verdoppelung von Vokalgraphemen

Eine Verdoppelung von Vokalgraphemen tritt ausschließlich in Wortstämmen auf, niemals in Affixen. Die Verdoppelung von Vokalgraphemen wird in allen Fällen konsequent beibehalten, in denen der Stamm vorkommt (z. B. *leer, leeren, geleert; Moos, Moose, bemoost*). Wird ein Vokal umgelautet, so entspricht ihm jedoch stets nur ein einfaches Umlautgraphem. Eine Verdoppelung von Umlautgraphemen ist grundsätzlich ausgeschlossen; *Boot – Bötchen, Paar – Pärchen, Saat – säen – Sämann.*   99

Dehnungs-*h*

Das Dehnungs-*h* kann in solchen Wortstämmen stehen, in denen auf den betonten Vokal ein einzelnes Graphem für einen Sonoranten folgt, d. h., das Dehnungs-*h* steht vor einzelnen ⟨r⟩, ⟨l⟩, ⟨n⟩, ⟨m⟩ (*Jahr, kühn, stehlen*, vgl. 88 ff.). Ein Dehnungs-*h* erscheint in allen Formen, die den Stamm enthalten: 100

Jahr – Jahre – jährlich – verjährt; kühn – kühnstes – erkühnt; stehlen – stiehlst – stahl – gestohlen – Stehler.

Die Beispiele zeigen, daß das Dehnungs-*h* auch in solchen Formen erhalten bleibt, in denen auf Grund morphologischer Regeln dem betonten Vokal mehrere Konsonanten folgen *(verjährt, kühnstes)*. Um die graphematische Form eines Stammes möglichst konstant zu halten, steht das Dehnungs-*h* sogar dann, wenn das gespannte [i] bereits durch ⟨ie⟩ besonders markiert ist *(stiehlst)*.

Das Dehnungs-*h* kann dann nicht stehen, wenn dem Stammvokal ein Silbengelenk folgt. Deshalb steht in *genommen* natürlich kein Dehnungs-*h*, obwohl diese Form eine Variante des Stammes von *nehmen* enthält.

Silbeninitiales *h*

101 Das silbeninitiale ⟨h⟩ steht dann, wenn im Gesprochenen ein betonter und ein nicht betonbarer silbischer Vokal unmittelbar aufeinander folgen, z. B. [se: ˌən] – *sehen*, [my: ə] – *Mühe* (vgl. 91). Das silbeninitiale ⟨h⟩ ist hier das erste Graphem der zweiten Silbe, gleichzeitig ist es das letzte Konsonantgraphem des Stammes. Das silbeninitiale ⟨h⟩ bleibt in allen Formen erhalten, in denen der Stamm vorkommt, auch wenn es auf Grund morphologischer Veränderung nicht mehr das erste Graphem der zweiten Silbe ist *(sehen – seht – siehst – sah; Mühe – mühsam – bemüht)*. Das silbeninitiale ⟨h⟩ kann nur als letztes Konsonantgraphem des Stammes stehen. Es markiert damit eine morphologische Grenze. Wird diese Position auf Grund unregelmäßiger Formbildung von einem anderen Konsonantgraphem besetzt, dann steht das ⟨h⟩ nicht. Das gilt auch dann, wenn der Stammvokal lang bleibt, z. B.: *ziehen – zog; näher – nächster; Schuhe – Schuster*.

In einigen Wörtern wie *Draht* (zu *drehen*), *Naht* (zu *nähen*), *Mahd* (zu *mähen*) besteht kein regelhaftes Ableitungsverhältnis mehr. Das ⟨h⟩ dieser Wörter ist daher nur historisch zu verstehen. Bezogen auf die graphematischen Regeln des gegenwärtigen Deutsch handelt es sich um Ausnahmen.

Gelenkschreibung

102 Silbengelenke werden im Geschriebenen in der Regel durch Buchstabenfolgen abgebildet (vgl. 92). Diese Buchstabenfolgen können sein: (a) Doppelkonsonantgrapheme, z. B. *Wanne, Elle, Wasser;* (b) bestimmte Graphemfolgen *(Zange, bringen)* und (c) Mehrgraphe, die als Ganzes Graphemstatus haben *(Sichel, Asche, Hacke)*.

Die jeweilige graphematische Gestalt des Silbengelenks bleibt in allen Wortformen, in denen ein Stamm vorkommt, dieselbe. Sie bleibt insbesondere auch dann erhalten, wenn der entsprechende Konsonant aus morphologischen Gründen nicht mehr Silbengelenk ist. Die folgende Tabelle gibt Beispiele für die verschiedenen Arten von Gelenkschreibungen.

Gelenkschreibung	Morphologische Schreibungen
Stimme, stimmig	*stimmt, stimmlich*
irren, irrig	*Irrtum, irrst*
Männer, ermannen	*Mann, männlich*
Gänge, gegangen	*gang, gingst, vergänglich*
Witze, witzig	*Witz, witzlos*
machen, Macher	*Macht, machbar*
backen, Bäcker	*backst, Backofen*
wischen, Wischer	*gewischt, wischfest*

Morphologisches Prinzip: Gelenkschreibungen

Gelenkschreibungen gehören zu den auffälligsten Charakteristika der deutschen Orthographie. Sehr viele Zweisilber enthalten Silbengelenke, und auf Grund des morphologischen Prinzips finden sich Gelenkschreibungen darüber hinaus in zahlreichen weiteren Formen. Es gibt nur zwei Fälle, in denen bei Gelenkschreibungen nicht nach dem morphologischen Prinzip verfahren wird.

1. Ist [s] Gelenk, so wird es als ⟨ss⟩ geschrieben. Steht [s] im selben Stamm nicht in der Position eines Gelenks, so wird es als ⟨ß⟩ geschrieben:

Wasser – wäßrig; müssen – muß – mußte; gerissen – reißen – riß; geflossen – fließen – floß; flüssig – Flüsse – Fluß.

Die Neuregelung der deutschen Rechtschreibung sieht vor, ⟨ß⟩ nach Kurzvokal durch ⟨ss⟩ zu ersetzen, also *wässrig, muss, riss* zu schreiben.

2. Einem Silbengelenk, das nach einem Nebenakzent steht, entspricht die regelmäßige Gelenkschreibung. Solche Gelenkschreibungen unterliegen jedoch nicht dem morphologischen Prinzip. Beispiel: In [ˈleːʀəˈʀɪnən] liegt auf dem [ɪ] ein Nebenakzent. Das [n] ist Silbengelenk und deshalb wird das entsprechende Konsonantgraphem verdoppelt: *Lehrerinnen.* In der Singularform ist [n] nicht Gelenk, deshalb wird nur ein ⟨n⟩ geschrieben *(Lehrerin).* Auf ähnliche Weise erklären sich Schreibungen wie *Hindernisse – Hindernis, Ananasse – Ananas, Albatrosse – Albatros.* Als Analogieschreibungen haben zu gelten *Iltisse – Iltis, Globusse – Globus* und ähnliche Wörter. Hier wird das Konsonantgraphem verdoppelt, obwohl die vorausgehende Silbe stets unbetont ist, also auch keinen Nebenakzent trägt.

Das morphologische Prinzip wird nicht verletzt durch die unterschiedliche Schreibung von Formen wie *spinnen – Spindel, gönnen – Gunst, zusammen – sämtlich, schaffen – Geschäft,* da ein regelhafter morphologischer Zusammenhang zwischen solchen Formen nicht mehr besteht.

Veränderungen im Silbenendrand

Je nachdem, wie sie in Silben aufgeteilt sind, unterliegen Wortstämme gewissen lautlichen Veränderungen (vgl. 37 ff.). Solche Veränderungen treten auf, wenn ein Laut am Ende eines Morphems aus morphologischen Gründen mal im Anfangs- und mal im Endrand einer Silbe erscheint. Die Schrift macht solche Veränderungen generell nicht mit, sondern behält die Schreibung der sogenannten Langform bei. Zwei Typen von Lautveränderungen sind vor allem zu nennen:

1. Auslautverhärtung: Im Silbenendrand können keine stimmhaften Obstruenten stehen. Enthält eine zweisilbige Form (Langform) im Anfangsrand der zweiten Silbe einen stimmhaften Obstruenten, so wird dieser Obstruent entstimmt, wenn er aus morphologischen Gründen im Endrand der ersten Silbe erscheint, z. B. [ˈhʊndə] – [hʊnt], [leːˈgən] – [leːkt]. Die Schrift behält in allen Formen das Graphem für den stimmhaften Obstruenten bei: *Hunde – Hund, legen – legt.*

2. Spirantisierung des [g]: Ein [g] nach [ɪ] wird unter den Bedingungen der Auslautverhärtung nicht nur entstimmt, sondern zusätzlich spirantisiert. Das [g] wird also ersetzt durch [ç], z. B. [ˈveːnɪgə] – [veːnɪç], [ʀaɪnɪgən] – [ʀaɪnɪçt]. Die Schrift behält in allen Fällen das ⟨g⟩ bei: *wenige – wenig, reinigen – reinigt.*

Unterscheidung gleichlautender Stämme

In manchen Fällen gibt es die Möglichkeit, eine Lautfolge auf unterschiedliche Weise zu schreiben. Diese Möglichkeit wird teilweise zur graphematischen Differenzierung gleichlautender Stämme ausgenutzt:

Mohr – Moor, bot – Boot, lehren – leeren, Wahl – Wal, mahlen – malen, Sohle – Sole, Lied – Lid, wieder – wider, Miene – Mine, Seite – Saite, Leib – Laib, Beeren – Bären, Lerche – Lärche, das – daß.

Solche Differenzierungen sind als morphologische Schreibungen anzusehen. Ihre Funktion besteht darin, die Eindeutigkeit der Zuordnung von Form und Bedeu-

103

104

tung zu verbessern. Die Wichtigkeit dieses graphematischen Mittels wird aber leicht überschätzt. In den meisten Fällen handelt es sich um die Stämme flektierender Wörter, die nur in einigen Formen übereinstimmen. Beispielsweise haben viele der Substantive unterschiedliche Pluralformen *(Moore – Mohren, Wahlen – Wale, Leiber – Laibe)*, die Verben *mahlen* und *malen* bilden verschiedene Partizipien *(gemahlen – gemalt)* usw. Eine Verwechslung der Wortformen im Kontext ist meist ausgeschlossen. Es verwundert daher nicht, daß die Möglichkeiten zur graphematischen Differenzierung gleichlautender Stämme nicht systematisch ausgenutzt werden. Möglich wären beispielsweise *Kiefer* (Baum) – *Kifer* (Knochen), *Ton* (Erde) – *Tohn* (Klang), *Weide* (Baum) – *Waide* (Wiese).

Die *s*-Schreibung

105   Die *s*-Schreibung gilt als einer der schwierigsten Bereiche der deutschen Orthographie. Dieser Bereich wird deshalb zusammenfassend dargestellt. Die Darstellung soll auch zeigen, wie phonographisches, silbisches und morphologisches Prinzip bei der Wortschreibung zusammenwirken.

Zur *s*-Schreibung gehört die Schreibung der Laute [ʃ] wie in *Schule*, [z] wie in *Wiese* und [s] wie in *Muße*. Grundlegend für die Schreibungen sind drei GPK-Regeln:

[ʃ] → ⟨sch⟩   [z] → ⟨s⟩   [s] → ⟨ß⟩

In zahlreichen Fällen läßt sich die *s*-Schreibung nicht mit diesen drei Regeln erfassen. Im einzelnen gilt:

1. [ʃ] wird im Silbenanfangsrand vor [t] und [p] als ⟨s⟩ geschrieben, z. B. *Stein, stehen, Strumpf, Span, spielen, Sprung*. In allen anderen Fällen wird nach der GPK-Regel geschrieben, z. B. *Schrank, Schule, waschen, Quatsch*.

2. [z] wird immer nach der GPK-Regel geschrieben, z. B. *Sand, singen, Wiese, reisen*.

3. [s] kann sowohl als ⟨ss⟩ wie auch als ⟨ß⟩ und ⟨s⟩ geschrieben werden:
   – Ist [s] Silbengelenk, so wird es als ⟨ss⟩ geschrieben, z. B. *Wasser, wissen, gerissen, wessen, Flüsse*. Ist [s] morphologisch auf das Silbengelenk bezogen, so wird es als ⟨ß⟩ geschrieben, z. B. *weiß, gewußt* (von *wissen*); *reißen, riß* (von *gerissen*), *Fluß* (von *Flüsse*). Dies gilt ausdrücklich nicht für Pronomina (*wessen* aber *was; dessen* aber *das*). Die Neuregelung der deutschen Rechtschreibung sieht vor, nach Kurzvokal ⟨ß⟩ durch ⟨ss⟩ zu ersetzen.
   – Steht [s] in einer Position, in der auch [z] stehen kann (Stimmhaftigkeit ist distinktiv, z. B. [ʀaizn̩ – ʀaisn̩]), dann wird es als ⟨ß⟩ geschrieben, z. B. *Muße, weißen, Straße, Klöße, Rußes, draußen*. Ist [s] morphologisch auf eine solche Position bezogen, so gilt das morphologische Prinzip, d. h., [s] wird ebenfalls als ⟨ß⟩ geschrieben, *Kloß* (von *Klöße*), *Ruß* (von *Rußes*), *weißt* (von *weißen*).
   – In der Konjunktion [das] wird [s] als ⟨ß⟩ – zur Unterscheidung von Artikel und Pronomen – geschrieben (nach der Neuregelung *dass*).
   – In allen anderen Fällen wird [s] als ⟨s⟩ geschrieben (z. B. *bis, das, es, Hast, Karst, Raps, legst, klügste, Muttis*).

Bei Berücksichtigung des phonographischen, silbischen und morphologischen Prinzips zeigt sich, daß die *s*-Schreibung sehr systematisch geregelt ist. Die einzige Schreibung, die überhaupt als unregelmäßig bezeichnet werden kann, ist ⟨daß⟩. Nicht erfaßt ist außerdem der schon erwähnte Fall *Busse – Bus, Iltisse – Iltis, Krokusse – Krokus.*

5 Weitere Mittel der Wortschreibung

Groß- und Kleinschreibung

Wortformen im laufenden Text werden in der Regel klein geschrieben. Durch die   106
Großschreibung werden bestimmte Wortformen im Text besonders gekennzeichnet. Im einzelnen gilt das Folgende:

Großschreibung der Substantive

Substantive werden groß geschrieben. Das gilt für einfache Substantive *(Hand,*   107
Wald, Freude, Hammer), für abgeleitete *(Handlung, Händler, Gleichheit, Ungleichheit, Unvergleichlichkeit)* und für Zusammensetzungen *(Tischbein, Straßenbauamt, Kleingärtner, Denkansatz).*

Substantive können entstehen durch Umsetzung von Wörtern anderer Wortarten (Substantivierung). Besonders häufig kommt das vor beim Adjektiv und beim Verb (Infinitive und Partizipien). In der Regel ergibt sich aus dem Kontext, ob eine Form ein Substantiv ist oder nicht: *Alle angeklagten Demonstranten wurden freigesprochen. – Alle Angeklagten wurden freigesprochen. Sie wollen nach Helmstedt wandern. – Das Wandern ist des Müllers Lust.*

Es gibt zahlreiche Wörter anderer Wortarten, die Substantivstämme enthalten.   108
Solche Wörter werden selbstverständlich klein geschrieben: Adjektive wie *wolkig, launisch, herzlich;* Verben wie *tischlern, angeln, verbuchen;* Adverbien wie *abends, montags, eimerweise, teilweise.*

Durch einen bestimmten Gebrauch können Substantive in andere Wortarten übergehen oder zu Bestandteilen von Wörtern anderer Wortarten werden. In solchen Fällen ist es nicht immer leicht, die Grenze zwischen Groß- und Kleinschreibung zu ziehen:

– Ein Substantiv wird zu einer Präposition oder zum Bestandteil einer Präposition wie *kraft, dank, seitens, namens, anstatt, zufolge, anstelle* (neben *an Stelle*), *aufgrund* (neben *auf Grund*).

– Ein Substantiv wird zum Bestandteil einer festen Fügung, die wie ein Wort aus einer anderen Wortart gebraucht wird, z. B. *ein paar* wie *einige, willens sein* wie *wollen, im allgemeinen* wie *normalerweise, aufs äußerste* wie *sehr.* (Die Neuregelung der deutschen Rechtschreibung sieht hier in einigen Fällen Großschreibung vor, z. B. *im Allgemeinen, aufs Äußerste.*)

Aneinanderreihungen werden als Substantiv verwendet, wenn ihre Bedeutung wie eine Substantivbedeutung behandelt wird. Man schreibt dann die erste Wortform groß und setzt zwischen alle anderen Bindestriche, z. B. *das Als-ob, ein zögerndes Um-so-besser.* Solche Wortreihungen bestehen häufig aus Attribut und Substantivierung. Auch dann wird die erste Wortform groß geschrieben, z. B. *das In-die-Luft-Starren, das Auf-der-faulen-Haut-Liegen.* Bei Koordination und anderen Formen grammatischer Nebenordnung schreibt man die ersten Wortformen nebengeordneter Einheiten groß, z. B. *das Entweder-Oder, das Wenn und Aber.*

Großschreibung der Eigennamen

Eigennamen können aus einer Wortform oder aus mehreren Wortformen bestehen. Besteht ein Eigenname aus einer Wortform, so ist er ein Substantiv und wird   109
deshalb groß geschrieben:

Frankfurt, Weichsel, Atlantik, Helga, Karl, Goethe, Kafka, Höchst.

Bei mehrteiligen Eigennamen wird die erste Wortform groß geschrieben. Formen von Artikel, Pronomen, Konjunktion und Präposition werden im Inneren mehrteiliger Eigennamen klein, alle anderen Wortformen werden groß geschrieben:

> *Andreas Kehler, Wüste Gobi, Die Zeit, Zur Alten Post, Institut für Verbrennungsmotoren, Hohe Tatra, Kasseler Sportverein von 1896.*

Bei Adjektiven im Inneren mehrteiliger Namen kommt auch Kleinschreibung vor:

> *Institut für deutsche Sprache, Zur letzten Instanz.*

Großschreibung von Pronomina

110 Anredepronomina (*Du, Ihr* und *Sie*) und die entsprechenden Possessivpronomina (*Dein, Euer* und *Ihr*) schreibt man in Briefen u. ä. groß:

> *Bitte teilen Sie mir Ihr Einverständnis mit.*
> *Ich hoffe, daß Du mit Deinen Freunden einen schönen Urlaub hast.*

Nach der Neuregelung der deutschen Rechtschreibung ist nur noch die Höflichkeitsanrede *Sie* und das entsprechende Possessivpronomen *Ihr* groß zu schreiben. Sonst schreibt man klein:

> *Ich hoffe, daß du mit deinen Freunden einen schönen Urlaub hast. Wenn ihr wieder zu Hause seid, meldet euch bei uns.*

Großschreibung von Satzanfängen

111 Die erste Wortform eines Ganzsatzes schreibt man groß. Das gilt auch, wenn der Satz die Funktion der direkten Rede hat *(Er fragte: „Wo gehen wir hin?")* oder aus anderen Gründen nach einem Doppelpunkt steht *(Die Konsequenz: Der Dollar fiel erneut).*

Zusammen- und Getrenntschreibung

112 Wortformen sind im laufenden Text durch Zwischenräume voneinander getrennt. Die geschriebene Sprache bietet damit ein Mittel zur einheitlichen Segmentierung von Texten in ihre Grundbausteine, wie es die gesprochene nicht kennt. Andererseits besteht damit ein Zwang, in jedem Einzelfall kenntlich zu machen, wo eine Grenze zwischen Wortformen liegt.

Wortformen, die in bestimmten Konstruktionen regelmäßig gemeinsam auftreten, können zu einer Wortform zusammenwachsen (*ob wohl* zu *obwohl, zu Gunsten* zu *zugunsten, auf Grund* zu *aufgrund*). Dieser Prozeß einer Univerbierung vollzieht sich allmählich. Stellt sich bei den Schreibern Unsicherheit ein, ob zusammen oder getrennt geschrieben werden soll, so ist dies in der Regel ein Anzeichen für einen sich vollziehenden Univerbierungsprozeß. Die orthographische Norm läßt in einigen Fällen Schreibvarianten zu.

– Neue Verben durch Integration eines Substantivs in das Verb:

> *kopfstehen, hohnlachen, maßhalten* gegenüber *Ski laufen, Auto fahren, Karten spielen.*

Die Integration führt in der Regel zur Kleinschreibung des Substantivstammes auch dann, wenn er vom Verbstamm trennbar bleibt: *hohnlachen – er lacht hohn.*

Die Neuregelung der deutschen Rechtschreibung führt hier – von einigen Fällen (z. B. *haushalten, stattfinden, preisgeben, teilnehmen*) abgesehen – Getrennt- und Großschreibung ein, also *Kopf stehen, Hohn lachen, Maß halten.*

– Neue Verben aus Verbstämmen oder Adjektivstämmen bei metaphorischem Gebrauch:

sitzenbleiben (‚eine Klasse wiederholen‘), *sitzen bleiben* (‚sich nicht vom Sitz erheben‘); *gutschreiben* (‚als Guthaben anrechnen‘), *gut schreiben* (‚leserlich schreiben‘). Ähnlich: *fallenlassen, geradestehen.*

Formen aus zwei Verbstämmen werden nach der Neuregelung generell getrennt geschrieben, also stets *sitzen bleiben, fallen lassen,* auch: *kennen lernen, spazieren gehen.*

– Neue Adjektive durch Integration von Stämmen unterschiedlicher Art:

fleischfressend, eisenverarbeitend, reichgeschmückt, schwerbeladen, selbstgemacht.

In einigen Fällen ist die Zusammenschreibung auf den attributiven Gebrauch beschränkt, so daß bei prädikativem Gebrauch getrennt geschrieben wird: *die reichgeschmückten Straßen – die Straßen sind reich geschmückt.*

Schreibung mit Bindestrich

Der Bindestrich dient zur Verdeutlichung der internen Gliederung von Wortformen. Außer zur Silbentrennung am Zeilenende wird der Bindestrich vor allem in folgenden Fällen verwendet: 113
– Der erste Bestandteil einer Zusammensetzung besteht aus einem einzelnen Buchstaben *(I-Punkt, n-Tupel, γ-Strahlen, x-beliebig),* einem Logogramm *(‰-Grenze, &-Verbindung)* oder einer Abkürzung *(Kfz-Versicherung, US-Bürger, EKD-Präsidium).*
Die Neuregelung der deutschen Rechtschreibung sieht vor, daß auch in Ziffern (Zahlzeichen) geschriebene Zahlen mit einem Bindestrich abgesetzt werden, z. B. *20-jährig, 8-Pfünder, 99-prozentig.*
– Bei langen und deshalb unübersichtlichen Zusammensetzungen wird die Hauptsegmentgrenze angezeigt *(Hochschul-Strukturkommission, Beamten-Unfallversicherung).* Auch zur Auflösung von Mehrdeutigkeiten kann der Bindestrich Verwendung finden *(Drucker-Zeugnis, Druck-Erzeugnis).*
– An der Kompositionsfuge wird eine Häufung desselben Vokalgraphems vermieden, z. B. *Kaffee-Ersatz, Zoo-Orchester, Tee-Ernte.*
Nach der Neuregelung der deutschen Rechtschreibung ist auch beim Zusammentreffen von drei gleichen Vokalbuchstaben zusammenzuschreiben, also *Kaffeeersatz, Zoooorchester, Teeernte.* Der Bindestrich kann aber zur Erleichterung des Lesens gesetzt werden.
– Wortreihungen, die als Substantive verwendet werden, sind Form für Form mit Bindestrich verbunden, z. B. *ein solches Als-ob, das An-den-Haaren-Herbeiziehen.*
– Mehrteilige Familiennamen sowie Personennamen als Bestandteil von umfangreicheren Namen werden durch Bindestrich gekoppelt *(Gisela Klann-Delius, Karl-Korn-Allee, Henry-Ford-Universität).*
Auslassungen in koordinativen Fügungen werden durch Bindestrich kenntlich gemacht *(Raub- und Singvögel, Spielerein- und -verkäufer, Hand- oder Kopfarbeit).*

Logogramme (ideographische Zeichen) und Abkürzungen

Logogramme sind Schriftzeichen, deren Form gänzlich unabhängig von einer Graphem-Phonem-Korrespondenz ist. Die wichtigsten Logogramme des Deutschen wie aller anderen Alphabetschriften sind die Ziffern 0, 1, ... , 9. Darüber hin-   114 aus verwendet das Deutsche Logogramme wie § (Paragraph), % (Prozent), ‰ (Promill), & (und). In geschriebenen Fachsprachen wie der der Mathematik sind Logogramme weit verbreitet ($+$, $-$, $=$, $\int$, Σ, ∞ usw.).

An der Grenze zwischen normaler Wortschreibung und Logogrammen kann man die Abkürzungen ansiedeln. Bestimmte Abkürzungen sind geschriebene Kurzformen für volle phonologische Wortformen oder Wortgruppen, z. B. *usw.*, *Dr., Tel., Abt.* Diese Abkürzungen richten sich in der Regel bezüglich Groß- und Kleinschreibung nach den Vollformen und werden mit Abkürzungspunkten geschrieben. Die meisten Abkürzungen werden nicht als volle phonologische Wortformen, sondern als Folgen von Buchstabennamen gelesen *(PKW, BGB, GmbH, SPD)*. Diese Abkürzungen werden häufig nur mit Großbuchstaben und ohne Abkürzungspunkte geschrieben.

6 Fremdwortschreibung

115 Die in den Abschnitten 2 bis 5 dargestellten Schreibregeln gelten für die Wörter im heimischen Wortschatz (Kernwortschatz). Die regelhafte Schreibung der Wörter im Kernwortschatz ist eng gebunden an die Lautstruktur und an die morphologische Struktur dieser Wörter. Regelhafte Schreibung setzt also voraus, daß die entsprechenden Wörter in jeder Beziehung regelhaft sind, die von Bedeutung für die Schreibung sein kann.

Daß Wörter nicht regelhaft sind, kann sich auf ganz unterschiedliche Eigenschaften ihrer Struktur beziehen, und es kann ganz unterschiedliche Gründe haben. Ein Verb wie *gehen* hat einen unregelmäßig gebildeten Präteritalstamm *ging,* der ursprünglich gar nichts mit dem Stamm von *gehen* zu tun hatte, heute aber als „unregelmäßige Stammform" im Paradigma von *gehen* gilt. Ein Wort wie *Efeu* dagegen ist unregelmäßig im Hinblick auf seine Lautstruktur. Die Silbe [foi] als unbetonte zweite Silbe eines Substantivs im Kernwortschatz gibt es sonst nicht. Bei *Efeu* ist sie das Ergebnis einer komplizierten Wortgeschichte, in der dieses Wort immer wieder neu gedeutet und von den Sprechern auf verschiedene andere Wörter bezogen wurde. Eine unregelmäßige Schreibung dagegen ist das ⟨x⟩ in *Hexe.* Dieses Wort ist kein Fremdwort und müßte eigentlich *Hechse* geschrieben werden. Mit einer kleinen Gruppe weiterer Wörter, die zum Kernwortschatz gehören, teilt es diese Besonderheit in der Schreibung.

Eine große Zahl von Wörtern, die in der einen oder anderen Weise von den Regeln im heimischen Wortschatz abweichen, findet sich bei den Fremdwörtern. Auch hier kann sich die Abweichung auf unterschiedliche Eigenschaften der Wortstruktur beziehen. Ein Wort wie *Chance* kann auf verschiedene Weise ausgesprochen werden, aber keine der Aussprachen entspricht vollständig den Lautstrukturen im Kernwortschatz. Ein Wort wie *Poet* hat die Besonderheit, daß innerhalb des Stammes ein betonter Vokal unmittelbar auf einen unbetonten folgt. Das gibt es im Kernwortschatz nicht. Zahlreiche Fremdwörter sind morphologisch auffällig, sie enthalten aber kein eigentliches Stammorphem. So wird man *Präsident* morphologisch in *Prä # sid # ent* zerlegen. Der Bestandteil *sid* entspricht aber nicht dem, was man für den Kernwortschatz ein Stammorphem nennt. Schließlich gibt es viele Fremdwörter, die – was die Form betrifft – nur durch ihre Schreibung auffallen. *Chrom* und *Mythe* etwa haben Lautstrukturen, wie wir sie im Kernwortschatz finden, aber sie werden anders geschrieben, als man es für Wörter des Kernwortschatzes erwarten würde *(„Krom", „Müte")*.

Wenn von Fremdwortschreibung die Rede ist, geht es also nicht darum, lediglich festzustellen, daß die Schreibung dieser Wörter abweichend, unregelmäßig und regelmäßig allenfalls im Sinne der Herkunftssprache sei. Es kommt vielmehr darauf an, vorhandene Regelmäßigkeiten zu erkennen und sie auf die Regeln des Kernwortschatzes zu beziehen. Vielfach läßt sich dann feststellen, daß Fremdwörter nicht nur anderen Regeln folgen als heimische Wörter, sondern daß es auch andere Arten von Regeln gibt.

Für die Beschreibung von Fremdwörtern ist es üblich, zwei Hauptgruppen zu unterscheiden. Zur ersten gehören solche Wörter, deren Stamm als Ganzes aus einer anderen Sprache entlehnt wurde, wie etwa *Job, Bluff, Snob, fit* aus dem Englischen und *Hotel, Nugat, Balkon, Creme* aus dem Französischen.

116

Zur zweiten Gruppe gehören Fremdwörter, deren einzelne Bestandteile aus anderen Sprachen entlehnt sind. Diese Bestandteile werden nach Regeln, die für das Deutsche gelten, zu Wortstämmen kombiniert. Solche Bildungen operieren überwiegend mit Elementen aus dem Griechischen und Lateinischen, die direkt oder über das Italienische, Französische oder Englische ins Deutsche gelangt sind. Sie sind typisch für die Wörter aus Fachwortschätzen *(Polyästhesie, Polyembryonie, Polykondensat),* sind aber auch in der Gemeinsprache weit verbreitet *(bilateral, Poliklinik, multikulturell).* Auch Bildungen mit Elementen aus dem Englischen gibt es, z. B. *Showmaster,* das im Englischen als Kompositum nicht existiert (man spricht hier von Pseudoanglizismen).

Im Folgenden werden für die Fremdwortschreibung die wichtigsten Typen von Besonderheiten im Vergleich zum Kernwortschatz zusammengestellt. Wir wollen zeigen, wie die Schreibung von Fremdwörtern im Prinzip (von den Typen her) begründet ist. Die Auswahl kann nur einen kleinen Teil des Vokabulars behandeln. Gerade im Bereich der Fremdwörter bleibt die Benutzung eines Wörterbuches unerläßlich.[1]

Phonem-Graphem-Korrespondenzen

Für den überwiegenden Teil der Fremdwörter gelten andere GPK-Regeln als für die Wörter im Kernbereich. Die Gründe für das Auftreten dieser besonderen GPK-Regeln können phonologischer wie graphematischer Art sein. Folgende Grundtypen lassen sich unterscheiden:

117

1. Mit der Entlehnung von Wörtern übernimmt das Deutsche Laute, die es selbst nicht hat. Diese Laute werden in der Regel so geschrieben wie in der Herkunftssprache. Beispiele:
- Ein stimmhafter alveolarer Frikativ [ʒ] existiert im Kernwortschatz nicht, wird aber mit vielen Fremdwörtern aus dem Französischen übernommen und wie im Französischen geschrieben: *Garage, Sabotage, Loge.*
- Nasalierte Vokale gibt es im Kernwortschatz des Deutschen nicht. Werden sie aus dem Französischen übernommen, so wird auch ihre Schreibung übernommen, z. B. [balkɔ̃] – Balkon. Hier setzt eine Angleichung an die Lautstruktur des Deutschen ein, um die nasalierten Vokale zu vermeiden.

---

[1] Zur Fremdwortorthographie vgl. K. Heller: Die Fremdwortschreibung. In: Sprachwissenschaftliche Informationen 2 (1980), 20–26; H. H. Munske: Fremdwörter in der deutschen Orthographie. In: Akten des VII. Internationalen Germanistenkongresses Göttingen 1986. Bd. 4, 49–59. Weitere Beiträge finden sich in: H. Zabel (Hrsg.): Fremdwortorthographie. Beiträge zu historischen und aktuellen Fragestellungen. Tübingen 1987.

2. Das Deutsche übernimmt Wörter, die keine fremden Laute enthalten, die aber im Deutschen so wie in der Herkunftssprache geschrieben werden. Dies dürfte der häufigste Grund für das Auftreten neuer GPK-Regeln sein. So schreiben wir [ʃ] in Entlehnungen aus dem Französischen oft als ⟨ch⟩ *(Chanson, Chef, recherchieren)* und in Entlehnungen aus dem Englischen oft als ⟨sh⟩ *(Show, Shampoo, Finish).* Oder wir schreiben ⟨k⟩ in Entlehnungen aus dem Französischen, Englischen, Italienischen, Lateinischen und Griechischen als ⟨c⟩ und ⟨ch⟩ *(Catch, Cockpit, Composer, Chor, Charta, Christ).* Solche besonderen GPK-Regeln gibt es für fast alle Laute des Deutschen. Sie lassen sich systematisch ordnen nach Herkunftssprache und dem sprachlichen Kontext, in dem sie stehen. Eine Angleichung an die GPK-Regeln des Kernwortschatzes findet in vielen Fällen statt, z. B. das [ʃ] in *Schikane (chicane), Scheck (cheque), Schredder (shredder)* oder das [k] in *Karosse (carosse), Kartusche (cartouche), Kollege (collega).*

3. In Entlehnungen aus dem Griechischen wird vielfach auf das griechische Alphabet Bezug genommen. Die Buchstaben des griechischen Alphabets werden nicht durch die nächstliegenden Entsprechungen des lateinischen Alphabets, sondern durch besondere Buchstaben und Buchstabenkombinationen dargestellt. Bei den Vokalgraphemen gilt dies vor allem für das ⟨y⟩ für [y] und [ʏ] wie in *Syntax, Typ, Dynamik, System.* Bei den Konsonantgraphemen gilt es vor allem für ⟨th⟩ *(Theater),* ⟨ph⟩ *(Philosophie),* ⟨rh⟩ *(Rhythmus)* und das schon erwähnte ⟨ch⟩ *(synchron).* Gelegentlich findet eine Angleichung an die GPK-Regeln des Kernwortschatzes statt, z. B. *Telefon (Telephon), Fotografie (Photographie).*

Silbische Schreibungen

118 Da Fremdwörter häufig andere Silbenstrukturen haben als Wörter im Kernwortschatz und nach anderen Regeln betont werden, weisen sie silbische Schreibungen auf, die im Kernwortschatz unbekannt sind. Die Beispiele dafür sind vielfältig und noch wenig untersucht. Einige verbreitete Erscheinungen sind die folgenden:

1. Doppelkonsonantgrapheme: Im Kernwortschatz stehen Doppelkonsonantgrapheme in der Position von Silbengelenken oder sind morphologisch auf solche Positionen bezogen *(rollen – rollt, Schwämme – Schwamm).* In Fremdwörtern ist die Verdoppelung von Konsonantgraphemen vielfach ohne Berücksichtigung der Lautstruktur mit entlehnt worden. So in *Militär* der lateinische Stamm *miles* (‚Soldat'), in *Millionär* der lateinische Stamm *mille* (‚tausend'). Den Fremdwörtern ist nicht anzuhören, daß das eine von ihnen im Lateinischen ein Silbengelenk enthält und deshalb mit doppeltem *l* geschrieben wird.

Wörter wie die genannten müßten bei Angleichung an die Regeln des Kernwortschatzes mit einfachem Konsonantgraphem geschrieben werden, weil keiner der korrespondierenden Laute ein Silbengelenk ist (,,*Militär", ,,Milionär",* ähnlich ,,*Komode", ,,Komerz"* und viele andere). Eine wirkliche Angleichung an den Kernwortschatz wäre dies jedoch nicht. Die Wörter haben eine oder mehrere unbetonte Silben vor dem Hauptakzent, wobei diese unbetonten Silben aber keine Präfixe sind. Mehrsilbige Stammorpheme dieser Art gibt es im Kernwortschatz kaum. Deshalb können solche Wörter nicht ohne weiteres mit den Regeln des Kernwortschatzes erfaßt werden.

2. Schreibung ⟨st⟩ und ⟨sp⟩: Im Kernwortschatz wird ⟨s⟩ vor ⟨t⟩ und ⟨p⟩ als [ʃ] gelesen *(Stuhl, Span).* In Fremdwörtern aus allen bisher genannten Sprachen gibt es eine solche silbenbezogene Regelung nicht. ⟨s⟩ wird in den genannten Kontexten als [s] gesprochen: *Steward, Steak, Spot.* In vielen Fällen hat eine Angleichung an

die Lautung des Kernwortschatzes stattgefunden, z. B. [ʃpɔʁt], [ʃpagɑːt]. Häufig gibt es auch Aussprachevarianten, z. B. [ʃtiːl] und [stiːl] für *Stil.*

3. Schreibung der Affrikate [t͡s]: Nach Sonorant im Auslaut wird [t͡s] in Fremdwörtern wie im Kernwortschatz als ⟨z⟩ geschrieben, vgl. *Terz, Proporz, Frequenz, Valenz.* Im Silbenanfangsrand vor dem als Gleitlaut fungierenden [i] schreibt man [t͡s] in den meisten Fällen als ⟨t⟩, vgl. *Ration, Spatium, Differential, Quotient.* Diese Schreibung gehört schon wegen ihrer Verbreitung zu den charakteristischen Fremdwortschreibungen. Aus phonologischer Sicht ist sie als historisch-etymologische Schreibung anzusehen. Ein Wort wie *ratio* wurde im Lateinischen [ʁaːtio] ausgesprochen. Die Aussprache [ʁaːtsio] ergab sich durch artikulatorische Angleichung bei der Verschlußlösung des [t] an den folgenden Gleitlaut [i̯]. Die Schreibung von [t͡s] als ⟨t⟩ in den Fremdwörtern wird in zahlreichen Fällen morphologisch gestützt (vgl. unten).

Morphologische Schreibungen

Das morphologische Prinzip ist bei der Schreibung von Fremdwörtern weitgehend auf dieselbe Weise wirksam wie im Kernwortschatz. Aber es gibt auch auffällige Besonderheiten.

119

1. Doppelkonsonantgrapheme können in Fremdwörtern wie im Kernwortschatz dann stehen, wenn ein Konsonant als Silbengelenk fungiert, vgl. etwa die Anglizismen *Dinner, killen, bluffen, Lobby, grillen.* Das morphologische Prinzip wird jedoch weniger konsequent durchgeführt als im Kernwortschatz. Häufig kommt es vor, daß der Verbstamm mit Doppelgraphem, der entsprechende Substantivstamm jedoch mit Einfachgraphem geschrieben wird:

jobben – Job, jetten – Jet, strippen – Strip.

Diese Schreibungen sind zu einem Teil auf die Schreibungen im Englischen zu beziehen. Sie sind aber auch damit begründet, daß innerhalb des Substantivparadigmas keine zweisilbigen Formen auftreten. Die Substantive bilden den Plural auf -*s,* so daß es keine Form im Paradigma gibt, in der der auslautende Konsonant zum Silbengelenk wird (z. B. *Jet – Jets,* nicht *Jette*).

2. In Entlehnungen aus dem Französischen gibt es sogenannte stille Konsonantgrapheme, insbesondere ein stilles ⟨t⟩. Das stille ⟨t⟩ ist teilweise morphologisch motiviert, z. B. in *Trikot – Trikotage, Porträt – porträtieren, Debüt – Debutant, Filet – filetieren.* Ein solcher Zusammenhang zu Formen, in denen das [t] lautlich präsent ist, besteht nicht in Wörtern wie *Buffet, Budget, Depot.* Hier ist das ⟨t⟩ nur noch als Anzeiger für Betontheit der entsprechenden Silbe anzusehen.

3. Die unterschiedliche silbische Schreibung von [t͡s] als ⟨z⟩ wie in *Frequenz* und ⟨t⟩ wie in *Nation* kann zu morphologisch bedingten Doppelschreibungen und Schreibkonflikten führen. Der Fall tritt vor allem auf bei Adjektiven auf -*iös* und -*iell.* So wird morphologisch geschrieben *Tendenz – tendenziös* und *Infekt – infektiös.* Ähnlich *Provinz – provinziell, Part – partiell.* Dagegen findet sich sowohl *minutiös* als auch *minuziös.* Aber nur *potent – potentiell, different – differentiell* und nicht *,,potenziell"* und *,,essenziell",* obwohl es *Potenz* und *Essenz* gibt. Die Neuregelung der deutschen Rechtschreibung läßt in solchen Fällen beide Schreibweisen zu, z. B. *essentiell* und *essenziell.*

4. Die Schreibung mit dem Umlautgraphem ⟨ä⟩. Im Kernwortschatz ist das Umlautgraphem ⟨ä⟩ weitgehend beschränkt auf morphologische Schreibungen (*Bach – Bäche, nah – näher,* vgl. 98). In zahlreichen Fremdwörtern wird ⟨ä⟩ ohne

einen solchen Bezug verwendet, z. B. *Anästhesie, Ästhetik, plädieren, präzise.* Diese Verwendung des ⟨ä⟩ könnte langfristig zum Verlust seiner primär morphologischen Funktion im Kernwortschatz führen. Das ⟨ä⟩ würde dann wie das ⟨ö⟩ und das ⟨ü⟩ sowohl als Umlautgraphem wie als Graphem in einer GPK-Regel auftreten. Es fände eine Angleichung im Verhalten der drei Grapheme statt.

Angleichung der Fremdwörter an die Schreibungen im Kernwortschatz

120 Die Angleichung der Schreibung kann, wie schon die bisher behandelten Fälle zeigen, auf zwei Weisen erfolgen: (1) Ersetzung fremder Schreibungen durch Schreibungen nach den Regeln des Kernwortschatzes und (2) Ersetzung fremder Lautung durch Lautung, die der Schreibung entspricht. Meistens werden beide Wege gleichzeitig beschritten.

1. Ersetzen fremder Schreibungen: Die Angleichung von Fremdwörtern durch Ersetzen fremder Schreibungen ist dann möglich, wenn das Fremdwort sich in seiner Lautstruktur nicht wesentlich von den Wörtern im Kernwortschatz unterscheidet. Problemlos ersetzbar sind einzelne Grapheme entsprechend den GPK-Regeln für den Kernwortschatz, z. B. das ⟨qu⟩ durch ⟨k⟩ in *Likör, Etikett*, das ⟨c⟩ durch ⟨z⟩ in *Zentrum, Elektrizität, Zentimeter*, das ⟨ou⟩ durch ⟨u⟩ in *Bluse*. Eine Angleichung findet immer statt im Hinblick auf Groß- und Kleinschreibung. Der bei weitem größte Teil der Fremdwörter gehört zu den Substantiven. Sie werden wie die Substantive im Kernwortschatz groß geschrieben.

2. Angleichung der Aussprache: Eine Angleichung von Fremdwörtern über die Veränderung ihrer Aussprache ist die häufigste Art der Assimilation. Die Aussprache wird in der Regel so verändert, daß sich Aussprache und Schreibung ähnlich wie im Kernwortschatz zueinander verhalten (sogenannte Leseaussprache). Typische Beispiele:
- Das französische Substantiv *intrigue* [ɛ̃tʀig] wird in seiner Schreibung leicht verändert zu *Intrige*. Die Aussprache wird an diese Schreibung angepaßt und gegenüber der französischen erheblich verändert zu [ɪntʀiːgə]. Das Wort entspricht damit insgesamt den Regularitäten des Kernwortschatzes.
- Ein typisches Beispiel für einen Prozeß vollständiger Angleichung ist das Wort *Soße*. Das französische *Sauce* [soːs] wird lautlich angeglichen über das Ersetzen des stimmlosen [s] des Anlauts durch ein stimmhaftes [z] sowie die Realisierung des stummen *e* als [ə]. Damit entsteht der für den Kernwortschatz typische Zweisilber aus betonter und unbetonter Silbe [zoːsə]. Das intervokalische [s] wird regelhaft ⟨ß⟩ geschrieben. Von seiner Form her erinnert das Wort *Soße* in nichts mehr an seine Herkunft aus dem Französischen.

Nicht in allen Fällen führt die Leseaussprache zu einer vollständigen Angleichung, beispielsweise nicht bei der großen Zahl der Wörter, die auf Nasalvokal auslauten. In Wörtern wie *Balkon, Beton* findet sich in deutscher Standardlautung auslautend ein velarer Nasal, z. B. frz. [betɔ̃] wird zu dt. [betɔŋ]. Damit bleibt die Schreibung solcher Wörter markiert. Eine vollständige Anpassung ist nicht möglich, weil [ŋ] im Deutschen in der Regel Silbengelenk ist und dann als ⟨ng⟩ geschrieben wird wie in [zɪŋən] *(singen)*. In *Balkon, Beton* usw. ist [ŋ] nicht Gelenk, deshalb wären auch die Schreibungen *Balkong* und *Betong* nicht regelhaft im Sinne des Kernwortschatzes. Eine vollständige Angleichung der Fremdwörter ist in diesen wie in vielen anderen Fällen unter den gegebenen Bedingungen ausgeschlossen.

Die Wortarten:
Die Flektierbaren und die Unflektierbaren[1]

1 Überblick über die Wortarten

Im Satz werden als selbständige sprachliche Elemente, als akustisch bzw. ortho-   121
graphisch abhebbare Einheiten mit Bedeutung und Funktion Wörter gebraucht
(vgl. 706, 713). Als sprachliche Zeichen sind sie eine Verbindung von Ausdruck
und Inhalt, von Lautfolge und Bedeutung (mit Bezug auf Nicht-, auf Außersprachliches; vgl. 989 ff., 984). Auf Grund der unterschiedlichen Funktion im
Satz und der damit eng verknüpften Formmerkmale, Anordnung und Beziehungen zueinander können verschiedene Klassen von Wörtern unterschieden werden, die sich auch semantisch voneinander abgrenzen lassen und die man Wortarten nennt. Nach ihrem Hauptmerkmal bilden wir zwei Gruppen von Wortarten: die flektierbaren und die unflektierbaren.[2]

Die Flektierbaren

Zu den Flektierbaren gehören das Verb, das Substantiv, das Adjektiv, der Artikel   122
und das Pronomen.

Verben

Wörter wie   123

> wohnen, bleiben, sein, fallen, wachsen, verblühen, kämpfen, bauen, schreiben, begrei-
> fen, abhauen, übersetzen, festbinden, gewährleisten

nennt man Verben (vgl. 137 ff.). Mit Verben wird das Prädikat des Satzes gebildet, weshalb sie in ihrer Form veränderbar, konjugierbar sind: Von ihnen können
etwa verschiedene Personal- und Tempusformen gebildet werden:

> ich *fahre* – wir *fahren;* du *fährst* – ihr *fahrt;* er *fuhr* – sie *fuhren.*

Mit den Verben bezeichnet der Sprecher, was geschieht oder was ist: Zustände
(wohnen), Vorgänge *(verblühen)* oder Tätigkeiten und Handlungen *(bauen).*

Substantive

Wörter wie   124

> Mann, Frau, Kind, Peter; Fisch, Aal; Blume, Rose; Tisch, Auto; Wald, Wasser; Bahn-
> hof, Frankfurt; Geist, Liebe, Mathematik, Dummheit, Durchsage

---

[1] Vgl. H. Bergenholtz/B. Schaeder: Die Wortarten des Deutschen. Stuttgart 1977; H. Brinkmann: Die Wortarten im Deutschen. In: Wirkendes Wort 1 (1950/51), S. 65–79; ders.: Die
deutsche Sprache. Düsseldorf ²1971; J. Erben: Deutsche Grammatik. München ¹²1980;
W. Flämig: Probleme und Tendenzen der Schulgrammatik. In: Deutschunterricht 19 (1966),
S. 334–345; H. Glinz: Der deutsche Satz. Düsseldorf ⁶1970; ders.: Deutsche Grammatik I/II.
Frankfurt/M. 1970/71; G. Helbig (Hg.): Beiträge zur Klassifizierung der Wortarten. Leipzig
1977; W. Schmidt: Grundfragen der deutschen Grammatik. Berlin 1965, S. 36 ff. Zur Proble-
matik der Wortarten vgl. man auch M. D. Stepanowa/G. Helbig: Wortarten und das Problem
der Valenz in der deutschen Gegenwartssprache. Leipzig ²1981.

[2] Unter Flexion (Beugung) versteht man die Bildung grammatischer Formen zu einem Wort, die
syntaktisch bedeutsam sind. Flexion ist der Oberbegriff für Deklination, Konjugation und
Komparation.

nennt man Substantive (vgl. 337 ff.). Sie werden im allgemeinen mit einem großen Anfangsbuchstaben geschrieben. Kennzeichnend für das Substantiv ist, daß es mit dem Artikel verbunden werden kann. Durch *der, die, das* wird angegeben, ob das jeweilige Substantiv ein Maskulinum, ein Femininum oder ein Neutrum ist:

der Mann, *die* Frau, *das* Kind; *ein* Mann, *eine* Frau, *ein* Kind.

Substantive werden als Subjekt oder Objekt, als adverbiale Bestimmung oder Attribut gebraucht und können entsprechend in ihrer Form verändert werden, sie sind deklinierbar; von ihnen können verschiedene Kasus- und Numerusformen gebildet werden:

(Nom.:) der Mann, die Männer; (Gen.:) des Mannes, der Männer; (Dat.:) dem Mann[e], den Männern; (Akk.:) den Mann, die Männer.

Mit den Substantiven bezeichnet der Sprecher Lebewesen (Menschen: *Frau;* Tiere: *Aal*), Pflanzen *(Rose),* Sachen oder Dinge *(Auto, Tisch),* Begriffe oder Abstrakta *(Liebe, Kälte)* u. ä.

Adjektive

125 Wörter wie

schön, häßlich, gut, schlecht, krank, gesund, schnell, angenehm, vierwöchig, tragbar, vorschriftsmäßig, lebensmüde, platonisch, provinziell

nennt man Adjektive (vgl. 441 ff.). Auch sie sind, wie die Substantive, deklinierbar; von ihnen können verschiedene Kasus-, Numerus- und Genusformen gebildet werden:

(Nom.:) ein groß*es* Haus; (Dat.:) mit groß*er* Freude; (Nom./Akk.:) groß*e* Annehmlichkeiten.

Von den meisten Adjektiven kann man Vergleichsformen (Steigerungsformen) bilden, d. h., mit bestimmten Formen können verschiedene Grade ausgedrückt werden:

Peter fährt *schnell.* Michael fährt *schneller.* Vera fährt am *schnellsten.*

Mit den Adjektiven werden gewöhnlich Eigenschaften und Merkmale benannt. Der Sprecher gibt mit ihnen an, wie jemand oder etwas ist, wie etwas vor sich geht oder geschieht. Sie sind Attribut oder adverbiale Bestimmung der Art und Weise:

Inge hat ein *neues* Auto. Es ist *rot* und fährt sehr *schnell.*

Diese drei Wortarten, also Verben, Substantive und Adjektive, nennt man auch Hauptwortarten.

Artikel

126 Wörter wie *der* und *ein* nennt man Artikel (vgl. 532 ff.). Sie sind, wie Substantive und Adjektive, deklinierbar und werden nur in Verbindung mit einem Substantiv gebraucht:[1]

der Mann, *die* Frau, *das* Kind; *ein* Mann, *eine* Frau, *ein* Kind.

---

[1] Man beachte, daß *der, die, das* auch als Demonstrativpronomen und als Relativpronomen begegnen, vgl. 558 ff. und 568 ff.

Pronomen

Wörter wie   127

ich, er, sie; mein, dein, sein; dieser, jener; niemand, mehrere

nennt man Pronomen (vgl. 542 ff.). Die meisten von ihnen sind deklinierbar und haben verschiedene Kasus-, Numerus-, Genus- und – gelegentlich – Personalformen. Die Pronomen werden wie der Artikel in Verbindung mit einem Substantiv und/oder an Stelle eines Substantivs (+ Artikel) gebraucht:

diese Frau, jenes Kind; mein Buch; ich habe ihn (den Vater) gestern gesprochen.

Die Unflektierbaren

Zu den Unflektierbaren gehören das Adverb, die Partikel, die Präposition und die   128
Konjunktion.

Adverbien

Zu den Adverbien gehören Wörter wie   129

abends, bald, dort, hier, gern, probeweise, darauf.

Die Adverbien werden als (notwendige) Ergänzung bzw. (freie) Angabe (Hans wohnt dort. / Dort singt ein Vogel.), als Prädikativum (Der Eingang ist dort.) oder als Attribut (das Haus dort) gebraucht. Mit Adverbien werden – ganz allgemein gesprochen – in der Regel nähere Umstände angegeben.

Partikeln

Zu den Partikeln gehören Wörter wie   130

sehr, besonders, ziemlich, überaus; sogar, bloß, nur; ja, doch, halt; hm; ach, oh, pfui.

Die Partikeln sind syntaktisch dadurch gekennzeichnet, daß sie keine Satzglieder bilden, sondern als Satzgliedteile auftreten (Sogar/nur/wenigstens Peter ist gekommen.).

Präpositionen

Zu den Präpositionen (vgl. 644 ff.) gehören Wörter wie   131

auf dem Tisch liegen, in das Auto packen, über die Brücke fahren, wegen eines Unfalls gesperrt sein.

Die Präpositionen sind weder Satzglied noch Attribut, sondern werden in der Regel mit einem Substantiv (Pronomen) zu einem festen Block verbunden, wobei der Kasus des Substantivs o. ä. von der Präposition bestimmt wird. Mit Präpositionen werden bestimmte Verhältnisse und Beziehungen gekennzeichnet.

Konjunktionen

Zu den Konjunktionen (vgl. 683 ff.) gehören Wörter wie   132

Vater und Mutter; er fehlt, weil er krank ist; sie sagt, daß sie morgen kommt.

Die Konjunktionen sind weder Satzglied noch Attribut, sondern Bindewörter, mit denen Wörter, Wortgruppen oder Sätze verbunden werden.

Die Wortarten im Überblick

133

Wortart	morpho-logisch	Merkmale[1] syntaktisch	semantisch/pragmatisch
Flektierbare:			
Verb	Konjugation	Funktion: v. a. Prädikat Distribution[2]: in Kongruenz mit dem Subjekt (Personalform)	Zustände, Vorgänge, Tätigkeiten, Handlungen
Substantiv	Deklination	Funktion: Subjekt, Objekt, adverbiale Bestimmung, Attribut Distribution: mit Artikel	Lebewesen, Sachen (Dinge), Begriffe (Abstrakta)
Adjektiv	Deklination Komparation	Funktion: Attribut, adverbiale Bestimmung Distribution: mit Substantiv bzw. Verb	Eigenschaften, Merkmale
Artikel, Pronomen	Deklination	Funktion: Attribut oder Substantivstellvertreter (mit entsprechender Funktion) Distribution: mit oder an Stelle eines Substantivs	Verweis, nähere Bestimmung
Unflektierbare:			
Adverb		Funktion: Attribut oder Umstandsangabe Distribution: mit Substantiv, Adjektiv, Verb	nähere Umstände
Partikel		Funktion: Satzgliedteil/Attribut Distribution: v. a. bei Hauptwortarten oder syntaktisch isoliert	Sprechereinstellung, -bewertung
Präposition		Funktion: Präpositionalkasus Distribution: vor Substantiven (Pronomen)	Verhältnisse, Beziehungen
Konjunktion		Funktion: Verbindung, Einleitung, Unterordnung Distribution: zwischen Sätzen, innerhalb von Satzgliedern und Attributen	Verknüpfung im logischen, zeitlichen, begründenden, modalen u. ä. Sinn

---

[1] Die Merkmale sind vom Wortgrundbestand der einzelnen Wortarten her formuliert. Ausnahmen und Abweichungen bleiben hier unberücksichtigt.

[2] *Distribution* ‚Verteilung, Zusammenvorkommen'.

Anmerkungen

1. Die in diesem Überblick gezogenen Grenzen zwischen den einzelnen Wort-   134
arten sind nicht starr: Viele nichtsubstantivische Wörter, einzelne Buchstaben,
ganze Wortgruppen und Sätze können etwa mit dem Artikel verbunden und als
Substantiv gebraucht werden (Substantivierung; vgl. 727 ff.):

Das Singen war schön. Das war *das Dümmste*, was du machen konntest. Sie bot ihm
das Du an. Er hat in Latein *eine Vier* geschrieben. Sie ergründete nie *das Warum*.

Die beiden Partizipien des Verbs sind in bestimmten Verwendungen als Adjektive
anzusehen *(reizend; gerissen)*. Zu Präpositionen können Substantive *(dank;
infolge)*, Adjektive *(gelegentlich, nördlich)* und Partizipien *(ungeachtet)* werden.

2. Innerhalb der einzelnen Wortarten lassen sich bestimmte Untergruppen und   135
Schichten feststellen. So kann man z. B. die Konjunktionen in nebenordnende,
Satzteil-, Teilsatz- und Infinitivkonjunktionen aufgliedern. Eine andere Unter-
gliederung ergibt sich daraus, daß bestimmte Wörter nur eingeschränkt gebraucht werden können (sog. Defektiva). So gibt es etwa Verben, von denen
kein Passiv, Substantive, von denen keine Pluralform gebildet werden kann, und
Adjektive mit nur prädikativem bzw. attributivem Gebrauch.

3. Der Bestand des deutschen Wortschatzes wird im allgemeinen zwischen   136
300 000 und 400 000 Wörtern angesetzt (vgl. 1022 ff.). Die Verben machen davon
schätzungsweise knapp ein Viertel, die Substantive etwa zwei Viertel und das
Adjektiv und das Adverb gut ein Viertel aus; die Zahl der Präpositionen und
Konjunktionen beläuft sich auf etwa 200, die der Pronomen nicht einmal auf
100 Wörter.[1]

DIE FLEKTIERBAREN

2 Das Verb

Wörter wie die folgenden nennt man Verben (Singular: das Verb):[2]   137

bauen, bleiben, einschlafen, erfrieren, fahren, fallen, gehen, haben, helfen, kämpfen,
kommen, pflügen, regnen, schreiben, sein, verblühen, verreisen, wachsen, werden,
wohnen.

Mit den Verben wird das Prädikat des Satzes (vgl. 1063 ff.) gebildet:

Sie *baut* ein Haus. Sie *bleiben* in München. Er *wird eingeschlafen sein*. Gestern *kam* ich
spät nach Hause. Wir *haben* heute einen Aufsatz *geschrieben*. Man *sagte*, sie *kämen*
morgen.

Als Prädikat können die verschiedensten Verbformen gebraucht werden. Die
Veränderung der Form beim Verb nennt man Konjugation (vgl. 206 ff.). Nur
Verben werden konjugiert.

---

[1] Vgl. W. Ortmann: Hochfrequente deutsche Wortformen, Bd. III. München ³1979, S. XXXI:
Verben 19,3 %, Fragewörter 0,4 %, Adjektive 22,6 %, Pronomen 0,8 %, Zahlwörter 0,5 %,
Adverbien 6,7 %, Präpositionen 1,2 %, Konjunktionen 1,3 %, Interjektionen 0,4 %, Substantive
46,0 %, Eigennamen 0,9 %.

[2] Andere, weniger angemessene Bezeichnungen (vor allem in älteren Schulgrammatiken) sind
Zeit-, Tätigkeits- oder *Tuwort*. – Wörtlich meint *Verb* (lat. *verbum*) einfach „das Wort", ein
Hinweis darauf, daß die antik-klassische Grammatik das Verb als die wichtigste Wortart an-
gesehen hat.

2.1 Untergliederung der Verben

2.1.1 Bedeutungsgruppen und Aktionsarten

Bedeutungsgruppen[1]

138 Wenn man von der Bedeutung ausgeht, kann man die Verben in grober Unterscheidung[2] folgendermaßen einteilen:

Tätigkeitsverben (Handlungsverben)

139 Mit den Tätigkeitsverben wird ausgedrückt, daß jemand etwas tut, ausführt; es wird ein Tun bezeichnet, das beim Subjekt Tätigsein, Aktivität voraussetzt:

> Petra *lachte* glücklich. Die Kinder *spielten*. Er *ging* nach Hause. Die Patienten *warteten* ungeduldig. Ich *schrie* leise *auf*.

In sehr vielen Fällen wird im Satz ein Ziel genannt, auf das sich die Tätigkeit bezieht, auf das eingewirkt, das verändert, von dem Besitz ergriffen wird u. ä. Diese Verben könnte man als Untergruppe der Tätigkeitsverben Handlungsverben nennen:

> Sie *zählt* das Geld. Er *unterstützt* seinen Bruder. Er *dankte* seinem Vater. Sie *bemächtigten* sich der Kasse. Wir *gedachten* der Toten. Sie *spotten* über ihn.

Die Tätigkeitsverben bilden den Hauptteil der Verben.

Vorgangsverben

140 Mit Verben der zweiten Gruppe, den Vorgangsverben, wird eine Veränderung bezeichnet, die sich am Subjekt vollzieht, ein Prozeß, ein Vorgang, ein Ablauf, den das Subjekt an sich selbst erfährt:

> Peter *fieberte*. Die Vase *fiel* vom Tisch. Die Bäume *wachsen* langsam. Die Blumen *verblühten*. Die Kinder *schliefen* schnell *ein*. Die ersten Blüten *erfroren*.

Zustandsverben

141 Mit Verben der dritten Gruppe, den Zustandsverben, wird ein Zustand, ein Bestehen, ein Sein, ein Beharren, eine (Ruhe)lage bezeichnet, also etwas, was als Bleibendes, sich nicht Veränderndes am Subjekt haftet:

> Die Vase *steht* auf dem Tisch. Das Buch *liegt* im Regal. Sie *wohnen* in München. Sie ist nicht gestorben, sie *lebt*. Er *bleibt* ein Träumer sein Leben lang.

Aktionsarten

142 Mit Aktionsart bezeichnet man die Art und Weise, wie das durch ein Verb bezeichnete Geschehen abläuft (Geschehensweise, Verlaufsweise, Handlungsart). Eindeutige Abgrenzungen sind manchmal nur schwer durchzuführen; am sichersten sind Aktionsarten auszumachen, wenn sie an bestimmte Wortbildungsmittel, vor allem an Präfixe und Suffixe (vgl. 770, 820), gebunden sind.

---

[1] Vgl. E. Leisi: Der Wortinhalt: Heidelberg [4]1971, S. 46 ff.; H. Renicke: Grundlegung der neuhochdeutschen Grammatik. Berlin 1961, S. 73 ff.; M. Regula: Grundlegung und Grundprobleme der Syntax. Heidelberg 1951, S. 113.

[2] Zu weiteren Bedeutungsgruppen vgl. das Kapitel „Die Wortbildung".

Zeitliche Verlaufsweise

1. Verben, mit denen eine zeitliche Begrenzung ausgedrückt wird, nennt man   143
perfektiv oder terminativ:

> besteigen, entnehmen, erfrieren, verblühen, vollenden.

Die perfektiven Verben werden, je nachdem, ob mit ihnen der Beginn oder das
Ende eines Geschehens bezeichnet wird, inchoativ oder ingressiv bzw.
resultativ oder egressiv genannt. Inchoativ (ingressiv) sind z. B.

> erblühen, aufbrechen, erblassen, entbrennen, losrennen, aufstehen, abmarschieren,
> erklingen.

Resultativ (egressiv) sind z. B.

> verblühen, verblassen, aufessen, verklingen, verbrennen, durchschneiden, vollenden,
> ausklingen.

Wenn Verben etwas bezeichnen, was ohne zeitliche Ausdehnung punkthaft geschieht, nennt man sie punktuelle oder momentane Verben:

> erblicken, finden, treffen, ergreifen, erschlagen, fassen.

2. Verben, mit denen etwas als ohne zeitliche Begrenzung ablaufend, als unvoll-   144
endet, als dauernd gekennzeichnet wird, nennt man imperfektiv oder durativ:

> blühen, schlafen, wachen, frieren, wohnen, sein, bleiben, andauern.

Wiederholung

Es gibt Verben, mit denen eine stete Wiederholung gleichartiger Vorgänge aus-   145
gedrückt wird. Man nennt sie iterativ:

> flattern, sticheln, krabbeln, grübeln, streicheln u. a.

Grad, Intensität

Mit einigen Verben wird ein größerer oder geringerer Grad, die stärkere oder   146
schwächere Intensität eines Vorgangs gekennzeichnet. Man nennt sie intensiv:

> schnitzen, schluchzen, liebeln, lächeln u. a.

Ausdruck der Aktionsart durch zusätzliche Wörter u. ä.

Eine Aktionsart wird häufig durch zusätzliche Wörter oder durch bestimmte   147
Fügungen, Konstruktionen u. ä. ausgedrückt:

> (perfektiv:) über den See schwimmen (vgl. 333,3), anfangen/aufhören zu arbeiten, ins
> Rutschen kommen, zum Abschluß bringen;
> (imperfektiv:) am Kochen sein[1] (landsch. für: kochen), in Blüte stehen, an einem
> Roman schreiben;
> (iterativ:) ständig trinken, andauernd husten, stündlich eine Tablette nehmen;
> (intensiv:) entsetzlich schmerzen, mächtig toben.

---

[1] *am, beim* und *im* bilden in Verbindung mit *sein* und einem substantivierten Infinitiv die „Verlaufsform", die den genannten Vorgang oder Zustand ohne zeitliche Begrenzung erscheinen
läßt. Die Verwendung von *am* ist landschaftlich (v. a. im Rheinland und in Westfalen), die von
beim und *im* auch standardsprachlich:
> (landsch.:) ... das Gas ströme wieder, das Mittagessen *sei am Kochen* (V. Baum). Hier *ist*
> immer etwas *am Wachsen* (Gaiser).
> (standardspr.:) Sie *ist beim Lesen.* ... zu glauben, daß das ptolemäische Weltsystem wieder
> *im Kommen ist* (Langgässer).

2.1.2 Vollverben, Hilfsverben, Modalverben, modifizierende Verben

148 Vollverben sind Verben, die eine lexikalische Bedeutung haben und allein das Prädikat bilden können:

> Peter *schläft.* Susanne *kommt* morgen. Ralf *öffnet* die Tür. Thekla *schwimmt* gut.

Man kann mit Ausnahme des Subjekts alle Teile eines Satzes mit dem Infinitiv des Vollverbs als geschlossenen Verband aus dem Satz herauslösen:

> Peter *hilft* seinem Vater. → (Peter) ‖ seinem Vater *helfen.*
> Petra *öffnete* schnell die Tür. → (Petra) ‖ schnell die Tür *öffnen.*

Man erhält auf diese Weise eine vom Vollverb her gegliederte Wortgruppe oder Wortkette. Der Infinitiv als notwendige Grundlage dieses Wortverbandes steht am Ende. Man nennt diese Probe Infinitivprobe (vgl. 1081).

149 Hilfsverben sind die Verben *haben, sein* und *werden,* wenn sie der Umschreibung von Verbformen (zusammengesetzte Tempora, Passiv) dienen. Mit den infiniten Formen (Infinitiv oder 2. Partizip) eines zweiten Verbs bilden sie das mehrteilige Prädikat:

> Peter *hat/hatte geschlafen.* Susanne *ist/war gekommen.* Die Tür *ist/war geöffnet.* Die Tür *wird/wurde geöffnet.* Susanne *wird* morgen *kommen.*

150 Die Modalverben *dürfen, können, mögen, müssen, sollen* und *wollen*[1] sind Verben, die den Inhalt eines anderen Verbs modifizieren. Mit seinem Infinitiv bilden sie ein mehrteiliges Prädikat (zu ihrem weiteren Gebrauch vgl. 153 ff.):

> Peter *darf* ins Kino *gehen.* Thilo *kann* gut *schwimmen.* Susanne *möchte tanzen.*

Neben den Modalverben können auch andere Verben gelegentlich modifizierend gebraucht werden. Solche modifizierenden Verben sind dann mit einem Infinitiv mit *zu* verbunden:

> Peter *pflegt* jeden Tag zum Sportplatz *zu gehen.* Susanne *scheint zu schlafen.* Wenige der Schiffbrüchigen *vermochten* sich *zu retten.* Das Haus *drohte einzustürzen.*

151 Die Hilfsverben, Modalverben und modifizierenden Verben können bei der Infinitivprobe weggelassen werden (vgl. zur Weglaßprobe 1058), das Vollverb als notwendige Grundlage des Wortverbandes nicht:

> Mein Bruder *hat* drei Jahre bei einer Versicherung *gearbeitet.* → (mein Bruder) ‖ drei Jahre bei einer Versicherung *gearbeitet haben* → (mein Bruder) ‖ drei Jahre bei einer Versicherung arbeiten
> Susanne *möchte* ins Schwimmbad *gehen.* → (Susanne) ‖ ins Schwimmbad *gehen mögen* → (Susanne) ‖ ins Schwimmbad *gehen*

152 Die Verben *haben, sein* und *werden* können auch als Vollverben gebraucht werden. Sie stehen dann nicht notwendig in Verbindung mit der Form eines anderen Verbs:

> Sie *ist* völlig gesund. Er *hatte* große Angst. Mein Bruder *wird* Schlosser.

Bei den Modalverben *dürfen, können, mögen, müssen, sollen* und *wollen* wird der Gebrauch als Vollverb meist elliptisch verstanden:

> Seine Schwester *darf* nicht ins Kino [*gehen*]. Wir *wollen* am Wochenende in den Schwarzwald [*fahren*]. Ich *will* das nicht [*tun*]. Susanne *kann* gut Englisch [*sprechen*].

---

[1] Zu *brauchen,* das im Begriff steht, in den Kreis der Modalverben hinüberzuwechseln, vgl. 164, Anm. 1 und besonders 1064.

Zum Gebrauch der Modalverben[1]

Wenn die Modalverben *dürfen, können, mögen, müssen, sollen* und *wollen* in Ver-   153
bindung mit einem Infinitiv gebraucht werden, steht dieser ohne *zu:*

> Er *will kommen.* Sie *sollte bleiben.* Er *will* das Buch *gelesen haben.* Sie *muß* bereits
> *angekommen sein.* Der Koffer *mußte geöffnet worden sein.*

Geht ihnen ein reiner Infinitiv voraus (etwa im Perfekt oder Plusquamperfekt),
dann wird statt des 2. Partizips der Infinitiv gebraucht:

> Peter *hat/hatte* ins Kino *gehen dürfen* (nicht: gedurft).

Von den Modalverben kann weder ein Imperativ noch ein Passiv gebildet werden.

Im Folgenden werden die einzelnen Modalverben durch die Angabe ihrer Hauptbedeutung (jeweils die erste Variante) und weiterer typischer Verwendungsweisen
beschrieben.

können

Variante 1 („Möglichkeit"):   154
Die Hauptbedeutung von *können* läßt sich mit ‚Möglichkeit' angeben. Der Grund
für die Möglichkeit ist dabei durchaus verschieden. Er kann zum Beispiel bestehen in

a) einer (körperlichen, geistigen, angeborenen usw.) Fähigkeit:

> Sie *kann* (= ist fähig, hat die Fähigkeit) Klavier spielen. Vögel *können* fliegen.

b) einer Gelegenheit:

> Da ich ohnehin nächste Woche nach Mannheim reise, *können* wir (= besteht für uns/
> haben wir die Gelegenheit) schon bald unsere Gespräche fortsetzen.

c) einer „ontologischen" Möglichkeit (auf Grund der Natur der Dinge, der Beschaffenheit der Welt):

> Morgen *kann* es regnen. Der Vulkan *kann* jederzeit wieder ausbrechen.

d) einer Grund-Folge-Beziehung (Ursache-Wirkung):

> Wenn es morgen regnet, *können* wir den geplanten Ausflug nicht unternehmen. Da die
> Finanzierung gesichert ist, *kann* das Unternehmen nunmehr den Auftrag erteilen.

Diese Aufzählung ist nicht vollständig. Sie erfaßt nur einige wichtige Typen und
ließe sich leicht ergänzen, weil die Bedingungen für eine Möglichkeit sehr vielfältig sind (vgl. 157 ff., *dürfen;* 161 ff., *müssen;* 165 ff., *sollen*).

---

[1] Die folgende Darstellung stützt sich vor allem auf G. Bech: Das semantische System der deutschen Modalverba. In: Travaux du Cercle Linguistique de Copenhague 4 (1949), S. 3–46;
ders.: Grundzüge der semantischen Entwicklungsgeschichte der hochdeutschen Modalverba.
In: Danske Historik-filologiske Meddelelser 32, 6 (1951), S. 3–28; J. Buscha/G. Hein-
rich/J. Zoch: Modalverben. Leipzig ³1979; J. Fourquet: Zum ‚subjektiven' Gebrauch der deutschen Modalverba. In: Studien zur Syntax des heutigen Deutsch. Düsseldorf 1970, S. 154–161;
H. Germer: Der objektive Gebrauch der Modalverben: Ein Schema. In: Deutsch als Fremdsprache 4 (1980), S. 237 f.; G. Kaufmann: Der Gebrauch der Modalverben *sollen, müssen* und
wollen. In: Deutschunterricht für Ausländer 12 (1962), S. 154–172 und 13 (1963), S. 41–51;
ders.: Aussageweise in Verbindung mit Modalverben. In: Deutschunterricht für Ausländer 15
(1965), S. 1–14; H. Kolb: Über *brauchen* als Modalverb. In: Zeitschrift für deutsche Sprache
20 (1964), S. 64–78; K. Welke: Untersuchungen zum System der Modalverben in der deutschen Sprache der Gegenwart. Berlin 1965. Einen Forschungsüberblick gibt G. Öhlschläger:
Zur Syntax und Semantik der Modalverben des Deutschen. Tübingen 1989, S. 19 ff.

Zwei Gebrauchsweisen von *können* heben sich besonders hervor, weswegen sie eigenen Varianten zugewiesen werden.

155 Variante 2 (‚Erlaubnis‘):

Die Bedeutung ‚Möglichkeit‘ ist in dieser Variante nicht aufgehoben; sie wird lediglich dadurch genauer als ‚Erlaubnis‘ bestimmt, daß eine erlaubende Person oder Instanz den Grund für die Möglichkeit abgibt. Dementsprechend ist *können* in dieser Variante durch *dürfen* (vgl. 157 f.) ersetzbar:

> Meinetwegen *kann* (= darf) er machen, was er will. Auf Grund eines Gesetzes *können* Spenden von der Steuer abgesetzt werden.

Dabei wird die erlaubende Person oder Instanz im gleichen Satz (vgl. *meinetwegen, auf Grund eines Gesetzes*) oder im Kontext genannt.

156 Variante 3 (‚Vermutung, Annahme‘):

Auch in der dritten Variante ist die Bedeutung ‚Möglichkeit‘ nicht aufgehoben, sondern lediglich genauer als gedankenmäßige, „hypothetische" Möglichkeit gefaßt: Der Sprecher/Schreiber hält es für möglich, daß etwas ist oder geschieht, weshalb der Hörer/Leser das *können* der Variante 3 im Sinne von ‚Vermutung‘ oder ‚Annahme‘ versteht:

> Man behauptet, er habe das Geld veruntreut, aber er *kann* es auch verloren haben. – Das ließ wiederum den Schluß zu, daß der Täter Handschuhe getragen haben *konnte* (H.-J. Hartung).

Vgl. dazu 159, 163, 174 und 184.

dürfen

157 Variante 1 (‚Erlaubnis‘):

In der Variante 1 drückt *dürfen* ‚Erlaubnis‘ aus. Wie die Hauptbedeutung von *sollen* (vgl. 165), so gründet auch die von *dürfen* in einem fremden Willen (Person oder Instanz):

> Sie *durfte* (= bekam die Erlaubnis) schon früh Klavierunterricht nehmen. In einem freien Staat *dürfen* die Bürger offen ihre Meinung sagen.

Das erlaubende Subjekt ist im *dürfen*-Satz niemals zugleich grammatisches Subjekt. Während dieses (im Aktivsatz) stets diejenige Person ist, der etwas erlaubt wird, ist das erlaubende Subjekt entweder ganz getilgt (vgl. den ersten Beispielsatz) oder aber im Satz bzw. Kontext „versteckt" (vgl. im zweiten Beispielsatz *in einem freien Staat*). Es gibt freilich auch den Fall, daß das erlaubende Subjekt überhaupt nicht genannt wird, etwa in bestimmten wiederkehrenden Kommunikationssituationen, die dadurch gekennzeichnet sind, daß zwischen Sprecher, Angesprochenem und gegebenenfalls übermittelndem Dritten ein Über- bzw. Unterordnungsverhältnis besteht; vor allem in der Anrede an die 2. Person bleibt das erlaubende Subjekt dann oft verdeckt:

> Wenn etwa ein Arzt gegenüber seinem Patienten den Satz *Ab heute dürfen Sie aufstehen!* äußert, ist das erlaubende Subjekt der Sprecher selbst; spricht ihn dagegen die Krankenschwester aus, bezieht sich auf den Willen eines ungenannten Dritten (des Arztes), ohne daß dies – wegen der im Verhältnis zwischen Arzt, Krankenschwester und Patient angelegten und von allen Beteiligten anerkannten Ordnung – ausdrücklich betont werden muß.

Zum Verhältnis dieser Hauptvariante von *dürfen* gegenüber *können* gilt folgendes: Wenn jemand eine Erlaubnis ausspricht, heißt dies, daß er eine Möglichkeit schafft (die Umkehrung gilt nicht immer). In diesem Sinne bezeichnet *dürfen*

(‚Erlaubnis') im Vergleich zu *können* (‚Möglichkeit') eine nähere Bestimmung
und ist oft durch dieses ersetzbar (die Umkehrung gilt nur in eingeschränktem
Maße; vgl. 154). Im einzelnen hängt diese Ersetzbarkeit davon ab, ob und wie
deutlich der Sinnzusammenhang erkennen läßt, daß es sich um eine Erlaubnis
handelt: Während in dem Beispielsatz *Sie* durfte *schon früh Klavierunterricht nehmen* der Ersatz von *dürfen* durch *können* die ‚Erlaubnis'-Komponente verunkla-
ren würde und deshalb nicht zu empfehlen ist, erscheint er in dem Beispiel
In einem freien Staat dürfen *die Bürger offen ihre Meinung sagen,* wo bereits die
Umstandsangabe *in einem freien Staat* „erlaubenden" Charakter hat, unproblematisch.

Variante 2 (‚Berechtigung u. ä.'):   **158**
In übertragenem Sinn kann als erlaubendes Subjekt auch auftreten[1]
a) ein (religiöses, ethisches, wissenschaftliches, rechtliches o. ä.) Prinzip:

> Jeder *darf* (= ist berechtigt) sich wehren, wenn er glaubt, daß er zu Unrecht verdäch-
> tigt wird. In einer wissenschaftlichen Abhandlung *darf* man fremde Autoren zitieren.

b) ein Umstand, eine Bedingung:

> Wenn er zu den Gewinnern des Wettbewerbs zählt, dann *darf* er (= hat er Grund, Ur-
> sache) sich glücklich schätzen. Nun, da die Gefahr überstanden ist, *dürfen* wir auf-
> atmen. *Durfte* sie nach jenem Vorfall ihren Freund nicht mit Recht der Täuschung
> bezichtigen?

c) das Schicksal:

> Insgesamt dreimal *durfte* sie (= war es ihr vergönnt) ihr gelobtes Land, Italien, sehen.
> Erst mit 70 Jahren *durfte* er das Glück seiner Kinder erleben.

Auch in der Variante 2 kann *dürfen* in den meisten Fällen durch *können* ersetzt
werden (vgl. 157):

> Jeder *darf/kann* sich wehren, wenn er glaubt, daß er zu Unrecht verdächtigt wird.
> Wenn er zu den Gewinnern des Wettbewerbs zählt, dann *darf/kann* er sich glücklich
> schätzen. Insgesamt dreimal *durfte/konnte* sie ihr gelobtes Land, Italien, sehen.

Variante 3 (‚Vermutung, Annahme'):   **159**
dürfen im Konjunktiv II drückt meistens ‚Vermutung' oder ‚Annahme' aus:[2]

> Jetzt *dürfte* (= ist zu vermuten) er angekommen sein. Ihre Hoffnungen *dürften* in die
> angedeutete Richtung gegangen sein. Das Werk *dürfte* von einem unserer besten
> Schriftsteller stammen.

Allerdings sind auch beim Konjunktiv Präteritum von *dürfen* die Varianten 1 und
2 nicht grundsätzlich auszuschließen:

> Sie fragte an, wann sie kommen *dürfte* (= Variante 1).

Variante 4 (‚Notwendigkeit'):   **160**
In dieser besonders in wissenschaftlichen Texten begegnenden Variante tritt *dür-
fen* in Verbindung mit einer Negation auf, die sich nicht auf die Varianten 1–3 des
Modalverbs, sondern auf den jeweils genannten Sachverhalt bezieht; dadurch
entsteht die Bedeutung ‚Notwendigkeit':

> Wir *dürfen nicht* vergessen (= es ist notwendig), uns bei den Gastgebern zu bedanken.
> Diese Aussage *darf nicht* mißverstanden werden. Ihr *dürft* auch die kleinsten Größen
> *nicht* vernachlässigen.

---

[1] Die Aufzählung kann nicht vollständig sein; vgl. auch 154 ff., 161 ff. und 165 ff.
[2] Vgl. 156, 163, 174 und 184.

Allerdings zeigt eine Negation in Verbindung mit *dürfen* nicht in jedem Fall die Variante 4 an; die Bedeutung ‚Erlaubnis' (Variante 1) oder ‚Berechtigung u. ä.' (Variante 2) kann – wenn auch negiert – durchaus erhalten sein:

Wir *dürfen* die Halle *nicht* betreten (= haben nicht die Erlaubnis). Er war der einzige, der *keinen* Tadel aussprechen *durfte* (= nicht berechtigt war).

Auch in der Variante (‚Vermutung') kann eine Negation auftreten:

Sie *dürfte nicht* (= ist vermutlich nicht) die Frau sein, die wir suchen.

Welche Variante im Einzelfall vorliegt, entscheidet der Sinnzusammenhang.

müssen

161   Variante 1 (‚Notwendigkeit'):
Als Hauptbedeutung von *müssen* tritt ‚Notwendigkeit' auf. Deren durchaus verschiedene Gründe können zum Beispiel[1] bestehen in

a) einer natürlichen Kraft, Gewalt:

Die Kraft des Wassers war so stark, daß das Boot kentern *mußte*.

b) einem aus dem Gemüt, dem Gefühl kommenden inneren Zwang:

Als er vom Tod seiner Schwester hörte, *mußte* er weinen.

c) einem Naturgesetz oder einer schicksalhaften Bestimmung:

Es geschieht nur, was geschehen *muß*. Der Stein *muß* notwendigerweise auf die Erde fallen.

d) einer Forderung der Sitte, des Rechts, des Gesetzes u. ä.:

Wir *müssen* aus christlicher Nächstenliebe den Notleidenden helfen. Von Gesetzes wegen *muß* jeder, der ein Auto erwirbt, eine Haftpflichtversicherung abschließen.

e) einem Zweck oder Ziel:

Wenn ihr das Klassenziel erreichen wollt, dann *müßt* ihr noch hart arbeiten. Die Kartoffeln *müssen* mindestens 30 Minuten kochen, damit sie gar werden.

f) einem Gebot, Befehl u. ä.:

An unserer Schule *mußten* sich die Schüler früher vor Schulbeginn in Reih und Glied aufstellen.

Zwei Gebrauchsweisen, bei denen *müssen* eine ‚(Auf)forderung' bzw. ‚Vermutung, Annahme' ausdrückt, können als eigene Varianten besonders hervorgehoben werden:

162   Variante 2 (‚[Auf]forderung'):
Die Notwendigkeit gründet bei dieser Variante in dem Willen einer Person, die an eine andere eine Forderung richtet. Dementsprechend kann *müssen* hier immer durch *sollen* (vgl. 165) ersetzt werden:

Du *mußt/sollst* mich lieben! Ihr *müßt/sollt* dem sinnlosen Treiben eine Ende bereiten!

163   Variante 3 (‚Vermutung, Annahme'):
Wie mit *können* (vgl. 156) kann der Sprecher/Schreiber auch mit *müssen* ‚Vermutung' oder ‚Annahme' zum Ausdruck bringen. Aber während *können* einen Sachverhalt nur als möglicherweise wahr hinstellt, bezeichnet *müssen* einen Sachverhalt als mit hoher Wahrscheinlichkeit wahr („hypothetische Notwendigkeit"):

---

[1]   Die Aufzählung kann nicht vollständig sein, sind doch die Bedingungen für eine Notwendigkeit außerordentlich vielfältig (vgl. 154 ff. und 157 ff.).

Nach den Berechnungen der Astronomen *muß* die Mondfinsternis morgen um 18.15 Uhr eintreten. Aus den Umständen ist zu schließen, daß der Unterhändler sich noch am Tag zuvor mit dem Agenten getroffen haben *muß*. Der Wolf *mußte* versucht haben, durch die Reihe der Treiber zu flüchten, *mußte* beschossen worden und wieder umgekehrt sein (E. Wiechert).

Vgl. auch 159, 174 und 184.

Variante 4 („nicht brauchen'): 164

Für verneintes *müssen* läßt sich in den meisten Fällen verneintes *brauchen* einsetzen:

Es fiel alles in den Schoß, so daß er sich *nicht* anstrengen *mußte*/anzustrengen *brauchte*. Mit dieser Frage, die längst geklärt ist, *müssen* wir uns *nicht* noch einmal beschäftigen/*brauchen* wir uns *nicht* noch einmal zu beschäftigen.

Die Verneinung bezieht sich dabei immer auf *müssen* in der Bedeutungsvariante ,Notwendigkeit' und nicht auf den angeprochenen Sachverhalt, was eine Ersatzprobe mit *nicht notwendig* deutlich macht:

Es fiel ihm alles in den Schoß, so daß es *nicht notwendig* war, daß er sich anstrengte. (Hier nicht möglich:) ... so daß es notwendig war, daß er sich nicht anstrengte. – Es ist *nicht notwendig,* daß wir uns mit dieser Frage ... noch einmal beschäftigen. (Hier nicht möglich:) Es ist notwendig, daß wir uns nicht noch einmal mit dieser Frage ... beschäftigen.

Die seltenen Fälle, in denen sich die Verneinung nicht auf *müssen,* sondern den angesprochenen Sachverhalt bezieht, erlauben die Vertretung durch verneintes *brauchen* nicht. Allenfalls – nämlich nur bei *müssen* in der Bedeutungsvariante ,(Auf)forderung' – kann ersatzweise *nicht dürfen* eingesetzt werden:

Wir *müssen nicht*/*dürfen nicht* (hier nicht: *brauchen nicht zu*) schweigen, sondern (*müssen*) laut anklagen.

sollen

Variante 1 (,[Auf]forderung'): 165

In seiner Hauptbedeutung drückt *sollen* ganz allgemein ,(Auf)forderung' aus. Im einzelnen kann es sich dabei handeln um[1]

a) einen Auftrag, einen Befehl, ein Gebot oder eine Vorschrift:

Du *sollst* morgen auf die Post kommen und ein Paket abholen. Hunde *sollen* an der Leine geführt werden.

b) eine (sittliche, religiöse usw.) Pflicht:

Du *sollst* deinen Nächsten lieben wie dich selbst. Katholiken *sollen* jeden Sonntag die Messe besuchen.

c) eine Aufgabe, einen Zweck, ein Ziel, eine Funktion:

Die neue Maschine *soll* nach dem Willen ihrer Erfinder den arbeitenden Menschen entlasten. Die Änderung des Strafrechts *soll* mögliche Täter abschrecken. Das Zeichen A *soll* bedeuten, daß ...

Das Modalverb *sollen* ist überflüssig, wenn die damit ausgedrückte (Auf)forderung in einem Satz bereits durch andere sprachliche Mittel zum Ausdruck kommt: 166

Er kam der Aufforderung, das Lokal zu verlassen (nicht: das Lokal verlassen zu sollen), nicht nach.

---

[1] Die Aufzählung kann nicht vollzählig sein, weil die Gründe, aus denen sich Forderungen herleiten, außerordentlich vielfältig sind (vgl. 154 ff., 157 ff. und 161 ff.).

Pleonastisch ist der Gebrauch von *sollen* im allgemeinen auch in Finalsätzen, in denen bereits die Konjunktion *damit* eine (Auf)forderung, den Willen eines anderen signalisiert:

> Sie gab ihm die 100 Mark, damit er seine Schulden bezahlen solle (statt: ...bezahlt).
> ... und ich sprang in den Fluß zurück, damit er mich nicht sehen sollte (Böll). Damit unsere Urlauber sich dort nicht verlaufen sollten, übte Himmelstoß das Umsteigen mit uns in der Kasernenstube (Remarque).

167 Da die von *sollen* ausgedrückte (Auf)forderung in dem Willen einer Person oder Instanz gründet (in übertragenem Sinne kann an deren Stelle auch der „Wille" eines übermenschlichen oder sonst als beseelt gedachten Wesens, eines ethischen, religiösen oder wissenschaftlichen Prinzips treten), ist es in seiner Hauptbedeutung immer mehr oder weniger gut durch einen Ausdruck mit *wollen* ersetzbar:

> Hunde *sollen* an der Leine geführt werden. – Der Stadtrat *will*, daß Hunde ...
> Du *sollst* deinen Nächsten lieben ... – Gott *will*, daß du deinen Nächsten ...
> Die neue Maschine *soll* ... entlasten. – Die Erfinder *wollen*, daß die Maschine ...

Die Ersatzprobe zeigt, daß bei der Verwendung von *wollen* neben dem Gewollten ausdrücklich auch der Wollende genannt wird, und zwar als Subjekt im Hauptsatz; das Gewollte erscheint demgegenüber als abhängiger *daß*-Satz (in der Funktion eines Akkusativobjekts; vgl. 1086; 1299,3). Die Modalverben *wollen* und *sollen* stehen also in einem ähnlichen Umkehrungsverhältnis zueinander wie Aktiv und Passiv: So wie beim Passiv der Täter (Agens) in den Hintergrund gedrängt, meistens sogar getilgt wird (vgl. 312), weicht bei der Umwandlung (Transformation) eines *wollen*-Ausdrucks in einen *sollen*-Ausdruck der Wollende von der Subjekt- auf eine „versteckte" Stelle (vgl. etwa in unserem Beispiel oben die Umstandsangabe *nach dem Willen ihrer Erfinder*) oder den Kontext aus und wird durch das (materiell-logische) Objekt[1] ersetzt, auf das sich der Wille des Wollenden richtet.

168 Die Hauptfunktion von *sollen* besteht in der mittelbaren, berichtenden Wiedergabe eines Willensaktes, während die unmittelbare – in der direkten Rede – gewöhnlich mit Hilfe des Imperativs geschieht:

> Der Vater sagte zu seinem Sohn Peter in Gegenwart der Mutter: *„Mach* bitte das Fenster zu!" Gott gebietet: *„Liebet* eure Feinde!"

Neben dem Imperativ sind aber auch andere sprachliche Formen möglich:

> „Ich will/wünsche/möchte/fordere, daß du das Fenster zumachst." „Du machst das Fenster zu!" „Machst du das Fenster zu?"

Auch die mittelbare Wiedergabe eines Willensaktes durch *sollen* erfolgt auf verschiedene Weise, und zwar in Abhängigkeit davon, welche der am Kommunikationsakt beteiligten Personen – auffordernde oder aufgeforderte, zuhörende dritte oder gegebenenfalls abwesende vierte Person – die Wiedergabe vollzieht und an wen sie sich richtet. Mit anderen Worten: Es ist die Verteilung der Sprecher- und Hörerrolle, die über die jeweilige Form der mittelbaren Wiedergabe eines Willensaktes durch *sollen* entscheidet:

Die folgende Übersicht zeigt nicht nur, daß *sollen* sowohl in direkter als auch in indirekter Rede der mittelbaren Wiedergabe einer (Auf)forderung dient, sondern auch, daß die Umformung des – nur in direkter Rede möglichen – Imperativs in indirekte Rede ein Sonderfall der mittelbaren Wiedergabe ist und nur mit *sollen* vorgenommen werden kann:

---

[1] Sprachlich ist es das Subjekt des abhängigen *daß*-Satzes.

Über die (Auf)forderung berichtet	Mittelbare Wiedergabe in	
	direkter Rede	indirekter Rede
1. der Fordernde		
a) dem Aufgeforderten:	Du sollst/solltest das Fenster zumachen! (als Wiederholung der Aufforderung)	Ich sage/sagte, du soll[e]st das Fenster zumachen.
b) einer zuhörenden 3. Pers.:	Peter soll[e] das Fenster zumachen.	Ich sage/sagte, Peter soll[e] das Fenster zumachen.
c) einer abwesenden 4. Pers.:	Peter soll[e] das Fenster zumachen.	Ich sage/sagte, Peter soll[e] das Fenster zumachen.
2. der Aufgeforderte		
a) dem Fordernden:	Soll[te] ich das Fenster zumachen? (nur als Frage)	Du sagst/sagtest, ich soll[e]/sollte das Fenster zumachen.
b) einer zuhörenden 3. Pers.:	Ich soll[te] das Fenster zumachen.	Der Vater sagt[e], ich soll/sollte das Fenster zumachen.
c) einer abwesenden 4. Pers.:	Ich soll[te] das Fenster zumachen.	Der Vater sagt[e], ich soll[e]/sollte das Fenster zumachen.
3. eine zuhörende 3. Pers.		
a) dem Fordernden:	Soll[te] Peter das Fenster zumachen? (nur als Frage)	Du sagst/sagtest, Peter soll[e]/sollte das Fenster zumachen.
b) dem Aufgeforderten:	Du sollst/solltest das Fenster zumachen.	Der Vater sagt[e], du soll[e]st/solltest das Fenster zumachen.
c) einer abwesenden 4. Pers.:	Peter soll[e] das Fenster zumachen.	Der Vater sagt[e], Peter soll[e]/sollte das Fenster zumachen.
4. eine abwesende 4. Pers.		
a) dem Fordernden:	Soll[te] Peter das Fenster zumachen? (nur als Frage)	Du sagst/sagtest, Peter soll[e]/sollte das Fenster zumachen.
b) dem Aufgeforderten:	Du sollst/solltest das Fenster zumachen.	Der Vater sagt[e], du soll[e]st/solltest das Fenster zumachen.
c) einer zuhörenden 3. Pers.:	Peter soll[e] das Fenster zumachen.	Der Vater sagt[e], Peter soll[e]/sollte das Fenster zumachen.

169 Für die mündliche Kommunikation sind vor allem die beiden folgenden Fälle
wichtig:
1. Ein Sprecher teilt einem Hörer eine (Auf)forderung mit, die ein Dritter an diesen Hörer richtet (vgl. 3 b, 4 b):

> Du *sollst* das Fenster zumachen! Ihr *sollt* eure Feinde lieben!

Als Subjekt tritt in diesem Fall immer die zweite Person auf.
2. Ein Sprecher beauftragt einen Hörer, einer dritten Person eine (Auf)forde-
rung entweder seiner (des Sprechers) selbst oder aber einer anderen Person mit-
zuteilen (vgl. 1 b bzw. c, 3 c, 4 c):

> Richte ihm von mir/von Herrn Meier aus: Er *soll* das Fenster zumachen.

In diesem Fall tritt als Subjekt immer die dritte Person auf.
Das Modalverb *sollen* wird zumal dann gebraucht, wenn es um die erzählende
Wiedergabe einer in der Vergangenheit erhobenen Forderung geht:

> Der Vater sagte: „Mach bitte das Fenster zu!" → Peter *sollte* – nach dem Willen des
> Vaters – das Fenster zumachen.

170 Was das Verhältnis zwischen *sollen* und *müssen* anlangt, so drückt letzteres zwar
auch ‚(Auf)forderung' aus, aber nicht mit seiner Haupt-, sondern nur mit einer
Nebenbedeutung (vgl. 162). Deshalb ist *sollen* im allgemeinen nur dann durch
müssen ersetzbar, wenn ein Hinweis, daß es um eine (Auf)forderung geht, bereits
dem Kontext entnommen werden kann:

> Der Meister *fordert,* daß der Lehrling sich entschuldigen *soll/muß.*

171 Variante 2 (‚Aussage eines anderen'):
Die Variante 2 von *sollen* drückt aus, daß der Sprecher/Schreiber nur die Äußerung eines anderen wiedergibt, ohne für ihre Wahrheit zu bürgen:

> Nach Zeugenaussagen *soll* der Verschwundene noch einmal gesehen worden sein. Es
> *sollen* schlimme Zeiten anbrechen, meinen einige Zukunftsforscher.

Der Unterschied zur Variante 2 von *wollen* (vgl. 177) besteht darin, daß der Spre-
cher/Schreiber sich mit *wollen* auf die Aussage der besprochenen Person selbst
bezieht, mit *sollen* aber auf die Aussage eines Dritten.

172 Variante 3 (‚Ratschlag, Empfehlung'):
Die Variante 3 von *sollen* drückt einen Ratschlag oder eine Empfehlung aus. Das
Modalverb steht dabei im Konjunktiv II:

> Du *solltest* einmal einen Arzt aufsuchen. Wir *sollten* nicht länger warten.

Die Variante begegnet auch im Fragesatz als Ausdruck der Unentschiedenheit
oder Ungewißheit hinsichtlich einer zu treffenden Entscheidung. In diesem Fall
steht *sollen* in der ersten Person; der Konjunktiv II ist nicht unbedingt erforderlich:

> *Soll[te]* ich einmal zum Arzt gehen? *Soll[t]en* wir noch länger warten?

173 Variante 4 (‚Zukunft in der Vergangenheit'):
In Erzählungen drückt *sollen* (im Präteritum) zuweilen aus, daß ein Ereignis mit
schicksalhafter Notwendigkeit (vgl. 165) zu einem späteren Zeitpunkt eintreten
wird:

> Jenes böse Wort *sollte* ihn später noch gereuen. Wir *sollten* nichts mehr von ihm hören
> und sehen.

Variante 5 („Vermutung, Zweifel'):   174

Besonders in der mündlichen Rede begegnet *sollen* öfter als Ausdruck einer fragenden oder zweifelnden Vermutung. Diese Funktion ist an die Form des Fragesatzes und an den Konjunktiv II gebunden:

> *Sollte* sie ernsthaft krank sein? *Sollte* der Freund ihn belügen?

In Fragen mit einleitendem Fragewort kann auch der Indikativ Präsens stehen:

> Woher *sollte/soll* sie das wissen? Weshalb *sollte/soll* man ihm jetzt eher glauben als damals?

Vgl. auch 156, 159, 163 und 184.

Variante 6 („Bedingung'):   175

In dieser Variante kommt *sollen* (im Konjunktiv II) zusammen mit *wenn, selbst wenn, vorausgesetzt, daß* und *falls, im Falle, daß* sowie *für den Fall, daß* vor:

> Wenn/Falls/Im Falle, daß er wieder einen Anfall erleiden *sollte*, ist sofort der Arzt zu benachrichtigen. Wenn/Falls/Vorausgesetzt, daß morgen mildes Wetter herrschen *sollte*, werden wir den Aufstieg wagen.

Die Form *sollte* kann auch an die Spitze des Satzes treten, wobei die bedingende Konjunktion getilgt wird:

> *Sollte* er wieder einen Anfall erleiden, ist sofort der Arzt zu benachrichtigen. *Sollte* morgen mildes Wetter herrschen, werden wir den Aufstieg wagen.

Andererseits kann aber auch *sollen,* da es in dieser Variante nur den bedingenden Charakter des Konditionalsatzes verstärkt, weggelassen werden:

> Wenn er wieder einen Anfall erleidet, ist sofort der Arzt zu benachrichtigen.

Dies gilt – wenngleich eingeschränkter – grundsätzlich auch für *sollen* in Spitzenstellung:

> Erleidet er wieder einen Anfall, ist sofort der Arzt zu benachrichtigen.

wollen

Variante 1 („Wille, Absicht'):   176

Das Modalverb *wollen* drückt in seiner Hauptbedeutung „Wille, Absicht' aus:

> Die Familie *will* am Samstag einen Ausflug machen. Hanna *will* Peter ein Buch schenken.

Obwohl nur der Mensch über einen Willen im eigentlichen Sinn verfügt, kann bei übertragenem Verständnis auch einem Tier oder sogar einer unbelebten Sache ein Wille zugesprochen werden:

> Wir beobachteten, wie der Habicht den Fuchs angreifen *wollte*. Das Wetter *will* und *will* nicht besser werden. Der Stein *wollte* den Abhang hinunterrollen.

Variante 2 („Behauptung'):   177

In dieser Variante drückt der Sprecher/Schreiber mit *wollen* aus, daß jemand von sich etwas behauptet, was nicht ohne weiteres für wahr zu halten ist (vgl. 171):

> Sie *will* schon dreimal in Amerika gewesen sein. Die Forscher *wollen* den Stein der Weisen gefunden haben. Mein Freund Ewald *will* schneller laufen können als der Landesmeister.

Variante 3:   178

Charakteristisch ist der Gebrauch von *wollen* in der Form des Konjunktivs II im Konditional-, Vergleichs- und Inhaltssatz mit *als/als ob* (vgl. 1331, 1284, 1292):

Wenn wir das Problem in allen Einzelheiten besprechen *wollten,* würden wir dafür einen ganzen Tag benötigen. Es sieht so aus, als *wollte* sie uns verlassen.

Dabei nimmt *wollen* im Konditionalsatz gerne die Spitzenstellung ein, wobei die konditionale Konjunktion *(wenn, falls)* entfällt:

Wollten wir das Problem in allen Einzelheiten besprechen ...

Sowohl im Konditional- als auch im Vergleichs- und Inhaltssatz mit *als/als ob* besitzt *wollte* nur eine geringe Wichtigkeit. Es dient hauptsächlich als Konjunktivanzeiger und kann dementsprechend meistens durch den *würde*-Konjunktiv ersetzt werden:

Würden wir das Problem in allen Einzelheiten besprechen ... Es sieht so aus, als *würde* sie uns verlassen.

179 Variante 4 („Notwendigkeit'):

Um einen übertragenen, bildlichen Gebrauch von *wollen* handelt es sich bei passivischen Ausdrücken wie den folgenden:

Dieses Gerät *will* gut gepflegt werden. So eine Sache *will* vorsichtig behandelt werden. Diese Pflanzen *wollen* viel begossen werden.

Im Unterschied zur Variante 1 haftet *wollen* hier aber nicht mehr die Bedeutung ‚Wille', sondern ‚Notwendigkeit' an, was ein Ersatz mit *müssen* zeigt:

Dieses Gerät *will/muß* gut gepflegt werden. So eine Sache *will/muß* vorsichtig behandelt werden.

180 Variante 5 („Zukunft'):

In Fällen, wo es bei einem Subjekt in der 1. Person *(ich/wir)* um einen Plan oder eine Absichtserklärung geht, konkurriert *wollen* mit dem *werden*-Futur (vgl. 254):

Wir *wollen* (= werden) uns Mühe geben, damit wir das gesteckte Ziel erreichen. Ich *will* keine Zeit darauf verschwenden, Selbstverständliches zu wiederholen.

Allerdings betont der Einsatz von *wollen* das Willensmoment stärker als die *werden*-Fügung.

181 Bei *wollen* in Verbindung mit einem *daß*-Satz (in der Rolle eines Akkusativobjekts) handelt es sich nicht um das Modal-, sondern das Vollverb:[1]

Ich *will,* daß du kommst. Der Bürgermeister *wollte,* daß die Angelegenheit bald erledigt würde.

mögen

182 Variante 1 („Wunsch'):

In der Variante 1 drückt *mögen* aus, daß jemand etwas wünscht:

Sie *möchte* (= wünscht) erst ihre Arbeit beenden, bevor sie Besuch empfängt. Wenn Sie damit einverstanden sind, *möchten* wir uns noch etwas auf die Sitzung vorbereiten.

Das Modalverb tritt hier durchweg in der Form des Konjunktivs II auf, der seiner Funktion nach allerdings ein Indikativ Präsens ist.

Dieses *mögen* unterscheidet sich von *wollen* dadurch, daß *wollen* einen entschiedenen (durchsetzbaren) Willen, *mögen* dagegen nur einen (schwächeren) Wunsch ausdrückt. Im letzteren Fall wirkte *wollen* unangemessen. Also nicht:

Wenn Sie damit einverstanden sind, *wollen* wir uns noch etwas auf die Sitzung vorbereiten.

---

[1] Dieselbe Möglichkeit gibt es sonst nur noch bei *mögen;* vgl. 182.

Kann dagegen von einer Willensbekundung ausgegangen werden, ist der Ersatz von *mögen* durch *wollen* akzeptabel:

> Sie *möchte/will* erst ihre Arbeit beenden, bevor sie Besuch empfängt.

Da hier *mögen* immer die höflichere Form ist, wird es *wollen* bzw. *sollen* (vgl. 176 bzw. 165 ff.) besonders da vorgezogen, wo die Willensbekundung für den Betroffenen etwas Abschlägiges, Unangenehmes o. ä. enthält und abgeschwächt werden soll:

> Ich *möchte* (statt: will) nicht gestört werden. Sagen Sie ihm bitte, er *möchte/möge* (statt solle) draußen auf mich warten.

Dieselbe Höflichkeitsfunktion erfüllen Diskussionsfloskeln wie

> Ich *möchte* betonen, daß ... /*möchte* nicht verhehlen, daß ...

Als Ersatzform, die die Strenge eines Imperativs oder einer *sollen*-(Auf)forderung mildert, dient das höfliche *mögen* auch in den folgenden Beispielen:

> Das Zeichen X *möge* (statt *soll* bzw. *Ich will, daß das Zeichen* ...) „Vorfahrt" bedeuten. Die Zuschauer *mögen* (statt *sollen* bzw. *Verlassen Sie* ...) nach Ende des Spiels sofort die Halle verlassen.

Sehr charakteristisch ist das in Spitzenstellung gebrachte *mögen* im Wunschsatz:

> *Möchten (Mögen)* doch alle eure guten Wünsche in Erfüllung gehen!

Beide Formen können auch in die indirekte Rede übernommen werden:

> Er wünscht[e] ihnen, daß alle ihre guten Wünsche in Erfüllung gehen *möchten/mögen*.

Wie im Fall von *wollen* (vgl. 181) handelt es sich bei den Formen des Konjunktivs II von *mögen* in Verbindung mit einem *daß*-Satz nicht um das Modal-, sondern das Vollverb:

> Ich *möchte* (= wünsche), daß ihr mir glaubt.

Variante 2 („Einräumung'):   183

mögen steht zum Ausdruck einer Einräumung sowohl im Indikativ Präsens und Konjunktiv I als auch im Indikativ Präteritum. Drei Fälle sind zu unterscheiden, je nachdem ob das Modalverb auftritt a) in einem Konzessivsatz mit Konjunktion, b) ohne Konjunktion (aber *mögen* in Spitzenstellung) oder c) in einem Nebensatz anderer Art (z. B. Relativsatz) oder in einem Hauptsatz (im Falle a ist *mögen* zum Ausdruck der Einräumung wegen der konzessiven Konjunktion nicht unbedingt erforderlich):

> a) Auch wenn das Geschrei groß sein *mag*/groß *ist*, halte ich an meinem Plan fest.
> b) *Mögen* sie sich auch noch so sehr anstrengen, sie werden es trotzdem nicht schaffen.
> c) Mehrere Schüler haben die letzte Aufgabe, welche freilich auch die schwerste sein *mochte*, nicht gelöst. Die letzte Aufgabe war schwer, das *mag* stimmen.

Variante 3 („Vermutung, Unsicherheit'):   184

Das Modalverb *mögen* dient auch zum Ausdruck von ‚Vermutung' oder ‚Unsicherheit'. Es veraltet allerdings in dieser Funktion und wirkt darum leicht geziert. Durch Ausdrücke wie *möglicherweise, wahrscheinlich, vermutlich, vielleicht* u. ä. kann es ersetzt werden:

> Er *mag* (= ist vermutlich) nun im besten Mannesalter sein. Das *mochten* (= waren vermutlich) die rohesten Burschen sein, denen er je begegnet war.

Vgl. auch 156, 159, 163 und 174.

185 Variante 4 („Lust, etwas zu tun'):

In dieser Variante wird *mögen* häufig mit *gern* verknüpft:

Ich *mag gern* (= liebe es) ins Kino gehen.

Verneintes *mögen* drückt Abneigung, Widerwillen aus:

Ich *mag nicht* gerne (= habe eine Abneigung dagegen) Fleisch essen.

Als feste Wendungen sind *jmdn. nicht leiden mögen* und *jmdn. gut leiden mögen* zu betrachten.

Der modale Infinitiv[1]

186 Mit den Modalverben konkurrieren die Infinitivkonstruktionen mit *sein* und *haben:*

Durch das Fenster *ist* nichts *zu sehen.* Jedes Mitglied *hat* einen Jahresbeitrag *zu entrichten.*

Ähnlich wie bei den Modalverben lassen sich auch bei diesem modalen Infinitiv verschiedene Funktionsvarianten unterscheiden, die anschließend aufgezählt werden. Dabei kennzeichnen die in Klammern beigefügten modalen Ausdrücke einerseits die Funktion der betreffenden Variante, andererseits zeigen sie an, mit welchem Modalverb sie jeweils konkurriert:

Der modale Infinitiv mit *sein*

187 Variante 1 („können'):

Wesensprobleme *sind* nur mit den Mitteln der Wissenschaft der Ontologie *zu lösen* (P. Bamm).

Mit dieser Variante konkurrieren -*bar*-Ableitungen (vgl. 944) und Konstruktionen mit *sich lassen:*

Wesensprobleme *sind* nur mit den Mitteln der Wissenschaft der Ontologie *lösbar.* Wesensprobleme *lassen sich* nur mit den Mitteln der Wissenschaft der Ontologie *lösen.*

Variante 2 („müssen'):

Nur die Frage des Maßstabs *war* noch *zu klären* (H. Böll).

Variante 3 („nicht müssen, nicht brauchen'):

Davon *ist* in diesen Erinnerungen *nichts zu sagen* (Th. Heuss).

Verneint ist hier – im Unterschied zur sich anschließenden Variante 4 – die ‚müssen'-Variante 2 („Notwendigkeit') des modalen Infinitivs (vgl. *Es ist* nicht notwendig, *davon in diesen Erinnerungen etwas zu sagen*).

Variante 4 („nicht dürfen'):

Ein wütender Straußenhahn *ist* nicht *zu unterschätzen* (B. und M. Grzimek).

Im Unterschied zur vorangehenden Variante 3 ist hier nicht die *müssen*-Variante 2 („Notwendigkeit') des modalen Infinitivs, sondern der angesprochene Sachverhalt verneint (vgl. *Es ist notwendig, einen wütenden Straußenhahn* nicht *zu unterschätzen*).

---

[1] H. Gelhaus: Der modale Infinitiv. Mit einem dokumentarischen Anhang über die im gegenwärtigen Schriftdeutsch gebräuchlichen *bar*-Ableitungen. Tübingen 1977.

Da alle angeführten Modalverbparaphrasen des *sein*-Gefüges einen passivischen (Neben)sinn aufweisen, ist es erklärlich, daß sie zu den Konkurrenzformen des Passivs gezählt werden (vgl. 317,4).

Der modale Infinitiv mit *haben*

Variante 1 („müssen'): 188

> Ich möchte betonen, daß Sie meine Anweisungen *zu befolgen haben.*

Variante 2 („nicht müssen, nicht brauchen'):

> Wir *haben* auch nicht *zu untersuchen,* warum das Epische nirgends zu so großer Blüte gelangte wie in Hellas (E. Staiger).

Verneint ist hier – im Unterschied zur sich anschließenden Variante 3 – die ‚müssen'-Variante 1 („Notwendigkeit') des modalen Infinitivs (vgl. *Es ist* nicht notwendig, *daß wir untersuchen ...*).

Variante 3 („nicht dürfen'):

> Die Polizei *hat* also weder von sich aus noch auf Ersuchen empfindsamer Naturen als Tugendwächter zu fungieren (K. Ullrich).

Im Unterschied zur vorangehenden Variante 2 ist hier nicht die ‚müssen'-Variante 1 („Notwendigkeit') des modalen Infinitivs, sondern der angesprochene Sachverhalt verneint (vgl. *Es ist notwendig, daß die Polizei* nicht *... als Tugendwächter fungiert*).

Die Varianten der *haben*-Konstruktion konkurrieren nicht nur mit bestimmten Modalverben, sondern auch mit den Varianten 2–4 der *sein*-Konstruktion. Man vergleiche:

> Nur die Frage des Maßstabs *war* noch/*hatte* man noch *zu klären.*
> Ich möchte betonen, daß Sie meine Anweisungen *zu befolgen haben*/meine Anweisungen von Ihnen *zu befolgen sind.*

2.1.3 Die Verbindung der Verben mit Wörtern im Satz

Verben mit und ohne Ergänzung[1]

Es gibt Verben, die im Satz ergänzungslos gebraucht werden, und solche, die mit bestimmten Ergänzungen wie Akkusativobjekt oder Präpositionalobjekt auftreten. 189

Verben ohne Ergänzung nennt man a b s o l u t e V e r b e n :

> Peter *schläft.* Susanne *arbeitet.* Der Hahn *kräht.* Der Baum *blüht.* Die Kinder *erkrankten.* Es *regnet.* Es *schneit.*

Verben mit einer oder mehreren Ergänzungen nennt man r e l a t i v e V e r b e n :

> Jens *lobt* seinen Bruder. Die Spieler *danken* dem Trainer. Wir *gedenken* der Toten. Susanne *kümmert sich* um ihren Bruder. Die Äpfel *liegen* im Kühlschrank. Peter *schenkt* seinem Freund ein Buch. Er *beschuldigte* ihn des Diebstahls. Sie *legt* die Tomaten in den Kühlschrank.

Nach der Art der Ergänzungen kann man bestimmte Unterklassen unterscheiden, so Verben mit Akkusativobjekt, mit Dativobjekt, mit Genitivobjekt, Verben 190

---

[1] In der folgenden Darstellung wird dem Subjekt ein Sonderstatus zuerkannt, es wird nicht als Ergänzung mitgezählt. Valenztheoretisch wird dagegen das Subjekt meist als Ergänzung aufgefaßt, so auch im Syntax- und Wortbildungsteil dieser Grammatik (vgl. 1144 ff.).

mit Akkusativ- und Dativobjekt usw. Bestimmte Verben gehören nur einer Verb-
klasse an wie etwa *loben,* das nur mit einem Akkusativobjekt verbunden wird;
demgegenüber ist *beginnen* verschiedenen Verbklassen zuzuordnen *(etw./mit etw.
beginnen).*
Verben mit einem Akkusativobjekt, das bei der Umwandlung ins Passiv zum Subjekt wird *(Der Hund beißt* den Jungen. – Der Junge *wird vom Hund gebissen),*
nennt man t r a n s i t i v (zielend), alle anderen i n t r a n s i t i v (nichtzielend).[1]

Reflexive Verben[2]

191 Reflexive Verben sind solche Verben, die sich mit einem Reflexivpronomen (vgl.
551) als einer obligatorischen oder fakultativen Ergänzung verbinden:

> Ich schäme *mich.* Du beeilst *dich* ja gar nicht. Sie eignet *sich* das Buch an. Wir waschen
> *uns.* Ihr kauft *euch* ein Buch. Er gefällt *sich* sehr. Sie glaubte an *sich.*

Dabei kann das Reflexivpronomen als einzige Ergänzung *(Er fürchtet sich)* oder
als eine unter mehreren auftreten *(Ich entsinne mich des Vorfalls).* Im letzteren
Fall ist Kasusgleichheit nur beim Typ *Er nennt sich Arzt* (vgl. 1180) möglich. Bei
einigen Verben kann über eine Präposition noch ein zweites Reflexivpronomen
angeschlossen werden *(Ich ärgere mich über mich [selbst]).* Im allgemeinen bezieht
sich das Reflexivpronomen auf das Subjekt des gleichen Satzes und stimmt mit
ihm in Person und Numerus überein (zu Ausnahmen vgl. 551, Anm. 2). Ob es im
Akkusativ, Dativ, Genitiv oder einem Präpositionalkasus steht, ist durch die
Valenz des Verbs festgelegt.
Die reflexiven Verben lassen sich auf Grund gewisser syntaktischer und semantischer Merkmale in echte (nur reflexiv gebrauchte) und unechte reflexive Verben
und in reziproke Verben einteilen. Ihrer näheren Erläuterung seien noch einige
Bemerkungen zur Formenbildung vorangestellt.

Besonderheiten der Formenbildung

192 1. Das Perfekt bilden die reflexiven Verben mit *haben* (vgl. 221):

> Ich *habe* mich geschämt. Du *hast* dich ja gar nicht beeilt. Sie *hat* sich das Buch angeeig-
> net.

Dies gilt auch für die reziproken Verben (vgl. 199) mit Akkusativ:

> Peter und Maria *haben* sich verliebt. Die Tarifpartner *haben* sich auf einen neuen Ver-
> trag geeinigt. Sie *haben* sich getroffen.

Dagegen bilden die reziproken Verben mit Dativ das Perfekt teils mit *haben,* teils
mit *sein:*

> Die Zwillinge *haben* sich geglichen wie ein Ei dem anderen. (Aber:) Sie *sind* sich heute
> zum erstenmal begegnet.

2. Das 1. Partizip der reflexiven Verben behält im Gegensatz zum 2. das Reflexivpronomen bei:

---

[1] Obwohl diese Einteilung heute vielfach zugunsten der genaueren nach der Valenz aufgegeben
   wird, erweist sie sich bei der Beschreibung der Passivstrukturen und bestimmter Wortbildungsmuster (z. B. der *-bar-*Bildungen) doch als nützlich.
[2] Dieser Abschnitt verdankt wertvolle Anregungen G. Stötzel: Ausdrucksseite und Inhaltsseite
   der Sprache. Methodenkritische Studien am Beispiel der deutschen Reflexivverben. München
   1970; J. Buscha: Zur Wortklassenbestimmung der Reflexiva in der deutschen Gegenwartssprache. In: Deutsch als Fremdsprache 9 (1972), S. 151–159.

sich freuen: das *sich freuende* Kind (nicht möglich: Das Kind ist *sich freuend.* [Vgl. 329]); sich auflösen: das *sich auflösende* Parlament.

3. Von den reflexiven Verben läßt sich kein Passiv bilden, was inkorrekte Sätze wie *Er wird [sich] geschämt* zeigen. Lediglich in der Umgangssprache werden zur Erzielung einer besonderen kommunikativen Wirkung („energische Aufforderung") Wendungen gebraucht wie *Jetzt wird sich gesetzt (ausgeruht, hingelegt)!* (vgl. dazu auch 316,3).   193

4. Die reflexiven Verben können zwar kein (Zustands)passiv bilden, aber ein Zustandsreflexiv. Der Form nach gleicht es dem Zustandspassiv, da es wie dieses mit dem Partizip Perfekt gebildet ist und das Reflexivpronomen entfällt: 194

Infinitiv	*Zustandsreflexiv*	
sich waschen	gewaschen	
sich verlieben	verliebt	sein
sich verfeinden	verfeindet	
sich verloben	verlobt	

Das Kind *ist gewaschen.* Der Junge *ist verliebt.* Die Brüder *sind verfeindet.* Das Paar *ist verlobt.*

Allerdings ist dieses Zustandsreflexiv nur bei Verben mit akkusativischem Reflexivpronomen möglich; und auch da nicht in allen Fällen, wie die Beispiele *sich schämen, sich freuen, sich fürchten* zeigen.

Obgleich sowohl das Zustandsreflexiv als auch das Zustandspassiv einen Zustand als Ergebnis eines Vorgangs, einer Handlung bezeichnen, hat das Zustandsreflexiv im Unterschied zum Zustandspassiv aktivische und nicht passivische Bedeutung. Demgemäß ist das Zustandspassiv auf einen perfektischen Passivsatz zurückzuführen:

Das Bild ist gemalt. (aus:) Das Bild ist gemalt worden.

das Zustandsreflexiv dagegen auf einen perfektischen Aktivsatz:

Das Paar ist verlobt. (aus:) Das Paar hat sich verlobt.

Die entsprechenden Formen der unechten reflexiven Verben (vgl. 198) können sowohl als Zustandsreflexiv als auch als Zustandspassiv verstanden werden; welche Bedeutung in einem gegebenen Fall vorliegt, entscheidet der Sinnzusammenhang:

Ich bin blamiert. = 1. Ich habe mich blamiert (Zustandsreflexiv). 2. Ich bin blamiert worden (Zustandspassiv).

Dagegen handelt es sich bei den teilreflexiven Verben (vgl. 197) immer um das Zustandspassiv:

Die Wahl ist entschieden. (aus:) Die Wahl ist entschieden worden.

Echte reflexive Verben

Die echten reflexiven Verben zeichnen sich dadurch aus, daß das Reflexivpronomen   195

– notwendig bzw. nicht weglaßbar ist:

Er schämt sich. (Nicht möglich:) Er schämt.

– nicht durch ein anderes Pronomen oder ein Substantiv ersetzt werden kann:

Er schämt sich. (Nicht möglich:) Er schämt ihn/den Nachbarn.

- nicht koordinierbar ist:
  Er schämt sich. (Nicht möglich:) Er schämt sich und den Nachbarn.
- nicht erfragbar ist:
  Er schämt sich. (Nicht möglich:) Wen schämt er?
- nicht negierbar ist:
  Er schämt sich. (Nicht möglich:) Er schämt nicht sich, sondern den Nachbarn.
- bestimmten Stellungsbeschränkungen unterliegt. Es kann zum Beispiel nicht die Spitzenstellung einnehmen:
  Er schämt sich. (Nicht möglich:) Sich schämt er.

Auf Grund dieser Merkmale fehlt dem Reflexivpronomen der echten reflexiven Verben der Stellenwert eines selbständigen Satzgliedes bzw. einer durch die Valenz des Verbs geforderten Ergänzung (vgl. 189f. 1145ff.). Es muß als zwar notwendiger, aber inhaltlich leerer Bestandteil des Verbs (Prädikats) verstanden werden und erhöht dessen Valenz nicht. Damit verhalten sich die echten reflexiven Verben wie absolute (vgl. 189), durch die sie sich auch mehr oder weniger gut ersetzen lassen.

> Sie beeilt sich. – Sie eilt/hastet.
> Ein Unglück ereignet sich. – Ein Unglück geschieht.

Die echten reflexiven Verben lassen sich in zwei Teilgruppen untergliedern, die nur reflexiven und die teilreflexiven Verben.

Nur reflexive Verben

196 Nur reflexive Verben sind solche, die ausschließlich als echte reflexive Verben vorkommen:

> (Mit dem Reflexivpronomen im Akkusativ:) Ich kenne *mich* hier gut aus. Sie beeilte *sich.* Sie bemächtigten *sich* seines Geldes. Ich kann *mich* nicht entschließen. Wir müssen *uns* noch gedulden. Ich sehne *mich* nach ihr. Sie haben *sich* verirrt.

> (Mit dem Reflexivpronomen im Dativ:) Ich eigne *mir* diese Kenntnisse an. Was maßt du *dir* eigentlich an? Das möchte ich *mir* verbitten.

> (Schwankender Gebrauch:) Ich getraue *mich*/(selten:) *mir* nicht, das zu tun. Ich tue *mich*/(selten:) *mir* schwer, das zu begreifen.

Teilreflexive Verben

197 Teilreflexive Verben sind solche, die in einer Bedeutung als echte reflexive Verben vorkommen, in einer anderen als nicht reflexive. Hierher gehören zum Beispiel

> sich ängstigen ,Angst empfinden'/jmdn. ängstigen ,in Angst versetzen'; sich ärgern ,Ärger empfinden'/jmdn. ärgern ,in Ärger versetzen'; sich aufhalten ,weilen, wohnen'/jmdn., etw. aufhalten ,hindern'; sich entscheiden, ,wählen'/etw. entscheiden ,bestimmen'; sich schicken ,schicklich sein'/jmdn., etw. schicken ,senden'; sich verlassen ,vertrauen'/jmdn. verlassen ,weggehen'.

Unechte reflexive Verben

198 Die unechten reflexiven Verben unterscheiden sich von den echten in folgenden Punkten:
1. Sie werden sowohl reflexiv als auch nicht reflexiv gebraucht, und zwar ohne daß die Bedeutung sich ändert:

> Sie wäscht *sich.* – Sie wäscht *das Kind.*

2. Das Reflexivpronomen hat den Stellenwert eines selbständigen Satzgliedes bzw. einer durch die Valenz des Verbs geforderten Ergänzung. Es kann nämlich
- gegebenenfalls weggelassen werden:
  Sie wäscht *sich*. – Sie wäscht.
- durch ein anderes Pronomen oder ein Substantiv ersetzt werden:
  Sie wäscht *sich*. – Sie wäscht *ihn/ihren Jungen*.
- mit einem anderen Pronomen oder Substantiv koordiniert werden:
  Sie wäscht *sich*. – Sie wäscht *sich und ihn/ihren Jungen*.
- erfragt werden:
  Sie wäscht *sich*. – Wen wäscht sie? – Sich.
- negiert werden:
  Sie wäscht *sich*. – Sie wäscht *nicht sich*, sondern ihr Kind.
- an die Spitze des Satzes gestellt werden:
  Sie wäscht *sich*. – *Sich* wäscht sie.

3. Das Reflexivpronomen kann mit *selbst* gekoppelt werden:
Sie wäscht *sich*. – Sie wäscht *sich selbst*.

4. Das Reflexivpronomen ist nicht inhaltlich leer: Insofern durch seine Verwendung im Satz Handlungsträger und -objekt gleichgesetzt werden, schafft es tatsächlich ein reflexives, „rückbezügliches" Verhältnis zwischen Subjekt und Objekt.

Wie bei den echten reflexiven Verben kann auch bei den unechten das Reflexivpronomen im Akkusativ, Dativ, Genitiv oder in einem Präpositionalkasus stehen:

> (im Akkusativ:) Ich klage *mich* an, beschuldige *mich*, verletze *mich*; (im Dativ:) Ich denke, erlaube, verschaffe *mir* etw.; (im Genitiv:) Damit spottet er *seiner* selbst. Ich bin *meiner* nicht ganz sicher. (In einem Präpositionalkasus:) Ich achte *auf mich*, weise etw. *von mir*, zweifle *an mir*.

Absolute Verben (vgl. 189) können nicht reflexiv gebraucht werden (nicht: *Ich schlafe mich. Es blitzt sich* usw.).

Reziproke Verben

Bei den reziproken Verben hat das Reflexivpronomen eine andere Funktion als   199
bei den echten und unechten reflexiven Verben, wie der Satz

> Peter und Maria lieben sich.

zeigt. Seinen Inhalt kann man mit ‚Peter liebt Maria, und Maria liebt Peter' wiedergeben. Das Reflexivpronomen stiftet hier kein „rückbezügliches", sondern ein „wechselbezügliches" Verhältnis.

Zum Ausdruck dieses reziproken Verhältnisses stehen – außer *einander* (vgl. 553) – im allgemeinen nur die Pluralformen *uns, euch* und *sich* des Reflexivpronomens zur Verfügung:

> Wir lieben *uns*. Ihr liebt *euch*. Sie lieben *sich*.

Nur in gewissen Fällen kann ein reziprokes Verhältnis auch singularisch ausgedrückt werden; dann ist aber im allgemeinen neben dem Reflexivpronomen noch ein Präpositionalgefüge (mit *mit*) erforderlich:

> Er streitet sich *mit ihr*.

Ähnlich wie bei den reflexiven Verben im engeren Sinn unterscheidet man nur reziproke, teilreziproke und reziprok gebrauchte Verben.

Nur reziproke Verben

200 Nur reziproke Verben sind solche, die im Plural ausschließlich reziprok gebraucht werden. Dazu gehören etwa:

> sich anfreunden, sich einigen, sich überwerfen, sich verbrüdern, sich verfeinden, sich verkrachen.
> Die beiden Brüder verfeindeten sich. Die Tarifpartner einigen sich auf einen neuen Vertrag.

Teilreziproke Verben

201 Teilreziproke Verben sind solche, die im Plural nur in einer bestimmten Bedeutungsvariante reziprok gebraucht werden, in einer anderen dagegen nicht reziprok; vgl. etwa *sich aussprechen* ‚ein klärendes Gespräch miteinander führen'/ *aussprechen* ‚in Lauten wiedergeben' und *sich vertragen* ‚in Eintracht mit jmdm. leben'/*vertragen* ‚aushalten, ohne Schaden zu nehmen'.

Reziprok gebrauchte Verben

202 Reziprok gebrauchte Verben sind solche, die ohne Bedeutungsunterschied sowohl reziprok als auch nicht reziprok gebraucht werden; vgl. etwa

> sich ähneln/jmdm. ähneln, sich begrüßen/jmdn. begrüßen; sich belügen, sich gleichen, sich hassen, sich lieben, sich vertrauen.

In all diesen Fällen können die Reflexivpronomen *uns, euch, sich* durch *einander* (vgl. 553) ersetzt werden:

> Sie begrüßen *sich/einander*. Die Zwillinge gleichen *sich/einander*. Die Geschwister helfen *sich/einander*.

Besondere Reflexivkonstruktionen

203 1. Die Konstruktion *sich lassen* + Infinitiv gilt als eine Konkurrenzform des Modalverbs *können* (vgl. 154 ff.), des modalen Infinitivs (vgl. 186) und des Passivs (vgl. 317,3):

> Unsere Ware *läßt sich* schlecht *verkaufen* (= Unsere Ware kann schlecht verkauft werden/ist schlecht zu verkaufen). Die Schrift *läßt sich* leicht (schwer/gut/schlecht usw.) *lesen* (= Die Schrift kann leicht gelesen werden/ist leicht zu lesen). Die Tür *läßt sich öffnen* (= Die Tür kann geöffnet werden/ist zu öffnen)!

Die Konstruktionen mit einem qualifizierenden *gut, leicht, schwer* usw. können auch um *lassen* verkürzt werden:

> Unsere Ware läßt sich schlecht verkaufen. – Unsere Ware verkauft sich schlecht. Die Schrift läßt sich leicht lesen. – Die Schrift liest sich leicht.

2. Auch folgende Reflexivkonstruktionen lassen sich als Passivvarianten (vgl. 317,6) deuten:

> Die Tür öffnet sich (= wird geöffnet). Das Tor schließt sich (= wird geschlossen). Die Situation klärt sich (= wird geklärt).

Wie bei den echten reflexiven Verben ist das Reflexivpronomen hier eigentlich inhaltlich leerer Verbbestandteil ohne wirklich „rückbezügliche" Funktion. Der Konstruktionstyp steht, indem er das sachlich-logische Objekt in die Subjektposition und damit in den Blickpunkt rückt und das Agens verschweigt, im Dienst einer bestimmten Mitteilungsperspektive.

3. Um eine Ausdrucksvariante von *können* (vgl. 154 ff.) handelt es sich bei folgenden Reflexivkonstruktionen:

In Turnschuhen *läuft es sich* leicht (= kann man leicht laufen). Auf diesem Stuhl *sitzt es sich* bequem (= kann man bequem sitzen). Mit diesem Bleistift *schreibt es sich* schlecht (= kann man schlecht schreiben).

Mit solchen Sätzen urteilt man darüber, ob einem der Umgang mit einer Sache leicht, schwer usw. fällt.

4. Bestimmte Verben können ohne Bedeutungsänderung sowohl reflexiv als auch nicht reflexiv gebraucht werden:

Er irrt [sich]. Sie ruht [sich] aus. Er schleicht [sich] davon. Warum duschst du [dich] nicht? Sie flüchten [sich] in die Berge.

Persönliche und unpersönliche Verben

Ob ein Verb persönlich oder unpersönlich zu nennen ist, richtet sich danach, mit welchen Personalpronomen (bzw. Substantiven) in Subjektposition es verbunden werden kann. 204

Persönliche Verben (Personalia) nennt man die Verben, die in allen drei Personen (*ich, du, er* usw.) gebraucht und in der 3. Person mit entsprechenden Substantiven verbunden werden können:

ich laufe, du läufst, er/der Vater, sie/die Mutter, es/das Kind läuft; wir laufen, ihr lauft, sie/die Kinder laufen.

Persönliche Verben nennt man auch die Verben, die zwar nur in der 3. Person gebraucht, dabei aber mit *er, sie* (Sing. u. Plur.), *es* oder mit entsprechenden Substantiven verbunden werden können:

er/der Baum, sie/die Linde, es/das Bäumchen blüht, sie/die Bäume blühen; er/der Frosch laicht, sie/die Frösche laichen.

Unpersönliche Verben (Impersonalia) nennt man die Verben, die im allgemeinen mit *es* verbunden werden:

Es regnet, schneit, hagelt, taut, dämmert.

Da – wie die folgenden Beispiele zeigen – das *es* verschoben und in einigen Fällen auch mit inhaltlich passenden Substantiven ausgetauscht werden kann, wird es als Subjekt (besonderer Art) anerkannt (vgl. 1082 b; 1152):

Es regnet heute. – Heute regnet *es.* – *Die Wolke* regnet. – *Regen* regnet auf das Dach. *Es* taut. – *Das Eis/Der Schnee* taut. *Es/Der Morgen* dämmert.

Funktionsverben[1]

Verben wie *bringen, kommen, geben, machen* nennt man Funktionsverben, wenn sie z. B. in folgenden Verbindungen auftreten: 205

---

[1] Vgl. B. Engelen: Zum System der Funktionsverbgefüge. In: Wirkendes Wort 18 (1968), S. 289–303; H. J. Heringer: Die Opposition von *kommen* und *bringen* als Funktionsverben. Düsseldorf 1968; W. Herrlitz: Funktionsverbgefüge vom Typ *in Erfahrung bringen.* Tübingen 1973; P. v. Polenz: Funktionsverben im heutigen Deutsch. Sprache in der rationalisierten Welt. Düsseldorf 1963; Ders.: Funktionsverben, Funktionsverbgefüge und Verwandtes. Vorschläge zur satzsemantischen Lexikographie. In: Zeitschrift für Germanistische Linguistik 15.2 (1987), S. 169 ff.

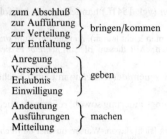

zum Abschluß
zur Aufführung
zur Verteilung   } bringen/kommen
zur Entfaltung

Anregung
Versprechen
Erlaubnis   } geben
Einwilligung

Andeutung
Ausführungen   } machen
Mitteilung

Funktionsverben sind den Hilfsverben insofern verwandt, als sie das Prädikat nicht allein, sondern nur in Verbindung mit anderen sprachlichen Elementen (Akkusativobjekt oder Präpositionalgruppe) bilden können. Das Funktionsverb hat durchweg nur grammatische Funktion: Es trägt zwar alle Merkmale des Finitums (Tempus, Modus, Genus, Person, Numerus), hat aber seine Wortbedeutung mehr oder weniger verloren; als Hauptsinnträger des Prädikats dient das Akkusativobjekt bzw. die Präpositionalgruppe. In vielen Fällen kann deshalb das Funktionsverb gegen ein einfaches, dem Akkusativ bzw. dem Substantiv der Präpositionalgruppe etymologisch verwandtes Vollverb ausgetauscht werden:

> Erlaubnis geben/erlauben, in Ordnung bringen/ordnen, eine Mitteilung machen/mitteilen, in Wegfall kommen/wegfallen.

In syntaktischer Hinsicht ist wichtig, daß Funktionsverbgefüge vielfach nicht ins Passiv gesetzt werden können:

> Die Besprechung nahm einen unguten Verlauf. (Nicht:) Ein unguter Verlauf wurde von der Besprechung genommen.

Namentlich für die Funktionsverbgefüge mit Präpositionalgruppe gilt, daß deren Negation *nicht* und nicht *kein* lautet.

> Man brachte die Sache *nicht* in Ordnung. (Nicht:) Man brachte die Sache in *keine* Ordnung.

und daß ihr Substantiv in der Regel nicht erfragt werden kann:

> Man brachte die Sache in Ordnung. (Nicht:) *Wohin* brachte man die Sache?

Zur Vermeidung eines mit Substantiven überladenen, schwerverständlichen Stils sollte man sich immer überlegen, ob statt eines Funktionsverbgefüges nicht ein einfaches Vollverb gewählt werden kann. Allerdings ermöglichen die Funktionsverbgefüge oft differenziertere Aussagen und leisten vor allem gute Dienste, wenn bestimmte Aktionsarten gekennzeichnet werden sollen (vgl. etwa *zum Stehen kommen* gegenüber *stehen*).

2.2 Die Bildung der Verbformen

2.2.1 Verbale Kategorien

206   Ein voll ausgeführter Satz des Deutschen enthält in aller Regel ein nach Person, Numerus, Tempus und Modus bestimmtes Verb (Finitum):

> Vera *sucht* das Buch.

Die finite Form *sucht* ist aber nur eine von vielen Formen, die das Verb *suchen* annehmen kann und die sich nach ihrer Gestalt und Bedeutung (Funktion) mit Hilfe der Kategorien

- Tempus („Zeit")
- Genus verbi („Handlungsform")
- Modus („Aussageweise")
- Person
- Numerus („Zahl")

ordnen lassen. Dabei ist jede dieser Kategorien verschiedener Ausprägung fähig: So wird beim Tempus zwischen Präsens, Präteritum, Futur I, Perfekt, Plusquamperfekt und Futur II unterschieden, beim Genus zwischen Aktiv und Passiv (Vorgangs- und Zustandspassiv), beim Modus zwischen Indikativ, Konjunktiv I und II und Imperativ, bei der Person zwischen 1., 2. und 3. Person und beim Numerus schließlich zwischen Singular (Einzahl) und Plural (Mehrzahl). Auf diese Weise wird eine bestimmte Verbform nicht nur durch ein einziges Merkmal, sondern durch ein ganzes Bündel von Merkmalen gekennzeichnet:

	Person:	3. Pers.
	Numerus:	Singular
sucht	Modus:	Indikativ
	Tempus:	Präsens
	Genus:	Aktiv

Eine Erweiterung erfährt dieses Kategoriensystem dadurch, daß es außer den finiten Formen (einschließlich des Imperativs) noch fünf infinite Formen gibt, nämlich Infinitiv Präsens, Infinitiv Futur und Infinitiv Perfekt und Partizip Präsens (1. Partizip) und Partizip Perfekt (2. Partizip). Obwohl keineswegs alle Verben nach ein und demselben Schema konjugiert werden, lassen sie sich aufs Ganze gesehen doch zwei großen Konjugationsklassen zuordnen, der regelmäßigen und der unregelmäßigen Konjugation.[1]

2.2.2 Die regelmäßige Konjugation

Die meisten Verben gehören der Klasse der regelmäßigen („schwachen") Verben an.

207

---

[1] Die ältere Grammatik unterschied in Anlehnung an Jakob Grimm zwischen „starken" und „schwachen" Verben. Weil diese Klassifizierung nicht befriedigen konnte, wurden von Fall zu Fall weitere Klassen gebildet, etwa „Verben mit Mischformen" und „unregelmäßige Verben". Diese genaueren Einteilungen sind nun aber auch nicht sachgemäß – vor allem für den Deutschlernenden – wenig hilfreich oder sogar irreführend. Daher unterscheidet diese Grammatik nur noch regelmäßige und unregelmäßige Verben. Das ist damit zu begründen, daß die weitaus meisten Verben nach dem Muster der regelmäßigen Konjugation konjugiert werden und daß sich der Bestand der regelmäßigen Verben noch vermehrt, indem alte „starke" Verben immer häufiger und Neubildungen stets regelmäßig konjugiert werden (vgl. 226 und 243). Demgegenüber stellen die unregelmäßigen Verben ihrer Zahl nach nur eine kleine Minderheit dar. Allerdings fällt ihnen ein erhebliches Gewicht dadurch zu, daß sie in der Sprachverwendung – und zwar sowohl in der gesprochenen als auch in der geschriebenen Sprache – unverhältnismäßig oft gebraucht werden. So gesehen, gehören sie zum unentbehrlichen Kernbestand des sprachlichen Systems. Da sie nicht – wie die regelmäßigen Verben – eine einheitliche Gruppe bilden, werden sie in mehrere Untergruppen aufgeteilt (vgl. 226 ff.). Formal besteht der Hauptunterschied zwischen regelmäßigen und unregelmäßigen Verben darin, daß die regelmäßigen das Präteritum mit *t*-Erweiterung und das 2. Partizip auf -*(e)t* bilden (ich *liebe/ lieb-t-e/habe gelieb-t*; vgl. 212 ff., 228), während die unregelmäßigen andere Mittel zur Bildung ihrer Stammformen benutzen (in der Hauptgruppe vor allem den Ablaut; vgl. 226 ff.).

Konjugationsmuster

208 **Genus verbi: Aktiv**

Temp.	Num.	Pers.	Indikativ	Konjunktiv I	Konjunktiv II
Präs.	Singular	1.	ich lieb-e	ich lieb-e	
		2.	du lieb-st	du lieb-est	
		3.	er ⎫ sie ⎬ lieb-t es ⎭	er ⎫ sie ⎬ lieb-e es ⎭	
	Plural	1.	wir lieb-en	wir lieb-en	
		2.	ihr lieb-t	ihr lieb-et	
		3.	sie lieb-en	sie lieb-en	
Prät.	Singular	1.	ich lieb-t-e		ich lieb-t-e
		2.	du lieb-t-est		du lieb-t-est
		3.	er ⎫ sie ⎬ lieb-t-e es ⎭		er ⎫ sie ⎬ lieb-t-e es ⎭
	Plural	1.	wir lieb-t-en		wir lieb-t-en
		2.	ihr lieb-t-et		ihr lieb-t-et
		3.	sie lieb-t-en		sie lieb-t-en
Fut. I	Singular	1.	ich werde ⎫	ich werde ⎫	ich würde ⎫
		2.	du wirst ⎪	du werdest ⎪	du würdest ⎪
		3.	er ⎫ ⎪ sie ⎬ wird ⎬ lieben es ⎭ ⎪	er ⎫ ⎪ sie ⎬ werde ⎬ lieben es ⎭ ⎪	er ⎫ ⎪ sie ⎬ würde ⎬ lieben es ⎭ ⎪
	Plural	1.	wir werden ⎪	wir werden ⎪	wir würden ⎪
		2.	ihr werdet ⎪	ihr werdet ⎪	ihr würdet ⎪
		3.	sie werden ⎭	sie werden ⎭	sie würden ⎭
Perf.	Singular	1.	ich habe ⎫	ich habe ⎫	
		2.	du hast ⎪	du habest ⎪	
		3.	er ⎫ ⎪ sie ⎬ hat ⎬ geliebt es ⎭ ⎪	er ⎫ ⎪ sie ⎬ habe ⎬ geliebt es ⎭ ⎪	
	Plural	1.	wir haben ⎪	wir haben ⎪	
		2.	ihr habt ⎪	ihr habet ⎪	
		3.	sie haben ⎭	sie haben ⎭	
Plusq.	Singular	1.	ich hatte ⎫		ich hätte ⎫
		2.	du hattest ⎪		du hättest ⎪
		3.	er ⎫ ⎪ sie ⎬ hatte ⎬ geliebt es ⎭ ⎪		er ⎫ ⎪ sie ⎬ hätte ⎬ geliebt es ⎭ ⎪
	Plural	1.	wir hatten ⎪		wir hätten ⎪
		2.	ihr hattet ⎪		ihr hättet ⎪
		3.	sie hatten ⎭		sie hätten ⎭
Fut. II	Singular	1.	ich werde ⎫	ich werde ⎫	ich würde ⎫
		2.	du wirst ⎪	du werdest ⎪	du würdest ⎪
		3.	er ⎫ ⎪ geliebt sie ⎬ wird ⎬ haben es ⎭ ⎪	er ⎫ ⎪ geliebt sie ⎬ werde ⎬ haben es ⎭ ⎪	er ⎫ ⎪ geliebt sie ⎬ würde ⎬ haben es ⎭ ⎪
	Plural	1.	wir werden ⎪	wir werden ⎪	wir würden ⎪
		2.	ihr werdet ⎪	ihr werdet ⎪	ihr würdet ⎪
		3.	sie werden ⎭	sie werden ⎭	sie würden ⎭

Infinitiv	Präsens	lieb-en
	Futur I	lieben werden
	Perfekt	geliebt haben/(gesegelt sein)
	Futur II	geliebt haben werden/(gesegelt sein werden)

Partizip	Präsens (1. Partizip)	lieb-end
	Perfekt (2. Partizip)	ge-lieb-t

Imperativ	Singular	lieb-e!
	Plural	lieb-t!

Genus verbi: Passiv[1]

Vorgangs- oder *werden*-Passiv   209

Tempus	Indikativ	Konjunktiv I	Konjunktiv II
Präsens	er sie } wird geliebt es	er sie } werde geliebt es	
Präteritum	er sie } wurde geliebt es		er sie } würde geliebt es
Futur I	er sie } wird geliebt es } werden	er sie } werde geliebt es } werden	er sie } würde geliebt es } werden
Perfekt	er sie } ist geliebt es } worden	er sie } sei geliebt es } worden	
Plusquam- perfekt	er sie } war geliebt es } worden		er sie } wäre geliebt es } worden
Futur II	er sie } wird geliebt es } worden sein	er sie } werde geliebt es } worden sein	er sie } würde geliebt es } worden sein

---

[1] Da das Passiv nach eindeutigen und schnell erkennbaren Regeln gebildet wird (vgl. 308 ff.), genügt ein vereinfachtes Muster, das nur die 3. Person Singular aufführt.

Infinitiv	Präsens	geliebt werden
	Perfekt	geliebt worden sein

Imperativ	Singular	werde geliebt!
	Plural	werdet geliebt!

210 Zustands- oder *sein*-Passiv

Tempus	Indikativ	Konjunktiv I	Konjunktiv II
Präsens	er sie } ist verzaubert es	er sie } sei verzaubert es	
Präteritum	er sie } war verzaubert es		er } wäre sie } verzaubert es
Futur I	er } wird sie } verzaubert es } sein	er } werde sie } verzaubert es } sein	er } würde sie } verzaubert sein es
Perfekt	er } ist sie } verzaubert es } gewesen	er } sei sie } verzaubert es } gewesen	
Plusquam- perfekt	er } war sie } verzaubert es } gewesen		er } wäre sie } verzaubert es } gewesen
Futur II	er } wird sie } verzaubert es } gewesen sein	er } werde sie } verzaubert es } gewesen sein	er } würde sie } verzaubert es } gewesen sein

Infinitiv	Präsens	verzaubert/geöffn-e-t sein
	Perfekt	verzaubert/geöffn-e-t gewesen sein

Imperativ	Singular	sei verzaubert!
	Plural	seid verzaubert!

Die Mittel der Formenbildung

211 Den Wortstamm, an dem sich die Formenbildung des Verbs vollzieht, erhält man durch die Kürzung des Infinitivs um seine Endung -*[e]n:*

fahren: **fahr-**, wohnen: **wohn-**, häkeln: **häkel-**, klappern: **klapper-**.

Unter dem Stammvokal eines Verbs versteht man den tontragenden Vokal des Stammes, also [a:] in *fahren,* [o:] in *wohnen,* [ɛ:] in *häkeln* und [a] in *klappern.*

Die Endungen

Zwei Formen wie *(ich) lieb-e* und *(du) lieb-st* unterscheiden sich dadurch, daß an 212
den Stamm *lieb-* des Verbs *lieben* verschiedene Endungen treten. Im ganzen sind
es 13 Endungen, die sich auf die einzelnen Verbformen folgendermaßen verteilen:

Numerus	Person	Präsens		Präteritum	
		Indikativ	Konjunktiv I	Indikativ	Konjunktiv II
Singular	1.	-e	-e	-[e]t-e	
	2.	-[e]st	-est	-[e]t-est	
	3.	-[e]t	-e	-[e]t-e	
Plural	1.	-en	-en	-[e]t-en	
	2.	-[e]t	-et	-[e]t-et	
	3.	-en	-en	-[e]t-en	

Die Endungen der infiniten Formen sind
– für den Infinitiv: *-[e]n*
– für das 1. Partizip: *-[e]nd*
– für das 2. Partizip: *-[e]t*[1].

Die Endung des Imperativs ist *-e* bzw. *-[e]t*.
Da sich diese 13 Endungen auf 29 Formen verteilen, müssen von diesen zwangsläufig einige gleich lauten. So unterscheidet sich beispielsweise im Präteritum der
Konjunktiv nicht vom Indikativ, und im Präsens sind die 1. Pers. Sing. und die 1.
und 3. Pers. Plur. im Indikativ und Konjunktiv gleich (bei den Verben mit *e*-Er-
weiterung [vgl. 216 f.] auch noch die 2. Pers. Sing. und Plur., so daß sich lediglich
die Indikativ- und Konjunktivformen der 3. Pers. Sing. durch ihre Endungen unterscheiden). Innerhalb des Indikativs Präsens sind die 1. und 3. Pers. Plur. gleich
(in Fällen mit *e*-Erweiterung [vgl. 216 f.] auch die 3. Pers. Sing. und die 2. Pers.
Plur.), und beim Konjunktiv Präsens unterscheiden sich 1. und 3. Pers. Sing. bzw.
1. und 3. Pers. Plur. nicht. Ähnliche Verhältnisse treffen wir innerhalb des Indikativs und Konjunktivs Präteritum an.
Die Erscheinung, daß sich verschiedene Formen hinsichtlich ihrer Gestalt nicht 213
unterscheiden, nennt man Formenzusammenfall. Er ist an sich geeignet, das
Funktionieren des Systems zu beeinträchtigen (vgl. etwa den Konjunktivgebrauch unter 299), wirkt sich aber im ganzen gesehen deshalb nicht nachteilig
aus, weil andere Mittel der Unterscheidung zur Verfügung stehen (vor allem
Pronomen [und Substantive], die in Person und Numerus mit den Verbformen
kongruieren [vgl. 1239 f.], dann auch Ersatzformen und schließlich lexikalische
und syntaktische Mittel).

Das Präfix *ge-*

Das 2. Partizip, auch Perfektpartizip oder 2. Mittelwort genannt, wird als einzige 214
Form nicht nur durch eine Endung, sondern auch durch das Präfix *ge-* gekennzeichnet: *ge-liebt*. (Einige Verbgruppen sind jedoch von dieser Regel ausgenommen oder zeigen Besonderheiten; vgl. 330.)

---

1   Zu dem an der Bildung des 2. Partizips mitbeteiligten Präfix *ge-* vgl. 214.

Die *t*-Erweiterung

215 Die Endungen des Präteritums sind von denen des Präsens eindeutig geschieden, und zwar durch das die Endung erweiternde *t*. Diese *t*-Erweiterung ist das eigentliche Klassenmerkmal der regelmäßigen Verben. Darin und in der Bildung des 2. Partizips (vgl. 212 ff., 228) unterscheiden sie sich von der Hauptgruppe der unregelmäßigen Verben, den Verben mit Ablaut („starke" Verben; vgl. 226 ff.).

Die *e*-Erweiterung

216 Bei bestimmten Verben werden die 2. und 3. Pers. Sing. und die 2. Pers. Plur. Präs. Ind. und der Imperativ Plur. mit einem *e* erweitert; das gleiche geschieht bei allen Formen des Präteritums und beim 2. Partizip. Diese *e*-Erweiterung richtet sich nach folgender Regel: Alle Verben, deren Stamm auf Dental *(d* oder *t)* oder nasalische Doppelkonsonanz (Verschluß- oder Reibelaut + *m/n*) endet, erweitern mit *e*.

Beispiele für Dentalstamm:

> du gründ-e-st, er/ihr gründ-e-t; gründ-e-t!; er gründ-e-te; gegründ-e-t,
> du red-e-st, er/ihr red-e-t; red-e-t!; er red-e-te; gered-e-t,
> du bett-e-st, er/ihr bett-e-t; bett-e-t!; er bett-e-te; gebett-e-t,
> du rett-e-st, er/ihr rett-e-t; rett-e-t!; er rett-e-te; gerett-e-t.

Beispiele für nasalische Doppelkonsonanz:

> du atm-e-st, er/ihr atm-e-t; atm-e-t!; er atm-e-te; geatm-e-t,
> du widm-e-st, er/ihr widm-e-t; widm-e-t!; er widm-e-te; gewidm-e-t,
> du rechn-e-st, er/ihr rechn-e-t; rechn-e-t!; er rechn-e-te; gerechn-e-t,
> du wappn-e-st, er/ihr wappn-e-t; wappn-e-t!; er wappn-e-te; gewappn-e-t.

Bei der zweiten Gruppe findet die *e*-Erweiterung nicht statt, wenn dem Nasal *r* oder *l* vorausgeht:

> du lernst (nicht: lern*e*st), er lärmt (nicht: lärm*e*t), sie qualmte (nicht: qualm*e*te), lernt! (nicht: lern*e*t!).

217 Einen Sonderfall stellen die Verben dar, deren Stamm auf *s, ß, sch, x* oder *z* endet: Zwar ist es auch hier möglich, die betreffenden Indikativformen des Präsens (nicht aber die des Präteritums und des 2. Partizips) mit *e* zu erweitern *(du ras-e-st, er/ihr ras-e-t),* diese Erweiterungen gelten aber als veraltet, poetisch oder geziert:

> Wenn du der Stunde dienst, beherrsch*e*st du die Zeit (Rückert).

In der Regel unterbleibt deshalb die *e*-Erweiterung, was zur Folge hat, daß *s, ß, x* und *z* mit der Endung -*st* zu den Kurzformen -*st, -ßt, -xt* und -*zt* verschmelzen:[1]

> du rast; du reißt; du feixt; du hetzt; du wachst (‚Wachs auftragen').

Gelegentlich ist die *e*-Erweiterung über die genannten Regelfälle hinaus anzutreffen, besonders in Imperativformen der Bibel. Sie gilt dann als veraltet oder dichterisch:[2]

> Seid fruchtbar und mehr*et* euch, und füll*et* die Erde und mach*et* sie euch untertan ... (1. Mose 1, 28)!

---

[1] Nach *sch* ist dagegen diese *s*-Verschmelzung nicht üblich (vgl. *du naschst, du herrschst* und nicht: *du nascht, du herrscht*).

[2] In Österreich werden die Formen mit *e* zuweilen heute noch verwendet (*Kauft Wiefler-Wäsche! Lernet Autofahren!;* vgl. H. Rizzo-Baur: Die Besonderheiten der deutschen Schriftsprache in Österreich und in Südtirol. Mannheim 1962, S. 104).

Die *e*-Tilgung

In bestimmten Fällen kann ein *e* auch getilgt werden: 218

1. Verben mit dem (erweiterten) Stamm auf *-[e]l-* und *-er-*[1] werfen im Infinitiv, im Indikativ Präsens bei der 1. und 3. Pers. Plur. und im Konjunktiv I bei der 1. und 3. Pers. Plur. und der 2. Pers. Sing. und Plur. das Endungs-*e* jeweils aus:

(Inf.:) sammel-n, änder-n; (Ind./Konj. Präs.:) wir/sie sammel-n; (Konj. Präs.:) du sammel-st, ihr sammel-t.

2. Das *e* der Endung *-en* kann nach Vokal oder *h* beim Infinitiv und in der 1. und 3. Pers. Plur. im Indikativ des Präsens und Präteritums und im Konjunktiv I und II ausfallen (synkopiert werden); dies geschieht vor allem in der Literatur aus vers- und satzrhythmischen Gründen und in der (gesprochenen) Umgangssprache:

freun statt *freuen; flehn* statt *flehen;* (ablautende Verben [vgl. 226 ff.]:) *schrein* statt *schrei-en, schrien* statt *schrie-en, fliehn* statt *flieh-en, flohn* statt *floh-en.*

Nur synkopiert gebräuchlich ist *knien.*

3. Das *e* am Ende einer Verbform kann in der Literatur aus vers- und satzrhythmischen Gründen und in der (gesprochenen) Umgangssprache – besonders in der 1. Pers. Sing. Präs. – weggelassen (apokopiert) werden (und zwar bei allen Verben, also auch den unregelmäßig konjugierten [vgl. 226 ff.]). In der Schrift wird das unterdrückte *e* gewöhnlich durch einen Apostroph angezeigt:

Ich lauf' mal zum Bäcker. Ich leg' mich jetzt hin. Ich wohn' auf dem Land. Ich hab' kein Geld (1. Pers. Sing. Präs.). Ich dacht', mich tritt ein Pferd (1. Pers. Sing. Prät.). Sie konnt' sich nicht satt sehen (3. Pers. Sing. Prät.). Behüt' dich Gott! (3. Pers. Sing. Konj. I). Es war, als ging' ein Engel durch den Raum (3. Pers. Sing. Konj. II).

Einfache und zusammengesetzte Formen

Das hervorstechendste Merkmal nicht nur des regelmäßigen, sondern des verbalen Formensystems überhaupt ist, daß die Formen teils einfach, d. h. nur mit Hilfe 219 von Endungen und des Präfixes *ge-,* teils durch Zusammensetzung gebildet werden. Man spricht von einfachen (synthetischen) und zusammengesetzten (umschriebenen, periphrastischen, analytischen) Formen.

Zusammengesetzte Formen haben Futur I und II, Perfekt, Plusquamperfekt, die 220 Infinitive (außer dem Infinitiv Präsens) und das ganze Passiv. Im einzelnen: Das Futur I bzw. II setzt sich aus den Präsensformen und – für den Konjunktiv II – Präteritumformen des Hilfsverbs *werden* und dem Infinitiv Präsens (bzw. Perfekt) zusammen, das Perfekt und Plusquamperfekt aus den präsentischen bzw. präteritalen Formen des Hilfsverbs *haben* (oder *sein,* vgl. 241) und dem 2. Partizip, der Infinitiv Futur aus dem Infinitiv Präsens und dem Infinitiv von *werden;* der Infinitiv Perfekt aus dem 2. Partizip und dem Infinitiv von *haben* (oder *sein*), der Infinitiv Futur II aus dem Infinitiv Perfekt und dem Infinitiv von *werden.*

Die Bildung des Passivs führt nicht nur zu einer Verdoppelung des Formensystems, sondern wegen der Aufteilung in *werden-* und *sein-*Passiv sogar zu einer Verdreifachung. Alle Passivformen werden umschreibend gebildet, und zwar nach folgenden Grundsätzen: Einerseits verbindet sich beim *werden-*Passiv das Formensystem des Hilfsverbs *werden* mit dem 2. Partizip *(man wird gefragt/ist ge-*

---

[1] Bei den Präsensformen auf *-e* (1. Pers. Sing. Ind. und Konj., 3. Pers. Sing. Konj.) und beim Imperativ Sing. werfen die mit *-[e]l-* gebildeten Verben das *e* dieses Wortbildungsmittels heute im allgemeinen aus *(ich/er sammle; sammle!);* die mit *-er-* gebildeten Verben behalten es dagegen im allgemeinen bei *(ich/er ändere; ändere!).*

fragt worden), wobei das 2. Partizip von *werden (geworden)* das Präfix *ge-* verliert; auf der anderen Seite verbindet sich beim *sein*-Passiv das Formensystem des Hilfsverbs *sein* mit dem 2. Partizip *(er ist gewaschen/gewaschen gewesen).*

221 Zur Bildung der zusammengesetzten Perfektformen[1] – sowohl der regelmäßigen als auch der unregelmäßigen Verben – mit *haben* oder *sein* ist folgendes zu beachten:

Transitive Verben bilden ihr Perfekt mit *haben:*

> Ich *habe* (den Wagen) gefahren. Sie *hat* (den Schüler) gelobt.

Reflexive Verben bilden ihr Perfekt im allgemeinen (vgl. 192) ebenfalls mit *haben:*

> Sie *hat* sich geschämt. Ich *habe* mich beeilt. Du *hast* dich verletzt.

Schließlich bilden auch diejenigen intransitiven Verben, die ein Geschehen in seinem unvollendeten Verlauf, in seiner Dauer ausdrücken, ihr Perfekt mit *haben:*

> Wir *haben* gut geschlafen. Die Rose *hat* nur sehr kurz geblüht.

Intransitive Verben jedoch, die eine Zustands- oder Ortsveränderung, einen neuen, erreichten Stand bezeichnen, bilden ihr Perfekt mit *sein:*

> Die Rose *ist* verblüht. Er *ist* angekommen.

222 Bei der Perfektbildung der intransitiven Verben mit *haben* oder *sein* treten immer dann Schwankungen auf, wenn die Zuordnung eines bestimmten Verbs zu einer der beiden möglichen Gruppen unsicher ist oder wechselt. Ersteres ist z. B. der Fall bei den intransitiven Verben, die eine allmähliche Veränderung bezeichnen:

> Nach dem Regen *hat/ist* es schnell wieder abgetrocknet. Er *ist/hat* rasch gealtert. Der Wein *ist/hat* gegoren.

Ein Auffassungswechsel im Hinblick auf die Perfektbildung mit *haben* oder *sein* zeigt sich dagegen bei *sitzen, liegen, stehen* im Norden und Süden des deutschen Sprachgebiets. Während man im Norden

> Ich *habe* gelegen/gestanden. Er *hatte* auf einem Krautfaß gesessen (Plievier).

sagt, heißt es im Süden:

> Ich *bin* gelegen/gestanden. Mit diesem Brief in der Hand *war* Georg lange … an seinem Schreibtisch gesessen (Kafka).

Die Formenbildung mit *sein* ist in diesen Fällen die sprachgeschichtlich ältere, die mit *haben* – mit Ausnahme des Sprachraums südlich des Mains (ohne die Gebiete von Südhessen und der Pfalz) – die zur Zeit übliche.

223 Verschiedene Sehweise und Perfektbildung ist immer möglich bei Bewegungsverben wie

> tanzen, reiten, segeln, paddeln, fahren, fliegen, bummeln, flattern, rudern.

Stehen für den Sprecher/Schreiber (unvollendeter) Verlauf und Dauer der mit dem Verb bezeichneten Bewegung im Vordergrund, wird sein Perfekt mit *haben* gebildet:

> Ich *habe* als junger Mensch viel getanzt. Sie *hat* den ganzen Vormittag gepaddelt/ gesegelt.

Sieht der Sprecher/Schreiber dagegen mehr die (räumliche) Veränderung bei der mit dem Verb bezeichneten Bewegung, dann wird sein Perfekt mit *sein* gebildet:

> Ich *bin* durch den Saal getanzt. Sie *ist* über den See gepaddelt/gesegelt.

---

[1] Dasselbe gilt für die Formen des Plusquamperfekts und des Futurs II.

Insgesamt gesehen nimmt bei den Bewegungsverben die Perfektbildung mit *sein* immer mehr zu; sei es, daß die (räumliche) Veränderung in der Bewegung stärker empfunden wird als Verlauf und Dauer; sei es, daß die Neigung besteht, das Perfekt einiger Bewegungsverben überhaupt nur mit *sein* zu umschreiben, auch wenn mit ihnen gar keine (räumliche) Veränderung ausgedrückt werden soll:

> Wir *sind* den ganzen Tag geschwommen/geklettert/geritten u. a. (statt:) Wir *haben* den ganzen Tag geschwommen/geklettert/geritten u. a.

Diese Entwicklung hängt zum Teil mit Bedeutungsdifferenzierungen zusammen. Während z. B. das *sein*-Perfekt bei *fahren* und *fliegen (Ich bin gefahren/geflogen)* einen (passiven) Fahr- bzw. Fluggast in der Subjektrolle vermuten läßt, ruft das *haben*-Perfekt *(Ich habe gefahren/geflogen)* die Vorstellung von einem (aktiven) Fahrer bzw. Piloten hervor. Das Verb *bummeln* im Sinne von ‚langsam, ziellos spazierengehen' hat heute auch schon ein *sein*-Perfekt, wenn keine (räumliche) Veränderung empfunden wird; dadurch vermeidet man eine Verwechslung mit *bummeln* im Sinne von ‚trödeln, langsam arbeiten', das im Perfekt nur mit *haben* verbunden wird.   **224**

Das Perfekt von *gehen* und *reisen* wird heute nur noch mit *sein* gebildet; bei *laufen* und *springen* besteht eine Neigung dazu. Die ausgesprochenen Zustandsverben *sein* und *bleiben* haben auffälligerweise kein *haben*-, sondern ein *sein*-Perfekt:

> Ich *bin* schon in Amerika gewesen. Wir *sind* in Berlin gewesen. Sie *ist* lange bei mir geblieben.

Auch im Zusammenhang mit der Bildung des Plusquamperfekts ist auf einige Besonderheiten hinzuweisen. Bisweilen wird zum Ausdruck eines Geschehens, das zeitlich vor einem im Plusquamperfekt geschilderten anderen liegt, eine um *gehabt* (bzw. *gewesen*) „gestreckte" Plusquamperfektform gewählt (man könnte hier von „Vor-Vorvergangenheit" sprechen):   **225**

> Ditte war wieder zurückgekommen ... [Sie] *hatte* schon ein gutes Ende *zurückgelegt gehabt* (A. Nexö). Mischa *hatte* die Geräte in weißes Papier *eingewickelt gehabt* und unter den Arm gepreßt getragen.

Diese Form steht aber gelegentlich auch inkorrekt für die einfache Vorvergangenheit:

> Wir *hatten* bereits *gegessen gehabt,* als er eintrat (richtig: Wir *hatten* bereits *gegessen,* als ...). ... tauschte die Flasche gegen den Hof und das Land ein, das er bisher nur *gepachtet gehabt* hatte (richtig: ... bisher nur *gepachtet* hatte).

Selbst in den Fällen, wo die Verwendung des Plusquamperfekts mißverständlich wäre, läßt sich die stilistisch unschön wirkende Erweiterung um *gehabt/gewesen* umgehen:

> Und unter dieser Bewegung schloß Amadeus langsam die Augen. Er *hatte* sie in das Gesicht des Bruders *gerichtet gehabt* (E. Wichert).

Hier könnte das Plusquamperfekt *(... hatte sie in das Gesicht ... gerichtet)* im präteritalen Sinne mißverstanden werden. Aber deshalb muß der zusammengesetzten Tempusform nicht noch ein *gehabt* hinzugefügt werden; ein einfaches (Zeit)adverb genügt:

> Er *hatte* sie *bis dahin* in das Gesicht des Bruders *gerichtet.*

Auch in den folgenden Beispielen läßt sich die um *gehabt* „gestreckte" Perfektform ohne weiteres durch das Plusquamperfekt ersetzen:

Denken Sie nur: Die Kleine *hat* den Nerz in einer Pelzhandlung *gestohlen gehabt* (Abendpost). Richtig: Die Kleine *hatte* den Nerz in einer Pelzhandlung *gestohlen*.

Die von Westen anfliegenden Maschinen hatten vorzüglich gezielt, ein bißchen weniger gut und sie *hätten* ihre Absicht *erreicht gehabt,* den Divisionsstab auszuschalten, den sie im Schloß vermutet haben mußten (Erich Kuby). Richtig: ... und sie *hätten* ihre Absicht *erreicht,* den Divisionsstab auszuschalten, den sie im Schloß vermutet haben mußten.

2.2.3 Die unregelmäßige Konjugation

Verben mit Ablaut

226 Die Verben mit Ablaut („„starke" Verben[1]) stellen die Hauptgruppe der unregelmäßigen Verben. Ihr kennzeichnendes Merkmal in der Formenbildung ist der Wechsel des Stammvokals, der Ablaut (vgl. 230).

Die Klasse der ablautenden Verben ist heute nicht mehr produktiv. Ihre Zahl nimmt sogar ab, indem viele „starke" Verben entweder schon „schwach" konjugiert (vgl. 207 ff.) oder wenig bzw. gar nicht mehr gebraucht werden und dadurch aussterben. Neue Verben aber werden stets regelmäßig („„schwach") konjugiert.

Konjugationsmuster

227

Tempus	Numerus	Person	Indikativ		Konjunktiv
Präsens	Singular	1.	ich	sing-e (trage, breche)	ich sing-e
		2.	du	sing-st (trägst, brichst)	du sing-est
		3.	er sie es	sing-t (trägt, bricht)	er sie es sing-e
	Plural	1.	wir	sing-en (tragen, brechen)	wir sing-en
		2.	ihr	sing-t (tragt, brecht)	ihr sing-et
		3.	sie	sing-en (tragen, brechen)	sie sing-en
Präter-itum	Singular	1.	ich	sang (blieb)	ich säng-e (bliebe)
		2.	du	sang-st (bliebst)	du säng-[e]st (bliebest)
		3.	er sie es	sang (blieb)	er sie es säng-e (bliebe)
	Plural	1.	wir	sang-en (blieben)	wir säng-en (blieben)
		2.	ihr	sang-t (bliebt)	ihr säng-[e]t (bliebet)
		3.	sie	sang-en (blieben)	sie säng-en (blieben)
Infinitiv	Präsens		sing-en		

---

[1] Vgl. 206, Anm. 1.

| Partizip | Präsens (1. Partizip) | sing-end |
| | Perfekt (2. Partizip) | ge-sung-en |

| Imperativ | Singular | sing-e! (brich!) |
| | Plural | sing-t! (brech-t!) |

Alle anderen Formen werden gemäß dem Muster der regelmäßigen Konjugation (vgl. 207 ff.) gebildet.

Die Mittel der Formenbildung

Die Endungen und das Präfix ge-

Die Endungen des Präsens unterscheiden sich nicht wesentlich von den entsprechenden Endungen der regelmäßigen Konjugation: 228

Numerus	Person	Präsens		Präteritum	
		Indikativ	Konjunktiv I	Indikativ	Konjunktiv II
Singular	1.	-e	-e	–	-e
	2.	-[e]st	-est	-[e]st	-[e]st
	3.	-[e]t	-e	–	-e
Plural	1.	-en	-en	-en	-en
	2.	-[e]t	-et	-[e]t	-[e]t
	3.	-en	-en	-en	-en

Die Endungen der infiniten Formen sind

- für den Infinitiv: *-en*
- für das 1. Partizip: *-end*
- für das 2. Partizip: *-en* (+ Ablaut)

Die Endung des Imperativs ist *-e* bzw. *-[e]t*.

Unterschiede gegenüber der regelmäßigen Konjugation bestehen lediglich bei der Bildung des Präteritums und des 2. Partizips:

- die 1. und 3. Pers. Sing. Ind. Prät. sind endungslos;
- die präteritalen Endungen sind nicht durch *t* erweitert;
- das 2. Partizip endet nicht auf *-t*, sondern auf *-en* (zum Ablaut vgl. 230). Vorangestellt ist dem 2. Partizip das Präfix *ge-*.[1]

Der Umlaut

Umlaut tritt – sofern der betreffende Stamm einen umlautfähigen Vokal enthält –   229
an zwei Stellen auf: in der 2. und 3. Pers. Sing. Präs. Ind. und in allen Formen des Konjunktivs II (Präteritum). An der erstgenannten Stelle lautet – allerdings nicht bei allen fraglichen Verben (vgl. 243) – der Vokal des Präsensstamms um (vgl. *ich trage – du trägst – sie trägt*), an der zweitgenannten der Vokal des Präteritumstamms (vgl. *ich sang – ich sänge*), ausnahmsweise auch der Vokal des zweiten Partizips (vgl. *gescholten – ich schölte*) oder der – im neueren Deutsch getilgte und

---

[1] Zu Ausnahmen vgl. 330. Doppelpräfigierung hat das Partizip von *essen (ge-g-essen)* erfahren.

durch den Vokal des Singulars ersetzte – alte Vokal des Plurals Indikativ (vgl. mhd. *wir wurben – ich würbe; verdürbe, würfe, stürbe*). Da hier die auf Ausgleich und Eindeutigkeit zielende sprachgeschichtliche Entwicklung in einigen Fällen noch nicht abgeschlossen ist, stehen bei manchen Verben heute noch verschiedene Konjunktivformen nebeneinander:

befehlen: beföhle/befähle
beginnen: begänne/(seltener:) begönne
dreschen: drösche/(veraltet:) dräsche
empfehlen: empföhle/(seltener:) empfähle
gelten: gölte/gälte
gewinnen: gewönne/gewänne
heben: höbe/(veraltet:) hübe
helfen: hülfe/(selten:) hälfe
rinnen: ränne/(seltener:) rönne
schwimmen: schwömme/(seltener:) schwämme
schwören: schwüre/(selten:) schwöre
sinnen: sänne/(veraltet:) sönne
spinnen: spönne/spänne
stehen (vgl. 235): stünde/stände
stehlen: stähle/(seltener:) stöhle

Da viele Konjunktiv-II-Formen mit Umlaut heute altertümlich wirken und als geziert empfunden werden, umschreibt man sie gerne mit der *würde*-Form (vgl. 300).[1]

Der Ablaut

230 Als Ablaut wird der regelmäßige Wechsel des Stammvokals bezeichnet. Er ist bei den „starken" Verben wesentlich für den Unterschied zwischen Präsens, Präteritum und 2. Partizip verantwortlich:

(ich) singe – (ich) sang – (ich habe) gesungen.

Damit ist der Ablaut das wichtigste Unterscheidungsmerkmal zwischen unregelmäßiger und regelmäßiger Konjugation, wo Präteritum und 2. Partizip nicht durch den Ablaut, sondern mit Hilfe eines (die Endung erweiternden) *t* gebildet werden (vgl. 212 ff.):

	Präsens	Präteritum	2. Partizip
regelmäßig	ich liebe	ich lieb-t-e	ge-lieb-t
unregelmäßig	ich singe	ich sang	ge-sung-en

Bezüglich des 2. Partizips zeigt das Beispiel, daß sich die unregelmäßige Konjugation von der regelmäßigen – abgesehen vom beiden gemeinsamen Präfix *ge-* – nicht nur durch den Ablaut, sondern auch durch die Endung *-en* (gegenüber regelmäßig *-[e]t*) unterscheidet.

231 Insgesamt gibt es rund 170 ablautende Verben, die sich auf 39 Ablautreihen verteilen und als eine Folge von Stammformen dargeboten werden:

singe – sang – gesungen.

---

[1] Der Konjunktiv II der regelmäßigen Verben hat standardsprachlich keinen Umlaut. Die Form *bräuchte*, die vor allem im Süden des deutschen Sprachgebiets häufig gebraucht wird, ist landschaftlich. Durch das *äu* wird hier der Konjunktiv II vom Indikativ Präteritum abgehoben. Standardsprachlich lauten beide Formen gleich *(brauchte)*.

Von der ersten Stammform (1. Pers. Sing. Ind. Präs.) werden alle Präsensformen, der Imperativ, das 1. Partizip und gegebenenfalls der Infinitiv abgeleitet, von der 2. Stammform (1. Pers. Sing. Ind. Prät.) die Präteritumformen; die 3. Stammform stellt das 2. Partizip (Partizip Perfekt) dar. Die folgende Zusammenstellung führt alle Ablautreihen (bis auf die von *gehen, stehen, tun;* vgl. 235) nach der Menge der zugehörigen Verben auf.[1] Während die ersten sechs Ablautreihen die Formbildung von ungefähr der Hälfte aller ablautenden Verben bestimmen, sind die Reihen 24 bis 39 jeweils nur durch ein einziges Verb vertreten:[2]

Ablautreihe	Beispiel	zugehörige Verben
1. ei-i-i	reite – ritt – geritten	23
2. i-a-u	binde – band – gebunden	19
3. ei-i-i	bleibe – blieb – geblieben	16
4. i-o-o	fließe – floß – geflossen	11
5. i-o-o	biege – bog – gebogen	11
6. e-a-o	berge – barg – geborgen	9
7. e-o-o	dresche – drosch – gedroschen	7
8. i-a-o	spinne – spann – gesponnen	6
9. a-u-a	fahre – fuhr – gefahren	6
10. e-a-e	gebe – gab – gegeben	6
11. e-a-o	spreche – sprach – gesprochen	5
12. e-a-e	messe – maß – gemessen	5
13. e-o-o	hebe – hob – gehoben	5
14. a-u-a	schaffe – schuf – geschaffen	4
15. a-i-a	blase – blies – geblasen	4
16. a-i-a	falle – fiel – gefallen	3
17. e-a-o	stehle – stahl – gestohlen	3
18. ä-o-o	gäre – gor – gegoren	3
19. ü-o-o	lüge – log – gelogen	3
20. i-o-o	glimme – glomm – geglommen	2
21. au-i-au	laufe – lief – gelaufen	2
22. au-o-o	sauge – sog – gesogen	2
23. a-i-a	fange – fing – gefangen	2
24. i-a-e	sitze – saß – gesessen	1
25. i-u-u	schinde – schund – geschunden	1
26. i-a-e	bitte – bat – gebeten	1
27. i-a-e	liege – lag – gelegen	1
28. a-o-o	schalle – scholl – (erschollen)	1
29. e-u-o	werde – wurde – geworden	1
30. e-a-o	nehme – nahm – genommen	1
31. o-a-o	komme – kam – gekommen	1
32. o-i-o	stoße – stieß – gestoßen	1
33. u-i-u	rufe – rief – gerufen	1
34. ä-i-a	hänge – hing – gehangen	1
35. ä-a-o	gebäre – gebar – geboren	1
36. ö-o-o	erlösche – erlosch – erloschen	1
37. ö-o-o	schwöre – schwor – geschworen	1
38. au-o-o	saufe – soff – gesoffen	1
39. ei-i-ei	heiße – hieß – geheißen	1

---

1 Vokallänge wird dabei in den Ablautreihen durch einen untergesetzten Strich gekennzeichnet; langes i erscheint in den Beispielen regelmäßig als *ie*.
2 Da sich Regeln, die angeben, nach welcher Ablautreihe ein bestimmtes Verb konjugiert wird, nur ansatzweise für einzelne Verbgruppen aufstellen lassen, ist es im Zweifelsfall am einfachsten, die Liste der unregelmäßigen Verben unter 243 zu befragen.

Die *e*-Erweiterung

232 1. Wie bei den regelmäßigen Verben (vgl. 216 f.) erweitern auch die unregelmäßigen (ablautenden) Verben, deren Stamm auf Dental (*d* oder *t*) endet, bestimmte Endungen (2. Pers. Sing./Plur. und 3. Pers. Sing. Präs. Ind., 2. Pers. Sing./Plur. Prät. Ind., Imperativ Plur.) mit einem *e:*

> du find-e-st, er/ihr find-e-t; find-e-t!; du fand-e-st, ihr fand-e-t;
> du gleit-e-st, er/ihr gleit-e-t; gleit-e-t!; du glitt-e-st, ihr glitt-e-t.

Hierzu einige Bemerkungen:
Wenn die 2. und 3. Pers. Sing. Präs. Ind. Umlaut oder *e/i*-Wechsel (vgl. 234) aufweisen, unterbleibt die *e*-Erweiterung:

> du hält-st, er hält (aber: ihr halt-e-t; halt-et!);
> du gilt-st, er gilt (aber: ihr gelt-e-t; gelt-e-t!).

In den Präteritumformen des Singulars gilt die *e*-Erweiterung als Zeichen archaischer oder dichterischer Sprache; in der Standardsprache werden in der Regel die Formen ohne *e* verwendet *(du fandst, du botst)*.
Während die *e*-Erweiterung im Imperativ Plur. bei den auf Dental schließenden Verben notwendig durchgeführt werden muß *(find-e-t!, biet-e-t!, lad-e-t!, fecht-e-t!)*, wirkt sie in allen anderen Fällen archaisch-feierlich:

> Lasset die Kindlein und wehret ihnen nicht, zu mir zu kommen (Matt. 19, 14).

2. Möglich ist die *e*-Erweiterung (in der 2. Pers. Sing./Plur. und der 3. Pers. Sing. Präs. Ind., der 2. Pers. Sing./Plur. Prät. Ind. und im Imperativ Plur.) auch bei den Verben, deren Stamm auf *s, ß, sch* oder *z* endet:

> du beweis-e-st, er/ihr beweis-e-t; beweis-e-t!; du bewies-e-st, ihr bewies-e-t;
> du reiß-e-st, er/ihr reiß-e-t; reiß-e-t!; du riss-e-st, ihr riss-e-t.

Abgesehen von der 2. Pers. Sing. Prät. Ind. wirken die *e*-erweiterten Formen aber archaisch-feierlich oder geziert und werden in der Standardsprache kaum verwendet. Hier heißt es vielmehr:

> du beweist, er/ihr beweist; beweist!; ihr bewiest;
> du reißt, er/ihr reißt; reißt!; ihr rißt;
> du sitzt, er/ihr sitzt; sitzt!; ihr saßt.[1]

Die *e*-Erweiterung unterbleibt auch, wenn die 2. und 3. Pers. Sing. Präs. Ind. Umlaut oder *e/i*-Wechsel (vgl. 234) aufweisen:

> du bläs-t, er bläs-t (aber: ihr blas-[e]-t);
> du wäsch-st, er wäsch-t (aber: ihr wasch-[e]-t);
> du lies-t, er lies-t (aber: ihr les-[e]-t).

3. Gelegentlich ist die *e*-Erweiterung bei unregelmäßigen Verben über die genannten Regelfälle hinaus anzutreffen. Sie gilt dann als veraltet oder dichterisch:[2]

> Drin liegst du, wie du starbest (Uhland).

---

[1] Wobei in der 2. Pers. Sing. Präs. Ind. das stammauslautende *s, ß* oder *z* mit der Endung *-st* zu *-st, -ßt* oder *-zt* verschmilzt *(du beweist, reißt, sitzt)*. Nur bei *sch* ist diese Verschmelzung nicht üblich *(du wäschst, drischst)*.

[2] In Österreich werden die Formen mit *e* zuweilen heute noch verwendet (*Leset das neue Bergland-Buch!;* vgl. H. Rizzo-Baur: Die Besonderheiten der deutschen Schriftsprache in Österreich und in Südtirol. Mannheim 1962, S. 104).

Die *e*-Tilgung

Über die bereits bei den regelmäßigen Verben genannten Fälle hinaus (vgl. 218) kann bei den ablautenden Verben das *e* in den Endungen der 2. Pers. Sing. und Plur. des Konjunktivs II wegfallen, wenn der Stammvokal des Indikativs und Konjunktivs II verschieden ist:[1]

233

> du trüg-e-st/trüg-st (Ind. du trug-st), ihr trüg-e-t/trüg-t;
> du tränk-e-st/tränk-st (Ind. du trank-st), ihr tränk-e-t/tränk-t.

Der *e/i*-Wechsel

Eine Reihe von ablautenden Verben bildet die 2. und 3. Pers. Sing. Präs. Ind. und den Imperativ Sing., indem sie das *e* des Präsensstamms gegen *i (ie)* auswechselt:[2]

234

> ich breche – du brichst, er bricht; brich!
> ich esse – du ißt, er ißt; iß!
> ich lese – du liest, sie liest; lies!
> ich nehme – du nimmst, sie nimmt; nimm!

In einigen Fällen wird auch ein *ä* oder *ö* des Präsensstamms gegen *i (ie)* ausgewechselt:

> Ich gebäre – du gebierst, sie gebiert; gebier!
> ich [er]lösche – du [er]lischst, er [er]lischt; [er]lisch!

Konsonantenwechsel

Bei einigen ablautenden Verben verbindet sich im Präteritum und im 2. Partizip der Wechsel des Stammvokals mit einer Änderung des stammschließenden Konsonanten:

235

> ich schneide – ich schnitt/habe geschnitten;
> ich leide – ich litt/habe gelitten;
> ich siede – ich sott/habe gesotten;
> ich gehe – ich ging/bin gegangen;
> ich stehe – ich stand/habe gestanden;
> ich ziehe – ich zog/habe gezogen;
> ich sitze – ich saß/habe gesessen.

Bei *hauen* und *tun* verfügt nur das Präteritum über einen stammschließenden Konsonanten:

> ich haue – ich hieb/habe gehauen;
> ich tu[e] – ich tat/habe getan.

Verben mit Mischformen

Die Verben mit Mischformen bilden ihre Stammformen teils nach dem Muster der regelmäßigen Verben, teils nach dem Muster der unregelmäßigen ablautenden *(mahlen – mahlte – gemahlen);* einige konjugieren sowohl regelmäßig als auch

236

---

1 Hiervon ausgenommen sind die unter 232 behandelten Verben mit stammauslautendem Zischlaut *(s, ß, sch, z)* bzw. Dental *(d, t);* also nur mit *e: du läs-e-st, ihr läs-e-t* (= Zischlaut); *du bänd-e-st, ihr bänd-e-t; du böt-e-st, ihr böt-e-t* (= Dental).
2 In der Gegenwartssprache ist ein Zug zum Systemausgleich insofern festzustellen, als der Imperativ Sing. auch ohne *e/i*-Wechsel gebildet wird. So kann man in der gesprochenen (Umgangs)sprache *eß!/esse!* statt standardspr. *iß!, werf!/werfe!* statt standardspr. *wirf!, brech!/breche!* statt standardsprachlich *brich!* hören.

unregelmäßig *(gären – gor – gegoren/gären – gärte – gegärt* oder *glimmen – glomm –geglommen/glimmen –glimmte – geglimmt).* Es begegnet auch der Fall, daß eine neuere regelmäßige Form mit einer älteren unregelmäßigen konkurriert *(backen – backte/*[älter:] *buk – gebacken).*

Bei bestimmten Verben sind mit den verschiedenen Konjugationsformen verschiedene Bedeutungen verknüpft:

> bewegen: 1. a) ,die Lage verändern': Die Frau *bewegte* den Vorhang, hat ihn *bewegt.*
> b) ,rühren, erregen': Die Rede des Präsidenten *bewegte* die Zuhörer, hat sie *bewegt.*
> 2. ,jmdn. zu etw. veranlassen': Der Richter *bewog* sie zum Einlenken, hat sie dazu *bewogen.*
> erschrecken: 1. ,jmdn. in Schrecken versetzen': Peter *erschreckt* (ohne *e/i*-Wechsel!), *erschreckte* seine Schwester, hat sie *erschreckt.* 2. ,in Schrecken geraten': Peter *erschrickt* (mit *e/i*-Wechsel!) leicht; er *erschrak,* ist sehr *erschrocken.*

Verben mit Vokalwechsel

237 In einer die Verben *brennen, kennen, nennen, rennen, senden* und *wenden* umfassenden Gruppe wechselt der Stammvokal zwischen *e* und *a* (sonst werden sie regelmäßig konjugiert): Im Präsens, Infinitiv, Imperativ, 1. Partizip und Konjunktiv I und II[1] lautet er *e (sie kennt),* im Präteritum und 2. Partizip *a (sie kannte, hat gekannt).*[2]

Verben mit Vokal- und Konsonantenwechsel

238 Hierher gehören die Verben *denken, bringen* und *dünken,* deren Formenbildung außer dem Wechsel des Stammvokals auch eine Änderung des stammschließenden Konsonanten zeigt (sonst werden sie regelmäßig konjugiert):

> denken – dachte – gedacht; dächte;
> bringen – brachte – gebracht; brächte;
> dünken – deuchte – (neben: dünkte) – gedeucht (neben: gedünkt).

Die Modalverben

239 Die Modalverben – außer *wollen*[3] – und das Verb *wissen* bilden die Gruppe der sog. Präteritopräsentia. Die Besonderheit dieser ursprünglich „stark" konjugierten Verben (vgl. 226 ff.) besteht darin, daß sie ihr altes Präsens verloren haben und daß die so entstandene Lücke durch Präteritumformen mit nun präsentischer Bedeutung gefüllt wurde. Deren Stelle nahmen Formen ein, die mit der (nicht umgelauteten) Stammform des Plurals und nach dem Grundsatz der „schwachen" Konjugation (vgl. 207 ff.) gebildet waren:

---

[1] Die Konjunktiv-II-Formen mit *e (er kennte)* sind allerdings selten; gewöhnlich werden sie mit der *würde-*Form umschrieben (vgl. 300).
[2] Die Verben *senden* und *wenden* bilden ihr Präteritum und das 2. Partizip auch regelmäßig *(sendete, wendete* statt *sandte, wandte).*
[3] Anders als bei den Präteritopräsentia kann im Falle von *wollen* der Indikativ Präsens nicht auf Präteritumformen zurückgeführt werden, es liegt vielmehr ein Konjunktiv zugrunde.

		dürfen	können	mögen	müssen	sollen	wollen	wissen
Indikativ Präsens	ich	darf	kann	mag	muß	soll	will	weiß
	du	darfst	kannst	magst	mußt	sollst	willst	weißt
	er / sie / es	darf	kann	mag	muß	soll	will	weiß
	wir	dürfen	können	mögen	müssen	sollen	wollen	wissen
	ihr	dürft	könnt	mögt	müßt	sollt	wollt	wißt
	sie	dürfen	können	mögen	müssen	sollen	wollen	wissen
Konjunktiv I	ich	dürfe	könne	möge	müsse	solle	wolle	wisse
	du	dürfest	könnest	mögest	müssest	sollest	wollest	wissest
	er / sie / es	dürfe	könne	möge	müsse	solle	wolle	wisse
	wir	dürfen	können	mögen	müssen	sollen	wollen	wissen
	ihr	dürfet	könnet	möget	müsset	sollet	wollet	wisset
	sie	dürfen	können	mögen	müssen	sollen	wollen	wissen
Indikativ Präteritum	ich	durfte	konnte	mochte	mußte	sollte	wollte	wußte
	du	durftest	konntest	mochtest	mußtest	solltest	wolltest	wußtest
	er / sie / es	durfte	konnte	mochte	mußte	sollte	wollte	wußte
	wir	durften	konnten	mochten	mußten	sollten	wollten	wußten
	ihr	durftet	konntet	mochtet	mußtet	solltet	wolltet	wußtet
	sie	durften	konnten	mochten	mußten	sollten	wollten	wußten
Konjunktiv II	ich	dürfte	könnte	möchte	müßte	sollte	wollte	wüßte
	du	dürftest	könntest	möchtest	müßtest	solltest	wolltest	wüßtest
	er / sie / es	dürfte	könnte	möchte	müßte	sollte	wollte	wüßte
	wir	dürften	könnten	möchten	müßten	sollten	wollten	wüßten
	ihr	dürftet	könntet	möchtet	müßtet	solltet	wolltet	wüßtet
	sie	dürften	könnten	möchten	müßten	sollten	wollten	wüßten

2. Partizip: *gedurft, gekonnt, gemocht, gemußt, gesollt, gewollt, gewußt.*
Die umschriebenen Formen werden mit *werden (sie wird können, wollen)* bzw.
haben (sie hat gekonnt, gewollt) gebildet.

1. Die Präteritopräsentia werden entsprechend ihrer Geschichte in der 1. und **240**
3. Pers. Sing. Präs. Ind. ohne Endungs-*e* bzw. -*t* gebildet (vgl. *ich/er darf* gegenüber *ich lieb-e, er lieb-t*).

2. Die Verben *können, dürfen, mögen, wollen* und *wissen* weisen im Präsens Singular und Plural verschiedenen Stammvokal auf:

    ich k*a*nn/wir k*ö*nnen; d*a*rf/d*ü*rfen, m*a*g/m*ö*gen, w*i*ll/w*o*llen, w*ei*ß/w*i*ssen.

3. Bei *müssen* wird der Stammvokal im Präsens Plural umgelautet *(ich m**u**ß – wir
m**ü**ssen).*

4. Die Präteritopräsentia *dürfen, können, mögen, müssen* und *wissen* bilden den
Konjunktiv II durch Umlaut (*dürfte, könnte* usw.). Nicht so *sollen* und *wollen,* wo
sich Konjunktiv II und Indikativ Präteritum nicht unterscheiden.

5. Im *haben*-Gefüge, das durch einen Infinitiv erweitert ist, wird das sonst übliche 2. Partizip durch den Infinitiv ersetzt:[1]

Sie hat kommen *können/wollen* (nicht: gekonnt/gewollt).

Die Verben *sein, haben, werden*

241 Zur Konjugation der Verben *sein, haben* und *werden,* die als Hilfsverben eine sehr wichtige Aufgabe im Konjugationssystem erfüllen (vgl. 220), vgl. S. 155 f. und folgende Anmerkungen:

242 1. Von *werden* als Hilfsverb lautet das 2. Partizip *worden,* von *werden* als Vollverb *geworden:*

Der Hund ist geschlagen *worden.* Peters Schwester ist Lehrerin *geworden.*

Da *werden* zu den ablautenden Verben (vgl. 226 ff.) gehört, wird es bis auf folgende Abweichungen nach deren Muster konjugiert:

du wirst (für: wir[de]st), er/sie/es wird (für: wirdt), werde! (für: wird!).

Im Präteritum Sing. wurden die ursprünglichen Formen *(ich) ward, (du) wardst, (er/sie/es) ward* an den Plural *wurden* angeglichen und die Endung *-e* des „schwachen" Präteritums angehängt *(wurde).* Die älteren Formen werden noch gelegentlich zur Erzielung besonderer stilistischer Wirkungen gebraucht:

Der kleine, sorgfältig gezeichnete Wäscheschatz ... *ward* von Schalleen aufs beste betreut (Th. Mann). Nur nach Weihnachten *ward* es zu arg (Beheim-Schwarzbach).

2. Die 2. Pers. Plur. Präs. und der Imperativ Plur. von *sein* werden zur Unterscheidung von der gleichlautenden Präposition *seit* mit *d* geschrieben *(ihr seid; seid!).*

3. Die Unregelmäßigkeit des Verbs *haben* ist das Ergebnis von Zusammenziehungen *(hast* aus ha[be]st, *hat* aus ha[be]t, *hatte* aus ha[be]te).

Die Bildungsweise der infiniten Formen und des Imperativs von *sein, haben* und *werden* geht aus den folgenden Tabellen hervor:

Infinitiv	Präsens	sein/hab-en/werd-en
	Futur I	sein werden/haben werden/(werden werden)
	Perfekt	gewesen sein/gehabt haben/geworden sein
	Futur II	gewesen sein werden/gehabt haben werden/ geworden sein werden

Partizip	Präsens (1. Partizip)	sei-end/hab-end/werd-end
	Perfekt (2. Partizip)	ge-wes-en/ge-hab-t/(ge)word-en

Imperativ	Singular	sei!/hab-e!/werd-e!
	Plural	seid!/hab-t!/werd-et!

---

[1] Zu diesem sog. Ersatzinfinitiv vgl. 331.

Tempus	Numerus	Person	Indikativ	Konjunktiv I	Konjunktiv II
Präsens	Singular	1.	ich bin/habe/werde	ich sei/habe/werde	ich wäre/hätte/würde
		2.	du bist/hast/wirst	du sei[e]st/habest/werdest	du wär[e]st/hättest/würdest
		3.	er/sie/es ist/hat/wird	er/sie/es sei/habe/werde	er/sie/es wäre/hätte/würde
	Plural	1.	wir sind/haben/werden	wir seien/haben/werden	wir wären/hätten/würden
		2.	ihr seid/habt/werdet	ihr seiet/habet/werdet	ihr wär[e]t/hättet/würdet
		3.	sie sind/haben/werden	sie seien/haben/werden	sie wären/hätten/würden
Präteritum	Singular	1.	ich war/hatte/wurde		
		2.	du warst/hattest/wurdest		
		3.	er/sie/es war/hatte/wurde		
	Plural	1.	wir waren/hatten/wurden		
		2.	ihr wart/hattet/wurdet		
		3.	sie waren/hatten/wurden		
Futur I		er/sie/es	wird sein / wird haben / wird werden	werde sein / werde haben / werde werden	würde sein / würde haben / würde werden
Perfekt	Singular	3.	er/sie/es ist gewesen / hat gehabt / ist geworden	er/sie/es sei gewesen / habe gehabt / sei geworden	
Plusq.	Singular		er/sie/es war gewesen / hatte gehabt / war geworden		er/sie/es wäre gewesen / hätte gehabt / wäre geworden
Futur II		er/sie/es	wird gewesen sein / wird gehabt haben / wird geworden sein	werde gewesen sein / werde gehabt haben / werde geworden sein	würde gewesen sein / würde gehabt haben / würde geworden sein

Liste aller unregelmäßigen Verben[1]

1. Stammform	2. Stammform	3. Stammform
backen[2] (vgl. 229, 236) du bäckst, er bäckt; (häufig schon:) du backst, er backt	backte/buk (älter) büke	hat gebacken
befehlen (vgl. 234) du befiehlst, er befiehlt; befiehl!	befahl beföhle/befähle (vgl. 229)	hat befohlen
befleißen, sich[3]	befliß	hat sich beflissen
beginnen	begann begänne/begönne (selt.; vgl. 229)	hat begonnen
beißen	biß	hat gebissen
bergen (vgl. 234) du birgst, er birgt; birg!	barg bärge	hat geborgen
bersten (vgl. 234) du birst, er birst: (veralt.:) du berstest, er berstet; (selt.:) birst!	barst bärste	ist geborsten
bewegen ‚veranlassen‘[4]	bewog bewöge	hat bewogen
biegen	bog böge	gebogen Sie *ist* um die Ecke gebogen. (Aber:) Er *hat* das Rohr gebogen.
bieten	bot böte	hat geboten
binden	band bände	hat gebunden
bitten	bat bäte	hat gebeten
blasen (vgl. 229) du bläst, er bläst	blies	hat geblasen
bleiben	blieb	ist geblieben
bleichen ‚hell werden‘ (intrans.)[5]	blich	ist geblichen
braten (vgl. 229) du brätst, er brät	briet	hat gebraten

---

1 Bei der 1. Stammform (Infinitiv Präsens) werden die 2. und 3. Pers. Sing. Präs. sowie der Imperativ, bei der 2. Stammform (1. Pers. Sing. Ind. Prät) wird der Konjunktiv II hinzugesetzt, wenn Umlaut oder e/i-Wechsel u. ä. (vgl. 229 ff.) eintritt. Vor der 3. Stammform (2. Partizip) steht je nach der Bildungsweise der zusammengesetzten Verbform *hat* oder *ist*. Da die zusammengesetzten Verben im allgemeinen wie die entsprechenden einfachen konjugiert werden (vgl. *abbrechen* und *brechen*), erscheinen sie nur in Ausnahmefällen.

2 In der Bedeutung ‚kleben‘ regelmäßig: *Der Schnee backt/backte/hat gebackt.*

3 Heute selten; das übliche *sich befleißigen* wird regelmäßig konjugiert.

4 Vgl. 236

5 Meist nur noch in Zusammensetzungen und Präfixbildungen wie *aus-, er-, verbleichen.* Das trans. *bleichen* ‚hell machen‘ wird regelmäßig konjugiert *(bleichte, hat gebleicht).* Das 2. Partizip zu *ausbleichen* ‚hell machen‘ lautet *ausgebleicht,* das zu *ausbleichen* ‚hell werden‘ *ausgeblichen,* aber auch schon *ausgebleicht; erbleichen* hat die Formen *erbleichte, ist erbleicht;* veraltet und im Sinne von ‚gestorben‘ nur *[v]erblichen.*

1. Stammform	2. Stammform	3. Stammform
brechen (vgl. 234) du brichst, er bricht, brich!	brach bräche	gebrochen Das Eis *ist* gebrochen. (Aber:) Er *hat* sein Wort gebrochen.
brennen (vgl. 237)	brannte brennte (selten)	hat gebrannt
bringen (vgl. 238)	brachte brächte	hat gebracht
denken (vgl. 238)	dachte dächte	hat gedacht
dingen	dang[1] dänge	hat gedungen[2]
dreschen (vgl. 234) du drischst, er drischt; drisch!	drosch/drasch (veralt.) drösche/dräsche (veralt.; vgl. 229)	hat gedroschen
dringen	drang dränge	gedrungen Sie *hat* darauf gedrungen. (Aber:) Der Feind *ist* in die Stadt gedrungen.
dünken (vgl. 238) dir/dich, ihm/ihn dünkt (auch:) deucht	deuchte[3]	ihm/ihn hat gedeucht[5]
dürfen (vgl. 239) ich darf, du darfst, er darf	durfte dürfte	hat gedurft
empfangen (vgl. 229) du empfängst, er empfängt	empfing	hat empfangen
empfehlen (vgl. 234) du empfiehlst, er empfiehlt; empfiehl!	empfahl empföhle/empfäh- le (selt.; vgl. 229)	hat empfohlen
empfinden	empfand empfände	hat empfunden
erkiesen[4]	erkor erköre	hat erkoren
essen (vgl. 234) du ißt, er ißt; iß!	aß äße	hat gegessen
fahren (vgl. 229) du fährst, er fährt	fuhr führe	gefahren Er *ist* über die Brücke gefahren. (Aber:) Sie *hat* ein Auto gefahren.
fallen (vgl. 229) du fällst, er fällt	fiel	ist gefallen
fangen (vgl. 229) du fängst, er fängt	fing	hat gefangen
fechten (vgl. 234) du fichtst[5], er ficht; ficht!	focht föchte	hat gefochten

---

1 Heute meist regelmäßig *(dingte)*.
2 Seltener regelmäßig *(gedingt)*.
3 Veraltet; heute meist regelmäßig *(dünkte, gedünkt)*.
4 Selten auch regelmäßig *(erkieste, hat erkiest)*. Der Infinitiv und die Präsensformen dieses Verbs sind ungebräuchlich.
5 Der Aussprache angeglichene umgangssprachliche Erleichterungsform ist *fichst*.

1. Stammform	2. Stammform	3. Stammform
finden	fand fände	hat gefunden
flechten (vgl. 234) du flichtst[1], er flicht; flicht!	flocht flöchte	hat geflochten
fliegen	flog flöge	geflogen Sie *ist* nach London geflogen. (Aber:) Er *hat* die Maschine nach London geflogen.
fliehen	floh flöhe	geflohen Er *ist* geflohen. (Aber:) Der Schlaf *hat* mich geflohen.
fließen	floß flösse	ist geflossen
fragen (landsch. geleg. noch:) du frägst, er frägt (vgl. 229)	fragte (landsch. geleg. noch:) frug	hat gefragt
fressen (vgl. 234) du frißt, er frißt; friß!	fraß fräße	hat gefressen
frieren	fror fröre	hat gefroren Es *hat* heute nacht gefroren. (Aber:) Das Wasser *ist* über Nacht gefroren.
gären[2]	gor göre	gegoren Der Wein *hat*/*ist* gegoren.
gebären du gebierst, sie gebiert; gebier![3]	gebar gebäre	hat geboren
geben (vgl. 234) du gibst, er gibt; gib!	gab gäbe	hat gegeben
gedeihen	gedieh	ist gediehen[4]
gehen (vgl. 235)	ging	ist gegangen
gelingen	gelang gelänge	ist gelungen
gelten (vgl. 234) du giltst, er gilt; (selten:) gilt!	galt gölte/gälte (vgl. 229)	hat gegolten
genesen	genas genäse	ist genesen
genießen	genoß genösse	hat genossen
geschehen (vgl. 234) es geschieht	geschah geschähe	ist geschehen
gewinnen	gewann gewönne/gewänne (vgl. 229)	gewonnen

---

[1] Der Aussprache angeglichene umgangssprachliche Erleichterungsform ist *flichst*.
[2] Besonders in übertragener Bedeutung auch schon regelmäßig *(gärte, gegärt)*.
[3] Üblicher: *du gebärst, sie gebärt; gebäre!*
[4] Das alte Partizip *gediegen* ist zum Adjektiv geworden.

1. Stammform	2. Stammform	3. Stammform
gießen	goß gösse	hat gegossen
gleichen	glich	hat geglichen
gleiten[1]	glitt	ist geglitten
glimmen[2]	glomm glömme	hat geglommen
graben (vgl. 229) du gräbst, er gräbt	grub grübe	hat gegraben
greifen	griff	hat gegriffen
haben (vgl. 241 f.) du hast, er hat	hatte hätte	hat gehabt
halten (vgl. 229) du hältst, er hält	hielt	hat gehalten
hängen (intrans.)[3]	hing	hat gehangen
hauen (vgl. 235)[4]	hieb	hat gehauen
heben	hob/hub (veralt.)[5] höbe/hübe (veralt.; vgl. 229)	hat gehoben
heißen	hieß	hat geheißen[6]
helfen (vgl. 234) du hilfst, er hilft; hilf!	half hülfe/hälfe (selt.; vgl. 229)	hat geholfen
kennen (vgl. 237)	kannte kennte (selten)	hat gekannt
klimmen[7]	klomm klömme	ist geklommen
klingen	klang klänge	hat geklungen
kneifen[8]	kniff	hat gekniffen
kommen (veraltet:) du kömmst, er kömmt (vgl. 229 f.)	kam käme	ist gekommen
können (vgl. 239 f.) ich kann, du kannst, er kann	konnte könnte	hat gekonnt
kreischen[9]	krisch	hat gekrischen
kriechen	kroch kröche	ist gekrochen
küren[10]	kor köre	hat gekoren

[1] Veraltet: *gleite, gegleitet.*
[2] Daneben auch schon regelmäßig *(glimmte, geglimmt).*
[3] Älter oder mdal.: *hangen.* Das trans. *hängen* wird regelmäßig konjugiert *(Sie hängte das Bild an die Wand, hat es an die Wand gehängt).*
[4] Die unregelmäßige Form *hieb* wird standardspr. für das Schlagen mit einer Waffe oder das Verwunden im Kampf, gelegentlich auch geh. für *haute* verwendet. Sonst wird allgemein *haute* gebraucht. *gehaut* gehört der landsch. Umgangssprache an.
[5] Das Verb *anheben* ,anfangen, beginnen' hat im Präteritum die Formen *hob/hub an.*
[6] Die Form *gehießen* ist umgangssprachlich.
[7] Heute auch schon regelmäßig *(klimmte, geklimmt).*
[8] Die Formen *kneipen, knipp, geknippen* sind landsch. (Das von *Kneipe* abgeleitete ugs. *kneipen* ,in der Kneipe verkehren, trinken' wird regelmäßig konjugiert.)
[9] Die unregelmäßigen Formen sind entweder veraltet oder mdal.; standardspr. heute regelmäßig *(kreischte, hat gekreischt).*
[10] Die regelmäßige Konjugation ist heute üblicher *(kürte, gekürt).*

1. Stammform	2. Stammform	3. Stammform
laden ‚aufladen' (vgl. 229) du lädst, er lädt	lud lüde	hat geladen
laden ‚zum Kommen auffordern' (vgl. 229) du lädst, er lädt; (veralt., aber noch landsch.:) du ladest er ladet	lud lüde	hat geladen
lassen (vgl. 229) du läßt, er läßt	ließ	hat gelassen
laufen (vgl. 229) du läufst, er läuft	lief	gelaufen Er *ist* in den Wald gelaufen. (Aber:) Sie *hat* sich die Füße wund gelaufen.
leiden	litt	hat gelitten
leihen	lieh	hat geliehen
lesen (vgl. 234) du liest, er liest; lies!	las läse	hat gelesen
liegen	lag läge	gelegen Er *hat* lange krank gelegen (vgl. 221 ff.). (Aber:) Das Dorf *ist* schön gelegen.
löschen (intrans.[1]; vgl. 234) du lischst, er lischt; lisch!	losch lösche	ist geloschen
lügen	log löge	hat gelogen
mahlen	mahlte	hat gemahlen
meiden	mied	hat gemieden
melken[2] (vgl. 234) du milkst, er milkt; milk!	molk mölke	hat gemolken
messen (vgl. 234) du mißt, er mißt; miß!	maß mäße	hat gemessen
mißlingen	mißlang mißlänge	ist mißlungen
mögen (vgl. 239 f.) ich mag, du magst, er mag	mochte möchte	hat gemocht
müssen (vgl. 239 f.) ich muß, du mußt, er muß	mußte müßte	hat gemußt
nehmen (vgl. 234) du nimmst, er nimmt; nimm!	nahm nähme	hat genommen

---

[1] Meist nur noch in Bildungen wie *auslöschen, er-* und *verlöschen.* Das trans. *löschen* wie auch die trans. *auslöschen* und *verlöschen* werden regelmäßig konjugiert *(Er löschte das Feuer, hat das Feuer gelöscht).*

[2] Die unregelmäßigen Formen *milkst, milkt, milk!* sind veraltet; heute gebräuchlich sind die regelmäßigen Formen *melkst, melkt, melke!;* auch *melkte* ist heute üblicher als *molk;* neben *gemolken* wird auch schon *gemelkt* gebraucht.

1. Stammform	2. Stammform	3. Stammform
nennen (vgl. 237)	nannte nennte (selten)	hat genannt
pfeifen	pfiff	hat gepfiffen
pflegen[1]	pflog pflöge	hat gepflogen
preisen	pries	hat gepriesen
quellen (intrans.[2]; vgl. 234) du quillst, er quillt; (selt.:) quill!	quoll quölle	ist gequollen
raten (vgl. 229) du rätst, er rät	riet	hat geraten
reiben	rieb	hat gerieben
reihen	reihte rieh (selt.)	hat gereiht geriehen (selt.)
reißen	riß	gerissen Sie *hat* sich ein Loch in die Hose gerissen. (Aber:) Der Strick *ist* gerissen.
reiten	ritt	geritten Sie *hat* den Schimmel geritten. (Aber:) Er *ist* in den Wald geritten.
rennen (vgl. 237)	rannte rennte (selten)	ist gerannt
riechen	roch röche	hat gerochen
ringen	rang ränge	hat gerungen
rinnen	rann ränne/rönne (selten.; vgl. 229)	ist geronnen
rufen	rief	hat gerufen
salzen	salzte	hat gesalzen/gesalzt (selt.); übertr. nur:) gesalzen
saufen du säufst, er säuft	soff söffe	hat gesoffen
saugen[3]	sog söge	hat gesogen
schaffen ‚schöpferisch gestalten, hervorbringen‘[4]	schuf schüfe	hat geschaffen
schallen	scholl[5] schölle	hat geschallt

1　Nur noch in Wendungen wie *der Ruhe pflegen* unregelmäßig. In den Bedeutungen ‚Kranke be-
　treuen‘ und ‚die Gewohnheit haben‘ nur regelmäßig: *Er pflegte ihn, hat ihn gepflegt. Sie pflegte*
　früh aufzustehen.
2　Das trans. *quellen* wird regelmäßig konjugiert: *Der Koch quellte Bohnen, hat Bohnen gequellt.*
3　Die regelmäßigen Formen *saugte, gesaugt* werden heute schon viel gebraucht, vor allem in der
　Sprache der Technik.
4　Mit der Bedeutung ‚vollbringen‘ bzw. ‚arbeiten‘ (landsch.) regelmäßig *(schaffte, geschafft)*. In
　Verbindung mit bestimmten Substantiven: *Sie schuf* (auch: *schaffte*) *endlich Abhilfe/Ordnung/*
　Platz/Rat/Raum/Wandel. Es muß endlich Abhilfe/Ordnung geschaffen (selten: *geschafft*) *werden.*
5　Häufiger bereits regelmäßig *(schallte)*. Bei der Präfixbildung *erschallen* sind neben den Formen
　erscholl/erschollen auch *erschallte/erschallt* gebräuchlich.

1. Stammform	2. Stammform	3. Stammform
scheiden	schied	geschieden Er *hat* die faulen Äpfel von den guten geschieden. (Aber:) Sie *ist* aus dem Dienst geschieden.
scheinen	schien[1]	hat geschienen[1]
scheißen	schiß	hat geschissen
schelten (vgl. 234) du schiltst, er schilt; schilt!	schalt schölte (vgl. 229)	hat gescholten
scheren ,abschneiden'[2]	schor schöre	hat geschoren
schieben	schob schöbe	hat geschoben
schießen	schoß schösse	geschossen Er *hat* den Hasen geschossen. (Aber:) Das Wasser *ist* in die Rinne geschossen.
schinden[3]	schund	hat geschunden
schlafen (vgl. 229) du schläfst, er schläft	schlief	hat geschlafen
schlagen (vgl. 229) du schlägst, er schlägt	schlug schlüge	hat geschlagen
schleichen	schlich	ist geschlichen
schleifen ,schärfen'[4]	schliff	hat geschliffen
schleißen[5]	schliß	hat geschlissen
schließen	schloß schlösse	hat geschlossen
schlingen	schlang schlänge	hat geschlungen
schmeißen ,werfen'[6]	schmiß	hat geschmissen
schmelzen ,flüssig werden' (intrans.[7]; vgl. 234) du schmilzt, er schmilzt; (selten:) schmilz!	schmolz schmölze	ist geschmolzen
schnauben[8]	schnob schnöbe	hat geschnoben
schneiden	schnitt	hat geschnitten

---

[1] Landsch. gelegentlich *scheinte, hat gescheint.*
[2] Die regelmäßige Konjugation ist hier selten; ugs. *sich scheren* ,sich fortmachen' und ,sich kümmern' wird regelmäßig konjugiert *(Er scherte sich fort. Sie hat sich um ihn nicht geschert).*
[3] Das Präteritum wird meist gemieden. Wird es gebraucht, dann ist die Form heute im allgemeinen regelmäßig *(schindete).*
[4] Das Verb *schleifen* ,über den Boden ziehen' wird regelmäßig konjugiert *(schleifte, geschleift).*
[5] Auch regelmäßig *(schleißte, hat geschleißt).*
[6] Das weidm. Verb *schmeißen* ,Kot auswerfen, besudeln' wird regelmäßig konjugiert *(schmeißte, hat geschmeißt).*
[7] Das trans. *schmelzen* ,flüssig machen' wird heute ebenfalls unregelmäßig konjugiert *(Er schmilzt, schmolz das Eisen, hat das Eisen geschmolzen.).* Die regelmäßige Konjugation ist veraltet.
[8] Heute sind die regelmäßigen Formen *schnaubte, hat geschnaubt* üblich.

1. Stammform	2. Stammform	3. Stammform
schrecken ‚in Schrecken geraten' (intrans.[1]; vgl. 234) du schrickst, er schrickt; schrick!	schrak schräke	ist geschrocken (veralt.)
schreiben	schrieb	hat geschrieben
schreien	schrie	hat geschrie[e]n
schreiten	schritt	ist geschritten
schwären (vgl. 234) es schwärt (veralt.:) schwiert; schwäre! (veralt.:) schwier!	es schwärte/schwor (veraltet)	hat geschwärt/geschworen (veraltet)
schweigen	schwieg	hat geschwiegen
schwellen ‚größer, stärker werden, sich ausdehnen' intrans.[2]; vgl. 234) du schwillst, er schwillt; schwill!	schwoll schwölle	ist geschwollen
schwimmen	schwamm schwömme/ schwämme (selt.; vgl. 229)	geschwommen Sie *hat* den ganzen Vormittag geschwommen. (Aber:) Er *ist* über den Fluß geschwommen.
schwinden	schwand schwände	ist geschwunden
schwingen	schwang schwänge	hat geschwungen
schwören	schwor/schwur (veralt.) schwüre/schwöre[3] (selt.; vgl. 229)	hat geschworen
sehen (vgl. 234) du siehst, er sieht; sieh[e]!	sah sähe	hat gesehen
sein (vgl. 241 f.)	war wäre	ist gewesen
senden[4] (vgl. 237)	sandte/sendete sendete (selten)	hat gesandt/gesendet
sieden[5]	sott sötte	hat gesotten
singen	sang sänge	hat gesungen
sinken	sank sänke	ist gesunken

---

[1] Nur noch in Bildungen wie er-, auf-, hoch-, zusammenschrecken. Weidm. *schrecken* ‚schreien' wird regelmäßig konjugiert *(Das Reh schreckte, hat geschreckt)*. Das trans. *schrecken* ‚in Schrecken versetzen' sowie die trans. *ab-, auf-* und *erschrecken* und das seltene *verschrecken* werden regelmäßig konjugiert *(Sie schreckte ihn [ab/auf], hat ihn erschreckt)*. Die trans. *zurückschrecken* wird noch weitgehend unregelmäßig konjugiert; allerdings wird das entsprechende 2. Partizip *zurückgeschrocken* selten gebraucht, häufiger ist das regelmäßige Partizip. In übertragenem Gebrauch wird das intrans. *zurückschrecken* in Verbindung mit *vor* in der Bedeutung ‚etwas nicht wagen' vorwiegend regelmäßig konjugiert *(Er schreckte vor dem Verbrechen zurück, war davor zurückgeschreckt)*.

[2] Das trans. *schwellen* ‚größer machen, dehnen' wird regelmäßig konjugiert *(schwellte, hat geschwellt)*.

[3] Der Konjunktiv II *schwöre* ist mit dem Konjunktiv I und dem Präsens lautgleich.

[4] In der Bedeutung ‚[durch Rundfunk, Fernsehen] übertragen' nur regelmäßig.

[5] Gebräuchlicher sind heute die regelmäßigen Formen *siedete, hat gesiedet*.

1. Stammform	2. Stammform	3. Stammform
sinnen	sann sänne/sönne (veralt.; vgl. 229)	hat gesonnen[1]
sitzen	saß säße	hat gesessen (vgl. 221 ff.)
sollen (vgl. 239 f.) ich soll, du sollst, er soll	sollte	hat gesollt
spalten	spaltete	hat gespalten[2] (auch:) gespaltet
speien	spie	hat gespie(e)n
spinnen	spann spönne/spänne (vgl. 229)	hat gesponnen
spleißen	spliß	hat gesplissen
sprechen (vgl. 234) du sprichst, er spricht; sprich!	sprach spräche	hat gesprochen
sprießen	sproß sprösse	ist gesprossen
springen	sprang spränge	ist gesprungen
stechen (vgl. 234) du stichst, er sticht; stich!	stach stäche	hat gestochen
stecken ‚sich in etw. befinden' (intrans.)	stak stäke[3]	hat gesteckt
stehen (vgl. 235)	stand stünde/stände (vgl. 229)	hat gestanden (vgl. 221 ff.)
stehlen (vgl. 234) du stiehlst, er stiehlt; stiehl!	stahl stähle/stöhle (selt.; (vgl. 229)	hat gestohlen
steigen	stieg	ist gestiegen
sterben (vgl. 234) du stirbst, er stirbt; stirb!	starb stürbe (vgl. 229)	ist gestorben
stieben[4]	stob stöbe	gestoben Die Funken *sind/haben* gestoben (vgl. 221 ff.).
stinken	stank stänke	hat gestunken
stoßen (vgl. 229) du stößt, er stößt	stieß	gestoßen Sie *ist* auf Widerstand gestoßen. (Aber:) Er *hat* mich gestoßen.

---

[1] *gesonnen* (‚willens, gewillt') in der Verbindung *gesonnen sein (Sie ist gesonnen, es zu tun)* stammt von einem heute ausgestorbenen Verb; *gesinnt (Er ist treu gesinnt)* ist eine Ableitung von dem Substantiv *Sinn.*

[2] Die unregelmäßige Form *gespalten* steht besonders bei adjektivischem Gebrauch (*gespaltenes Holz* usw.).

[3] Auch regelmäßig *(steckte).* In der Bedeutung ‚festheften' wird trans. *stecken* nur regelmäßig konjugiert *(steckte, hat gesteckt).*

[4] Heute auch schon regelmäßig *(stiebte, gestiebt).*

1. Stammform	2. Stammform	3. Stammform
streichen	strich	gestrichen Er *hat* Butter aufs Brot gestrichen. (Aber:) Die Schnepfen *sind* über den Acker gestrichen.
streiten	stritt	hat gestritten
tragen (vgl. 229) du trägst, er trägt	trug trüge	hat getragen
treffen (vgl. 234) du triffst, er trifft; triff!	traf träfe	hat getroffen
treiben	trieb	getrieben Der Wind *hat* den Ballon südwärts getrieben. (Aber:) Der Ballon *ist* südwärts getrieben.
treten (vgl. 234) du trittst, er tritt; tritt!	trat träte	getreten Er *hat* ihn getreten. (Aber:) Er *ist* in die Pfütze getreten.
triefen[1]	troff tröffe	hat getroffen
trinken	trank tränke	hat getrunken
trügen	trog tröge	hat getrogen
tun (vgl. 235) tu!	tat täte	hat getan
verderben (vgl. 234) du verdirbst, er verdirbt; verdirb!	verdarb verdürbe (vgl. 229)	verdorben[2] Sie *hat* sich den Magen verdorben. (Aber:) Das Eingemachte *ist* verdorben.
verdrießen	verdroß verdrösse	hat verdrossen
vergessen (vgl. 234) du vergißt, er vergißt; vergiß!	vergaß vergäße	hat vergessen
verlieren	verlor verlöre	hat verloren
wachsen (vgl. 229) du wächst, er wächst	wuchs wüchse	ist gewachsen
wägen (vgl. wiegen)[3]	wog wöge	hat gewogen
waschen (vgl. 229) du wäschst, er wäscht	wusch wüsche	hat gewaschen

---

[1] Heute häufig regelmäßig *(Seine Nase triefte, hat getrieft)*. In geh. Sprache ist jedoch das Präteritum der unregelmäßigen Form gebräuchlicher *(troff)*.

[2] Die Form *verderbt* ‚schlecht' wird nur noch als Adjektiv gebraucht.

[3] Die regelmäßige Konjugation *(wägte, gewägt)* kommt gelegentlich vor. Von *abwägen* kommen regelmäßige und unregelmäßige Formen vor *(wägte/wog ab* und *abgewogen/abgewägt)*.

1. Stammform	2. Stammform	3. Stammform
weben[1]	wob wöbe	hat gewoben
weichen ‚nachgeben'[2]	wich	ist gewichen
weisen	wies	hat gewiesen
wenden[3](vgl. 237)	wandte/wendete wendete (selt.)	hat gewandt/gewendet
werben (vgl. 234) du wirbst, er wirbt; wirb!	warb würbe (vgl. 229)	hat geworben
werden (vgl. 241 f.) du wirst, er wird; werde!	wurde/ward (selt.) würde	ist geworden (Hilfsverb:) worden
werfen (vgl. 234) du wirfst, er wirft; wirf!	warf würfe (vgl. 229)	hat geworfen
wiegen (vgl. wägen)[4]	wog wöge	hat gewogen
winden	wand wände	hat gewunden
winken	winkte	hat gewinkt[5]
wissen (vgl. 239 f.) ich weiß, du weißt, er weiß; wisse!	wußte wüßte	hat gewußt
wollen (vgl. 239 f.) ich will, du willst, er will; wolle!	wollte	hat gewollt
wringen	wrang wränge	hat gewrungen
zeihen	zieh	hat geziehen
ziehen (vgl. 235)	zog zöge	gezogen Er *hat* den Wagen gezogen. (Aber:) Sie *ist* aufs Land gezogen.
zwingen	zwang zwänge	hat gezwungen

---

[1] Im übertr. Gebrauch meist unregelmäßig; in eigentl. Bedeutung dagegen regelmäßig *(webte, hat gewebt)*.

[2] *weichen* in der Bedeutung ‚ein-, aufweichen' wird regelmäßig konjugiert *(weichte, hat geweicht)*.

[3] In der Bedeutung ‚einen Mantel, Heu, das Auto usw. wenden' nur regelmäßig *(wendete, hat gewendet)*. *Gewandt* steht auch isoliert (‚geschickt'). Bei *entwenden* sind die unregelmäßigen Formen veraltet *(entwandte, hat entwandt)*.

[4] *wiegen* im Sinne von ‚schaukeln' wird regelmäßig konjugiert *(wiegte, hat gewiegt)*.

[5] Das unregelmäßige 2. Partizip *gewunken* dringt heute, obwohl es hochsprachlich nicht als korrekt gilt, über das Mundartliche hinaus vor: Obwohl der Fahndungscomputer der Grenzpolizei die Papiere für in Ordnung befand, wurden die Wiener zur Seite gewunken (Augsburger Allgemeine). Die Amerikaner aber haben immer wieder abgewunken – die Vorschläge aus Moskau seien nicht neu (Der Spiegel). Patrick Tambay, der ... das Feld der 26 Wagen angeführt hatte, wurde als Erster abgewunken (Neue Zürcher Zeitung).

2.3 Die Funktionen der Verbformen

2.3.1 Das Tempus: Die Zeitformen[1]

Haupt- und Nebentempora

Die Tempora bilden als Ganzes ein Gefüge, in dem Präsens und Präteritum   244
wegen der Häufigkeit ihres Vorkommens den Kern darstellen. Man bezeichnet
sie deshalb als Haupttempora, die übrigen Tempora als Nebentempora.
Auf Präsens und Präteritum entfallen in der geschriebenen Sprache durchschnittlich rund 90 % aller vorkommenden finiten Verbformen:[2]

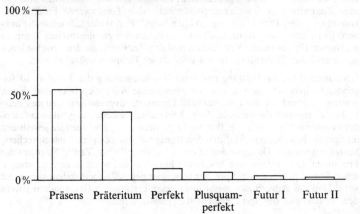

Auf das Präsens allein entfallen rund 52 %, auf das Präteritum rund 38 %.[3] Die
übrigen vier Tempora teilen sich in die restlichen 10 %, aber durchaus nicht zu
gleichen Teilen: Perfekt und Plusquamperfekt sind mit 5,5 % bzw. 3,2 % noch gut
vertreten, während das Futur, zumal das Futur II, nur in einem verschwindend
geringen Teil der Belege vorkommt (1,5 % bzw. 0,3 %). Die Futurformen sind, so
gesehen, nur eine Randerscheinung.

---

[1]   Die Darstellung dieses Kapitels stützt sich im wesentlichen auf H. Gelhaus: Das Futur in aus-
      gewählten Texten der geschriebenen deutschen Sprache der Gegenwart: Studien zum Tempus-
      system. München 1975; ders.: Synchronie und Diachronie. Zwei Vorträge über Probleme der
      nebensatzeinleitenden Konjunktionen und der Consecutio temporum. Bern 1972; H. Gel-
      haus/S. Latzel: Studien zum Tempusgebrauch im Deutschen. Tübingen 1974; U. Hauser-
      Suida/G. Hoppe-Beugel: Die Vergangenheitstempora in der deutschen geschriebenen Sprache
      der Gegenwart. Untersuchungen an ausgewählten Texten. Düsseldorf, München 1972.
[2]   Der folgenden Graphik liegen Auszählungen am „Mannheimer Korpus" zugrunde, einer
      Sammlung von 24 Texten vor allem aus den Bereichen Erzählung (Roman), Zeitung (ein-
      schließlich Zeitschriften), wissenschaftliche Abhandlung und Drama.
[3]   Die zahlenmäßige Ausprägung des Verhältnisses zwischen Präsens und Präteritum kann im
      Einzelfall von diesen Durchschnittswerten mehr oder weniger stark abweichen: Das Verhältnis
      kann ungefähr ausgeglichen sein (z. B. in „Die Betrogene" von Th. Mann mit 42,4 % Präsens
      und 47,4 % Präteritum); das Präsens kann aber auch stark überwiegen (z. B. in „Die Atom-
      bombe und die Zukunft des Menschen" von K. Jaspers mit 86,3 % Präsens und nur 8,6 % Prä-
      teritum); oder das Präteritum kann eine deutliches Übergewicht haben (z. B. in „Die Blech-
      trommel" von G. Grass mit 17,4 % Präsens und 76,5 % Präteritum). Erzählende Texte bevorzu-
      gen im allgemeinen das Präteritum, wissenschaftliche Abhandlungen, Nachrichtentexte und
      Dialoge des Präsens.

Funktionsbestimmung der Tempora

245 Die Tempora des Deutschen sind nach dem Vorbild der lateinischen Grammatik zusammengestellt worden: Präsens, Präteritum, Perfekt, Plusquamperfekt, Futur I und Futur II. Darauf sind nicht zuletzt die Schwierigkeiten zurückzuführen, die ihre Deutung heute noch bereitet. Wir tun gut daran, die lateinischen Bezeichnungen als reine Namen zu verstehen, die nur wenig über die jeweiligen Funktionen der einzelnen Tempusformen aussagen. Begreift man sie nämlich als sprechende Namen, kann es nicht nur geschehen, daß man die jeweilige Funktion nur unzureichend erfaßt, sondern es treten auch Ungereimtheiten und Widersprüche auf; etwa dann, wenn man bei näherem Zusehen feststellt, daß dem Futur (als sog. „Zukunfts"-Form) auch eine präsentische, also „Gegenwarts"-Funktion zukommt oder dem Perfekt (als sog. „Vollendungs"-Form) eine „Zukunfts"-Funktion. Es ist also streng zu unterscheiden zwischen den grammatischen Tempora als Namen für bestimmte Verbformen und den Zeitstufen als den verschiedenen Arten zeitlicher Einbettung, die mit Hilfe dieser Tempora vollzogen wird.

Grundlegend für die Deutung und Funktionsbestimmung der Tempora ist folgender Sachverhalt: Sie gehören – wie bestimmte Adverbien (*hier, dort, heute, gestern* u. a.) und wie die Personal- und Demonstrativpronomen – zu den deiktischen Kategorien der Sprache, denen keine absolute Bedeutung zukommt, sondern immer nur eine relative: Ihre konkrete Bedeutung gewinnen sie jeweils erst im Sprech- bzw. Schreibakt durch den Bezug auf das „Zeigfeld" des Sprechers/ Schreibers mit den Dimensionen „Person", „Raum" und „Zeit".[1] So meint das Pronomen *du* erst dann eine bestimmte Einzelperson, wenn es in einer spezifischen Situation von einem Sprecher/Schreiber gegenüber jemandem verwendet wird. Und das Adverb *hier* meint nicht einen bestimmten Ort, sondern jeweils den, an dem sich der Sprecher/Schreiber gerade aufhält.

246 Was nun die Tempora betrifft, so ist ihre unterschiedliche Leistung (Funktion) zuerst in der Dimension „Zeit" festgelegt. Dem Sprecher/Schreiber dient dabei der Sprechzeitpunkt – also der Zeitpunkt, in dem er sich mündlich oder schriftlich äußert – als Fix- und Bezugspunkt: Alles Geschehen (Handeln, Sein usw.), das aus seiner Sicht im Sprechzeitpunkt abgeschlossen ist, gehört der „Vergangenheit" an; alles Geschehen (Handeln, Sein usw.), das aus seiner Sicht im Sprechzeitpunkt nicht abgeschlossen ist, der Nichtvergangenheit, also „Gegenwart" oder „Zukunft". „Gegenwart" und „Zukunft" können dabei durch das folgende Merkmal genauer bestimmt und gegeneinander abgegrenzt werden: Das Geschehen (Handeln, Sein usw.), das im Sprechzeitpunkt schon begonnen hat, also gleichzeitig mit dem Sprechakt abläuft, gehört der „Gegenwart" an; das Geschehen (Handeln, Sein usw.), das im Sprechzeitpunkt noch nicht begonnen hat, gehört demgegenüber in die „Zukunft". Dabei spielt es keine Rolle, ob der ins Auge gefaßte Zeitpunkt des Beginns in der näheren oder ferneren Zukunft liegt.[2]

---

[1] K. Bühler: Sprachtheorie. Stuttgart ²1965, S. 79 ff. – Zur temporalen Deixis vgl. nun auch die Beiträge von A. Fuchs u. G. Rauh in V. Ehlich u. H. Vater (Hgg.): Temporalsemantik. Beiträge zur Linguistik der Zeitreferenz. Tübingen 1988, S. 1 ff., 26 ff.

[2] Wenn man eine Aktzeit (= Zeit[punkt] des Geschehens) von einer Sprechzeit unterscheidet, kann man „Gegenwart", „Vergangenheit" und „Zukunft" auch so bestimmen: „Gegenwart" = die Aktzeit überlappt die Sprechzeit; „Vergangenheit" = die Aktzeit liegt vor der Sprechzeit; „Zukunft" = die Aktzeit liegt nach der Sprechzeit (vgl. D. Wunderlich: Tempus und Zeitreferenz im Deutschen. München 1970, S. 114 ff.).

„Gegenwart", „Vergangenheit" und „Zukunft" sind also keine absoluten, kalendarisch-objektiv bestimmbaren, sondern relative Größen, die sich in der Zeiterfahrung des Sprechers/Schreibers jeweils neu bilden.

Der· Unterschied Vergangenheit – Nichtvergangenheit ist für das deutsche Tempussystem insofern wichtig, als er allein für den Funktionsunterschied zwischen den beiden Haupttempora Präsens und Präteritum verantwortlich ist. Demgegenüber ist für die Futurformen (Futur I und II) außer der Zeitkomponente noch eine modale Komponente (‚Vermutung', ‚Voraussage') anzusetzen und für die Perfektformen (= Perfekt, Plusquamperfekt, Futur II) eine Vollzugskomponente (Vollzug als gegebene Tatsache oder Eigenschaft). Mit Hilfe dieser drei Komponenten lassen sich die Funktionen der sechs Tempora im wesentlichen wie folgt beschreiben: 247

1. Das **Präsens** bezieht sich sowohl auf Gegenwärtiges (auf im Sprechzeitpunkt Ablaufendes, Vorhandenes, Gültiges) als auch auf Zukünftiges.

2. Das **Futur I** kann sich genauso wie das Präsens sowohl auf Gegenwärtiges als auch auf Zukünftiges beziehen. Es hat meist eine modale Komponente.

3. Das **Perfekt** stellt den Abschluß oder Vollzug eines Geschehens (einer Handlung) als eine im Sprechzeitpunkt gegebene Tatsache oder Eigenschaft fest. Daneben kann es den Abschluß oder Vollzug auch für einen Zeitpunkt in der Zukunft feststellen.

4. Auch das **Futur II** hat – wie das Futur I – eine modale Komponente. In zeitlicher Hinsicht gleicht es dem Perfekt.

5. Das **Präteritum** bezieht sich auf ein Geschehen der Vergangenheit.

6. Das **Plusquamperfekt** stellt den Abschluß oder Vollzug eines Geschehens (einer Handlung) als eine – zu einem bestimmten Zeitpunkt der Vergangenheit gegebene – Tatsache oder Eigenschaft fest. Wegen dieses Vergangenheitsbezugs kann es als Tempus der Vorzeitigkeit („Vorvergangenheit") gedeutet werden. Wichtig für die Wahl des richtigen Tempus ist auch: Obwohl die Tempusmarkierung nur am Finitum erfolgt, bestimmt sich die Wahl des Tempus danach, ob die Satzaussage (Proposition) als Ganzes eine Vorhersage und/oder eine Vollzugsfeststellung meint. Es kommt also nicht allein auf den Verb-, sondern auf den ganzen Satzinhalt an.[1]

Die Verwendungsweisen der Tempora im einzelnen

Das Präsens

Das Präsens kann allgemein charakterisiert werden als das Tempus der „Besprechung".[2] Im einzelnen sind folgende Verwendungsweisen zu unterscheiden: 248

1. Bezug auf Gegenwärtiges

Das Präsens bezieht sich auf ein Geschehen, das im Sprechzeitpunkt – und in diesem Sinne in der Gegenwart – schon oder noch abläuft: 249

> Es *regnet.* Ich *schreibe* gerade einen Brief. Peter *besucht* zur Zeit einen Lehrgang. Sie *mischen* sich seit Jahren in meine persönlichsten Dinge ein ... (Böll).

---

[1] So ist für die Wahl des Präsens in dem Satz *Goethe lebt nicht mehr* nicht nur die Bedeutung des Verbs *leben* entscheidend, sondern auch die Negation *nicht mehr.*

[2] Vgl. H. Weinrich: Tempus. Besprochene und erzählte Welt. Stuttgart ²1971, S. 42 ff.; ders.: Textgrammatik der deutschen Sprache. Mannheim [u. a.] 1993, S. 201 ff.

2. Bezug auf Allgemeingültiges

250 Im Präsens stehen auch solche Aussagen, die Allgemeingültiges beinhalten, z. B. Sprichwörter:

> Müßiggang *ist* aller Laster Anfang. Wer den Pfennig nicht *ehrt, ist* des Talers nicht wert. Du *glaubst* zu schieben, und du *wirst geschoben.*

3. Bezug auf Zukünftiges

251 Das Präsens bezieht sich auch auf noch nicht begonnenes Geschehen:

> Morgen *fahre* ich nach Berlin. Nach einigen Jahren *spricht* niemand mehr davon. „Nein", sagte ich, „ich *gehe* auf der Stelle *hin* und schmeiß meinen Augustinus ins Feuer" (H. Böll).

Das Präsens in dieser Verwendungsweise konkurriert mit dem Futur I (vgl. 256); statt des Präsens könnte in diesen Beispielen auch das Futur I stehen:

> Morgen *werde* ich nach Berlin *fahren.* Nach einigen Jahren *wird* niemand mehr davon *sprechen.* „Nein", sagte ich, „ich *werde* auf der Stelle *hingehen* und meinen Augustinus ins Feuer *schmeißen.*"

4. Bezug auf Vergangenes

252 Das Präsens bezieht sich auch auf ein bereits vergangenes Geschehen und wird an Stelle des Präteritums verwendet, um die stilistische Wirkung einer stärkeren Verlebendigung und Vergegenwärtigung zu erzielen (historisches Präsens oder Praesens historicum):

> Da *liege* ich doch gestern auf der Couch und lese, *kommt* Ingeborg leise ins Zimmer und *gibt* mir einen Kuß.

Dieses Präsens wird auch gerne in Schlagzeilen *(Lokomotive kollidiert mit Lastwagen)* oder in Geschichtstabellen *(49 v. Chr.: Cäsar überschreitet den Rubikon)* gebraucht.

Wenn dieses Präsens in einer „präteritalen Umgebung" steht, d. h., wenn präsentische Formen das Präteritum als Erzähltempus nur unterbrechen, spricht man von szenischem Präsens:

> Und aus einem kleinen Tor, das ... sich plötzlich aufgetan hatte, *bricht* – ich wähle hier die Gegenwart, weil das Ereignis mir so sehr gegenwärtig ist – etwas Elementares hervor ... (Th. Mann).

Das Präsens kann jedoch auch als episches Präsens an die Stelle des Präteritums als des eigentlichen Erzähltempus treten. Ein Beispiel für einen Roman im Präsens ist Hans Falladas „Kleiner Mann – was nun?":

> Pinneberg *greift* in die Tasche, *holt* dann dem Etui eine Zigarette und *brennt* sie an. Um die Ecke *weht* Lämmchen, im plissierten weißen Rock ...

Szenisches wie episches Präsens sind dadurch gekennzeichnet, daß sie stets gegen das Präteritum ausgetauscht werden können, wobei freilich die besondere stilistische Wirkung wieder verlorengeht.

Das Futur I

253 Das Futur I kann sich wie das Präsens auf Gegenwärtiges oder Zukünftiges beziehen. Vom Präsens unterscheidet es sich v. a. dadurch, daß es der Aussage meist die modale Komponente ‚Vermutung' verleiht. Auf Zukünftiges bezogen, hat es den Charakter einer Voraussage oder Ankündigung.

1. Bezug auf Zukünftiges

Der Sprecher/Schreiber bezieht das Futur I auf Zukünftiges, also auf ein Gesche-   254
hen, das noch nicht im Sprechzeitpunkt abläuft, sondern erst zu einem späteren
Zeitpunkt einsetzen wird; dabei schwingt oft ein Moment der Unsicherheit mit:

> Du *wirst* noch im Zuchthaus *enden,* wenn du so weitermachst! Der Ruf unseres Bades
> *wird* schweren Schaden *nehmen,* wenn diese Geschichte durch die Skandalpresse
> geschleift wird (H. Pinkwart). Er *wird* später einmal das Geschäft *übernehmen.*

Das Futur I kann auch einen festen Entschluß oder eine feste Absicht ausdrükken. Das Subjekt des Satzes steht in der 1. Person (Singular oder Plural), der
Verbinhalt drückt ein menschliches Tun aus:

> Ich *werde* dich nie *verlassen!* Wir *werden* ihn nicht *vergessen!*

Ferner bringt das Futur I eine Aufforderung oder einen Befehl zum Ausdruck.
Das Subjekt des Satzes steht in der 2. Person (Singular oder Plural), das Verb
bezeichnet wieder ein menschliches Tun:

> „Jetzt *wirst* du für Eier *sorgen!"* sagte er zur Genossin Nietnagel (E. Strittmatter). Kein
> Wort *wirst* du diesem verdammten Schnüffler *sagen!* (H. Pinkwart).

2. Bezug auf Gegenwärtiges

Der Sprecher/Schreiber bezieht das Futur I auf Gegenwärtiges, genauer: auf ein   255
im Sprechzeitpunkt ablaufendes oder noch anhaltendes Geschehen. Er läßt sich
dabei von der Erwartung leiten, daß seine Aussage als wahr bestätigt wird:

> Sie *werden* doch wohl *einsehen,* daß das Gut nicht zwei Verwalter gehabt haben kann
> (H. Pinkwart). Aber ein Kännchen Milch für ein Kind *werdet* Ihr doch *haben,* Groß-
> vater? (B. Brecht). Der zartere Leser *wird* sich *fragen,* wie solchen Werken der Rang
> einer großen Dichtung zuzubilligen sei (E. Staiger).

In allen Beispielen läßt sich durch Hinzufügen einer Zeitangabe wie *(auch) jetzt*
(noch) der Bezug auf den Sprechzeitpunkt verdeutlichen.

Verhältnis Präsens – Futur I

Da Präsens und Futur I in ihrer Zeitfunktion übereinstimmen, ist oft nicht leicht   256
zu entscheiden, welches der beiden Tempora zu wählen ist.

1. Präsens – Futur I mit Gegenwartsbezug
Das Futur I mit Gegenwartsbezug kann im allgemeinen nicht durch das Präsens
ersetzt werden, weil sonst die modale Komponente ‚Vermutung' verlorengeht
und die Aussage im Sinne einer Behauptung verstanden wird:

> Er *wird* jetzt krank *sein.* (Nicht:) Er *ist* jetzt krank.

Nur wenn die Komponente ‚Vermutung' auf andere Weise – etwa durch Adverbien wie *wohl, vielleicht, wahrscheinlich, vermutlich* – gesichert ist, kann hier das
Präsens gesetzt werden:

> Er *wird* jetzt krank *sein./*Er *ist* jetzt *vermutlich* krank.

2. Präsens – Futur I mit Zukunftsbezug
An Stelle des Futurs I mit Zukunftsbezug kann auch das Präsens gesetzt werden,
wenn der Zukunftsbezug durch den Kontext (z. B. Zeitangaben, Temporalsätze
u. ä.) gesichert ist:

> Er *wird* später einmal das Geschäft *übernehmen./*Er *übernimmt später* einmal das
> Geschäft.

Daß im Vergleich mit dem Präsens das Futur I die angemessenere Form in Voraussagen ist, die mit einem gewissen Maß von Unsicherheit behaftet sind, verdeutlicht gut das Tempusschema einer Programmvorschau, wo die fest geplanten Beiträge im Präsens, das ungewisse, nur vermutete Ende des Programms im Futur I angekündigt werden:

Um 20 Uhr *sehen* Sie die Tagesschau.
Anschließend *zeigen* wir Ihnen das Wirtschaftsmagazin.
Um 21 Uhr *folgt* „Sport aktuell".
Sendeschluß *wird* etwa gegen 23 Uhr *sein.*

Auch in Absichtserklärungen oder Aufforderungen (vgl. 254), denen ein starker Nachdruck verliehen werden soll, ist das Futur I angemessener als das Präsens. Das Präsens ist jedoch – zumal in der gesprochenen Sprache, wo Absicht oder Aufforderung mit entsprechender Betonung geäußert werden kann – nicht ausgeschlossen:

Ich *verlasse* dich nie! Kein Wort *sagst* du diesem verdammten Schnüffler!

Die Wahl von Präsens oder Futur I ist im übrigen auch eine Frage des Stils. So wird um der Abwechslung willen z. B. eine längere „futurische" Präsensreihe gern durch ein Futur I unterbrochen. Grundsätzlich gilt jedoch: Das Futur I eignet sich nicht – ebensowenig wie die anderen zusammengesetzten Tempusformen – zum reihenden Gebrauch in einem längeren Text. Es ist kein Erzähl- oder Abhandlungstempus. Dafür steht das Präsens zur Verfügung.

Das Präteritum

257   Das Präteritum wird immer dann gewählt, wenn ein Geschehen (eine Handlung) im Sprechzeitpunkt vergangen und abgeschlossen ist und in diesem Sinne der Vergangenheit angehört:

Gestern *regnete* es. Vor hundert Jahren *wurde* der Kölner Dom *vollendet.* Goethe *beschäftigte* sich jahrelang mit der Farbenlehre. Kolumbus *entdeckte* Amerika.

Das Präteritum ist als Vergangenheitstempus das Haupttempus in allen Erzählungen und Berichten, die von einem erdachten (fiktiven) oder wirklichen (nichtfiktiven) Geschehen der Vergangenheit handeln (episches Präteritum). Gelegentlich kann das Präteritum (wie das Plusquamperfekt) auch in Texten gebraucht werden, die eine zukünftige Handlung als schon vergangen betrachten (Zukunftsroman, futurologischer Bericht u. ä.). Der Autor berichtet dann aus einer nur konstruierten Rückschauperspektive. Allerdings muß dann die Situation oder der Textzusammenhang Hinweise enthalten, die es dem Hörer/Leser gestatten, diese Konstruktion zu durchschauen; sonst besteht die Gefahr eines Mißverständnisses, indem die „erzählte Zeit" (= Zukunft) im Sinne der „grammatischen Zeit" (= Vergangenheit) verstanden wird. Ein Beispiel:

Übrigens hat man die 1995 eingeführten Laufbandgehwege, die die Fußgänger in den Hauptgeschäftsstraßen der Städte *beförderten,* ohne daß diese auch nur einen einzigen Schritt gehen *mußten,* wieder abgeschafft. Da die Menschen das Gehen fast *verlernt hatten,* grassierte eine Muskelschwundkrankheit, der nur zu begegnen *war,* wenn man sich täglich eine Stunde mit den dafür vorgesehenen Beinen selbst *bewegte.* Der große Sport des Jahres 2000 heißt daher: Gehe selbst! (Die Welt, 1967).

So lautet der Schlußteil eines Berichtes, der sich mit den Verkehrsverhältnissen des Jahres 2000 befaßt. Wie aus dem letzten Satz hervorgeht, sind alle Präter-

itumformen (und eine Plusquamperfektform) dieses Textes gewählt aus der vom
Autor konstruierten Rückschauperspektive „im Jahre 2000".[1]

Das Perfekt

Beim Perfekt sind vier Verwendungsweisen zu unterscheiden:

1. Bezug auf Vergangenes

In der überwiegenden Zahl der Fälle tritt das Perfekt als Vergangenheitstempus   258
auf und stellt den Vollzug oder Abschluß einer Handlung als eine – für den
Sprechzeitpunkt (Gegenwart) gegebene – Tatsache oder Eigenschaft fest:

> Kathrin *hat* ein Klavier *gekauft.* Die Nachbarn *sind* von ihrer Reise *zurückgekehrt.*
> 24.00 Uhr: Ich *habe* noch keine Minute *geschlafen* (M. Frisch).

Der Zeitpunkt der Vergangenheit, in dem die Handlung abgelaufen ist, kann
durch Zeitangaben (Adverb, Präpositionalgefüge, Temporalsatz u. a.) ausdrücklich bezeichnet werden:

> Kathrin *hat* g e s t e r n ein Klavier *gekauft.* Ich *habe* diese Reise schon einmal v o r d r e i
> J a h r e n *gemacht.*

Andererseits kann auch der Zeitpunkt, für den die Feststellung des Vollzugs gilt
(der Sprechzeitpunkt, die Gegenwart), bezeichnet werden:

> J e t z t *hat* er sein Werk *vollendet. E b e n ist* der Schnellzug *eingetroffen.*

Das Perfekt wird vor allem dann verwendet, wenn das Ergebnis oder die Folge
eines Geschehens im Sprechzeitpunkt (noch) belangvoll ist. So ruft jemand, der
am Morgen aus dem Fenster schaut und frisch gefallenen Schnee sieht:

> Es *hat geschneit!*

Oder man fragt, wenn man einen Schuldigen sucht:

> *Hat* er es *getan,* oder *hat* er es nicht *getan?*

2. Bezug auf Allgemeingültiges

Das Perfekt begegnet auch in allgemeingültigen Aussagen: 259

> Ein Unglück *ist* schnell *geschehen.* Wie schnell *hat* man nicht den Stab über einen Men-
> schen *gebrochen!* Wenn der Pfeil die Sehne des Bogens *verlassen hat,* so fliegt er seine
> Bahn (W. Heisenberg).

Hier zielt das Perfekt auf den wiederkehrenden Abschluß oder Vollzug einer
Handlung. Diese Verwendung kommt sehr selten vor.

3. Bezug auf Zukünftiges

Das Perfekt kann den Abschluß oder Vollzug einer Handlung auch für die Zu-   260
kunft feststellen:

> Morgen *hat* er sein Werk *vollendet.* In zwei Stunden *habe* ich das Geld *besorgt.* Wirk-
> lich *gesiegt haben* wir nur, wenn die Eingeborenen den Sinn der Schutzgebiete ein-
> sehen (B. u. M. Grzimek).

Bedingung für diese in Texten der geschriebenen Standardsprache seltene Verwendungsweise ist, daß der Zukunftsbezug durch eine entsprechende Zeitangabe
(Adverb, Präpositionalgefüge, Temporalsatz u. ä.) ausdrücklich bezeichnet wird.

---

1   Zum Präteritum in der erlebten Rede vgl. 301; zum Verhältnis Präteritum – Perfekt vgl. 262;
    zum sog. „Ästhetenpräteritum" vgl. J. Trier: Unsicherheiten im heutigen Deutsch. In: Sprach-
    norm, Sprachpflege, Sprachkritik. Düsseldorf 1968, S. 22 ff.

4. Szenisches Perfekt

261 Wie es ein szenisches Präsens gibt (vgl. 252), so gibt es auch ein szenisches Perfekt. Es tritt an die Stelle eines Plusquamperfekts (gegen das es immer ausgetauscht werden kann), um ein vergangenes Geschehen lebendig vor Augen treten zu lassen:

> Und aus einem kleinen Tor, das ... sich plötzlich *aufgetan hat* (statt: *aufgetan hatte;* vgl. 252), bricht ... etwas Elementares hervor.

Verhältnis Präteritum – Perfekt

262 Präteritum und Perfekt sind zwar nicht funktionsgleich, aber doch funktionsähnlich: beide beziehen sich auf ein vergangenes, abgeschlossenes Geschehen. Aber während das Präteritum einer Handlung lediglich den Stempel ‚im Sprechzeitpunkt vergangen' aufdrückt, stellt das Perfekt den Vollzug einer Handlung, ihre Durchführung fest, und zwar als eine im Sprechzeitpunkt gegebene Tatsache (vgl. 258), als eine (möglicherweise) wiederkehrende Tatsache (vgl. 259) oder als eine zu einem zukünftigen Zeitpunkt gegebene Tatsache (vgl. 260).

1. Präteritum – Perfekt mit Vergangenheitsbezug:
Aus dem Zusammenhang herausgelöst, kann das Perfekt mit Vergangenheitsbezug gegen das Präteritum ausgetauscht werden, ohne daß der Hörer/Leser einen großen Informationsunterschied bemerkt:

> Kolumbus *hat* Amerika *entdeckt.*/Kolumbus *entdeckte* Amerika.

Die gegenseitige Vertretung ist aber nicht gut oder überhaupt nicht möglich, wenn es auf die Mehrinformation des Perfekts entscheidend ankommt; wenn z. B. die im Perfekt genannte Tatsache zu einer anderen in Beziehung gesetzt wird:

> Da steht er nun, der kleine Hans, und weint, weil er vom Nikolaus nichts *bekommen hat.*

Da das Perfekt in der Standardsprache nicht als Erzähltempus dient, darf es auch nicht reihend in längeren Texten gebraucht werden, dafür steht das Präteritum zur Verfügung.[1] Allerdings werden mit dem Perfekt gerne Erzählungen u. ä. begonnen oder geschlossen; man vergleiche den Anfang eines Essays von Peter Bamm:

> Die Sorge um das Schicksal seiner Völker *hat* Kaiser Karl V. in mancher Nacht des Schlafes *beraubt.* Er *pflegte* dann, in seine Pelze gehüllt, am Kamin zu sitzen. Die Sorge, in ihren säkularen Lumpen, *saß* ihm gegenüber, bis die Nacht vorüber *war* – zwei Majestäten, die miteinander Geschäfte *hatten.*

---

1 Nicht so im Gebiet der oberdeutschen Mundarten: Da hier Präteritum und Plusquamperfekt seit dem 16. und 17. Jahrhundert geschwunden sind (die Schwundgrenze nach Norden hin folgt etwa der Linie Trier–Frankfurt–Plauen), ist der Sprecher in diesen Mundartgebieten gezwungen, vergangenes Geschehen mit Hilfe des Perfekts darzustellen; lediglich bei *sein* benutzt er das Präteritum (vgl. K. B. Lindgren: Über den oberdeutschen Präteritumschwund. Helsinki 1957).
Bei einer Form wie
> Ich *war* (beim Bäcker) *gewesen.* (Statt: Ich *bin* beim Bäcker *gewesen.*)
handelt es sich um eine nicht korrekte Mischform aus oberdeutschem (präteritalem) Perfekt und standardsprachlichem Präteritum. Sie ist besonders im Grenzgebiet zwischen Süd- und Norddeutschland zu hören. (Davon zu trennen ist *war gewesen* als Plusquamperfekt, das durchaus korrekt ist.)

2. Präteritum – Perfekt mit Bezug auf Allgemeingültiges:
Das Perfekt in allgemeingültigen Aussagen ist nicht durch das Präteritum ersetzbar:

> Wenn der Pfeil die Sehne des Bogens *verlassen hat,* so fliegt er seine Bahn. (Nicht möglich:) Wenn der Pfeil die Sehne des Bogens verließ, so fliegt er seine Bahn.

3. Präteritum – Perfekt mit Zukunftsbezug:
Auch das Perfekt mit Zukunftsbezug ist nicht durch das Präteritum ersetzbar:

> Wirklich *gesiegt haben* wir nur, wenn die Eingeborenen den Sinn der Schutzgebiete einsehen. (Nicht möglich:) Wirklich siegten wir nur, wenn die Eingeborenen den Sinn der Schutzgebiete einsehen.

Zum Verhältnis Perfekt – Futur II vgl. 267.

Das Plusquamperfekt

Das Plusquamperfekt unterscheidet sich vom Perfekt dadurch, daß es den Vollzug oder Abschluß eines Geschehens als gegebene Tatsache nicht für die Gegenwart oder für die Zukunft feststellt, sondern für einen Zeitpunkt der Vergangenheit: 263

> In den zwanziger Jahren unseres Jahrhunderts lebte in Düsseldorf am Rhein, verwitwet seit mehr als einem Jahrzehnt, Frau Rosalie von Tümmler mit ihrer Tochter Anna und ihrem Sohne Eduard in bequemen, wenn auch nicht üppigen Verhältnissen. Ihr Gatte, Oberstleutnant von Tümmler, *war* ganz zu Anfang des Krieges ... durch einen Automobilunfall ... ums Leben *gekommen* ... Rheinländerin von Geblüt und Mundart, *hatte* Rosalie die Jahre ihrer Ehe, zwanzig an der Zahl, in dem gewerbefleißigen Duisburg *verbracht,* wo von Tümmler garnisonierte, *war* aber nach dem Verlust des Gatten ... nach Düsseldorf *übergesiedelt* ...

In diesem Text von Thomas Mann wird der Bezugszeitpunkt mit *in den zwanziger Jahren unseres Jahrhunderts* angegeben. Der Zeitpunkt, zu dem das im Plusquamperfekt genannte Geschehen abgelaufen ist, liegt davor und wird dem Leser einmal durch *ganz zu Anfang des Krieges* und ein anderes Mal durch *nach dem Verlust des Gatten* mitgeteilt. Das Plusquamperfekt dient also als Tempus der Vorzeitigkeit („Vorvergangenheit").

Wie beim Perfekt so kann auch beim Plusquamperfekt der Bezugszeitpunkt, also der Zeitpunkt, für den die Feststellung des Abschlusses gilt, im Satz selbst benannt werden:

> N u n (= Zeitpunkt der Vergangenheit) *hatte* er das Spiel *gewonnen.* Am a n d e r n Tag (= Zeitpunkt der Vergangenheit) *hatte* sie ihr Werk *vollendet.*

Das Plusquamperfekt wird, genauso wie das Perfekt (vgl. 262, 1), gerne zur Eröffnung und zum Abschluß einer Erzählung o. ä. gebraucht.[1]

Das Futur II

Das Futur II vereint in sich die Funktionen des Perfekts und des Futurs I. Zwei   264
Verwendungsweisen sind zu unterscheiden:

---

[1] Der Ausfall des Präteritums und des Plusquamperfekts hat im Oberdeutschen (vgl. 262, Anm. 1) zur Herausbildung einer neuen Form für die Vorvergangenheit geführt:
Ich *hab's* ganz *vergessen gehabt* (für standardspr.: Ich *hatte* es ganz *vergessen*). Ich *bin eingeschlafen gewesen* (für standardspr.: Ich war eingeschlafen).
„Wir *haben* uns alle schon so daran gewöhnt *gehabt,* daß nichts geschieht, aber immer etwas geschehen soll", erzählte Stumm. „Und da hat auf einmal jemand ... die Nachricht gebracht, daß heuer im Herbst ein Welt-Friedens-Kongreß tagen wird ..." (Musil).

1. Bezug auf Vergangenes

265 Der Sprecher/Schreiber stellt den Vollzug oder Abschluß einer Handlung für den Sprechzeitpunkt fest. Die Aussage nimmt dabei den Charakter einer Vermutung über vergangenes Geschehen an:

> So *wird* es dann auch Oskars Blick *gewesen sein,* der den Bildhauer Maruhn ... verführen konnte, in mir ein Bildhauermodell ... zu sehen (G. Grass). Da *wird* sich seine Mutter (sicherlich) *gefreut haben.*

In dieser Verwendungsweise dient das Futur II als ein Vergangenheitstempus.

2. Bezug auf Zukünftiges

266 In dieser wesentlich selteneren Verwendungsweise bezieht der Sprecher/Schreiber die – in der Regel durch ein Moment der Unsicherheit gekennzeichnete – Feststellung des Vollzugs oder Abschlusses einer Handlung auf einen Zeitpunkt in der Zukunft:

> Vielleicht *wird* die Menschheit bis dahin so weit *gelangt sein,* daß diese Fesseln von weisen Mönchen in stillen Klöstern aufbewahrt werden (P. Bamm). Während die installierte Kraftwerksleistung 1965 ungefähr 10 Mio. kW betrug, *wird* sie 1980 auf etwa 25 Mio. kW *angewachsen sein* (Urania, 1967).

Der Bezug auf den zukünftigen Zeitpunkt ist dabei immer – wie beim Perfekt – durch eine entsprechende Zeitangabe (Adverb, Präpositionalgefüge, Temporalsatz u. ä.) kenntlich zu machen.

Verhältnis Perfekt – Futur II

267 Das Verhältnis Perfekt – Futur II entspricht dem Verhältnis Präsens – Futur I (vgl. 256). Wie dort Präsens und Futur I in bestimmten Grenzen gegenseitig austauschbar sind, so hier Perfekt und Futur II.

1. Perfekt – Futur II mit Vergangenheitsbezug:
Grundsätzlich kann ein Perfekt das Futur II, wenn es eine Vermutung über ein vergangenes Geschehen ausdrückt, nicht vertreten, es sei denn, daß die modale Komponente ,Vermutung' auf andere Weise, etwa durch Adverbien wie *wohl, vielleicht, wahrscheinlich, vermutlich* gesichert wird:

> Er *wird* seinen Schlüssel *verloren haben/Er hat* vermutlich seinen Schlüssel *verloren.* (Aber nicht: Er *hat* seinen Schlüssel *verloren.*)

2. Perfekt – Futur II mit Zukunftsbezug:
Das Futur II mit Zukunftsbezug kann immer durch das Perfekt ersetzt werden, da der Zukunftsbezug durch Zeitangabe u. ä. gesichert ist:

> Sie rechnen aus, wieviel heute jede Minute über die Brücke gehen und wieviel in zehn Jahren über die Brücke *gegangen sein werden* (Böll). Auch möglich: ... und wieviel in zehn Jahren über die Brücke *gegangen sind.* Am kommenden Mittwoch *wird* das Raumschiff den Mond *erreicht haben.* Auch möglich: Am kommenden Mittwoch *hat* das Raumschiff den Mond *erreicht.*

Das Futur II ist aber üblicher, wenn es sich um Zukünftiges betreffende Aussagen handelt, die mit einer gewissen Unsicherheit behaftet sind:

> Knapp 22 Stunden später startete das Gerät wieder, und alles spricht dafür, daß die Männer ... am kommenden Donnerstag sicher zur Erde *zurückgekehrt sein werden* (Die Zeit, 1969). Nicht so deutlich: ... am kommenden Donnerstag sicher zur Erde *zurückgekehrt sind.*

Die Verwendungsweisen der Tempora im Überblick   268

Präsens	Futur I	Präteritum	Perfekt	Plusquam-perfekt	Futur II
1. Verwen-dungsweise: Gegenwarts-bezug	*1. Verwen-dungsweise:* Zukunfts-bezug (Voraussage) *Nebenform:* Entschluß, Absicht *Nebenform:* Aufforderung, Befehl	*Verwendungs-weise:* Vergangen-heitsbezug	*1. Verwen-dungsweise:* Vollzug oder Abschluß ei-nes Gesche-hens mit Be-zug auf den Sprechzeit-punkt (Perfekt als Vergangen-heitstempus)	*Verwendungs-weise:* Vollzug oder Abschluß ei-nes Gesche-hens mit Be-zug auf die Vergangenheit (Vorvergan-genheit)	*1. Verwen-dungsweise:* Vollzug oder Abschluß ei-nes Gesche-hens mit Bezug auf den Sprech-zeitpunkt (Vermutung; Futur II als Vergangen-heitstempus)
2. Verwen-dungsweise: Bezug auf Allgemein-gültiges	*2. Verwen-dungsweise:* Gegenwarts-bezug (Vermutung)		*2. Verwen-dungsweise:* Vollzug oder Abschluß ei-nes Gesche-hens; Bezug auf Allgemein-gültiges		*2. Verwen-dungsweise:* Vollzug oder Abschluß ei-nes Gesche-hens mit Zu-kunftsbezug (Voraussage)
3. Verwen-dungsweise: Zukunfts-bezug			*3. Verwen-dungsweise:* Vollzug oder Abschluß ei-nes Gesche-hens; Zu-kunftsbezug		
4. Verwen-dungsweise: historisches, szenisches Präsens			*4. Verwen-dungsweise:* szenisches Perfekt		

Die Folge der Tempora (Consecutio temporum)

Ungeachtet der Tatsache, daß in konkreten Texten gewöhnlich entweder das Prä-   269
sens oder das Präteritum vorherrscht, ist die Abfolge der Tempora sowohl im zusammengesetzten Satz als auch auf der Textebene grundsätzlich frei. Für ihre
Wahl ist im wesentlichen nur die Mitteilungsabsicht des Sprechers/Schreibers
maßgebend.
Bei den Temporalsätzen ist jedoch zu beachten, daß das Tempus des Temporalsatzes dem des übergeordneten Satzes so anzugleichen ist, daß entweder nur Vergangenheitstempora (Präteritum, Plusquampferkt und die jeweils erste Verwendungsweise von Perfekt und Futur II) oder nur Nichtvergangenheitstempora
(Präsens, Futur I, die zweite und dritte Verwendungsweise des Perfekts und die

zweite Verwendungsweise des Futurs II) miteinander kombiniert werden. Zulässig sind demnach Kombinationen wie

Petra *liest* ein Buch, während das Kind *schläft.*
Petra *las* ein Buch, während das Kind *schlief.*

oder

Er *ist* erleichtert, seit[dem] er die neue Stelle *hat.*
Er *war* erleichtert, seit[dem] er die neue Stelle *hatte.*

Nicht möglich sind dagegen Kombinationen wie

Wir spielen Skat, sooft wir uns trafen/getroffen hatten.
Sie hatte noch einen Brief zu schreiben, bevor sie Feierabend macht/gemacht hat.

Zu den Besonderheiten in *wenn-* und *als-*Sätzen und in *nachdem-*Sätzen vgl. 1330,3.

2.3.2 Der Modus: Indikativ, Konjunktiv, Imperativ

270 Durch verschiedene Verbformen wird das, was im Satz gesagt wird, in bestimmter Weise vom Sprecher/Schreiber gekennzeichnet, gefärbt, modifiziert; der Satz bekommt eine bestimmte Aussageweise, einen bestimmten Modus (Plural: die Modi). Zu unterscheiden sind:[1]

– Indikativ:

Tobias hat heute abend Zeit und *kommt* auf einen Sprung zu euch.

– Konjunktiv I:

Stephanie hat gesagt, Tobias *habe* heute abend Zeit und *komme* auf einen Sprung zu uns. Man *nehme* täglich eine Tablette. Er tat, als ob er krank *sei.*

– Konjunktiv II:

Wenn Stephanie Zeit *hätte, käme* sie auf einen Sprung zu uns. Er tat, als ob er krank *wäre.* Sie sagen, sie *kämen* heute. Einige sagen, sie *wäre* 120 Jahre alt (aber ich glaube es nicht).

– Imperativ:

Komm doch auf einen Sprung zu uns! *Nehmt* dreimal täglich eine Tablette!

Der Indikativ[2]

271 *Tobias hat* heute abend Zeit und *kommt* auf einen Sprung zu euch. Wenn Maria das Abitur *bestanden hat, geht* sie zur Universität. Susanne *ist* krank.

Mit dem Indikativ wird etwas in sachlicher Feststellung als tatsächlich und wirklich, als gegeben dargestellt und ohne Bedenken anerkannt. Er ist sozusagen der Normalmodus in allen Texten.

Indikativ und Realität

272 Indikativische Aussagen können mit der Realität übereinstimmen, müssen es aber nicht. Das zeigt sich etwa

---

1 Die Bezeichnungen *Konjunktiv, Imperativ* und *Indikativ* beziehen sich hier auf bestimmte Verbformen.
2 Man spricht auch von *Wirklichkeitsform;* zur Bildung der Formen vgl. 208 ff., 227 ff.

– im Bereich der Phantasie:

Schnell *sprang* Rotkäppchen aus dem Bauche des Wolfes und die Großmutter auch.

– in Verneinung und Frage:

Er *geht* nicht ins Theater. *Gehst* du [nicht] ins Theater?

– im Bereich des Futurischen, wenn ein noch nicht begonnenes Geschehen ausgedrückt werden soll:

Nach meiner Rückkehr *esse* ich und *gehe* ins Bett. Sie *wird kommen.*

– im Bereich des Allgemeingültig-Hypothetischen:

Wer *wagt, gewinnt.* Ein Unglück *ist schnell geschehen.*

– im Bereich des bedingt Möglichen (vgl. 286):

Wenn ich Geld *habe, kaufe* ich mir ein Faltboot. ... und im Winter, wenn sie zu Hause *waren, aßen* sie schlecht (Böll).

Man darf den Indikativ also nicht also nicht als einen ‚Modus der Wahrheit' verstehen, mit dem nur wahre Aussagen gemacht werden. Entscheidend ist, daß die Aussage in indikativischen Sätzen als real, als gegeben, zumindest aber als real möglich hingestellt wird. Dasselbe gilt für die verschiedenen Nebensätze:

Der Angeredete, der bislang *geschwiegen hatte,* zuckte die Achseln. Sie wünscht, daß du *kommst.* Wenn du Zeit *hast,* kannst du kommen. Es steht fest, daß sich die Erde um die Sonne *dreht.* Er ahnte nicht, was sich inzwischen *ereignet hatte.* Sie streitet ab, daß sie das *getan hat.*

Indikativ und modale Färbung

Sätze, deren Finitum im Indikativ steht, können mit verschiedenen Mitteln modal   **273**
gefärbt werden, und zwar

– durch bestimmte modale Adverbien (vgl. 614 ff.):

Er ist *sicherlich* zu Hause. Sie wird *vielleicht* kommen. *Zweifellos* war es das beste, gleich abzureisen.

– durch bestimmte modale Wortgruppen:

Meiner Meinung nach/Meines Erachtens beginnt das Theater um 20 Uhr.

– durch bestimmte Verben u. ä. im übergeordneten Satz:

Ich *vermute,* daß er morgen kommt. Sie *glaubt,* daß sie die Prüfung besteht. Es ist *möglich,* daß sie morgen fährt. Sie *wünschen,* daß wir kommen.

– durch Modalverben (vgl. 153):

Ich *kann* morgen kommen. Er *muß* jeden Morgen um 6 Uhr aufstehen. Du *sollst* sofort nach Hause kommen.

– durch bestimmte, modal gefärbte Tempusformen (vgl. 253):

Das *wird* [schon] *stimmen.* Sie *wird* es [sicher] *gewesen sein.*

– durch besondere Betonung:

Du *kommst* mit! Du *wirst* [jedenfalls] mit uns gehen!

Mit solchen Mitteln nimmt der Sprecher/Schreiber zur Geltung des jeweiligen Sachverhalts (Aussage) Stellung.

Der Konjunktiv[1]

274 Im Vergleich mit den indikativischen Formen stellen konjunktivische eher die Ausnahme dar. Der Konjunktiv wird nur unter ganz bestimmten Bedingungen gewählt, die wir im Folgenden „Funktionsbereiche" nennen.

Funktionsbereich I: Aufforderung und Wunsch

275 Außerhalb der indirekten Rede (vgl. 293) und des modalen Relativsatzes (vgl. 290) spielt der Konjunktiv I nur eine geringe Rolle. Er dient zum Ausdruck eines Wunsches, einer Bitte oder einer Aufforderung – die Funktionen sind nicht immer eindeutig zu trennen – und begegnet sowohl im Haupt- als auch im Nebensatz.

Hauptsatz

276 Zum Ausdruck eines Wunsches oder einer Aufforderung wird am häufigsten *sein* in den Konjunktiv I gesetzt:

> Dem Autor *sei* Dank ... (Die Zeit). Ein Redner *sei* kein Lexikon! (Tucholsky). *Seien* wir doch vernünftig! *Seien* die glücklich, die so handeln!

Von den Modalverben werden vor allem *mögen, wollen* und *sollen* gebraucht:

> Man *möge* es verstehen oder verurteilen (Kantorowicz). Das *wolle* Gott verhüten![2]

Schließlich kommen auch Vollverben vor:

> ... auch den jungen Wein des Vorjahres *trinke* man! (Tucholsky). Es *sage* uns niemand, heute gebe es keine sachlichen Alternativen mehr (Augstein). Man *meine* nicht, daß das Schauspiel komisch sei (Koeppen).

Der Konjunktiv I als Ausdruck des Wunsches und der Aufforderung findet sich verhältnismäßig oft in mathematischen Fachtexten, in Anweisungen und Anleitungen auf Rezepten und in Redewendungen und Formeln:

> In der Zeichnung *sei* die Ellipse eine Planetenbahn (Franke). Man *nehme* täglich dreimal eine Tablette. Man *nehme* fünf Eier und ein halbes Pfund Mehl, dann *rühre* man das Ganze gut durch. Er *lebe* hoch! Gott *sei* Dank! Das *sei* ferne von mir! Das *bleibe* dahingestellt!

Nebensatz

277 Wenn der Konjunktiv I im abhängigen Wunsch- oder Finalsatz auftritt, dann handelt es sich um die indirekte Wiedergabe eines direkt geäußerten Wunsches, einer direkt geäußerten Bitte oder Aufforderung. Die Form der direkten Äußerung kann der Imperativ sein, der Konjunktiv I oder eine Infinitivfügung mit *sollen*. Es besteht eine gewisse Nähe zur indirekten Rede (vgl. 293), weshalb vorwiegend Formen der 3. Pers. (Sing.) Präsens vorkommen.

---

[1] Die Darstellung des Konjunktivs stützt sich im wesentlichen auf folgende Untersuchungen: K.-H. Bausch: Modalität und Konjunktivgebrauch in der gesprochenen deutschen Standardsprache. Sprachsystem, Sprachvariation und Sprachwandel im heutigen Deutsch, Teil 1. München 1979; W. Flämig: Zum Konjunktiv in der deutschen Sprache der Gegenwart. Inhalte und Gebrauchsweisen. Berlin 1959; S. Jäger: Der Konjunktiv in der deutschen Sprache der Gegenwart. Untersuchungen an ausgewählten Texten. München, Düsseldorf 1971; G. Kaufmann: Das konjunktivische Bedingungsgefüge im heutigen Deutsch. Tübingen 1972; ders.: Die indirekte Rede und mit ihr konkurrierende Formen der Redeerwähnung. München 1976.

[2] In diesen Fällen sind *mögen* und *wollen* eigentlich redundant, der einfache Konjunktiv I genügte *(Man verstehe oder verurteile es! Das verhüte Gott!)*.

Wunschsatz

Der Wunschsatz ist von einem übergeordneten Satz abhängig, der ein Verb oder   278
Substantiv mit der Bedeutung ‚Wunsch, Bitte, Aufforderung' enthält. Er wird entweder mit der Konjunktion *daß* angeschlossen oder bleibt uneingeleitet. Im letzten Fall wird das Finitum vom Modalverb *mögen* gebildet und in Zweitstellung
gerückt. Im ersten Fall ist *mögen* redundant:

> ... und so bat ich Gott, er *möge* es doch einrichten, daß Jerome kein Pferd von mir ver-
> langte (Bergengruen; auch möglich: ... und so bat ich Gott, *daß* er es so *einrichte* ...).
> Das AA wünschte, *daß* irgendwie auch der Deutsche Reichstag durch eine Mitwirkung
> dabei sichtbar *werde* (Th. Heuß; auch möglich: Das AA wünschte, irgendwie *möge*
> auch der Deutsche Reichstag durch eine Mitwirkung dabei sichtbar werden). Seine
> Aufforderung, sie *möge* ihm zuhören, stieß auf taube Ohren (auch möglich: ..., *daß* sie
> ihm *zuhöre*, ...).

Finalsatz

Der Finalsatz (vgl. 1341), der einem Zweck oder einer Absicht Ausdruck gibt,   279
wird durch die Konjunktion *damit* oder *auf daß* eingeleitet, seltener durch einfaches *daß:*

> Ein Haustyrann, ... der es für nötig befindet, eiserne Vorhänge niederzulassen, *damit*
> das Wehgeschrei von innen nicht nach außen *schalle,* kann nicht mehr guten Glaubens
> verteidigt werden (Kantorowicz). (Die Kinder) ... dürfen noch ein wenig aufbleiben,
> *auf daß* ihnen das Erwachsenengespräch zum Vorteil *gereiche* (Böll).

Wie im Finalsatz allgemein üblich (vgl. 1341), könnte hier auch der Indikativ stehen (... damit das Wehgeschrei ... nicht nach außen *schallt;* ... auf daß ihnen das
Erwachsenengespräch zum Vorteil *gereicht*). Wenn der Sprecher/Schreiber den
Konjunktiv wählt, signalisiert er damit, daß er die Absicht eines anderen mitteilt
und daß es sich nicht um eine eigene Aussage handelt, sondern um eine Art der
indirekten Rede; vgl. 293 ff.

Funktionsbereich II: Irrealität und Potentialität

Der Konjunktiv II dient als Zeichen dafür, daß der Sprecher/Schreiber seine Aus-   280
sage nicht als Aussage über Wirkliches, über tatsächlich Existierendes verstanden
wissen will, sondern als eine gedankliche Konstruktion, als eine Aussage über etwas nur Vorgestelltes, nur möglicherweise Existierendes. In diesem Sinne ist der
Konjunktiv II ein Modus der Irrealität und Potentialität; man spricht auch vom
Coniunctivus irrealis bzw. Coniunctivus potentialis.
Die umschreibende (periphrastische) Form des Konjunktivs II *(Er wäre gekom-
men/hätte gesungen/hätte gekauft ...)* bezieht sich auf – vom Sprechzeitpunkt aus
gesehen – Vergangenes („Vergangenheit"),[1] die einfache Form *(Er käme/sänge/
kaufte ...)* auf Nichtvergangenes („Gegenwart" und „Zukunft"). Die Formen des
würde-Gefüges unterscheiden sich in ihrer Funktion nicht von den einfachen und
periphrastischen Formen des Konjunktivs II:

---

[1] In Verbindung mit einer entsprechenden Zeitbestimmung kann die umschreibende Form aus-
    nahmsweise auch Zukünftiges meinen: *Morgen hätte sie es geschafft.* Vgl. dazu O. Leirbukt:
    „Nächstes Jahr wäre er 200 Jahre alt geworden". Über den Konjunktiv Plusquamperfekt in
    hypothetischen Bedingungsgefügen mit Zukunftsbezug. In: Zeitschrift für germanistische Lin-
    guistik 19 (1991), H. 2, S. 158 ff.

vergangen ("Vergangenheit")	nichtvergangen ("Gegenwart" und "Zukunft")
Er hätte gekauft/würde gekauft haben.	Er kaufte/würde kaufen.
Er wäre gekommen/würde gekommen sein. Er hätte gesungen/würde gesungen haben.	Er käme/würde kommen. Er sänge/würde singen.

Weiteres zum Verhältnis von Tempus und Modus vgl. 301.

Der Konjunktiv II kommt im Haupt- und Nebensatz vor:

Hauptsatz

Irrealer Aussage- und Fragesatz

281 Sätze wie

> Euer Unternehmen *wäre gescheitert*. Das *wäre* schön. An seiner Stelle *hätte* ich anders *gehandelt*. Sie *würde* deine Arbeit *loben*.

sagen nur Mögliches, Angenommenes, Gedachtes aus, während zur Behauptung von Wirklichem, Tatsächlichem der Indikativ dient. Dementsprechend wird in den meisten Fällen eine konjunktivische Aussage falsch, wenn man den Konjunktiv durch den Indikativ ersetzt

> Wahr: Euer Unternehmen *wäre gescheitert*. Falsch: Euer Unternehmen *ist gescheitert*.

Eine konjunktivische Aussage hat zudem gewöhnlich eine verneinte indikativische Aussage zur Voraussetzung (Präsupposition):

> Euer Unternehmen wäre gescheitert. (Präsupposition:) Euer Unternehmen ist *nicht* gescheitert.

Charakteristisch für den Konjunktiv II ist seine Verbindung mit bestimmten Adverbien wie *beinahe* und *fast (Beinahe/Fast wäre euer Unternehmen gescheitert)* und *vermutlich, wahrscheinlich* und *vielleicht (Vermutlich/Wahrscheinlich/Vielleicht wäre ein klärendes Gespräch besser als Stillschweigen).*

282 Der Konjunktiv II wird häufig zum Ausdruck gewisser Einstellungen und Haltungen benutzt, beispielsweise zum Ausdruck

– einer höflichen, in die Frageform gekleideten Bitte, die die direkte Aufforderung vermeiden möchte:

> *Würden* Sie das bitte für mich *erledigen? Wären* Sie so freundlich, dies für mich zu erledigen?

– einer vorsichtigen, unaufdringlich-zurückhaltenden Feststellung, die den Partner nicht vor den Kopf stoßen möchte:

> Ich *wünschte*, daß Sie *nachgäben*. Ich *würde* Ihnen *empfehlen*, dieses Buch zu kaufen. Wir *würden* uns *freuen*, wenn Sie das Geld *überwiesen*. Ich *wüßte* wohl, was zu tun *wäre*.

Der Indikativ würde in diesen Fällen härter und schroffer wirken.
Formelhaft sind schon Sätze geworden wie

> Ich *würde sagen/meinen*, daß ... Ich *würde/möchte* Sie gern einmal *sprechen*. Ich *hätte* Sie gern einmal *gesprochen*.

283 Dieser Konjunktiv II wird auch gebraucht

– bei der Feststellung eines unter Umständen nur mühsam erreichten Ergebnisses, das an sich eine Tatsache darstellt:

Da *wären* wir endlich! Das *wäre* getan! Das *hätten* wir geschafft! Also, hier *hätten* wir den Blumenladen (Fallada).

– bei einer zweifelnden, zögernd-überlegenden Frage:

Wäre das möglich? Ich *hätte* im Lotto *gewonnen?* Er *hätte* es tatsächlich *getan?* Sollte sie es tatsächlich *getan haben?*

– zur Kennzeichnung eines Vorbehaltes gegenüber der Glaubwürdigkeit einer Aussage:

Du hast im Lotto gewonnen. – Das *wäre* schön!

– bei einer Vermutung oder Annahme, die (in Form einer hypothetischen Setzung) eine eindeutige Festlegung vermeiden möchte:

Das *dürfte (könnte/müßte/sollte)* wahr sein. Sie *könnte* auch einen anderen Weg genommen haben. So *kämen* wir des Rätsels Lösung *näher.*

Irrealer Wunschsatz

Die irrealen Wunschsätze nehmen eine Mittelstellung zwischen Haupt- und Nebensatz ein. Insofern sie syntaktisch nicht in eine höhere Einheit eingebettet sind, handelt es sich bei ihnen um Hauptsätze; insofern sie die typischen Merkmale von Nebensätzen aufweisen (einleitende Konjunktion und Endstellung des Finitums[1]), gehören sie zu diesen. Entstanden sind sie wohl aus elliptischen[2] Konditionalgefügen (vgl. 1331), bei denen der Folgesatz weggelassen wurde:

Wenn sie jetzt da *wäre* ... Wenn es nicht so weh *täte* ...

Der irreale Wunschsatz behält die Nebensatzstruktur bei und fügt häufig zum verstärkten, besonderen Ausdruck gefühlsmäßiger Betroffenheit ein Adverb wie *doch (nur)* ein:

Wenn sie doch jetzt da *wäre!* Wenn es doch nur nicht so weh *täte!*
(Mit Spitzenstellung des Finitums:) *Wäre* sie jetzt doch da! *Täte* es doch nur nicht so weh!

Auf diese Weise drückt der irreale Wunschsatz einen nicht erfüllbaren Wunsch aus (so gesehen zählt er zu den nichterfüllbaren Konditionalsätzen; vgl. 286).

284

Nebensatz

Konditionalsatz

Die Verwirklichung eines möglichen, gegebenenfalls auch wahrscheinlichen, auf jeden Fall aber nur in Gedanken konstruierten Sachverhalts wird oft an eine Bedingung (Voraussetzung) gebunden, die entweder unausgedrückt aus der Situation (dem Kontext) mitverstanden oder ausdrücklich vom Sprecher/Schreiber genannt wird. Das Präpositionalgefüge *an seiner Stelle* in dem Satz *An seiner Stelle hätte ich gehandelt* benennt z. B. eine solche Bedingung. Sie läßt sich auch in die Nebensatzform *Wenn/Falls ich an seiner Stelle gewesen wäre* ... überführen, wodurch ein Satzgefüge aus einem bedingten Hauptsatz und einem bedingenden Nebensatz (Konditionalsatz; vgl. 1331 ff.) entsteht, der als Bedingung (Voraussetzung) in den meisten Fällen – wie im Hauptsatz – einen als unwirklich (irreal) und nur möglich (potential) gedachten Sachverhalt anführt. Beide Teilsätze ste-

285

---

[1] Spitzenstellung nur bei fehlender Konjunktion.
[2] Intonatorisch unterscheiden sich die Wunschsätze von Ellipsen, was graphisch durch unterschiedliche Interpunktion (Ausrufezeichen gegenüber Auslassungszeichen) zum Ausdruck gebracht wird.

hen dann im Konjunktiv II (an Stelle der Konjunktion *wenn* bzw. *falls* kann übrigens auch die Spitzenstellung des Finitums Abhängigkeit vom Hauptsatz anzeigen):[1]

> *Wäre* ich an seiner Stelle gewesen, hätte ich gehandelt. Wenn ihr den Weg über die Nordseite *genommen hättet, wäre* euer Unternehmen *gescheitert.* Das *wäre* schön, wenn ewiger Friede *herrschte.* Wenn ich an seiner Stelle *gewesen wäre, hätte* ich *gehandelt.* Sie *würde* deine Arbeit *loben,* wenn sie sie *sähe.*

286 Der Modus des Bedingungsgefüges ist freilich nicht von vornherein der Konjunktiv II. Es gibt auch das indikativische Bedingungsgefüge:

> Wenn eine Figur vier rechte Winkel *hat,* dann *handelt* es sich entweder um ein Rechteck oder ein Quadrat. Wenn es *regnet, sind* die Straßen naß.

Derartige Bedingungsgefüge erheben den Anspruch, eine Aussage über wirklich Existierendes, Geschehenes zu machen, sie formulieren eine erfüllbare Bedingung und eine erfüllbare Folge, was soviel bedeutet wie: Bedingung und Folge treten in der Wirklichkeit auf. Wissenschaftliche (physikalische, logische u. a.) Gesetze werden deshalb immer im Indikativ formuliert, der Konjunktiv ist ausgeschlossen.[2]

287 Schließlich ist auch eine Kombination aus Indikativ und Konjunktiv möglich (vgl. 1334).

Zur Kombination des Konjunktivs II von *sollen* mit einem Indikativ Präsens oder Futur im Hauptsatz vgl. 1335.

Irrealer Konzessivsatz

288 Der irreale Konzessivsatz (vgl. 1325) wird u. a. mit *auch wenn* (bzw. *wenn auch*), *selbst wenn* oder *und wenn* eingeleitet. Er stellt eine Ab- und Umwandlung des Konditionalsatzes (vgl. 285 ff.) dar: Die für die Verwirklichung hinreichende Bedingung des irrealen Konditionalsatzes wird zu einer nicht hinreichenden Bedingung im irrealen Konzessivsatz, was sprachlich durch die im Hauptsatz hinzugefügte bzw. getilgte Negation zum Ausdruck kommt:

irrealer Konditionalsatz	irrealer Konzessivsatz
Wenn man mir 100 Mark *anböte,* verkaufte ich das Buch.	Auch wenn man mir 100 Mark *anböte,* verkaufte ich das Buch n i c h t.
Wenn sie *wollte,* könnte sie ihm helfen.	Auch wenn sie *wollte,* könnte sie ihm n i c h t helfen.
Roland will die Mannschaft n i c h t verlassen, wenn man ihm einen neuen Vertrag *gäbe.*	Roland will die Mannschaft verlassen, auch wenn man ihm einen neuen Vertrag *gäbe.*

Anders gesehen: Die im Konzessivsatz formulierte Bedingung ist nicht stark genug, um die in der Aussage des Hauptsatzes enthaltene Negation bzw. – bei fehlender Negation – die Aussage des Hauptsatzes aufzuheben.

Zur Verdeutlichung des Verhältnisses, das beim irrealen Konzessivsatz zwischen

---

1 Zum Ersatz des einfachen oder umschreibenden Konjunktivs II im Haupt- und Nebensatz durch *würde* + Infinitiv bzw. *würde* + Partizip + *haben/sein* vgl. 1340. – Zur Verteilung der Konjunktiv-Formen unter dem Tempus-Gesichtspunkt vgl. 280 und 301.

2 Zum Verhältnis der Modi, wenn hinsichtlich der Erfüllbarkeit von Bedingung und Folge Zweifel oder Unsicherheit besteht, vgl. 1333 ff.

den Teilsätzen besteht, kann man im Hauptsatz ein (freilich sinnentbehrliches) *trotzdem* einfügen:

Auch wenn sie wollte, könnte sie ihm *[trotzdem]* nicht helfen.

Exzeptivsatz

Auch der Exzeptivsatz (vgl. 1337) stellt eine Variante des Konditionalsatzes dar. **289** Inhaltlich formuliert er eine Bedingung, die zwar als einzige hinreichend wäre, die Aussage des Hauptsatzes aufzuheben, in Wirklichkeit aber wenig wahrscheinlich ist. Formal wird der Indikativ eines mit *wenn* eingeleiteten negierten Konditionalsatzes in den Konjunktiv II umgeformt, wobei gleichzeitig und unter Hinzufügung eines *denn* die Konjunktion *wenn* und die Negation getilgt werden:

Er ist verloren, *wenn nicht* ein Wunder *geschieht*. → Er ist verloren, es *geschähe denn* ein Wunder.

Da diese Konstruktion jedoch als literarisch-veraltet zu bewerten ist, treten an ihre Stelle gewöhnlich Konzessivkonstruktionen wie

es sei/wäre denn, daß ...; wie dem auch sei ...; sei (es) ..., sei (es) ...; sei (es) ... oder nicht; sei es auch.

Hierher gehören auch Konstruktionen wie

Es regne oder es stürme, ich halte an meinem Entschluß fest. Ich werde teilnehmen, [es] komme, was da wolle.

Modaler Relativsatz

Modale Relativsätze (Vergleichssätze; vgl. 1284) werden im allgemeinen durch **290** *als* (mit Zweitstellung des Finitums) oder *als ob*, selten durch *als wenn* oder *wie wenn* eingeleitet. Sie stehen im Konjunktiv (II):[1]

Während Nora sprach, in einem erschreckend nüchternen, berichtenden Ton, als *verläse* sie ein offizielles Kommuniqué ..., beobachtete sie mich unentwegt (H. Habe). Als ob Hans Castorp die Absicht *gehabt hätte*, den Stift etwa nicht zurückzuerstatten (Th. Mann). Er legte sich ins Bett, wie wenn er schwach *wäre* (Jens). „Ich habe außerdem schlecht geschlafen", sagte sie, als wenn meine Großmutter daran schuld *wäre* (Bieler).

In knapp einem Drittel der Fälle wird – ohne erkennbaren Bedeutungsunterschied – der Konjunktiv I gebraucht:

Er bewacht das Eigentum ..., als *gebe* es daneben nichts auf der Welt (Tucholsky). ... ja selbst Wachhunde überhören ihn, als ob er sie *behext habe* (Beheim-Schwarzbach).

Irrealer Konsekutivsatz

Die irrealen Konsekutivsätze (Konsekutivsätze; vgl. 1324) werden v. a. mit *als* **291** *daß* bzw. *daß* eingeleitet; der Hauptsatz enthält als Korrelat häufig *so* oder *zu:*

Er ist nicht *so* klug, *als daß* er alles *wüßte*. Sie war *so* ergriffen, *daß* sie fast einen Weinkrampf *bekommen hätte* (Ompteda). Gisela war *so* schnell gefahren, *daß* sie das vorausfahrende Auto beinahe *gerammt hätte* (wenn sie das Steuer nicht im letzten Augenblick herumgerissen *hätte*). Er ist ein *zu* dummer Kerl, *als daß* er es *verstünde*.

---

[1] Nur vereinzelt findet sich hier der Indikativ:
    Die Krähen strichen, als *gab* es nur eine Richtung für sie (Grass). ... fast war es, als *ersehnte* ich das Unheimliche, als *fand* ich einen gewissen Genuß an seinen Qualen (P. Weiss). Auch in diesen Fällen müßte korrekterweise der Konjunktiv *(gäbe, fände)* stehen, wobei für das modusambivalente *ersehnte* die *würde*-Form eintreten könnte *(... als würde ich das Unheimliche ersehnen).*

Im Falle, daß eine erwartete Folge oder ein erwarteter Begleitumstand nicht eingetreten ist oder nicht eintritt, wird der Konsekutivsatz mit *ohne daß* und Konjunktiv II (bzw. auch möglichem Indikativ) gebildet:

> Sie ging weg, *ohne daß* sie mich noch eines Blickes *gewürdigt hätte* (würdigte/gewürdigt hat.) Er arbeitet schon jahrelang an diesem Buch, *ohne daß* er damit fertig *würde* (wird). Die Sonne scheint, *ohne daß* es recht warm werden *wollte* (will).

Bei übereinstimmendem Subjekt in Haupt- und Nebensatz konkurriert diese Form des Konsekutivsatzes mit einer Infinitivkonstruktion:

> Sie ging weg, *ohne* mich noch eines Blickes *zu würdigen.* (Nicht:) Die Sonne scheint, ohne recht warm zu werden.

Relativsatz

292 Wenn manchmal im Relativsatz (vgl. 1279 ff.) der Konjunktiv II als Modus der Irrealität und Potentialität begegnet, dann liegt ihm ein selbständiger irrealer Aussagesatz (vgl. 281) zugrunde:

> (Ich kenne ein gutes Mittel.) Dieses Mittel *wäre* in der Apotheke *zu bekommen.* → Ich kenne ein gutes Mittel, das in der Apotheke *zu bekommen wäre.*

Funktionsbereich III: Indirekte Rede

293 Der wichtigste Funktionsbereich des Konjunktivs ist die indirekte Rede. Zählungen bestätigen, daß hier der Konjunktiv am häufigsten auftritt.

Zur Umwandlung der direkten Rede in die indirekte Rede

294 In der direkten (wörtlichen) Rede wird eine Äußerung wörtlich angeführt, d. h. so, wie sie tatsächlich gemacht wird. Die Beziehung zwischen dem Sprecher, dem Urheber der Äußerung, und dem Hörer ist direkt und unmittelbar:

> Hans behauptet: „Davon habe ich nichts gewußt."

In der indirekten (berichteten) Rede dagegen wird eine Äußerung (ein Gedanke, eine Überlegung u. ä.) mittelbar wiedergegeben, von ihr wird berichtet:

> Hans behauptet, daß er nichts davon gewußt habe.

Der Hörer der Äußerung wird dabei als Berichter zum Sprecher und vermittelt durch die Wiedergabe des unmittelbar Gehörten zwischen dem Urheber der direkten und dem Hörer der berichteten Äußerung.
Andere wichtige Formen, eine Äußerung wiederzugeben, sind

– Infinitivkonstruktion:

> Hans behauptet, davon nichts gewußt zu haben.

– „Quellenangabe" (in Form eines *wie*-Satzes, eines Präpositionalgefüges o. ä.):

> Wie Hans behauptet/Nach Hans' Behauptung, hat er davon nichts gewußt.

– Modalverbgefüge:

> Hans will davon nichts gewußt haben.

Alle diese Formen der Äußerungswiedergabe stehen in einem Verhältnis der Umwandlung (Transformation) zur direkten Rede: Bei geändertem Ausdruck bleibt der Inhalt (im wesentlichen) gleich.[1] Zur Umwandlung des Aussagesatzes, Fragesatzes und des Aufforderungs- und Wunschsatzes vgl. 1309 ff.

---

[1] Zu den literarischen Formen der erlebten Rede und des inneren Monologs vgl. 1318.

Der syntaktische Status der direkten und indirekten Rede

Semantisch gesehen, sind es vor allem die Verba dicendi et sentiendi, die Verben   295
des Sagens und Denkens, und die ihnen entsprechenden Substantive, in deren
Stellenplan eine – obligatorisch oder fakultativ zu besetzende – Position für direkte bzw. indirekte Rede vorgesehen ist, die also – anders ausgedrückt – den syntaktischen Status der direkten bzw. indirekten Rede bestimmen. Zum Beispiel als
Satz in der Rolle eines Akkusativobjekts:

> Hans sagte: „Ich verreise." → Hans sagte, daß er verreise.

oder eines Attributs:

> Sie stellte die Behauptung auf: „Die Götter sind sterblich." → Sie stellte die Behaup-
> tung auf, daß die Götter sterblich seien.

Zur Tempusumwandlung der indirekten Rede

Wenn bei der Umsetzung von direkter Rede in indirekte Rede der Indikativ der   296
direkten Rede beibehalten wird, ändert sich das Tempus der direkten Rede gewöhnlich nicht. Wird der Indikativ der direkten Rede jedoch nicht beibehalten,
müssen die indikativischen Tempora in die entsprechenden konjunktivischen umgewandelt (transformiert) werden. Vgl. dazu 1315 ff.

Zur Modusumwandlung der indirekten Rede

Da die indirekte Rede nicht allein durch den Konjunktiv als solche markiert ist,   297
kann er an Stelle des Indikativs in der indirekten Rede gewählt werden, er muß es
aber nicht. Als Grundregel gilt: Der Normalmodus der indirekten Rede ist der
Konjunktiv. Er kann immer gewählt werden und ist daher niemals falsch. Vgl.
hierzu 1313 ff.

Konjunktiv I – Konjunktiv II – *würde*-Form

Konjunktiv I

Folgende Grundregel ist anzusetzen: Wenn der Sprecher/Schreiber sich für den   298
Konjunktiv in der indirekten Rede entscheidet, dann wählt er normalerweise den
Konjunktiv I:

> Der Fremdenführer führt[e] aus: „Trier ist eine alte Römerstadt und war einst eine der
> vier Hauptstädte des römischen Weltreichs." → Der Fremdenführer führt[e] aus, daß
> Trier eine alte Römerstadt *sei* und einst eine der vier Hauptstädte des römischen Welt-
> reichs *gewesen sei.*

Nicht selten begegnet jedoch an Stelle des Konjunktivs I auch der Konjunktiv II
oder die *würde*-Form. Feste Regeln lassen sich dafür nicht angeben, sondern nur
Gebrauchstendenzen aufzeigen.

Konjunktiv II

Der Konjunktiv II fungiert vor allem als Ersatz für solche Konjunktiv-I-Formen,   299
die sich wegen des Formenzusammenfalls (vgl. 213) nicht von den entsprechenden Indikativformen unterscheiden:

> Man hatte zwar von weit entfernten Völkerschaften gehört, daß sie Schildkröten *äßen*
> (statt: *essen*), nannte diese Barbaren aber verächtlich die Schildkrötenfresser (O. Dop-
> pelfeld).

In Übereinstimmung mit der Tatsache, daß die 3. Pers. Sing. bei allen deutschen Verben einen eindeutigen Konjunktiv I bilden kann, stehen lediglich diese Formen mit großer Regelmäßigkeit im Konjunktiv I; sonst ist immer wieder der Konjunktiv II anzutreffen. Also:

Auf einer Pressekonferenz wies er die Beschuldigungen zurück und erklärte, *er habe* (= eindeutiger Konjunktiv I) bei dieser Firma lediglich eine „freiberufliche Tätigkeit" ausgeübt.

Aber:

Der Direktor des Kopenhagener Büros der SAS ... erklärte ..., *die drei Luftpiraten ... hätten* (statt des uneindeutigen *haben*) das Flugzeug von Typ DC 9-21 mit 85 Passagieren an Bord auf dem Flug von Stockholm nach Göteborg in ihre Gewalt gebracht (Stuttgarter Nachrichten).

In diese Tendenz des Konjunktiv-I-Ersatzes fügen sich die folgenden Formen als Ausnahmen nicht ein:

1. Pers. Sing.: ich sei/dürfe/könne/möge/müsse/solle/wolle/wisse
2. Pers. Sing.: du seist usw.
1. Pers. Plur.: wir seien usw.
3. Pers. Plur.: sie seien usw.

Aus dieser Aufstellung geht u. a. hervor, daß die 2. Pers. Plur. von *sein (ihr seiet)* gern durch die entsprechende Konjunktiv-II-Form *(ihr wäret)* ersetzt wird, obwohl sich hier Konjunktiv I und II deutlich unterscheiden. Überhaupt ist zu beobachten, daß bei der 2. Person (Sing. und Plur.) die Neigung zu Konjunktiv-II-Formen noch deutlicher ausgeprägt ist als bei der 1. Person (Sing. und Plur.) und der 3. Pers. Plur., auch in den Fällen, wo sich eindeutige Konjunktiv-I-Formen anbieten:

... er begleitete mich und fragte, warum du fortgegangen *wärest* (statt: *sei[e]st*; E. Penzoldt).

Diese Tendenz verstärkt sich in dem Maße, wie die geschriebene Sprache sich der Ausdrucksweise der gesprochenen nähert. Dann werden weitgehend auch die Konjunktiv-I-Formen der 3. Pers. Sing. und die oben genannten Ausnahmen durch Konjunktiv-II-Formen verdrängt (sofern der Konjunktiv überhaupt noch gewählt wird und der Sprecher/Schreiber nicht den Indikativ der direkten Rede beibehält; vgl. 1313 f.):

Ich hab', glaub' ich, zu ihr gesagt, sie *wär'* (Konjunktiv II statt Konjunktiv I: *sei*) uncharmant, sie *kann* (Indikativ statt Konjunktiv: *könne/könnte*) das von einem Mann nicht verlangen (G. Aberle).

Im lockeren Gespräch fällt gewöhnlich die Wahl nicht auf den Konjunktiv I, sondern auf den Indikativ und Konjunktiv II, auch ohne daß damit die Absicht verbunden wäre, mit dem Indikativ den Wahrheitsgehalt bzw. mit dem Konjunktiv II den nicht verbürgten Charakter des Berichteten zu unterstreichen.[1]

---

[1] Eine solche Deutung der Formen wird manchmal noch vorgetragen, entbehrt aber der Grundlage. In dem Schiller-Zitat, das hier gerne bemüht wird:
   Mir meldet er aus Linz, er *läge* krank,
   Doch hab ich sichre Nachricht, daß er sich
   Zu Frauenberg *versteckt* beim Grafen Gallas.
   (Wallensteins Tod, 11, 1)
könnte durchaus ohne Sinnänderung der Konjunktiv II *(läge)* durch den Konjunktiv I *(liege)* oder auch den Indikativ *(liegt)* ersetzt werden und der Indikativ *versteckt* durch den Konjunktiv I *(verstecke):* Die Information, daß die erste Aussage eine Lüge ist, die zweite aber der Wahrheit entspricht, entnimmt der Hörer/Leser dem Kontext, nicht den Verbformen.

würde + Infinitiv

An die Stelle einer einfachen Konjunktivform (Konjunktiv I und II) kann auch 300
die Umschreibung *würde* + Infinitiv treten (= Konjunktiv II von *werden*):

> Sie sagte, daß sie in Hamburg *wohnen würde* (statt: *wohne/wohnte*).

Allerdings gilt sie, wenn sie statt einer einfachen Konjunktivform in der indirekten Rede gebraucht wird, als typisches Kennzeichen der (gesprochenen) Umgangssprache. In der Standardsprache wird sie nur unter folgenden Bedingungen
gewählt:

1. Die *würde*-Form dient als Ersatz für ungebräuchliche und nicht eindeutige
Formen. Ungebräuchlich, weil als gehoben oder als geziert empfunden, sind vor
allem viele Konjunktiv-II-Formen mit Umlaut, also etwa

> beföhle/befähle, bärste, drösche/dräsche, flöchte, göre, genösse, höbe/hübe, kröche,
> lüde, mölke, mäße, ränge, schölle, schräke, sänne/sönne, sprösse, stäche, tröffe, ver-
> dürbe, wränge.

Solche Formen werden zur Vermeidung eines gespreizten Stils sogar im geschriebenen Deutsch gegen das *würde* + Infinitiv-Gefüge ausgetauscht:

> Sie beendete die Unterhaltung mit der Bemerkung, daß sie sich niemandem schnell
> *anschlösse*. (Auch möglich:) Sie beendete die Unterhaltung mit der Bemerkung, daß
> sie sich niemandem schnell *anschließen würde*.

Auch im folgenden Beispiel würde normalerweise an Stelle des Konjunktivs II
die *würde*-Form gewählt:

> Der Apotheker sagte, bei chronischen Obstipationen *empföhlen/empfählen* sie mei-
> stens Kräuterlax.

Als nicht gehoben oder geziert werden offenbar nur die drei Formen *fände(n),
käme(n)* und *bekäme(n)* empfunden.

Ebenfalls zu den nicht eindeutigen Konjunktivformen gehört der Konjunktiv II
der regelmäßigen Verben. Auch er wird deshalb durch entsprechende *würde*-
Umschreibungen ersetzt, häufig allerdings nur in der gesprochenen Sprache:

> Unrichtig ist ferner, daß diese acht Türken in einer Dachkammer *hausen würden*
> (statt: *hausten*) oder gehaust hätten (Bildzeitung).

2. Aus Gründen des Wohlklangs wird der Konjunktiv Futur des Vollverbs *werden (werden werde)* und der Konjunktiv Futur Passiv *(gelobt werden werde)* durch
den entsprechenden *würde*-Konjunktiv ersetzt:

> Er glaubte, daß dieser Schritt ohnehin unvermeidlich *werden würde* (statt: unvermeid-
> lich *werden werde*). Aus dem Justizministerium verlautete, daß das Urteil vorerst nicht
> vollstreckt *werden würde* (statt: *werden werde*).[1]

3. Die *würde*-Form konkurriert häufig mit dem Konjunktiv Futur aus *werden* + Infinitiv, besonders dann, wenn das redeeinleitende Verb im Präteritum
(Perfekt, Plusquamperfekt) steht und das in der indirekten Rede Berichtete auf
ein Geschehen in der Zukunft zielt:

> ... und sie sahen an kleinen, gegen Mitternacht bei ihm auftretenden Zeichen ..., daß er
> heute nicht den Weg nach Hause *nehmen würde* (statt: *nehmen werde;* H. v. Doderer).

---

[1] Eine andere Möglichkeit, die Konstruktion *werden werde* zu vermeiden, besteht – bei Wegfall
der Konjunktion *daß* – in der Änderung der Wortstellung:
> Er glaubte, dieser Schritt *werde* ohnehin unvermeidlich *werden*. Aus dem Justizministerium
> verlautete, das Urteil *werde* vorerst nicht vollstreckt *werden*.

... und es war vorauszusehen, daß er mir schließlich die Zähne *zeigen werde* (auch möglich: *zeigen würde;* Lernet-Holenia).

Zwischen diesen beiden Formen besteht kein kommunikativer, sondern allenfalls ein stilistischer Unterschied der Art, daß die *werde*-Form „gewählter" und „vornehmer" wirkt als die mit *würde* + Infinitiv.

4. Die *würde*-Form wird in der erlebten Rede (vgl. 1318) häufig an Stelle des Indikativs/Konjunktivs Präteritum gesetzt:

> Morgen *ging* er ins Theater. Er *würde* sich „Die Nashörner" ansehen.

Hier könnte auch der Indikativ Präteritum des ersten Satzes *(ging)* durch die *würde*-Form ersetzt werden.

5. In den konjunktivischen Bedingungsgefügen konkurriert die – aus der direkten in die indirekte Rede übernommene – *würde*-Form mit dem Konjunktiv II und wird ihm in den meisten Fällen vorgezogen:

> Eine schon größere Minderheit von Priestern erklärt stets, wenn irgendwo in der Welt eine Umfrage nach dem Zölibat gehalten wird: Sie *würden* sofort *heiraten* (statt: *heirateten* sofort ...), wenn sie im Amt bleiben *könnten* (Der Spiegel). [Staatsbank-Chef Düvel] betonte, daß er als Bankier glücklich *sein würde* (auch möglich: *glücklich wäre*), wenn er bei seinen Kreditnehmern auch nur ähnliche Verhältnisse *vorfinden würde* (auch möglich: *vorfände*; Der Spiegel).

Die *würde*-Form wirkt manchmal allerdings schwerfälliger als der Konjunktiv II (= Konjunktiv Plusquamperfekt), der dann den Vorzug verdient; ein Mißverständnis muß dabei freilich ausgeschlossen sein:

> Sie sagte, sie *wäre gekommen* (schwerfälliger: *würde gekommen sein*), wenn es nicht geregnet hätte.

Das Verhältnis von Tempus und Modus

301　Die konjunktivischen Formen fungieren in temporaler Hinsicht ganz anders als die indikativischen Formen (vgl. 244 ff.). Das indikativische Tempussystem läßt sich also nicht ohne weiteres auf den Konjunktiv übertragen, auch wenn die grundlegende Opposition „vergangen – nichtvergangen" der indikativischen Formen (vgl. 247) bei der Funktionsbeschreibung des Konjunktivs wieder herangezogen werden muß (vgl. 280). Dies zeigt freilich auch an, daß es zwischen Tempus und Modus bestimmte Beziehungen gibt. Diese Beziehungen gestalten sich je nach Funktionsbereich verschieden.

Im Funktionsbereich I (Wunsch und Aufforderung; vgl. 275 ff.) sind die Konjunktivformen des Präsens sozusagen konkurrenzlos und so gesehen keine echte Wahl. Sachlich kann man sie insofern als ‚angemessen' betrachten, als sie zeitlich „Nichtvergangenheit" (mit Bezug auf den Sprechzeitpunkt) ausdrücken. Im Funktionsbereich II (Irrealität und Potentialität; vgl. 280 ff.) ist aber die – für das indikativische System bezeichnende – Opposition „vergangen – nichtvergangen" voll ausgeprägt. Die Verteilung der Konjunktivformen weicht allerdings ganz von der entsprechenden Formverteilung des Indikativsystems ab: Der Funktion „vergangen" (oder „Vergangenheit") ist als Form ausschließlich das Plusquamperfekt und das *würde*-Gefüge *(würde* + Partizip Perfekt + *haben/sein)* zugeordnet und nicht das Präteritum, auch nicht das Perfekt. Der Funktion „nichtvergangen" (bzw. „Gegenwart/Zukunft") aber ist als Form das Präteritum (und das Gefüge *würde* + Infinitiv) zugeordnet, nicht das Präsens oder das Futur I (vgl. 280).

Auch für den Funktionsbereich III (Indirekte Rede; vgl. 293 ff.) ist zunächst festzustellen, daß die Oppositionen, wie sie im indikativischen Tempussystem bestehen (vgl. 247 ff.), weitgehend aufgehoben sind (vgl. zum Folgenden 1315 f.), so
die Opposition zwischen dem ‚Gegenwartstempus' Präsens und dem ‚Vergangenheitstempus' Präteritum und die Opposition zwischen dem ‚präsentischen' Perfekt und dem ‚präteritalen' Plusquamperfekt. Nur beim Futur I und II bleiben die
Oppositionen aufrechterhalten, und das heißt: Nur diese beiden Tempora funktionieren auch im Konjunktiv (der indirekten Rede) so wie im indikativischen
System.

Im übrigen sind den drei indikativischen ‚Vergangenheitstempora' (Präteritum,
Perfekt, Plusquamperfekt) der direkten Rede immer und nur die konjunktivischen Formen Perfekt und Plusquamperfekt (außer dem *würde*-Gefüge) zugeordnet. Das indikativische ‚Nichtvergangenheitstempus' Präsens aber wird entweder in die Formen des Konjunktivs des Präsens oder des Präteritums überführt
(neben der *würde*-Form). Somit ergibt sich eine neue Tempusopposition, die nur
für den Bereich der konjunktivischen indirekten Rede gültig ist: Konjunktiv des
Präsens und des Präteritums auf der einen Seite als ‚Nichtvergangenheitstempora' und Konjunktiv des Perfekts und des Plusquamperfekts auf der andern
Seite als ‚Vergangenheitstempora'.

Wie im zweiten Funktionsbereich (vgl. 280 ff.), so existiert auch im dritten Funktionsbereich eine klare Opposition der konjunktivischen Tempusformen, die wiederum (bei Nichtberücksichtigung des Futurs) auch einen formalen Gegensatz,
nämlich den zwischen synthetisch – analytisch (bzw. einfach – periphrastisch),
widerspiegelt.

Verteilungen und Häufigkeiten

Die Verteilung der Konjunktiv-I-Formen auf die (grammatischen) Personen   302
zeigt einige auffällige Merkmale. Die wichtigsten sind:

- Rund 90 % aller eindeutigen Konjunktiv-I-Formen entfallen auf die 3. Pers.
  Singular.
- Die restlichen 10 % verteilen sich vor allem auf die 1. Pers. Sing. und besonders
  die 3. Pers. Plural.
- In der 2. Pers. Sing./Plur. und der 1. Pers. Plur. kommen – schriftsprachlich –
  eindeutige Konjunktiv-I-Formen so gut wie nicht vor.

Diese Verhältnisse spiegeln den Formenzusammenfall wider (vgl. 213), und da
besonders die Tatsache, daß nur die 3. Pers. Sing. bei allen deutschen Verben
eine eindeutige Konjunktiv-I-Form bilden kann.

Von den Konjunktiv-II-Formen, die in indirekter Rede begegnen, dient nur etwas mehr als die Hälfte dem Zweck, indirekte Rede anzuzeigen. Die übrigen sind
aus der direkten Rede übernommen, wobei die größte Zahl in der 3. Pers. Plur.
bzw. der 1. Pers. Sing. steht; dagegen sind die 1. Pers. Plur. und die 2. Pers. Sing./
Plur. weit weniger vertreten. Auch diese Verteilung hängt mit dem Formenzusammenfall zusammen: Der Konjunktiv II tritt vor allem dort auf, wo der
Konjunktiv I keine eindeutigen Formen bereitstellt (vgl. 299).

Es sind nur einige wenige Verben, die den Großteil der in Texten auftretenden
Konjunktiv-I/II-Formen bilden: 60 % leiten sich von den (Voll- bzw. Hilfs)verben
sein, haben und werden ab, 20 % von den Modalverben *können, müssen, mögen,
dürfen, sollen*[1]*, wollen*[1]; lediglich der Rest (20 %) entfällt auf andere Verben. Da-

---

[1] *sollen* und *wollen* bilden allerdings keine eindeutigen Konjunktiv-II-Formen; vgl. 239.

mit kommt den verbalen Gefügen aus Hilfsverb/Modalverb + Infinitiv bzw. Partizip in der indirekten Rede große Bedeutung zu.

Der Imperativ

Formenbildung

Die Formen des Imperativs werden mit dem Präsensstamm (1. Stammform) gebildet.

Imperativ Singular

303 Der Imperativ Singular wird – vor allem in gehobener Sprache – mit -e, häufig aber auch ohne -e gebildet:

> trink[e]!, wasch[e]!, geh[e]!

Besonders aus metrischen oder rhythmischen Gründen fällt das -e auch in der poetischen Sprache nicht selten weg:

> Geh, ich bitte dich, gehe und quäle mich nicht länger! (Raabe).

Von Verben, die wie sammeln oder filtern auf -eln oder -ern enden, wird der Imperativ mit -e gebildet; dabei kann das e der Bildungssilbe – besonders bei -eln – auch ausfallen:

> hand[e]le!, samm[e]le!, förd[e]re!, fei[e]re!

Auch bei Verben, deren Stamm auf -d oder -t endet, wird im Imperativ Singular im allgemeinen ein -e angehängt:

> Achte sie! Binde die Schnur! Biete/(gelegentlich auch:) Biet ihm nicht zuviel!

Verben mit einem Stamm auf Konsonant + m oder n erhalten im allgemeinen ebenfalls ein Imperativ-e:

> Atme langsam! Widme ihm ein Buch! Rechne sorgfältig! Wappne dich!

Diese Regel gilt nicht, wenn dem m oder n ein m, n, r, l oder ein einfaches h vorausgeht:

> Kämm[e] dich! Qualm[e] nicht so! Lern[e] fleißig! Lärm[e] nicht so! Rühm[e] dich nicht selbst!

Einige ablautende Verben bilden den Imperativ Singular, indem sie das e (ä, ö) des Präsensstamms gegen i (ie) auswechseln; ein -e wird nicht angehängt (vgl. 234):[1]

> lies!, wirf!, birg!, stirb!, verdirb!, iß!, miß!, sprich!, vergiß!, nimm!, hilf!, quill!, gib!, schilt!, wirb!, sieh![2]

Verben, die sowohl regelmäßig als auch unregelmäßig konjugieren, haben verschiedene Imperativformen, die auseinandergehalten werden müssen:

> Erschrick nicht! – Erschrecke ihn nicht!
> Quill empor! – Quelle die Bohnen!
> Schwill! – Schwelle den Umfang nicht so auf!
> Lisch aus, mein Licht! (Bürger) – Lösche das Feuer!

---

[1] Wenn Klassiker wie Goethe oder Herder die der 1. Stammform angeglichenen Formen mit e (trete!, verspreche!, schelte!, nehme! usw.) gebrauchen (Heine und Börne verwenden sie sogar ausschließlich), so ist dies aus dem noch nicht fest gewordenen Gebrauch zu erklären. Heute gelten sie mit wenigen Ausnahmen (vgl. melke! und nicht mehr: milk!) als nicht standardsprachlich.

[2] Die Form siehe! ist nur bei Verweisen in Büchern und als Ausruf gebräuchlich.

Imperativ Plural

Der Imperativ Plural stimmt mit der 2. Pers. Plur. Indik. Präs. Akt. überein: **304**
geht!, schweigt!, ruft!, bindet!, rechnet!

Zu den Formen mit *-t* bzw. *-et* vgl. 216 f., 232.

Zum Gebrauch des Imperativs

Der Imperativ dient dazu, eine Aufforderung direkt an eine oder mehrere Perso- **305**
nen zu richten. Bei der Aufforderung kann es sich um eine Bitte, einen Wunsch,
eine Anweisung, einen Befehl o. ä. handeln.

> *Komm* herein, Monika! *Kommt herein,* ihr beiden! *Kommen Sie herein,* Herr Meier!
> *Kommen Sie herein,* meine Herrschaften!

Mit den Formen des Imperativs wendet sich der Sprecher direkt an

- eine anwesende Person (= Imperativ Singular):
  Komm! Nimm! Gehe!
- mehrere anwesende Personen (= Imperativ Plural):
  Kommt! Nehmt! Geht!

Diese Formen werden gegenüber Personen gebraucht, die man duzt; das Personalpronomen *(du, ihr)* wird im allgemeinen weggelassen, es sei denn, die Person
soll – etwa in nachdrücklicher Rede – besonders herausgehoben werden:

> *Kümmere du* dich um deine Angelegenheiten! *Sprich du* mit ihm! (Gelegentlich mit
> Anfangsstellung des Pronomens:) *Du misch* dich nicht *ein,* sagte jetzt Fränzel (Kuby).

Im Unterschied dazu wird einer Person oder mehreren Personen gegenüber, die
man siezt, die Höflichkeitsform (3. Pers. Plur. des Konjunktivs Präs.) mit nach-
gestelltem *Sie* gebraucht:

> *Schweigen Sie,* mein Herr! *Seien Sie* still![1] *Reden Sie,* meine Damen!

Nur umgangsprachlich oder landschaftlich wird auch der Imperativ Plural als
Höflichkeitsform gegenüber Personen gebraucht, die man siezt:

> *Kommt,* mein Herr, Sie werden Hunger haben!

Die direkte Aufforderung in der 3. Pers. Sing. mit Angabe des Personalpronomens ist veraltet:

> *Hören Sie,* Mamsell! (Schiller). *Störe Er* nicht, Er Flegel!

Altertümlich klingt der Imperativ Passiv:

> *Sei mir gegrüßt,* mein Berg, mit dem rötlich strahlenden Gipfel! (Schiller). *Werde ge-*
> *grüßt,* schönes Amalfi, dreimal *werde gegrüßt!* (Platen).

Da ein direkter Befehl u. ä. nur in der jeweiligen Sprechsituation sinnvoll ist, gibt
es eigentlich keinen Imperativ der Vergangenheit; dennoch hat man ihn zu bilden
versucht:

> In die Ecke! Besen, Besen, *seid's gewesen!* Habt Euch vorher wohl *präpariert,* Paragra-
> phos wohl *einstudiert!* (Goethe). Schweige und *habe gelitten!* (Benn).

Von manchen Verben sind die Imperativformen im allgemeinen unüblich. Dazu
gehören neben den unpersönlichen Verben (vgl. 204) und den Modalverben (vgl.
153 ff.) etwa

> gelten, geraten, kennen, kriegen, bekommen, vermissen, wiedersehen, wohnen.

---

[1] Der Gebrauch des Indikativs als Höflichkeitsform (*Sind* Sie still!) ist umgangssprachlich.

Andere sprachliche Möglichkeiten, eine Aufforderung auszudrücken

306 Neben den imperativischen Formen gibt es zahlreiche andere sprachliche Möglichkeiten, eine Aufforderung auszudrücken, z. B.:

- 1. Pers. Sing. Präs.:
  Ich *bekomme* Rumpsteak mit Salat!

- 2. Pers. Sing./Plur. Präs. als Ausruf oder Frage:
  Du *siehst* dich *vor!* Du *gehst* jetzt! *Kommt* ihr bald?

- 1. Pers. Plur. Präs. (zu einem Partner gesprochen; vgl. 548):
  Wir *sehen* uns jetzt immer *vor,* nicht wahr, Gudrun? Wir *tun* das nicht wieder, Hans!

- 3. Pers. Plur. Präs.:
  Sie *sind* so nett und *nehmen* hier Platz!

- 2. Pers. Sing./Plur. Fut. (vgl. 254) als Ausruf oder Frage:
  Du *wirst* dich *vorsehen! Wirst* du still sein! Ihr *werdet* Euch *hüten!*

- Modaler Infinitiv mit *zu* + *haben/sein* (vgl. 186 ff.):
  Du *hast* dich *vorzusehen!* Die Tür *ist* sofort *zu öffnen!*

- Infinitiv:
  Vorsehen (mit Wegfall des Reflexivpronomens)! Nur nicht frech *werden! Antreten! Langsam fahren! Einsteigen!*

- 2. Partizip:
  Vorgesehen (mit Wegfall des Reflexivpronomens)! *Stillgestanden!*

- Einzelne(s) Substantiv, Adjektiv, Partikel (elliptisch):
  [Übt] *Vorsicht!* [Gebt] *Achtung!* [Seid/Verhaltet euch] *Vorsichtig! Vorwärts* [gegangen]! *Schneller! Auf,* ihr Leute! *Auf!*

- Subjektloser Passivsatz (vgl. 316, 2 f.):
  Jetzt *wird* sich *vorgesehen!* Jetzt *wird* aber *geschlafen!*

- Gliedsatz:
  Daß ihr euch ja vorseht!

- Satzgefüge mit einem Verb des Aufforderns:
  Ich *wünsche/verlange/fordere,* daß das geschieht!

- Modalverben (vgl. 153 ff.).

2.3.3 Das Genus verbi: Aktiv und Passiv[1]

307 Aktiv und Passiv sind in Texten der deutschen Gegenwartssprache ungleich verteilt: Auf das Aktiv entfallen im Durchschnitt etwa 93 %, auf das Passiv etwa 7 %

---

[1] Die Darstellung des Passivs beruht im wesentlichen auf folgenden Untersuchungen: K. Brinker: Das Passiv im heutigen Deutsch. Form und Funktion. München 1971; G. Helbig/G. Heinrich: Das Vorgangspassiv. Leipzig ²1978; G. Helbig/F. Kempter: Das Zustandspassiv. Leipzig ²1975; S. Pape-Müller: Textfunktionen des Passivs. Untersuchungen zur Verwendung von grammatisch-lexikalischen Passivformen. Tübingen 1980; G. Schoenthal: Das Passiv in der deutschen Standardsprache. Darstellung in der neueren Grammatiktheorie und Verwendung in Texten gesprochener Sprache. München 1976.

(Vorgangspassiv ca. 5%, Zustandspassiv ca. 2%) der finiten Verbformen. Auf Grund dieser Verteilung kann man das Aktiv als Erst- und das Passiv als Zweitform bezeichnen und bei der Beschreibung so verfahren, daß man das Aktiv als einfache, mehr oder weniger merkmallose Ausgangsform ansetzt und das Passiv als davon abzuleitende Kontrastform. Diese Betrachtungsweise bedeutet natürlich kein abwertendes Urteil über die Wichtigkeit des Passivs.

Obwohl „Aktiv" und „Passiv" zunächst nur Bezeichnungen für verschiedene Formkategorien sind *(er schätzt [jmdn.] – er wird geschätzt/ist geschätzt)*, werden sie seit jeher auch hinsichtlich ihrer Funktion (Leistung) gedeutet. Danach hat das Aktiv seinen Namen von jenen Sätzen, in denen das Subjekt „tätig" ist:

> Die Reiterin schlägt das Pferd. Der Hund bellt.

Aktivisch sind aber auch folgende Sätze:

> Er wohnt auf dem Lande. Der Kranke leidet. Sie bekommt keine Post. Die Blumen blühen.

deren Subjekt kaum als „tätig" zu bezeichnen ist. Unter dem Aktiv ist also eine Sehweise zu verstehen, die von der Bedeutung des Verbs unabhängig ist. Vielmehr handelt es sich dabei um die für den deutschen Satz charakteristische Blickrichtung, die den Träger („Täter"), den Urheber des Geschehens zum Ausgangspunkt macht und das erfaßt, was über ihn ausgesagt wird.

Entsprechendes ist vom Passiv zu sagen, wo das Subjekt keineswegs immer „leidend" ist, wie die lateinische Bezeichnung und ein Satz wie

> Das Pferd wird geschlagen.

nahelegen könnten. Auch das Passiv muß deshalb unabhängig von der Bedeutung des Verbs als eine Sehweise betrachtet werden, die der des Aktivs entgegengesetzt ist: Kann man dieses als „täterzugewandt" charakterisieren, so jenes als „täterabgewandt".[1]

Das Vorgangs- oder *werden*-Passiv

Typologie

Das Vorgangspassiv begegnet in drei verschiedenen Typen, deren Struktur gewöhnlich als Ergebnis der Umwandlung (Transformation) entsprechender Aktivtypen beschrieben wird (vgl. Tabelle S. 172 oben):   308

Die Unterscheidung dieser drei Typen des Vorgangspassivs richtet sich nach der Art der Verbergänzungen (vgl. 189 f.): Typ A bilden die Verben mit einem Akkusativobjekt (= transitive Verben), Typ B die (intransitiven) Verben mit Genitiv-, Dativ- oder Präpositionalobjekt, Typ C die (intransitiven) Verben ohne Objekt. Die eingeklammerten Agensangaben (vgl. 314 f.) in der Passivstruktur sind fakultativ (weglaßbar). Beim Typ C werden sie allerdings immer getilgt, wenn die Subjektstelle der Aktivstruktur von dem unpersönlichen Pronomen *man* besetzt ist. Gemessen an der Häufigkeit ihres Auftretens kommt den drei Typen keinesfalls das gleiche Gewicht zu. Die Belege entfallen nämlich zu 97% auf Typ A, während B und C nur mit 2% bzw. 1% vertreten sind.

---

[1] Vgl. L. Weisgerber: Die Welt im „Passiv". In: Festschrift für Friedrich Maurer. Stuttgart 1963, S. 25–59.

	Aktivstruktur	Passivstruktur
Typ A	Vera streicht ihr Zimmer.	→ Das Zimmer wird [von Vera] gestrichen.
	Der Lehrer überreicht dem Schüler das Buch.	→ Das Buch wird dem Schüler [vom Lehrer] überreicht.
Typ B	Die Gemeinde gedenkt der Toten.	→ Der Toten wird [von der Gemeinde] gedacht./Es wird der Toten [von der Gemeinde] gedacht.
	Wir helfen dem Verletzten.	→ Dem Verletzten wird [von uns] geholfen./Es wird dem Verletzten [von uns] geholfen.
	Sie graben nach Kohle.	→ Nach Kohle wird [von ihnen] gegraben./Es wird [von ihnen] nach Kohle gegraben.
Typ C	Die Griechen tanzten.	→ Von den Griechen wurde getanzt./Es wurde [von den Griechen] getanzt.
	Man tanzt.	→ Es wird getanzt.

Transformationen (Umwandlungen)

Die Regeln, nach denen sich die Umwandlungen ins Passiv vollziehen, sind den folgenden Graphiken zu entnehmen, die bis auf die den syntaktischen Strukturen des Aktivs und Passivs gemeinsamen semantischen Strukturen zurückgehen. Dies ist deshalb möglich, weil der mitzuteilende Sachverhalt im Aktiv und Passiv gleich (bedeutungsäquivalent) ist. Die Passivstruktur (= durchgezogener Pfeil) hebt sich dabei deutlich von der Aktivstruktur (= gestrichelter Pfeil) ab:

309

	semantische Struktur	syntaktische Struktur
Typ A	Handelnder (Agens) ----------→	Subjekt (= Nomen im Nominativ)
	affiziertes oder effiziertes Objekt	Objekt$_1$ (= Objekt im Akkusativ)
	Begünstigter[1] (Adressat) ----------→	Objekt$_2$ (= Objekt im Dativ)[1]
		Agensangabe (= Präpositionalgefüge)[1]
	Handlung (Aktion)	Aktiv ⎫ Finitum
		Passiv ⎭

Beispiel:

Der Lehrer (= Handelnder) überreicht (= Handlung) dem Schüler (= Begünstigter) das Buch (= [affiziertes oder effiziertes] Objekt).

Die inhaltliche Größe „Handelnder" (Agens) besetzt also im Aktiv die Subjektstelle, im Passiv dagegen die fakultative Stelle „Agensangabe". Die Größe „affiziertes oder effiziertes Objekt" (Patiens) besetzt im Aktiv die Stelle eines Akkusativobjekts, im Passiv aber die Subjektstelle. Die Größe „Begünstigter" (Adressat) nimmt sowohl im Aktiv als auch im Passiv die Position eines Dativobjekts ein.

---

[1] Fakultativ.

Die Größe „Handlung" (Aktion) schließlich erhält im Aktiv die Aktivform, im Passiv die Passivform.

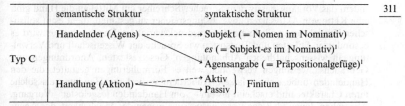

	semantische Struktur	syntaktische Struktur
	Handelnder (Agens) -----------→	Subjekt (= Nomen im Nominativ)
		es (= Subjekt-*es* im Nominativ)[1]
Typ B	Objekt ------------------------→	Dativ-, Genitiv- oder
		Präpositionalobjekt
		Agensangabe (= Präpositionalgefüge)[1]
	Handlung (Aktion) ←----------→	Aktiv ⎱ Finitum
		→ Passiv ⎰

Beispiel:

   Wir (= Handelnder) helfen (= Handlung) dem Verletzten (= Objekt).

Die inhaltliche Größe „Handelnder" (Agens) besetzt im Aktiv die Subjektstelle, im Passiv aber die fakultative Stelle „Agensangabe" (hier kann die Subjektstelle entweder mit dem inhaltsleeren *es* besetzt werden oder unbesetzt bleiben). Das „Objekt" ändert seine Stelle im Aktiv und Passiv nicht; es tritt in beiden Strukturen entweder als Dativ-, Genitiv- oder Präpositionalobjekt auf. Die inhaltliche Größe „Handlung" (Aktion) erhält im Aktiv die aktivische Form, im Passiv die passivische.

	semantische Struktur	syntaktische Struktur
	Handelnder (Agens) -----------→	Subjekt (= Nomen im Nominativ)
		es (= Subjekt-*es* im Nominativ)[1]
Typ C		Agensangabe (= Präpositionalgefüge)[1]
	Handlung (Aktion) ←----------→	Aktiv ⎱ Finitum
		→ Passiv ⎰

Beispiel:

   Die Griechen (= Handelnder) tanzten (= Handlung).

Die inhaltliche Größe „Handelnder" (Agens) rückt aus der aktivischen Subjektstelle in die fakultative Passivposition „Agensangabe", die Größe „Handlung" (Aktion) wird aus der Aktiv- in die Passivform umgewandelt. Die Agensangabe (und/oder eine Modalangabe) in der Passivstruktur kann nur dann weggelassen werden, wenn die Subjektstelle durch das inhaltsleere *es* besetzt wird (das bei vorhandener Agens- und/oder Modalangabe fakultativ ist und vor dem Finitum steht):

   Es wurde [von den Griechen] getanzt.

Fehlt dieses *es*, ist die Agensangabe (oder eine Modalangabe, Konjunktion) obligatorisch und steht an erster Stelle vor dem Finitum:

   Von den Griechen wurde getanzt.
   Dort wurde getanzt.
   Wenn getanzt wurde ...

---
[1]   Fakultativ.

Funktionen

Syntaktisch-semantische Funktion

312 Die Passivtransformationen zeigen, daß der wichtigste Unterschied zwischen Aktiv und Passiv in folgendem besteht: Während die Größe „Handelnder" (Agens) im Aktiv die Subjektstelle besetzt, tritt sie im Passiv als ein dem Prädikat zu- und untergeordnetes Glied („Agensangabe") zurück oder wird ganz getilgt; an ihrer Stelle rückt im Typ A die Größe „affiziertes oder effiziertes Objekt" in die Subjektposition. Bei den Typen B und C wird die Subjektstelle entweder gar nicht besetzt *(Von den Griechen wurde getanzt)* oder nur formal-inhaltsleer mit *es (Es wurde [von den Griechen] getanzt);* sie bezeichnen im wesentlichen nur den Vorgang, die Handlung an sich, ohne ihren Urheber („Täter") zu benennen.

Insofern die wesentliche Leistung des Vorgangspassivs darin besteht, die Agensgröße – beim Typ A – zugunsten der Größe „affiziertes oder effiziertes Objekt" entweder ganz zu tilgen oder doch in den Hintergrund zu drängen, bietet es sich dem Sprecher/Schreiber als eine „täterabgewandte" Alternative zum „täterzugewandten" Aktiv dar (vgl. 307).

Mit dieser Deutung, die zunächst nur einen strukturellen Befund wiedergibt, steht der statistische, wonach auf die Agensangabe häufig ganz verzichtet wird, in Einklang: Gemäß einer Zählung kommt sie beim Typ A noch in ca. 14 % der Belege vor, beim Typ B nur noch in ca. 3 % und beim Typ C überhaupt nicht mehr.

Textfunktion

313 Indem das Vorgangspassiv dem Sprecher/Schreiber ein Mittel an die Hand gibt, eine Kette von Aktivsätzen abwechslungsreicher zu gestalten, dient es in stilistischer Hinsicht ganz allgemein der Ausdrucksvariation. Darüber hinaus wird es besonders in Stilarten und Textsorten wie Sprache der Wissenschaft und Verwaltung, in wissenschaftlichen Abhandlungen, Gesetzestexten, Anordnungen und Gebrauchsanweisungen verwendet, weil es Formulierungen gestattet, die den Handelnden unbezeichnet lassen. Außerdem verliert die Handlung als solche ihren Charakter und erscheint als ein – vom Handelnden losgelöster – Vorgang. Abgesehen davon, daß das Vorgangspassiv – wegen der Möglichkeit, das Agens auszusparen (vgl. 315) – eine ökonomische Ausdrucksweise darstellt, ist es auch noch in anderer Hinsicht maßgeblich am Aufbau eines Textes beteiligt: Es hilft dem Sprecher/Schreiber, die Mitteilungsperspektive gemäß seinen Absichten zu entwickeln, und zwar durch Thematisierung[1] des Akkusativobjekts in seiner Äußerung und (stärkere) Rhematisierung[2] von Prädikat und Agensgröße (Handlungsträger).

Thematisierung des Akkusativobjekts und stärkere Rhematisierung des Prädikats zeigt z. B. das folgende Beispiel:

> ... ich hatte am ersten Abend schon eine Schlägerei mit einem Schwachsinnigen ... Ich wurde nicht nur ganz schön zusammengeschlagen ..., ich bekam auch eine schwere Gelbsucht (Böll).

Das Passiv *(Ich ... wurde zusammengeschlagen ...)* erlaubt dem Autor hier, das Subjekt des ersten Satzes *(ich)* auch im zweiten beizubehalten. Da es sich auf

---

1 Als Thema bezeichnet man den Ausgangspunkt einer Mitteilung, das Bekannte, Gegebene, das als solches für den Hörer/Leser nur geringen oder gar keinen Mitteilungswert hat. Syntaktisch gesehen besetzt es meistens die Subjektstelle.

2 Als Rhema bezeichnet man das neu Mitzuteilende, das den größten Mitteilungswert trägt.

schon Eingeführtes bezieht, spielt es die Rolle eines Themas ohne Neuigkeitswert. Demgegenüber hätte die entsprechende Aktivkonstruktion die Größe *ich* als Akkusativobjekt einführen müssen *(Der Schwachsinnige schlug mich zusammen...)*, wobei das Agens *(der Schwachsinnige)* unnötigerweise wiederholt und der stilistisch wirkungsvolle Parallelismus der Konstruktion zerstört worden wäre. Gleichzeitig wird das Prädikat als Rhema, d. h. als Information mit dem größten Mitteilungswert, dadurch hervorgehoben, daß es nur in der Form eines verbalen Gefüges ohne Agensnennung dargeboten wird. (Eine noch stärkere Rhematisierung erzielt freilich das subjekt- und angabenlose Passiv vom Typ *Es wird getanzt).*

Rhematisierung des Agens (des Handlungsträgers) begegnet im folgenden Ausschnitt aus einer Fußballreportage:

„... jetzt wird Müller angespielt, *von Meier.* "

Der besondere Mitteilungswert der Agensangabe *von Meier* wird hier durch Endstellung und Ausklammerung unterstrichen.

Die Agensangabe
Anschlußmittel

Da die Agensangabe (vgl. 309 ff.) in einer Passivstruktur den Ausgangspunkt („Täter", Urheber, Ursache) einer Handlung oder eines Geschehens bezeichnet, nimmt sie bei einer Rückumwandlung ins Aktiv immer die Subjektstelle ein. In der Regel wird sie mit der Präposition *von* angeschlossen, in bestimmten Fällen auch mit *durch;* dabei wird *von* nicht nur bei Personen gebraucht, sondern auch dann, wenn die Agensangabe nicht persönlich ist, also eine Sache oder etwas Abstraktes nennt:[1]

> Das kranke Kind wird *von der Nachbarin* (nicht: *durch die Nachbarin*) gepflegt. Der Baum ist *vom Blitz* (nicht: *durch den Blitz*) getroffen worden. Wir wurden *von unseren Gefühlen* (nicht: *durch unsere Gefühle*) übermannt.

Geht es bei der Agensangabe nicht um den eigentlichen Urheber oder Träger eines Geschehens, dann kann die Präposition *durch* gebraucht werden:

> Er wurde *durch* eine johlende Menge aufgehalten (= Die johlende Menge ließ ihn, ohne es zu beabsichtigen, nur langsam vorankommen). Im Gegensatz zu: Er wurde *von* einer johlenden Menge aufgehalten (= Die johlende Menge hielt ihn fest, ließ ihn nicht vorankommen).

Die Präposition *durch* wird auch verwendet, wenn der Urheber oder Träger eines Geschehens im Auftrage eines anderen handelt, wenn er nur Vermittler eines Geschehens, Mittelsperson ist:

> Das Gelände wurde *durch* Polizisten gesichert (= Man/Die Behörde/Die Regierung o. ä. sicherte das Gelände durch [den Einsatz von] Polizisten). Im Gegensatz zu: Das Gelände wurde *von* Polizisten gesichert (= Polizisten sicherten das Gelände).

Die inhaltlichen Größen „Urheber/Träger eines Geschehens" und „Vermittler eines Geschehens, Mittelsperson" treten dort klar auseinander, wo sowohl das *von*- als auch das *durch*-Präpositionalgefüge im gleichen Satz auftreten:

> Er wurde *von* der Behörde *durch* einen Boten verständigt.

---

[1] Daneben dienen gelegentlich auch andere Präpositionen (z. B. *mit, bei*) dem Anschluß von Agensangaben, die bei einer Rückumwandlung ins Aktiv die Subjektposition übernehmen: *Bei* sehr schweren Vergiftungen wird der Arzt gezwungen, nach anderen Wegen zu suchen. – (Aktiv:) Sehr schwere Vergiftungen zwingen den Arzt ...

314

Der Präposition *durch* haftet, auch wenn das betreffende Präpositionalgefüge eindeutig als Agensangabe fungiert, die Bedeutung ‚Mittel, Vermittler, Werkzeug' an, und sei es nur in der Art einer mitschwingenden Nebenbedeutung:

> Diese Jahrhunderte werden *durch* schriftliche Quellen nur spärlich erhellt (= Schriftliche Quellen erhellen diese Jahrhunderte nur spärlich). Die Stadt wurde *durch* feindliche Bomben vollständig zerstört (= Feindliche Bomben zerstörten die Stadt vollständig).

Aussparung der Agensangabe

315 Das Vorgangspassiv kommt überwiegend (zu ca. 90 %) ohne Agensangabe vor; gar nicht möglich ist sie, wenn die Subjektstelle der Aktivstruktur von dem verallgemeinernden Pronomen *man* besetzt ist (vgl. 308):

> *Man* trägt jetzt wieder Lila. – Jetzt wird wieder Lila (nicht möglich: *von man*) getragen.

Vielfach fehlt die Agensangabe auch deshalb, weil der „Täter" (der Urheber, die Ursache) entweder nicht genannt werden kann oder soll. Man vergleiche folgende Mitteilung, in der das Agens fehlt, weil der Tathergang im einzelnen unbekannt ist:

> Letzte Nacht wurde im Juweliergeschäft Müller eingebrochen.

Weiterhin wird auf die Agensangabe auch verzichtet, wenn sie unwichtig ist oder aus dem vorausgehenden oder nachfolgenden Zusammenhang ohne Schwierigkeiten erschlossen werden kann.[1] Vor allem Adverbien, Nebensätze, attributive Genitive, Possessivpronomen und (orts-, richtungsbezogene u. a.) Präpositionalgefüge bezeichnen das Agens ausdrücklich oder unausdrücklich; man vergleiche etwa das Adverb *gesetzlich* im folgenden Beispiel:

> Die Ehe ist eine sehr persönliche Gemeinschaft zwischen Menschen, die nicht *gesetzlich* (= vom Gesetz) eingefangen werden kann.

Sprachlicher und/oder außersprachlicher Kontext können auch so beschaffen sein, daß eine Agensangabe nicht nur als überflüssig, sondern geradezu als störend empfunden würde; man vergleiche etwa die Agensangabe in folgendem Satz:

> Nun wird wieder *von den Besuchern des Balles* getanzt.

Schließlich können ganze Textsorten auf die Agensangabe verzichten; so etwa Gesetze, Erlasse, Vorschriften und Anweisungen, deren Agens gewöhnlich mit dem Adressaten des jeweiligen Textes identisch ist und deshalb nicht eigens immer genannt werden muß.

Anders liegt der Fall, wenn die Agensangabe rhematische Funktion hat, also eine wichtige neue Information übermittelt (vgl. 313). In dem Satz

> Sie ist enttäuscht worden, *vom eigenen Mann.*

z. B. kann die Agensangabe nur um den Preis eines Informationsverlustes weggelassen werden.

Verben ohne Passivfähigkeit

316 Nicht alle Verben können ein (Vorgangs)passiv bilden. Im Folgenden werden einige Verbgruppen aufgeführt, die nicht passivfähig sind.

---

[1] Im ersten Fall spricht man von „anaphorischer", im zweiten von „kataphorischer Ellipse".

1. Neben den transitiven Verben, deren Akkusativobjekt bei der Umwandlung ins Passiv zum Subjekt wird, gibt es eine Reihe von Verben mit einem Akkusativobjekt, die nicht passivfähig sind. Das sind z. B. Verben mit einem Akkusativobjekt, das einen Körperteil bezeichnet (*Ich schüttle den Kopf.* Nicht möglich: *Der Kopf wird von mir geschüttelt*) oder eine Menge, einen Betrag o. ä. angibt (*Dieses Gefäß enthält drei Liter Wasser.* Nicht möglich: *Drei Liter Wasser werden von diesem Gefäß enthalten*), und Verben der *haben*-Beziehung (*Ihr Freund hat/besitzt schon ein Auto.* Nicht möglich: *Ein Auto wird schon von ihrem Freund gehabt/besessen*).[1]
Kein Passiv bilden auch die unpersönlichen Ausdrücke *es gibt* und *es setzt* (*Es gibt viele Tierarten.* Nicht möglich: *Viele Tierarten werden gegeben*), die Verben *kennen, können* und *wissen,* sofern das mit ihnen verbundene Akkusativobjekt einen Gedankeninhalt oder etwas Gewußtes bezeichnet (*Sie kennt alle Fakten.* Nicht möglich: *Alle Fakten werden von ihr gekannt*), und die Verben, die mit ihrem Akkusativobjekt eine feste(re) Verbindung eingehen (*Er verlor die Besinnung.* Nicht möglich: *Die Besinnung wurde von ihm verloren*).[2]

2. Von den intransitiven Verben sind im allgemeinen die nicht passivfähig, die nur mit einem unpersönlichen Subjekt (Sachsubjekt) verbunden werden können[3] (*Diese Aussage beruht auf einem Irrtum.* Nicht möglich: *Auf einem Irrtum wird von dieser Aussage beruht*) oder deren persönliches Subjekt nicht Träger oder Auslöser einer Handlung ist:

> Er altert schnell. (Nicht möglich:) Von ihm wird schnell gealtert.
> Sie ähnelt ihrem Bruder. (Nicht möglich:) Ihrem Bruder wird von ihr geähnelt.

Von einigen nicht passivfähigen intransitiven Verben wird jedoch gelegentlich (besonders in der gesprochenen Umgangssprache) ein Passiv gebildet, um eine energische Aufforderung auszudrücken (vgl. 306):

> Es wird hiergeblieben!
> Jetzt wird aber geschlafen!

Wenn man die Formenbildung betrachtet, so fällt auf, daß fast alle intransitiven Verben, die ihr Perfekt mit *sein* bilden, nicht passivfähig sind:[4]

---

1 Vgl. ausführlicher 1155.
2 Zum Passiv der Verben, die mit einem doppelten Akkusativobjekt stehen, vgl. 1181.
3 Bei der Frage, ob ein solches intransitives Verb passivfähig ist oder nicht, leistet die *man*-Probe gute Dienste: Falls das betreffende Verb nämlich nicht mit dem Pronomen *man* als Subjekt verbunden werden kann, ist auch die Passivbildung nicht möglich (vgl. etwa *schmecken,* wo weder *man schmeckt jmdm.* noch *jmdm. wird geschmeckt* möglich ist).
4 Manche Verben schwanken zwischen intransitivem und transitivem Gebrauch. Sie bilden dann ein Vorgangspassiv oder lassen den attributiven Gebrauch des 2. Partizips zu (vgl. etwa *bescheren: Die Kinder wurden [vom Roten Kreuz] beschert*). Von *schmeicheln,* das heute im allgemeinen mit dem Dativ der Person steht *(jmdm. schmeicheln),* wird gelegentlich das 2. Partizip verwendet *(... daß der geschmeichelte Führer ihrer Bitte um eine Funktion in der Partei entsprach [Feuchtwanger]; Ich fühle mich geschmeichelt);* dieser Gebrauch erklärt sich daraus, daß *schmeicheln* früher auch transitiv verwendet worden ist. Zu *folgen* ist, wohl nach französischem Vorbild, das passivische 2. Partizip *gefolgt von* gebildet worden, das sich trotz aller Kritik durchgesetzt hat *(... verließ die Prinzessin das Kloster, gefolgt von einer vertrauten Nonne [Schneider]; ... Hofrat Behrens ..., der, gefolgt von Dr. Krokowski, ... hereinkam [Th. Mann]; ... gefolgt von seinem Adjutanten [Böll]).* Daneben findet sich, wohl in Weiterführung dieser Konstruktion, gelegentlich ein Vorgangspassiv *(Die Suffixe ... werden in der Regel von einer Flexionssilbe gefolgt [Werner]; ... wenn der Druck von einem ebenso starken Sog gefolgt wird [Menzel]).* Gelegentlich wird auch von einem intransitiven Verb aus Scherz ein Vorgangspassiv nach transitivem Vorbild gebildet, wenn ausgedrückt werden soll, daß das Verhalten einer Person o. ä. in der Subjektposition nicht freiwillig, sondern unter Zwang erfolgt *(Er ist gegangen worden).*

Ihr gelingt ein großer Wurf. (Nicht möglich:) Ein großer Wurf wird von ihr gelungen.
Er entging mit knapper Not einem Anschlag. (Nicht möglich:) Mit knapper Not
wurde von ihm einem Anschlag entgangen.

3. Nicht passivfähig sind schließlich die echten reflexiven Verben (vgl. 195),
wenn auch vereinzelt (in literarischer Sprache) Passive gewagt werden (z. B. *Da
wurde ... in zitternder Angst sich verkrochen* [C. Viebig]). Auch die unechten reflexiven Verben (vgl. 198), bei denen das Reflexivpronomen die Rolle eines Akkusativobjekts einnimmt, können kein Passiv bilden, weil das Objekt mit dem Subjekt
identisch ist *(Ich wasche mich.* [Nicht möglich, weil sinnlos:] *Ich werde von mir
gewaschen).*

Wie bei den intransitiven Verben wird gelegentlich (besonders in der gesprochenen Umgangssprache) ein Passiv gebildet, um eine energische Aufforderung auszudrücken (vgl. 306):

> Hier wird sich hingelegt!
> Jetzt wird sich gewaschen!

Konkurrenzformen des Vorgangspassivs

317 Nicht selten werden andere Formen (Konstruktionen) gewählt, um passivische
Sehweise auszudrücken. Die wichtigsten Konkurrenzformen des Vorgangspassivs sind:

1. *bekommen/erhalten/kriegen* + 2. Partizip:

> Er *bekommt/erhält/kriegt* (von Hans) das Buch *geschenkt.* (= Ihm wird das Buch [von
> Hans] geschenkt.)
> Er (der Kreissekretär) *bekam* einen Löffelbagger *zugesprochen* (E. Strittmatter).
> (= Dem Kreissekretär wurde ein Löffelbagger zugesprochen.)
> Denn sie waren erstaunt, ihre Beiträge *zurückgesandt zu erhalten* (Th. Heuß). (= Denn
> sie waren erstaunt [darüber], daß ihnen ihre Beiträge zurückgesandt wurden.)

Da das Subjekt des Satzes mit *bekommen/erhalten/kriegen* + 2. Partizip bei der
Umwandlung ins Passiv die Rolle eines Dativobjekts übernimmt, dem etwas
„zugewendet" wird, spricht man auch vom „Adressatenpassiv". Sein sehr kleiner
Anwendungsbereich ist auf Verben beschränkt, die einen Dativ der Person und
einen Akkusativ der Sache fordern *(jmdm. etw. bieten, anvertrauen, schenken,
verehren, schreiben* u. a.).[1]

Während die Konstruktion mit *bekommen* und *erhalten* als eine Variante des
Vorgangspassivs anzusehen ist, die v. a. in der gesprochenen (Alltags)sprache
vorkommt, jedoch langsam auch in die Schriftsprache eindringt, gilt dies nicht in
gleichem Maße für die Fügung mit dem umgangssprachlichen *kriegen:* Sie wird
in der Standardsprache nach Möglichkeit gemieden.

2. *gehören* + 2. Partizip:

> Ein solches Verhalten *gehört bestraft.* (= Ein solches Verhalten muß bestraft werden/
> Man muß ein solches Verhalten bestrafen.)
> Wer über dreißig ist, *gehört aufgehängt* (K. Mann). (= Wer über dreißig ist, der muß
> aufgehängt werden/ ... den muß man aufhängen.)

---

[1] Vgl. dazu O. Leirbukt: Bildungs- und Restriktionsregeln des *bekommen*-Passivs. In: Centre de
Recherche en Linguistique Germanique, Nice (Hg.): Das Passiv im Deutschen. Akten des
Kolloquiums über das Passiv im Deutschen. Nizza 1986, Tübingen 1987, S. 99 ff.; dort auch
weitere Literatur zu diesem Problem.

Die Konstruktion drückt eine unbedingte Notwendigkeit, ein Gebot aus und entspricht einem mit *müssen* umschriebenen Passiv. Sie ist nicht standard-, sondern nur umgangssprachlich und findet sich vornehmlich im Süden des deutschen Sprachgebietes.

3. *sich lassen* + Infinitiv:

> Die Tür *läßt sich öffnen.* (= Die Tür kann geöffnet werden.)
> Natürlich *läßt sich* die Physik nicht *betrügen* (O. W. Gail/W. Petri). (= Natürlich kann die Physik nicht betrogen werden.)

Wie die Beispiele zeigen, ist das *lassen*-Gefüge mit unpersönlichem Subjekt modal gefärbt (vgl. die Umschreibungsmöglichkeit mit *können* + Vorgangspassiv) und spricht eine Handlung an, für deren (Nicht)durchführbarkeit nicht das Agens, sondern die Beschaffenheit und das Wesen der betroffenen Sache ausschlaggebend sind (vgl. dazu das verwandte *sein*-Gefüge [vgl. 4] und die *bar*-Ableitung [vgl. 7]).

Demgegenüber hat das *lassen*-Gefüge mit persönlichem Subjekt die Bedeutung ‚veranlassen, erlauben, zulassen‘:

> Sie *läßt sich* nicht *täuschen.* (= Sie läßt nicht zu, daß sie getäuscht wird.)
> Er *läßt sich* die Haare *schneiden.* (= Er veranlaßt, daß ihm die Haare geschnitten werden.)

4. *sein (bleiben, stehen, geben, gehen)*[1] + *zu* + Infinitiv:

> Die Tür *ist* (von Hans) *zu öffnen.* (= Die Tür kann/muß/soll [von Hans] geöffnet werden.)
> Der Schmerz *ist* kaum *zu ertragen.* (= Der Schmerz kann kaum ertragen werden.)

Wie die Beispiele zeigen, entspricht die Konstruktion im allgemeinen einem mit einem Modalverb umschriebenen Passiv.[2]

5. Funktionsverbgefüge[3] mit einem Nomen actionis (Verbalsubstantiv):

> In allen diesen Schöpfungen *kam* immer wieder das scholastische Bedürfnis *zum Ausdruck* (P. Bamm). (= In allen diesen Schöpfungen wurde immer wieder das scholastische Bedürfnis ausgedrückt.)
> Dies Verfahren *findet* in der Flugzeugortung und beim Fernsehen vielfache *Anwendung* (O. W. Gail/W. Petri). (= Dies Verfahren wird in der Flugzeugortung und beim Fernsehen vielfach angewendet.)

Hinsichtlich der Passivumwandlung von Funktionsverbgefügen ist allerdings die Einschränkung zu machen, daß sie überall da unmöglich ist, wo kein mit dem nominalen Teil etymologisch verwandtes Grundverb zur Verfügung steht.

6. Reflexivkonstruktion mit unpersönlichem Subjekt:

> Die Tür *öffnet sich.* (= Die Tür wird geöffnet.)
> Eine Lösung *wird sich finden.* (= Eine Lösung wird gefunden werden.)

1　Seltener ist die Konstruktion mit *bleiben (Das Ergebnis bleibt abzuwarten [= Das Ergebnis muß abgewartet werden]), geben (Es gibt viel zu tun [= Viel muß getan werden])* und *stehen (... am Dienstag standen nun aber gleich beide Publikumsmagneten zu erwarten* [Süddeutsche Zeitung]; *=... am Dienstag wurden nun aber gleich beide Publikumsmagneten erwartet]).* Umgangssprachlich ist die Fügung mit *gehen (Das Bild geht nicht zu befestigen [= Das Bild kann nicht befestigt werden]).*

2　Als transformationelle Variante der *sein*-Konstruktion ist das attributive Gerundivum zu betrachten *(die zu öffnende Tür = die Tür, die zu öffnen ist = die Tür, die man öffnen kann/muß/ soll;* vgl. auch 329).

3　Vgl. dazu allgemein 205, 1000.

Mit adverbialer Bestimmung:

Der Stoff *wäscht sich* gut. (= Der Stoff kann gut gewaschen werden.)
Remarques Anti-Kriegsbuch „Im Westen nichts Neues" *verkaufte sich* in Rekordauf-
lagen (Quick). (= Remarques Anti-Kriegsbuch „Im Westen nichts Neues" wurde in
Rekordauflagen verkauft.)

Diese Konstruktionen vertragen sich grundsätzlich nicht mit einer Agensangabe
(nicht möglich: *Die Tür öffnet sich von mir*). Weiter ist zu beachten, daß keineswegs alle mit unseren Beispielsätzen übereinstimmenden Reflexivkonstruktionen
mit dem Passiv konkurrieren, sondern lediglich diejenigen, deren unpersönliches
Subjekt bei der Umwandlung in eine entsprechende nichtreflexive Konstruktion
die Stelle eines Akkusativobjekts einnimmt; vgl.

Die Tür öffnet sich. → Man öffnet die Tür. → Die Tür wird geöffnet.
(Aber nicht:)
Der Himmel bedeckt sich. → Man bedeckt den Himmel. → Der Himmel wird bedeckt.

7. Wortbildungsmittel:

Das Gerät ist *tragbar*. (= Das Gerät kann getragen werden.)
Die Schmerzen sind *unerträglich*. (= Die Schmerzen können nicht ertragen werden.)
Der Kranke ist noch nicht *transportfähig*. (= Der Kranke kann noch nicht transpor-
tiert werden.)

Die Beispiele zeigen, daß auch mit den Mitteln der Wortbildung passivische Sehweise ausgedrückt werden kann (vgl. 943).

Das Zustands- oder *sein*-Passiv

Typologie und Funktion

318 Neben dem Vorgangs- oder *werden*-Passiv kennt die deutsche Sprache noch das
Zustands- oder *sein*-Passiv, das mit *sein* + 2. Partizip gebildet wird. Zwei Typen
lassen sich in der Regel klar voneinander unterscheiden:[1]

Typ 1

319 Der Typ 1 ist dadurch gekennzeichnet, daß das Zustands- oder *sein*-Passiv auf ein
Perfekt des Vorgangs- oder *werden*-Passivs zurückgeführt werden kann:

Die Tür ist geöffnet/geschlossen. (Aus:) Die Tür ist geöffnet/geschlossen worden. –
Die Arbeit ist beendet. (Aus:) Die Arbeit ist beendet worden. – Der Fehler ist gefunden. (Aus:) Der Fehler ist gefunden worden. – An dem Stecker ... sind nur die zwei
Stromkontakte angeschlossen (H. Pinkwart). (Aus:) An dem Stecker ... sind nur die
zwei Stromkontakte angeschlossen worden.

Bei der Umwandlung des Vorgangs- in das Zustandspassiv wird, formal betrachtet, *worden* getilgt. Inhaltlich betrachtet, wird der Sachverhalt nicht mehr als Vorgang, als Prozeß, als Handlung mitgeteilt, sondern als ein Zustand, der das Ergebnis des Vorgangs oder der Handlung darstellt. Das Zustandspassiv vermittelt also
eine andere Sehweise als das Vorgangspassiv, das eine Handlung, einen Vorgang
ausdrückt: es drückt einen Zustand als das Ergebnis einer Handlung aus.

---

[1] Im Einzelfall kann die Zuordnung eines Beispiels zu den beiden Typen allerdings trotz der im
Folgenden angegebenen Merkmale schwierig sein (z. B. bei einem lexikalisierten, mit einer
besonderen, historisch bedingten „Fügungspotenz" ausgestatteten 2. Partizip oder bei metaphorischem Sprachgebrauch).

Im allgemeinen wird das Agens (der Handelnde, der Urheber, die Ursache eines Geschehens) beim Typ I des Zustandspassivs nicht genannt:

Die Tür ist geöffnet. (Nicht:) Die Tür ist von mir geöffnet.

Falls es aber genannt wird, erfolgt sein Anschluß wie beim Vorgangspassiv in der Regel mit *von* (vgl. 314). Nur in bestimmten Fällen, besonders dann, wenn eigentlich das Werkzeug, das Mittel oder der Vermittler gemeint ist, wird *durch* gebraucht.

Typ 2

Der Typ 2 des Zustandspassivs läßt sich nicht auf das Perfekt des Vorgangspas-   320
sivs zurückführen, obwohl das betreffende Verb transitiv und passivfähig ist:

Die Bücher sind mit Staub bedeckt. (Nicht aus:) Die Bücher sind mit Staub bedeckt worden. – Die Tage sind mit alltäglichen Verpflichtungen erfüllt. (Nicht aus:) Die Tage sind mit alltäglichen Verpflichtungen erfüllt worden. – Machtbereiche sind durch Ödlandschaften getrennt. (Nicht aus:) Machtbereiche sind durch Ödlandschaften getrennt worden. – Die Straße ist mit Flüchtlingen verstopft. (Nicht aus:) Die Straße ist mit Flüchtlingen verstopft worden. – Der Raum ist von Lärm erfüllt. (Nicht aus:) Der Raum ist von Lärm erfüllt worden.

Sätze dieses Typs lassen sich nur auf entsprechende Aktivsätze zurückführen:

Die Bücher sind mit Staub bedeckt. (Aus:) Staub bedeckt die Bücher. – Die Tage sind mit alltäglichen Verpflichtungen erfüllt. (Aus:) Alltägliche Verpflichtungen erfüllen die Tage. – Machtbereiche sind durch Ödlandschaften getrennt. (Aus:) Ödlandschaften trennen Machtbereiche. – Die Straße ist mit Flüchtlingen verstopft. (Aus:) Flüchtlinge verstopfen die Straße. – Der Raum ist von Lärm erfüllt. (Aus:) Lärm erfüllt den Raum.

In einigen Fällen mag allerdings eine Zurückführung auf das Präsens des Vorgangspassivs möglich sein:

Dieses Gebiet ist von Turkmenen bewohnt. (Aus:) Dieses Gebiet wird von Turkmenen bewohnt. – Der reibungslose Ablauf der Veranstaltung ist durch die Maßnahmen der Polizei gewährleistet. (Aus:) Der reibungslose Ablauf der Veranstaltung wird durch die Maßnahmen der Polizei gewährleistet.
(Nicht möglich dagegen: Die Bücher sind mit Staub bedeckt. [Aus:] Die Bücher werden mit Staub bedeckt. – Die Straße ist mit Flüchtlingen verstopft. [Aus:] Die Straße wird mit Flüchtlingen verstopft.)

Ohne Zweifel handelt es sich auch beim Typ 2 um eine passivische Struktur: Dies ist daran zu erkennen, daß eine Hauptbedingung für die Aktiv-/Passiv-Transformation erfüllt ist, indem das Akkusativobjekt des Aktivsatzes zum Subjekt des Passivsatzes und das Subjekt des Aktivsatzes zur – meistens obligatorischen – Agensangabe in Form eines Präpositionalgefüges wird (vgl. 312). Semantisch betrachtet dient dieses Präpositionalgefüge allerdings nicht so sehr als Agens, sondern eher als Instrumentalangabe (‚Mittel, Vermittler, Werkzeug‘). Es wird deshalb auch vorwiegend mit Präpositionen wie *mit, über* und *durch* angeschlossen, seltener durch *von* (das ja besonders bei einem persönlichen Subjekt gebraucht wird; vgl. 314). Eine hervorstechende Eigenart des Typs 2 besteht darin, daß das Subjekt des zugrundeliegenden Aktivsatzes meistens nicht das Merkmal ‚menschlich‘ trägt und daß keine Handlung bezeichnet wird, die bewußt auf die Herbeiführung eines bestimmten Zustands, auf die Erreichung eines Zieles oder auf die Verfolgung eines Zweckes gerichtet ist. Nicht ein Zustand als Ergebnis einer Handlung wird ausgedrückt, sondern eine andauernde oder zeitweilig zu beobachtende Seinsgegebenheit.

Ableitungsbeschränkungen

321 Transitive Verben, die ein Vorgangspassiv bilden können, gestatten in den meisten Fällen auch die Bildung des Zustandspassivs.[1] Allerdings gibt es (oft schwer faßbare) Abstufungen der Art, daß das Zustandspassiv bestimmter Verben durchaus üblich, das anderer Verben dagegen weniger oder gar nicht üblich ist:

> Sie bewundern den Sänger. – Der Sänger wird von ihnen bewundert. (Aber nicht: Der Sänger ist bewundert.)

Von intransitiven Verben kann in der Regel kein Zustandspassiv gebildet werden:

> Die Gemeinde gedenkt der Toten. – Der Toten wird von der Gemeinde gedacht. (Aber nicht: Der Toten ist gedacht.)
> Sie graben nach Kohle. – Es wird nach Kohle gegraben. (Aber nicht: Nach Kohle ist gegraben.)

Lediglich bei einigen Verben mit einem Dativobjekt kommt vereinzelt ein subjektloses Zustandspassiv vor:

> Den Studenten ist mit dieser Regelung kaum genützt. Mit dieser Auskunft ist mir wenig geholfen. (Aber nicht: Dem Verletzten ist [von uns] geholfen.)

Nicht alle Verben, die ein Vorgangspassiv bilden können, bilden also auch ein Zustandspassiv. Dennoch kann man sagen, daß das Zustandspassiv das Vorgangspassiv meistens voraussetzt. Auch die für das Vorgangspassiv formulierten Einschränkungen (vgl. 316) gelten für das Zustandspassiv. Jedoch ist festzustellen, daß von einigen Verben, die normalerweise nicht passivfähig sind, ausnahmsweise doch ein Zustandspassiv gebildet wird (z. B. von *enthalten* in dem Satz *In dem Gefäß sind drei Liter enthalten*).

Abgrenzung gegenüber anderen Konstruktionen

322 Das Zustandspassiv kann leicht mit anderen Konstruktionen verwechselt werden, deren Prädikatsverband – der äußeren Form nach – ebenfalls aus *sein* + 2. Partizip besteht. Es handelt sich dabei um das prädikative (Satz)adjektiv, das Zustandsreflexiv und das Perfekt Aktiv. Von diesen drei Konstruktionen unterscheidet sich das Zustandspassiv dadurch, daß es entweder – beim Typ 1 – auf das Perfekt des Vorgangspassivs zurückgeführt werden kann (vgl. 319) oder – beim Typ 2 – auf ein Präsens des Vorgangspassivs bzw. einen entsprechenden Aktivsatz (vgl. 320). Derartige Zurückführungen sind weder beim prädikativen (Satz)adjektiv, noch beim Zustandsreflexiv, noch beim Perfekt Aktiv möglich:

– Zustandspassiv:

> Die Tür ist geöffnet. (Typ 1)
> Dieses Gebiet ist von Turkmenen bewohnt. (Typ 2)

Zurückführung möglich:

> Die Tür ist geöffnet worden. (Typ 1)
> Dieses Gebiet wird von Turkmenen bewohnt. / Turkmenen bewohnen dieses Gebiet. (Typ 2)

– Prädikatives (Satz)adjektiv:

> Der Junge ist begabt.

---

[1] Vgl. O. Leirbukt: Zum Konstruktionstyp „Da war bei uns zugesperrt". In: Neuphilologische Mitteilungen 84 (1983), S. 77 ff.

Zurückführung nicht möglich:

Der Junge ist begabt worden.
Der Junge wird begabt.
Jemand begabt den Jungen.

– Zustandsreflexiv:

Das Mädchen ist verliebt.

Zurückführung nicht möglich:

Das Mädchen ist verliebt worden.
Das Mädchen wird verliebt.
Jemand verliebt das Mädchen.

– Perfekt Aktiv:

Der Mai ist gekommen.

Zurückführung nicht möglich:

Der Mai ist gekommen worden.
Der Mai wird gekommen.
Jemand kommt den Mai.

Was das Zustandsreflexiv angeht, so entbehrt es von vornherein des Passivcharakters, da es von einem nicht passivfähigen Verb abgeleitet ist (vgl. 194).
Die Gefahr, daß das Zustandspassiv mit dem prädikativen (Satz)adjektiv oder Perfekt Aktiv verwechselt wird, ist besonders groß bei mehrdeutigen Wortformen. (Wobei beim prädikativen [Satz]adjektiv eine Verwechslungsgefahr im übrigen nur gegeben ist, wenn das Adjektiv die Form des 2. Partizips besitzt.) So handelt es sich in dem Satz *Der Junge ist verzogen* nur dann um ein Zustandspassiv, wenn *verzogen* im Sinne von ‚schlecht, falsch erzogen‘ gebraucht wird und nicht im Sinne von ‚an einen anderen Ort umgezogen‘ (im letzteren Fall würde Perfekt Aktiv vorliegen). Weitere mehrdeutige Formen dieser Art sind etwa *gebildet, gelehrt* und *geschickt*. Meistens löst allerdings der Sinnzusammenhang die Mehrdeutigkeiten sicher auf.

Schwierigkeiten bei der Anwendung

Die Form des Zustandspassivs entsteht manchmal dadurch, daß bei der Beschreibung einer Handlung im Vorgangspassiv fälschlicherweise *worden* ausgelassen wird:

323

Die Sperre ist heute wieder aufgehoben. (Statt richtig:) Die Sperre ist heute wieder aufgehoben worden.
Der Ausbrecher ist heute wieder gefaßt. (Statt richtig:) Der Ausbrecher ist heute wieder gefaßt worden.

Besonders in Norddeutschland wird häufig das Zustandspassiv gebraucht, obwohl nicht das Ergebnis einer Handlung, sondern die Handlung selbst in ihrem Verlauf bezeichnet werden soll:

Die Herren sind gebeten, pünktlich zu erscheinen. (Statt richtig:) Die Herren werden gebeten, pünktlich zu erscheinen.

Gelegentlich bleibt es der freien Entscheidung des Sprechers/Schreibers überlassen, ob er einen Sachverhalt als Handlung im Vorgangspassiv mitteilen will oder als Ergebnis einer Handlung im Zustandspassiv. Der Unterschied ist dann für den vom Sprecher/Schreiber verfolgten kommunikativen Zweck so unwichtig, daß er vernachlässigt werden kann. So ist es z. B. gleichgültig, ob jemand in einer bestimmten Situation die Frage *Ist der Fehler nun gefunden?* oder *Ist der Fehler nun gefunden worden?* stellt (ähnlich: *Damit soll nicht gesagt sein, daß ...* oder *Damit soll nicht gesagt werden, daß ...*).

2.3.4 Person und Numerus: Finite Verbformen

324 Neben Tempus (vgl. 244 ff.), Modus (vgl. 270) und Genus verbi (vgl. 307 ff.) gehören auch Person und Numerus zu den verbalen Kategorien (vgl. 206).
Die Kategorie P e r s o n kennt in sich drei Unterscheidungen („Gesprächsrollen"[1]), die die am Sprech-/Schreibvorgang beteiligten Personen (bzw. Sachen) abbilden: Die 1. Person ist mit dem Sprecher/Schreiber selbst identisch („Sprecher-Rolle"), die 2. Person mit dem Angesprochenen („Hörer-Rolle") und die 3. Person mit dem Besprochenen bzw. der besprochenen Sache („Referenz-Rolle"). Im Falle der 1. und 2. Person tritt als Subjekt nur das entsprechende Personalpronomen auf (*ich/wir; du/ihr/Sie,* veralt. *Er*), im Falle der 3. Person entweder ein Personalpronomen der 3. Person *(er/sie/es; sie)* oder ein Substantiv (bzw. eine Substantivgruppe oder ein Nebensatz o. ä. in Subjektfunktion). Eine Ausnahme bildet lediglich der Imperativ, bei dem die angesprochene Person (2. Pers. Sing./Plur.) normalerweise nicht pronominal ausgedrückt wird (*geh[e]!, geht!;* vgl. aber 305). Die Kategorie N u m e r u s kennt mit Singular (Einzahl) und Plural (Mehrzahl) zwei Unterscheidungen, die sich auf das am Subjekt zu beobachtende Merkmal ‚Einheit' bzw. ‚Vielheit' beziehen.
Die Verwendung der verbalen Kategorien Person und Numerus bereitet kaum Schwierigkeiten, da sie im allgemeinen durch den Bezug auf das Subjekt eindeutig bestimmt sind, ohne daß dem Sprecher/Schreiber eine Wahl belassen wäre. Wegen dieses Automatismus, mit dem Person und Numerus „funktionieren", kommt ihnen auch keine irgendwie geartete Bedeutung oder Funktion zu, welche den Verbinhalt oder die Satzaussage noch einmal in bestimmter Weise beeinflussen würde. (Nur für die Numerusunterscheidung beim Imperativ, wo das Subjekt normalerweise verdeckt ist [vgl. 305], sind hier gewisse Einschränkungen zu machen.) Hierzu ein Beispiel. Wenn man in dem Satz

Ich fahre nach Frankfurt.

statt des Subjekts *ich* ein anderes Pronomen gebraucht *(du, er; wir, ihr, sie)*[2], dann muß auch die Verbform *fahre* geändert werden:

	1. Person Person, die von sich selbst spricht („Sprecher-Rolle")	2. Person Person, die angesprochen wird („Hörer-Rolle")		3. Person Person/Sache, von der gesprochen wird („Referenz-Rolle")
		vertraulich familiär	höflich distanziert	
Singular	ich fahre	du fährst		er sie } fährt es
			Sie fahren	
Plural	wir fahren	ihr fahrt		sie fahren

---

[1] Vgl. dazu H. Weinrich: Textgrammatik der deutschen Sprache. Mannheim 1993, S. 87 ff.
[2] Zu den Pronomen vgl. im einzelnen 542 ff.

Zu dem Subjekt *ich* gehört in den Beispielen die Verbform *fahre,* zu dem Subjekt   325
du die Form *fährst* und umgekehrt. Steht das Subjekt im Singular, dann steht
auch die Verbform im Singular, steht das Subjekt im Plural, dann steht auch die
Verbform im Plural. Damit spiegeln die Kategorien Person und Numerus nicht
Merkmale eines durch das jeweilige Verb bezeichneten Geschehens oder Seins
wider, sondern beziehen sich auf entsprechende Merkmale des Subjekts: Steht
das Subjekt in der 1. Person, dann steht auch das Verb in der 1. Person; das gleiche gilt für die 2. und 3. Person. Eine Verdopplung der Formen führt die Numerusunterscheidung herbei. Auch hier gilt: Steht das Subjekt im Singular, dann
steht auch das Verb im Singular, steht das Subjekt im Plural, dann steht auch das
Verb im Plural. Wir beobachten also eine strenge, vom Subjekt her bestimmte
Abhängigkeit: Die Wahl der Verbform richtet sich in Person und Numerus nach
dem Subjekt, nicht umgekehrt. Diese Erscheinung nennt man **grammatische
Kongruenz.**[1]

Die Verbform, die in Person und Numerus (Modus und Tempus) bestimmt ist,   326
heißt Personalform, finite (bestimmte) Verbform oder **Finitum.**[2] Das Prädikat
(vgl. 1063) besteht in der Regel entweder – wenn es einteilig ist – aus der finiten
Form allein *(Vera arbeitet)* oder – wenn es mehrteilig ist – aus finiter und infiniter
Form *(Vera hat gearbeitet)* bzw. Halbpräfix/Verbzusatz *(Vera arbeitet etwas aus).*
Bei mehrteiligem Prädikat wird das Finitum sofort deutlich, wenn man das Subjekt in Person und/oder Numerus ändert: Das Finitum ist der Teil des Prädikats,
der dann auch verändert wird:

Subjekt	Prädikat
Du/Ihr	*mußt/müßt* arbeiten.
Wir/Er	*wollen/will* (die Verwandten) besuchen.
Ich/Du	*soll/sollst* kommen.
Ich/Wir	*habe/haben* (ihn) gesehen.

2.3.5 Infinitiv und Partizip: Infinite Verbformen

Das Prädikat in den folgenden Sätzen, deren Subjekt in Person bzw. Numerus   327
variiert, ist zweiteilig:

Subjekt	Prädikat
Du/Ihr	mußt/müßt *arbeiten.*
Ich/Er	werde/wird *gehen.*
Wir/Sie	haben/hat *gelacht.*
Sie/Ich	sind/bin *eingeschlafen.*

Dabei rechnet man *arbeiten, gehen, gelacht* und *eingeschlafen,* Prädikatsteile also,
die – im Unterschied zu den finiten Verbformen (vgl. 326) *mußt/müßt, werde/wird*
usw. – auch dann nicht verändert werden, wenn sich das Subjekt des Satzes in

---

1 Vgl. dazu auch 1239 ff.
2 Vgl. auch 1063. Zur Beschränkung bestimmter Verben in Person und Numerus vgl. 204; **zur**
   Bildung der finiten Verbformen im einzelnen vgl. 207, 227.

Person und Numerus ändert, zu den infiniten Verbformen.[1] Sie können innerhalb und außerhalb des Prädikats verwendet werden; innerhalb in der Regel jedoch nur als Teil einer zusammengesetzten (umschriebenen) Verbform (vgl. aber 306).

Man unterscheidet drei infinite Verbformen:

Infinitiv[2]	1. Partizip[3]	2. Partizip[4]
Er wird das Buch *lesen.* Sie will *kommen.*		Er hat das Buch *gelesen.* Sie ist *gekommen.*
	der *lesende* Vater	das *gelesene* Buch
das *Lesen* des Buches	die *Lesenden*	das *Gelesene* vergessen

Die Graphik zeigt, daß die infiniten Verbformen nicht nur als Prädikatsteile gebraucht werden können (Infinitiv und 2. Partizip), sondern in vielen Fällen auch wie Adjektive (1. und 2. Partizip) und Substantive.

Der Infinitiv

328 Die Form, in der man im Deutschen ein Verb üblicherweise angibt oder nennt, die Form, in der in einem Wörterbuch üblicherweise das Verb als Stichwort angesetzt wird, heißt der Infinitiv (Plural: die Infinitive):[5]

> **lesen,** liest, las, hat gelesen ...; **kommen,** kam, ist gekommen ...; **klappern,** klapperte, hat geklappert ...; **sein,** war, ist gewesen ...

Die Endung des einfachen Infinitivs (Präsens Aktiv), der als solcher durch Person, Numerus, Modus und Tempus nicht weiter bestimmt ist, ist *-en (les-en)* oder *-n (klapper-n, häkel-n).* Im einzelnen unterscheidet man folgende Infinitivformen:

- Infinitiv Präsens Aktiv *(loben, erwachen)*
- Infinitiv Futur I Aktiv *(loben/erwachen werden)*
- Infinitiv Perfekt Aktiv *(gelobt haben, erwacht sein)*
- Infinitiv Futur II Aktiv *(gelobt haben werden/erwacht sein werden)*

- Infinitiv Präsens (Vorgangs)passiv *(gelobt werden)*
- Infinitiv Perfekt (Vorgangs)passiv *(gelobt worden sein)*

- Infinitiv Präsens (Zustands)passiv *(geöffnet sein)*
- Infinitiv Perfekt (Zustands)passiv *(geöffnet gewesen sein)*

Neben dem reinen Infinitiv und dem mit *zu* gibt es den erweiterten Infinitiv:

---

[1] Vgl. auch 1064.
[2] Auch *Nenn-* oder *Grundform* genannt.
[3] Auch *Mittelwort der Gegenwart* oder *Präsenspartizip* genannt.
[4] Auch *Mittelwort der Vergangenheit* oder *Perfektpartizip* genannt.
[5] „Infinitiv" heißt diese Form seit alters, weil sie nicht – wie das Finitum (vgl. 206) – nach Person und Numerus bestimmt ist. Auch die Modus-Unterscheidung (Indikativ/Konjunktiv) ist beim Infinitiv unwirksam. Dagegen kommt die Unterscheidung nach Tempus (Präsens/Futur I–II/ Perfekt) und Genus (Aktiv/Passiv) bei den einzelnen Infinitivformen wieder ins Spiel (vgl. unten).

nichterweiterter Infinitiv	erweiterter Infinitiv
reiner Infinitiv: Sie wird *arbeiten.* Sie will	*erw. Infinitiv ohne* zu: Sie wird *vier Tage daran arbeiten.*
Infinitiv mit zu: Sie pflegt *zu arbeiten.*	*erw. Infinitiv mit* zu: Sie pflegt *am Sonntag zu* *Hause zu arbeiten.* Er kommt, *um zu arbeiten.*

Zu den Infinitivkonjunktionen vgl. 688, zum Gebrauch des Infinitivs vgl. 150 f., 1063 f., 1081 ff.

1. und 2. Partizip

Das 1. Partizip

Formbildung und Gebrauch

Das 1. Partizip (Präsenspartizip oder Mittelwort der Gegenwart) wird mit der Endung -*end* bzw. – bei Verben auf -*eln* und -*ern* – -*nd* gebildet:

329

> brems-end, trag-end; lächel-nd, hämmer-nd.

Im Unterschied zu den beiden anderen infiniten Formen kann es nicht als Prädikatsteil gebraucht werden (vgl. 333). Es kennzeichnet das mit dem Verb genannte Geschehen oder Sein als ablaufend (und zwar im allgemeinen in aktiver Bedeutung), dauernd, unvollendet:

> Die Lehrerin lobt ihn. – Die ihn *lobende* Lehrerin.
> Er tanzte. – Er kam *tanzend* herein.

Das 1. Partizip ist zeitlich neutral und bezieht sich in der Regel auf den Zeitpunkt, der aus dem Tempus des Finitums hervorgeht:

> Die *blühenden* Blumen erfreuen uns/erfreuten uns/werden uns erfreuen.

Bei attributivem Gebrauch kann durch hinzugefügte Zeitangaben allerdings auch ein anderer Zeitbezug ausgedrückt werden:

> Die *gestern noch blühenden* Blumen sind heute verdorrt.

Dem 1. Partizip gleich gebildet ist die Form *zu billigend-*, *zu fürchtend-*. Sie entspricht dem lateinischen Gerundiv[um] und wird in der Standardsprache ziemlich häufig, in der Dichtung und in der Umgangssprache kaum verwendet:

> Das ist ein nicht *zu billigender* Schritt. Sein *anzuerkennender* Fleiß ...

Sie hat passivische Bedeutung; mit ihr wird eine Notwendigkeit oder Möglichkeit ausgedrückt. Sie kann nur von transitiven Verben gebildet werden und wird nur attributiv gebraucht.

Das 2. Partizip

Formbildung

Die Verbform, mit der im Deutschen das Perfekt gebildet wird und die als 3. Stammform (vgl. 243) häufig in Wörterbüchern und Grammatiken erscheint, heißt 2. Partizip, Perfektpartizip oder Mittelwort der Vergangenheit.

330

Das 2. Partizip der regelmäßigen Verben wird mit -*t* oder -*et,* das der unregelmäßigen Verben mit *-en* gebildet (beachte den Ablaut [vgl. 230]). Bei beiden Gruppen wird in der Regel das Präfix *ge-* gebraucht:

(regelmäßig:) ge-lob-t, ge-red-et;
(unregelmäßig:) ge-bund-en, ge-worf-en, ge-sung-en.

Das *e* der Endung *-en* beim 2. Partizip der unregelmäßigen Verben kann nach *h* in der Literatur aus vers- und satzrhythmischen Gründen und in der (gesprochenen) Umgangssprache weggelassen werden, z. B. *gesehn* oder *geflohn*. Von *schreien* und *speien* sind beide Formen gebräuchlich: *geschrieen* und *geschrien, gespieen* und *gespien*.

Bei den 2. Partizipien trennbarer Verben (vgl. 756 ff., 781 ff.) wird *ge-* nicht vorangestellt, sondern zwischen Partikel und Verb gesetzt. Entsprechendes gilt auch für Verben, die aus einer syntaktischen Fügung entstanden sind:

abhören – ab*ge*hört, einsehen – ein*ge*sehen, herausgehen – heraus*ge*gangen, hinfallen – hin*ge*fallen, teilnehmen – teil*ge*nommen, haushalten – haus*ge*halten, stattfinden – statt*ge*funden, kopfstehen – kopf*ge*standen.

Bei den 2. Partizipien der anfangsbetonten Verben, die von Zusammensetzungen abgeleitet sind, steht *ge-* voran *(wetteifern – ich wetteifere/habe gewetteifert)*. Folgende Verbgruppen bilden das 2. Partizip ohne *ge-*:

1. Alle einfachen und präfigierten Verben, die nicht auf der ersten Silbe betont sind:

studieren – hat studiert, posaunen – hat posaunt, kredénzen – hat kredenzt, krakéelen – hat krakeelt, prophezeien – hat prophezeit, kasteíen – hat kasteit, scharwénzeln – hat scharwenzelt, berúfen – hat berufen, entspríngen – ist entsprungen, erráten – hat erraten, verlétzen – hat verletzt, zerréißen – hat zerrissen.

2. Alle Zusammensetzungen mit den Verben dieser Gruppe 1:

einstudieren – hat einstudiert, herausposaunen – hat herausposaunt, einberufen – hat einberufen.

3. Alle zusammengesetzten Verben, die nicht auf dem ersten Glied betont sind:

hinterträben – hat hintertrieben, überráschen – hat überrascht, vollénden – hat vollendet, übergében – hat übergeben, überréichen – hat überreicht.

Besonderheit: Ersatzinfinitiv statt 2. Partizip

331 Bei bestimmten Verben, die sich mit einem Infinitiv verbinden können, wird das 2. Partizip im *haben*-Gefüge (Perfekt, Plusquamperfekt, Futur II, Infinitiv Perfekt) durch den Infinitiv ersetzt (sog. Ersatzinfinitiv). Fest ist dieser Gebrauch bei den Modalverben und bei *brauchen* (selbst mit *zu*).

Er hat kommen *müssen* (nicht: *gemußt).* Er wird nicht haben kommen *können* (nicht: *gekonnt).* Das hättest du nicht (zu) tun *brauchen* (nicht: *gebraucht).*

Die Verben *heißen, lassen, sehen* stehen überwiegend im Infinitiv:

Er hatte mich kommen *heißen* (selten: *geheißen).* ... die hat er ... in Maybach *liegenlassen* (Quick).[1] Einen großen LKW ... hatten sie neben dem Wege liegen *sehen* (Plievier, selten: *gesehen).*

Die Verben *fühlen, helfen, hören* stehen heute sowohl im Infinitiv als auch im 2. Partizip:

---

[1] Im Passiv ist hier kein Ersatzinfinitiv möglich. Also nur: *Das Buch wurde von ihm liegengelassen.*

Er hat das Fieber kommen *fühlen* (neben: *gefühlt*). Ich habe ihm das Auto waschen *helfen* (neben: *geholfen*). Sie hat ihn gestern abend kommen *hören* (neben: *gehört*).

Im 2. Partizip stehen im allgemeinen die Verben *lehren, lernen, machen:*

Er hat ihn auf seiner Farm reiten *gelehrt* (selten: *lehren*). Er hat sie schätzen*gelernt* (nicht üblich: *schätzenlernen*). Er hat mich lachen *gemacht* (selten: *machen*).

Im Infinitiv Perfekt tritt das 2. Partizip nur auf, wenn *haben* am Ende steht (vgl. auch 1350):

Ich erinnere mich, ihn laufen *gesehen* zu haben. Ich erinnere mich, sie früher das Bild sehen *gelassen* zu haben. Er wird nicht kommen *gekonnt* haben.

Sonst steht auch hier der Ersatzinfinitiv:

Sie wird ihn haben laufen *sehen*. Er wird ihn haben kommen *lassen*. Sie wird nicht haben kommen *können*.

Der Ersatzinfinitiv nimmt immer die Endstellung ein.

Zum Gebrauch des 2. Partizips

Das wie ein Adjektiv gebrauchte 2. Partizip der transitiven Verben wird in der Regel auf ein Substantiv bezogen, das in einem entsprechenden Aktivsatz Objekt bzw. in einem Passivsatz Subjekt ist, das 2. Partizip der intransitiven Verben steht im allgemeinen bei einem Substantiv, das in einem entsprechenden Aktivsatz Subjekt ist: 332

der *gehaßte* Feind – Er haßt seinen Feind/Der Feind wird gehaßt.
Die *untergegangene* Sonne – Die Sonne geht unter.[1]

Mit den Partizipien der imperfektiven (vgl. 144) transitiven Verben wird das mit dem Verb genannte Geschehen oder Sein im allgemeinen auf die Zeit bezogen, die mit der finiten Verbform des Satzes angegeben wird (sie bilden somit geradezu „ein passives Gegenstück" zum „aktiven" 1. Partizip [vgl. 329]):

Er pflegte/pflegt das *geliebte* Kind. Ein von zwei Lokomotiven *gezogener* Zug fuhr/fährt in den Bahnhof ein. Das *gestützte* Dach spendete/spendet Schatten.

Mit den Partizipien der perfektiven (vgl. 143) intransitiven bzw. transitiven Verben wird im allgemeinen angegeben, daß ein Geschehen oder Sein vollendet ist, daß aber das Ergebnis als Zustand in der vom Finitum genannten Zeit andauert und nachwirkt:

Ein *gebundenes* Buch lag/liegt auf dem Tisch. Sie rollten/rollen ein *gefülltes* Faß auf die Straße. Das in Fäulnis *übergegangene* Fleisch war/ist ungenießbar.

Adjektiv oder Partizip?

Die Partizipien bestimmter Verben können wie ein Adjektiv gebraucht werden (mit Ausnahme des Gebrauchs als subjektbezogene Artergänzung; vgl. 447, 1167). Als Attribut werden sie auch wie ein Adjektiv dekliniert. Es sind dies: 333

1. Alle 1. Partizipien:

Das *schlafende* Kind ... Ich fand meine Schwester *schlafend*. Sie kam *tanzend* ins Zimmer.

---

[1] Standardsprachlich nicht korrekt ist z. B., *das ihn betroffene Unglück* (nicht das Unglück ist betroffen worden, sondern es hat ihn betroffen). Korrekt sind dagegen einige Fügungen wie *eine studierte Frau, ein geschworener Feind (des Alkohols), ein [aus]gedienter Soldat,* in denen sich das 2. Partizip isoliert hat.

Das 1. Partizip kann nur wie ein Adjektiv gebraucht werden; es ist keine Form des Konjugationssystems, weil die „Verlaufsform" im Deutschen – im Gegensatz etwa zum Englischen – nicht üblich ist:

Und doch ... *ist* (er) so *liebend* (Stolberg).

2. Die 2. Partizipien der transitiven Verben:

Der *geprüfte* Schüler ... Sie traf ihren Freund *verwirrt* an. *Verlassen* blieb er zurück.

3. Die 2. Partizipien derjenigen intransitiven Verben, die mit *sein* verbunden werden und perfektiv sind:

die *verblühte* Rose, das *untergegangene* Schiff, die *abgeblaßte* Gardine, das *angebrannte* Gemüse, die *ausgeheilte* Wunde, der *zugefrorene* Teich.

Hierzu können auch die 2. Partizipien solcher an sich imperfektiven Verben mit *sein* treten, die durch den Kontext perfektiv geworden sind:

das in den Wald *gelaufene* Kind, das über den See *geschwommene* Mädchen.

Als subjektbezogene Artergänzung können die 2. Partizipien nicht gebraucht werden: Das 2. Partizip der transitiven Verben + *sein* ist Zustandspassiv (vgl. 318), also eine Konjugationsform *(Die Tür ist geöffnet. – Die Tür ist geöffnet worden);* und das 2. Partizip der intransitiven Verben mit perfektiver Aktionsart + *sein* ist Perfekt, also ebenfalls Konjugationsform *(Das Haus ist eingestürzt. – Das Haus stürzte ein).*

334 Nicht wie ein Adjektiv können in der Regel gebraucht werden:

1. Die 2. Partizipien derjenigen intransitiven Verben, die mit *haben* verbunden werden:

Das Kind *hat geschlafen/gespielt.* – (Aber nicht:) das *geschlafene/gespielte* Kind.

Die gelegentliche Verwendung dieser Partizipien wie attributive Adjektive ist nicht korrekt. Also nicht:

die stark *zugenommene* Kälte, der *aufgehörte* Regen, die *stattgefundene* Versammlung, die *überhandgenommene* Unordnung.

2. Die 2. Partizipien derjenigen intransitiven Verben, die mit *sein* verbunden werden und imperfektiv sind:

Das Kind ist *gelaufen/geschwommen.* – (Aber nicht:) das *gelaufene/geschwommene* Kind.

3. Die 2. Partizipien einiger reflexiver Verben mit dem Reflexivpronomen im Akkusativ (vgl. 191):

Das Kind *hat sich geschämt* (aber nicht: das *[sich] geschämte* Kind). Die Verkäuferin *hat sich gefreut* (aber nicht: die *[sich] gefreute* Verkäuferin). Die Mutter *hat sich geärgert* (aber nicht: die *[sich] geärgerte* Mutter). (Auch nicht:) die *sich dargebotene* Gelegenheit (bei der Fügung *die dargebotene Gelegenheit* ist *dargeboten* 2. Partizip des trans. Verbs *etw. darbieten).*

335 Neben den vorstehend genannten 1. und 2. Partizipien gibt es solche, die durch Bedeutungsdifferenzierung, inhaltliche Verselbständigung oder durch das Absterben der übrigen Konjugationsformen des entsprechenden Verbs isoliert sind und Adjektive darstellen, die fast alle attributiv[1] und – vor allem in Verbindung

---

[1] Zu 1. und 2. Partizipien, die in Verbindung mit bestimmten Substantiven nur attributiv gebraucht werden können, vgl. 450,4.

mit *sein* – als subjektbezogene Artergänzung gebraucht werden können und auch
steigerungsfähig sind:

das *reizende* Kind – das Kind ist *reizend;* der *gewandte* Turner – Er ist *gewandter* als ...
(die Verben *reizen* und *wenden* haben eine andere Bedeutung).
(Ähnlich:) einleuchtend, leidend, aufregend, rührend, entscheidend, empörend, ab-
stoßend, ausfallend, zwingend, auffallend, verblüffend, verlockend, spannend u. a.;
betrunken, geeignet, verirrt, verschwiegen, besorgt, erfahren, abgefeimt, verrückt,
gemessen, gesetzt, gefaßt, gelassen, gewogen, zerfahren, gelegen, willkommen, gestan-
den(er Mann; südd. ugs.).

In manchen Fällen ändert sich die Valenz gegenüber dem Verb:

Der Schüler *reizt* den Lehrer – der den Lehrer *reizende* Schüler – (aber nur:) ein *reizen-
des* Kleid.
Der Film *regte* ihn auf – der ihn *aufregende* Film – (aber:) Der Film war für ihn sehr
aufregend.
Der mich *empörende* Fall – (aber:) Der Fall war für mich *empörend.*

Zur Substantivierung der Partizipien

Partizipien, die nur als Prädikatsteil (Konjugationsform) gebraucht werden kön-   336
nen (vgl. 334), sind nicht substantivierbar. Also n i c h t :

der Geschlafene, die Gelaufene, das Geschämte.

Dies ist aber mit allen Partizipien möglich, die wie ein Adjektiv gebraucht werden
können *(der Betrunkene, der Verliebte, die Schlafende, der Geprüfte, das Span-
nende).*[1]

3 Das Substantiv

Wörter wie die folgenden, die im allgemeinen mit einem großen Anfangsbuchsta-   337
ben geschrieben werden, nennt man S u b s t a n t i v e (Singular: das Substantiv):[2]

Frau, Mann, Kind, Peter, Susanne; Fisch, Aal, Vogel, Spatz; Blume, Rose, Baum,
Buche; Tisch, Fenster, Buch, Auto, Bahnhof; Wald, Wasser; Weser, Frankfurt; Geist,
Kälte, Liebe, Mathematik, Dummheit, Treue, Unterschied, Freundschaft.

Substantive können gebraucht werden
– als Subjekt oder Objekt u. ä. (vgl. 1081 ff.):
    Petra liest *ein Buch.*
– als adverbiale Bestimmung (vgl. 1092 ff., 1110):
    Er ist *frohen Mutes.* Petra fährt *nach Frankfurt.*
– als Attribut (vgl. 1120):
    das Dach *des Autos.*

Substantive können in der Regel ihrer Form nach verändert (dekliniert), von
ihnen können verschiedene Kasus- und Numerusformen gebildet werden:

Nominativ Singular/Plural; *die Frau/die Frauen;*
Dativ Singular/Plural: *dem Mann/den Männern.*

---

1   Entsprechend zu 332 Anm. 1 ist *der Bediente* nicht ein Mann, der bedient worden ist, sondern
    der selbst bedient oder bedient hat; ebenso: *eine Studierte* (ugs.).
2   Aus lat. *substantivus* = „aus sich selbst Bestand habend". Man nennt die Substantive auch
    Nomina bzw. *Nomen* (Singular: das Nomen), *Nenn-, Namen-, Ding-* oder *Hauptwörter.*

Mit Substantiven bezeichnet der Sprecher/Schreiber Lebewesen (Menschen oder Tiere) und Pflanzen, Dinge und Nichtgegenständliches, Gedachtes und Begriffliches (vgl. 338).

Weiter ist für das Substantiv kennzeichnend, daß es mit dem Artikel (*der, die, das; ein, eine, ein;* vgl. 532 ff.) verbunden werden kann. Dadurch wird angegeben, ob es zu den männlichen (Maskulina), den weiblichen (Feminina) oder den sächlichen Substantiven (Neutra) gehört (vgl. 344):

Maskulinum (männliches Substantiv): *der Mann, der Aal, der Wald.*
Femininum (weibliches Substantiv): *die Frau, die Blume, die Rose.*
Neutrum (sächliches Substantiv): *das Kind, das Auto, das Wasser.*

3.1 Bedeutungsgruppen des Substantivs

338 Mit den Substantiven bezeichnet der Sprecher/Schreiber

Lebewesen (Menschen, Tiere): *Mann, Frau, Kind, Peter, Susanne; Fisch, Aal, Vogel, Spatz.*
Pflanzen: *Blume, Rose, Baum, Buche.*
Dinge: *Möbel, Tisch, Fenster, Buch.*
Begriffe u. ä.: *Liebe, Treue, Unterschied, Freundschaft.*

Nach inhaltlichen Gesichtspunkten dieser Art unterscheidet man verschiedene Gruppen von Substantiven.

3.1.1 Konkreta und Abstrakta

339 K o n k r e t a (Singular: das Konkretum) nennt man die Substantive, mit denen etwas Gegenständliches bezeichnet wird (man spricht deshalb auch von Gegenstandswörtern):

Mensch, Mann, Frau, Kind, Fisch, Aal, Blume, Rose, Tisch, Fenster, Auto, Wald, Wasser, Frankfurt, Karl May, Titanic.

A b s t r a k t a (Singular: das Abstraktum) nennt man die Substantive, mit denen etwas Nichtgegenständliches bezeichnet wird, etwas Gedachtes (Begriffe, man spricht auch von Begriffswörtern):

Menschliche Vorstellungen: *Geist, Seele.*
Handlungen: *Schlag, Wurf, Schnitt, Boykott.*
Vorgänge: *Leben, Sterben, Schwimmen, Schlaf, Reise.*
Zustände: *Friede, Ruhe, Angst, Liebe, Alter.*
Eigenschaften: *Würde, Verstand, Ehrlichkeit, Krankheit, Dummheit, Länge.*
Verhältnisse oder Beziehungen: *Ehe, Freundschaft, Nähe, Unterschied.*
Wissenschaften, Künste: *Biologie, Mathematik, Musik, Malerei.*
Maß- und Zeitbegriffe: *Meter, Watt, Gramm; Jahr, Stunde, Mai.*

Bestimmte Substantive können je nach ihrer Bedeutung konkret oder abstrakt sein. So bedeutet *Grund* konkret ‚Boden u. a.‘, abstrakt ‚Ursache, Begründung‘; *Jugend* bedeutet konkret ‚die Jugendlichen, junge Leute‘, abstrakt ‚Zeit des Jungseins‘. Weitere Beispiele sind die Substantive *Schönheit, Verwandtschaft, Erscheinung, Wesen.*

3.1.2 Untergruppen der Konkreta

Untergruppen der Konkreta sind die Eigennamen und die Gattungsbezeichnungen.

Eigennamen

Mit den Eigennamen werden Lebewesen, Dinge u. a. bezeichnet, die so, wie sie   340
sind, nur einmal vorkommen, z. B. bestimmte Menschen, Länder, Städte, Straßen, Berge, Gebirge, Flüsse, Seen, Meere, Fluren und andere Örtlichkeiten,
Schiffe, Sterne, menschliche Einrichtungen und geistige Schöpfungen. Mit einem
Eigennamen wird also etwas Bestimmtes, Einmaliges benannt; er ist in der Regel
einzelnen Lebewesen oder Dingen zugeordnet und gestattet, diese zu identifizieren. Auch wenn viele Personen *Peter, Müller, Schmidt* oder mehrere Orte *Neu-
stadt* heißen, wird mit dem Eigennamen etwas Einmaliges bezeichnet, denn jede
Person und jeder Ort bleibt „Individuum", d. h. ein bestimmtes unteilbares Einzelnes:

> Sigrid, Theodor Storm, Deutschland, Leipzig, Kurfürstendamm, Brocken, Alpen,
> Rhein, Wannsee, Schwarzes Meer, Prater, Titanic, Saturn, Firma Berger und Co.,
> Schalke 04, „Faust".

Auch Pluraliatantum wie *die Niederlande, die Hebriden* (vgl. 373) sind als Eigennamen zu werten, weil sie eine Gruppe sozusagen als „Einzelwesen" zu identifizieren gestatten.[1] Auch eine Personengruppe (z. B. ein Volk oder Stamm), die
mit einem pluralischen Namen bezeichnet wird *(die Deutschen, die Engländer,
die Sioux),* wird damit als kollektives „Einzelwesen" von anderen Gruppen abgehoben. Pluralische Völkernamen u. ä. sind also in ihrem eigentlichen Gebrauch
Eigennamen. Sie sind aber Gattungsbezeichnungen im Sinn von 341, wenn sie
nur eine Anzahl von Angehörigen des betreffenden Volkes bezeichnen, die auch
einzeln auftreten können *(drei Engländer, eine Französin, er ist Russe).* Die jeweilige Zuordnung ergibt sich meist aus dem Kontext.[2]
In der Volkssprache, im Märchen, in der Sage und im Mythos haben auch
(Haus)tiere und Dinge Namen:

> *Moritz* (Schimpanse im Zoo), *Karo* (Hund), *Balmung* (Siegfrieds Schwert), *Yggdrasil*
> (der Weltbaum des altgermanischen Mythos).

Tier-, Pflanzen-, Monats-, Wochentags-, Krankheits-, Verwandtschaftsbezeichnungen gelten nicht als Eigennamen. Sie gehören den folgenden Gruppen an.

Gattungsbezeichnungen (Gattungsnamen, Appellativa)

Mit den Gattungsbezeichnungen werden benannt: 341
– einmal alle Lebewesen oder Dinge einer Gattung. Dabei versteht man unter
  Gattung eine Gruppe von Lebewesen oder Dingen, die wichtige Merkmale
  oder Eigenschaften gemeinsam haben (Zum Beispiel zeichnet sich die Gattung
  Mensch u. a. durch ihre ‚Säugetierhaftigkeit' aus.);
– zum anderen jedes einzelne Lebewesen oder Ding, das zu einer solchen Gattung gehört *(Vor dem Haus standen* drei Menschen.).

Gattungen können in verschiedene A r t e n unterteilt werden:

Personen:	*(Mensch –) Frau – Mann – Kind – Säugling.*
Tiere:	*(Tier –) Säugetier – Affe – Rhesusaffe.*
Pflanzen:	*(Pflanze –) Blume – Rose – Heckenrose.*
Dinge:	*(Hausrat –) Möbel – Tisch – Schreibtisch.*

---

[1] Vgl. H. Vater: Eigennamen und Gattungsbezeichnungen. In: Muttersprache 75 (1965),
     S. 207–213.
[2] Vgl. Anm. 1, S. 194.

Bestimmte Substantive sind sowohl Eigenname wie Gattungsbezeichnung.[1] Dabei können sie ursprünglich Eigenname oder Gattungsbezeichnung gewesen sein:

> (Gattungsbezeichnung aus Eigennamen:) Bayreuth ist das *Mekka* der Wagnerfreunde. Ich bin kein *Krösus*. Dieser Lastkraftwagen ist ein *Diesel*/ein *Opel*. (Weitere Beispiele:) Duden, Baedeker, Browning, Celsius, Kognak, Grimm (Wörterbuch), Havanna (Zigarre), Maggi, Mentor (Erzieher), Quisling (Verräter), Schrapnell, Teddy, Xanthippe, Zeppelin.
>
> (Familiennamen aus Gattungsbezeichnungen:) Müller, Schmidt, Becker, Schreiner, Wagner.

Die Grenze zwischen Eigennamen und Gattungsbezeichnungen ist nicht immer leicht festzulegen. Das wird besonders deutlich, wenn eine Benennung ein Adjektiv enthält: Nach den Regeln der Rechtschreibung[2] wird dieses groß geschrieben, wenn es sich um einen Eigennamen *(Goldener Sonntag)*, klein geschrieben, wenn es sich um eine Gattungsbezeichnung *(goldene Worte)* handelt. Bei manchen Bezeichnungen schwankt die Schreibung, weil man sie entweder noch als Gattungsbezeichnung auffaßt oder schon als Eigennamen deutet.

Bei den Gattungsbezeichnungen werden zwei Untergruppen unterschieden, die Sammelbezeichnungen und die Stoffbezeichnungen:

Sammelbezeichnungen (Kollektiva)

342 Die Sammelbezeichnungen sind singularische Substantive, mit denen eine Mehrzahl von Lebewesen oder Dingen benannt wird; ein einzelnes Stück kann mit ihnen nicht bezeichnet werden:

> Herde ‚Schar von bestimmten Säugetieren gleicher Art (Kühe, Schafe u. ä.), die in Gruppen zusammenleben'; (entsprechend:) Familie, Flotte, Gebirge, Getreide, Laub, Mannschaft, Obst, Publikum, Schulklasse, Vieh, Volk, Wald.[3]

Manche Substantive sind im Singular Gattungsbezeichnung oder Sammelbezeichnung *(Werkzeug* ist entweder das einzelne Werkzeug oder eine Menge von Werkzeugen, ebenso *Spielzeug, Gerät);* im Plural sind sie Gattungsbezeichnungen (vgl. 367). Zu den Sammelbezeichnungen gehören auch die Mengenangaben wie *Anzahl, Haufen, Dutzend, Schock, Gros.*

Stoffbezeichnungen

343 Stoffbezeichnungen sind Masse- oder Materialbezeichnungen:

> Wasser, Leder, Holz, Gold, Stahl, Wein, Fleisch, Salz, Wolle, Zement.

Wenn Stoffbezeichnungen mit dem individualisierenden Artikel oder im Plural stehen (vgl. 539; 368), sind sie Gattungsbezeichnungen:

> Hölzer, Salze, Stähle, Betone. *Die Milch* in der Tasse ist sauer. Ich möchte noch *einen Kaffee.*

---

[1]   Vgl. D. Berger: Sind Völkernamen und andere pluralische Personennamen Appellativa? In: Disputationes ad Montium Vocabula. 10. Internationaler Kongreß für Namenforschung I, 1. Wien 1969, S. 73–80; ders.: Zur Abgrenzung der Eigennamen von den Appellativen. In: Beiträge zur Namenforschung. Neue Folge 11 (1976), S. 376–387.

[2]   Duden 1, Die deutsche Rechtschreibung. Mannheim, Wien Zürich [20]1991, S. 47 ff.

[3]   Zu Sammelbezeichnungen etwa mit *-schaft, -tum, -heit* und *-keit (Studentenschaft, Beamtentum, Menschheit, Geistlichkeit)* vgl. 862.

3.2 Das Genus des Substantivs

Die deutsche Sprache kennt drei Genera:
– das Maskulinum (Pl.: Maskulina) mit dem genusanzeigenden Artikel *der*,
– das Femininum (Pl.: Feminina) mit dem genusanzeigenden Artikel *die*,
– das Neutrum (Pl.: Neutra) mit dem genusanzeigenden Artikel *das*.

Unter dem Genus (Pl.: die Genera; auch: grammatisches Geschlecht) eines
Substantivs versteht man seine Zugehörigkeit zu den Maskulina, Feminina oder
Neutra; es ist fest mit dem jeweiligen Substantiv gekoppelt (im Unterschied etwa
zu Numerus und Kasus, die vom Satzzusammenhang abhängen).[1]
Wenn bei einem Substantiv der Artikel, ein Adjektiv oder bestimmte Pronomen
stehen, so werden von ihnen je nach dem Genus des Substantivs männliche, weibliche oder sächliche Formen gebraucht. Anders ausgedrückt: Während das Substantiv sowohl genusbestimmt als auch genusfest ist, sind Artikel u. ä. und Adjektiv zwar genusbestimmt, aber nicht auch genusfest, sondern -veränderlich:

männlich	weiblich	sächlich
der Mann	*die Frau*	*das* Kind
dieser Mann	*diese* Frau	*dieses* Kind
ein großer Mann	*eine große* Frau	*ein großes* Kind

Durch diese formale Abstimmung im Genus werden Teile des Satzes als zusam-
mengehörend gekennzeichnet (grammatische Kongruenz, vgl. 325).
Grundsätzlich gesehen, gibt es kein System von Regeln, nach dem man das Genus der Substantive in jedem einzelnen Fall mit voller Sicherheit bestimmen kann.
Nur bei Substantiven bestimmter Sachgruppen (vgl. 345 ff.) sowie bei Substantiven mit bestimmten Endungen (vgl. 358) kann man allgemeinere Aussagen zum
Genus machen.[2]
Was das Verhältnis von Genus (grammatischem Geschlecht) und Sexus (natür-
lichem Geschlecht) angeht, so besteht, wiederum grundsätzlich betrachtet, keine
Parallelität. Solchen Beispielen wie *der Mann, die Frau,* in denen eine Übereinstimmung zu beobachten ist, stehen andere Beispiele gegenüber, bei denen Genus
und Sexus nicht übereinstimmen, etwa *das Weib, das Mädchen, das Fräulein.* Im
engeren Bereich der Personenbezeichnungen freilich (vgl. 345) und zum Teil
auch der Tierbezeichnungen (vgl. 346) ist tatsächlich eine weitgehende Übereinstimmung gegeben.[3]

---

[1] Vgl. G. Wienold: Genus und Semantik. Meisenheim am Glan 1967, S. 187 f.; V. E. Jarnat-
   towskaja: Die Kategorie des Genus der Substantive im System der deutschen Gegenwartssprache. In: Deutsch als Fremdsprache 5 (1968), H. 4, S. 213 ff.
[2] Darüber hinaus ist für einsilbige Substantive beobachtet worden, daß sie immer dann, wenn sie
   auf einen fakultativen Konsonanten und Frikativ + *t* enden *(Luft, Kraft, Sicht, Schicht, Frucht,
   Pacht),* zum femininen Genus tendieren. Eine andere Beobachtung dieser Art führt zu folgender Erkenntnis: „Je größer die Anzahl der Konsonanten am Wortanfang oder am Wortende,
   desto größer ist die Wahrscheinlichkeit, daß das Substantiv ein Maskulinum ist" (P. Eisenberg:
   Grundriß der deutschen Grammatik. Stuttgart [3]1994, S. 170; mit weiterer Literatur). Feste
   Regeln lassen sich daraus freilich nicht gewinnen.
[3] Wenn man das neutrale Genus von *Weib* (sprach)geschichtlich erklärt und dasjenige von *Mädchen* und *Fräulein* mit dem Hinweis auf die dominierende Kraft der Diminutiv-Suffixe *-chen*
   und *-lein* (vgl. 859) erklärt, dann können sogar diese Fälle das Prinzip der Genus/Sexus-Übereinstim-
   mung im Bereich der Personenbezeichnungen nicht aufheben.

Neben Substantiven mit schwankendem Genus (vgl. 360) gibt es solche mit gleicher Lautung, aber verschiedener Bedeutung, die durch das jeweils verschiedene Genus auseinandergehalten werden (vgl. 361 ff.).

3.2.1 Das Genus von Substantiven bestimmter Sachgruppen

Personenbezeichnungen

345 Das Genus der Substantive, mit denen Personen benannt werden, darunter besonders das der Verwandtschaftsbezeichnungen, stimmt im allgemeinen mit dem natürlichen Geschlecht (dem Sexus) der Person überein:

> *der* Vater, *die* Mutter; *der* Sohn, *die* Tochter; *der* Bruder, *die* Schwester; *der* Neffe, *die* Nichte; *der* Onkel, *die* Tante; *der* Mann, *die* Frau; *der* Lehrer, *die* Lehrerin; *der* Knecht, *die* Magd.
> (Ausnahmen:) *das* Weib, *die* Wache (militär.); (alle hochsprachlichen und landschaftlichen Verkleinerungsformen auf *-chen, -lein, -el, -le:*) *das* Mädchen, *das* Fräulein, *das* Mädel, *das* Schätzle, *das* (auch: *der*) Kasperle.

Anmerkungen

1. Das Neutrum wird bei substantivierten Adjektiven und besonders auch bei Pronomen angewendet, wenn man nicht weiß, welches natürliche Geschlecht vorliegt, oder wenn männliche und weibliche Personen zusammengefaßt werden sollen:

> Heute ist Familientag, und dazu muß *alles* da sein, was unseren Namen trägt (Ompteda). Vater und Mutter sind *jedes* ein Mensch für sich (Wildenbruch).

In Verbindung mit den indefiniten Pronomen *jemand, niemand, wer* hat das folgende substantivierte Adjektiv oder Pronomen meist neutrales Genus; damit wird ausgedrückt, daß es sich um eine Person unbekannten Geschlechts handelt (vgl. 473,2; 581) oder daß das Geschlecht unwichtig ist.

> jemand/niemand *Fremdes* hat gefragt; jemand *anderes;* niemand *anders.*

Im Süden des deutschen Sprachgebietes wird das Maskulinum an Stelle des Neutrums gebraucht:

> niemand *anderer* (Arnet); jemand *anderer*/wer *anderer* (Schnitzler); jemand *Fremder.*

Auch wenn auf *jemand/niemand* mit Relativ- oder Possessivpronomen Bezug genommen wird, geschieht das standardsprachlich üblicherweise mit maskulinen Formen, und zwar unabhängig davon, ob männliche oder weibliche Personen gemeint sind:

> Ich kenne *jemanden, der* Friseuse ist. Niemand wird wegen *seiner* abweichenden Meinung benachteiligt werden.

2. Besonders bei Berufsbezeichnungen und Substantiven, die den Träger eines Geschehens bezeichnen (Nomina agentis), verwendet man die maskuline Form vielfach auch dann, wenn das natürliche Geschlecht unwichtig ist oder männliche und weibliche Personen gleichermaßen gemeint sind. Das Maskulinum ist hier neutralisierend bzw. verallgemeinernd („generisch"):

> Es ist *keiner* vor dem Tode glücklich zu preisen. *Jeder* ist dem wechselnden Schicksal unterworfen.

Das Institut hat 270 *Mitarbeiter* (= männliche und weibliche). An der Konferenz nahmen fast alle *Lehrer* teil. Wir bitten unsere *Kunden* ... Die *Autofahrer* werden wieder zur Kasse gebeten. *Niederländer* machen gerne Urlaub in Österreich.
Frau *Professor* Dr. Schneider; Maria will *Autoschlosser* werden.

Wenn man jedoch den Bezug auf das weibliche Geschlecht deutlich zum Ausdruck bringen will, wählt man die feminine Form (z. B. auf *-in;* vgl. 861) oder eine entsprechende Umschreibung:

> Frau Dr. Schneider ist *Professorin* für Mathematik. Mit Helga Müller wurde die zweite *Staatssekretärin* dieser Regierung ernannt. Michaela will *Einzelhandelskauffrau* werden.

Will man deutlich zum Ausdruck bringen, daß weibliche und männliche Personen gemeint sind, verwendet man die feminine und maskuline Form:

> Die *Mitarbeiterinnen* und *Mitarbeiter* der Abteilung unterschrieben die Resolution.
> Alle *Teilnehmerinnen* und *Teilnehmer* werden an dem Begrüßungsabend anwesend sein.

Im Zuge der Bemühungen, eine sprachliche Gleichbehandlung von Frauen zu erreichen, wird solchen Unterscheidungen heute vermehrte Aufmerksamkeit geschenkt.[1] Weil sie vielfach zu stilistisch unschönen Doppelungen führen, ersetzt man sie gelegentlich durch geschlechtsneutrale (pluralische oder singularische) Formen:

> Die *Studierenden* (statt: die *Studentinnen* und *Studenten*) protestieren gegen die Sparmaßnahmen der Regierung.

Tierbezeichnungen

Das Genus der Tierbezeichnungen entspricht in bestimmten Fällen dem natürlichen Geschlecht (dem Sexus) der Tiere: 346

> *der* Bulle, *der* Stier, *die* Kuh; *der* Löwe, *die* Löwin; *der* Hahn, *die* Henne; *der* Eber, *die* Sau; *der* Bock, *die* Geiß; (besonders jägerspr.:) *der* Bock, *die* Ricke; *der* Rüde, *die* Hündin; *der* Keiler, *die* Bache.

Bezeichnungen für Jungtiere (besonders bei Haustieren) sind meist Neutra:

> *das* Fohlen, *das* Füllen, *das* Kalb, *das* Lamm, *das* Ferkel, *das* Küken.

Gesamtbezeichnungen können das natürliche Geschlecht selbstverständlich nicht zum Ausdruck bringen:

> *das* Pferd (für Hengst und Stute), *der* Igel (für Igelmännchen und -weibchen), *die* Biene (für den weiblichen Weisel, die männliche Drohne und die unfruchtbare weibliche Arbeitsbiene).

Sachbezeichnungen und Abstrakta

Für Sachbezeichnungen und Abstrakta lassen sich nur wenige Hinweise geben, weil sie allen drei Genera angehören. Feste Anhaltspunkte bieten neben bestimmten Endungen (vgl. 358) die folgenden Wortgruppen: 347

---

1 Vgl. I. Guentherodt: Behördliche Sprachregelungen gegen und für eine sprachliche Gleichbehandlung von Frauen und Männern. In: Linguistische Berichte 69 (1980), S. 22 ff.; dies.: Androzentrische Sprache in deutschen Gesetzestexten. In: Muttersprache 94 (1983/84), S. 271 ff.; L. F. Pusch: Das Deutsche als Männersprache. Aufsätze und Glossen zur feministischen Linguistik. Frankfurt 1984; S. Trömel-Plötz: Frauensprache – Sprache der Veränderung. Frankfurt 1982; G. Schoenthal: Personenbezeichnungen im Deutschen als Gegenstand feministischer Sprachkritik. In: Zeitschrift für germanistische Linguistik, 17 (1989), S. 296–314.

1. Maskulina sind
   - Die Bezeichnungen der Jahreszeiten, Monate, Tage:

     der Frühling, Winter, Lenz, Januar, Hornung (alte deutsche Bezeichnung für den Februar), Freitag, Mittwoch; (aber:) *die* Woche, *das* Jahr;

   - die Bezeichnungen der Himmelsgegenden, Winde, Niederschläge:

     der Norden, Westen; Föhn, Taifun, Passat, Schirokko, Monsun, Boreas; Hagel, Schnee, Regen, Tau, Reif, Nebel; (aber:) *die* Bora;

   - die Bezeichnungen der Erd- und Gesteinsarten:

     der Granit, Basalt, Kalk, Sand, Schiefer, Lehm, Ton, Gneis, Kies; (aber:) *die* Gur (Kieselgur), *die* Kreide;

   - viele Geldbezeichnungen:

     der Heller, Taler, Dollar, Schilling, Pfennig, Franken, Gulden, Rubel; (aber:) *die* Mark, *die* Krone, *die* Drachme, *das* Pfund.

2. Feminina sind
   - die Baumbezeichnungen und sehr viele Blumenbezeichnungen:

     die Ulme, Rüster, Eiche, Tanne, Linde, Buche, Lärche, Kiefer, Fichte, Erle, Pappel, Birke, Espe, Eibe, Palme; (aber:) *der* Ahorn, *der* Baobab (= Affenbrotbaum); *die* Dahlie, Narzisse, Nelke, Rose, Chrysantheme; (aber als Verkleinerungsform:) *das* Veilchen;

   - die Substantivierungen von Zahlen:

     die Vier, Zehn;

   - die Bezeichnungen der Druck- und Schriftarten und -grade:

     die Antiqua, Borgis, Text.

3. Neutra sind
   - die meisten Bezeichnungen der Metalle, der chemischen Elemente und der Medikamente:

     das Gold, Silber, Platin, Blei, Nickel, Eisen, Erz, Uran, Kupfer, Zink, Zinn, Kalzium, Brom, Helium, Kobalt, Messing; Aspirin usw.; (aber:) *der* Schwefel;

   - die Verkleinerungsformen auf *-chen, -lein* und *-le:*

     das Höschen, Brünnlein, Gärtle;

   - nichtsubstantivische Wörter, die nur gelegentlich substantiviert werden:

     das Schöne, Angenehme, Gedachte, Gewünschte; *das* Lesen, Schreiben; *das* Seine, *das* vertraute Du; *das* Ja und Nein, Drum und Dran, Auf und Nieder, Wenn und Aber, Weh und Ach;

   - Kollektivbegriffe und (abwertende) Bezeichnungen für Gesamtvorgänge mit dem Präfix *Ge-:*

     das Gebirge, Getier, Gewürm, Gewässer, Gestirn; *das* Gelaufe, Geschieße, Gejodle, Geschrei.

Eigennamen (und Gattungsbezeichnungen)

Personennamen

348 Das Genus der Personennamen stimmt meist mit ihrem natürlichen Geschlecht (dem Sexus) überein:

der kleine Karl, *der* reiche Schulze, *die* fleißige Liese, *die* kluge Schmidt; Maria Theresia und *ihre* Zeit.

Ausnahmen bilden die Neutra der Verkleinerungsformen auf *-chen, -lein* und *-le:*
das niedliche Karlchen, *das* kluge Lottchen, *das* vierjährige Ingelein, *das* arme Hannele.

Bei der Verkleinerungsform auf *-[e]l* richtet sich jedoch das Genus im allgemeinen nach dem natürlichen Geschlecht:
die fleißige Gretel, *die* (aber auch: *das*) schöne Liesel, *der* (aber auch: *das*) dumme Hansel.

Im Brief können bei einer bestimmten Form des Briefschlusses Zweifel auftreten, ob es heißt: *Ihr dankbares Lenchen Schmidt* oder: *Ihre dankbare Lenchen Schmidt.* Meist zieht man hier formal-grammatische Übereinstimmung vor (vgl. auch 1271,9) und schreibt: *Ihr dankbares Lenchen Schmidt.*

Geographische Namen

1. Länder- und Gebietsnamen sind im allgemeinen Neutra, seltener feminin oder   349
maskulin:
das schöne Thüringen, *das* Frankreich Ludwigs XIV., *das* geheimnisvolle Tibet, *das* tropische Afrika; unser ganzes Europa; *das* Elsaß[1], Ries, Wallis, Pandschab.

Feminin sind die auf *-ei, -ie* oder *-e* endenden Länder- und Gebietsnamen:
die Slowakei, Türkei, Lombardei, Walachei, Mongolei, Mandschurei; Normandie, Pikardie; Bretagne, Champagne, Gascogne, Levante, Provence, Ukraine. (Außerdem:) *die* Schweiz, Lausitz, Pfalz, Krim, Dobrudscha, Riviera, (Ant)arktis, Sahara, Gobi.

Maskulin sind z. B.
der Peloponnes[2], Chersones[2], Balkan, Sudan, Irak, Iran, Jemen, Hedschas.

Einige Ländernamen kommen nur im Plural vor (vgl. 373):
die Niederlande, *die* USA.

Zum Artikel bei Ländernamen vgl. auch 539.

2. Ortsnamen sind im allgemeinen Neutra,[3] selbst wenn in Zusammensetzungen (vgl. 357) das Grundwort – für sich genommen – ein anderes Genus hat:
das ewige Rom, *das* herrliche Sevilla, *das* altertümliche Büdingen, *das* schöne Salzburg (obwohl: *die* Burg), *das* berühmte Heidelberg (obwohl: *der* Berg).

3. Bergnamen sind im allgemeinen maskulin (möglicherweise in Anlehnung an *der Berg*): *der* Brocken, Großglockner, Große Arber, Kieferle, Kyffhäuser, Elm, Melibokus, Säntis, Ortler, Piz Palü, Monte Rosa, Montblanc, Olymp, Elbrus, Vesuv, Kilimandscharo, Popocatepetl, Nanga Parbat.

Einige auf *-a* endende Bergnamen sind Feminina:
die Sc[h]esaplana, Marmolata; (aber:) *der* Ätna.

---

[1] Das im 19. Jh. gelegentlich auftretende männliche Genus von *Elsaß* ist zugunsten des sächlichen wieder aufgegeben worden.

[2] *Peloponnes* und *Chersones* werden gelegentlich in der Fachsprache, z. B. in historischen Darstellungen über Griechenland, auch mit dem weiblichen Genus verbunden, weil die Silbe *-nes* auf griech. ἡ νῆσος ‚die Insel' zurückgeht, die weiblich ist.

[3] Städtenamen traten allerdings früher (in dichterischem Gebrauch) auch als Feminina auf (*die rege Zürich, die edle Bern* [Schiller]; *die hohe Rom* [Klopstock]; *weil Carthago alle ihre Kräfte zusammennehmen wird* [Wieland]).

4. Gebirgsnamen sind maskulin, seltener feminin:

der Harz, Taunus, Hunsrück, Spessart, Balkan, Jura, Fläming, Ith, Himalaja; (aber:) *die* Rhön, Haardt, Eifel, Silvretta, Sierra Nevada.

Viele Gebirgsnamen kommen nur im Plural vor (vgl. 373):

die Pyrenäe*n, die* Dolomite*n, die* Alpe*n, die* Ardenne*n, die* Kordillere*n.*

5. Deutsche Flußnamen sind feminin oder maskulin:

die Weser, Werra, Fulda, Donau, Spree, Lahn, Elbe, Oder, Maas, Mosel, Nahe; *der* Aland, Bober, Inn, Kocher, Lech, Main, Neckar, Regen, Rhein, Ruß; Weiß*er/* Schwarzer Schöps.

Ausländische Flußnamen sind überwiegend maskulin:

der Nil, Kongo, Amazonas, Orinoko, Paraná, Uruguay, Jenissei, Mississippi, Jangtsekiang, Ganges, Indus, Euphrat, Tigris, Don, Bug, Ebro, Tiber, Po.

Feminin sind die meisten auf *-a* und *-e* endenden Flußnamen:

die Wolga, Lena, Moskwa, Adda (aber: *der* Paraná); *die* Loire, Rhone, Seine, Themse.

Namen der Sterne und Sternbilder

350 Die Namen der Sterne und Sternbilder haben dasselbe Genus wie das betreffende Wesen oder Ding, nach dem sie benannt sind:

der Jupiter, *der* Saturn, *der* Drache; *die* Kassiopeia, *die* Waage, *die* Venus; *das* Chamäleon, *das* Dreieck.

Wo ein Genus nicht festzustellen ist, steht meist das maskuline:

der Algol, *der* Arktur, *der* Fomalhaut, *der* Beteigeuze.

Die auf *-a* endenden sind jedoch weiblich:

die Wega, *die* Kapella, *die* Gemma.

Schiffsnamen

351 Die Namen von Schiffen sind im allgemeinen feminin, vor allem von solchen, die nach Städten und Ländern benannt sind:

die „Bremen", „Hessen", „Europa", „Deutschland", „Nautilus". Doch *die* „Maroussa" wurde zurückbeordert (Der Spiegel).

Nach englischem Vorbild sind die Schiffsnamen heute meist auch dann feminin, wenn ein männlicher Personenname zugrunde liegt:

die „Graf Spee", *die* „Bismarck", *die* „Otto Hahn"; (aber:) *der* „Fliegende Holländer", *der* „General San Martin", *der* „Kaiser Wilhelm der Große".

Bei Sachbezeichnungen, die als Schiffsnamen gebraucht werden, schwankt das Genus zwischen dem der Bezeichnung und dem weiblichen:

die Seetüchtigkeit *des* „Pfeils"/*der* „Pfeil".

Bei Tierbezeichnungen, die als Schiffsnamen verwendet werden, tritt meist das betreffende Genus dieser Bezeichnungen ein:

das „Krokodil", *der* „Kormoran", *des* „Windspiels", *die* „Möwe", *der* „Jaguar"; (aber auch:) *die* „Condor".

Flugzeugnamen

Bei den Flugzeugnamen ist zwischen individuellen Namen und Gattungsbezeich-   352
nungen (Flugzeugtypen) zu unterscheiden. Wo überhaupt noch individuelle Namen gebraucht werden, ist das Genus weiblich:

> *die* „Storch", *die* „Adler", *die* „Pfeil".

Weiblich sind auch die meisten Gattungsbezeichnungen, auch dann, wenn ihnen
der Name des Herstellers zugrunde liegt (dabei ist wahrscheinlich das Grundwort
Maschine erspart):

> *die* Ju(nkers) 52, *die* Do(rnier) X, *die* Focke-Wulf, *die* Britannia, *die* Comet IV, *eine*
> Fokker, *die* Caravelle, *eine* Boeing 727, *die* HA-300.

Bestimmte Gattungsbezeichnungen, denen ein gewöhnliches Substantiv zugrunde liegt, haben dessen Genus:

> *der* (Fieseler-)Storch, *der* PAN-AM-Clipper (analog zu: *der* Segler), *der* Starfighter
> (analog zu: *der* Jäger), *die* Friendship (analog zu: *die* Freundschaft).

Markenbezeichnungen von Kraftfahrzeugen

Die Markenbezeichnungen von Kraftfahrzeugen sind Gattungsbezeichnungen.   353
Bei Krafträdern ist das Genus weiblich:

> *die* BMW, *die* Kawasaki, *die* Harley-Davidson.

Bezeichnungen für Kraftwagen sind Maskulina:

> *der* Opel, Porsche, VW, BMW, Fiat, Volvo, „Wartburg".

Ausnahmen bilden im allgemeinen Bezeichnungen, denen ein weiblicher Vorname zugrunde liegt; sie sind Feminina:

> *die* Isetta, *die* Isabella (aber: *der* Mercedes).

Namen von Hotels, Cafés, Kinos

Bezeichnungen, mit denen man zunächst kein Genus verbindet und die als Na-   354
men für diese Gebäude verwendet werden, haben zumeist sächliches Genus, analog zu dem Genus der Wörter *Hotel, Café* und *Kino:*

> *das* Continental, Gloria, Hilton. Ich gehe *ins* Kranzler, *ins* Blum; *das* Royal, *das* Rex.
> (Aber:) *die* Schauburg (weil: *die* Burg), *die* Filmbühne, *die* Kurbel.

Abkürzungswörter und Kurzwörter

Abkürzungswörter und Kurzwörter richten sich im Genus nach ihrem Grund-   355
wort bzw. ihrer Vollform:

> *die* CDU (*die* Christlich-Demokratische *Union*), *die* SPD (*die* Sozialdemokratische
> *Partei* Deutschlands), *das* BGB (*das* Bürgerliche Gesetz*buch*), *der* LKW (*der* Last-
> kraft*wagen*);
> *der* Akku(mulator), *der* Trafo (der Transformator), *der* Bus (der Auto-, Omnibus), *die*
> Lok(omotive), *die* Kripo (die Kriminalpolizei), *das* Auto(mobil), *das* Velo(ziped;
> schweiz.).

Nur selten wird ein abweichendes Genus gebraucht:

> *das* Kino (obwohl: *der* Kinematograph), *das* Foto (obwohl: *die* Fotografie; schweiz.
> allerdings: *die* Foto), *die* Taxe, *das* Taxi (obwohl: *der* Taxameter).

Substantivierte Buchstaben

356 Substantivierte Buchstaben sind Neutra:

das A und *[das]* O, jemandem *ein* X für *ein* U vormachen.

Zusammensetzungen

357 Das Genus eines zusammengesetzten Substantivs wird durch den letzten Bestandteil (gewöhnlich das Grundwort) bestimmt (vgl. jedoch 349,2):

die Mannsperson (weil: *die* Person); (entsprechend:) *das* Frauenzimmer, *der* Hausbau, *die* Zugspitze, *der* Böhmerwald, *das* Zungen-R.
(Ausnahmen:) *der* (neben *die*) Abscheu, *der* Mittwoch (obwohl: *die* Woche).

Fällt das Grundwort einer Zusammensetzung oder einer Fügung fort, dann bleibt sein Genus erhalten:

der IC(-Zug), *die* Lord(-Zigarette), *das* Roulett(spiel); *die* Elektrische (Straßenbahn), *das* kleine Helle (Bier).

3.2.2 Zusammenstellung einiger Endungen, an denen man das Genus des Substantivs erkennen kann[1]

358

	Endungen	Beispiele
Maskulina	-ich	Teppich, Bottich, Kranich, Rettich, Lattich, Fittich, Estrich;
	-ig	König, Käfig, Honig, Pfennig, Essig; (aber:) *das* Reisig;
	-ling	Däumling, Fäustling, Bückling, Schmetterling, Fremdling, Zwilling, Prüfling; (aber:) *die* Reling;
	-s	Schnaps, Klaps, Knicks, Schwips;
	-and (lat.)	Konfirmand, Doktorand, Informand, Proband, Habilitand;
	-ant (lat., roman.)	Aspirant, Brillant, Adjudant, Garant, Fabrikant, Informant, Musikant, Konsonant, Foliant;
	-är (frz.)[2]	Aktionär, Kommissionär, Parlamentär, Militär, Legionär; (aber:) *das* Militär, *das* Salär;
	-ast (griech.-lat.)	Dynast, Phantast, Gymnasiast;
	-eur/-ör (frz.)	Amateur, Friseur, Ingenieur; Likör;
	-(i)ent (lat., roman.)	Skribent, Interessent, Inspizient, Student, Referent, Konsument;
	-ier ([...i̯eː] frz.)	Bankier, Routinier, Conferencier, Dossier (auch und schweiz. nur: *das* Dossier); (aber:) *das* Kollier;
	-ier ([..i:ɐ̯] frz., ital.)	Offizier, Kavalier, Grenadier; (aber:) *das* Spalier; *die* Manier;
	-iker (griech.-lat.)	Fanatiker, Graphiker, Mechaniker, Phlegmatiker, Philharmoniker;
	-ikus (griech.-lat.)	Musikus, Kanonikus;
	-ismus (griech.-lat.)	Idealismus, Realismus, Kapitalismus, Fanatismus, Organismus, Optimismus, Egoismus;

---

[1] Ausnahmen sind möglich. Vgl. H. Brinkmann: Zum grammatischen Geschlecht im Deutschen. In: Ders.: Studien zur Geschichte der deutschen Sprache und Literatur. Bd. 1. Düsseldorf 1965, S. 357–399.

[2] Die Endung *-är* zeigt nur bei Personenbezeichnungen Maskulina an.

	Endungen	Beispiele
Maskulina	-ist (griech.-lat.)	Anarchist, Antagonist, Artist, Jurist, Pietist, Optimist, Hornist, Pianist;
	-or (lat.)	Motor, Regulator, Totalisator, Katalysator, Rektor.
Feminina	-ei	Bücherei, Metzgerei, Jägerei, Reiberei, Plauderei, Singerei;
	-in	Löwin, Freundin, Lehrerin, Studentin;
	-heit	Gottheit, Blindheit, Faulheit, Entschlossenheit, Einheit, Kindheit, Krankheit;
	-keit	Fruchtbarkeit, Eitelkeit, Bitterkeit, Höflichkeit, Feuchtigkeit, Kleinigkeit, Flüssigkeit;
	-schaft	Freundschaft, Eigenschaft, Verwandtschaft, Herrschaft, Kundschaft;
	-ung	Schöpfung, Achtung, Nahrung, Bildung, Kündigung, Vertretung, Werbung; (aber:) *der* Hornung (= Februar);
	-a (griech., lat., ital., span.)	Kamera, Aula, Prokura, Lira, Ballerina, Signora, Señora, Hazienda;
	-ade (roman., bes. frz.)	Ballade, Fassade, Maskerade, Marmelade, Kanonade, Olympiade;
	-age (frz.)	Garage, Bagage, Courage, Etage, Menage, Kartonage;
	-aille (frz.)	Kanaille, Journaille, Bataille, Emaille;
	-aise/-äse (frz.)	Française, Marseillaise; Majonäse, Polonäse;
	-ance	Renaissance, Messalliance, Usance;
	-äne (frz.)	Fontäne, Moräne, Quarantäne;
	-anz (lat., roman.)	Arroganz, Bilanz, Brisanz, Distanz, Eleganz, Prägnanz;
	-ation	vgl. -ion;
	-elle (frz., ital.)	Bagatelle, Frikadelle, Zitadelle, Morelle;
	-ette (frz.)	Bankette, Dublette, Etikette, Facette, Pinzette, Rosette, Toilette, Tablette;
	-euse (frz.)	Friseuse, Masseuse, Balletteuse, Pleureuse, Mitrailleuse;
	-ie ([...i̯ə] lat.)	Materie, Folie, Historie, Glorie, Kastanie, Pinie, Fuchsie;
	-ie ([...i:] griech., lat., roman.)	Kolonie, Geographie, Lotterie, Kalorie, Akademie, Phantasie; (aber:) *das* Genie;
	-(i)enz (lat.)	Audienz, Existenz, Exzellenz, Frequenz, Konsequenz, Prominenz, Tendenz;
	-(i)ere (frz., ital.)	Misere, Garderobiere, Voliere, Portiere, Bonbonniere; (aber:) *der* Gondoliere, *der* Karabiniere, *der* Gonfaloniere;
	-ik (griech., lat., roman.)	Musik, Politik, Lyrik, Ethik, Botanik, Mathematik, Dialektik, Statistik;
	-ille (lat., frz., ital.)	Bastille, Quadrille, Pupille, Kamille;
	-ine (griech., lat., roman.)	Margarine, Latrine, Blondine, Maschine, Vitrine, Kabine;
	-ion/-ation (lat., frz., engl.)	Reduktion, Dispension, Oxydation, Explosion, Dimension, Kalkulation, Station, Qualifikation, Reformation, Eskalation;
	-isse (griech., lat., roman.)	Kulisse, Prämisse, Narzisse, Kanonisse, Diakonisse, Abszisse, Mantisse;
	-(i)tät (lat.-frz.)	Banalität, Fakultät, Kapazität, Qualität, Rarität, Realität, Universität, Vitalität;
	-itis (griech.)	Bronchitis, Rachitis, Neuritis, Nephritis, Arthritis;
	-ive (lat., frz.)	Defensive, Offensive, Alternative, Direktive, Kursive;

	Endungen	Beispiele
Feminina	-ose (griech.)	Sklerose, Neurose, Furunkulose, Tuberkulose, Dextrose, Osmose;
	-sis/se (griech.)	Basis, Dosis, Genesis, Analysis; Base, Genese, Analyse, Katachese;
	-ur (lat.)	Natur, Kultur, Temperatur, Karikatur, Statur, Registratur, Rasur, Mixtur, Tortur, Ligatur, Fraktur, Zensur;
	-üre (frz.)	Allüre, Broschüre, Gravüre, Bordüre.
Neutra	-chen, -lein, -le	Mädchen, Wäldchen, Frauchen, Wägelchen; Fräulein, Ingelein, Ringlein, Wässerlein; Mariele;
	-icht	Dickicht, Röhricht, Tannicht, Spülicht, Kehricht (auch: *der* Kehricht);
	-tel	Drittel, Viertel (aus *-teil*);
	-tum	Eigentum, Christentum, Heldentum, Volkstum; (aber:) *der* Irrtum, *der* Reichtum;
	-eau ([...o:] frz.)/-o	Bandeau, Büro, Chaudeau, Chevreau, Frikandeau, Plateau, Plumeau, Rondeau, Rouleau, Tableau; (aber:) *der* Flambeau, *der* Manteau, *der* Trumeau;
	-ett (frz., ital.)	Amulett, Ballett, Bankett, Büfett, Etikett, Parkett, Quartett, Tablett; (aber:) *der* Kadett;
	-in (griech., lat.)	Benzin, Chinin, Insulin, Pepsin, Terpentin, Nikotin;
	-ing (engl.)	Clearing, Doping, Dressing, Dribbling, Hearing, Jogging, Meeting, Petting, Shaping, Shopping, Training; (aber:) *der/das* Looping, *der* Pudding, *der* Browning;
	-(i)um (lat.)	Album, Datum, Faktotum, Faktum, Fluidum, Plenum, Aquarium, Gremium, Stadium;
	-ma (griech.)	Asthma, Dogma, Paradigma, Phlegma, Plasma, Klima, Komma, Thema, Syntagma;
	-ment (lat., [roman.])	Argument, Dokument, Pigment, Segment, Instrument, Experiment, Fundament; (aber:) *der* (zahnmed.: *das*) Zement;
	-ment ([...mã:] frz.)	Appartement, Abonnement, Bombardement, Engagement.

3.2.3 Wechsel und Schwanken des Genus

359 Viele Substantive haben im Laufe der Sprachgeschichte ein anderes Genus bekommen. Häufig wurde der Genuswandel durch Analogie bewirkt:

(mhd.) *daz* sper → (nhd.) *der* Speer (weil: *der* Spieß, Ger);
(lat.) murus (mask.) → *die* Mauer (weil: *die* Wand);
(frz.) *la* douzaine (fem.) → *das* Dutzend (weil: *das* Hundert, Tausend, Schock).

Im Mittelhochdeutschen war z. B. der überwiegende Teil der Substantive auf *-e* feminin. Deshalb wurden viele ursprünglich maskuline oder neutrale Substantive auf *-e* diesem Genus angeglichen:

(mhd.) *der* bluome, vane → (nhd.) *die* Blume, Fahne.

Aus dem gleichen Grunde wurden ursprüngliche Feminina zu Maskulina, weil sie ihr Endungs-*e* verloren:

(mhd.) *diu* boteche, phlume → (nhd.) *der* Bottich, Flaum.

Schließlich wurden Maskulina oder Neutra zu Feminina, weil ihr ursprünglicher Singluar ohne -*e* durch eine aus dem Plural abgeleitete weibliche Form auf -*e* verdrängt wurde:

(mhd.) *der* tran (Sing.)/*die* trene (Plur.) → (nhd.) die Träne.

Fremdwörter behalten oft das Genus, das sie in ihrer Herkunftssprache haben (frz. *le carton* [mask.] wird *der Karton*). Oft wird aber das Genus deutschen Wörtern mit der gleichen Endung oder deutschen Synonymen angeglichen:

frz. *le* bagage (mask.) wird *die* Bagage, frz. *le* flanc (mask.) wird *die* Flanke, frz. *le* cigare (mask.) wird *die* Zigarre; *die* Kolchose (russ. mask.) wie *die* Genossenschaft, frz. *le* bouillon (mask.) wird *die* Bouillon wie *die* Brühe.

Es gibt Substantive, deren Genus schwankt (vgl. 360). Solche Schwankungen können sich über lange Zeiträume erstrecken:

mhd. *diu* oder *das* versumnisse, nhd. *das* (auch: *die*) Versäumnis; mhd. *der* wulst oder *diu* wulste, nhd. *der* oder *die* Wulst; mhd. *daz* oder *der* zepter, nhd.: *das* (seltener: *der*) Zepter.

Oft wird in einem Teil des Sprachraumes oder im engeren Bereich einer Mundart ein früher übliches Genus auch heute noch gebraucht:

mhd. *der* oder *das* Bast, ostmitteld. *das* Bast, standardspr. *der* Bast;
mhd. *diu* oder *der* buter, schwäb. *der* Butter, standardspr. *die* Butter;
mhd. *der* oder *diu* bach, mdal. oft *die* Bach, standardspr. *der* Bach.

Zum Genus der Festbezeichnungen *Ostern, Pfingsten, Weihnachten* vgl. 373. Fremdwörter haben oft schwankendes Genus, weil ihr Genus in der Herkunftssprache nicht bekannt, nicht am Artikel oder einer Endung ablesbar ist:

der oder *das* Radar; *der* (seltener: *das*, veraltet: *die*) Dschungel; *der* oder *das*, ugs. auch *die* Zigarillo; *der* oder *das*, ugs. auch *die* Joghurt.

Bei der Übernahme fremder Wörter in einen deutschen Text bestehen manchmal Zweifel, welches Genus zu wählen ist. Das Genus des fremden Wortes wird im allgemeinen beibehalten, wenn es im Deutschen wenig gebraucht und wenn ihm nicht eindeutig und fest ein deutsches Wort zugeordnet ist *(der Renouveau catholique)*. Ist das fremdsprachige Wort häufig und ist ihm ein lautähnliches deutsches Wort zugeordnet, dann wird im allgemeinen das Genus des deutschen Wortes vorgezogen:

der (seltener: *die*) Place de la Concorde (obwohl frz. *place* ein Femininum ist); *die* (seltener: *der*) Banco di Credito (obwohl ital. *banco* ein Maskulinum ist).

Gebräuchliche Substantive mit schwankendem Genus

360

Abscheu, der (seltener: die)
Abszeß, der (österr. ugs. und oft
   auch standardsprachlich: das)
Apostolat, das (theol. auch: der)
Ar, das (auch: die)
Argot, das oder der
Barock, das oder der
Bauer ('Käfig'), das (seltener: der)
Begehr, das (seltener: der)
Bereich, der (seltener: das)
Biotop, der und das

Bonbon, der oder das
Break, das (seltener: der)
Breisgau, der oder das
Bruch ('Sumpfland'), der (auch: das)
Buna, das oder der
Cartoon, der oder das
Chinchilla ('südamerik. Nagetier') die
   (für 'Hauskaninchen; Pelz': das)
Chor (Kirchenraum), der
   (seltener, österr. meist: das)
Curry, der (auch: das)

Diakonat, das (vor allem auch
   theol.: der)
Dispens, der (österr.: die)
Dotter, der oder das
   (landsch.: die)
Drangsal, die
   (selten und veraltet: das)
Dschungel, der
   (selten: das, veraltet: die)
Elastik, das oder die
Entgelt, das (veraltet: der)
Episkopat, der oder das
   (theol. nur: der)
Erbteil, das (BGB: der)
Feudel, der (veraltet: das)
Filter, der oder das (techn. meist: das)
Friesel, der oder das
Furore, die oder das
Gabardine, der (auch: die)
Gelee, das oder der
Gischt, der und die
Gong, der (selten: das)
Gulasch, das (österr. nur so;
   auch: der)
Gummi (‚Kautschukprodukt‘),
   der (auch: das; für ‚Radiergummi‘
   nur: der; ugs. für
   ‚Gummiband‘: das)
Häcksel, das oder der
Halfter, der oder das (veraltet: die)
Haspel, die (seltener: der)
Hehl, das (auch: der;
   nur noch in der Wendung
   kein/[auch:] *keinen*
   Hehl daraus machen)
Joghurt, der oder das
   (ugs. auch: die)
Juchten, der oder das
Kalkül, das (auch: der)
Kasperle, das oder der
Katapult, das (auch: der)
Katheder, das (seltener: der)
Kehricht, der oder das
Keks, der oder das
Klafter, der oder das (selten: die)
Klunker, die oder der
Knäuel, der oder das
Kompromiß, der (selten: das)
Krem, die (auch: der)
Lampion, der (seltener auch: das)
Lasso, der oder das
Liter, der und das
Mannequin, das (selten: der)
Marzipan, das (österr., sonst selten: der)
Match, das (seltener: der)
Meteor, der oder das
Meter, der (schweiz. nur so; auch: das)

Mündel, das (BGB: der)
Münster, das (seltener: der)
Ort ([‚Schuster]ahle, Pfriem‘),
   der oder das
Patriarchat, das
   (theol. auch: der)
Pauschale, die (seltener: das)
Perpendikel, der oder das
Pflichtteil, der oder das
Pflugschar, die (landw. auch: das)
Plaid, das (älter: der)
Podest, das (österr. nur so;
   auch: der)
Poster, das oder der
Primat, der oder das
Pyjama, der (österr. auch: das)
Quader, der (österr. nur so; auch: die)
Radar, der oder das
Raster, der (Fernsehtechnik: das)
Rebus, der oder das
Rhododendron, das (auch: der)
Sakko, der (auch, österr. nur: das)
Salbei, der oder die
Schar vgl. Pflugschar
Schlamassel, der (auch: das)
Schmer, der oder das
Schnippel, Schnipsel, der oder das
Schorlemorle, die oder das
Schrot, der oder das
Sellerie, der oder (österr. nur:) die
Silo, der (auch: das)
Sims, der oder das
Soda, die oder das
Spachtel, Spatel, der oder die
Spind, der oder das
Tabernakel, das ([kath.] auch der)
Teil, der
   (in bestimmten Wendungen und
   Zusammensetzungen auch: das)
Terpentin, das (österr. meist: der)
Tingeltangel, der oder das
Traktat, der oder das
Trikot (‚Gewebe‘), der (selten, aber
   für ein Kleidungsstück
   nur: das)
Tüpfel, der oder das
Twinset, der oder das
Verhau, der oder das
Versäumnis, das (veralt.: die)
Virus, das (außerhalb der
   Fachsprache auch: der)
Wulst, der (seltener: die)
Zepter, das (seltener: der)
Zigarillo, das (seltener: der, ugs. auch: die)
Zölibat, das (seltener, theol.
   nur: der)
Zubehör, das (seltener: der)

Gleichlautende verwandte Substantive mit verschiedenem Genus und verschiedener Bedeutung

Balg, der ('Tierhaut') – Balg, das (ugs. 'unartiges Kind'; seltener: der)   361
Band, das ('Fessel, Gewebestreifen'; 'enge Beziehung') – Band, der ('Eingebundenes, Buch')
Bauer, der ('Landmann') – Bauer, das ('Vogelkäfig'; seltener: der)
Bord, der ('Schiffsrand'; in Zus.: das) – Bord, das ('Bücherbrett')
Bouclé, das ('Zwirn') – Bouclé, der ('Gewebe, Teppich aus diesem Zwirn')
Bund, der ('Bündnis', 'Hosen- und Rockbund') – Bund, das ('Gebinde, Bündel')
Ekel, der ('Abscheu') – Ekel, das (verächtl. für 'widerlicher Mensch')
Erbe, der ('Erbender') – Erbe, das ('Geerbtes')
Erkenntnis, die ('Einsicht') – Erkenntnis, das ('richterliches Urteil')
Fasson, die ('Form, Muster, Art') – Fasson, das ('Revers')
Flur, der ('Korridor') – Flur, die (geh. für 'Feld und Wiese')
Gefallen, der ('Gefälligkeit') – Gefallen, das ('Freude')
Gehalt, der ('Inhalt, Wert') – Gehalt, das ('Arbeitsentgelt')
Hut, der ('Kopfbedeckung') – Hut, die ('Schutz, Aufsicht')
Junge, der ('Knabe') – Junge, das ('neugeborenes oder junges Tier')
Kaffee, der ('Getränk') – Kaffee, das ('Kaffeehaus', selten; dafür: Café)
Kredit, der ('Glaubwürdigkeit', 'Zahlungsfähigkeit', 'Darlehen') – Kredit, das ('[Gut]haben')
Kristall, der ('mineral. Körper') – Kristall, das ('geschliffenes Glas')
Kunde, der ('Käufer') – Kunde, die ('Nachricht'; österr. auch für 'Kundschaft', 'ständiger Käufer')
Manipel, der ('Teil der röm. Kohorte') – Manipel, die ('Teil des Meßgewandes kath. Geistlicher')
Maß, das ('richtige Größe, Menge') – Maß, die ('Flüssigkeitsmaß'; bayr. u. österr.)
Mensch, der (allgemein) – Mensch, das (verächtl. für 'Frau')
Moment, der ('Augenblick') – Moment, das ('Umstand, Merkmal')
Nickel, der ('Münze'; veralt.) – Nickel, das ('Metall')
Oblate, die ('ungeweihte Hostie', 'Gebäck') – Oblate, der ('Laienbruder')
Ort, der ('Ortschaft') – Ort, das (bergm. für 'Ende der Strecke')
Pack, der ('Packen') – Pack, das (verächtl. für 'gemeine, minderwertige Menschen')
Pantomime, die ('Gebärdenspiel') – Pantomime, der ('Darsteller einer Pantomime')
Paternoster, das ('Vaterunser') – Paternoster, der ('Aufzug')
Schild, der ('Schutzwaffe') – Schild, das ('Erkennungszeichen, Aushängeschild')
See, der ('Binnengewässer') – See, die ('Meer'; [,Sturz]welle')
Steuer, das ('Lenkvorrichtung') – Steuer, die ('Abgabe')
Stift, der ('Bleistift, kurzes Stäbchen'; ugs. 'Lehrling, Knirps') – Stift, das ('Kloster' oder 'Stiftung' [z. B. in Gestalt eines Altersheims])
Verdienst, der ('Einkommen, materieller Erwerb') – Verdienst, das ('anerkennenswertes Verhalten oder Tun')
Wehr, das ('Stauanlage') – Wehr, die ('Rüstung, Befestigung, Verteidigung')
Weise, der ('weiser Mensch') – Weise, die ('Art, Singweise')
Wurm, der ('Tier') – Wurm, das (häufig bemitleidend für 'hilfloses Kind')

Gleichlautende nichtverwandte Substantive mit verschiedenem Genus und verschiedener Bedeutung

Alp, der ('Alpdrücken') – Alp, die ('Bergweide')   362
Golf, der ('Meeresbucht') – Golf, das ('Rasenspiel')
Harz, das ('Holzabsonderung') – Harz, der (Gebirgsname)
Heide, die ('Ödland') – Heide, der ('Nichtchrist')
Kiefer, der ('Knochen, Kinnlade') – Kiefer, die ('Baum')
Koller, das ('Kragen', 'Wams'; veralt., mdal.) – Koller, der ('Pferdekrankheit'; ugs. für 'Wutausbruch')
Lama, das ('Tier') – Lama, der ('buddhistischer Priester')

Laster, das ('Ausschweifung') – Laster, der (ugs. für 'Lastkraftwagen')
Leiter, die ('Gerät mit Sprossen zum Steigen') – Leiter, der ('Person in übergeordneter Stellung')
Mangel, der ('Fehler') – Mangel, die ('Wäscherolle')
Mark, die ('Geldeinheit', 'Grenzland') – Mark, das ('Knochengewebe')
Marsch, der ('Fußwanderung') – Marsch, die ('flaches fruchtbares Land am Meer')
Mast, die ('Mästung') – Mast, der ('Mastbaum, Stange')
Messer, das ('Schneidegerät') – Messer, der ('Messender, Meßgerät'; nur als letzter Bestandteil in Zus.)
Ohm, der (Oheim; veralt., noch mdal.) – Ohm, das (Maßbezeichnung für elektr. Widerstand; veralt. als Bez. für ein Flüssigkeitsmaß)
Otter, der ('Marderart') – Otter, die ('Schlange')
Reis, der ('Nahrungsmittel') – Reis, das ('Zweiglein')
Schock, das ('60 Stück') – Schock, der ('Stoß', '[Nerven]erschütterung')
Tau, der ('Niederschlag') – Tau, das ('starkes Seil')
Taube, die ('Vogel') – Taube, der ('Gehörloser')
Tor, das ('große Tür') – Tor, der ('törichter Mensch')

Verwandte Wörter von etwas abweichender Form mit verschiedenem Genus und gleicher oder verschiedener Bedeutung

363

Akte, die ('Schriftstück') – Akt, der ('Handlung', 'Theateraufzug'; 'Plastik'; verwaltungsspr.: 'Vorgang, Schriftstück')
Backe, die ('Teil des Gesichts') – Backen, der (südd. Form)
Drohne, die ('Biene') – Drohn, der (fachspr. für *Drohne*)
Ecke, die (z. B. *Zimmer-, Straßenecke*) – Eck, das (bes. südd. u. österr. ugs.; in Ortsbezeichnungen *[das Deutsche Eck]* und in Zus. *[Dreieck]*)
Etikette, die ('Förmlichkeit, Hofsitte'; selten noch für *Etikett*) – Etikett, das ('Zettel, aufgeklebtes Schildchen')
Gurt, der ('Band, Gürtel') – Gurte, die (landsch., fachspr. Nebenform)
Hacke, die ('Ferse') – Hacken, der ('Ferse')
Idyll, das ('idyllische Szene') – Idylle, die (Gedichtgattung; auch für *Idyll*)
Importe, die (veralt. für 'eingeführte Zigarre') – Import, der ('Einfuhr')
Karre, die – Karren, der[1]
Knolle, die ('[Pflanzen]auswuchs') – Knollen, der (seltenere Nebenform)
Lüge, die ('Unwahrheit') – Lug, der (fast nur noch in der Formel *Lug und Trug*)
Maie, die ('[junge] Birke[ngrün], Laubschmuck'; 'Maibaum') – Maien, der (schweiz. für 'Blumenstrauß, Frühlingsbergweide') – Mai, der (Monatsname)
Muff, der ('Handwärmer') – Muffe, die ('Verbindungsstück zweier Rohre')
Niete, die ('Metallbolzen'; allgemeinspr.) – Niet, der (techn. für *Niete*)
Posse, die ('Possenspiel, lustiges Theaterstück') – Possen, der ('lustiger Streich, Unsinn, Spielerei')
Quaste, die ('Troddel am Vorhang' usw.) – Quast, der (nordd. für 'breiter Pinsel')
Quelle, die ('hervorsprudelndes Wasser', 'Herkunftsstelle') – Quell, der (dicht. veralt. für *Quelle*)
Ratte, die ('Nagetier') – Ratz, der/Ratze, die (mdal. bzw. ugs. Nebenform)
Ritze, die ('schmale Spalte') – Ritz, der (mehr landsch. Nebenform; 'Schramme, Kratzer')
Röhre, die – Rohr, das[2]

---

[1] *Der Karren* wird in Süddeutschland, *die Karre* in Norddeutschland für ein einfaches, kleines ein- bis vierrädriges Fahrzeug und abwertend für 'Auto, Fahrrad' gebraucht. In Norddeutschland gilt *Karren* nicht als abwertend.

[2] Die Anwendungsbereiche der beiden Wörter sind nicht streng geschieden. Eine sich anbahnende Differenzierung geht aus den Zusammensetzungen hervor:
Bambus-, Schilf-, Zuckerrohr, Rohrdommel; Blas-, Fern-, Kanonenrohr; Abfluß-, Wasser-, Ofenrohr; (aber:) Ofenröhre (= Backröhre); Harn-, Luft-, Speiseröhre; Röntgen-, Radioröhre.

Ruine, die (,verfallenes Bauwerk') – Ruin, der (,Zusammenbruch, Untergang, Verfall')

Scherbe, die (,Bruchstück aus Glas o. ä.') – Scherben, der (wie *Scherbe;* oberd. auch in der speziellen Bedeutung ,Blumentopf'; fachspr. ,gebrannte Tonmasse')

Schürze, die (,Kleidungsstück') – Schurz, der (meist nur noch handwerksspr. für *Schürze*)

Socke, die (,Strumpf') – Socken, der (landsch. und ugs. für *Socke*)

Spalte, die (bes. in *Gletscher-, Druckspalte*) – Spalt, der (bes. in *Fenster-, Türspalt*)

Spanne, die (,Abstand'; landsch. für *Spann*) – Spann, der (,Fußrücken')

Sparren, der (,Balken') – Sparre, die (veralt. für *Sparren*)

Spitze, die (,spitzes Ende von etw.') – Spitz, der (oberd. für *Spitze;* sonst nur in den Bedeutungen ,Hundeart', ,leichter Rausch')

Sprosse, die (,Querholz [an der Leiter]'; ,Sommersprosse') – Sproß, der (,Pflanzentrieb, Nachkomme')

Stapfe, die (,Fußstapfe') – Stapfen, der (seltener für *Stapfe*)

Stolle, die (,Weihnachtsgebäck') – Stollen, der (,waagrechter unterirdischer Gang'; ,Zapfen am Hufeisen oder Fußballschuh'; auch für *die Stolle*)

Streife, die (,Erkundungsgang', ,Polizeipatrouille') – Streifen, der (in *Stoff-, Papier-, Filmstreifen*)

Striemen, der (,Hautstriemen') – Strieme, die (selten für *Striemen*)

Tapfe, die (,Stapfe') – Tapfen, der (,Stapfen')

Trupp, der (,Menschengruppe, Schar') – Truppe, die (,Schauspieler-, Artistentruppe', bes. ,soldatische Einheit' [meist Pl.])

Typ, der (,Gepräge, [Grund]form, Urbild, Vorbild, [Eigen]art, Gattung, Modell') – Type, die (,gegossener Druckbuchstabe'; ugs. für ,absonderlicher Mensch, komische Figur'; immer seltener für *Typ*)

Zacke, die (,Spitze') – Zacken, der (,einzelnes, unförmiges Stück an einem Gegenstand')

Zehe, die (,Körperglied') – Zeh, der (neben *Zehe*)

Zinke, die (,Spitze, Zacke'; ,Gaunerzeichen') – Zinken, der (ugs. für ,grobe, dicke Nase'; auch für ,Gaunerzeichen')

3.3 Der Numerus des Substantivs

Der Numerus (Plural: die Numeri) gibt beim Substantiv an, ob das mit dem Substantiv Genannte einmal oder mehrmals vorhanden ist: 364

> Auf dem Parkplatz stehen verschiedene Autos: ein Volvo, ein Mercedes, zwei Fiats, fünf Opel und viele Volkswagen. In dem Volvo sitzen drei Männer und ein Kind; in dem Mercedes sitzt eine Frau.

einmal vorhanden	mehrmals vorhanden
1 Volvo	2 Fiats
1 Mercedes	5 Opel
1 Kind	viele Volkswagen
1 Frau	3 Männer
Singular (Einzahl)	Plural (Mehrzahl)

Wenn mit einem Substantiv ausgedrückt wird, daß etwas nur einmal vorhanden ist *(der Tisch, ein Auto),* dann sagt man: das Substantiv steht im Singular (in der Einzahl). Wird jedoch ausgedrückt, daß etwas mehrmals, in mehreren Exemplaren vorhanden ist *(zwei Tische, drei Autos),* dann sagt man: das Substantiv steht im Plural (in der Mehrzahl).

Hat der Plural zum Ausdruck einer Vielheit die Merkmale ‚Gliederung in (gleichartige) Einheiten' und ‚mehr als eine Einheit',[1] so dient der Singular zunächst zur Kennzeichnung einer Einheit.

Mit dem Singular kann aber auch eine Vielheit bezeichnet werden, so

- bei generalisierender Bedeutung, wenn alle Einzelwesen einer Gattung gemeint sind:

    der Charakter *des Deutschen* (= der Charakter aller Deutschen). *Der Mensch* ist sterblich (= Alle Menschen sind sterblich).

- bei kollektiver Bedeutung, wenn mehrere Wesen oder Dinge gemeint sind:

    Der Feind steht vor dem Tor.

- bei distributiver Bedeutung, wenn etwas auf eine Mehrzahl von Wesen oder Dingen bezogen wird (vgl. 1272):

    Alle hoben *die rechte Hand* und drehten sofort *ihren Kopf.*

Der Singular und der Plural werden auf verschiedene Weise deutlich gemacht:

- durch verschiedene Formen des Substantivs (vgl. 381 ff.):

    Tisch – Tische; Auto – Autos; Mann – Männer.

- durch hinzutretende Wörter:

    der Lehrer – *die* Lehrer; *schöner* Wagen – *schöne* Wagen; *ein* Mädchen – *beide* Mädchen; *ein* Segel – *viele* Segel.

Durch hinzugesetzte Wörter wie *fünf, sechs, beide, wenige, viele, einige* kann die allgemeine Pluralangabe präzisiert werden. Auch durch Fügungen wie *Mann für Mann, Schritt für Schritt, Minute um Minute* und durch Kollektiva wie *Vieh, Schreibzeug, Gebirge, Beamtenschaft, Material* kann eine pluralische Vorstellung ausgedrückt werden.

Zu einer grammatischen Kategorie wird der Numerus durch die Kongruenz (vgl. 1239), der alle flektierbaren Satzglieder unterliegen.

3.3.1 Der Singular

Zu den Wörtern, die auf Grund ihrer Bedeutung nur im Singular oder nur unter bestimmten Voraussetzungen im Plural gebraucht werden können, gehören:

Eigennamen

365 Von Eigennamen kann in der Regel kein Plural gebildet werden, weil mit ihnen etwas Einmaliges bezeichnet wird (vgl. 340):

    Hanna, Johann Wolfgang von Goethe, Berlin, England, der Brocken, die Weser, der Kurfürstendamm; (entsprechend für den Monotheisten:) Gott, Christus (vgl. 539).

Von Personennamen und geographischen Namen wird nur dann ein Plural gebildet, wenn sie zu Gattungsbezeichnungen geworden sind (vgl. 341, 414).

    Die *Goethes* (= Menschen wie Goethe) sind selten. Die beiden sind keine *Krösusse*. Drei *Zeppeline* wurden gebaut. Diese *Havannas* sind ausgezeichnet.

Mit dem Plural von Personennamen werden ferner sämtliche Mitglieder einer Familie, eines Geschlechtes oder verschiedene Träger des gleichen Namens bezeichnet (vgl. 414):

    die Buddenbrooks; [die] Meyers, Müllers; die Ottonen; die Heinriche, die Gretchen.

---

[1] H. Vater: Das System der Artikelformen im gegenwärtigen Deutsch. Tübingen ²1979, S. 51.

Ländernamen werden gelegentlich im Plural gebraucht, um verschiedene politische Gebilde innerhalb der Einheit, die der Name ausdrückt, zu kennzeichnen (vgl. 414):

die politische Geschichte beider Amerika, die zwei Deutschland[s], das Königreich beider Sizilien.

Gattungsbezeichnungen

Von vielen Gattungsbezeichnungen kann ohne weiteres ein Plural gebildet werden *(der Mann/die Männer, die Frau/die Frauen, das Haus/die Häuser)*, doch gibt es Substantive dieser Gruppe, die nur selten im Plural gebraucht werden: 366

Bräutigam, Aas, Ausguß.

Dazu gehören auch Bezeichnungen für bestimmte Körperorgane oder -teile:

Antlitz, Leber, Milz, Galle, Nabel, Mund, Kinn, Stirn.

Völkernamen sind nur als Gattungsbezeichnungen zu werten, wenn sie eine Anzahl von Angehörigen des betreffenden Volkes bezeichnen *(drei Finnen, zwanzig Japaner;* vgl. 340, 428).

Sammelbezeichnungen (Kollektiva)

Bei diesen Wörtern, mit deren Singular mehrere Wesen oder Dinge, Gruppen von Lebewesen oder Dingen bezeichnet werden, wird eine Vielheit sprachlich durch eine Einheit ausgedrückt: 367

Getreide, Obst, Wald, Laub, Vieh, Herde, Flotte, Gebirge, Adel, Geistlichkeit, Polizei, Beamtenschaft, Publikum, Anzahl, Haufen, Dutzend, Schock, Tausend.

Von diesen Wörtern kann nur dann ein Plural gebildet werden, wenn mehrere solcher Gruppen gezählt und voneinander abgegrenzt werden können:

Wälder, Herden, Flotten, Gebirge, Dutzende, Tausende; (aber nicht:) Viehe u. ä.

Es gibt Wörter, die im Singular sowohl Gattungsbezeichnung wie Sammelbezeichnung sind und von denen dann nur in ihrer Bedeutung als Gattungsbezeichnung ein Plural gebildet werden kann:

das Spielzeug: 1. ‚Gesamtheit der zum Spielen verwendeten Gegenstände' (= Sammelbezeichnung ohne Plural); 2. ‚einzelner Gegenstand zum Spielen' (= Gattungsbezeichnung; Plural: *die Spielzeuge).* (Ebenso:) Werkzeug, Unkraut usw.

Stoffbezeichnungen

Stoffbezeichnungen werden im Singular gebraucht, wenn mit ihnen ganz allgemein der Stoff, die Masse, das Material bezeichnet wird: 368

Milch, Gold, Fleisch, Leder, Butter, Glas, Holz, Wolle.

Werden sie zur Unterscheidung von Arten und Sorten im Plural gebraucht (einteilender Plural), dann sind sie Gattungsbezeichnungen:

edle Hölzer, rheinische Weine, feste Garne.

Die vor allem aus dem Unterscheidungsbedürfnis der Kaufleute und Techniker gebildeten Pluralformen sind heute in den Fachsprachen sehr zahlreich:

die Bleie, die Eisen, die Salze, die Zemente, die Milche[n], die Leinwände, die Stähle.

Oft werden neben oder statt der Pluralform Zusammensetzungen mit *-arten* und *-sorten* gebraucht:

Fleischsorten, Butterarten, Wollarten/Wollen, Mehlarten/Mehle, Tonsorten/Tone.

In vielen Fällen werden durch den Plural (vervielfältigender Plural) Einzeldinge, Einzelstücke benannt, die aus dem betreffenden „Stoff" bestehen oder gefertigt sind:

die Gläser, die Papiere, die Gräser. *Das Brot* ist teuer (das Brot ganz allgemein). (Aber:) Wieviel kostet *das Brot* (der Laib Brot)? Wieviel kosten *die Brote?*

Wenn kein Plural gebildet werden kann, werden mitunter Umschreibungen gebraucht:

Regen/Regenfälle, -güsse; Schnee/Schneemassen, -fälle; Rauch/Rauchschwaden.

Ohne nähere Erklärung oder bei gleicher Form der Plurale entsteht manchmal Mehrdeutigkeit:

Ich habe *Kohlen* bekommen (= Kohlenstücke der gleichen Art; Gattungsbezeichnung, Plural vervielfältigend). Ich habe *Kohlen* bekommen (= verschiedene Kohlensorten; Stoffbezeichnung, Plural einteilend).

Manchmal werden zur Unterscheidung verschiedene Pluralformen gebraucht:

die Wasser (Plural vervielfältigend), die Wässer (Plural einteilend); die Tuche (Plural einteilend), die Tücher (Plural vervielfältigend).

Die Bezeichnungen der Edelsteine (*Diamant, Rubin, Topas, Smaragd* usw.) sind Gattungsbezeichnungen, keine Stoffbezeichnungen. Mit ihrer Pluralform werden wie mit ihrer Singularform Stücke bezeichnet und keine Arten.

Abstrakta

369 Sie stehen im allgemeinen nur im Singular:

Freiheit, Kälte, Hitze, Kindheit, Jugend, Ruhe, Grausamkeit, Leid, Schutz, Schönheit, Treue, Musik, Geheul, Nähe, das Blau, das Schöne, das Stehen, das Schreiben.

Ein Plural kann nur dann gebildet werden, wenn mit den betreffenden Substantiven eine zählbare, umrissene Einzelerscheinung bezeichnet wird, wenn in konkretisierendem Gebrauch etwas Vorübergehendes, Wiederholbares, wenn – im äußersten Fall – eine Person oder Sache benannt wird:[1]

das/die Leiden (= Krankheiten); die Grausamkeit(en) (= grausame Handlungen); eine Schönheit (= eine Person)/die Schönheiten (auch: die Schönheiten einer Landschaft); die Tugenden (= die verschiedenen Arten der Tugend); nationale Egoismen; Goethes vier Ehrfurchten (Zimmermann); Jahrmarkt der Eitel- und Zweideutigkeiten (Bodamer); mit volkstümlichen Humoren (Werfel); ... seine unglücklichen Lieben (Kiaulehn); ... in welche Zwänge ein Richter einen Beschuldigten durch die Auswahl eines Anwalts bringen kann (Der Spiegel). Neben erhöhtem Drehmoment ... sind vor allem die neuen Verbräuche interessant (ADAC motorwelt). (Früher übliche, heute erstarrte Plurale sind:) mit Schanden, zu Gunsten, in Gnaden, in Ehren:

Bestimmte Wörter können mehrere Bedeutungen haben, je nachdem, ob sie als Abstraktum oder Konkretum verwendet werden. Der Plural ist dann entweder einteilend oder vervielfältigend:

Das sind große *Talente* (verschiedene Arten von Talenten; Abstraktum, Plural einteilend). Das sind große *Talente* (Menschen mit Talent; Konkretum, Plural vervielfältigend).

Auch Abstrakta, mit denen Tätigkeiten bezeichnet werden, haben vielfach einen Plural:

---

[1] Vgl. H. Kolb: Pluralisierung des Abstraktums. In: Zeitschrift für deutsche Sprache 25 (1969), H. 1/2, S. 21–36.

die Bemühung/die Bemühungen, der Wurf/die Würfe, der Tanz/die Tänze, der Gesang/die Gesänge, der Absturz/die Abstürze.

Mit dem Plural wird dann die Mehrheit der einzelnen Tätigkeiten oder der Übergang zur Sachbedeutung bezeichnet *(die Malerei/die Malereien)*.

Ohne Plural werden im allgemeinen Farbenbezeichnungen und substantivierte Adjektive (Partizipien) gebraucht, letztere, soweit damit keine Person benannt wird:

das Blau, das Grüne, das Gute, das Vollendete.

Werden Farbenbezeichnungen im Plural gebraucht, dann werden damit Arten, Sorten bezeichnet:

Die *zwei Grün* sind ganz verschieden. Das schattige Gesicht voll *kranker Blaus* (Rilke).

Durch den substantivierten Infinitiv wird ein Vorgang als unbegrenzt gekennzeichnet *(das Schlafen);* von ihm kann daher kein Plural gebildet werden (aber mit Bedeutungsunterschied: *das Schreiben* ‚schriftliche Mitteilung' – *die Schreiben* ‚mehrere Schriftstücke').

Auch bei den Abstrakta können Umschreibungen zu Hilfe genommen werden:

Streit/Streitigkeiten, Rat/Ratschläge, Alter/Altersstufen, Kälte/Grade der Kälte, Scham/Regungen der Scham, Haß/Haßgefühle.

In der Literatur finden sich mitunter von Abstrakta Pluralformen, die allgemein nicht üblich sind:

Einsamkeiten (= verlassene Gegenstände), Wirklichkeiten (= verschiedene Arten der Wirklichkeit), Unendlichkeiten.

Maß-, Mengen- und Münzbezeichnungen[1]
Faß, Glas, Grad, Pfennig, Tasse, Tonne, Krone

Mit Substantiven wie *das Faß, der Fuß, das Glas* wird ein bestimmter Gegenstand o. ä. bezeichnet; der Benennung mehrerer Exemplare davon dient die übliche Pluralform:

370

Viele leere *Fässer* lagen im Hof. Der Mensch hat 2 *Füße.* Auf dem Tisch standen 5 *Gläser* mit Saft. Auf der Tanzfläche tanzten 8 *Paare.* Sie ging einige *Schritte* nach links. Sie schnitt das Fleisch in kleine *Stücke.*

Mit diesen Wörtern kann aber auch ein bestimmtes Maß, eine bestimmte Menge bezeichnet werden, so daß man sie zu den Maß-, Mengen- und Münzbezeichnungen zählt, für die eine besondere Pluralregelung gilt.
Wenn Maskulina oder Neutra als Maß-, Mengen- oder Münzbezeichnung hinter Zahlen stehen, die größer als 1 sind, dann wird die unveränderte Nominativ-Singular-Form gebraucht:

2 *Dutzend* (nicht: Dutzende) Eier, 7 *Faß* (nicht: Fässer) Bier, die Mauer war 6 *Fuß* (nicht: Füße) hoch. (Entsprechend:) einige *Glas* Saft, eine Wärme von 20 *Grad,* ein Gewicht von 50 *Gramm,* 50 *Paar* Strümpfe, mit 160 *Pfund* Gewicht, mehrere *Sack* Mehl, 10 *Schritt* neben dem Feld, 15 *Stück* Seife, 3 *Zoll* ist das Brett dick, 10 *Schilling,* 3 *Karton* Seife, 3 *Satz* Schüsseln, 30 *Schuß* Munition, das kostet 20 *Pfennig,* es meldeten sich 6 *Mann.*

---

[1] Vgl. I. Ljungerud: Zur Nominalflexion in der deutschen Literatursprache nach 1900. Lund 1955, S. 107ff.

Die Beugung tritt immer dann ein, wenn das betreffende Substantiv den vollen Begriff enthält, d. h. den konkreten, einzeln gezählten Gegenstand u. ä. bezeichnet. Das ist besonders dann der Fall, wenn ein attributives Adjektiv usw. bei der Maß-, Mengen- und Münzbezeichnung steht:

> Er besaß nur noch einige *Pfennige.* Zehn leere *Fässer* lagen im Hof. Er zertrümmerte zwei *Gläser. Dutzende* von Büchern türmten sich auf dem Schreibtisch. ... ich ... mußte dreißig *Pfennige* nachbezahlen (G. Grass). Der Raum war ... etwa sechs *Schritte* breit und acht *Schritte* lang (Jahnn). Als ... einige *Schüsse* in den Mais fielen (Brecht).

In manchen Fällen ist es möglich, ein Wort sowohl als Maßangabe als auch als vollen Begriff zu verwenden:

> Er trank noch zwei *Gläser* Grog. – Niemals hatte er bemerkt, daß Brüne mehr als drei *Glas* Wein auf einen Sitz trank (Löns). Brabanter Spitze für fünf *Schillinge* die Elle (Schaeffer). ... mit Hilfe von ein paar *Schilling* (Flake).

In der gesprochenen (Umgangs)sprache steht oft nur das Gemessene mit der Zahl davor, während die Maßangabe selbst weggelassen wird:

> drei *Kaffee[s],* zwei *Kognak[s],* drei *Eis,* vier *Bier.*

Wohl in Analogie hierzu haben sich fachsprachliche Zählungen wie *zwei bis drei Eigelb, zwei Eiweiß* u. a. herausgebildet, die bereits fest geworden sind. In der gesprochenen (Umgangs)sprache wird heute auch oft nur die Zahl genannt, wenn die Maßangabe aus der Sprechsituation hervorgeht:

> *Mein Sohn ist fünfzehn.*

Zeitangaben in Verbindung mit Zahlen werden stets im Plural gebraucht:

> null *Sekunden,* fünf *Minuten,* drei *Tage,* vier *Monate;* sie ist zehn *Jahre* alt; nach zwei *Jahrhunderten.*

Im Gegensatz zu den Maskulina und Neutra werden Feminina auf *-e* und viele fremde Maß- und Münzbezeichnungen immer gebeugt:

> zwanzig schwedische *Kronen,* mehrere *Flaschen* Wein, drei *Tassen* Kaffee, drei *Tonnen* Mais, drei *Dosen* Corned beef, 5 *Ellen* Stoff, 2 *Kannen* Wasser;
> 5 *Peseten* (Singular: Peseta), 100 *Lei* (Singular: Leu), 1 000 *Lire* (Singular: Lira), hundert *Centesimi* (Singular: Centesimo).
> (Schwankend:) 5 *Yard[s],* 10 *Inch[es],* 20 *Bushel[s],* 30 englische *Pfunde* (auch: *Pfund).*

Zur Beugung des der Maßangabe folgenden Gemessenen oder Gezählten vgl. 1135; zur Beugung des den Zahlsubstantiven *Hundert, Tausend, Million* usw. folgenden Gezählten vgl. 461; zur Beugung eines Substantivs nach den Zahlwörtern 101, 1001 usw. vgl. 459,2.

Kilometer, Liter, Fünftel

371 Wie die folgende Tabelle zeigt, wird die Pluralform von Substantiven wie *Liter, Zentner* usw. bis auf den Dativ immer ohne Endung gebildet. Dasselbe gilt für Substantive auf *-el* wie *Fünftel:*

	Singular	Plural
	der Zentner	die Zentner
Nom.	der Zentner	die Zentner
Gen.	des Zentner-s	der Zentner
Dat.	dem Zentner	den Zentner-n
Akk.	den Zentner	die Zentner

> 5 *Liter* Milch, 20 *Meter* Höhe, viele *Zentner* Weizen; vier *Fünftel.*

Wenn solche Substantive in Verbindung mit einer Zahl, die größer als 1 ist, einer Präposition mit Dativ (*mit, von* usw.) folgen, wird als Pluralform im allgemeinen die Form mit *-n* gebraucht:

mit 3 *Litern,* eine Länge von 5 bis 6 *Metern,* ein Gewicht von 10 *Zentnern;* (mit Artikel:) von den 3 *Litern* Milch usw. (Ohne Zahlwort:) Die Zuteilung erfolgt in *Hektolitern.* Man mißt heute nach *Metern.*

Wenn die Maßangabe (z. B. *Zentner*) ohne Artikel steht und die Bezeichnung für das Gemessene (z. B. *Gewicht*) folgt, dann wird im allgemeinen als Pluralform die Form ohne *-n* gebraucht:

ein Schwein von 4 *Zentner* Gewicht, in 100 *Meter* Höhe, ein Stab von 7 *Zentimeter* Länge, mit drei *Liter* Milch, mit vier *Fünftel* des Gewichts.

Substantive, die noch nicht ganz feste Maßangaben sind, werden gebeugt:

mit einigen *Eßlöffeln* saurem Rahm.

3.3.2 Der Plural

Es gibt Substantive, die nur oder zumeist in der Pluralform gebraucht werden:[1]   372

Aktiva (Aktiven)	Flitterwochen	Kinkerlitzchen
Alimente	Formalien	Knickerbocker
Allüren (Benehmen)	* Fossilien	Kollektaneen
Altwaren	* Frieseln	Konsorten
Annalen	Gebrüder	Kosten
Annaten	Genitalien	Koteletten (Backenbart)
* Äonen	Gerätschaften	Kurzwaren
Auslagen (Unkosten)	* Geschwister	* Kutteln
* Auspizien	* Gewissensbisse	Ländereien
Blattern	* Gliedmaßen	* Lebensmittel
Briefschaften	* Graupeln	Leute
* Brosamen	* Graupen	* Machenschaften
* Chemikalien	* Habseligkeiten	* Machinationen
Dehors	* Hämorrhoiden	Manen
Diäten (Tagegelder)	Honneurs	Masern
Dubiosen	Honoratioren	Memoiren
Effekten (Wertpapiere)	* Hosenträger	* Mißhelligkeiten
* Eingeweide	Iden	* Möbel
Einkünfte	Immobilien	Mobilien
* Eltern	Imponderabilien	Molesten
Exequien	* Importen	Moneten
Fasten (Fasttage)	* Ingredienzien	Mores
* Faxen	* Insignien	Musikalien
Ferien	* Jura (studieren)	Nachwehen
Finanzen (Einkünfte)	* Kaldaunen	Naturalien
Fisimatenten	* (olle) Kamellen	Odds
* Flausen	* Katakomben	Pandekten

---

[1] Ein solches Substantiv nennt man Pluraletantum (Plural: Pluraliatantum). Die Wörter in der obigen Liste, die gelegentlich im Singular gebraucht werden, sind mit einem * gekennzeichnet. Gelegentlich tritt Bedeutungsdifferenzierung auf:
Allüre ‚Gangart [des Pferdes]‘ (auch Plural); Auslage ‚ausgelegte Ware‘ (auch Plural); Diät ‚Schonkost‘ (in dieser Bedeutung selten pluralisch); Finanz ‚Geldwesen, Geldgeschäft, Geldleute‘; Note ‚Einzelnote‘; Pocke ‚einzelne Pustel‘; Umtrieb ‚Zeit von der Begründung eines Baumbestandes bis zum Fällen‘.

Paramente	* Spanten	* Umtriebe
Passiva (Passiven)	Sperenzien (Sperenzchen)	Unkosten
Penaten	Spesen	Utensilien
Pocken (Krankheit)	Spikes	Varia
* Präliminarien	Spiritualien	Vegetabilien
Pretiosen	Spirituosen	* Vergnügungen
Quisquilien	* Sporen	Viktualien
* Ränke	* Sporteln	* Vorfahren
Rauchwaren	* Stoppeln	* Wanten
Realien	Streitigkeiten	* Wehen (Geburtswehen)
(die) Rechte (studieren)	* Streusel	Wirkwaren
* Repressalien	* Subsidien	Wirren
Röteln	Thermen	* Zeitläuf[t]e
* Sämereien	Treber	* Zerealien
Saturnalien	Trester (fachspr.)	* Zinsen
Schraffen	Tropen	* Zutaten
Shorts	Trümmer	* Zwillinge

Manche ursprüngliche Pluralformen werden heute als Singular gebraucht:

die Bibel (= lat. biblia = die Bücher); die Brille (= mhd. diu b[e]rille = die Berylle = Pl. von *der Beryll* [Edelstein]; der Keks (= engl. cakes = die Kuchen); *die Allotria* (Pl.) wird heute zu *das Allotria.* Die Länderbezeichnungen *Bayern, Franken, Sachsen* usw. waren früher Dative im Plural *([bei den] Bayern* usw.); heute sind sie singularisch.

373 Die Festbezeichnungen[1] *Ostern, Pfingsten, Weihnachten* werden heute standardsprachlich im allgemeinen als Singularform (Neutrum) behandelt und dabei vorwiegend ohne Artikel gebraucht:

Hast du ein schönes Ostern gehabt? Ostern ist längst vorbei. Pfingsten liegt sehr spät. Weihnachten fällt in diesem Jahr auf einen Mittwoch.

Als Feminina sind sie heute kaum noch gebräuchlich. Dagegen werden sie in Norddeutschland, besonders in adverbialen Bestimmungen, gelegentlich auch noch als Maskulina gebraucht *(letzten Ostern, nächsten Pfingsten).* Im landschaftlichen Sprachgebrauch werden sie noch verschiedentlich, in Süddeutschland, in Österreich[2] und in der Schweiz zumeist als Plural aufgefaßt und dann im allgemeinen mit bestimmtem Artikel oder mit einem Pronomen, und als adverbiale Bestimmung auch ohne Artikel, gebraucht:

nach den Ostern, Pfingsten. Ich werde diese Weihnachten in Berlin verleben. Nächste Ostern werde ich nicht zu Hause bleiben (dafür üblicher: nächstes Jahr Ostern oder zu Ostern).

Vor allem in Wunschformeln ist der Plural jedoch allgemeinsprachlich und nicht landschaftlich begrenzt:

fröhliche Ostern!, frohe Pfingsten!, gesegnete Weihnachten!

Auch bestimmte geographische Namen treten in der Pluralform auf, besonders Namen von Inseln und Gebirgen:

die Niederlande, die USA; die Azoren, die Bermudas, die Kanaren, die Hebriden, die Kurilen, die Zykladen; die Alpen, die Anden, die Kordilleren, die Rocky Mountains, die Cevennen, die Vogesen, die Karpaten, die Pyrenäen.

---

[1] Vgl. A. Pettersson: Weihnachten – Ostern – Pfingsten. In: Muttersprache 73 (1963), S. 259–271; 74 (1964), S. 63f.; 75 (1965), S. 287f.

[2] H. Rizzo-Baur: Die Besonderheiten der deutschen Schriftsprache in Österreich und in Südtirol. Mannheim 1962, S. 102.

Bezeichnungen für Tier- und Pflanzenarten stehen meist im Plural:

Amphibien, Reptilien, Protozoen, Weichtiere, Stachelhäuter.

Zu den verschiedenen Pluralformen bei deutschen Wörtern vgl. 386; zum Plural bei Fremdwörtern vgl. 401; zum Plural bei Maß-, Mengen- und Münzbezeichnungen vgl. 370 f.

3.4 Die Deklination des Substantivs[1]

3.4.1 Das Kasussystem im Deutschen

Das Substantiv begegnet im Satz in verschiedenen Formen, die Kasus[2] (Fälle)   374
genannt werden und von denen man im Deutschen – sowohl im Singular als auch
im Plural – vier unterscheidet.[3]

- Nominativ
- Genitiv
- Dativ
- Akkusativ[4]

Durch diese Kasus werden die verschiedenen syntaktischen Rollen des Substantivs im Satz gekennzeichnet: Als Subjekt steht es im Nominativ, als Objekt im Akkusativ, Dativ oder Genitiv usw. Dabei ist die Kasuswahl des Substantivs oft festgelegt durch das Wort, von dem es abhängt, durch dessen sogenannte Rektion. Allgemein versteht man darunter die Tatsache, daß bei bestimmten Wörtern festgelegt ist, in welchen Kasus ein von ihnen abhängendes Wort gesetzt werden muß.

Dies ist der Fall bei Verben, Adjektiven und Präpositionen:

	Verb	Adjektiv	Präposition
Akk.	*jemanden* rufen		auf *den Tisch* legen
Dat.	*jemandem* begegnen	*jemandem* behilflich sein	auf *dem Tisch* liegen
Gen.	*jemandes* gedenken	*seines Lebens* froh sein	abseits *des Dorfes* wohnen

Man sagt auch, daß Verben, Adjektive und Präpositionen den Genitiv, Dativ oder Akkusativ „regieren".

---

1 Die Darstellung der Deklination (einschließlich der Deklination der Fremdwörter) stützt sich im wesentlichen auf folgende Arbeiten: G. Augst: Zum Pluralsystem. In: G. Augst: Untersuchungen zum Morpheminventar der deutschen Gegenwartssprache. Tübingen 1975, S. 5–70; H.-J. Bettelhäuser: Studien zur Substantivflexion der deutschen Gegenwartssprache. Heidelberg 1976; J. Mugdan: Flexionsmorphologie und Psycholinguistik. Tübingen 1977; W. Rettich: Sprachsystem und Sprachnorm in der deutschen Substantivflexion. Tübingen 1972.
2 Singular: *der Kasus* (mit kurzem *u*), Plural: *die Kasus* (mit langem *u*).
3 Die Anzahl der Kasus ist in verschiedenen Sprachen unterschiedlich. Das Indogermanische hatte acht Fälle, aber bereits hier waren nicht mehr alle formal geschieden. Schon in jener frühen Zeit bahnte sich also eine Verminderung der Kasuszahl an. Das Finnische hat heute noch mehr Fälle, als das Indogermanische einst hatte; das Lateinische und das Russische haben sechs.
4 Genitiv, Dativ und Akkusativ werden Casus obliqui (Singular: C. obliquus) genannt, im Unterschied zum Nominativ, dem Casus rectus.

Man kann zwischen dem reinen (unmittelbaren, direkten) oder Flexionskasus und dem durch eine Präposition veranlaßten (mittelbaren, indirekten) Präpositionalkasus im Präpositionalgefüge unterscheiden[1]:

(reiner) Flexionskasus	Präpositionalkasus
Ich erinnere mich *des Vorgangs.*	Ich erinnere mich *an den Vorgang.*
Goethes Gedichte	die Gedichte *von Goethe*
Sie ist *des langen Wartens* müde.	Sie ist müde *von dem langen Warten.*
Peter schreibt *seinem Vetter.*	Peter schreibt *an seinen Vetter.*
Wir bauten *ein Haus.*	Wir bauten lange *an dem Haus.*

Der Nominativ

375 Ich weiß, daß *mein Onkel* gestern gekommen ist.
Ich weiß, *wer oder was* gestern gekommen ist.
Wer oder was ist gestern gekommen?
Ich weiß, daß gestern *ein Unfall* passiert ist.
Ich weiß, *wer oder was* gestern passiert ist.
Wer oder was ist gestern passiert?

Der Nominativ wird auch 1. Fall oder Werfall genannt.
Ein Substantiv wird in den Nominativ gesetzt, wenn es als Subjekt (vgl. 1081 f.), als Gleichsetzungsnominativ (vgl. 1083), als Anrede oder als absoluter Nominativ (vgl. 1099) gebraucht wird (zur Apposition usw. vgl. 379):

> *Die Arbeiter* streiken seit drei Wochen. *Susanne* wird in dieser Stadt *Lehrerin.* Hallo *Karl!* Peter will nun doch auswandern, *ein schwerer Entschluß.*

Der Genitiv

376 Ich weiß, daß er *des Mordes* angeklagt ist.
Ich weiß, *wessen* er angeklagt ist.
Wessen ist er angeklagt?

Der Genitiv wird auch als 2. Fall oder Wesfall bezeichnet.
Ein Substantiv wird in den Genitiv gesetzt, wenn es als Genitivobjekt (vgl. 1088), als Adverbialgenitiv (vgl. 1096) oder als Attribut gebraucht wird (zur Apposition usw. und zum Genitiv nach Präpositionen vgl. 379):

> Peter nimmt sich *seines kleinen Bruders* an. *Meines Erachtens* lebt sie hier. Ich trage den Koffer *des Vaters* zum Bahnhof.

Der Dativ

377 Ich weiß, daß du *deinem Bruder* das Buch gegeben hat.
Ich weiß, *wem* du das Buch gegeben hast.
Wem hast du das Buch gegeben?

Der Dativ wird auch als 3. Fall oder Wemfall bezeichnet.
Ein Substantiv wird in den Dativ gesetzt, wenn es als Dativobjekt bzw. Pertinenzdativ (vgl. 1087, 1118) oder als freier Dativ (vgl. 1147) gebraucht wird (zur Apposition usw. und zum Dativ nach Präpositionen vgl. 379):

---

[1] In der Frühzeit der deutschen Sprachgeschichte war der reine Kasus weitaus verbreiteter als heute, wo der Präpositionalkasus immer häufiger gebraucht wird, vor allem in der Alltags- und Umgangssprache. So ist z. B. der Objektsgenitiv fast völlig ausgestorben, und auch statt des Dativs und neben dem Akkusativ wird oft schon ein Präpositionalgefüge gebraucht (vgl. 1159 ff.).

Petra begegnet *ihrem Lehrer.* Peter ist *der Mutter* behilflich. Ich klopfe *meinem Freund* auf die Schulter. Er singt *uns* ein Lied.

Der Akkusativ

Ich weiß, daß du *meinen Bruder* gestern gesehen hast.   378
Ich weiß, *wen oder was* du gestern gesehen hast.
Wen oder was hast du gestern gesehen?
Ich weiß, daß du *diese Zeitung* gelesen hast.
Ich weiß, *wen oder was* du gelesen hast.
Wen oder was hast du gelesen?

Der Akkusativ wird auch als 4. Fall oder Wenfall bezeichnet.
Ein Substantiv wird in den Akkusativ gesetzt, wenn es als Akkusativobjekt (vgl. 1086), als Gleichsetzungsakkusativ (vgl. 1084), als Pertinenzakkusativ (vgl. 1195), als Adverbialakkusativ (vgl. 1095) oder als absoluter Akkusativ (vgl. 1100) gebraucht wird (zur Apposition usw. und zum Akkusativ nach Präpositionen vgl. 379):

Petra lobt *ihren Bruder.* Ich nenne ihn *einen Schurken.* Sie trat *ihn* auf den Fuß. Die Beratung dauerte *vier Stunden. Den Hut* im Nacken, wirkte er sehr jovial.

Anmerkungen:

1. In der Apposition und in einem (adverbialen) Gefüge aus *als/wie* + Substantiv   379
wird das Substantiv in der Regel in denselben Fall wie das Bezugswort gesetzt:

Das Auto, *ein Fiat,* fuhr schnell über den Weg. Petra ist Herrn Müller, *ihrem Klassenlehrer,* begegnet. Dr. Meier *als Arzt* ...
Sie ist größer *als ihr Bruder.* Er gilt als *der beste Spieler* der Stadt. Ich betrachte ihn *als einen Feigling.* Er benimmt sich *wie ein Witzbold.*

2. In einem Präpositionalgefüge hängt der Fall des Substantivs von der Präposition ab. Möglich sind Substantive im Genitiv, Dativ und Akkusativ:

Peter lobte ihn *wegen des guten Aufsatzes.* Sie beginnen *mit dem Werk.* Ihr Interesse *für diesen Roman* war groß.

3. Während der Numerusunterschied, d. h. die Bezeichnung des Plurals, größtenteils sehr klar mit Hilfe von Endungen und in einigen Fällen auch durch Umlaut kenntlich gemacht ist (vgl. 387), weisen eigene Formen (Endungen), die den Kasus anzeigen, nur Genitiv/Dativ Singular und Dativ Plural auf. Trotz dieses weitgehenden Fehlens eindeutiger Kasusanzeiger am Substantiv selbst lassen sich im Satz die einzelnen Kasus dennoch gewöhnlich unzweifelhaft an Hand der Kasusmerkmale des das Substantiv begleitenden Artikels, Pronomens oder Adjektivs erkennen, in einzelnen Fällen auch an der Wortstellung. So kann zum Beispiel die Form *Wald* außer Nominativ auch noch Dativ und Akkusativ sein, wenn sie jedoch von einem Artikel und/oder Adjektiv begleitet wird, ist sie eindeutig entweder als Nominativ *(der grüne Wald),* als Dativ *(dem grünen Wald)* oder als Akkusativ *(den grünen Wald)* zu verstehen.
Zu einer inhaltlichen Deutung der Kasus vgl. 1115.

3.4.2 Die Deklinationstypen

Die Formveränderung, die mit der Kasusunterscheidung verbunden ist, heißt   380
D e k l i n a t i o n (Beugung). Es sind mehrere Formveränderungstypen zu unterscheiden, und zwar für den Singular drei Typen (S 1–S 3) und für den Plural fünf

(P 1–P 5). Das Zusammenspiel der Singular- und Pluraltypen (S 1/P 1, S 1/P 2 usw.) ergibt insgesamt 10 Deklinationstypen. Davon sind die – in der folgenden Übersicht hervorgehobenen – Typen I, II und IX die wichtigsten, weil auf sie rd. 90 % der Substantive entfallen (vgl. 395):

		Deklinationstyp I S 1/P 1 (stark[1])		Deklinationstyp II S 1/P 2 (stark)	
		Maskulinum	Neutrum	Maskulinum	Neutrum
Singular	Nom.	der Tag	das Jahr	der Apfel	das Segel
	Gen.	des Tag-[e]s	des Jahr-[e]s	des Apfel-s	des Segel-s
	Dat.	dem Tag[-e]	dem Jahr[-e]	dem Apfel	dem Segel
	Akk.	den Tag	das Jahr	den Apfel	das Segel
Plural	Nom.	die Tag-e	die Jahr-e	die Äpfel	die Segel
	Gen.	der Tag-e	der Jahr-e	der Äpfel	der Segel
	Dat.	den Tag-en	den Jahr-en	den Äpfel-n	den Segel-n
	Akk.	die Tag-e	die Jahr-e	die Äpfel	die Segel

		Deklinationstyp III S 1/P 3 (gemischt)		Deklinationstyp IV S 1/P 4 (stark)	
		Maskulinum	Neutrum	Maskulinum	Neutrum
Singular	Nom.	der Staat	das Auge	der Wald	das Bild
	Gen.	des Staat-[e]s	des Auge-s	des Wald-[e]s	des Bild-[e]s
	Dat.	dem Staat[-e]	dem Auge	dem Wald[-e]	dem Bild[-e]
	Akk.	den Staat	das Auge	den Wald	das Bild
Plural	Nom.	die Staat-en	die Auge-n	die Wäld-er	die Bild-er
	Gen.	der Staat-en	der Auge-n	der Wäld-er	der Bild-er
	Dat.	den Staat-en	den Auge-n	den Wäld-ern	den Bild-ern
	Akk.	die Staat-en	die Auge-n	die Wäld-er	die Bild-er

		Deklinationstyp V S 1/P 5 (stark)		Deklinationstyp VI S 2/P 3 (schwach)
		Maskulinum	Neutrum	Maskulinum
Singular	Nom.	der Opa	das Deck	der Mensch
	Gen.	des Opa-s	des Deck-s	des Mensch-en
	Dat.	dem Opa	dem Deck	dem Mensch-en
	Akk.	den Opa	das Deck	den Mensch-en
Plural	Nom.	die Opa-s	die Deck-s	die Mensch-en
	Gen.	der Opa-s	der Deck-s	der Mensch-en
	Dat.	den Opa-s	den Deck-s	den Mensch-en
	Akk.	die Opa-s	die Deck-s	die Mensch-en

---

[1] Die auf J. Grimm zurückgehenden Termini „starke" (ohne -[e]n-Endung) und „schwache" (mit -[e]n-Endung) bzw. „gemischte" (mit -[e]s-Endung im Gen. Sing. und [e]n-Endung im Plural) Deklination haben keinen heuristischen Wert. Weil sie aber noch sehr verbreitet sind, setzen wir sie in Klammern hinzu.

		Deklinationstyp VII S 3/P 1 (stark)	Deklinationstyp VIII S 3/P 2 (stark)	Deklinationstyp IX S 3/P 3 (schwach)	Deklinationstyp X S 3/P 5 (stark)
Singular	Nom.	die Kraft	die Mutter	die Frau	die Oma
	Gen.	der Kraft	der Mutter	der Frau	der Oma
	Dat.	der Kraft	der Mutter	der Frau	der Oma
	Akk.	die Kraft	die Mutter	die Frau	die Oma
Plural	Nom.	die Kräft-e	die Mütter	die Frau-en	die Oma-s
	Gen.	der Kräft-e	der Mütter	der Frau-en	der Oma-s
	Dat.	den Kräft-en	den Mütter-n	den Frau-en	den Oma-s
	Akk.	die Kräft-e	die Mütter	die Frau-en	die Oma-s
		Feminina			

Im Folgenden behandeln wir die einzelnen Formveränderungstypen, und zwar zunächst diejenigen des Singulars (S 1–S 3; vgl. 381 ff.) und dann diejenigen des Plurals (P 1–P 5; vgl. 386 ff.). Dabei gehen wir auch auf die Frage ein, welche Substantivklasse nach welchem Veränderungstyp dekliniert wird (vgl. 384 ff. und 388 ff.).

Die Deklination im Singular

Im Singular werden drei Deklinationstypen unterschieden: 381

	S 1: [e]s-Singular	S 2: [e]n-Singular	S 3: Ø-Singular[1]
Nom.	der Tag/das Jahr	der Mensch	die Frau
Gen.	des Tag-[e]s/des Jahr-[e]s	des Mensch-en	der Frau
Dat.	dem Tag[-e]/dem Jahr[-e]	dem Mensch-en	der Frau
Akk.	den Tag/das Jahr	des Mensch-en	die Frau

Die Kennzeichen der Singulartypen

Der Typ S 1 ist dadurch gekennzeichnet, daß der Genitiv die Endung -[e]s aufweist (und der Dativ die Endung -e).

Zur Genitivendung

Der Genitiv begegnet in zwei Formen, -es und -s. 382

1. Die volle Form -es steht

– immer bei Substantiven auf -s[2], -ß, -x, -z:

des Verständnisses, des Glases, des Überflusses, des Straußes, des Reflexes, des Gewürzes;

– vorwiegend bei Substantiven auf -sch, -tsch und -st:

des Busches, des Kitsches, des Zwistes;

– immer, soweit möglich (vgl. 2), bei Voranstellung des Genitivattributs:

des Tages Hitze, dieses Mannes Ehre, Gottes Güte;

---

1 Nullsingular oder endungsloser Singular.
2 Das -s des Suffixes -nis wird – auch vor einem e-Dativ und im Plural – verdoppelt (das Bildnis – des Bildnisses – dem Bildnisse – die Bildnisse).

– häufig, soweit möglich (vgl. 2), um das Nebeneinander von drei oder mehr Konsonanten zu vermeiden:

des Feldes, des Hemdes, des Freundes, des Kopfes, des Kampfes; (aber:) des Lärms, des Quarks, des Ulks;

– häufig bei einsilbigen Substantiven und solchen, die auf der Endsilbe betont werden:

des Tages, des Giftes, des Mannes, des Jahres, des Leibes; des Erfolges, des Gemütes, des Ertrages.

2. Die kürzere Form -s steht

– bei Substantiven, die auf eine unbetonte Silbe, insbesondere auf -e, -ler, -ner, -le, -en, -sel, -tel, -chen, -el, -er, -lein und -ling, enden:

des Abends, des Urteils, des Vortrags, des Königs, des Dornstrauchs, des Alltags; des Gelübdes, des Turners, des Wagens, des Träumens, des Schnipsels, des Gürtels, des Mädchens, des Vogels, des Erkers, des Bächleins, des Lehrlings;

– bei Substantivierungen von Farbadjektiven:

des Grüns, des Rots;

– meist bei Substantiven, die auf Vokal (Diphthong) oder Vokal + h enden:

des Mais (Monat), des Baus, des Sofas, des Opas, des Kinos, des Flohs, des Schuhs.

(Formen mit -es kommen hier sehr selten und nur bei Substantiven auf Diphthong oder Vokal + h vor: des Maies, des Baues, des Flohes.)

Zur Dativendung[1]

383 Für die Dativendung -e gelten folgende Bedingungen:

1. Die Endung -e steht nicht

– bei Substantiven (auch Zusammensetzungen), die auf die schwachtonigen oder unbetonten Silben -el, -em, -en, -er, -chen, -lein ausgehen:

dem Engel, dem Garten, dem Laufen, dem Arbeiter, dem Atem, dem Mädchen, dem Knäblein, dem Lebewesen, dem Zeitalter;

– bei Substantiven auf einfachen Vokal oder Doppelvokal:

dem Ende, dem Schnee, dem Ei, dem Schuh, im Nu, dem Papa;

– bei Fremdwörtern (vgl. 397):

dem Autor, dem General;

– bei Substantivierungen von Farbadjektiven und Bezeichnungen von Sprachen:

im frischen Grün, von tiefem Rot, in gutem Deutsch, in gebrochenem Italienisch;

– bei Eigennamen (vgl. 413):

mit dem Peter, auf dem Neckar, in Mannheim, auf dem Alexanderplatz;

– bei Substantiven ohne Artikel mit vorangehender Präposition:

aus Holz, in Hof und Stall, von Haß getrieben, von Kopf bis Fuß;

– bei den kürzeren Formen der Himmelsrichtungen und den danach benannten Winden:

aus Ost und West; mit dem Nord.

---

[1] Vgl. J. A. Pfeffer/R. D. Janda: Die Bildung des Dativs mit oder ohne -e. In: Zielsprache Deutsch 2 (1979), S. 34–39.

2. In der Regel ohne die Dativendung *-e* stehen auch

– nicht endbetonte mehrsilbige Substantive (einschließlich Zusammensetzungen):
   dem Lehrling, dem Teppich, dem König, dem Zeugnis, dem Schicksal, dem Gehor-
   sam, dem Witwentum, im Vorteil, am Eingang, zum Zeitpunkt;

– Substantive, die auf Diphthong oder Vokal + *h* enden:
   dem Bau, im Heu, aus dem Ei, von dem Schuh.

3. In allen übrigen Fällen ist das Dativ-*e* möglich und wird auch aus rhythmischen Gründen oder um stilistischer Wirkungen willen gelegentlich gesetzt:

dem *Stoff/*dem *Stoffe;* dem *Mann/*dem *Manne;* im *Gras/*im *Grase* liegen; mit dem *Tod/*
mit dem *Tode* ringen; im *Schutz/*im *Schutze* der Nacht; dem *Wohl/*dem *Wohle* des Volkes dienen; ... auf seinem väterlichen *Gute* (Gaiser). ... außer dem *Gut,* das sie verlassen
mußten (Hildesheimer). ... die majestätische Figur, die er auf dem *Totenbett* machte
(Jens). ... wenn ich ... in meinem *Bette* lag (Th. Mann).

In bestimmten formelhaften Verbindungen ist die Form sowohl mit als auch ohne
-e möglich:

im *Fall/*im *Falle,* daß ...; im *Sinn/*im *Sinne* von; im *Lauf/*im *Laufe* des Tages; ... bei *Hof*
eingeführt ... suchte er ... (Musil). Es gelingt Camoes, Zutritt *bei Hofe* zu erlangen
(R. Schneider). ... *von Haus aus* Feuerwerker (Winckler). *Von Hause aus* heißt er einfach Guha (Th. Mann). Deine Mutter sitzt nun längst wieder *zu Haus* (Fallada). Die
Witwe Amsel ... war *zu Hause* geblieben (Grass).

4. In einigen formelhaften Verbindungen und Wendungen (Idiomatisierungen)
ist die Dativendung *-e* fest:

im Grunde genommen; zu Felde ziehen; zu Kreuze kriechen; zu Leibe rücken; zu
Rate ziehen; zu Werke gehen; im Zuge sein.

Generell gilt die Regel: Das *-e* wird zur Kennzeichnung des Dativs in der Gegenwartssprache nicht mehr gefordert.

Der Typ S 2 hat im Genitiv, Dativ und Akkusativ die Endung *-[e]n*[1]. Der Typ S 3
ist in allen Kasus endungslos. Da sich S 1, S 2 und S 3 damit nur im Genitiv eindeutig voneinander unterscheiden, wird die Genitivendung allein zur Bezeichnung der einzelnen Typen herangezogen.

Die Zuordnung von Singulartyp und Substantivklasse

Nach dem Muster der drei Typen S 1, S 2 und S 3 werden alle (deutschen) Substantive im Singular dekliniert. Welche Substantivklassen den einzelnen Typen
zugeordnet sind, zeigt das folgende Schema:

384

S 1: *[e]s*-Singular	S 2: *[e]n*-Singular	S 3: Ø-Singular
Alle Neutra[2] und alle Maskulina, soweit sie nicht zu S 2 gehören.	Diejenigen Maskulina, die im Plural nach Typ P 3 (vgl. 386) dekliniert werden und dabei ein Lebewesen[3] bezeichnen.	Alle Feminina.

---

[1] Die Kurzform *-n* erhalten nur die Substantive auf *-e (des Kunde-n)* und das Substantiv *Herr*
    (des Herr-n; Plural: *Herren).*
[2] Einzige Ausnahme ist *das Herz,* bei dem aber mit dem Genitiv *des Herzens* die Form *des Herzes*
    zu konkurrieren beginnt; Dativ: *dem Herzen,* Akkusativ: *das Herz.*
[3] Unbelebte Ausnahme: *der Fels – des Felsen* (vgl. 385, 1).

S 1: *[e]s*-Singular	S 2: *[e]n*-Singular	S 3: Ø-Singular
der Baum, der Durst, *der Hut, der Mann,* *der Maurer, der Regen,* *der Tod, der Wagen;* *das Buch, das Gras,* *das Leben, das Mädchen,* *das Schicksal.*[1]	*der Bär, der Christ, der* *Fürst, der Held, der Mensch,* *der Narr, der Prinz, der Zar,* *der Affe, der Bote, der Bulle,* *der Däne, der Erbe,* *der Falke, der Franzose,* *der Hase, der Insasse,* *der Junge, der Kunde,* *der Laie, der Löwe,* *der Nachkomme, der Neffe,* *der Rabe, der Schöffe,* *der Sklave, der Zeuge.*	*die Frau, die Mutter,* *die Gabe, die Quelle,* *die Lehrerin, die Eigen-* *schaft, die Hoffnung,* *die Trübsal.*[2]

Sonderfälle

385   1. Doppelformen im Nominativ Singular weisen die folgenden maskulinen Substantive auf, die den Genitiv Singular mit *-[n]s* und alle übrigen Kasus mit *-(e)n*
bilden. Die älteren Bildungen ohne *-n* im Nominativ Singular gehören heute meist
der gehobenen Sprache an, nur bei einigen ist die Form mit *-n* weniger gebräuchlich:

heute gebräuchlich	gehoben, meist seltener
der Frieden	der Friede
der Funke	der Funken
der Gedanke	der Gedanken
der Glaube	der Glauben
der Haufen	der Haufe
der Name	der Namen
der Samen	der Same
der Wille	der Willen

Der Genitiv von *der Buchstabe* wird heute meist mit *-ns* gebildet, in den Nominativ ist jedoch das *-n* der obliquen Kasus bisher nicht eingedrungen:
der Drache – des Drachen ‚Fabeltier‘ und *der Drachen – des Drachens* ‚Kinder-
spielzeug; zanksüchtige Person‘ sind in der Bedeutung differenziert. Ein leichter
Unterschied besteht auch zwischen *das Gehaben – des Gehabens* ‚Benehmen im
allgemeinen‘ und *das Gehabe – des Gehabes* ‚Ziererei‘. Doppelformen wie

    Fleck/Flecken, Gelüst[e]/Gelüsten, Nutz (veralt.)/Nutzen, Pfropf/Pfropfen, Zapf/
    Zapfen

sind ähnlich zu erklären. Zuweilen liegen Doppelformen mit einer starken Bedeutungsdifferenzierung vor:

---

[1]   Einige Substantive, die heute nach S 1 dekliniert werden, wurden früher nach S 2 dekliniert,
    z. B. *Schelm, Schwan, Storch, Star.* Reste dieser Deklination sind in der Literatur und in Na-
    men bewahrt:
        ... weil er einen ehrlichen Teufel ... *zum Schelmen* verhört hatte (Goethe). Wirtshaus *Zum*
        Schwanen, Gasthof *Zum Storchen.*
[2]   Reste früherer Deklination sind in der Literatur, in Namen und festen Verbindungen bewahrt:
    Röslein *auf der Heiden* (Goethe). Festgemauert *in der Erden* (Schiller). Das höchste *Glück*
    auf Erden ...; Kirche *Zu Unserer Lieben Frauen; von seiten.*

der Fels ‚[hartes] Gestein' – der Felsen ‚vegetationslose Stelle, schroffe Gesteinsbildung';
der Lump ‚schlechter Mensch' – der Lumpen ‚Lappen, Kleidungsstück';
der Nord ‚Wind aus Norden' – der Norden ‚Himmelsrichtung';
der Reif ‚Ring, Spielzeug' (landsch.) – der Reifen ‚größerer Ring, Faßband; Teil des Fahrzeugrades';
der Schreck ‚plötzliche, kurze seelische Erschütterung' – der Schrecken ‚andauerndes lähmendes Entsetzen' (landsch. auch für *Schreck*);
der Tropf ‚einfältiger Mensch' – der Tropfen ‚kleine Flüssigkeitsmenge'.

Doppelformen im Nominativ entstehen auch durch *e*-Tilgung, wobei viele der endungslosen Formen umgangssprachlich oder mundartlich sind[1] (manche Doppelformen unterscheiden sich in der Bedeutung):

Bursch/Bursche; Scheck ‚Bankanweisung'/Schecke ‚scheckiges Pferd/Rind'; Bub (oberd. für *Junge*)/Bube ‚Schurke; Spielkarte'; Gesell ‚Bursche, Kerl'/Geselle ‚Bursche, Kerl'; ‚Handwerksgeselle'. (Abwertend:) Böhm, Jud, Franzos; (statt:) Böhme, Jude, Franzose.

Besonders häufig fällt das *-e* bei den mit dem Präfix *Ge-* gebildeten Substantiven weg *(Gebalg[e], Geläut[e], Geleise/Gleis)*. Oft bezeichnet – im Gegensatz zur endungslosen Form – die Form mit *-e* ein fortgesetztes unangenehmes Tun, das getadelt wird (vgl. 878):

das Geschreie/Geschrei, das Geheule/Geheul, das Gerausche/Geräusch.

Ein Bedeutungsunterschied besteht auch zwischen der endungslosen und der auf *-e* endenden Form bei substantivierten Sprachenbezeichnungen: Mit *das Deutsche* wird die Sprache ganz allgemein bezeichnet, mit *das Deutsch* dagegen eine besondere Art oder Form, die durch irgendeinen Zusatz näher bestimmt wird:

Das *Deutsche* gehört zu den indogermanischen Sprachen. (Aber:) Sein *Deutsch* ist schlecht. Das jetzige *Deutsch*, Heines *Deutsch*, das Kaufmanns*deutsch*.

(Über die Substantive mit verschiedener Endung im Nominativ und verschiedenem Genus *[die Backe/der Backen]* vgl. 363.)

2. Einige Substantive schwanken hinsichtlich ihrer Zugehörigkeit zu einem der singularischen Deklinationstypen:

der Ahn – des Ahn[e]s/des Ahnen
der Bär – des Bären (fachspr.: des Bärs)
der Bauer ‚Landmann' – des Bauern (seltener: des Bauers)[2]
der Fex – des Fexes (seltener: des Fexen)
der Fratz – des Fratzes (veraltet, noch österr.: des Fratzen)
der Gevatter – des Gevatters (veraltet: des Gevattern)
der Greif – des Greif[e]s/des Greifen
der Hahn – des Hahn[e]s (schweiz., fachspr. für ‚Absperrvorrichtung': des Hahnen)
der Hanswurst – des Hanswurst[e]s (veraltet: des Hanswursten)
der Lump – des Lumpen (veraltet: des Lumps)
der Mai – des Mai[e]s/Mai (veraltet, noch dicht.: des Maien)
der März – des Märzes/März (veraltet, noch dicht.: des Märzen)
der Nachbar – des Nachbarn (weniger gebräuchlich: des Nachbars)
der Oberst – des Obersten/des Obersts
der Pfau – des Pfau[e]s (landsch., bes. österr.: des Pfauen)
der Prahlhans – des Prahlhanses (veraltet: des Prahlhansen)
der Protz – des Protzes/des Protzen

---

1 Umgekehrt ist es mit *Türe, Bette, Herze, Hemde* u. a., die im Unterschied zu den endungslosen Formen heute nicht mehr als standardsprachlich gelten.
2 Aber: *der Vogelbauer – des Vogelbauers.*

der Spatz – des Spatzes/des Spatzen
der Truchseß – des Truchsesses (weniger gebräuchlich: des Truchsessen)
der Untertan – des Untertans (weniger gebräuchlich: des Untertanen)

Gelegentlich kommen auch noch andere Schwankungen vor. Im allgemeinen läßt sich aber sagen, daß sich in der heutigen Standardsprache eine starke Neigung zum Ausgleich und zur Vereinheitlichung bemerkbar macht. Immer mehr „Ausnahmen" werden von den großen Gruppen aufgesogen, sofern die verschiedenen Formen nicht zu Bedeutungsdifferenzierungen verwendet werden.

Die Deklination im Plural

386   Im Plural werden fünf Deklinationstypen unterschieden:

	P 1: *e*-Plural	P 2: Ø-Plural[1]	P 3: *[e]n*-Plural	P 4: *er*-Plural	P 5: *s*-Plural
Nom.	die Tage-e	die Segel	die Mensch-en	die Bild-er	die Oma-s
Gen.	der Tag-e	der Segel	der Mensch-en	der Bild-er	der Oma-s
Dat.	den Tag-en	den Segel-n	den Mensch-en	den Bild-ern	den Oma-s
Akk.	die Tag-e	die Segel	die Mensch-en	die Bild-er	die Oma-s
	mit Umlaut:			mit Umlaut:	
Nom.	die Bäch-e	die Äpfel		die Wäld-er	
Gen.	der Bäch-e	der Äpfel		der Wäld-er	
Dat.	den Bäch-en	den Äpfel-n		den Wäld-ern	
Akk.	die Bäch-e	die Äpfel		die Wäld-er	

Die Kennzeichen der Pluraltypen

387   Außer dem Typ P 2, der endungslos ist, stellen die Pluraltypen den Kontrast zum Singular durch Endungen her: P 1 fügt die Endung *-e* an, P 3 die Endung *-[e]n*, P 4 die Endung *-er* und P 5 die Endung *-s*. (Die Bezeichnung der einzelnen Typen bezieht sich auf diese Endungen.) Bei den Typen P 1, P 2 und P 4 kann sich die Endung mit Umlaut des Stammvokals bzw. der Ableitungssilbe *-tum* (P 4, z. B. *Reichtümer*) als Pluralanzeiger verbinden.
Bei P 3 ist die volle Endung *-en* zu wählen, wenn das Wort auf einen Konsonanten (außer *-el* und *-er*) auslautet; die Kurzform *-n* steht nach Vokal (außer *-au* und *-ei*) und nach *-el* und *-er*.
Bei den Typen P 1, P 2 und P 4 stimmen jeweils die Kasus Nominativ, Genitiv und Akkusativ überein; lediglich der Dativ wird durch angefügtes *-n* (außer nach *-n* und *-s*) kenntlich gemacht. Bei den Typen P 3 und P 5 unterscheiden sich die vier Kasus nicht voneinander.

Die Zuordnung von Pluraltyp und Substantivklasse

388   Die Erfassung der den einzelnen Pluraltypen zugeordneten Substantivklassen ist schwierig. Lediglich für Substantive mit einem charakteristischen Wortausgang läßt sich der zugeordnete Pluraltyp mit (einiger) Sicherheit angeben. Für Substantive ohne charakteristischen Wortausgang (sog. Kernwörter) können demgegenüber nur Tendenzen angegeben werden, die es lediglich gestatten, die Pluralendung eines Kernwortes mit hoher Wahrscheinlichkeit richtig vorauszusagen.

---

[1]   Nullplural oder endungsloser Plural.

Letzte Sicherheit ist aber nicht gegeben, so daß in diesem Bereich (er umfaßt ca. 2000 meistens einsilbige Kernwörter) auf die Pluralangaben des Wörterbuchs nicht verzichtet werden kann.

Die folgende Übersicht trägt dieser Tatsache Rechnung, indem sie zwischen sicheren Zuordnungen und Tendenzen unterscheidet. Sie berücksichtigt auch den Umlaut, für den Ähnliches gilt.

	sichere Zuordnungen Substantive mit charakteristischem Wortausgang	Tendenzen[1] Substantive ohne charakteristischen Wortausgang + Kernwörter)	Umlaut sofern umlautfähig
P 1: *e*-Plural	Alle Substantive (Maskulina, Feminina, Neutra) auf *-bold (Trunkenbold-e)* *-ig (König-e)* *-ich (Teppich-e)* *-ling (Findling-e)* *-[e]rich (Gänserich-e)* *-ian/-jan (Grobian-e,* * Dummerjan-e)* *-nis*[2] *(Kenntniss-e)* *-sal (Schicksal-e)* *-icht (Kehricht-e)*	Maskulina (ca. 89 %): *Bärt-e, Brief-e, Hund-e,* *Söhn-e, Schlot-e, Stein-e,* *Tisch-e usw.* Neutra (ca. 74 %): *Bein-e, Besteck-e, Brot-e,* *Schaf-e, Stück-e usw.* Feminina (ca. 25 %): *Händ-e, Kühe-e, Kräft-e,* *Wänd-e usw.*	Immer bei Feminina: *Gänse, Künste,* *Mäuse, Nächte,* *Schnüre, Städte* usw.; nur ausnahmsweise bei Neutra *(Flöße)*; oft bei Maskulina: *Bäche, Bälle,* *Bärte, Füchse,* *Söhne usw.*
P 2: Ø-Plural	Alle Substantive (Maskulina, Neutra) auf *-ler (die Tischler)* *-ner (die Kürschner)* *-le (die Kasperle)* *-en (die Wagen)* *-sel (die Schnipsel)* *-tel (die Gürtel)* *-chen (die Mädchen)* *-lein (die Blümlein)* *-erl (die Hascherl)* Maskulina und Neutra auf *-el (die Vögel;* Ausnahmen: *Muskel-n, Pantoffel-n,* *Stachel-n)* *-er (die Lager, die Splitter;* Ausnahmen: *Bauer-n,* *Gevatter-n, Vetter-n)* Neutra (Kollektiva) der Form *Ge-...-e (die Gebirge,* *die Gewebe)*		*Böden, Gräben,* *Väter usw.*

---

[1] Es werden nur Anteile berücksichtigt, die größer als 1 % sind.
[2] Mit Verdopplung des Endkonsonanten *(-nisse* bw. *-innen).*

	sichere Zuordnungen Substantive mit charakteristischem Wortausgang	Tendenzen[1] Substantive ohne charakteristischen Wortausgang (Kernwörter)	Umlaut sofern umlautfähig
P 3: *[e]n-* Plural	Alle Substantive (Feminina) auf *-rei/-lei (Metzgerei-en)* *-in[2] (Lehrerinn-en)* *-heit (Eigenheit-en)* *-keit (Eitelkeit-en)* *-schaft (Errungenschaft-en)* *-ung (Ernennung-en)* Feminina auf *-el (Achsel-n, Schachtel-n)* *-er (Feder-n;* Ausnahmen: *Mütter, Töchter)* Maskulina und Feminina auf *-e (Bote-n, Straße-n;* Ausnahme: *die Käse)* Außerdem einige Neutra: *Auge-n, Ende-n, Interesse-n*	Maskulina (ca. 9 %): *Bär-en, Christ-en, Fürst-en,* *Held-en, Hirt-en,* *Mensch-en, Narr-en,* *Prinz-en, Staat-en, Zar-en* usw. Neutra (ca. 4 %): *Bett-en, Hemd-en, Herz-en,* *Leid-en, Ohr-en* usw. Feminina (ca. 73 %): *Art-en, Bahn-en, Frau-en,* *Schrift-en* usw.	kein Umlaut
P 4: *er*-Plural	Neutrale Ableitungen auf *-tum (Herzogtüm-er);* dazu zwei Maskulina: *Irrtümer, Reichtümer*	Maskulina (ca. 2 %): *Geist-er, Gött-er, Leib-er,* *Männ-er, Sträuch-er,* *Wäld-er* usw. Neutra (ca. 21 %): *Bäd-er, Brett-er, Büch-er,* *Feld-er, Häus-er, Hühn-er,* *Kälb-er, Kind-er, Löch-er,* *Rind-er* usw.	immer Umlaut
P 5: *s*-Plural	Sonderbedingungen (vgl. auch 394): Substantive, die in der unbetonten Nebensilbe auf klingenden Vokal oder Diphthong enden: *Náckedei-s, Ópa-s;* (aber:) *Papagei-en* Substantive, die aus dem Englischen, Französischen oder Niederdeutschen stammen (vgl. 406): *Deck-s, Haff-s, Knick-s (,Hecken'), Park-s, Pier-s, Wrack-s*		*kein Umlaut*
P 5: *s*-Plural	bei Personennamen *(die Grimm-s);* bei Abkürzungs- und Kurzwörtern *(die PKWs, die Sozis);* bei einigen Zusammenrückungen: *die Lebewohl-s, die Schlagetot-s, die Stelldichein-s;* (aber:) *die Gernegroße, die Habenichtse, die Möchtegerne,* *die Springinsfelde, die Störenfriede, die Taugenichtse,* *die Tunichtgute, die Vergißmeinnicht[e];* bei einigen Fachwörtern: *die Hoch-s, die Tief-s* (Wetterk.)		kein Umlaut

---

[1] Vgl. 388, Anm. 1.
[2] Vgl. 388, Anm. 2

Das zentrale Pluralsystem[1]

Aus der vorstehenden Übersicht läßt sich der Kern eines verhältnismäßig ein-   389
fachen Pluralsystems herausschälen, das nur drei Regeln umfaßt.

Regel 1

Maskulina und Neutra bilden den Plural auf *-e* oder sind endungslos (gemäß der
-e Tilgungsregel, vgl. Regel 3).

Regel 2

Maskulina, die auf *-e* enden, und Feminina bilden den Plural auf *-en* bzw. auf *-n*
(gemäß *e*-Tilgungsregel, vgl. Regel 3).

Regel 3

Bei „*e*-haltigem" Wortausgang (*-e* oder *-e* + Konsonant) und beim Suffix *-lein*
wird die Endung *-e* getilgt und die Endung *-en* zu *-n* gekürzt.

Mit diesen drei Regeln lassen sich die Pluralendungen von etwa 85 % aller Substantive im Grundwortschatz richtig voraussagen. Dieser Prozentsatz erhöht sich
noch etwas, wenn man folgende Zusatzregel beachtet:[2]

Regel 4

Kernwörter, die auf klingenden Vollvokal enden, bilden den Plural mit *-s*.

Hilfreich bei der Bestimmung der Pluralendungen ist auch die folgende Regel:

Regel 5

Die Endung *-er* ist nicht möglich bei Substantiven, die auf *-e* oder *-e* + Konsonant
enden.

Schwankungen und Doppelformen

Eine Reihe von Substantiven zeigt bei der Pluralbildung gewisse Schwankungen   390
mit dem Ergebnis, daß Doppel-, manchmal sogar Dreifachformen nebeneinanderstehen. Die Schwankungen betreffen sowohl die Endung als auch den Umlaut.
In den meisten Fällen gilt nur eine bestimmte Variante als standardsprachlich,
während die andere(n) als mundartliche, umgangssprachliche, nur regional verbreitete, selten oder mit besonderer Stilwirkung gebrauchte Varianten gekennzeichnet werden können.
Einige (standardsprachliche) Doppelformen verbinden sich auch mit verschiedenen Bedeutungen, wobei noch einmal zu unterscheiden ist zwischen solchen Formen, die im Singular gleiches, und solchen Formen, die im Singular unterschiedliches Genus aufweisen.
Die folgende Aufstellung bringt einige Beispiele für Doppelformen, ohne vollständig zu sein.

---

1   Nach G. Augst: Neuere Forschungen zur Substantivflexion. In: Zeitschrift für Germanistische
    Linguistik 7 (1979), S. 220–232; J. Mugdan: Flexionsmorphologie und Psycholinguistik. Tü-
    bingen 1977, S. 87ff.
2   Will man die restlichen 15 % auch noch mit Regeln erfassen, steigt die Zahl der Zusatzregeln
    unverhältnismäßig stark an. Einen beachtenswerten Versuch dazu liefert J. van Megen: Zur
    Pluralbildung der Substantive. In: Zielsprache Deutsch, 23 (1992), H. 3, S. 120ff.

Varianten ohne Bedeutungsunterschied

391

standardsprachliche Form		mundartliche, umgangssprachliche, nur regional verbreitete, selten oder mit besonderer Stilwirkung gebrauchte Form
auf -e:		*auf -er:*
der (das) Balg	die Bälg-e	die Bälg-er („unartiges Kind')
das Brot	die Brot-e	die Bröt-er[1]
das Ding	die Ding-e	die Ding-er[1]
der Geschmack	die Geschmäck-e (selten)	die Geschmäck-er (scherzhaft)
der Klotz	die Klötz-e	die Klötz-er
der Rest	die Rest-e	die Rest-er (landsch.)
das Roß	die Ross-e	die Röss-er
das Scheit	die Scheit-e	die Scheit-er (bes. österr., schweiz.)
das Scheusal	die Scheusal-e	die Scheusäl-er
das Stift	die Stift-e	die Stift-er
das Stück	die Stück-e	die Stück-er
		auf -en:
der Fex (vgl. 385)	die Fex-e	die Fex-en
der Greif	die Greif-e	die Greif-en
der Protz	die Protz-e	die Protz-en
der Rest	die Rest-e	die Rest-en (schweiz.)
		auf -s:
der Kerl	die Kerl-e	die Kerl-s
der Knick	die Knick-e	die Knick-s
das Besteck	die Besteck-e	die Besteck-s
endungslos		*auf -n:*
der Brösel	die Brösel	die Brösel-n
das Brettel	die Brettel	die Brettel-n
das Gössel	die Gössel	die Gössel-n
das Hascherl	die Hascherl	die Hascherl-n
das Hendl	die Hendl	die Hendl-n
das Mädel	die Mädel	die Mädel-n
das Mandl	die Mandl	die Mandl-n
der Stiefel	die Stiefel	die Stiefel-n
der Stummel	die Stummel	die Stummel-n
der Ziegel	die Ziegel	die Ziegel-n
das Zuckerl	die Zuckerl	die Zuckerl-n
		auf -s:
der Bengel	die Bengel	die Bengel-s
das Fräulein	die Fräulein	die Fräulein-s
der Kumpel	die Kumpel	die Kumpel-s
das Mädchen	die Mädchen	die Mädchen-s
das Mädel	die Mädel	die Mädel-s
der Schlingel	die Schlingel	die Schlingel-s
		auf -er:
die Mark	die Mark	die Märk-er (scherzhaft)

---

1 Das Substantiv *die Dinger* bedeutet neben (ugs.) ‚Sachen' auch (ugs.) ‚junge Mädchen'.

standardsprachliche Form		mundartliche, umgangssprachliche, nur regional verbreitete, selten oder mit besonderer Stilwirkung gebrauchte Form
auf -[e]n:		*auf -e:*
das Bett	die Bett-en	die (Fluß)bett-e
der Lump	die Lump-en	die Lump-e (veraltet)
der Mast	die Mast-en	die Mast-e
der Oberst	die Oberst-en	die Oberst-e
		endungslos:
die Kartoffel	die Kartoffel-n	die Kartoffel
der Muskel	die Muskel-n	die Muskel
der Pantoffel	die Pantoffel-n	die Pantoffel
die Semmel	die Semmel-n	die Semmel
		auf -er:
der Dorn	die Dorn-en	die Dörn-er
		auf -s:
der Fatzke	die Fatzke-n	die Fatzke-s
der Junge	die Junge-n	die Jung-s/Junge-ns
auf -er:		*auf -e:*
der Bösewicht	die Bösewicht-er	die Bösewicht-e (österr. nur so)
der Mund	die Münd-er	die Mund-e/Münd-e
auf -s:		*auf -e:*
das Deck	die Deck-s	die Deck-e
das Haff	die Haff-s	die Haff-e
der Stau	die Stau-s	die Stau-e
das Wrack	die Wrack-s	die Wrack-e
ohne/mit Umlaut:		*ohne/mit Umlaut:*
die Armbrust	die Armbruste/Armbrüste	–
der Boden	die Böden	die Boden (selten)
der Bogen	die Bogen	die Bögen (bes. südd.)
der Erlaß	die Erlasse	die Erlässe (österr.)
der Hammel	die Hammel/Hämmel	–
der Kasten	die Kästen	die Kasten (seltener)
der Knust	die Knuste/Knüste	–
der Kragen	die Kragen	die Krägen (südd., österr., schweiz.)
der Kran	die Kräne	die Krane (fachspr.)
der Laden	die Läden	die Laden (selten)
das Lager	die Lager	die Läger (bes. südd. u. kaufm.)
der Magen	die Mägen	die Magen (seltener)
der Nachlaß	die Nachlasse/Nachlässe	–
der Pfropf	die Pfropfe	die Pfröpfe (österr.)
der Schlamm	die Schlamme/Schlämme	–
der Schlot	die Schlote	die Schlöte (seltener)
der Schluck	die Schlucke	die Schlücke (seltener)
der Stahl	die Stähle (techn.)	die Stahle (seltener)
der Staub	die Staube/Stäube (techn.)	–
der Wagen	die Wagen	die Wägen (südd.)
der Zwieback	die Zwiebacke/Zwiebäcke	–

Varianten mit Bedeutungsunterschied

Ohne Genusunterscheidung im Singular

392 die Bank – die Bänke (‚Sitzmöbel‘)/die Banken (‚Geldinstitut‘)
der Bär – die Bären (‚Tier‘)/(auch:) die Bäre (‚Maschinenhammer‘)
der Bau – die Baue (‚Tierhöhle‘)/die Bauten[1] (‚Gebäude‘)
der Block – die Blöcke (‚klotzförmiger, kompakter Gegenstand‘)/die Blocks
(‚zusammengeheftete, geschichtete Papiere‘; auch schon in *die Häuserblocks*)
der Dorn – die Dornen (‚Pflanzenspitze‘; vgl. 391)/die Dorne (‚techn. Werkzeug‘)
der Druck – die Drucke (‚Druckerzeugnis‘; zu *drucken*)/Drücke (‚Kraft‘; zu *drücken*)
der Hahn – die Hähne (‚Tier‘)/die Hahnen (‚Absperrvorrichtung‘)
das Kleinod – die Kleinode (‚Kostbarkeit‘)/die Kleinodien (‚Schmuckstück‘)
das Land – die Lande (‚eine Region als Ganzes‘)/die Länder (‚Einzelregionen‘)
der Mann – die Männer[2]/die Mannen (‚Lehns-/Gefolgsleute‘)
die Mutter – die Mütter (‚Verwandtschaftsgrad‘)/die Muttern (‚Schraubenteil‘)
der Spund – die Spünde (‚Faßverschluß‘)/die Spunde (‚junger Kerl‘)
der Strauß – die Sträuße (‚gebundene Blumen‘)/die Strauße (‚Laufvogel‘)
das Tuch – die Tücher (‚einzelnes, gewebtes Stück‘)/die Tuche (‚noch unverarbeitetes
Erzeugnis der Webindustrie‘)
das Wasser – die Wasser (‚Wassermasse‘)/die Wässer (‚bestimmte Wassersorte‘)
das Wort – die Worte (‚zusammenhängende Rede‘)/die Wörter (‚Einzelwörter‘)

Mit Genusunterscheidung im Singular

393 der Band – die Bände (‚Buch‘)
das Band – die Bande (‚Fesseln, Bindung, Verbindung‘)/die Bänder (‚zum Binden und
Schnüren geeigneter Gegenstand‘)

der Bauer – die Bauern (‚Landwirte‘)
der/das Bauer – die Bauer (‚Käfig‘)

der Bund – die Bünde (‚Bündnis‘)/die Bünde (‚oberer fester Rand an Röcken und
Hosen‘)
das Bund – die Bunde (‚Gebinde, Bündel‘)

der Flur – die Flure (‚Gang‘)
die Flur – die Fluren (‚Feld und Wiese‘)

der Kiefer – die Kiefer (‚Schädelknochen‘)
die Kiefer – die Kiefern (‚Nadelbaum‘)

die Koppel – die Koppeln (‚Viehweide‘)
das Koppel – die Koppel (‚Gürtel‘)

der Leiter – die Leiter (‚Vorgesetzte, Anführer‘)
die Leiter – die Leitern (‚Gerät‘)

der Mangel – die Mängel (‚Fehler‘)
die Mangel – die Mangeln (‚Wäscherolle‘)

der Ort – die Orte (‚Ortschaft‘)/die Örter (seemannsspr.: ‚Ortschaft, Örtlichkeit‘;
math.: ‚geometrischer Punkt‘)
das Ort – die Örter (bergm.: ‚Ende der Strecke‘)

---

[1] *Bauten* weist einen Sonderplural auf!
[2] Lediglich in der Wendung *Alle Mann an Deck!* ist Mann auch pluralisch zu verstehen. Bei
Zusammensetzungen wechseln im Plural -*männer* und -*leute*: während -*leute* bei Berufen,
Ständen, Menschengruppen u. ä. (kollektiv) ohne Geschlechtsbezug verwendet wird *(Bauers-
leute, Eheleute, Fachleute, Gewährsleute)*, betont das vervielfältigende -*männer* (stärker) das
Geschlecht *(Lebemänner, Ehemänner, Fachmänner, Gewährsmänner)*, Bildungen wie *Obst-,
Milch-, Gemüsemann* werden fast ausschließlich im Singular verwendet.

der Schild – die Schilde („Schutzwaffe')
das Schild – die Schilder („Hinweistafel')

die Steuer – die Steuern („Abgabe')
das Steuer – die Steuer („Vorrichtung zum Lenken')

der Tor – die Toren („einfältiger, dummer Mensch')
das Tor – die Tore („Eingang, Tür')

Nicht standardsprachlicher Gebrauch des *s*-Plurals

Die Umgangssprache hängt oft an Wörter, deren Plural mit dem Singular gleich   394
lautet, ein *s* an, um den Plural besonders zu verdeutlichen:

> die Fräuleins (für: die Fräulein), die Mädels (für: die Mädel); (entsprechend:) die
> Mädchens, die Schlingels, die Kumpels, die Bengels.

Das Plural-*s* wird aber auch im Wechsel mit an sich deutlichen Pluralformen
gebraucht; etwa *die Jungens* als Mischform aus standardspr. *die Jungen* und
niederd. bzw. ugs. *die Jungs:*

> Er spürte gleich allen *Jungens* ... den Stoff heraus ... (Seghers) ... wenn die *Kerls* (statt:
> *Kerle*) so Sprünge machen ... (Th. Mann) ... trugen einige *Fatzkes* (statt: *Fatzken*)
> lächerliche Fliegen (G. Grass). Ähnlich: *die Bestecks* statt: *die Bestecke*.

In Analogie zu Eigennamen werden in der Umgangssprache Plurale von Titeln
und Berufsbezeichnungen auf *-s* zu Familienbezeichnungen *(Apothekers, Bürger-
meisters, Pastors).*

Bei einfachen Buchstaben, substantivierten Konjunktionen und Interjektionen,
die nicht auf einen Vokal enden (vgl. 434), steht – jedenfalls in der geschriebenen
Sprache – gewöhnlich kein Plural-*s:*

> die A, die B, die Wenn und Aber, die Entweder-Oder, die vielen Ach[s] und Weh[s].

Über das Plural-*s* bei Eigennamen vgl. 414, bei Fremdwörtern vgl. 401.

Der Zusammenhang zwischen Singular- und Pluraltypen

Bezeichnend für die Struktur der Substantivdeklination ist, daß sich nicht jeder   395
Singulartyp mit jedem Pluraltyp verknüpft. Von den fünfzehn möglichen Kombinationen kommen nur die folgenden vor:

Deklina-tionstyp	Sing./Plur.-Kombination	Charakteristik (Gen. Sing./ Nom. Plur.)	Beispiel	Häufigkeit[1] im Wort-schatz	Text
I	S 1/P 1	-[e]s/-e	des Jahres – die Jahre	**22,6 %**	**29,9 %**
II	S 1/P 2	-[e]s/-Ø	des Musters – die Muster	**13,1 %**	**9,3 %**
III	S 1/P 3	-[e]s/-[e]n	des Staates – die Staaten	0,8 %	4,9 %
IV	S 1/P 4	-[e]s/-er	des Bildes – die Bilder	2,3 %	3,1 %
V	S 1/P 5	-s/-s	des Uhus – die Uhus	2,4 %	0,9 %
VI	S 2/P 3	-[e]n/-[e]n	des Menschen – die Menschen	3,7 %	1,6 %

---

[1] Nach J. Mugdan: Flexionsmorphologie und Psycholinguistik. Tübingen 1977, S. 97.

Deklina-tionstyp	Sing./Plur.-Kombination	Charakteristik (Gen. Sing./Nom. Plur)	Beispiel	Häufigkeit[1] im Wortschatz	Text
VII	S 3/P 1	-∅/-e	der Kraft – die Kräfte	1,3 %	1,3 %
VIII	S 3/P 2	-∅/-∅	der Mutter – die Mütter	0,2 %	0,2 %
IX	S 3/P 3	-∅/-[e]n	der Frau – die Frauen	**52,0 %**	**48,5 %**
X	S 3/P 5	-∅/-s	der Oma – die Omas	0,2 %	0,02 %
Sonderfälle	-ns/-n	des Namens – die Namen		0,2 %	0,2 %
	Sonstige			1,1 %	0,8 %
				100,0 %	100,0 %

Die Übersicht läßt auf der einen Seite eine strukturelle Parallelität erkennen: Nur S 1 und S 3 verknüpfen sich mit P 1 – P 5 zu einem Deklinationstyp (Ausnahme: S 3 verknüpft sich nicht mit P 4). Auf der anderen Seite tritt die Sonderstellung des Singulartyps S 2 dadurch hervor, daß er sich nur mit dem Pluraltyp P 3 verbindet.

Zu jedem Deklinationstyp I–X gehört eine bestimmte Klasse von Substantiven, die gemäß diesem Typ dekliniert werden. Wie aus den beigefügten Prozentzahlen hervorgeht, unterscheiden sich die Klassen stark hinsichtlich ihrer Häufigkeit im Wortschatz und im laufenden Text. Danach sind die wichtigsten Deklinationstypen bei den Maskulina und Neutra Deklinationstyp I (22,6 % bzw. 29,9 %) und II (13,1 % bzw. 9,3 %) und bei den Feminina Deklinationstyp IX (52,0 % bzw. 48,5 %); alle anderen spielen nur eine Randrolle. Zu beachten ist jedoch, daß Deklinationstyp III im Text wesentlich häufiger anzutreffen ist als – nach Ausweis des Wörterbuchs – die Zahl der zu ihm gehörenden Substantive erwarten läßt. Auch bei anderen Deklinationstypen zeigen sich Unterschiede, die aber nicht ganz so stark ausgeprägt sind.

3.4.3 Die Deklination der Fremdwörter

396 Die Fremdwörter werden zum großen Teil nach den gleichen Grundsätzen dekliniert wie die deutschen Substantive (vgl. 381 ff.).

Die Deklination im Singular[2]

Genitiv auf -[e]s

397 Maskulina (außer den unter 398 und 399 genannten) und Neutra bilden den Genitiv auf -[e]s; Dativ[3] und Akkusativ weisen keine besonderen Endungen auf (vgl. S 1 unter 381 f.):

---

1 Nach J. Mugdan: Flexionsmorphologie und Psycholinguistik. Tübingen 1977, S. 97.
2 Vgl. 381.
3 Das Dativ-e (vgl. 383) kommt bei den Fremdwörtern nicht vor.

	Maskulinum	Neutrum
Nom.	der Friseur	das Auto
Gen.	des Friseur-s	des Auto-s
Dat.	dem Friseur	dem Auto
Akk.	den Friseur	das Auto

Genitiv auf -*[e]n*

Eine Gruppe von Maskulina bildet den Genitiv – wie auch den Dativ und den Ak-   398
kusativ – mit -*[e]n* (vgl. S 2 unter 381). Die Gruppe stimmt mit derjenigen überein,
die auch den Plural mit -*[e]n* bildet (vgl. 386). Eine Ausnahme stellen lediglich die
Maskulina auf -*or* dar, die zwar den Plural auf -*en,* den Genitiv (Singular) aber auf
-*s* bilden (vgl. *der Doktor – des Doktor-s/die Doktoren*):

Nom.	der Pädagoge	der Musikant
Gen.	des Pädagoge-n	des Musikant-en
Dat.	dem Pädagoge-n	dem Musikant-en
Akk.	den Pädagoge-n	den Musikant-en

Genitiv ohne Endung

Feminina sind im Genitiv endungslos, ebenso im Dativ und Akkusativ (vgl. S 3   399
unter 381):

Nom.	die Kritik
Gen.	der Kritik
Dat.	der Kritik
Akk.	die Kritik

Endungslos sind in der Regel auch die Maskulina und Neutra auf -*us* bzw. -*os*
(der/des Typus, das/des Epos). Einige bilden aber auch schon den Genitiv auf -*es*[1]:

> der Fidibus – des Fidibus[s-es], der Globus – des Globus[s-es], der Omnibus – des Om-
> nibus[s-es], das Rhinozeros – des Rhinozeros[s-es].

Selten ist dieser Genitiv bei Substantiven auf -*ismus (voll packenden Realismusses*
[Meyrink]).

Doppelformen

Bei Fremdwörtern auf -*s,* -*ß,* -*x* oder -*st* wird der Genitiv nur bei Eindeutschung   400
auf -*es* gebildet *(des Dispens-es, des Komplex-es, des Prozess-es).* Doppelformen
weisen auf:

> des Atlas/Atlass-es, des Index/Index-es; des Augur-s/Augur-en, des Chrysolith-s/
> Chrysolith-en, des Elektrolyt-s/Elektrolyt-en (überwiegend), des Kakerlak-s/Kaker-
> lak-en, des Magnet-s/Magnet-en, des Papagei-s/Papagei-en, des Partisan-s/Partisan-
> en, des Satyr-s/Satyr-n, des Tribun-s/Tribun-en, des Triumvir-s/Triumvir-n.

Die Deklination im Plural

Bei der Pluraldeklination der Fremdwörter sind drei Gruppen zu unterscheiden: 401
–   In der ersten Gruppe wird der Plural wie bei den deutschen Wörtern gebildet,
    d. h. mittels angefügter Endungen *(-e, -en, -er, -s)* und gegebenenfalls Umlaut.

---

[1]   Mit Verdopplung des auslautenden -*s.*

– In der zweiten Gruppe wird der Plural zwar auch mit Hilfe einer deutschen Endung *(-[e]n)* gebildet. Sie tritt jedoch nicht – wie in der ersten Gruppe – an den Auslaut des Nominativs Singular, sondern ersetzt ganz oder teilweise die fremde Pluralendung.

– In der dritten Gruppe behalten die Substantive ihre fremde Endung bei.

Fremdwörter mit deutschen Endungen

402   Bei den Fremdwörtern, die den Plural durch Hinzufügung einer deutschen Endung bilden, ergibt sich eine ähnliche Tendenz wie bei den deutschen Substantiven. Die Maskulina und Neutra bilden nämlich den Plural zur Hauptsache auf *-e,* die Feminina auf *-[e]n.* Eine kleinere Gruppe von Maskulina nebst einigen Neutra weist ebenfalls den en-Plural auf. Der Ø-Plural kommt bei den Fremdwörtern nicht vor[1], der *er*-Plural so gut wie nicht, und der *s*-Plural ist etwas stärker vertreten als bei deutschen Wörtern.

e-Plural

403   Maskulina und Neutra bilden, von Ausnahmen abgesehen (vgl. 404 ff.), den Plural auf *-e,* in einigen Fällen zusätzlich durch Umlaut[2]. Sie gehören damit zum Pluraltyp P 1 (vgl. 386). Es handelt sich hier vor allem um Substantive mit bestimmten Wortausgängen, z. B.:

-al:	Admiräl-e[2], Chorä̈l-e[3], Generäl-e[3], Kanäl-e, Kapital-e, Kardinäl-e, Korporäl-e[4], Lineal-e, Lokal-e, Opal-e, Oval-e, Pokal-e, Plural-e;
-an:	Caravan-e, Dekan-e, Kaplän-e, Ozean-e, Organ-e;
-ar:	Altär-e, Antiquar-e, Kommissar-e, Notar-e, Talar-e, Vikar-e; Exemplar-e, Formular-e, Honorar-e, Inventar-e;
-är:	Emissär-e, Funktionär-e, Revolutionär-e, Sekretär-e, Volontär-e;
-at:	Aggregat-e, Attentat-e, Fabrikat-e, Format-e, Inserat-e, Referat-e, Testat-e, Zitat-e;
-ell:	Kartell-e; Pedell-e;
-ett:	Ballett-e, Quartett-e, Skelett-e[4];
-eur/(-ör):	Amateur-e, Friseur-e, Ingenieur-e, Konstrukteur-e, Regisseur-e, Likör-e;
-(i)at:	Konsulat-e, Notariat-e, Noviziat-e;
-ier [...i:ɐ][5]:	Furnier-e, Juwelier-e, Kanonier-e, Klavier-e, Turnier-e;
-il:	Exil-e, Konzil-e, Ventil-e;
-in [...i:n][6]:	Harlekin-e, Magazin-e, Protein-e, Termin-e, Vitamin-e;
-iv:	Dativ-e, Detektiv-e, Imperativ-e, Adjektiv-e, Archiv-e, Korrektiv-e, Motiv-e;

---

[1]   Außer bei solchen Fremdwörtern, die einen den Ø-Plural bedingenden charakteristischen Wortausgang haben (vgl. 388; *der Analytiker/die Analytiker, der Manager/die Manager*).

[2]   Außer den im Folgenden genannten Fremd- bzw. Lehnwörtern haben noch Umlaut: *der Abt – die Äbte, der Baß – die Bässe, der Bischof – die Bischöfe, der Chor – die Chöre, der Morast – die Moräste* (auch: *die Moraste*), *der Palast – die Paläste, der Papst – die Päpste, der Propst – die Pröpste, der Tenor – die Tenöre.*

[3]   Auch ohne Umlaut: *Admirale, Generale, Korporale.*

[4]   Bei *die Brikett-s, die Kabarett-s, die Klosett-s, die Kotelett-s* (neben selt. *Kotelett-en* ‚Backenbart' – mit Bedeutungsunterscheidung!) ist heute allerdings der *s*-Plural häufiger. Weitere Ausnahmen: *die Etikett-en* (auch *Etikett-s*), *Kadett-en.*

[5]   Man beachte aber: Substantive auf *-arier* sind im Plural endungslos *(die Parlamentarier, die Vegetarier);* Substantive auf *-ier* [...je:] bilden den Plural mit *-s (die Bankier-s, die Portier-s).*

[6]   Man beachte aber, daß Substantive auf *-in* [...ɛ̃] den Plural mit *-s* bilden *(die Bulletin-s, die Gobelin-s).*

-(m)ent [...mɛnt][1] :   Argument-e, Kompliment-e, Kontingent-e, Medikament-e,
                       Prozent-e, Sediment-e, Talent-e, Temperament-e;
-on [...oːn][2] :   Baron-e, Hormon-e, Mikrophon-e, Spion-e, Telefon-e.

[e]n-Plural[3]

1. Den Plural auf *-[e]n* bilden fast alle Feminina[4], beispielsweise die auf   <u>404</u>

-anz:	Allianz-en, Alternanz-en, Instanz-en, Vakanz-en;
-ät:	Diät-en, Qualität-en;
-e (unbetont):	Kanonade-n, Garage-n, Medaille-n, Chance-n, Fontäne-n,
	Zitadelle-n, Tablette-n, Friseuse-n, Familie-n, Bonbonniere-n,
	Pastille-n, Gelatine-n, Hornisse-n, Lokomotive-n, Apotheose-n,
	Malaise-n, Maniküre-n;
-enz:	Frequenz-en, Valenz-en;
-ie [iː]:	Harmonie-n, Theorie-n;
-ik:	Kritik-en, Plastik-en;
-(i)tät:	Qualität-en, Universität-en;
-(i)on:	Explosion-en, Nation-en, Person-en;
-ur:	Figur-en, Fraktur-en, Frisur-en, Kur-en, Miniatur-en, Zensur-en.

2. Auf *-[e]n* bilden auch bestimmte Maskulina den Plural. Sie bezeichnen in der Regel Menschen als Rollenträger[5] und haben wie die entsprechenden deutschen Substantive das – etwas weiter gefaßte – Merkmal ‚belebt'. Unter diesen Maskulina befinden sich z.B. diejenigen, die ausgehen auf

-and:	Doktorand-en, Habilitand-en, Konfirmand-en;
-ant:	Demonstrant-en, Fabrikant-en, Musikant-en, Praktikant-en;
-(k)at:	Demokrat-en, Kandidat-en, Soldat-en;
-ent:	Absolvent-en, Delinquent-en, Student-en;
-et:	Athlet-en, Poet-en, Prophet-en;
-ist:	Artist-en, Faschist-en, Jurist-en, Kommunist-en;
-oge:	Geolog-en, Pädagog-en;
-nom:	Agronom-en, Astronom-en;
-or[6] :	Doktor-en, Organisator-en, Professor-en, Rektor-en;
-soph:	Anthroposoph-en, Philosoph-en.

Feminina und Maskulina mit *en*-Plural werden nach P 3 (vgl. 386) dekliniert.

3. Eine kleine Gruppe von Neutra bildet den Plural auf *-ien:*

Fossil-ien, Indiz-ien, Ingredienz-ien, Material-ien, Präzedenz-ien, Prinzip-ien.

er-Plural

Den *er*-Plural haben nur vier Fremdwörter. Sie werden nach P 4 (vgl. 386) dekli-   <u>405</u>
niert:

Hospitäl-er, Regiment-er, Ski-er (selten: die Ski), Spitäl-er.

---

1   Man beachte aber: Substantive auf *-ment* [...mãː] bilden den Plural mit *-s (die Engagement-s, die Ressentiment-s);* Maskulina, die Menschen als Rollenträger bezeichnen, enden im Plural auf *-en (Student-en;* vgl. 404, 2).
2   Man beachte aber: Substantive auf (unbetont) *-on* [...ɔn] bilden den Plural mit *-en* (bei gleichzeitiger Betonung und Längung des *o (die Dämon-en, die Neutron-en);* Substantive auf *-on* [...õ] bilden Plural auf *-s (die Bonbon-s, die Medaillon-s).*
3   Vgl. 386.
4   Eine Ausnahme ist etwa *die Kamera-s* (vgl. 406).
5   Entsprechend aber auch z.B. *der Reflektor, der Traktor, der Transformator.*
6   Man beachte aber, daß endbetonte Substantive auf *-or* den Plural mit *-e* bilden *(der Majór – die Major-e, der Meteór – die Meteor-e, der Tenór – die Tenór-e* [mit Umlaut]; dazu: *der Kórridor – die Korridor-e).*

s-Plural

406 Mit -s bilden den Plural Fremdwörter auf klingenden Vokal *(Boa-s, Hazienda-s, Kamera-s, Metro-s, Safari-s)* sowie Fremdwörter aus dem Englischen *(Baby-s, City-s, Fan-s, Hobby-s, Pony-s, Song-s, Story-s, Team-s)* und Französischen *(Abonnement-s, Feuilleton-s, Gourmet-s, Hotel-s, Trikot-s)*. Sie werden nach P 5 (vgl. 386) dekliniert.

Bei einigen englischen Substantiven auf -y ist neben der Form -ys auch die Form -ies gebräuchlich *(Ladys/Ladies, Lobbys/Lobbies, Partys/Parties)*.

Fremdwörter mit Ersatzendungen

407 Eine Reihe von Fremdwörtern, die aus dem Lateinischen, Griechischen und Italienischen übernommen sind, bildet den Plural, indem sie die fremde Pluralendung ganz oder teilweise durch die deutsche Endung -[e]n ersetzt.[1] Die Deklination richtet sich in diesen Fällen nach dem *[e]n*-Plural (P 3; vgl. 386), d.h., die Pluralkasus unterscheiden sich nicht:

> Album – Alben, Anachronismus – Anachronismen, Atlas – Atlanten (neben: Atlasse), Basis – Basen, Bronchitis – Bronchitiden, Datum – Daten, Distichon – Distichen, Dogma – Dogmen, Drama – Dramen, Epos – Epen, Firma – Firmen, Gremium – Gremien, Gymnasium – Gymnasien, Konto – Konten, Mechanismus – Mechanismen, Museum – Museen, Organismus – Organismen, Praxis – Praxen, Radius – Radien, Rhythmus – Rhythmen, Spektrum – Spektren, Spirans – Spiranten, Stipendium – Stipendien, Thema – Themen, Tripus – Tripoden, Typus – Typen, Villa – Villen, Virus – Viren, Zyklus – Zyklen u. a.

Fremdwörter mit fremden Endungen

408 Einige Fremdwörter aus dem Griechischen, Lateinischen und Italienischen werden auch im neueren Deutsch noch mit ihrer eigenen, dem deutschen Deklinationssystem nicht angepaßten Pluralform gebraucht. Sie gehören jedoch in der Regel nicht der Allgemeinsprache an, sondern einzelnen Fachsprachen (z. B. der Musik, Medizin, Jurisprudenz, Linguistik). Sie sind in allen Pluralkasus unveränderlich:

> Abstraktum – Abstrakta, Appendix – Appendizes, Cello – Celli, Examen – Examina (neben: die Examen), Frater – Fratres, Genus – Genera, Gondoliere – Gondolieri, Index – Indizes (neben: die Indexe), Karabiniere – Karabinieri, Kasus – Kasus, Kodex – Kodizes (neben: die Kodexe), Konto – Konti, Lexikon – Lexika (auch: Lexiken), Matrix – Matrizes (auch: Matrizen), Minimum – Minima, Numerus – Numeri, Passus – Passus, Porto – Porti (neben: die Portos), Solo – Soli (neben: die Solos), Tempus – Tempora u. a.

Doppelformen

409 Nicht selten treten auch bei der Pluraldeklination der Fremdwörter Doppelformen auf (vgl. 390). In den meisten Fällen sind dafür zwei einander widerstrebende Kräfte verantwortlich, nämlich einerseits ein Beharrungswille, der an den fremden Endungen festhalten möchte, und andererseits ein Streben nach Einheitlichkeit und Ausgleich, das darauf abzielt, auch die Fremdwörter dem deutschen Deklinationssystem anzupassen. Folgende Typen von Doppelformen kommen vor:

---

1 Lediglich im Falle von *die Klimate* findet Ersetzung durch -e statt.

- Ersatzendung -*en* oder *s*-Endung:

  Alben/Albums (ugs.), Aulen/Aulas, Faktoten/Faktotums, Konten/Kontos/(auch: Konti), Risiken/Risikos.

- Ersatzendung -*en* oder *e*-Plural:

  Atlanten/Atlasse, Disken/Diskusse, Globen/Globusse, Kakteen/Kaktusse (ugs.), Konen/Konusse

- Fremde Endung oder *e*-, *s*-, Ø-Plural:

  Balkons/Balkone, Ballons/Ballone, Bambini/Bambinos, Crescendi/Crescendos, Docks/Docke (selten), Examina/Examen (falsch: Examinas), Famuli/Famulusse, Filii/ Filiusse, Indizes/Indexe, Kartons/Kartone (selten), Klimas/Klimate (falsch: Klimatas), Kommata/Kommas (falsch: Kommatas), Porti/Portos (falsch: Portis), Pronomina/Pronomen (falsch: Pronominas), Schemata/Schemas (auch: Schemen), Semikola/Semikolons (falsch: Semikolas), Sforzati/Sforzatos, Signore/Signoras, Signorine (selten)/Signorinas, Soli/Solos (falsch: Solis), Tempi/Tempos (falsch: Tempis).

- Fremde Endung oder Ersatzendung -*en:*

  Fora/Foren (auch: Forums), Lexika/Lexiken, Sera/Seren, Themata/Themen, Verba/ Verben.

- *[i]en*- oder *e*-Plural:

  Chrysolithen/Chrysolithe, Elektrolyten/Elektrolyte (überwiegend), Fasanen/Fasane, Konzilien/Konzile, Magneten/Magnete, Mineralien/Minerale, Mótor/Motóren neben Motór/Motóre, Papageien/Papageie (selten), Pástor/Pastóren neben Pastór/Pastóre (Pastöre ist nordd.), Prinzipien/Prinzipe (selten), Reptilien/Reptile, Tribunen/Tribune (selten); (mit Bedeutungsunterscheidung:) Effekten (,Sachen, Wertpapiere‘)/Effekte (,Wirkungen‘), Juwelen (,Edelsteine‘)/Juwele (,etw. Wertvolles‘; auch von Personen).

- *s*- oder *e*-Plural:

  Karussells/Karusselle, Klosetts/Klosette, Kollektivs/Kollektive, Leutnants/Leutnante, Lifts/Lifte, Parks/Parke, Schecks/Schecke (selten), Schocks/Schocke (selten), Streiks/ Streike (selten).

- *en*- oder *s*-Plural:

  Aromen/Aromas (älter: Aromata), Mamsellen/Mamsells.

Zusatz: Lateinische Fachausdrücke

In sprachwissenschaftlichen Abhandlungen werden heute noch gelegentlich Fachausdrücke wie im Lateinischen dekliniert: **410**

  Nominativus Singularis, Accusativus cum Infinitivo, Indikativus Praesentis Activi; (heute üblicher:) Nominativ Singular, Akkusativ mit Infinitiv, Indikativ Präsens Aktiv.

Dabei werden lateinische Nominative des Plurals auch in den anderen Kasus gebraucht *(den Pronomina, der Kasus* [Gen. Plur., mit langem *u*], *den Feminina)*. Nicht nur auf Fachsprachen beschränkt sind Ausdrücke wie

  Anno Domini, Corpus delicti, Nervus rerum.

Der Zusammenhang zwischen Singular- und Pluraltypen

Der Zusammenhang zwischen Singular- und Pluraltypen ist bei den Fremdwörtern im wesentlichen so beschaffen wie bei den deutschen Wörtern (vgl. 395 f.). Die folgende Übersicht verdeutlicht dies: **411**

Deklina-tionstyp	Sing.-/Plur.-Kombination	Charakteristik (Gen. Sing./Nom. Plur.)	Beispiel
I	S 1/P 1	-[e]s/-e	des Funktionärs – die Funktionäre
III	S 1/P 3	-[e]s/-[e]n	des Doktors – die Doktoren
IV	S 1/P 4	-[e]s/-er	des Regiment[e]s – die Regimenter
V	S 1/P 5	-s/-s	des Teams – die Teams
VI	S 2/P 3	-[e]n/-[e]n	des Studenten – die Studenten
VII	S 3/P 1	-∅/-e	des Rhinozeros – die Rhinozerosse
IX	S 3/P 3	-∅/-[e]n	der Allianz – die Allianzen
X	S 3/P 5	-∅/-s	der Kamera – die Kameras

Auch hier sind die Deklinationstypen I und IX zahlenmäßig am stärksten vertreten, während die anderen – vor allem IV und VII – relativ schwach belegt sind.

3.4.4 Die Deklination der Eigennamen

412 **Familien-, Personen- und Vornamen**

Ohne Bestimmungswort

Singular

413 1. Familien-, Personen- und Vornamen im Singular erhalten, wenn sie ohne Artikel (Pronomen u. ä.) gebraucht werden, nur im Genitiv die Endung *-s,* sonst sind sie endungslos:

> *Goethes* Gedichte, der Geburtsort *Schillers, Cäsars* Ermordung, die Niederlage *Hannibals, Peters* Heft, *Sophias/Sophies* Kleid.
> Man ehrte *Goethe* wie einen Fürsten. Ich besuchte *Karl.* Die Bürger Karthagos dankten *Hannibal* für seinen Sieg. Ich widersprach *Fritz.*

Die Endung *-[e]n* ist veraltet:

> Mit *Gellerten* stand er nicht im besten Vernehmen (Goethe). Börnes Zorn loderte am grimmigsten gegen *Menzeln* (Heine). Mit des alten *Fritzen* eigenhändigem Krückstock (Fontane). So ging es *Stankon* mit mir (Th. Mann).

In landschaftlicher Umgangssprache, insbesondere im Norddeutschen, werden manche Gattungsbezeichnungen aus dem Bereich der Familie (besonders *Vater* und *Mutter*) wie Eigennamen behandelt. Sie werden dann ohne Artikel gebraucht; der Genitiv wird auf *-s,* der Dativ und Akkusativ auf *-n* gebildet:

> *Vaters/Mutters* Ermahnungen; *Tantes* Kleid. ... Leibbindenindustrie mit Blasenwärmer für *Vatern* (Benn). ... im Frühling, wenn ich bei *Muttern* auf Urlaub bin und Kuchen esse (Frisch).

2. Mit Artikel (oder Pronomen u. ä.) bleiben die Namen heute meist ungebeugt, weil der Kasus durch diese Begleitwörter deutlich wird (zum Gebrauch des Artikels bei Eigennamen vgl. 539):

> die Verehrung des heiligen *Joseph,* die Werke des jungen *Dürer,* die Rolle des *Lohengrin,* die Erkrankung unseres *Lothar,* die Taten des grausamen *Nero.* (Aber:) ... Technik des ... angesehenen *Bismarcks* (Musil).

Bei Voranstellung des Genitivs, die nur in der gewählten Sprache üblich ist, ist das Genitiv-*s* noch ziemlich fest:

> meines *Peters* Zeugnisse; des armen *Joachims* Augen (Th. Mann).

Ist ein Personenname zu einer Gattungsbezeichnung geworden, dann muß er wie ein gewöhnliches Substantiv die Genitivendung *-s* erhalten:

des Dobermanns, des Zeppelins, des Nestors, des Nimrod[e]s.

Schwankungen entstehen, wenn sowohl die Auffassung, daß (noch) ein Name, als auch die Auffassung, daß (schon) eine Sachbezeichnung vorliegt, vertreten werden kann:

des Diesel[s], des Duden[s], des Ampere[s], des Ohm[s], des Baedeker[s], des Volt/ Volt[e]s.

3. Gehen die Namen auf *-s, -ß, -x, -z, -tz* aus, dann gibt es fünf Möglichkeiten, den Genitiv zu bilden oder zu ersetzen (von Namen auf *-sch* wird der Genitiv normal gebildet):

– durch Apostroph bei vorangehendem Namen. Dies ist die besonders beim Schreiben gewählte Form:

Fritz' Hut, Demosthenes' Reden, Paracelsus' Schriften, Perikles' Tod, Horaz' Satiren, Onassis' Jacht.

Beim Sprechen sind die folgenden Möglichkeiten deutlicher[1]:

– durch *von* + Name (beim Sprechen die übliche Form):

der Hut *von* Fritz, die Operetten *von* Strauß, die Schriften *von* Paracelsus.

– durch Artikel (Pronomen) mit oder ohne Gattungsbezeichnung (dies gilt jedoch nicht für Familien- und Vornamen, die standardsprachlich ohne Artikel stehen, vgl. 539):

des Horaz Satiren, die Reden des Demosthenes, der Tod des Perikles, des [Arztes] Paracelsus Schriften.

– seltener durch die altertümliche Endung *-ens,* einer Mischung aus *-s* und *-[e]n:*

Vossens „Luise", Marxens Werk (Börsenblatt), Horazens Satiren, trotz Hansens Widerstreben (Kafka).

– bei antiken Personennamen durch Weglassen der Endung und darauffolgende normale Beugung:

Achill(es)/(Gen.:) Achills; Priam(us)/Gen.: Priams.

4. Fremdsprachige Deklination von Eigennamen ist nur noch innerhalb des religiösen Bereichs üblich:

(Gen.:) Jesu Christi, (Akk.:) Jesum Christum; im Jahre 30 nach Christi Geburt (*Jesus Christus* bleibt außer im Genitiv jedoch oft schon ungebeugt); Mariä Himmelfahrt, das Evangelium Johannis.

Plural

Von Familien-, Personen- und Vornamen wird nur dann ein Plural gebildet, wenn sie Gattungsbezeichnungen geworden sind (vgl. 340, 365). Mit ihnen werden dann entweder die reine Gattung (*Krösus* = ein reicher Mann) oder Personen, die mit dem ursprünglichen Namenträger verglichen werden (Männer/Frauen wie ...) oder sämtliche Mitglieder einer Familie, eines Geschlechtes oder aber verschiedene Träger des gleichen Namens bezeichnet. Der Nominativ Plural wird mit den Endungen *-e, -[n]en, -s* gebildet oder ist endungslos. Umlaut oder Plural

414

---

1 Der durch Apostroph gekennzeichnete Genitiv, auch „Häkchenwesfall" (Wustmann) genannt, wurde von der normativen Grammatik oft abgelehnt. Für eine „tolerantere Beurteilung" spricht sich aus O. Leirbukt: Über einen Genitiv besonderen Typus [sic!]. In: Muttersprache 93 (1983), H. 1–2, S. 104 ff.

auf *-er* wird niemals gebraucht, höchstens scherzhaft (*die Wolfgänge, Liebermänner* u. ä.) oder in Gattungsbezeichnungen *(Prahlhänse, Faselhänse).*

1. Personen- und Vornamen:

a) Männliche Personen- und Vornamen, die auf einen Konsonanten enden, erhalten die Endung *-e:*

> die Heinrich*e,* die Rudolf*e,* die Krösuss*e.*

Verkleinerungsformen auf *-chen* und *-el* sowie Namen auf *-er* und *-en* (vgl. 2) stehen ohne Endung:

> die Hänschen, die Fränzchen; die Hansel; die Peter; die Jürgen; (aber ugs.:) die Heinrich*s,* die Rudolf*s.*

Mit *-s* wird meist der Plural von Personen- und Vornamen gebildet, die auf Vokal enden:

> die Alba*s,* die Plato*s,* die Otto*s,* die Hugo*s.*

Die Endung *-[n]en* erhalten männliche Personen- und Vornamen auf *-o,* wenn Herrschergeschlechter oder verschiedene berühmte Träger des gleichen Namens bezeichnet werden:

> die Otto*nen* (die sächsischen Kaiser Otto I., II. und III.); die Scipio*nen.*
> *Aber:* Sappho (weiblich) – *die Sappho*s (vgl. unten).

b) Weibliche Personen- und Vornamen auf *-e* erhalten die Endung *-n:*

> die Marianne*n,* die Grete*n,* die Inge*n,* die Ulrike*n.*

Enden sie auf einen Konsonanten (außer S-Lauten), dann wird der Plural mit *-en* (ugs. *-s*) gebildet:

> die Diethild*en,* die Adelheid*en;* (aber ugs.:) die Diethild*s,* die Adelheid*s.*

Namen auf S-Laut, *-chen* oder *-lein* bleiben ungebeugt:

> die beiden Agnes; die deutschen Gretchen (aber ugs.: Gretchen*s*), die beiden Gretel (ugs.: Gretel*s*).

Von Namen auf *-a, -o* und *-i (-y)* wird der Plural mit *-s* gebildet:

> die Anna*s,* die Maria*s,* die Sappho*s,* die Uschi*s,* die Kitty*s.*

Wenn für das *a* ein *e* eintreten kann, steht auch die Endung *-n:*

> die Anne*n,* die Sophie*n,* die Marie*n.*

2. Familiennamen:

Familiennamen bekannter Personen und Geschlechter erhalten im Plural meist *-s:*

> die Rothschild*s,* Buddenbrook*s* (Th. Mann), die Barring*s* (Simpson), die Stoltenkamp*s* und ihre Frauen (Herzog), das Antiquariat der Mecklenburg*s* (= der Familie Mecklenburg; Börsenblatt); (ugs.:) Meier*s* besuchen Müller*s.*

Gelegentlich stehen sie ohne Endung, so besonders die auf *-en, -er, -el* endenden Namen:

> die Goethe, die [Brüder] Grimm, die Confalonieri (R. Huch), die beiden Schlegel, die Dürer; die Münchhausen sterben nicht aus.

Die Endung *-en* ist seltener, die Endung *-e* im allgemeinen veraltet:

> die Manz*en* (G. Keller); wir Stilling*e* (J. H. Jung-Stilling), die Gottsched*e* (Lessing), die Stolberg*e* (Goethe).

Geht der Familienname auf Zischlaut aus, dann steht die Endung *-ens:*

> Schulz*ens,* Laux*ens,* Klotz*ens.*

Mit Bestimmungswort

Bei der Deklination der Familien-, Personen- und Vornamen, die bei einem Bestimmungswort stehen, gilt heute im allgemeinen die Regel, daß im Genitiv (die anderen Kasus des Singulars werden bei den Namen nicht gekennzeichnet) entweder nur der Name oder nur das Bestimmungswort dekliniert wird. Doppelsetzung des Genitiv-*s* wird vermieden. Es besteht die Tendenz, das Genitiv-*s* bei den Namen dieser Gruppe wegzulassen, wenn durch Artikel, Pronomen u. ä. der Kasus deutlich wird.

Vorname + Vorname/Familienname

Von mehreren Namen wird nur der letzte (Vor- oder Familienname) dekliniert: 415

> Anna *Marias* Erfolge, Klaus *Peters* Geburtstag, Gotthold Ephraim *Lessings* Werke, die Werke Rainer Maria *Rilkes,* in der Dichtung Ricarda *Huchs.*

Wenn vor dem Familiennamen eine Präposition *(von, zu, van, de, ten)* steht, dann wird heute gewöhnlich der Familienname gebeugt:

> Wolfang von *Goethes* Balladen, Heinrich von *Kleists* Werke, die Bilder Anton van *Dycks,* der Sieg Hein ten *Hoffs.*

Ist der Familienname jedoch noch deutlich als Ortsname zu erkennen, dann wird der Vorname gebeugt:

> die Lieder *Walthers* von der Vogelweide, der „Parzival" *Wolframs* von Eschenbach, die Geschichte *Gottfriedens* von Berlichingen (Goethe), die Erfindungen *Leonardos* da Vinci, die Predigten *Abrahams* a San[c]ta Clara, die Regierung *Katharinas I.* von Rußland.

Wo Zweifel bestehen, neigt man zur Beugung des Ortsnamens:

> die Erfindungen Leonardo da *Vincis* usw.

Steht jedoch der Ortsname unmittelbar vor dem dazugehörenden Substantiv, dann wird immer häufiger der Ortsname gebeugt:

> Wolfram von *Eschenbachs* „Parzival" (auch noch: *Wolframs* von Eschenbach Gedichte); Roswitha von *Gandersheims* Dichtung (auch noch: *Roswithas* von Gandersheim Dichtung).

Die einfache Regel, daß dasjenige Wort gebeugt wird, das neben dem regierenden Wort steht, hat sich nicht durchsetzen können:

> die Gedichte *Friedrichs* von Schiller – Friedrich von *Schillers* Gedichte; Wolfram von *Eschenbachs* Parzival – der Parzival *Wolframs* von Eschenbach.

Artikelloses Substantiv + Name

Bei dieser Verbindung wird nur der Name dekliniert, weil die ganze Fügung als   416
Einheit aufgefaßt wird (Ausnahmen: *Herr,* Substantive auf *-e* und substantivierte
Partizipien):

> Tante *Inges* Kollegin, die Günstlinge Königin *Christines* von Schweden, der Sieg Kaiser *Karls,* Onkel *Pauls* Hut, Vetter *Fritz' (Fritzens)* Frau, die Mätresse König *Ludwigs* [des Vierzehnten], Professor *Lehmanns* Sprechstunde, Architekt *Müllers* Einwand; Wiederwahl Bundespräsident *Lübkes* (Die Zeit); er sprach mit Graf *Holstein* (Dativ); das Vertrauen in Präsidentin *Holler* (Akkusativ).

Selbst Verbindungen, die keinen Namen im strengen Sinne enthalten, werden gelegentlich als Einheit aufgefaßt:

> Im Dienst Frau *Modes* (statt: der Frau Mode [Zeitungsnotiz]).

Aber (Ausnahme):

> Herrn Müllers Einladung. Das müssen Sie Herrn Müller melden. Rufen Sie bitte Herrn Müller!

Bei den auf -e endenden Maskulina wird heute meist nicht gebeugt:

> An Kollege (auch noch: Kollegen) Schulze liegt es nun ... Genosse (auch noch: Genossen) Meyers Austritt aus der Partei bedauern wir sehr.

Substantivierte Partizipien sind, wenn man sie überhaupt verwendet (man ersetzt sie besser durch die Fügung Artikel + Substantiv + Name), zu beugen:

> Abgeordneter Petra Mayers Zwischenrufe, Vorsitzenden Schmidts Ausführungen. (Besser: die Zwischenrufe der Abgeordneten Petra Mayer; die Ausführungen des Vorsitzenden Schmidt.)

Eine Apposition nach dem Namen steht im gleichen Kasus:

> am Hofe Kaiser Karls des Großen, König Ludwigs des Vierzehnten Mätresse, der Wahlspruch Kaiser Karls des Fünften.

Geht der Name auf einen Zischlaut aus, dann muß man sich entweder mit dem Apostroph behelfen (ein Dekret Papst Innozenz' III. [des Dritten]), oder man wählt den Artikel (ein Dekret des Papstes Innozenz III. [des Dritten]).

Artikel (Pronomen) [+Adjektiv] +Substantiv +Name

417 Bei diesen Fügungen wird das bestimmende Substantiv (der Titel, Rang usw.) dekliniert, während der Name ungebeugt bleibt:

> die Reformen des [mächtigen] Kaisers Karl oder des [mächtigen] Kaisers Karl Reformen, des Königs Ludwig, des Vetters Fritz, unseres [lustigen] Onkels Paul, der Fleiß meines Sohnes Peter, jenes [berühmten] Geologen Schardt, des Architekten Müller Einwand.

In der Verbindung Herr + Name wird der Name nicht gebeugt:

> des Herrn Meyer, des Herrn Müller. (Aber in Verbindung mit Verwandtschaftsbezeichnungen:) Zum Tode Ihres Herrn Vaters ... Über den Besuch ihres Herrn Sohnes haben wir uns sehr gefreut.

Wird an Stelle des bestimmenden Substantivs ein Wortpaar gebraucht, das mit und verbunden ist, dann werden beide Glieder gebeugt:

> der Klient des Rechtsanwaltes und Notars Meier.

Eine Apposition steht im gleichen Fall wie das bestimmende Substantiv (vgl. 1124):

> im Dienst des Königs Philipp des Zweiten.

Die Unterlassung der Deklination ist nicht korrekt:

> das Schloß des Fürst Blücher, die Tochter des Baron Holbach, die Briefe des Apostel Paulus, die Beförderung des Regierungsassistent Georg Müller. Die Abgründe des Direktor Bernotat ... (Quick).

Der Titel Doktor (Dr.) als Teil des Namens sowie Fräulein wird nicht gebeugt:

> die Ausführungen unseres Doktor Meyer, der Platz Ihres Fräulein Meyer.

Zwei oder mehr artikellose Substantive +Name

418 In diesen Fällen wird nur der Name gebeugt:

> Regierungsrat Professor Pfeifers Rede, Oberärztin Dr. Hahns Visite, Privatdozent Dr. Schmidts Abhandlung.

Herr wird jedoch immer gebeugt (vgl. 416):

> *Herrn* Regierungsrat Professor *Pfeifers* Rede, *Herrn* Professor Dr. *Lehmanns* Sprechstunde, *Herrn* Architekt *Müllers* Einwand.

In Anschriften (die den Dativ oder Akkusativ erfordern) wird außer *Herr* auch der folgende Titel gebeugt, er kann aber auch ungebeugt bleiben:

> *Herrn* Regierungspräsidenten Weltin (auch: *Herrn* Regierungspräsident Weltin), *Herrn* Architekten Müller (auch: *Herrn* Architekt Müller).

Bei substantivierten Partizipien und Appositionen wird gebeugt:

> *Herrn* Abgeordneten Meyer. Die Rede des *Rektors, Herrn* Professor *Meyers* ... Die Einführung des neuen *Leiters, Herrn* Regierungsrat *Müllers* ...

Artikel (Pronomen) [+Adjektiv]+zwei oder mehr Substantive+Name

Hier erhält nur das erste Substantiv (Titel, Rang usw.) die Genitivendung, während das zweite und die folgenden als enger zum Namen gehörend ungebeugt bleiben: 419

> die Rede der [Ersten] *Vorsitzenden* Studienrätin Dr. Sander, die Aussage des [verhafteten] *Stadtrats* Bankier Dr. Schulze.

Ist *Herr* das erste Substantiv, dann wird der folgende Titel in der Regel gebeugt. Bei substantivierten Partizipien muß immmer gebeugt werden:

> die Bemerkungen des *Herrn* Generaldirektors Meyer, die Ausführungen des *Herrn* Studienrats Schönberg, die Abhandlung des *Herrn* Privatdozenten Dr. Schmidt (auch: des Herrn *Privatdozent* Dr. Schmidt), die Rede des *Herrn* Ministers [Dr.] Müller (auch: des Herrn *Minister* [Dr.] Müller). (Aber nur:) die Rede des *Herrn* Abgeordneten Müller.

In Anschriften (die den Dativ oder Akkusativ erfordern):

> An den *Herrn* Regierungspräsidenten Weltin; dem *Herrn* Regierungspräsidenten Weltin (aber auch: An den Herrn *Regierungspräsident* Weltin; dem Herrn *Regierungspräsident* Weltin). (Aber nur:) An den *Herrn* Abgeordneten E. Müller.

Doktor (Dr.) wird als Teil des Namens auch hier nicht gebeugt (vgl. 417):

> der Vortrag des Herrn *Dr. (= Doktor)* Meyer.

Name+Apposition (Artikel+Substantiv [oder substantiviertes Adjektiv])

Beide Bestandteile werden dekliniert: 420

> das Leben *Katharinas der Großen,* ein Enkel *Ludwigs des Deutschen,* die Pfalz *Karls des Großen.*

Es gilt als nicht korrekt, in diesen Fällen nicht den Namen, sondern nur die Apposition zu beugen:

> die einzige Tochter *Karl* des Kühnen, das fuchsrote Haar *Wilhelm* des Eroberers (Bruckner), seit Widukinds und *Karl* des Großen Zeiten (W. Schäfer).

Geographische Namen

Die meisten geographischen Namen kommen, wenn sie nicht von vornherein pluralisch sind (vgl. 373), nur im Singular vor (vgl. 365; über den gelegentlich auftretenden Plural von Ländernamen vgl. 426).

Ohne Artikel

421 Die ohne Artikel gebrauchten Länder- und Ortsnamen erhalten, soweit sie Neutra sind, im Genitiv die Endung -s, sonst sind sie endungslos:

> *Preußens* Niederlage, die Stämme *Ugandas,* die Verfassung *Deutschlands.* Ich wohne in *Hessen.* Er reiste nach *Bayern.*

Auch nach ortsgebundenen Präpositionen mit Genitiv steht der Orts- oder Ländername mit Beugungs-*s:*

> oberhalb *Heidelbergs* (nicht korrekt: oberhalb *Heidelberg*), innerhalb *Deutschlands* (nicht korrekt: innerhalb *Deutschland*), unterhalb *Gießens* (nicht korrekt: unterhalb *Gießen*), unweit *Prags* (nicht korrekt: unweit *Prag*).

Geht der Länder- oder Ortsname auf einen Zischlaut *(s, ß, z, tz, x)* aus, gibt es vier Möglichkeiten, den Genitiv zu bilden oder zu ersetzen:

> – durch Apostroph bei vorangehendem Namen (selten):
>
> > *Wales'* höchste Erhebung, in *Liegnitz'* altem Stadtkern, *Florenz'* Geschichte.
>
> Beim Sprechen sind diese Formen undeutlich.
>
> – durch *von* + Name (häufig):
>
> > die höchste Erhebung *von* Wales, die Fabriken *von* Kattowitz, die Theater *von* Paris.
>
> – durch Setzung der Gattungsbezeichnung vor den Namen (häufig):
>
> > die höchste Erhebung der *Halbinsel* Wales, die Fabriken *der Stadt* Kattowitz, die Theater *der Hauptstadt* Paris.
>
> – mit der veralteten Genitivendung *-ens* (selten):
>
> > *Grazens* Umgebung, *Kattowitzens* Fabriken, *Florenzens* Krone.

Mit Artikel

422 Die mit Artikel gebrauchten maskulinen und neutralen geographischen Namen erhalten zumeist ein Genitiv-*s:*

> des Balkan*s*, des Irak*s*, des Engadin*s*, des Rhein[e]*s*, des Brocken*s*, des Atlantik*s*.

Die Genitivendung wird jedoch, besonders bei fremden Namen, häufig schon weggelassen:

> des Inn[*s*], des Rigi[*s*], des Ätna[*s*], des Himalaja[*s*], des Nil[*s*], des Kongo[*s*].

Gehen die Namen auf Zischlaut aus, dann werden sie entweder unter Anhängung von *-es* oder nicht gebeugt, manche schwanken:

> des Elsaß oder Elsasses, des Harzes, des Rieses, des Taunus, des Peloponnes oder Peloponnes*es*, des Chersones, des Hedschas.

Zusammensetzungen mit *-fluß, -strom, -bach, -berg, -gebirge, -wald* usw. müssen immer gebeugt werden.

Artikel (Pronomen) + Adjektiv + geographischer Name

423 In diesen Verbindungen kann man das Genitiv-*s* setzen oder die endungslose Form gebrauchen:

> der Gipfel des sagenumwobenen *Brockens*/des sagenumwobenen *Brocken;* unseres schönen *Siziliens* (Th. Mann), unseres gräßlich zugerichteten *München* (Th. Mann), des berühmten *Frankfurts* (Th. Mann), des mächtigen *Frankreich* (Werfel), eines ... vereinigten *Europas* (Werfel), eines deutschen *Europa* (Th. Mann), Neutralisierung eines wiedervereinigten *Deutschlands* (Augstein).

Artikelloses Substantiv + Länder- oder Ortsname

Wie bei den Familien- und Personennamen (vgl. 416) wird nur der Name ge-   424
beugt. An die Stelle des Genitivs tritt häufig *von* + Name:

> die Küsten Sankt *Helenas* (= von Sankt Helena), die Quellen Bad *Orbs* (= von Bad
> Orb), die Spitze Kap *Skagens* (= von Kap Skagen).

Artikel [+ Adjektiv] + Substantiv + geographischer Name

Wie bei den Familien- und Personennamen (vgl. 417) wird bei diesen Fügungen   425
das bestimmende Substantiv dekliniert, während der Name ungebeugt bleibt:

> das Gebiet *des Landes* Frankreich, der Lauf *des Baches* Kidron, die Ufer *des* [tiefen]
> *Flusses* Itz, auf dem Gipfel *des Berges* Zion.

Der Plural von Ländernamen

Der Plural von Ländernamen wird gelegentlich gebraucht, um verschiedene (po-   426
litische) Gebilde oder Gruppen innerhalb eines Landes oder Gebietes zu bezeichnen. Er wird mit oder ohne *-s* gebildet:

> die politische Geschichte beider *Amerika[s]*, die zwei *Deutschland[s]*, die beiden
> *China[s]*, das Königreich beider *Sizilien*.

Die Namen von Straßen, Gebäuden, Firmen u. a.

Die Beugung der Namen von Straßen, Gebäuden, Firmen, Organisationen, Re-   427
gierungssitzen, Schiffen, Büchern, Zeitungen, Zeitschriften, Theaterstücken,
Opern, Gedichten, Kunstwerken u. a. ist auch dann notwendig, wenn sie in Anführungszeichen stehen:

> Ich wohne in der Lange*n* Gasse (nicht: in der Lange Gasse), im „Europäische*n* Hof"
> (nicht: im „Europäischer Hof"). Die Bilder des Louvre*s* (nicht: des Louvre), die Ak-
> tien des Badische*n* Zementwerks AG (nicht: des Badisches Zementwerk AG); des
> Kreml*s*, des Vatikan*s*, des Quirinal*s;* die Seetüchtigkeit des „General*s* San Martin"
> (nicht: „General San Martin"); Zitate aus Büchmanns „Geflügelte*n* Worte*n*" (nicht:
> „Geflügelte Worte"); das Titelbild der „Frankfurter Illustrierte*n*" (nicht: „Frankfur-
> ter Illustrierte"); die neuen Beiträge des „Monat*s*" (nicht: des „Monat"); in Schillers
> „Räuber*n*" (nicht: „Räuber"); die Wirkung des „Zauberlehrling*s*" (nicht: des „Zau-
> berlehrling"); Hauptthema des „Weiße*n* Tänzer*s*" (Jens).

Stehen *Aktiengesellschaft, Gesellschaft mbH (AG, GmbH)* u. a. nicht als Apposition, sondern als Grundwort eines Firmennamens, dann richtet sich das adjektivische Attribut nach diesem Grundwort:

> Die Aktien der *Badischen* Glaswolle-*Aktiengesellschaft*.

Soll der Name unverändert wiedergegeben werden, dann kann mit einem entsprechenden Substantiv umschrieben werden:

> Im *Hotel* „Europäischer Hof", aus der *Gaststätte* „Schwarzer Adler", die Aktien der
> *Firma* Badische Anilin- & Soda-Fabrik AG, das Titelbild der *Zeitschrift* „Frankfurter
> Illustrierte".

Einfache (eingliedrige) Namen, Titel usw. ohne nähere Bestimmungen stehen oft
schon ohne Genitiv-*s*, besonders dann, wenn sie Eigennamen oder Fremdwörter
sind:

> die Kursänderung des *Kreml* (Dönhoff); die Besatzung des *„Kormoran";* die Manu-
> skripte des *„Goldmund"* (Hesse); der Dichter des *Götz,* des *Faust.*

3.4.5 Die Deklination der Völkernamen

428 Die Völkernamen werden wie Gattungsbezeichnungen dekliniert und dabei mit und ohne Artikel gebraucht:

(Singular:) Der *Franzose* kam jeden Morgen. Er ist [ein] *Deutscher*. Sie ist [eine] *Engländerin*.
(Plural:) Die *Franzosen* gelten als charmant. New York ist von *Holländern* gegründet worden.

Die meisten Völkernamen werden nach dem Deklinationstyp VI dekliniert:

des/die Franzosen; des/die Sachsen, des/die Schwaben; des/die Tschechen; des/die Ungarn; des/die Tataren.

Die meisten auf die Ableitungssilbe *-er* ausgehenden Völkernamen sowie die von Ortsnamen gebildeten Einwohnernamen auf *-er* werden nach dem Deklinationstyp II dekliniert:

des Engländers – die Engländer; des Italieners – die Italiener; des Spaniers – die Spanier; des Berliners – die Berliner; des Wieners – die Wiener. (Auch:) des Negers – die Neger; des Berbers – die Berber.

Völkernamen, bei denen das *-er* zum Stamm gehört, werden dagegen nach dem Deklinationstyp VI dekliniert:

des/die Bayern; des/die Pommern; des/die Kaffern.

Zum Deklinationstyp III gehört:

Zimber (des Zimbers – die Zimbern).

Fremde Völker- und Stammesnamen, die auf Vokal enden, können im Gentiv Singular und im Plural ein *-s* erhalten (Deklinationstyp V):

des Eskimo[s]; des Papua[s]; des Duala[s] – die Duala[s]; des Zulu[s]; des Israeli[s] – die Israeli[s].

3.4.6 Die Deklination der Abkürzungs- und Kurzwörter

429 1. Abkürzungswörter, die buchstabiert, also nicht im vollen Wortlaut gesprochen werden (Buchstabenwörter), werden häufig nicht gebeugt; sie bleiben vor allem dann ungebeugt, wenn der Kasus durch den Artikel oder den Satzzusammenhang deutlich wird:

der Pkw (auch:) – des Pkw – die Pkw; die GmbH – der GmbH – die GmbH; die AG – der AG – die AG; das EKG – des EKG – die EKG.

Im Plural erscheint häufiger die Deklinationsendung *-s*[1] (vgl. 388), und zwar besonders bei Feminina, weil bei ihnen der Artikel im Singular und im Plural nicht unterschieden ist. Auch im Genitiv Singular tritt gelegentlich das *-s* auf:

des Pkws (auch: PKWs) – die Pkws; der GmbH – die GmbHs; des KZs – die KZs; der AG – die AGs; der TH – die THs.

2. Silben- und Kurzwörter werden im allgemeinen gebeugt:

der Schupo – des Schupos – die Schupos; der Zoo – des Zoos – die Zoos; der Toto – des Totos – die Totos; die Lok – der Lok – die Loks; der Akku – des Akkus – die Akkus; der Bus – des Busses – die Busse; der Profi – des Profis – die Profis.

---

[1] In der gesprochenen Umgangssprache kommen mitunter auch *-e (die Lkwe)* und *-en (die AGen)* vor.

3.4.7 Die Unterlassung der Deklination bei Gattungs-
bezeichnungen[1]

Es ist zu unterscheiden zwischen standardsprachlich anerkannter und nicht aner- 430
kannter Unterlassung des Deklination. Die nicht gebeugte Form entspricht stets
dem Nominativ.

Anerkannte Unterlassung der Deklination

Bei Wortpaaren

Bei Wortpaaren im Singular, die mit *und* verbunden sind, gibt es zwei Arten der 431
Nichtbeugung. Im ersten Fall wird nur das erste Glied nicht gebeugt, im zweiten
beide nicht:

1. Nichtbeugung des ersten Gliedes. Das Wortpaar wird als formelhafte Einheit
empfunden:

> ein Stück eigenen *Grund* und Bodens, trotz *Sturm* und Regens, die Dichter des *Sturm*
> und Drangs, Verleugnung seines *Fleisch* und Blutes.

Seltener und auffallender ist die Nichtbeugung des ersten Gliedes in poetischer
(veralteter) Sprache bei nicht formelhaft empfundenen Verbindungen. Hier wird
die Pluralendung des ersten Gliedes aus rhythmischen Gründen erspart:

> ... an *Tier* und Vögeln fehlt es nicht (Goethe). Seid vergessen *tag* und nächte! (George).

2. Nichtbeugung beider Glieder, besonders im Dativ und Akkusativ Singular,
wenn weder durch Artikel noch Adjektiv die Substantive näher bestimmt sind
und zudem bei Beugung nach dem Deklinationstyp VI Verwechslung mit dem
Plural eintreten kann:

> Ich sag' es *Fürst* und *Edelmann* (Münchhausen); ganz von *Geist* und *Wille* geformt
> (Hesse); das Verhältnis zwischen *Patient* und *Arzt;* die Grenze zwischen *Affe* und
> *Mensch.*

Bei Beugung eines Substantivs nach dem Deklinationstyp VI weiß man nicht, ob
der Dativ/Akkusativ Singular oder der Plural gemeint ist. Sie wird deshalb oft
vermieden:

> Die Kluft zwischen *Fürsten* und Volk; die Beziehungen zwischen *Produzenten* und
> *Konsumenten;* der Unterschied zwischen *Affen* und *Menschen.* (Ohne Beugung auch
> außerhalb von Wortpaaren:) Am Wortende nach *Konsonant* spricht man ... Eine
> Herde ohne *Hirt* ... Das Land war ohne *Fürst.*

Ist keine Verwechslung möglich, dann ist es üblich zu beugen:

> Nun setze dich dahin zwischen *Herr* (üblich: *Herrn*) und Frau Dörr (Fontane).

Bei Substantiven nach der Präposition *von*

Ein der Präposition *von* folgendes alleinstehendes Substantiv im Singular, das in 432
appositionellem Verhältnis zu einem vorausgehenden Substantiv im Nominativ
steht, zeigt ebenfalls Nominativform:

> ein armer Teufel von *Philologe;* eine Seele von *Mensch;* eine Art von *Sachverständiger.*

Hat das Substantiv einen unbestimmten Artikel oder ein attributives Adjektiv bei
sich, dann wird es immer gebeugt:

---

[1]   Über die Unterlassung der Deklination bei Eigennamen vgl. 412, 427; bei Maß-, Mengen- und
      Münzbezeichnungen vgl. 370f., bei Abkürzungs- und Kurzwörtern vgl. 429.

dieser hübsche Ausbund von *einem Hirtenjungen* (G. Hauptmann); du pflichtvergessener Lump von *einem Feldwebel* (Remarque); eine falsche Art von *schlechtem Gewissen* (Frisch); eine Art von *altem Menschen* (Werfel).

Steht das vor der Präposition *von* stehende Substantiv im Genitiv, Dativ oder Akkusativ, dann wird das folgende Substantiv überwiegend gebeugt:

> Zuhörer, welche eine Art (= Akk.) von *Propheten* in ihm vermutet hatten (Hesse); diesen Hohlkopf (= Akk.) von *Prinzen* (Th. Mann); deinem dummen Teufel (= Dat.) von *Neffen* (I. Kurz).

Im Plural steht standardsprachlich in der Regel der Dativ:

> ein Kleeblatt von *Schmarotzern* (Remarque); Wrackstücke von *Mannsbildern* (Luserke); die Halunken von *Kriegsleuten* (Löns).

Bei nur angeführten Substantiven

433 Sie stehen stets in der Nominativform und vielfach in Anführungszeichen:

> die Beugung von „Dirigent“; „Baum“ ist der Singular zu „Bäume“; was man so *Idealist* nennt. Die Dorfbewohner nannten den Fremden *Graf*. Ich habe *Drogist* gelernt (Kreuder).

Bei Substantivierungen

434 Viele Substantivierungen (Ausnahme: substantivierte Infinitive) können ungebeugt stehen, weil sie keine ursprünglichen Substantive sind. Oft wird jedoch schon dekliniert:

> meines geliebten *Deutsch[s],* des modernen *Deutsch* (Porzig), das Gesicht meines *Gegenüber* (Hesse), eines gewissen *Jemand[s],* diese *Niemand* (Kafka), des *Schwarz[es],* des *Weiß[es]*; (aber:) des *Blaus,* des *Rots;* die Maßlosigkeit ... seines anderen *Ich* (Th. Mann), der Schein des *Ists* (FAZ), diese *„Irgendjemands“* (Quick). *Nichtse* insgesamt, denen zum tätigen Geist beides fehlt (Bloch).

Meist ohne Beugung stehen Einzelbuchstaben:

> das/des *A* usw.; Verwandlung des *A* ... in *O* (Flake); anstatt des *o* (H. Mann); *Saal* wird mit zwei *a* geschrieben.

und Substantivierungen wie

> viele *Wenn* und *Aber,* die Unbedingtheit dieses *Entweder-Oder,* die Philosophie des *Alsob.*

Bei Substantiven nach Maß- und Mengenangaben

435 Folgt ein maskulines oder neutrales Substantiv der Deklinationstypen I–V ohne ein den Kasus anzeigendes Begleitwort einer Maß- oder Mengenangabe desselben Deklinationstyps, so bleibt im Genitiv Singular jeweils eines der beiden Wörter ungebeugt. Ein doppelter Genitiv auf *-[e]s* wird dadurch vermieden.

> (Nicht:) eines *Pfundes* Fleisches, eines *Tropfens* Öls, eines *Hektoliters* Weins.
>
> (Sondern:) eines *Glas* Wassers, eines *Pfund* Fleisch[e]s, eines *Tropfen* Öls, um ein *Stück* Brotes willen (Plievier), das typische Gelb eines oft benutzten *Stück* Papieres (Borchert).
>
> (Oder aber:) der Preis eines Pfundes *Fleisch,* eines Stück[e]s *Brot,* eines Zentners *Weizen,* eines Tropfens *Öl.*
>
> (Nicht korrekt ist die Nichtbeugung beider Glieder:) der Preis eines *Pfund Fleisch.*

Geht dem Gezählten oder Gemessenen ein Adjektiv voran, dann werden in der Regel sowohl die Angabe als auch das Gezählte (Gemessene) in den Genitiv gesetzt:

> der Preis eines *Pfundes gekochten Schinkens.*

In allen übrigen Kasus wird gewöhnlich das appositionelle Verhältnis und daher Kasuskongruenz gewählt, wenn nicht der partitive Genitiv gebraucht wird (vgl. 1 135):

> mit einem Tropfen [warmen] *Öl;* von einem Sack [schlechten] *Nüssen;* für einen Zentner [kanadischen] Weizen; Er konnte ein halbes Dutzend Gläser starken *Punsch* trinken (Jahnn).

Die Bezeichnungen der Monate und Wochentage

1. Die Bezeichnungen der Monate: 436

Die Bezeichnungen der Monate werden wie Wörter der Deklinationstypen I–V gebeugt, das Dativ-e tritt nicht auf:

> in den ersten Tagen des Septembers; im Januar.

Sie können aber in Analogie zu den Familien- und Personennamen ohne die Genitivendung *-[e]s* gebraucht werden. Diese unflektierten Formen überwiegen heute bereits. Nur die Monatsbezeichnungen, die auf *-er* enden, stehen häufiger mit Genitiv-*s:*

> des Januar[s], des März[es], des Mai/des Mai[e]s, des Juni[s], des November[s]; des 6. Juni (Th. Mann), des dreizehnten August (Werfel), des 24. Dezembers (Th. Mann).
> Die Formen *des Märzen* (noch in den Zusammensetzungen *Märzenbier, Märzenschnee* erhalten) und *Maien* (noch in den Zusammensetzungen *Maienkönigin, Maiennacht* u. a. erhalten) sind veraltet.

Die ungebeugte artikellose Form steht vor allem dann, wenn ein Substantiv vorangeht:

> Anfang Mai, Mitte Juli, Ende Oktober.

Die auf *-er* endenden Monatsbezeichnungen *(September, Oktober, November, Dezember)* sind im Plural endungslos, die auf *-ar (Januar, Februar)* enden mit *-e (die Januare, Februare;* [ebenso:] *die Märze, Aprile, Maie, Auguste), Juni* und *Juli* enden auf *-s (die Junis, Julis).*
Stehen die Monatsbezeichnungen in einem appositionellen Verhältnis zu dem Gattungsbegriff *Monat,* dann bleiben sie ungebeugt:

> des Monats Januar, im Monat April.

2. Die Bezeichnungen der Wochentage:

Die Bezeichnungen der Wochentage werden ebenfalls wie Wörter der Deklinationstypen I–V gebeugt. Der Genitiv erhält in der Regel ein *-s;* selten *-es;* das Dativ-e wird selten gesetzt:

> am Abend des Mittwochs, am folgenden Sonntag.

In Analogie zu den Monatsnamen wird die Genitivendung mitunter weggelassen, was aber nicht als korrekt gilt:

> am Morgen des folgenden *Mittwoch* (statt standardspr.: *Mittwochs),* mit Ausnahme des *Montag* (statt standardspr.: *Montags);* am Abend des *Gründonnerstag* (statt standardspr.: *Gründonnerstags).*

Die Bezeichnungen der Kunststile

437 Gewissermaßen als Namen aufgefaßt werden auch die Bezeichnungen der Kunststile bzw. -epochen. Sie werden häufig – im kunstgeschichtlichen Schrifttum fast
durchgehend – ohne Genitiv-*s* gebraucht:

> des Barock[s]; des Biedermeier[s]; des Empire[s]; des Rokoko[s].

Nicht anerkannte Unterlassung der Deklination

Bei Maskulina des Deklinationstyps VI

438 Es besteht eine starke Neigung, bei Maskulina des Kombinationstyps VI im Dativ
und Akkusativ Singular die Deklinationsendung *-[e]n* wegzulassen:

> Die Mütze gehört diesem *Bub* (statt standardspr.: *diesem Buben*). Ich nenne ihn einen
> *Held* (statt standardspr.: *einen Helden*). Sie sprach mit dem *Steinmetz* (statt stan-
> dardspr.: mit dem *Steinmetzen*). In der Ferne konnte man einen *Fink* (statt stan-
> dardspr.: *einen Finken*) schlagen hören.

Im Genitiv Singular wird statt der Endung *-[e]n* häufig ein *-s* gesetzt. Es handelt
sich hier also nicht nur um eine Unterlassung der Deklination, sondern um einen
Wechsel der Deklinationsklasse, der aber fast ausschließlich den Singular betrifft:
Im Plural werden diese Substantive – mit wenigen fachsprachlichen Ausnahmen
(z. B. *Rammbär*; vgl. 385,2; 392) – nach dem Deklinationstyp VI dekliniert, also
durchgehend auf *-en*. An Substantiven, die von diesem Deklinationswechsel betroffen sind, lassen sich u. a. nennen:

> Bär, Bub, Bursche, Elefant, Fink, Fürst, Geck, Graf, Held, Hirt, Kamerad, Mensch,
> Mohr, Narr, Ochse, Pfaffe, Prinz, Soldat, Spatz, Steinmetz, Tor (,törichter Mensch'),
> Vorfahr; (viele Fremdwörter v. a. auf *-ant, -at, -ent, -ist:*) Automat, Barbar, Diplomat,
> Dirigent, Dramaturg, Exponent, Fabrikant, Gendarm, Gnom, Jurist, Komet, Kom-
> mandant, Konkurrent, Lakai, Leopard, Obelisk, Paragraph, Passant, Patient, Philan-
> throp, Präsident, Regent, Therapeut, Vagabund, Zar[1].

Bei Fremdwörtern und deutschen Wörtern mit Genitiv-*s* im Singular

439 Mitunter wird das Genitiv-*s* bei Fremdwörtern (und deutschen Wörtern) fälschlich weggelassen:

> die Endung des *Dativ* (statt richtig: *Dativs*); die Wirkungsweise eines *Dynamo* (statt
> richtig: *Dynamos*); die Besucher des *Festival* (statt richtig: *Festivals*); die Güte eines
> *Gulasch* (statt richtig: *Gulaschs*); die Richtigkeit des *Indiz* (statt richtig: *Indizes*); die
> Heilkraft des *Salbei* (statt richtig: *Salbeis*).[2]

---

[1] Der Deklinationswechsel läßt sich bis in die Literatur hinein verfolgen:
Da lauerte einst der wilde Urgermane auf den zottigen *Bär* (Raabe). ... den *Kurfürst* (W. Schä-
fer); einen ausgemachten *Geck* (Hofmannsthal); den *Gendarm* (Fallada); seinen schweren
Obelisk (Gertrud v. le Fort).
Zusammengesetzte Substantive werden leichter von dem Deklinationswechsel erfaßt als ein-
fache: einen Teddybär; des Schmutzfinks; des Blutfinks (Zuckmayer); mit des Markgrafs
Weib (G. Hauptmann).

[2] Die Weglassung des Genitiv-*s* läßt sich bis in die Literatur hinein verfolgen:
... im Korridor des *Parterre* (Grass). Die Erfindung des *Radar* (Menzel).
Vereinzelt – v. a. bei Substantiven, die gewissermaßen als Namen aufgefaßt werden – wird auch
bei einzelnen Wörtern die Beugung unterlassen:
des *Barsch* (statt richtig: *Barsches*); des *Holunder* (statt richtig: *Holunders*); des *Heilig Abend*
(statt richtig: *Heilig Abends*).

Bei Substantiven mit -[e]n im Dativ Plural

Mitunter wird bei Substantiven, wenn sie unmittelbar (d. h. ohne Artikel, Pronomen, adjektivisches Attribut) der regierenden Präposition folgen, das -[e]n im Dativ Plural fälschlich weggelassen:

Schälkur bei *Krähenfüße* (statt richtig: Krähenfüßen) (Zeitungsanzeige); Tabletts mit *Friesenhäuser* (statt richtig: Friesenhäusern) (Werbung); Montage von *Büromöbel* (statt richtig: Büromöbeln).

Die Dativendung kann aber weggelassen werden bei Substantiven, die den Plural auf *-er* bilden, wenn sie von der regierenden Präposition durch einen Einschub (Genitivattribut) getrennt stehen:

wenn sie so in der Leute *Mäuler* wäre (Fallada); (schon erstarrt:) aus aller Herren *Länder* (veraltet: *Ländern).*

440

4 Das Adjektiv

Wörter wie die folgenden nennt man A d j e k t i v e (Singular: das Adjektiv):[1]

441

einsam, flott, schön, häßlich, schlecht, gut, krank, gesund, schnell, langsam, rot, blau, einwandfrei, ungeschickt, fleißig, faul, traurig, froh, jung, alt, laut, liebevoll.

Adjektive können – allgemein gesprochen – gebraucht werden als[2]

– Attribut beim Substantiv (meist flektiert; vgl. 444):

Sie hat das *blaue* Kleid an. Dort fährt ein *rotes* Auto. Sie hat meinen *neuen* Bleistift.

– Attribut beim Adjektiv oder Adverb (unflektiert; vgl. 449):

Es wehte ein *abscheulich* kalter Wind. Er sitzt *weit* oben.

– selbständiges Satzglied (prädikatives bzw. adverbiales Satzadjektiv, unflektiert; vgl. 447f.):

Das Auto ist *rot.* Er ist *fleißig.* Die Mutter macht das Essen *warm.* Man nennt Paul *feige.* Sie singt *laut.* Er beträgt sich *gut.* Man hat ihn *freundlich* behandelt.

Zum Gebrauch als Gleichsetzungsglied vgl. 454, zum substantivierten Adjektiv 503.

Ganz allgemein kann man sagen: Mit den Adjektiven werden Eigenschaften, Merkmale u. a. bezeichnet; der Sprecher/Schreiber gibt mit ihnen an, wie jemand oder etwas ist, wie etwas vor sich geht oder geschieht u. a. (vgl. auch 443).

Das Adjektiv kann – wie das Substantiv – dekliniert werden (vgl. 475):

das schön*e* Kleid, ein schön*es* Kleid, die schön*en* Kleider, schön*e* Kleider.

Von den meisten Adjektiven kann man Vergleichsformen bilden (vgl. 509):

Tobias fährt *schnell,* Leo fährt *schneller,* Thilo fährt *am schnellsten.* Peter ist so *groß* wie Frank, aber *größer* als Klaus.

---

[1] Man nennt sie auch *Artwörter, Beiwörter, Eigenschaftswörter, Wiewörter* oder *Qualitative.*
[2] Zum Folgenden vgl. H. Glinz: Der deutsche Satz. Düsseldorf ⁶1970, S. 116ff.; ders.: Die innere Form des Deutschen. Bern, München ⁵1968, S. 207ff.; ders.: Deutsche Grammatik II. Wiesbaden ⁴1975, S. 151ff., S. 208ff.; H. Brinkmann: Die deutsche Sprache. Düsseldorf ²1971, S. 85ff., 249f., 581ff.; L. Weisgerber: Die sprachliche Gestaltung der Welt. Düsseldorf ³1962, S. 300ff.; W. Motsch: Syntax des deutschen Adjektivs. Studia Grammatica III. Berlin 1966. Zur Abgrenzung der Wortart Adjektiv vgl. nun auch P. Löffelad: Das Adjektiv in gesprochener Sprache. Tübingen 1989, S. 17–41.

442 Bestimmte Adjektive stehen heute im Auslaut mit oder ohne *-e:*

> blöd – blöde; irr – irre; trüb – trübe; feig – feige; zäh – zähe; mild – milde; dünn – dünne; dick – dicke.

Bei manchen dieser Adjektive ist die Form mit dem auslautenden *-e* stilistisch neutral und allgemein üblich *(leise, trübe, feige).* Die Form ohne *-e* enthält oft eine leichte stilistische Nuance; sie kann die persönliche Anteilnahme des Sprechers mit ausdrücken oder in der Bedeutung differenziert sein:

> Das Kind ist *blöde.* ... ich bin ja nicht *blöd* (Frisch). Er sah *irre* aus. Leicht *irr* stehst du im Zimmer (Tucholsky). Es ist heute *trüb* draußen. ... der König sagte von Zeit zu Zeit mühsam und *trübe* das Unverständliche (Rilke). Herr Belfontaine bebte *feige* zurück (Langgässer). ... dazu war er zu *feig* (Apitz). ... daß erfolgreiche Gelehrte in der Beurteilung ihrer Prüflinge nicht selten ganz besonders *milde* sind (Hofstätter). ... versetzte Herr Mösinger *mild* (Langgässer).

Daneben gibt es Adjektive, bei denen die Form ohne *-e* stilistisch neutral und allgemein üblich ist *(dünn, dick).* Die Form mit *-e* wird oft als umgangssprachlich oder emotional gefärbt angesehen; sie kann in der Bedeutung differenziert bzw. Bestandteil einer Idiomatisierung (festen Wendung) sein:

> Die Schnur ist'n bißchen *dünn* (Ott). Laufkundschaft ... macht sich *dünne* (Langgässer). ... Brot, *dick* mit Butter bestrichen (Frank). Dieses 3 : 2 war schon *dicke* verdient (Bildzeitung).

4.1 Zum Gebrauch des Adjektivs

4.1.1 Bedeutungsgruppen

443 Das Adjektiv dient – ganz allgemein gesagt – in erster Linie dazu, einem Gegenstand oder einem Geschehen eine Eigenschaft zuzuschreiben (vgl. 441). Es lassen sich u. a. folgende Typen von Eigenschaften angeben:

1. *Sensorische* (= mit den Sinnen erfaßbare) Eigenschaften, zum Beispiel:

> Farbe: rot, grün, hell, dunkel u. a.
> Form: eckig, rund, quadratisch, oval, weit, breit, lang, hoch, bergig u. a.
> Geschmack/Geruch: süß, sauer, bitter, ekelhaft u. a.
> Ton: laut, leise, piepsig, schrill u. a.
> Gefühl: rauh, glatt, uneben, weich, hart u. a.
> Quantität (Zahl): viele, wenige, sämtliche, alle u. a.

2. *Qualifizierende* (= bewertende) Eigenschaften, zum Beispiel:

> Ästhetik: schön, häßlich, ekelhaft u. a.
> Moral: gut, böse, durchtrieben u. a.
> Intellekt: klug, dumm, witzig u. a.
> Dimension (Höhe, Breite, Tiefe, Dicke, Zeit usw.): hoch, breit, tief, dick, früh, spät u. a.

3. *Relationale* (= eine Zugehörigkeit bezeichnende) Eigenschaften, zum Beispiel:

> Geographie: afrikanisch, asiatisch, kontinental u. a.
> Staat/Volk/Sprache: englisch, französisch, spanisch u. a.
> Religion: katholisch, evangelisch, islamisch u. a.

4. *Klassifizierende* (= eine Klasse bzw. einen Typus bezeichnende) Eigenschaften, zum Beispiel:

> Epoche: römisch, mittelalterlich, romanisch, romantisch u. a.
> Beruf: ärztlich, polizeilich, richterlich u. a.
> Bereich: wirtschaftlich, staatlich, technisch, wissenschaftlich u. a.

Gegenbegriffe – absolute und relative Adjektive

Auffällig ist, daß vor allem bewertende Adjektive häufig als Gegensatzpaare auftreten *(lang/kurz, hoch/niedrig, schnell/langsam, schön/häßlich, gut/böse)* und daß ihre Bedeutung nicht absolut feststeht. Ein *breiter* Graben hat z. B. eine ganz andere Dimension als ein *breiter* Rand auf einer Schreibmaschinenseite. So bestimmt sich die Bedeutung von *lang* und *kurz* danach, womit die Länge oder die Kürze eines Gegenstandes verglichen wird. Das heißt, es wird immer – ausdrücklich oder unausdrücklich – ein Vergleichsmaßstab angesetzt. Deswegen spricht man in diesen Fällen auch von relativen Adjektiven und hebt sie so von den absoluten Adjektiven ab.

Zu den syntaktischen Einschränkungen des Adjektivgebrauchs vgl. im Folgenden 444 ff. Zu den Einschränkungen bei der Steigerungsfähigkeit des Adjektivs (Komparation) vgl. 531. Zu den semantischen Klassen, die sich beim Adjektiv im Rahmen der Wortbildung ergeben, vgl. 942 ff.

4.1.2 Attributiver, prädikativer und adverbialer Gebrauch

Der attributive und prädikative Gebrauch beim Substantiv

Durch den attributiven und prädikativen Gebrauch des Adjektivs kann der Sprecher/Schreiber die mit Substantiven genannten Wesen, Dinge, Begriffe u. ä. charakterisieren, und zwar im Hinblick auf Merkmale und Eigenschaften, Art und Beschaffenheit, Verfassung und Zustand u. ä.

Der attributive Gebrauch beim Substantiv

Das attributiv bei einem Substantiv gebrauchte Adjektiv wird in der Regel flektiert: 444

> Dort fährt ein *rotes* Auto. Ein *schönes* Mädchen stand vor der Tür. Ein *entsetzliches* Geschrei ertönte. Dies ist ein *langweiliges* Buch. Es gab eine *warme* Suppe. Der *feige* Kerl machte nicht mit.

Besonderheiten

Das bei einem Substantiv stehende unflektierte Adjektiv

Unflektierte attributive Adjektive bilden Ausnahmen, die meist als Reste alten   445 Sprachgebrauchs zu deuten sind. Die unflektierte Form kennzeichnet entweder eine altertümliche oder eine volkstümliche Redeweise und wird meist aus rhythmischen Gründen angewendet:

1. In poetischer und volkstümlicher Sprache steht ein unflektiertes Adjektiv besonders vor neutralen Substantiven im Nominativ und Akkusativ:

> Wir wollen sein ein *einzig* Volk von Brüdern (Schiller). Ein *garstig* Lied! Pfui! Ein *politisch* Lied! Ein *leidig* Lied! (Goethe). Abendrot, *gut* Wetter droht (Sprw.). ... von einem *steinalt, lieb* Mütterlein (Fallada).
> (Komparativ:) Kein *schöner* Land ... (Volkslied).
> (Seltener vor maskulinen Substantiven:) ... ein *tätig höflich* Mann (Goethe). War einst ein Riese Goliath, gar ein *gefährlich* Mann (M. Claudius).

Aber auch die Stellung nach Substantiven kommt vor (eine [archaisierende] dichterische Fügungsweise, die seit der Sturm-und-Drang-Zeit wieder aufgenommen wurde, aber auch heute noch vorkommt, meist im Nominativ):

O Täler *weit,* o Höhen (Eichendorff); bei einem Wirte *wundermild* (Uhland); Röslein *rot* (Goethe); Hänschen *klein* (Volksweise); Erdspinnchen *grau* (Carossa).[1]

2. In der Sprache der Werbung und in Fachsprachen steht das unflektierte Adjektiv häufiger nach dem Substantiv:

Schauma *mild;* Henkell *trocken;* Whisky *pur;* Aal *blau;* 70 Nadelfeilen *rund* nach DIN 8342; 5 Werkzeugschränke *grün* RAL 6011; 200 Schriftzeichen *russisch.*

Dieser Gebrauch wird vor allem in der Presse nachgeahmt:

Das war Leben *pur* (Hör zu). Abfallbörse *international* (Der Spiegel). Sport *total* im Fernsehen (Mannheimer Morgen). Über Fußball *brutal* reden alle (Hör zu).

3. In formelhaften Verbindungen, festen Wendungen und Sprichwörtern steht das unflektierte Adjektiv besonders vor dem (meist neutralen) Substantiv:

auf *gut* Glück, ein *halb* Dutzend, *ruhig* Blut, ein *gut* Teil, ein *gehörig* Stück, *gut* Freund, *lieb* Kind. *Gut* Ding will Weile haben (Sprw.). Ein *gut* Gewissen ist ein sanftes Ruhekissen (Sprw.). In Kapitel A, I, 1 b (gelesen: *groß* A, *römisch* Eins, *arabisch* Eins, *klein* B); *alt* Bundesrat (schweiz.).

Häufiger sind unflektierte Adjektive auf *-isch* von Länder- und Ortsnamen, die vor neutralen Farb-, Stoff- und anderen Bezeichnungen stehen. Sie werden vielfach schon zusammengeschrieben:

Unterschied von *böhmisch* und *bayrisch* Bier ... (Musil). *Kölnisch* Wasser (auch: *Kölnisch*wasser), *holländisch* Bütten; *Englisch*leder, *Preußisch*blau, *Indisch*rot.

Die Stellung nach dem Substantiv ist weitgehend veraltet:

mein Mann *selig,* fünf Gulden *rheinisch* (Wassermann), tausend Mark *bar.* (Noch üblich bei *junior* und *senior:*) mit Max Schulze *jun.,* bei Friedrich Schmidt *sen.*

4. Auch im Zusammenhang mit Namen kommen unflektierte attributive Adjektive vor:

Schön Suschen (Goethe), *Schön* Rohtraut (Mörike), *Jung* Siegfried (Uhland), *Klein* Erna.

Bei den folgenden Ortsnamen und geographischen Bezeichnungen vollzieht sich durch Bindestrich- bzw. Zusammenschreibung der Übergang zur (substantivischen) Zusammensetzung:

in *ganz* England, von *halb* Deutschland, *Klein*-Ostheim, *Alt*-Wien, *Groß*-Berlin, *Hannoversch*-Münden, *Neu*ruppin.

5. Bestimmte Farbadjektive, die meist aus Substantiven hervorgegangen sind, bleiben in der Regel ungebeugt:

diese *beige* und *lila* Schinkenbeutel (Fallada), ein *rosa* Landhaus (Luserke), die *orange* Farbe (Mannheimer Morgen); (ebenso:) bleu, chamois, creme, oliv.

In der Umgangssprache wird aber oft flektiert, wobei manchmal ein *n* zwischen die Vokale geschoben wird:

ein *rosaes/rosanes* Band, die *lilanen* Hüte, ein *beiges* Kleid.

---

[1] Unflektiert bleibt das Adjektiv natürlich, wenn es als nachgetragene nähere Bestimmung in Kommas eingeschlossen ist:

Er war ein Mann, eisenhart. ... ein Mädchen, schön und wunderbar (Schiller). Fräulein Levi, dünn und elfenbeinfarben (Th. Mann). ... der Stier, schwarz, schwer, mächtig (Th. Mann). Gewehrkugeln, groß wie Taubeneier und klein wie Bienen (Brecht). ... die ausgeruhte Arbeitsstätte, morgendlich ernüchtert, neuer Besitzergreifung gewärtig (Th. Mann).

In der Standardsprache hilft man sich durch Zusammensetzung mit *-farben, -farbig* u. ä. oder durch ein Präpositionalgefüge, wenn man die unflektierten Formen vermeiden will:

> in *rosafarbigem* Kleid, eine *cremefarbene* Tasche, ein *olivgrüner* Rock, ein Kleid *in Rosa.*

6. Ursprünglich ein Substantiv (eigentlich ein Genitiv Plural des betreffenden Einwohnernamens als vorangestelltes Genitivattribut) ist auch die von einem Orts- oder Ländernamen abgeleitete Form auf *-er,* die heute als attributives flexionsloses Adjektiv aufgefaßt wird:

> einen guten Krug *Merseburger* Bieres (Th. Mann), ähnlich den Zeichnungen *Baseler* Frauen des jüngeren Holbein (G. Hauptmann), eines *Frankfurter* Würstchens, den *Wiesbadener* Finanzämtern, dieser *Schweizer* Käse.

Im Genitiv Plural wird die Ableitungssilbe *-er* oft auch als Kasusendung verstanden; vgl. z. B. *Meldungen Berliner Zeitungen,* wo der Genitiv des Substantivs *Zeitungen* nicht deutlich erkennbar ist und *Berliner* so gebraucht wird wie etwa *deutscher,* d. h. wie ein Adjektiv im Genitiv Plural.
Zu *all, manch, solch, viel, welch* und *wenig* vgl. 472; 575. Zur Beugung der Zahladjektive *ein, zwei, drei* usw. vgl. 459 ff.

Der Bezug des attributiven Adjektivs auf das Bestimmungswort einer substantivischen Zusammensetzung[1]

Steht das attributive Adjektiv vor einer substantivischen Zusammensetzung, dann bezieht es sich inhaltlich auf die ganze Zusammensetzung. Man sollte deshalb eine Zusammensetzung nicht so attribuieren, daß sich das Adjektiv nur auf das Bestimmungswort bezieht.

446

> Also nicht: kleines Kindergeschrei, sondern: das Geschrei kleiner Kinder; nicht: die entgrätete Fischkonserve, sondern: die Konserve mit entgräteten Fischen; nicht: verregnete Feriengefahr, sondern: die Gefahr verregneter Ferien.

Die Komik, die in solchen Fügungen liegt, hat immer wieder zu absichtlichen Erfindungen gereizt:

> der chemische Fabrikbesitzer, in der sauren Gurkenzeit, der vierstöckige Hausbesitzer, der geräucherte Fischladen, der siebenköpfige Familienvater, eisernes Hochzeitspaar, die künstliche Eisfabrik.

Die falsche Beziehung in bestimmten attributiven Fügungen wird durch die falsche Schreibung noch verstärkt:

> die arme Sünderglocke, die rote Kreuzschwester, die schwarze Meerflotte, die höhere Schulreform, im alten Weibersommer, der alte Herrenverband.

Korrekt werden diese Verbindungen nur, wenn sie durch Zusammenschreibung oder durch Setzung von Bindestrichen zusammengerückt werden (vgl. 855). Dabei trifft das Adjektiv unflektiert und flektiert auf:

> *Klein*kinderspielzeug, *Alt*frauengesicht (Borchert), unter diesem *Alt*-Damen-Erröten (Th. Mann), um einen *Klein*-Mädchen-Wildfang (ders.), die *Arm*sünderglocke, die *Rot*kreuzschwester.
> (Mit der erstarrten flektierten Form auf *-e:*) ein Arm*e*leuteschloß (Wassermann), Gelberübenbrei (Heimeran), die Tracht der Rot*e*-Kreuz-Schwestern (Plievier), die Vor-

---

1   Vgl. R. Bergmann: Verregnete Feriengefahr und Deutsche Sprachwissenschaft. Zum Verhältnis von Substantivkompositum und Adjektivattribut. In: Sprachwissenschaft 5 (1980), H. 3, S. 234–265.

teile einer Loseblattausgabe, Grundzüge einer Geschichte der Hoheliedauslegung (Ohly), ein Bauer mit der Rote-Kreuz-Binde (Zuckmayer), für meine ... Böse-Buben-Streiche (Quick), ein Dummejungenstreich, der Sauregurkenzeit, der Armesünderglocke.

(In Kongruenz mit dem Grundwort:) eine *Dumme*-August-*Fratze* (Wassermann), der *Gute*-Wetter-*Wind* (Boree), ein *Dummer*jungen*streich, Armer*sünder*weg* (Straßenname), in dieser *Sauren*gurken*zeit*, einen *Armen*sünder*gang* (Barlach), nach *Alten*-damens*peisen* (Kluge), Ausbilder der *Ersten*-Hilfe-*Grundausbildung* (Börsenblatt), der *Roten*-Kreuz-*Schwester,* der *Losen*blatt*ausgabe,* der *Armen*sünder*glocke.*

Bestimmte Fügungen dieser Art haben sich jedoch durchgesetzt und sind sprachüblich geworden. Es handelt sich hier um Fälle, in denen das Adjektiv inhaltlich zwar eigentlich zum ersten Bestandteil der Zusammensetzung gehört, dabei aber auch zum zusammengesetzten Wort paßt, das nur noch als Einheit empfunden und als Ganzes attribuiert wird:

atlantischer Störungsausläufer, kirchlicher Funktionsträger, evangelisches Pfarrhaus, die deutsche Sprachwissenschaft, das Bürgerliche Gesetzbuch, keltisches Fürstengrab, medizinische Buchhandlung, das geheime Wahlrecht.

Hier anzuführen sind auch bestimmte Straßennamen u. ä.:

Braune Hirschstraße, Fette Hennengasse, Hoher Heckenweg.

Der prädikative Gebrauch beim Substantiv

447 Das prädikativ bei einem Substantiv gebrauchte Adjektiv (prädikatives Satzadjektiv; vgl. 1102) ist unflektiert und steht in Verbindung mit Verben wie *sein, werden, bleiben, wirken, finden* usw. Es kann subjektbezogen und objektbezogen gebraucht werden:

(Subjektbezug:) Das Auto ist *rot.* Das Gemälde ist *schön.* Das Geschrei der Kinder war *entsetzlich.* Der Vater wurde *krank.* Das Buch ist *langweilig*/kommt mir *langweilig* vor/erscheint mit *langweilig*/wirkt *langweilig*/gilt als *langweilig.* Das Essen ist *warm*/ bleibt in der Schüssel *warm.* Der Kerl ist *feige.*
(Objektbezug:) Die Mutter macht das Essen *warm.* Der Mann streicht die Wand *rot.* Ich finde das Buch *langweilig.* Ich betrachte dieses Vergehen als *skandalös*/halte es für *skandalös.* Der Richter nennt den Angeklagten *feige.* Der Arzt schreibt den Vater *krank.*

In diesen Sätzen wird durch die Verbindung der Adjektive mit bestimmten Verben eine Eigenschaft, ein Merkmal als charakteristisch für das im Subjekt oder Objekt Genannte registriert; es wird jemand oder etwas im Hinblick auf einen bestehenden oder eintretenden Zustand charakterisiert, oft in Form einer Stellungnahme, eines Urteils. Dabei kann in vielen Fällen das prädikativ gebrauchte Adjektiv auch als Attribut zum Bezugssubstantiv gebraucht werden (sog. Attributsprobe):

Ich finde das Buch *langweilig.* – das *langweilige* Buch.

Der adverbiale Gebrauch beim Verb

448 Durch diesen Gebrauch des unflektierten Adjektivs (adverbiales Satzadjektiv; vgl. 1102) kann der Sprecher/Schreiber ein mit Verben genanntes Geschehen oder Sein näher charakterisieren (Zustände, Vorgänge, Tätigkeiten, Handlungen):

Die Kinder schrien *entsetzlich.* Er singt *laut.* Peter beträgt sich *gut.* Man hat Susanne *freundlich* behandelt. Er läuft *schnell.*

In vielen Fällen kann dabei das adverbial gebrauchte Adjektiv auch als Attribut (sog. Attributsprobe[1]) oder prädikatives Satzadjektiv zu einem dem Verb entsprechenden Substantiv (Nomen actionis oder agentis) gebraucht werden:

> Die Kinder schrien *entsetzlich.* – Ein *entsetzliches* Geschrei. – Das Geschrei war *entsetzlich.*
> Peter beträgt sich *gut.* – Sein *gutes* Betragen. – Sein Betragen ist *gut.*
> Er läuft *schnell.* – Ein *schneller* Läufer/ein *schneller* Lauf. – Der Lauf/Der Läufer ist *schnell.*

Es ist in der Regel inkorrekt, wenn ein adverbiales Satzadjektiv einem Substantiv attribuiert wird (die Konstruktionsverschiebung tritt häufig bei festen Verbindungen wie *sich Mühe geben, Stellung nehmen, Hilfe leisten* auf):

> Ich wäre deshalb dankbar, wenn hierzu eine *verbindliche* Stellung genommen würde. (Statt:) ... *verbindlich* Stellung genommen würde. Obschon er sich *höfliche* Mühe gab ... (Frisch; statt:) Obschon er sich *höflich* Mühe gab ...

Gelegentlich sind beide Konstruktionen möglich. Zu beachten ist der Bedeutungsunterschied:

> Mein Gewissen gab mir *eindeutig* Antwort (verbal bezogen: das eindeutige [Antwort]geben). – Mein Gewissen gab mir *eindeutige* Antwort (Attribut zu *Antwort*). Das hieße *wirklich* (= verbal bezogen) Selbstmord begehen. – Das hieße *wirklichen* Selbstmord begehen (= Attribut zu *Selbstmord*).

Adverbial gebrauchte Adjektive sind nicht durch eine besondere Form gekennzeichnet.

Der attributive Gebrauch beim Adjektiv oder Adverb

Durch den attributiven Gebrauch des unflektierten Adjektivs kann der Sprecher/ Schreiber Eigenschaften und Umstände charakterisieren, die mit Adjektiven oder Adverbien genannt sind, und zwar im Hinblick auf Art und Grad u. ä.:   449

> Er ist *schön* dumm. Es wehte ein *entsetzlich/abscheulich* kalter Wind. Das Dorf liegt *tief* unten. Sie sitzt *weit* oben. Dies ist *typisch* niederdeutsch. Er ist *einfach* blöd. Sie ist *äußerst* erregt.

Gelegentliche Beugungen gehören der Umgangssprache an:

> Ich habe *schöne* warme Hände (statt: *schön* warme Hände).

Gelegentlich besteht ein inhaltlicher Unterschied zwischen der gebeugten und der ungebeugten Formulierung:

> in einer *ähnlich* schwierigen Lage – in einer *ähnlichen* schwierigen Lage.

Im ersten Fall ist *ähnlich* Attribut zu *schwierig;* im zweiten Fall ist es wie *schwierig* Attribut zu *Lage;* ähnlich:

> Er ist ein *abschreckend* häßlicher Mensch. – Er ist ein *abschreckender*, häßlicher Mensch. (Aber nur:) Er ist ein *ausgeprochen* sympathischer Mensch.

Adjektive mit eingeschränktem Gebrauch

Nicht alle Adjektive können in der vorstehend beschriebenen Weise sowohl attributiv als auch prädikativ bzw. adverbial gebraucht werden. Bestimmte Gruppen von Adjektiven oder Adjektive in bestimmten Verbindungen sind in ihrer Verwendung eingeschränkt (sog. defektive Adjektive oder Defektiva).

---

[1] Sie ist bei Adverbien nicht möglich: *Er läuft gern* läßt sich n i c h t in *der gerne Lauf* o. ä. umformen.

Nur attributiv gebrauchte Adjektive

450 Nur attributiv bei einem Substantiv werden bestimmte Adjektive gebraucht, mit denen der Sprecher/Schreiber jemanden oder etwas charakterisiert, und zwar

1. im Hinblick auf die räumliche oder zeitliche Lage:

> der *obere* Rand; (entsprechend:) untere, vordere, mittlere, hintere, äußere, innere, linke, rechte, obige; das *hiesige* Theater, der *dortige* Bürgermeister; der *damalige* Sprecher, die *heutige* Veranstaltung, der *gestrige* Tag; (entsprechend:) einstige, morgige, diesjährige, abendliche, morgendliche, nächtliche u. a.

Mit den diesen Adjektiven entsprechenden Adverbien wie *oben, unten* usw. (vgl. 605) und *einst, heute, gestern* usw. (vgl. 610) wird der prädikative und adverbiale Bereich *(Die Versammlung ist heute/findet heute statt. Sie versammeln sich heute)* abgedeckt. Viele können auch als Attribut *(der Rand oben, die Versammlung heute)* gebraucht werden.

2. im Hinblick auf Besitz, Herkunft, Bereich, Gebiet oder Stoff:

> das *väterliche* Haus (= das Haus des Vaters), die *ärztliche* Praxis (= die Praxis des Arztes); ein *Goethisches* Gedicht (= ein Gedicht von Goethe), die *Drakonische* Gesetzgebung (= die Gesetze Drakons/von Drakon);
> ein *französischer* Wein (= ein Wein aus Frankreich), das *bayrische* Bier (= das Bier aus Bayern), *orientalische* Teppiche (= Teppiche aus dem Orient), *tierische* (= vom Tier stammende) Fette;[1]
> der *städtische* Beamte (= Beamter der Stadt);
> die *steuerlichen* Vorteile (= Vorteile auf dem Gebiet oder im Bereich der Steuer), *rechtschreibliche* Schwierigkeiten (= Schwierigkeiten im Bereich der Rechtschreibung), *schulische* Probleme (= Probleme im Bereich der Schule), die *wirtschaftliche* Sicherheit (= Sicherheit im Bereich der Wirtschaft);[2]
> ein *silbernes* Besteck (= ein Besteck aus Silber), ein *hölzerner* Griff (= ein Griff aus Holz).

In anderer Bedeutung können viele dieser Adjektive auch prädikativ oder adverbial gebraucht werden:

> Er ist sehr *väterlich* (= wie ein Vater). Er wurde *ärztlich* (= vom Arzt) betreut. Dieses Gesetz ist *drakonisch* (= sehr streng). Seine Bewegungen waren *hölzern* (= linkisch).

Über ihre Verwendung als Gleichsetzungsglied vgl. 454.

3. im Hinblick auf die Quantität, auf eine bestimmte Zahl oder ein bestimmtes Jahr, auf die Rangordnung oder Reihenfolge u. ä. (Zahladjektive; vgl. 456):

> die *gesamte/ganze* Bevölkerung, der *ganze* Besitz; eine *achtziger/sechziger/hunderter* Birne, ein *achtziger* Wein, in den *siebziger* Jahren; der *erste/zweite/dritte/... letzte* Besucher, (entsprechend:) erstere, mittlere, letztere; sonstige, andere.

Zur Stellung der vorstehenden drei Gruppen von Adjektiven vgl. 1367.

4. Schließlich gibt es noch Partizipien, die in Verbindung mit bestimmten Substantiven nur attributiv gebraucht werden. Es sind dies:

---

[1] Wenn mit Adjektiven wie *französisch, bayrisch, englisch* usw. der Besitz oder die Zugehörigkeit oder eine bestimmte Art gekennzeichnet wird (und nicht die Herkunft wie oben), dann können sie auch prädikativ und adverbial gebraucht werden:
    Seit 1890 ist Helgoland *deutsch* (= gehört es zu Deutschland). Das ist typisch *englisch*. Er wirkt sehr *amerikanisch* in seinem Auftreten. Sie denkt/fühlt *europäisch*.

[2] Adjektive, mit denen ein Bereich angesprochen wird, können auch mit *betreffend* oder *bezüglich auf* umgesetzt werden *(rechtschreibliche Schwierigkeiten/Schwierigkeiten, die Rechtschreibung betreffend* usw.); R. Hotzenköcherle: Gegenwartsprobleme im deutschen Adjektivsystem. In: Neuphilologische Mitteilungen 69 (1968), S. 1–28, nennt sie Bezugsadjektive (S. 15ff.).

- erste Partizipien, mit denen ein Verhalten angegeben wird, das mit dem im
  Substantiv Genannten verbunden ist, aber nicht von diesem ausgeübt wird:

  die *sitzende* Lebensweise (= die Lebensweise des Sitzens; nicht: die Lebensweise sitzt/
  ist sitzend) gegenüber: der *sitzende* Mann (= der Mann sitzt/verbringt den Tag am
  Schreibtisch sitzend). (Entsprechend:) die *liegende* Stellung (= die Stellung des Lie-
  gens); mit *spielender* Leichtigkeit (= Leichtigkeit des Spielens); in *schwindelnder* Höhe
  (= Höhe, die schwindeln macht).

- (isolierte) zweite Partizipien (vgl. 335), mit denen entweder die Ursache genannt wird, die zu der im Substantiv genannten Verhaltensweise führt, oder
  aber ein Verhalten angegeben wird, das mit dem im Substantiv Genannten
  verbunden ist:

  die *verliebte* Nachstellung (= Nachstellung aus Verliebtheit; nicht: die Nachstellung ist
  verliebt); in *betrunkenem* Zustand (= Zustand des Betrunkenseins; nicht: der Zustand
  ist betrunken).

Nur prädikativ gebrauchte Adjektive

Ausschließlich oder vorwiegend prädikativ (als Satzadjektiv vor allem in Verbindung mit *sein, werden* und *machen*) werden folgende unflektierte Adjektive gebraucht, bei denen es sich teils um Fremdwörter, teils um umgangssprachliche
Wörter, teils um feststehende Wortpaare, teils um Adjektive handelt, die nur
noch in der genannten Verbindung vorkommen:

451

Er ist *meschugge* (ugs.)/*plemplem* (ugs.)/*o. k.* (ugs.). Wir sind *quitt*. Das ist *futsch* (ugs.).
Das ist *klipp und klar*/*null und nichtig*/*recht und billig*. Er ist *fix und fertig*. Er ist mir
gram/*untertan*/*zugetan*/*abhold*. Ich bin dieser Sache *eingedenk*/*teilhaftig*. Sie macht
sich *anheischig* ... Er wurde *vorstellig*/*handgemein*. Er wird dieser Sache *gewahr*/*hab-
haft*. Ich bin dazu nicht *gewillt*. Sie machte ihm seine Kunden *abspenstig*. Ich machte
den Ort *ausfindig*. Ich bin es *leid*. Ich bin *getrost* (selten: in *getroster* Trauer [Schaper]).
Das ist *gang und gäbe* (selten: ... *gang und gäber* Schwärmerei [Th. Mann]) u. a.
(Ursprüngliche Substantive:) Mir ist *angst*. Er ist *schuld*. Ihm tut es *not*. (Ebenso:) *fehl*
[am Ort], *freund, feind, schade, barfuß, pleite* (ugs.), *wett, schnuppe* (ugs.).

Die umgangssprachlichen Adjektive *fit, tipptopp* und *kaputt* werden häufig auch
attributiv gebraucht:

ein *fitter* Bursche; das *kaputte* Fahrrad.

Attributiv und prädikativ – nicht adverbial – gebrauchte Adjektive

Nicht wenige Adjektive werden attributiv bei einem Substantiv und prädikativ gebraucht, nicht aber adverbial, weil sie nur auf Personen, Dinge usw., nicht aber
auf ein Geschehen oder Sein bezogen werden können. Mit Adjektiven dieser Art
wird etwa charakterisiert

452

- die Wetterlage:

  Es war ein *nebliger* Tag (= attributiv). Der Tag war *neblig* (= prädikativ). (Entsprechend:) *windig, stürmisch, zugig, [naß]kalt, naß* (= regnerisch); *regnerisch, stickig,
  diesig, dunstig, schwül, sonnig, heiter* u. a.

- etwas im Hinblick auf seine Form, Beschaffenheit, auf bestimmte stoffliche
  Eigenschaften, auf Farbe u. ä.:

  Da lag ein *viereckiger* Klotz. Der Klotz war *viereckig*. (Entsprechend:) *zylindrisch,
  quadratisch, rundlich, wulstig, stumpf, spitz, schwammig; porös, durchlässig, dicht;
  rissig, schartig, zackig, struppig, stachlig; glatt, schlüpfrig; zerbrechlich, zart; schlam-
  mig, steinig, rußig; grün, weiß, rot, rosé, orange, violett, scheckig* u. a.; *einmalig* (‚nur
  einmal vorkommend‘), *erstmalig*.

– jemand oder etwas im Hinblick auf die Gestalt (den Bau), jemand im Hinblick auf seinen körperlichen oder seelischen Zustand, auf bestimmte geistige, körperliche u. ä. Eigenschaften u. a.:

Er ist ein *schmächtiges* Kerlchen. Er ist *schmächtig*. (Entsprechend:) sehnig, stämmig, schlank, breit, schmal, untersetzt, gedrungen; kränklich, schwächlich, gebrechlich, krank, gesund; ohnmächtig, besinnungslos, bewußtlos; blind, taub, stumm; potent, impotent, steril, trächtig, schwanger; tauglich, untauglich, tüchtig; launenhaft, wetterwendisch, zänkisch u. a.

Attributiv und adverbial – nicht prädikativ – gebrauchte Adjektive

453 Bestimmte Adjektive werden attributiv bei einem Substantiv und adverbial gebraucht, nicht aber prädikativ. Bei attributivem Gebrauch stehen sie im allgemeinen bei Substantiven, die zu den Verben gebildet sind, bei denen die Adjektive adverbial stehen können.

Dieser Gebrauch findet sich bei Adjektiven, mit denen ausgedrückt wird, daß sich etwas in bestimmtem zeitlichem Abstand wiederholt:

Diese Zeitung erscheint *wöchentlich*/das *wöchentliche* Erscheinen. Er berichtet *täglich* über die neuen Vorfälle/sein *täglicher* Bericht. Sie kamen *monatlich* einmal zusammen/ ihre *monatliche* Zusammenkunft. (Entsprechend:) jährlich, stündlich, ständig u. a.

Ähnlich eingeschränkt im Gebrauch sind bestimmte Adjektive in bestimmten Verbindungen. Bei attributiver Verwendung charakterisiert das Adjektiv das mit dem Bezugssubstantiv genannte Verhalten, die Tätigkeit:

Karl ist ein *starker* Raucher (= Er raucht stark. [Aber nicht:] Der Raucher ist stark). Er ist ein *scharfer* Kritiker (= Er kritisiert scharf). Sie ist eine *gute* Rednerin (= Sie redet gut). Er ist ein *schlechter* Esser (= Er ißt schlecht).

Auch *ungefähr, gänzlich, völlig* und *unverzüglich* können nicht prädikativ gebraucht werden:

Er ließ ihm *völlige* Freiheit. Das schließt sie *völlig* aus. Er konnte den Betrag nur *ungefähr* angeben. Er machte nur *ungefähre* Angaben über diesen Fall. Er antwortete *unverzüglich*/gab eine *unverzügliche* Antwort.

4.1.3 Das Adjektiv als Gleichsetzungsglied

454 Adjektive (und bestimmte Pronomen) können auch als Gleichsetzungsglied gebraucht werden; sie werden dann wie ein attributives Adjektiv gebeugt.

1. Adjektive, mit denen klassifiziert, d. h. eine Art oder Sorte nachdrücklich von einer anderen unterschieden werden soll, werden als Gleichsetzungsglied gebeugt. Dabei kann die Art, von der sie sich unterscheiden, genannt sein. Die Aussage wird durch die Flexion des Adjektivs betont und die so herausgehobene Art anderen Arten gegenübergestellt:

Diese Weise zu leben ist die *rechte* für dich. Dieses Problem ist ein *öffentliches* (kein privates). Die ganze Frage scheint mir keine *politische*, sondern eine *pädagogische* zu sein. Diese Linie ist eine *gerade*, jene eine *gekrümmte*.

Klassifizierend stehen immer auch aussagend gebrauchte Adjektive, die sich auf Besitz, Herkunft, Bereich oder Stoff beziehen und als solche sonst nur attributiv verwendet werden (vgl. 450,2):

Der Wein ist ein *spanischer*, der andere ein *italienischer*. Dieser Teppich ist ein *orientalischer*, jener ein *chinesischer*.

Die Betonung der attributiv stehenden Adjektive erfüllt oft den gleichen Zweck:

> Das ist ein öffentliches (kein privates) Problem. Dies ist ein spánischer (kein italienischer) Wein.

Das flektierte Adjektiv wird auch dort gelegentlich als klassifizierendes Gleichsetzungsglied gebraucht, wo ein Verbalsubstantiv, vor allem eine Ableitung auf *-ung,* als Subjekt steht:

> Die *Berurteilung* des Falles war eine *sachliche.*

Diese Ausdrucksweise ist jedoch stilistisch unschön. Man sollte besser das dem betreffenden Substantiv zugrundeliegende Verb gebrauchen:

> Der Fall wurde *sachlich beurteilt.*

In den folgenden – vorwiegend im Süden des deutschen Sprachgebiets, aber auch in der Literatur vorkommenden – Beispielen werden Adjektive unnötigerweise als klassifizierendes Gleichsetzungsglied flektiert gebraucht, wo das (ungebeugte) subjekt- oder objektbezogene Satzadjektiv stehen muß (vgl. 447).

> Deine Meinungen nenne ich *weibische* (statt: *weibisch;* G. Hauptmann). (Er) braucht nur noch den Stempel des Amtes, das aber ... ein *verständisvolles* (statt: *verständnisvoll*) sein soll (Frisch). Die Macht einer ... Schriftstellervereinigung wird ... eine sehr *geringe* (statt: *sehr gering*) sein (Hesse).

2. Hierher gehören auch klassifizierende Superlative, Komparative und Ordnungszahlen (vgl. 466):

> Diese Schülerin ist die *beste/bessere.* Seine Auffassung vom Eheleben war die *strengste* (H. Mann). Fritz ist der *erste/dritte.*

3. Auch bestimmte Adjektive (und Pronomen) mit demonstrativer Bedeutung u. ä. können (flektiert) als Gleichsetzungsglied gebraucht werden:

> Es ist immer *dasselbe!* Seine Absicht war *diese:* ... Mein Plan ist *folgender:* ... Ihre Worte waren ganz *andere.* Der einzige mögliche Weg ist der *genannte.* Der Erfolg war ein *doppelter.*

4.1.4 Adjektive mit und ohne Ergänzung[1]

Manche Adjektive werden im Satz ohne, andere mit Ergänzungen gebraucht. Wir   455
nennen sie im Unterschied zu denen des Verbs Ergänzungen 2. Grades (vgl.
1149) und unterscheiden drei Hauptklassen:

Adjektive ohne Ergänzungen

Viele Adjektive werden im Satz ohne Ergänzungen gebraucht (zu den entsprechenden Satzbauplänen vgl. 1167):

> schön, faul, fleißig, blau, rot, töricht, dumm, klug usw.

Adjektive mit einer Ergänzung

Manche Adjektive werden im Satz mit einer Ergänzung gebraucht (zu den entsprechenden Satzbauplänen vgl. 1186 ff.).

> jmdm. behilflich, bekömmlich, ähnlich, bekannt, gleichgültig, fremd sein;
> einer Sache schuldig, bewußt, eingedenk, gewiß sein;
> eine Sache wert sein;

---

[1] Vgl. dazu K.-E. Sommerfeld/H. Schreiber: Wörterbuch zur Valenz und Distribution deutscher Adjektive. Leipzig ²1977.

auf etw. angewiesen, gespannt sein; bei jmdm. beliebt sein; für jmdn. nachteilig, schmerzlich sein;
irgendwo wohnhaft, beheimatet, ansässig, tätig sein.

Adjektive mit zwei Ergänzungen

Nur einige Adjektive werden im Satz mit zwei Ergänzungen gebraucht, und zwar mit einem Dativobjekt 2. Grades und einem Präpositionalobjekt 2. Grades (zu dem entsprechenden Satzbauplan vgl. 1191:

> jmdm. in etw. überlegen/ebenbürtig sein; jmdm. in etw. ähnlich/gleich sein.

Analog zu den Verben (vgl. 189) kann man die Adjektive ohne Ergänzung **abso-lute Adjektive**, die Adjektive mit einer Ergänzung oder zwei Ergänzungen **re-lative Adjektive** nennen.

4.1.5 Gebrauch und Bildung der Zahladjektive u. ä.

456 Adjektive, die attributiv bei einem Substantiv gebraucht werden, stehen im allge-meinen (vgl. aber 445) zwischen dem Artikel u. ä. (vgl. 532 ff., 542 ff.) und dem Substantiv, sofern dieses nicht überhaupt ohne Artikel u. ä. gebraucht wird:

> seine *neuen* Bleistifte, das *blaue* Kleid, die *roten* Autos, die *alten* Bücher, die *schönen* Häuser. (Ohne Artikel:) Das erfordert *großen* Mut.

In der Position des attributiven Adjektivs können auch Wörter gebraucht werden wie

> zwei, drei, vierte, fünfte, zahlreich, einzeln, zahllos, gesamt, ganz, viel, wenig

mit denen Zahlvorstellungen ausgedrückt werden:

> seine *drei* Bleistifte, das *vierte* Konzert, die *zahlreichen* Autos, diese *wenigen* Bücher:

Man vergleiche auch:

Zum Dorf gehörten nur zwei Gruppen von Häusern. Die *kleinere* Gruppe bestand aus *verfallenen*, die *größere* aus *gepflegten* Häusern. Die *verfallenen* Häuser waren leer, nur die *gepflegten* waren bewohnt.	Zum Dorf gehörten nur zwei Gruppen von Häusern. Die *erste* Gruppe bestand aus *fünf*, die *zweite* aus *acht* Häusern. Die *fünf* Häuser waren leer, nur die *acht* waren bewohnt.

Wir rechnen auch diese Wörter zu den Adjektiven und nennen sie **Zahladjek-tive**. Zu ihrer Stellung vgl. 1367.

Die Kardinalzahlen (Grundzahlen)

457 *Null* Fehler im Aufsatz haben. *Eine* Schwalbe macht noch keinen Sommer (Sprw.). Der Tag hat *vierundzwanzig* Stunden, die Stunde *sechzig* Minuten, die Minute *sechzig* Sekunden. Die Kirche ist schon ein paar *hundert* Jahre alt. Der Anhänger hatte *zwei* Achsen; *eine* davon war gebrochen. Wir zählten *dreißig* [Leute]. Gedulden Sie sich *eine* Woche oder *zwei!* Aller guten Dinge sind *drei* (Sprw.).

Mit Wörtern wie *null, zwei, dreißig* wird angegeben, wieviel Lebewesen, Dinge u. ä. vorhanden sind; mit ihnen wird eine Menge bezeichnet, die in einer geordne-ten, abzählbaren Reihe einen festen Platz hat, eine Menge, die einem gegebenen Zählplatz entspricht.[1] Man nennt diese Wörter **Kardinalzahlen** oder **Grund-zahlen**.

---

[1] Vgl. L. Hammerich: Zahlwörter und Zahlbegriff. Mannheim 1966, S. 17.

Die Bildung der Kardinalzahlen

Die Grundzahlwörter von 0 bis 10 heißen: 458

null, eins, zwei, drei, vier, fünf, sechs, sieben, acht, neun, zehn (0, 1, 2, 3, 4, 5, 6, 7, 8, 9, 10).

Die Zahlwörter *elf* und *zwölf* weichen in der Bildung von den Zahlwörtern *dreizehn* bis *neunzehn* ab, die aus der Verbindung von *drei* bis *neun* mit *-zehn* bestehen:

dreizehn, vierzehn, fünfzehn, sechzehn (nicht: sechszehn), siebzehn (veraltet: siebenzehn), achtzehn, neunzehn.

Die Bezeichnungen für die Zehnerzahlen von 20 bis 90 sind mit der Nachsilbe *-zig* gebildet:

zwanzig (ahd.: zweinzug), dreißig (nicht: dreizig), vierzig, fünfzig, sechzig (nicht: sechszig), siebzig (siebenzig ist veraltet), achtzig, neunzig.

Die Zahlen zwischen den Zehnern werden dadurch gebildet, daß die Einerzahl durch *und* mit der Zehnerzahl verbunden wird:

einundzwanzig, zweiunddreißig, vierundsiebzig, neunundneunzig.

Die Hunderterzahlen werden durch Verbindung der Einerzahlen mit *hundert* gebildet, die Tausenderzahlen entsprechend mit *tausend:*

[ein]hundert (hundert[und]eins, hunderteinundzwanzig), zweihundert, dreihundert usw., neunhundert;
[ein]tausend (tausend[und]eins, tausendeinundzwanzig), zweitausend, dreitausend usw., neuntausend, zehntausend, zwanzigtausend usw., neunzigtausend, [ein]hunderttausend, zweihunderttausend usw., neunhunderttausend.

Die folgenden Zahlwörter sind feminine Substantive, die der Vollständigkeit der Reihe wegen hier aufgeführt werden:

eine Million (= 1 000 mal 1 000); zwei, zehn, hundert, neunhundert Millionen;
eine Milliarde (= 1 000 Millionen); zehn, hundert, neunhundert Milliarden;
eine Billion (= 1 000 Milliarden); hundert Billionen;
eine Billiarde (= 1 000 Billionen); hundert Billiarden;
eine Trillion (= 1 000 Billiarden); hundert, neunhundert Trillionen;
eine Trilliarde (= 1 000 Trillionen); hundert Trilliarden;
eine Quadrillion (= 1 000 Trilliarden);
eine Quinquillion oder Quintillion (= 1 Million Quadrillionen);
eine Sextillion (= 1 Million Quintillionen);
eine Septillion (= 1 Million Sextillionen);
eine Oktillion (= 1 Million Septillionen) usw.

Zur Beugung von Maß-, Mengen- und Münzbezeichnungen nach Kardinalzahlen vgl. 370 f.

Die Deklination und der Gebrauch der Kardinalzahlen[1]

ein[2]

Das Zahlwort *ein* ist immer stark betont. Ohne Artikel u. ä. wird es wie *kein* (vgl. 479), nach dem bestimmten Artikel u. ä. wie ein anderes Adjektiv dekliniert (vgl. 478): 459

---

[1] Die Deklination der Zahladjektive wird wegen der Besonderheiten in diesem Kapitel mit behandelt. Zur Deklination der Adjektive allgemein vgl. 475 und I. Ljungerud: Zur Nominalflexion in der deutschen Literatursprache nach 1900. Lund 1955.

[2] Zu unterscheiden ist *ein* als Artikel, das immer in Verbindung mit einem Substantiv gebraucht wird (vgl. 534), und *einer (eine, ein[e]s)* als Indefinitpronomen (vgl. 577).

Die erste Seite *eines* Buches. Ich habe jetzt zwei Freunde statt *eines*. Mit *einem* Wort gesagt... Die beiden Länder hatten *eine* Königin. ... des *einen* Buches, dieses *einen* Umstandes, meines *einen* Sohnes. Es gibt nur die *eine* Straße an dem linken Ufer. Der Wagen, dessen *eines* Rad sich nicht drehte. Mein *eines* Auge; *ein* Schüler. Auch nicht *einer* der Burschen rührte sich. Nur *einer* kann den Vorsitz führen.

1. Neben der gehobeneren Vollform *eines* wird im Nominativ und Akkusativ Neutrum auch *eins* gebraucht:

> *Eins* tut not. Auf *eins* muß ich noch aufmerksam machen. Zwei Augen sehen mehr als *eins* (Sprw.).

Man beachte auch feste Wendungen wie

> etwas ist jemandem *eins* (= gleichgültig; ugs.), mit jemandem *eins* werden/sein (= [handels]einig werden/sein), *eins* sein (= ein und dasselbe sein; sich gleichzeitig ereignen).

Die Form *eins* wird auch beim Rechnen und Zählen gebraucht:

> Ein mal *eins* ist *eins*. *Eins*, zwei, drei! Die Uhr schlug *eins*. 2,1 (gelesen: zwei Komma *eins*); 1,5 (gelesen: *eins* Komma fünf).
> (Wenn *hundert, tausend* usw. vorausgeht:) hundert[und]*eins*, tausend[und]*eins*.

Nur wenn die größere Zahl folgt, wird unflektiertes *ein* gebraucht:

> *ein*undzwanzig; *[ein]*hundert; *[ein]*tausend; *[ein]*tausendeinhundertdreiundachtzig.

2. Wenn *und* und eine größere Zahl (*hundert* usw.) vorausgehen, wird das attributive *ein* wie sonst auch flektiert. Das folgende Substantiv steht im Singular:

> hundertund*ein* Salutschuß; hundertund*eine* Seite, mit tausendund*einem* Weizenkorn; die Geschichten aus Tausendund*einer* Nacht.

Es kann aber auch der Plural des Substantivs stehen; dann bleibt *ein* endungslos, und das *und* fällt häufig weg:

> mit hundert[und]*ein* Salutschüssen, mit tausend[und]*ein* Weizenkörnern.

3. Endungslos bleibt *ein* auch als Zähler von Bruchzahlen und vor dem Substantiv *Uhr:*

> *Ein* Sechstel multipliziert mit *ein* Viertel. Wir treffen uns nach *ein* Uhr.

4. Endungsloses *ein* steht gewöhnlich auch, wenn es etwa durch *oder/bis* an *zwei* gekoppelt ist:

> Gedulden Sie sich noch *ein bis zwei* Tage. Du mußt noch *ein oder zwei* Wochen warten.
> (In Verbindung mit *all:*) Der Hund ist mein *ein und* [mein] *alles*. Meinem *ein und alles* kann ich doch nichts abschlagen.

5. Formen mit und ohne Endung sind möglich in der Verbindung mit *and[e]re, mehrere* und *derselbe*.

> (In Verbindung mit *and[e]re:*) *einer* und/oder der *and[e]re* (auch: *ein* und/oder der *and[e]re*), der *eine* und/oder der *andere* (auch: der *ein* und [der] *and[e]re*); *ein* oder der *andere* Blick (Th. Mann). Die schönen Sommertage gingen *einer* um den *anderen* hin (Hesse). ... selbst wenn ich *ein* oder das *andere* Buch auslasse (Musil). ... *eines* oder das *andere* seiner älteren Werke zu verfilmen (Musil). (Auch pluralisch:) Die *einen* schikanieren die *anderen*.
> (In Verbindung mit *mehrere* meist flektiert:) mit *einer* oder *mehreren* Nuten versehen; für *einen* oder *mehrere* Betriebe; Ausfall *eines* oder *mehrerer* folgender Konsonanten (Newald).
> (In Verbindung mit *derselbe;* die gebeugte Form ist nachdrücklicher:) Sie wohnen in *ein[er]* und derselben Straße. Es ist *ein[e]* und dieselbe Größe. Sie schneiden mit *ein[em]* und demselben Messer. Das ist *ein und dasselbe*. ... beide für *eins und dasselbe* zu halten (Th. Mann).

zwei (beide), drei usw.

1. Von den weiteren Kardinalzahlen können im Genitiv nur *zwei* und *drei* ge-   460
beugt werden, und zwar dann, wenn der Kasus nicht bereits durch den bestimmten Artikel u. a. kenntlich gemacht ist.

... mit Ausnahme *zweier* Berliner (FAZ). ... der Puls *dreier* kräftiger Männer (Handel-Mazzetti). (Aber:) Nach der Aussage *der zwei* Zeugen stimmt das nicht. Das Schicksal *dieser drei* ist unbekannt.

2. Dagegen können im Dativ (bei substantivischem Gebrauch) die Zahlwörter von *zwei* bis *zwölf* gebeugt werden:

Der Tag zu *zweien*... Was *zweien* zu weit, ist *dreien* zu eng (Sprw.). ... auf allen *vieren* in die Schule krabbeln (Penzoldt). ... falls es bei *fünfen* sein Bewenden haben würde (Th. Mann); er fährt mit *achten* (acht Pferden). Ich sage dir ja, daß sie zu *zehnen* sind und nicht zu *elfen* (Th. Mann).

Neben den Formen auf *-en* in *zu zweien* usw. werden auch Formen auf *-t* gebraucht (*zu zweit, zu dritt* usw.). Dabei unterscheidet man bereits vielfach *zu zweien* ,paarweise' (*zu zweien über die Straße gehen)* von *zu zweit* ,gerade zwei Personen betreffend' *(zu zweit in den Wald gehen)*.

Beugung bei attributivem Gebrauch ist veraltet und kommt heute nur ganz selten im Dativ vor:

Und *zweien* Knechten winket er (Schiller). Nach *dreien* Tagen ... (Th. Mann).

3. Die auf *-zehn* und *-zig* endenden Kardinalzahlen werden im allgemeinen weder im Genitiv noch im Dativ gebeugt. Ausnahmen kommen beim Dativ vor:

... einer von *zehnen* oder *zwanzigen* (Lernet-Holenia).
(Substantivierung:) Das Frauenzimmer mochte hoch in den *Siebzigern* sein (Meyrink).

4. Die substantivisch gebrauchten Formen auf *-e,* die bei den Zahlwörtern *zwei* bis *zwölf* möglich sind, finden sich nur noch in alter oder in volkstümlicher Sprache. Sie werden für den Nominativ, Genitiv und Akkusativ verwandt:

Zweie kehrten zurück. ... vielleicht gelinge es einmal, alle *neune* einzufangen (Carossa). Es schlägt *zwölfe.* Ringel, Ringel, Reihe! Sind der Kinder *dreie* (Des Knaben Wunderhorn). Keines der *viere* steckt in dem Tiere (Goethe).

Fest gewordene volkstümliche Redewendungen sind: *alle viere von sich strecken, alle neune werfen* (beim Kegeln).

5. Mit *-er* gebildete Formen wie *zweier, achter, fünfzehner* werden attributiv gebraucht (*eine fünfzehner Birne); -ziger* kann dabei die Dekade ausdrücken:

Das ist ein *achtziger* Jahrgang (aus dem Jahre 80 eines Jahrhunderts). Es geschah in den *achtziger* Jahren des vorigen Jahrhunderts (d. h. zwischen 1880 und 1890). ... in den *zwanziger* Tagen des Septembers (Th. Mann). (Substantiviert: Er war hoch in den *Siebzigern.)*

6. Häufig, so etwa im Fernsprechverkehr, wird *zwo* statt *zwei*[1] gesagt, um Verwechslungen mit *drei* zu vermeiden. Danach sagt man auch schon *zwote,* obwohl *zweite* mit *dritte* gar nicht verwechselt werden kann.

---

[1]   Die Form *zwei,* die wir heute (seit Ende des 18. Jahrhunderts) verwenden, stand ursprünglich nur vor neutralen Substantiven. Für Maskulina und Feminina gab es abweichende Formen: (mhd. Mask.:) *zwene* man; (Fem.:) *zwo* frouwen; (Neutr.:) *zwei* kint.
Verfasser historischer Romane u. a. verwenden gelegentlich noch die alten Formen, teils richtig, teils falsch:
Zwo mächt'ge Feien nahten dem schönen Fürstenkind (Uhland). Ein Hifthorn hing ihm um die Schulter, *zween* Messer an der Seite (Alexis). Drum sandten wir *zwo* Späher auf dem Fuß ihm nach (Scheffel).

7. Für *zwei* kann auch *beide* gebraucht werden, wenn zwei bereits bekannte Wesen, Dinge u. ä. gemeint sind oder die ganze Menge nur aus zwei Wesen, Dingen u. ä. besteht.[1] Dabei wird *beide* im allgemeinen wie andere Adjektive gebeugt (vgl. 476 ff.):

> Er brach sich *beide* Arme. Diese *beiden* Räume sind zu vermieten. *Beide,* der blinde Klaus und sein Freund Robert, kommen aus der Gefangenschaft (Jens). Die Pfarrer *beider* Bekenntnisse haben morgens ... zelebriert (Remarque). Menschen aus ... den *beiden* Amerikas (Koeppen).

Nach *wir* wird *beide* zumeist nach Typ I (stark), nach *ihr* häufiger nach Typ II (schwach) gebeugt, zwischen *wir* oder *ihr* und Substantiv nach Typ II (zur Adjektivdeklination vgl. 477 ff.):

> Wir *beide* zusammen stellen Berlin auf den Kopf (H. Mann). (Selten:) Wir *beiden* schweigen natürlich über die Gründe (Andres).
> Ihr *beiden* geht mir zu schnell (I. Kurz). Ihr seid große Klasse, ihr *beiden!* (Hausmann). (Seltener:) Ihr *beide* solltet miteinander nicht verkehren (Werfel). ... wir *beiden* Brüder, ihr ... *beiden* Kinder (Fallada), wir *beiden* Spieler (Hesse).

Nach *sie, unser, euer, ihrer* (vgl. 549), *uns* (Akk.), *euch* (Akk.), nach dem Neutr. Sing. *dies[es]* und *alles* sowie nach *alle* wird *beide* nach Typ I (stark) dekliniert:

> sie *beide* allein (I. Seidel), mit unser *beider* gemeinsamer Schuld (Barlach), euer *beider* leben (George); durch ihrer *beider* Erhöhung (Th. Mann), für uns *beide* (Bonsels), euch *beide* hübschen Schätzchen (Fallada); dies[es] *beides,* alles *beides,* alle *beide;* es braucht ... aller *beider* (Bergengruen).

Zur Deklination des folgenden Adjektivs vgl. 486.

Daß es ein betontes, vereinzelndes und ein unbetontes, zusammenfassendes *beide* gibt, können die folgenden Beispiele zeigen:

> a) *Beide Brüder* sind gefangen (nicht bloß der eine).
> b) *Die beiden Brüder* sind gefangen (und nicht – zum Beispiel – gefallen).

Die Stellung des betonten, vereinzelnden *beide* ist verhältnismäßig frei (wie bei *alle*); es kann auch na ch der Personalform des Verbs stehen:

> Die Ehefrauen ... waren damals bereits *beide* tot (Raabe).

In Verbindung mit einem Pronomen steht es allerdings immer nach diesem:

> Da *wir beide* keine redseligen Menschen sind ... (Fallada). *Wir* sind doch *beide* ein bißchen verrückt (Langgässer). Es gibt tatsächlich nur *diese beiden* Möglichkeiten (Th. Mann).

Der neutrale Singular *beides* ist zur nachdrücklichen Betonung der kollektiven Einheit noch üblich, allerdings nicht in bezug auf Personen:

> *Beides* ist möglich. In *beidem* bewandert sein. Hut und Regenschirm, *beides* hatte er im Abteil liegenlassen.

Werden dagegen die betreffenden Dinge für sich und einzeln gesehen, dann gebraucht man *beide:*

> Das Werk und die Aufführung, *beide* gaben den Kritikern Rätsel auf.

8. Der heute veraltete neutrale Singular *dreies* faßt – wie *beides* – zusammen:

> Das Theaterstück fordert alles *dreies* zusammen (Goethe). ... alles *dreies* auf einmal (Lessing). Und ich bin eigentlich alles *drei's* ([= Kind, Narr, Poet] Fontane).

---

[1] Die tautologische Kopplung *die zwei beiden* oder *wir zwei beide[n]* ist landschaftlich und umgangssprachlich gebräuchlich, besonders in Nord- und Mitteldeutschland.

Hundert, Tausend, Million usw.

Die Zahlwörter *hundert* und *tausend* werden auch als Substantive gebraucht: *Million, Milliarde* usw. sind Substantive, ebenso *Dutzend, Schock, Mandel, Gros* usw. (Kollektiva; vgl. 342). Sie werden hier mit aufgeführt, um die Reihe der Kardinalzahlen nicht auseinanderzureißen.   **461**

1. das Hundert, das Tausend:

ein halbes *Hundert;* vier vom *Hundert; Hunderte* und aber *Hunderte.* Es geht in die *Hunderte.* Die Zustimmung vieler *Tausende* ist gewiß. Die Menschen verhungerten zu *Hunderten* und *Tausenden.*

Als Substantive werden *Hundert* und *Tausend* und auch *Dutzend* im Nominativ und Akkusativ Plural – allerdings seltener – auch unflektiert gebraucht, wenn der Fall durch ein Begleitwort deutlich wird:

Viele *Hundert[e]*/Mehrere *Tausend[e]* umsäumten die Straßen. Viele *Dutzend[e]* kamen ums Leben.

Das Gezählte kann angeschlossen werden.

– als Genitiv, wenn es mit einem (adjektivischen) Attribut verbunden ist (Genitivus partitivus; vgl. 1135). Diese Konstruktion ist von den folgenden die seltenste:

das Gekreisch von Tausenden *aufgeschreckter Möwen;* die Mannschaft der Hunderte *kleiner* und *großer Kähne* (Fr. Wolf); ein Dutzend *junger Damen* (Der Spiegel); viele Hunderttausend *englischer Blumenfreunde* (FAZ).

– als Präpositionalgefüge mit *von* (mit oder ohne Attribut):

Tausende *von* blökenden Rindern; alle diese Hunderte und Tausende *von* durchnäßten Soldaten (Inglin). ... trotz Hunderttausender *von* Armen (Thieß).

– als Apposition im gleichen Kasus wie das Zahlsubstantiv (mit oder ohne Attribut):

auf den nackten Körpern von Hunderten *schwitzenden und lachenden Trägern* (Vicki Baum); Hunderte *ausländische Studenten;* das Leben Tausender *deutscher Soldaten* (Leonhard); Dutzende *weiß-rote, weiß-gelbe Wimpelchen* (Winckler).

Wenn *Hundert, Tausend* und *Dutzend* im Genitiv stehen und dieser Fall durch kein anderes Wort deutlich wird, nehmen sie adjektivische Flexion an:

wegen des Einspruchs *Hunderter;* trotz der Tapferkeit *Tausender* (Franck). Unter dem Heulen *Dutzender* von Schiffssirenen ... (Wiesbadener Kurier).

2. Million, Milliarde usw.:

Die Zahlsubstantive *Million, Milliarde* usw. werden immer dekliniert:

einer halben *Million,* eine dreiviertel *Million,* mit 0,8 *Millionen* DM, mit 2,1 (gelesen: zwei Komma eins) *Millionen* DM, vier *Millionen* Menschen, eine Summe von zehn *Millionen* DM; mit hundert *Milliarden* Dollar.

Steht der bestimmte Artikel u. ä. vor *Million,* dann richtet sich die Beugung des folgenden substantivierten Adjektivs nach ihm (bei *Hundert* und *Tausend* wird diese Konstruktion vermieden):

der einstigen sechzig Millionen *Deutschen* (H. Mann), *die* Millionen *Toten* (Werfel); *unsere* fünf Millionen *Arbeitslosen* (Kästner).

je + **Kardinalzahl**

Durch ein der Kardinalzahl vorangestelltes *je* wird eine zahlenmäßig gleiche Verteilung ausgedrückt: **462**

Je zwei von ihnen wurden hereingeführt. Die beiden Bettler erhielten von ihm *je fünf* Mark. ... und wie heute morgen sagte er *je dreimal* „so, so so" ... (Th. Mann).

Die Kardinalzahl bei Jahreszahlen

463 Bei Angabe von Jahreszahlen sagt man statt z. B. *[ein]tausendneunhundertsechzig* gewöhnlich *neunzehnhundertsechzig.* Die Jahreszahl wird an die Tag- und Monatsangaben unmittelbar angeschlossen:

Am 24. Mai 1949 konstituierte sich die Bundesrepublik Deutschland.

Die Angabe *das Jahr* oder *im Jahre* wird vielfach weggelassen:

Wir schreiben jetzt 1950. Die UNO wurde 1945 gegründet.

Die Verbindung der Präposition *in* mit der bloßen Jahreszahl *(in 1948 [in neunzehnhundertachtundvierzig])* ist Nachahmung des Englischen. Standardsprachlich korrekt ist: *im Jahre 1948.*

Die Kardinalzahl bei der Uhrzeit

464 Zur Angabe der Uhrzeit werden die flexionslosen Kardinalzahlen *(eins* bis *zwölf)* mit oder ohne *Uhr* gebraucht. Die Formen auf *-e* sind veraltet oder umgangssprachlich (vgl. 460,4) und stehen immer ohne *Uhr:*

Es ist *eins.* (Aber:) Es ist *ein* Uhr. Schon um *fünf* [Uhr] aufstehen. (Umgangssprachlich:) Bis früh um *fünfe* haben sie gefeiert. (Veralt.:) Er geht vor *zwölfe* schlafen (Platen). Der Zug fährt Punkt *zwölf* [Uhr] ab. Es ist jetzt halb *elf* [Uhr]. Es schlägt [ein] Viertel vor *sechs.* Es ist [ein] Viertel nach *sieben.* Es ist fünf Minuten vor drei Viertel (dreiviertel) *acht.* Es ist [ein] Viertel [auf] *neun* (bes. mitteld. für: ein Viertel nach acht).

Für die zweite Tageshälfte gebraucht man adverbiale Angaben, wenn Verwechslungen mit der ersten möglich sind und umgekehrt:

Der Zug fährt um halb acht [Uhr] *abends.* Ich wartete bis zwei Uhr *nachmittags.* Um fünf Uhr *morgens.*

Die Zahlen 0 bis 24 werden amtlich viel gebraucht, dringen aber in die Alltagssprache nur schwer ein; sie stehen mit *Uhr:*

Der Zug fährt 17^{15} *Uhr* von Köln ab (gesprochen: siebzehn Uhr fünfzehn [Minuten]). Ich komme um *20 Uhr* zu dir.

Die Einheiten *Minute* und *Sekunde* werden auch nach Zahlen gebeugt (vgl. 370):

fünf *Minuten* vor zwölf, zehn *Sekunden* vor halb fünf.

Ausdruck der Unbestimmtheit

465 Mit einigen bestimmten Zahlen kann der Sprecher/Schreiber auch eine unbestimmte Menge angeben. Von dem genauen Zahlenwert ist dabei abgesehen:

(Eine große Zahl:) Viel *hundert* (= hundert und noch viel mehr) weiße Lilien im Klostergarten blühn (H. Löns). Ich habe es Dir schon *hundertmal* gesagt. Es grüßt und küßt dich *tausendmal* Deine Gretel; zu *Dutzenden; Millionen* Sterne.
(Eine geringe Zahl:) Das dauerte nicht länger als *zwei* Minuten. Das kannst du mit *zwei, drei* Stichen festnähen. Das kann ich dir mit *drei* Worten sagen.

Als unbestimmte Angabe wird umgangssprachlich die Endung *-zig* (in *zwanzig* usw.) auch als selbständiges Wort *zig* in der Bedeutung ,sehr viel' gebraucht:

mit *zig* Sachen in die Kurve gehen; nach *zig* Jahren; *zig* Leute kennen. (Beachte auch:) *zig*mal, *zig*fach, *zig*tausend.

Zu *einige* + Zahl vgl. 578, zu *halb* vgl. 468. Zur Kennzeichnung der Unbestimmtheit durch Adverbien vgl. 633.

Die Ordinalzahlen (Ordnungszahlen)

Immerhin schien er doch angesichts dreier Strolche etwas zuviel gedacht zu haben.   **466**
Denn als ihn nun der *erste* ansprang, flog er zwar zurück ..., aber der *zweite* ... wurde
von der Faust nur noch gestreift (Musil).

Mit Wörtern wie *(der/die/das) erste, zweite, dritte* wird ein bestimmter Punkt, eine
bestimmte Stelle in einer geordneten, abzählbaren Reihe angegeben; mit ihnen
wird ein Zählplatz bezeichnet, der einer gegebenen Menge entspricht.[1] Man
nennt diese Wörter O r d i n a l z a h l e n oder O r d n u n g s z a h l e n.

Die Ordnungszahlen 1 bis 19 werden aus der betreffenden Kardinalzahl + *t* gebildet:

der zweite, der vierte, der neunzehnte Februar.

Abweichende Bildungen sind:

der erste (nicht: einte; eigentlich ein Superlativ), der dritte (nicht: dreitte), der sie-
bente/siebte, der achte (nicht: achte).
Statt *hundunderste* wird landsch. (besonders nordd.) auch *hundertundeinte* oder
hundertundeinste gebraucht.

Von 20 an wird *-st* an die Kardinalzahlen gehängt (vgl. die Bildung des Superlativs 520):

der zwanzigste, der dreißigste usw., der hundertste, der tausendste, der millionste Besucher.

Die analoge Bildung *der wievielste,* häufig Ausdruck einer unbestimmt großen
Menge oder Anzahl, ist heute standardsprachlich durch *der wievielte* abgelöst:

Der Mann auf dem Rucksack rauchte seine *wievielte* Pfeife (Der Spiegel).

Bei der Nennung des Datums wird die Angabe *Tag* nicht gesetzt; der Monatsname kann zur Erläuterung stehen:

Morgen ist *der Zwanzigste* (= der zwanzigste Tag des Monats). *Am Achten* [des Mo-
nats] ist eine Feier. Am *ersten April* (= am ersten Tag des Aprils).

Die Ordinalzahlen werden wie andere Adjektive dekliniert (vgl. 477 ff.):

Heinrich *der Achte* – Heinrichs *des Achten; am Achten, zum dritten* Mal[e]; Heiko ist
erster. Siebzigste Geburtstage von Gelehrten pflegt man mit Festschriften zu feiern.
Heute ist *Erster* Mai.

Wie die Superlative (vgl. 521) können sie nicht flexionslos gebraucht werden,
auch nicht, wenn sie aussagend verwendet werden:

der *erste* Schüler – der Schüler ist der *erste.* Fritz ist der *Erste/Erster* in der Klasse.

Die Zusammensetzungen der Ordinalzahlen mit *selb-* sind veraltet:

selbdritt (= ich [er/sie] selbst als dritter), selbviert, selbander (= selbzweit; vgl.
W. Schmid: Selbander zum Kilimandscharo. 1959) usw.
Eine feste Verbindung ist *Anna selbdritt* als Bezeichnung eines Bildtyps in der Kunst-
wissenschaft (= die heilige Anna mit Maria und Jesus).

Zur Kennzeichnung einer zahlenmäßig gleichen Verteilung wird *jeder* + Ordinalzahl[2] gebraucht *(jeder zehnte Bürger, jedes zweite Kind).*
Zu *erstens, zweitens, drittens* usw. vgl. 633; zum gelegentlichen Ersatz der Ordinalzahl durch die Kardinalzahl vgl. 1368,3).

---

[1] L. Hammerich: Zahlwörter und Zahlbegriff. Mannheim 1966, S. 17.
[2] Die Verbindung mit *je* ist veraltet: In dieser Not beschloß die Landsgemeinde, daß *je* der
zehnte Bürger nach dem Los der Väter das Land verlasse (Schiller).

Die Bruchzahlen

467   mit einem *achtel* Kilo, eine *drittel* Elle, ein *viertel* Zentner; ein *halbes* Pfund, auf *halbem* Weg.

Mit Wörtern wie *achtel, viertel* werden Teile, Bruchstücke eines Ganzen angegeben. Man nennt diese Wörter **Bruchzahlen**. Sie werden gebildet aus der Ordinalzahl + -*el* (*dritt-* + -*el* usw.).

In Verbindung mit Maß- und Gewichtsangaben sind diese Zahlwörter indeklinable, attributiv gebrauchte Adjektive. Im sonstigen Gebrauch sind es neutrale Substantive, die aus Gründen des Zusammenhangs hier mit behandelt werden.[1] Das Gezählte kann als Genitiv, als Präpositionalgefüge mit *von* oder als Apposition folgen:

> ein Drittel, drei Viertel, vier Fünftel, sechs Sieb[en]tel, neun Zehntel, ein Zwanzigstel, ein Hundertstel, Tausendstel, Millionstel.
> Der Mond ist im letzten *Viertel.* Ich brauchte nur ein *Fünftel* der Menge. Ein *Drittel* von der Masse ist genug. Er war mit einem *Viertel* Huhn zufrieden.

Statt *Zweitel* sagt man allgemein *Hälfte,* statt *zweitel halb;* anders allerdings in der Fachsprache der Mathematik:

> zwei Hundert*eintel* ($\frac{2}{101}$), drei Hundert*zweitel* ($\frac{3}{102}$).

In häufig gebrauchten Verbindungen mit bestimmten Substantiven wird die substantivische Bruchzahl zum Bestimmungswort einer Zusammensetzung, die dann zum Maßbegriff wird:

> Vierteljahr, Viertelpfund, Viertelstunde, Viertelliter, Achtelliter, Achtelzentner, Zehntelpackung, Sechzehntelnote usw.

Besonders häufig gebrauchte Bezeichnungen wie *Pfund* und *Liter* können dabei weggelassen werden, so daß die Bruchzahl allein vor dem Gemessenen steht:

> Ein *Viertel* Leberwurst und ein Viertel Salami, bitte! (= ein Viertelpfund). Ich möchte ein *Achtel* sauren Rahm (= einen Achtelliter). Wie teuer ist ein *Viertel* Rotwein (= ein Viertelliter)?

468   Die Wortgruppe *drei* + *Viertel* wird als Einheit aufgefaßt und sowohl als Substantiv als auch als Adjektiv zusammengeschrieben:

> (als Substantiv:) in *Dreiviertel* der Länge, mit *Dreiviertel* der Masse; (als Adjektiv, hinter dem das Substantiv dann im Singular steht:) Aus *drei Vierteljahre* wird *dreiviertel Jahr;* aus *in drei Viertelstunden* wird in [einer] dreiviertel Stunde; eine und eine *dreiviertel* Million Menschen; (aber:) *ein[und]dreiviertel* Millionen Menschen.

Die Form *dreiviertel* kann wiederum als Bestimmungswort einer Zusammensetzung auftreten:

> vor einem Dreivierteljahr; eine Dreiviertelstunde; dreiviertelfett (Buchdruck).

Die Bruchzahl *halb* wird wie ein anderes Adjektiv dekliniert (zu ihrer Deklination nach *alle* vgl. 484):

> Wir trafen uns auf *halbem* Wege. Ich bin nur noch ein *halber* Mensch.

Steht sie nach der Zahl *ein,* dann wird sie, analog *ein,* entweder gebeugt oder nicht gebeugt (vgl. 459):

> Zwei und eine *halbe* Stunde; zwei und ein *halbes* Jahr; vor zwei und einer *halben* Stunde, eine und eine *halbe* Million; zehn mit ein *halb* multipliziert, drei[und]ein*halb* Seiten, vor zwei[und]ein*halb* Stunden, ein[und]ein*halb* Millionen.

---

[1] Zu *Fünftel* usw. als Maßbezeichnung vgl. 371.

Für *ein[und]einhalb*[1] wird auch *anderthalb* gesagt, das selten flektiert wird:

> *anderthalb* Stunden, *anderthalb* Jahre lang, *anderthalb* Minuten. ... statt der üblichen
> Quote von einer Monatsheuer verlangte er *anderthalbe* (Plievier).

Unbestimmte Zahlangabe wird *halb* in den folgenden Beispielen:

> Die *halbe* Stadt strömte auf dem Platze zusammen. *Halb* Paris war auf den Beinen.
> Frisch gewagt ist *halb* gewonnen (Sprw.).

Zum flexionslosen Gebrauch von *halb* vgl. 445,3.

Die Vervielfältigungszahlwörter

Die Vervielfältigungszahlwörter werden mit der Nachsilbe *-fach* (veralt.: *-fältig,*   469
-faltig) gebildet. Mit ihnen wird angegeben, wie oft, in welcher Anzahl etwas vorhanden ist:

> (bestimmt:) einfach (zweifach, dreifach, hundertfach, hundertfältig, tausendfach, millionenfach usw. ... ein *einfacher* Pfiff besagte: Der Ball ist tot (G. Grass). Wolkenstein
> schließt mit einem *dreifachen* Hurra (Remarque).
> (unbestimmt:) mehrfach, vielfach (vielfältig), mannigfach (mannigfaltig).

Neben *zweifach* wird auch *doppelt* gebraucht. Man unterscheidet – aber nicht
durchgehend – so, daß sich *zweifach* (veralt.: *zwiefach*) auf etwas bezieht, das zwei
unterschiedliche Sachverhalte einschließt, die hervorgehoben werden sollen, während mit *doppelt* ausgedrückt wird, daß dasselbe noch einmal erscheint:

> Das ist ein *zweifaches* Verbrechen (Mord und Raub). ... die Zigeunergeschichte berauschte mich *zweifach:* als von mir ersonnene Geschichte und als von mir verrichtete
> Tat (Bergengruen).
> Geteilte Freude, *doppelte* Freude (Sprw.). *Doppelt* genäht hält besser (Sprw.). Ein Koffer mit *doppeltem* Boden.

Die Gattungszahlwörter

Die Gattungszahlwörter werden aus den Kardinalzahlen *+ -er + -lei* gebildet   470
(*acht + er + lei* usw.) und sind indeklinable Adjektive. Mit ihnen wird die Zahl der
Gattungen, der Arten, aus denen etwas besteht, bezeichnet:

> (bestimmt:) Das ist nicht *einerlei,* o nein (Frisch). Unter welchen Umständen werden
> die Zwillinge für uns *zweierlei* ... sein? (Musil). (Er) tut *zehnerlei* gleichzeitig (Spoerl).
> ... mit Speck und *siebenerlei* Gewürzen (R. Schaumann); *neunerlei* Kräuter (A. Miegel).
> (unbestimmt:) Namen ... von *allerlei* fremdem Klang, *keinerlei* Veranlassung; *mancherlei* persönliche Ziele (Th. Mann); aus *mehrerlei* Gründen. Der Knabe fragte *vielerlei* (Zillich). ... mit *hunderterlei* solcher Vorsätze (Hauptmann). ... seine *tausenderlei*
> Dummheiten und Narreteien (Carossa).

Inhaltlich gehören auch die Wörter *allerart* und *welcherart* hierher.

Die unbestimmten (indefiniten) Zahladjektive

Zu den Zahladjektiven gehören auch Wörter, mit denen eine unbestimmte   471
Menge, ein unbestimmtes Maß, mit denen Lebewesen, Dinge u. ä. allgemein und
unbestimmt angegeben werden:

---

[1] Auch *zweitehalb* („das zweite [andere] nur halb'); ähnlich: *dritt[e]halb, viert[e]halb* usw. Diese
Bildungen sind veraltet:
> Das sind schon *dritthalb* Jahre (Hebbel); um *dritthalb* Jahre (Fontane). In *neunthalben*
> Stunden verlor er Land und Leut' (Uhland).

einzeln, übrig, verschieden, vereinzelt, gewiß, zahlreich, zahllos, weitere, gesamt, ganz, wenig, ungezählt, viel, andere, sonstige u. a.

Man kann sie unbestimmte oder indefinite Zahladjektive nennen.[1]

viel, wenig u. ä.

472 1. Mit Wörtern wie *viel, zahlreich, zahllos, ungezählt* wird eine mehr oder weniger große Menge oder Fülle ausgedrückt, mit *gesamt* und *ganz* die Gesamtheit und mit *wenig, verschieden, gering, einzeln* und *vereinzelt* eine mehr oder weniger kleine Menge oder Fülle. Sie werden wie Adjektive dekliniert (vgl. 477 ff.)[2]:

(Mit vorangehendem Artikel u. ä.:) Das *viele/wenige/ganze/gesamte* schöne Geld war verloren. Sie hat die *vielen/einzelnen/gesamten/verschiedenen* alten Bücher verkauft. Mein *vieles/ganzes* inständiges Bitten war umsonst. Das *wenige* Gute und das *viele* Schlechte in seinem Leben wurde alles wieder lebendig (Kluge). ... (er) starte die *wenigen* kurzen Zeilen an, in denen sein Name durch Sperrdruck hervorgehoben war (Bergengruen).

(Ohne vorangehenden Artikel u. ä.:) *Vielen* Dank! Das hat mich *viele/wenige/geringe* Mühe gekostet. *Viele/Zahlreiche/Einige/Wenige* Menschen waren unterwegs. *Wenige* Gute gleichen *viele* Schlechte aus (Sprw.). Der alte Mensch bedarf nur *wenigen* Schlafes. ... dem sanften, fettigen Glänzen *vielen* Brokates (Doderer).

(Alleinstehend mit Artikel u. ä.:) etwas *Verschiedenes/Vereinzeltes;* nichts *Geringes;* Die *wenigsten/einzelnen/meisten* wissen das.

(Alleinstehend ohne Artikel u. ä.:) Denn *vieles/verschiedenes/weniges/einzelnes* blieb unklar. Ich habe *einzelne/verschiedene/viele/wenige* gesprochen.

2. Ohne vorangehenden Artikel u. ä. werden *viel* und *wenig* häufig flexionslos gebraucht.[3] Im Singular gilt folgendes:

(Im Nom. Mask. nur ohne Endung:) Wo viel Licht ist, da ist *viel* Schatten (Sprw.). Dazu gehört *wenig* Mut.
(Im Akk. Mask. meist flexionslos:) Ich habe *viel/wenig* Kummer in meinem Leben gehabt. (Aber nur:) *Vielen* Dank!
(Im Nom./Akk. Fem. und Neutr. überwiegend flexionslos:) *Viel* Geschrei und *wenig* Wolle (Sprw.). Ich habe *wenig* Hoffnung. Er hat *viel* Gutes getan. *Viel* Vergnügen! Ich habe nur noch *wenig* Geld. (Seltener:) Das hat mich *wenige* Mühe gekostet. ... sie hatte sehr *viele* Zeit zum Nachdenken (Th. Mann). Ich meine nicht *vieles* (= vieles einzelne), sondern *viel* (= ein Gesamtes; Lessing). *Vieles* Rauchen schadet.
(Im Dat. Mask. und Neutr. erscheint die flektierte Form ziemlich häufig neben der unflektierten:) Mit *vielem* hält man haus, mit *wenig* kommt man aus (Sprw.). Mit *viel[em]* Fleiß kannst du es erreichen.
(Im Dat. Fem. überwiegend flexionslos:) Ich habe es mit *viel/wenig* Mühe erreicht (*mit weniger Mühe* könnte mißverständlich sein). (Aber auch:) Mit *vieler* Anstrengung erreichten wir unser Ziel.
(Im Genitiv überwiegend mit Endung:) Der Kranke bedarf *vielen* Schlafes. Sie erfreut sich *vieler* Gunst. Er erfreut sich leider immer nur *wenigen* Beifalls.
(Vor substantivierten Adjektiven im Neutr. Sing. mit *-es:*) ... trotz *vieles* Guten.

Im Plural überwiegen dagegen die flektierten Formen (im Genitiv stehen sie sogar ausschließlich); *viel* ist hier oft zusammenfassend, *viele* vereinzelnd:

Viele Hunde sind des Hasen Tod (Sprw.). Sie machte sich nicht *viel* Gedanken darüber (Musil). Die Kleidung *vieler/weniger* Menschen ist dürftig. Das wissen nur *wenige*. Er

---

1 Mit Wörtern wie *all, einige, mancher, mehrere, sämtliche* werden ähnliche Inhalte ausgedrückt. Von der Wortart her sind dies jedoch Indefinitpronomen, die als Begleiter eines Substantivs (Artikelwort) und als Vertreter eines Substantivs (+ Artikel) gebraucht werden (vgl. 532 und besonders 564).
2 Zur Beugung des folgenden Adjektivs vgl. 483, nach *viel* vgl. 496, nach *wenig* vgl. 498.
3 Zu den Mißverständnissen, die durch die flexionslosen Formen entstehen können, vgl. 494; zur Steigerung von *viel* und *wenig* vgl. 529; zu der festen Verbindung *ein wenig* vgl. 576.

gab mir einige *wenige* Ratschläge (Hesse). (Aber auch:) Im Grunde interessieren mich ja so furchtbar *wenig* Dinge außer meiner eigenen Arbeit (E. Langgässer). ... mit ganz *wenig* Ausnahmen.

andere, sonstige u. ä.

1. Mit Wörtern wie *andere, sonstige, weitere, übrige* wird ausgedrückt, daß ein Wesen, Ding u. a. nicht dasselbe ist wie das, dem es gegenübergestellt wird, daß jemand oder etwas sonst noch, zusätzlich zu anderem, vorhanden ist, als Rest verbleibt. Sie werden wie Adjektive dekliniert (vgl. 477 ff.):[1]   473

> Sie liebt einen *anderen* Mann. Heute sind *andere* Zeiten. Bist du *andern*[2] Sinns geworden? (O. Ernst). Jede *andere/weitere/sonstige/übrige* Überlegung ist unsinnig. (Alleinstehend:) Mit etwas *anderem* kann ich nicht dienen. Wir *anderen/übrigen* waren nicht gefragt. Ein *anderes/übriges* bleibt noch zu tun.

2. Bei *andere* fällt vor -*n* und -*m* häufig entweder das Endungs-*e* oder das *e* der Ableitungssilbe weg:

> des/dem/den/die *ander[e]n* Jungen/(auch:) die *and[e]ren* Jungen; in *ander[e]m* Sinne/ (auch:) in *and[e]rem* Sinne.

Sonst ist es das *e* der Ableitungssilbe, das wegfällt:

> in *and[e]rer* Weise, kein *and[e]rer*, keine *and[e]re*, *and[e]rer* Menschen.

Das Neutrum heißt heute meist nur *and[e]res (ein/etwas/nichts and[e]res)*, im Unterschied zu *anders*, das als Adverb („sonst') besonders in Verbindung mit *wer*, *jemand* und *niemand* gebraucht wird:

> jemand *anders*, niemanden *anders*, mit niemand[em] *anders*, jemandem *anders*, für niemand *anders*; ... da es jetzt einzig und allein darum geht, niemand *anders* zu sein als der Mensch, der ich ...bin (Frisch). (Aber auch noch:) jemand *anderes* (Benrath), niemand *anderes* (Hauptmann). Wem *anders* als Ihnen ... (Th. Mann); wo *anders*, wer *anders*.

Vor allem im Süden des deutschen Sprachgebiets wird dagegen bei *jemand* und *niemand* die maskuline Form *anderer* gebraucht, und zwar seltener im Nominativ, häufiger in den andern Kasus:

> ... jemand/wer *anderer* (Schnitzler). Der Herr ist niemand *anderer* als ... (Quick). Jemand *anderm* (Werfel), jemand *anderen* (Hesse), jemanden *anderen* (Kafka).

Im Dativ wird doppelte Flexion auf -*m (mit niemandem anderem)* vermieden, *anderer* wird hier – wenn überhaupt – mit -*n* gebildet:

> mit niemandem *ander[e]n*; jemandem *andern* (Kafka, Werfel).

Über *ein*+*ander* vgl. 459,5.

Die demonstrativen Adjektive *solch* und *derartig*

1. mit *solch* und *derartig* („so beschaffen/geartet'; „so groß' u. a.) weist der Sprecher/Schreiber ganz allgemein auf die Beschaffenheit (Qualität), oft auch auf den Grad (die Intensität) hin. Diese Wörter haben demonstrative Bedeutung und berühren sich darin mit Demonstrativpronomen wie *dieser* und *jener* (vgl. 558).[3] Sie werden in der Regel wie Adjektive dekliniert[4]:   474

---

1 Zur Beugung des folgenden Adjektivs vgl. 483, nach *andere* vgl. 485.
2 Veraltet und heute selten:
   ...wenn der Kaiser etwa gar *anderes* Sinnes würde (Ric. Huch).
3 Dies gilt etwa auch für Adjektive wie *obig, vorstehend, folgend, nachstehend*.
4 Zur Deklination des Adjektivs nach *derartig* vgl. 483, nach *solch* vgl. 495.

Das Auto fuhr mit einer *solchen/derartigen* (= so großen) Geschwindigkeit gegen den Baum, daß es schrottreif war. [Ein] *solches/derartiges* Wetter habe ich noch nicht erlebt. ... Hohlheit all solchen[1] Plänemachens (Bergengruen). Kein *derartiger* Unsinn ist mir sonst begegnet. Jeder solche Transport ... (V. Baum). ... alle *derartigen* Punkte. *(solch nach all-* wie *dies-:)* ... alle *solche* Anweisungen (Barlach). (Alleinstehend:) Etwas *Derartiges* (= Ähnliches) ist mir noch nicht begegnet! Unter den vielen Telegrammen war auch ein *solches* (= eines) aus London.

2. Die flexionslose (nicht ganz so stark betonte) Form *solch* steht nur in bestimmten Fällen:

> (vor dem unbestimmten Artikel als Variante von *solcher:*) *solch* ein (= solches) Wetter habe ich noch nicht erlebt; *solch* ein prominenter Stern (Werfel); mit *solch* einem (= solchem) Freunde.
>
> (vor einem attributiven oder substantivierten Adjektiv; *ein* kann davorstehen:) *solch* herrliches Wetter; mehr *solch* alten Gewispers (Leip); eines *solch* außerordentlichen Kindes Pflegerin (Mampell); *solch* Schönes.
>
> (vor einem meist neutralen, seltener maskulinen Substantiv im Nom. oder Akk. Sing.:) (Nom. Neutr.:) *Solch* Wetter ist wirklich schwer zu ertragen. (Nom. Mask.:) ... *solch* Theaternarr (Löns); (Akk. Neutr.:) *solch* Ding (Leip); ein *solch* Gefühl (Raabe); (Akk. Mask.:) *solch* Leckerbissen (Leip).

In der gesprochenen Umgangssprache tritt häufig das Adverb *so* (+ *ein* o. ä.) ein, vor allem die Zusammenziehung *son(e)* aus *so* + *ein(e)*.

> *So* was (statt: *solches*) ist doch nicht zu glauben! *So* einer ist das! Das sind *so* Sachen. *Son* Zeug kann ich nicht essen. Ich kann *sone* Leute nicht leiden.

4.2 Die Deklination des Adjektivs[2]

475 Adjektive werden in der Regel ihrer Form nach verändert, dekliniert, wenn sie

- attributiv bei einem Substantiv stehen (vgl. 474; vgl. aber 445):

  der *heftige* Krawall, ein *wichtiges* Gespräch;

- als Gleichsetzungsglied gebraucht werden (vgl. 454):

  Dieses Problem ist ein *öffentliches.* Die ganze Frage scheint mir keine *politische,* sondern eine *pädagogische* zu sein.

- substantiviert sind (vgl. 503; 508):

  das Schwarze, der Abgeordnete, die Beauftragte.

Sie bleiben aber ungebeugt, wenn sie

- als Satzadjektiv (vgl. 447 f.):

  (prädikativ:) Sie ist *tüchtig.* Das nenne ich *verlogen.*
  (adverbial:) Er schläft *gut.* Sie arbeitet *schwer.*

- als Attribut bei einem Adjektiv oder Adverb (vgl. 449) gebraucht werden[3]:

  Ein *abscheulich* kalter Wind bläst heute. Die Burg liegt *hoch* oben.

---

[1] (Seltener, älter oder veraltend:) das Ende *solches* Säumens (R. A. Schröder), die Zerstörung *solches* Friedenstages (Goethe), eine ... Wirkung *solches* Sachverhalts (Th. Mann). Vor Substantiven des Typs S 2 (mit *-en* im Genitiv) wird von *solch-* der Genitiv mit *-es* gebildet *(Die Taten solches Helden).* Meist tritt dafür jedoch *eines solchen* ein.

[2] Vgl. hierzu besonders I. Ljungerud: Zur Nominalflexion in der deutschen Literatursprache nach 1900. Lund 1955.

[3] Wir rechnen die ungebeugten Formen ebenso zur Wortart Adjektiv wie die gebeugten und nicht zur Wortart Adverb, wie die ältere Grammatik. Vgl. hierzu H. Glinz: Der deutsche Satz. Düsseldorf [6]1970, S. 33.

4.2.1 Die Deklination des attributiven Adjektivs[1]

Die Form des attributiven Adjektivs hängt einmal von dem Substantiv ab, bei   476
dem es steht, und zwar

– vom Genus des Substantivs (vgl. 344):

Maskulinum: ein *schneller* Wagen
Femininum: eine *schnelle* Läuferin
Neutrum: ein *schnelles* Auto

– vom Numerus des Substantivs (vgl. 364):

Singular: der *schnelle* Wagen
Plural: die *schnellen* Wagen

– vom Kasus des Substantivs (vgl. 374):

Nominativ: der *schnelle* Wagen
Dativ: dem *schnellen* Wagen

(Man sagt auch, daß zwischen Substantiv und attributivem Adjektiv grammatische Kongruenz in bezug auf Genus, Numerus und Kasus besteht; vgl. 1 268).
Die Form des attributiven Adjektivs hängt zum anderen davon ab, ob es hinter
der, die, das o. ä., hinter *kein, keine, kein* o. ä. oder ob es ganz ohne Artikel o. ä.
vor dem Substantiv steht:

der *schnelle* Wagen – kein *schneller* Wagen – dies Auto gilt als *schneller* Wagen.

Die folgenden Angaben über die Endungen gelten nicht für die wenigen Adjektive, die auch auf *-e* ausgehen können (*blöde, trübe* usw.; vgl. 442). In ihrem Fall
wird die jeweilige Endung ohne *-e (ein trübe-r Tag)* angehängt.

Die Deklinationstypen

Typ I: Das Adjektiv ohne Artikel u. a. (stark)   477

		Maskulinum	Femininum	Neutrum
Singular	Nom.	weich-er Stoff	warm-e Speise	hart-es Metall
	Gen.	(statt) weich-en Stoff[e]s	(statt) warm-er Speise	(statt) hart-en Metalls
	Dat.	(aus) weich-em Stoff	(mit) warm-er Speise	(aus) hart-em Metall
	Akk.	(für) weich-en Stoff	(für) warm-e Speise	(für) hart-es Metall
Plural	Nom.	weich-e Stoffe	warme- Speisen	hart-e Metalle
	Gen.	(statt) weich-er Stoffe	(statt) warm-er Speisen	(statt) hart-er Metalle
	Dat.	(aus) weich-en Stoffen	(mit) warm-en Speisen	(aus) hart-en Metallen
	Akk.	(für) weich-e Stoffe	(für) warm-e Speisen	(für) hart-e Metalle

Da die Endungen des Adjektivs ohne Artikel u. a. weitgehend die gleichen sind
wie die des Pronomens *dieser, diese, diese* (vgl. 561), spricht man hier von pronominaler oder determinierender Deklination des Adjektivs. Hier noch
einmal die Endungen im Überblick:

---

[1]   Zu diesem und dem folgenden Kapitel vgl. K. Wälterlin: Die Flexion des Adjektivs hinter
Formwörtern in der neueren deutschsprachigen Presse. Zürich 1941.

		Maskulinum	Femininum	Neutrum
Singular	Nom.	-er	-e	-es
	Gen.	-en	-er	-en
	Dat.	-em	-er	-em
	Akk.	-en	-e	-es
Plural	Nom.		-e	
	Gen.		-er	
	Dat.		-en	
	Akk.		-e	

Nur im Genitiv Singular vor Maskulina und Neutra wird bei den Adjektiven im Unterschied zu *dieser, diese, dieses* die Endung *-en* gebraucht[1]:

> statt *weich-en* (aber: *dieses*) Stoff[e]s, statt *hart-en* (aber: *dieses*) Metalls; *froh-en* (aber: *dieses*) Herzens, *gut-en* (aber: *dieses*) Mut[e]s.

Nach dem Typ I wird das Adjektiv auch dann dekliniert, wenn es endungslosen Zahladjektiven, den endungslosen Formen *manch, solch, viel, welch, wenig* sowie den Wörtern *etwas* und *mehr* folgt:

> drei neu-e Fahrräder, manch klein-er Junge, bei solch ausgezeichnet-em Arzt, wenig gut-es Essen, etwas warm-e Speise, mehr neu-e Bücher.

Vgl. im übrigen unter 484 ff. die Liste von Zahladjektiven und Pronomen, nach denen die Deklination des folgenden Adjektivs schwankt.

478 **Typ II: Das Adjektiv nach dem bestimmten Artikel u. a. (schwach)**

		Maskulinum	Femininum	Neutrum
Singular	Nom.	der schnell-e Wagen	die schnell-e Läuferin	das schnell-e Auto
	Gen.	des schnell-en Wagens	der schnell-en Läuferin	des schnell-en Autos
	Dat.	dem schnell-en Wagen	der schnell-en Läuferin	dem schnell-en Auto
	Akk.	den schnell-en Wagen	die schnell-e Läuferin	das schnell-e Auto
Plural	Nom.	die		
	Gen.	der schnell-en	schnell-en Läuferinnen	schnell-en Autos
	Dat.	den Wagen		
	Akk.	die		

Bei Adjektiven nach dem bestimmten Artikel *der, die, das* (vgl. 535 ff.), der selbst schon die sog. pronominale (determinierende) Deklination aufweist, werden nur zwei Endungen gebraucht: *-e* (Nom. Sing. und Akk. Sing. außer vor Maskulina) und *-en* (in allen übrigen Formen): Man spricht hier von n o m i n a l e r oder a t t r i b u i e r e n d e r Deklination des Adjektivs:

---

1 Erhalten ist die frühere Deklination mit *-es* nur noch in einigen fest gewordenen Fügungen und Zusammensetzungen (*reines Herzens* [neben: *reinen Herzens*], *geradewegs* [neben: *gerade[n]wegs*]); ferner vor Substantiven des Typs VI und vor substantivierten Adjektiven zur Kennzeichnung des Kasus ([selten, veralt.:] *Genanntes Fürsten Macht war groß; reines Menschen Wollen ...; beim Vergessen empfangenes Guten* [Goethe]).

		Maskulinum	Femininum	Neutrum
Singular	Nom.	-e	-e	-e
	Gen.	-en	-en	-en
	Dat.	-en	-en	-en
	Akk.	-en	-e	-e
Plural	Nom.			
	Gen.		-en	
	Dat.			
	Akk.			

Im Genitiv Sing. Mask. und Neutr., im Akkusativ Sing. Mask., im Nominativ und Akkusativ Sing. Fem. und im Dativ Plur. stimmen die Endungen der Typen I und II überein.

Wie nach dem bestimmten Artikel wird das Adjektiv auch nach *derselb-* und *derjenig-, dies-, jed-, jedwed-, jeglich-* und *jen-* dekliniert:

desselben neu-en Autos, diese alt-en Männer, jedes neu-e Überlegen, jener alt-e Mann.

Vgl. im übrigen unter 484 ff. die Liste von Zahladjektiven und Pronomen, nach denen die Deklination des folgenden Adjektivs schwankt.

Typ III: Das Adjektiv nach *kein, keine, kein* u. a. (gemischt)   479

		Maskulinum	Femininum	Neutrum
Singular	Nom.	kein schnell-er Wagen	keine schnell-e Läuferin	kein schnell-es Auto
	Gen.	keines schnell-en Wagens	keiner schnell-en Läuferin	keines schnell-en Autos
	Dat.	keinem schnell-en Wagen	keiner schnell-en Läuferin	keinem schnell-en Auto
	Akk.	keinen schnell-en Wagen	keine schnell-e Läuferin	kein schnell-es Auto
Plural	Nom.	keine		
	Gen.	keiner schnell-en	schnell-en Läuferinnen	schnell-en Autos
	Dat.	keinen Wagen		
	Akk.	keine		

Die Deklination des Adjektivs nach *kein, keine, kein* (vgl. 574) ist eine Mischung aus dem Typ I (vgl. 477) und dem Typ II (vgl. 478). Der Grund dafür ist, daß *kein, keine, kein* u. a. teils pronominale Endungen hat (*kein-em* wie *dies-em* usw.), teils nicht (*kein,* aber: *dies-er* usw.). Man spricht hier von gemischter Deklination:

		Maskulinum	Femininum	Neutrum
Singular	Nom.	-er	-e	-es
	Gen.	-en	-en	-en
	Dat.	-en	-en	-en
	Akk.	-en	-e	-es
Plural	Nom.			
	Gen.		-en	
	Dat.			
	Akk.			

Ein Vergleich des Deklinationstyps III mit den beiden anderen zeigt, daß seine Endungen im Nominativ und Akkusativ Singular mit den Endungen des Typs I, im Genitiv und Dativ Singular sowie im Plural mit denen des Typs II übereinstimmen.

Wie nach *kein, keine, kein* wird das Adjektiv auch nach dem unbestimmten Artikel *ein, eine, ein* (vgl. 535 ff.) und dem Possessivpronomen *mein, dein, sein* usw. (vgl. 554) dekliniert:

> ein schnell-er Läufer, von einer schnell-en Läuferin, der Preis eines schnell-en Autos; meine neu-en Bücher, unser klein-er Bruder, eurem klein-en Bruder, Euer von allen unterschrieben-er Brief, Ihr an das Amt gerichtet-es Schreiben.

Besonderheiten bei der Deklination des attributiven Adjektivs

Das Deklinationssystem des Adjektivs ist nicht ohne zahlreiche Besonderheiten, die im Folgenden dargestellt werden.

Lautliche Veränderungen in den Deklinationsformen bestimmter Adjektive

480 1. Bei Adjektiven auf *-el, -abel* und *-ibel* wird in attributiver Stellung wie auch im Komparativ (vgl. 515) das unbetonte *e* der Endsilbe getilgt:

> ein *dunkler* (nicht: dunkeler) Wald, einen *noblen* Herrn, ein *eitles* Beginnen, eine *respektable* Leistung, diese *penible* Affaire. (Früher häufig ohne Endungs-*e:*) im *dunkeln* Hain (Lenau).

2. Bei Adjektiven auf *-er* und *-en* bleibt das *e* der Endsilbe gewöhnlich erhalten *(ein finsteres Gesicht, ein ebenes Gelände)*. In poetischer Sprache wird es gelegentlich ausgelassen, bei fremden Adjektiven muß es getilgt werden:

> mit *finstren* Zügen, die *lautre* Seligkeit, ein *ebnes* Land; ein *integrer* Beamter, *makabre* Vorgänge, eine *illustre* Gesellschaft.

Früher wurde bei den Adjektiven auf *-er* (wie bei denen auf *-el*) statt des Endsilben-*e* häufig das Endungs-*e* ausgeworfen *(mit finstern Zügen).*

Häufig ohne *e* stehen auch Adjektive mit Diphthong vor der Endsilbe *-er* (vgl. 515; *die teuren Kleider, die ungeheure Geschichte, die sauren Gurken).*

3. Bei den deklinierten 2. Partizipien auf *-en* fällt aus metrischen Gründen oder zur Erleichterung des Sprechens das *e* der Endung *-en* gelegentlich weg:

> gefrornes (statt: gefrorenes) Wasser, eine zerbrochne (statt: zerbrochene) Ampulle, eine gezogne (statt: gezogene) Linie.

4. Bei *hoch* wird bei der Deklination (auch im Komparativ) der auslautende Konsonant verändert:

> Das Haus ist *hoch*. (Aber:) das *hohe* Haus, die *hohen* Häuser, ein *höheres* Haus.

Das Adjektiv nach Personalpronomen

481 Nach den Personalpronomen wird heute das in der Apposition ohne *als*[1] folgende attributive Adjektiv regelmäßig nach Typ I (stark) gebeugt, weil diese Pronomen keine pronominalen Endungen wie etwa *dieser, diese, dieses* aufweisen *(ich altes Kamel, du armer Junge).* Im Dativ Singular aller drei Genera und im Nominativ Plural treten jedoch Schwankungen auf. Regelmäßig sind folgende Beispiele:

> mir *jungem* Kerl, mir *närrischem* Ding (Th. Mann), von dir *jungem Spund.*

[1] Über die Beugung des Adjektivs in der Apposition mit *als* nach Personalpronomen vgl. 501.

Abweichend davon findet sich die Beugung nach Typ II (schwach), also wie nach *diesem* bzw. *dieser,* vor allem nach *mir* und besonders bei dem Adjektiv *arm*:

> mir *fremden* Menschen (Frenssen), mit *armen* Idioten (Hesse); mir *alten* erfahrenen Frau (G. Hauptmann), dir *alten* Tante.

Besonders im Dativ Fem. wird die Deklination nach Typ II weithin vorgezogen, weil dadurch der zweimalige gleiche Wortausgang auf *-r* vermieden wird (seltener noch: *mir alter Person* [I. Seidel]).

Im Nom. Plur. wird heute das Adjektiv im allgemeinen nach Typ II, also wie nach *diese,* gebeugt, bei *ihr* noch häufiger als bei *wir*:

> wir *erbärmlichen* Wichte, wir *älteren* Leute (Carossa), ihr *motorisierten* Narren (Kästner).

Nach dem Possessivpronomen *Ihr* wird jedoch das folgende Adjektiv nur nach Typ I gebeugt:

> Ihr an das Finanzamt *gerichtetes* Schreiben ...

Das Adjektiv nach den Zahlwörtern *zwei* und *drei*

Bei den wenigen Zahlwörtern, die im Genitiv eine Beugungsendung haben können (*zwei, drei;* vgl. 460), wird das Adjektiv im Genitiv Plural nach der Endung *-er* heute meist nach Typ I (stark) mit *-er* gebeugt: **482**

> in der Betreuung zweier *weiblicher* Wesen (Th. Mann), dreier *achtbarer* Einwohner (Kluge).

Die Deklination nach Typ II (schwach) mit *-en* ist selten:

> zweier liebend *erhobenen* Arme (Wiechert), Wirkungen zweier *mitgestaltenden* Kräfte (Weisgerber).

Das Adjektiv nach unbestimmten Zahladjektiven u. ä. und Pronomen

Besonders zahlreich sind die Schwankungen in der Deklination der Adjektive und Partizipien nach einer Reihe von Wörtern wie *all-, ander-, mehrere, viel-, wenig-* ohne Artikel u. ä., die – von der Wortart her – entweder unbestimmte Zahladjektive (vgl. 471), demonstrative Adjektive (vgl. 474) oder Indefinitpronomen (vgl. 574) sind.   **483**

Die Besonderheit dieser Wörter liegt darin, daß sie wie z. B. das Pronomen *dieser, diese, dieses* in bestimmten Formen die Deklination eines folgenden Adjektivs bestimmen, so daß es nach dem Typ II (schwach; vgl. 478) dekliniert werden muß *(alle guten Kinder* wie *diese guten Kinder),* daß sie jedoch in anderen Formen wie ein Adjektiv diesen Einfluß nicht ausüben, so daß das folgende Adjektiv die gleiche Endung erhält, d. h., daß beide Wörter parallel gebeugt werden, und zwar nach Typ I (stark; vgl. 477; *einige aufmerksame Mädchen* wie *kleine aufmerksame Mädchen,* aber: *diese aufmerksamen Mädchen).*

Bei

> einzeln, gewiß, verschieden, übrige, derartig, letztere, obig, selbig, sonstig, etwaig, ähnlich, besagt, sogenannt, gedacht, ungezählt, unzählbar, unzählig, zahllos, zahlreich, weitere

ohne Artikel u. a. wird das folgende (substantivierte) Adjektiv oder Partizip wie nach einem Adjektiv, also parallel gebeugt (gleiche Endungen):[1]

---

[1] Vgl. T. Hansen: Zur Flexion der Adjektive nach Pronominaladjektiven in der deutschen Literatursprache nach 1945. In: Deutschunterricht für Ausländer 13 (1963), S. 129–137.

obiges zu unseren Gunsten *ausgestelltes* Akkreditiv, derartige *häßliche* Vorkommnisse, ähnliche *andere* Ansprüche (Seidel), einzelne *vorstehende* Haare (Böll), gewisse ... *junge* Leute (Seidel), trotz gewisser *sozialistischer* Komponenten ... (Die Zeit), gewisser *Kranker,* einzelne *Geistliche,* zahlreiche *höhere Beamte* (Kasack).

Veraltet und heute nur selten vorkommend:

verschiedene zu *grellen* Züge (Seume), gewisser *eintretenden* Umstände halber (Musäus), letzteres *harmlose* Vergnügen (Raabe), ein Balkenkreuz und sonstiges *treibende* Gut (Hausmann), zahlreiche *Bundeswehrangehörigen* (Mannheimer Morgen).

Besonders im Dativ Mask. und Neutr. Sing. (vgl. 501) und im Genitiv Plur. wird nach diesen Adjektiven oder Partizipien aber noch gelegentlich das folgende Adjektiv wie nach *diesem* und *dieser* (Typ II) dekliniert:

in selbigem *hessischen* Dorf (H. Frank), verschiedener ... *wachsenden* Pflanzen (Mannheimer Morgen), gewisser *allegorischen* Darstellungen (Scheffler).

Alphabetische Zusammenstellung der wichtigsten unbestimmten Zahladjektive und Pronomen, nach denen die Deklination schwankt

all-

484 Nach *all-* (vgl. auch 575) wird das folgende Adjektiv oder Partizip überwiegend wie nach *dies-* gemäß dem Typ II (schwach) dekliniert, im Singular wie im Plural:

aller ... *erzeugte* Respekt (Fallada), alles *irdische* Glück (Carossa), bei allem *bösen* Gewissen (Hesse), fern von aller *spöttischen* Überlegenheit (I. Seidel), alle *möglichen* Gegenstände (Strittmatter). Aller *guten* Dinge sind drei (Sprw.).

Diese Deklination nach *all-* wird mitunter fälschlicherweise auch auf die Formen des Demonstrativ- und des Possessivpronomens ausgedehnt:

alle *jenen* (statt: *jene*) unzufriedenen Elemente, mit allem *deinen* (statt: *deinem*) Gelde (Dahn).

Die parallele Beugung (gleiche Endungen) wie nach einem Adjektiv kommt heute nur noch selten vor:

aller *inflationärer* Pomp (Th. Mann), aller *interessierter* Kreise (Wirkendes Wort), alle nach dem Süden *reisende,* botanisch *interessierte* Urlauber (Börsenblatt).
(Aber noch bei *halb* und *solch:*) alle *halbe* Jahre, alle *halbe* Stunde[n] (daneben: alle *halben* Jahre/Stunden), alle *solche* Anweisungen (Barlach).

ander-

485 Nach *ander-* (vgl. auch 473) wird das folgende Adjektiv oder Partizip überwiegend wie nach einem Adjektiv parallel gebeugt (gleiche Endungen):

anderes *gedrucktes* Material, bei anderer *seelischer* Verfassung, andere *mitlebende* Dichter (Carossa), in Gestalt anderer *alter* Damen (Seidel).

Im Dativ Sing. Mask. und Neutr. wird jedoch überwiegend wie nach *diesem* gemäß dem Typ II (schwach) gebeugt:

unter anderem *kleinen* Privatbesitz (Th. Mann), anderm *harmlosen* Getier (Fallada).

Sonst ist die Deklination nach Typ II veraltet und heute selten:

anderes *überholte* Gerümpel (Carossa), anderer *trockenen* Plätze (Wüst).

beide

486 Nach *beide* (vgl. auch 460) wird das folgende Adjektiv oder Partizip überwiegend wie nach *dies-* gemäß dem Typ II (schwach) gebeugt:

beide *abgezehrten* Hände, beider *jungen* Menschen.

Die parallele Beugung wie nach einem Adjektiv (gleiche Endungen) gilt als veraltend:

beide *geschlossene* Augen (Hesse), beider *sozialistischer* Parteien (H. Mann).

einig-

Nach *einig-* (vgl. auch 578) schwanken im Singular, der seltener gebraucht wird, die Formen mehr; im Nominativ Mask. und Genitiv/Dativ Fem. wird das Adjektiv oder Partizip wie nach einem Adjektiv parallel gebeugt (gleiche Endungen):   <u>487</u>

einiger *jugendlicher* Unverstand, nach ... einiger *erfolgreicher* Zurwehrsetzung (Leip).

Im Nominativ und Akkusativ Neutr. wird überwiegend wie nach *dieses,* also Typ II (schwach), dekliniert, doch kommt die parallele Beugung (gleiche Endungen) wie nach einem Adjektiv auch vor:

einiges *milde* Nachsehen (Th. Mann), einiges *geborgenes* Mobiliar (Wiesbadener Kurier).

Der Genitiv Mask. und Neutr. wird bei *einig-* selbst schon vorwiegend mit *-en* gebildet (vgl. 578), so daß es heißt:

einigen jugendlichen Unverstandes (selten: *einiges jugendlichen* Unverstandes).

Im Dativ Mask. und Neutr. wird weitgehend wie nach *diesem,* also Typ II (schwach), gebeugt:

bei einigem *guten* Willen (Th. Mann).

Im Plural wird nach *einige* wie nach einem Adjektiv parallel gebeugt (gleiche Endungen):

einige *übernationale* Aspekte (Die Zeit), die Machtentfaltung einiger *wichtiger* Staaten (Die Zeit).

Im Genitiv Plural wird noch gelegentlich wie nach *dieser,* also Typ II (schwach), gebeugt, doch gilt das als veraltend:

die Spitzen einiger *großen* Radnägel (Immermann).

etlich-

Nach *etlich-* (vgl. auch 578) wird das folgende Adjektiv oder Partizip überwiegend wie nach einem Adjektiv parallel gebeugt (gleiche Endungen):   <u>488</u>

etliche *schöne getriebene* Becher.

etwelch-

Nach dem veralteten *etwelch-* ‚einige' (vgl. auch 589) wird das folgende Adjektiv oder Partizip wie nach einem Adjektiv parallel gebeugt (gleiche Endungen):   <u>489</u>

etwelches *ökonomisches* Interesse (Th. Mann), etwelche *verrückte* Eingebungen. (Veraltet:) etwelches *kleine* Geschenk (H. Hoffmann).

folgend-

Im Singular wird nach *folgend-* (vgl. auch 474) das folgende Adjektiv oder Partizip im allgemeinen wie nach *dies-* gemäß dem Typ II (schwach) gebeugt: <u>490</u>

folgender *überraschende* Anblick (Werfel), folgendes *schauderhafte* Geschehnis (Penzoldt), nach folgendem ... *wirksamen* Prinzip (Kirst), folgender *kleinen* Begebenheit (Rilke).

Im Plural überwiegt die parallele Beugung wie nach einem Adjektiv (gleiche Endungen):

> folgende *auffallende* Fakten (Bergengruen).

Doch kommt die Beugung nach Typ II (wie nach *dies-*) noch vor, zumal im Genitiv:

> folgende *interessanten* Sätze (Kesten), wegen folgender *wichtigen* Ereignisse.

irgendwelch-

491   Nach *irgendwelch-* (vgl. auch 589) wird das folgende Adjektiv oder Partizip entweder parallel wie nach einem Adjektiv (gleiche Endungen) oder aber wie nach *dies-*, also Typ II (schwach), gebeugt:

> irgendwelches *dummes* Zeug, irgendwelches *aufgelesene* Zeug (Plievier); mit irgendwelchem *altem/alten* Plunder; von irgendwelcher *tierischer* Herkunft; aus irgendwelcher *inneren* Tasche, irgendwelche *sinnlosen* Schüsse (Th. Mann); irgendwelche *neue* Arbeiten (Hesse); die Meinung irgendwelcher *klugen* Leute, um irgendwelcher *erzieherischer* Gesichtspunkte willen (Th. Mann).

manch-

492   Im Singular wird nach *manch-* (vgl. auch 584) das folgende Adjektiv oder Partizip wie nach *dies-* gemäß dem Typ II (schwach) gebeugt:

> mancher *heimliche* Pfad, manches *umfangreiche wissenschaftliche* Werk (Wassermann), manches *jugendlichen* Schäfers Auge (Münchhausen), mit manchem *zärtlichen* Seufzer (P. Ernst), in mancher *heißen* Stunde (Blunck). (Veraltet:) manches *poetisches* Fahrzeug (Herder).

Im Plural wird sowohl nach Typ I (stark) als auch Typ II (schwach) gebeugt:

> ... manche *alten* Weiber (Kluge). Manche *deutsche* Gegner Hitlers dachten ähnlich (Der Spiegel). ... in den Augen mancher *deutscher* und *spanischer* Altsozialisten (Die Zeit). ... trotz mancher bereits *ausgesprochenen lieblosen* Bemerkungen (Fallada).

Nach *manch* (ohne Endung) wird das folgende Adjektiv immer nach Typ I gebeugt:

> manch *liberaler* Politiker; manch *veraltetes* Wort.

mehrere

493   Nach *mehrere* (vgl. auch 585) wird das folgende Adjektiv oder Partizip wie nach einem Adjektiv parallel gebeugt (gleiche Endungen):

> mehrere *dunkle* Kleider.

Im Genitiv Plural wird daneben auch wie nach *dieser,* also Typ II (schwach), gebeugt:

> In Begleitung mehrerer *bewaffneter* Helfershelfer ... (H. Mann). (Aber auch:) Im Inneren mehrerer von der Decke *herabhängenden* Totenschädel ... (Ric. Huch).

sämtlich-

494   Im Singular wird nach *sämtlich-* (vgl. auch 588) das folgende Adjektiv oder Partizip wie nach *dies-* gemäß dem Typ II (schwach) gebeugt:

> sämtlicher *aufgehäufte* Mist, sämtliches *gedruckte* Material (Wassermann), mit sämtlichem *gedruckten* Material, mit sämtlicher *vorhandenen* Energie.

Dies gilt vorwiegend auch für den Plural:

> sämtliche *alten* Räume (Zuckmayer), sämtlicher *westdeutschen* Parteien (Der Spiegel).

Seltener ist parallele Beugung (gleiche Endungen) wie nach einem Adjektiv im Nominativ und Akkusativ, häufiger dagegen im Genitiv:

> sämtliche *schwedische* Offiziere (Ric. Huch), sämtliche *kleine* ... Rollfelder (Akk.; Quick); meine exakte Beherrschung sämtlicher bei Karl May *vorkommender indianischer* und *arabischer* Eigennamen (Zuckmayer), in der Psychologie sämtlicher *anderer* Tiere (Lorenz).

solch-

Im Singular wird nach *solch-* (vgl. auch 474) das folgende Adjektiv oder Partizip wie nach *dies-* gemäß dem Typ II (schwach) gebeugt: **495**

> solcher *weiche* Stoff (selten parallel: solcher *junger* Mensch [Schädlich], all solcher *abergläubischer* Spuk [Luserke]), solches *herrliche* Wetter, in solchem *grauen* Giebelhause (Th. Mann), aus solcher *übelwollenden* Stimmung heraus (H. Mann).

Im Genitiv Fem. und Dativ wird gelegentlich wie nach einem Adjektiv parallel gebeugt (gleiche Endungen):

> solcher *erziehender* Beeinflussung (Hesse), zu solcher *unterschiedlicher* Einstellung (Mannheimer Morgen); in solchem *natürlichem* Wachstum (Muttersprache).

Im Plural wird überwiegend wie nach *dies-*, also Typ II (schwach), dekliniert:

> soche *zahmen* Versuche (Barlach), solche *unchristlichen* Reden (P. Ernst), solcher *geglückten* Symbole (Langgässer).

Aber auch die parallele Beugung (gleiche Endungen) wie nach einem Adjektiv tritt ziemlich häufig auf:

> solche *prachtvolle* Attacken (Hesse), die Ausnutzung solcher *vereinzelter* Fälle (Hör zu), das Ergebnis solcher *komplizierter* Umformungen (Sprachpflege).

Nach *solch* (ohne Endung) wird das folgende Adjektiv immer nach Typ I (stark) gebeugt:

> solch *harmonischer* Ausklang; solch *unerhörtes* Vorgehen.

viel-

Nach *viel-* (vgl. 472) schwanken im Singular die Formen sehr stark; im Nominativ Mask., der seltener gebraucht wird, wird nach *vieler* das folgende Adjektiv oder Partizip wie nach einem Adjektiv parallel gebeugt (gleiche Endungen):   **496**

> vieler *schöner* Putz.

Im Nominativ/Akkusativ Neutr. und im Dativ Mask. und Neutr. wird jedoch fast ausschließlich wie nach *dieses* und *diesem* gemäß dem Typ II (schwach) gebeugt:

> vieles *andere* Zeug (Tumler), mit vielem *kalten* Wasser (Fallada).

Im Genitiv und Dativ Fem. überwiegt die parallele Beugung wie nach einem Adjektiv (gleiche Endungen):

> so vieler *bisheriger* Philosophie (Morgenstern). (Veraltend auch:) ... mit vieler *klassischen* Gelehrsamkeit (Lessing).

Im Plural wird nach *viel-* das folgende Adjektiv oder Partizip wie nach einem Adjektiv parallel dekliniert (gleiche Endungen):

> viele *kleine* Kümmernisse (L. Rinser), viele *freundliche* Namen (Rilke), vieler *heimlicher* Witze (Alverdes). (Im Genitiv gelegentlich wie nach *dieser* [schwach]:) vieler *entzückten* Briefe (Schäfer).

Nach *viel* (ohne Endung) wird das folgende Adjektiv immer nach Typ I (stark) dekliniert:

> viel *unnötiger* Aufwand; viel *rohes* Gemüse.

Man achte jedoch darauf, daß die endungslose Form gegenüber der gebeugten den Sinn völlig verändern kann:

> viele *ältere* Studenten, gegenüber: viel *ältere* Studenten.

welch-

497 Nach *welch-* (vgl. auch 589) wird das folgende Adjektiv oder Partizip im allgemeinen wie nach *dies-* gemäß dem Typ II (schwach) gebeugt:

> welcher *andere* Text (Kafka), welches *reizende* Mädchen (Benrath); (selten parallel: welcher *technischer* Redakteur [Börsenblatt]); welches *braven* Kindes, mit welchem *unerschütterlichen* Willen (A. Neumann), in welcher *aufregenden* Stunde (Gollwitzer), welche *herrlichen* Glieder (Th. Mann); (selten parallel: welche *verschiedene* Arten und Weisen [G. Hauptmann]); welcher *menschlichen* Gebete (Bergengruen).

Nach *welch* (ohne Endung) wird das folgende Adjektiv immer nach Typ I (stark) gebeugt:

> welch *bezaubernder* Anblick; welch *hartes* Los.

wenig-

498 Im Singular und Plural wird nach *wenig-* (vgl. auch 472) das folgende Adjektiv oder Partizip wie nach einem Adjektiv parallel dekliniert (gleiche Endungen), mit Ausnahme des Dativs Sing. Mask. und Neutr.:

> weniger *schöner* Schmuck, weniges *gutes* Essen, mit weniger *geballter* Energie, wenige *wilde* Jahre (Luserke), weniger *hoher* Kerzen (Scholz).

Im Dativ Sing. Mask. und Neutr. wird wie nach *diesem* gemäß dem Typ II (schwach) dekliniert:

> mit wenigem *guten* Willen.

Nach *wenig* (ohne Endung) wird das folgende Adjektiv immer nach Typ I (stark) dekliniert:

> wenig *angenehmes* Wetter; wenig *gute* Freunde.

Man achte darauf, daß die endungslose Form gegenüber der gebeugten den Sinn völlig verändern kann:

> wenig *gutes* Essen, gegenüber *weniges gutes* Essen.

Anmerkung

499 Stehen *der, ein, kein, dieser, jener* oder das Possessivpronomen zusammen mit *ander-, solch-, viel-, wenig-* oder Zahlwörtern wie *zwei, drei* vor einem folgenden attributiven Adjektiv, dann werden sie für die Deklination des attributiven Adjektivs maßgebend, nicht *ander-* usw.:

> der andere *kleine* Junge, ein solcher *unerschöpflicher* Schwall (Hofmannsthal), *irgendein* anderer *hoher* Beamter (Carossa), diese beiden *treuen* Freunde, der Verlust *meines* vielen *gesparten* Geldes, unsere drei *lieben* Kinder.

Tritt das Possessivpronomen hinter *all, dieser* oder *jener*, dann wird es für die Deklination des folgenden Adjektivs maßgebend:

> dieses mein *großes* Glück, dieser unser *liebster* Freund.

Das Adjektiv nach bestimmten Demonstrativ- und Relativpronomen

Nach den Demonstrativ- und Relativpronomen *dessen* und *deren* wird das fol-   500
gende attributive Adjektiv nach Typ I (stark) dekliniert, weil die Pronomen als
attributive Genitive keinen Einfluß auf die Flexion der folgenden Wortgruppe
ausüben:

> Der Künstler, dessen *tiefempfundenes* Spiel alle begeisterte, ... Bundesrichter Hengs-
> berger, dessen *mündliche* (nicht: mündlichen) Äußerungen ... Raritätswert haben (Der
> Spiegel 1965); ... vor den Toren der Stadt ... betrachtete er deren *zahlreiche* (nicht:
> zahlreichen) Bauten (FAZ).
> Der Künstler, von dessen/Die Künstlerin, von deren *tiefempfundenem* Spiel alle ergrif-
> fen waren ...

Ganz vereinzelt tritt im Dativ Sing. die Deklination nach Typ II (schwach) auf:

> Der Ausdruck ... wird dessen *eigentümlichen* Stellung ... vorzüglich gerecht (Hesse). Sie
> (die Stadt) lag sogar in einer deutschen Sprachinsel, wenn auch auf deren *äußersten*
> Spitze (Musil).

Zur falschen Beugung von *deren* und *dessen (derem* und *dessem)* vgl. 560,2 und
569 f.

Das Adjektiv in der Apposition

Steht das artikellose attributive Adjektiv in einer Apposition (vgl. 1124, dann muß   501
regelgemäß die Deklination nach Typ I (stark) eintreten (über das Adjektiv in der
Apposition ohne *als* nach einem Personalpronomen vgl. auch 481):

> Frau Dr. Erika Schneider, *ordentliche* Professorin; ein Stück *brüchiges* Eisen; von
> Herrn Erich Müller, *ordentlichem* Professor; ... und seiner Ehefrau Wilhelmine, *gebo-*
> *rener* Schmidt; ich/du/er als *ältester* Sohn; ihr/dir/mir als *ältester* Tochter; ihm/dir/mir
> als *ältestem* Sohn; für sie als *überzeugte* Pazifistin; wir als *treue* Freunde; mit einer
> Schiffsladung *kanadischem* Weizen.

Häufig wird aber im Dativ das attributive Adjektiv so sehr auf den Artikel (Pronomen) des Bezugswortes oder auf das Pronomen (als Bezugswort) bezogen, daß
es nach Typ II (schwach) dekliniert wird:

> mit *seiner* Ehefrau Wilhelmine, *geborenen* Schmidt; in *der* kleinen Gertrud Hacken-
> dahl, *geborenen* Gudde (Fallada); mit *einer* Art *wilden* Ironie; mit *einem* Stück *brüchi-*
> *gen* Eisen; *ihm* als *jüngsten* Vertreter (Die Zeit); *ihr* als *jüngsten* Schwester.

Wenn die Apposition im Nominativ steht, dann gilt dies natürlich auch für das
attributive Adjektiv:

> und seiner Ehefrau Wilhelmine, [die eine] *geborene* Schmidt [ist] ... Also da liegt nun
> dieses mondbeschienene Land vor Frau Emma Pinneberg, *geborene* Mörschel (Fal-
> lada).

Die Deklination mehrerer attributiver Adjektive

Wenn zwei oder mehrere gleichwertige (nebengeordnete) attributive Adjektive   502
(Partizipien) nebeneinanderstehen, dann werden sie parallel gebeugt, d. h., sie
erhalten alle die gleichen Endungen:

> ein breit*er*, tief*er* Graben; eines breit*en*, überaus tief*en* Grabens; von einer hübsch*en*,
> gepflegt*en* Erscheinung; nach lang*em*, außerordentlich schwer*em* Leiden; in dem brei-
> t*en*, tief*en* Graben; auf best*em*, holzfrei*em*, hochglänzend*em*, Papier; in den breit*en*,
> tief*en* Graben; eine groß*e*, nervig*e* und ruhig*e* Hand.

Selbst wenn das unmittelbar vor dem Substantiv stehende Adjektiv mit dem Substantiv einen Gesamtbegriff bildet (sog. Einschließung), werden die Adjektive

parallel gebeugt. Die frühere Regel, daß in diesem Falle beim Dativ Singular und Genitiv Plural das zweite der artikellosen Adjektive nach Typ II (schwach) gebeugt werden müsse, gilt nicht mehr:

> bei dunkl*em* bayerisch*em* Bier, der Genuß hoh*er* künstlerisch*er* Leistungen; (und nicht mehr wie früher:) bei dunkl*em* bayerisch*en* Bier, der Genuß hoh*er* künstlerisch*en* Leistungen.

Im Dativ Sing. Mask. und Neutr. wird allerdings das zweite Adjektiv auch noch nach Typ II gebeugt:

> auf schwarz*em* hölzern*en* Sockel (Carossa), an weiter*em* leicht*en* Gewichtsverlust (Th. Mann), in einem Kleid aus rot*em* duff*en* Stoff (Jahnn), in fremdartig*em* physikalisch*en* Zustand (Mannheimer Morgen), mit frisch*em* rot*en* Gesicht (Döblin).

Bei enger Verbindung von zwei oder mehreren attributiven Adjektiven oder Partizipien wird mitunter nur das letzte gebeugt. Diese Fügungsweise, bei der die Adjektive in getrennter Schreibung nebeneinander (mit oder ohne *und*) stehen, ist heute veraltet:

> ... in *mondlos stillen* Nächten (Uhland). *Ursprünglich eignen* Sinn laß dir nicht rauben! (Goethe). ... in *schwarz und weißer* Emaille (Th. Mann). ... im Wechselspiel der *frisch und müden* Kräfte (Hofmannsthal).
> (Ähnlich:) das *königlich preußische* Porzellan, ein *großherzoglich badischer* Grenzpfahl.

Heute werden solche Fügungen, soweit sie nicht durch *und* verbunden sind, meist zusammengeschrieben oder mit Bindestrich gekoppelt, weil mit ihnen eine bestimmte Gesamtvorstellung ausgedrückt wird:

> *naßkaltes* Wetter, ein *dummdreistes* Benehmen, mit seiner *feuchtfröhlichen* Meteorologie (Th. Mann), das *grünbleiche* Antlitz (Carossa), ein *trübkühler* ... Nachmittag (Zuckmayer), mit *schmalsteifer* Verbeugung (Broch), manch *naiv-eitle* Frau (Strehle), eine *schaurig-schöne* Erzählung, seine *ruhig-ernste* Art.

Bei zwei oder mehreren attributiven Farbadjektiven werden Bedeutungsunterschiede durch Zusammenschreibung bzw. Bindestrichsetzung deutlich gemacht:

> ein *blau-rotes* Kleid (= die Farben Blau und Rot in beliebiger Verteilung selbständig nebeneinander, zwei Farben) gegenüber: eine *blaurote* Nase (= mit einer bläulichen Abschattung des Rots, eine Farbe).[1]

4.2.2 Die Deklination des substantivierten Adjektivs und Partizips

503 Substantivierte Adjektive (Partizipien) werden im allgemeinen wie attributive Adjektive dekliniert (vgl. 476):

Deklination nach Typ I (stark)

> ein Glücklich*er*, dein Vorgesetzt*er*, ein Blind*er*, ein Ertrinkend*er*, Lieb*er*!, mit Bedient*em* und Gepäck (I. Seidel); dies grundsonderbare Trio von Dichter, Freund und Geliebt*er* (Th. Mann; Dat. Sing. Fem.; aber Hesse: Ich hatte aber mit des Grafen Geliebt*en* eine Zusammenkunft); viel/wenig/etwas/nichts Gut*es*; sie sind Angestellte, Delegierte; unser Kleiner, sein Inner*es*; mir völlig Ahnungslos*em* (Wiechert); (auch häufig schon:) mir Arm*en* (Th. Mann; vgl. 481).

---

[1] Eine Ausnahme hiervon bilden die Bezeichnungen für wappenkundliche Farbverbindungen (z. B. *schwarzrotgoldne Fahne*), die man – Mißverständnisse sind nicht möglich – zusammenschreibt, obwohl gar keine Farbmischung (Abschattung) vorliegt.

Deklination nach Typ II (schwach)

der Alte, das Bezaubernde, eines Angestellten, Verlust der Vertikalen (Döblin), die Abgeordneten, in jedem Ganzen, dir Heiligen (Th. Mann; Dat. Sing. Fem.; nach 481), wir Deutschen (nach 481; oft auch: wir Deutsche); wir Liberalen (nach 481; auch: wir Liberale), wir Rothaarigen (nach 481; selten: wir Rothaarige)[1], Ihr Hochmütigen (Carossa; nach 481; selten: Ihr Gelehrte [Hesse]); (abweichend, vgl. 482:) zweier Liebenden (P. Ernst), zweier Obern (Hesse), (seltener auch stark:) dreier Enthaltsamer, ihres Inneren (Th. Mann).

Besonderheiten bei der Deklination des substantivierten Adjektivs und Partizips

Die Deklination nach unbestimmten Zahladjektiven u. ä. oder Pronomen

Nach den unter 484 ff. genannten Zahladjektiven u. ä. oder Pronomen wird das substantivierte Adjektiv oder Partizip, von einigen Abweichungen abgesehen, ebenso dekliniert wie das attributive Adjektiv:

504

all-

alles Wichtige, allem Ekelhaften, alle Neugierigen, aller Arbeitenden; (selten:) alle Anwesende.

ander-

manch anderer Gelehrter; mit anderem Neuen, andere Bekannte; anderer Leidtragender.

beide

beide Angestellten, beider Reisenden (selten: beide Gelehrte).

einig-

einiges Private; einiges Schöne; mit einigem Neuen, einige besonders Fromme, einiger Gelehrter; (selten:) einiger Gefangenen.

etlich-

etliche Neugierige.

etwelch-

etwelche Verwandte, etwelcher Verwandter (Gen. Plur.).

folgend-

folgender Angestellte, folgendes Neue, mit folgendem Angestellten, mit folgender Vorsitzenden; (Plur.:) folgende Angestellte (auch noch: folgende Angestellten), folgender Angestellter (auch noch: folgender Angestellten).

irgendwelch-

irgendwelches Neues/Neue; irgendwelche Reisende/Reisenden; irgendwelcher Angestellter/Angestellten.

---

[1] Wenn die substantivierten Adjektive und Partizipien lexikalisiert sind und den Charakter eines Substantivs haben (z. B. der Deutsche, der Liberale, der Grüne), dann kommt die starke Beugung häufiger vor. Bei den anderen Substantivierungen (z. B. der Rothaarige, der Glückliche, der Furchtlose) ist die starke Beugung ganz ungewöhnlich.

manch-

> mancher Reisende, manches Neue, mit manchem Schönen, mit mancher Geliebten; manche Jugendliche/Jugendlichen; manche Intellektuelle/Intellektuellen; mancher Deutscher/Deutschen; manch Neues.

mehrere

> mehrere Beamte, mehrerer Gelehrter (auch noch: Gelehrten).

sämtlich-

> sämtliches Schöne, mit sämtlichem Neuen; sämtliche Gefangenen (selten auch: Gefangene); sämtlicher Eingeladenen (seltener auch: Eingeladener).

solch-

> solches Schöne, mit solchem Schönen; solche Versicherten (selten auch: Versicherte); solche Jugendlichen (selten auch: Jugendliche); solcher Armen (seltener auch: Armer); solch Gutes.

viel-

> vieles Seltsame, mit vielem Neuen, viele Fremde (seltener auch: Fremden); viele Angehörige (seltener auch: Angehörigen); vieler Untergebener (seltener auch: Untergebenen); viel Schönes.

welch-

> welcher Reisende, welches Schöne, mit welchem Neuen, welche Mächtigen.

wenig-

> weniges Gutes, mit wenigem Neuen, wenige Auserwählte, weniger Reicher; wenig Gutes.

Zur Deklination des substantivierten Adjektivs [Partizips] nach *einzeln, zahlreich, verschieden, gewiß* usw. vgl. 483.

Das substantivierte Adjektiv und Partizip in der Apposition

505 Steht das artikellose substantivierte Adjektiv als Apposition, so muß nach 501 regelmäßig die Deklination nach Typ I (stark) eintreten (über das substantivierte Adjektiv nach einem Personalpronomen vgl. 503):

> unser langjähriges Mitglied, *Verlagsangestellter* Ludwig Schmidt; ich als *Vierzehnjähriger;* du/er als *Ältester;* wir als *Älteste,* ihr als *Älteste.*

Im Dativ wird das substantivierte Adjektiv (Partizip) häufig so sehr auf den Artikel (das Pronomen) des Bezugswortes oder auf das Pronomen (als Bezugswort) bezogen, daß es nach Typ II (schwach) gebeugt wird:

> mit unserem langjährigen Mitglied, *Verlagsangestellten* Ludwig Schmidt, ... (selten: Verlagsangestelltem); mir/dir/ihm als *Ältesten* (seltener: *Ältestem*); ihm als *Verliebten,* (seltener:) ihm als *Verliebtem* (Hesse); ihm als kaum *Dreißigjährigen* (Werfel); ihm als *Beamten,* dir als *Gelehrten.*

Beim Dativ Sing. Fem. wird die starke Form auf *-er* im allgemeinen vermieden, weil sie mit dem Nominativ Mask. gleich lautet:

> mit seiner Frau, *Vorsitzenden* (eigtl.: Vorsitzender) des Vereins für alleinstehende Mütter; bei Frau Arndt, *Vorsitzenden* ...; ihr als Ältesten (eigtl.: ihr als Ältester).

Manchmal ist bei Beugung nach Typ II (schwach) der Numerus des Wortes nicht klar:

> Die Chancen in dem Kampf zwischen Richter und *Angeklagten* ... (Edschmid).

Angeklagten kann Dativ Sing. wie Dativ Plural sein. Wo Mißverständnisse entstehen können, empfiehlt sich daher eine andere Satzkonstruktion.

Das substantivierte Adjektiv und Partizip nach einem nach Typ I (stark) gebeugten attributiven Adjektiv

Wenn ein substantiviertes Adjektiv einem nach Typ I (stark) gebeugten attributiven Adjektiv folgt, dann tritt die parallele Beugung (gleiche Endungen) heute im Nominativ Sing. Mask., im Nominativ und Akkusativ Plur. und überwiegend im Sing. Neutr. auf; im Dativ Sing. Mask., Fem. und Neutr. überwiegt die Beugung nach Typ II (schwach) wie nach *dies-*, im Genitiv Plur. tritt sie gelegentlich auf (vgl. 502).   506

Nominativ Singular Maskulinum:

> unser reicher *Bekannter,* ein integrer *Beamter,* ein international anerkannter schwedischer *Gelehrter.*

Nominativ und Akkusativ Singular Neutrum:

> einen Notersatz für fehlendes *Sinnliches* (Hesse); vergangenes *Unvergängliches* (Jatho).

Die Deklination wie nach *dieses,* also Typ II (schwach), tritt hier nur bei bestimmten substantivierten Adjektiven auf, besonders bei *Äußere, Innere, Ganze.* Sonst ist sie nicht üblich:

> ein anmutiges *Äußere* (Kluge), in mein eigenes *Innere* (Th. Mann). (Aber häufig auch parallel:) mein ganzes *Inneres* (Th. Mann); ein einheitliches *Ganzes* bilden, ein geniales *Ganzes* (Musil).

Dativ Singular Neutrum:

> Du ... hast deiner Magd noch von fernem *Zukünftigem* geredet (Th. Mann). (Aber auch: ... ein volles Maß von eigenem *Menschlichen* (Morgenstern), nach genossenem *Guten.*

Im Dativ Sing. Mask. und Fem. wird im allgemeinen wie nach *diesem* bzw. *dieser,* also Typ II (schwach), dekliniert:

> (Dat. Sing. Mask.:) Eine Mischung zwischen weltfremdem *Gelehrten* und geschicktem Diplomaten. ... das ihn zu jedermann beliebtem *Bekannten* machte (H. E. Busse). (Dat. Sing. Fem.:) ... mit spielenden *Linken* ... mit spielender *Rechten* (Hesse); bei dem angeblichen Baron Perotti und dessen blatternarbiger *Geliebten* (Schnitzler); Bahn muß deutscher *Reisenden* Schadenersatz zahlen (Wiesbadener Kurier); aber gelegentlich: Herzoperation an junger *Deutscher* (ebd.).

Nominativ und Akkusativ Plural:

> drei männliche *Angestellte* (Th. Mann), ausscheidende *Bundestagsabgeordnete.* (Gelegentlich:) Wir haben alte und gelähmte *Kranken* (Die Welt).

Genitiv Plural:

> an den Sterbebetten naher *Angehöriger* (Th. Mann). (Aber auch:) Überwachung wichtiger *Kriminalbeamten* (FAZ).

Stehen das Adjektiv und das ihm folgende substantivierte Adjektiv (Partizip) nach der gemäß Typ I (stark) deklinierten Form eines der unter 484 ff. aufgeführten unbestimmten Zahladjektive und Pronomen, dann wird die ganze Wortgruppe heute meist parallel gebeugt, wenn nicht die dort genannten Ausnahmen eintreten:

manche kaufmännische Angestellte (häufig auch: manche kaufmännischen Angestell-ten, aber **nicht**: manche kaufmännische Angestellten); nach der Meinung mancher kaufmännischer Angestellter (häufig auch: mancher kaufmännischen Angestellten, aber **nicht**: mancher kaufmännischer Angestellten); einige mitleidige nahe Ver-wandte, durch die Hilfe einiger mitleidiger naher Verwandter; in Gesellschaft anderer gleichgültiger Reisender (Schnitzler).

Ebenso bei der Apposition (mit den unter 505 genannten Ausnahmen):

ich als ältester Angestellter, wir als gute Deutsche, mir als technischem Angestellten, mir als ältester Angestellten (Dat. Fem.), ihm als bekanntem Afrikareisenden (Börsen-blatt).

Schwankungen zwischen adjektivischer und substantivischer Deklination

507 Während die substantivierten Adjektive (Partizipien) im allgemeinen wie attribu-tive Adjektive dekliniert werden, gibt es auch solche, die sich so sehr von ihrer ur-sprünglichen Wortart gelöst haben, daß sie wie ein Substantiv dekliniert werden (vgl. 380 f.):

– wie ein Substantiv des Typs II *(der Lehrer):*

der Gläubiger – des Gläubigers – die Gläubiger – zwei Gläubiger; die Forderungen aller Gläubiger. (Im Gegensatz zu:) *der Gläubige* – des Gläubigen – die Gläubigen; die Hoffnung der Gläubigen (adjektivisch, entsprechend zu: die Hoffnung der *gläubigen* Christen).

– wie ein Substantiv des Typs IX *(die Blondine):*

die Kokette – der Kokette – die Koketten – zwei Koketten. (Im Gegensatz zu:) *die Blonde* – der Blonden – die Blonden – zwei Blonde (adjektivisch, entsprechend zu: zwei *blonde* Frauen).

– wie ein Substantiv des Typs VI *(der Mensch):*

der Invalide – des Invaliden – die Invaliden – zwei Invaliden. (Entsprechend:) der Junge, der Falbe. (Im Gegensatz zum Adjektiv:) die *invaliden* Männer, zwei *invalide* Männer.

Nach Typ III oder VI wird *der Oberst* (vgl. 385,2) gebeugt.

Schwankungen treten bei substantivierten Adjektiven (Partizipien) auf, die z. T. adjektivisch, z. T. substantivisch dekliniert werden:

(wie ein Adjektiv dekliniert:) *die Brünette* – mit der/einer Brünetten (wie: *brünetten* Frau) – die Brünetten – zwei Brünette; (häufiger wie ein Substantiv, etwa wie *die Blon-dine*, nach Typ IX [vgl. 380] gebeugt:) die Brünette – der Brünette – mit einer Brü-nette – zwei Brünetten;

(überwiegend wie ein Substantiv dekliniert, im Singular endungslos, im Plural auf *-n* wie etwa *die Gabe;* vgl. 380:) *die Parallele* – der Parallele – die Parallelen; (ohne Arti-kel, z. B. mit einer Kardinalzahl, im Plural auch ohne *-n:*) *zwei Parallele* (entsprechend zu: zwei *parallele* Linien) neben *zwei Parallelen;* entsprechend:) die Vertikale, die Ho-rizontale;

(mit Artikel wie ein Adjektiv gebeugt:) *die Elektrische* – der Elektrischen – die Elektri-schen, (entsprechend zu: die *elektrischen* Bahnen); (ohne Artikel, z. B. mit einer Kardi-nalzahl, im Plural mit oder ohne *-n:*) *zwei Elektrische* (entsprechend zu: zwei *elektri-sche* Bahnen) neben *zwei Elektrischen;* (entsprechend:) die Gerade, die Senkrechte, die Waag[e]rechte;

(ohne Artikel regelgemäß wie ein Adjektiv gebeugt:) *zwei Angestellte* (entsprechend zu: zwei *angestellte* Männer). Es waren lauter *Gelehrte* (entsprechend zu: Es waren lauter *gelehrte* Männer). (Fälschlich auch:) zwei Angestellten; es waren lauter Gelehrten. (Aber schon korrekt bei *Illustrierte:*) ... Menschen, die am Kiosk Zigaretten, Bier und *Illustrierten* kauften (K. Korn). (Häufiger:) ... ein paar Bücher, Spielkarten, Romanheftchen, *Illustrierte* (entsprechend zu: *illustrierte* Blätter) und Zeitungen aus Deutschland (Kuby).

Gelegentlich kann die Entwicklung von der adjektivischen zur substantivischen Deklination wieder umgekehrt werden, z. B. bei *die Rechte*:

an ihrer stolzen *Rechte* (Lessing), bei dieser männlichen *Rechte* (Schiller); (heute nur:) an ihrer *Rechten* (entsprechend zu: an ihrer *rechten* Hand).

Substantivierte Adjektive und Partizipien ohne Deklinationsendung

Ohne Deklinationsendungen stehen formelhafte Substantivierungen; dies gilt besonders für Adjektive in Gegensatzpaaren: <u>508</u>

ohne *Arg,* Strafanzeige gegen *Unbekannt,* Unstimmigkeiten zwischen *Alt* und *Jung* (= zwischen Alten und Jungen), jenseits von *Gut* und *Böse.* (Hierher gehören auch Substantivierungen, die als feste Formeln oder Bestandteile von festen Verbindungen klein geschrieben werden:) *arm* und *reich* (= jedermann), *groß* und *klein* (= jedermann), *vornehm* und *gering,* von *klein* auf; von *fern* und *nah,* durch *dick* und *dünn.* (Verdopplung des Adjektivs:) *Gleich* und *gleich* gesellt sich gern.

Diese Wendungen sind zu unterscheiden von der bloßen Nennung von Eigenschaftswörtern:

... auf *schuldig* plädieren. *Ehrlich* währt am längsten (Sprw.). Allzu *scharf* macht schartig (Sprw.). Die Begriffe *„recht"* und *„unrecht".*

4.3 Die Vergleichsformen (Steigerungsformen) des Adjektivs[1] (Komparation)

Monika ist *groß.* Die Strecke a ist 3 cm *lang.*   <u>509</u>
Monika ist *so groß wie* Lotti. Die Strecke b ist *so lang wie* die Strecke a.
Monika ist *größer als* Lotti. Die Strecke c ist *länger als* die Strecke b.
Monika ist *die größte* unter (von) den Schülern. Die Strecke c ist *die längste* von allen.
Sie ist von allen *am längsten.*
Der Betrieb arbeitet mit *modernsten* Maschinen.

Bei Vergleichen wie den vorstehenden werden bestimmte Formen des Adjektivs gebraucht. Man nennt sie Vergleichsformen. Mit ihnen werden verschiedene Grade einer Eigenschaft, eines Merkmals – der gleiche Grad, der ungleiche Grad oder der höchste Grad, ein sehr hoher Grad – gekennzeichnet. Man unterscheidet folgende Stufen und Formen:

– Positiv (Grundstufe, gleicher Grad):

groß, schnell, so groß wie, so lang wie usw.

– Komparativ (Mehr-/Höherstufe, ungleicher Grad):

größer als, länger als usw.

– Superlativ (Meist-/Höchststufe, höchster Grad):

der größte, der längste, am längsten usw.

– Elativ (absoluter Superlativ, sehr hoher Grad):

modernste, lauteste, größte usw.

---

[1] In den Beispielen ist nicht unterschieden, wie das Adjektiv syntaktisch gebraucht ist. Über die Vergleichsformen einiger Adverbien vgl. 596.

Der Positiv

510 Mit dem Positiv, der Grundstufe, der einfachen Form des Adjektivs, wird einmal eine Eigenschaft, ein Merkmal u. ä. (vgl. 441) bezeichnet:

> Die Strecke a ist 3 cm *lang*. Vera fährt *schnell*. Resopal ist *hart*. Michael ist *groß*.

Mit dem Positiv wird zum andern ausgedrückt, daß zwei oder mehr Wesen, Dinge u. a. in bezug auf ein Merkmal, auf eine Eigenschaft u. ä. gleich sind: gleicher Grad. Die Grundstufe des Adjektivs wird in der Regel zwischen *so* und *wie* gesetzt:

> Die Strecke b ist *so lang wie* die Strecke a. Leonie fährt *so schnell, wie* Caroline fährt. Fritz ist *so groß wie* Lotte. (Verneint:) Dieses Bild ist nicht *so schön wie* jenes.

In bestimmten Wendungen wird *als* neben *wie* gebraucht:

> sowohl – *als* [auch], (neben:) sowohl – *wie* [auch]; *so wenig als,* (neben:) *so wenig wie; so bald* [schnell/gut/viel/weit/lange usw.] *als* möglich, (häufiger:) ... *wie* möglich; ... *so günstig ... als* möglich (Th. Mann); ... ich füllte unsere Gläser *so gerecht als* möglich (Frisch).

Die Vergleichspartikel *als wie* statt des bloßen *wie* ist veraltet:

> ...und bin so klug *als wie* zuvor (Goethe).

Durch Grad- und Zahlangaben kann *so* näher bestimmt werden:

> ebenso, genauso, geradeso, doppelt so, dreimal so ...

Nach *doppelt* oder *dreimal so (groß)* steht *wie* oder *als,* je nachdem, ob die (formal-grammatische) Gleichheit *(so groß wie)* betont wird, was häufiger ist, oder aber die (sachliche) Ungleichheit *(doppelt so groß [als]):*

> Die Ernte ist *doppelt so groß wie* (seltener: *als*) im vorigen Jahr.

Der gleiche Grad zweier Eigenschaften eines Wesens oder Dings wird ebenfalls durch *so – wie* ausgedrückt:

> Er ist *so dumm wie* faul. Der Versuch ist *so kostspielig wie* nutzlos.

Bei formelhaft gewordenen Vergleichen kann *so* wegbleiben:

> Er ist [so] kalt *wie* Eis, [so] schlau *wie* ein Fuchs.

Umstellungen von der Art *wie Schnee so weiß* sind stilistisch auffällig.

Der Komparativ

511 Mit dem Komparativ, der Mehr- oder Höherstufe, wird ausgedrückt, daß zwei oder mehr Wesen, Dinge u. a. in bezug auf ein Merkmal, eine Eigenschaft u. ä. ungleich sind: ungleicher Grad. Dem Komparativ folgt in der Regel *als:*

> Die Strecke c ist *länger als* die Strecke b. Frauke fährt *schneller als* Leonie. Holz ist *härter als* Kork. Holz ist ein *härterer* Stoff *als* Kork. Fritz ist *größer als* Lotte.

Die Vergleichspartikel

512 Die Vergleichspartikel beim Komparativ ist in der heutigen Standardsprache *als.*[1] Sie steht auch nach *anders, niemand, keiner, nichts, umgekehrt, entgegengesetzt* und nach *zu* + Positiv, die in Verbindung mit *als* zwei Wesen oder Dinge in vergleichende Beziehung setzen:

> Sie ist *anders als* ich. ... es ist die Erzstadt, Stadt von alters her und *nichts als* Stadt (Koeppen). Die Sache ist *umgekehrt, als* man sie darstellt, ... *zu groß, als daß* ...

---

[1] Besonders in der gesprochenen Umgangssprache findet sich häufig *wie.*

Die Vergleichspartikel *denn* ist veraltet. Sie findet sich noch in der formelhaften Wendung *denn je* und manchmal dann, wenn zwei *als* nebeneinanderstünden, sonst nur in gewählter Sprache:

> Sie war schöner *denn* je. Seit dem Freiheitsjahr ... erschien wohl der Mehrzahl der Gebildeten Politik eher als ein Atavismus *denn* als eine Hauptsache (Musil). ... mehr aus Klugheit *denn* aus Überzeugung (Th. Mann). Montan-Europa scheint uns eher ein Kartenhaus *denn* ein wachstumsfähiges Gebilde (Augstein).

Die Vergleichspartikel *als wie* statt des bloßen *als* ist veraltet:

> ... geschwinder *als wie* der Wind (Immermann). Es ist hier anders *als wie* zu Hause (Th. Mann).

Verstärkung und Negation des Komparativs

Der Komparativ kann durch Gradangaben wie *[noch] viel, [noch] weit, bei weitem, erheblich, bedeutend, entschieden, wesentlich, ungleich, noch, wenig, etwas* verstärkt werden: 513

> Fritz ist *viel* größer als Lotte. Er ist *noch* fleißiger als Thomas. Sie ist *etwas* langsamer als Lilo.

Der negative (geringere) Grad wird mit *weniger* oder *minder* ausgedrückt:

> Dieses Bild ist *weniger/minder* schön als jenes. In dem nicht *minder* fesselnden zweiten Teil des Romans ...

Während die Fügung *nicht weniger als* zur umschreibenden Hervorhebung der ·Ganzheit eines Begriffes dient *(Ich habe nicht weniger als* [= ganze, volle] *100 DM dabei eingebüßt)*, verstärkt *nichts weniger als* eine Verneinung: Der negative (tadelnde) Inhalt des Satzes *Ich bin mit allem zufriedener als mit deinen Leistungen/ ... bin damit überhaupt nicht zufrieden* wird durch die doppelte Verneinung in *Ich bin mit nichts weniger zufrieden als mit deinen Leistungen* noch verstärkt (wobei *weniger zufrieden mit* auch durch *unzufriedener über* ausgedrückt werden könnte).

Besondere Verwendung des Komparativs

1. Die Komparativform wird auch dann gebraucht, wenn sich der Vergleich   514
nicht auf die Grundstufe des betreffenden Adjektivs bezieht, sondern auf eine allgemeine Erwartungshaltung, eine Gewohnheitsnorm, das Normale in einer bestimmten Situation. Dieser Gebrauch nähert sich dem des Elativs (vgl. 522), so daß man von einem absoluten Komparativ sprechen kann. Bei diesem Gebrauch hat der Komparativ nicht steigernde, sondern abschwächende, mindernde, einschränkende Bedeutung:

> Am Abend erreichten sie eine *größere* Stadt. Er hielt eine *längere* Rede. Er überwies ihm einen *höheren* Betrag. Die Gruppe besteht aus zwei großen und drei *kleineren* Inseln. In diesem Stadtteil wohnen die *reicheren* Leute. ... schon damals hatte man *modernere* Vorstellungen von Sauberkeit und Krankenhygiene (Sebastian).

Dieser Gebrauch ist vor allem üblich bei bestimmten Gegensatzpaaren. Der Komparativ *besser* z. B. wird in diesem Fall nicht auf *gut*, sondern auf das Gegenwort *schlecht* bezogen: *Dem Kranken geht es heute schon wesentlich besser* (aber immer noch schlechter, als wenn es ihm gutginge). Mit ein *älterer* Herr meint man einen Herren, der nicht mehr jung, aber auch noch nicht alt ist (in diesem Fall geht die Blickrichtung von *jung* aus: *jung – älter – alt*). Entsprechend meint man mit eine *jüngere* Dame eine Dame, die noch nicht alt, aber auch nicht mehr jung ist (in diesem Fall geht die Blickrichtung von *alt* aus: *alt – jünger – jung*).

2. Die Komparative *ersterer – letzterer,* die – wie *dieser – jener* oder *der eine – der andere –* auf näher- oder fernerliegende Wesen, Dinge u. a. hinweisen, werden wie Positive gebraucht:

> Hauptsächlich schien ihm, daß die Ehre bedeutende Vorteile für sich habe, aber die Schande nicht minder, ja daß die Vorteile der *letzteren* geradezu grenzenloser Art seien (Th. Mann).

3. Durch den Komparativ ist in den Beispielen bisher stets die Ungleichheit z w e i e r Wesen, Dinge u. a. in bezug auf ein Merkmal u. a. bezeichnet worden. Soll jedoch der ungleiche Grad zweier Eigenschaften e i n e s Wesens, Dinges u. a. gekennzeichnet werden, dann setzt man im allgemeinen die komparativischen Gradadverbien *mehr/eher* und *weniger* vor die Grundstufe des betreffenden Adjektivs:

> Ich war *mehr tot als* lebendig. Sie handelte *weniger leichtsinnig als* unüberlegt. ... eine *eher mütterliche als* girlhafte Gestalt (Koeppen).

Der mit *als* angeschlossene Vergleich kann fehlen:

> *mehr praktische* [als theoretische] Ziele verfolgen; ... mit dem Kopf eines Bullenbeißers, aber eines *eher hübschen* Bullenbeißers (Remarque).

Die Eigenschaften können auch durch Substantive oder Verben ausgedrückt werden:

> Wir verbrannten Putzfäden, was mehr *Gestank* als *Wärme* ergibt (Frisch). ... daß er ... eher *eine Störung* als *eine Bestätigung* darstellt (Sieburg). Er *redet* mehr, als er *handelt.* ... stets *hatte* er mehr *erlebt* als *geschossen* (Frisch).

Die Bildung und Beugung des Komparativs

515 Der Komparativ wird durch Anhängen von *-er* an die Grundstufe gebildet; bei bestimmten umlautfähigen Wörtern tritt Umlaut ein (ebenso beim Superlativ; vgl. 520,2):

> frei – frei*er;* fleißig – fleißig*er;* alt – ält*er* (– älteste); groß – größ*er* (– größte); jung – jünger (– jüngste).

Bei Adjektiven, die auf *-el* ausgehen, wird im Komparativ das *e* der Endsilbe ausgelassen:

> ein *dunklerer* (nicht: dunkelerer) Wald; eines *edleren* Menschen.

Bei Adjektiven auf *-er* und *-en* kann das *e* der Endsilbe erhalten bleiben; oft wird es aber zur Vermeidung dreier unbetonter *e* ausgelassen:

> ein *heit[e]reres* Wetter; *finst[e]rere* Gesichter; ein *trock[e]neres* Handtuch.

Da in der nichtdeklinierten Form nur zwei *e* stehen, wird hier meist die volle Form gebraucht:

> Sie ist nicht *heiterer* als ich. Dieses Handtuch ist *trockener.*

Adjektive mit Diphthong vor der Silbe *-er* stehen immer ohne *e* (vgl. 480,2):

> Das Brot ist *teurer* geworden. Diese Gurken sind *saurer* als jene.

Das Endungs-*e* wird nur in besonderen Fällen, z. B. aus vers- und satzrhythmischen Gründen in der Literatur, ausgeworfen *(dem bessern Rat, den kürzern Weg).* Auch das *e* der Komparativendung *-er* wird selten weggelassen *(beßre, größre, längre).*

Die Komparative werden wie ein einfaches Adjektiv gebeugt:

Es gibt kein *schöneres* Land. Du kannst es einem *ärmeren* Menschen schenken. Auch *reifere* Damen waren anwesend. (Als prädikatives Satzadjektiv ohne Endung:) Eva wird immer *reizender*. Er hält diesen Weg für *einfacher*.

Der Superlativ

Mit dem Superlativ, der Meist- oder Höchststufe, wird ausgedrückt, daß von min-   **516**
destens drei Wesen, Dingen u. a. einem der höchste Grad einer Eigenschaft, eines
Merkmals zukommt:

Von allen vier Strecken ist die Strecke d *am längsten/die längste*. Stahl ist von allen drei Stoffen *am härtesten/*ist der *härteste* Stoff. Uwe ist der *größte* von allen Schülern.

Zum Gebrauch des Superlativs

Der Superlativ ist nur dort sinnvoll, wo ein Wesen oder Ding mit mehreren ande-   **517**
ren verglichen wird. Beim Vergleich von nur zwei Wesen, Dingen u. a. wird das
Mehr oder Weniger durch den Komparativ deutlich.[1]

Ist der Superlativ nicht Attribut zu einem Substantiv *(der schönste Tag)* oder
Gleichsetzungsglied (*Dieser Tag war der schönste;* vgl. 454), dann wird ihm *am*
vorangestellt:

Dieser Schüler ist *am klügsten*. Das Kleid ist bei künstlichem Licht *am schönsten*. Dieses Buch ist *am wenigsten* schön. (Es ist) *am besten,* wir gehen, sagte Stefan (Kuby).
Die Verheirateten schimpften *am lautesten* (Ott).

Die Superlative *äußerste, innerste, oberste, unterste, vorderste, hinterste* werden
wie Positive gebraucht. Sie haben keinen Komparativ.

Verstärkung und Negation des Superlativs

Noch verstärkt wird der Superlativ durch Vorsetzen von *aller[aller]-, weitaus, bei*   **518**
weitem, denkbar:

die *aller*schönste, der *aller*größte, das *alleraller*schönste, *weitaus* der beste, *bei weitem*
der größte, in *denkbar* kürzester Frist.

Der geringste Grad wird mit *am wenigsten* oder *am mindesten* ausgedrückt:

Dieses Bild ist *am wenigsten/am mindesten* schön.

Andere sprachliche Mittel zum Ausdruck des höchsten Grades

Der höchste Grad kann auch durch andere sprachliche Mittel ausgedrückt wer-   **519**
den, z. B. durch den hinweisenden, die Einmaligkeit hervorhebenden Gebrauch
des Artikels oder durch den Genitiv der Steigerung:

Persil ist *das* Waschmittel (= das beste Waschmittel). Das Buch *der Bücher* (= das be-
deutendste Buch).

Über die Umschreibung des Superlativs bei Partizipien vgl. 531,7.

Die Bildung des Superlativs

1. Der Superlativ wird durch Anhängen von *-st* oder *-est* an die Grundstufe gebil-   **520**
det:

fleißig – fleißig*ste*; alt – ält*este*; frei – frei*[e]ste*.

---

[1] Früher war man hier unbedenklicher: Wir wollen sehen, welcher Genius *der stärkste* (heute: *der stärkere*) ist, dein schwarzer oder mein weißer (Goethe). Ein Vater hatte zwei Söhne, davon war *der älteste* (heute: *der ältere*) klug und gescheit (Grimm).

Ob *-st* oder *-est* gebraucht wird, hängt vom Auslaut und von der Silbenzahl des Adjektivs ab:

- Die einsilbigen oder endbetonten mehrsilbigen Adjektive auf *-d, -s, -sch, -sk, -ß, -t, -x, -z* sowie die auf *-los* und *-haft* erhalten *-est:*

  hold – hold*este*, kraus – kraus*este*, rasch – rasch*este*, brüsk – brüsk*este*, süß – süß*este*, dreist – dreist*este*, bunt – bunt*este*, sanft – sanft*este*, lax – lax*este*, spitz – spitz*este*, schwarz – schwärz*este*; berühmt*este*, gespreizt*este*, verstört*este*, behend*este*, lieblos*este*, gewissenhaft*este*.

Die Adjektive auf *-d, -t* und *-sch* dieser Gruppe stehen gelegentlich auch ohne *e*:

  hold*ste*, (neben:) hold*este*; bunt*ste*, (neben:) bunt*este*; rasch*ste*, (neben:) rasch*este*. (Immer ohne *e*:) größte.

Von nicht endbetonten Zusammensetzungen und Bildungen mit einem Präfix zu den vorstehenden Wörtern wird der Superlativ wie vom einfachen Wort gebildet *(unsanft – in unsanftester Weise).*

- Adjektive, die auf Diphthong oder auf Vokal/Diphthong + *h* enden, haben überwiegend *-st,* bei besonderer Betonung des Superlativs jedoch auch *-est:*

  frei – frei*ste*/frei*este*; (entsprechend:) frohe*ste*/froh*este*, rauh*ste*/rauh*este*.

Alle anderen – vor allem auch die mehrsilbigen, nicht auf der letzten Silbe betonten – Adjektive haben *-st:*

  klein – klein*ste*; (entsprechend:) längst*ste*, edel*ste*, verworren*ste*, gefürchtetst*ste*, passend*ste*, fleißig*ste*, komisch*ste*, erhaben*ste*, bitter*ste*, gebildet*ste*, gehoben*ste*.

2. Von bestimmten einsilbigen umlautfähigen Adjektiven werden der Komparativ und der Superlativ mit Umlaut[1] gebildet. Die standardsprachlich gebräuchlichen Adjektive sind:

  (Stammvokal *a*:) alt – älter – älteste; (entsprechend:) arg, arm, hart, kalt, krank, lang, nah, scharf schwach, schwarz, stark, warm.
  (Stammvokal *o*:) grob – gröber – gröbste; (entsprechend:) groß, hoch.
  (Stammvokal *u*:) dumm – dümmer – dümmste; (entsprechend:) jung, klug, kurz.

Einige einsilbige Adjektive schwanken:

  bang – banger/bänger – bangste/bängste; (entsprechend:) blaß, fromm, glatt, karg, krumm, naß, rot, schmal.

In der Standardsprache werden hier allerdings immer mehr die nichtumgelauteten Formen bevorzugt.

Alle anderen einsilbigen Adjektive *(blank, froh, bunt, schlau* usw.) sowie alle mehrsilbigen Adjektive *(mager, lose, dunkel, sauber* usw.) mit Ausnahme von *gesund (gesünder – gesündeste,* seltener: *gesunder – gesundeste)* haben keinen Umlaut.

Die Beugung des Superlativs

521 Die Superlative werden wie einfache Adjektive gebeugt, haben aber im allgemeinen keine flexionslosen Formen: (Ausnahme: *allerliebst)* und müssen, auch wenn sie nicht attributiv verwendet werden, gebeugt werden:

  Die *kürzesten* Tage sind im Winter. Einige *kürzeste* Tage ... Dieser Tag ist *der kürzeste*. Die Tage sind im Winter *am kürzesten.* (Aber: Das Baby ist *allerliebst.)*

---

[1] Vgl. hierzu A. E. Hammer: German Grammar and Usage, London 1971, S. 66; G. Augst: Über den Umlaut bei der Steigerung. In: Wirkendes Wort 21 (1971), S. 424–431.

Der Elativ

Der Elativ, der absolute Superlativ, stimmt in der Form mit dem Superlativ   522
überein. Mit ihm wird außerhalb eines Vergleichs ein sehr hoher Grad bezeichnet:

> [Meine] *liebste* Mutter!, Ihr *ergebenster* ..., in *tiefster* Trauer, nur *beste* Weine. Der
> Betrieb arbeitet mit *modernsten* Maschinen.

Der Elativ steht besonders nach *ein, jeder* u. ä.:

> Es ist *ein tiefster* Zug der Unternehmungswirtschaft, einen endlos anwachsenden
> Markt für ihre Industrieerzeugnisse zu ersehen (Lamprecht). *Jede leiseste* Anspie-
> lung ...

Absolute Bedeutung haben auch flektierte und unflektierte Superlativformen des
Adjektivs, die als adverbiale Bestimmungen stehen, oft mit *am* oder *aufs (auf
das)*:

> ... von der er fürchten müßte, *aufs empfindlichste* kompromittiert zu werden
> (J. Maass); ... weil hier jeder *auf das natürlichste* existentiell lebt (Koeppen); die *ge-
> ringst* bezahlten Arbeitnehmer. (Ebenso:) *gehorsamst* (militär.), *ergebenst* (alte Brief-
> schlußformel), *weitestgehend.*

Dasselbe gilt für die Superlativformen von Ableitungen auf *-ig* und *-lich,* besonders in Ergebenheits- und Höflichkeitsfloskeln:

> gefälligst, gütigst, baldigst, billigst, herzlichst, freundlichst, höflichst, höchlichst, mög-
> lichst (vgl. 526), tunlichst.

Weitere sprachliche Mittel zum Ausdruck des sehr hohen Grades

Der sehr hohe Grad wird auch ausgedrückt: 523

– durch *sehr, höchst, äußerst, überaus, ungemein, [ganz] besonders, außerordentlich, ungewöhnlich, wirklich, erstaunlich, wunder[s] wie* usw. + Positiv:

> ... die kleinen, *sehr* menschlichen, *sehr* sympathischen ... Landsitze (Koeppen); ... eine
> *äußerst* glückliche Ehe (Frisch); ... ein *überaus* schweres Dasein (Nigg); eine *höchst*
> ungesunde Luft.

Mehr alltags- und umgangssprachlich sind:

> *riesig/schrecklich* nett, *phantastisch* schön, *furchtbar* interessant, *kolossal* appetitlich,
> *enorm* aufschlußreich, *wahnsinnig* komisch, *irre* heiß.

– durch bestimmte Präfixe, Halbpräfixe und Zusammensetzungen:

> *ur*komisch, *gold*richtig, *erz*dumm, *stein*reich, *stein*hart, *feder*leicht, *zentner*schwer,
> *bettel*arm.

Umgangssprachlich sind:

> *super*modern, *knall*hart, *knochen*trocken, *stink*langweilig.

– durch die Wiederholung von Positivformen (vgl. 596):

> eine *lange, lange* Reihe. Aber *warm, warm* mußte er es haben in seinem Stübchen (Th.
> Mann). ... dieser plötzliche und hitzige Wille, *rasch-rasch* gesund zu werden, hatte mich
> sofort stutzig gemacht (St. Zweig). (Gelegentlich volkstümlich, poetisch oder kinder-
> sprachl. zusammengezogen:) Das Lied vom *rotroten* Mohn (Löns). ... *lieb-liebste* Mut-
> ter (Th. Mann).

– durch entsprechende Wortwahl:

> eine *vollkommene* Harmonie, ein *winziges* Teilchen, ein *gewaltiger* Aufschwung.

Weitere Gradabschattungen

Der zu hohe Grad

524 Dieser Grad wird ausgedrückt
- durch *zu* oder *allzu* + Positiv:

   Er ist *zu* vorlaut. ... bei den *allzu* vernünftigen Christen seiner Zeit (Nigg).

- durch den Komparativ eines Adjektivs, dessen Grundstufe oder Eigenschaftsträger als Vergleichsgegenstand genannt wird:

   Der ist *klüger* als klug. Er ist *päpstlicher* als der *Papst*.

- durch Verbindung von *über-* oder *hyper-* mit dem Positiv:

   *über*reif, *über*eifrig, *hyper*nervös, *hyper*modern.

Der gesteigerte Grad

525 Der gesteigerte Grad einer Eigenschaft wird auch durch *mehr als* + Positiv bezeichnet:

   Er ist *mehr als durchtrieben*. Das ist eine *mehr als leichtsinnige* Auffassung. ... es hätte *mehr als sonderbar* zugehen müssen (Nigg).

Die Eigenschaft kann auch durch ein Substantiv ausgedrückt werden:

   Er ist mehr als ein kleiner Dieb. Sie ist mehr als (nur) Schwester.

Ein möglichst hoher Grad

526 Dieser Grad wird ausgedrückt durch *so* + Positiv + *wie/als möglich,* durch *möglichst* + Positiv oder durch eine Zusammensetzung:

   so groß wie möglich, möglichst groß, größtmöglich, baldmöglichst (nicht: größtmöglichst; vgl. 530).

Die Zusammensetzungen *größtmöglich, bestmöglich* usw. lassen sich attributiv verwenden *(die größtmögliche Glätte).*
Statt einer aufwendigen Konstruktion wie *Suchen Sie die beste Lösung, die möglich ist* kann man kürzer sagen: *Suchen Sie die bestmögliche Lösung.* Andernfalls kann man sich mit den nicht zusammengesetzten Formen begnügen: *Kommen Sie möglichst bald.*
möglichst kann auch im Sinne von ‚nach Möglichkeit, wenn möglich‘ gebraucht werden *(Ich wollte mich möglichst zurückhalten).* Wenn durch *möglichst* + Adjektiv Mißverständnisse entstehen können, sollte man *wenn möglich* oder *nach Möglichkeit* gebrauchen:

   Wir suchen für diese Arbeit *nach Möglichkeit/wenn möglich* junge Leute. (Gegenüber:) Wir suchen für diese Arbeit *möglichst* junge Leute (= Leute, die so jung wie möglich sind).

Der beständig zunehmende Grad

527 Der beständig zunehmende Grad einer Eigenschaft wird durch *immer* + Komparativ, durch die Verbindung von Positiv + Komparativ, durch Komparativ + Komparativ desselben Adjektivs oder durch *mehr und mehr* + Positiv ausgedrückt:

   ... die *immer unumschränkteren* Beherrscher (Die Zeit). Und ihr Hals wird *lang* und *länger*. Ihr Gesang wird *bang* und *bänger* (W. Busch). ... *tiefer* und *tiefer* in die Düne zu bohren (Grass). Die Sache wird *mehr und mehr bedenklich*.

Der eingeschränkte Grad

Dieser Grad wird durch *mäßig, ziemlich* u. ä. + Positiv ausgedrückt: 528

Er ist *mäßig* groß. Sie ist *ziemlich* reich.

Besonderheiten bei der Bildung der Vergleichsformen

Unregelmäßige Vergleichsformen einfacher Adjektive

Die Adjektive *gut, hoch* und *nahe* sowie die Zahladjektive *viel* und *wenig* haben   529
unregelmäßige Vergleichsformen, d. h., Komparativ und Superlativ werden von
anderen Wortstämmen oder durch Veränderungen eines Konsonanten gebildet:

> gut – besser – beste, viel – mehr – meiste, wenig – minder – mindeste (neben: weniger –
> wenigste); (Konsonantenveränderung:) hoch – höher – höchste, nahe – näher – näch-
> ste.

Vergleichsformen zusammengesetzter oder zusammengeschriebener Adjektive
(Partizipien)

Bei zusammengesetzten oder zusammengeschriebenen Adjektiven setzt man den   530
ersten Bestandteil in die Vergleichsform, wenn jedes der beiden Glieder noch seinen eigenen Sinn bewahrt hat:

> ein *schwerverständlicher* Text – ein noch *schwerer verständlicher* Text – der *am schwer-*
> *sten verständliche* Text; der *vielbietende* – der *meistbietende* Käufer; eine *hochgestellte* –
> *höchstgestellte* Persönlichkeit. (Zu *größtmöglich* vgl. 526).

Dagegen setzt man das Grundwort in die Vergleichsform, wenn die Zusammensetzung einen einheitlichen Begriff, zumal einen Begriff mit neuem, übertragenem Sinn, ergibt:

> in *altmodischster* Kleidung, die *weittragendsten* Entscheidungen, mit den *vielsagend-*
> *sten* Gesichtern, *wohlfeilste* Waren, die *hochfliegendsten Pläne, zartfühlender* als du, die
> *vielversprechendsten* Begabungen.

Bei bestimmten Adjektiven schwankt der Gebrauch:

> *schwerer wiegende/schwerwiegendere* Gründe, *weitestgehende/weitgehendste* Einschrän-
> kungen. Er ist *zarter besaitet/*oder *zartbesaiteter* als Inge.

Manchmal wird in der Bedeutung unterschieden:

> höher fliegende Flugzeuge – *hochfliegendere* (= ehrgeizigere) Pläne.

Vergleichsformen bei beiden Bestandteilen sind unzulässig:

> das nächstliegende (nicht: nächstliegendste) Problem, das meistgelesene (nicht: meist-
> gelesenste) Buch, in größtmöglicher (nicht: größtmöglichster) Eile, weiterreichende
> (nicht: weiterreichendere) Befugnisse.

Adjektive, bei denen Vergleichsformen nicht üblich sind

Bei bestimmten Adjektiven ist es in der Regel nicht möglich, Vergleichsformen zu   531
bilden, weil bei ihnen auf Grund ihrer Bedeutung im allgemeinen kein Vergleich
und keine Gradabschattung möglich ist. Folgende Gruppen sind hier anzuführen:

1. Adjektive, mit denen bestimmte Verfahren oder Zustände ausgedrückt werden, die einen Vergleich verschiedener Grade ausschließen:

> schriftlich, mündlich, wörtlich, ledig, sterblich, viereckig, rund, tot, lebendig, leblos,
> stumm, nackt usw.

Hierher gehören auch zusammengesetzte Adjektive, deren Bestimmungswort bereits eine Verstärkung bezeichnet:

schneeweiß, blutjung, steinreich, urkomisch, riesengroß, altklug usw.

Adjektive wie *maximal, minimal, total, absolut, erstklassig,* mit denen bereits ein höchster oder geringster Grad ausgedrückt wird, werden trotzdem gelegentlich (z. B. in der Werbesprache) gesteigert, um den Ausdruck des höchsten bzw. geringsten Grades möglichst noch zu verstärken *(minimalster Verschleiß, erstklassigste Ausführung).*

Möglich sind Vergleichsformen auch von Adjektiven, die an sich einen höchsten bzw. geringsten Grad ausdrücken, daneben aber auch in relativer Bedeutung verwendet werden können: Was *leer* ist, kann an sich nicht *leerer* sein, was *still* ist, nicht *am stillsten.* Gebraucht der Sprecher/Schreiber diese Adjektive aber nicht in ihrer absoluten, sondern in einer relativen Bedeutung, dann kann er auch vergleichen:

Das Kino ist heute *leerer* als gestern. In den *stillsten* Stunden der Nacht ... Geschichten müssen vergangen sein, und je *vergangener,* könnte man sagen, desto besser für sie (Th. Mann). Hier aber zeigte sich Frau Stöhrs große Unbildung im *vollsten* Licht (ders.). ... es ist der *vollkommenste* Aufbau, den man sich denken kann (Koeppen).

2. Adjektive, mit denen das im Stammwort Ausgedrückte verneint wird:

unrettbar, unüberhörbar, unverlierbar usw.

Verschiedentlich sind jedoch auch hier Vergleichsformen möglich:

Er ist noch *unordentlicher* als du. Selbst die *unempfindlichsten* Menschen ...

3. Adjektive, mit denen das Fehlen des im Stammwort Genannten ausgedrückt wird:

kinderlos, bargeldlos, obdachlos, fleischlos.

Vergleichsformen sind aber auch hier möglich bei solchen Adjektiven, die weniger konkreten Inhalt haben:

...die *fruchtloseste* Diskussion. Eine *zwanglosere* Zusammenkunft war nicht vorstellbar. *Lieblosere* Briefe gab es wohl nicht.

4. Zahladjektive (vgl. aber 513,4):

letzt, einzig[1], neunfach, ganz, halb usw.

5. Indeklinable Farbadjektive (vgl. 445,5):

oliv, rosa, lila.

6. Von Adjektiven, die nur attributiv (vgl. 450) oder nur prädikativ (vgl. 451) gebraucht werden, sind im allgemeinen Vergleichsformen unüblich, es sei denn – und das gilt auch für die unter 1–5 besprochenen Adjektive – sie werden in übertragener Bedeutung verwendet:

eine *lebendigere* Darstellung ... Die Straße ist *lebloser* als gestern. Er arbeitet mit *eisernstem* Fleiß.

Vergleichsformen werden auch gelegentlich dann gebildet, wenn Adjektive, mit denen an sich nur die Herkunft charakterisiert wird (vgl. 450,2), als Artadjektive gebraucht werden:

Er ist der *schwäbischste* unter diesen Dichtern. Gleich sah sie *französischer* aus (Baum).

---

1 In seiner Bedeutung ‚nur einmal (in seiner Art) vorhanden‘ kann *einzig* nicht gesteigert werden, also nicht *die einzigste Möglichkeit,* sondern *die einzige Möglichkeit,* nicht *die einzigsten (Gäste),* sondern *die einzigen (Gäste)* usw.

Bei Adjektiven, die ursprünglich Substantive gewesen sind (vgl. 451), können Gradunterschiede nur durch Umschreibungen ausgedrückt werden.

7. Von den Partizipien, die wie ein Adjektiv gebraucht werden (vgl. 333), werden vor allem dann Vergleichsformen gebildet, wenn sie innerhalb der Wortart Verb isoliert sind (vgl. 335):

> (Nur:) das *schreiende* Kind, der *ausgesprochene* Tadel; (gegenüber [isoliert]:) das *reizendste* Geschenk, der *gelehrteste* Vortrag, in *schreiendsten* Farben. (Aber auch:) der *gefürchtetste* Meeresbewohner:

Bei den anderen Partizipien werden die Gradunterschiede zumeist durch Umschreibungen ausgedrückt, wenn die Bedeutung des Verbs dies zuläßt:

> der mich *am meisten* verdrießende Umstand, der *mehr* bietende Käufer, das *am meisten* besprochene Problem, das *meist*gelesene Blatt.

5 Der Artikel

Fast in jedem Text, mag er auch einen noch so geringen Umfang haben, begegnet der Artikel, so auch in dem folgenden:

532

> Herbert schrie mich an: ,*Ein* Jeep! – woher?' Kurz darauf schnarchte er. Sonst herrschte, sobald *der* Dieselmotor abgestellt war, meistens Stille; *ein* Pferd graste im Mondschein, im gleichen Gehege *ein* Reh, aber lautlos, ferner *eine* schwarze Sau, *ein* Truthahn, der *das* Wetterleuchten nicht vertrug und kreischte, ferner Gänse, die plötzlich, vom Truthahn aufgeregt, ebenfalls schnatterten, plötzlich *ein* Alarm, dann wieder Stille, Wetterleuchten über *dem* platten Land, nur *das* grasende Pferd hörte man *die* ganze Nacht. Ich dachte an Joachim (Max Frisch, Homo Faber).

Die kursiv gedruckten Wörter sind Formen des Artikels, und zwar zum einen des bestimmten Artikels *(der, die, das)* und zum andern des unbestimmten Artikels *(ein, eine, ein)*.

Der Artikel tritt immer nur in Verbindung mit einem Substantiv auf (vgl. *ein Jeep, das grasende Pferd, die ganze Nacht*). In bestimmten Fällen fehlt er aber auch (vgl. das artikellose Vorkommen der Eigennamen *Herbert* und *Joachim* und der Substantive *Stille, Gänse* und *Wetterleuchten*), in andern Fällen tritt er in ‚versteckter' Form auf, d. h. in der Verschmelzung mit einer Präposition (Kontraktion; vgl. *im Mondschein, im gleichen Gehege, vom Truthahn*).

Zur Funktion des Artikels vgl. 536, zu den Kontraktionsformen vgl. 540.

5.1 Artikel und Substantiv

Der Artikel stimmt immer mit seinem zugehörigen Substantiv hinsichtlich Genus, Kasus und Numerus überein (es heißt *ein Jeep,* nicht *eine Jeep, das Wetterleuchten,* nicht *die Wetterleuchten* usw.). Solche Übereinstimmung heißt grammatische Kongruenz. Dabei ist folgendes zu beachten:

533

1. Das Genus des Substantivs bestimmt das Genus des Artikels. Ein maskulines Substantiv wird also von einem maskulinen Artikel begleitet *(der/ein Baum),* ein feminines Substantiv von einem femininen Artikel *(die/eine Wand)* und ein neutrales Substantiv von einem neutralen Artikel *(das/ein Haus).* Das Genus des Arti-

kels ist also vom Genus des Substantivs abhängig und nicht umgekehrt, wie man früher oft gemeint hat, als man dem Artikel die genusbestimmende Kraft zuerkannte und dies durch die Bezeichnung ‚Geschlechtswort' zum Ausdruck brachte.[1] Diese Bezeichnung ist allerdings insofern nicht ganz unangemessen, als das Genus des Substantivs meistens nicht am Substantiv selbst zum Ausdruck kommt[2] (vgl. 344), sondern nur an dem zugeordneten Artikel (vgl. *der Hof, die Mauer, das Haus*).[3]

2. Hinsichtlich Kasus und Numerus besteht keine einseitige Abhängigkeit in dem Sinne, daß entweder das Substantiv vom Artikel abhängig ist oder der Artikel vom Substantiv. Kasus und Numerus des jeweiligen Substantivausdrucks (Nominalphrase, -gruppe) werden von der Syntax bzw. von der nachrichtlichen Absicht des Sprechers /Schreibers bestimmt und dann nach Möglichkeit sowohl beim Artikel als auch beim Substantiv markiert. Allerdings übernehmen wegen des – sprachgeschichtlich bedingten – weitgehenden Abbaus der substantivischen Flexionsendungen (Formenzusammenfall, Synkretismus; vgl. 535) die Kasus- und Numerusmarkierungen des Artikels in vielen Fällen allein die Aufgabe, die jeweilige syntaktische Funktion zum Ausdruck zu bringen. Weiteres dazu 535.

5.2 Abgrenzung der Wortart Artikel

534 Außer *der* und *ein* weisen auch bestimmte andere Wörter wie zum Beispiel *dieser, mein* und *jeder* Artikelmerkmale auf. Man kann deshalb zwischen einem Artikel im engeren Sinne und einem Artikel im weiteren Sinne unterscheiden. Artikel im engeren Sinne sind der „bestimmte Artikel" *der, die, das* und der „unbestimmte Artikel" *ein, eine, ein.* In den Fällen, wo der Artikel fehlt, spricht man von der „Nullform" des Artikels oder auch vom „Nullartikel" (vgl. 539).

Die Artikelwörter zeichnen sich außer dadurch, daß sie immer in Begleitung eines Substantivs vorkommen und mit dem Substantiv kongruieren (vgl. oben), durch folgende Merkmale aus:

1. Sie stehen vor dem Substantiv und bilden mit diesem zusammen eine unauflösliche Einheit derart, daß sie nur zusammen mit dem Substantiv verschoben werden können. Das Stellungsmuster und die Verschiebeprobe zeigen dies:

---

1 Auch das Adjektiv bezeichnet ja das Genus, nicht nur der Artikel und – in beschränktem Maße – das Substantiv (vgl. 358). Der Artikel bringt die Genusunterschiede wegen der Formgleichheit zudem nur unvollkommen zum Ausdruck (vgl. 535). „Der Artikel hat nicht die Bedeutung ‚Genus des Substantivs'. Die gesamte NG [= Nominalgruppe] enthält ein Genusmorphem, das an den einzelnen Gliedern der Gruppe ausgedrückt wird, und zwar in unterschiedlichem Maße; am wenigsten wird das Genus am Kern, dem Substantiv, ausgedrückt" (H. Vater: Das System der Artikelformen im gegenwärtigen Deutsch. Tübingen ²1979, S. 33).

2 Eine Ausnahme bilden substantivische Wortbildungen wie zum Beispiel Feminina, die auf *-heit* (*die Gesundheit, die Beliebtheit* usw.), *-keit* (*die Fröhlichkeit, die Sauberkeit* usw.), *-ung* (*die Untersuchung, die Bestellung* usw.) oder *-in* (*die Bäuer-in, die Läufer-in* usw.) enden, oder Neutra mit einem Diminutivsuffix (*die Straße,* aber *das Sträß-chen, die Ente,* aber *das Ent-lein* usw.). Vgl. 740.

3 Die *ein*-Form bringt in diesen drei Fällen das Genus des Substantivs allerdings auch nicht immer zum Ausdruck; vgl. *ein Hof/Haus.* Hier sorgt ein attributives Adjektiv gegebenenfalls für Eindeutigkeit: *ein schön-er Hof, ein schön-es Haus.*

a) Stellungsmuster:

> *das*
> *ein*
> *dieses*
> *jenes*
> *dasjenige*
> *dasselbe*   *(grasende[s]) Pferd* bzw.
> *mein*   *(grasenden) Pferde*
> *jedes*[1]
> *manches*[2]
> *alle*
> usw.

b) Verschiebeprobe:

Nur *das grasende Pferd* hörte man *die ganze Nacht* – *Die ganze Nacht* hörte man nur *das grasende Pferd.*

2. Wenn das Substantiv mit einem attributiven Adjektiv (bzw. Partizip) verbunden ist und dieses nicht nachgestellt ist (vgl. 537), steht der Artikel vor dem Adjektiv (bzw. Partizip). Das Adjektiv (bzw. Partizip) wird von dem Artikelwort und dem Substantiv eingeschlossen. Vgl. das Stellungsmuster oben.

3. Von bestimmten Ausnahmen abgesehen (Koordinierungen wie *dieses und jenes Buch*), können die Artikelwörter nicht kombiniert werden, d. h., sie können untereinander keine Verbindung eingehen. Der Sprecher/Schreiber muß sich aus dem Inventar von Artikelwörtern jeweils für ein bestimmtes Wort entscheiden. Nicht möglich ist also eine Kombination wie *das ein Pferd* oder *manches mein Pferd.* Die Artikelwörter stehen demnach in komplementärer Distribution zueinander, anders gesagt, das eine Artikelwort kommt in einer Umgebung vor, in der ein anderes nicht auftreten kann.

Folgende Besonderheiten sind zu beachten:

– Verbindungen wie *ein jeder, manch ein, welch ein* sind als freie Varianten von *jeder, mancher* und *welcher* anzusehen, mit denen sie auch austauschbar sind. Vgl. im einzelnen 580, 584, 589; zu den festen Verbindungen *ein wenig, ein bißchen* und *ein paar* vgl. 576.

– Darüber hinaus können bestimmte, schon fester gewordene Verbindungen gebraucht werden, die das folgende Substantiv näher bestimmen und die sich gegenseitig einschränken, präzisieren (sog. additive Kombinationsvarianten): *diese* Bücher – *diese méine* Bücher (= zur Kennzeichnung des Besitzes) – *díese meine* Bücher (= zur demonstrativen Verdeutlichung) – *alle diese* Bücher (= zur Kennzeichnung der Gesamtheit).

Bezeichnend ist, daß jeweils einer der beiden Bestandteile weglaßbar ist und daß dann die Artikelfunktion von dem jeweils anderen allein ausgeübt werden kann. Die Artikelposition bleibt besetzt:

alle meine Freunde – *alle* Freunde – *meine* Freunde; *alle jene* Länder – *alle* Länder – *jene* Länder.

– Von den genannten Kombinationsvarianten sind Konstruktionen aus Artikelwort + attributives Adjektiv + Substantiv zu unterscheiden, in denen das Adjektiv eine eigene Position innehat und nicht in der Artikelposition stehen kann.

---

[1] Davon zu unterscheiden ist jedoch das alleinstehende *jeder, jede, jedes.* Vgl. 580.
[2] Davon zu unterscheiden ist jedoch das alleinstehende *mancher, manche, manches.* Vgl. 584.

Artikelwortkombination	Artikelwort + Adjektiv
meine sämtlichen Bücher	*meine gesamten* Bücher
meine Bücher	*meine* Bücher
sämtliche Bücher	(nicht: *gesamte* Bücher)
mein sämtliches Geld	*mein ganzes* Geld
mein Geld	*mein* Geld
sämtliches Geld	(nicht: *ganzes* Geld)

Während *mein* und *sämtliche* Artikelwörter sind, mit denen eine Kombinationsvariante gebildet werden kann, sind *gesamt* und *ganz* Adjektive, die nicht in der Artikelposition stehen können. Vgl. dazu folgende Zusammenstellung:

	Position	
des Artikelworts	des attributiven Adjektivs	des Substantivs
das	–	Buch (verkauft)
die	–	
seine	zahlreichen	
diese	schönen	
(Er hat) diese seine	–	Bücher verkauft
sämtliche	germanistischen	
seine sämtlichen	alten	
unsere	vielen	
die	wenigen	

Zur Abgrenzung des Zahladjektivs vgl. 456.
Die Artikel im engeren Sinne unterscheiden sich von den Artikeln im weiteren Sinne vor allem auf Grund semantischer und funktionaler Merkmale. Dem bestimmten bzw. unbestimmten Artikel kommt in dieser Hinsicht eine Sonderstellung zu, die ihn klar von den Artikeln im weiteren Sinne abhebt (vgl. 539). Nur er ist gemeint, wenn in dieser Grammatik von „dem" Artikel die Rede ist.

5.3 Der Artikel im engeren Sinne: bestimmter und unbestimmter Artikel

5.3.1 Form und Flexion

Deklination

535 Der *bestimmte Artikel* wird folgendermaßen dekliniert:

		Maskulinum	Femininum	Neutrum
Singular	Nom.	*der*	*die*	*das*
	Gen.	*des*	*der*	*des*
	Dat.	*dem*	*der*	*dem*
	Akk.	*den*	*die*	*das*
Plural	Nom.		*die*	
	Gen.		*der*	
	Dat.		*den*	
	Akk.		*die*	

Eine Unterscheidung nach Stamm und Endung ist beim bestimmten Artikel nicht möglich. Die einzelnen Formen sind gleichzeitig Ausdruck und Träger des Genus-, Numerus- und Kasusmorphems.

Der *unbestimmte Artikel* wird folgendermaßen dekliniert:

		Maskulinum	Femininum	Neutrum
Singular	Nom.	*ein-Ø*	*ein-e*	*ein-Ø*
	Gen.	*ein-es*	*ein-er*	*ein-es*
	Dat.	*ein-em*	*ein-er*	*ein-em*
	Akk.	*ein-en*	*ein-e*	*ein-Ø*
Plural		Nullform		

Beim unbestimmten Artikel gibt es keine Pluralformen; wir sprechen in diesen Fällen von der „Nullform". Im Gegensatz zum bestimmten Artikel lassen sich beim unbestimmten Artikel Stamm und Endung unterscheiden. Die Endung ist Träger des Kasus-, Numerus- und Genusmorphems.

Formgleichheit

Im Singular des bestimmten Artikels sind die Formen verhältnismäßig gut unterschieden (vgl. dazu die Deklination des Substantivs, 374 ff.). Formgleichheit weisen lediglich die Formen *die* (= Nom./Akk. Fem.), *der* (= Gen./Dat. Fem.) und *das* (= Nom./Akk. Neutr.) auf. Hingegen stimmen die Pluralformen des bestimmten Artikels für alle drei Genera überein, so daß im Plural die Kategorie Genus nicht zum Ausdruck kommt. Der Nom./Akk. Pl. *(die)* stimmt zudem mit dem Nom./Akk. Sg. Fem. überein.

Beim unbestimmten Artikel ist die Formgleichheit stärker ausgeprägt. *ein* vertritt den Nom. Mask./Neutr. und den Akk. Neutr., *eines* den Gen. Mask./Neutr., *einem* den Dat. Mask./Neutr., *eine* den Nom./Akk. Fem. und *einer* den Gen./Dat. Fem. In gewisser Weise fallen auch beim unbestimmten Artikel die Pluralformen zusammen, und zwar in einer einzigen Form, der Nullform.

Die Formgleichheit wirkt sich auch auf die sogenannten Kongruenzklassen aus. Bei der Konstruktion „bestimmter Artikel + Substantiv" ergeben sich nicht – wie theoretisch und rechnerisch möglich – 24 Kongruenzklassen (= 4 [Kasus] × 3 [Genera] × 2 [Numeri]), sondern nur zehn:[1]

die Bäume, Wiesen, Bücher	die Wiese	das Buch	der Baum	Nom.
			den Baum	Akk.
der Bäume, Wiesen, Bücher		des Buches, Baumes		Gen.
den Bäumen, Wiesen, Büchern	der Wiese	dem Buch, Baum		Dat.
Plural	Fem.	Neutr. Singular	Mask.	

[1] Vgl. H. Vater: Das System der Artikelformen im gegenwärtigen Deutsch. Tübingen ²1979, S. 35.

Bei der Konstruktion „unbestimmter Artikel + Substantiv" ergeben sich – bei 12 (= 4 [Kasus] × 3 [Genera]) theoretisch möglichen[1] – nur sechs Kongruenzklassen:[2]

Nom.	eine Wiese	ein Buch, Baum	
Akk.			einen Baum
Gen.	einer Wiese	eines Buches, Baumes	
Dat.		einem Buch, Baum	

Die Aufstellung von Kongruenzklassen kann freilich die Leistung verzerren, welche die Artikelflexion in formal-syntaktischer Hinsicht erbringt. Der Artikel trägt nämlich – trotz Formgleichheit – in erheblichem Maße zur eindeutigen Kasuskennzeichnung der Nominalgruppe bei (vgl. 379,3).
Die Kasusdifferenzierung ist eindeutig eine Leistung des Artikels. Allerdings wirkt das attributive Adjektiv in gleicher Weise differenzierend. Es bringt aber keine zusätzlichen Unterscheidungen hervor, wenn es neben dem Artikel auftritt. Trotz der kasusdifferenzierenden Wirkung des Artikels und/oder Adjektivs bleibt ein beträchtlicher Rest von nicht unterscheidbaren Formen zurück. In diesen Fällen wird die Kasusmehrdeutigkeit durch andere Mittel aufgelöst, zum Beispiel durch die Wortstellung (vgl. *Peter* [= Nom.] *liebt/dankt Maria* [= Akk./Dat.] mit: *Maria* [= Nom.] *liebt/dankt Peter* [= Akk./Dat.]; *der Hut* [= Nom.] *der Frau* [= Genitivattribut]), durch die eindeutige Markierung der andern Kasus im Satz (vgl. *Der Vater* [= Nom.] *schenkt Maria* [= Dativ] *einen Blumenstrauß* [= Akk.]) und durch die Subjekt-Finitum-Kongruenz (vgl. *Begleitpersonen* [= Nom. Pl.] *können* [= 3. Pers. Pl.] *an dem Ausflug teilnehmen*.
Im Gegensatz zur Kasusdifferenzierung wird die Numerusunterscheidung weitgehend vom Substantiv allein geleistet. Man kann fast von einer Funktionsteilung sprechen: der Artikel differenziert die Kasus, das Substantiv die Numeri.[3]

5.3.2 Semantik und Funktion

536 Bei der Wahl der verschiedenen Artikelformen ist zwischen freiem und gebundenem Gebrauch zu unterscheiden. Freier Gebrauch heißt: der Sprecher/Schreiber kann (und muß) eine Entscheidung zwischen den möglichen Formen treffen; gebundener Gebrauch heißt: dem Sprecher/Schreiber ist keine Wahl gelassen; die betreffende Form ist ihm vorgegeben.[4] Beim freien Artikelgebrauch richtet der Sprecher/Schreiber seine Entscheidung nach den Faktoren Kontext, Situation, Semantik und Grammatik aus. Beim gebundenen Artikelgebrauch entscheiden grammatische und/oder lexikalische Vorgaben.

---

[1] Pluralformen fallen bei *ein* ja nicht an.
[2] Vgl. H. Vater: Das System der Artikelformen im gegenwärtigen Deutsch. Tübingen ²1979, S. 36.
[3] W.-U. Wurzel: Flexionsmorphologie und Natürlichkeit. Ein Beitrag zur morphologischen Theoriebildung. Berlin 1984, S. 90 ff.
[4] Vgl. H.-J. Grimm: Untersuchungen zum Artikelgebrauch im Deutschen. Leipzig 1986, S. 30.

Der Sprecher/Schreiber benötigt für seine Entscheidungen also ein umfangreiches Wissen, das auf einer grammatischen, textlichen, semantischen und kommunikativ-pragmatischen Ebene angesiedelt ist. Die verschiedenen Ebenen können sich zudem überlagern oder auch gegenseitig neutralisieren, was die Entscheidung unter Umständen noch erschwert. Eine besondere Rolle spielt die Semantik der Substantive. Wenn es sich zum Beispiel um ein Abstraktum *(Frieden, Hoffnung)* oder eine Stoffbezeichnung *(Milch, Blut, Stahl)* handelt, treten Sonderbestimmungen in Kraft. In gewisser Weise ist die Bedeutung der Substantive letztlich überhaupt dafür verantwortlich, daß mit Hilfe des Artikels eine ‚Determination' des Substantivs vorgenommen werden muß. Die meisten Substantive sind nämlich sogenannte Appellativa (vgl. 341), d. h., es sind Gattungs- oder Klassenbezeichnungen (z. B. *Straße, Haus, Baum, Buch*). Unsere Aussagen beziehen sich aber in den wenigsten Fällen auf ganze Gattungen oder Klassen von Gegenständen (vgl. 537), sondern meistens auf ein einzelnes oder auf mehrere einzelne Elemente. Das Einzelelement kann dann ein ganz bestimmtes, genau identifiziertes sein oder ein unbestimmtes, gegebenenfalls auch beliebiges. Das gleiche gilt für eine (Teil)gruppe von Elementen: Es kann eine ganz bestimmte, von Sprecher und Hörer identifizierte (Teil)gruppe sein oder eine unbestimmte, gegebenenfalls beliebige. Deshalb sind jeweils nähere Festlegungen nötig. Die Festlegung hinsichtlich der Anzahl nennt man Quantifikation, die Festlegung hinsichtlich der Bestimmtheit (oder Identifiziertheit) nennt man Determination. Die Entscheidung unter dem Gesichtspunkt der Quantifikation ist die Entscheidung zwischen Singular und Plural, die Entscheidung unter dem Gesichtspunkt der Determination ist die Entscheidung zwischen dem bestimmten und unbestimmten Artikel, jedenfalls im Bereich des freien Gebrauchs. Das Grundmodell der Artikelwahl sieht demnach so aus:

		Determination	
		„bestimmt"	„unbestimmt"
Quantifikation	„1 Element"	Sg./ bestimmter Artikel	Sg./ unbestimmter Artikel
	„mehr als 1 Element"	Pl./ bestimmter Artikel	Pl./ unbestimmter Artikel

Im Falle, daß nur einzelne Elemente der Klasse gemeint sind, spricht man von bestimmten bzw. unbestimmten Beschreibungen oder einfach von Partikularisierung; im Falle, daß die ganze Klasse gemeint ist, spricht man von Allaussagen, generellen Aussagen oder einfach von Generalisierung. Wir gebrauchen im Folgenden nur die Bezeichnungen Partikularisierung und Generalisierung.

Freier Gebrauch

Partikularisierung: Die Opposition bestimmter/unbestimmter Artikel

Die Wahl des bestimmten und unbestimmten Artikels richtet sich zunächst nach folgender Grundregel:

537

Der bestimmte Artikel ist zu wählen, wenn das vom Substantiv bezeichnete Objekt ‚bestimmt' ist. ‚Bestimmt' meint dabei, daß Sprecher und Hörer es in gleicher Weise identifizieren; es ist beiden bekannt. Beispiele:

Stephans Vater hat *das* neue Auto/*die* neuen Autos bekommen. Du hast mir gestern *den* Ring/*die* Ringe gegeben. Dort steht *die* Palme/stehen *die* Palmen.

Umgekehrt gilt:

Der unbestimmte Artikel ist zu wählen, wenn das vom Substantiv bezeichnete Objekt ‚unbestimmt' ist, wenn es vom Sprecher und Hörer nicht identifiziert werden kann, beiden nicht bekannt ist. Beispiele:

Stephans Vater hat *ein* neues Auto/neue Autos bekommen. Du hast mir gestern *einen* Ring/Ringe gegeben. Dort steht *eine* Palme/stehen Palmen.

Die grundlegende Opposition zwischen dem bestimmten und unbestimmten Artikel besteht also in dem Merkmalsgegensatz „identifiziert" – „nichtidentifiziert" bzw. „bekannt" – „nichtbekannt". Für den Anwendungsfall lautet deshalb immer die erste Frage: Ist das Substantiv oder die Substantivgruppe (bzw. das damit Bezeichnete) identifiziert bzw. bekannt? Diese Frage läßt sich ohne Berücksichtigung des Kontextes und/oder der Sprechsituation nicht entscheiden. Die Entscheidung für oder gegen einen Artikel fällt deshalb – bei freiem Gebrauch – immer erst in der konkreten Sprech-/Schreibsituation.[1]

Kontext und Sprechsituation stellen verschiedenartige Mittel zur Identifizierung und Determination bereit. Die wichtigsten sind:

Vorerwähnung

Bei der Vorerwähnung wird der Gegenstand im Text vorher eingeführt. Damit gilt er als identifiziert. Im Falle, daß er am Anfang eines Textes eingeführt wird, spricht man auch von Ersterwähnung.

Man kann zwischen expliziter und impliziter Vorerwähnung unterscheiden. Bei der expliziten Vorerwähnung besteht zwischen den Gliedern, die gemeinsam auf etwas Bezug nehmen, völlige Identität:

(Peter hat *ein Auto* bestellt.) Er hat *das Auto* nun bekommen.

Bei der impliziten Vorerwähnung besteht zwischen den Gliedern, die gemeinsam auf etwas Bezug nehmen, ein Ganzes-Teil-Verhältnis oder begriffliches Einbeziehungsverhältnis. Das vorerwähnte Glied enthält in sich – begrifflich-sachlich – das zweite Glied.

(Wir sahen *ein Haus*.) *Der Schornstein* rauchte. – (An *dieser Schule* ist etwas nicht in Ordnung.) Was sagt denn *die Schulleitung* dazu?

Das vorerwähnte Glied muß nicht unbedingt ein Substantiv oder eine Substantivgruppe sein. Es kann sich auch um einen ganzen Satz (geschilderten Sachverhalt) handeln:

(Peter ist von Beruf Lehrer.) Die Arbeit macht ihm Spaß. – *(Italien wurde von einem Erdbeben heimgesucht.) Die Meldung* kam soeben durchs Radio.

---

[1] Das belegen auch unsere (mit Absicht gleich konstruierten) Beispielsätze. Sie veranschaulichen im Grunde nur noch einmal das Vorkommen des bestimmten und unbestimmten Artikels, geben aber keine zwingenden Hinweise darauf, warum einmal der bestimmte und dann der unbestimmte Artikel zu setzen ist. Ohne Kontext sind der bestimmte und der unbestimmte Artikel deshalb in diesen Sätzen austauschbar, ohne daß dies Folgen für die Grammatikalität oder für das Verständnis dieser Sätze hätte.

Vorinformation

Die Identifizierung auf Grund einer Vorinformation ist eine Variante zur Identifizierung durch Vorerwähnung. Statt durch Vorerwähnung wird hier durch eine Vorinformation die Identifizierung sichergestellt. Die Vorinformation muß in einer dem aktuellen Kommunikationsakt zeitlich vorangehenden Kommunikation vollzogen worden sein. Wenn z. B. jemand am Beginn eines Gesprächs fragt: Hat Peter *den Eingriff* gut überstanden?, so setzt die Wahl des bestimmten Artikels voraus, daß beide Kommunikationspartner entsprechend vorinformiert sind, d. h., beide müssen wissen, daß Peter sich einem Eingriff zu unterziehen hatte. Das gleiche gilt für den Fall, daß ein Kommentator seinen Text mit dem Satz beginnt: *Die Spiele* sind vorüber! Der bestimmte Artikel ist nur dann korrekt gewählt, wenn Schreiber und Leser schon vorher über ein entsprechendes Thema (Olympische Spiele o. ä.) kommuniziert haben, und sei es nur indirekt in der Form, daß der Journalist über Olympische Spiele berichtet und der Leser diese Berichte gelesen hat.

Sachliche Einmaligkeit

Die Identifizierung kann auch auf Grund sachlicher Einmaligkeit vorgenommen werden. Wenn zum Beispiel von „dem" Papst die Rede ist, dann beziehen Sprecher wie Hörer aus ihrem Weltwissen die Kenntnis, daß es nur einen einzigen gegenwärtig regierenden Papst gibt, der als solcher immer schon identifiziert ist. Dementsprechend wird die Klassenbezeichnung *Papst* mit dem bestimmten Artikel versehen:

> *Der Papst* besucht Deutschland.

Der (gegenwärtig regierende) Papst ist ein Beispiel für eine absolute Einschränkung: von dieser Klasse existiert nur ein einziges Exemplar. Das gleiche gilt für sogenannte Unika, d. h. Bezeichnungen für etwas, das nur einmal vorhanden ist *(die Sonne, der Mond, der Himmel, die Hölle)* und Stoffbezeichnungen *(das Blut, die Milch).* Bei Substantiven dieser Art spielt die Semantik die entscheidende Rolle.

Es gibt freilich auch Substantive oder Substantivgruppen, für die eine relative Beschränkung kennzeichnend ist. Wenn zum Beispiel jemand fragt: Wo ist *der Bahnhof?*, dann ist damit nicht irgendein Bahnhof gemeint, sondern der Bahnhof des betreffenden Ortes. Oder wenn jemand sagt: Gib mir mal *den Bleistift!*, dann ist damit ein bestimmter Bleistift gemeint, der sich in Seh- und Reichweite der Kommunikationspartner befindet. Relative Einschränkung meint also, daß die Sprech-/Schreibsituation und der Kontext den Klassenbegriff auf ein einziges, genau bestimmtes Exemplar oder mehrere, genau bestimmte Exemplare einschränken.

Kennzeichnung durch Attribuierung

Mit Hilfe bestimmter sprachlicher Mittel, zum Beispiel durch den Superlativ, durch ein Genitivattribut oder durch einen attributiven Nebensatz, kann ein Gegenstand als einmalig bestimmt gekennzeichnet werden. Er gilt damit als identifiziert:

> Dies ist *der größte Tag* in seinem Leben. Dies ist *die einzig richtige* Antwort. Endlich kam *der Tag, auf den er sich so lange gefreut hatte.* Karl hatte *den Einfall, daß noch Zeit für ein Konzert bleibe.*

Gestik und Mimik

Auch durch Gestik/Mimik kann der Sprecher einen bestimmten Gegenstand identifizieren. Der Artikel kann gleichzeitig betont werden.

Dér Baum (da) ist krank. *Dás Haus* (dort) möchte ich kaufen.

Generalisierung (Verallgemeinerung)

Im Bereich generalisierter (verallgemeinerter) Aussagen unterliegt der Artikelgebrauch besonderen Bedingungen. Es lassen sich vier Typen der Generalisierung unterscheiden: e x t e n s i o n a l e, i n t e n s i o n a l e, e x e m p l a r i s c h e und k l a s s i f i z i e r e n d e Generalisierung.[1]

Extensionale Generalisierung

Der gängigste Typ einer generalisierten Aussage, wie er vor allem in wissenschaftlichen Texten vorkommt, verwendet den bestimmten Artikel im Singular:

Die Katze ist ein Haustier. *Die Eiche* ist ein Laubbaum.

Der bestimmte Artikel im Singular kann auch gegen den bestimmten Artikel im Plural ausgetauscht werden, ohne daß sich an der Aussage etwas merklich ändert. Wir nennen diesen Typus extensionale Generalisierung:

Die Katzen sind Haustiere. *Die Eichen* sind Laubbäume.

Der bestimmte Artikel kann sehr häufig auch durch den unbestimmten Artikel (kein Plural mit Nullform) ersetzt werden:

Eine Katze ist ein Haustier/*Katzen* sind Haustiere. *Eine Eiche* ist ein Laubbaum/*Eichen* sind Laubbäume.

Die Generalisierung mit dem unbestimmten Artikel bildet jedoch einen eigenen Typus (exemplarische Generalisierung, vgl. unten). Im gegebenen Fall hat der Sprecher/Schreiber also die Wahl zwischen den beiden Typen der extensionalen und exemplarischen Generalisierung.

Als Probe zur Identifizierung dieses Generalisierungstyps kann der Ersatz mit *alle* und *jeder* dienen:

Alle Katzen sind Haustiere/*Jede Katze* ist ein Haustier. *Alle Eichen* sind Laubbäume/*Jede Eiche* ist ein Laubbaum.

Intensionale Generalisierung

Manchmal begegnen jedoch Generalisierungen, in denen ein Austausch der Artikelformen nicht oder nicht gut möglich ist. Der unbestimmte Artikel im Singular ist sogar immer ausgeschlossen. Wir nennen diesen Typus intensionale Generalisierung:

Die Kartoffel (nicht: *eine Kartoffel*) wurde von Südamerika nach Europa eingeführt. Peter Henlein hat *die Taschenuhr* (nicht: *eine Taschenuhr)*) erfunden. *Den Winter* (nicht: *einen Winter*) mag ich gar nicht. *Die Eiche* (nicht: *eine Eiche*) ist vor allem in Nordeuropa verbreitet.

Als Probe zur Identifizierung dieses Generalisierungstyps kann die Erweiterung mit *als solche(r)* dienen:

---

[1] Vgl. H.-J. Grimm: Untersuchungen zum Artikelgebrauch im Deutschen. Leipzig 1986, S. 69 ff.

Die Kartoffel als solche wurde von Südamerika nach Europa eingeführt. Peter Henlein hat *die Taschenuhr als solche* erfunden. *Den Winter als solchen* mag ich gar nicht. *Die Eiche als solche* ist vor allem in Nordeuropa verbreitet.

Der Unterschied zwischen der extensionalen und intensionalen Generalisierung besteht darin, daß im ersten Fall das Substantiv (bzw. die erweiterte Substantivgruppe) extensional interpretiert wird, d. h., es ist zwar der Begriff als solcher gemeint, zugleich aber auch die Menge der von diesem Begriff erfaßten Elemente. Im zweiten Fall wird das Substantiv (bzw. die erweiterte Substantivgruppe) intensional interpretiert, d. h., es ist nur der Begriff als solcher mit seinen inhaltlichen Festlegungen gemeint, nicht aber die von diesem Begriff erfaßte Menge der Elemente.

Exemplarische Generalisierung

Für die Unterscheidung zwischen extensionaler und intensionaler Generalisierung spricht vor allem auch die Tatsache, daß im Fall der intensionalen Generalisierung der Ersatz des bestimmten Artikels durch den unbestimmten Artikel nicht möglich ist, wohl aber bei der extensionalen Generalisierung (vgl. oben). Die Generalisierung mit *ein* läßt sich als ein eigener Typus in dem Sinne deuten, daß ein einzelnes unbestimmtes Exemplar die Gesamtmenge (Klasse, Art, Gattung) repräsentiert. Entsprechendes gilt für die pluralische Nullform des unbestimmten Artikels. Wir nennen diesen Typus exemplarische Generalisierung:

> *Ein Mann* weint nicht/*Männer* weinen nicht. *Ein Bild* dient als Wandschmuck/*Bilder* dienen als Wandschmuck. *Eine* Tagung wird erst durch die Gespräche am Rande interessant/*Tagungen* werden erst durch die Gespräche am Rande interessant.

Klassifizierende Generalisierung

Eine klassifizierende Generalisierung liegt dann vor, wenn ein Gegenstand in eine bestimmte Klasse eingeordnet wird. Die Klassenbezeichnung bildet das mit *sein* eingeführte Prädikativ (= *ist/sind*), als Artikel fungiert der unbestimmte Artikel, also *ein* bzw. die pluralische Nullform:

> Die Katze ist *ein Haustier*/Katzen sind *Haustiere*. Die Eiche ist *ein Laubbaum*/Eichen sind *Laubbäume*.

Ob eine Generalisierung vorliegt, läßt sich mit Sicherheit nur auf Grund des Kontextes entscheiden.[1] Hinweise darauf, daß es sich um eine Generalisierung handelt, gibt aber zum einen die Tempuswahl und zum andern das Prädikat: Als Tempus tritt in den meisten Generalisierungen das Präsens auf (vgl. die Beispiele oben). Das Prädikat ist so beschaffen, daß es keine speziell eingeschränkte, sondern eine allgemeingültige Aussage enthält (vgl. die Beispiele oben). Was das Tempus angeht, ist allerdings zu betonen, daß Vergangenheitstempora nicht grundsätzlich ausgeschlossen sind.

> *Der Wissenschaftler* des Mittelalters war an die Aussagen der Bibel gebunden. *Kaiser und Könige* entfalteten auf den Reichstagen einen großen Prunk.

---

[1] Vgl. I. Oomen: Determination bei generischen, definiten und indefiniten Beschreibungen im Deutschen. Tübingen 1977, S. 24 ff. – H. Bisle-Müller: Artikelwörter im Deutschen. Semantische und pragmatische Aspekte ihrer Verwendung. Tübingen 1991, S. 134 f.

Gebundener Gebrauch

538 Der gebundene Gebrauch des Artikels ergibt sich aus bestimmten festen syntaktischen Verbindungen oder Idiomatisierungen, d. h. aus nicht näher erklärbaren
Konventionen.[1] Diese Konventionen legen von vornherein fest, ob der bestimmte
oder der unbestimmte Artikel zu setzen ist oder ob das betreffende Substantiv
sogar artikellos bleibt.[2]
Es sind vor allem drei Bereiche, in denen der Artikel in gebundener Form auftritt,
nämlich die Bereiche der Funktionsverbgefüge, der festen Wendungen (Phraseologismen) und bestimmter Präpositionalkonstruktionen.

Funktionsverbgefüge

Funktionsverbgefüge (vgl. 205) legen in der Regel fest, welchen Artikel das betreffende Substantiv erfordert. Sowohl der bestimmte Artikel ist möglich als auch
der unbestimmte. Es kommt auch der Fall vor, daß kein Artikel gesetzt werden
darf.[3] Dementsprechend sind drei Arten von Funktionsverbgefügen zu unterscheiden:

Funktionsverbgefüge mit dem bestimmten Artikel:

Wenn eine Verschmelzung zwischen dem bestimmten Artikel und der Präposition (Kontraktion; vgl. 540) möglich ist, wird sie durchgeführt:

zum Abschluß	
zur Verteilung	bringen/kommen
zur Durchführung	

Funktionsverbgefüge mit dem unbestimmten Artikel:

ein Ende	bereiten/setzen/nehmen
eine Entwicklung	
einen Verlauf	nehmen
eine Veränderung	erfahren

Funktionsverbgefüge ohne Artikel:

Anwendung	finden
in Wegfall	kommen
zu Fall	bringen

Feste Wendungen (Phraseologismen)

In festen (Rede)wendungen wie *an den Tag bringen* kann der bestimmte Artikel
unter keinen Umständen durch den unbestimmten Artikel ersetzt werden (vgl.
Die Sonne bringt es an den Tag.). Auch hier lassen sich wieder drei Arten unterscheiden, je nachdem, ob der bestimmte bzw. der unbestimmte Artikel gefordert
ist oder überhaupt kein Artikel stehen darf:[4]

---

1 Vgl. S. 311, Anm. 1.
2 Zum Beispiel DUDEN. Das große Wörterbuch der deutschen Sprache in acht Bänden. Mannheim 1993–1995; DUDEN. Deutsches Universalwörterbuch. Mannheim ²1989.
3 Die betreffenden Fälle gehören eigentlich zu den Sonderfällen (vgl. Artikellose Substantivkonstruktionen, 539). Wir behandeln sie aber schon hier wegen des systematischen Zusammenhangs.
4 Auch diese Fälle gehören eigentlich zu den Sonderfällen (vgl. 539); wegen des systematischen
Zusammenhangs werden sie aber hier genannt.

Feste Wendungen mit dem bestimmten Artikel:

zum Mond schießen; *ans* Licht kommen; die Katze *im* Sack kaufen; zwischen *den* Zeilen lesen; *die* Nase hoch tragen; sich etwas aus *den* Fingern saugen usw.[1]

Feste Wendungen mit dem unbestimmten Artikel:

aus *einer* Mücke *einen* Elefanten machen; wie *eine* Seifenblase zerplatzen; sich an *einen* Strohhalm klammern.

Feste Wendungen ohne Artikel:

wie *Espenlaub* zittern; mit *Kanonen* auf *Spatzen* schießen; *Öl* ins Feuer gießen; auf *Sand* bauen; auf *großem Fuß* leben.

Hierher gehören auch Paarformeln wie bei *Nacht und Nebel,* außer *Rand und Band* sein, *Haus und Hof* verlieren, mit *Kind und Kegel, Kopf und Kragen, Feuer und Flamme* sein, an *Ort und Stelle* und bestimmte feste Verbindungen aus Substantiv und Verb wie *Abschied* feiern, *Auto* fahren, *Pfeife* rauchen.

Sprichwörter gestatten ebenfalls keine Änderung der vorgegebenen Artikelregelung:

Man soll *den* Tag nicht vor *dem* Abend loben. *Ein* Unglück kommt selten allein. Mit *Speck* fängt man *Mäuse. Steter Tropfen* höhlt den Stein.

Präpositionalkonstruktionen

Bestimmte Präpositionen werden durchgehend oder unter bestimmten konventionalisierten Bedingungen mit einem artikellosen Substantiv konstruiert. Wir behandeln diese Fälle bei den Sonderfällen (vgl. 539).

5.3.3 Sonderfall: artikellose Substantivkonstruktionen

Es gibt Sonderfälle, in denen das Substantiv ohne Artikel steht.[2] Ohne Artikel wird das Substantiv unter folgenden Bedingungen konstruiert: 539

Eigennamen

Eigennamen – das sind Namen für je einzelne Personen, Tiere, Städte, Staaten, Feste usw. – stehen in der Regel ohne Artikel:

Sie dachte an *Joachim. Johann Wolfgang von Goethe* wurde am 28. 8. 1749 geboren. *Hamburg* liegt an der Elbe. Wir verbringen unsern Urlaub über *Pfingsten/Weihnachten/Ostern/Silvester/Neujahr* in *Italien.*

Im einzelnen wird diese Regel freilich vielfach durchbrochen. So steht der bestimmte Artikel zum Beispiel bei

– despektierlicher oder distanzierender Benennung von Personen (Wo bleibt denn *der* Peter?)

---

1   Diese und weitere Beispiele nach H.-J. Grimm (vgl. S. 313, Anm. 1).
2   Andere Grammatiken setzen für diesen Fall einen eigenen Artikel an, den sogenannten „Nullartikel". Wir folgen diesem Vorgehen nicht, weil der „Nullartikel" erstens für den Grammatikbenutzer nur schwer handhabbar ist, zweitens zu logischen Widersprüchen führt und drittens einen wichtigen Unterschied verdeckt. Es ist nämlich streng zu trennen zwischen dem morphologisch motivierten Fall der (pluralischen) Nullform des unbestimmten Artikels (vgl. 535) und dem grammatisch-semantisch motivierten Fall der Artikellosigkeit. Vgl. S. Löbner: In Sachen Nullartikel. In: Linguistische Berichte 101 (1986), S. 64 f. und H. Bisle-Müller: Artikelwörter im Deutschen. Semantische und pragmatische Aspekte ihrer Verwendung. Tübingen 1991, S. 4 ff.

- astronomischen und geographischen Namen (*der* Saturn, *die* Eifel, *die* Norddeutsche Tiefebene)
- Namen von Flüssen (*der* Rhein, *die* Elbe) und Bergen (*der* Brocken, *der* Watzmann, *der* Mount Everest)
- allen femininen, pluralischen und den mit -staat/-union gebildeten Namen von Staaten (*die* Schweiz, *die* Niederlande, *die* Vereinigten Staaten von Amerika, *der* Vatikanstaat)
- Namen von einzelnen Bauwerken (*der* Kölner Dom, *der* Dresdner Zwinger)
- Namen von Institutionen (*der* Deutsche Gewerkschaftsbund [DGB], *die* UNO)
- Namen von Straßen, Plätzen, Gebäuden (*die* Schillerstraße, *der* Goetheplatz, *der* Reichstag)
- Namen von Werken der Kunst (*der* Wallenstein, *der* Isenheimer Altar, *das* Ave Verum)
- Beinamen (Friedrich *der* Zweite, Karl *der* Große)
- Namen historischer Epochen und Ereignisse (*das* Mittelalter, *die* Klassik, *die* Römischen Verträge)
- Namen von staatlichen Feiertagen (*der* 1. Mai, *der* Volkstrauertag usw.)

Unter bestimmten semantisch-syntaktischen Bedingungen können Namen auch mit dem unbestimmten Artikel verbunden werden, zum Beispiel, wenn sie als Appellativum verwendet werden (Peter malt *einen* Mond. Hans kauft *einen* Opel) oder wenn der Name nicht auf eine bestimmte, sondern eine unbekannte Person bezogen wird (Kennst du *eine* Petra Meier?).

Stoffbezeichnungen, Sammelbezeichnungen (Kollektiva) und Abstrakta

Stoffbezeichnungen, Sammelbezeichnungen und Abstrakta (vgl. 339 ff.) werden ohne Artikel gebraucht, wenn das von ihnen Bezeichnete als solches – ohne Scheidung in Einzelteile und ohne genauere Bestimmung hinsichtlich den bestimmten Art und Ausführung – gemeint ist. Von Determination und Quantifikation (vgl. 536) wird gänzlich abgesehen. Die Oppositionen determiniert/indeterminiert und Singular/Plural sind also nicht gegeben; sie kommen gar nicht erst in Betracht, so daß eine Entscheidung in beiderlei Hinsicht nicht gefällt werden kann. Dementsprechend tritt das Substantiv in diesen Fällen immer im Singular auf, auch wenn es grundsätzlich einen Plural bilden kann:

> *Stahl* ist ein sehr hartes Metall. Man soll täglich *Milch* trinken und *Obst* essen. Peter wünscht sich zu Weihnachten *Spielzeug*. Es herrschte *Stille*. Peter zeichnet sich durch *Mut* und *Geduld* aus. *Vertrauen* ist gut, *Kontrolle* ist besser. Es ist *Frühling/Sommer/Herbst/Winter*.

Von *Stahl, Spielzeug, Kontrolle* ist auch ein Plural möglich *(Stähle, Spielzeuge, Kontrollen)*. Bei der Wahl des Plurals ändert sich aber die Semantik des Substantivs: *Stähle* meint verschiedene Arten von *Stahl*, *Spielzeuge* meint einzelne Stücke, *Kontrollen* einzelne Tätigkeiten.

Apposition nach Maß-, Mengen- und Klassenbezeichnungen

Nach Maß- und Mengenbezeichnungen wie *Meter, Flasche, Sack* usw. steht die zugehörige Apposition ohne Artikel:

> Peter kauft fünf Meter *Stoff*. Klaus ißt zwei Scheiben *Brot*. Hier sind noch drei Flaschen *Sekt*. Die Firma liefert zwanzig *Sack/Säcke* Zement. Ich sehe einen Schwarm *Bienen*. Im Fach *Deutsch* steht Peter gut.

Funktionsverbgefüge und Phraseologismen

In bestimmten Funktionsverbgefügen und Redewendungen ist nur die artikellose Substantivform möglich (vgl. 538).

Präpositionale Konstruktionen

Viele Präpositionen werden in bestimmten Verbindungen ohne Artikel gebraucht:

> *an* Bord, *auf* See, *außer* Haus, *außer* Konkurrenz, *bei* Tisch/Hof, *binnen* Jahresfrist, *gegen* Morgen, *in* Not, *mit* Hilfe/Verlaub, *nach* Ablauf dieser Frist, *nach* Wunsch, *ohne* Gewähr/Garantie/Zweifel, *über* Nacht, *um* Haaresbreite, *unter* Wasser, *von* Herzen, *vor* Anker, *zu* Bett.

Vor allem in der Sprache des Verkehrswesens, des Handels und der Verwaltung werden auch Präpositionen wie *ab, bis, infolge, je, mit, per, pro, von ... wegen, zu* und *zwecks* ohne Artikel gebraucht:

> *ab* Hauptbahnhof, *ab* 10. Klasse, *auf* Bahnsteig 10, *auf* Seite 9, *auf* Bewährung, *bei* Strafe, *bis* Waldstadion, *gen* Norden, *in* Paragraph 15, *infolge* starken Nebels, (... kostet 5 DM) *je* Stück, (Zimmer) *mit* Bad, *laut* DPA, *nach* Durchsicht/Prüfung der Akten, *per* Luftpost/Nachnahme, *pro* Kilometer/Stunde, *von* Amts wegen, *zu* gegebener Zeit, *zwecks* Überprüfung.

(Adverbial erstarrte) Akkusativ- und Genitivkonstruktionen

In bestimmten (adverbial erstarrten) Akkusativ- und Genitivkonstruktionen wird die Setzung des Artikels vermieden:

> nächsten (vergangenen, kommenden, letzten, vorigen) Montag/Monat, Anfang nächsten Jahres/kommender Woche, voriges (letztes, vergangenes, nächstes) Jahr, eines Tages, schnellen Schrittes, erhobenen Hauptes, schweren Herzens, guten Glaubens, guter Laune, gleichen Alters, weiblichen/männlichen Geschlechts, frohen Mutes.

Zeitangaben in Zahlen

Zeitangaben, die in Zahlen – gegebenenfalls ohne Zusatz *(Jahr, Uhr)* – ausgedrückt werden, stehen ohne Artikel. Dies gilt auch für den Fall, daß die Zahl ausgeschrieben ist:

> Der 1. Weltkrieg begann *1914*. Peter kommt um *17.14 Uhr* in Mannheim an. Das Konzert beginnt um *acht (Uhr)*.

Gleichsetzungsnominative

Gleichsetzungsnominative, mit denen die Zugehörigkeit zu einer sozial etablierten und anerkannten Gruppe[1] (Nationalität, Herkunft, Beruf, Funktion, Weltanschauung, Religion, gesellschaftlicher Status usw.) angegeben wird, werden vor allem nach den Verben *sein, werden* und *bleiben* ohne Artikel angeschlossen:

> Er ist *Engländer*. Er ist *Berliner*. Sie wird *Lehrerin*. Er bleibt *Junggeselle*.

Dies gilt auch für ähnliche Konstruktionen mit *als:*

> Sie arbeitet als *Schlosser*. Er gilt als *Fachmann*. Er fühlt sich als *Frauenheld*.

Doppelungen

In bestimmten Doppelformen, die frei gebildet werden können und dementsprechend nicht idiomatisiert sind (wie z. B. *Kind und Kegel, Haus und Hof,* vgl. 538), kann der Artikel fehlen. Bei diesen Formen handelt es sich um zwei (oder mehr)

Substantive, die in einem engen (Bedeutungs)zusammenhang stehen und durch *und* miteinander verbunden werden:

> Anna kann gut mit *Nadel und Faden* umgehen. *Erfolg und Mißerfolg* liegen dicht beieinander.

Angeführte Wörter

Wenn Wörter einer Sprache zitiert werden, stehen sie ohne Artikel:

> Wir deklinieren „*Haus*". Wie heißt „*Brot*" auf englisch? Wie konjugiert man das Verb „*kommen*"?

Anreden, Ausrufe, Grußformeln, Kommandos u. ä.

Bei bestimmten Kommunikationsakten wird das Substantiv ohne Artikel gebraucht, zum Beispiel bei der Anrede (Liebe *Frau* Schmidt! Guten Abend, *Herr* Meier!), bei Ausrufen (*Hilfe! Vorsicht!*), bei Grußformeln (Frohe *Ostern!* Herzlichen *Glückwunsch!*) und bei Kommandos *(Hände hoch! Augen geradeaus!)*.

Aufschriften, Überschriften, Schlagzeilen, Titel, Anzeigen, Telegramme, Protokolle u. ä.

Auch in bestimmten Textsorten entfällt der Artikel häufig, zum Beispiel im Protokoll und Gutachten (vgl. *Angeklagter* bestreitet die Tat. *Verfasser* kennt sich in der Literatur gut aus.), im Telegramm (*Vertrag* abgeschlossen. *Verhandlungen* beendet.), in Stichworttexten (z. B. in dem folgenden Lexikoneintrag: *Kryolith,* pegmatitisch gebildetes *Mineral, Vorkommen* in Grönland, *Rohstoff* für *Aluminiumherstellung*), in Aufzählungen, Tabellen, Formularen, Verzeichnissen, Listen usw. (vgl. Die Hauptbestandteile des Computers sind: *Zentraleinheit, Bildschirm, Tastatur...*), in Anschriften (*Frau Petra Meier, Talstraße* 5, 80 331 *München*), in Etikettierungen (*Gift! Essig.*) und schließlich in (Buch)titeln und (Zeitungs)überschriften (*Bauformen* des Gedichts. *Verhandlungen* ohne *Ergebnis* abgebrochen.)

Artikel im weiteren Sinne

Die Formen, die zu den Artikeln im weiteren Sinne gehören (vgl. 541), schließen das Auftreten des bestimmten und unbestimmten Artikels weitgehend aus. Diese Regel braucht beim Plural des unbestimmten Artikels nicht weiter beachtet zu werden, da dieser Plural ja nicht positiv gekennzeichnet ist (Nullform; vgl. 535). Beim bestimmten Artikel aber und beim Singular des unbestimmten Artikels gelten einschneidende Kombinationsbeschränkungen (vgl. 538).
Wie ein artikelähnliches Wort wirkt auch der vorangestellte Genitiv des Typs *Peters* Freundin.

5.3.4 Verschmelzungen (Kontraktionen)

540 Bestimmte Präpositionen verschmelzen mit den Artikelformen *dem, den, das* und *der* zu einer einzigen Form. Es sind dies die Präpositionen: *an, auf, außer, bei, durch, für, hinter, in, neben, über, um, unter, von, vor, zu.* Die Verschmelzung (Kontraktion) kann allerdings nur eintreten, wenn die Artikelform nicht betont

---

1 Die Gruppe muß sozial etabliert sein. In einem Fall wie *Er ist ein kluger Kopf* steht der unbestimmte Artikel, weil *kluger Kopf* keine sozial etablierte Gruppe meint. Das gleiche gilt für eine Konstruktion mit dem bestimmten Artikel wie *Er ist der Schlosser, dem wir den Auftrag erteilt haben.*

ist (vgl. unten). Beispiele für Verschmelzungen sind etwa: *am (= an dem), ins (= in das), zur (= zu der)*. Die Verschmelzung findet sich am häufigsten in festen Verbindungen und (übertragenen) Redewendungen.

Bemerkungen zur Verschmelzung:

1. In vielen Fällen ist eine Auflösung der – geschichtlich gewachsenen und nun lexikalisierten – Verschmelzung nicht mehr möglich (vgl. *zur* [nicht: *zu der*] *See fahren; im* [nicht: *in dem*] *Vertrauen sagen*). In anderen Fällen kann eine Auflösung, wenn überhaupt, nur mit dem unbestimmten Artikel vollzogen werden (vgl. *jemanden zum (= zu einem) Künstler ausbilden; am (= an einem) Hang/ Berg/Meer liegen*).

2. In der Fügung *am* + Superlativ ist die Verschmelzung nicht auflösbar. In der Fügung *aufs* + Elativ steht zumeist eine verschmolzene Form, die aufgelöst werden kann:

> Er tanzt *am besten* (vgl. 517). Sie begrüßte ihn aufs herzlichste. Seltener: *Sie begrüßte ihn auf das herzlichste* (vgl. 522).

3. *am, beim* und *im* bilden in Verbindung mit *sein* und einem substantivierten Infinitiv die sog. „Verlaufsform". Die Verschmelzung ist nicht auflösbar:

> Landsch./Umgangsspr.: Er ist *am* Arbeiten. Standardspr.: Er ist *beim* Arbeiten. Die Zeit ist *im Kommen* (vgl. 147). (Auch sonst nicht auflösbar:) *beim* Schlafen; die Freude *am* Tanzen; nicht *zum* Arbeiten kommen.

4. In zahlreichen Fällen kann neben der Verschmelzung auch die Präposition mit dem bestimmten Artikel gebraucht werden. Der Artikel verweist dann entweder auf ein außersprachliches Objekt oder auf ein sprachliches Objekt, das durch einen Relativsatz oder den Rede- und Textzusammenhang näher erläutert wird und somit identifiziert ist.[1] Im letzten Fall ist der Artikel betont oder kann zumindest betont werden:

> Bei Raumangaben: Er hieß ihn, die Koffer *aufs/auf das* Zimmer zu bringen. Er ging *an das/dás* Tor, das sie als Treffpunkt ausgemacht hatten. Der Ring saß noch *an dem/dém* (= demselben) Finger, an dem er gestern gesteckt hatte.

Nach Präpositionen, die mit dem Artikel verschmolzen sind, kann bezeichnenderweise kein erläuternder Relativsatz folgen.[2] Also nicht:

> Fritz ist jetzt *im* Haus, das er sich letztes Jahr gebaut hat.

Gewöhnlich meint das Substantiv mit der Verschmelzung aus Präposition + Artikel nicht einen einmal gegebenen, vorerwähnten oder durch Zeigegesten (Deixis) bestimmten Gegenstand, sondern ganz allgemein einen Bereich, etwa den der Zugehörigkeit, der Herkunft, des Beschäftigtseins:

> Er geht *aufs* Gymnasium (und nicht in die Volksschule). (Gegenüber:) Er geht *auf das* Schillergymnasium. Wir kaufen das Fleisch *beim* Metzger und nicht *beim* Konsum.

---

[1]   Zur anaphorischen oder deiktischen Funktion des Artikels vgl. D. Hartmann: Über Verschmelzungen von Präpositionen und bestimmtem Artikel. Untersuchungen zu ihrer Form und Funktion in gesprochenen und geschriebenen Varietäten des heutigen Deutsch. In: Zeitschrift für Dialektologie und Linguistik 2 (1980), S. 180f. – Ders.: Deixis and anaphora in German dialects. The semantics and pragmatics of two definite articles in dialectal varieties. In: J. Weissenborn – W. Klein (Hgg.): Here and there. Cross-Linguistic studies on deixis and 039onstration. Amsterdam 1982, S. 187ff.

[2]   Vgl. D. Hartmann: Verschmelzungen als Varianten des bestimmten Artikels? Zur Semantik von Äußerungen mit präpositionalen Gefügen im Deutschen. In: D. Hartmann u. a. (Hgg.): Sprache in Gegenwart und Geschichte. Festschrift für Heinrich Matthias Heinrichs zum 65. Geburtstag, Köln/Wien 1978, S. 68–81.

(Gegenüber:) Wir kaufen das Fleisch bei dem Metzger, der sein Geschäft im vorigen Jahr eröffnet hat. (Entsprechend:) Sie waren *beim* Film (Koeppen). Heute stehe auch ich *im* Geschäft und stelle mich nicht schlecht (Gaiser). Kann es nicht jemand sein, der nicht *vom* Zirkus ist? (Remarque).

5. In Datumsangaben ist die Verschmelzung fest:

Es begab sich aber, daß Oskar *am* zwölften Juni dreiundvierzig nicht in Danzig-Langfuhr weilte (Grass). Bugenhagen wurde in der Nacht *vom* 4. auf den 5. September ... in die Klinik eingeliefert (Jens).

Bei anderen Zeitangaben ist gelegentlich der selbständige Artikel mit demonstrativer Funktion möglich:

am Tage (Opposition: *in der* Nacht) gegenüber: *An dem* (= an diesem) Tage, an dem das geschah, war sie verreist.

6. Nicht korrekt ist es, von einer Verschmelzung zwei Substantive abhängen zu lassen, deren gebeugte Artikel verschiedene Formen haben:

(Korrekt:) Man sprach *vom* (von dem) *Leben* und (von dem) *Erfolg* des Staatspräsidenten. (Nicht korrekt:) Man sprach *vom* (von dem) *Erfolg* des Staatspräsidenten und *den weiteren Plänen.* (Sondern:) ... und *von den* weiteren Plänen. (Nicht korrekt:) Wir erkannten sie *am Gang* und *der Haltung.* (Sondern:) ... und *an der* Haltung.

7. In einer ganzen Reihe von Verbindungen konkurriert die verschmolzene Form mit einer artikellosen (vgl. sich *im/in* Bau befinden; etw. *im/in* Besitz haben; *im/in* Umlauf sein; *im/in* Urlaub sein).

8. Die Grenze zwischen standardsprachlicher und umgangssprachlicher (mundartlicher) Verschmelzung ist fließend. Im allgemeinen gelten Verschmelzungen wie

aufs, durchs, fürs, hinterm, hinters, überm, übern, übers, ums, unterm, untern, unters, vorm, vors

als umgangssprachlich; nur gelegentlich kommen sie – aus rhythmischen Gründen – auch in der Dichtung und in standardsprachlichen festen Verbindungen und Redewendungen vor. Sie werden alle ohne Apostroph geschrieben. Rein umgangssprachliche bzw. mundartliche Verschmelzungen dagegen sind die bis auf *vorn* immer apostrophierten

an'n, an'r, auf'm, auf'n, aus'm, durch'n, für'n, gegen's, in'n, mit'm, nach'm, vorn, zu'n.

Vor allem in der Mundart ist die Fülle an Verschmelzungen besonders groß:

Und da hat sie *von'n* ollen Wiedow, dem Schulderekter gesagt: Wann ick den Kierl *inn* Mars hat, ich scheet em *inne* Ostsee (Tucholsky).

In der Umgangssprache kann der Artikel auch mit vorangehenden Verben zusammengezogen werden. Es steht dann ein Apostroph:

Er *hat's* (= hat das) große Los gewonnen. Er *schlug'n* (= schlug den) Nagel in die Wand.

9. Bei einem attribuierten Substantiv sind zwei Konstruktionen möglich: Entweder steht die Verschmelzung mit dem nach Typ II (schwach; vgl. 478) gebeugten Adjektiv, oder aber es steht die einfache Präposition mit dem nach Typ I (stark; vgl. 477) gebeugten Adjektiv. Die erste Möglichkeit entspricht der Präposition mit dem bestimmten Artikel, die zweite einer Konstruktion mit dem unbestimmten Artikel:

im schlechten Zustand (*in dem* schlechten Zustand) – *in schlechtem* Zustand (*in einem* schlechten Zustand).

Man sollte nur dann die Verschmelzung in Verbindung mit dem nach Typ II gebeugten Adjektiv wählen, wenn etwas Bestimmtes, etwas bereits im Rede- oder Textzusammenhang Genanntes oder etwas, was als bekannt vorausgesetzt wird, angesprochen wird. Dagegen sollte man die Präposition in Verbindung mit dem nach Typ I gebeugten Adjektiv wählen, wenn etwas Unbestimmtes, etwas Allgemeines ausgedrückt werden soll:

> Wir haben das Haus bereits *im schlechten* Zustand übernommen (d. h. in dem schlechten Zustand, in dem es sich jetzt noch befindet). (Gegenüber:) Das Haus befindet sich *in schlechtem* Zustand (d. h. in einem schlechten Zustand). Weil ich mich *vor vorzeitigem* Zynismus ... bewahren möchte ... (Remarque). (Gegenüber:) Weil ich mich *vorm* (= vor dem) *vorzeitigen* Zynismus dieser Generation bewahren möchte ...

In manchen Fällen kann die Konstruktion aus Präposition + nach Typ I gebeugtem Adjektiv nicht durch Präposition + *ein* ersetzt werden, so etwa in den festen Wendungen *von ganzem Herzen (gratulieren), in vollem Umfang* usw. Auch hier wird etwas Allgemeines ausgedrückt (vgl. oben 4.).

5.4 Der Artikel im weiteren Sinne

Zu den Artikeln im weiteren Sinne kann man rechnen: Demonstrativpronomen, Possessivpronomen, Interrogativpronomen und Indefinitpronomen (einschließlich ‚Negationsartikel' *kein* und unbestimmtes Zahlwort). Als Artikel im weiteren Sinne fungieren diese Pronomina allerdings nur dann, wenn sie attributiv, d. h. als Begleiter eines Substantivs (vgl. *dieser/mein/welcher/kein* Mann), verwendet werden. Ihre grammatische Beschreibung erfolgt im Rahmen des Kapitels „Pronomen" (vgl. 542 ff.).

541

6 Die Pronomen

542

Die lateinische Bezeichnung „Pronomen" (Pl. „Pronomen" oder „Pronomina") bedeutet „Für-Wort". Sie bezieht sich auf die Fähigkeit dieser Wortart, als Stellvertreter oder Platzhalter für ein Nomen zu dienen, obwohl nicht alle Pronomen über diese Funktion verfügen.

Die Pronomen haben einen Bestand von ungefähr 100 Wörtern. Dieser Bestand vermehrt sich kaum; er verringert sich eher, da einige Pronomen als veraltet empfunden und daher nur noch selten gebraucht werden (z. B. *jeglicher, jedweder, jedwelcher, selbig, derselbige*).

Die Pronomen sind von großer Wichtigkeit für die Kommunikation und den Aufbau von Texten. Die Personalpronomen z. B. geben die Gesprächsrollen an (Sprecher: *ich;* Hörer: *du*) und ermöglichen den Bezug auf Wesen, Dinge oder Sachverhalte, über die gesprochen wird *(er, sie, es)*.

Die Pronomen tragen wesentlich zur Ökonomie der Sprache, d. h. zum sparsamen Gebrauch der sprachlichen Mittel, bei, indem sie unnötige Wiederholungen nicht nur vermeiden helfen, sondern häufig sogar unterbinden. In einem zusammengesetzten Satz wie *„Peter sagt, daß Peter uns besuchen will",* darf im untergeordneten Satz der Name *Peter* – bei gleichem Bezug – nicht wiederholt werden, anders ausgedrückt: Er muß pronominalisiert werden: *„Peter sagt, daß er uns besuchen will."* Diese Pronominalisierung ist das wichtigste Mittel für den Aufbau eines (inhaltlich) zusammenhängenden Textes:

Ich bin nicht Stiller! – Tag für Tag, seit *meiner* Einlieferung in *dieses* Gefängnis, *das* noch zu beschreiben sein wird, sage *ich es,* schwöre *ich es* und fordere Whisky, ansonst *ich jede* weitere Aussage verweigere (Max Frisch).

6.1 Gebrauch

543 Pronomen können einerseits – wie der Artikel und das Adjektiv – attributiv, also als Begleiter des Substantivs gebraucht werden *(dieses/das Buch, meine/dicke Bücher).* Andererseits können sie als Stellvertreter des Substantivs gebraucht werden, kommen also im Satz alleinstehend vor *(ich; jeder; niemand).* Zur Abgrenzung der Pronomen vom Artikel, mit dem sie viele Gemeinsamkeiten haben und daher bisweilen als „Begleiter und Stellvertreter des Substantivs" oder „Artikelwörter" zusammengefaßt werden, vgl. 534.

Folgende Funktionen der Pronomen lassen sich herausstellen:

Anaphorische und kataphorische Funktion (Rückweisung und Vorausweisung)

Als sogenannte „Pro-Wörter" bezeichnen die Pronomen nicht – wie die Appellativa (vgl. 341) – selbst ein Wesen, einen Gegenstand oder Sachverhalt, sondern beziehen sich in einer Art Platzhalter- und Stellvertreterrolle auf etwas, das im Kontext vorher oder – seltener – nachher genannt wird. In den Fällen, in denen der Bezugsausdruck vorausgeht, spricht man von anaphorischer Funktion, von Rückweisung oder auch Rückbezug. Folgt dagegen der Bezugsausdruck, so spricht man von kataphorischer Funktion, von Vorausweisung oder auch Vorbezug:

> Der Lehrer unterrichtet *die Schüler. Sie* (= anaphorische Funktion, Rückweisung) sind sehr aufmerksam. *Das* (= kataphorische Funktion, Vorausweisung) hatte Peter sich nicht träumen lassen, *daß er noch einmal am Nordpol stehen würde. Sabine* liest gerne Bücher. *Ihre* (= anaphorische Funktion, Rückweisung) Freude am Lesen ist groß. Sie gedachten *derer* (= kataphorische Funktion, Vorausweisung), *die bei dem Unglück ums Leben gekommen waren.*

Deiktische Funktion (hinweisende Funktion, Zeigefunktion)

In der deiktischen Funktion verweisen die Pronomen auf den Sprecher *(ich, wir)* und Hörer *(du, ihr, Sie)* oder auf Gegenstände bzw. Sachverhalte, die in der Kommunikationssituation unmittelbar gegeben sind. Mimik und Gestik können mithelfen, die gemeinte Person oder den gemeinten Gegenstand bzw. Sachverhalt zu identifizieren:

> *Ich* helfe *dir, du* hilfst *mir. Dieser Wald* (Identifikation mit Zeigegeste) ist mehr als 100 Jahre alt, *jener Wald* (Identifikation mit Zeigegeste) wurde erst vor 50 Jahren gepflanzt.

Quantifizierende Funktion (Mengenangabe)

Einige Pronomen bestimmen die Anzahl einer Menge, die durch ein Appellativum bezeichnet wird. Es erfolgt gleichzeitig eine Determination, weswegen in diesen Fällen der bestimmte Artikel – abgesehen von den Ausnahmefällen – nicht stehen kann (vgl. 536 ff.):

> *Alle* Bäume sind krank. *Jeder* dritte Baum ist krank. *Mehrere* Bäume wurden gefällt. *Beide* Täter wurden gefaßt. (Aber: *Die beiden* Täter wurden gefaßt; vgl. dazu 537).

Possessive Funktion (Angabe eines Besitz- oder Zusammengehörigkeitsverhältnisses)

Einige Pronomen üben eine possessive Funktion aus. „Possessive Funktion" meint nicht nur die Angabe eines Besitzverhältnisses, sondern – allgemeiner – einer Zuordnung oder Zusammengehörigkeit. Diese Funktion ist nicht auf die sogenannten Possessivpronomen beschränkt:

> Die gesetzgebende Versammlung erläßt *Gesetze* und überwacht *deren/ihre* Ausführung. *Die Mutter* liebt *ihre* Kinder. *Peter* hat einen kräftigen Körperbau; *seine* Schultern sind breit.

Determinierende Funktion („Bestimmende' Funktion)

Einige Pronomen determinieren einen Menschen, Gegenstand beziehungsweise Sachverhalt, ohne diesen zu benennen:

> *Jemand* hat heute nacht eingebrochen. *Niemand* ist frei von Schuld. Der Kritik ist *nichts* mehr heilig.

Negierende Funktion (Verneinende Funktion)

Einige Pronomen üben eine negierende Funktion aus. Die negierende Funktion ist mit anderen Funktionen (Determination, Quantifikation; vgl. oben) verbunden:

> *Niemand* ist sich seines Verdienstes sicher. *Kein Mensch/Keiner* ist frei von Schuld.

6.2 Deklination und Kongruenz

Die Pronomen sind zum großen Teil der Form nach veränderlich; sie werden – wie die Substantive und Adjektive (vgl. 381 ff., 475 ff.) – dekliniert. **544**
Die Formen der Personalpronomen weichen völlig voneinander ab, sie bestehen aus ganz verschiedenen Stämmen:

> ich, meiner, mir, mich; du, deiner, dir, dich; er, seiner, ihm, ihn usw.

Andere Pronomen erhalten dieselben Endungen wie ein Adjektiv ohne Artikel u. ä. (Typ I, stark; vgl. 477):

> *dies-er* (wie: weich-er) Stoff, *manch-e* (wie: warm-e) Speisen, *jen-es* (wie: hart-es) Metall.

Im Unterschied zum Adjektiv ohne Artikel u. ä. wird der Gen. Sing. Mask./Neutr. allerdings von manchen Pronomen mit *-es* gebildet:

> statt *dies-es* (aber: statt weich-en) Stoffes, statt *jen-es* (aber: statt hart-en) Metalls. Schwankend: statt *allen/alles* Übels (vgl. 575, 2), Funktionäre *jeden/jedes* Ranges usw.

Einige Pronomen können unter bestimmten Bedingungen ohne Endung gebraucht werden *(dies, manch, solch, welch, kein, mein)* oder sind überhaupt indeklinabel *(etwas, nichts, man).* Die Besonderheiten der Deklination sind jeweils bei den einzelnen Pronomen aufgeführt (vgl. 547 ff.).

Die Form des attributiv gebrauchten Pronomens hängt – ebenso wie die des Artikels (vgl. 533) – von dem Substantiv ab, zu dem es gehört (Kongruenz), und zwar gilt dies für **545**

> – das Genus des Substantivs (vgl. 364):
> *dieser/welcher/kein* Mann (Maskulinum), *diese/welche/keine* Frau (Femininum), *dieses/welches/kein* Kind (Neutrum)

– den Numerus des Substantivs (vgl. 364):
dieser/welcher/kein Mann (Singular), *diese/welche/keine* Männer (Plural)
– den Kasus des Substantivs (vgl. 374 ff.):
diese/welche/keine Frau (Nominativ), *dieser/welcher/keiner* Frau (Dativ) usw.

Die alleinstehend gebrauchten Pronomen stimmen mit ihrer Bezugsgröße hinsichtlich folgender Kategorien überein:

– Numerus:
Das Kind/Es kann nicht kommen (Singular). *Die Kinder/Sie* können nicht kommen (Plural).
– Genus:
Der Vater/Er muß arbeiten. *Ihm* kann geholfen werden (Maskulinum).
Die Mutter/Sie muß arbeiten. *Ihr* kann geholfen werden (Femininum).
Das Kind/Es muß arbeiten. *Ihm* kann geholfen werden (Neutrum).

Auf einen Sachverhalt bezieht man sich mit einem neutralen Pronomen *(es/das/dies[es]):*
Peter *muß arbeiten. Es/Das/Dies* gefällt ihm nicht.
– Person:
Ich singe. Das macht *mir* Freude (1. Person).
Du singst. Das macht *dir* Freude (2. Person).
Peter singt. Das macht *ihm* Freude (3. Person).[1]

Der Kasus wird syntaktisch bestimmt (vgl. oben die Beispiele zur Genuskongruenz).

6.3 Einteilung der Pronomen

546 Die einzelnen Pronomen werden auf Grund bestimmter Kriterien zu Gruppen zusammengefaßt. Wir halten uns im Folgenden an die bewährte traditionelle Einteilung in Personal- und Reflexivpronomen, Possessivpronomen, Demonstrativpronomen, Relativ- und Interrogativpronomen und schließlich Indefinitpronomen.

6.3.1 Das Personalpronomen und das Reflexivpronomen

Das Personalpronomen

547 Maria: *Ich* fahre morgen mit dem Auto nach Frankfurt.
Frank: Fährst *du* allein? Oder fährt Bert mit?
Maria: Nein, *er* fährt nicht mit. *Er* muß arbeiten.

Mit Pronomen wie *ich, du* und *er* bezieht sich der Sprecher/Schreiber auf Personen, Dinge und Sachverhalte. Man nennt diese Wörter Personalpronomen (persönliches Fürwort) und unterscheidet im einzelnen eine
– 1. Person, die spricht; Sprecher *(ich, wir);*
– 2. Person, die angesprochen wird; Hörer *(du, ihr);*
– 3. Person (oder Sache), von der gesprochen wird *(er, sie, es; sie* [Plural]).

---

[1] Ein solcher Personenbezug ist freilich nicht obligatorisch (vgl. *Peter* singt. Das macht *mir* Freude [3. Person/1. Person]) und stellt darum im eigentlichen Sinn keine Kongruenzerscheinung dar. Er wird gleichwohl oft zur Kongruenz gerechnet.

Deklination:

| | | 1. Person, die von sich selbst spricht | 2. Person, die angesprochen wird | | 3. Person (Sache/Sachverhalt), von der/dem gesprochen wird | | |
			vertraulich familiär	höflich distanziert	Mask.	Fem.	Neutr.
Singular	Nom.	ich	du	Sie	er	sie	es
	Gen.	meiner [mein][1]	deiner [dein][1]	Ihrer	seiner [sein][1]	ihrer	seiner [sein][1]
	Dat.	mir	dir	Ihnen	ihm	ihr	ihm
	Akk.	mich	dich	Sie	ihn	sie	es
Plural	Nom.	wir	ihr	Sie		sie	
	Gen.	unser	euer	Ihrer		ihrer [ihr][1]	
	Dat.	uns	euch	Ihnen		ihnen	
	Akk.	uns	euch	Sie		sie	

Neben der grammatischen Person werden beim Personalpronomen also Singular und Plural sowie – in der 3. Person Singular – auch das Genus unterschieden.[2]

ich, du, wir, ihr[3]

1. Die Personalpronomen der 1. und 2. Person haben deiktische Funktion. Sie verweisen auf den Sprecher beziehungsweise Hörer. 548

2. Das Personalpronomen *du* ist als Bezeichnung für die angesprochene Person vor allem im vertraulich-familiären Bereich gebräuchlich: Man duzt sich in der Familie, zwischen Verwandten, Freunden, Jugendlichen; Erwachsene duzen Kinder.

Auch in Reden auf Beerdigungen verwendet man noch *du,* wenn man den Verstorbenen anredet, ebenso ist *du* die Anrede an heilige Personen, an Tiere, Dinge oder Abstrakta. Daneben wird *du,* vor allem in der Umgangssprache, in kollektiver Bedeutung (an Stelle von *man*) gebraucht:

> Was *du* nicht willst, daß man dir tu', das füg auch keinem andern zu (Sprw.). Da kannst *du* dich prima amüsieren.

Über *du* beim Imperativ vgl. 305.

3. Mit *wir* wird gelegentlich in vertraulicher, mitunter auch herablassender Weise jemand angesprochen, der in einem Abhängigkeitsverhältnis zum Sprechenden steht („Krankenschwester-Wir"):

> *Wir* tun das nicht wieder, nicht wahr, Fritz? Jetzt nehmen *wir* schön das Fieberthermometer und messen die Temperatur.

Weiterhin kann *wir* als Pluralis majestatis („Plural der Majestät") oder Pluralis modestiae („Plural der Bescheidenheit", auch „Autorenplural") auch von einer eigentlich nur von sich selbst sprechenden Person gebraucht werden:

---

[1] Die Formen in eckigen Klammern sind veraltet; vgl. 549.
[2] Über den Gebrauch der Verbindungen (des Dativs und Akkusativs der) Personalpronomen + Präposition und der Pronominaladverbien vgl. 625; zur Verstärkung des Personalpronomens durch *selbst* vgl. 567; zur Deklination des folgenden Adjektivs vgl. 481; zur Stellung des Personalpronomens vgl. 1360.
[3] Zur Auslassung von *ich, du, wir* in der Subjektrolle vgl. 1206.

Wir, Wilhelm, von Gottes Gnaden deutscher Kaiser. ... *Wir* (= ich und Sie, die Zuhörer) kommen damit zu einer sehr wichtigen Frage, auf die *wir* etwas näher eingehen müssen.

4. Das Personalpronomen *ihr* wird wie *du* im vertrauten Kreise gebraucht, und zwar für mehrere Personen. Gelegentlich, vor allem in bestimmten Gegenden, wird es auch gegenüber Personen gebraucht, die man einzeln mit *Sie* anredet (etwa ein Geistlicher gegenüber seiner Gemeinde).

meiner, deiner, seiner, ihrer, unser, euer

549 1. Die Formen *mein, dein, sein* und *ihr* sind veraltet; sie finden sich in der älteren Literatur und in fest gewordenen Ausdrücken. Heute üblich sind *meiner, deiner, seiner* und *ihrer:*

> *Mein* selbst und der Welt vergessen ... (Lied). Ewig werde *dein* gedacht, Bruder, bei der Griechen Festen (Schiller). *Sein* bedarf man, leider meiner nicht (Goethe); *ihr* beider Gefühl (Binding), *ihr* beider Ungestüm (W. Schäfer).
> Sie erinnerten sich *meiner*. Herr, erbarme dich *unser*! Sie spotteten *seiner*. Wir waren unser fünf.[1]

2. Bei Verbindungen mit *-wegen, -willen, -halben* wird der Aussprecheerleichterung wegen ein *-t-* oder *-et-* eingeschoben:

> mein*et*wegen, um dein*et*willen, sein*et*halben, ihr*et*wegen, um uns*et*willen, euer*t*halben, (auch:) eur*et*wegen.

er, sie, es; sie (Plural)

550 1. Mit den Formen der 3. Person *(er, sie, es; sie)* wird anaphorisch (rückweisend) auf Personen, Dinge und Sachverhalte Bezug genommen. Dabei werden diese Formen vor allem gebraucht, um die unmittelbare Wiederholung von Substantiven in verschiedenen (Teil)sätzen zu vermeiden:

> Ich habe deinen Vater gesehen. *Er* (statt: Dein Vater) hatte den Arm in Gips. Hatte *er* (statt: dein Vater) einen Unfall? Peter hofft, daß *er* (= Peter) morgen kommen kann.

Man vermeide es, *er, sie, es* auf artikellos gebrauchte Substantive zu beziehen, deren konkrete Bedeutung verblaßt ist oder die in festen Wendungen stehen:

> (Nicht:) Er traf sie nicht *zu Hause. Es* war verlassen. Gestern ist sie *Ski gelaufen; er* brach dabei entzwei.

2. Die Pluralform *sie* steht häufig ohne Beziehung auf ein voraufgehendes Substantiv für mehr oder weniger anonyme Personen, Organe, Institutionen o. ä. *(die Leute, man, der Staat, die Justiz* usw.):

> *Sie* können mir doch nicht einfach mein Land wegnehmen. Heute nacht haben *sie* wieder einmal bei uns eingebrochen.

Groß geschriebenes *Sie* ist, obwohl pluralisch, auch Anredepronomen für eine einzelne Person. Es ist die höflich distanzierte Anredeform zwischen Personen, die sich fernerstehen. Zu *er* und *sie* beim Imperativ vgl. 305.

3. Das Personalpronomen *es* kann sowohl auf ein einzelnes Wort als auch auf einen ganzen Satz bezogen werden. Auf ein einzelnes Wort:

---

1 In die Formen *unser* und *euer* wird gelegentlich fälschlich das *-er-* aus der Deklination des attributiv gebrauchten Possessivpronomens übernommen: *Wir waren uns[e]rer* (statt richtig: *unser*) *fünf.*

Lies das *Buch, es* wird dir bestimmt gefallen.
Ist er *klug*? Ja, er ist *es*.

Im Gleichsetzungssatz (vgl. 1164) steht *es* auch für ein vorausgehendes nicht neutrales Substantiv oder für mehrere vorausgehende Substantive. Zudem bezieht es sich auch auf ein nicht neutrales Substantiv, das als Gleichsetzungsnominativ steht (vgl. 560,1 und 562):

> Seine *Mutter* lebt noch. *Es* (neben: Sie) ist eine tüchtige Frau.
> Ist hier jemand Berliner? Der Trainer ist *es*.
> Siehst du den *Jungen* und das *Mädchen* dort? *Es* sind meine Kinder.
> *Es* ist die *Liebe*. *Es* ist mein *Wagen*.

Auf einen ganzen Satz bezieht sich *es* in den folgenden Beispielen:

> *Dann wären wir Sklaven* und verdienten *es*. *Schenkst du den Kaffee ein?* Onkel Peter tut *es* schon.

Darüber hinaus ist *es* unbestimmter, ganz allgemeiner Objektsakkusativ *(Mit dir nehme ich es noch auf)* und hat sich schließlich noch in bestimmten Redewendungen erhalten:[1]

> Ich bin *es* zufrieden/satt/müde/los/überdrüssig. *Es* nimmt mich wunder. Er ist *es* würdig. Ich wär's imstande.

Zu *es* bei unpersönlichen oder unpersönlich gebrauchten Verben vgl. 204 und 1082, 1152; zu *es* nach Präpositionen vgl. 630.

Das Reflexivpronomen

Ich wasche *mich*. *Du* wäschst *dich*. *Wir* haben *uns* damit sehr geschadet. *Ihr* habt *euch*   551
selbst geholfen.   —
Er schämt *sich*. *Sie* eigneten *sich* dieses Buch an.

Das Reflexivpronomen hat anaphorische (rückweisende) Funktion (vgl. 442). Es stimmt im allgemeinen mit dem Subjekt des gleichen Satzes in Person und Numerus überein.[2] Während es bei den sogenannten echten reflexiven Verben (vgl. 195) als nicht weglaßbarer, aber inhaltlich leerer Bestandteil des Verbs (Prädikats) anzusehen ist *(sich schämen, sich wundern* usw.), stellt es bei den sogenannten unechten reflexiven Verben (vgl. 198) eine durch die Valenz des Verbs geforderte Ergänzung dar, die ausdrückt, daß sich das im Verb genannte Geschehen u. ä. nicht auf jemanden anders *(Ich wasche das Kind),* sondern auf die im Subjekt genannte Person, Sache usw. bezieht. Hier wird also – anders als bei den echten reflexiven Verben – durch das Reflexivpronomen ein echter Rückbezug zum Subjekt hergestellt *(Ich wasche mich),* weshalb man auch von einem „rückbezüglichen" Gebrauch sprechen kann.
Das Reflexivpronomen stimmt in der 1. und 2. Person mit den Formen des Personalpronomens überein (vgl. 547), in der 3. Person wird im Dativ und Akkusativ *sich* gebraucht, und im Nominativ kommt es gar nicht vor:

---

[1] Historisch gesehen ist dieses *es* ein Genitiv. Da es jedoch heute als Nominativ oder als Akkusativ angesehen wird, kann man an seiner Stelle auch Wörter im Akkusativ gebrauchen:
    Er war *das* zufrieden. *Das Geld* bin ich los. Ich bin *das Treiben* satt.
[2] In den folgenden Beispielen bezieht es sich auf ein Akkusativobjekt:
    Die Bitte brachte *den Mann* außer *sich*. Wir überlassen *die beiden* am besten *sich selbst*. Den *Quotienten* multipliziere man mit *sich selbst*.

		1. Person	2. Person	3. Person
Singular	Nom.	–	–	–
	Gen.	meiner	deiner	seiner (Mask./Neutr.)/ihrer (Fem.)
	Dat.	mir	dir	sich
	Akk.	mich	dich	sich
Plural	Nom.	–	–	–
	Gen.	unser	euer	ihrer
	Dat.	uns	euch	sich
	Akk.	uns	euch	sich

Das Reflexivpronomen kann entweder im Akkusativ, im Dativ, im Genitiv oder in einem Präpositionalkasus stehen:

> (im Akkusativ:) *Ich* wasche *mich. Du* hast *dich* verletzt. *Er/Sie/Es* hat *sich* geweigert. *Wir* waschen *uns. Ihr* habt *euch* verletzt. *Sie* haben *sich* geweigert.
>
> (im Dativ:) *Ich* diene *mir* damit am besten. *Du* gefällst *dir* [selbst] nicht. *Er/Sie/Es* hat *sich* nur geschadet. *Wir* haben *uns* allein geholfen. *Ihr* huldigt damit nur *euch* [selbst]. *Sie* gefielen *sich* gar nicht in dieser Rolle.
>
> (im Genitiv:) *Ich* spotte *meiner* doch nicht selbst! *Du* spottest *deiner. Er/Es* war *seiner* [selbst] nicht mächtig. *Sie* spottet *ihrer* selbst. *Wir* spotten *unser. Ihr* spottet *euer. Sie* spotten *ihrer* [selbst].
>
> (in einem Präpositionalkasus:) *Ich* habe etwas *bei mir. Du* denkst zu sehr *an dich* [selbst]. *Er/Sie/Es* zweifelte *an sich. Wir* vertrauten *auf uns. Ihr* lacht *über euch. Sie* lachten *über sich* [selbst].[1]

Reflexivpronomen oder Personalpronomen?

552   1. Bei einer Gruppe von Verben, die ein Akkusativobjekt mit einem Infinitiv fordern (*Ich lasse/sehe/höre sie arbeiten;* vgl. 1200,2, wird als Pronomen, das sich auf das Akkusativobjekt bezieht, üblicherweise das Reflexivpronomen gewählt:

> Sie sah *den Fremden sich* entfernen (= Sie sah *den Fremden. Der Fremde* entfernte *sich*).

Bei Beziehung auf das Subjekt wird dagegen das Personalpronomen gebraucht, allerdings nur ohne Präposition:

> *Er* sah seine Frau *ihm* noch einmal zuwinken (= *Er* sah seine Frau. Sie winkte *ihm* noch einmal zu). *Sie* hörte den Schaffner *ihr* etwas zurufen.

Steht dagegen eine Präposition, dann wird das Reflexivpronomen gewählt:

> Sie hörte jemanden die Treppe zu *sich* heraufsteigen. Er sah die Frau auf *sich* zustürzen.

Bisweilen entstehen auf diese Weise mehrdeutige Sätze. Man vergleiche etwa das folgende Beispiel:

> Der Bauer ließ den Knecht *für sich* arbeiten.

Hier kann sich *für sich* sowohl auf das Subjekt *(der Bauer)* als auch auf das Akkusativobjekt *(den Knecht)* beziehen.

2. Bei nachgestellten präpositionalen Attributen steht gewöhnlich das Personalpronomen, gelegentlich aber auch das Reflexivpronomen:

---

[1]   Zur Verstärkung des Reflexivpronomens durch *selbst* vgl. 198,3; 567.

Björn traf seine Freunde im Gespräch *über ihn* (= Björn traf seine Freunde, die über *ihn* sprachen). *Der Erzähler* hatte die ganze Gesellschaft *um sich* her vergessen.

3. Bei partizipialen Attributen steht das Reflexivpronomen immer dann, wenn es auch im entsprechenden Relativsatz vorkommt:

> Wir sehen den *sich* nähernden Festzug (= Wir sehen den Festzug, der *sich* nähert). (Aber:) Petra sieht einen *ihr* zuwinkenden Mann (= Petra sieht einen Mann, der *ihr* zuwinkt).

4. Bei einem erweiterten Infinitiv ist es nützlich, diesen auf einen Satz zurückzu-führen, um die Bezüge zu verdeutlichen:

> Karl hat sich gegenüber Peter bereit erklärt, *sich* zu entschuldigen (= Karl will sich entschuldigen). Karl hat sich gegenüber Peter bereit erklärt, *ihn* zu entschuldigen (= Karl will Peter [oder einen dritten] entschuldigen).
>
> Karl bat Peter, *sich* zu entschuldigen (= Peter soll sich entschuldigen). Karl bat Peter, *ihn* zu entschuldigen (= Peter soll Karl [oder einen dritten] entschuldigen).
>
> Karl versprach Peter, *sich* zu entschuldigen (= Karl will sich entschuldigen). Karl ver-sprach Peter, *ihn* zu entschuldigen (= Karl will Peter [oder einen dritten] entschuldi-gen).

Über den Gebrauch von *sich* im Passiv ohne Beziehungswort *(Jetzt wird sich ge-waschen!)* vgl. 306, 316; über die Stellung des Reflexivpronomens vgl. 1360.

Das Reflexivpronomen bei den reziproken Verben[1]

Wenn mit dem Subjekt zwei oder mehr Personen, Dinge usw. gemeint sind, dann kann durch die entsprechenden Formen des Reflexivpronomens oder durch *ein-ander*[2] eine gegenseitige Bezüglichkeit, eine Wechselbezüglichkeit ausgedrückt werden. Zur Vermeidung etwaiger Mehrdeutigkeit kann das Reflexivpronomen durch *gegenseitig* ergänzt werden:

> *Man* treibt *sich* das Vieh in die Weide (E. Jünger). *Sie* begegneten *sich*/(geh.:) *einander* vor dem Gericht. *Sie* küßten *sich*/(geh.:) *einander. Sie* rauften *sich* die Haare aus. (= mehrdeutig; dagegen eindeutig:) *Sie* rauften *sich gegenseitig*/(geh.) *einander* die Haare aus. *Verwaltung und Gäste* unterstützten *einander* (geh.) in diesem Bestreben (Th. Mann). *Die Botschafter* geben *sich gegenseitig* die Türklinke in die Hand (Quick).

In Verbindung mit Präpositionen gebraucht man zumeist *einander,* das dann mit der Präposition zusammengeschrieben wird:

> Die Kinder standen *nebeneinander.* Sie lagen *durcheinander.* Die Geschwister dachten *aneinander*/achteten *aufeinander.*

Bestimmte reflexive Verben wie *sich vertragen, sich verloben* können zudem rezi-prok gebraucht werden (vgl. 202):

> Sie verlobten sich *miteinander.* Sie vertrugen sich nicht *miteinander.*

Pleonasmen (vgl. 602) sind dagegen *sich einander* und *einander gegenseitig:*

> (Nicht:) Männer vertrauen *sich einander* oft ganz komische Sachen an (Quick). (Nicht:) Sie schadeten *einander gegenseitig.*

Auch singularische Kollektiva gestatten den reziproken Gebrauch des Reflexiv-pronomens:

> *Pack* schlägt *sich, Pack* verträgt *sich.*

553

---

1   Vgl. zu den reziproken Verben im einzelnen 199.
2   Der Gebrauch von *einander* gehört im allgemeinen der gehobenen Sprache an.

6.3.2 Das Possessivpronomen

554   Dort liegt *mein* Buch. Dort steht *ihr* Fahrrad. Peter hat *sein* Heft vergessen.

Durch die Pronomen *mein* und *unser, dein* und *euer, sein* und *ihr* wird ein Besitzverhältnis oder ganz allgemein eine Zugehörigkeit, Zordnung, Verbundenheit
oder Zusammengehörigkeit ausgedrückt. Diese Pronomen nennt man Possessivpronomen (besitzanzeigende Fürwörter):

> Das ist *mein* Haus (= es gehört mir, ist mein Eigentum). Das ist *mein* Haus (= in dem
> ich wohne). *Mein* Betrieb (= in dem ich arbeite) schließt um 17 Uhr. Ich muß gehen,
> *mein* Zug (= mit dem ich fahren muß) fährt pünktlich. Der Apparat kostet *seine* 1 000
> Mark. Was taten da *meine* Spitzbuben (= die Spitzbuben, von denen ich gerade rede)?
> (Mit Einbezug des Lesers oder Hörers:) Was tun nun *unsere* Helden? (In der Werbe-
> sprache zum Ausdruck einer suggerierten Zugehörigkeit: Das neue Auto – *Ihr* Auto!
> (In der Anrede und in Ausrufen:) Guten Tag, *meine* Herren! *Mein* lieber Junge! *Mein*
> Gott!

Verschiedene Formen des Possessivpronomens sowie Possessivpronomen und
vorangestelltes Genitivattribut können durch *und* verbunden werden:

> *Meine* und *deine* Wohnung, *unsere* und *euere* Einnahmen, *meine* und *meines Mannes*
> gute Wünsche. Er sprach von *seinem* und *des Landes* Leid (Immermann).

Anaphorische (rückweisende) Kongruenz

555   Das Possessivpronomen hat eine anaphorische Funktion (vgl. 442). Deshalb ist
seine Wahl abhängig von dem Substantiv (bzw. Pronomen), auf das es sich bezieht. Die Wahl wird bestimmt von den Kategorien Person, Numerus und – in
eingeschränktem Maße (3. Pers. Sing.) – Genus. Vgl. 544 f.

> 1. Person Singular: *Ich*   habe ein Buch.   – *mein* Buch
> 2. Person Singular: *Du*   hast ein Buch.   – *dein* Buch
> 3. Pers. Sing. Mask./Neutr.: *Er/Es* hat ein Buch.   – *sein* Buch
> 3. Pers. Sing. Fem.:   *Sie*   hat ein Buch.   – *ihr* Buch
> 1. Pers. Plural: *Wir*   haben ein Buch. – *unser* Buch
> 2. Person Plural: *Ihr*   habt ein Buch.   – *euer* Buch
> 3. Person Plural: *Sie*   haben ein Buch. – *ihr* Buch

	1. Person, die von sich selbst spricht	2. Person, die angesprochen wird		3. Person (Sache), von der gesprochen wird		
		vertraulich familiär	höflich distanziert	Mask.	Fem.	Neutr.
Singular	mein	dein	Ihr	sein	ihr	sein
Plural	unser	euer		ihr	ihr	ihr

Den Formen *du* und *ihr* des Personalpronomens entsprechen die Formen des
Possessivpronomens *dein* und *euer;* sie werden in Briefen u. ä. groß geschrieben.
Die Höflichkeitsform des Possessivpronomens *Ihr* wird immer groß geschrieben.

Syntaktische Kongruenz

556   Die Deklinationsform des Possessivpronomens hängt – wie die anderer Begleiter
des Substantivs – von dem Substantiv ab, bei dem es attributiv steht, d. h. von dessen Numerus, Genus und Kasus (vgl. 535):

> mein Rücken, wegen meines Rückens; meine Mütze, auf meiner Mütze; mein Buch, in
> meinem Buch; unsere Hoffnungen, mit unseren Hoffnungen.

Folgende Endungen werden gebraucht (sie stimmen mit denen von *kein* überein; vgl. 479):

| | Singular | | | Plural |
	Maskulinum	Femininum	Neutrum	für alle drei Genera
Nom.	–	-e	–	-e
Gen.	-es	-er	-es	-er
Dat.	-em	-er	-em	-en
Akk.	-en	-e	–	-e

Wenn an *unser* oder *euer* die Endung *-e, -es* oder *-er* angehängt wird, dann kann das *-e-* des Stammes ausgelassen werden *(uns[e]re Eltern, das Haus uns[e]res Nachbarn, uns[e]rer Eltern);* bei der Endung *-em* oder *-en* dagegen kann entweder das *-e-* des Stammes oder das der Endung getilgt werden *(uns[e]rem/unserm Vater, uns[e]ren/unsern Vater).*[1]

Wenn *all[er], dieser, jener* mit dem attributiven Possessivpronomen verbunden sind, dann beeinflussen sie dessen Beugung nicht:

> *all meines* Besitzes, mit *aller meiner* Kunst (Waggerl), *diesem ihrem* eigentlichen Leben (G. v. Le Fort), *diese seine* Worte.

Das nachgestellte attributive Possessivpronomen ist in bestimmten Fällen (in der Bibelsprache und in der Poesie, besonders im Anruf) endungslos:

> Vater *unser,* der du bist im Himmel ... (Gebet). Nimm auf meine Seel' in die Hände *dein* ... (Uhland). Schöne Schwester *mein* ... (Penzoldt).

Das Possessivpronomen außerhalb des attributiven Gebrauchs

Wenn das Possessivpronomen elliptisch oder prädikativ gebraucht wird und ohne Artikel steht, dann erhält es zusätzlich im Nom. Mask. Sing ein *-er,* im Nom. und Akk. Neutr. Sing. ein *-[e]s:*   557

> Ich sorge schon für mein Kind, sorgen Sie nur für *Ihres.* Alle Computer können rechnen. *Unserer* kann auch zeichnen.
> (Entsprechend:) Das Buch(? Es) ist *mein[e]s.* Der Bleistift(? Es) ist *meiner.* Diese Jacke(? Das) ist *meine.*

Nach Artikel u. a. wird es wie ein Adjektiv nach Artikel u. a. (Typ II [schwach], vgl. 478) dekliniert:

> Herr Schrimm erklärte ihr, was ein Bizeps sei, und fügte hinzu, gestern hätte er *den seinen* garantiert in der Hand (Beheim-Schwarzbach). Er liebt *die Seinen.* Ewig der *Deine!* Tun Sie *das Ihre.* (Entsprechend:) Das Buch(? Das) ist *das meine.* Der Bleistift(? Das) ist *der meine.* Diese Jacke(? Das) ist *die meine.*

Häufiger stehen dafür die entsprechenden adjektivischen Ableitungen auf *-ig* mit Artikel:

> Mische dich nicht in fremde Dinge, aber *die deinigen* tue mit Fleiß (Sprw.). Die Bäume im Nachbargarten blühen schon, *die unsrigen* sind noch nicht so weit. Das Buch ist *das meinige.*

Diese *-ig*-Ableitungen werden von süddeutschen Schriftstellern allerdings auch attributiv gebraucht:

---

[1] Andere Auswerfungen kommen gegenüber diesen seltener vor, so etwa bei historischen Titeln in der Anrede: *Euer* (neben: *Eure*) Exzellenz haben ... (= Nominativ). Ich bitte *Euer* (neben: *Eure*) Exzellenz/Magnifizenz ... (= Akkusativ). Ich möchte *Euer* (neben: *Eurer*) Exzellenz anheimstellen ... (= Dativ). Mit *Euer* (neben: *Eurer*) Majestät Regierung ... (= Genitiv).

ein *unsriger* Sprachbildner (Carossa), ein *Ihriger* Brief (Rilke). Hierum liegen lauter *meinige* Verwandte (Hofmannsthal).

Als eher veraltet oder gehoben ist der endungslose Gebrauch des Possessivpronomens in Verbindung mit dem Verb *sein* u. ä. einzuschätzen:

Aber der Stoff ist doch *mein* (W. Schäfer). Du bist *unser* (Schiller).

Dasselbe gilt für das endungslose durch *und* verbundene substantivisch gebrauchte Possessivpronomen:

mein und dein verwechseln/nicht unterscheiden können (ugs. für ‚stehlen').

Zur Deklination des dem Possessivpronomen folgenden Adjektivs vgl. 479; zum Gebrauch des Genitivs und eines Substantivs im Dativ (auch Genitiv) mit folgendem Possessivpronomen *[meinem Vater sein Hut]* vgl. 1133.

6.3.3 Das Demonstrativpronomen

558

Vater hat *diesen* Mann auch gesehen, aber nicht erkannt. Ich habe *dem* doch nichts gesagt! *Dasselbe/Das* habe ich auch festgestellt. *Dieses* Buch hat sie gelesen, *jenes* nicht. *Derjenige*, der das getan hat, soll sich melden.

Mit *dieser, diese, dieses, der, die, das, jener, jene, jenes* u. a., die nur Pronomen der 3. Person sind, weist der Sprecher/Schreiber in besonderer Weise auf eine Person, Sache oder einen Sachverhalt hin. Der Verweis kann anaphorischer (= rückweisend im Text), kataphorischer (= vorausweisend im Text) oder deiktischer (= situationsverweisend) Natur sein. Man nennt diese Pronomen Demonstrativpronomen (hinweisende Fürwörter). Die Demonstrativpronomen werden als Begleiter eines Substantivs *(diese Person)* und/oder – ähnlich wie das Personalpronomen der 3. Person – als Stellvertreter eines Substantivs (+ Artikel) gebraucht:

Das Buch? *Das* habe ich auch gelesen.

Sie sind – im Unterschied zum Personalpronomen – generell demonstrativ, d. h., der Verweis geschieht stets mit einem besonderen Nachdruck. Die neutralen Formen können (wie auch *es;* vgl. 550,3) auf einen ganzen Satz bezogen werden:

Kommt sie morgen? *Das* weiß ich nicht.

Über den Gebrauch der Verbindungen des Dativs und Akkusativs der Demonstrativpronomen *der, dieser, derselbe* + Präposition und der Pronominaladverbien *(das Schneefeld und darauf/auf diesem das Flugzeug)* vgl. 626 ff.

der, die, das

559

Kommt er morgen? Ich weiß *es* nicht. – Kommt er morgen? *Das* weiß ich nicht.
Frau Meier? Ich habe *ihr* nichts gesagt. – Frau Meier? *Der* habe ich nichts gesagt.
Herr Müller? Sie erinnerte sich *seiner* nicht mehr. – Herr Müller? *Dessen* erinnerte sie sich nicht mehr.
Kennst du diese Bücher? Nein, ich habe *sie* nie gesehen. – Kennst du diese Bücher? Nein, *die* habe ich nie gesehen.

Das Pronomen *der, die, das*[1] wird – ähnlich wie die 3. Person des Personalpronomens *er, sie, es* – als Stellvertreter eines Substantivs (+ Artikel) gebraucht. Im Unterschied zum Personalpronomen ist es aber generell demonstrativ (zur Kongruenz vgl. 545):

---

[1] Aus diesem Demonstrativpronomen sind – historisch gesehen – der bestimmte Artikel (vgl. 535) und das Relativpronomen (vgl. 569) entstanden.

	Maskulinum	Singular Femininum	Neutrum	Plural für alle drei Genera
Nom.	der	die	das	die
Gen.	dessen (veralt.: des)	deren (veralt.: der; unübl.: derer, vgl. 455,2)	dessen (veralt.: des)	deren (vgl. 550,2); derer (veralt.: der)
Dat.	dem	der	dem	denen
Akk.	den	die	das	die

Die alten kurzen Formen finden sich noch in der Dichtung, vor einem attributiven Genitiv oder Präpositionalgefüge mit *von* und in Zusammensetzungen:

> *Des* freut sich das entmenschte Paar (Schiller). Wes Brot ich ess', *des* Lied ich sing'
> (Sprw.). Die Karosserie meines Wagens und *des* meines Bruders. Auf Grund der Ein-
> gabe von Böll und *der* von vielen anderen Schriftstellern. (In Zusammensetzungen:)
> *des*wegen, *des*halb, *des*gleichen, in*des[sen]*, unter*des[sen]*.

Zum Gebrauch der Demonstrativpronomen *der, die, das* gilt folgendes: 560

1. Mit *der, die, das* wird identifizierend auf etwas voraus- oder zurückgewiesen,
ohne daß über die Lage in bezug auf den Sprecher/Schreiber (sei es Nähe, sei es
Ferne) etwas ausgesagt wird; sie sind lagemäßig neutral. Dadurch unterscheiden
sich *der, die, das* von *dieser* und *jener* (vgl. 561).
Bei der Vorausweisung wird das im Demonstrativpronomen genannte Wesen,
Ding u. a. durch einen folgenden Relativsatz genauer bestimmt:

> Nicht *der* trägt die Schuld, *dessen PKW im Halteverbot steht*, sondern der auf den *PKW*
> *auffährt.*

Bei Rückweisung ist der Bezug auf ein einzelnes Wort, bei *das* auch der auf einen
ganzen Satz möglich. Im ersteren Fall steht das Pronomen oft vor einem Genitiv
oder einem Präpositionalgefüge:

> *Dieser Kerl... Gebt euch mit dem nicht ab! Die Erinnerung* an ihn war mit *der* an seine
> Mutter verknüpft. ... *der Stoff* der Ärmel war dünner als *der* der Bluse (Th. Mann).
> Und sie erzählte ihm die Geschichte mit dem Alten im Krankensaal ... „Eine schöne
> Geschichte, *das,* und noch dazu vor dem General!" wandte Walter ... ein (Musil).
> (Erstarrt:) *Dem* ist (nicht) so.

Im Gleichsetzungssatz (vgl. 1164) steht *das* (wie *es,* vgl. 550,3) auch für ein vorausgehendes nicht neutrales Substantiv oder für mehrere vorausgehende Substantive und kann sich zudem auf einen nicht neutralen Gleichsetzungsnominativ beziehen (vgl. 563):

> Siehst du *diese Frau* dort? *Das* ist meine Chefin. Siehst du *den Jungen* und *das Mäd-*
> *chen* dort? *Das* sind meine Kinder. *Das* ist *die Liebe. Das* ist *der Wagen.*

Weiterhin steht *das* bei unpersönlichen oder unpersönlich gebrauchten Verben
(vgl. 204):

> Wie *das* blitzt und donnert!

Die Rückweisung im Nominativ, Dativ oder Akkusativ Singular und Plural durch
der usw. statt durch das Personalpronomen wird oft als umgangssprachlich empfunden und in der Literatur stilistisch genutzt:

> ... auch *der* hatte jetzt keine Zeit mehr (H. Hesse). Ich habe *dem* das Buch neulich
> gegeben. *Den* habe ich in Berlin getroffen. „So ist es also mit *der* [Frau]", sagte Hans
> Castorp (Th. Mann).

Die Demonstrativpronomen *der, die, das* können auch durch Adverbien und Partikeln (*da, hier, eben* usw.) verstärkt werden (vgl. auch 563, 565):

> *Der da* hat es getan. *Die hier* war es. *Ebendas* meine ich. Ob es *der dort* sei, fragte Hans Castorp ... und deutete auf einen Herrn ... (Th. Mann).

Mit den folgenden durch *und* verbundenen Paaren von Demonstrativpronomen wird etwas Unbestimmtes genannt:

> Ich bin *der und der*. Ich habe *die und die* getroffen. Wir haben *das und das* gehört. Sie sprach von *dem und jenem*.

2. Die Formen *derer, deren* und *dessen* werden folgendermaßen gebraucht:
Die Form *derer* steht bei Vorausweisung im Genitiv Plural aller drei Genera; sie hat meistens die Funktion eines nachgestellten Attributs:

> ... wo er ihn sogleich hätte auf die Liste *derer* setzen lassen, die an die Wand zu stellen waren (Fries). ... auf Kosten *derer* ..., die an der Spitze der Gesellschaftspyramide stehen (Fraenkel-Bracher). Sie erinnerte sich *derer* nicht mehr, die ihr früher so nahegestanden hatten.

Weil dieses vorausweisende *derer* allgemein als Pluralform verstanden wird, vermeidet man es heute im allgemeinen, diese Form auch noch als Genitiv Sing. Fem. zu gebrauchen. Man ersetzt in diesen Fällen *derer* besser durch ein entsprechendes Substantiv (+ Artikel):

> (Statt:) Das Schicksal *derer,* die diesen Namen trug ... (besser:) Das Schicksal *der Frau,* die diesen Namen trug ... Er erinnerte sich *der Frau* (statt: *derer*) nicht mehr, die ihn angesprochen hatte.

Die Form *deren* (Genitiv Sing. Fem. und Genitiv Plur. aller drei Genera) steht bei der Rückweisung, meist als vorangestelltes Attribut bei einem Substantiv:

> Sie begrüßte ihre Freunde und *deren* Kinder. Er untersuchte Lähmungserscheinungen und *deren* therapeutische Beeinflußbarkeit. Die gesetzgebende Versammlung erläßt Gesetze und überwacht *deren* Ausführung.

Selten kommt sie dagegen alleinstehend vor:

> Diese drei Schulkameraden hatten ihm früher einmal nahegestanden, aber er erinnerte sich *deren* nicht mehr. Ein kleines Pferd, das nicht wie die Zebras nur eine Zehe, sondern *deren* drei hatte (Grzimek).

Voraus- und rückweisend wird *dessen* gebraucht:

> Dreiviertel *dessen,* was hier geredet wird, ist sowieso überflüssig (Bieler).
> ... daß das Volk die Nachteile des Grundgesetzes für größer hält als *dessen* Vorteile (Dönhoff).

Bei alleinstehendem Gebrauch kann an Stelle von *deren* und *dessen* auch das entsprechende Personalpronomen gebraucht werden:

> Diese drei Schulkameraden hatten ihm früher einmal nahegestanden, aber er erinnerte sich *ihrer* (statt: *deren*) nicht mehr.
> ... daß das Volk die Nachteile des Grundgesetzes für größer hält als *seine* (statt: *dessen*) Vorteile.

Bei attributivem Gebrauch, bei dem ein Besitzverhältnis u. ä. gekennzeichnet wird, kann an Stelle von *deren* und *dessen* das entsprechende Possessivpronomen gebraucht werden:

> Peter begrüßte seine Schwester und *deren/ihren* Mann. Susanne verabschiedete sich von Paul und *dessen* größerem/*seinem* größeren Bruder. Vom Hubschrauber aus betrachtete er die Stadt und *deren* zahlreiche/*ihre* zahlreichen Hochhäuser.

Das Demonstrativpronomen ist vorzuziehen, wenn beim Possessivpronomen mehrere Bezüge möglich sind:

> Grete verabschiedete sich von Regine und *deren* Mann (*ihrem Mann* kann sowohl Gretes wie Regines Mann bedeuten). Er traf ihn mit seinem Freund und *dessen* Sohn (*seinem Sohn* kann sowohl den Sohn des Freundes als auch den eigenen meinen).

Die Formen *dessen* und *deren* sind unveränderlich (vgl. 570):

> Ich sprach mit Klaus und *dessen* (nicht: dessem) neuem Freund. Ich sprach mit Margot und *deren* (nicht: derem) kleinen Kind.

Bei Verbindungen mit *-wegen, -willen, -halben* wird zur Erleichterung der Aussprache ein *-t-* eingeschoben *(dessentwegen, um derentwillen, derenthalben).* Zur Deklination der folgenden Ajdektive vgl. 500.

dieser, diese, dieses; jener, jene, jenes

> Peter hat sich zwei Bücher gekauft. *Dieses* Buch hat er schon gelesen, *jenes* noch nicht. Ob sie kommt? Ob sie das Auto mitbringt? *Dies* ist ungewiß, *jenes* jedoch sicher. *Diesen* Mann habe ich nie gesehen.

561

Die Pronomen *dieser* und *jener* – sie weisen dieselben Endungen auf – werden als Begleiter und als Stellvertreter eines Substantivs (+ Artikel) gebraucht (zur Kongruenz vgl. 545):

| | Singular | | | Plural |
	Maskulinum	Femininum	Neutrum	für alle drei Genera
Nom.	dieser	diese	dies[es][2]	diese
Gen.	dieses[1]	dieser	dieses	dieser
Dat.	diesem	dieser	diesem	diesen
Akk.	diesen	diese	dies[es][2]	diese

Auch nach *all[er]* werden *dieser* und *jener* wie in der Tabelle gebeugt (vgl. auch 537):

> all *diesem;* allem *diesem* (Wiechert); in Übertreibung alles *dieses* (Barlach); aller *dieser* Kinder (Carossa); all *jenem* Neuen stand er aufgeschlossen gegenüber.

Zur Deklination des folgenden Adjektivs vgl. 478.

Mit *dieser* weist der Sprecher/Schreiber identifizierend auf eine Person, Sache u. ä. hin, die ihm räumlich oder zeitlich näher ist bzw. im Text zuletzt genannt worden ist. Mit *jener* wird eine Person, Sache u. ä. oft als entfernter gekennzeichnet und identifiziert:

562

> *diese* irdische Welt – *jene* himmlische Welt. Die Aussicht von *dieser* Bank ist schöner als von *jener. Dieses* Erlebnis beschäftigte sie noch lange. ... die Anschauungen *jener* finsteren, gequälten Zeiten (= Mittelalter) ... (Th. Mann).

Oft ist es aber auch ohne Belang, ob eine Person, Sache u. ä. „näher" oder „entfernter" ist:

> *Jener* Menschen Anliegen, den Frieden zu sichern, ist auch das meinige. (Auch wenn erst vorher von ihnen die Rede war.)

---

[1] Gelegentlich schon mit *-en* wie ein Adjektiv (*Man verzeichnet gern, daß dank diesen Besuches die Atmosphäre sich aufgehellt hat* [FAZ 1967; vgl. 545]).

[2] Im Nom./Akk. Sing. Neutr. wird neben *dieses* auch *dies* gebraucht; besonders dann, wenn es allein steht.

Wenn von zwei Wesen, Dingen u. ä. im Satz die Rede ist, bezieht man sich mit *dieser – jener* oft in der Weise darauf zurück, daß das zuletzt Genannte mit *dieser,* das zuerst Genannte mit *jener* bezeichnet wird:

> Sie wundern sich über *die Veränderung* meines Aufenthalts und beklagen sich über *mein Stillschweigen.* Der Grund von *diesem* liegt in *jener,* der Grund von *jener* aber in hundert kleinen Zufällen (Goethe).

Wo durch *dieser – jener* die Bezüge nicht recht klar werden, gebraucht man auch *ersterer – letzterer* (vgl. 514,2).

Das Neutrum *dies[es]* und *jenes* kann auch auf einen ganzen Satz bezogen werden:

> Ob sie kommt? Ob sie das Auto mitbringt? *Dies* ist ungewiß, *jenes* jedoch sicher.

563 Im Gleichsetzungssatz (vgl. 1164) stehen neutrales *dies[es]* und *jenes* (wie *es* [vgl. 550,3] und *das* [vgl. 560,1]) auch für ein vorausgehendes nicht neutrales Substantiv oder für mehrere vorausgehende Substantive. Zudem beziehen sie sich auch auf einen nicht neutralen Gleichsetzungsnominativ:

> *Der Junge* und *das Mädchen – dies* sind meine Kinder. Siehst du *die Perle? Dies* ist mein Reichtum. *Dies* hier ist *der Stall, jenes* dort *die Scheune.*

Wie *der, die, das* (vgl. 560,1) können *dieser* und *jener* durch Adverbien und Partikeln verstärkt werden:

> Gib mir *dies* Buch *da!* An *ebendieser* Stelle.

Mit den folgenden durch *und* verbundenen Paaren von Demonstrativpronomen wird etwas Unbestimmtes bezeichnet:

> Er begrüßte *diesen und jenen* (= einige); in *dem und jenem* Hotel. Sie blieb eine gute Weile im Wasser, um *dies und jenes* abzubekommen (Th. Mann).

derjenige, diejenige, dasjenige

564 *Derjenige* Schüler, der das getan hat, soll sich melden. *Diejenige,* die das getan hat, kenne ich.

Dieses Pronomen wird als Begleiter und Stellvertreter eines Substantivs (+ Artikel) gebraucht. Der erste Bestandteil ist der bestimmte Artikel (vgl. 535), der zweite wird auch dekliniert, und zwar wie ein Adjektiv nach dem bestimmten Artikel (vgl. 478; zur Kongruenz vgl. 545):

	Maskulinum	Singular Femininum	Neutrum	Plural für alle drei Genera
Nom.	derjenige	diejenige	dasjenige	diejenigen
Gen.	desjenigen	derjenigen	desjenigen	derjenigen
Dat.	demjenigen	derjenigen	demjenigen	denjenigen
Akk.	denjenigen	diejenige	dasjenige	diejenigen

Mit *derjenige* wird identifizierend ein Wesen, Ding u. a. ausgewählt und bezeichnet, das in einem folgenden Relativsatz oder Attribut näher bestimmt wird. Es ist nachdrücklicher, wenn auch etwas schwerfälliger als das einfache *der* (wodurch es – neben *wer* – ersetzt werden kann), ist aber zur Vermeidung gleichlautender Pronominalformen *(derjenige, der* statt: *der, der)* nützlich und zur Verdeutlichung gelegentlich nicht zu entbehren. Wenn man schreibt:

> Der Antiquar verkaufte *die* Bücher, die beschädigt waren, etwa um die Hälfte ihres Wertes.

dann geht aus dem bloßen Artikel *die* nicht hervor, ob es sich um beschädigte Bücher aus einer größeren Anzahl handelt oder nicht. Die Verwendung von *diejenigen* schafft hier Klarheit:

> Der Antiquar verkaufte *diejenigen* Bücher, die beschädigt waren, etwa um die Hälfte ihres Wertes.

Das überaus schwerfällige *derjenige, welcher* wird heute nur noch elliptisch (in der Umgangssprache) gebraucht:

> Ah, du bist *derjenige, welcher* (= derjenige, der das getan hat)!

derselbe, dieselbe, dasselbe

Susanne hat heute *dasselbe* Kleid an wie gestern. Welches Kleid hatte Susanne an? *Dasselbe* wie gestern. Es ist immer *dasselbe*. **565**

Dieses Pronomen wird als Begleiter und Stellvertreter eines Substantivs (+ Artikel) gebraucht. Der erste Bestandteil ist der bestimmte Artikel (vgl. 535),[1] der zweite wird auch dekliniert, und zwar wie ein Adjektiv nach dem bestimmten Artikel (vgl. 478; zur Kongruenz vgl. 545):

| | Singular | | | Plural |
	Maskulinum	Femininum	Neutrum	für alle drei Genera
Nom.	derselbe	dieselbe	dasselbe	dieselben
Gen.	desselben	derselben	desselben	derselben
Dat.	demselben	derselben	demselben	denselben
Akk.	denselben	dieselbe	dasselbe	dieselben

Mit dem Demonstrativpronomen *derselbe, dieselbe, dasselbe* kennzeichnet der Sprecher wie mit *der gleiche, die gleiche, das gleiche* Identität. Dabei ist zu beachten, daß sich Identität auf ein Individuum (Einzelwesen oder Einzelding) oder auf eine Klasse beziehen kann:[2]

> Er war *derselbe*, der Gimpf aus dem Todesloch herausgezogen hatte (Plievier). ... eine Äußerung, die *der gleiche* Verfasser schrieb (Nigg).
> Dies fiel diesen Adels- und Honoratiorenparteien um so leichter, als sie sich aus *denselben* Oberschichten rekrutierten (Fraenkel). ... alle Köpfe trugen *den gleichen* Hut (Fries).

Im allgemeinen ergibt sich aus dem Kontext, welche Identität gemeint ist. Wenn Mißverständnisse entstehen können, ist zu beachten, daß *der gleiche* besser zur Kennzeichnung der Klassenidentität geeignet ist, weil mit *derselbe* stärker die Identität eines Einzelwesens oder Einzeldings betont wird:

> (Mißverständlich:) Mutter und Tochter benutzen *dasselbe* Parfüm. (Eindeutiger:) Mutter und Tochter benutzen *das gleiche* Parfüm.

Verstärkt wird *derselbe* durch *eben* (*ebenderselbe;* vgl. 560,1).

Statt *derselbe* kann auch *ein und derselbe* gebraucht werden, wenn ein pluralischer Ausdruck (*Michael und Karin, sie alle, die Familie* usw.) Bezugsgröße ist und kein Vergleich mit *wie* vorliegt:[3] **566**

---

1   Wenn dieser Artikel mit einer Präposition verschmolzen wird, wird *selber* abgetrennt:
    zur *selben* (= zu derselben) Zeit, ins *selbe* (= in dasselbe) Dorf, vom *selben* (= von demselben) Verlag.
2   Vgl. R. Harweg: „Derselbe" oder „der gleiche"? In: Linguistische Berichte 7 (1970), S. 1–12.
3   Vgl. R. Harweg: Obligatorisches und nicht obligatorisches *ein und derselbe*. In: Zeitschrift für vergleichende Sprachwissenschaft 83 (1969), S. 162ff.

Michael und Karin/Sie wohnen in *demselben/ein und demselben* Haus. (Aber:) Michael wohnt in *demselben* Haus (wie Fritz).

Mit unbetontem *derselbe* kann wie mit unbetontem *er, der, dieser* und *sein* (Possessivpronomen) ein vorher genanntes Substantiv direkt wieder aufgenommen werden. Manchmal wird auf diese Weise die Wiederholung gleichlautender Pronomen vermieden:

> Sie brachte sie (die Brieftasche) ihm unter die Augen, und erst nachdem er an den Anblick des Gegenstandes gewöhnt schien, legte er *sie (dieselbe/diese)* am Rande des Schreibtisches nieder (H. Mann). Das höchste Bauwerk von Paris ist der Eiffelturm. Die Höhe *desselben/Dessen* Höhe/*Seine* Höhe beträgt 321 m.

Der Gebrauch von *derselbe* wirkt in diesen Fällen schwerfällig. Es ist aber notwendig als pronominales Genitivattribut, das von einem Substantiv mit unbestimmtem Artikel u. ä. abhängt, oder als Genitivus obiectivus, der von einem Infinitiv abhängt:[1]

> Namen wie Nävius, Pacuvius, Attius usw. schießen weit über das Ziel des Gymnasiums hinaus und brauchen nicht *in einem Lehrbuch desselben* zu stehen (Zeitschrift für das Gymnasialwesen, XI, p. 623).
> Eigener Herd ist Goldes wert. Nur erfolglose Menschen bedienen sich beim *Reparieren desselben* fremder Hilfe (Quick).

Die erweiterte Form *derselbige* ist veraltet und wirkt heute altertümlich-komisch; dasselbe gilt für *selbig:*

> Wir saßen um *dasselbige* Tischchen (Goethe). *Selbiger* Fall trug sich zu unserem Kummer nicht mit Herrn Schulze zu, sondern mit Herrn Baumann.

selbst, selber

567 Diese Pronomen sind undeklinierbar und werden wie eine Apposition gebraucht, und zwar bei einem Substantiv oder einem anderen Pronomen (Personal-, Reflexivpronomen). Mit ihnen wird ausgedrückt, daß kein anderes Wesen oder Ding gemeint ist als das mit dem Bezugswort genannte; ein anderes wird mit ihnen nachdrücklich ausgeschlossen. Sie stehen immer nach ihrem Bezugswort, wenn auch nicht immer unmittelbar dahinter, und tragen den Ton:

> *Fritz selbst* hat es gesagt. *Fritz* hat es *selbst* gesagt. Hilf *dir selbst,* dann hilft dir Gott (Sprw.). Jeder ist *sich selbst* der Nächste (Sprw.).

Erstarrt ist *von selbst* (= von sich selbst):

> Dies versteht sich *von selbst.* Das wird schon *von selbst* kommen.

Von den beiden Formen gehört *selbst* mehr der Standard-, *selber* mehr der Alltagssprache an:

> (Standardspr.:) Sie hat *sich selbst* dafür eingesetzt. (Alltagsspr.:) Das glaubst *du* doch *selber* nicht!

Das Bezugswort kann gelegentlich fehlen, wenn kein bestimmtes Wesen oder Ding gemeint ist *(Selber essen macht fett).* Veraltet wirken die mit Adverbien verbundenen Formen von *selbst (daselbst, hierselbst, woselbst).*

Von dem Pronomen ist die Partikel *selbst* ‚sogar' zu unterscheiden; bei letzterer trägt das folgende (seltener davorstehende) Bezugswort den Hauptton (vgl. 637):

> *Selbst* in der Schule haben wir immer bloß „Tapferkeit" gesagt, wenn „virtus" im Buche stand (Th. Mann).

---

[1] Vgl. R. Harweg: Bemerkungen zum sogenannten Identitätspronomen *derselbe.* In: Zeitschrift für Dialektologie und Linguistik 3 (1969), S. 301 f.

6.3.4 Das Relativ- und Interrogativpronomen

Mit dem Pronomen *der, die, das,* gelegentlich auch mit *welcher, welche, welches*   568
und *wer* und *was* werden Relativsätze (vgl. 1279 ff.) eingeleitet. Man nennt sie in
diesem Gebrauch R e l a t i v p r o n o m e n (bezügliche Fürwörter).
Daneben werden *welcher, welche, welches* und *wer* und *was* auch interrogativ,
d. h. in Fragesätzen gebraucht (vgl. 1032); man nennt sie dann I n t e r r o g a t i v -
p r o n o m e n (Fragepronomen, -fürwörter). Beide werden im allgemeinen als
Stellvertreter eines Substantivs (+ Artikel) gebraucht:[1]

> (Relativ:) Der Postbote, *der* das Telegramm gebracht hatte, fuhr rasch wieder weg.
> Weh dem, *der* lügt. Die Frau, *welche* das gesagt hat, sollte sich schämen. *Wer* das tut,
> [*der*] hat die Folgen zu tragen. Glücklich ist, *wer* so denkt. Glücklich ist der, *der* so
> denkt. Das ist alles, *was* wir besitzen. Dem Mann, *dessen* Telegramm wir heute erhiel-
> ten, ... Die Frau, *der* dies zugemutet wurde ... Alle Fabriken, *deren* Besitzer enteignet
> wurden ... Dazu bedarf es genauerer Planung und [alles dessen,] *was* dazugehört.
> (Interrogativ:) *Welches* Kleid hast du gekauft? Er fragte: „*Was* hast du gesagt?" *Wen*
> hast du getroffen? *Wer* hat das getan?

der, die, das[2]

Das häufigste Relativpronomen *der, die, das* wird als Stellvertreter eines Substan-   569
tivs (+ Artikel) gebraucht (zur Kongruenz vgl. 545):

	Singular			Plural
	Maskulinum	Femininum	Neutrum	für alle drei Genera
Nom.	der	die	das	die
Gen.	dessen	deren	dessen	deren
	(veralt.: des)		(veralt.: des)	(ugs.: der)
Dat.	dem	der	dem	denen
Akk.	den	die	das	die

Die alten kurzen Formen im Genitiv Sing. Mask./Neutr. kommen noch in der
älteren Literatur vor; in der Umgangssprache wird gelegentlich noch im Genitiv
Plural die Form *der* verwendet:

> Wo bist du, Faust, *des* Stimme mir erklang? (Goethe). Er machte häufig Pausen, wäh-
> rend *der* (standardspr.: *deren*) er sich den Schweiß von der Stirn wischte.

Die Formen des Genitivs Singular Femininum und des Genitivs Plural aller drei
Genera lauten *deren:*

> (Alleinstehend:) ... in der intimen Anrede, *deren* er sich selten bedient (Hochhuth).
> Nach einiger Zeit – so gestand er uns – werde die Einsamkeit, *deren* er noch bedürfe,
> ihm völlig unerträglich (K. Mann). ... Schranken, innerhalb *deren* sich Staat und Ge-
> meinden frei bewegen können (Fraenkel-Bracher). Sätze ..., aufgrund *deren* sie weit-
> reichende Entscheidungen trifft (Wiedemann).

---

[1]   Zu *welcher* als Begleiter eines Substantivs vgl. 570,2; zur Kongruenz vgl. 545; zu Relativ- und
      Interrogativadverbien vgl. 613 ff.
[2]   *der, die, das* ist das älteste Relativpronomen. Es ist – historisch gesehen – aus dem Demonstra-
      tivpronomen entstanden und bringt ursprünglich nebengeordnete Sätze in Abhängigkeit von-
      einander und verbindet sie:
      (Nebenordnung: zwei Hauptsätze, demonstrativ:) Du sprichst von *Zeiten. Die* sind vergan-
      gen.
      (Unterordnung: Hauptsatz und Gliedsatz, relativ:) Du sprichst von *Zeiten, die* vergangen
      sind.

(Attributiv:) Der Betrachter sieht sich einer ... Wolke von einzelnen Informationen gegenüber, *deren* innere Struktur nicht leicht auszumachen ist (Enzensberger). Das System liefert eine ausgesprochene Defensivstreitmacht, *deren* Funktionsfähigkeit in hohem Maße von freiwilliger Mitarbeit des einzelnen abhängig ist (Fraenkel-Bracher). Die beiden Zeichner, *deren* Arbeit er prüft, merken ihm nichts an (Frisch).

570 Während *deren* in der Rolle eines vorangestellten Attributs völlig fest ist, wird bei alleinstehendem Gebrauch an Stelle des standardsprachlichen *deren* häufiger fälschlich *derer* verwendet:[1]

> ... was von den Mitteilungen abweicht, aufgrund *derer* der Krach seinen Ausgang genommen hatte (Südd. Zeitung). Die Straße, oberhalb *derer* er wohnte ... (Johnsohn). Damit ist auch die ungewöhnliche Autorität zu erklären, *derer* sich die katholischen Bischöfe in Polen erfreuen (Der Spiegel).

Die Formen *dessen* und *deren* sind, wenn sie attributiv gebraucht werden, unveränderlich, d. h., sie werden nicht dekliniert (vgl. 560,2):

> Die Künstlerin, von *deren* (nicht: derem) tiefempfundenem Spiel ...; der Autor, mit *dessen* (nicht: dessem) vollem Einverständnis ...

Bei der Verbindung mit -*wegen*, -*willen*, -*halben* wird zur Erleichterung der Aussprache ein -*t*- eingeschoben *(dessentwegen, um derentwillen, derenthalben)*. Zur Deklination des folgenden Adjektivs vgl. 500; zum Personalpronomen beim Relativpronomen vgl. 1246.

welcher, welche, welches

571 1. Auch *welcher, welche, welches* kann – wie *der, die, das* – relativisch gebraucht werden:

> Das ist der Kerl, *welcher* uns noch Geld schuldet. Er hob das Blatt auf, *welches* das Kind verloren hatte. Die, *welche* die falschen Banknoten in Umlauf gebracht hatten, wurden auch bestraft.

Es gilt jedoch als schwerfällig und stilistisch unschön und wird allenfalls gebraucht, um bei einer Häufung von Relativsätzen zu variieren oder um das Zusammentreffen des Relativpronomens *der, die, das* mit dem Artikel zu vermeiden (zur Kongruenz vgl. 545):

	Singular			Plural
	Maskulinum	Femininum	Neutrum	für alle drei Genera
Nom.	welcher	welche	welches	welche
Gen.	dessen	deren	dessen	deren
Dat.	welchem	welcher	welchem	welchen
Akk.	welchen	welche	welches	welche

Die Genitivformen stimmen mit denen von *der, die, das* überein (vgl. 569).

2. Als Begleiter eines Substantivs wird *welcher* usw. mitunter bei Abstrakta gebraucht, mit denen der Inhalt oder ein Teilinhalt des übergeordneten Satzes wiederaufgenommen wird (zur Kongruenz vgl. 545):

---

[1] Diese Verwendung durchkreuzt die alte Unterscheidung nach Vorausweisung und Rückweisung (*derer* = Vorausweisung, *deren* = Rückweisung), die beim Demonstrativpronomen voll in Geltung ist. Zur Unterscheidung der Formen des Relativpronomens nach attributivem und alleinstehendem Gebrauch (*derer* = alleinstehend, *deren* = attributiv) vgl. H. Eggers: *Derer oder deren? Zur Normenproblematik im Deutschen.* In: Moderna Språk 74 (1980), S. 133–138.

Sie möchte ihr Haar färben lassen, mit *welcher Absicht* ich gar nicht einverstanden bin.
Es sagte „Guten Abend", *welchen Gruß* sie mit einem Nicken erwiderte.

3. Das Pronomen *welcher, welche, welches* kann auch interrogativ gebraucht werden (vgl. auch 4). Es hat vor allem aussondernde, auswählende Bedeutung. Der Sprecher/Schreiber fragt damit nach einem ganz bestimmten Einzelwesen, -ding u. a. aus einer jeweiligen Klasse, Art und Gattung. Hierbei wird *welcher* als Begleiter oder Stellvertreter eines Substantivs gebraucht:

> „*Welchen* Pullover soll ich nur nehmen?" – „Den blauen." „Ich habe mir einen Rechtsanwalt genommen." – „*Welchen* denn?" Wir suchten einen Feind und wußten nicht, *welchen* (J. Stinde).

Im Genitiv lauten die Formen (vgl. 545):

> *Welches/Welchen* Mannes Kind (bei Maskulina und Neutra des Typs II oder III [vgl. 380])? *Welches* Zeugen (bei Maskulina des Typs VI)? *Welcher* Frau/Frauen (bei Feminina und Pluralformen)?

Die neutrale Form *welches* kann auf Substantive mit jedem Genus bezogen werden, auch im Plural:

> *Welches* ist der größte Tisch? *Welches* (aber auch: *Welche*) ist die schönste [Frau]? *Welches* ist das jüngste [Kind]? *Welches* (aber auch: *Welche*) sind die schönsten Bilder?

4. Das Pronomen *welcher, welche, welches* kann auch in Ausrufen gebraucht werden *(Welche Ehre!)*. Hier besonders tritt auch – vor *ein* und attributiven Adjektiven – die ungebeugte Form *welch* auf; *welch ein* ist dabei als formelhafter Ausdruck, als Einheit und als Variante von *welcher* anzusehen:

> Wir erkundigten uns, *welch ein* Mann/*welch* brutaler Mann (= *welcher* brutale Mann) dies getan hatte. Sehet, *welch ein* Mensch! (Joh. 19,6). *Welch* düstere Stimmung!

Zu *welcher* als Indefinitpronomen vgl. 589; zur Deklination des folgenden Adjektivs vgl. 478 f.

was für ein

1. Mit dem formelhaften Ausdruck *was für ein* fragt der Sprecher nach der Beschaffenheit, nach der Eigenschaft, nach dem Merkmal eines Wesens, Dinges u. a. Der Ausdruck ist in dieser Funktion Begleiter eines Substantivs:

572

> *Was für ein* Auto fährst du? Mit *was für einer* Mine schreibst du?

In der Umgangssprache wird gelegentlich *was für ein* auch im aussondernden Sinne gebraucht; dann auch als Stellvertreter eines Substantivs:

> „*Was für ein* (standardspr.: *Welches*) Kleid ziehst du an?" – „Das rote." „Ich vermisse ein Buch." – „*Was für eines* (standardspr.: *Welches*) denn?"

Umgekehrt wird auch *welcher* gelegentlich im Sinne von *was für ein* gebraucht:

> „*Welche* (standardspr.: *Was für eine*) Katze ist das?" – „Eine Siamkatze."

Bei *was für ein* fällt im Plural und meist auch vor Stoffbezeichnungen *ein* weg:

> *Was für* Autos parken denn dort? *Was für* Möglichkeiten ergeben sich hier? *Was für* Papier willst du? *Was für* Wein trinkt er am liebsten?

Die Trennung des *für* von *was* ist umgangssprachlich:

> *Was* hat er *für* Bücher gelesen? *Was* hat er denn *für* Bemerkungen gemacht?

Dekliniert wird nur *ein,* und zwar vor einem Substantiv wie der unbestimmte Artikel:

Was für ein Mensch ist er? Von *was für einer* Art Philosophie? Mit *was für einem* Auto?

alleinstehend wie ein Adjektiv ohne Artikel u. a. (nach Typ I, stark, vgl. 477):

Was für einer?/eine?/eines?

In Norddeutschland wird oft anstatt des *ein* oder des Substantivs auch *welcher* gesetzt (im Singular im allgemeinen nur mit Bezug auf Stoffbezeichnungen):

„Wir haben ausgezeichneten Wein getrunken." – „Was für *welchen/*(statt standardspr.:) *einen?"* „In diesem Park stehen viele schöne Bäume." – „Was für *welche/* (statt standardspr.:) *Bäume?*

2. Wie *welcher* kann *was für ein* auch in Ausrufen gebraucht werden:

Was für eine herrliche Aussicht! (Im Plural ohne *ein:*) *Was für* Nerven mich das schon gekostet hat!

wer, was

573   *Wer* wagt, gewinnt. *Wer* wagt es? *Was* du sagst, [das] stimmt. *Was* sagst du? *Wem* das passiert, der ist selber schuld. *Wem* passiert das schon? *Wen* wir schicken, ist gleichgültig. *Wen* schicken wir denn? Glücklich ist, *wer* so denkt!

Die Pronomen *wer* und *was* können relativisch und interrogativ gebraucht werden, und zwar als Stellvertreter eines Substantivs (zur Kongruenz vgl. 545):[1]

	Maskulinum/Femininum	Neutrum
Nominativ	wer	was
Genitiv	wessen (veraltet: wes)	wessen (veraltet: wes)
Dativ	wem	(was)
Akkusativ	wen	was

Die kurze Form *wes* im Genitiv ist veraltet. Sie findet sich nur noch in Sprichwörtern, Redensarten usw. und in Zusammensetzungen:

Wes das Herz voll ist, des gehet der Mund über (Luther). *Wes* Brot ich ess', des Lied ich sing' (Sprw.). *Wes* Geistes Kind sind Sie eigentlich? *Wes* Namens, Standes, Wohnorts seid ihr? (Kleist). *Weshalb/Weswegen* hast du das getan?

Üblich ist heute *wessen,* mit dem bei attributivem Gebrauch vor einem Substantiv ein possessives Verhältnis gekennzeichnet wird:

Wessen ich mich erinnere, ist im Augenblick gleichgültig. *Wessen* erinnerst du dich? *Wessen* Buch ich mitgenommen habe, ist meine Sache. *Wessen* Buch hast du denn mitgenommen?

Im Genus wird nicht nach maskulinen und femininen Formen unterschieden, ebenso nicht nach Singular und Plural. Das Pronomen *wer* usw. wird auf Personen, *was* mehr auf Sachen, Verhalten u. a. bezogen:

Wer das war, ob Ilse oder Michael, spielt jetzt keine Rolle. *Wer* war das? (Ilse oder Michael?) *Wer* von euch will mitfahren? (Inge? Inge und Gisela?) *Wessen* Buch ist das? *Wem* gehört das Buch? *Wen* können wir schicken? *Was* ist das? (Ein Hammer/Eine Blume/Ein Buch!) *Was* hast du getan? (Ich habe das Geschirr gespült/geschlafen.)

---

1   Zur Kennzeichnung der Konzessivität werden sie mit *[auch] immer* verbunden. Daneben kommen *wer* und *was* auch in Ausrufen vor *(Wer könnte das auseinanderhalten! Was du nicht sagst!).*

Im Dativ Neutrum wird in der älteren Literatur und heute noch in der Umgangssprache die Form *was* gebraucht:

> An *was*, ihr Herrn, gebricht's? (Schwab). Zu *was* die Posse? (Goethe). Wie willst du sonst leben? Von *was?* (Brecht).

In der Standardsprache werden statt der Verbindung aus Präposition + *was* (Dativ/Akkusativ) die Pronominaladverbien verwendet (vgl. 626 ff.):

> Das ist es, *wozu* ich dich auffordern wollte. *Woran* fehlt es? *Worüber* lachst du? *Wovon* willst du leben? *Wozu* die Posse?

Durch eine Kombination von *wer* oder *was* mit der erstarrten Form *alles* wird eine Mehrzahl von Personen oder Sachen angedeutet. In der Stellung ist *alles* dabei unfest:

> *Wer alles* wird denn kommen? *Was* gibt es denn dort *alles* zu sehen?

In der Alltagssprache wird *was* auch als Frageadverb im Sinne von ‚warum' oder ‚wozu' gebraucht:

> *Was* hinkt er denn so? (Th. Mann). *Was* bleibst du denn sitzen?

Zu *wer* als Indefinitpronomen vgl. 590.

6.3.5 Das Indefinitpronomen

> Er wollte unbedingt *jemanden* kennenlernen. Hat sie *etwas* verlauten lassen? *Alle* klatschten begeistert. Mir kann *keiner* helfen. *Man* sagt, du wärst krank gewesen. *Sämtliche* Anwesende standen auf, als der Präsident den Saal betrat. Er hat *nichts/niemanden* gesehen.   574

Pronomen wie *jemand, etwas, alle, kein, man, sämtlich, nichts, niemand* haben eine allgemeine und unbestimmte Bedeutung. Der Sprecher/Schreiber gebraucht sie, wenn er ein Lebewesen, ein Ding usw. nicht näher bezeichnen will oder kann, wenn er ganze Gruppen von Lebewesen, Dingen u. a. allgemein bezeichnen (und ausschließen) will, wenn er eine begrenzte Menge, ein begrenztes Maß unbestimmt ausdrücken will u. ä. Sie werden als Stellvertreter und z. T. auch als Begleiter von Substantiven (+ Artikel) gebraucht. Man nennt sie I n d e f i n i t p r o n o m e n (unbestimmte Fürwörter, unbestimmte Für- und Zahlwörter).[1]

all

1. Mit *all* wird zusammenfassend eine Menge von Wesen, Dingen u. ä., eine Gesamtheit bezeichnet, die im Singular – etwa bei Stoffbezeichnungen und Abstrakta – ungegliedert ist *(alles Geld)* und die im Plural alle Exemplare einer gegliederten Menge ohne notwendigen Bezug auf jedes einzelne Exemplar erfaßt *(alle Bäume)*. Dabei nähert sich *all* im Singular der Bedeutung von *ganz*[2], *gesamt,* im Plural der Bedeutung des nachdrücklichen *sämtlich:*   575

---

[1]   Mit Wörtern wie
         einzeln, einzig, übrig, verschieden, gewiß, gesamt, ganz, halb, wenig, viel, zahlreich, zahllos, ungezählt
    werden auch unbestimmte Zahl- und Maßvorstellungen ausgedrückt. Vom Gebrauch her sind es jedoch Adjektive, die wie die Kardinal- und Ordinalzahlen zu den Zahladjektiven gehören (vgl. 456, 471).
[2]   Der Gebrauch von *ganze* an Stelle von *alle* vor Substantiven in der Mehrzahl kommt in der gesprochenen Umgangssprache recht häufig vor. Er gilt standardsprachlich nicht als korrekt: Die *ganzen* (statt: *alle*) Bewohner des Hauses stürzten auf die Straße.

Alles oder nichts. Er bekam *alles,* was er haben wollte. Er hat *alles* (das ganze/gesamte) Geld verloren. Bei *aller* Bewunderung blieb sie skeptisch. *Aller* Fleiß war umsonst. Mit *aller* (= der ganzen) Kraft. Es bedurfte *allen* (= des ganzen) Mutes. (Vergleiche:) *alle* Welt (= jedermann), die *ganze* Welt (= das Universum). *Alle* Bäume waren morsch. *Alle* sind dagegen. *Alle,* die eingeladen waren, sind gekommen. *Alle* Kirchenglocken läuteten.

Verstärkend wird *all* mit *ein* und *jeder* in formelhaften Wendungen verbunden:

> Er ist mein *ein und [mein] alles; all und jeder, all[es] und jedes;* ein Mensch ohne *all und jede* Bildung (Th. Mann).

Der sinngemäße zusammenfassende Plural zu dem vereinzelnden *jeder* ist *all (jedes Buch – alle Bücher).* Berührung mit *jeder* findet sich besonders beim Singular von Abstrakta und im Plural vor allem zur Kennzeichnung der Wiederholung vor Zeit- und Maßangaben:

> Dinge *aller* (= jeder) Art. Er schlug das Kind ohne *allen* Grund. *Aller* (= jeder) Anfang ist schwer (Sprw.). *Alle* beide (= jeder von beiden) haben recht. *Alle* zehn Schritte blieb er stehen.
> (Landschaftlich findet sich auch der Genitiv *aller* statt des standardsprachlichen Akkusativs *alle:*) *aller* zehn Schritte; ... so daß das Bad ... auf einen Abend *aller* zwei Wochen beschränkt werden konnte (Musil).

Die Form *alles* kann umgangssprachlich in der Bedeutung ,alle, alle Anwesenden' gebraucht werden:

> *Alles* [mal] herhören! *Alles* hört auf mein Kommando! *Alles* wartet jetzt auf die Marathonläufer.

2. Wie die angeführten Beispiele deutlich machen, kann *all* als Begleiter oder als Stellvertreter eines Substantivs (+ Artikel) gebraucht werden. Es wird dabei in der Regel wie *dieser* dekliniert (vgl. 561; zur Kongruenz vgl. 545). Im Genitiv Singular des Maskulinums und Neutrums wird die Form von *all* vor Substantiven des Typs II oder III (vgl. 380) meist mit *-en* wie bei einem Adjektiv *(statt harten Metalls)* gebildet:

> Hebel *allen* Unheils, Ratgeber *allen* Übels (Feuchtwanger). Die unerbittliche Ablehnung *allen* Unernstes (Jatho). (Fest:) *allen* Ernstes, *allenfalls. (Selten:)* die Grenzen *alles* Übersetzens (Glinz). Geiz ist die Wurzel *alles* Übels (Sprw.). (Mit Adjektiv:) das spannungserfüllte Bild *allen* geistigen Lebens (H. Moser). Feinde *allen* echten und werdenden Christentums.[1] (Selten:) *alles* erforderlichen Materials. (Aber vor einem substantivierten Adjektiv:) Urheber *alles* Schlechten (Feuchtwanger).

3. Mit dem bestimmten Artikel, mit den Demonstrativpronomen *dieser* und *jener* und dem Possessivpronomen *mein* usw. kann *all* eine festere Verbindung eingehen. Im Singular bei Maskulina und Neutra ist heute die ungebeugte Form in allen Fällen üblich:

> *All* der Fleiß war vergebens. *All* mein Zureden half nichts. Es bedurfte *all* seines Mutes. Selbst gute Köche ... verlieren in kurzer Zeit *all* ihr Können. Allein die Gotteshäuser bieten ... ein wenig Schutz vor *all* dem Lärm ... mit *all* seinem Zauber ... (Koeppen). (Nicht mehr gebräuchlich:) Wozu *alles* dieses Geschwätz? (Lessing). ... mit *allem* seinem Eifer (Mechow).

Bei den Feminina sind im Nominativ und Akkusativ beide Möglichkeiten gegeben *(all/alle meine Arbeit; all/alle die Mühe),* während im Genitiv und Dativ die ungebeugten Formen vorherrschen:

---

1 Vgl. K. Wälterlin: Die Flexion des Adjektivs hinter Formwörtern in der neueren deutschsprachigen Presse. Zürich 1941.

All dieser Arbeit war er überdrüssig. Als ich in *all* meiner Unschuld und Unwissenheit deklamierte ... (Bergengruen).

Im Nominativ und Akkusativ Plural aller drei Genera sind beide Formen möglich, während im Dativ und Genitiv die ungebeugte Form üblicher ist:

alle die Menschen der Schwedenküste (Luserke); Picasso und *all* seine Jünger (Koeppen). Ein Glück, daß er *alle* diese Gedichte wußte (Rilke). ... *all* der Kinder nackte Schenkel (Koeppen); ... die Gesichter *all* der anderen Schlafenden (Strittmatter); ... mit *all* den Aufsätzen, mit *allen* den Feuilletons (Hesse).

Maßgeblich für die Wahl der einen oder anderen Form kann zum einen der Satzrhythmus sein, zum andern die Einstellung des Sprechers/Schreibers. Die gebeugte Form dient gewöhnlich der rein sachlichen Aussage, während die ungebeugte Form oft die emotionale Anteilnahme des Sprechers/Schreibers zum Ausdruck bringt:

Alle meine Anstrengungen waren vergeblich/*All* meine Anstrengungen waren vergeblich. Das Kreischen *aller* ihrer Fans stimulierte sie/Das Kreischen *all* ihrer Fans stimulierte sie.

In Verbindung mit einem Personalpronomen steht *all* hinter diesem:

sie *alle*, uns *alle*, wir andern *alle*, unser *aller* Leben. (Aber hervorhebend:) *Alle* tragen wir die Schuld.

Die Nachstellung ist (neben der Voranstellung) auch möglich im Nominativ und Akkusativ Plural in Verbindung mit *diese* wie auch im Neutrum in Verbindung mit *das, dies[es]* und seinen Deklinationsformen:

(Nachstellung:) das *alles*, dies[es] *alles*, bei dem *allem*, mit diesem *allem*, diese *alle*. (Voranstellung:) *alles* das, *alles* dies, *alles* dieses, bei *allem* dem, mit *allem* diesem, *alle* diese. (Bei Voranstellung auch flexionslose Formen:) *all* das, *all* dies, mit *all* diesem, *all* diese. (Zusammenschreibung:) bei *all*dem.

Bei den Verbindungen *dem allem* und *diesem allem* ist heute die Beugung *dem allen* bereits häufiger als *dem allem*, die Beugung *diesem allen* etwa ebenso häufig wie *diesem allem;* der Genitiv wird, wenn er vorkommt, mit *-en* gebildet:

des *allen* völlig unbewußt (Frenssen); ... als habe sie sich dieses *allen* bedient (Wiechert).

Das Pronomen *all* kann auch flektiert hinter das Substantiv oder hinter die Personalform des Verbs treten (im Singular besteht diese Möglichkeit nur umgangssprachlich beim Neutrum und Femininum):

Wir tragen *alle* die Schuld. (Ugs.:) Das Geld ist *alles* verloren. Sie hat die Milch *alle* verschüttet.

Die voranstehende erstarrte Form *alle* ist – abgesehen von Zusammenschreibungen wie *bei/trotz alledem* – heute unüblich:

Auf *alle* den Ruhm verzichte ich gern. Laut wehklagte der Wirt mit *alle* den Seinen (P. Heyse). Bei *alle* den deutlichen Worten ... (Löns).

Zu den vorstehenden Verbindungen vgl. auch 543,2 und 544.

4. Eine erstarrte Form liegt vor in dem am Oberrhein, am Main, an der Mosel und in Hessen viel gebrauchten mundartlichen *alls* (meist *als* geschrieben), das in standardsprachlichen Texten nur zur Charakterisierung mundartlichen Sprachgebrauchs verwendet wird. Es hat die Bedeutung ‚immer[fort]‘ oder auch ‚manchmal‘:

Er hat al[l]s getanzt.

Ebenfalls erstarrt ist heute *alle* in der ugs. Bedeutung ‚zu Ende, erschöpft'. Dieser Gebrauch ist besonders Nord- und Mitteldeutsch:

Mein Geld ist *alle*. Die Dummen werden nicht *alle* (Sprw.).

Über die Deklination des folgenden Adjektivs vgl. 484. Über die Deklination von *solch-* nach *all-* vgl. 474.

ein bißchen, ein wenig, ein paar

576 Diese festen Verbindungen können attributiv (vor allem bei Substantiven) und alleinstehend gebraucht werden. Die Bestandteile *paar* und *bißchen* bleiben immer ungebeugt; *wenig* kann alleinstehend, *ein* nur in der Verbindung *ein bißchen* gebeugt werden.

1. Die Verbindungen *ein bißchen* und *ein wenig* haben die Bedeutung ‚etwas':

Ich habe nur noch *ein bißchen* Geld. Mit *ein[em] bißchen* Glück wird es gelingen. Das ist *ein bißchen* viel verlangt. Nur *ein* [klein/kleines] *bißchen* Geduld! Er möchte *ein biß-chen* schlafen.

Es schien, als hätten wir uns *ein wenig* entfremdet (Leip). Mit *ein wenig* Geduld; *ein wenig* mehr Freundlichkeit (W. v. Scholz). (Verstärkt:) ein *ganz klein* wenig. (Alleinstehend auch gebeugt:) Meine Aufzeichnungen sollen dazu *ein weniges* beitragen (Hesse).

Statt mit *ein* kann *bißchen* auch mit dem bestimmten Artikel *(das bißchen Geld?),* mit *kein (Es schmerzt kein bißchen* [= gar nicht]) und mit dem Possessivpronomen *(Er hat sein bißchen Geld verspielt)* verbunden werden.

2. Die Verbindung *ein paar*[1] hat die Bedeutung ‚einige wenige, etliche':

ein paar Regentropfen. (In Verbindung mit Zahlwörtern:) *Ein paar* tausend Mark würden genügen. *Ein paar* Dutzend Häuser ... (Quick).

Das groß geschriebene *Paar* ist dagegen ein deklinierbares Substantiv und bezeichnet die Zweiheit, zwei gleiche oder entsprechende, einander ergänzende oder zwei zusammengehörende Wesen oder Dinge. Der bestimmte oder unbestimmte Artikel davor wird stets dekliniert:

mit einem/zwei *Paar* schwarzen Schuhen (oder: schwarzer Schuhe).

In der Verbindung *die/diese paar,* mit der bestimmte, zahlenmäßig geringe Einzelgrößen, oft in herabsetzendem oder verächtlichem Sinn, zusammengefaßt werden, wird der bestimmte Artikel stets gebeugt:

Ich soll ja mitmachen *die paar* Wochen (Th. Mann). In *den/diesen paar* Tagen habe ich viel erlebt. Mit *den paar* Mark soll ich auskommen?

einer, eine, eines

577 Mit dem im allgemeinen unbetonten und als Stellvertreter eines Substantivs (+ Artikel u. a.) gebrauchten *einer*[2] bezeichnet der Sprecher/Schreiber unbestimmt eine andere Person, eine Sache u. ä. in der Bedeutung von ‚man, jemand; etwas' oder aber die eigene Person im Sinne des Personalpronomens. Es wird nur im Singular gebraucht und hat dieselben Endungen wie *dies-* (vgl. 561):

Was soll *einer* (= ich, man, jemand) dazu schon sagen! Wenn sich *einer* im Haus versteckt, wo wird man ihn suchen? (Kreuder). Das ist *einer*! Nach den Aussagen *eines* (= jemandes), der dabei war ... Er tut *einem* (= mir) wirklich leid.

---

1   Landsch. gelegentlich auch nur *paar.*
2   Zu unterscheiden ist *ein* als Artikel, der immer in Verbindung mit einem Substantiv gebraucht wird (vgl. 533), und *ein* als Zahlwort (Kardinalzahl; vgl. 459), das zwischen Artikel u. ä. und Substantiv stehen kann.

Oft steht *einer* vor dem Genitiv Plural eines Substantivs (oder Pronomens) oder vor einem Präpositionalgefüge:

> *einer* dieser Burschen, *ein[e]s* von uns Kindern. Der Wagen gehört *einem* unserer Nachbarn (C. Roß).

Häufig findet sich im Genitiv Singular Maskulinum und Neutrum statt der Form *eines* die falsche Form *einer,* die wohl in Anlehnung an die Form des Genitivs Plural des im Rede- oder Textzusammenhang folgenden Artikels oder Pronomens gebildet ist:

> Wir erwarten den Besuch *einer* (richtig: *eines*) Ihrer Herren. In eine wässerige Lösung *einer* (richtig: *eines*) der im folgenden genannten Farbstoffe wird ... eingehängt (Foto-Magazin). Ein neuer Bestseller steht auf dem Programm *einer* (richtig: *eines*) der erfolgreichsten Verleger der Welt (Die Zeit).

In der älteren Literatur und vereinzelt noch in altertümelnder Ausdrucksweise steht *einer* auch nach dem Genitiv Plural:

> Ist es der Winzerinnen *eine,* die sich loslöste aus dem Chor? (Jatho). Wenn ihrer *einer* über den Gutshof ging ... (Münchhausen).

Allgemein gebräuchlich ist die Verbindung *unsereiner* (= einer von uns):

> Daß auch *unsereiner* die Vernunft zu respektieren weiß, versteht sich von selbst (O. Dibelius). ... jenen Rest von Freiheit ..., der *unsereinem* übrigbleibt (Th. Mann).

Im Nominativ und Akkusativ Neutrum steht die kurze Form *eins* gleichberechtigt neben *eines:*

> „Kennen Sie ein Mittel dagegen?" – „Ich kenne *ein[e]s*".

Umgangssprachlich und mundartlich wird *eins* in der Bedeutung ‚irgend jemand' gebraucht:

> Nun sag mir *eins,* man soll kein Wunder glauben! (Goethe). ... wenn *eins* hier oben in dem armen Lande mit sieben Kindern sitzt (E. v. Wolzogen).

Auch im Sinne von ‚etwas' ist *eins* gebräuchlich:

> *Eins* noch, du Verächter der freien Künste und des Wortes ... (Kolbenheyer). *Eins* jedoch fehlt mir nicht: die Sonntagsseele (G. Gock).

Ferner steht *einer* umgangssprachlich für einen aus der Redesituation leicht zu ergänzenden Begriff:

> Nach sechs kriecht Reinhold raus, pusselt am Auto, dann gießt er *einen* hinter die Binde, zieht ab (Döblin). Hau ihm *eine* (= eine Ohrfeige)! (Quick).

Das Neutrum *eins* drückt oft ganz allgemein etwas Unbestimmtes aus, ohne sich auf ein Neutrum beziehen zu müssen:

> Der ganze Katalog von Forderungen ... wurde ... von den Chinesen hervorgeholt, ... um den Sowjets *eins* auszuwischen (Die Zeit).

Zur Verstärkung der Unbestimmtheit dient *irgendeiner.*

einige, etliche

Die beiden Indefinitpronomen *einige* und *etliche* werden in gleicher Weise gebraucht; *etliche* ist gegenüber *einige* jedoch wenig gebräuchlich.[1]
Mit dem Plural *einige* in der Bedeutung ‚mehrere, ein paar' wird eine unbestimmte, nicht große, gegliederte Anzahl gekennzeichnet: mehr als zwei bis drei,

578

---

[1] Die veraltete Form *etzlich* wird nur noch altertümelnd oder scherzhaft-ironisch gebraucht.

aber nicht viele. Der Singular bedeutet in Verbindung mit ungegliederten Begriffen (Stoffbezeichnungen, Abstrakta) ‚etwas, ein wenig'.

Die Pronomen werden als Begleiter eines Substantivs – im Singular zumeist bei Abstrakta – und als Stellvertreter eines Substantivs (+ Artikel) gebraucht[1] und dabei wie ein Adjektiv dekliniert, das allein vor einem Substantiv steht (Typ I, stark, vgl. 477; zur Kongruenz vgl. 545):

> Dort drüben, in *einiger* Höhe, lag der ... Friedhof (Th. Mann). *Einiges* Geld konnte ich ja dort verdienen (W. Langewiesche); *einigen* Eindruck machen; *einige* meiner Freunde; *einiges* Gute; doch schien mir *einiges* davon geeignet (Carossa); *etliche* Bücher; *etliches* sammeln; *einigen* Verständnisses gewiß sein (Bergengruen). (Im Gen. Sing. Mask./Neutr. selten auf *-es*; vgl. 545) ... daß er *einiges* Behagens bedurfte (Th. Mann).

Die Pronomen werden auch im Sinne von ‚beträchtlich, ziemlich groß, ziemlich viel' verwendet:

> Das wird *einigen* Ärger geben! Es gehört schon *einiger* Mut dazu, um das zu tun. Das wird *einige* Überlegungen fordern. Wir hatten noch *etliche* Kilometer zu gehen.

In Verbindung mit Zahlen, die wie *hundert* und *tausend* als Zähleinheiten geläufig sind, hat *einige/etliche* die Bedeutung ‚mehrere' *(einige/etliche tausend)*. Sonst wird durch *einige/etliche* vor einer Zahl eine ungefähre Angabe gekennzeichnet *(Es waren so einige/etliche zwanzig* [= zwanzig und noch einige]).
Zur Deklination des folgenden Adjektivs vgl. 487.

etwas

579 Das Pronomen *etwas* ist ein indeklinables Neutrum. Es wird attributiv (vor allem bei einem Substantiv) oder allein gebraucht.

1. Mit *etwas* wird einmal eine nicht näher bestimmte Sache u. ä. bezeichnet:

> Da klappert doch *etwas*. Es lief *etwas* über den Weg. Hat er *etwas* gesagt? Ich habe *etwas* Schönes gesehen. Das ist *etwas* anderes. Er glaubt an *etwas*. (Erstarrt:) Er ist *so etwas* wie ein Dichter.
> (Die nicht näher bestimmte Sache u. ä. erscheint bedeutsam:) Das ist doch wenigstens *etwas*. Sie wird es noch zu *etwas* bringen. Sein Wort gilt *etwas*. Das will schon *etwas* heißen.

Dieses *etwas* wird umgangssprachlich oft zu *was* verkürzt:

> Da klappert doch *was*. Du kannst gleich *was* erleben! Nun zu *was* anderem.

Die Unbestimmtheit kann durch *irgend-* verstärkt werden:

> *Irgend etwas/Irgendwas* war doch los!

Die entsprechende Verneinung ist im allgemeinen *nichts*:

> Da klappert *nichts*. *Nichts* war los.

Das folgende (substantivierte) Adjektiv wird nach Typ I (stark, vgl. 477) dekliniert *(etwas Schönes, mit etwas Schönem)*.

2. Zum anderen wird *etwas* im Sinne von ‚ein bißchen, ein wenig' gebraucht:

> Er nahm *etwas* Salz. Ich brauche *etwas* Geld. Er spricht *etwas* Englisch. Du warst *etwas* ungeschickt. Kann ich *etwas* davon haben. Sie will *etwas* lesen.

In diesem Gebrauch ist die entsprechende Verneinung *kein* (vor Substantiven: *Er nahm kein Salz*) oder *nicht (Das kommt mir nicht überraschend)*.

---

1 Der Gebrauch zwischen Artikel und Substantiv *(die einigen 100 Exemplare, die etlichen Schriftsteller)* ist heute nicht mehr üblich.

jeder, jedermann, jedweder, jeglicher

Mit *jeder, jedermann, jedweder* und *jeglicher* werden alle Wesen, Dinge usw. einer   580
bestimmten Menge bezeichnet, jedoch nicht zusammenfassend in ihrer Gesamtheit wie mit *all*, sondern vereinzelnd, als einzelne. Sie werden im allgemeinen nur
im Singular gebraucht. Die entsprechenden Verneinungen sind *keiner* oder *niemand*.

1. Die Pronomen *jeder, jedweder* und *jeglicher* werden als Begleiter und Stellvertreter eines Substantivs (+ Artikel) gebraucht (zur Kongruenz vgl. 545). Sie werden dabei in der Regel wie *dieser* dekliniert (vgl. 561).
Von den drei Pronomen ist *jeder* das übliche. Es kann verstärkt werden durch *einzelne (jeder einzelne)*. Die Pronomen *jedweder* und *jeglicher* sind nachdrücklich,
jedoch gehoben und weitgehend veraltet:

> Ein *jeder* kehre vor seiner Tür! (Sprw.). *Jedem* das Seine. *Jeder* von uns hat schuld.
> *Jeder* Angestellte bekam Urlaubsgeld. (Geh.:) *Jedweder* war aufgerufen zu erscheinen.
> Jetzt, da *jeglicher* liest (Goethe); von allem und *jeglichem* das Höchste (Immermann).

Der Sprecher/Schreiber kann die als Stellvertreter eines Substantivs gebrauchte
maskuline Form *jeder* (in veraltetem Sprachgebrauch auch die neutrale Form
jedes) auf Substantive mit beliebigem Genus beziehen:

> *Jeder* hebe nun sein Glas! ... obwohl sich *jedes* (= Vater und Mutter) nach seiner Art
> bemühte (H. Stehr).

Die endungslose Form *jed* ist nur noch aus der älteren Literatur bekannt:

> *Jed* Blatt schaut noch zum Himmel hinauf (Dauthendey).

Im Genitiv Singular bei Maskulina oder Neutra des Typs II oder III (vgl. 380)
wird die Form von *jed-* mit *-es* (wie *dieses Metalls*) oder – von *jedwed-* und *jeglich-*
nur – mit *-en* (wie bei einem Adjektiv: *statt harten Metalls*) gebildet (vgl. 545),
sonst im allgemeinen mit *-es:*

> Korrektur *jedes* Staatsabsolutismus (Th. Mann), Leiden *jedes Grades* (Vicki Baum),
> die Aufgabe *jedes* einzelnen. Stetiger Wandel gehört zum Wesen *jeden* Kulturgutes
> (H. Moser). Blumen *jeden* Aussehens (Vicki Baum), Funktionäre *jeden* Ranges (Der
> Spiegel). (Fest:) jedenfalls.
> Von den Geheimnissen *jedweden* Mannes ... (Brecht). ... Inhaber *jeglichen* politischen
> Willens (Sieburg).

Die feste Verbindung mit *ein (ein jeder/jeglicher)* ist als Variante von *jeder/jegli-
cher* anzusehen. Die Deklination ist dabei von *ein* abhängig:

> *Ein jeder* (= jeder) Mann muß mithelfen. Die Mithilfe *eines jeden* einzelnen (= jedes
> einzelnen) von euch ist notwendig.

Zur Deklination des folgenden Adjektivs vgl. 478 f.; zur Verbindung mit *all* und
zum Gebrauch an Stelle von *all* vgl. 575,1.

2. Das Pronomen *jedermann*[1] ist gehoben und wird als Stellvertreter eines Substantivs (+ Artikel) gebraucht. Der Genitiv lautet *jedermanns (in jedermanns
Händen),* Dativ und Akkusativ stimmen mit dem Nominativ überein:

> Es war deutlich, daß *jedermann* sich befliß, den Sonntag zu ehren (Th. Mann).

jemand, niemand

Mit *jemand* wird eine beliebige, nicht näher bestimmte Person gleich welchen Ge-   581
schlechts bezeichnet. Die Unbestimmtheit kann durch *irgend* verstärkt werden,

---

[1] Es ist im 14. Jahrhundert aus *jeder Mann* gebildet worden.

die entsprechende Verneinung ist *niemand.* Beide Indefinitpronomen werden als Stellvertreter eines Substantivs (+ Artikel) gebraucht, und zwar nur im Singular:

> Es hat *jemand* geklingelt, aber es steht *niemand* vor der Tür. Das kann *jemand* von euch machen.

Der Genitiv wird mit *-[e]s* gebildet *(jemand[e]s).* Im Dativ und Akkusativ kann ein *-em* bzw. ein *-en* angehängt werden *(jemand[em], niemand[en])*; allerdings wird im Akkusativ oft die endungslose Form vorgezogen, ebenso vor *anders* oder einem flektierten Adjektiv:

> Es fiel ihr schwer, *jemand/jemandem* zu widersprechen. Ich ... tue, als winke ich *jemand* auf der Straße zu (Remarque). ... von *niemand* so glühend beneidet (Quick). Ich habe *niemand/niemanden* gesehen.

Die Fügungen *jemand/niemand anders* und *jemand/niemand* + substantiviertes neutrales Adjektiv *(jemand Fremdes)* können in allen Kasus stehen:

> Bürgermeister kann auch *jemand anders* werden (FAZ). Ich bin von *jemand anders* gesehen worden. Der Brief muß von *jemand Fremdes* sein. Sie schenkte *niemand Fremdes* ihr Vertrauen.

Die Beugung des Adjektivs ist jedoch üblicher:

> Das war *jemandes anderen* Werk. Ich habe mit *jemand Fremdem* gesprochen; *jemand Fremden* (Stefan Zweig). Sie schenkte *niemand Fremdem* ihr Vertrauen.

Zu *jemand anders* vgl. auch 345, Anm. 1; 473.

kein

582 Das Pronomen *kein* wird als Begleiter eines Substantivs im Sinne von ‚nicht ein‘ und als Stellvertreter eines Substantivs (+ Artikel) im Sinne von ‚niemand, nichts‘ gebraucht (zur Kongruenz vgl. 545, zu den Formen 479). Als Stellvertreter eines Substantivs erhält *kein* wie *mein* usw. (vgl. 557) zusätzlich im Nominativ Sing. Mask. ein *-er* und im Nominativ und Akkusativ Sing. Neutr. ein *-[e]s:*

> Mir kann *keiner* helfen. Er hatte auch noch *kein* Zimmer. *Keine* Reisegesellschaft, die ihn nicht besichtigt, *keine* Stadtrundfahrt ... (Koeppen). *Kein* Mond stand hinter den Wolken (Jahnn). *Keiner* weiß, daß ich hier bin. *Keine* schlechte Architektur. Er kannte *keins* der Kinder. Es ist noch *keine* fünf Minuten her.

Zur Verstärkung kann *kein* mit *einziger* verbunden *(Kein einziger ist dageblieben)* oder dem Bezugswort nachgestellt werden *(Mühe hatte er keine darauf verwandt).* Das Neutrum *kein[e]s* kann in veraltetem Sprachgebrauch auf Substantive mit beliebigem Genus bezogen werden (vgl. 580 und 577):

> *Keines* wagte, das Licht anzuzünden (H. Stehr). Was jedoch daraus werden sollte, wußte ... *keines* von beiden zu sagen (Raabe). ... und *keines* will das andere verlassen (Frisch).

man[1]

583 Mit man bezieht sich der Sprecher/Schreiber auf nicht näher bestimmte Personen. Es ist indeklinabel, kommt nur im Nominativ Singular vor und steht nur als Stellvertreter eines Substantivs (+ Artikel). Der Dativ wird durch *einem,* der Akkusativ durch *einen* ersetzt:

> Je älter *man* wird, um so rätselhafter wird *einem* das Leben (G. Schröer).

---

1 Das Pronomen *man* ist der zum unbestimmten Pronomen der 3. Person gewordene Nominativ Singular des Substantivs *Mann,* bedeutet also ursprünglich ‚irgendein Mensch‘.

Das Indefinitpronomen *man* umfaßt singularische und pluralische Vorstellungen und reicht von der Vertretung des eigenen Ich bis zu der der gesamten Menschheit:

> „Darf *man* eintreten?" fragte mein Vater (Th. Mann). Bei diesem ewigen Gekneter wachte *man* ja alle fünf Minuten auf (Hausmann). *Man* bittet, die feine Symbolik seiner Kleidung zu beachten (Th. Mann). *Man* braucht hier keine (Uhr). *Man* bleibt, wo *man* mag, und geht weg, wenn *man* mag (Binding).

manch

Mit *manch* usw. wird eine unbestimmte Anzahl von Wesen, Dingen u. ä. bezeichnet, und zwar nicht als geschlossene Gruppe, sondern als vereinzelte Exemplare: der eine und der andere unter vielen.

584

Es wird als Begleiter und Vertreter eines Substantivs (+ Artikel) gebraucht und dabei in der Regel wie ein Adjektiv dekliniert, das allein vor einem Substantiv steht (Typ I, stark, vgl. 477; zur Kongruenz vgl. 545):

> Das hat schon *mancher* vor ihm gesagt. Frauen waren für ihn ein begrifflicher Plural ... *Manche* kriegt man, *manche* kriegt man nicht (Spoerl). *Mancher* der Anwesenden/ *Mancher* von den Anwesenden fühlte sich persönlich angesprochen. Er war schon *manches* mal gescheitert. Er hatte dort *manchen* Bekannten getroffen. Die Straße ist an *manchen* Stellen beschädigt.

Durch *gar, so* und *wie* kann *mancher* verstärkt werden. Dabei sind *gar/wie mancher* eher veraltet:

> *So mancher* hat das schon gewollt, aber nie erreicht. *Gar mancher* steht lebendig hier (Goethe).

Im Genitiv Singular des Maskulinums und Neutrums wird die Form von *manch* überwiegend wie beim Adjektiv mit *-en,* mitunter aber auch – vor Substantiven des Typs VI (vgl. 398) und vor substantivierten Adjektiven immer – wie bei *dies-* mit *-es* gebildet (vgl. 545):

> ... auf Grund *manchen* Einverständnisses. Sie entäußerte sich auch *manches* Möbelstücks (Th. Mann). Er erinnerte sich so *manches* Schönen/*manches* Menschen.

Als formelhafter Ausdruck, als Einheit und als Variante von *mancher* ist *manch ein* anzusehen:

> *manch ein* Bewohner der Stadt/*Manch einer* (= mancher) bekam Bedenken.

Endungsloses *manch* wird gelegentlich noch im Nominativ oder Akkusativ Singular Neutrum (selten Maskulinum) und vor Adjektiv + Substantiv gebraucht:

> Es weiß Homer von seinen Helden *manch* Abenteuer zu vermelden (E. Roth). *Manch* anderer/*Manch* andere hätte daran teilgenommen. Wir haben *manch* schönes Gespräch geführt. Sie haben *manch* harten Sturm erlebt.

Zur Deklination des folgenden Adjektivs vgl. 492.

mehrere

Das Pronomen *mehrere* hat die Bedeutung ‚einige, ein paar, nicht viele; verschiedene'. Es wird als Begleiter und Stellvertreter eines Substantivs (+ Artikel) gebraucht[1] und dabei wie ein Adjektiv dekliniert, das allein vor einem Substantiv steht (Typ I, stark, vgl. 477; zur Kongruenz vgl. 545):

585

---

[1] Der Gebrauch zwischen Artikel und Substantiv ist heute nicht mehr üblich:
die *mehreren* (= die Mehrzahl der) Fälle (Schiller); einer der *mehreren* Schlüssel (Barlach).

Mehrere Stunden war ich dort. Sie wurde auf *mehreren* Reisen mitgenommen. *Mehrere* kamen herbeigelaufen. Ihr fehlten *mehrere* ihrer Stücke. Es kamen *mehrere* von seinen Freunden.

Das zusammenfassende Neutrum im Singular ist veraltet:

... bemerkten wir alles dieses und noch *mehreres* (Immermann).

Zur Deklination des folgenden Adjektivs vgl. 493.

meinesgleichen

586

	1. Person	2. Person		3. Person	
		vertraulich	höflich	Mask. Neutr.	Fem.
Singular	meinesgleichen	deinesgleichen	Ihresgleichen	seinesgleichen	ihresgleichen
Plural	unseresgleichen	euresgleichen		ihresgleichen	

Diese unveränderlichen Formen werden als Stellvertreter eines Substantivs (+ Artikel) gebraucht. Sie haben die Bedeutung ‚jemand, ein Mensch, Menschen wie ich usw.‘:

Meinesgleichen handelt nicht so. *Deinesgleichen* haben wir nicht wiedergesehen. *Euresgleichen* brauchen wir hier nicht.

nichts

587 Das Pronomen *nichts* wird im Sinne von ‚kein Ding, keine Sache, nicht etwas, nicht das mindeste‘ gebraucht und ist wie *etwas* ein indeklinables Neutrum. Es wird allein oder attributiv im Nominativ, Akkusativ und nach Präpositionen gebraucht. Das folgende substantivierte Adjektiv wird nach Typ I (stark; vgl. 477) dekliniert:

Ich glaube *nichts*, was ich nicht mit eigenen Augen sah (G. Binding). Der prophezeite dem armen Bengel handgreiflich *nichts* Gutes für seine Seefahrt (H. Leip). Aus *nichts* wird *nichts* (Sprw.). Sie glaubt an *nichts*.

Die Form *nix* ist in der gesprochenen Umgangssprache allgemein gebräuchlich *(Das ist nix für mich)*. Die Form *nischt* begegnet mitteldeutsch, besonders berlinisch *(Er hat nischt gesehen)*.

Verstärkend werden *gar, ganz und gar* oder *rein gar nichts* gebraucht:

Der Junge ist faul, zu *gar nichts* hat er Lust. Sie hatten sich in Berlin ernstlich Sorge um ihn gemacht, als sie *rein gar nichts* von ihm hörten (Spoerl).

Zu *niemand* vgl. 581, zu *paar* vgl. 576.

sämtlich

588 Das Pronomen wird im Sinne von ‚ganz, vollständig, gesamt‘ gebraucht; im Plural ist es ein nachdrücklicheres *alle* (vgl. 575) und faßt, wie dieses, zusammen. Es steht im allgemeinen als Begleiter, selten als Vertreter eines Substantivs (+ Artikel) und wird wie ein Adjektiv dekliniert:[1]

sämtlicher Abfall; eine Versammlung fast *sämtlichen* in Frankreich zur Zeit aufbringbaren Geistes (Bartsch); dazu bimmelten *sämtliche* Kirchenglocken (Gaudy); mit *sämtlichen* (z. B. Bewohnern) stehe ich auf gutem Fuße.

---

[1] Der Gebrauch zwischen Artikel und Substantiv ist heute selten (üblicher ist Artikel + gesamt + Substantiv).

Häufig steht ein Possessivpronomen voran (*meine sämtlichen* Freunde; vgl. 543,2).
Zur Deklination des folgenden Adjektivs vgl. 494.

welch

Als Indefinitpronomen ist *welch* umgangssprachlich. Es bedeutet ‚einige, man-   589
che; einiges, etwas‘, wird für ein vorher genanntes Substantiv gebraucht und dabei wie ein Adjektiv dekliniert, das allein vor einem Substantiv steht (Typ I [stark],
vgl. 477). Der Genitiv Singular wird vermieden:

> Manchmal waren gar keine Zigaretten im Haus ... Albert mußte am Automaten *welche*
> ziehen (H. Böll). Raison annehmen kann niemand, der nicht schon *welche* hat (Ebner-
> Eschenbach)[1].

Die Verstärkung *irgendwelcher* wird auch attributiv gebraucht:

> *irgendwelches* aufgelesene Zeug (Plievier); aus *irgendwelcher* inneren Tasche (Th.
> Mann); um *irgendwelcher* erzieherischen Gesichtspunkte willen (Th. Mann).

Im Genitiv Singular Maskulinum und Neutrum wird, wenn er überhaupt gebraucht wird, überwiegend die Endung *-en* wie beim Adjektiv, gelegentlich aber
auch die Endung *-es* wie bei *dies-* gebraucht (vgl. 545):

> mangels *irgendwelches* zuverlässigen Kompasses (Barlach).

Die Form *etwelch*[2] ist veraltet und kommt nur noch altertümelnd in der gehobenen Sprache vor:

> *etwelches* ökonomische Interesse (Th. Mann); (Überlegenheit,) die nicht einmal durch
> *etwelche* Verliebtheit seinerseits auszugleichen war (Ric. Huch); *etwelche* hunderttau-
> send Jahre (Th. Mann); *etwelche* Bundesstraßen (Der Spiegel).

Zur Deklination des folgenden Adjektivs vgl. 497. Zu *wenig* vgl. 576.

wer, was

Als Indefinitpronomen ist *wer* umgangssprachlich und hat die Bedeutung ‚je-   590
mand, einer‘ (vgl. 573). Es steht fast nur allein. Der Genitiv wird nicht gebraucht:

> Da vorn ist jetzt *wer* ins Wasser gesprungen (Billinger). An einer unserer Boxen häm-
> mert *wer* (Quick). Schließlich sind wir doch heute *wer*, nicht wahr? Ich hab's *wem* gege-
> ben. Oft trifft man *wen*, der Bilder malt, viel seltener *wen*, der sie bezahlt (W. Busch).
> (Selten:) *wer* anderer (Lernet-Holenia), *wer* Bekannter (Schnitzler), *wen* anderen
> (Hausmann).

wer, was kann nicht an der Erststelle stehen, da es in dieser Stellung als Interrogativpronomen verstanden würde (vgl. *Wer* ist da vorn jetzt ins Wasser gesprun-
gen ...).
Verstärkend wird *irgend* vor die Formen von *wer* gesetzt:

> *Irgendwer* wird schon kommen. *Irgendwen* wird er ja schicken.

Zum Gebrauch von *was* vgl. 579.

---

1   Im Süddeutschen wird das Indefinitpronomen gelegentlich ausgelassen:
    Dort standen allerlei Schächtelchen mit guten Hustenbonbons ... „Nimm dir *[welche]*“, sagte
    sie (Ebner-Eschenbach). Jetzt hast du Ohrringe. Wart einmal, ich hänge mir auch *[welche]* an
    (Anna Schieber).
2   Schweizerisch mit bestimmtem oder unbestimmtem Artikel, d. h. wie ein Adjektiv:
    Wegen der *etwelchen* Unsicherheit, in welcher die Männer die Welt halten ... Hierauf trat eine
    etwelche Besserung ein (Keller).

DIE UNFLEKTIERBAREN

591 *Bereits in* den Abendstunden meldete der Rundfunk, *daß noch* geschossen würde, *aber* das Ende der Kriegshandlungen bevorstehe. Der Konflikt, das sei *ja* abzusehen gewesen, ließe sich *nicht mit* kriegerischen Mitteln lösen. *Sogar* die kriegführenden Parteien hätten das eingesehen *und* zugesagt, *bald an* den Verhandlungstisch zurückzukehren.

Wenn man aus diesem Text die Wörter herausstreicht, die zu den Wortarten gehören, die bereits behandelt worden sind, also die Verben, die Substantive, die Adjektive, den Artikel und die Pronomen, dann bleiben Wörter übrig wie:

bereits, in, daß, noch, aber, ja, nicht, mit, sogar, und, bald, an.

Diese Wörter sind unveränderlich, sie sind weder konjugierbar noch deklinierbar. Sie werden deshalb in einer Rest- und Sammelklasse zusammengefaßt und als „Unflektierbare" bezeichnet. Die Unflektierbaren lassen sich untergliedern, und zwar in:

– Adverbien *(bereits, noch, bald),*
– Partikeln *(ja, nicht, sogar),*
– Präpositionen *(in, mit, an),*
– Konjunktionen *(daß, aber, und).*

592 Auffällig ist, daß einige Wörter der Klasse der Unflektierbaren verschiedene Funktionen ausüben und dementsprechend zwei oder drei Wortarten zuzuordnen sind:

Da (= Adverb) steht sein Geburtshaus. *Da* (= Konjunktion) sie verletzt war, konnte sie nicht zur Arbeit gehen.
Seit (= Präposition) vergangenem Herbst haben wir nichts mehr von ihr gehört. *Seit* (= Konjunktion) er geheiratet hat, ist er völlig verändert.
Er sandte ihr tausend und *aber* (= Adverb) tausend Grüße. Seine Mannschaftskameraden beschworen ihn weiterzuspielen, *aber* (= Konjunktion) er hörte nicht auf sie.
Du bist *aber* (= Partikel) ein lieber Kerl!

593 Den Adverbien, Präpositionen und Konjunktionen gemeinsam ist, daß sie Beziehungen oder Verhältnisse als lokal, temporal, modal und kausal kennzeichnen können:

lokal	Adverb:	Das Buch liegt *dort.*
	Präposition:	Das Buch liegt *auf* dem Tisch.
temporal	Adverb:	Peter ist nach Köln verzogen. *Seitdem* haben wir nichts mehr von ihm gehört.
	Konjunktion:	*Seit[dem]* Peter verzogen ist, haben wir nichts mehr von ihm gehört.
	Präposition:	*Seit* Peters Umzug haben wir nichts mehr von ihm gehört.
modal	Adverb:	Sie fährt gerne Auto, *dagegen* fliegt sie nur ungern mit dem Flugzeug.
	Konjunktion:	Sie fährt gern Auto; *aber* sie fliegt nur ungern mit dem Flugzeug.
kausal	Adverb:	Es regnete. *Deswegen* blieben wir zu Hause.
	Konjunktion:	*Weil* es regnete, blieben wir zu Hause.
	Präposition:	*Wegen* des Regens blieben wir zu Hause.

7 Das Adverb

Der grammatische Ausdruck Adverb (Plural: die Adverbien) meint seinem Wort-   594
sinn nach zunächst ganz allgemein „Nebenwort" oder „Beiwort" (aus lat. *adver-*
bium). In einem engeren Sinne wird es dann auch verstanden als „Beiwort zum
Verb" oder als „Umstandswort". Die Bezeichnungen „Beiwort" und „Nebenwort" versuchen eine syntaktische Bestimmung, während „Umstandswort" eine
inhaltliche Deutung gibt.
Die Schwierigkeiten, die die Behandlung des Adverbs oft bereitet, rühren daher,
daß diese Bezeichnung in einem zweifachen Sinne gebraucht wird. Erstens wird
„Adverb" benutzt, um eine lexikalische Kategorie, nämlich die Wortart Adverb, zu bezeichnen, zweitens aber bezeichnet Adverb eine syntaktische Kategorie, nämlich die mit einem Verb verbundene Umstandsangabe. Die neuere
grammatische Terminologie benutzt für diese Unterscheidungen auch die Bezeichnungen „Adverb" und „Adverbial" (bzw. „adverbiale Bestimmung"). Wir
verstehen hier „Adverb" nur in dem erstgenannten Sinne, meinen also damit nur
die lexikalische Kategorie (Wortart).
Dadurch wird ausdrücklich auch das Adjektiv (vgl. 441 ff.) aus dem Bereich des
Adverbs ausgeschlossen. Das Adjektiv kann zwar – syntaktisch gesehen – ‚adverbial' verwendet werden, anders gesagt, es kann als Umstandsangabe oder adverbiale Bestimmung dienen, im Hinblick auf die Wortart ist es aber streng vom Adverb zu scheiden. Man darf sich dabei auch durch die Tatsache, daß das Adjektiv
als adverbiale Bestimmung immer unflektiert gebraucht wird, nicht irremachen
lassen: Als adverbiale Bestimmung begegnet es im Satz zwar unflektiert *(Die Musik tönt laut),* als Wortart ist es aber grundsätzlich flektierbar *(Eine laute Musik er-
tönt).* Zur Deklination des Adjektivs vgl. 475 ff., zur Syntax des Adverbs vgl.
609 ff.
Die Adverbien stellen eine verhältnismäßig kleine Wortklasse von einigen hundert Einheiten dar. Diese Klasse ist allerdings wegen der Möglichkeit von Neubildungen in bestimmten Teilbereichen (etwa mit *-weise*) nicht geschlossen.

7.1 Form

Bildung

Die Adverbien weisen im Deutschen keine einheitliche Form auf. Es gibt aller-   595
dings einige Teilgruppen, die einheitlich mit einem bestimmten Suffix gebildet
sind, zum Beispiel mit dem Suffix *-s (abends, dienstags, eingangs),* mit *-weise (auszugsweise, probeweise, schrittweise)* oder mit *-wärts (seewärts, himmelwärts, talwärts).*[1]
Das adverbial gebrauchte Adjektiv wird im Deutschen nicht durch eine besondere Form gekennzeichnet. Das Deutsche unterscheidet sich darin von anderen
Sprachen, in denen das adverbial gebrauchte Adjektiv bestimmte Formmerkmale
aufweist (lat. doctus/doct*e*, sapiens/sapien*ter*; frz. seule/seule*ment*; engl. quick/
quick*ly*).
Die alte Adverbendung *-e* (ahd. *-o,* mhd. *-e*) hat sich nur in Resten erhalten. Sie ist
meist literarisch oder umgangssprachlich:

---

[1] Vgl. D. Ronca: Morphologie und Semantik deutscher Adverbialbildungen. Eine Untersuchung
    zur Wortbildung der Gegenwartssprache. Bonn 1975.

... dem Genuß, der sich ihm ... von *ferne* zeigte (Th. Mann). Heute ist sie zum Greifen *nahe* (Werfel). Guter Mond, du gehst so *stille* ... (Umgangssprachlich:) Das soll er mal *alleine* machen! Komm mir nicht zu *nahe!*

Häufig wird das Adverb mit dem Verb, bei dem es steht, in bestimmten Formen zusammengeschrieben:

*empor*steigen/steigt *empor; ab*binden/bindet *ab; nach*blicken/blickt *nach.*

Auch den Adverbien in einigen Aufforderungen liegen Zusammenschreibungen zugrunde. In diesen Fällen handelt es sich um Ellipsen (Auslassungen):

Hut *ab!* (Für: *Nimm den Hut ab!*); Licht *an!* (Für: *Mach das Licht an!*); *Empor* zum Licht! (Für: *Steigt zum Licht empor!*).

Vergleichsformen

Regelmäßige Formen

596 Die Adverbien können – von einigen Ausnahmen abgesehen – keine Vergleichsformen bilden, anders gesagt, sie sind nicht komparierbar. Zu den wenigen Ausnahmen gehören *oft, wenig* und *wohl* (= „gut, angenehm"):

oft – öfter – am öftesten
wenig – weniger – am wenigsten
wohl – wohler – am wohlsten.

Heute gehen Kirche und Gewerkschaft immer *öfter* Arm in Arm (Der Spiegel). Aber sein Name war es, der *am öftesten* erklang (Th. Mann).

Statt *öfter* wird – vor allem in der Umgangssprache – auch *öfters* gebraucht:

Wenn es Ihnen nichts ausmacht, werden wir uns *öfters* unterhalten (Konsalik). Da er sich *öfters* vorgeworfen hatte, er schaue zu viele Filme an ... (M. Walser).

Mit der Adverbialendung -s kommen im umgangssprachlichen und landschaftlichen (bes. süddeutschen und österreichischen) Sprachgebrauch auch *weiters, ferners, durchwegs* u. a. vor:

Weiters bekämen sie einen richtigen Trainer (Torberg). ... obwohl man *durchwegs* eine trockene und lichtdurchglänzte Luft atmet (Musil).

Unregelmäßige Formen

597 Einige Adverbien bilden ihre Vergleichsformen unregelmäßig:

bald – eher – am ehesten
gern[e] – lieber – am liebsten
sehr – mehr – am meisten.

In der älteren Literatur und in landschaftlicher Umgangssprache trifft man von *bald* und *gern[e]* allerdings auch regelmäßige Vergleichsformen an:

je *bälder,* je lieber; aufs *baldeste* (Musäus). Man hat sie mit jedem Tag *gerner* (Stinde). Hab Euch immer *am gernsten* gehabt (Schiller). ... die Verwandte hatten, schieden *am ungernsten* (A. Schaeffer).

Sonderformen

598 Einige Adjektive haben Sonderformen für einen adverbialen Elativ (vgl. 522) ausgebildet:

bestens, schnellstens, wärmstens;
baldigst, freundlichst, herzlichst;
aufs herzlichste, aufs beste.

Nach dem Typus *bestens* sind auch elative Adverbien wie *frühestens, höchstens, längstens, spätestens* gebildet, die syntaktisch dadurch gekennzeichnet sind, daß sie eine obligatorische Ergänzung fordern: *frühestens/spätestens (am Morgen), höchstens (drei Tage), längstens (eine Woche)*.

Zu den Sonderformen zählen ebenfalls adverbiale Genitive wie *des näheren* (= „näher") und *des öfteren* (= „öfter"):

> Wir werden dich in Zukunft *des öfteren* besuchen. Wir wollen diese Frage heute nicht *des näheren* erörtern.

Umschreibung

Gradunterschiede bei Adverbien, die keine Vergleichsformen bilden, können mit   599
mehr, weiter (Komparativ), mit *am meisten, am weitesten* (Superlativ) oder durch
Verdoppelungen ausgedrückt werden:

> Das Verantwortungsgefühl der Menschen geht *mehr* zurück, als man gemeinhin glaubt. Der Rucksack liegt *weiter* oben. Er marschiert *am weitesten* vorn. Ich habe mich *sehr, sehr* gefreut.

7.2 Gebrauch

Adverbien können als adverbiale Bestimmung (Umstandsbestimmung) und als   600
Attribut gebraucht werden. Als adverbiale Bestimmungen in Verbindung mit
Verben sind sie selbständiges Satzglied (notwendige Ergänzung oder freie An-
gabe):

> *Dort* (= freie Angabe) singt ein Vogel. Er wohnt *dort* (= notwendige Ergänzung).

Als Attribut sind Adverbien Teil eines Satzgliedes und bestimmen näher das Substantiv, Adjektiv oder Adverb, bei dem sie stehen:

> Das Buch *dort* gefällt mir gut. Der Ausflug *gestern* war schön. Der Weg *dorthin* ist recht steil. Der Krankenwagen fuhr *sehr* schnell zur Unfallstelle. Michael spielt *beson-ders* gern Trompete. Die Kinder besuchen uns *sehr* oft.

Einige Adverbgruppen haben besondere syntaktische Funktionen. Die Pronominaladverbien zum Beispiel vertreten Präpositionalgefüge und können wie diese
auch Präpositionalobjekt sein:

> Er freut sich *über den Besuch/darüber.* Sie überredete ihn *zur Teilnahme an der Ta-gung/dazu.*

Zur attributiven Verwendung einiger Adverbien

Da Adverbien – anders als Adjektive – in der Regel nicht als Attribut einem Sub-   601
stantiv vorangestellt werden können, gelten attributive Verwendungen deklinierter Adverbien standardsprachlich als nicht korrekt. Also nicht:

> die *bislangen* Lehren, die *neuliche* Regierungserklärung, die *zutiefste* Empörung, die *sogleiche* Anmeldung, der *aufe* Laden, die *zu[ne]* Flasche, der *abe* Knopf, ein *extraes* Geschenk, der nicht lang *genuge* Rock.

Eine Ausnahme bilden die Adverbien, die aus einem Substantiv und *-weise* gebildet sind (vgl. 595). Sie können auch standardsprachlich einem Substantiv als Attribut vorangestellt werden, wenn dieses Substantiv ein Geschehen, eine Tätigkeit
bezeichnet, d. h. ein Verbalsubstantiv (Nomen actionis) ist:

Der Betriebsrat sprach sich für die *probeweise* Einführung der Gleitzeit aus. Dieser Beschluß ... erklärt einen *schrittweisen* Verzicht auf die Kernenergie vor allem aus Sicherheitsgründen für notwendig (Saarbrücker Zeitung).

Zur pleonastischen Verwendung einiger Adverbien

602 Adverbien werden öfter im Zusammenhang mit bedeutungsähnlichen oder -gleichen Wörtern gebraucht. Dieser Gebrauch ist pleonastisch (überflüssig):

> Das habe ich *bereits schon* gesagt (statt: Das habe ich *bereits* gesagt oder: Das habe ich *schon* gesagt). Sie bestehen *ausschließlich nur* auf ihrem Recht (statt: Sie bestehen *nur* ... oder: Sie bestehen *ausschließlich* ...).

Weitere Pleonasmen sind zum Beispiel:

> meistens immer; wieder von neuem; nachdem danach; überdies noch; notwendigerweise müssen.

Nicht um Pleonasmen, sondern um verstärkende Fügungen oder Paarformeln handelt es sich dagegen zum Beispiel bei:

> durch und durch; nie und nimmer; auf und ab; hin und her; in etwas hineingeraten; sich um etwas herumdrücken.

7.3 Teilklassen des Adverbs

603 Adverbien sind im Gegensatz zu den Präpositionen und Konjunktionen keine reinen Funktionswörter. Die meisten haben wie die Wörter der drei Hauptwortarten Verb, Substantiv und Adjektiv eine eigene Bedeutung.

Sechs Teilklassen der Adverbien lassen sich unterscheiden, nämlich die Adverbien des Ortes (Lokaladverbien), der Zeit (Temporaladverbien), der Modalität (Modaladverbien), der Inbeziehungsetzung (Konjunktionaladverbien) und der Stellungnahme und Bewertung (Kommentaradverbien). Die Pronominaladverbien schließlich stellen eine eigene Teilkasse dar (vgl. 626 ff.).

604 Nach der Funktion ist zwischen absoluten und relationalen Adverbien zu unterscheiden. Absolute Adverbien haben keinen Bezug auf den Sprecher/Schreiber, den Ort und die Zeit des Sprechens/Schreibens:

> Das Boot fährt *stromaufwärts*. Es ist *zeitweise* mit Schauern zu rechnen. Sie stürzte *kopfüber* ins Wasser.

Relationale Adverbien nehmen Bezug auf den Sprecher/Schreiber, den Ort und die Zeit des Sprechens/Schreibens. Sie haben zeigende (deiktische) Funktion oder dienen im Text der Rückweisung oder Vorausweisung (anaphorische und kataphorische Funktion). Wie einige Pronomina (vgl. 542 ff.) treten sie als Vertreter oder Ersatz von Substantiven bzw. Substantivgruppen auf:

> *Dort* geschah das Verbrechen. *Hier* (= auf diesem Tisch) liegt die Zeitung. *Jetzt* (= zum Zeitpunkt des Sprechens) ist aber Schluß! *Morgen* fahren wir in Urlaub. Ich habe das *vorhin* (= vor dem Zeitpunkt des Sprechens) bereits bemerkt. *Damit* (= mit dieser Äußerung, Bemerkung) kam er zum Schluß seiner Rede. Sie erreichten den Gipfel vor Anbruch der Nacht. *Bisher* (rückweisend; = bis zum Erreichen des Gipfels) war alles gutgegangen. Die Regierung setzte Panzer ein. *Dagegen* (rückweisend; = gegen die Panzer) waren die Aufständischen machtlos.
>
> Sie legte den Ehering *dorthin* (vorausweisend), *wo schon ihre anderen Schmuckstücke lagen.*

Neben diesen Funktionen erfüllen einige Adverbien noch eine wichtige Funktion in der Textverknüpfung (vgl. 1420).

7.3.1 Die Lokaladverbien (Adverbien des Ortes, des Raumes)

Die Lokaladverbien lassen sich grob in Ortsadverbien (Stativa) und Richtungs-   605
adverbien (Direktiva) einteilen. Den Kern der Ortsadverbien bilden *hier, da, dort,*
den der Richtungsadverbien *her* und *hin.*
Für das Verständnis der Lokaladverbien ist wichtig, daß sie häufig nur zu verstehen sind, wenn man den Ort des Sprechers kennt oder aber die Raumvorstellung,
die der Schreiber in einem Text aufbaut, weil sie zeigend (deiktisch) oder rückweisend (anaphorisch) gebraucht werden (vgl. 604):[1]

> das Haus *da/dort* am Hang; *hier* ist der richtige Weg; *wo* ist er?; sie kommt gerade
> auch *daher/dorther; woher* kommt er?; es ist nicht mehr weit bis *dahin/dorthin; wohin*
> ist sie gegangen?; stell die Tasche *hierher/hierhin* auf den Tisch;
> auf dem Schrank *oben; unten* im Regal; da *droben* auf dem Berg; dort *drunten* im Tal;
> *links/rechts* vom Fluß; *drüben* am anderen Ufer; *abseits* vom Dorf wohnen; eine Vase
> nach *vorn[e]/hinten* stellen; am Tisch *obenan* sitzen; das Buch liegt *obenauf*; das Haus
> *nebenan* gehört uns;
> ein Gebäude *außen/innen* renovieren; *drinnen* (in der Wohnung)/*draußen* (auf dem
> Balkon); den Tisch *mitten* ins Zimmer stellen; *mittendrin/darin* stand ein Tisch; der
> Ort ist *rings[herum]* von Bergen umgeben; er ist den Weg *abwärts* gegangen; der Weg
> führt *aufwärts; auswärts* wohnen; den Schrank *seitwärts* schieben;
> sie war *allseits/allenthalben* beliebt; die Läufer sind schon *unterwegs; überall* krochen
> Ameisen;
> *irgendwo* habe ich ihn schon einmal gesehen; er hat sie *nirgends/nirgendwo* gefunden;
> *irgendwohin* werden sie schon gegangen sein; *irgendwoher* muß er das Geld ja bekom-
> men haben; hier ist es schöner als *anderswo*; sie wohnen jetzt *woanders.*

Zur Verwendung einiger Lokaladverbien

her/hin

Im allgemeinen wird mit *her* die Richtung auf den Standpunkt des Sprechers zu,   606
mit *hin* die Richtung vom Standpunkt des Sprechers weg ausgedrückt:

> *her* mit dem Geld!, von Westen *her;* bis zur Mauer *hin,* nach Norden *hin,* über den
> Fluß *hin.* (In Verbindung mit Verben:) Komm *her!* Sie sollen das Gepäck *her*bringen.
> Wir werden nicht *hin*gehen. Bring ihr das Geld *hin.*

Dies gilt nicht bei übertragenem Gebrauch der Verben:

> Sie *zogen* über ihn *her* (= redeten über ihn). Das wird schon *hinhauen* (= einen guten
> Ausgang haben).

Bei den mit *ab, aus, unter* usw. zusammengesetzten Adverbien wird an der Unterscheidung der Richtung häufig nicht festgehalten, weil die Bedeutung des zweiten
Bestandteiles dominiert. Oft ist gar nicht zu unterscheiden, ob die Richtung auf
den Sprecher zu oder vom Sprecher weg gemeint ist. Im übertragenen Gebrauch
kommt fast nur *her*- vor:

> Er versuchte ihn *herauszudrängen/hinauszudrängen.* Sie stieg von der Leiter *herab/*
> *hinab.* Er würgte die Tablette ohne Wasser *herunter/hinunter.* Sein Haar floß die Schul-
> tern *herab/hinab;* etwas frei *heraus*sagen; sich zu jemandem *herab*lassen; er ist ganz
> *herunter*gekommen; ein Buch *heraus*geben; jemanden *herab*setzen.

---

[1] Vgl. dazu 604 und M. Moilanen: Zum lokalen Gebrauch der Demonstrativadverbien *da* und
dort, Helsinki 1973; W. Klein: Wo ist *hier?* In: Linguistische Berichte 58 (1978), S. 18 ff.;
A. Redder: Grammatiktheorie und sprachliches Handeln: „denn" und „da" (= Linguistische
Arbeiten 239), Tübingen 1990, S. 132 ff.

In der norddeutschen Umgangssprache werden nur die verkürzten Formen von *her* gebraucht:

> Trag die Sachen in das Zimmer *rein* (statt: *hinein*)! Gehen Sie *rüber* (statt: *hinüber*)! Reich ihm den Hammer *rauf* (statt: *hinauf*)!

In der süddeutschen Umgangssprache wird dagegen an der Unterscheidung von *her* und *hin* auch bei den verkürzten Formen weitgehend festgehalten.

herum/umher[1]

607 Das Adverb *herum* bedeutet ‚in kreis- oder bogenförmiger Richtung, im Kreis, ringsum' *(um die Stadt herumlaufen), umher* bedeutet ‚kreuz und quer, dahin und dorthin, nach dieser und jener Richtung' *(in der Stadt umherlaufen)*. In der Alltagssprache wird an dieser Unterscheidung nicht festgehalten:

> Sie tollten auf der Wiese *herum*. Er ging ruhelos im Zimmer *herum*.

Selbst in der Standardsprache findet sich schon häufig *herum* statt *umher*, zumal dann, wenn die Richtung einer Bewegung u. ä. nicht klar ist:

> In Paris irrt ... ein ehrlicher, leidenschaftlicher Republikaner *herum* (St. Zweig). Unsere neapolitanischen Jungen sind daran gewöhnt, viele Stunden mit leerem Magen *herum*zulaufen (Thieß). ... den er im Haus *herum*führen mußte (Plievier). Die Ziegel da lagen alle auf dem Boden *herum* (Gaiser).

Wenn es sich um eine erfolglose oder unnütze, aber anhaltende Beschäftigung handelt, wird *herum* gebraucht:

> Er fuchtelte vor ihrem Gesicht *herum*. Finstere Gestalten lungerten unter den Brücken *herum*. Er fingerte eine Zeitlang an mir *herum* (Bergengruen). Vergeblich kramte er in seiner Brieftasche *herum* (Ott). ... wenn er in seinen Akten *herum*wühlte (Gaiser).

fort/weg

608 In der Bedeutung ‚von einer Stelle weg und auf ein Ziel zu' kann *fort* gewöhnlich mit *weg* ausgetauscht werden; *fort* klingt in den meisten Fällen gewählter:

> Wir müssen schnell *weg/fort*. Ich muß noch die Post *weg*bringen/*fort*bringen. Er ist aus Angst *weg*gelaufen/*fort*gelaufen. Das Hochwasser riß die Brücke *weg/fort*. Sie schickte die anderen *weg/fort*. Die Männer räumten die Hindernisse *weg/fort*. Er warf achtlos den Stummel *weg/fort*. Sie wischte die Zeichnung wieder *weg/fort*.

Auch wenn das Entferntsein, die Abwesenheit ausgedrückt werden soll, können *fort* und *weg* gleichermaßen verwendet werden:

> Er ist schon drei Tage *weg/fort*. Sie war lange *weg*geblieben/*fort*geblieben.

In den Bedeutungen ‚vorwärts, voran' und ‚weiter, auch in Zukunft' ist *fort* nicht mit *weg* austauschbar:

> Er ist im Beruf nicht *fort*gekommen. Die Bauarbeiten schreiten zügig *fort*. Er hat das Werk der Mutter *fort*geführt usw.

Interrogativ und relativisch gebrauchte Lokaladverbien

609 Mit Adverbien wie *wo, woher, wohin* wird entweder ein Fragesatz oder ein Relativsatz eingeleitet. Man nennt sie deshalb auch Interrogativ- bzw. Relativadverbien:

> *Wo* bist du gewesen? *Wohin* gehst du? *Woher* kommst du? Die Stelle, *wo* das Unglück geschah, ist abgesperrt. Sie ist dorthin gefahren, *wohin* er auch fahren wollte. Ich gehe dahin, *woher* du gerade kommst.

---

[1]   Vgl. dazu R. Kurth: „Herum" und „umher". In: Beiträge zur Geschichte der deutschen Sprache und Literatur (Halle) 80, 1958, S. 461 ff.

Veraltet ist der relativische Gebrauch der Lokaladverbien in folgenden Fällen:

... in Regionen, *dahin* (= in die) ich ihr nicht folgen kann (Immermann). ... im Meer, da (= wo) es am tiefsten ist (Matth. 18, 6).

7.3.2 Die Temporaladverbien (Adverbien der Zeit)

Mit den Temporaladverbien wird eine Handlung, ein Vorgang oder ein Ereignis zeitlich näher bestimmt, und zwar im Hinblick auf den Zeitpunkt, die Dauer und die Wiederkehr bzw. Wiederholung:

> **610**

> *heute* ist Dienstag; Donnerstag *abend; wann* ist Weihnachten?; *gestern* am Vormittag; *übermorgen* [um] 12 Uhr; *jetzt/nun* wollen wir aber aufbrechen; sie tritt *eben/soeben/ gerade* ins Zimmer; *neulich/kürzlich/unlängst* war er noch bei uns; *einst* stand hier ein Denkmal; *damals* war er der beste Läufer; *bisher/bislang* war sie ganz zufrieden; *seit- her/seitdem* haben wir nichts mehr von ihr gehört; der Fall hat sich *mittlerweile/inzwi- schen* erledigt; *bald* habe ich Urlaub; wir werden das *sofort/sogleich* erledigen; *fortan* werde ich besser aufpassen; sie traten *zugleich* nach dem Ball; *endlich/schließlich* war Schluß;
>
> er kommt *immer* zu spät; sie ist *stets* gutgelaunt; er war *zeitlebens* krank; sie haben *lange* warten müssen; das Wetter war *durchweg* schön; sie wird das *nie* tun;
>
> er kommt *oft* zu uns; ich traf ihn *manchmal/bisweilen/mitunter* auf dem Fußballplatz; *zeitweise* war das Ufer überschwemmt; er hat sie *wieder[um]* enttäuscht; sie wurden *mehrmals* belästigt; *nachts* sind alle Katzen grau; *montags/alltags/werktags* muß sie früh aufstehen.

Auch bei den Temporaladverbien ist zwischen absoluten und relationalen Adver- bien zu unterscheiden (vgl. 604). Häufig sind sie nur in Relation zu einem Fix- punkt zu verstehen, entweder zur Zeit des Sprechens/Schreibens oder aber – im Kontext – zu einem bereits erwähnten Zeitpunkt, einer Handlung, einem Vor- gang oder Ereignis:

> **611**

> *Vorhin* (= vor dem Zeitpunkt des Sprechens) war alles noch in Ordnung. Ein schweres Unwetter suchte die Ortschaft heim. *Anderntags* (= an dem Tage nach dem Unwetter) schien wieder die Sonne. Sie schaltete den Fernseher ab. *Danach* (= nach dem Ab- schalten des Fernsehers) ging sie schlafen.

Die relational, also zeigend (deiktisch) oder rückweisend (anaphorisch) ge- brauchten Temporaladverbien stehen in engem Zusammenhang mit dem Tem- pussystem des Verbs (vgl. 244 ff.).

Vergangenheit (Vorzeitigkeit):

> *Gestern* schien die Sonne. *Neulich* habe ich noch mit ihm gesprochen. *Damals* hatte sie sich noch um eine Lösung der Probleme bemüht.

Gegenwart (Gleichzeitigkeit):

> *Heute* fällt die Entscheidung. *Jetzt* beginnt es zu regnen. *Eben* kommt der Briefträger.

Zukunft (Nachzeitigkeit):

> *Morgen* werden wir die Verhandlungen fortsetzen/setzen wir die Verhandlungen fort. *Demnächst* wird der Betrieb ein neues System einführen/führt der Betrieb ein neues System ein. *Irgendwann* werden wir auch das geschafft haben.

Einige Temporaladverbien werden erst durch die Verbindung mit einem Tempus in einem bestimmten Sinn festgelegt:

> **612**

> *Eben* (= in diesem Augenblick; Gegenwart) fällt es mir ein. *Eben* (= gerade vor- hin; Vergangenheit) war sie noch hier. Er war *einst* (= früher, vor langer Zeit; Vergangen- heit) ein guter Sprinter. Das wirst du *einst* (= später einmal; Zukunft) noch bereuen.

Einige Adverbien können zwar auch zeitlich interpretiert werden, drücken aber keine Zeitverhältnisse im strengen Sinne aus.[1] Mit Adverbien wie *schon, bereits* und *noch* werden Zeitbewertungen vorgenommen:

> Sie kommt *bereits/schon* (= früher als erwartet). Er kommt *noch* (= später als vereinbart, erwartet).

Mit den Adverbien *zuerst* und *zuletzt* kann auch lediglich die Reihenfolge bezeichnet werden:

> Er kam *zuerst/zuletzt* (= als erster/letzter).

Darin berühren sie sich mit den Zahladverbien *erstens, zweitens* usw. (vgl. 633). Die Adverbien *frühestens* und *spätestens* können nur in Verbindung mit einer anderen Zeitangabe auftreten:

> Er kommt *frühestens/spätestens* am Sonntag zurück.

Zur nichttemporalen Verwendung von *erst, noch, schon, frühestens* u. a. als Abstufungspartikeln vgl. 636.

Interrogativ und relativisch gebrauchte Temporaladverbien

613

Als interrogatives Temporaladverb steht nur *wann* zur Verfügung. Es fragt immer nach einem Zeitpunkt. Um nach einem Zeitraum oder einer Wiederholung zu fragen, wird *wann* mit einer Präposition verbunden *(ab/bis/seit wann)* oder die Verbindung *wie* + Temporaladverb gebraucht *(wie oft, wie lange* usw.):

> *Wann* beginnt die Vorstellung? *Seit wann* bist du wieder zurück? *Wie lange* dauert die Sitzung?

Veraltet ist der relativische Gebrauch von *wann* in folgenden Fällen:

> In schönen Sommertagen, *wann* (= an denen) lau die Lüfte wehen ... (Uhland). Im Herbste, *wann* (= in dem) die Trauben glühn (Geibel).

7.3.3 Modaladverbien (Adverbien der Art und Weise)

614

Modaladverbien geben nicht nur die Qualität (Art und Weise) an, sondern auch die Quantität (Menge, Ausmaß). Zu dieser Teilklasse werden häufig auch – als Modaladverbien der Intensität (Grad, Stärke) – Wörter wie *sehr, überaus, äußerst* gerechnet, die in dieser Grammatik als Partikeln behandelt werden (vgl. 634 ff.).

Adverbien der Qualität (Art und Weise):

615

Mach das bitte *so*! Sie hätte *genauso* gehandelt. *Wie* ist das passiert? Das habe ich mir *anders* vorgestellt. Wir gehen *folgendermaßen* vor. Er rennt *blindlings* in sein Verderben. Sie springt *kopfüber* ins Wasser. Sie verließen *eilends/flugs/schnurstracks/spornstreichs/kurzerhand* das Zimmer. Sie kehrten *unverrichteterdinge* zurück. *Insgeheim* hoffte er auf eine Beförderung. Sie gehorchten *anstandslos*. Der Vorschlag wurde *rundheraus/rundweg/schlankweg* abgelehnt. Der Plan ist, *nebenhin/nebenbei* bemerkt, abwegig.

Hierher können auch Adverbien gestellt werden, die nicht die Art und Weise kennzeichnen, sondern einen Umstand angeben:

> Sie hat sich *vergebens/umsonst* darum bemüht. Grüße ihn bitte von mir *unbekannterweise*. Sie haben *gezwungenermaßen* zugestimmt.

---

[1] Vgl. H. Gelhaus: Zur Lexikographie von *schon* und *bereits.* In: Sonderheft der Zeitschrift für deutsche Philologie 96 (1976), S. 133–156.

Adverbien der Quantität (der Menge, des Ausmaßes):

Die Schüler kamen *scharenweise*. In dem Artikel kommen *haufenweise* Fehler vor. Sie   616
waren *größtenteils* betrunken. Sie arbeitet *stundenweise* als Bedienung.

Interrogativ und relativisch gebrauchte Modaladverbien

Als interrogatives und relatives Modaladverb dient *wie*:   617

Wie soll ich mich verhalten? Es herrschte eine Begeisterung, *wie* er sie noch nie erlebt
hatte.

7.3.4 Konjunktionaladverbien

Die Konjunktionaladverbien sind Adverbien, die Gegebenheiten oder Sachver-   618
halte zueinander in Beziehung setzen und dadurch auch miteinander verbinden.[1]
Sie nehmen eine Zwischenstellung zwischen Adverbien und Konjunktionen ein.
Die Beziehungen, die durch Konjunktionaladverbien ausgedrückt werden, sind
vielfältiger Art: kausal und logisch (Begründungen und Folgerungen), konditional und konsekutiv (Bedingungen und Folgen), konzessiv, restriktiv und adversativ (Einräumungen, Einschränkungen und Gegensätze).[2]

Kausale und logische Adverbien:

Sie war verletzt, *deswegen* konnte sie nicht am Training teilnehmen. Er mußte die Sit-   619
zung verlassen, ihm war *nämlich* schlecht. Ich habe *anstandshalber* nur ein Stück Kuchen genommen. Du kannst *meinethalben* mitspielen. Ich habe mich *deinetwegen* in
Unkosten gestürzt.

Es begann stärker zu regnen, *demzufolge* wurde die Fahrbahn rutschig. Er hatte sich
entschuldigt, *also* war der Fall für ihn erledigt. Der Minister konnte die gegen ihn erhobenen Vorwürfe nicht entkräften, *somit* stellte er sein Amt zur Verfügung. Sie ist voll-
jährig, *mithin* für ihre Handlungen selbst verantwortlich. Er war verreist, *folglich* war
er über die Vorgänge nicht informiert.

Konditionale und konsekutive Adverbien:

Die Häftlinge wollten die Forderungen durchsetzen, *notfalls* auch mit Gewalt. Wir   620
müssen den Flüchtlingen sofort helfen, *sonst/ansonsten* verhungern Tausende. Es muß
Ruhe herrschen, *andernfalls* wird die Verhandlung unterbrochen.

Dreht der Wind, *so* facht er die Waldbrände erneut an.

Konzessive, restriktive und adversative Adverbien:

Es regnete stärker, *trotzdem* gingen sie spazieren. Sie hatte eine Grippe, *dennoch* ging   621
sie zur Arbeit. Ein Unwetter zog auf, *dessenungeachtet* wagten die Bergsteiger den
Aufstieg. Es wird *gleichwohl* nötig sein, die Angaben zu überprüfen. Er hält die Geset-
zesvorlage für schlecht, *immerhin* wird er nicht dagegen stimmen.

Er ist sehr reich, *insofern* kann man ihn erfolgreich nennen. Sie trug nicht allein die
Schuld an dem Unfall, *soweit* stimmte ihr der Richter zu. Das Unwetter war vorüber,
allerdings regnete es noch leicht.

Er spielt gern Tennis, *hingegen* hat er mit Golf nichts im Sinn. Sie war sehr begabt, im
Examen *jedoch* versagte sie. Ich wollte mit ihm das Problem aus der Welt schaffen,
doch er ließ sich nicht sprechen. Der Kritiker verriß das Stück, *indes* lobte er die Leistung der Schauspieler.

---

[1]   Vgl. dazu U. Brauße: Bedeutung und Funktion einiger Konjunktionen und Konjunktional-
      adverbien. In: W. Bahner u. a. (Hgg.): Untersuchungen zu Funktionswörtern (= Linguistische
      Studien, Reihe A, 104), Berlin 1982, S. 1 ff.
[2]   Vgl. dazu auch die Darstellung der Verhältnisbeziehungen im zusammengesetzten Satz
      (1273 ff.).

Interrogativ und relativisch gebrauchte Konjunktionaladverbien

622   Als interrogative und relative Konjunktionaladverbien dienen vor allem *weswegen, weshalb, wieso*:

> *Weshalb* bist du nicht gekommen? *Weswegen* ist der Trainer entlassen worden? *Wieso*
> spielt sie nicht mit? Er hat die Prüfung nicht bestanden, *weshalb/weswegen* er sich noch
> einmal vorbereiten muß. Erkläre mir, *wieso* du den Brief nicht abgeschickt hast!

7.3.5 Kommentaradverbien (Adverbien der Stellung-
nahme und Bewertung)

623   Den Kommentaradverbien kommt in der Klasse der Adverbien eine Sonderstellung zu.[1] Typisch für sie ist, daß sie ohne Bindung zu anderen Wörtern im Satz
auftreten, anders ausgedrückt, außerhalb des Satzverbandes stehen. Sie können
daher in einen Satz über eine Aussage umgeformt werden:

> Er rennt *zweifellos* in sein Verderben: Er rennt – *ich zweifle nicht daran/daran besteht kein
> Zweifel* – in sein Verderben/*Ich zweifle nicht daran,* daß er in sein Verderben rennt.

Da das Kommentaradverb außerhalb des Satzverbandes steht, kann es auch nicht
wie andere Adverbien erfragt werden, allenfalls kann die Frage auf die Stellungnahme abzielen:

> Er rennt *blindlings* in sein Verderben. – Wie rennt er in sein Verderben? Aber: Er rennt
> *zweifellos* in sein Verderben. – Wie sicher ist es (deiner Meinung nach), daß er in sein
> Verderben rennt?

624   Während sich Adverbien, sofern sie als selbständiges Satzglied gebraucht werden,
in der Regel mit einer Ergänzungsfrage (vgl. 1032) erfragen lassen:

> Sie wohnt *dort.* – *Wo* wohnt Sie? Er kommt *bald.* – *Wann* kommt er? Die Temperatur
> fällt *zusehends.* – *Wie* fällt die Temperatur?

können die Kommentaradverbien als Antwort auf eine Entscheidungsfrage (vgl.
1035) verwandt werden, so daß zwischen *ja* und *nein* eine breite Skala von modifi-
zierten Antworten besteht:

> Wird unsere Mannschaft gewinnen? – *Ja/Zweifellos/Sicherlich/Bestimmt/Vielleicht/
> Kaum/Nein.*

Kommentaradverbien können nicht verneint werden, da es unsinnig wäre, einen
Kommentar durch eine Negation zurückzunehmen. In der Regel können sie auch
nicht in einem Frage-, Aufforderungs- oder irrealen Wunschsatz stehen (Also
nicht: Kommt er zweifellos? Komm zweifellos! Käme er doch zweifellos!).

625   Mit den Kommentaradverbien kann der Sprecher/Schreiber den Grad der Ge-
wißheit über die Geltung einer Aussage ausdrücken (gewiß – weniger gewiß – ungewiß), seine gefühlsmäßige Einstellung (Bedauern, Freude, Hoffnung o. ä.) zu
einer Aussage bekunden oder zu einer Aussage, zu einem Sachverhalt Stellung
nehmen. Einige dieser Kommentaradverbien kommen auch – allerdings meist in
anderer Bedeutung – als flektierbare Adjektive vor:

> Der Fahrer war *zweifelsohne* übermüdet. Der neue Spieler ist *fraglos* eine Verstärkung
> für die Mannschaft. Sie wird *vielleicht/eventuell/möglicherweise* noch einmal kandidie-
> ren. Das ist *sicher/sicherlich/bestimmt* kein Einzelfall. Die Vorstellung hat *wohl/vermut-*

---

[1]   Vgl. G. Kolde: Zur Funktion der sogenannten Modaladverbien in der deutschen Sprache der
Gegenwart. In: Wirkendes Wort 20 (1970), S. 116 ff.; K. Dieling: Zur Subklassifizierung der
deutschen Modalwörter. In: Deutsch als Fremdsprache 23 (1986), Heft 3: S. 144 ff. (= Teil 1),
Heft 4: S. 207 ff. (= Teil 2); A. Helbig – G. Helbig: Lexikon deutscher Modalwörter, Leipzig
1990.

lich/bereits begonnen. Sie werden *kaum/schwerlich* einverstanden sein. Der Zug hat *vermutlich/wahrscheinlich/offensichtlich* Verspätung. Auf diese Entwicklung konnten wir *natürlich/selbstverständlich* nicht vorbereitet sein.

Ich kam *leider* zu spät. Der Minister wird *bedauerlicherweise* nicht anwesend sein. Dem Kranken geht es *erfreulicherweise* wieder besser. Ich habe *ärgerlicherweise* meinen Ausweis vergessen. Wir sehen uns *hoffentlich* bald wieder.

Er gehört *anerkanntermaßen* zu den Hoffnungsträgern der Partei. Diese Tiere sind *bekanntermaßen* Nestflüchter. Die Unterlagen sind *lobenswerterweise* vollständig. Sie hat *dummerweise* nicht protestiert. Die Belege sind *nachgewiesenermaßen* gefälscht. *Seltsamerweise* blieb er der Siegerehrung fern. Das ist *zugegebenermaßen* blanker Unsinn. Er hat *irrtümlicherweise* den Backenzahn gezogen.

7.3.6 Pronominaladverbien (Präpositionaladverbien)[1]

Die Pronominaladverbien sind Adverbien, die pronominale Funktion (vgl. 600) haben, die also für etwas stehen. Sie treten als Vertreter oder Ersatz von Präpositionalgefügen auf, und zwar – wie die entsprechenden Präpositionalgefüge – in der Rolle einer adverbialen Bestimmung, eines Attributs oder eines Objekts.

626

> Stelle den Computer *hierauf* (= auf diesen Tisch)! Der Aufzug *daneben* (= neben dem Hauptaufzug) ist nur für das Krankenhauspersonal bestimmt. Achte in Zukunft *darauf* (= auf das, was ich dir gesagt habe)!

Bildung

Die Pronominaladverbien werden aus den Adverbien *da, hier* und *wo* + Präposition nach folgendem Muster gebildet:

627

da + nach → *danach,*
hier + nach → *hiernach,*
wo + nach → *wonach.*

Wenn die Präposition mit Vokal anlautet, wird ein *r* eingefügt:

da + r + auf → *darauf,*
wo + r + auf → *worauf.*

Nicht alle Präpositionen können eine Verbindung mit *da, hier* und *wo* eingehen, sondern nur die folgenden:

an, auf, aus, bei, durch, für, gegen, hinter, in/ein, mit, nach, neben, ob, über, um, unter, von, vor, wider, zu, zwischen.

Die Verbindungen mit *ob* und *wider* kommen nur noch selten vor, weil diese beiden Präpositionen veraltet sind.

Es ergeben sich folgende Reihen:

da[r]-	hier-	wo[r]-
daran	hieran	woran
darauf	hierauf	worauf
daraus	hieraus	woraus
dabei	hierbei	wobei
dadurch	hierdurch	wodurch
dafür	hierfür	wofür
dagegen	hiergegen	wogegen

---

[1] Die Bezeichnung „Pronominaladverb" stellt die pronominale Funktion heraus, während „Präpositionaladverb" nur auf die Bildungsweise Bezug nimmt.

da[r]-	hier-	wo[r]-
dahinter	hierhinter	wohinter
darin/darein	hierin/hierein	worin/worein
damit	hiermit	womit
danach	hiernach	wonach
daneben	hierneben	woneben
darob	–	–
darüber	hierüber	worüber
darum	hierum	worum
darunter	hierunter	worunter
davon	hiervon	wovon
davor	hiervor	wovor
dawider	–	–
dazu	hierzu	wozu
dazwischen	hierzwischen	wozwischen

dar- wird – vor allem formelhaft und in der gesprochenen Sprache – manchmal unter Auslassung des Vokals zu *dr-* gekürzt: *dran, drauf, draus, drin, drüber, drum, drunter*:

> Er war *drauf* und *dran,* alles hinzuwerfen. Mach dir nichts *draus*! Hier geht alles *drunter* und *drüber.*

Gebrauch

628 Die Pronominaladverbien gehören zu den relationalen Adverbien (vgl. 604). Sie können entweder zeigend (deiktisch) oder aber im Text rückweisend (anaphorisch) und vorausweisend (kataphorisch) gebraucht werden:[1]

> Zeigend:
> Lege die Decke bitte *hierauf*! Ich schiebe den Karton *darunter*.

> Rückweisend:
> Der Rasen des Spielfelds muß in Zukunft besser gepflegt werden. *Darüber* müssen wir noch einmal sprechen. Sie fuhr den Wagen nicht in die Garage, sondern stellte ihn *davor* ab.

> Vorausweisend:
> Der Fahrer dachte nicht *daran,* die Kreuzung zu räumen. Sie tröstete sich *damit,* daß es wenigstens ihrem Kind gutging.

Bei Rückweisung kann sich das Pronominaladverb auf ein Substantiv bzw. eine Substantivgruppe oder auf einen [ganzen] Satz beziehen:

> Sie schoben die Platten beiseite. *Dahinter* (= hinter den Platten) war eine Geheimtür. Sie nahm das Geld an sich, *dabei* (= beim Nehmen des Geldes) blickte sie ihn fragend an.

Bei Vorausweisung kann sich das Pronominaladverb auf einen Nebensatz oder eine Infinitivgruppe beziehen, gelegentlich auch auf einen unverbundenen Hauptsatz.

---

[1] Vgl. dazu J. Marx-Moyse: Die Pronominaladverbien *hier* + Präposition. In: Sprachwissenschaft 4 (1979), S. 206 ff.; K. Dončeva: Zu einigen funktionalen Wesenszügen der rückweisenden d-Pronominaladverbien im System des heutigen Deutsch. In: Deutsch als Fremdsprache 17 (1980), S. 239 ff.; G. Helbig: Bemerkung zu den Pronominaladverbien und zur Pronominalität. In: Deutsch als Fremdsprache 11 (1974), S. 270 ff.; M. Rüttenauer: Vorkommen und Verwendung der adverbialen Proformen im Deutschen. Hamburg 1978; I. Holmlander: Zur Distribution und Leistung des Pronominaladverbs. Das Pronominaladverb als Bezugselement eines das Verb ergänzenden Nebensatzes/Infinitivs. Uppsala 1979.

Als Nebensätze treten vorwiegend daß-Sätze auf:

> Der Redner wies *darauf* hin, daß noch nicht aller Tage Abend sei. Sie haben nichts *dagegen*, wenn eine Probe entnommen wird. Sie überraschte ihn *dabei*, wie er heimlich ihre Post las. Sie sprechen sich *dagegen* aus, die Sportlerin vom Wettkampf auszuschließen. Es bleibt *dabei*. Wir reisen morgen ab.

Die Vorausweisung kann nicht mit einem Pronominaladverb erfolgen, wenn ein Relativsatz angeschlossen wird:

> Nicht: Du darfst *darüber*, was ich dir anvertraut habe, nicht sprechen. Sondern: Du darfst *über das*, was ich dir anvertraut habe, nicht sprechen.

Die Pronominaladverbien treten meist in der Rolle eines Satzglieds auf, sie können aber auch als Attribut vorkommen:

> Der Hinweis *darauf*, daß er ihr noch Geld schuldet, war geschmacklos. Das Gespräch *darüber*, ob die Autobahn bei Nebel gesperrt werden darf, ist noch im Gange.

Bei einigen Verben, die gewöhnlich ein Präpositionalobjekt als Ergänzung fordern, braucht das Pronominaladverb nicht als Korrelat genannt zu werden:

> Er wird sich *[davor]* hüten, über den Vorfall zu sprechen. Die Demonstranten verzichteten *[darauf]*, Gewalt anzuwenden.

Bemerkung zum Gebrauch von darein/darin

Mit *darin* wird die Lage bezeichnet. Es kann nicht zur Angabe der Richtung verwendet werden, wie früher und z. T. noch heute in gehobener Sprache *darein*:   629

> Sie nahm die Zeitung und vertiefte sich *in sie*/geh.: *darein* (nicht: *darin*). Er fand das Papier, *in das*/geh.: *darein* (nicht: *darin*) ich das Geld gewickelt hatte. Eine realistische Dichtung, die ihren Stolz *darein* setzt, den Leser ohne die Hilfe äußerer Wunder zu fesseln (Lüthi).

Pronominaladverb oder Präposition + Pronomen

Das Pronominaladverb wird gewöhnlich gebraucht, wenn das Substantiv, auf das es sich bezieht, eine Sache oder einen Begriff nennt: 630

> Dort steht das Geburtshaus des Komponisten. *Daneben* beginnt gleich der Park. Mein Freund hat ein neues Boot. Er will *damit* nach Schweden segeln. ... da liegt auch mein Brief, ungeöffnet, und *daneben* ein Zettel (Remarque). ... das Schneefeld und *darauf* der Vogel mit den Propellern (Plievier). Ungarisch war eine sehr schwere Sprache, es gab nicht einmal das Wort Tabak *darin* (Böll).

In der älteren Literatursprache und heute – besonders in der Umgangssprache – wird öfter an Stelle des Pronominaladverbs die Fügung Präposition + Pronomen verwendet:

> Der Mensch hat doch nichts Besseres als dieses schmerzliche Streben nach oben. ... *in ihm* (statt: *darin*) ... richtet er sich auf (W. Raabe). Neben dem Zaun, aber in gleicher Linie *mit ihm* (statt: *damit*), stand eine grüngestrichene Bank (Fontane). Das ist der Baum. *Unter ihm* (statt: *darunter*) habe ich gestanden, als der Blitz einschlug. Das ist ein sehr gutes Nachschlagewerk. *In ihm* (statt: *darin*) findet man alle gewünschten Informationen. Der Schuppen und was *in ihm* (statt: *darin*) war, ging in Flammen auf. Sie besitzt drei Lautsprecheranlagen, eine *von ihnen* (statt: *davon*) will sie verkaufen.

Vereinzelt wird sogar das unbetonte *es* in Verbindung mit einer Präposition gebraucht, obwohl es dabei ungewöhnlich hervorgehoben wird:

> Das Gleichgewicht in diesem heutigen Sinn ist eine politische Voraussetzung; die sich auf *es* (richtig: *darauf*) stützen, müssen ... (FAZ). Deshalb glaubt der Verfasser an eine Zukunft des Märchens trotz des Maschinenzeitalters und der durch *es* (richtig: *dadurch*) geformten Menschen (Muttersprache).

Das Pronominaladverb wird dagegen in der Regel nicht gebraucht, wenn das Substantiv, auf das es sich bezieht, eine Person oder ein Lebewesen nennt:

> Er ist mein Freund, ich verlasse mich *auf ihn* (nicht: *darauf*). Der Hund näherte sich ihr knurrend. Sie hatte Angst *vor ihm* (nicht: *davor*).

Wenn dagegen Personen oder Lebewesen mit einem Sammelnamen gebraucht werden, kann auch das Pronominaladverb stehen:

> Wir sahen eine Gruppe von Studenten, *darunter/unter ihnen* befanden sich viele Japaner.

Das Pronominaladverb ist auch dann möglich, wenn der Sprecher/Schreiber weniger eine Person oder ein Lebewesen als eine ganze Szene im Auge hat:

> Ich sehe mich um. Hinter mir steht Georg in seinem purpurnen Pyjama, *dahinter* die alte Frau Kroll ohne Zähne, in einem blauen Schlafrock mit Lockenwicklern im Haar, *dahinter* Heinrich (Remarque).

Interrogativ und relativisch gebrauchte Pronominaladverbien

631 Bei interrogativem oder relativischem Gebrauch werden nicht die mit *da[r]* und *hier,* sondern die mit *wo[r]* gebildeten Pronominaladverbien verwendet:

> *Worüber* denkst du nach? *Womit* habe ich das verdient? Sie verstand nicht, *wovon* der Artikel handelt. Er ahnte bereits, *worüber* sich die anderen amüsierten.

Bei interrogativem Gebrauch wird im allgemeinen das mit *wo[r]* gebildete Pronominaladverb verwendet, wenn das Substantiv, auf das es sich bezieht, eine Sache oder einen Begriff nennt:

> *Womit* beschäftigst du dich gerade? *Worüber* habt ihr gesprochen? *Wovon* handelt dieser Roman?

Die Fügung Präposition + *was,* die gelegentlich an Stelle des Pronominaladverbs verwendet wird, ist stark umgangssprachlich gefärbt:

> *Mit was* beschäftigst du dich gerade? *Über was* habt ihr gesprochen? *Von was* handelt dieser Roman?

Wenn das Bezugssubstantiv eine Person oder ein Lebewesen nennt, wird die Fügung Präposition + Pronomen verwendet:

> *Mit wem* beschäftigst du dich gerade? *Über wen* habt ihr gesprochen? *Von wem* handelt dieser Roman?

Der relative Gebrauch der mit *wo[r]* gebildeten Pronominaladverbien geht in der Gegenwartssprache immer mehr zurück. Auch wenn das Bezugswort eine Sache oder einen Begriff nennt, wird heute überwiegend das Relativpronomen in Verbindung mit einer Präposition gebraucht:

> Das ist die Welt, *in der* (selten: *worin*) wir leben. Nenne mir einen Punkt, *zu dem* (selten: *wozu*) ich nicht Stellung genommen habe!

Ist jedoch kein bestimmtes Bezugssubstantiv vorhanden, dann wird in der Standardsprache überwiegend das Pronominaladverb verwendet:

> Das ist schon alles, *worum* (ugs.: *um was*) ich Sie bitte. Er wußte nicht, *woran* (ugs.: *an was*) er glauben sollte. Sie heiratet, *worüber* (nicht: *über was*) sich ihre Eltern freuen.

Bemerkung zum Gebrauch von *worin/worein*

632 Mit *worin* wird der Ort, die Lage bezeichnet. Es kann nicht die Richtung angeben, wie früher und z. T. noch heute in gehobener Sprache *worein*:

> *Worein* (nicht: *worin*) hast du das Necessaire gesteckt? Es war das Nichts, das weiße wirbelnde Nichts, *worein* er blickte (Th. Mann).

7.3.7 Besondere Adverbgruppen

Neben den bisher behandelten Teilklassen gibt es noch zwei Gruppen von Adverbien, die eine ausgeprägte Eigenart aufweisen. Es sind dies die Zahladverbien und die Indefinitadverbien. Unter Zahladverb werden die Ableitungen aus Ordinalzahl + Suffix *-ns* verstanden, also *erste-ns, zweite-ns, dritte-ns, vierte-ns* usw.:

> *Erstens* scheint die Sonne, und *zweitens* haben wir genug Zeit, um jetzt einen Spaziergang zu machen.

Unter Indefinitadverbien werden Zusammensetzungen mit *irgend-* und verneint mit *nirgend-* verstanden. Allen diesen Zusammensetzungen ist das Bedeutungsmerkmal „Unbestimmtheit" gemeinsam, weswegen sich ihre Zusammenfassung in einer eigenen Gruppe durchaus rechtfertigen läßt. Auf der anderen Seite ist ihre jeweilige Eigenbedeutung doch so deutlich, daß sie sich ohne weiteres den bestimmten Teilklassen zuordnen lassen, also den Lokaladverbien *(irgendwo),* den Temporaladverbien *(irgendwann),* den Modaladverbien *(irgendwie)* usw.:

> Er machte sich *irgendwo* draußen zu schaffen. Sie war *nirgendwo* zu finden. *Irgendwann* wirst du dich doch entscheiden müssen. Ich muß dem *irgendwie* aus dem Wege gehen. Sie wird das Heft schon *irgendwozu* brauchen. *Irgendwomit* wird man schon helfen können.

Statt der Zusammensetzung *irgendwo* wird in der Umgangssprache häufig auch nur *wo* gebraucht:

> Ich glaube, wir sind uns schon mal *wo* begegnet. Wang klopft wieder *wo* an und wird eingelassen (Brecht).

633

8 Die Partikeln[1]

8.1 Allgemeines

Die Partikeln erfüllen – vorzugsweise in der gesprochenen Alltagssprache – vielfältige Aufgaben. Sie geben u. a. den Grad oder die Intensität an, dienen der Hervorhebung, drücken die innere Einstellung des Sprechers aus und spielen eine wichtige Rolle in der Gesprächsführung.

Allen Partikeln gemeinsam ist, daß sie der Form nach unverändert auftreten, daß sie – im Gegensatz zu den Wörtern der drei Hauptwortarten und den meisten Adverbien – keine eigentliche ([nenn]lexikalische) Bedeutung haben oder jedenfalls bedeutungsarm sind und daß sie – anders als Präpositionen und Konjunktionen – keine grammatische Funktion haben. Charakteristisch für alle Partikeln ist, daß sie nicht als Satzglieder auftreten können, weder als notwendige Ergänzungen noch als freie Angaben.

Partikeln kommen immer auch als Vertreter anderer Klassen der Unflektierbaren vor:

> Das tut *aber* (= Modalpartikel) fürchterlich weh. Wir haben alles versucht, *aber* (= Konjunktion) es klappte nicht. Das ist *schon* (= Modalpartikel) übel. Sie kommen *schon* (= Adverb).

634

---

[1] Der grammatische Ausdruck Partikel, eigentlich „Teilchen" (lat. particulus „[unveränderliches Rede]teilchen"), wird häufig auch übergreifend für alle unflektierbaren Wörter verwendet, also als Oberbegriff für Adverbien, Präpositionen, Konjunktionen, Gesprächswörter, Interjektionen u. ä. Zu den Partikeln generell vgl. bes. H. Weydt (Hg.): Die Partikeln der deutschen Sprache. Berlin 1979; ders.: Kleine deutsche Partikellehre. Stuttgart 1983; G. Helbig: Lexikon deutscher Partikeln. Leipzig 1988.

8.2 Teilklassen der Partikeln

635 Die Partikeln als Klasse der Unflektierbaren lassen sich in fünf Teilklassen unterteilen:
1. Partikeln, die den Grad oder die Intensität angeben (Gradpartikeln). 2. Partikeln, die der Hervorhebung eines Teils einer Aussage dienen (Fokuspartikeln). 3. Partikeln, die die Einstellung des Sprechers zum Gesagten ausdrücken und einer Aussage eine bestimmte Tönung geben (Modalpartikeln, Abtönungspartikeln). 4. Partikeln, die der Steuerung des Gesprächs dienen, als Antwort (auf Entscheidungsfragen), Ausrufe u. dgl. fungieren (Gesprächspartikeln). 5. Partikeln, die der Verneinung dienen (Negationspartikeln).

Gradpartikeln (Partikeln des Grades und der Intensität)

636 Gradpartikeln geben vor allem an, in welchem Grad eine Eigenschaft ausgeprägt ist. Dementsprechend stehen sie meistens bei Adjektiven, können aber auch mit Adverbien und Verben verbunden werden:

> Sie ist *sehr* schön. Sie besucht uns *sehr* oft. Sie hat *sehr* gefroren.

Die Gradpartikeln können einen schwach oder stark ausgeprägten Grad, aber auch den Höchstgrad ausdrücken:

> Die Wäsche ist *ziemlich* schmutzig. Die Aufführung war *recht* blaß. Sie ist wieder *halbwegs* gesund. Er ist *einigermaßen* zufrieden.
>
> Der Film hat uns *sehr* gefallen. Das Spiel war *überaus* unterhaltsam. Der Vortrag war *ungemein* lebendig. Ihre Nachbarn sind *ausgesprochen* liebenswürdig.
>
> Die Wahl verlief *äußerst* spannend. Alle waren *zutiefst* betroffen. Das ist mir *höchst* unangenehm. Wir danken allen *bestens*.

Graduierend werden auch, vor allem in der Umgangssprache, eine Reihe von Adjektiven gebraucht, die dann unflektiert und nicht in ihrer eigentlichen Bedeutung stehen:

> Das ist *echt* gut. Wir haben uns *irre* amüsiert. Bleib *hübsch/schön* ruhig. Das tut *toll* weh.

Einen Sonderfall stellen *gar, überhaupt* und das veraltende *beileibe* dar, die als Verstärkung von Negationen dienen:[1]

> Daran habe ich *gar* nicht gedacht. Das ist *überhaupt* keine Frage. Die Heimmannschaft war *beileibe* nicht überlegen.

Einige Gradpartikeln haben die Besonderheit, daß sie nur in Verbindung mit Komparativen gebraucht werden können:

> Dieser Weg ist *viel* kürzer. Die gegnerische Mannschaft spielt *weitaus* besser.

Mit den Gradpartikeln berühren sich eng Wörter wie *erst, schon, noch, mindestens, wenigstens, höchstens*, die sich auf eine Vergleichsskala beziehen und eine Stufung angeben. Man nennt sie daher auch Skalenpartikeln:

> Sie hat *erst* zwei Trainerstunden gehabt. Wir haben *schon* zweihundert Karten verkauft. Wir müssen *noch* drei Stunden werben. Der Besuch bleibt *wenigstens* vier Wochen. Er hatte *höchstens* drei Glas Bier getrunken.

Zur Verwendung von *schon, noch, frühestens, spätestens* in temporalen Zusammenhängen vgl. 612.

---

[1] Außer in bestimmten Verbindungen *(gar zu, gar so)* kommt *gar* heute vor Adjektiven und Adverbien nur noch landschaftlich vor. Südd., österr., schweiz.: Das schmeckt *gar* gut. Das klingt *gar* traurig. Vgl. ... *gar* schöne Spiele spiel ich mit dir (Goethe).

Fokuspartikeln (Partikeln der Hervorhebung)

Fokuspartikeln dienen dazu, die Aufmerksamkeit des Hörers/Lesers auf einen   637
bestimmten Teil des Satzes zu lenken. Sie bewirken – in der gesprochenen Sprache zusammen mit dem Akzent –, daß dieser Teil des Satzes den höchsten Mitteilungswert bekommt, anders ausgedrückt, zum Informationskern einer Aussage
wird.[1] Fokuspartikeln setzen Alternativen zu ihrem Bezugswort voraus, sie heben
aus anderen Möglichkeiten hervor, schließen andere Möglichkeiten aus oder ein:

> *Besonders* ihr Mann hat sich amüsiert (andere haben sich ebenfalls amüsiert). *Selbst*
> der Busfahrer hatte Alkohol getrunken (nicht nur die Fahrgäste). Die Gäste haben *so-*
> *gar* getanzt (nicht nur gegessen, getrunken und sich unterhalten). Sie ist *wenigstens* ge-
> kommen (wenn sie auch nicht mittrainiert oder mitgespielt hat). *Nur* du hättest ihm
> helfen können. Sie *allein* ist daran schuld. So etwas kann *bloß* ihm passieren.

Zur Verwendung von Wörtern wie *wenigstens, mindestens, höchstens* als Abstufungspartikeln vgl. 636.

Modalpartikeln[2] (Partikeln der Abtönung)

Modalpartikeln spielen vor allem in dialogischen Zusammenhängen eine Rolle.   638
Mit Modalpartikeln drückt der Sprecher eine Annahme, Erwartung oder innere
Einstellung aus, oft in der Absicht, daß sie der Hörer teilt. Der Sprecher kann mit
Modalpartikeln seinen eigenen Aussagen eine bestimmte (subjektive) Tönung
geben, er kann damit aber auch auf vorausgegangene Äußerungen Bezug nehmen
und Zustimmung, Ablehnung, Einschränkung, Erstaunen, Interesse anzeigen:

> Wie konnte *denn* das passieren? Das ist *ja* furchtbar. Diese Raser auf der Autobahn
> sind *schon* bekloppt, das sind *vielleicht* arme Irre. Da sollte *aber* die Polizei hart durch-
> greifen.

Oft wird mit den Modalpartikeln auch nur auf ein gemeinsames Wissen Bezug genommen oder angedeutet, daß etwas bekannt ist oder bekannt sein sollte:

> Die Maßnahmen haben *ja* nichts zur Verringerung der Ozonwerte beigetragen. Den
> Antrag habe ich *doch* schon eingereicht. Er wird *auch* seine Gründe dafür haben.

Die am häufigsten gebrauchten Modalpartikeln sind:

> aber, auch, bloß, denn, doch, eben, eigentlich, etwa, halt, ja, mal, nur, schon, vielleicht,
> wohl.

---

1   Der grammatische Terminus „Fokus" bedeutet „Informationskern, Informationszentrum"
    (lat. focus „Brennpunkt; Herd").
2   Die Modalpartikeln sind lange Zeit vorwiegend negativ bewertet worden. Von der älteren Stili-
    stik wurden sie, da sie nichts zum sachlichen Inhalt einer Aussage beitragen, als überflüssige
    und unnütze „Füllwörter" und „Flickwörter" angesehen und für eine umständliche oder ver-
    schwommene Ausdrucksweise verantwortlich gemacht. In der neueren Stilistik werden sie, je-
    denfalls bei nicht ausuferndem Gebrauch, als „Würzwörter", „Abtönungswörter" und „Mittel
    der Satzbelebung" meist positiv bewertet, nicht nur bei mündlichem, sondern auch schriftli-
    chem Gebrauch. Texte mit Modalpartikeln werden gewöhnlich als flüssiger, [gefühls]wärmer,
    natürlicher beurteilt. Wichtig für die Beurteilung der Modalpartikeln ist, daß sie nicht nur eine
    stilistische, sondern auch eine kommunikative Funktion haben. Vgl. dazu H. G. Adler: Füll-
    wörter. In: Muttersprache 74 (1964), S. 52 ff.; D. Borst: Die affirmativen Modalpartikeln *doch,*
    ja und *schon.* Tübingen 1985; M. Kummer: Modalpartikeln. Bonn 1984; A. T. Krivonosov:
    Die modalen Partikeln in der deutschen Gegenwartssprache. Göppingen 1977; R. Thiel:
    Würzwörter. In: Sprachpflege 11 (1962), S. 71 ff.; H. Weydt: Abtönungspartikel. Bad Hom-
    burg v. d. H. 1969; ders. (Hg.): Aspekte der Modalpartikeln. Studien zur deutschen Abtönung.
    Tübingen 1977; ders. (Hg.): Partikeln und Deutschunterricht. Heidelberg 1981; ders. (Hg.):
    Sprechen mit Partikeln. Berlin 1989; ders. (Hg.): Partikeln und Interaktion. Tübingen 1983;
    T. Ickler: Zur Bedeutung der sogenannten ‚Modalpartikeln'. In: Sprachwissenschaft 19 (1994),
    S. 374 ff.

Häufig werden Modalpartikeln miteinander verbunden, zu Zweier- und Dreier-
kombinationen, gelegentlich sogar zu Viererkombinationen:[1]

Das ist *ja wohl* eine Frechheit. War das *aber auch* ein Wetter! Hör *doch bloß* auf zu
jammern! Reich mir *doch mal* das Salz! Was hast du *denn auch schon* geleistet? Du hättest mich *ja doch wohl* anrufen können.

Modalpartikeln binden sich häufig an bestimmte Satzarten oder Äußerungen,
etwa *doch, eben, halt, ja, schon* an Aussagen, *denn, eigentlich, wohl* an Fragen,
doch mal, schon an Aufforderungen, *bloß, doch, nur, vielleicht* an Wünsche und
Ausrufe:[2]

Das ist *doch* blanker Unsinn. Das Leben ist *halt* hart. Die Regeln sind *eben* nicht einfach. Du bist *ja* verrückt.

Wird sie *denn* einverstanden sein? Ist die Sache *eigentlich* erledigt? Ich frage mich, wer
wohl diesmal gewinnen wird.

Laß *doch* den Hund in Ruhe! Nun setz dich *schon* endlich hin! Reich mir bitte *mal* das
Salz!

Hätte er *bloß* auf mich gehört. Was ist das *doch* für ein toller Bursche! Wärst du *nur*
mitgekommen. Du bist *vielleicht* eine Flasche!

Gesprächspartikeln[3]

639 Die Gruppe der Gesprächspartikeln ist recht heterogen. Sie umfaßt Signale, die
der Gliederung des Gesprächs, der Bestätigung oder Vergewisserung im Gespräch dienen (Gliederungs- und Rückmeldungssignale), Antworten auf Entscheidungsfragen, Grüße, Gebote u. dgl. und Ausrufe (Interjektionen). Charakteristisch für die Gesprächspartikeln ist, daß sie nicht in den Satz eingebettet sind;
sie stehen entweder allein oder am Anfang beziehungsweise Ende eines Satzes,
ohne jedoch zu diesem Satz zu gehören. Treten sie einmal mitten im Satz auf –
dies ist bei den Interjektionen bisweilen der Fall –, sind sie trotzdem nicht in den
Satz integriert.

Gliederungs- und Rückmeldungssignale

640 Bei den Partikeln, die der Gesprächssteuerung dienen, ist zwischen hörerseitigen
und sprecherseitigen Signalen zu unterscheiden. Hörerseitige Signale dienen der
Rückmeldung. Mit ihnen kann der Hörer u. a. entweder bestätigen, daß er den
Sprecher – akustisch oder sinngemäß – verstanden hat (Bestätigungssignale), oder
aber sich vergewissern, ob er den Sprecher richtig verstanden hat (Rückfrage-
signale).
Rückmeldungssignale sind z. B.:

Bestätigung: ja, hm, genau, gut, richtig.
Vergewisserung: ja?, hm?, bitte?, wie?, was?

Die Rückmeldungssignale dienen nicht ausschließlich der Bestätigung oder Vergewisserung. Mit ihnen kann vom Angesprochenen auch seine Gesprächsbereit-

---

1 Vgl. dazu M. Thurmair: Modalpartikeln und ihre Kombinationen. Tübingen 1989.
2 Vgl. dazu M. Thurmair: Modalpartikeln und ihre Kombinationen. Tübingen 1989; G. Helbig:
Lexikon deutscher Partikeln. Leipzig 1988; H. Weydt: Kleine deutsche Partikellehre. Stuttgart
1983.
3 Vgl. zum folgenden H. Henne: Gesprächswörter. Für eine Erweiterung der Wortarten. In:
H. Henne – W. Mentrup – D. Möhn – H. Weinrich (Hgg.): Interdisziplinäres Wörterbuch in
der Diskussion. Düsseldorf 1978, S. 42 ff.; A. Burkhardt: Gesprächswörter. Ihre lexikologische
Bestimmung und lexikographische Beschreibung. In: W. Mentrup (Hg.): Konzepte zur Lexikographie (= Reihe Germanistische Linguistik 38). Tübingen 1982, S. 138 ff.

schaft angezeigt werden und vom Hörer das Gespräch gestützt werden, indem er durch Rückmeldung seine Aufmerksamkeit bekundet und den Sprecher zur Fortführung des Gesprächs ermuntert.

Sprecherseitige Signale dienen der Gesprächsgliederung. Mit ihnen kann der Sprecher die einzelnen Gesprächsschritte einleiten oder abschließen, er kann zum Ausdruck bringen, daß er in der Sprecherrolle bleiben möchte oder aber dem Hörer die Sprecherrolle zuweist.

Gliederungssignale sind z. B.:

> also, nun, so, ja?, oder?, nicht?, (südd.:) gell?

Einleitend:

> *Also,* ich bin davon noch nicht restlos überzeugt. *Nun,* auch ich bin der Meinung, daß hier etwas geschehen muß. *So,* jetzt wollen wir aber mal über etwas anderes reden.

Abschließend:

> Du hilfst mir doch, *nicht wahr?* Pack für die Reise auch ein paar warme Sachen ein, *ja?* Damit ist die Sache wohl erledigt, *oder?* Die Post muß noch heute abgeschickt werden, *gell?*

Die Gesprächssteuerung wird nicht nur mit einzelnen Partikeln vorgenommen, sondern auch mit Fügungen; oft konkurrieren damit mehrgliedrige Ausdrücke:

> Ich bin doch im Recht gewesen, *nicht?/nicht wahr?/findest du nicht auch?* Der Trainer hat doch gute Arbeit geleistet, *oder?/oder etwa nicht?/oder was meinen Sie?/oder wie denken Sie darüber?*

Antworten auf Entscheidungsfragen, Grüße, Gebote u. dgl.

Neben den Gliederungs- und Rückmeldungssignalen gehören zu einem Gespräch auch Partikeln, die der Zustimmung oder Ablehnung dienen, Grüße, mit denen ein Gespräch gewöhnlich eröffnet oder beendet wird, Gebote u. dgl. Allen Partikeln dieser Untergruppe der Gesprächspartikeln gemeinsam ist, daß sie für einen Satz stehen und eine vollständige Aussage beinhalten.

641

Als Antworten auf Entscheidungsfragen fungieren hauptsächlich *ja, nein* und *doch*:

> Möchtest du noch etwas Suppe? – *Ja* (= ich möchte noch etwas Suppe). Habt ihr in diesem Jahr schon einen Betriebsausflug gemacht? – *Nein* (= wir haben in diesem Jahr noch keinen Betriebsausflug gemacht). Spielst du nicht mehr in der Mannschaft? – *Doch* (= ich spiele noch in der Mannschaft).

Als Antwort auf eine verneinte Entscheidungsfrage wird nicht *ja,* sondern *doch* gebraucht, wenn die Verneinung nicht gelten soll:

> Stimmt das etwa nicht? – *Doch* (= das stimmt). Sind die Lebensmittel nicht mehr zu verwenden? – *Doch* (= sie sind noch zu verwenden).

Gelegentlich wird *doch* auch statt *ja* als Antwort auf nicht verneinte Entscheidungsfragen gebraucht, wenn die Erwartung des Fragenden von Ängsten oder Zweifeln bestimmt ist. Der Fragende soll mit *doch* beruhigt werden:

> Liebst du mich noch? – *Doch* (= ich liebe dich noch). Sind meine Knochen alle heil? – *Doch, doch* (= sie sind alle heil).

Bei verneinten Aussagen wird *doch* verwendet, um der Aussage zu widersprechen:

> Er gehört nicht zum engeren Kreis der Bewerber. – *Doch* (= er gehört zum engeren Kreis der Bewerber).

Ähnlich wie *ja* und *nein* fungieren bei Fragen (im Zusammenhang mit einem Angebot) *bitte* und *danke*. Bei einer Angebotsfrage zeigt *bitte* Zustimmung an und steht für *ja,* während *danke* Ablehnung ausdrückt und für *nein* steht. Dementsprechend können *bitte* und *danke* auch mit *ja* und *nein* kombiniert werden:

> Möchtest du noch ein Stück Kuchen? – *[Ja] bitte.* Trinken Sie noch ein Glas? – *[Nein] danke.*

Zu den Gesprächspartikeln können auch Grüße, Zurufe, Gebote, Flüche u. dgl. gerechnet werden, die gleichfalls für einen ganzen Satz stehen, z. B. *Mahlzeit!* (= Ich wünsche dir/Ihnen eine gesegnete Mahlzeit.) Neben den einzelnen Partikeln stehen oft Fügungen:

Grüße:	ade!; tschüs!; [guten] Morgen!, [guten] Tag!, guten/'n Abend!; [auf] Wiedersehen!; (bes. österr.:) servus!; (schweiz.:) grüezi!; bis bald! u. a.
Zurufe:	ahoi!; hallo!; he!; heda! u. a.
Wünsche:	Gesundheit!; guten Appetit!; [na denn] prost!/na denn [prost]!; [zum] Wohlsein! u. a.
Gebote, Aufforderungen (sich zu beeilen, still zu sein usw.):	dalli [dalli]!; hopp!; husch [husch]!; pst!; sch! u. a.
Flüche:	verflucht!; verflixt [und zugenäht]!; [verdammter] Mist!; sakra!; (ugs. verhüllend:) Scheibenkleister! u. a.

Ausrufe (Interjektionen)

642 Interjektionen werden hauptsächlich im Gespräch verwendet, meist in der Absicht, Interesse beim Hörer für die Gefühlslage des Sprechers oder für die geschilderte Situation zu wecken. Sie stehen prägnant für das, was sonst umständlich umschrieben und nur unzulänglich ausgedrückt werden könnte *(plumps!; ritsch!; ach!; brr!)*.

Die Interjektionen lassen sich grob in zwei Gruppen einteilen, in Ausdrucks- bzw. Empfindungswörter und in Nachahmungen von Lauten bzw. Schalleindrücken. Neben konventionalisierten Lautverbindungen (z. B. *huch!; peng!; kuckuck!; miau!; au!; pfui!*) werden auch Wörter, vor allem Substantive, und feste Verbindungen als Interjektionen gebraucht:

> au [Backe]!; ach [du meine Güte]!; Donnerwetter!; potz Blitz!; o [mein Gott]!

Ausdrucks- und Empfindungswörter sind z. B.:

Schmerz:	au, aua, autsch.
Kältegefühl:	hu, brr.
Ekel:	bäh, ih, igitt, pfui.
Bedauern, Kummer:	ach, auweia, herrje, oh, oha, oje.
Überraschung:	ach, ah, hoppla, nanu, oh.
Erleichterung:	uff, puh.
Spott:	ätsch.
Freude:	heisa, juchhe, juchhu.

Nachahmungen von Lauten sind z. B.:

Menschliche Laute:	haha, hatschi, hihi.
Tierische Laute:	iah, kikeriki, kuckuck, miau, muh, quak, wau [wau].
Sonstige Laute:	bim [bam, bum], hui, klingeling, piff, rums, tatütata, ticktack, zack.

In der Jugendsprache werden auch verkürzte Verbformen (z. B. *ächz!; bibber-bibber!; seufz!*) als Interjektionen und zur Kommentierung gebraucht (vgl. 994).[1]

Negationspartikeln (Partikeln der Verneinung)

Partikeln der Verneinung sind *nicht, keinesfalls, weder – noch.* Zu ihrem Gebrauch vgl. den Abschnitt über die Negation (1220).   643

9 Die Präposition

Die lateinische Bezeichnung „Präposition" bedeutet das „Vorangestellte"[2] und   644
nimmt Bezug auf die Wortstellung. Die meisten Präpositionen stehen tatsächlich vor ihrem Bezugswort, nur einige wenige werden nachgestellt (vgl. 646). Die deutsche Bezeichnung „Verhältniswort" bezieht sich auf die Eigenschaft dieser Wortart, zwei Sachverhalte zueinander in Beziehung zu setzen und das Verhältnis als lokal, temporal, kausal oder modal zu kennzeichnen. Das ist aber nicht durchgehend der Fall. Vor allem bei den Präpositionalobjekten (*auf* jemanden achten; *von* etwas sprechen) bleibt das Verhältnis unbestimmt; die Präposition dient hier nur dem Anschluß und der Kennzeichnung des Objekts.
Die Präpositionen haben einen verhältnismäßig hohen Anteil am Wortaufkommen eines Textes. Allerdings sind es nur etwa 20 Präpositionen, die häufig auftreten *(an, auf, aus, bei, bis, durch, für, gegen, hinter, in, mit, nach, neben, über, um, unter, von, vor, zu, zwischen).* Andere dagegen kommen nur selten vor (z. B. *angesichts, dank, kraft, zufolge, zwecks).*[3]
Viele Präpositionen sind aus Lokaladverbien entstanden, mit denen früher das im allgemeinen bereits durch den Kasus des Substantivs bestimmte Raumverhältnis genauer gekennzeichnet wurde. Zu diesen Präpositionen gehören u. a.

> ab, an, auf, aus, bei, durch, hinter, mit, nach, über, um, unter, von, vor, zu.

Einige ursprüngliche Adverbien sind heute nur noch als Präposition gebräuchlich (z. B. *bei, hinter, zu*); andere werden vornehmlich als Präposition und nur noch beschränkt als Adverb gebraucht (z. B. *an, bis, über*); wieder andere werden nur gelegentlich auch als Präposition verwendet (z. B. *links* des Hauses, *unterhalb* der Dachkonstruktion, *seitab* des Weges).
Auch aus Adjektiven und Partizipien sind Präpositionen hervorgegangen:

> *gelegentlich* seines Besuches; *gleich* seinem Vater; *während* der Pause; *ungeachtet* der Schmerzen; *frei* deutsche Grenze (kaufm.).

Andere Adjektive und Partizipien sind auf dem Wege, Präpositionen zu werden. So werden heute *betreffend* und *entsprechend* häufig schon als Präposition gebraucht. Kennzeichnend dafür ist die Voranstellung und die Weglassung der Kommas, die bei einer erweiterten Partizipialgruppe gesetzt werden müssen:

---

1 Vgl. H. Henne: Jugend und ihre Sprache. Darstellung, Materialien, Kritik. Berlin/New York 1986, S. 75 f. u. 104–114.
2 lat. prae-positio, eigtl. „das Voranstellen, Voransetzen", zu lat. prae-ponere „voranstellen, voransetzen".
3 Die Angaben über die Zahl der Präpositionen schwanken erheblich, von 50 bis weit über 100. Das hängt vor allem mit der Frage zusammen, ob Adjektive und Adverbien und präpositionale Gefüge, die wie Präpositionen gebraucht werden, zu den Präpositionen zu rechnen sind (*südlich* der Alpen, *links* des Rheins; *an* Stelle des Eigentümers, *auf* Grund der Tatsachen, *mit Hilfe* des Computers). Vgl. dazu E. Forstreuter und K. Egerer-Möslein: Die Präpositionen. Leipzig 1978, S. 9 mit Anm. 4.

betreffend den Bruch des Vertrages (statt: den Bruch des Vertrages *betreffend*); *entsprechend* meinem Vorschlag (statt: meinem Vorschlag *entsprechend*). Ich habe *entsprechend* seinen Anordnungen gehandelt (statt: Ich habe, seinen Anordnungen *entsprechend*, gehandelt).

An die Adjektive *südlich, westlich, östlich, nördlich* kann heute ein Substantiv im Genitiv oder mit *von* angeschlossen werden. Der Gebrauch in der Rolle einer Präposition mit einem Substantiv im Genitiv ist bereits dort häufiger oder fest geworden, wo dem Substantiv oder dem geographischen Namen ein Artikel oder ein Pronomen vorangeht:

> *nördlich* dieser Stadt, *östlich* des Peloponneses, *südlich* der Donau, *westlich* des Nullmeridians.

Der Anschluß mit *von* wird dort bevorzugt, wo ein artikelloser (geographischer) Name steht:

> *südlich* von München (selten: *südlich* Münchens), *westlich* von Schleswig-Holstein (selten: *westlich* Schleswig-Holsteins).

Die Nichtbeugung des Substantivs ist inkorrekt:

> nicht: *südlich* München, *westlich* des Main; sondern: *südlich* Münchens, *westlich* des Mains.

Auch aus Substantiven und Gefügen aus Präposition + Substantiv sind Präpositionen hervorgegangen:

> *dank* ihrer Hilfe; *kraft* meines Amtes; *trotz* heftiger Schmerzen; *anstatt* des Geldes; *infolge* ständiger Überbelastung; *zugunsten* des Angeklagten.

Diese Entwicklung ist noch nicht abgeschlossen:[1]

> *an Hand*/(häufig auch:) *anhand* der Unterlagen; *auf Grund*/(häufig auch:) *aufgrund* seines Einspruchs; *an Stelle*/(häufig auch:) *anstelle* des Präsidenten; *mit Hilfe* eines Farbstoffs.

9.1 Gebrauch

645 Präpositionen treten weder als Satzglied noch als Attribut auf. Sie vermitteln vielmehr in der Art eines Verbindungsstücks den Anschluß zwischen zwei Wörtern. Das Wort, an das ein anderes mittels der Präposition angeschlossen wird, kann ein Verb, ein Substantiv oder ein Adjektiv sein:

> Verb: Die Urlauber *fahren an* die See. – Substantiv: Das *Buch auf* dem Tisch gehört mir. – Adjektiv: Alle sind *froh über* diese Entscheidung.

Das angeschlossene Wort kann ein Substantiv, ein Pronomen, ein Adjektiv oder ein Adverb sein. Wenn das angeschlossene Wort deklinabel ist, steht es in einem bestimmten Kasus, den die Präposition (im Zusammenwirken mit dem vorangehenden Wort) festgelegt. Diese Erscheinung heißt Rektion (vgl. 662):

Substantiv:	*an der Wand* hängen; *bei den Eltern* wohnen; *gemäß den Vorschriften* handeln.
Pronomen:	*auf etwas* achten; *bei ihnen* wohnen; *für jemanden* sorgen.
Adjektiv:	*bei weitem* nicht ausreichend; *für gut* halten; etwas *auf deutsch* sagen.
Adverb:	*bis heute* dauern; *nach unten* gehen; *von oben* kommen.

---

1 Zur Abgrenzung von präpositionsartig gebrauchten Präpositionalgefügen von anderen Präpositionalgefügen vgl. J. Schröder: Lexikon deutscher Präpositionen. Leipzig 1990², S. 249 ff.; W. Schmitz: Der Gebrauch der deutschen Präpositionen. München 1976⁹, S. 82 f.

Die Verbindung aus Präposition und angeschlossenem Wort bzw. angeschlos-   646
sener Wortgruppe nennt man Präpositionalgefüge. Der syntaktische Status
eines Präpositionalgefüges kann der eines Satzglieds oder eines Attributs sein.
Als Satzglied wiederum kann das Präpositionalgefüge eine Ergänzung oder eine
freie Angabe sein:

> Satzglied, Ergänzung (= Präpositionalobjekt): Der Fahrer achtet *auf die Fußgänger*. –
> Satzglied, freie Angabe (= adverbiale Bestimmung, Umstandsangabe): Die Nachba-
> rin sonnt sich *auf dem Balkon*. – Attribut: Der Wagen *vor der Einfahrt* wird abge-
> schleppt.

Bei den Präpositionalgefügen ist zwischen freiem und gebundenem Gebrauch der
Präposition zu unterscheiden. Bei freiem Gebrauch kann die Präposition durch
eine andere ersetzt werden. Dies ist grundsätzlich bei adverbialen Bestimmungen
der Fall:

> Freier Gebrauch: Das Auto steht *in* der Garage/*vor* der Garage/*neben* der
>   Garage.
>   Die Krawalle *vor* dem Spiel/*während* des Spiels/*nach* dem
>   Spiel machten einen massiven Polizeieinsatz notwendig.

Bei gebundenem Gebrauch kann die Präposition nicht ausgetauscht werden. Das
ist – von einigen Ausnahmen (z. B. *über* etwas sprechen/*von* etwas sprechen) abgesehen – bei den Präpositionalobjekten der Fall, auch in Funktionsverbgefügen
und idiomatischen Ausdrücken ist die Präposition in der Regel nicht austauschbar:

> Gebundener Gebrauch: Ihre Hoffnung *auf* ein Wiedersehen erfüllt sich nicht.
>   Sie ist traurig *über* den Verlust des Ringes.
>   Die Reisenden kümmern sich *um* ihr Gepäck.
>   Die Anlage kann *in* Gang gesetzt werden.

Die Präpositionen stehen gewöhnlich am Anfang des Präpositionalgefüges, also
vor dem Bezugswort. Nur in wenigen Fällen stehen sie am Ende des Präpositionalgefüges oder umklammern in Verbindung mit einer anderen Präposition das
Bezugswort. Nachgestellte Präpositionen nennt man auch Postpositionen, zwei-
teilige Präpositionen, die das Bezugswort bzw. die Bezugsgruppe umklammern,
Zirkumpositionen:

> Dem Bericht *zufolge* ist die Lage ernst. Sie hat *um* des lieben Friedens *willen* nachgege-
> ben.

Einige wenige Präpositionen können sowohl vor dem Bezugswort als auch nach
dem Bezugswort stehen:

> *Entlang* den Absperrungen/Die Absperrungen *entlang* standen Neugierige. *Gegenüber*
> dem Vorjahresergebnis/Dem Vorjahresergebnis *gegenüber* wurde eine leichte Verbes-
> serung erzielt.

Einige Präpositionen gehen unter bestimmten Bedingungen eine lautliche Verbindung mit dem bestimmten Artikel ein, z. B.:

> am (= an dem), ins (= in das), zur (= zu der).

Zur Verschmelzung des Artikels mit bestimmten Präpositionen vgl. 540 ff. Zur
Bildung von Pronominaladverbien (Präpositionaladverbien) aus bestimmten Präpositionen mit den Adverbien *da, hier* und *wo* vgl. 626 ff.

9.2 Die durch die Präpositionen gekennzeichneten Verhältnisse

647 Nach den Verhältnissen oder Beziehungen, die durch Präpositionen gekennzeichnet werden, lassen sich lokale, temporale, modale und kausale Präpositionen unterscheiden. Viele Präpositionen sind nicht auf die Kennzeichnung eines einzigen Verhältnisses festgelegt, sie können mehrere Verhältnisse kennzeichnen:

> etwas *aus* dem Schrank nehmen (lokal), ein Kleid *aus* Seide (modal), etwas *aus* Angst tun (kausal);
>
> *vor* dem Kino warten (lokal), *vor* acht Uhr eintreffen (temporal), *vor* Freude heulen können (kausal).

Oft läßt sich der Gebrauch einer Präposition nicht auf die vier Gruppen lokal, temporal, modal und kausal – auch nicht als Übertragung – zurückführen. Die Präpositionen kennzeichnen also nicht nur diese vier Grundverhältnisse, sondern auch noch andere Verhältnisse und Beziehungen, oft sind sie „leer" oder „neutral" und dienen nur der syntaktischen Verknüpfung:

> arm *an* Kalorien; das Recht *auf* Arbeit; *unter* Anteilnahme der Bevölkerung; *von* etwas sprechen.

Lokale Präpositionen zur Kennzeichnung des Raumes, der Lage, der Richtung

648 ab, abseits, an, auf, aus, außer, außerhalb, bei, bis, diesseits, durch, entlang, fern, gegen, gegenüber, gen (veralt.), hinter, in, inmitten, innerhalb, jenseits, längs, nach, nächst, nahe, neben, nördlich, ob (veralt.), oberhalb, östlich, seitlich, südlich, über, um, unfern, unter, unterhalb, unweit, vis-à-vis (veralt.), von, vor, westlich, zu, zunächst, zwischen.

> Das Buch liegt *auf* dem Tisch. Er nahm das Buch *aus* dem Regal. Er schläft *unter* freiem Himmel. Ich befinde mich *in* einer schlimmen Lage.

Anmerkungen zu bestimmten lokalen Präpositionen:

an, auf, in

649 Zur Kennzeichnung einer Lage werden diese Präpositionen unterschiedlich verwendet. Mit *an* wird eine Lage außerhalb, aber in der Nähe von etwas angegeben und der Kontakt zu dem Genannten bezeichnet:

> Die Tankstelle liegt *an* der Bundesstraße 49. Da waren sie auch schon *an* der Haustür. Sie ruderten *an* das Ufer.

Mit *in* wird das Darinsein in einem anderen ausgedrückt. Dies gilt auch bei Straßennamen mit *-straße*, *-gasse* und *-allee*, bei Städte- und Ländernamen:

> Sie hält einen Schirm *in* der Hand. Ich habe nur einen Anzug *im* Schrank hängen. Sie wohnen *in* der Bahnhofstraße. Er lebte lange *in* Paris, *in* Frankreich.

Bei Straßennamen mit *-markt* und *-platz* steht *an*, bei solchen mit *-damm* ebenfalls, seltener auch *auf*; auch bei Inselnamen steht *auf*:

> Ich wohne *am* Altmarkt/Herderplatz. Sie wohnen *am*/(seltener:) *auf* dem Kurfürstendamm. Wir waren *auf* Mallorca. Die Ferien verbrachten sie *auf* Sylt.

Mit *auf* wird die Berührung von oben, das Verhältnis von etwas zu einem anderen als Basis ausgedrückt:

> Das Auto stand *auf* der Straße. Das Öl schwimmt *auf* dem Wasser. *Auf* den Bergen liegt schon Schnee.

Mittelhochdeutsches und frühneuhochdeutsches *an,* das in der Bedeutung von *auf* verwendet wurde, hat sich in bestimmten Resten erhalten:

an der Erde, *an* dem rechten Platz, *am* Lager (kaufm.), *an* Bord.

Weitergehender Gebrauch von *an* für *auf* ist landschaftlich üblich, besonders in der Schweiz und in Österreich:

... *am* Grunde seines Wesens (Musil). Die Veilchen standen *am* Tisch und dufteten ein wenig müde (Baum). ... während sie nackt auf einem Bett *am* Rücken lag (Musil). ... die Blumen bleiben *am* Boden zurück (Frisch).

Im heutigen Sprachgebrauch wird *auf* (mit Dativ) statt *in* (mit Dativ) im allgemeinen nur dann verwendet, wenn der Aufenthalt in einer öffentlichen Institution oder einem Gebäude, in einer Räumlichkeit angegeben werden soll:

auf dem Bahnhof, *auf* der Post, *auf* dem Standesamt, *auf* der Universität. Der Mann *auf* dem Reisebüro in München warnte (Koeppen). Den gab's schon bei uns *auf* der Penne (Grass).

in, nach, zu, bei

Diese Präpositionen werden zur Angabe einer Richtung unterschiedlich gebraucht. Die Präposition *in* bedeutet ,in etwas hinein' und steht vor Substantiven (und geographischen Namen) mit Artikel: 650

in den Wald gehen, *in* die Stadt fahren, *in* das Zimmer treten, *in* die Schweiz reisen, *in* die Türkei fliegen.

Vor artikellosen Orts- und Ländernamen steht *nach* in der Bedeutung ,in eine bestimmte Richtung hin' (eigtl. ,in die Nähe von'), weil *in* in diesen Fällen die Lage, den Ort (Frage *wo?*) bezeichnet:

nach Frankfurt fahren, *nach* Italien reisen, *nach* Helgoland segeln.

Auch sonst steht bei Ortsangaben ohne Artikel *nach*:

nach oben gehen, *nach* links abbiegen, *nach* Westen fliegen.

Die Präposition *zu* bedeutet ,auf ein bestimmtes Ziel zu' und steht zur Kennzeichnung einer Hinwendung vor allem bei Personennamen und -bezeichnungen:

Sie muß noch *zum* Arzt/Bäcker/Fleischer gehen. Die Straßenbahn fährt *zum* Zoo. Michael geht *zu* seinem Freund Peter. Darf ich noch mal *zu* ihr?

Häufig findet sich *zu* in festen Formeln, die zumeist ohne Artikel stehen. In diesen Fällen ist zunächst zwar ein räumliches Verhältnis gemeint, doch verbindet sich damit vor allem in übertragenem Gebrauch zugleich ein bestimmtes menschliches Verhalten:

zum Theater gehen (= Schauspieler werden), *zu* Tisch gehen (= essen gehen), *zur* Schule gehen (= unterrichtet werden), *zu* Füßen fallen (= niederknien), *zu* Felde ziehen gegen (= bekämpfen), *zu* Kopfe steigen (= betrunken, berauscht machen).

Eine alte Wendung ist *zu Hause,* mit der ursprünglich eine Richtung bezeichnet wurde. Heute kennzeichnet man mit *zu Hause* die Ruhelage, mit *nach Hause* die Richtung. In Mundart und Umgangssprache hat sich *zu Hause* in der alten Bedeutung gehalten. Auch die Klassiker kennen diesen Gebrauch:

Man bringe die Königin *zu Hause* (Schiller). ... als wir *zu Hause* gingen (Hebbel).

Landschaftlich (bes. in Norddeutschland) findet sich *nach,* wo heute standardsprachlich bei Personenbezeichnungen *zu,* sonst *zu, in* u.ä. zu erwarten wären:

Die Kinder gehen *nach* dem Garten. Sie ist *nach* dem Bäcker gelaufen. Er hat sich *nach* seiner Schwester in Rendsburg ... begeben (Niebuhr). ... als wir in der Finsternis *nach* der Bahn gingen (Gaiser). Er soll bei Alarm ... *nach* dem Revier kommen (Apitz).

Die Präposition *nach* steht vor Personenbezeichnungen nur dann, wenn die genannte Person getroffen, erreicht, geholt werden soll:

Hans schlägt *nach* dem Kind. Sie streckte die Hand *nach* ihm aus. Er schickte *nach* dem Arzt.

In salopper Umgangssprache kommt landschaftlich in bezug auf Personen auch *bei* statt *zu* vor:

Die Kinder sind *bei* Tante Else gegangen.

Temporale Präpositionen zur Kennzeichnung des Zeitpunkts, der Dauer

651

ab, an, auf, aus, außerhalb, bei, binnen, bis, für, gegen, in, innerhalb, mit, nach, seit, über, um, unter, von, vor, während, zeit, zu, zwischen.

Er fährt *gegen* Abend. Sie kommt *in* drei Tagen. Wir werden *vor* Einbruch der Dunkelheit eintreffen. Die Feier beginnt *um* 20 Uhr. Sie bleibt *von* Ostern *bis* Pfingsten.

Anmerkungen zu bestimmten temporalen Präpositionen:

ab, von – an

652

Mit *von – an* und (alltagssprachlich) mit *ab* wird ein zeitlich fortdauerndes Geschehen gekennzeichnet:

von morgen *an*; *von* der vierten Unterrichtsstunde *an*; *von* Ostern *an*; *von* Anfang *an*; *ab* morgen; *ab* der vierten Unterrichtsstunde; *ab* Ostern; *ab* kommendem/kommenden Montag.

Sowohl *von – an* als auch *ab* können nicht in Verbindung mit Verben gebraucht werden, mit denen ein Augenblicksgeschehen ausgedrückt wird:

Nicht: Wir eröffnen unser Geschäft *ab* Mai, *von* Mai *an*.

Die Zusammenziehung von *von – an* und *ab* zu *von – ab* ist umgangssprachlich *(von morgen ab)*.

bis

653

Die Präposition *bis* hat im allgemeinen einschließende Bedeutung:

Wenn die Ferien vom 22. Juli *bis* [zum] 31. August dauern, dann ist der 31. August der letzte Ferientag. Wenn die Gemäldegalerie von Montag *bis* Freitag geöffnet ist, dann ist sie auch noch am Freitag offen. Wenn jemand seine Schulden *bis auf* den letzten Pfennig bezahlt hat, dann hat er sie vollständig bezahlt.

Da *bis [auf]* auch einschließend gebraucht werden kann, treten gelegentlich Mißverständnisse auf:

Das Gedicht ist *bis auf* die letzte Strophe gelungen. Außer oder einschließlich der letzten Strophe? Eindeutig sind dagegen: Das Gedicht ist mit Ausnahme der letzten Strophe/von der ersten bis zur letzten Strophe gelungen.

Die Verwendung von *bis* bei einer Zeitangabe auf die Frage *wann?* (statt zum Ausdruck einer Erstreckung: *wie lange?*) ist umgangssprachlich:

Sie hoffte, daß *bis* Dienstag über acht Tage die Trauung sein könnte. Auch den Kuchen aßen die Kinder auf, weil sie meinten, *bis zu* (= bei) unserer Rückkehr wäre er nicht mehr zu genießen (E. Förster).

Die umgangssprachlich oft gebrauchten Abschiedsgrüße *Bis Sonntag!, Bis gleich!, Bis nächste Woche!* sind wohl elliptisch zu erklären:

Bis zum Wiedersehen am Sonntag! Alles Gute *bis* nächste Woche.

in

Die Präposition *in* wird nach englischem Vorbild – vor allem in der Journalisten- 654
sprache – öfter mit einer Jahreszahl gebraucht:

In 1946 kehrte er aus dem Exil zurück.

Standardsprachlich ist die Jahreszahl ohne Präposition oder die Fügung *im Jahre* + Jahreszahl:

1946/Im Jahre 1946 kehrte er aus dem Exil zurück.

seit

Mit *seit* wird der Zeitpunkt angegeben, zu dem ein Zustand eingetreten ist oder 655
ein anhaltender Vorgang begonnen hat. Die Präposition sollte deshalb nur in Verbindung mit Verben stehen, mit denen ein andauerndes Geschehen bezeichnet
wird (imperfektive Verben [vgl. 144] wie *arbeiten, sein*), nicht aber in Verbindung
mit Verben, mit denen ein einmaliges, in sich abgeschlossenes Geschehen ausgedrückt wird (perfektive Verben [vgl. 143] *beginnen, sterben*):

Er arbeitet *seit* dem 1. August bei uns. Sie ist *seit* drei Jahren tot.
Nicht: Er begann seine Arbeit *seit* (statt: *am*) 1. August. Die Großmutter ist *seit*
(statt: *vor*) drei Jahren gestorben. Die *seit* (statt: *vor*) einem Jahr eröffnete Disko ist
pleite.

während

Mit *während* wird ein Zeitraum bezeichnet, in dem etwas geschieht *(wann?)*, oder 656
die Gleichzeitigkeit zweier Ereignisse ausgedrückt, nicht aber die Zeitdauer *(wie
lange?)*:

Während der Veranstaltung darf nicht geraucht werden. Ich habe das *während* meiner
Amtszeit gelernt.
Nicht: Das Schneetreiben dauerte *während* fünf Tagen.

Modale Präpositionen zur Kennzeichnung der Art und Weise u. ä.

abzüglich, auf, aus, ausschließlich, außer, bei, bis an, bis auf, bis zu, einschließlich, ent- 657
gegen, exklusive, für, gegen, gegenüber, in, inklusive, mit, mitsamt, nebst, ohne, samt,
sonder (veralt.), [an]statt, unter, von, wider, zu, zuwider, zuzüglich.

Er war *in* Eile. Sie sagte es *auf* deutsch. Er ist nicht *bei* Verstand. Das ist *unter* seiner
Würde. Das Kleid ist *aus* Seide. Der Ring ist *aus* Gold. Der Preis *zuzüglich* der Kosten
für Verpackung beträgt 30 DM. *Gegenüber* den vergangenen Jahren hatten wir diesmal viel Schnee. Sie läuft diese Strecke *ohne* Ermüdung. Er kaufte *statt* einer Schallplatte ein Buch.

Kausale u. ä. Präpositionen zur Angabe des Grundes, des Anlasses, der Einräu-mung, des Zweckes u. a.

angesichts, anläßlich, auf, aus, behufs, bei, betreffs, bezüglich, dank, durch, für, ge- 658
mäß, halber, infolge, kraft, laut, mangels, mit, mittels[t], nach, ob (veralt.), seitens,
trotz, über, um, um – willen, unbeschadet, ungeachtet, unter, vermittels[t], vermöge,
von, vor, wegen, zu, zufolge, zwecks.

Sie konnten *wegen* des Regens nicht trainieren. Die Jugendlichen steckten die Autos *aus* Übermut in Brand. Das Mädchen konnte *vor* Aufregung kaum sprechen. *Trotz* des Unwetters brachen sie auf. Sie fuhren *zur* Erholung an die See. Das Haus wurde *durch* Feuer zerstört. *Unter* diesen Umständen kann ich an dem Ausflug nicht teilnehmen.

Präpositionen wie *behufs, betreffs, bezüglich, mangels, seitens, vermittels[t], zwecks* gelten als Papierdeutsch.

Anmerkungen zu bestimmten kausalen Präpositionen:

auf Grund, durch, infolge, mit, von, vor, wegen, zufolge

659 Mit *auf Grund (aufgrund)* wird der bewegende Grund, aus dem etwas gefolgert wird, eine Motivierung gekennzeichnet:

Auf Grund einer Wette mußte er sich eine Glatze rasieren lassen. Der Mann wurde *auf Grund* der Zeugenaussage verhaftet.

Es sollte daher weder einen Sachgrund noch die Quelle für eine Angabe kennzeichnen; also z. B. nicht:

Auf Grund des Blitzschlages wurde das Haus zerstört. (Richtig: *Durch* den Blitzschlag ...). *Auf Grund* amtlicher Erhebungen fuhr sie zur fraglichen Zeit 100 km in der Stunde. (Richtig: *Gemäß* amtlichen Erhebungen/*Laut* amtlicher Erhebungen ...).

Die Präposition *durch* kennzeichnet u. a. den Vermittler, das Mittel, Werkzeug oder die Ursache:

Er wurde *durch* einen Boten benachrichtigt. Das Haus wurde *durch* Feuer zerstört. *Durch* seinen starken Willen kann er sich ohne fremde Hilfe wieder bewegen. Nicht: Diese Anthologie, herausgegeben *durch* Hans Meyer, hat ... (Richtig: ... herausgegeben *von* ...). *Durch* den Kälteeinbruch zögert die Saison im Augenblick noch (Richtig: *Wegen/Infolge* des Kälteeinbruchs ...).

Die Präposition *infolge* weist mittelbar auf den zurückliegenden Grund. Das von ihr abhängende Substantiv sollte nur ein Geschehen, aber keine Sache oder Person bezeichnen:

Infolge Hochwassers mußte die Uferstraße gesperrt werden. Die Kontrollen wurden *infolge* neuer Dopingaffären verstärkt. Nicht: *Infolge* des genossenen Weines schwankte er hin und her. *Infolge* des Vaters kam ich gut vorwärts.

Die Präposition *mit* nennt u. a. das Mittel, das Instrument, das Werkzeug:

Sie entfernte den Splitter *mit* einer Pinzette. Der Mann bezahlte *mit* Devisen. Die Brücke wurde *mit* Dynamit gesprengt.

Die Präposition *von* kennzeichnet im allgemeinen die bewirkende Ursache, den Urheber, den Täter (vgl. 314) einer Handlung oder eines Geschehens:

Der Splitter wurde *von* der Ärztin entfernt. Die Brücke ist *von* Pionieren gesprengt worden.

Mit *vor* wird der Beweggrund für Zustände und Gemütslagen gekennzeichnet:

Sie konnte *vor* Sorge nicht in den Schlaf finden. Er war außer sich *vor* Wut.

Bei den Verben des Schützens, Schirmens, Bewahrens steht zumeist *vor*, nicht *von*:

Er beschützte sie *vor* Gefahren. Sie bewahrten die Flüchtlinge *vor* Schlimmerem. Er rettete sie *vor* dem Tode.

Bei *erretten* wird *von* gebraucht:

Sie erretteten ihn *von* seinen Feinden. Nur mit Mühe konnte er *vom* Tode errettet werden.

Die Präposition *wegen* kennzeichnet den Sachgrund ganz allgemein, ohne Rücksicht auf zeitliche Verknüpfung:

Er wurde *wegen* Unterschlagung entlassen. Sie wurde *wegen* Mangels an Beweisen freigesprochen. Das Spiel mußte *wegen* starker Regenfälle abgebrochen werden.

Die Präposition *zufolge* weist – wie *infolge* – mittelbar auf eine Veranlassung hin, gibt an, daß etwas die Folge von etwas ist:

Seinem Wunsch *zufolge* wurde die Feier verschoben.

Sie sollte deshalb nicht bei Bezeichnungen für Personen oder Dinge stehen, die gar nicht die Ursache sind; also nicht:

Unserer Korrespondentin *zufolge* richtete das Unwetter erheblichen Schaden an. (Richtig: *Laut/Gemäß/Nach* dem Bericht unserer Korrespondentin ...)

dank

Die Präposition *dank* kann – außer in ironischer Sprechweise – nicht mit Substantiven verbunden werden, mit denen etwas Negatives oder Mißliches bezeichnet wird; sie sollte auch nicht zur Begründung von etwas Negativem, Mißlichem gebraucht werden: 660

Nicht: *Dank* seiner Nachlässigkeit mißglückte das Unternehmen. Sie braucht den Betrag *dank* ihrer Zahlungsunfähigkeit nicht zu überweisen.
Aber ironisch: *Dank* deiner Abwesenheit haben wir das Fußballspiel gewonnen. *Dank* deines Mitspiels haben wir das Spiel verloren.

laut

Die Präposition *laut* kann nur mit Substantiven verbunden werden, mit denen etwas Gesprochenes oder Geschriebenes bezeichnet wird: 661

laut seines Berichtes, *laut* ihrer Mitteilungen, *laut* Briefen. Nicht: *laut* Muster (sondern: *gemäß/nach* dem Muster).

9.3 Die Rektion der Präpositionen

Präpositionen legen das von ihnen angeschlossene Wort, sofern es deklinabel ist, im Kasus (Akkusativ, Dativ oder Genitiv) fest: 662

für (Akk.:) den Bruder/ihn
aus (Dat.:) dem Regal
außerhalb (Gen.:) des Dorfes.

Wie diese Beispiele zeigen, hängt es dabei von der Präposition ab, in welchem Kasus das folgende Substantiv oder Pronomen steht: nach *für* steht das Substantiv (Pronomen) im Akkusativ, nach *aus* im Dativ und nach *außerhalb* im Genitiv. Diese grammatische Erscheinung nennt man Rektion (vgl. 374).
Nicht selten kann man an der Form des Substantivs nicht erkennen, welcher Kasus vorliegt. In der Fügung *außerhalb der Stadt* z. B. kann *der Stadt* Genitiv oder Dativ sein. In solchen Fällen ist eine Ersatzprobe mit einem Maskulinum im Singular mit dem Artikel oder mit einem Adjektiv vorzunehmen, damit der Kasus ersichtlich wird *(außerhalb der Stadt/außerhalb des Waldes; mit Behagen/mit großem Behagen)*.

In bestimmten formelhaften Wendungen und in Verbindung mit Adjektiven und Adverbien läßt sich der von der Präposition geforderte Kasus allerdings nicht erkennen:

> zu Fuß; von Mensch zu Mensch; für gut halten; nach oben gehen.

Einige Präpositionen regieren nur einen Kasus, andere zwei, und die Präpositionen *außer* und *entlang* können sogar mit dem Genitiv, Dativ und Akkusativ verbunden werden.

Auffällig ist, daß mehrere Präpositionen in der Rektion schwanken, ohne daß dies Einfluß auf die Bedeutung hat:[1]

> *ab* erstem Mai/*ab* ersten Mai; *dank* seines Einsatzes/*dank* seinem Einsatz; *laut* ärztlichem Gutachten/*laut* ärztlichen Gutachtens; *trotz* dichten Nebels/*trotz* dichtem Nebel; *wegen* des Geldes (standardspr.)/wegen dem Geld (ugs.).

Präpositionen mit dem Akkusativ

663   *bis* nächsten Oktober (vgl. 653, 664), *durch* den Wald gehen (vgl. 659), *per* ersten Januar, *pro* männlichen Angestellten;
(entsprechend:) betreffend, für, gegen, gen (veralt.), je (vgl. 665), ohne (vgl. 666), sonder (veralt.), um, wider.

Anmerkungen zu einzelnen Präpositionen:

bis

664   Die Präposition *bis* kann ein Substantiv unmittelbar anschließen und regiert dann den Akkusativ:

> *bis* nächsten Oktober, *bis* fünfzehnten Januar, *bis* kommenden Sonntag, *bis* vorige Ostern; (heute wenig üblich:) *bis* diesen Tag (Schiller).

Der Akkusativ wird nur deutlich, wenn zu einem substantivischen Zeitbegriff wie *Woche, Monat, Jahr* oder zu Bezeichnungen der Feste, Wochentage oder Monate ein Attribut tritt.

Bei Zeitangaben steht die nachgetragene Apposition im Akkusativ:

> bis Dienstag, *den 3. September*; (auch:) *bis* heute, den 3. September.

Wird *bis* lokal gebraucht, kann es unmittelbar nur einen unflektierten Orts-, Länder- oder Inselnamen anschließen:

> *bis* München; *bis* Thüringen; *bis* Helgoland.

Bei Orts-, Länder- und Inselnamen kann strenggenommen eine nähere Bestimmung nur dann angeschlossen werden, wenn *bis* in Kombination mit einer weiteren Präposition wie *[bis] zu, nach* auftritt:

> Ich fahre *bis* Frankfurt, *[bis] zu* der alten Messestadt.

Trotzdem wird in diesen Fällen oft unmittelbar wie bei einer Apposition angeschlossen, und zwar im Dativ, weil das einfache *bis* wie *bis nach/zu* aufgefaßt wird. Dies gilt in bestimmten Fällen auch für präpositionale Zeitbestimmungen:

> ... gelangt aber vorderhand nur *bis* (eigentlich: *bis nach*) Landquart, *einer kleinen Alpenstation* (Th. Mann). ... *bis* Kilpisjärvi, *dem Schnittpunkt* ... (Mannheimer Morgen); *bis* [zum Jahre] 1898, *dem Jahr der Wende.*

---

1   Schwankungen finden sich vereinzelt auch bei Präpositionen, deren Rektion standardsprachlich allgemein als fest gilt:
je (vgl. 665) betreutem Jugendlichen; *pro* (vgl. 663) geleistetem Arbeitsjahr (Frankfurter Rundschau); *pro* beschäftigtem Arbeitnehmer (Mannheimer Morgen).

In den meisten Fällen schließt *bis* ein Wort bzw. eine Wortgruppe nicht unmittelbar an, sondern in Kombination mit einer anderen Präposition. Die Rektion wird dann von der anderen Präposition ausgeübt, *bis* ist Adverb:

bis an die Stadt; *bis in* den Morgen; *bis unter* das Dach; *bis zum* Ziel.

je

je kann wie *pro* Präposition sein: 665

je/pro beschäftigten Arbeiter, *je/pro* angefangenen Monat.

Es kann aber auch Adverb sein und keine Rektion ausüben:

je beschäftigter Arbeiter, *je* angefangener Monat.

ohne

Der Dativ und der Genitiv des Substantivs nach *ohne* sind veraltet. Fest sind 666
ohnedem und *zweifelsohne*.

Präpositionen mit dem Dativ

ein Buch *aus* dem Regal nehmen, *bei* den Eltern wohnen (vgl. 650, 668), *vis-à-vis* (ver- 667
alt.) dem Bahnhof;
(entsprechend:) binnen (vgl. 669), entgegen, entsprechend, fern, gegenüber, gemäß,
mit (vgl. 659), mitsamt, nach (vgl. 650), nächst, nahe, nebst, samt, seit (vgl. 655), von
(vgl. 659), zu (vgl. 650), zunächst, zuwider u. a.

Anmerkungen zu einzelnen Präpositionen:

bei

Der Akkusativ des Substantivs zur Kennzeichnung der Richtung ist veraltet und 668
kommt nur noch in der landschaftlichen Umgangssprache vor; er gilt standardsprachlich als falsch:

Komm *bei mich,* Vati (ugs.)! Die Katze legte sich auf den Herd *bei die warme Asche*
(Grimm). Die Fliegen gehn *bei die Wurst* (nordd. ugs.).

binnen

Nach *binnen* steht das Substantiv überwiegend im Dativ, gelegentlich auch im 669
Genitiv:

binnen kurzem; *binnen* wenigen Augenblicken (Th. Mann); *binnen* drei Jahren (Die
Welt).
(Genitiv:) *binnen* eines Monats; *binnen* knapper zwei Wochen (Th. Mann).

Präpositionen mit dem Dativ oder Akkusativ

an (vgl. 649), auf (vgl. 649), hinter, in (vgl. 649 f.), neben, über, unter, vor (vgl. 659), 670
zwischen.

Nach den vorstehenden Präpositionen steht bei lokalem Gebrauch das Substantiv
im Dativ oder im Akkusativ. Der Dativ wird gebraucht, wenn das Verbleiben in

Lage *(wo?)* – Dativ	Richtung *(wohin?)* – Akkusativ
Das Fahrrad stand *an der Mauer.*	Sie stellte das Fahrrad *an die Mauer.*
Das Buch lag *auf dem Tisch.*	Er legte das Buch *auf den Tisch.*
Sie stand *hinter der Tür.*	Sie stellte sich *hinter die Tür.*
Die Tasse stand *in dem Schrank.*	Er stellte die Tasse *in den Schrank.*

einem Raum, das Beharren an einem Ort oder allgemein die Lage gekennzeichnet wird. Der Akkusativ wird gebraucht, wenn eine Raum- oder Ortsveränderung, eine Bewegung, Erstreckung oder Richtung gekennzeichnet wird (vgl. die Tabelle auf S. 385).

In vielen Fällen sind beide Sehweisen und damit beide Kasus möglich:

> Wir haben die Montage *in unser/unserem Angebot* eingeschlossen. Er vergrub die Hände *in die Taschen/in den Taschen*. Sie schloß sich *in ihr Zimmer/in ihrem Zimmer* ein. Die beiden Frauen ließen sich *auf das Sofa/auf dem Sofa* nieder. Der Lehrer trug den Tadel *in das Klassenbuch/in dem Klassenbuch* ein.

In den folgenden Beispielen hat sich einer der beiden Kasus bereits stärker oder ganz durchgesetzt:

> Wir kehrten *in einem* (selten: *ein*) *Gasthaus* ein. Der Osterhase versteckte die Eier *hinter dem* (selten: *den*) *Baum*. Sie wurde *in das* (seltener: *im* [= in dem]) Krankenhaus aufgenommen. Sie brachte die Lampe *an der* (selten: *die*) Decke an. Die Männer bauten *an die* (selten: *der*) Mauer ein Glashaus an. Er wurde *in ein* Krankenhaus eingeliefert.

Auf folgende Besonderheiten sei noch hingewiesen:

1. Auch beim Zustands- oder *sein*-Passiv (vgl. 318) bleibt im allgemeinen die Rektion der aktiven Fügung erhalten:

> Sie ist *in die Sache* nicht eingeweiht (jmdn. *in eine Sache* einweihen). (Nicht:) Sie ist *in der Sache* nicht eingeweiht (wie es der ruhende Zustand erwarten lassen könnte). (Aber:) *auf einer Sache* gegründet sein (trotz: etw. *auf eine Sache* gründen).

Bei den Verben, nach denen der Akkusativ oder der Dativ stehen kann, steht im Zustandspassiv, bei dem die Vorstellung der Lage überwiegt, nur der Dativ:

> Sie ist *im Keller* eingeschlossen. Das Bild ist *an der Wand* befestigt.

2. Manchmal kommt es auch auf den Standpunkt des Sprechers an, ob der Dativ oder Akkusativ zu wählen ist. Wenn die präpositionale Ortsangabe gleichzeitig den Standpunkt des Sprechers bezeichnet, wird die Lageangabe (Dativ) bevorzugt. So sagt der Sprecher, wenn er v o r der Garage steht:

> Ich stelle meinen Wagen jetzt in d i e Garage ein.

Wenn er sich aber schon in der Garage befindet, sagt er gewöhnlich:

> Ich stelle meinen Wagen gerade in d e r Garage ein.[1]

3. Bei nichtlokaler Verwendung, bei völligem Schwund der Raumvorstellung, steht das Substantiv nach *an, in, neben, unter, vor* und *zwischen* im Dativ, nach *auf* und *über* im Akkusativ:

> (Dativ:) Ich erkenne ihn *an* seinem Bart. Sie tat es *in* meinem Namen. Das geht *unter* keinen Umständen. Kinder *unter* zehn Jahren. Das sollte sie *vor* Gefahr schützen. Es war ein großer Unterschied *zwischen* den Schwestern.
> (Akkusativ:) Er versuchte es *auf* jede Weise. *Auf* dieses Verbrechen steht Zuchthaus. Kinder *über* zehn Jahre dürfen teilnehmen. Sie rümpfte die Nase *über* seine Grobheit. Er liebte sie *über* alle Maßen.

4. Nach *ab* (vgl. 652, 662) stehen Ortsangaben im Dativ, Zeitangaben, Mengenangaben u. ä. im Dativ oder im Akkusativ:

> *ab* unserem Werk; (aber:) *ab* erstem/*ab* ersten April, jugendfrei *ab* vierzehn Jahren/*ab* vierzehn Jahre.

---

1 Vgl. J. Schröder: Zum Zusammenhang von Lokativität und Direktionalität bei einigen wichtigen deutschen Präpositionen. In: Deutsch als Fremdsprache 1 (1978), S. 9–15; ders.: Bemerkungen zu einer Semantik deutscher Präpositionen im lokalen Bereich. In: Deutsch als Fremdsprache 6 (1976), S. 336–341.

Präpositionen mit dem Genitiv

abseits des Dorfes wohnen, *abzüglich* der Unkosten, *anläßlich* des Staatsbesuchs; (entsprechend:) anfangs (ugs.), angesichts, anhand, [an]statt[1] (s. u.), an Stelle (häufig auch
schon:) anstelle, antwortlich (selten), auf Grund (aufgrund; vgl. 659), ausgangs, ausschließlich (s. u.), außerhalb (s. u.), behufs, beiderseits, betreffs, bezüglich, diesseits
(s. u.), eingangs, einschließlich (s. u.), exklusive (s. u.), halber, hinsichtlich, infolge (vgl.
659), inklusive (s. u.), inmitten, innerhalb (s. u.), jenseits (s. u.), kraft, längsseits, laut
(s. u.), mangels (s. u.), minus, mittels[t] (s. u.), oberhalb (s. u.), plus, rücksichtlich, seitens, seitlich, seitwärts, statt (s. u.), trotz (s. u.), um – willen, unbeschadet, unerachtet
(veralt.), unfern (s. u.), ungeachtet, unterhalb (s. u.), unweit (s. u.), [ver]mittels[t] (s. u.),
vermöge, vorbehaltlich, während (s. u.; 656), wegen (s. u.; 659), von – wegen, zeit, zuzüglich, zwecks u. a.

1. Bei Substantiven des Typs I (vgl. 380) wie z. B. *Monat* stimmt die Form des
Genitivs Plural mit den Formen des Nominativs und Akkusativs Plural überein
(Monate); nur der Dativ ist eindeutig *(Monaten).* Geht einem solchen Substantiv
der bestimmte Artikel oder ein gebeugtes Attribut voraus, so wird durch dessen
Endung der Genitiv deutlich *(wegen der Geschäfte; innerhalb weniger Monate).* Ist
dies nicht der Fall, dann wird nach Präpositionen wie

abzüglich, [an]statt, ausschließlich, einschließlich, exklusive, inklusive, außerhalb, innerhalb, laut, mangels, [ver]mittels[t], trotz, während, wegen

an Stelle des Genitivs der Dativ gewählt:[2]

abzüglich Getränken, ausschließlich/exklusive Gläsern, einschließlich/inklusive Ab-
fällen, innerhalb 5 Monaten, laut Briefen, mangels Beweisen, [ver]mittels[t] Dräh-
ten, [an]statt Hüten, trotz Atomkraftwerken, während zehn Jahren, wegen Geschäf-
ten.

2. Der Dativ wird statt des Genitivs auch dann gewählt, wenn der Genitiv des
singularischen Substantivs, das von der Präposition abhängt, mit *-[e]s* gebildet
wird (vgl. 380) und ihm ein Substantiv vorausgeht oder folgt, das ebenfalls im Genitiv Singular steht und ein *-[e]s* hat:

laut gestrigem Bericht des Oberbürgermeisters, *laut* Meiers *grundlegendem* Werk;
[an]statt dem Hut des Mannes, *[an]statt* Mutters *gutem Plan. Trotz* Clausens *zeitweili-
gem Widerstreben* (Kafka), *trotz des Rauschens*/(seltener:) *trotz dem Rauschen* des
Meeres, *innerhalb* Veras *schönem Haus, [ver]mittels[t]* Vaters *neuem Rasierapparat,
während* meines Freundes *Hiersein, wegen* Ludwigs *Tod.*

3. Abgesehen von den in 1 und 2 genannten Fällen gilt der Dativ nach *[an]statt,
während, wegen* als veraltet oder umgangssprachlich:

... statt einem solchen Steine (Lessing); *während* dem Gespräche (Goethe); *wegen*
unserem Brief (Muschg).

Nach *laut* und *trotz* ist der Dativ standardsprachlich seltener *(laut ärztlichem Gutachten, trotz dichtem Nebel).*

4. Ein alleinstehendes singularisches Substantiv, dessen Genitiv mit *-[e]s* gebildet
wird (vgl. 380), bleibt nach Präpositionen wie

---

1 Die Präposition *[an]statt* kann auch als Konjunktion gebraucht werden. Der Kasus des angeschlossenen Substantivs wird dann vom Verb bestimmt:
Sie nahm ihre Freundin (Konjunktion:) *[an]statt ihn*/(Präposition:) *[an]statt seiner* mit.

2 Über die Rektion der Präpositionen *trotz, während* und *wegen* unterrichtet genauer H. Gelhaus
(und Mitarbeiter): Vorstudien zu einer kontrastiven Beschreibung der schweizerdeutschen
Schriftsprache der Gegenwart. Die Rektion der Präpositionen *trotz, während* und *wegen.* Bern,
Frankfurt/M. 1972.

abzüglich, ausschließlich, einschließlich, exklusive, inklusive, laut, punkto, trotz[1], (alltagsspr. auch:) [ver]mittels[t], wegen[1]

im allgemeinen ohne Flexionszeichen:

abzüglich Rabatt, ausschließlich Porto, inklusive Material, laut Vertrag, punkto Geld, trotz Regen; mittels Flaschenzug; wegen Umbau.

5. Man beachte noch bei *trotz, während* und *wegen*:

trotzdem, trotz allem, trotz alledem; währenddem; ein Fest, während welchem ...; wegen etwas anderem, wegen manchem, wegen beidem, wegen Zukünftigem.

Statt *wegen* + Personalpronomen werden in der Standardsprache die Zusammensetzungen *meinetwegen, unsertwegen* usw. gebraucht; *wegen mir/uns* usw. ist allgemein umgangssprachlich, *wegen meiner* usw. veraltet oder landschaftlich (Bayern, Schwaben, Niederrhein).

6. Partikeln wie *außerhalb, beiderseits, diesseits, innerhalb, jenseits, oberhalb, unterhalb* werden als Präposition mit einem Substantiv im Genitiv *(außerhalb Frankfurts)* oder als Adverb *(außerhalb von Frankfurt)* gebraucht.

Präpositionen mit dem Genitiv, Dativ oder Akkusativ

außer[2]

672 Nach *außer* steht das Substantiv gewöhnlich im Dativ, bei einigen Verben der Bewegung im Akkusativ, in festen Verbindungen im Genitiv:

(Dativ:) Nichts verbindet sie *außer dem gemeinsamen Haß* (Sieburg). ... die Blindheit in ihm oder die Dunkelheit *außer ihm* ... (Jahnn). Ich bin *außer mir.*

(Akkusativ:) *außer allen Zweifel* setzen, *außer Zusammenhang* stellen. (Bei *geraten* steht der Dativ noch mit dem Akkusativ in Konkurrenz:) ich geriet *außer mich/mir* vor Wut.

(Genitiv:) *außer Landes* gehen, *außer Hauses*/(neben:) *Haus[e]* sein.

dank

673 Nach *dank* steht ein singularisches Substantiv im Dativ oder im Genitiv, ein pluralisches gewöhnlich im Genitiv:

dank *seinem großen Fleiß/seines großen Fleißes,* dank *ihrer großen Erfahrungen.*

entlang

674 Wenn *entlang* dem Substantiv folgt, wird dieses in den Akkusativ, gelegentlich in den Dativ gesetzt; geht *entlang* aber dem Substantiv voraus, dann wird es in der Regel in den Dativ, gelegentlich in den Genitiv gesetzt. Der Akkusativ ist veraltet:

(Nachstellung:) *Den Fluß entlang* standen Bäume. ... ging er *den Balkon entlang* weiter (Th. Mann). Gelegentlich Dativ: ... die *dem blitzenden Strom- und Meerufer entlang* aus der Hauptstadt hinausführte nach Belem (R. Schneider).

(Voranstellung:) *entlang dem Wall. Entlang den Hecken* standen Neugierige. Gelegentlich Genitiv: Als er ... durch ein dünnes Glimmerfensterchen *entlang des Rohres* Alphateilchen hindurchschoß (Menzel). ... *entlang des Stacheldrahts* (Mannheimer Morgen). Veraltet der Akkusativ: *entlang dem Wald, entlang das Brückengeländer.*

Adverb ist *entlang* in Fügungen wie *am Ufer entlang.*

---

[1] Vgl. W. Hackel: Präpositionen mit Substantiven ohne erkennbaren Kasus. In: Deutsch als Fremdsprache 5 (1969), S. 325 ff.; H. Gelhaus: „Trotz Rechts" oder „trotz Recht"? In: Muttersprache 79 (1969), S. 355–369.

[2] Wenn das Bezugswort im Nominativ, Genitiv oder Akkusativ steht, ist es möglich, das *außer* folgende Substantiv in den gleichen Kasus zu setzen; *außer* ist dann Konjunktion:
Niemand kann es herausbekommen, *außer ich selbst.*

längs

Nach *längs* wird das folgende Substantiv in den Genitiv, seltener in den Dativ ge-   675
setzt. Der Dativ wird dann vorgezogen, wenn dem singularischen Substantiv, dessen Genitiv mit *-[e]s* gebildet wird, ein weiteres singularisches Substantiv mit
-[e]s-Genitiv folgt oder vorausgeht (vgl. 671,2):

> *längs des Kornfeldes, längs der Fronten* der Paläste (Jelusich); *längs dem Doppelzaun*
> (Grass); *längs den Boulevards* (Binding); *längs dem Simse* des Palastes; *längs* Mann-
> heims *[schönem] Rheinufer.*

zufolge, zu(un)gunsten

Wenn das bei *zufolge* (vgl. 659), *zugunsten* und *zuungunsten* stehende Substantiv   676
oder Pronomen der Präposition folgt, steht es im Genitiv; wenn es der Präposition vorausgeht, steht es im Dativ:

> *Zufolge seines Wunsches/Seinem Wunsche zufolge* fuhren wir einen Tag später.

9.4 Schwierigkeiten beim Gebrauch der Präpositionen

Im Gebrauch der Präpositionen gibt es immer wieder Unsicherheiten; sie sprin-   677
gen vor allem bei den Präpositionalattributen ins Auge:

> zweiteiliger Film *um* (statt standardspr.: *über*) ein junges Ehepaar (Hörzu); die An-
> hänglichkeit *für* (statt standardspr.: *an*) den Betrieb (Chotjewitz); ... indem man *zur*
> (statt standardspr.: *in der*) Sexualfrage wesentlich großzügiger würde (Fichte).

Mehrere Präpositionen nebeneinander

Es erschwert oft das Verständnis, wenn Präpositionalgefüge so ineinander-   678
geschachtelt werden, daß die Präpositionen nebeneinander stehen:

> *mit vor* Zorn funkelnden Augen, *für im* vergangenen Jahr geleistete Arbeit, *von unter*
> der Erde befindlichen Anlagen, *in mit* allem Luxus ausgestatteten Wohnräumen, *mit*
> *über* jedes Lob erhabenem Pflichteifer, *von aus* dem Mund hervorquellendem Blut,
> *infolge von durch* das Finanzamt erlassenen Verordnungen.

In den meisten Fällen kann man dies durch das Einfügen eines Artikels oder
durch einen Relativsatz vermeiden:

> *für* die *im* vergangenen Jahr geleistete Arbeit/*für* die Arbeit, die *im* vergangenen Jahr
> geleistet worden ist.

Die Verbindung einer Präposition mit einem Präpositionalgefüge wird im allgemeinen als umgangssprachlich oder mundartlich angesehen:

> Ich brauche eine Brille *für in* die Nähe. Haste noch Beton *für untern* Sockel? (Grass).
> ... die Zeitung stammte noch *von vor* dem Krieg (H. Kolb).

In Beispielen wie *eine Summe von über tausend Mark* ist *über* Adverb und keine
Präposition (vgl. 614 ff.).

Zwei oder mehrere Präpositionen vor einem Substantiv

Zwei oder mehrere Präpositionen können vor einem Substantiv oder Pronomen   679
stehen,

– wenn die Präpositionen die gleiche Rektion haben:

> Die Kinder spielten *vor, neben* und *hinter* dem Haus.

– wenn bei verschiedener Rektion der Präpositionen die Flexionsform des Substantivs oder Pronomens gleich ist:

mit und *ohne* Gott, *mit* oder *ohne* Aufbegehren, *in* und *um* sich.

Ist bei verschiedener Rektion der Präpositionen die Form des Substantivs oder
Pronomens verschieden, dann kann – in schwerfälliger Konstruktion – das Substantiv wiederholt oder durch ein Pronomen ersetzt werden:

mit Büchern und *ohne* Bücher; *mit* Büchern und *ohne* sie/diese.

Im allgemeinen wird jedoch die Form des Substantivs gebraucht, die die zunächst
stehende Präposition verlangt:

mit oder *ohne Kinder, ohne* oder *mit Kindern,* mit oder *gegen ihren Willen* (H. Seidel),
Literatur aus und *über andere Länder.*

**Präpositionen bei mehrteiligen Konjunktionen oder korrespondierenden
Adverbien**

680   Bei Substantiven (Pronomen), die durch mehrteilige Konjunktionen oder korre-
spondierende Adverbien verbunden sind, sollte die Präposition besser zweimal
gesetzt werden:

teils *mit* List, teils *mit* Gewalt. Das ist sowohl *für* dich wie *für* mich eine Belastung. Sie
hat es entweder *von* ihm oder *von* seiner Schwester erfahren.

Wiederholung der Präposition bei aufgezählten Substantiven

681   Werden Substantive ohne Verbindung durch eine Konjunktion von derselben
Präposition abhängig gemacht, dann wird diese gelegentlich wiederholt; das einzelne Präpositionalgefüge erhält dadurch mehr Eigengewicht und Nachdruck:

Er war grau *in* seinem Haar, *in* seinem Gesicht, grau *in* seiner Kleidung (Koeppen).
durch die Wälder, *durch* die Auen („Freischütz"). Ohne Wiederholung: Lag es *an* der
Beschaffenheit ..., der richtigen Neigung ..., der passenden Höhe ... oder auch nur der
zweckmäßigen Konsistenz der Nackenrolle ... (Th. Mann).

Verstärkung durch Adverbien

682   Adverbien, die in Verbindung mit einem Präpositionalgefüge gebraucht werden,
können vor oder nach dem Gefüge stehen:

oben *auf* dem Berg, mitten/quer *durch* das Feld, draußen *vor* dem Tor, rings *um* die
Stadt;
auf dem Berg oben, *aus* einer Laune heraus, *um* die Stadt herum, *vom* Berge her, *von*
Jugend auf, *von* Kind an, *zur* Schweiz hin.

10 Die Konjunktion[1]

683   Die Konjunktionen (Bindewörter, Fügewörter) dienen dazu, Wörter, Wortgruppen oder Sätze miteinander zu verbinden. Sie können weder als Satzglied noch als
Attribut auftreten.
Nach der Funktion lassen sich vier verschiedene Gruppen von Konjunktionen
unterscheiden:

---

[1] Vgl. U. Engel: Subjunktion. In: Mélanges pour Jean Fourquet. München, Paris 1969,
S. 85–100; H. Glinz: Der deutsche Satz. Düsseldorf [6]1970, S. 138 ff.; ders.: Die innere Form
des Deutschen. Bern, München [4]1965, S. 254 ff.; J. Buscha: Lexikon deutscher Konjunktionen.
Leipzig 1989.

- nebenordnende Konjunktionen (vgl. 684):

  Peter *und* Frauke, Vater *oder* Mutter.

- Satzteilkonjunktionen (vgl. 690):

  Er benimmt sich *wie* ein Flegel.

- Infinitivkonjunktionen (vgl. 691):

  Wir fahren an die See, *um* uns *zu* erholen.

- unterordnende Konjunktionen (vgl. 692):

  Wir fuhren nach Frankfurt, *weil* wir zum Flughafen wollten.

Nach der Form unterscheidet man eingliedrige oder einfache *(und, auch)* und
mehrgliedrige oder gepaarte Konjunktionen *(sowohl – als auch, entweder – oder)*.
Von den (mehrgliedrigen) Konjunktionen sind Fügungen wie *angenommen, daß;
vorausgesetzt, daß; gesetzt den Fall, daß* zu trennen.

10.1 Nebenordnende Konjunktionen

Konjunktionen wie *und, oder, denn* werden gebraucht,   684

- um Wörter oder Wortgruppen eines Satzglieds oder Attributs miteinander zu
  verbinden:

  Peter *und* Frauke gehen ins Schwimmbad. Er wohnt in Hamburg *oder* in Lübeck. An
  der Wand hängt ein Bild von Peter *und* Frauke.

- um Teilsätze einer Satzverbindung miteinander zu verbinden (vgl. 1273 ff.):

  Klaus liest ein Buch, *und* Wilma malt ein Bild. Wenn er das wirklich tut *und* wenn er
  sich nicht umstimmen läßt, dann müssen wir auf seine Mitarbeit verzichten.

Gelegentlich werden durch *und* und *oder* auch ein Substantiv und ein Teilsatz als
gleichberechtigte Teile miteinander verbunden:

  Herr Meier *und* wer sonst noch da war interessieren mich nicht.

Diese Konjunktionen nennt man n e b e n o r d n e n d e (koordinierende) Konjunktionen:

kopulativ	disjunktiv	restriktiv	kausal
und [so]wie sowohl – als/wie [auch]	oder entweder – oder	aber allein nur sondern [je]doch	denn

Die nebenordnenden Konjunktionen haben nur verbindende Funktion. Wenn   685
Teilsätze einer Satzverbindung mit ihnen verknüpft werden, ändert sich die Stellung der Satzglieder nicht:

  Klaus liest ein Buch. Anke malt ein Bild.
  Klaus liest ein Buch, *und* Anke malt ein Bild.
  Peter studiert Medizin. Er will Arzt werden.
  Peter studiert Medizin, *denn* er will Arzt werden.

Demgegenüber sind Adverbien entweder Satzglied oder Attribut. Mit ihnen werden Teilsätze inhaltlich aufeinander bezogen:

Klaus liest ein Buch. Anke malt *inzwischen* ein Bild.
Peter will Arzt werden. Er studiert *deshalb* Medizin.

Wenn ein Adverb als Satzglied an den Anfang des Aussagesatzes (ins Vorfeld; vgl. 1357) gestellt wird, muß die Stellung der übrigen Satzglieder geändert werden, da nur eines vor dem Finitum stehen kann:

Klaus liest ein Buch. *Inzwischen* malt Anke ein Bild.
Peter will Arzt werden. *Deshalb* studiert er Medizin.

Die nebenordnenden Konjunktionen können zur Präzisierung mit Adverbien und Partikeln verbunden werden:

und *auch,* und *zudem,* und *dazu,* und *da,* und *so,* und *doch,* und *dennoch,* und *darum,* und *deshalb,* und *deswegen,* und *daher,* und *zwar,* und *somit;*
aber *auch,* aber *doch,* aber *dennoch,* aber *freilich,* aber *trotzdem;* oder *auch,* oder *vielmehr;* denn *auch,* denn *doch.*

Mit Ausnahme von *oder aber* können die nebenordnenden Konjunktionen nicht miteinander verbunden werden.

Kopulative (anreihende) Konjunktionen

686

Mit *und* werden Wörter (Wortgruppen) und Sätze aneinandergereiht:

Er war wieder gesund, *und* er konnte wieder arbeiten. Sie sagte, daß sie alles wisse *und* daß ihr der Vorgang völlig klar sei. Peter *und* Frank gingen zum Sportplatz.

Zwei Verben oder Substantive (Pronomen) werden gewöhnlich durch *und*[1] miteinander verbunden:

lesen *und* rechnen, Eichen *und* Buchen, er *oder* sie.

Demgegenüber werden zwei attributive Adjektive oft ohne *und* aneinandergereiht:

Er ist ein *aufmerksamer, fleißiger* Schüler.

Bei der Aufzählung von mehr als zwei Teilen einer Wortreihe steht *und* gewöhnlich nur einmal, und zwar vor dem letzten Teil:

mit feiner, geweckter *und* kritischer Miene; Wachheit, Geist *und* Kostbarkeit (Th. Mann); ... eine große, nervige, feingegliederte .. *und* ruhige Hand (Wassermann).

Bei Hervorhebung kann *und* vor jedem Teil stehen:

... *und* läuft *und* läuft *und* läuft (Werbespruch von VW). ... Stunden *und* Tage *und* Wochen ... (Th. Mann). Er (der Arm) war zugleich zart *und* voll *und* kühl (Th. Mann).

Bei straffer Zusammenfassung kann man auf eine Bindung durch die Konjunktion *und* verzichten und die Teile, nur durch Kommas getrennt, einfach nebeneinanderstellen:

es (das Opiat der Musik) schafft Dumpfsinn, Beharrung, Untätigkeit, knechtischen Stillstand (Th. Mann). ... die kleine, muntere, alte russische Dame (Th. Mann).

Es gibt auch eine paarweise Bindung von Teilen einer Wortreihe durch *und* oder *oder*:

alte *und* junge, schöne *und* häßliche, reiche *und* arme Menschen. Sehr viel mehr urteilen *und* handeln die Menschen nach Liebe *und* Haß, Gier *oder* Jähzorn, Schmerz *oder* Freude, Furcht *oder* Hoffnung, auch in Ärger *und* Gemütsaufregung als nach der Wahrheit *oder* nach den Regeln ... des Lebens (nach Cicero).

Zur alleinigen Besetzung des Vorfelds mit *und* vgl. 1357,2.

---

1 Das Folgende gilt auch für das ausschließende *oder.*

Das aneinanderreihende *[so]wie* (‚und auch‘) kann zwischen zwei Wörter (Wortgruppen) gesetzt werden, wenn der Sprecher/Schreiber etwas nachtragen oder ergänzen will oder wenn er vermeiden will, daß mehrere *und* aufeinanderfolgen:

> Die Eltern *sowie* (= und auch) die Kinder fahren in Urlaub. Er kaufte für das Fest Gir-
> landen und Lampions und Fähnchen *sowie* Feuerwerkskörper.

Die mehrgliedrigen Konjunktionen *sowohl – als auch (sowohl – wie auch, sowohl –
als, sowohl – wie), nicht nur – sondern auch* (zu *sondern* vgl. 688) und *weder – noch,*
die im allgemeinen Wörter (Wortgruppen) aneinanderreihen, sind nachdrücklicher als das einfache *und:*

> Sie spricht *sowohl* Englisch *als auch* Französisch. ...*sowohl* die Bedingtheit *als* die Herr-
> lichkeit (Nigg). ...*sowohl* meiner Lebensform *wie auch* meiner wissenschaftlichen Ein-
> stellung nach (Jens). ... seine Eltern *sowohl wie* der Großvater (Th. Mann). Er ist *nicht
> nur* dumm, *sondern* er ist *auch* faul. Er ist *weder* schön *noch* geistreich.

Disjunktive (ausschließende) Konjunktionen

Mit *oder* wird ausgedrückt, daß von zwei oder mehr Möglichkeiten nur eine in   687
Betracht kommt:[1]

> Frauke kommt morgen *oder* übermorgen. Er liest ein Buch, er schreibt einen Brief,
> *oder* er klebt Briefmarken ein.

Dem *oder* kann ein *entweder* vorausgehen. Die Verbindung *entweder – oder* ist
nachdrücklicher als das einfache *oder:*

> Frauke kommt *entweder* morgen *oder* übermorgen. Er liest *entweder* ein Buch, *oder* er
> schreibt einen Brief. *Entweder* liest er ein Buch, *oder* er schreibt einen Brief.

Mit *oder* und *entweder – oder* werden Wörter (Wortgruppen) und Sätze verbunden. Dabei kann, wie die Beispiele zeigen, bei der Verbindung von Sätzen *entweder* sowohl im Inneren als auch am Anfang des Satzes stehen. Da im letzteren Fall
eine Umstellung der übrigen Satzglieder möglich ist, aber auch unterbleiben
kann, muß man *entweder* sowohl den Adverbien als auch den Konjunktionen zurechnen (vgl. 685):

> Er liest ein Buch, *oder* er schreibt einen Brief.
> *Entweder* er liest ein Buch, *oder* er schreibt einen Brief.
> *Entweder* liest er ein Buch, *oder* er schreibt einen Brief.

Zu *oder* vgl. auch 686.

Restriktive (einschränkende) und
adversative (entgegensetzende) Konjunktionen

Mit *aber, allein, [je]doch, nur* und *sondern* wird eine Einschränkung, ein Gegen-   688
satz ausgedrückt. Sie stehen zwischen Sätzen und – mit Ausnahme von *allein* und
nur – zwischen Wörtern (Wortgruppen):

> Peter wollte ins Schwimmbad gehen, *aber/doch/jedoch/allein* Frauke hatte keine Lust.
> Er ist zwar streng, *aber* gerecht. Er kommt nicht heute, *sondern* er kommt morgen. Sie
> ist fleißig, *nur/doch/allein* sie müßte sorgfältiger sein.

---

[1] Die Logik unterscheidet von diesem ausschließenden *oder,* das oft durch *entweder – oder* (vgl.
unten) verdeutlicht werden kann, noch ein sog. einschließendes *oder,* bei dem – wahrheitswer-
tig betrachtet – beide Möglichkeiten zutreffen können. Vgl. *Autos haben Trommelbremsen* oder
(sie haben) Scheibenbremsen. Dieser Satz schließt logisch auch den Fall ein, daß es Autos gibt,
die sowohl Trommelbremsen als auch Scheibenbremsen haben, nämlich vorne Scheibenbremsen und hinten Trommelbremsen.

Der Konjunktion *aber* geht oft das Adverb *zwar* voraus, der Konjunktion *sondern* immer ein Negationswort[1] (vgl. 1220 ff.).

Wenn *doch, jedoch* und *nur* am Anfang des Satzes stehen, kann die Wortstellung verändert werden, sie kann aber auch unverändert bleiben. Man muß diese Wörter also sowohl den Adverbien *(Er fährt gern Auto,* doch *fliegt er höchst ungern mit dem Flugzeug)* als auch den Konjunktionen *(Er fährt gern Auto,* doch *er fliegt höchst ungern im Flugzeug)* zuordnen (vgl. 685).

Zu den mehrgliedrigen Konjunktionen *nicht nur – sondern auch* und *weder – noch* vgl. 686.

Kausale (begründende) Konjunktionen

689 Mit der Konjunktion *denn*[2], die nur zwischen Sätzen steht, wird eine Begründung ausgedrückt (rein kausal):

> Wir gingen wieder ins Haus, *denn* es war draußen sehr kühl geworden.

Mit *weil* wird eine Begründung (rein kausal), mit *wenn auch* eine Einräumung (konzessiv) ausgedrückt. Sie werden zwischen zwei Adjektive gesetzt:

> Das schlechte, *weil* fehlerhafte Buch. Das Buch ist schlecht, *weil* fehlerhaft. Der gute, *wenn auch* langsame Arbeiter ... Er arbeitet gut, *wenn auch* langsam.

Zu *weil* und *wenn auch* als unterordnende Konjunktionen vgl. u. 698, 702.

10.2 Satzteilkonjunktionen

690 Mit einigen Konjunktionen werden Satzteile (Satzglieder oder Attribute) in den Satz eingebaut und angeschlossen. Man kann sie deshalb Satzteilkonjunktionen nennen.

1. Mit *wie* und *als* wird entweder eine adverbiale Bestimmung oder ein Attribut angeschlossen. Häufig liegt ein Vergleich vor:

> Marion gilt *als* zuverlässig. Er benimmt sich *wie* ein Flegel. Er wurde *wie* ein Verbrecher abgeführt. Ihr *als* der Leiterin dieser Schule war so etwas noch nicht begegnet. (Nach dem Positiv oder Komparativ eines Adjektivs:) Peter ist so groß *wie* Frank, aber größer *als* Klaus. (Veraltet:) Sie war schöner *denn* ihre Schwester. Ich bin so klug *als wie* zuvor. Es ist hier anders *als wie* zu Hause.

2. Die Satzteilkonjunktionen *desto* und *um so* werden in Verbindung mit einem Komparativ gebraucht. Da sie der Kennzeichnung eines gleichbleibenden Verhältnisses dienen, werden sie proportionale Konjunktionen genannt:

> Wir fahren schon früher zurück, *um so* eher sind wir dann zu Hause. Je mehr wir uns anstrengen, *desto/um so* schneller sind wir mit der Arbeit fertig. Je eher, *desto* besser.

10.3 Infinitivkonjunktionen

691 Mit den Konjunktionen *zu, [an]statt – zu, ohne – zu, um – zu* werden Infinitive angeschlossen; man nennt sie deshalb Infinitivkonjunktionen.

---

[1] Das Negationswort muß im heutigen Standarddeutsch immer gesetzt werden und darf nicht nur dem Sinne nach vorhanden sein, wie es früher als korrekt galt:
Man sah mich *selten* auf öffentlichen Promenaden, *sondern* ich lag in irgendeinem Dickicht (Seume). Sie *enthielt* sich jedoch, alle die Orte, die ihr teuer waren, aufzusuchen, *sondern* eilte ... (G. Keller).

[2] Die kausale Konjunktion *denn* und das temporale Adverb *dann* sind voneinander zu unterscheiden (*Na,* dann *geht es eben nicht.* [Nicht:] *Na,* denn *geht es eben nicht* [nordd.]).

1. Der Infinitiv kann mit einfachem *zu* angeschlossen werden:

Ihm wurde befohlen, sofort *zu* kommen. Sie versuchten das Hindernis zu überwinden. Der Versuch, durch den Fluß *zu* schwimmen, scheiterte. Sie hat die Fähigkeit, schnell *zu* reagieren. Er ist fähig, dieses Verbrechen *zu* begehen. Er braucht keine Angst mehr *zu* haben.[1]

Der Gebrauch der Infinitivkonjunktion *zu* bei den Verben *liegen, stehen, wohnen* u. a., die mit dem Hilfsverb *haben* verbunden werden, findet sich in landschaftlicher Umgangssprache (vor allem in Berlin und Niedersachsen); standardsprachlich gilt er als falsch:

Er hat ein Faß Wein im Keller *zu* liegen. Ich möchte ... über Ulm fahren ... Da habe ich eine Braut *zu* stehen (Tucholsky). Wir haben unsere Mutter bei uns *zu* wohnen. Er hat die Hände in den Taschen *zu* stecken.

Über die syntaktische Rolle des Infinitivs als Subjekt, Akkusativobjekt usw. vgl. im einzelnen 1081 ff., 1300.

2. Die Konjunktion *um – zu* wird final zur Kennzeichnung des Zweckes, der Absicht oder aber konsekutiv zur Kennzeichnung der Folge gebraucht (im einzelnen vgl. 1326, 1342):

Peter ging in das Kaufhaus, *um* einen Anzug *zu* kaufen. Sie arbeitet zu schnell, *um* genau *zu* sein.

3. Durch die Infinitivkonjunktion *[an]statt – zu* wird gekennzeichnet, daß etwas für etwas anderes stellvertretend eintritt (stellvertretender Umstand), durch *ohne – zu*, daß etwas Erwartetes nicht eintritt, sondern fehlt (fehlender Umstand; im einzelnen vgl. 1344,2; 1345,2):

[An]statt zu arbeiten, geht sie ins Schwimmbad. Er verließ die Gaststätte, *ohne zu* bezahlen.

10.4 Unterordnende Konjunktionen

Konjunktionen, mit denen man Nebensätze (Konjunktionalsätze; vgl. 1275) einleitet, nennt man unterordnende (subordinierende) Konjunktionen oder auch Teilsatzkonjunktionen. 692
Man unterscheidet verschiedene Gruppen:

temporal	modal	kausal	Mit syntaktischer Funktion
während	als	weil	daß
als	wie	da	ob
nachdem	als ob	so daß	wie
seitdem	insofern	wenn	
bis	insoweit	obwohl	
ehe	u. a.	u. a.	
u. a.			

Während Frank einen Brief schrieb, las Monika die Zeitung. Von dort aus hat man einen wunderbaren Fernblick, *insofern* kein Nebel herrscht. Am Sonntag fuhren wir nach Frankfurt, *weil* wir zum Flughafen wollten.

---

[1] In der Standardsprache wird *brauchen* überwiegend mit *zu* konstruiert; aus Gründen des Wohlklangs *(... zu tun haben* statt *zu tun zu haben)* und in der Emphase *(Wundern braucht man sich nicht!)* wird *brauchen* auch standardsprachlich ohne *zu* vorgezogen. Vgl. H. Gelhaus: Statistik und Strukturanalyse. Über den Widerstreit zweier Kriterien. In: Wirkendes Wort 19 (1969), S. 310–324.

Von diesen unterordnenden Konjunktionen sind Pronomen (vgl. 568 ff.) und Adverbien (vgl. 594 ff.) als Einleitewörter von Relativsätzen (vgl. 1279 ff.) zu unterscheiden.

Temporale Konjunktionen[1]

693   1. Gleichzeitigkeit bezeichnende Konjunktionen:

während, indem, indes[sen], solange, sobald, sowie, sooft, als (veraltet oder dichterisch: da), wie, wenn, nun.

Über dieses Wort mußte Hans Castorp lachen, *während* er ... sich zurückfallen ließ (Th. Mann). *Indem* sie Kopf und Oberkörper leicht nach vorn schob, fragte sie den Fremden nach seinem Begehr (H. Kasack). Trees L. hat nur gelacht, *als* sie die Geschichte ... hörte (Schnabel). (Veralt. od. dicht.:) ... *da* (= als) sie ihre Nägel wieder in Ulrichs Arm eingrub, tat sie es vielleicht zu stark (Musil).

2. Vorzeitigkeit bezeichnende Konjunktionen:

nachdem, als, wenn, sobald, sowie, seit[dem].

Nachdem er eine Weile gewartet hatte, ging die Türe auf (Walser). *Als* er geendet hatte, brach der Beifall los. *Seit* er das Amt übernommen hat, ist er völlig verändert.

3. Nachzeitigkeit bezeichnende Konjunktionen:

bis, bevor, ehe, (selten:) als, wenn.

Bevor ich einen kleinen Hügelstein anheben könnte, hätte Watzek mir längst die Kehle durchgeschnitten (Remarque). Das ... Reich ... entschwand ..., *ehe* es gekommen war (Nigg). *Als* ich nach Hause kam, hatte der Vertreter meine Frau bereits überzeugt.

Zu den entsprechenden Sätzen und zum Konkurrieren von *wie* mit *als* vgl. 1332,2.

Modale Konjunktionen

Die modalen Konjunktionen lassen sich in verschiedene Gruppen unterteilen (zu den entsprechenden Sätzen vgl. 1344).

Modale Konjunktionen im engeren Sinne
zur Kennzeichnung des Begleitumstands, des Mittels

694   indem

Er trat zurück, *indem* er erblaßte. Sie vernichteten die Akten, *indem* sie Benzin darüber gossen und sie ansteckten.

Konjunktionen zur Kennzeichnung des fehlenden oder stellvertretenden Umstands

695   ohne daß, [an]statt daß

Sie hat uns geholfen, *ohne daß* sie es weiß. Er redete, *[an]statt* daß er handelte.

Restriktive und adversative Konjunktionen
zur Kennzeichnung der Einschränkung und des Gegensatzes

696   [in]sofern, [in]soweit, soviel, während, wohingegen

Sie wird daran arbeiten *[in]soweit/sofern* sie dafür Zeit hat. *Soviel* ich mich erinnere, ist er in Hamburg geboren. Frank fuhr mit dem Fahrrad, *während/wohingegen* Petra mit dem Zug fuhr.

---

[1]   Eine differenzierte Beschreibung der inhaltlichen Beziehungen zwischen den temporalen Konjunktionen findet sich bei H. Gelhaus: Untersuchungen zur Consecutio temporum im Deutschen. In: H. Gelhaus/S. Latzel: Studien zum Tempusgebrauch im Deutschen. Tübingen 1974, S. 55 ff.

Konjunktionen zur Kennzeichnung eines Vergleichs

wie, als, als ob, als wenn, wie wenn

697

Er verhält sich [so], *wie* sich auch sein Bruder in solchen Situationen verhalten hat. Peter ist so groß *wie* sein Vater; er ist größer, *als* seine Mutter ist. Es war ihm, *als ob/ als wenn* er etwas gehört hätte. Es war ihm, *als* hätte er etwas gehört. Sie ist insofern für diese Arbeit unentbehrlich, *als* sie besondere Kenntnisse auf diesem Gebiet hat.

Kausale Konjunktionen

Mit einer Gruppe von Konjunktionen werden kausale Beziehungen im weitesten Sinne gekennzeichnet (zu den entsprechenden Sätzen vgl. 1325).

Kausale (begründende) Konjunktionen im engeren Sinne

weil[1], (zumal) da, zumal, nun

698

Sie mußten sich melden, *weil* sie ... in Acht und Bann geworfen waren (Jens). *Da* es sehr anstrengend ist, zugleich zu steigen und zu singen, so wurde ihm bald der Atem knapp (Th. Mann). *Nun* alles geschehen ist, bleibt nur zu wünschen, daß ... (FAZ). Ich kann ihm seinen Wunsch nicht abschlagen, *(zumal) da/zumal* er immer so gefällig ist.

Konsekutive Konjunktionen zur Kennzeichnung der Folge

so daß, als daß, daß

699

Sie sangen, *daß* sie heißer wurden. ... er hatte schon so viel gewagt, *daß* er nicht mehr ablassen wollte (Musil). Die Sonne blendete ihn, *so daß* er nichts sah. Die Sonne blendete ihn zu sehr, *als daß* er das Bild hätte erkennen können.

Konditionale Konjunktionen zur Kennzeichnung der Bedingung

wenn, falls, im Falle, daß, sofern, soweit, (veralt.:) so

700

Wenn das wahr ist, dann müssen wir uns beeilen. *Falls/Im Falle, daß* die Haustür geschlossen ist, gehe über den Hof. Wir werden kommen, *wenn/sofern* es euch paßt. ... *soweit* ich hierbleibe, muß ich jedenfalls aus Paris verschwinden (Th. Mann). Wir sehen uns wieder, *so* es das Schicksal will.

Proportionale Konjunktionen zur Kennzeichnung des gleichbleibenden Verhältnisses

je (Korrelate: desto/um so/[veralt.:] je)

701

Je länger der Rausch anhielt, desto leuchtender ... schienen ihm die Farben zu werden (Jens). *Je* aufmerksamer der Betrachter diese Bettlerfigur ansah, um so stärker brachte sie ihn auf den Gedanken ... (Nigg).

Konzessive Konjunktionen zur Kennzeichnung der Einräumung, des Gegengrundes ohne Einfluß

obgleich, obwohl (selten:) ob, obschon, obzwar, wenngleich, wenn auch, wennschon, wiewohl, ungeachtet, gleichwohl

702

---

[1] Standardsprachlich nicht korrekt ist der in der gesprochenen Umgangssprache zunehmende Gebrauch von *weil* mit Voranstellung des finiten Verbs: *Sie konnte nicht trainieren, weil sie war verletzt. Ich weiß das, weil ich bin schon das vierte Mal da* (Zenker). *Ich habe die Gesellenprüfung, aber die hab' ich nicht da gemacht, weil in Bayern ist die Gesellenprüfung schwieriger als bei uns in Baden-Württemberg* (Fichte). Zur Abgrenzung von *weil* und *da*, zur Verdrängung von *denn* durch *weil* und zur Hauptsatzstellung des finiten Verbs vgl. H. Weinrich: Wege der Sprachkultur. Stuttgart 1985, S. 353 ff.; U. Gaumann: ‚Weil die machen jetzt bald zu‘. Angabe- und Junktivsätze in der deutschen Gegenwartssprache. Göppingen 1985; R. Keller: Das epistemische weil – Bedeutungswandel einer Konjunktion. In: H. Heringer/G. Stötzel (Hgg.): Sprachgeschichte und -kritik. Berlin 1993, S. 219–247.

Obwohl/Obschon/Obgleich sie nur wenig Zeit hatte, kam sie sofort. *Wenngleich/Wiewohl* Frank stark erkältet war, nahm er an dem Sportfest teil. Er war geschoren worden, *ungeachtet* seine Verurteilung noch nicht rechtskräftig war (Musil).[1]

Finale Konjunktionen zur Kennzeichnung des Zweckes, der Absicht

703   damit, daß, (veralt.:) auf daß

> Er beeilte sich, *daß* er pünktlich war. ... unsere Zärtlichkeit ... auszustellen, *damit* die Herzen der Gäste schwöllen (Th. Mann). (Veralt.:) Ehre Vater und Mutter ..., *auf daß* dir's wohl gehe (Ephes. 6, 2–3).

Die Konjunktionen *daß, ob, wie*

704   Die Konjunktionen *daß, ob* und *wie* kennzeichnen nicht – wie die vorgenannten Konjunktionen – bestimmte inhaltliche Beziehungen, sondern erfüllen rein syntaktische Funktionen zum Anschluß von Subjekt-, Objekt-, Attribut- und Fragesätzen (vgl. 1293).

> Er wußte, *daß* er blaß wurde (Böll). *Ob* man ihm etwas anmerkte, hätte er gerne gewußt. Ich fühlte, *wie* er mich schärfer ansah (Seghers).

---

1   Auch *trotzdem* wird gelegentlich als Konjunktion (zum Adverb vgl. 622) gebraucht. Hier handelt es sich um eine Entwicklung, die bei anderen Partikeln bereits abgeschlossen ist, nämlich um den Übertritt aus dem Hauptsatz in den Gliedsatz, wobei die eigentliche Konjunktion *(daß)* wegfällt:
> Seit dem, *daß* ich ihn kenne, ist er mein Freund. = *Seitdem* ich ihn kenne, ist er mein Freund. *In dem, daß* ich dies schreibe, bezieht sich der Himmel. = *Indem* ich dies schreibe, bezieht sich der Himmel. *Trotz dem, daß* ich gehen wollte, horchte ich doch wieder auf seine Worte hin (A. Stifter). *Trotzdem daß* man nicht weiß, ob man sich mehr ärgern, lachen oder weinen soll (Raabe). Hatte der Ökonomierat recht, so hielt die Baronin, *trotzdem* er auch in Hof, Feld und Wald gesehen wurde, doch unmerklich die Zügel (Hauptmann).
> Die Verwendung von *trotzdem* als konzessive Konjunktion wird in der Standardsprache weitgehend vermieden. Vgl. H. Gelhaus: Statistik und Strukturanalyse. Über den Widerstreit zweier Kriterien. In: Wirkendes Wort 19 (1969), S. 310 ff.

Die Wortbildung

1 Allgemeines

Wenn man von einem Kind sagt, daß es spricht, meint man damit, daß es Wörter hervorbringt.[1] Wenn Kinder „sprechen gelernt haben", mit anderthalb bis drei Jahren, verfügen sie im Durchschnitt über einen Wortschatz von 300 bis 400 Wörtern. Für die Bedürfnisse des Alltagsgesprächs kommen Erwachsene, wenn sie sich ihrer (Orts)mundart bedienen, leicht mit vier- bis siebentausend Wörtern aus. Das Wortinventar des aktiven Sprachgebrauchs wird durch die Schule beträchtlich erweitert, insbesondere aber der passive Wortschatz, der nach dem Besuch des Gymnasiums die Größenordnung von 20000 bis 30000 Wörtern erreichen kann. Der Sprachschatz des schriftlichen Gebrauchs geht besonders bei Romanautoren wie Theodor Storm oder Thomas Mann über diesen Wert hinaus. Der gebräuchliche Wortschatz der deutschen Schriftsprache, den das zweibändige „Handwörterbuch der deutschen Gegenwartssprache" (1984) erfaßt, umfaßt 60000 Wörter, und die Standardsprache, deren Gebrauch das Wörterbuch „Deutsch als Fremdsprache" (vgl. 822, Anm. 1) beschreibt, enthält 66000 verschiedene Wörter. Das achtbändige „Große Wörterbuch der deutschen Sprache" (1993 ff.) enthält rund 200000 Wörter, und auch dieses umfassende Werk kann nur eine Auswahl treffen. Zu welchem Anteil sollen z. B. die Termini der Fachsprachen einbezogen werden, die für den Bereich Elektrotechnik heute auf ca. 60000, für die Medizin auf über 200000, für die organische Chemie auf über 3000000 geschätzt werden? Außerdem ist der Wortschatz nach vielen Seiten hin offen, nicht nur durch „Entlehnung" aus den Terminologien der Fachdisziplinen, sondern auch aus anderen Sprachen (früher aus dem Lateinischen, Griechischen, Französischen, heute besonders aus dem Englischen), und auch durch die vielfältigen Möglichkeiten der (internen) Wortbildung.

Als „Wörter" werden in all diesen Fällen Lautkomplexe gezählt, die eine Zeichenfunktion haben, satzfähig und – als kleinste Einheiten im Satz – verschiebbar sind und zusammengeschrieben werden (bei Verben: zumindest im Infinitiv). Diese Wörter sind zum größten Teil Wortbildungen, nicht Simplizia, also einfache Wörter wie *groß* und *klein*, sondern abgeleitete und zusammengesetzte Wörter wie *Größe, Großbetrieb, riesengroß, vergrößern; Kleinheit, Kleinbetrieb, haarklein, verkleinern.* Die Wortfamilien, die sich so um die einzelnen Simplizia bilden, können bis 500 und mehr Wörter umfassen; bei dem Substantiv *Arbeit* bzw. dem Verb *arbeiten* z. B. Adjektive von *arbeitsam* über *arbeitsverwendungsfähig* bis zu *arbeitsrentenversicherungspflichtig;* Substantive von *Arbeiter* und *Bearbeitung* bis zu *Arbeitsförderungsgesetz* und *Arbeitslosenversicherungsanstalt;* Verben von *über-* und *erarbeiten* bis zu *sich hinaufarbeiten.*

Aus wenigen tausend Simplizia entsteht durch Zusammensetzung mit Wörtern oder durch Verbindung mit den über 200 unselbständigen Wortbildungsmitteln wie den Präfixen *be-, un-* oder den Suffixen *-er, -heit* die Gesamtheit der Wortbildungen. Den größten Beitrag dazu leistet die Zusammensetzung (734 ff.), darunter vor allem die Nominalkomposition, der rund zwei Drittel des Wortschatzes zu verdanken sind (größtenteils Substantivkomposita). Diese Möglichkeiten des Sprachausbaus erlauben es, den Wortschatz rasch und zweckmäßig den vielen lexikalischen Anforderungen anzupassen, die mit dem Wechsel der Situationen

---

[1] E. Leisi: Der Wortinhalt. Seine Struktur im Deutschen und Englischen. Heidelberg ⁴1971, S. 9.

und Zeiten an ihn gestellt werden. Worterfindungen (wie *Gas,* angeregt durch das griech. Wort *cháos*), schallnachahmende Wortschöpfungen (wie *Kuckuck*) und andere als die hier beschriebenen Wortbildungsweisen kommen demgegenüber nur selten ins Spiel.

Andere Mittel, neue Wörter (Lexeme) zu gewinnen, bestehen insbesondere in der Entlehnung (aus anderen Sprachen), in der Übernahme aus Dialekten, in der Verfestigung von Wortfügungen zu Mehrwortlexemen, insbesondere „idioms".

707 Aufgabe einer synchronen Wortbildungslehre ist es, die Wortbildungsmuster einer Sprache in ihrem Zusammenhang darzustellen. Im einzelnen lassen sich p r o - d u k t i v e und a k t i v e Wortbildungsmittel unterscheiden. Die Substantivbildung mit *Miß-* etwa ist noch aktiv; *Mißerfolg, Mißgriff, Mißverhältnis* usw. Diese Substantive werden als Wortbildungen behandelt und gegebenenfalls entsprechend aufgelöst *(Mißerfolg – kein Erfolg).* Das Präfix *miß-* ist aber nicht mehr produktiv (wie *un-* oder die Suffixe *-heit, -ung* usw.) und regt in der Gegenwartssprache nicht mehr zur Neubildung von Wörtern an. Ähnlich aktiv, aber nicht produktiv ist z. B. die Bildung der Pronominaladverbien mit *da(r)-, wo(r)-* und *hier-* (*daran, woran, hieran* usw.).

Die Produktivität von Wortbildungsmitteln ist in der deutschen Gegenwartssprache ungewöhnlich groß. Sie kommt aber in den Wörterbüchern, die keine Augenblicksbildungen, sondern nur feste Bestandteile des Wortschatzes registrieren, nur schlecht zum Ausdruck: Z. B. ist bis zu einem Drittel der in einem Zeitungstext vorkommenden Wortbildungen nicht in Wörterbüchern verzeichnet. Dabei spielen Augenblicksbildungen nicht nur im Sprachgebrauch des Deutschen eine große Rolle, sondern weisen auf den kreativen Aspekt[1] hin, der „eine allen Sprachen gemeinsame Eigenschaft"[2] ist: Der Mensch lernt nicht eigentlich eine Sprache, sondern er lernt, „in einer Sprache schöpferisch tätig zu werden", d. h., er erfährt die „in ihr bestimmenden Normen, die Anweisungen, die Wegweiser des Systems sowie die Elemente ..., welche das System uns als Grundmuster für unseren dann ganz neuen Ausdruck jeweils bereitstellt".[3] Erst durch eine genaue Analyse der vielfältigen Bildungen und durch die Ermittlung ihrer Elemente, ihrer produktiven Muster und ihrer Gebrauchsregularitäten können diese Bereiche der Sprache überschaubar werden.

1.1 Analyse des Wortverstehens und der Wortbildung

708 Form- und Inhaltsseite einer Wortbildung bedingen und bestimmen sich gegenseitig. Welche Teile sind es, aus denen sie besteht? Und welche Bedeutung entsteht durch ihre Verbindung? Beides ist sicher nur zu ermitteln, wenn man die Bedeutung von der Form her betrachtet und analysiert – und die Form von der Bedeutung her. Dafür gelten bestimmte Prinzipien.

1.1.1 Form- und Inhaltsanalyse von Komposita

709 Es liegt nahe, mit den Zusammensetzungen zu beginnen. Soweit sie durchsichtig und motiviert sind, wird ihre Verwendung (und damit ihr Inhalt) ja durch (minde-

---

1 Vgl. W. Motsch: Der kreative Aspekt in der Wortbildung. In: L. Lipka, H. Günther (= Hg.): Wortbildung. Darmstadt 1981, S. 94 ff.
2 N. Chomsky: Aspekte der Syntax-Theorie. Frankfurt/Main 1969, S. 16.
3 E. Coseriu: Sprachtheorie und allgemeine Sprachwissenschaft. München 1975, S. 89 f.

stens) zwei selbständig existierende Wörter bestimmt (die in sich wieder komplex sein können). Sie tragen von daher stärker autosemantische Züge als viele Ableitungen.

Ein erster Schritt besteht also darin, die Bestandteile der Wortbildung zu ermitteln (Konstituentenstrukturanalyse). Man kann davon ausgehen, daß sie immer binär angelegt ist. Deshalb läßt sich die vorgegebene Wortbildung zunächst in zwei Hauptbestandteile zerlegen. Ein zweiter Grundsatz: Mindestens ein Bestandteil, eine Konstituente, muß eine selbständige lexikalische Einheit des Wortschatzes, ein Lexem sein (wie es in den Ableitungen der Fall ist; dazu vgl. u. 712). Bei „durchsichtigen" Komposita sind es 2 Lexeme (die in sich wieder komplex sein können). Drittens: Diese Bestandteile lassen sich nur durch Kenntnis der Bedeutung ausgliedern (segmentieren).

Zerlegt wird die Wortbildung so in ihre Bestandteile, daß mit ihnen die Bedeutung angemessen umschrieben (paraphrasiert) werden kann (vgl. *Eisentür – Tür aus Eisen/eine Tür, die aus Eisen besteht* o. ä., wo die Zerlegung zwei Lexeme als Ausgangselemente ergibt; vgl. 734). Das Verfahren besteht dabei darin, durch Ersatzproben und Weglaßproben Minimalpaare des Wortschatzes zu bilden *(Eisentür – Holztür, Eisentür – Tür, Eisen – Holz)*. Die Analyse bleibt oft nicht bei Lexemen des Wortschatzes wie *Eisen* stehen, sondern kann zu kleineren Einheiten der Wortbildung weiterführen.

Eine der häufigsten von ihnen ist *-ung*. Dieses Element tritt nie frei auf, aber sehr oft gebunden – an ein Verb (genauer: den Stamm eines Verbs). In Reihen wie *Äußerung, Bemerkung, Mitteilung* kehrt es immer in der gleichen Position – am Ende angefügt (d. h. als „Suffix") – wieder. Erst die Kenntnis der Verben *äußern, bemerken, mitteilen* erlaubt es, den Ableitungstyp Verb + [Substantiv]suffix darin zu erkennen und zu entscheiden, daß z. B. eine Bildung wie *Aufschwung* nicht dazugehört.

Wenn Bildungen wie *Äußerung* usw. dann in anderen Wortbildungen (z. B. *Lebensäußerung*) auftauchen, wird die Formanalyse von diesen ausgehen. Bei einem Satz wie *Sie beobachteten die Lebensäußerungen des Igels* setzt sie damit ein, daß die Form der Endung (hier das *-en* des Akk. Plural) identifiziert und *Lebensäußerungen* (als Formvariante oder „Allomorph") auf die Grundform *Lebensäußerung* zurückgeführt wird. Die Umformung in *Äußerung des Lebens* erlaubt es dann, darin den Kompositionstyp Substantiv + Substantiv zu erkennen, vorausgesetzt, diese Wörter (Lexeme) sind bekannt.[1] So gesehen erscheint *Lebens-* als eine Formvariante von *Leben*, *-s-* als Fugenelement (vgl. dazu 843 ff.) ohne Bedeutung.

Nun zum Inhalt. Zunächst liegt es nahe, die Bedeutung des Kompositums durch die Genitivgruppe *Äußerung des Lebens* (des Igels) wiederzugeben, die ihm zweifellos äquivalent ist. Was damit – genauer – gemeint ist, sagt die textnahe Umformung in die attributive Satzfügung „(all) das, worin sich das Leben (des Igels) äußert/zeigt". Von da aus ist es auch möglich, das Kompositum *Lebensäußerung* als „Zusammenbildung" (vgl. 743) aus einer Fügung wie *das Leben äußert sich (so)* und dem Suffix *-ung* abzuleiten.   710

Es gibt mehrere theoretische Ansätze, von denen aus man die interne Bedeutung („Binnenstruktur") von Wortbildungen erfassen kann[2]:   711

---

[1]   Zu den vielfältigen Bezügen der Wortbildung im Text s. u. 716 u. 977.
[2]   Vgl. H. Wellmann (Hg.): Synchrone und diachrone Aspekte der Wortbildung. Heidelberg 1993, S. 147 ff.

Übersichtsschema dieser Bildungsanalyse:

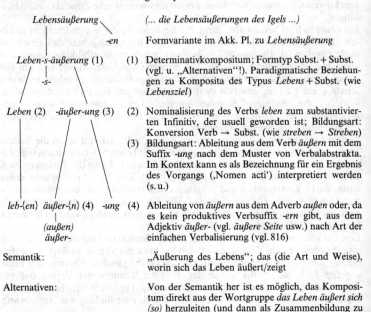

Lebensäußerung	(... die Lebensäußerungen des Igels ...)
-en	Formvariante im Akk. Pl. zu *Lebensäußerung*
Leben-s-äußerung (1)	(1) Determinativkompositum; Formtyp Subst. + Subst. (vgl. u. „Alternativen"!). Paradigmatische Beziehungen zu Komposita des Typus *Lebens* + Subst. (wie *Lebensziel*)
Leben (2) *-äußer-ung* (3)	(2) Nominalisierung des Verbs *leben* zum substantivierten Infinitiv, der usuell geworden ist; Bildungsart: Konversion Verb → Subst. (wie *streben → Streben*)
	(3) Bildungsart: Ableitung aus dem Verb *äußern* mit dem Suffix *-ung* nach dem Muster von Verbalabstrakta. Im Kontext kann es als Bezeichnung für ein Ergebnis des Vorgangs (‚Nomen acti‘) interpretiert werden (s. u.)
leb-{en} *äußer-{n}* (4) *-ung* (4)	(4) Ableitung von *äußern* aus dem Adverb *außen* oder, da es kein produktives Verbsuffix *-ern* gibt, aus dem Adjektiv *äußer-* (vgl. *äußere Seite* usw.) nach Art der einfachen Verbalisierung (vgl. 816)
(außen) *äußer-*	
Semantik:	„Äußerung des Lebens"; das (die Art und Weise), worin sich das Leben äußert/zeigt
Alternativen:	Von der Semantik her ist es möglich, das Kompositum direkt aus der Wortgruppe *das Leben äußert sich (so)* herzuleiten (und dann als Zusammenbildung zu deuten).

a) Betrachtet man die Wortbildung A–B (syntaktisch) im Vergleich mit entsprechenden Wortgruppen, so erscheint sie im Falle von *Lebensäußerung* z. B. als ein Kompositum, das einem bestimmten Typ der Attributgruppe (‚B des A‘) äquivalent (freilich nicht mit ihr synonym) ist.[1] Die Bedeutung von A bestimmt dann die von B so, wie der „Genitivus subiectivus" als Attribut das Substantiv B (Umformprobe!).

b) Von der Satzbildung im Ganzen (Satzerzeugung) her liegt es nahe, Wortbildungen (generativ) so zu betrachten, als ob sie aus einfachen Sätzen (wie: *So äußert sich das Leben*) entstanden seien.[2] Das Kompositum *Lebensäußerung* erscheint aus dieser Sicht als eine Art komprimierter Satz, von dem nur Teile, nämlich Nomen (A) und Verb (das in B enthalten ist) in die Wortbildung eingegangen sind. Wie das geschieht, wird durch eine lange Kette von Umformregeln beschrieben. Für sie ist am wichtigsten, was der Sprecher als Thema ansetzt („topikalisiert"), in diesem Falle z. B. die *Äußerungen* ... (Ersatzprobe!).

c) Auf die Frage, welcher Art nun die Bedeutungen sind, die von der Satzbildung her bestimmt werden, sucht man mit der Lehre von den Satzbedeutungen („Satz-

1   Das betonen besonders J. Erben (Einführung in die deutsche Wortbildungslehre. Berlin ³1993) und W. Fleischer, J. Barz, M. Schröder (Wortbildung der deutschen Gegenwartssprache. Tübingen 1992).

2   Nach N. Chomsky (vgl. 707, Anm. 2), R. B. Lees (Problems in the grammatical Analysis of English nominal Compounds). In: M. Bierwisch, K. E. Heidolph [= Hg.]: Process in Linguistics. Paris 1970, S. 174 ff.) u. a.

semantik"[1]) eine Antwort zu geben: Von ihr aus läßt sich die Bedeutung, die zwischen den Teilen einer Wortbildung besteht, im Falle von *Lebensäußerung* als „kausal" bestimmen: „A ist die Ursache von B/bewirkt B". A gibt dann die „Ausgangsgröße" *(Leben-)*, B die „entstehende Größe" *(-äußerung)* an.[2]

d) Wenn man darauf verzichtet, die Parallelen zwischen Satzbau und Satzbildung einerseits, Wortbau und Wortbildung andererseits zu betrachten, bleibt als abstrakteste Form die der (kognitiven) Beschreibung übrig. Sie lautet „A hat mit B zu tun".[3] Für den häufigsten Fall des Determinativkompositums ergibt sich dann die „Bedeutung": „A bezieht sich auf B", die sich in deutschen Komposita aus der Zusammenschreibung und oft, aber nicht immer, aus der Reihenfolge der Teile ergibt. Unter dem Einfluß der kognitiven Psychologie wird gelegentlich angenommen, daß man die Art dieser Beziehung nur auf Grund seines „Weltwissens" erschließen könne.[4] Das ist nicht der einzige Faktor. Wichtiger sind zunächst das Textwissen (darüber, in welcher Verbindung, in welchem Kontext die Wortbildung auftritt) und die Kenntnis von Syntax und Semantik der Wörter einer Sprache, aus denen das Kompositum besteht, insbesondere der Bedeutungen von A und B (also das Wortwissen).

e) Neben syntagmatischen Beziehungen der einen oder anderen Art (s. o.) bestimmt auch das Wissen (Wortwissen) um paradigmatische die interne Bedeutung des Kompositums A–B; insbesondere ist es die Parallelität zu ähnlich lautenden Bildungen, die Bedeutung „induzieren" kann (z. B. die Parallelität von *Gefühlsäußerung* und *Lebensäußerung*), die Opposition zu ihnen (z. B. *lebensverneinend* in Opposition zu *lebensbejahend*) usw.[5]

1.1.2 Form und Inhaltsanalyse von Ableitungen   712

Die Methode, ein komplexes Wort schrittweise („binär") in jeweils zwei Einheiten zu zerlegen und jede von ihnen auf den Zusammenhang von Form und Inhalt zu prüfen, ist auch auf Ableitungen anzuwenden, und man kommt dann zu Ableitungen 1., 2., 3., 4. und sogar 5. Grades. Bei der Substantivableitung *Unerklärlichkeit* z. B. ergeben sich dann – in 5 Gliederungsschritten – neben dem (jeweiligen) Basiswort insgesamt 5 verschiedene morphologische Elemente:

Minimalpaare		morphologische Elemente	
Unerklärlichkeit	– unerklärlich		-keit
unerklärlich	– erklärlich	un-	
erklärlich	– erklären		-lich
erklären	– klären	er-	
klären	– klar	-en	(+Umlaut)

---

[1] Zum Beispiel W. Kürschner: Zur syntaktischen Beschreibung deutscher Nominalkomposita. Tübingen 1974.

[2] L. Ortner u. a. in: DW (= Deutsche Wortbildung) Bd. IV. Berlin 1991, S. 516 ff.

[3] D. Dowty: Word meaning and Montague Grammar. Dordrecht 1979. G. Fanselow: Zur Syntax und Semantik der Nominalkomposition. Tübingen 1981.

[4] G. Fanselow (Zur Syntax und Semantik der Nominalkomposition. Tübingen 1981) meint, man brauche sein Gedächtnis ‚gar nicht‘ nach einer sinnvollen Relation zwischen A und B abzusuchen, sondern nur ‚noch festzustellen, ob diese Relation nun vorliegt oder nicht‘ (S. 132). Diese Annahme zeigt nach E. Meineke [vgl. 748, Anm. 1], S. 61) „ein fundamentales Mißverstehen des Funktionierens von Sprache".

[5] Vgl. H. Wellmann (711, Anm. 1), S. 160 f.

Welche Arten von *Elementen* der Wortbildung (Konstituenten) gibt es?

713   1. Selbständige Wörter bzw. Wortstämme als Einheiten des Lexikons (Lexeme[1], freie Morpheme[2]).
In der morphologischen Analyse werden diese freien, eine lexikalische Bedeutung tragenden Elemente (z. B. *klar*) von

2. ihren unselbständigen Teilen (z. B. *er-*) gelöst, die als Morphe (kleinste Einheiten der sprachlichen Formenbildung) an sie gebunden sind. In dem Satz

> *Unser Spielleiter erwartete die Kinder, ihre Mütter und Väter nach der – etwas hölzernen – Siegerehrung zu einer größeren Feier, für die er Hühnerbraten und Nürnberger Lebkuchen eingekauft hatte.*

begegnen viele *-er*-Morphe mit sehr unterschiedlichen Funktionen. Davon sind diejenigen *-er*-Verbindungen zu unterscheiden, die keine Morphe sind, d. h. sich nicht ablösen lassen, sondern fest zum Wortstamm gehören wie *-er* in den Wörtern *Mütter, Väter, Feier,* oder diejenigen, die fester Bestandteil eines Präfixes wie *-er-* in *ver-* (z. B. *ver-stärk-en*) oder eines Suffixes wie *-er-* in *-ern* (vgl. *hölz-ern-en*) sind.
Durch solche Satz- und Wortanalysen wird ermittelt, welchen Stellenwert die Morphe eines Textes haben und welchen Mustern und Formklassen (Paradigmen) des Sprachbaus sie dementsprechend angehören. Danach gliedern sich etwa die *-er*-M o r p h e aus unserem Beispielsatz in folgende M o r p h e m e :

Morpheme	Wozu dienen sie (‚Funktion')?
das Suffix *-er,* das eine Satzabhängigkeit signalisiert, in *einer:*	Kasusbildung →Adj., Art.
die eine kategoriale Bedeutung der Grammatik signalisierenden Suffixe *-er* in	
Kinder:	Pluralbildung →Subst.
größer:	Komparativbildung →Adj.
das „entgrammatikalisierte" Element *-er-* in *Hühnerbraten* (kein ‚Morphem'!): (*Hühner-* ist also Allomorph von *Huhn-*)	(nur eine Variante des Bestimmungswortes in Wortzusammensetzungen) ‘
das Suffix *-er* in Herkunftsbezeichnungen wie *Nürnberger*[3]:	Ableitung adjektivartiger Wörter →Adj.
das Substantivsuffix *-er* in *(Spiel)leiter* und *Sieger(ehrung):*	Substantivableitung →Subst.
das Präfix *er-* in *erwartete:*	Verbbildung mit semantischer und z. T. auch syntaktischer (Valenz)abwandlung des Ausgangsverbs (*auf jmdn./etw. warten*) →Verb

714   Insgesamt werden auf Grund der morphologischen Analyse, bei der auch lexikologische, semantische und syntaktische Gesichtspunkte berücksichtigt werden,

---

[1]   Zu den Lexemen werden hinsichtlich ihrer Bedeutung auch feststehende Wendungen wie *ins Gras beißen* für ‚sterben' (Mehrwortbezeichnungen, Wortgruppenlexeme) gerechnet, wenn keines der beteiligten Wörter gegen ein anderes ausgewechselt werden kann.

[2]   L. Bloomfield: Language. New York 1933, S. 209 f.

[3]   Die Großschreibung täuscht hier über den adjektivischen Charakter dieser Wörter hinweg (der auch durch die Austauschbarkeit mit Adjektiven auf *-isch [nürnbergisch]* deutlich wird).

neben den Lexemen folgende kleinste Bestandteile als Elemente der Wortbildung (Formationsmorpheme, gebundene Morpheme[1]) ermittelt:

a) vorn angefügt:
– Präfixe (*er-* in *erwarten*) und Halbpräfixe (vgl. 738);
b) hinten angefügt:
– Suffixe (*-er* in *Sieger*)[2] und Halbsuffixe (vgl. 740 f.).[3]
c) Treten beide kombiniert auf, spricht man auch von Doppelmorphemen oder einem „Zirkumfix"[4] (in kombinierten Präfixableitungen). Sie bestehen aus Präfixen (Halbpräfixen) und Suffixen (Halbsuffixen) wie *ver-* + *ig(en)* in etw. *verunreinigen* oder *be-* + *ig(en)* in etw. *bescheinigen.*
d) Schließlich gibt es auch das Morphem, das nicht reihenhaft, sondern nur in der vorliegenden Verbindung vorkommt[5], z. B. *Sams-* in *Samstag, Bern-* in *Bernstein, Him-* in *Himbeere, Brom-* in *Brombeere.* Diese unikalen Bestandteile werden auch als „Konfixe" bezeichnet (W. Fleischer [711, Anm. 4]; vgl. 716):

Von Infixen der Wortbildung kann man im Deutschen kaum sprechen. Es gibt nur einzelne Fälle von einfachem Stammvokalwechsel *(liegen – legen).* Fugenelemente wie das *-er-* in *Hühnerbraten* werden nicht als Infixe gewertet, weil sie keine Bedeutung haben. Ihre Setzung hängt primär von den Bestimmungswörtern ab, als deren Fügteile sie angesehen werden können (vgl. 844). Auch ist *-un-* in Adjektiven wie *handlungsunfähig, leistungsunabhängig* nicht eigenes „Infix" der Wortableitung, sondern Bestandteil des Grundworts *(unfähig, unabhängig).*

Von diesen Wortbildungsmorphemen unterscheiden sich die kategorialen Wortartmerkmale, wie beim Substantiv z. B. der Artikel und die Relationsmorpheme, die als
– Flexionsmorpheme am Wortende die syntaktischen Beziehungen der Wörter (Wortbildungen) im Satzzusammenhang verdeutlichen (z. B. *-er* in *einer;* vgl. das Kapitel „Die Wortarten").

Wenn man die internen Bedeutungsbeziehungen zwischen den Bestandteilen von Wortbildungen bestimmen will, besteht der erste Schritt darin, sie in syntaktische

715

---

1   L. Bloomfield (vgl. 713, Anm. 2), S. 161.
2   Ein Sonderfall ist die Nullableitung, vgl. dazu H. Marchand: The Categories and Types of Present-Day English Word-Formation. A. Synchronic-Diachronic Approach. München ²1969, S. 359 ff. Er spricht, wo – ohne eigenes Suffix – ein Wortartwechsel erfolgt, von „impliziter Ableitung"; z. B. *schlagen – Schlag;* bei *werfen – Wurf* in Verbindung mit einem Stammvokalwechsel, der sich hier historisch als Ablaut beschreiben läßt. Ein anderer Sonderfall ist die Suffixtilgung (Minussuffix, Rückbildung) in Fällen wie *Freimut* aus *freimütig* (vgl. 720), die nur durch eine historische Betrachtung sicher festgestellt werden kann. Sieht man von diesen Fällen ab, kann man die Ableitungen ohne besonderes Suffix unter dem Begriff der Konversion (s. u.) im weiteren Sinne zusammenfassen. Für S. Olsen gehören auch die Suffixe, die beim Adjektiv regelmäßig zur Vergleichsbildung (im Komparativ, Superlativ) dienen, zu den Wortbildungselementen und nicht zur Flexion. S. Olsen: Zum Begriff der morphologischen Heads. In: Deutsche Sprache 18 (1990), S. 139.
3   In vielen Bereichen des Wortschatzes gibt es Übergangsphänomene. Wie sind sie einzuordnen? Ein lexikologisches Kriterium ist, ob das Element sonst als freies Wort in der Sprache vorkommt oder nicht. Wenn nicht, ist es als Präfix oder Suffix zu bestimmen. Sonst liegt ein transparentes Kompositum oder eine Bildung mit Halbpräfix bzw. -suffix vor. Dies richtet sich nach dem semantischen Kriterium, ob beide die gleiche oder eine verschiedene Bedeutung haben. Und als syntaktisches Merkmal ist z. B. zu prüfen, wie der Wortteil und das (homonyme) Lexem im Satz gebraucht werden, nach den Regeln welcher Wortart, in welcher Position (Stellung), mit welcher Valenz usw.
4   R. Lühr: Neuhochdeutsch. München 1986, S. 145.
5   Vgl. dazu E. Fischer: Das „gebundene Grundmorphem" in der deutschen Sprache der Gegenwart. In: Beiträge zur Erforschung der deutschen Sprache. Bd. 5, Leipzig 1985, S. 210 ff.

Konstruktionen umzuformen (zu transformieren), die annähernd das gleiche aussagen:

Eintracht Frankfurt ist Pokalgewinnerin	... ist Gewinnerin des Pokals.
	... ist diejenige, die den Pokal gewinnt/gewonnen hat.
	... gewinnt den Pokal/hat den Pokal gewonnen.

Wort- und Satzkonstruktionen werden hier einander zugeordnet, aufeinander abgestimmt. Der Wortbildung *Pokalgewinnerin* entsprechen die Nominalgruppe *die Gewinnerin des Pokals* und die syntaktische Fügung *diejenige, die den Pokal gewinnt/gewonnen hat.*

Der nächste Schritt besteht darin, das logische Verhältnis zwischen den Bestandteilen (Konstituenten) zu ermitteln. Die Wortbildungsanalyse zeigt z. B. als erstes, daß in den verglichenen Konstruktionen immer ein Bestandteil den anderen näher bestimmt (Grundbeziehung der Determination); mit dem Unterschied, daß das Bestimmungselement in der Wortbildung vorn steht, in der substantivischen Attributgruppe aber – wie auch in der Fügung mit Attributsatz – gewöhnlich dem Bezugswort folgt.

Danach sind die syntaktischen Beziehungen zwischen den Bestandteilen zu prüfen. Es stellt sich die Frage, welche Bildungen durch syntaktisch übereinstimmende Umformungen (Paraphrasen) wiedergegeben werden können und ob durch diese dieselben Bedeutungsbeziehungen wie durch jene ausgedrückt werden. Für die Umschreibung der Bildung *Pokalgewinnerin* braucht man z. B. eine Fügung mit dem Prädikat *gewinnen* und dem (Akkusativ)objekt *Pokal*, ähnlich wie für *Preisgewinnerin* eine entsprechende Fügung mit dem (Akkusativ)objekt *Preis* oder für *Autoverkäufer* eine Konstruktion aus dem Prädikat *verkaufen* und dem (Akkusativ)objekt *Auto* (bzw. *Autos*):

Subjekt	(Akkusativ)objekt	Prädikat
jemand, der	den Pokal/den Preis	gewinnt/gewonnen hat.
jemand, der	ein Auto/Autos	verkauft/verkauft hat.

Insofern die syntaktischen Formen, mit welchen die Charakterisierungsleistung von *Pokal-/Preisgewinnerin* und *Autoverkäufer* umschrieben wird, übereinstimmen, gehören diese Bildungen dem gleichen Wortbildungstyp (Paradigma, Funktionsstand) an.[1] (Grammatische Gegensätze wie die zwischen Singular und Plural *[Auto/Autos]* oder Präsens und Perfekt sind hier aufgehoben.) Daß es jeweils eine Person ist, die hier nach einer Tätigkeit (als Nomen agentis; vgl. 895 ff.) näher bestimmt wird, ergibt sich dabei nicht aus den syntaktischen Beziehungen zwischen den Bestandteilen, sondern aus ihren semantischen, insbesondere ihren „wesenhaften Bedeutungsbeziehungen": Die Verben *gewinnen* und *verkaufen* verlangen eine Person als Subjekt. Das Suffix *-in* fügt im Falle von *Pokal-/Preisgewinnerin* auf Grund seiner Geltung im Deutschen gewöhnlich das Merkmal ‚weiblich' hinzu (vgl. auch *Lehrerin, Ministerin* usw.).

Nach der internen Bedeutungsstruktur einer Bildung müssen auch ihre „externen" Beziehungen, d. h. ihr Text- und Situationszusammenhang (Kontext und Kotext), betrachtet werden, woraus sich auch erst ihre Bezeichnungsfunktion herleiten läßt.

---

1 Vom Wortbildungstyp, z. B. dem der Nomina agentis, sind seine verschiedenen Wortbildungsmuster zu unterscheiden; im Falle der Nomina agentis z. B. die Ableitungen mit *-er (Demonstrierer), -ant (Demonstrant), -ator (Demonstrator)* usw.

Im Falle von *Pokalgewinnerin* z. B. zeigt sich ein Unterschied zwischen der ermittelten Bedeutung und der Bezeichnungsfunktion der Wortbildung. Der Kontext weist bei der Meldung *„Eintracht Frankfurt ist Pokalgewinnerin"* aus, daß es sich um eine Fußballmannschaft handelt; das Suffix *-in* signalisiert hier also nur ‚Substantiv mit femininem Genus' und nicht ‚weiblich' (im Unterschied zu der Bildung *Preisgewinnerin* in dem Kontext *„Die Preisgewinnerin wurde auf die Bühne gebeten"*).

Neben den angedeuteten („internen") morphologischen, semantischen und syntaktischen Aspekten, die für die verschiedenen Typen und Muster der Wortbildung eine ganz unterschiedliche Bedeutung haben und entsprechend zu gewichten sind, kommen also z. T. auch noch („externe") Gesichtspunkte der Textbildung und Sprachpragmatik ins Spiel (vgl. 751).

1.1.3 Grenzen der Analyse: die Lexikalisierung

Die Grenzen der Analyse liegen dort, wo die Bedeutungen der Bildungsbestandteile nicht mehr oder nur zum Teil bestimmend sind für den Gebrauch der Bildungen insgesamt.

716

1. Das letzte Stadium der Entwicklung ist hier bei einzelnen Bildungen wie *Gugelhupf* oder *Nuckelpinne* erreicht, von denen kein Teil mehr durch ein anderes Wort oder einen anderen Wortteil motiviert[1] erscheint. Nur auf Grund der Lautung und Silbenzahl kann man annehmen, daß es einmal Zusammensetzungen waren. Das gilt auch für Verben wie *verlieren, empfehlen, gewinnen.*

2. Als teilmotiviert gelten dagegen die vielen „verblaßten" Bildungen, die ebenfalls in dieser Darstellung der Wortbildung ausgespart bleiben; ihr Gebrauch ist primär durch einen festen Platz in lexikalischen Feldern oder in Mustern der Grammatik bestimmt. Zu ihnen gehören:

a) Grammatikalisierte Bildungen mit *-fälle* in *Regen-, Schnee-, Unglücksfälle,* in denen das zweite Glied die Funktion eines Pluralzeichens hat (vgl. 751,4 c).

b) Die Zusammensetzungen mit *Auer-, Brom-, Butzen-, Dam-, Fleder-, Hage-, Hift-, Him-, Paus-, Pluder-, Schorn-* usw. in den Bildungen *Auerhahn, Brombeere, Butzenscheibe, Damhirsch, Fledermaus, Hagestolz, Hifthorn, Himbeere, Pausbacken, Pluderhose, Schornstein.* Deren erster Bestandteil ist „unikal", d. h., er kommt nur noch in der genannten Bildung vor und heißt deshalb auch „Konfix" (vgl. 714). Im übrigen kann auch das Zweitglied das unikale sein; vgl. z. B. *Bergfried, Bräutigam, Buchecker, Hundsfott, Nachtigall.*

c) Die Bildungen, deren Bedeutung sich geändert hat, wie z. B. *Jungfrau, Junggeselle, Felleisen, Brustwehr, Landsknecht* (vgl. 737). Hier sind vielfache Abstufungen zu beobachten: *Jungfrau* ist ganz nur durch das Substantiv, aber nicht mehr durch das Adjektiv motiviert, *Junggeselle* weder durch das Adjektiv noch durch das Substantiv, gleichwohl aber noch nicht ganz undurchsichtig. Solche Zusammensetzungen, deren Ausgangswörter im Wörterbuch vorkommen, deren Inhalt aber nicht mehr mit ihnen wiederzugeben ist, gibt es in großer Zahl. Noch einen Schritt weiter auf dem Weg von der Zusammensetzung zum einfachen Wort ist die Bildung *Jungfer,* bei der heute kaum mehr zu erkennen ist, daß es sich um eine alte Zusammensetzung handelt.

---

[1] Zur Motivation von Zusammensetzungen vgl. L. Lipka: Zur Lexikalisierung im Deutschen und Englischen. In: Wortbildung. Hg. v. L. Lipka u. H. Günther. Darmstadt 1981, S. 119–132.

1.1.4 Grenzen der Analyse: „externe" Wortbeziehungen

717   Wenn ein Kompositum (wie z. B. *Schweigepflicht*) in den allgemeinen Sprachgebrauch eingegangen ist, lassen sich seine spezifischen Beziehungen zu anderen
Wörtern (Kollokationen) oft nicht mehr aus denen des Grundwortes (z. B.
Pflicht) herleiten. Man kann die *Schweigepflicht brechen,* aber nicht die *Pflicht* (sie
wird höchstens *verletzt*). Dafür treten andere spezifische Verbindungen (z. B. *ärzt-
liche Schweigepflicht*) hinzu, die nicht beliebig austauschbar sind. Ihre Beschreibung leistet die Bedeutungslehre oder (Wort)se mantik, nicht die Wortbildung.
Andererseits verweist ein Kompositum, zumal wenn es ad hoc gebildet ist, auf seinen Kontext. Ihn braucht man oft, um zu ermitteln, welche Bedeutung ihm jeweils zukommt. Kontextfrei können Bildungen zum Teil mehrere, ganz verschiedene Bedeutungen haben. Das zeigt zum Beispiel die Bildung *Fischfrau*: Sie ist,
für sich betrachtet, vieldeutig. *Fischfrau*[1] kann z. B. – je nach Kontext – für ‚Frau
und Fisch (= Nixe)' stehen, für ‚Frau, die Fische verkauft', ‚Frau, die im Stern-
bild der Fische geboren ist' usw. Die textnahe Analyse solcher Bildungen ist auch
Aufgabe der Textlinguistik (H. Weinrich; vgl. 977, Anm. 1).

1.2 Die Bildungsarten[2]

718   Auf welche Art und Weise werden Wörter „gebildet"? Die theoretischen Bil-
dungsmöglichkeiten: 1. Addition (eines Wortes, Affixes), 2. Tilgung (eines Wort-
teils, Wortes), 3. Substitution eines Teils durch ein anderes (etwa bei *gefallen –
mißfallen*), 4. Permutation (Umstellung wie in *„Meistersuppen vom Suppenmei-
ster"*), auch mit Wortartänderung/Transposition (s. u.). Die Transformation stellt
eine Kombination aus diesen Grundmöglichkeiten dar. Welche davon wird nun
genutzt – und wie? In den meisten Fällen wird ein schon vorhandenes Wort der
Hauptwortarten erweitert (Komposition, Derivation), gekürzt (Kurzwortbildung) oder in eine andere Wortart umgesetzt (Konversion).[3]
Erweitert wird es gewöhnlich in der Weise, daß es mit einem anderen Wort (besonders als Bestimmungsglied) oder Wortbildungselement (Affix) zu einem
neuen Wort vereinigt wird. Das Affix wird dabei entweder vorn oder hinten, als
Präfix oder als Suffix angefügt; auch die gleichzeitige (kombinierte, auch: „dis-
kontinuierliche") Verbindung mit (Halb)suffix und (Halb)präfix kommt vor (vgl.
739).
Andererseits können Wörter auch durch Kürzung gebildet werden, aus jungen
einfachen Wörtern, Zusammensetzungen oder Wortgruppen, wie z. B. *Bus* aus
Omnibus, Uni aus *Universität, LKW* aus *Lastkraftwagen, BGB* aus *Bürgerliches
Gesetzbuch* (vgl. 719). Bei diesen Kürzungen weisen die Ausgangsbildung und die
Kurzform gewöhnlich den gleichen Wortinhalt auf, während durch Erweite-
rungsbildung ein neuer Wortinhalt entsteht.
Im Grenzbereich zwischen Wortbildung und grammatischer Formenbildung
(Morphologie) liegen Spielarten der Umsetzung (Konversion), die, wie die Sub-

---

[1]   Nach H. J. Heringer: Gebt endlich die Wortbildung frei. In: Sprache und Literatur in Wissenschaft und Unterricht 53 (1984), S. 46. Dazu W. Fleischer: Wortbildungsbedeutung. In: Acta
Universitatis Wratislaviensis No 1356, Wrocław 1992, S. 99 ff.

[2]   Teilmotivierte Bildungen sind zuweilen Gegenstand einer Umdeutung (Volksetymologie),
durch die der unbekannt gewordene Teil eine neue Bedeutung bekommt (vgl. *Friedhof* aus *vrīt-
hof* ‚umzäunter Platz' zu ahd. *vrīten* ‚hegen').

[3]   P. v. Polenz: Wortbildung. In: Lexikon der Germanistischen Linguistik. Hg. v. H. P. Alt-
haus/H. Henne/H. E. Wiegand. Tübingen ²1980, S. 169–180.

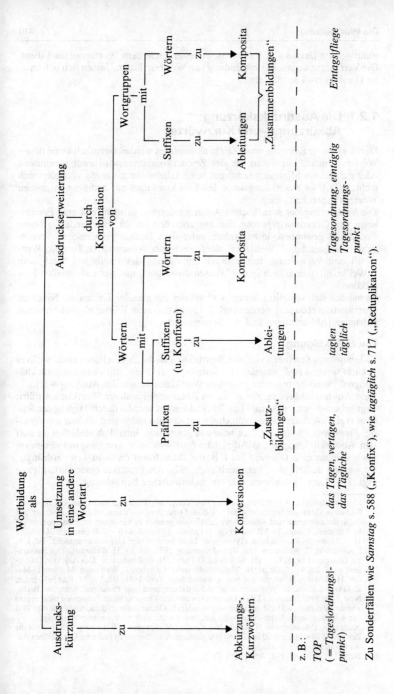

stantivierung *(laufen – das Laufen)*, in erster Linie dem Wortartwechsel dient. Die Verfahrensweisen, die zur Bildung von Wörtern führen,[1] lassen sich in formaler Hinsicht etwa so gliedern:

1.2.1 Die Ausdruckskürzung: Abkürzungs- und Kurzwörter

719 Durch einfache Kürzung eines Zeichenkomplexes werden eigentlich keine neuen Wörter gebildet. Die Formseite des Zeichenkomplexes wird zwar vereinfacht oder gar auf ein Minimum reduziert, seine Inhaltsseite hingegen verändert sich nicht; vgl. *Akku* aus *Akkumulator.* Insofern kann man nur bedingt von „neuen Wörtern" sprechen (s. u.).
Die Verkürzung der sprachlichen Ausdrucksformen ist nicht erst eine Erscheinung der Gegenwartssprache. Sie hat aber erst im 20. Jahrhundert größere Bedeutung gewonnen, insbesondere unter dem Einfluß militärischen Sprachgebrauchs (seit dem 1. Weltkrieg), der Sprache der Wissenschaft, Technik, Wirtschaft und Verwaltung, ferner durch Einwirkung des Englischen (nach dem 2. Weltkrieg), namentlich in der Wirtschaftswerbung und der industriellen Produktion.[2]
Es handelt sich vor allem darum, daß Wörter um einzelne Laute oder Silben zu Kurzwörtern reduziert werden (vgl. 721) und daß neue Wörter als Abkürzungen entstehen (Abkürzungen und Abkürzungswörter; vgl. 724 ff.).

Die Suffixtilgung

720 Es kommt nur vereinzelt vor, daß Wortbildungen durch Weglassen eines Suffixes gekürzt werden (vgl. *Blutgier* aus *Blutgierigkeit*). Diese „Erleichterungsrückbildungen"[3] gehören meistens derselben Wortklasse an wie das Ausgangswort.
Eine Ausdruckskürzung, die zu neuen Ableitungen anderer Wortklassen führt, liegt bei einer ganzen Anzahl von Rückbildungen vor, die durch Tilgung des Suffixes (vgl. 714, Anm. 3) aus Adjektiven auf *-ig* entstanden sind: *Demut* aus *demütig, Freimut* aus *freimütig, Sanftmut* aus *sanftmütig.* Inhaltlich schließen sie sich den Abstraktbildungen aus Adjektiven (mit *-heit, -ität* usw.) an, mit denen sie auch konkurrieren (*Freimut* hat z. B. die ältere Form *Freimütigkeit* verdrängt); sie werden deshalb dort behandelt (vgl. 892). Als Produkte einer Suffixtilgung (vgl. 714, Anm. 3) erscheinen sie erst in historischer Betrachtung.

---

1 Für die einzelnen Wortbildungsmuster, ihre Verteilung, Frequenz und Produktivität in der deutschen Gegenwartssprache stützt sich diese Darstellung vor allem auf die Handbücher, auf die in detaillierteren und weiterführenden Fragen generell zu verweisen ist, insbesondere auf W. Fleischer, I. Barz, M. Schröder (vgl. 711, Anm. 1), bes. S. 44 ff. – J. Erben (vgl. 711, Anm. 1). – Deutsche Wortbildung. Typen und Tendenzen in der Gegenwartssprache. Bd. 1 v. I. Kühnhold, H. Wellmann: Das Verb. Düsseldorf 1973; Bd. 2 v. H. Wellmann: Das Substantiv. Düsseldorf 1975; Bd. 3 v. I. Kühnhold, O. Putzer, H. Wellmann u. a.: Das Adjektiv. Düsseldorf 1978; Bd. 4 v. L. Ortner, E. Müller-Bollhagen, H. Ortner, H. Wellmann, M. Pümpel-Mader, H. Gärtner: Substantivkomposita. Berlin, New York 1991; Bd. 5 v. M. Pümpel-Mader, E. Gassner-Koch, H. Wellmann u. a.: Adjektivkomposita und Partizipialbildungen. Berlin, New York 1992 (zitiert als DW). Die dort verarbeitete Literatur ist im Folgenden nicht eigens wieder aufgeführt. – Darüber hinaus ist besonders L. Ortner dafür zu danken, daß sie den Text der 4. Auflage kritisch durchgearbeitet hat, ferner I. Barz für Verbesserungsvorschläge.
2 Nach einer Erhebung von H. Koblischke (Großes Abkürzungsbuch, Leipzig ⁴1985) ist für die Zeit um 1980 schon mit 50 000 bis 60 000 gängigen Kurzformen zu rechnen. Den größten Anteil daran haben die Fachsprachen.
3 Nach J. Erben (vgl. 711, Anm. 1), S. 33.

Die Reduktion zusammengesetzter oder langer Wörter zu Kurzwörtern

Diese Verkürzung folgt häufig vorgeprägten Mustern oder einzelnen Vorbildern sprachökonomischer Reduktion, die sich oft, aber keineswegs immer nach den sprachlichen Einheiten (Laut, Silbe, Wortstamm) richten: 721

1. Häufig gebrauchte Zusammensetzungen und präfixhafte Bildungen können zu Kopfformen (auf ihr Vorderglied) verkürzt werden. Sie behalten dabei gewöhnlich das Genus des Ausgangswortes:

> das Kilo (aus: das Kilogramm), das Tele (aus: das Teleobjektiv), der Vize (aus: der Vizepräsident), das Super (aus: das Superbenzin).

In vergleichbaren Bildungen wie *Laster* aus *Lastwagen, Mähdrescher* aus *Mähdreschmaschine* ist der zweite Teil nicht ausgefallen, sondern durch ein Suffix ersetzt (Substitution; vgl. 718).

Gekürzt werden[1] vor allem in gesprochener Sprache zunehmend auch drei- und mehrsilbige Fremdwörter. Einige Verkürzungen sind in die Schriftsprache eingegangen, so *das Labor* (aus *das Laboratorium*), *das Foto* (aus *die Fotografie;* mit Genusveränderung), *die Uni* (aus *die Universität*). Die meisten aber bleiben auf den mündlichen Sprachgebrauch beschränkt, so *das Abi* (aus *das Abitur*), *die Demo* (aus *die Demonstration*), *die Limo* (aus *die Limonade*). Diese Verkürzungsweise, die oft zu Formen mit auslautendem *-i, -o, -u* führt, ist heute in der gesprochenen Umgangssprache recht produktiv; vgl. weiter *der Krimi(nalroman), der Tacho(meter), der Akku(mulator)*. Kurzwörter dieser Art werden oft selbst wieder Bestandteil von Zusammensetzungen (*Unibetrieb, Fotostelle* usw.), kaum dagegen von Ableitungen. Ähnlich werden auch die Vornamen in gesprochener Alltagssprache oft verkürzt (*Uli* aus *Ulrich; Rosi* aus *Rosemarie* usw.).

Um Zusammensetzungen handelt es sich z. B. bei *Bioladen, Biorhythmus, Euromarkt,* bei denen die attributiven Adjektive *(biologisch, europäisch)* gekürzt in die Wortbildung eingehen, ohne daß die Kurzformen als selbständige Einheiten existieren. Diese Bildungen finden sich besonders oft in der Zeitungssprache. Durch ihre ikonische Abbildungsfunktion geprägt sind Bildungen wie *X-Beine, O-Beine*.

2. Im Gegensatz zu Kopfformen spricht man von Endformen[2], wenn von einer Zusammensetzung nur der zweite Teil (das Grundwort) gebraucht wird. Zu Kürzungen dieser Art kommt es gewöhnlich, wenn das Bestimmungswort bereits aus dem vorangehenden Text, aus der Situation bzw. dem Sachzusammenhang bekannt ist:

> Bahn – Eisenbahn, Rad – Fahrrad usw.

Hier liegt in den meisten Fällen keine Wortneubildung vor. Vielmehr wird eine gängige (usuelle) Bezeichnung der Gattung auf die häufigste bzw. im Augenblick wichtigste Erscheinungsform einer Art angewandt. Manche Kurzwörter dieser Art sind als feste Prägungen in den allgemeinen Sprachgebrauch eingegangen, z. B. *Schirm* für *Regenschirm, Bus* für *Omnibus, Pille* für *Antibabypille, Platte* für *Schallplatte*.

---

[1] Vgl. G. Bellmann: Zur Variation im Lexikon: Kurzwort und Original. In: Wirkendes Wort 30 (1980), S. 369 ff.
Um die (elliptische) Reduktion von Wortgruppen, deren einer Teil ganz entfällt, handelt es sich dann etwa bei *Frankfurter (Würstchen), Emmentaler (Käse), Zoo (Zoologischer Garten)*.

[2] Vgl. D. Kobler-Trill: Das Kurzwort im Deutschen. Eine Untersuchung zu Definition, Typologie und Entwicklung. Tübingen 1994 (= „Schwanzformen").

Dasselbe Ergebnis entsteht, wenn ein Kompositum im Folgetext einfach durch das Grundwort wieder aufgenommen wird. Wenn z. B. vom *Rentenanpassungsgesetz* die Rede war, genügt es, im Folgesatz etwa von *d(ies)em Gesetz* zu sprechen.

3. Bei dreigliedrigen Komposita kann auch ein Mittelglied ausfallen[1]:

Fernamt statt Fern(sprech)amt, Hustenmischung statt Husten(bonbon)mischung, Ölzweig statt Öl(baum)zweig, Lochverstärker statt Loch(rand)verstärker.

Dieses Mittelglied kann ein Affix sein (vgl. *-be-* in *Leichen[be]schau, -ung[s]* etwa in *Wohn[ungs]bau;* vgl. 734), meistens fällt jedoch der zweite Teil eines komplexen Bestimmungswortes aus (vgl. *Gleiskolonne* aus *Gleisbaukolonne*). Die beiden Außenstücke bleiben als Klammern zurück („elliptische" Klammerformen).

Nur selten kommt der Fall vor, daß bei der Einsparung eines gleichlautenden Grundwortes das *und* ausfällt:

Haus- und Hofmeister – Haushofmeister; Rot- und Grünblindheit – Rotgrünblindheit.

722 **Systematik der Kurzwörter[2]:**

Arten	Beispiele	gebildet aus	Bemerkungen
Kopf-formen	*Foto*	*Fotografie*	Überwiegend zweisilbig; Kurzwörter zu Fremdwörtern, oft mit den „bunten" Endsilbenvokalen *i, o, u.*
End-formen	*Rad*	*Fahrrad*	Besonders im laufenden Text und in Dialogen der gesprochenen Sprache, wo das Grundwort dann den Inhalt der Zusammensetzung aufnimmt. Diese Kurzformen können usuell werden, d. h. regelmäßig für das ganze Wort stehen.
Klammer-formen	*Fernamt* *Lohnbuch-halter* *Pfeffernüsse* *Biergaul*	*Fernsprechamt* *Lohnbuch-Buch-halter* *Pfefferkuchennüsse* *Bierwagengaul*	Sowohl in gesprochener als auch in geschriebener Sprache. Es handelt sich um gekürzte Komposita.

Gebrauch der Kurzwörter

723 Kurzwörter verdrängen ihre Ausgangswörter meist nicht. Sie bezeichnen in der Regel das gleiche, aber die Motive für ihren Gebrauch können andere werden: wenn sich Bedeutungsmerkmale oder auch Konnotationen (Begleitvorstellungen) verlieren. Der Ausdruck *Alphabetisierungskurs* (ein Beispiel G. Bellmanns) kann die Vorstellung auslösen, daß dort Erwachsene (Analphabeten) das Alphabet lernen.[3]

---

1 Die Klammerbildung aus Nichtkomposita ist eine Ausnahme.
2 Ihrem Erscheinungsbild nach gehören Kopf- und Endformen als „unisegmentale" Kurzwörter (Bellmann) enger zusammen; ihrer Bildungsweise nach unterscheiden sie sich aber gründlich: Die Endformen sind durchgehend gekürzte Komposita (abgesehen von *Bus,* das aus dem Engl. entlehnt ist), während die Kürzung sich bei den – meist zweisilbigen – Kopfformen selten an eine Wortbildungsgrenze hält (*Abi* aus *Abitur* usw.; Kobler-Trill [vgl. 721, Anm. 2], S. 65). Rumpfbildungen wie *Lisa* aus *Elisabeth* gibt es nur ganz selten (bei Namen).
3 G. Bellmann (vgl. 721, Anm. 1), S. 369 ff.

Das Kurzwort *Alphakurs* dagegen klingt wissenschaftlich und schließt die Konnotation von *Analphabet* aus. – In manchen Fällen erhält die kürzere Form aber neue, zusätzliche Begleitmerkmale. Eine deutlich negative Bewertung vermitteln z. B. die Kurzwörter *Nazi, Sozi* im Unterschied zu *Nationalsozialist, Sozialist.* Dazu kann, wie hier, die Ähnlichkeit des Klangs (Zweisilbigkeit; das Suffix *-i;* vgl. 742) beitragen. Eine expressive Färbung bekommen die Kurzwörter z. T. durch die Übertragung aus dem Medium der gesprochenen Sprache in offizielle Texte, wenn etwa *Demo* statt *Demonstration* geschrieben wird. Sonst ist es die knappe und kurze Form, die dem Kurzwort gerade im mündlichen Sprachgebrauch und in Zeitungen den Vorzug gibt: *Zivi* für *Zivildienstleistender, Limo* für *Limonade* usw. Zunehmend geht das Kurzwort heute auch als erstes Glied in Komposita ein (*Lokführer, Limodose* usw.), selten dagegen als zweites (Grundwort).[1]

Die Bildung von Abkürzungen und Abkürzungswörtern aus Buchstaben und Teilen von Wörtern

Der Gebrauch von Abkürzungen, die gewöhnlich in der geschriebenen Sprache entstehen, nimmt in der Gegenwartssprache immer noch zu. Es lassen sich unterscheiden: Kürzel, insbesondere Schreibsymbole wie *§* (Paragraph) oder *%* (Prozent); konventionelle Siglen für Münz-, Maß- und Gewichtsbezeichnungen (*DM; m, kg, ha, km/h;* auch in den Fachsprachen: *S* = Schwefel, *Au* = Gold usw.); (textabhängige) Abkürzungen wie *Bd. (Band), dt. (deutsch), trans. (transitiv),* die nur Schreibbesonderheiten darstellen, aber (meist) im vollen Wortlaut ausgesprochen werden, nicht als eigene Wörter (da ohne Wortartmerkmale) und mithin nicht als Wortbildungen sui generis angesehen werden können; schließlich Abkürzungswörter wie *LKW* (aus *Lastkraftwagen*), *UKW* (aus *Ultrakurzwelle*), *APO* (auch *Apo;* aus *außerparlamentarische Opposition*) oder *EDV* (aus *elektronische Datenverarbeitung*), die eher etwas von einem eigenen Wort haben: Sie zeigen eine eigene Aussprache. Sie werden entweder buchstabiert und haben Endbetonung ([u:ka:'ve:]), oder man spricht sie silbisch mit der im Deutschen vorherrschenden Anfangsbetonung aus (['a:po]). Sie können flektiert werden. Ihr grammatisches Geschlecht richtet sich im allgemeinen nach dem des Grundwortes (bei *APO* nach *Opposition,* bei *LKW* nach *Wagen*). Ihr Plural wird, wo erforderlich, mit *-s* gebildet. Den Übergang zu den Kurzwörtern (vgl. 721) bilden Silbenwörter wie *Kripo* aus *Kriminalpolizei, Mofa* aus *Motorfahrrad, Juso* aus *Jungsozialist,* bei denen an Stelle der Initialen die Erstsilben oder auch nur Teile von ihnen (wie bei *Juso*) miteinander verbunden werden.

Die eigentlichen Abkürzungswörter (s. u. 2), die in der Regel aus substantivischen Zusammensetzungen oder Wortgruppen entstanden sind, können selbst wieder in Wortbildungen eingehen *(LKW-Anhänger, AStA-Sitzung)* und bilden dann echte Komposita (vgl. 721).

Viele der Verkürzungen, die uns in einem Durchschnittstext begegnen, sind Schreibsymbole, Siglen und Abkürzungen (s. u. 1); einen sehr großen Anteil haben daneben die Buchstabenwörter (s. u. 2 a). Vereinzelt sind Übergänge zwischen diesen Typen zu beobachten: So wird die nach Typ 2 a gebildete Initialabkürzung *TÜV* heute nach Typ 2 b ausgesprochen ([tüf]), die Initialabkürzung *DM* dem Typ 2 c entsprechend als *D-Mark*. Einzelne Siglen wie etwa *km/h* spricht man auch schon wie Initialabkürzungen (2 a) aus ([ka:em'ha:]).

724

725

---

[1]   M. Schröder: Zur Verwendung von Kurzformen. In: Beiträge zur Erforschung der deutschen Sprache 5, Leipzig 1985, S. 199 ff.

Seit einiger Zeit begegnen auch Mischformen aus Initial- und Silbenwortbildung wie *Azubi* (*Auszubildender*) und Abkürzungswörter, die genau wie einfache Lexeme lauten und sich deshalb leicht einprägen (*Erna* – *Elektronische rechnergesteuerte Nachrichtenvermittlungs*anlage). Vgl. dazu die Tabelle auf S. 416 f.

726 Um Reduktionsformen ganz anderer Art handelt es sich bei

> heul, klirr, krächz, zisch, würg, ächz usw.

Sie sind meist durch englische Vorbilder angeregt. Gebildet werden sie oft durch die Kürzung der entsprechenden Verben (*heulen, klirren, krächzen* usw.) auf ihren Stamm. Sie stehen für einfache finite Verbformen (*ich heule, es klirrt* usw.), haben Ausdrucksfunktion und veranschaulichen durch ihren meist lautmalenden (onomatopoetischen) Charakter Geräusche o. ä. nach der Art gewisser Interjektionen (vgl. 642). Einzelne entstehen durch Wortwiederholung *(bibber-bibber, mampf-mampf),* andere durch Wortkreuzung, etwa *kracks* aus *krachen + knacks.*

Zur Entscheidung darüber, wann und wo sich die Verwendung von Abkürzungen empfiehlt: „Abkürzungen sollen da nicht verwendet werden, wo sie den Lesevorgang stören, den Sinnablauf unterbrechen, nicht zum Sachthema gehören, nicht ständig wiederkehren und nicht allgemein bekannt sind"[1]. Es kommt auf die Kommunikationssituation an und darauf, daß für die Leser/Hörer die Eindeutigkeit des Gemeinten gesichert bleibt.

1.2.2 Die grammatische Umsetzung (in eine andere Wortart: Konversion)

Sie erlaubt es, nach allgemeinen Regeln Substantive (als substantivierte Verben, Adjektive) und Adjektive (als Partizipialadjektive) von zunächst kategorialer Prägung zu gewinnen, die – mit zusätzlichen Bedeutungsmerkmalen – in das Lexikon usueller Wörter eingehen können. Die Verbalisierungen nehmen eine Zwischenstellung ein.[2] Diese werden hier, wie die Substantive des Typus *Schlag* neben *schlagen,* begrifflich als Nullableitungen ausgegrenzt.

Die Substantivierung

Die Substantivierung von Verben (deverbaler Typ)

727 Diese Möglichkeit besteht darin, die Infinitivform des Verbs als neutrales Substantiv zu gebrauchen. Ihre dann in Genitivattribute überführten Ergänzungen sind in entsprechenden Kontexten oft weglaßbar:

> Die Kinder lachen. – das Lachen (der Kinder)/Kinderlachen
> Die Kinder lesen Märchen. – das Lesen (der Märchen)/Märchenlesen

Präpositionalgruppen, die zu mehrwertigen Verben gehören, erscheinen bei deren Substantivierung als Attribute mit der gleichen Präposition:

> Man wartet *auf* den Beginn des Spiels. – das Warten *auf* den Beginn des Spiels
> Sie feilschen *um* einen günstigen Preis. – Das Feilschen *um* einen günstigen Preis
> Sie lagern *auf/neben* dem Rasen. – das Lagern *auf/neben* dem Rasen

---

1 H. Heyd: Abkürzungen müssen sein – aber wann und wie wendet man sie an? In: Der Druckspiegel 27 (1972), S. 39 ff.
2 Einerseits eine Art Nullableitung im Sinne Marchands, da ohne neues Suffix, andererseits ‚substantivische Konversion' (Fleischer, Barz, Schröder; vgl. 711, Anm. 1).

Die Endung *-en,* die beim Verb infinite und auch einige finite Formen (1. und 3. Person Plural) kennzeichnet, hat in Substantivierungen eine ganz andere Aufgabe: Sie dient dazu, Abstrakta zu kennzeichnen (abgesehen von der kleinen Gruppe, die zu Konkreta geworden sind: *das Essen* („Speise'), *das Schreiben* („Brief'). Als Substantivsuffix steht sie dann in einer Reihe mit *-ung, -(er)ei, -e* u. a. Im Unterschied zu diesen Ableitungsmustern zeigt die Substantivierung mit *-en* aber kaum Einschränkungen. Gleichwohl werden ihr im Sprachgebrauch oft andere Verbalabstrakta (z. B. mit *Ge-* oder *-ung*) vorgezogen.[1] Statt *das Bellen des Hundes* heißt es z. B. häufig auch *das Gebell des Hundes,* statt *das Eröffnen/ Abbrechen der Verhandlung* gewöhnlich *die Eröffnung/der Abbruch der Verhandlung.*

Die Vorgangsbedeutung der substantivierten Infinitive deckt sich weitgehend mit derjenigen von *-ung*-Ableitungen, sofern sie nicht irgendwie lexikalisiert sind, aber nicht ganz mit der (Wiederholungs)bedeutung vergleichbarer Substantive, die mit *Ge-* und *-(er)ei* gebildet sind:

> das Laufen gegenüber das Gelaufe und die Lauferei
> das Tanzen gegenüber das Getanze und die Tanzerei

Auf der anderen Seite sind inhaltliche Unterschiede zu Ableitungen ohne Suffix (Nullableitungen) wie *der Lauf* oder *der Tanz* zu beobachten; mit ihnen werden – wo sie neben anderen Verbalabstrakta stehen – vor allem einzelne abgeschlossene Vorgänge bezeichnet:

> das Schreien – der Schrei (vgl. das Geschrei, die Schreierei)
> das Schlagen – der Schlag (vgl. die Schlägerei)

Ähnliche Bedeutungsunterschiede bestehen auch zu manchen Verbalableitungen auf *-e* (*das Fragen – die Frage – das Gefrage; die Fragerei;* vgl. 873 ff.).

Darüber hinaus sind Bedeutungsunterschiede anderer Art zwischen Substantivierungen und den übrigen Abstrakta zu beobachten: Während die substantivierten Infinitive meistens nur das Geschehen selbst bezeichnen, können viele der anderen Abstrakta auch „konkret" gebraucht werden, als Bezeichnungen für eine an dem Geschehen beteiligte Größe. Sie kommt vom Verbbegriff aus in den Blick. Insbesondere handelt es sich um

– das Ergebnis eines Geschehens, z. B. bei *das Gemisch, die Mischung* (wenn eine Austauschprobe mit dem substantivierten 2. Partizip *das Gemischte* möglich ist) gegenüber *das Mischen;*
– den Träger/Ausgangspunkt/Agens eines Geschehens, z. B. bei *Regierung* („die Regierenden') gegenüber *das Regieren* (wenn eine Austauschprobe mit dem substantivierten 1. Partizip möglich ist);
– das Mittel/Material usw., z. B. bei *Bescheinigung* („das, womit etwas bescheinigt wird') gegenüber *das Bescheinigen;*
– den Ort des Geschehens, z. B. bei *Mündung* („Stelle, an der ein Fluß mündet').

Finite Verbformen werden selten substantiviert *(das Muß, das Soll).*

Wortkomplexe, die bei der Substantivierung von Verben entstehen

Die mit Verben verbundenen Ergänzungen und Umstandsbestimmungen können bei der Substantivierung als deren Bestimmungswörter auftreten. Gewöhnlich

728

---

[1]   Mit E. Coseriu (Probleme der strukturellen Semantik. Tübingen 1973, S. 44 ff.) kann man diese Einschränkungen als „norm"bedingt (nicht systembedingt) bezeichnen.

Systematik der Abkürzungen und Abkürzungswörter:

Arten	Beispiele	gebildet aus
1. Schreibsymbole, Siglen, Abkürzungen	*Bd.* *trans.*	**B**and **trans***itiv*
2. Buchstabenwörter		
a) Initialabkürzungswörter, die mit dem Buchstabennamen ausgesprochen werden	*LKW* *Geha*	**L**ast**k**raft**w**agen **Ge**org **Hü**bner
b) Initialwörter, deren Einzelbuchstaben mit ihrem Lautwert ausgesprochen werden (phonetisch gebundene Aussprache)	*Ufo*	**U**nbekanntes **F**lug**o**bjekt
c) Wörter, deren 1. Teil zur Initiale gekürzt wird („partielle Kurzwörter")[1]	*U-Bahn* *U-Boot* *S-Bahn* *R-Gespräch*	**U**ntergrund**bahn** **U**nterseeboot **S**chnell**bahn** **R**ückfrage**gespräch**
3. Silbenwörter (Anfangssilbenzusammenziehungen)	*Schupo* *Kripo* *Gestapo* *Persil* *Indanthren* *Lavamat*	**Schu**tz**po**lizei **Kri**minal**po**lizei **Ge**heime **Sta**ats**po**lizei **Per**borat + **Sil**ikat **Ind**igo + **Anthr**azen lat. **lava**re ‚waschen' + Auto**mat**
4. Bildungen, deren 1. Teil auf die Anfangssilben gekürzt wird		
a) aus Komposita	*Dispo-Kredit* *Homobewegung* *Abopreis* *Schokosoße* *Dekostoff*	**Dispo**sitionskredit **Homo**sexuellenbewegung **Abo**nnementpreis **Schoko**ladensoße **Deko**rationsstoff
b) aus Wortgruppen (mit attributivem Adjektiv)	*Biorhythmus* *Psychoanalyse* *Ökosystem*	**bio**logischer **Rhythmus** **psycho**logische **Analyse** **öko**logisches **System**

wird dabei die betreffende Fügung in einem Zug substantiviert *(Die Kinder lachen. – das Kinderlachen).* Das Erstglied ist oft ein Substantiv, seltener ein Adjektiv *(Die Blätter werden gelb. – das Gelbwerden der Blätter).* Solche Bildungen entstehen leicht, wo Prädikate zum Thema von Aussagen werden.

Aber auch zur Begriffsbildung wird die Substantivierung zuweilen genutzt, etwa in technischen Fachsprachen für die Bezeichnung von Verfahrensweisen *(das*

---

[1] G. Bellmann (vgl. 721, Anm. 1), S. 370 f.

Bemerkungen

Groß- und Kleinschreibung richten sich meistens nach den Ausgangswörtern (nicht mehr bei Siglen wie *kg, m, ha, a* usw.); das erleichtert ihre Auflösung beim Lesen. Bei den Kraftfahrzeugkennzeichen *(A = Augsburg/Austria),* Symbolen der chemischen Elemente *(Au = Aurum ‚Gold‘),* Instrumental- und Vortragsbezeichnungen der Musik *(fl = Flöte, p = piano, f = forte)* fallen die Abkürzungspunkte regelmäßig weg.

Gebildet aus den Initialen von Substantiven *(AG, BGB;* einzelne Staatsnamen wie *USA).* Erforderlich sind mindestens zwei Initialen (aber: *Z* für *Zuchthaus).*

In diesen (seltenen) Bildungen werden die Buchstabennamen auch graphisch wiedergegeben.

Ohne Abkürzungspunkte.

Die hier verwendeten Initialen, die (mit dieser Bedeutung) allein nicht existieren, werden im allgemeinen ohne Abkürzungspunkt geschrieben und buchstabierend ausgesprochen.

Durch reihenhafte Entwicklung nach dem Muster *Persil, Indanthren* usw. entstehen Kunstwörter aus fremdsprachigen Stoffbezeichnungen. Erforderlich sind Ausgangswörter mit mindestens zwei Silben.

Die Abkürzung betrifft fast nur Fremdwörter. Die Silben enden vokalisch (meist auf *-o).*

Keilwellenfräsen, das Flachschrägwalzen, das Diamantdrehen, das Gewinde-, Schnell-, Innenschleifen, das Oberflächenhärten usw.) oder in der Sprache des Sports *(das Brustschwimmen, das Kugelstoßen, das Hammerwerfen* usw.).[1]

---

[1] Anderer Art ist die Zusammensetzung mit vielgebrauchten, begrifflich schon verfestigten substantivierten Infinitiven wie *das Essen, Leben, Leiden.* Hier hat das Bestimmungswort primär eine bedeutungsdifferenzierende Aufgabe (vgl. z. B. *Mittag-, Abendessen; Einsiedler-, Dorf-, Stadtleben; Magen-, Nieren-, Leberleiden* usw.). Darin wird der Unterschied zwischen zusammenziehender (quasi syntaktischer) und benennender (quasi nominativischer) Funktion greifbar.

Das substantivische Erstglied ist vereinzelt mit einer Präposition (am ehesten mit *in*) verbunden, namentlich dann, wenn es mit dieser zusammen eine feste Verbindung bildet:

> Das Gesetz tritt in Kraft. – das Inkrafttreten des Gesetzes
> Sie setzt die Maschine in Betrieb. – das Inbetriebsetzen der Maschine

Auch Konstruktionen mit Präpositionalgefügen, die nicht so fest sind, werden manchmal auf diese Weise in „durchgekoppelte" Substantivierungen überführt:

> Er liegt in der Sonne. – das Liegen in der Sonne – das In-der-Sonne-Liegen

Bei den – vergleichsweise seltenen – Bildungen aus reflexiven Verben erscheint nach der Substantivierung, anders als bei den übrigen Ableitungen, auch meistens *sich* vor dem Grundwort (*das Sichbeugen, das Sichausweinen* usw.; es kann aber z. T. entfallen; vgl. *das Benehmen, Sehnen*).

Bildungen aus mehr als zwei Wörtern werden gewöhnlich mit Durchkoppelungsbindestrich geschrieben:

> Manche neigen dazu, sich als Held zu fühlen. – ihr Sich-als-Held-Fühlen

Bei diesen Koppelungen handelt es sich größtenteils um Augenblicksbildungen.

Die Substantivierung von Adjektiven (und Partizipien) (deadjektivischer Typ)

729 Nicht nur Verben, auch Adjektive (und Partizipien) können substantiviert werden.[1] Im Unterschied zu den substantivierten Infinitiven, die immer Neutra sind, haben sie aber nicht immer dasselbe grammatische Geschlecht; es richtet sich vielmehr danach, worauf sich die Substantivierung im Text bezieht. Ihre Deklination entspricht der der attributiven Adjektive.

Dabei sind folgende Verwendungsweisen zu beobachten: Die Neutra, die nicht in den Plural gesetzt werden können, dienen als gesamthafte Sachbezeichnungen (vgl. *das Gehörte [niederschreiben], das Gesagte [wiederholen], [an] das Gute [glauben]*). Manche Bildungen sind begrifflich fest geworden, etwa in der psychologischen Fachsprache *das Unbewußte*, in der geographischen *das Rotliegende* (‚ältere Abteilung des Perm'). Maskulina werden gewöhnlich zur Personenbezeichnung verwendet, desgleichen viele Feminina. Beide sind pluralfähig (*der/die Alte[n], der/die Dicke[n], der/die Gläubige[n]*), werden gern im Plural gebraucht (*die Fremden, Intellektuellen, Industriellen, Jugendlichen, Sachverständigen, Außenstehenden, Delegierten*) und sind so als gruppierende Bezeichnungen gebräuchlich. Aus Adjektiven mit Suffixen (*-ig, -lich, -ell* usw.) und aus Partizipien läßt sich überhaupt nur auf diese Weise eine Personenbezeichnung ableiten, im Unterschied zu Simplizia wie *fremd (der Fremde* neben *der Fremdling*). Manche von ihnen sind zu festen Prägungen geworden, etwa:

> der/die Halbwüchsige, Werktätige, Vorsitzende, Abgeordnete, Angestellte, Geschworene, Hinterbliebene, der Reisende (‚Handelsvertreter').

Manche adjektivischen Maskulina, Feminina und Neutra, die Kürzungen aus Wortgruppen mit einem Adjektivattribut darstellen, werden daneben auch als Sachbezeichnungen gebraucht:

---

[1] Diese Konversionsprodukte zeigen dann das Doppelgesicht von substantivischen Benennungen mit adjektivischer Flexion, und sie werden als stilistische Ausdrucksvarianten viel genutzt. M. Schröder: Die nominalen Konversionsprodukte in Langenscheidts Großwörterbuch Deutsch als Fremdsprache (Vortrag, Prag 1994).

der Klare (Schnaps), der kleine/große Braune (Kaffee; österr.), die Elektrische (Bahn), die Diagonale, die Gerade (Linie), das Helle (Bier), das kleine Schwarze (Kleid).

Einige der substantivierten Adjektive werden nicht mehr wie Adjektive, sondern wie Substantive dekliniert. Sie können dann zum größten Teil auch in den Plural gesetzt werden. Die meisten von ihnen sind Neutra:

das Gut (des Gutes; *nicht* des Guten), die Güter; das Fett, die Fette; das Recht, die Rechte; das Hoch, die Hochs.

Nur im Singular gebraucht werden die Sprachbezeichnungen wie *das Deutsch, das Französisch* (in näherer Bestimmung durch ein Attribut: *ein gutes Französisch sprechen;* sonst mit adjektivischer Flexion: *im Französischen gut sein*), ferner einzelne Maskulina wie *der Stolz.*

Ohne bestimmten Artikel stehen einige Substantivierungen in Zwillingsformeln wie *(ein Konflikt zwischen) Alt und Jung* (den ‚Generationen‘); *(der Gegensatz zwischen) Reich und Arm* (‚armen und reichen Menschen‘); *(jenseits von) Gut und Böse.*

Die Substantivierung von Wörtern anderer Wortarten

Der Anteil von Substantivierungen aus anderen Wortarten ist sehr gering. Es geht um   730
- Pronomen: *das Ich, das Du, das Es;*
- Zahlwörter: *die Eins, die Zwei* usw.;
- Adverbien, Präpositionen und Konjunktionen: *das Für und Wider, das Wenn und Aber, (die Philosophie) des Als-ob, das Diesseits, das Jenseits, mein Gegenüber.*

Auf Interjektionen gehen z. B. *das Hurra, das Ach und Oh, der Plumps* zurück; auf (Verb)partikeln das *Auf und Ab, das Hin und Her;* auf einzelne Buchstaben *das A und O, jemandem ein X für ein U vormachen.*

Die Adjektivierung

– von Verben:

Verben lassen sich in die Satzrollen, die von Adjektiven eingenommen werden,   731
durch die Partizipialbildung (vgl. 329, 332) überführen:

das pünktlich *liefernde* (zu *liefern*) Unternehmen; *geschlagene* (zu *schlagen*) Frauen; *geborgtes* (zu *borgen*) Geld; *belieferte* (aus *beliefern*) Firmen.

– von Substantiven:

Die Umsetzung von Substantiven in die Wortart Adjektiv kommt dagegen nur selten vor. Auf diesem Wege sind etwa die Adjektive *ernst, schade, freund, feind, angst, schuld* entstanden, neuerdings auch *(das ist) spitze, klasse* (ugs.), ferner in der Sprache der Mode einzelne neue (Farb)adjektive wie *jade, malve, reseda.* Sie werden in der Regel nur unflektiert gebraucht.

Die Verbalisierung

In formaler Hinsicht kann die Umsetzung von Substantiven und Adjektiven in   732
Verben *(Pfeffer – pfeffern, weit – weiten),* die ohne besondere Suffixe, nur durch die Verbendungen erfolgt, als Verbalisierung aufgefaßt werden.

Im Gegensatz zu Substantivierungen und Adjektivierungen sind die Verbalisierungen inhaltlich weit aufgefächert in Ornativa, Faktitiva usw., und zwar in genau der gleichen Weise wie die anderen Verbableitungen, mit denen sie systematisch zusammenspielen. Insoweit werden sie analog zu den entsprechenden Bildungen im Englischen als „Nullableitungen" bezeichnet; vgl. dazu 804.[1]
Zur Konversion in Wortgruppen zu Bildungen wie *heutigentags, jederzeit* usw. vgl. 743.

1.2.3 Die Ausdruckserweiterung

733 Im Unterschied zur Kürzung ändert sich bei der Erweiterung des sprachlichen Ausdrucks auch sein Inhalt. Diese Erweiterung erfolgt durch Wortzusammensetzung (vgl. 734) oder ‚Wortentwicklung' (Coseriu)[2], die in Form der Präfigierung (vgl. 738), Suffigierung (vgl. 740) und einer Kombination aus beiden (kombinierte Präfixableitung, „Zirkumfixbildung"; vgl. 739) erfolgt. Oft werden die beiden letzten Möglichkeiten unter dem Begriff der Ableitung zusammengefaßt, weil hier Suffixe (in Verbindung mit Präfixen) die Ausgangswörter in eine bestimmte Wortart und -klasse überführen.[3]

Die Wortzusammensetzung (Komposition)

734 Unter Zusammensetzungen (Komposita) verstehen wir Wörter, die ohne zusätzliche Ableitungsmittel aus zwei oder mehreren selbständig vorkommenden Wörtern gebildet sind. Dabei stellt der (isolierbare) erste Bestandteil – von den wenigen Kopulativkomposita (vgl. 824) und Vergleichskomposita des Typus *Himmelskuppel* (‚Himmel, der sich wie eine Kuppel wölbt') abgesehen – das Bestimmungsglied dar, der zweite das Grundwort (die Basis), das die Wortart der ganzen Zusammensetzung festlegt:

Wohnungs|bau
(Bestimmungswort)|(Grundwort)

Dieser Sachverhalt ist gemeint, wenn man sagt, daß Zusammensetzungen eine binäre (= zweigliedrige) Struktur haben. Beide Teile sind an sich auch selbst als Wörter verwendbar (wortfähig), im Kompositum aber nicht umstellbar (von Kopulativkomposita abgesehen; vgl. 824) – weil das Grundwort die Wortart, d. h. die grammatischen Eigenschaften des Kompositums, und die semantische Grundkategorie (z. B. *Bau* = ‚das Bauen' in *Wohnungsbau*) bestimmt – und nicht voneinander trennbar (von den trennbaren Verbbildungen abgesehen; vgl. 783 ff.), vereinigt durch einen Betonungsbogen aus Haupt- und Nebenakzent, im heutigen Deutsch (im Unterschied zum älteren Deutsch und z. B. auch zum Englischen) gewöhnlich außerdem durch Zusammenschreibung.
Auch umfangreichere Komposita lassen sich in der Regel auf zwei Bestandteile (Konstituenten) zurückführen.[4]:

---

1 Von Fleischer, Barz, Schröder (vgl. 711, Anm. 1) u. a. werden sie als Konversionen klassifiziert (S. 49), was sie formal auch sind, während ihre inhaltliche Prägung die der Ableitungen ist.
2 E. Coseriu: Inhaltliche Wortbildungslehre (am Beispiel des Typs „Coupe-papier"). In: Perspektiven der Wortbildungsforschung. Bonn 1977, S. 48 ff.
3 Es gibt auch Arbeiten, in denen die Präfixbildungen mit zu den Ableitungen gerechnet werden.
4 Das trifft nur auf einzelne (additive) Wortzusammenziehungen wie *rot-weiß-rot* und Kopulativkomposita nicht zu.

Wohnungsbauförderung – Förderung des Wohnungsbaus
Landeswohnungsbauförderung – Wohnungsbauförderung des Landes/durch das Land
Wohnungsbauförderungsgesetz – Gesetz zur Wohnungsbauförderung

Nach diesem Muster lassen sich komplexe Komposita weiter aufgliedern, bis sie in ihre einfachsten Bildungsteile zerlegt sind[1]:

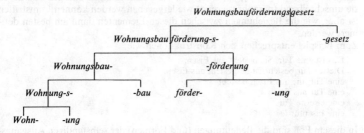

(Dazu gibt es die durch Klammerbildung [vgl. 721] entstandene Kürzung *Wohnbauförderungsgesetz.*)

Das Bestimmungswort ist häufiger mehrgliedrig als das Grundwort. Das erklärt sich daraus, daß es – vor allem in Verwaltungs- und Wissenschaftstexten – in ganz besonderem Maße zur begrifflichen Differenzierung dient. Mehrgliedrige Grundwörter finden sich vor allen Dingen in Zusammensetzungen, deren Zweitglieder vielgebrauchte Komposita sind:

735

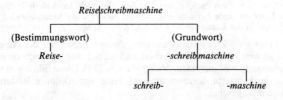

In den germanischen Sprachen, die dem flektierenden Sprachtyp folgen, bestehen Zusammensetzungen prinzipiell aus einer „Gruppe von zwei Wörtern, von denen nur das zweite flektiert wird"[2]. Im Deutschen werden sie im Unterschied etwa zum Englischen durchgehend zusammengeschrieben.[3]
Verbindungselemente wie das *-s-* zwischen *Wohnungsbauförderung-* und *-gesetz,* die an Flexionsendungen erinnern, haben deren syntaktische Beziehungsfunktion

---

1 Manchmal ist die Aufgliederung nicht eindeutig (vgl. *Groß-Bauvorhaben* und *Großbau-Vorhaben*). Verschiedene Bedeutung haben z. B. *Sommer-Abendkleid* und *Sommerabend-Kleid* auf Grund des gliedernden Bindestrichs bekommen (vgl. H. Ortner: Wortschatz der Mode. Düsseldorf 1981, S. 256).

2 A. Meillet-Printz: Einführung in die vergleichende Grammatik der indogermanischen Sprachen. Leipzig, Berlin 1909, S. 173.

3 Normabweichungen betreffen vor allem plakative Aufschriften *(Herren Salon, Frisch Fleisch),* Firmen- und Produktnamen *(Schwann Verlag, Aral Langzeitbatterien);* sonst fast nur englisch beeinflußte Texte mit Schreibweisen wie *Hollywood Film* und *Import Rarität.* Diese Tendenz nimmt aber zu. Die Einheit des Wortes wird in Werbetexten dann oft durch andere semiotische Mittel, z. B. die graphische Gestaltung (Drucktypen) oder Umgebung (bei der Aufschrift) signalisiert.

nicht, sondern kennzeichnen die Grenze (Fuge) zwischen den Kompositions-
teilen (vgl. 843 ff.).

736 Auf welche Konstruktionen die komplexen Zusammensetzungen im einzelnen
zurückzuführen und mit welchen sie am besten zu vergleichen sind, ist in der
Fachliteratur umstritten. Zwar steht fest, daß (die durchsichtigen) Zusammensetzungen sowohl auf Wortgruppen als auch auf Satzfügungen bezogen und durch
sie umschreibend (paraphrasierend) wiedergegeben werden können;[1] umstritten
ist aber, wie die Beziehungen zwischen diesen Elementen dann am besten definiert werden.

Zum Beispiel entsprechen sich Konstruktionen wie

Das ist eine Tür. Sie besteht aus Eisen.
Die(se) Tür besteht/ist hergestellt aus Eisen.
eine Tür, die aus Eisen besteht
eine Tür aus Eisen
eine eiserne Tür
eine Eisentür

In diesem Fall sind die Bedeutungen (und Formen) der selbständigen Ausgangswörter unverändert in die Inhaltsstruktur der Zusammensetzung eingegangen.
Kommt eine Bildung aber in allgemeineren Gebrauch, dann wird vielfach ihr Inhalt spezieller, als es der Inhalt der entsprechenden syntaktischen Fügung (Paraphrase) ist. Die Zusammensetzung hat dann auf dem Wege der Einbürgerung in
den allgemeinen Sprachgebrauch zusätzliche Inhaltskomponenten aufgenommen. Danach unterscheidet man verschiedene Arten semantischer Implikatio-
nen. Anders gesagt: Die Bedeutung der Umschreibung ist weiter als die Bedeutung der Zusammensetzung:

Jedes *Lesebuch* ist ein *Buch, in dem man liest,* aber nicht jedes *Buch, in dem man liest,*
ist ein *Lesebuch.* Jede *Kartoffelsuppe* ist eine *Suppe, in der Kartoffeln sind,* aber nicht
jede *Suppe, in der Kartoffeln sind,* ist eine *Kartoffelsuppe.*

737 Es gibt ferner viele Zusammensetzungen, die sich gegenüber der Ausgangskon-
struktion so weit verselbständigt haben, daß sie sich aus ihr synchron nicht mehr
erklären lassen (etwa *Junggeselle, Jungfrau;* vgl. 716). Diese Bildungen werden als
nicht nur lexikalisierte, sondern auch als feste, unauflösbare Bestandteile des
Wortschatzes angesehen.

Die durchsichtigen Zusammensetzungen werden in der Regel beschrieben
- nach dem Grundwort, das grammatisch die Wortart der ganzen Bildung bestimmt und semantisch die Bezeichnungsklasse angibt; meistens ist es ein Substantiv;
- nach dem Bestimmungswort, das ein unterscheidendes Zuordnungsmerkmal
  dieser Bezeichnungsklasse nennt (soweit das Kompositum benennende Funktion hat); bei Substantivbildungen ist das Bestimmungswort zu über 80 % wieder ein Substantiv, zu ca. 8 % ein Verb und zu ca. 5 % ein Adjektiv, den Rest
  teilen sich Wortgruppen, Adverbien und Präpositionen u. a.;
- gegebenenfalls nach dem Verbindungselement (Fugenelement);
- nach dem (semantischen oder logischen) Verhältnis der beiden Ausgangswörter zueinander.

---

[1] Vollständige Gleichheit kann indes zwischen Wortbildungen und ihren Umschreibungen nicht
bestehen, schon deshalb nicht, weil bei letzteren syntaktische Kennzeichen wie Tempus und
Modus hinzukommen, die in der Wortbildung fehlen, ebenso wie die durch sie gestifteten
semantischen Merkmalunterschiede.

Der Zusatz von Präfixen und Halbpräfixen

Bei der (einfachen) Präfigierung ändert sich – im Unterschied zur kombinierten   738
Präfixableitung (vgl. 739) – weder Wortart noch Flexionsklasse des Ausgangs-
lexems:

blühen – *er-/auf* blühen, Athlet – *Super* athlet, modern – *hoch-/super* modern

Darin stimmen diese Zusatzbildungen mit anderen Zusammensetzungen (vgl.
734) überein (weshalb man auch gelegentlich von Präfixkomposita spricht). Die
Unterschiede liegen darin, daß Präfixe gar nicht selbständig vorkommen und die
Halbpräfixe nicht mit der („blasseren", merkmalsärmeren) Bedeutung, die sie in
die Wortbildung einbringen. So kommt es, daß oft mehrere Präfixe oder Halbpräfixe in der gleichen Funktion zusammenwirken (konvergieren) und sich zu Wortbildungstypen (Paradigmen, „Funktionsständen") vereinen, die den Inhalt des
Ausgangswortes modifizieren, d. h. abstufen und differenzieren. Insofern gelten
sie als Modifikationsbildungen.

Die Präfigierung wirkt sich bei den einzelnen Wortarten sehr unterschiedlich aus:
Ergänzt sie bei den Verben (außer der Valenz [vgl. 765]) vor allem räumliche und
zeitliche, aber auch modale Bedeutungskomponenten (vgl. 770 f.), bei Substantiven Sprechereinschätzungen wie ‚besonders', ‚groß', ‚wichtig', ‚falsch' (vgl.
859 ff.), so trägt sie bei den Adjektiven namentlich zur Bildung von Gegenwörtern (Antonymen), zur vergleichenden Hervorhebung und auch zur räumlichen
bzw. zeitlichen Einordnung bei (vgl. 927 ff.).

Die kombinierte Ableitung

In Fällen wie   739

etw. beaufsichtigen, verunreinigen, bejahen, verneinen; jmdn. ermuntern, aufmuntern

erfolgt die Wortbildung durch das Zusammenwirken von Präfixen wie *be-, ver-,
er-* bzw. Halbpräfixen wie *auf-* mit Suffixen wie *-ig(en)* oder einfach *-(e)n* als Mittel der Konversion (insofern durch ein „Zirkumfix"). Diese Bildungen schließen
sich den Ableitungen an, die allein mit Suffixen gebildet sind, und gehören auch
systematisch zu ihnen (vgl. 804). Die kombinierte Präfixableitung trägt vor allem
zum Ausbau der Wortart Verb bei. An der Substantivbildung *(Ge-tös-e* aus *tosen)*
und an der Adjektivbildung *(un-wieder-bring-lich* aus *wiederbringen)* dagegen ist
sie nur mit je einem Muster reihenhaft beteiligt.

Die Ableitung durch Suffixe und Halbsuffixe

Die Suffixe legen die Wortart und die Flexionsklasse des abgeleiteten Wortes fest.   740
Zur Bildung von (ausnahmslos schwachen) Verben tragen nur einzelne Suffixe
bei. Bei Substantiven legt das Suffix die Flexionsklasse durch das grammatische
Geschlecht fest: Maskulines Geschlecht haben z. B. *-ant/-ent, -eur, -ist, -ler, -ling*
(also hauptsächlich die Suffixe zur Bildung von Personenbezeichnungen), feminines Geschlecht *-e, -(er)ei, -anz/-enz, -heit, -ität, -(at)ion, -schaft, -ung* (also in erster
Linie Abstraktsuffixe) und neutrales Geschlecht u. a. *-tum,* die Diminutivsuffixe
-chen und *-lein* und kollektive Halbsuffixe wie *-werk, -zeug, -gut, -wesen.*
In den meisten Fällen verändert das Ableitungssuffix die Wortart des Ausgangswortes. Wo das nicht der Fall ist, bestimmt es zumindest die Flexionsklasse *(der
Baum – das Bäumchen, der Pate – die Patin, der Vater – die Vaterschaft).* Wo das
Genus des Ausgangswortes und der Ableitung übereinstimmen, kann das Suffix

das Ausgangssubstantiv in eine andere Wortklasse (Bezeichnungskategorie) überführen, z. B. ein Konkretum in ein Abstraktum (vgl. *die Mutter – die Mutterschaft*), oder nur den Grundwortinhalt modifizieren *(das Haus – das Häuschen)*.
Auf eine modifizierende Funktion in diesem Sinne ist die Suffixableitung im Adjektivbereich nur bei einer kleinen Gruppe von Bildungen beschränkt (mit *-lich;
gelb – gelblich*), sonst erfolgt hier gewöhnlich Überführung in eine andere Wortart.

741 Zu den Ableitungen werden neben den Suffixbildungen und den kombinierten
Präfixableitungen vielfach auch Bildungen wie *geigen* aus *Geige*, *gleichen* aus
gleich gerechnet, bei denen Umsetzung in eine andere Wortart und Flexionsklasse
erfolgt (vgl. 804). Da hierdurch (wie sonst durch Suffixe) vielfältige Bedeutungsmerkmale hinzugefügt werden, rechnet man diese Fälle oft nicht zu den grammatischen Umsetzungen (vgl. 727 ff.), sondern stuft sie als Ableitungen ohne Suffix
(Nullableitungen, auch implizite Ableitungen) ein. Analog dazu kann man –
strukturell gesehen – Rückbildungen (retrograde Bildungen), die durch eine Suffixtilgung (vgl. 720; 892) entstehen (z. B. *Hochmut* aus *hochmütig*), als Ableitungen beschreiben. Jedenfalls handelt es sich nicht um einfache Kürzung, da
neue Wörter einer anderen Wortart mit zusätzlichen Bedeutungsmerkmalen entstehen, sondern zumindest um Kürzung + Konversion.
Es gibt eine breite Übergangszone zwischen Ableitungen und Zusammensetzungen. Auf sie wird sofort aufmerksam, wer die Bedeutungsfrage stellt. Er wird auf
Bildungen mit Halbsuffixen (und -präfixen) aufmerksam, die vom Erscheinungsbild her als Zusammensetzungen wirken *(Laubwerk)*, deren Bedeutung sich aber
nicht mehr aus der Verbindung von zwei selbständigen Wörtern erklären läßt.

Lautung und Form der häufigsten Affixe

742 Die Wortbildungsmittel, die nicht selbständig vorkommen, heißen Affixe. Sie
setzen sich aus einer kleinen Anzahl von Lauten (Phonemen) zusammen, die nach
bestimmten Regularitäten miteinander verbunden sind. Im Unterschied zu den
Flexionsendungen, die aus einem oder zwei Lauten bestehen (dem unbetonten
Vokal *e* und meistens den Konsonanten *n, r, s*), ist ihr Lautbild bunter und vielfältiger.
Suffixe, die aus einem einzigen Laut bestehen, sind selten und kaum produktiv
(vgl. das Suffix *-e* in Ableitungen des Typs *Breite*, *-i* in Bildungen wie *Schatzi*, das
Präfix *a-* in *anormal*). Eine Änderung der Silbenzahl tritt jedoch auch in diesen
Fällen ein, das Wort bekommt – gegebenenfalls durch Verschiebung der Silben-
grenze wie in *Breite* – eine Silbe mehr.
Suffixe, die aus zwei Lauten sind häufiger (z. B. *-ig, -isch, -ar, -al, -en, -iv* in der Adjek-
tivableitung und *-ik, -in, -er* bei den Substantiven). Sie enden in der Regel auf
Konsonant (vgl. aber *-lei*, das aus dem Frz. entlehnt ist). Suffixe, die aus mehr
Lauten bestehen, haben überwiegend die Lautstruktur Konsonant + Vokal +
Konsonant (vgl. *-tum, -heit, -ler, -chen, -lich, -bar* usw.). Ihr Umfang reicht bis zu
fünf Lauten und zwei Silben (*-igkeit* in Fällen wie *dreist – Dreistigkeit*). Bei den
Präfixen, die aus zwei Lauten bestehen, dominiert ebenfalls der Typ Vokal + Konsonant *(un-, ur-, in-, er-)*, bei denjenigen aus drei Lauten Konsonant + Vokal + Konsonant *(ver-, zer-, miß-, dis-)*.
Auch bei den Halbpräfixen ist diese Lautstruktur am häufigsten. Die Abfolge Vokal + Konsonant zeigen etwa *ab-, an-, um-* und – wenn man den Diphthong als
einen Sprachlaut wertet – auch *auf-, aus-, ein-*; die Struktur Konsonant + Vo-

kal + Konsonant z. B. *nach-* und *vor-*. Die nominalen Halbpräfixe bestehen aus bis zu fünf *(brand-),* selten aus sechs *(extra-)* oder sieben Sprachlauten *(spitzen-)* und überwiegend aus einer, manchmal aus zwei Silben *(infra-, unter-, wider-* usw.). Zusammenfassend läßt sich feststellen, daß der Bau der Wortbildungsaffixe deutliche Übereinstimmungen mit dem der selbständigen Wörter (Simplizia) aufweist:

– Am häufigsten (weitaus häufiger als in den meisten anderen Sprachen) ist die Silbe mit der Struktur Konsonant + Vokal + Konsonant.

– Bei den Wörtern und Affixen, die aus nur zwei Lauten bestehen, sind diejenigen mit der Folge Vokal + Konsonant die häufigeren.

– Die einsilbigen Wortstämme der Simplizia weisen ebenso wie die genannten Präfixe und Halbpräfixe im allgemeinen nicht mehr als fünf, selten sechs Sprachlaute (mit bis zu fünf Konsonanten) auf.

Die Unterschiede gegenüber der Silbenstruktur der romanischen Sprachen (sie zeigen z. B. eine weit geringere Konsonantenhäufung) mögen ein Grund dafür sein, daß von den vielen aus ihnen entlehnten Suffixen und Präfixen nur wenige im Deutschen produktiv geworden sind.

1.2.4 Besondere Bildungsweisen

Die Zusammenbildung

Als Zusammenbildungen werden besondere Arten der Zusammensetzung und Ableitung bezeichnet, und zwar diejenigen, deren erster Teil nicht als Wort, sondern nur als Wortgruppe existiert.[1] Wenn der andere Teil ein Suffix ist, entstehen Ableitungen wie

– die Substantive *Gesetzgeber* (aus *jmdm. Gesetze geben*) und *Viersitzer* (aus *vier Sitze*),

– die Adjektive *rotwangig* (aus: *rote Wangen*) und *vielgliedrig* (aus: *viele Glieder*),

– das Verb *übernachten* (aus: *über Nacht*).

Anders steht es um Bildungen wie *Einfamilienhaus* (aus: *eine Familie*), *Fünfganggetriebe* (aus: *fünf Gänge*), *Viehhalteplan* (aus: *Vieh halten;* vgl. dazu 840); sie haben die gleiche Form wie andere Zusammensetzungen, ihr erster Teil besteht aber nicht aus einem Wort, sondern einer Wortgruppe. Sie werden bei den Typen der Ableitung bzw. Zusammensetzung mitbehandelt, zu denen sie inhaltlich passen.

Es gibt Ansätze zur Reihenbildung bei dreigliedrigen Komposita, deren Bestimmungsglied eine so „zusammengebildete" Wortgruppe darstellt, also nicht allein als Kompositum existiert, insbesondere bei

Mehrzweck-:	*Mehrzweckhalle, -gerät, -möbel, -tisch, -spur;*
Allzweck-:	*Allzweckhalle, -gerät, -tuch;*
Vollwert-:	*Vollwertkost, -nahrung, -küche;*
Vollkorn-:	*Vollkornbrot, -nahrung, -mehl;*
Langzeit-:	*Langzeittest, -programm, -gedächtnis, -wirkung;*
Nach-, Vorkriegs-:	*Nach-, Vorkriegszeit, -generation, -erscheinung;*
Klarsicht-:	*Klarsichthülle, -folie, -dose, -packung;*
Großraum-:	*Großraumbüro, -wagen, -flugzeug, -halle.*

743

---

[1] Die Übergänge zwischen Zusammensetzung und Zusammenbildung sind oft fließend. Viele Bildungen, die formal Zusammensetzungen darstellen, können auch Zusammenbildungen (im weiteren Sinne) sein; *Zeitungsleser* ist z. B. formal ein Kompositum aus *Zeitung + Leser,* kann aber auch als Zusammenbildung aus der Fügung *Zeitung lesen* und dem Suffix *-er,* d. h. als Ableitung verstanden werden.

Die Wortkreuzung (Kontamination)

744 Unter Wortkreuzung versteht man die Verschmelzung von zwei Wörtern, die gleichzeitig in der Vorstellung des Sprechenden auftauchen, zu einem neuen. Sie erfolgt gewöhnlich in der Weise, daß von jedem der Ausgangswörter ein Teil ausfällt, gelegentlich aber auch so, daß eines der Ausgangswörter mit dem anderen verschmolzen wird (vgl. *verschlimmbessern* aus *verbessern* und *schlimm, Pubertät-lichkeiten* aus *Pubertät* und *Tätlichkeiten, Literatour* aus *Literatur* und *Tour*).[1] Gewöhnlich ist ihre Bildung mit einer Ausdruckskürzung verbunden. Zum Beispiel ist *vorwiegend* aus *vorherrschend* und *überwiegend* entstanden, *angeheitert* aus *angetrunken* und *aufgeheitert*. Hierher gehören fast nur Gelegenheitsbildungen, die manchmal, wie *Gebäulichkeiten* aus *Gebäude* und *Baulichkeiten,* aus Versehen gebildet wurden. In mundartlichen Übergangsgebieten entstehen sie vereinzelt durch Verschmelzung zweier Mundartsynonyme (*Heideweizen* aus *Heidekorn* und *Buchweizen*).

Daneben gibt es die bewußte Wortkreuzung, durch die zwei Wörter bzw. Wortstämme gekürzt und zu einem neuen Wort verbunden werden:

> *Stagflation* aus *Stagnation* und *Inflation, Grusical* aus *gruseln* und *Musical, Kurlaub* aus *Kur* und *Urlaub, jein* aus *ja* und *nein.*

Manchmal werden die Wortkreuzungen in scherzhafter oder satirischer Absicht geschaffen. Sie bleiben dann – von umgangssprachlichen Fällen wie *im Gegentum* oder *fürchterbar* abgesehen – gewöhnlich „Eintagsfliegen". Beispiele von Bildungen dieser Art, die nur der Sprache eines Autors (oder dem Stil einer Zeitschrift[2]) und nicht dem allgemeinen Schreibgebrauch angehören, sind

> Kompromißgeburt, Medizyniker, Modeschauerliches; (ugs.) akadämlich usw.[3]

Die „Zusammenrückung"

745 Eine Reihe von Wortbildungen macht den Eindruck von Zuammensetzungen, zeigt aber noch Merkmale der (syntaktischen) Wortgruppe. Um bestimmte Übergangsformen dieser Art, die noch nicht ganz so fest wie andere Komposita gefügt sind, zu kennzeichnen, verwendet man auch den – prinzipiell entbehrlichen – Ausdruck „Zusammenrückungen".

Von den Substantivzusammensetzungen werden dazu einige seltene Komposita gerechnet, deren Fuge (s. o. u. vgl. 855) abgewandelt werden kann: *der Hohepriester* (des *Hohenpriesters* usw.). – Bei den Verbbildungen zeigt sich, daß es Übergangsformen gibt, bei denen die Schreibung schwankt und Unsicherheit besteht, wann sie zusammengeschrieben werden (sollen). Das betrifft feste Wortverbindungen des Typs Subst. + Verb wie *Schlitten fahren,* Verb + Verb wie *kennenlernen,* Adj. + *Verb wie jmdn. kaltstellen.* Auch Partizipbildungen wie *schwerbeschädigt* sind Komposita, das zeigt die Reihenbildung. Das Zweitglied bestimmt die Wortart, sie tragen außerdem nur einen (Haupt)akzent und weisen eine spe-

---

1 Vgl. H. Ortner, L. Ortner: Zur Theorie und Praxis der Kompositaforschung. Tübingen 1984, S. 101 f.

2 Vgl. B. Carstensen: Spiegel-Wörter, Spiegel-Worte. Zur Sprache eines deutschen Nachrichten-magazins. München 1971.

3 Eine ikonische Zeichenfunktion bekommt die Wortkreuzung z. B., wenn sie ernsthaft (vgl. *Liger* aus *Löwe* und *Tiger*) oder scherzhaft als „neue Bildung, der Natur vorgeschlagen" (*Turtelunke* aus *Turteltaube* und *Unke*) geprägt wird.

ziellere Bedeutung auf. Wieder anders ist es bei den Adverbbildungen, die z. T. durch Konversion aus adverbialen Genitivgruppen *(jederzeit, heutigentags, derart)* oder präpositionalen Fügungen *(trotzdem, währenddessen)* entstanden sind. Das letzte Glied dieser Halbkomposita bestimmt hierbei nicht die Wortart. Die Bildungsweise ist aktiv, aber unproduktiv.[1]

Wortbildung durch Dopplung

Silben- und Wortdopplung (Reduplikation) sind in manchen Sprachen produktive Wortbildungsweisen und dienen u. a. der Verstärkung des nominalen Ausdrucks, der Bildung von Verbalformen und der Mehrzahlbildung (z. B. im Indonesischen). Im Deutschen finden sie sich in Form der einfachen Doppelung am ehesten in der Kindersprache *(Popo, Wauwau, Töfftöff* usw.) und in der Umgangssprache *(jaja, soso);* gelegentlich auch in expressiven Augenblicksbildungen *(Theater-Theater;* bei P. Handke: *Gummigummi;* beide als Verstärkungsausdrücke, also Augmentativa; vgl. 860). Ihnen zur Seite lassen sich erweiterte Doppelungen wie *tagtäglich* und *wortwörtlich* stellen, die besonders in gesprochener Erzählsprache gebräuchlich sind.

Auch „lautmalende" Bildungen mit Ablaut (Ablautdoppelungen) gehören hierher. Meistens wechseln dabei Vokale nach dem Muster der Formenbildung starker Verben, und zwar insbesondere i und a:

Singsang, Klingklang, Wirrwarr, Mischmasch; piffpaff, ticktack usw.

Einige Wörter sind schließlich auch nach Art des Endreims durch Wortteilwiederholung gebildet *(Hokuspokus, Klimbim, Schorlemorle).* Von Fällen dieser Art abgesehen, gilt für das Deutsche die Regel, daß nur ungleiche Morpheme und Wörter kombiniert werden können.

746

1.3 Die Verteilung der Bildungen auf die verschiedenen Wortarten

Die Wortbildung ist weitgehend auf die Wortarten Substantiv, Adjektiv (sowie Adverb) und Verb beschränkt (vgl. aber 973), zu deren Ausbau sie auf verschiedene Weise und in ganz unterschiedlichem Maße beiträgt.
Die Verteilung hängt u. a. von folgenden Faktoren ab:
– Vom Anteil, den die Hauptwortarten am Grundwortschatz der Ausgangswörter haben (bei den Adjektiven werden z. B. nur einige hundert Simplizia gezählt; vgl. 922);
– von der Produktivität der Suffixe (bei *-bar* ist sie z. B. sehr groß, bei *-sam* gering; vgl. 944 ff.) und dem Beitrag der sie ergänzenden Halbsuffixe neben

747

---

[1] Vgl. dazu E. Meineke, der diese Bildungen zu den Ableitungen rechnet, obwohl sie semantisch und funktional wie Komposita geprägt sind: Springlebendige Tradition. Kern und Grenzen des Kompositums. In: Sprachwissenschaft 16 (1991), S. 27–88. Dazu s. E.-M. Heinle: Die Zusammenrückung. In: Synchrone und diachrone Aspekte der Wortbildung im Deutschen. Hg. v. H. Wellmann. Heidelberg 1993, die Zusammenrückungen diachronisch als vereinzelte Übergangsformen in der Kette „Syntagma – Zusammenrückung – Zusammensetzung – Ableitung" (S. 78) betrachtet, synchronisch dagegen als Variationsform.
Dieses Beispiel zeigt, daß bei der synchronen Beschreibung der Wortbildung nicht immer und nicht ganz von der diachronen, sprachliche Veränderungen erfassenden Erklärung der Entwicklungsvorgänge abgesehen werden kann (vgl. J. Erben, 711, Anm. 1; S. 51 u. ö.).

verwendbar auch *verwendungsfähig* usw.), ähnlich wie bei den Präfixen im Zusammenspiel mit Halbpräfixen;
- von der Neigung, Lexeme der Hauptwortarten zu einem Wort zu verbinden (Univerbierung); sie ist bei den Substantiven sehr groß, dagegen bei den Adjektiven nur mäßig und bei den Verben kaum vorhanden;
- von dem Bedarf an Bildungen, der sich z. B. in den Fachsprachen in erster Linie auf den Ausbau des substantivischen Wortschatzes richtet, besonders im Hinblick auf die vielen benötigten Gegenstandsbenennungen und Begriffe, die – wie die Determinativkomposita (vgl. 751) – gewissermaßen eine Definition in sich enthalten;
- von Rahmenbedingungen des allgemeinen Sprachgebrauchs, im heutigen Deutsch z. B. von der Neigung zum Aufbau umfangreicher Nominalgruppen *(die verwaltungsmäßige Verzögerung der Ausstellung von Ausnahmebewilligungen);*
- von sozialen und geistigen Rahmenbedingungen vieler Art, wie sie z. B. die Bereitschaft zur Übernahme von Fremdwörtern oder zu ihrer Umbildung (auch Übersetzung) ins Deutsche bestimmen (vgl. *Heroentum* neben *Heroismus;* im 19. Jh. *Volkstum* statt *Nationalität*);
- von Bedingungen der Kommunikationsmedien, die etwa zur Wortverdichtung in den Schlagzeilen der Presse führen usw.

748   1. Die **Ableitung** von Wörtern der drei Hauptwortarten durch Suffixe:

aus \ werden	Substantive	Adjektive	Verben
Substantiven	+ +[1]	+ + +	+ +
Adjektiven	+ +	+	+
Verben	+ + +	+ +	( )[1]

Danach dient die Ableitung in erster Linie dazu, Wörter aus einer Wortart in eine andere zu überführen, und zwar insbesondere Substantive in Adjektive (*Form in förmlich, formal, unförmig*), Verben in Substantive (*schreiben* in *Schreibung, Geschreibsel, Schreiber*), Adjektive in Substantive (*schön* in *Schönheit, Schönling*) und schließlich Verben in Adjektive (*lesen* in *lesbar, unleserlich*).
Der Anteil der Bildungen, bei denen kein Wortartwechsel durch das Suffix erfolgt, bleibt auffällig gering: Von den Verben, die durch Ableitung gebildet sind, geht nur etwa 1 % auf ein Verb zurück; von den Adjektiven sind nur etwa 2 % aus einem Adjektiv gebildet. Größer ist der Anteil bei den Substantiven: 10 % von ihnen sind aus Substantiven abgeleitet.
Die kombinierte Präfixableitung tritt in allen Fällen gegenüber der einfachen Suffixableitung zurück. Die größte Rolle spielt sie bei der Verbalableitung (z. B. *jmdn. be-vormund-en* aus *Vormund*), eine geringe bei der Substantivableitung (z. B. *Ge-tös-e* aus *tos-en*) und Adjektivableitung (z. B. *un-wiederbring-lich* aus wiederbring-en).
Insgesamt entstehen durch Ableitung sehr viele Substantive und Adjektive, dagegen nur zu einem zehnmal geringeren Anteil Verben.

---

[1]   Vgl. Anm. der folgenden Seite.

2. Die **Zusammensetzung** von Wörtern der drei Hauptwortarten: 749

Bestimmungswort ＼ Grundwort	Substantiv	Adjektiv	Verb
Substantiv	+ + +[1]	+ +	()[1]
Adjektiv	+ +	+	()
Verb	+ +	+ +	()

Danach wird der verbale Wortschatz durch Zusammensetzung mit Wörtern der drei Hauptwortarten kaum ausgebaut, der adjektivische Wortschatz mäßig, der substantivische dagegen in sehr großem Umfang, und zwar vor allem durch die Verbindung mit substantivischen, daneben aber auch mit verbalen und adjektivischen Bestimmungswörtern.

3. Die **Präfigierung** von Wörtern der drei Hauptwortarten: 750

Ausgangswort	Anteil der Bildungen (bei gleichbleibender Wortart)
Substantiv	+ +[1]
Adjektiv	+ +
Verb	+ + +

Am meisten trägt diese Bildungsweise zum Ausbau des verbalen Wortschatzes bei. Den Ausgangsverben werden neben Präfixen wie *be-, ent-, ver-* usw. vielerlei Halbpräfixe hinzugefügt, die aus Präpositionen (z. B. *auf, über*) und Adverbien (z. B. *hin, los*) hervorgegangen sind (über die Produktivität dieser sprachlichen Mittel vgl. 781 ff.). Im nominalen Bereich ist der Zusatz von Präfixen und Halbpräfixen bei Adjektiven etwa doppelt so häufig wie bei Substantiven. Dies geht darauf zurück, daß der Aufbau polarer Gegenwörter durch Negationspräfixe *(schön – unschön)* einen Grundzug der Wortart Adjektiv darstellt und entsprechend häufig vorkommt. In den meisten Substantivbildungen dient der Zusatz eines Präfixes oder Halbpräfixes der ausdrücklichen Hervorhebung und semantischen Modifikation des Grundwortinhalts (vgl. 856).

Berücksichtigt man den Anteil der drei Hauptwortarten am Gesamtwortschatz (ca. 60 % Substantive, 25 % Verben, 10 % Adjektive), dann kann zusammenfassend zu ihrem Ausbau durch die verschiedenen Wortbildungsweisen gesagt werden, daß der adjektivische Bereich stärker durch Ableitung ausgebaut ist als der substantivische und verbale; demgegenüber wird die Wortart Substantiv relativ am weitesten durch Zusammensetzung und die Wortart Verb durch den Zusatz von Präfixen und Halbpräfixen entfaltet.

---

[1] Die Klammer ( ) kennzeichnet geringe (10–50 Fälle), das einfache Pluszeichen + mäßige (unter 500 Fälle), + + starke (bis 5 000) und + + + sehr starke (über 5 000) Nutzung der Verfahrensweise.

1.4 Faktoren, die die Wortbildung bestimmen

751 1. Die Art einer Substantivzusammensetzung wird gewöhnlich durch das bestimmt, was sie ausdrücken, was sie bezeichnen soll. Handelt es sich dabei etwa
um ein neues Produkt (z. B. ein Schiff, das aus Beton gegossen wurde), so wird
vielfach das übliche Gattungswort *(Schiff)* zur Grundlage (zum Grundwort) der
Wortbildung gewählt und das sinnwichtigste oder präziseste Wort aus den Zusammenhängen, in denen das neue Produkt beschrieben wird *(Beton),* zur näheren Bestimmung (als Bestimmungswort) davorgesetzt *(Betonschiff);* wobei die
Komposition oft dem Vorbild anderer Zusammensetzungen mit dem gleichen
Grundwort folgt (vgl. *Holzschiff).* Solche – besonders fachsprachlich häufigen –
Zusammensetzungen haben definierenden Charakter und dienen zum Aufbau
von Terminologien: Das Gemeinte wird durch einen im Grundwort genannten
Oberbegriff (Genus proximum) umrissen *(Schiff)* und durch das Bestimmungswort, das ein Merkmal (Differentia specifica) nennt, festgelegt *(Beton).* Dabei ist
der die Gattung *(Schiff)* angebende Oberbegriff als letztes Glied der Zusammensetzung zugleich auch grammatisch dominant (seine Flexionsendung gibt u. a.
darüber Auskunft, in welcher Satzbeziehung die Zusammensetzung steht). Dabei
braucht zwischen den Ausgangswörtern vorher keinerlei semantische Beziehung
zu bestehen, z. B. zwischen *Schoß* und *Hund* in *Schoßhund, Kind* und *Arbeit* in
Kinderarbeit usw. Für deren Verständnis ist vielmehr ein bestimmtes, z. B. historisches Wissen erforderlich, das in diesem Falle etwa den Umgang mit Hunden in
bestimmten Milieus, die Ausbeutung von Kindern dadurch, daß man sie Geld
verdienen läßt, betrifft (= kognitive Bedingungen).

2. Geht es demgegenüber um eine Bezeichnung, die eine schon vorhandene ersetzen soll, wird die Neuprägung viel weniger nach einem sachlogischen als einem
psychologischen Gesichtspunkt ausgewählt. Es kommt dann etwa darauf an, daß
die neue Bildung leicht merkbar ist, sich an landläufige Gebrauchsmuster anlehnt
oder aus Wörtern mit (wertenden) Begleitmerkmalen (Konnotationen) besteht,
die bestimmte Assoziationen auslösen sollen. Beispiele aus dem Sprachgebrauch
der letzten Jahrzehnte sind etwa

Raumpflegerin für Putzfrau, Haushaltshilfe für Dienstmädchen, Gastarbeiter für
Fremdarbeiter, Verkaufsrepräsentant und Außendienstmitarbeiter für Vertreter,
Greifvögel für Raubvögel.

Bezeichnet wird hier jeweils dasselbe, aber die Bewertung ist eine andere.

3. Auch das Vorbild aus einer Fremdsprache kann die Wortbildung bestimmen.
Die dabei zu berücksichtigenden Lehnbildungen gliedern sich in eng am fremdsprachigen Original orientierte Lehnübersetzungen *(Fußball* aus engl. *football),*
freiere Lehnübertragungen *(Vaterland* aus lat. *patria, Wolkenkratzer* aus engl.
skyscraper) und formal unabhängige Lehnschöpfungen (wie *Umwelt* nach franz.
milieu).

4. Die Art einer Wortbildung ist ferner durch innersprachliche Bedingungen bestimmt:
a) So wird z. B. der Zusammenhang zwischen bedeutungsverwandten Wörtern
einer Sprache dort sinnfällig, wo sie bedeutungstragende Teile gemeinsam haben,
seien es Wortstämme (Lexeme) wie bei den Mitgliedern einer Wortfamilie (z. B.
les-en, les-bar, Les-er, Les-bar-keit, un-les-er-lich, zer-les-en usw.), seien es Wortbildungsmittel wie etwa *-bar* (mit einer potentiellen und einer passivischen Komponente) in *les-bar, hör-bar, beschreib-bar.*

b) Primär semantische Gründe hat die Bildung von Zusammensetzungen z. B.
bei Homonymen (gleichlautenden Wörtern) wie *Bank* (1. ‚Geldinstitut', 2. ‚Sitz-
gelegenheit'), die – über den Zusammenhang hinaus – durch ein Bestimmungswort eindeutig werden können (*Hypothekenbank, Gartenbank;* vgl. auch *Vogelbauer* aus *Bauer* [‚Käfig'], wo das Grundwort *Bauer* sonst gewöhnlich im Sinne
von *Landwirt* gebraucht wird).[1]

Semantisch bedingt sind darüber hinaus viele Zusammensetzungen mit polysemen (vieldeutigen) Grundwörtern, die erst durch das Bestimmungswort eindeutig
werden (vgl. *Stoff* in *Lese-, Kleider-, Bau-, Treib-, Farbstoff*). Innerhalb von Fachsprachen werden oft weitere Differenzierungen durch zusätzliche Bestimmungswörter vorgenommen (*Benzylfarbstoff, Naphtalinfarbstoff* usw.).

Weiterhin wird die Art der Bedeutung eines Kompositums durch die charakteristischen Verbindungen (Kollokationen) der Ausgangswörter vorgezeichnet, z. B.
bei *Süd-, Nordwind* usw. durch die Verbindung des Grundwortes *Wind* mit Rich-
tungsattributen: *Wind aus nördlicher/südlicher Richtung* usw.

c) Auch der grammatische Formenbau (die Morphologie) kann für die Entstehung von Wortbildungen bestimmend sein. So gibt es etwa zu manchen Substantiven, die keinen Plural haben *(Regen, Unglück),* zusammengesetzte Ersatzformen *(Regen-* bzw. *Unglücksfälle;* vgl. 716, 2 a); Entsprechendes gilt für Pluralwör-
ter (Pluraliatantum) mit zusammengesetzten Ersatzformen für den Singular
(Unkosten – Unkostenbeitrag, Eltern – Elternteil[2]).

d) Häufig ist eine Wortbildung auch syntaktisch begründet. So werden etwa
mehrfach wiederkehrende attributive Wortgruppen vielfach zu Zusammensetzungen „zusammengezogen" *(Schlechtwetter* für *schlechtes Wetter, Naßschnee* für
nasser Schnee), weil diese leichter verschoben, in wechselnde Satzpositionen gebracht und durch neue Attribute erweitert werden können; oft wird dabei auch
auf Wortelemente verzichtet, die im jeweiligen Zusammenhang entbehrlich sind:

Erforschung des Kämpfens – Kampf[er]forschung
Beginn der Arbeitszeit – Arbeits[zeit]beginn
Statistik, die den Verlauf der Kriminalität aufzeichnet – Kriminal[itäts]statistik
auf Glas aufgedampfte Antimonschicht – Aufdampfschicht usw.

Von einer Tilgung des Prädikats ist bei vielen Bildungen mit Konkreta wie *Honig-
biene* (aus *Biene, die Honig saugt*) und *Bienenhonig* (aus *Honig, den Bienen erzeu-
gen*) auszugehen (vgl. 834). Und die Zusammenziehung aus Prädikat und Ergänzung o. ä. ist in den folgenden Fällen zu beobachten:

(Man) liest die Zeitung. – das Zeitunglesen
(Sie) schüttelten sich die Hände. – das Händeschütteln (vgl. 727)

e) Die letzten Beispiele weisen bereits auf einen weiteren Grund für die Wortbildung (Wortzusammensetzung) hin, den Textzusammenhang nämlich. Komposita
mit Prädikatsbegriffen wie *Händeschütteln* und *Geburtstagswunsch* entspringen
oft dem Bemühen, eine komplexe verbale Aussage zum Thema für eine neue Aussage zu machen. Hier steht die Zusammensetzung also im Dienst der Thema-
bildung (Topikalisierung) im Rahmen des Textaufbaus. Dabei entstehen Thema-
zusammensetzungen dieser Art nicht nur dort, wo eine „Satzaussage" in einem
neuen Satz als „Satzgegenstand" begrifflich aufgenommen werden soll, sondern
z. B. auch dort, wo einer Geschichte oder Nachricht ein passender Themabegriff

---

1   Auch die Erweiterung eines Wortes durch ein Folgeglied gibt es, vgl. etwa das verdeutlichende
     Monsunwind für *Monsun* (Verdeutlichungskomposita).
2   Nur in der Fachsprache findet sich die Singularform *(der/das Elter).*

zugeordnet wird. Das Kompositum *Zimmerbrand* etwa gibt es als Überschrift zu einer Zeitungsmeldung, die darüber informiert, daß ein Zimmer einer Wohnung *aus-* und die Einrichtung eines weiteren teilweise *verbrannte,* ehe die Feuerwehr den Brand löschen konnte.

f) Schließlich kann die Art einer Wortbildung durch den gesamten Handlungsrahmen im gesellschaftlichen Umfeld bestimmt sein. Zum Beispiel läßt sich die Zusammensetzung *Schießbefehl* zwar in erster Annäherung auf die Konstruktion *jemand gibt den Befehl zu schießen* zurückführen, der bezeichnete komplexe Sachverhalt ist damit aber nicht erfaßt. Das gilt auch für die Erweiterung *x gibt y den Befehl, auf z zu schießen, wenn diese[r] die Grenze verletzt:* Was dabei fehlt, sind neben einer Angabe darüber, um welche Grenze es sich handelt und wer *x* und *y* sind, Informationen, von wem und aus welcher Perspektive das Wort gebildet ist.

In diesen Zusammenhang gehören auch solche Wortbildungen, die – insbesondere als Neuprägungen und Augenblicksbildungen – unmittelbar auf den Erwartungshorizont des Lesers/Hörers abgestimmt sind, Aufmerksamkeit erregen und das Interesse auf einen bestimmten Punkt lenken *(Garantiehose, Gratiskaffee),* besonders, wenn sie gegen die Regularitäten der vorhandenen Muster verstoßen *(Günstig-Preis-Aktion).*

g) Oft ist es auch weniger die Art einer Wortbildung als vielmehr ihre Verwendung, die durch soziologische Gesichtspunkte bestimmt ist. So werden Wortprägungen der Gruppenzugehörigkeit und -unterscheidung wie *Kleinbürgertum, Großbürgertum* gewöhnlich nur „für andere" gebraucht. Ferner gibt es viele Bildungen, die nur von Mitgliedern einer bestimmten Gruppe verwendet werden und Außenstehenden deshalb geradezu als „Gruppenabzeichen"[1] erscheinen, etwa *Volksgenosse* oder *Bankjude* in der Sprache der Nationalsozialisten oder *Schweißfährte* (‚Blutspur') in der Sprache der Jäger.

Wortbildungen dieser Art sind vielfach nur im Horizont ihrer fach- und sachbezogenen Prägung eindeutig (vgl. *Kellerabzug, Kellerabfüllung* in der Sprache der Winzer), weshalb der Außenstehende oft eine Verdeutlichung durch ein Attribut oder ein (weiteres) Bestimmungswort braucht *(Weinkellerabzug, -abfüllung).*

1.5 Wortbildung und Fachsprachen

752 Daß sich in der Wortbildung mit der kommunikativen Funktion der Sprache oft und in vielfältiger Weise eine kognitive (Erkenntnis)funktion verbindet, wird in den Fachsprachen besonders deutlich. Durchsichtige Wortbildungen sind hierzu besser geeignet als andere lexikalische Mittel. Die Kenntnis der häufigsten Prä- und Suffixe von Fremdwörtern z.B. erleichtert es, neue, vorher nicht bekannte Ausdrücke der Fachsprachen zu erschließen, zu behalten und wiederzugeben. Deutlich zeigt sich das bei den Suffixen von Adjektiv- und Substantivbildungen in den (bes. technischen) Fachsprachen, in denen es häufiger als in der Gemeinsprache vorkommt, daß Suffixe eine einzige Bedeutung haben (vgl. med. *-itis* ‚Entzündung', sprachwiss. *-em* ‚Einheit des Sprachsystems'; vgl. 921).

In noch höherem Maße tritt die genannte Leistung von Wortbildungen bei den Zusammensetzungen zutage. Mit der Grundstruktur der Determination (Bestimmungswort – Grundwort; vgl. 734) stellen sie geradezu den strukturellen Idealfall

---

[1] H. Bausinger: Deutsch für Deutsche. Dialekte, Sprachbarrieren, Sondersprachen. Frankfurt/M. 1972, S. 118 ff.

eines Fachbegriffs dar, enthalten sie doch eine auch für den Laien erkennbare Definition. So lassen sich begriffliche Teilsysteme aufbauen, die, obgleich hochspezialisiert, transparent und dadurch (weitgehend) verständlich sind:

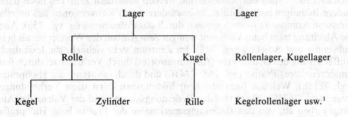

1.6 Wortbildung und literarischer Sprachgebrauch

Zu unterscheiden sind (a) die Verwendung schon bekannter Bildungen und (b) 753
die Erzeugung neuer. Für den Fall (a) ist besonders die Frage der „Nomination"
aufschlußreich (vgl. 977), d. h., in welchen Situationen sich die Wortbildung worauf bezieht und was (alles) sie so begrifflich subsumiert, z. B. die Ableitungen *Lehrer* und *Schüler* in Brechts „Geschichten vom Herrn Keuner". Für den zweiten Fall der Neubildung im Text (b) sind u. a. die Spielarten der Stilisierung von Bedeutung. Besonders auffällig ist dies dort, wo sie dazu dient, literarische Figuren von ihrer (Rollen)sprache her zu charakterisieren:

> Als Felix Krull in Thomas Manns gleichnamigem Roman um die Tochter des Lissabonner Professors Kuckuck wirbt, antwortet diese: „Der Mensch, wie schön er sei, wie schmuck und blank, ist innen doch Gekrös nur und Gestank." Worauf sie von Felix Krull mit den Worten zurechtgewiesen wird: „Ihr geistliches Versehen ist sündhafter als sündlichste Fleischeslust, denn es ist spielverderberisch, und dem Leben das Spiel zu verderben, das ist nicht bloß sündlich, es ist rund und nett teuflisch." Etwas von dem, was Felix Krull alias Marquis de Venosta „das Schwebende seiner Existenz" nennt, spiegelt sich hier in der Art, wie er – den Zentralbegriff *sündig* vermeidend – mit analogen Bildungen wie *sündlich* und *sündhaft* das Gemeinte unverbindlich, spielerisch umkreist.

Ein anderes Beispiel literarischer Stilisierung mit den Mitteln der Wortbildung bietet der Titel von Bert Brechts Drama „Der aufhaltsame Aufstieg des Arturo Ui", wo die ungewöhnliche adjektivische Neubildung *aufhaltsam* allein durch den Kontrast zu der geläufigen Negationsbildung *unaufhaltsam* auf die prägnanteste Weise eine politische Einschätzung zum Ausdruck bringt.

1.7 Ausbau der Wortarten durch Wortbildung

Die Art, wie ein Wort gebildet wird, seine Bildungsweise also (vgl. 718 ff.), ist in 754
starkem Maße davon bestimmt, welcher Wortart das Produkt dieses Prozesses angehören soll und aus welchem „Material" es gemacht ist, d. h. zu welcher Wortart (und Bedeutungsklasse) die Basis (das Ausgangswort) gehört und welche Art von Bildungselement („Formans") hinzukommt. Danach richten sich die verschiedenen Bildungstypen. Bei den Verben z. B. (vgl. 755 ff.) spielt die Kompo-

---

1 Vgl. H.-R. Fluck: Fachsprachen. München 1976, S. 48. Analog z. B.: *Rillenkugellager.*

sition Adjektiv + Verb (vgl. 758) eine relativ geringe, aber immer noch etwas größere Rolle als die des Typus Substantiv + Verb (vgl. 757); und für die Zusammensetzung mit einem Verb finden sich nur ganz wenige Beispiele (vgl. 759). Diese „schwachen" Typen der Komposition werden außerdem zum Teil noch durch andere Bildungsweisen gestützt, insbesondere durch Konversionen aus usuellen Substantivkomposita (*prämiensparen* durch *das Prämiensparen;* vgl. 756). Auch die Ableitung trägt beim Verb weit weniger zum Ausbau der Wortart bei als beim Substantiv und Adjektiv (vgl. 748). Im Zentrum steht vielmehr die lexikalische Auffächerung des Grundverbs (Ausgangswortes) durch Verbzusätze, durch feste (unabtrennbare) Präfixe (vgl. 768; 774 ff.) und durch (ab)trennbare Halbpräfixe (vgl. 781 ff.). Welchen (semantischen) Bildungs**mustern** diese Verbbildungen folgen (vgl. 767 ff.), hängt von den Bedeutungsklassen und der Valenz der Ausgangsverben ab, von den Bedeutungsmerkmalen der Präfixe bzw. Halbpräfixe und von dominanten (semantischen und syntaktischen) Mustern ihrer Verbindung. Wie sich das im Einzelfall auswirkt, zeigt sich am Beispiel der Wortfamilie *fahren* (vgl. u. 821).

2 Das Verb

Verbableitung
als

(semantische)
Abwandlung
(Modifikation)

von
Verben

durch
Suffixe
(nur
vereinzelt;
vgl. 790)

(grammatische)
Umwandlung

in eine
andere Wortart

aus

Substantiven

durch Suffix
oder kombiniert
mit Präfixen
(Halbpräfixen)

Adjektiven

durch Suffix
oder kombiniert
mit Präfixen
(Halbpräfixen)

755 Die Wortbildung der Verben unterscheidet sich sehr stark von der der Substantive und Adjektive. Den weitaus größten Anteil an der Verbbildung haben Präfixe und Halbpräfixe. Meistens werden sie an ein schon existierendes Verb gefügt, um den verbalen Inhalt zu modifizieren; und zwar insbesondere in bezug auf Umstände des bezeichneten Verlaufs, also dessen Beginn *(er-blühen),* Dauer *(verbleiben),* Ende *(ver-blühen),* Richtung *(auf-, ab-steigen)* und Ziel *(be-steigen).* Dadurch ändert sich in vielen Fällen auch die Valenz des Ausgangsverbs. Das Grundverb *steigen* z. B. fordert neben dem Subjekt eine präpositionale Bestimmung *(auf/in etw. steigen);* für die Präfixverben *(etw.) be-, ersteigen* und *(einer Sache) entsteigen* dagegen ist ein Akkusativ- bzw. ein Dativobjekt obligatorisch. Während es im Substantiv- und Adjektivbereich nur feste, untrennbare Bildungen gibt, sind beim Verb zwar die Bildungen mit (unbetontem) Präfix untrennbar,

die meisten Bildungen mit (betontem) Halbpräfix dagegen abtrennbar (vgl. *Sie steigt zu/aus/ein*). Die Verbbildungen, die keine Ableitungen sind, werden hier als Verbverbindungen zusammengefaßt. Große Unterschiede zwischen Nominal- und Verbalbildung betreffen auch die Ableitung: Neben der Suffixableitung wird die kombinierte Präfixableitung etwa gleich wichtig (vgl. 804).

Die Verbindung des Ausgangswortes mit Substantiven *(maschineschreiben)*, Adjektiven *(schwarzfahren)* oder Verben *(klopfsaugen)* trägt dagegen verhältnismäßig wenig zum Ausbau des Verbbestandes bei (vgl. 756). Dafür gibt es im Unterschied zu den anderen Wortarten stark entwickelte Reihen mit Partikeln und Adverbien *(heruntersteigen;* vgl. 760 ff.).

2.1 Die Typen der Verbverbindung

2.1.1 Scheinbare Zusammensetzung (Der Typ des Pseudokompositums)

Sie unterscheidet sich grundlegend von der Zusammensetzung der Substantive und Adjektive. Verbkomposita werden selten mit den Wörtern der Hauptwortarten verbunden, sind stets zweigliedrig und im allgemeinen trennbar (zu anderen Fällen vgl. 788 ff.); im Infinitiv, in der Partizipialform und bei Endstellung im Nebensatz erscheinen sie nicht getrennt (vgl. *Sie spricht ihn frei* und *ihn freisprechen; ihn freisprechend; daß man ihn freisprach*). Hinzu kommt, daß ein Teil von ihnen auf Substantive zurückgeht,[1] also aus verbalen Pseudokomposita besteht: Was zunächst als Verbzusammensetzung erscheint, erweist sich in historischer Sicht meistens als Ableitung aus einer Nominalform. Zum Beispiel ist entstanden:

756

> maßregeln aus Maßregel, wehklagen aus Wehklage, wetteifern aus Wetteifer.

Von diesen Fällen einfacher Verbalisierung (vgl. 804 ff.)[2] heben sich diejenigen ab, in denen vorher ein Suffix der Basis getilgt wurde. So sind in den folgenden Verbbildungen die Substantivsuffixe *-er, -ung* und *-en* getilgt worden:

> kurpfuschen aus Kurpfuscher, staubsaugen aus Staubsauger, notlanden aus Notlandung, schutzimpfen aus Schutzimpfung, gewährleisten aus Gewährleistung.

Diese verbalen Pseudokomposita tragen – wie die unfest zusammengesetzten Verben – den Ton auf dem ersten Glied. Sie werden im allgemeinen nicht mit dem Artikel verbunden. Ihrer grammatischen Verwendung nach unterscheiden sie sich wie folgt[3]:

1. Bildungen, deren substantivischer Bestandteil in allen Stellungen fest mit dem Ausgangsverb verbunden bleibt:

> maßregeln (ich maßreg[e]le/maßregelte/habe gemaßregelt; jmdn. zu maßregeln); schlaf-, nachtwandeln, gewährleisten, schlußfolgern, handhaben, wetterleuchten, wetteifern.

---

[1] Einzelne Bildungen gehen auch auf Zusammensetzungen des 2. Partizips mit einem Substantiv zurück, so *maßschneidern* auf *maßgeschneidert, dienstverpflichten* auf *dienstverpflichtet.*

[2] Ein Gegenstück dazu bilden *bausparen* aus *das Bausparen, wettrennen* aus *das Wettrennen.*

[3] Nach P. Eisenberg: Substantiv oder Eigenname? Über die Prinzipien unserer Regeln zur Groß- und Kleinschreibung. In: Linguistische Berichte 72 (1981), S. 77 ff.

2. Zweigliedrige Bildungen, deren erster – meist substantivischer – Bestandteil unfest konstruiert ist, obwohl auch sie überwiegend durch Ableitung aus zusammengesetzten Substantiven entstanden sind (vgl. *haushalten* aus *Haushalt, probelaufen* aus *Probelauf*). Das Partizippräfix ge- steht hier – wie bei den Verbbildungen mit Halbpräfixen – gewöhnlich zwischen dem Erst- und Zweitglied (vgl. *notlanden – notgelandet; notschlachten, schutzimpfen* usw.).
Entsprechende Bildungen mit adjektivischem Erstglied sind seltener *(blindfliegen* aus *Blindflug; kurzarbeiten* aus *Kurzarbeit*.

2.1.2 Der Typ Substantiv + Verb

757 Neben den Bildungen *maßregeln, bausparen* usw. (vgl. 756), die dem Erscheinungsbild nach Zusammensetzungen, von ihrer Entstehung her Ableitungen sind, gibt es vereinzelt auch Verbindungen aus Substantiv und Verb nach Art der Zusammenrückung. Sie entstehen besonders dann, wenn sich ein Substantiv als Akkusativobjekt *(danksagen – [jmdm.] seinen Dank sagen)* oder als adverbiale Bestimmung auf ein Verb bezieht *(maschineschreiben – auf der Maschine schreiben)*. Die besonderen Merkmale des Substantivs (Artikel, Deklination, Großschreibung, Pluralfähigkeit) werden am ehesten aufgegeben, wenn die Verbindung usuell einen Vorgang als Ganzes bezeichnet. In den meisten Fällen handelt es sich um Konstruktionen, deren substantivischer Teil nur unfest mit dem Verb verbunden ist[1]:

> achtgeben, haltmachen, standhalten, stattfinden, teilnehmen usw.

Der Bedarf an Verben für Tätigkeiten, die durch ein substantivisches Bestimmungswort inhaltlich präzisiert werden, ist in den technischen Fachsprachen noch am größten; aber es sind nur wenige Verbbildungen dieser Art entstanden:

> punktschweißen ‚an einzelnen Punkten schweißen‘, topfglühen ‚ein Werkstück im Topf glühen‘; feuerverzinken, sandstrahlen u. a.

Daneben trägt die Werbung einige Bildungen bei (z. B. *foliengrillen, hobbybasteln*). Auch sie entwickeln sich gewöhnlich über die Zwischenstufe von Nominalformen, insbesondere der entsprechenden substantivierten Infinitive.

2.1.3 Der Typ Adjektiv + Verb

758 Größer ist der Anteil vergleichbarer Verbverbindungen mit Adjektiven. Sie haben besonders in den letzten hundert Jahren zugenommen. Sie werden im Satz ebenfalls als trennbare lexikalische Einheiten behandelt. Die Beziehung, die zwischen Adjektiv und Verb besteht, richtet sich nach ihrer Bedeutung. Bei Zustandsverben bildet sich Typ 1 heraus, bei Handlungsverben Typ 3:

> 1. stillsitzen, übrigbleiben, jmdm. nahe-, näherstehen usw.

Das Vorderglied steht hier zum Grundwort in dem gleichen Verhältnis wie ein subjektbezogenes Satzadjektiv zum Prädikat *sein* usw. (vgl. etwa *stillsitzen* und *still sein*): Es nennt – prädikativ – den Zustand, in dem sich etwas befindet. Diese Bildungen sind selten.

> 2. blindschreiben, falschspielen, schieflaufen usw.

---

[1] Zu den wenigen untrennbaren Zusammensetzungen gehören etwa *hohnlachen, lobpreisen*.

Hier bestimmt das Erstglied das Grundverb nach Art eines Adverbs. Auch Verbindungen dieses Typs kommen nur vereinzelt vor.

3. blankbohnern, breittreten, fertigstellen, festdrehen, freischaufeln, hochstellen, niederlegen, richtigstellen, schönfärben, sicherstellen, totbeißen, trockenlegen, volltanken, gutschreiben, näherbringen.

Diese Verbindungen sind die häufigsten. Das Erstglied verhält sich zum Grundwort wie ein objektbezogenes Satzadjektiv zum verbalen Prädikat. Das Adjektiv gibt den Zustand an, der durch die verbal bezeichnete Tätigkeit entsteht (Ersatzprobe mit *etw. machen;* vgl. *etw. fertigstellen* und *etw. fertig machen*).

2.1.4 Der Typ Verb + Verb

Die sonst so häufige Zusammensetzung von Wörtern der gleichen Wortart ist bei Verben höchst ungewöhnlich. Noch am ehesten sind Bildungen dieser Art in der (expressionistischen) Dichtung *(grinsheucheln* ,grinsen und heucheln', *schnaufwittern)* und den Fachsprachen *(trennschleifen, preßschweißen, streckwalzen, streckziehen, spritzlöten, mähdreschen, drehbohren)* zu finden.

Die technischen Ausdrücke sind gewöhnlich über die Zwischenstufe nominaler Bildungen, insbesondere substantivierter Infinitive, entstanden *(mähdreschen* aus *Mähdrescher)* und bezeichnen die mit dem Grundwort genannten Vorgänge nach Art von Komposita, die sowohl determinativ *(preßschweißen* ,unter Druck schweißen') als auch kopulativ (,pressen und schweißen') interpretiert werden können. Sie werden im allgemeinen nur im Infinitiv gebraucht.

Die Ausgangswörter von *kennenlernen, spazierengehen* usw. werden verbunden, weil sie häufig im Satz nebeneinander stehen; bei manchen kommt hinzu, daß sich ein neuer Begriff mit ihnen verbindet, z. B. *sitzenbleiben* ,nicht versetzt werden'. Im Unterschied zu den oben genannten Bildungen sind sie trennbar *(Ich lernte* sie *kennen/blieb* in der Schule *sitzen).*

2.1.5 Der Typ Partikel + Verb

Mit Partikeln, d. h. Wörtern nichtflektierender Wortarten, werden die Verben – im Gegensatz zu Adjektiven und Substantiven – häufig verbunden. Diese Zusätze sind im wesentlichen aus (Pronominal)adverbien und Präpositionen hervorgegangen und größtenteils unfest mit den Verben verbunden.
Sie werden vor allem gebildet mit

ab- (abdrehen), an- (andrehen), auf- (aufdrehen), aus-, bei-, da(r)-, ein-, her-, hin-, mit-, nach-, vor-, zu-, dabei-, daher-, dahin-, daran-, darauf-, darein-, davor-, dazu-; entgegen-, einher-; herab-, heran-, herauf-, heraus-, herbei-, herein-, herüber-, herunter-, herum-, hervor-, herzu-; umher-; hinab-, hinan-, hinauf-, hinaus-, hinein-, hinzu-; voran-, voraus-, vorbei-, vorher-; abwärts-, aufwärts-; zusammen-, zurück-.

Daß es sich bei den Partikeln, die daneben auch noch als Präpositionen begegnen, eigentlich um Halbpräfixe handelt, geht aus ihrer Bedeutung hervor, die sich in den Verbbildungen nicht mehr recht mit der beziehungsstiftenden Funktion deckt, die sie sonst im Satz haben (vgl. 644 ff.). Bei Verbindungen mit Adverbien dagegen ist das oft anders.
Feste und unfeste Verbzusammensetzungen werden gebildet mit *durch-, über-, um-, unter-, wider-, hinter-:*

dúrchlaufen – durchláufen (Der Saft *läuft* nicht *durch.* – Man *durchláuft* die Karriere); überlaufen – jmdn. überláufen (Er *lief* zum Feind *über.* – Es *überlíef* mich kalt); úmfahren – umfáhren (Er *fuhr* den Fußgänger *um.* – Sie *umfúhr* die Verkehrsinsel). (Vgl. 788 ff.).

761 In besonders großem Umfang werden Verben mit den Adverbien *hin, her, da* und ihren Komposita (*hinein* usw.) verbunden, die nicht die semantischen, syntaktischen und Wortbildungseigenschaften der Halbpräfixe *ab-, an-, auf-* usw. (vgl. 783 ff.) und *durch-, um-, über-* usw. (vgl. 788 ff.) aufweisen und sich auch von den Verbzusätzen *vor-, nach-, zu-* usw. (vgl. 795 ff.) unterscheiden, die schon einige präfixartige Züge angenommen haben. Insbesondere bestehen bei den Partikelverbindungen mit *hin, her, da* keine Bedeutungsunterschiede zwischen ihrer freien und ihrer verbgebundenen Verwendung. Darüber hinaus können sie – anders als die Halbpräfixe – den Stellenwert von Satzgliedern haben, was ihre Verwendung im Kontext belegt:

Sie ging *auf* den Berg. – *Hinauf* ging sie.
Er ging nicht *hinunter,* er fuhr *hinunter.*
Sie stieg *hinan/hinab;* fuhr *hinweg/hinaus/hinein/hinzu/her/herab/heran/heraus/herbei/ herüber/herunter/herzu/hierher.*
Da/daneben/darunter usw. lag das Kätzchen.

762 Zur Bedeutungsdifferenzierung der Grundverben und damit zur Ergänzung der Präfixe und Halbpräfixe tragen diese Erstglieder vor allem in folgender Weise bei: Sie kennzeichnen
a) eine Aufwärtsbewegung (*hinauf-, hinan-, herauf-;* vgl. 771,1);
b) eine Abwärtsbewegung (*hinunter-, herab-, hinab-, herunter-;* vgl. 771,3);
c) ein Sich-Entfernen (*hin-, hinweg-, davon-;* vgl. 771,10);
d) eine Annäherung (*hinzu-, her-, heran-, herbei-, herzu-, herüber-, hierher-;* vgl. 771,11);
e) eine Bewegung in etwas hinein (*hinein-, dazwischen-;* vgl. 771,8);
f) eine Bewegung aus etwas heraus (*heraus-, hervor-, hinaus-;* vgl. 771,10);
g) eine Bewegung durch etwas hindurch (*hindurch-;* vgl. 771,9);
h) eine zeitliche Phase (*vorher-, vorbei-;* vgl. 771,4–5).
Die Adverbien verändern im Unterschied zu den Präfixen und Halbpräfixen die Verbvalenz selten und nur in Anlehnung an ein ähnlich gebildetes anderes Verb (z. B. *etw. herstottern* nach *etw. hersagen*).

763 Von den Verbverbindungen mit adjektivischem Erstglied (vgl. 758) konkurrieren mit den Partikelkomposita aus den Gruppen a und b besonders Bildungen mit *hoch-* (vgl. *hinauf-* und *hochstellen*) und *nieder-* (vgl. *hinunter-, hinab-* und *niedersteigen*).
Andere Bildungen konkurrieren mit Zusammensetzungen der Gruppe c; sie sind vor allem mit *fort-* und *weg-* verbunden (vgl. *hinweg-* und *davongehen* mit *fort-* und *weggehen*). Auch mit *empor-, voran-, voraus-* und *zurück-* entstehen reihenhaft Verbverbindungen (insbesondere mit *gehen, reisen, fliegen* usw.), die zu den einzelnen Gruppen der oben angeführten Partikelverbindungen in Konkurrenz treten.
Die Adverbien, die ursprünglich aus Präpositionalgefügen hervorgegangen sind und reihenhaft mit Verben vorkommen (insbesondere diejenigen mit *zu,* etwa *zugrunde, zuleide, zunutze*), werden mit diesen gewöhnlich nicht zusammengeschrieben.

2.2 Der Zusatz von Präfixen und Halbpräfixen

2.2.1 Die Funktionen der Präfixe und Halbpräfixe

Meistens werden die vielgebrauchten Präfixe *ver-, er-* usw. vor ein schon vorhandenes Verb gesetzt. Da die Wortart dadurch nicht verändert wird, tragen sie so „nur" zum Ausbau des vorgegebenen Bestandes von Grundverben bei, die grammatisch (vgl. 765 f.) und/oder semantisch (vgl. 767 ff.) bzw. stilistisch-pragmatisch (vgl. 773) abgewandelt (modifiziert) werden. Diese Funktion haben in Verbindung mit Verben auch die Partikeln *ab-, auf-, aus-* usw., die als Wortbildungselemente nur noch lautlich (ausdrucksseitig) mit den Adverbien bzw. Präpositionen *ab, auf, aus* usw. übereinstimmen, semantisch (inhaltsseitig) aber – wenigstens zum Teil – eher mit den Präfixen *ver-, er-* usw. (vgl. *ab-* und *verblühen, auf* und *erblühen, ab-/aus-* und *verklingen*). Deshalb werden sie als Halbpräfixe eingestuft[1] und den Präfixen an die Seite gestellt.[2]

764

Die grammatische (morphosyntaktische) Abwandlung (Modifikation)

Mit der inhaltlichen Abwandlung der Verben (vgl. 767 ff.) sind oft vielfältige quantitative und qualitative Verschiebungen ihrer Valenz verbunden.

Quantitative Änderungen:

1. In der Mehrzahl der Fälle ändert sich die Zahl der nominalen Ergänzungen, die von einem Verb abhängen (können), durch die Präfigierung nicht:

765

> Die Blume blüht/erblüht/blüht auf/verblüht. Der Schriftsteller reiste/verreiste in die Toskana; bereiste/durchreiste die Toskana.

2. Zu einer Verringerung der Valenz kommt es vor allem dort, wo die Präfigierung dazu beiträgt, umständlichere Präpositionalgruppen einzusparen. Fügungen aus Verb + Präpositionalgruppe werden dann zu Bildungen aus Halbpräfix + Verb:

> fließen/laufen/kochen über etw. – überfließen/überlaufen/überkochen (Die Milch fließt über den Rand [des Topfes]. – Die Milch fließt über.); etw. an etw. schmieden/löten/nieten/montieren usw. – etw. anschmieden/anlöten/annieten/anmontieren usw. (Er schmiedet den Winkel an den Träger. – Er schmiedet den Winkel an.).

Mit dieser Reduktion ist kein Informationsverlust verbunden, wenn der Bezugspunkt (hier *Rand* bzw. *Träger*) durch den Kontext gegeben oder aus dem Vorwissen bekannt ist.

---

[1] Damit ist die Entscheidung getroffen, die Semantik zum Prinzip dieser Darstellung zu machen, die sich dann beim Substantiv auch zu der Anordnung von Bildungen nach semantischen Begriffen wie ‚Nomina instrumenti' (911 ff.), ‚Abstrakta' (872 ff.) usw. zeigt. Darstellungen, die mehr formbezogen ausfallen, verzichten z. T. auf die Unterscheidung zwischen Halbsuffixen (Affixoiden) und Kompositionsgliedern, so z. B. S. Olsen (Argument-Linking und produktive Reihen bei deutschen Adjektivkomposita. In: Zeitschr. Sprachwissenschaft 1986, S. 5 ff.).

[2] Gegenüber dieser einfachen Präfigierung ohne Wortartänderung dient die mit Suffixen kombinierte Präfix- und Halbpräfixbildung der Ableitung neuer Verben aus Nomen *(jmdn. er-/aufheiter-n),* die Gegenstand von Kapitel 2.3 ist; dennoch werden der Einfachheit halber bereits im folgenden Abschnitt unter 2.2.2 neben den Angaben zu den (Halb)präfixen allein auch solche zu den mit Suffixen kombinierten (Halb)präfixableitungen gemacht.

Ferner verringert sich die Valenz auch, wenn zum Verb das nicht ersetzbare, nicht pronominale *sich* gehört, was z. B. bei Verben mit *ver-* vorkommt:

in die falsche Richtung fahren – sich verfahren; etw. falsch hören – sich verhören.

3. Eine Erhöhung der Valenz ist vor allem bei der Präfigierung einwertiger, seltener zweiwertiger Verben zu beobachten:

Der Schüler trödelt. – Der Schüler vertrödelt seine Zeit.
Sie hilft ihrem Neffen. – Sie verhilft ihrem Neffen zu einem Job.

Qualitative Änderungen:

766   Die Art der Kasusbeziehung zwischen dem Verb und seinen Ergänzungen ändert sich durch den Zusatz eines Präfixes bzw. Halbpräfixes in sehr unterschiedlichem Umfang. Die Veränderung betrifft

– nur ausnahmsweise Nominative:

Er fror. – Ihm erfroren die Zehen. – Ihm fror das Ohr ab.

– häufiger Dativanschlüsse:

jemandem dienen – jemanden bedienen; jemandem etwas liefern – jemanden mit etwas beliefern.

– oft Akkusativ- und Präpositionalanschlüsse:

jemanden lieben – sich in jemanden verlieben; auf jemanden warten – jemanden erwarten; staunen über etwas – etwas an-/bestaunen.

Diese Veränderungen der qualitativen Valenz bewegen sich vor allem in Richtung auf

– die Akkusativierung, die u. a. dazu dient, ein Verb passivfähig zu machen (häufig):

jemandem drohen – ihn bedrohen; über jemanden lachen – ihn auslachen.

– die Präpositionalisierung (häufig):

jemanden sprechen – bei jemandem vorsprechen; jemandem schmeicheln – sich bei jemandem einschmeicheln.

– die Dativierung, durch die vor allem der Bezug der im Subjekt genannten Person zu einer anderen betont wird (seltener):

zu jemandem/gegen jemanden sprechen – jemandem zusprechen/widersprechen.

Die Muster der semantischen Abwandlung (Modifikation)

767   Sie ist das wichtigste Motiv für die Präfigierung von Verben. Die Unterschiede der präfigierten gegenüber den Ausgangsverben zeigen sich besonders deutlich, wenn man die Bedeutungsklassen der jeweils anschließbaren Substantive vergleicht: *nehmen* wird z. B. mit dem Dativ der Person und dem Akkusativ der Sache konstruiert *(jemandem den Schmuck nehmen), entnehmen* mit dem Dativ der Sache und dem Akkusativ der Sache *(den Schmuck der Kassette entnehmen).*
Diese Kombinationsverschiebungen, zu denen die Präfigierung führt, sind oft reihenhaft entwickelt. So steht das Verb *jmdn. ehren* in einer Reihe mit ornativen Bildungen (vgl. 810) wie *jmdn. adeln* und analytischen Fügungen wie *jmdm. eine Ehre erweisen; jmdn. ent-ehren* dagegen in einer Reihe mit privativen Verben (vgl. 811) wie *jmdn. ent-erben* und analytischen Fügungen *jmdm. die Ehre nehmen/abschneiden.*

Die Prägung der Bedeutung einer Wortbildung durch die Reihe, in der sie steht (z. B. die Reihe der Verben mit *ent-*), wechselt von Präfix zu Präfix. Daß dabei eine Eins-zu-eins-Beziehung zwischen dem (Halb)präfix und seiner Bedeutung besteht – wie annähernd bei *re-* und *wieder-* („erneut') mit ihren kleinen Bildungsreihen (*etwas reaktivieren/wiederaufbauen* usw.) – ist bei den Verben selten; meist herrscht Mehrdeutigkeit (Polysemie). Manche Verbpräfixe zeigen sogar ein ausgesprochen weitgestreutes Bedeutungsspektrum, so z. B. *er-* und *ab-* (vgl. 778, 783):

Die Verwendung des Präfixes	überschneidet sich mit der von:		stellt einen Gegensatz dar zu:	
ver-	be-:	*etw. verdecken/etw. bedecken*		
	er-:	*verlöschen/erlöschen*	er-:	*verblühen – erblühen*
	zer-:	*verfallen/zerfallen*		
		etw. verkratzen/etw. zerkratzen		
	miß-:	*jmdn. verachten/jmdn. mißachten*	miß-:	*jmdm. vertrauen – jmdm. mißtrauen*
			ent-:	*etw. verhüllen – etw. enthüllen*
	ab-:	*etw. verändern/etw. abändern*		
	auf-:	*etw. verschieben/etw. aufschieben*	auf-:	*etw. verschließen – etw. aufschließen*
	aus-:	*verklingen/ausklingen*		
		etw. versenden/etw. aussenden		
	zu-:	*etw. verbauen/etw. zubauen*		
	ein-:	*vertrocknen/eintrocknen*		
	durch-:	*ein Hemd verschwitzen/durchschwitzen*		
be-	ver-:	s. o.	ent-:	*etw. belüften – etw. entlüften*
	er-:	*etw. besteigen/etw. ersteigen*		
	aus-:	*etw. beflaggen/etw. ausflaggen*	aus-:	*jmdn. bekleiden – jmdn. auskleiden*
	an-:	*etw. berühren/etw. anrühren*		
	über-:	*etw. bedachen/etw. überdachen*		
er-	ver-:	s. o.	ver-:	s. o.
	be-:	s. o.		
	auf-:	*erwachen/aufwachen*		
		jmdn. erregen/jmdn. aufregen		
	ab-:	*erfrieren/abfrieren*		
	aus-:	*etw. errechnen/etw. ausrechnen*		
ent-	an-:	*etw. entzünden/etw. anzünden*	ver-:	s. o.
			be-:	s. o.
	ab-:	*etw. (jmdm.) entreißen/abreißen*		
		jmdm. etw. entlocken/jmdm. etw. ablocken		
	aus-:	*entströmen/ausströmen*		
		etw. entleihen/etw. ausleihen		
zer-	ver-:	s. o.		
	ab-:	*sich zerquälen/sich abquälen*		
	durch-:	*etw. zerbeißen/etw. durchbeißen*		

768 Verbpräfixe und Halbpräfixe decken sich zum Teil in ihren Bedeutungskomponenten, obwohl sie eine ganz verschiedene Herkunft und Ausgangsbedeutung haben. Auf diese Weise können, wenn sich die Bildungsweisen überschneiden, bedeutungsgleiche (synonyme) oder bedeutungsähnliche Wortpaare entstehen. Überschneidungen dieser Art bestehen etwa zwischen *ent-* und *aus-* mit der privativen Bedeutung ‚weg(nehmen)‘ in *jmdn. ent-/auskleiden* und *etw. ent-/ausleihen*. Bei vielen anderen Grundverben dagegen ergänzen sich *ent-* und *aus-* so, daß in dem einen Falle dieses, im anderen jenes steht (z. B. heißt es *jmdn. entlarven* [nicht *auslarven*], aber *etw. ausborgen* [nicht *entborgen*]); andere Präfixe und Halbpräfixe kommen unterstützend hinzu, so z. B. *ab-* in Bildungen wie *etw. abhauen, abpflücken, abtragen.* Berücksichtigt man nun noch die reihenbildende Funktion von z. B. *be-* und *ver-* im Zusammenhang mit dem Entstehen von Gegenwörtern (Antonymen; vgl. *jmdn. entkleiden – jmdn. bekleiden, etw. entlüften – etw. belüften, etw. enthüllen – etw. verhüllen* usw.), dann lassen sich hier etwa folgende mehr oder weniger systemhafte Teilbereiche unterscheiden (vgl. Tabelle auf S. 441). Die Inhalte der in der Mittelspalte angeführten Wortpaare decken sich zwar nicht vollständig (z. B. kann *etw. verdecken* gegenüber *etw. bedecken* das vollständige Zudecken bezeichnen), aber weitgehend. Auch der Bedeutungsgegensatz zwischen den Paaren der rechten Spalte ist nur ein annähernder (konträre Bedeutung), nicht unbedingt ein vollständiger (kontradiktorische Bedeutung der Gegenwörter).

769 Auch die Halbpräfixe bilden untereinander Zonen der Überschneidung aus. Sie bestehen besonders bei *ab-* und *aus- (abheilen/ausheilen), ab-* und *los- (etw. abreißen/etw. losreißen), an-* und *ein- (etw. anschalten/etw. einschalten).*
Ebenso entstehen – zum Teil durch Substitution – Gegenwortreihen; sie sind sogar deutlicher ausgeprägt als die zwischen Präfixen und Halbpräfixen. Sie finden sich namentlich bei *ab-* und *auf- (absteigen – aufsteigen), ab-* und *an- (etw. ablegen – etw. anlegen), ab-* und *ein- (etw. abschalten – etw. einschalten), aus-* und *ein- (ausatmen –einatmen), nach-* und *vor- (etw. nachmachen – etw. vormachen), über-* und *unter- (etw. übertreiben – etw. untertreiben), auf-* und *zu- (etw. aufdrehen – etw. zudrehen).* Die Bedeutung einer kombinierten Präfixableitung wie *versteppe-n* zeigt dagegen eine ganz andere Struktur; sie ist durch einfache syntaktische Beziehungen vorgeprägt (*Das Gebiet versteppt. – Das Gebiet wird zur Steppe.* [vgl. 807]).

Zeitliche Differenzierungen

770 Reihenhaft tragen Präfixe und Halbpräfixe besonders zur Abstufung und Differenzierung der Aktionsart von Verben bei, die angibt, wie ein Vorgang in seinem Verlauf dargestellt wird. Durch Präfigierung kann dabei hervorgehoben werden:

1. der Beginn (inchoativ), zum Teil mit besonderem Augenmerk auf den Zeitpunkt des Beginns (punktuell);

2. das Ende (perfektiv), manchmal mit Blick auf das Ergebnis des Vorgangs (resultativ);

3. der Verlauf selbst (kursiv) und besonders seine (unbestimmte) Dauer (durativ), zuweilen aber auch mit Augenmerk auf ein Wiederholungsmoment (iterativ).

Zu 1: Der Beginn wird besonders hervorgehoben bei Inchoativa wie *erblühen* gegenüber *blühen, anfahren* gegenüber *fahren* usw. Das punktuelle (plötzliche) Einsetzen kommt z. B. in *aufleuchten, aufblühen* gegenüber *leuchten, blühen* zum

Ausdruck; die zeitliche Ausdehnung des Beginns in *ein Auto einfahren* gegenüber *fahren, sich einarbeiten* gegenüber *arbeiten.*

Zu 2: Das Ende eines Vorgangs signalisiert etwa *ver-* in *verblühen* und *verheilen* gegenüber *blühen* und *heilen* (perfektiv). Die vollständige Durchführung einer Handlung kommt besonders bei *auf-, ab-, aus-* und *durch-* in den Blick:

> etw. essen – etw. aufessen; blühen – abblühen; sprechen mit jmdm. – sich aussprechen mit jmdm.; arbeiten an etw. – etw. durcharbeiten.

Primär um das Ergebnis der Handlung geht es, wenn *er-* und *aus-* mit Verben wie *arbeiten* und *lernen* zu etw. *erarbeiten/ausarbeiten* und etw. *erlernen/auslernen* verbunden werden (resultativ).

Zu 3: Die Dauer wird dagegen fast nur in syntaktischen Konstruktionen mit Zeitadverbien wie *lange, unentwegt (arbeiten)* oder Verlaufsformen wie *am Arbeiten sein* (vgl. 147) ausgedrückt. Präfixe und Halbpräfixe eignen sich im Deutschen für diese Aufgabe kaum. Bei den Bildungen, die anzuführen sind (z. B. *andauern*), liegt die durative Bedeutung entweder schon im Grundverb oder der Akzent noch auf etwas anderem (bei *jmdm. zuhören* und etw. *anhören* geht es z. B. auch darum, die Aufmerksamkeit der betreffenden Person hervorzuheben).

Auch zum Ausdruck des wiederholten Geschehens, der Iteration, kann die Präfigierung in der Regel nicht herangezogen werden (bei den Suffixen trägt ansatzweise *-(e)l(n)* dazu bei [vgl. *spotten – spötteln*]). Nur das erneute Tun, die einmalige Wiederholung, wird durch verschiedene Halbpräfixe hervorgehoben, insbesondere durch *auf-* (etw. *aufwärmen, aufbacken*), *wieder-* (*wiederkommen*), *nach-* (etw. *nachfordern*) und *re-* (etw. *reproduzieren*).

Zu diesen Spielarten der Modifikation existieren vielerlei Einschränkungen und Bedeutungsabstufungen. So gibt es zwar z. B. zu *wachsen* wie zu *blühen* Präfixbildungen mit *er-* und *ver-*, aber mit ganz anderer Bedeutung. Und zu *singen* läßt sich kein *ersingen* für ‚zu singen beginnen' und *versingen* für ‚zu singen aufhören' bilden, sondern nur ein *sich etw. ersingen* für ‚etw. durch Singen erreichen' und ein *sich versingen* für ‚an einer Stelle falsch singen'.

Eine temporale Abstufung im Sinne von ‚vorher' und ‚nachher' wird schließlich durch *vor-* und *nach-* vermittelt (etw. *vor-/nachbereiten, vor-/nacharbeiten*).

Räumliche Differenzierungen

Der zweite wichtige Bedeutungsfächer, der bei den Verben durch die Präfigierung entsteht, betrifft räumliche, besonders richtungsbezogene Bedingungen der bezeichneten Vorgänge und Handlungen. In erster Linie sind es die aus Präpositionen hervorgegangenen Halbpräfixe, die dazu – vor allem in Verbindung mit Bewegungsverben – herangezogen werden.

1. ‚aufwärts': *auf-* und *er-* in *aufsteigen*, etw. *aufrichten*, etw. *ersteigen*, etw. *errichten* (ergänzend Komposita wie *empor-, hoch-, hinauf-, heraufsteigen/-klettern* usw.; vgl. 760 ff.);

2. ‚über ... hinweg, darüber': *über-* in *überfließen*, etw. *übersteigen*, *überstülpen*;

3. ‚abwärts': *ab-* in *absteigen, abspringen; unter-* in *untertauchen*, etw. *unterlegen; um-* in *umknicken*, etw. *umstoßen* (ergänzend Komposita wie *herab-, hinab-, herunter-, hinunter-, niedersteigen/-springen* usw.; vgl. 760 ff.);

4. ‚nach vorn, davor': *vor-* in *vorreiten, vorlaufen*, etw. *vorbinden*;

5. ‚hinterher': *nach-* in *jmdm. nachreiten, nachlaufen; jmdm. etw. nachbringen*;

6. ‚an einen anderen Ort, in eine andere Richtung': *um-* in *úmsteigen, úmschwenken; etw. úmladen, úmleiten; ab-* in *jmdn. ablenken*;

771

7. ‚in die Gegenrichtung': Komposita mit *zurück-* in *zurückfahren, -gehen;*

8. ‚hinein': *ein-* in *einmarschieren, einwandern; etw. einbauen;*

9. ‚hindurch': *durch-* in *durchfahren, durchkommen, etw. durcheilen;*

10. ‚davon, weg, hinaus': *ent-* in *enteilen, entströmen; ab-* in *abfahren, -reisen, sich abwenden; ver-* in *verreisen, etw. verjagen; aus-* in *ausfahren, ausreisen, jmdn. ausschicken* (ergänzend Komposita wie *davon-/fort-/[hin]weg-/losfahren, -eilen, -gehen* usw.; vgl. 760 ff.);

11. ‚heran': *an-* in *anreisen, ankommen; auf-* in *aufprallen, aufklatschen; zu-* in *auf jmdn. zugehen, zukriechen; bei-* in *beidrehen* (ergänzend Komposita der Bewegungsverben *kommen, fahren* usw. mit *her[an]-, hinzu-, herbei-, herzu-, hierher-, entgegen-, näher-, nahe-;* vgl. 760 ff.);

12. ‚das Ankommen, Festmachen an einem Ort': *an-* in *anlangen, anlegen, etw. annähen, anleimen; auf-* in *aufsetzen* (Flugzeug), *etw. aufspulen* usw.

Andere räumliche Aspekte einer Bewegung werden demgegenüber selten durch die Präfigierung ausgedrückt:

13. ‚öffnen': *auf-* in *etw. aufschließen, aufklappen;* (in Einzelfällen:) *er-* in *etw. erschließen;*

14. ‚auseinander (in viele Teile)': *zer-* in *zersplittern, etw. zerschneiden;*

15. ‚verschließen': *zu-* in *etw. zuschließen, zudrehen, zuklappen; ver-* in *etw. verschließen, verdecken, verkleben.*

Andere Differenzierungen

772 Daß Handlungen reversibel sind und rückgängig gemacht werden können, wird mit den Präfixen *ent-, de-* und *ab-* ausgedrückt:

(das Gewehr) *sichern* – *entsichern; etw. chiffrieren* – *etw. dechiffrieren; jmdn. maskieren* – *jmdn. demaskieren; etw. bestellen* – *etw. abbestellen, jmdn. berufen* – *jmdn. abberufen.*

Zur taxierenden Bewertung durch den Sprecher werden die Verbpräfixe im Vergleich zu den Substantiv- und Adjektivpräfixen weniger gebraucht. Reihenhaft ausgebildet ist diese Funktion nur bei *miß-* ‚falsch' *(etw. mißdeuten, mißbrauchen), ver-* ‚verkehrt' *(etw. verformen, verkennen, sich verlesen), fehl-* ‚falsch' *(fehlgehen, etw. fehlleiten), über-* ‚zu sehr' *(etw. überschätzen, überbewerten)* und *unter-* ‚zu wenig' *(etw. unterschätzen, unterbewerten).*

Die stilistisch-pragmatische Abwandlung (Modifikation)

773 Gegenüber der grammatischen und semantischen Modifikation (vgl. 765 f. bzw. 767 ff.) weist die stilistisch-pragmatische keine Reihenbildung, also keine systematische Tendenz auf; jede Wortbildung steht für sich. Für die hierher gehörenden Präfixbildungen wie

(an einem Ort) *verbleiben* (statt *bleiben*), jmdm. *vertrauen* (statt *trauen*), etw. *verspüren* (statt *spüren*), sich *verneigen* (statt *neigen*), sich *behelfen* (statt *helfen*)

ist charakteristisch, daß sie sich von ihren Ausgangsverben weder durch syntaktische Eigenschaften noch durch besondere Bedeutungsmerkmale abheben. Die Unterschiede liegen hier, wo die Ersatzprobe mit dem Grundverb möglich ist, also nicht im („denotativen") Bezeichnungsinhalt, sondern in ihrem Gebrauchshorizont (z. B. einer gehobenen Stilschicht).

In vielen Fällen scheint die Geltung dieser Bildungen darauf zu beruhen, daß bei ihnen zwei Wörter nach Art einer Wortkreuzung (Kontamination) aufeinander wirken, bei *verbleiben* z. B. das Präfixverb *verharren* und das Verb *bleiben,* bei *etw. abschätzen* das Präfixverb *etw. abwägen* und das Verb *etw. schätzen* usw. Aus der Tatsache, daß in solchen Bildungen nicht eine Präfixbedeutung und eine Verbbedeutung, sondern zwei Verbbedeutungen zusammenlaufen, ergibt sich ihr in der Literatur bisweilen als „intensivierend" beschriebener Charakter[1].

2.2.2 Die einzelnen Bildungselemente: Präfixe und Halbpräfixe

Die Präfixe

Sie sind unbetont und untrennbar mit dem Verb verbunden. Im einzelnen sind sie   774
an der Verbbildung wie folgt beteiligt:

- *ver-* (vgl. 775) zu ca. 45 %
- *be-* (vgl. 776) zu ca. 25 %
- *ent-* (vgl. 777) zu ca. 15 %
- *er-* (vgl. 778) zu ca. 10 %
- *zer-* (vgl. 779) und Restgruppen (vgl. 780) zu ca. 5 %

ver-

Mit diesem Präfix („Morphem") werden besonders viele Verben gebildet, die ein   775
Verarbeiten und Verbrauchen, ein Tun mit meist negativem Resultat, ein Verderben, Verschließen oder ein Entfernen bezeichnen. Es ist insofern an ganz verschiedenen (semantischen) „Mustern" der Verbbildung beteiligt.

1. Meistens tritt *ver-* als modifizierender Zusatz vor einfache Verben *(etw. verschieben)* sowie vor Ableitungen aus Substantiven *(etw. verträumen)* und Adjektiven *(etw. verkürzen)*. Es kann mit transitiven und intransitiven Verben verbunden werden und wird – wie *be-* (vgl. 776) – zur reinen Änderung der Valenz genutzt, wobei in der Mehrzahl Präpositionalgefüge in Akkusativobjekte überführt werden:

> für jmdn. sorgen – jmdn. versorgen, über jmdn. spotten – jmdn. verspotten, über etw.
> schweigen – etw. verschweigen, ugs.: (viel) saufen – etw. (das Geld) versaufen.

Bei aller Unterschiedlichkeit haben im heutigen Deutsch die meisten Präfixverben mit *ver-* das Merkmal gemeinsam, das Ende eines zeitlichen Ablaufs anzugeben, und zwar in der Weise, daß etwas in einen bestimmten Zustand gelangt (intransitiv) oder gebracht wird (transitiv). Im einzelnen drückt *ver-* vor allem aus:
a) ,weg, woandershin': *verreisen, etw. verdrängen, verjagen;*
b) ,bis zum Abschluß, zu Ende' (perfektiv): *verblühen, verklingen* (im Gegensatz zu *erblühen, erklingen*); ,ganz, vollständig': *versinken* (anders: *einsinken*), *etw. vergraben, verschnüren* (im Gegensatz zu *etw. aufgraben, aufschnüren*); ,so, daß die ganze Zeit damit verbracht ist': *etw. verbummeln, verdösen;*
c) ,zu sehr': *etw. versalzen, verpfeffern;* ,falsch, verkehrt': *sich verhören, sich verwählen, etw. verlegen, etw. verplanen.*

2. Das Präfix dient darüber hinaus zur kombinierten Ableitung von Verben aus einfachen, abgeleiteten und präfigierten Substantiven *(ver-unglück-en, etw. vergitter-n, ver-gesellschaft-en),* aus einfachen Adjektiven in ihrer Grund- oder Vergleichsform *(etw. ver-eng-en, ver-dunkel-n; etw. ver-breiter-n)* und aus abgeleiteten

---

[1] M. Brandt/I. Rosengren: Tysk Ordbildning för högskole bruk. Lund 1976, S. 100.

Adjektiven *(etw. ver-anschaulich-en, ver-nachlässig-en).* Die inhaltliche Gruppierung der Bildungen, die entstehen, ist weit gefächert; sie bezeichnen
a) eine Zustandsänderung (ingressiv), sind dann intransitiv und aus Substantiven *(ver-sumpf-en – zum Sumpf werden;* vgl. 807; ähnlich *ver-bauer-n* u. a.) sowie Adjektiven abgeleitet *(ver-arm-en – arm werden;* vgl. 815; ähnlich *ver-einsam-en* u. a.);
b) eine bewirkte Zustandsänderung (faktitiv), sind dann transitiv und werden aus Substantiven *(jmdn. ver-sklave-n – zum Sklaven machen;* vgl. 808) und Adjektiven *(etw. ver-deutlich-en – etw. deutlich machen;* vgl. 816) abgeleitet;
c) ein Hinzufügen, Versehen, Ausrüsten, Ausstatten (ornativ) und sind transitiv *(etw. ver-glas-en – etw. mit Glas versehen;* vgl. 810; *jmdn. ver-wunde-n – jmdm. eine Wunde beibringen;* vgl. 810, 2);
d) ein Benutzen, ein Bearbeiten mit etwas (instrumentativ) und sind transitiv *(etw. ver-riegel-n – etw. durch einen Riegel sichern).* [1]

be-

776 1. Das Präfix wird überwiegend vor einfache Verben *(etw. beschreiben)* und vor Ableitungen aus Substantiven und Adjektiven *(etw. befürchten, befestigen)* gesetzt. Noch häufiger als *ver-* dient es der Änderung der Valenz, vor allem (in über zwei Dritteln der Fälle) der Akkusativierung intransitiver Verben mit Präpositionalobjekt bzw. -gefüge *(in einer Villa wohnen – eine Villa bewohnen)* oder Dativobjekt *(jmdm. dienen – jmdn. bedienen).*
Mit der ursprünglichen Bedeutung von *be-,* das einmal eine Nebenform von *bei-* war, mag es zusammenhängen, daß es im heutigen Deutsch oft eine Hinwendung, einen Zugriff oder einen Kontakt angibt. Darin konkurriert es mit *an-* *(etw. behauchen/anhauchen; etw. berühren/anrühren; beschmiert/angeschmiert sein).*
Die Funktion, das Zielgerichtete eines Vorgangs auszudrücken, wird vor allem durch die Transitivierung ermöglicht *(schreiten – etw. beschreiten).* Dazu paßt, daß das Präfix bei Verben, die schon ein Akkusativobjekt haben, oft zum Wechsel der Objektklassen führt *(Erdbeeren pflanzen – das Beet mit Erdbeeren bepflanzen)* oder daß der Objektbezug konkreter wird *(etw. fürchten und etw. befürchten, etw. messen und etw. bemessen).*
2. Häufiger als die anderen Präfixe dient *be-* daneben zur kombinierten Ableitung von Verben aus Substantiven *(etw. be-bilder-n)* und Adjektiven *(jmdn. be-frei-en).* Durch Ableitungen aus *-ig-*Adjektiven angeregt, kommt es dabei neben der üblichen Kombination aus *be-* und der Verbalisierungsendung *-(e)n* zur Verbindung mit *-igen (jmdn. be-sänft-igen, etw. be-rücksicht-igen).* Die Bildungen sind transitiv.
Bei der Ableitung aus Substantiven entstehen neben einzelnen Verben für ein zielgerichtetes vergleiches Tun *(jmdn. be-mutter-n;* vgl. 806,1) und eine mittelbestimmte Tätigkeit (Instrumentativa wie *etw. be-urkunde-n, etw. be-eid-igen;* vgl. 812) fast immer (ornative) Verben des Versehens oder Ausstattens wie *etw. be-dach-en, be-fracht-en* (vgl. 810,1), *jmdn. be-sold-en, be-gnad-igen* (vgl. 810,2). Die Ableitungen aus Adjektiven haben – von Einzelfällen wie *(sich einer Sache) befleißig-en* abgesehen – durchgehend bewirkenden (faktitiven) Charakter *(jmdn. be-fähig-en, etw. be-grad-igen;* vgl. 816).

---

[1] Ansatzweise trägt *ver-* auch zur Ableitung von transitiven lokativen Verben *(jmdn. ver-haft-en – jmdn. in Haft nehmen;* vgl. 813) und von transitiven Verben des verglichenen Tuns bei *(jmdn. ver-arzt-en – als Arzt jmdn. behandeln;* vgl. 806,1).

ent-

1. Es tritt in zwei Dritteln aller Fälle vor einfachen Verben *(entlaufen)* und Ablei-   777
tungen aus Nomen auf *(etw. entsaften, entsteinen).* Die Valenz des Ausgangsverbs
wird durch das Präfix vor allem in Richtung auf eine Dativierung (vgl. 766) geändert. Die Änderung erfolgt entweder in der Weise, daß aus einem Präpositionalobjekt bzw. -gefüge ein Dativobjekt wird *(aus dem Ei schlüpfen – dem Ei ent-
schlüpfen; etw. aus dem Kasten nehmen – etw. dem Kasten entnehmen),* oder so,
daß durch ein zusätzliches Dativobjekt die von einem Vorgang betroffene Person
genannt wird *(jmdm. etw. entlocken, entreißen; die Decke entgleitet ihm).*
In über 90 % der Fälle gibt *ent-* ein Entfernen („weg' in *enteilen, entschweben*) an
und konkurriert dann vereinzelt mit *aus-* (*etw. entleihen/ausleihen; entströmen/
ausströmen*) und *ab-* (*jmdm. etw. entlocken/ablocken;* vgl. 767 f.). Wo *ent-* seiner
Hauptbedeutung entsprechend mit Verben verbunden wird, die selbst schon eine
Bewegung des Entfernens ausdrücken, hebt das Präfix diese noch stärker ins Bewußtsein *(jmdm. entfliehen, entgleiten).*
Manchmal drückt *ent-* aber auch in Übereinstimmung mit seiner ursprünglichen
Bedeutung („entgegen') aus, daß die im Grundverb genannte Tätigkeit rückgängig gemacht oder aufgehoben wird *(etw. laden – entladen, jmdn. hemmen – ent-
hemmen).* In einer kleinen Gruppe vermittelt es ferner die (inchoative) Aktionsart
des Beginns *(entbrennen, etw. entzünden).*

2. Aus zahlreichen Substantiven und einer Reihe von Adjektiven werden – gewöhnlich transitive – Verben wie *etw. ent-kern-en, jmdn. ent-larv-en, etw. ent-
fern-en* abgeleitet. Das Präfix gibt dann fast immer die Beseitigung, Entfernung
der im Grundwort genannten Dinge an. Diese Privativa stehen manchmal im
genauen Gegensatz zu den Ornativa mit *be-* (zu *Luft* vgl. *etw. ent-lüft-en – etw. be-
lüft-en;* vgl. 767 f.). In einigen intransitiven Ableitungen signalisiert *ent-* die Entfernung aus der Spur *(ent-gleis-en;* vgl. 813).

er-

Das Präfix ist weit weniger produktiv als *ver-*. Gleichwohl wird es in ähnlicher   778
Vielfalt gebraucht.

1. Es wird vor einfache Verben *(etw. erstreben)* und vor Verbableitungen aus Adjektiven gesetzt *(erröten).* Soweit sich dabei deren Valenz ändert, tritt meistens
eine Akkusativierung von Präpositionalanschlüssen ein:

> leiden an etw. – etw. erleiden, steigen auf etw. – etw. ersteigen, sich sehnen nach etw. –
> etw. ersehnen.

Vor Verben gibt das Präfix an:
a) in einigen Fällen das Einsetzen des im Grundverb genannten Vorgangs oder
den Eintritt eines Zustands (inchoativ; *erfrieren, erbeben, ertönen*);
b) meistens die perfektive Aktionsart, besonders (resultativ) das Anstreben bzw.
Erreichen eines Zwecks oder einer Wirkung durch die im Grundwort genannte
Tätigkeit, vor allem bei transitiven Bezeichnungen für Gewaltanwendung *(jmdn.
erstechen, erschießen, erschlagen),* bei Verben der Gemütsbewegung *(etw. ertrot-
zen, jmdn. erzürnen),* des Bittens *(etw. erbitten, erflehen, erbeten)* und anderen
Verbbezeichnungen für Grundtätigkeiten des Menschen *(etw. erdenken, erarbeiten, erwirtschaften, errechnen);*
c) vereinzelt – entsprechend seiner ursprünglichen Bedeutung – noch die lokale
Komponente „empor' *(etw. erheben, erbauen)* – in Verbindung mit einem resulta-
tiven Merkmal.

2. *er-* wird zur Ableitung von transitiven und intransitiven Verben der Zustandsänderung aus Adjektiven gebraucht. So entstehen Ingressiva wie *er-blind-en, er-bleich-en* (vgl. 815) und Faktitiva wie *jmdn. er-frisch-en, etw. er-möglich-en* (vgl. 816), ferner vereinzelt reflexive Verhaltensverben (*sich er-kühn-en zu etw.; sich er-dreist-en zu etw.;* vgl. 817).

zer-

779   1. Das Präfix wird vor einfache Verben *(zerplatzen)* und vor Ableitungen aus Substantiven *(zersplittern)* gesetzt. Es sind häufig transitive Bezeichnungen für Vorgänge oder Tätigkeiten des Trennens und Zerkleinerns wie *zerbersten, etw. zerschneiden, zerbrechen.* Aber auch in Verbindung mit anderen Verben tritt diese Bedeutung des Präfixes deutlich hervor (vgl. *etw. zerschlagen, etw. zerbomben*). In solchen Fällen kommt es auch zu einer Änderung der Valenz – gewöhnlich Akkusativierung *(hämmern auf etw. – etw. zerhämmern)* –, was sonst bei *zer-* selten zu beobachten ist.

2. Durch Ableitung aus Substantiven und Adjektiven entstehen *zer-*Bildungen wie *etw. zer-trümmer-n* und *jmdn./etw. zer-mürbe-n.* Die kleine Gruppe dieser transitiven Verben hat die resultative Bedeutung ‚auseinander, entzwei‘ *(etw. zer-stäub-en, zer-stück-eln, zer-kleiner-n* usw.).

Wenig oder nicht produktive Präfixe:

miß-

780   tritt ohne Änderung der Valenz vor transitive Verben wie *etw. brauchen, deuten* und verleiht ihnen die negative Bewertung ‚falsch, verfehlt‘; ferner als Ausdruck der Negation vor transitive Verben wie *etw. achten, billigen* und vor intransitive Verben mit Dativobjekt wie *glücken, gefallen* (hier fällt das *ge-*Präfix aus: *mißfallen*).

fehl-

tritt wie *miß-* nur vor wenigen Verben auf und steht dann gleichfalls für ‚verfehlt, daneben‘ *(fehlgreifen, fehlschießen, fehlschlagen).*

re-

kommt nur in einzelnen transitiven Fremdwörtern wie *etwas rekonstruieren, reproduzieren, remilitarisieren, reokkupieren* vor. Es drückt eine Wiederholung oder Erneuerung (vgl. lat. *re-* ‚zurück‘) aus und berührt sich darin mit *wieder-*.

de-

steht als Ausdruck des Entfernens oder Wegnehmens bei einzelnen transitiven fremdwörtlichen Verben wie *jmdn. demaskieren* (vgl. *entlarven*), *delogieren, etw. dechiffrieren* (vgl. *entschlüsseln*), *dezentralisieren;* es trifft sich in dieser Funktion mit *ent-*.

in-

steht als kombiniertes Präfix mit primär räumlicher Bedeutung in transitiven Verben wie *jmdn. inhaftieren, etw. inszenieren* (vgl. 813).

ge-

ist nicht mehr produktiv. Die wenigen Verben, deren Motivation noch erkennbar ist, unterscheiden sich durch einzelne semantische oder stilistische Merkmale (vgl. 773):

> jmdn. leiten – jmdn. geleiten, etw. brauchen – etw. gebrauchen, jmdn. mahnen – (jmdn.) an etw. gemahnen, an jmdn. denken – jmds. gedenken, rinnen – gerinnen.

Zum Teil ist das Grundwort ganz verlorengegangen (vgl. *gewinnen, gebären*).

Die Halbpräfixe

Sie gehören dem Übergangsbereich zwischen Präfixbildung und Wortkomposi-   781
tion an. Für A. Šimešková repräsentieren diese trennbaren Verben den „Prototyp
der komplexen verbalen Einheit im Deutschen",[1] die besonders oft durch Polysemie mit einer dominanten ‚räumlichen Bedeutung und Reihenbildungspotenz'
bestimmt sind. Der Bedeutungsunterschied trennt die Halbpräfixe von Kompositionsgliedern, und sie bilden wie die Präfixe mit den Verben zusammen ein einziges Satzglied (das Prädikat). Sie können auch den Ablauf eines Vorgangs oder
einer Handlung ganz analog modifizieren:

> ab-, auf-, aus-, durch-, ein-, um-, zusteigen (neben be-, ent-, er-, sich versteigen usw.).

aus-, auf- usw. werden hier nicht mehr ganz mit der gleichen Bedeutung wie die
gleichlautenden Partikeln gebraucht. (Zum systemhaften Zusammenspiel der
Präfixe und Halbpräfixe vgl. die Übersicht unter 767.)
Zu den semantischen Parallelen gesellen sich syntaktische: Die Valenz der Verben kann nach dem Zusatz der Halbpräfixe gleichbleiben oder ähnlich verändert
werden wie beim Zusatz von Präfixen. Zu dem Verb *jmdn. etw. sagen* z. B. gibt es
einerseits die gleichwertigen Bildungen *jmdm. etw. versagen, einsagen, nachsagen,
vorsagen, zusagen,* andererseits die ungleichwertigen Verben *etw. besagen, auf-
sagen, aussagen, durchsagen* mit Akkusativ der Sache, *einer Sache entsagen* mit
Dativobjekt und reflexives *sich lossagen von etw.* usw. mit Präpositionalobjekt.
Auch von der Wortableitung her sind viele Halbpräfixe den Präfixen gleichwertig.
Sie werden nicht nur als modifizierende Elemente vor Verben gesetzt, sondern in
ähnlicher Weise zur kombinierten Ableitung hinzugezogen, bei Adjektiven z. B.
in *jmdn. auf-heiter-n* (neben *jmdn. er-heiter-n*) und *etw. über-fremd-en* (neben *etw.
ver-fremd-en*).
Von den Präfixen unterscheiden sich die Halbpräfixe nicht nur dadurch, daß sie   782
auch selbständig vorkommen,[2] sondern außerdem durch die sog. Tmesis: In finiter Verwendung stehen die meisten vom Verb getrennt (vgl. *jmdn. anfahren – sie
fährt ihn an*).[3] Dabei folgt ihre Stellung den Regularitäten des Rahmenbaus mit

---

[1]   A. Šimešková: Untersuchungen zum ‚trennbaren' Verb im Deutschen I. Prag 1994, S. 26, 106
      u. ö.
[2]   Manchmal können sie bei Aussparung des Verbs auch allein, als Restformen, stehen *(Das Fen-
      ster ist zu/auf[-gemacht]. Das Licht ist an/aus[-geschaltet]).*
[3]   Bei einigen mit *an-* verbundenen Verben, die ihrerseits bereits präfigiert sind, kommt es – be-
      sonders in prägnanter Ausdrucksweise – vor, daß das Halbpräfix in den finiten Formen nicht
      durch Nachstellung vom Verb getrennt wird: *Wir anberaumen einen neuen Termin. Sie anemp-
      fahl ihm, einen Arzt aufzusuchen. Die Indios ... anerkannten Herbert sofort als ihren nächsten
      Herrn* (Frisch). *Er anerkannte damit ihr Vorhaben* (Musil). *Sie anvertraute ihm ihr Geheimnis; –*
      statt üblicherweise: *Wir beraumen einen neuen Termin an* usw. In einzelnen (literarischen) Tex-
      ten mit rhythmisch beeinflußter Wortstellung werden auch andere Verben mit unfesten Zusät-
      zen nach dem Muster der festen konstruiert, ohne daß sich die Bedeutung ändert: *... Die
      Stimme überschnappte* (H. Kurz).

Satzklammer und Ausklammerung (z. B. *Er fuhr ihn am Samstag auf der Bundesstraße 17 bei einer Kreuzung an;* vgl. 1351, 1354).

Nach diesen Merkmalen gliedern sich die Halbpräfixe in folgende Untergruppen:
1. Trennbare, vielgebrauchte Halbpräfixe mit hoher Produktivität, mehreren Bedeutungen und reihenhaft ausgeprägter Verbableitung (vgl. 783 ff.).
2. Ambivalente Halbpräfixe mit den unter 1 genannten Merkmalen, die auch als feste, unabtrennbare Verbbestandteile gebraucht werden (vgl. 788 ff.).
3. Verbzusätze (mit meist räumlicher Bedeutung), die nur einige Merkmale von Halbpräfixen aufweisen (vgl. 795 ff.).

Von ihnen heben sich die Zusammensetzungen mit selbständigen Wörtern ab, insbesondere die mit Partikeln wie *empor, hinauf, fort* usw., ansatzweise auch die mit Substantiven, Adjektiven und Verben, deren Bedeutung im wesentlichen aus der ihrer Bestandteile zusammengesetzt ist (vgl. 757 ff.).[1] Sie tragen auch nicht zur kombinierten Ableitung von Verben aus Nomen bei.

Die wichtigsten trennbaren, betonten Halbpräfixe

Die meistgenutzten Halbpräfixe sind – in der Reihenfolge ihrer Häufigkeit – *ab-, an-, auf-, aus-* und *ein-*. Die Zahl ihrer Bildungen ist größer als die des zweitwichtigsten Präfixes *be-*. Sie wird nur von *ver-* übertroffen.

ab-

783 Als Halbpräfix hat *ab-* meistens räumliche Bedeutung, gibt die Bewegung ‚von etwas weg, fort' an *(abfliegen, abreisen; abfahren, jmdn. abführen);* es steht oft in genauem Gegensatz zu *an-* *(anfliegen, anreisen).* Ferner drückt *ab-* die Loslösung, Trennung, Entfernung, Beseitigung aus *(abbröckeln; abfaulen; etw. abreißen, abschlagen; etw. abbürsten, abwischen),* außerdem die Handlung, durch die etw. unterbrochen, außer Betrieb gesetzt wird *(etw. abdrehen, abschalten).*
Als Gegenstück zu *auf-* kann *ab-* bei Bewegungsverben die Richtung ‚abwärts' kennzeichnen *(abspringen, absteigen);* damit ist zum Teil eine Verringerung der Valenz verbunden *(Sie springt aus dem Flugzeug. – Sie springt ab).*
Andere Verben mit *ab-* bezeichnen die Nachahmung eines Vorbildes *(etw. abschreiben, abmalen).* Weiter kann *ab-* – ähnlich wie *ent-* – auch eine aufhebende Wirkung, ein Rückgängigmachen ausdrücken *(etw. bestellen – etw. abbestellen, jmdn. berufen – jmdn. abberufen).*
In zahlreichen Verben kennzeichnet das Halbpräfix dagegen mehr die Aktionsart, und zwar die perfektive *(abheilen* ‚vollständig heilen', *etw. abbüßen* ‚etw. ganz und gar büßen' usw.), zum Teil in Konkurrenz mit *ver-* *(verheilen, etw. verbüßen);* bei einigen Verben drückt *ab-* ‚zum letzten Mal in einer Saison' aus *(abrudern, absegeln).* Bei der Transitivierung intransitiver Verben liegt der Akzent daneben auch auf der Durchführungsart, wenn sie ein Tun bezeichnen *(jmdm. etw. abtrotzen* ‚durch Trotzen erreichen'; *jmdm. etw. ablauschen* ‚durch Lauschen erfahren').
Demgegenüber dient das Halbpräfix bei einer ganzen Reihe von Verben nur der Verdeutlichung oder Intensivierung des Verbinhalts *(jmdn. abfrottieren; etw. abisolieren, jmdn. absichern).*
Als Ableitungsmittel trägt *ab-* vor allem zur Bildung privativer Verben aus Substantiven bei *(etw. ab-sahne-n, ab-kette-n;* vgl. 811). Daneben werden aus Adjekti-

---

[1] Für eine Gesamtdarstellung, die systematisch die Inhaltsseite der Sprache einbezieht, ist dieses semantische Kriterium (‚was bedeutet das Element?') von entscheidender Bedeutung.

ven einzelne Verben der Zustandsveränderung gebildet: *ab-mager-n, ab-flau-en* (vgl. 815); *etw. ab-schräg-en* (vgl. 816).

aus-

In Verbindung mit Verben kennzeichnet *aus-* meistens die Richtung nach außen, gibt die Bewegung aus einem Bereich heraus, die Hinausbeförderung, das Herausholen, das Entfernen an *(aussteigen; ausschlüpfen; ausladen; ausschütteln; ausgraben; ausschrauben).* Es steht dann oft im Gegensatz zu *ein-* (*einreisen, etw. einschrauben).* Mit der Präfigierung ist teilweise eine Verringerung der Valenz verbunden (vgl. *aus einem Land reisen – ausreisen, eine Birne aus der Fassung schrauben – eine Birne ausschrauben).*   784

Bei einer Reihe von Verben gibt *aus-* auch die Beseitigung, Tilgung an *(etw. ausstreichen, ausradieren),* ferner die Außerbetriebsetzung *(etw. ausknipsen, ausschalten).* Außerdem kann *aus-* eine Aktionsart kennzeichnen, und zwar (perfektiv) die vollständige Durchführung, den Abschluß einer Handlung, das Ende eines Vorgangs *(etw. ausdiskutieren, auslesen; ausklingen, ausglühen),* zum Teil in Konkurrenz mit *ver-* (*verklingen, verglühen).*

Bei einigen ornativen Verben gibt *aus-* an, daß etwas an den Innenseiten oder -flächen mit etwas versehen wird *(etw. ausschmücken, ausmalen, auszementieren).*

Zu manchen Substantiven werden entsprechende Ableitungen mit privativer *(den Fisch aus-gräte-n, Obst aus-stein-en, den Stall aus-mist-en;* vgl. 811), vereinzelt auch mit ornativer Bedeutung *(etw. aus-flagge-n, eine Ware aus-preis-en;* vgl. 810) gebildet; und zu Adjektiven entstehen auf diese Weise Verben mit faktitiver Bedeutung *(etw. aus-tief-en, jmdn. aus-nüchtern;* vgl. 816).

an-

In Verbindung mit intransitiven Verben der Bewegung kennzeichnet das Halbpräfix *an-* vor allem die Annäherung an ein Ziel *(anfliegen, ankommen)* im Gegensatz zu *ab-* (*abfliegen),* zum Teil mit der Zusatzbedeutung, daß ein Widerstand überwunden wird *(anreiten/anstürmen gegen jmdn.);* mit transitiven Verben die Hinwendung zu jemandem *(sich anpirschen; jmdn. antippen; jmdn. anblicken; jmdn. anhusten, anlachen).* Ferner gibt *an-* den Kontakt, die Verbindung von zwei Größen an *(sich anschmiegen; etw. annähen, anbinden)* im Gegensatz zum Lösen *(etw. ab-, losbinden).* Wie *ein-* gibt auch *an-* die Inbetriebnahme an *(etw. andrehen, anknipsen, anschalten).* In einer Reihe von Verben drückt es die Zunahme aus *(ansteigen, anschwellen).* Bei vielen Bildungen ändert oder verringert sich die Valenz *(an etw. drehen – etw. andrehen; den Henkel an den Topf löten – den Henkel anlöten).*   785

Als Mittel zur Kennzeichnung von Aktionsarten signalisiert *an-* den Beginn eines Vorgangs bzw. einer Tätigkeit in (inchoativen) Bildungen *(anbrennen, anschimmeln; [Fleisch] anbraten, [ein Spiel] anpfeifen);* bei einigen Verben drückt *an-* ‚zum ersten Mal in einer Saison‘ aus *(anrudern, ansegeln).* Die Fortdauer eines Zustands gibt *an-* dagegen nur in einzelnen (ansatzweise lexikalisierten) Bildungen wie *andauern, anstehen* an.

Zur Ableitung aus Substantiven trägt *an-* mit lokativen und instrumentativen Bildungen (vgl. 812 f.; *jmdn. an-seil-en, [den Hund] an-leine-n; etw. an-nadel-n),* bei,[1] zur Ableitung aus Adjektiven mit einigen transitiven Bewirkungsverben *(etw. anrauh-en, an-fertig-en;* vgl. 816).

---

[1] Gegen ihre Deutung als Komposita aus *seilen, leinen* usw. *+ an-* (M. Thurmair; 1994; mündl.) spricht, daß diese Wörter nicht belegt sind.

ein-

786 In Verbindung mit Verben gibt das Halbpräfix *ein-*, das ursprünglich auf eine betonte, so gedehnte Form von *in* zurückgeht und das ganz von *ein* isoliert ist, vor allem die Richtung nach innen, die Bewegung oder Beförderung in etwas hinein an *(einsteigen, einreisen; etw. einladen; etw. einschrauben; etw. einheften; etw. einfassen; einpacken)*, wobei sich die Valenz verringern kann (vgl. *Der Zug fährt in den Bahnhof. – Der Zug fährt ein. Das Wasser sickert in den Boden. – Das Wasser sickert ein).* Bei einer Reihe von Verben signalisiert *ein-* die Haltbarmachung *(etw. einlegen, einsalzen, einfrieren).* Vor transitiven Verben kennzeichnet *ein-* vor allem Handlungen, durch die etwas erfaßt wird *(etw. einnehmen)* oder in den eigenen Besitz übergeht *(sich etw. einhandeln, etw. einkassieren).* Manchmal gibt *ein-* die Gewöhnung an *(sich einleben, sich einarbeiten),* manchmal den Beginn einer Zerstörung *(etw. einschlagen, eintreten, einwerfen).*

Mit den richtungsbezogenen Bedeutungskomponenten von *ein-* verbindet sich in manchen Fällen eine Änderung („Modifikation") der Aktionsart. Dann signalisiert *ein-* insbesondere den Beginn eines Zustands *(einschlafen);* nur in Einzelfällen dagegen die Wiederholung *(auf jmdn. einschlagen).*

Daneben dient *ein-* in beträchtlichem Umfang zur Ableitung lokativer Verben (aus Substantiven: *etw. ein-keller-n, jmdn. ein-kerker-n),* die besagen, daß etwas oder jemand an den genannten Ort gebracht wird (vgl. 813).

auf-

787 Das Halbpräfix *auf-* stuft den Inhalt des Ausgangsverbs auf sehr unterschiedliche Weise ab. Es betont u. a. die aufsteigende Bewegungsrichtung *(aufsteigen, jmdm. aufhelfen; etw. aufbauen, aufwirbeln),* manchmal zusammen mit der Vorstellung des Ansammelns *(etw. aufstauen)* und der Volumenerweiterung *(etw. aufblasen).* Ferner kennzeichnet *auf-* das Zustandekommen oder Herstellen eines Kontaktes *(aufprallen; etw. aufkleben; etw. jmdm. aufdrängen),* zum Teil mit Verringerung der Valenz gegenüber dem Ausgangswort (vgl. *auf die Mauer prallen – aufprallen, etw. auf den Stoff kleben – etw. aufkleben).*

Bei einer Reihe von Verben drückt *auf-* ein Auseinandergehen oder Öffnen aus *(aufgehen, aufplatzen; etw. aufbeißen, aufbrechen; etw. aufscheuern; aufklappen; aufdrehen).*

Darüber hinaus kennzeichnet es alle wichtigen Aktionsarten: die inchoative des – einmaligen, plötzlichen – Beginns *(auflachen, aufflammen; aufblühen),* die resultative des Abschlusses *(etw. aufessen, aufbrauchen)* und die iterative der – meist einmaligen – Wiederholung *(etw. aufwärmen, aufbacken),* insbesondere mit dem Zusatzmerkmal, daß etwas (besonders nach einer Abnützung) erneut in einen guten Zustand gebracht wird (vgl. *etw. aufpolieren, aufpolstern* usw.).

Zur Verbableitung trägt *auf-* nur in geringem Maße bei: Aus Substantiven sind lokative Verben wie *jmdn. auf-bahre-n, etw. auf-tisch-en, jmdm. etw. auf-hals-en, auf-bürde-n* gebildet (vgl. 813), aus Adjektiven faktitive wie *jmdn. auf-heiter-n, auf-munter-n, etw. auf-frisch-en* (vgl. 816).

(Ambivalente) Halbpräfixe, die fest und unfest vorkommen

788 Einige Halbpräfixe – *durch-, um-, über-, unter-, wider-* und *hinter-* – kommen auch als feste, bei finiter Verwendung untrennbare Verbbestandteile vor, werden also wie Präfixe behandelt; die Betonung liegt dann auf dem Stammvokal:

etwas überárbeiten – ... überárbeitet das Handbuch; etwas überfáhren – ... überfáhrt die Haltelinie; widerfáhren – ... widerfáhrt Unheil; etwas unterságen – ... unterságt jeden Widerspruch usw.

Bei manchen Verben unterscheiden Akzent und Trennbarkeit zwei ganz verschiedene Inhalte:

etw. úmfahren – Sie fuhr den Pflock um. Etw. umfáhren – Sie umfúhr die Verkehrsinsel.

Die Vertreter dieser Gruppe im einzelnen:

durch-

In gut einem Drittel aller Fälle ist *durch-* unbetont und fest wie ein Präfix. Es gibt meistens die Bewegungsrichtung in etwas hinein und wieder hinaus, durch etwas hindurch an *(etw. durchschreiten, durchwándern; dúrchschlüpfen)*, oft speziell durch etwas Trennendes oder Umhüllendes *(dúrchsickern, dúrchregnen, dúrchfetten)*. Ferner drückt *durch-* ein Öffnen *(etw. dúrchbohren, dúrchstemmen, dúrchscheuern)* oder Trennen *(etw. dúrchfeilen, dúrchnagen, dúrchbrechen)* aus und signalisiert die Überwindung von Hindernissen oder Schwierigkeiten *(sich dúrchkämpfen, dúrchboxen; etw. dúrchbringen)*.
Neben der Angabe der Richtung hat *durch-* auch eine perfektive Komponente (‚bis zum Ziel, vollständig‘), die von den Aktionsarten, die das Halbpräfix kennzeichnen kann, überhaupt die dominierende ist (vgl. *etw. dúrchkneten, dúrchdiskutieren; dúrchrosten, dúrchfaulen)*. Bei manchen Verben verstärkt *durch-* die durative Komponente im Sinne von ‚die ganze Zeit, ohne Unterbrechung‘ *(dúrchtanzen, dúrcharbeiten, dúrchschlafen, dúrchzechen)*.

789

um-

Das Halbpräfix *um-* ist in der Hälfte aller Bildungen unbetont und fest. Feste wie unfeste Bildungen dienen vor allem dazu, die Richtung einer kreis- oder bogenförmigen Bewegung um etwas herum zu kennzeichnen *(etw. umkreisen, umfließen; etw. umgéhen, umschíffen)*, daran anknüpfend die Vorstellung ‚von allen Seiten‘ *(jmdn. umláuern, umschmeícheln, umstéllen)* und ‚nach allen Seiten‘: *sich úmblicken, sich úmsehen* (im Unterschied zu: *sich úmblicken nach jmdm./etw.; sich úmsehen nach jmdm./etw.).* Außerdem drückt *um-* die Bewegung in eine andere oder gar in die entgegengesetzte Richtung aus *(etw. úmknicken; etw. úmbiegen; úmdrehen, úmkehren)*, ferner das Wenden von innen nach außen *(etw. úmwenden, úmkrempeln)* oder von der Vertikalen in die Horizontale, die auf den Boden gerichtete Bewegung *(etw. úmhauen; úmfallen)*.
Bei einer Reihe von Verben gibt *um-* die Ortsveränderung an *(etw. úmfüllen, úmladen; úmsteigen, úmziehen)* und weiter die Veränderung eines Zustands, die Umwandlung, den Wechsel *(etw. úmbauen, úmfunktionieren; úmdenken, úmlernen)*.

790

über-

In drei Vierteln aller Fälle ist *über-* fest und unbetont wie ein Präfix. Es tritt fast nur zu transitiven Verben und kennzeichnet meistens die Bewegungsrichtung über etwas bzw. jemanden hin *(etw. überflíegen, überquéren, überríeseln; jmdn. überfáhren, überróllen)*, daran anknüpfend das Bedecken von etwas *(etw. übermálen, übertúnchen; überkrústen)*, ferner die Bewegung von einem Ort zum anderen *(etw. überfúhren; übersíedeln)*.

791

Bei einer Reihe von Verben gibt *über-* die Richtung nach oben, vor allem über eine Begrenzung hinaus an *(etw. überrágen)*, daran anknüpfend das Hinausgehen über jemanden oder etwas, das Übertreffen *(etw. überbíeten; jmdn. überstímmen, überschréien)*, besonders das Hinausgehen über ein angenommenes Maß im Sinne von ‚zu sehr' *(etw. überdéhnen; jmdn. überfórdern; sich überárbeiten)*. Vereinzelt wird *über-* auch zum Ausdruck der Negation *(etw. überhören, übeséhen)* gebraucht.

Im manchen Fällen modifiziert *über-* die Verbbedeutung im Sinne der Aktionsarten und signalisiert die (einmalige) Wiederholung *(etw. überprüfen, überárbeiten)* oder die Dauer über eine Zeitspanne hinweg *(etw. überdáuern; überlében)*.

Die Ableitungen mit *über-* gehen auch von Substantiven aus und folgen – zum Teil in Konkurrenz mit *be-* – dem instrumentativen Typ *(jmdn. über-trúmpf-en, überlíst-en – jmdn. durch einen Trumpf/eine List überwinden; vgl. 812)*.

unter-

792   In gut der Hälfte der fast nur transitiven oder reflexiven Verben ist *unter-* unbetont und fest. Meistens hat es räumliche Bedeutung und gibt wie die Präposition *unter* die Lokalisierung unterhalb von etwas anderem an, insbesondere die Richtung einer Bewegung *(etw. únterhaken, untermáuern, unterbáuen; etw. unterspúlen; etw. únterlegen; etw. únterpflügen, úntergraben; úntersinken)*, mit der Vorstellung des gewaltsamen Niederdrückens und Niederhaltens *(jmdn. úntertauchen, unterwérfen)*; in einigen Verben nimmt *unter-* auf die Lokalisierung unter einem Text, Schriftstück Bezug *(etw. unterschréiben, unterzéichnen)*. Manchmal kann *unter-* auch die Bedeutung ‚[da]zwischen' ausdrücken *(etw. úntermischen; etw. únterrühren)*.

In einer Reihe von Verben bezeichnet *unter-* ‚weniger' oder ‚zu wenig' *(etw. unterbieten, unterschätzen, únterbelichten)*, oft im Gegensatz zu den entsprechenden Bildungen mit *über-*.

Die wenigen kombinierten Ableitungen mit *unter-* gehen auf Substantive zurück, folgen dem ornativen Typ und sind untrennbar *(etw. unter-kéller-n, unter-túnnel-n; vgl. 810)*.

wider-

793   Das Halbpräfix *wider-* ist nicht mehr produktiv und auf eine kleine Gruppe von meistens trennbaren Verben beschränkt. Es gibt die Richtung ‚zurück' an *(wíderhallen, wíderklingen, etw. wíderspiegeln)*.

In einer kleinen Gruppe untrennbarer, schon lexikalisierter Bildungen drückt *wider-* ein Entgegenwirken aus *(jmdm. widerspréchen, etw. widerrúfen)*.

hinter-

794   Dieses Halbpräfix kommt nur in wenigen lexikalisierten Bildungen wie *jmdn. hintergéhen, etw. hintertréiben, hinterlégen* vor; außerdem in trennbaren Bildungen umgangssprachlich-landschaftlicher Art wie *etw. híntergießen, hínterschlingen* (‚hinunter') und *etw. hínterbringen, híntertragen* (‚nach hinten').

Verbzusätze zwischen Halbpräfix und Kompositionsglied

795   Verbzusätze, die schon einige (halb)präfixartige Züge haben, mit ihrer einheitlicheren, vorherrschend räumlichen Bedeutung aber den Zusammensetzungen (vgl. 760 ff.) noch näherstehen, sind *nach-, bei-, vor-, zu-, los-, wieder-, entgegen-, zurecht-*. Die produktivsten von ihnen sind *vor-, nach-* und *zu-*.

vor-

In Übereinstimmung mit der Präposition *vor* kennzeichnet der Verbzusatz *vor-* meistens räumliche Beziehungen, vor allem die Bewegung vor jemanden, vor etwas hin *(etw. vorhängen, vorlegen)*, nach vorn, vorwärts *(vorlaufen, vortreten; sich vorbeugen)* und aus oder zwischen etwas heraus *(vorgucken, vorquellen)*. Die Verbindung mit *vor-* hat zum Teil eine Veränderung der Kasusrektion zur Folge *(etw. vor jmdn. legen – jmdm. etw. vorlegen; etw. vor jmdn. halten – jmdm. etw. vorhalten)*. Bei einigen Verben verringert sich die Valenz des Verbs *(den Riegel vor das Tor schieben – den Riegel vorschieben)*, bei anderen erhöht sie sich. Das ist besonders bei den Bildungen der Fall, die kennzeichnen, daß jemand andere täuscht *(schwindeln – jmdm. etw. vorschwindeln; jmdm. etw. vorlügen, vormachen)*. Hier schließt eine Reihe von Verben mit zum Teil fakultativen Ergänzungen an, die zur Bezeichnung von vorbildhaften Tätigkeiten oder von einer Handlung in Prüfungssituationen dienen *([jmdm.] [etw.] vortanzen, vorsingen, vorspielen)*. In einer kleineren Gruppe von Verben hat *vor-* temporale Bedeutung, kennzeichnet eine Handlung, die der eigentlichen vorangeht *(etw. vorformen, vorkochen, vorheizen)*, drückt aus, daß eine künftige Handlung vorweggenommen wird *(etw. vorarbeiten, vorbestellen)*, und bezeichnet schließlich die Vorverlagerung einer Handlung *(etw. vordatieren, vorziehen)*. *Vor-* steht dann, soweit die Bedeutung des Grundwortes eine Gegenbildung zuläßt, im Gegensatz zu Verben mit *nach-* *(etw. nachbestellen, nachdatieren;* vgl. 797).

796

nach-

Als Verbzusatz gibt *nach-* vor allem die Tätigkeit oder Bewegung an, die einem sich fortbewegenden, meist im Dativ genannten Ziel folgt *(jmdm. nacheilen, nachspringen, nachblicken)*, manchmal in Verbindung mit einem zusätzlichen Akkusativobjekt *(jmdm. etw. nachwerfen, nachbrüllen)*. Ferner kennzeichnet es (intensivierend), daß eine Tätigkeit zielgerichtet ist *(nachgraben, nachspionieren, nachgrübeln)*. In einer Reihe von Verben gibt *nach-* die Wiederholung ('noch einmal') oder die Fortdauer eines schon einmal abgeschlossenen Vorgangs an *(etw. nachbestellen; etw. nachgießen; nachbluten, nachklingen)*, zum Teil ist das 'Noch einmal' mit der Vorstellung des Überprüfens *(etw. nachmessen, nachzählen)* oder der Vorstellung des Verbesserns *(etw. nachfeilen, nachbohren)* verbunden, außerdem mit der, daß eine vorbildhafte Tätigkeit *(etw. nachsprechen, nachbauen)* nachgeahmt wird.

797

zu-

Der betonte, trennbare Verbzusatz *zu-* gibt die Bewegung in Richtung auf ein Ziel an, das durch eine mit der Präposition *auf-* angeschlossene Ergänzung genannt wird *(auf jmdn./etw. zueilen, zufahren)*, manchmal aber auch, wo diese fehlt *(zuwandern, zureisen)*. Andere bezeichnen den Zugriff auf eine Sache *(zufassen, zupacken)*. Wenn mit *zu-* eine Dativierung des Grundverbs verbunden ist, gibt es die Hinwendung zu jemandem an *(jmdm. zunicken, zublinzeln)*, zum Teil mit Betonung der Dauer *(jmdm. zusehen, zuhören);* wenn darüber hinaus ein Akkusativobjekt genannt wird, geht es vor allem um die Absicht, jemandem etwas zukommen zu lassen *(jmdm. etw. zuflüstern, zuspielen, zuteilen)*. In einer Reihe von Verben drückt *zu-* ein Hinzufügen, einen Zusatz aus *(etw. zukaufen, zuzahlen)*. Gleichfalls reihenhaft gibt der Verbzusatz ein Schließen, Verschließen an *(etw. zudrehen, zubinden)* – oft im Gegensatz zu *auf-* (vgl. 787), fer-

798

ner das Ausfüllen einer Öffnung *(etw. zuschütten, zubauen)* und ein vollständiges Bedecken *(zudecken, zuschmieren)*. In einigen Verben wird mit *zu-* auch signalisiert, daß etwas eine vorgesehene Form erhält *(etw. zuschneiden, zufeilen)*.

bei-, mit-

799 Als betonter, trennbarer Verbzusatz ist *bei-* kaum produktiv. Es drückt vor allem ein Hinzufügen aus *(etw. beimengen, beilegen, beifügen)*. Das vergleichbare, ebenfalls aus einer Präposition entstandene Halbpräfix *mit-* dagegen ist recht produktiv, besonders in der Verbindung mit intransitiven Bewegungsverben *(mitgehen, -kommen, -reisen, -fahren)* ebenso wie mit transitiven Ausdrücken für ein Tun *(etw. mitbestimmen, mitbringen, mitnehmen, mitschreiben)*.

wieder-

800 Mit Ausnahme des lexikalisierten Verbs *etw. wiederholen* wird *wieder-* immer als trennbarer Verbzusatz gebraucht. Es ist auch stets betont, es sei denn, es wird mit einem Verb wie *aufnehmen* verbunden, das schon mit einem betonten Halbpräfix verknüpft ist *(wiederáufnehmen, wiedereinführen)*. Der Verbzusatz drückt aus, daß etwas nach einer Unterbrechung noch einmal vor sich geht *(etw. wiedereröffnen, wiederherstellen)*. Bei manchen Bildungen steht die Bedeutung der Rückgewinnung im Vordergrund *(etw. wiederfinden, wiedererlangen, wiederbeleben)*, bei anderen die des Erwiderns *(jmdn. wiedergrüßen, wiederlieben)*. Die Valenz des Grundverbs ändert sich durch den Zusatz von *wieder-* gewöhnlich nicht.

los-

801 Als Verbzusatz steht *los-* zum Teil in Konkurrenz mit *ab-* und im Gegensatz zu *an-* (vgl. *etw. anbinden – etw. ab-/losbinden; etw. ankuppeln – etw. ab-/loskuppeln*). In diesen Bildungen (vgl. ferner *etw. loskoppeln, losschrauben* usw.) gibt *los-* ein Ablösen an, in Bildungen wie *jmdn. loskaufen, losbitten* ein Auslösen. Daran schließt die Bedeutung der räumlichen Bewegung („weg') auf ein unbestimmtes Ziel hin an *(losfahren, loslaufen)*. In den meisten Fällen kennzeichnet *los-* aber die (inchoative) Aktionsart und gibt den (plötzlichen) Beginn einer Tätigkeit an *(loslachen, loskichern, losschimpfen)*.

entgegen-

802 Der Verbzusatz *entgegen-* kennzeichnet die Richtung auf jemanden/etwas zu. Die damit gebildeten Verben sind mindestens zweiwertig und fordern eine Dativergänzung *(jmdm. entgegenkommen, -fahren, -gehen* usw.)*.

zurecht-

803 In den Bildungen mit *zurecht-* hat der Verbzusatz nicht mehr die Bedeutung ‚zu Recht', sondern ‚richtig' in bezug auf eine bestimmte Form, Zusammensetzung oder Lage *(etw. zurechtbiegen, -schneiden; etw. zurechtkneten, -rühren; etw. zurechtlegen, -rücken)*.

2.3 Die Verbableitung

804 Die Verbableitung basiert weitgehend auf Substantiven. Auf Adjektive geht nur etwa ein Fünftel zurück, auf Verben weniger als 2 %. Dabei werden die einfachen

Ableitungen (z. B. *pilger-n*) durch zahlreiche kombinierte Ableitungen mit Präfixen (z. B. *jmdn. be-vormund-en*) etwa im Verhältnis 4 : 3 ergänzt. Meistens sind es
nominale Simplizia, bei der Ableitung aus Substantiven häufiger auch Zusammensetzungen und Ableitungen, von denen die Verbneubildung ausgeht, und
zwar in erster Linie Personen- und Abstraktbegriffe (vgl. *schriftsteller-n, handlan-
ger-n; jmdn. schulmeister-n, langweile-n; wehklage-n*). Daß es sich in diesen Fällen
um Ableitungen und nicht etwa um Komposita handelt, erkennt man daran, daß
die Bildungen nicht so zerlegbar und nur durch die Substantivzusammensetzung
motiviert sind.
Zur Ableitung wird meistens die einfachste Möglichkeit der Verbbildung mit *-(en)*
genutzt. Ansatzweise kommen die Suffixe *-ig(en)* und *-(e)l(n)*, bei Verben fremd-
sprachiger Herkunft *-ier(en)* (bzw. die Suffixerweiterung *-isier[en]*) hinzu. Durch
sie werden syntaktische Fügungen aus Verben und nominalen Satzgliedern (Satzgliedteilen) zu neuen Wörtern verdichtet (vgl. *Blitze zucken – blitzen*).[1] Nach solchen Fügungen richtet sich auch die Gliederung dieses Abschnitts: Die Verbableitungen werden in entsprechende Satzstrukturen umgeformt, wofür vor allem
das nominale Glied (Ausgangswort) wichtig ist, das als Basis(wort) dient (z. B. für
blitzen: das Subjekt *Blitze* aus der entsprechenden syntaktischen Fügung *Blitze
zucken*). So sind die (semantischen) Muster der Verbableitung zu gewinnen, die
den direkten Vergleich mit anderen Sprachen erlauben. Bei den Verben aus Adjektiven z. B. zeigt sich die Parallelität von Form und Inhalt bei Faktitiva (vgl.
816) zwischen dt. *etw. schwärzen, bräunen* usw. und engl. *to black* (bzw. *swart*), *to
brown* usw., bei den Ingressiva (vgl. 815) zwischen dt. *grünen, (sich) röten* usw.
und engl. *to green, to red* usw.

2.3.1 Verben aus Substantiven (desubstantivischer Typ)

Die semantischen Muster:

Ereignisverben

Die Ereignisverben, die den Eintritt von Witterungserscheinungen, vereinzelt   805
auch Tages- und Jahreszeiten bezeichnen, werden in der Regel durch einfache
Ableitung mit *-(en)* gebildet. In entsprechenden Sätzen steht das Basiswort dieser
formal ein-, inhaltlich nullwertigen Verben als Subjekt:

> Hagel fällt. – Es hagelt.
> blitz-en, donner-n; regn-en, stürm-en, tau-en; herbst-en, tag-en, weihnacht-en.

Vergleichsverben

Den folgenden Bildungen entsprechen Konstruktionen, in denen das Ausgangs-   806
substantiv als subjektbezogenes Vergleichsglied (mit *als, wie* angeschlossen) dient:

> Er ist als Kellner tätig. – Er kellnert.

---

1   Dieser Sachverhalt wird verschieden beschrieben, und zwar (a) von der Grammatik der Satzglieder her: *Er löffelt die Suppe* = *Er* (Subj.) – *ißt* (Präd.) – *die Suppe* (Obj.) – *mit dem Löffel*
(Adv.); (b) von der satzsemantischen Rolle der Satzglieder her: = *Er* (Agens) – *ißt* (Prädikat) –
die Suppe (affiziertes Objekt) – *mit dem Löffel* (Instrument); (c) von ihrer logischen Beziehung
her in dem Sinne, daß ein „Argument" *(mit dem Löffel)* der „dreistelligen Prädikation" durch
Ableitung integriert („inkorporiert") wird.

1. Verben des verglichenen Tuns, des Nachahmens und der Nebentätigkeit entstehen vor allem aus Substantiven, die eine Person ihrer Herkunft *(berliner-n)*, ihrem Beruf *(gärtner-n)*, einer Rolle oder Handlungsweise *(strolch-en)* oder dem Namen nach *(moser-n)* bezeichnen. Sie sind überwiegend durch einfache Ableitung mit *-(en)*, vereinzelt auch mit dem Suffix *-ier(en)* bzw. *-isier(en)* gebildet:

> „Er war ein Arzt, aber er arztete wohl nur in seinen Mußestunden" (Tucholsky); bildhauer-n, diener-n usw.; *spion-ieren, jmdn. tyrann-isieren, etw. lektor-ieren.*

Entsprechende transitive Verben werden dagegen überwiegend durch eine kombinierte Ableitung mit dem Präfix *be-*, vereinzelt auch mit *ver-* gewonnen:

> jmdn. be-vormund-en, be-mutter-n, be-spitzel-n, ver-arzt-en (= sich als Vormund/ Mutter/Spitzel/Arzt betätigen).

2. Die kleine Gruppe der Nachahmungsverben aus Tierbezeichnungen wird durch einfache Ableitung mit *-(en)* gebildet:

> Er lernt, arbeitet wie ein Büffel. – Er büffelt.
> Zum Teil mit Valenzerweiterung: hecht-en (in/über etw.), luchs-en (nach etw.), robbe-n (durch etw.), krebs-en (über etw.).

3. Verben, die eine Bewegung durch einen Vergleich mit Sachbezeichnungen charakterisieren, werden ebenfalls nur durch Ableitung mit *-(en)* gebildet:

> Die Räder bewegen sich wie Eier. – Die Räder eiern.
> feder-n, schaukel-n, perle-n, woge-n.

Übergangsverben

807 Dem Basiswort dieser Verben liegt in den entprechenden syntaktischen Konstruktionen ein nominales Satzglied zugrunde, das den Übergang der als Subjekt genannten Größe in einen anderen Zustand bezeichnet. Sie werden einfach durch *-(en)*, vereinzelt mit *-ier(en)*, häufiger aber kombiniert mit dem Präfix *ver-* gebildet:

> Das Glas zerfällt in Splitter. – Das Glas splittert.
> krümel-n, bröckel-n, moder-n, (sich) kristall-isieren, ver-stepp-en, ver-sumpf-en, ver-holz-en; (mit Personenbezeichnungen) ver-bauer-n, ver-trottel-n.

Effizierende Verben

808 Die Bildung von effizierenden Verben geht von Substantiven aus, die in den Entsprechungssätzen als effizierte Objekte[1] erscheinen.

1. Die Ableitung transitiver effizierender Verben erfolgt durch *-(en)* und *-(is)ier(en)*, häufiger aber durch kombinierte Ableitung mit *ver-* und *zer-*

> Er windet die Kleider zum Bündel. – Er bündelt die Kleider.
> etw. falte-n, glieder-n, runzel-n, zer-trümmer-n.

Die Ableitung geht u. a. von Teilbezeichnungen *(etw. drittel-n, achtel-n)* und von Substantiven aus, die etwas von der Gestalt her charakterisieren *(etw. ball-en, bündel-n, häufen, ver-schrott-en)*, aber – besonders mit *-isier(en)* – auch von Bezeichnungen für abstraktere Vorstellungen *(etw. bagatell-isieren, tabu-isieren, ideal-isieren)*. Entsprechende Ableitungen aus Personenbezeichnungen sind selten *(jmdn. narr-en, knecht-en, hero-isieren, ver-sklave-n)*.

---

[1] Objekte, die das Resultat eines Geschehens, einer Tätigkeit oder Handlung bezeichnen.

Anschließen lassen sich hier Bildungen ähnlicher Art wie *jmdn. porträt-ieren, parodie-ren (= ein Porträt von jmdm. machen/eine Parodie auf jmdn. machen).*

2. Intransitiven effizierenden Verben entsprechen Sätze mit einem (Akkusativ)objekt, das ein Produkt oder etw. Herzustellendes bezeichnet:
a) Intransitiva mit einer Personenbezeichnung als Subjekt:

> Sie stellen Most her. – Sie mosten.
> butter-n, wurst-en, film-en, text-en, leitartikel-n.

b) Intransitiva mit einer Tierbezeichnung als Subjekt:

> Die Sau ferkel-t; fohlen, lamm-en.

c) Intransitiva mit einer Pflanzen- oder Sachbezeichnung als Subjekt:

> Die Pflanze bringt Keime/Knospen hervor. – Die Pflanze keimt/knospt.
> faser-n, schimmel-n, dampf-en, qualm-en, ruß-en.

Die Bildung mit der einfachen Verbalisierungsendung *-(en)* wird in einigen Fällen durch eine kombinierte Ableitung mit dem Präfix *ver-* ergänzt. Dann tritt aber ein (terminales) Zusatzmerkmal hinzu, das besagt, daß der bezeichnete Vorgang vollständig zu Ende geht *(ver-knorpel-n, ver-harsch-en).*

Abstraktionsverben

Für die hier zu nennende große Gruppe von Verben gilt, daß sie Konstruktionen mit einem abstrakten Akkusativ- oder Präpositionalobjekt als Ausgangswort entsprechen, wodurch das „innere Objekt" des beteiligten Verbs genannt wird (wobei keineswegs immer das Verb aus dem Abstraktum abgeleitet sein muß; auch das Umgekehrte ist möglich). Es handelt sich im wesentlichen um Intransitiva:

1. Intransitive Zustandsbezeichnungen (umformbar in Konstruktionen mit *sein, bleiben, haben* + Abstraktum):

> Er hat Angst vor der Zukunft. – Er ängstigt sich vor der Zukunft.
> trauer-n (um), zweifel-n (an), träum-en (von), hader-n (mit); sich fürcht-en (vor).

Bildungen mit *-ig(en)* wie *sich ängst-igen* sind selten, ebenso diejenigen auf *-ier(en) (sich interess-ieren für).*

2. Intransitive Vorgangs- und Handlungsbezeichnungen (umformbar in Konstruktionen mit *machen, tun, begehen* + Abstraktum):

> Sie begeht einen Frevel gegen das Gesetz. – Sie frevelt gegen das Gesetz.
> fluch-en (über), rast-en (in, bei...), scherz-en (mit), wallfahrt-en (nach); (mit-[is]ier[en]): protest-ieren (gegen), patrouill-ieren (in, bei...) usw.

Kombinierte Ableitungen mit Präfixen finden sich in dieser Gruppe nicht.

Ornative Verben

Die größte Gruppe der Ableitungen aus Substantiven folgt dem ornativen Typ *(etw. polster-n).* Alle diese Bildungen bezeichnen Handlungen, an denen drei (substantivische) Größen beteiligt sind. Sie drücken entweder aus, daß eine Sache (= Akkusativobjekt) von einem (an der Subjektstelle) Genannten mit etwas (= Ausgangssubstantiv) versehen, ausgestattet wird oder daß man einer Person etwas gibt, zufügt. Anders ausgedrückt: Das Substantiv, das in einem Satz *X versieht Y mit Z* die Stelle von *Z* einnimmt, tritt in der Verbableitung an die Stelle der

Basis, wodurch das dreiwertige transitive Ausgangsverb durch ein zweiwertiges transitives ausgetauscht wird.

1. Eine erste Gruppe besteht aus Verben, die angeben, daß die als Objekt genannte Sache mit etwas versehen, ausgerüstet, ausgestattet wird. Sie entstehen einmal durch Verbindung von Substantiven mit *-(en)* und *-ier(en),* zu einem weit größeren Teil aber durch kombinierte Ableitung mit den Präfixen *be-* und *ver-:*

> Sie versehen die Wand mit Fliesen/Kacheln/Tünche. – Sie fliesen/kacheln/tünchen die Wand.
> etw. emaill-ieren, bronz-ieren; ver-zink-en, ver-gold-en, ver-chrom-en, ver-kupfer-n, ver-gitter-n, ver-glas-en; be-dach-en, be-fleck-en, be-schrift-en, unter-keller-n.

In attributiven und prädikativen Konstruktionen mit dem 2. Partizip dieser Verben (z. B. *der gepolsterte Stuhl – der Stuhl ist gepolstert)* tritt hervor, daß Ausgangswort *(Polster)* und Bezugswort *(Stuhl)* das Teil und das Ganze nennen.

2. Eine zweite Gruppe setzt sich aus Bildungen zusammen, die ausdrücken, daß jemand einer (als Objekt genannten) Person etwas zufügt, zuwendet, gibt *(jmdn. lob-en, respekt-ieren, verdächt-igen).* Ihnen entsprechen besonders Fügungen mit Abstrakta im Akkusativ und dem Dativ der Person:

> Er versetzt ihm einen Schlag. – Er schlägt ihn.
> jmdn. stoß-en, schütz-en, quäl-en, schock-en, pein-igen, schäd-igen.

Kombinierte Ableitungen mit Präfixen zeigen ähnliche Entsprechungen:

> jmdn. be-sold-en, be-glück-en; jmdn. be-gnad-igen, be-nachricht-igen, be-nachteil-igen; jmdn. ver-unehre-n, ver-wunde-n.

Privative Verben

811 Das Gegenstück zu den ornativen Verben sind die privativen. Durch sie werden Handlungen mit drei substantivischen Größen wiedergegeben, wobei jemand (= Subjekt) von einer Sache (= Objekt) etwas (= Ausgangssubstantiv) wegnimmt, entfernt. Sie sind zweiwertig und transitiv:

> Sie zieht dem Hasen die Haut ab. – Sie häutet den Hasen.
> (einen Fisch) schuppe-n, (Kartoffeln) pelle-n usw.

Diese unproduktiv gewordene Bildungsweise wird heute ganz durch die kombinierte Ableitung mit dem Präfix *ent-* oder den Halbpräfixen *ab-, aus-* verdrängt:

> etw. ent-rahm-en, ent-kalk-en, ent-kern-en, ent-stein-en; etw. aus-stein-en, auskern-en, aus-mist-en; etw. ab-sahne-n, ab-stiel-en, ab-blätter-n.

Kombinierte Ableitungen mit anderen Präfixen bleiben die Ausnahme *(jmdn. de-mask-ieren, des-illusion-ieren).*

Instrumentative Verben

812 Die neben den Ornativa zweite große Gruppe der Verbableitungen aus Substantiven bilden die instrumentativen Verben. Sie geben ebenfalls Handlungen mit drei substantivischen Größen wieder. Bezeichnet wird, daß jemand (= Subjekt) etwas (= Objekt) mit einem im Ausgangssubstantiv genannten Gegenstand, meistens einem Gerät, tut, es zur Ausführung einer Handlung verwendet. Die dabei entstehenden transitiven Verben entsprechen Sätzen mit einem Akkusativobjekt und einem adverbialen Gefüge:

Er läßt Tee durch einen Filter laufen. – Er filtert/filtriert den Tee.
Sie wirft den Stein mit einer Schleuder. – Sie schleudert den Stein.

Verben dieser Art werden meistens mit *-(en)* gebildet, manchmal auch mit *-ier(en)* *(etw. filtr-ieren, zentrifug-ieren, harpun-ieren).*
Zu etwa einem Viertel sind auch kombinierte Ableitungen mit einem Präfix *(be-, ver-)* oder Halbpräfix *(an-, auf-)* beteiligt:

etw. be-urkunde-n; etw. ver-brief-en, ver-gift-en; jmdn. ab-seil-en; etw. an-nadel-n;
etw. auf-schlüssel-n; jmdn. über-list-en.

Anschließen kann man hier die kleine Gruppe der intransitiven Verben, die eine Beschäftigung mit einem im Basissubstantiv genannten Instrument, Gerät bezeichnen:

Sie spielt [auf der] Geige. – Sie geigt.
flöte-n, trommel-n usw.; gondel-n, ruder-n, kutsch-ieren.

Lokative Verben

Die Ableitung lokativer Verben aus Substantiven entspricht syntaktisch der Bildung der instrumentativen Verben (vgl. 812). Ihrer Basis liegt in der entsprechenden syntaktischen Konstruktion als Ausgangswort eine orts- oder richtungsbezogene Angabe zugrunde.
Es ist nur eine kleine Gruppe, die mit *-(en)* oder mit *-ier(en)* gebildet wird:

813

Sie nimmt etw. auf die Schulter. – Sie schultert etw.
etw. speicher-n; jmdn. kasern-ieren, kanon-isieren.

Die weitaus meisten lokativen Verben werden durch kombinierte Ableitung mit Hilfe von Halbpräfixen hauptsächlich räumlicher Bedeutung gewonnen, einzelne auch mit Präfixen:

etw. ein-keller-n, jmdn. ein-kerker-n; etw. auf-tisch-en, jmdn. auf-bahr-en; etw. an-leine-n, jmdn. an-seil-en; jmdn. ver-haft-en, in-haft-ieren, be-seit-igen, be-erd-igen.

Vergleichbare Intransitiva gibt es kaum (vgl. *land-en, wasser-n, strand-en, entgleis-en).*

2.3.2 Verben aus Adjektiven (deadjektivischer Typ)

An der Bildung dieser Verben sind zu etwa gleichen Teilen die einfache Ableitung durch *-(en)*, die Ableitung durch die Suffixe *-el(n), -ig(en), -ier(en)* und die kombinierte Präfixableitung (besonders mit den Präfixen *ver-, er-, be-*) beteiligt (43 % zu 57 %). Den größten Anteil haben die einfachen Ableitungen: *welk-en, reif-en; etw. weit-en, leer-en* (bzw. mit Umlaut: *etw. schwärz-en).*

Die semantischen Muster:

Zustandsverben (Durativa)

Die Ableitung dieser kleinen Gruppe ein- oder zweiwertiger intransitiver Verben erfolgt durch einfache Verbalisierung von zustandsbeschreibenden Adjektiven wie *wach, krank, gleich* oder durch Anfügen des Verbsuffixes *-(e)l(n)*, das der verbalen Grundbedeutung das Merkmal ,leicht, etwas' hinzufügt. Ihnen entsprechen

814

Konstruktionen mit einem subjektbezogenen Satzadjektiv als Ausgangswort, dessen Valenz Auswirkungen auf die des abgeleiteten Verbs hat:

Sie ist wach. – Sie wacht.
Er ist leicht/etwas krank. – Er kränkelt.

Mit präpositionaler Ergänzung:

Ihm ist um sie bange. – Er bangt um sie.

Mit Dativergänzung:

Dieses Dreieck ist jenem gleich. – Dieses Dreieck gleicht jenem.

Verben des Zustandseintritts (Ingressiva)

815 Die Zahl dieser Verben ist weitaus größer als die der reinen Zustandsverben. Syntaktisch sind sie als einwertige Intransitiva sehr einheitlich geprägt und entsprechen einer einfachen Fügung mit subjektbezogenem Satzadjektiv, das den Eintritt eines bestimmten Zustands angibt *(Das Laub wird welk. – Das Laub welkt)*. Zu ihrer Ableitung tragen sehr unterschiedliche Muster bei: Gebildet werden sie entweder durch einfache Verbalisierung *(reif – reif-en)* oder – doppelt so häufig – durch die Kombination mit einem Präfix oder Halbpräfix. An Präfixen sind *er-* und *ver-* beteiligt, an Halbpräfixen *ab-* und *aus-:*

welk-en; er-blind-en, er-grau-en, er-kalt-en; ver-arm-en, ver-blöd-en, ver-einsam-en; ab-mager-n, ab-flau-en, aus-aper-n.

Bei einer ganzen Reihe von Verben ist das Hinzufügen eines Reflexivpronomens erforderlich *(flüchtig – sich ver-flüchtig-en, finster – sich ver-finster-n)*.[1]

Bewirkungsverben (Faktitiva)

816 Diese Bildungsweise ist bei den Ableitungen aus Adjektiven die produktivste *(kurz – etw. kürz-en)*. Bewirkungsverben sind Transitiva und semantisch das Gegenstück zu den ingressiven Intransitiva (vgl. 815):

transitive Faktitiva	intransitive Ingressiva
Man *tocknet* die Wäsche.	Die Wäsche *trocknet.*
Man *weitet* den Schuh.	Der Schuh *weitet sich.*

Dem Basiswort der Faktitiva entspricht in einer syntaktischen Fügung ein objektbezogenes Satzadjektiv; es gibt an, in welchen Zustand jemand (= Subjekt) ein genanntes Objekt durch seine Tätigkeit bringt. Diese Tätigkeit bezeichnet das Bewirkungsverb:

Man macht den Stahl hart/härter. – Man härtet den Stahl.

Zur Ableitung dieser Verben tragen vor allem bei:

-(en): etw. schärf-en, härt-en, schwärz-en;
-(is)ier(en): etw. halb-ieren, blond-ieren; (bei Adjektiven auf *-isch* mit Tilgung der En-

---

[1] Der Ausbau der reflexiven Variante führt dazu, daß eine Reihe von ingressiven Gegenstücken zu faktitiven (vgl. 816) Transitiva in Gebrauch kommt: *sich änder-n – etw. änder-n, sich glätt-en – etw. glätt-en, sich leer-en – etw. leer-en* usw. Eine Opposition dieser Art besteht nur dort nicht, wo ein Präfixverb oder eine Bildung mit einem anderen Suffix die entsprechende Systemstelle einnimmt (vgl. *sich kraus-en – etw. kräus-eln*).

dung): etw. amerikan-isieren, mytholog-isieren, jmdn. fanat-isieren;
-ig(en): etw. rein-igen, fest-igen, jmdn. sätt-igen.

Die kombinierte Ableitung mit Präfixen und Halbpräfixen ist an der Bildungsweise etwa doppelt so stark beteiligt. Hier kommen fast alle Präfixe vor; in abnehmender Häufigkeit sind es:

ver-: etw. ver-deutlich-en, ver-edel-n;
be-: jmdn. be-frei-en, be-fähig-en;
er-: jmdn. er-niedrig-en, etw. er-möglich-en;
ent-: jmdn. ent-eign-en, etw. ent-fern-en;
zer-: etw. zer-kleiner-n, jmdn. zer-mürbe-n.

Von den Halbpräfixen sind – in geringerem Umfang – vor allem *aus-, an-, auf-,*
ab-, ein- beteiligt:

jmdn. aus-nüchtern; etw. an-rauh-en; jmdn. auf-heiter-n, ab-stumpf-en, ein-schüch-
tern.

Verhaltenscharakterisierende Verben

Bei diesen Verben charakterisiert das dem Basiswort entsprechende Ausgangs-   817
adjektiv der syntaktischen Fügung ein Verhalten nach Art eines Adverbs:

Er blickt starr auf das Bild. – Er starrt auf das Bild.

Nach diesem Muster werden nur wenige und relativ uneinheitlich geprägte Verben gebildet. Die einfache Verbalisierung *(starr – starr-en)* wird durch einige Bildungen mit *-(is)ier(en)* und *-(e)l(n)* ergänzt:

brüsk – jmdn. brüsk-ieren, stolz – stolz-ieren; bei Adjektiven auf *-isch:* moralisch – mo-
ral-isieren, ironisch – etw. iron-isieren; fromm – fromm-eln, blöd – blöd-eln.

Überblick:[1]

Die Verben bezeichnen	Umschreibung mit	häufigste Ableitungsmittel
einen Zustand (vgl. 814)	*sein*	*-(en): krank-en*
einen Zustandseintritt (vgl. 815)	*werden*	*-(en): reif-en* ver-+-(en): *ver-arm-en* er-+-(en): *er-kalt-en*
eine bewirkte Zustands-änderung (vgl. 816)	*machen*	*-(en): jmdn. demütig-en* *-ier(en): etw. halb-ieren* ver-+-(en): *etw. ver-deutlich-en* be-+-(en): *jmdn. be-fähig-en* er-+-(en): *etw. er-möglich-en*
eine Verhaltenscharak-terisierung (vgl. 817)	*sich verhalten*	*-(en): toll-en* *-(is)ier(en): jmdn. brüsk-ieren*

818

---

1 Nicht alle Verben, die von Adjektiven abgeleitet sind, werden durch die hier genannten Muster
erfaßt. Das gilt insbesondere für bereits lexikalisierte Bildungen. So gehört beispielsweise *etw.*
versichern zu *sicher;* man kann aber vom gegenwärtigen Standpunkt aus nicht *etw. sicher ma-*
chen als Entsprechung zu *etw. versichern* ansetzen.

2.3.3 Verben aus Verben (deverbaler Typ)

Die semantischen Muster:

Veranlassungsverben (Kausativa)

819 Diese Ableitung erfolgt selten und nur nach dem Muster *fallen – fällen:*

Ich bringe den Baum zum Fallen. – Ich fälle den Baum.

Das kausative Merkmal, daß der (im starken Ausgangsverb) bezeichnete Vorgang von jemandem veranlaßt wird, ist nur noch in Einzelfällen deutlich, z. B. bei:

saugen – säugen, trinken – tränken, liegen – legen, sitzen – setzen, sinken – senken.

Sprachgeschichtlich gehört entsprechend auch *tropfen* zu *triefen, führen* zu *fahren, schwemmen* zu *schwimmen.*

Die Aufgabe, das Veranlassen von Vorgängen oder Handlungen zu bezeichnen, wird heute in der Regel von Funktionsverbgefügen wie *etw. zum Sinken bringen, etw. zu Fall bringen* (statt *etw. senken, etw. fällen*) übernommen (vgl. 205; 1000).

Wiederholungsverben (Iterativa)

820 Zu einer Reihe von Verben gibt es mit Hilfe des Suffixes *-(e)l(n)* Erweiterungsbildungen wie

liebeln zu lieben, spötteln zu spotten, tröpfeln zu tropfen, brummeln zu brummen, hüsteln zu husten, zischeln zu zischen.

Die so entstandenen Verben haben gewöhnlich die gleiche Valenz wie die Ausgangsverben (aber: *etw. deuten – an etw. deuteln*) und unterscheiden sich von diesen in erster Linie durch die Inhaltsmerkmale ,ein wenig, etwas, wiederholt'. Kombinierte Ableitungen mit einem Präfix gibt es nicht.

2.3.4 Die Wortfamilie (z. B. von *fahren*)

821 Welche Mittel der Wortbildung jeweils am stärksten zum Ausbau des Wortschatzes genutzt werden, das hängt neben der Bedeutung und den kommunikativen Zwecken, denen die Wortbildung dient, auch von der Form des Ausgangswortes ab. Wie aus den beschriebenen Regularitäten hervorgeht, entfaltet sich so die Wortbildung innerhalb der Wortart ,Verb' am stärksten, wenn das Ausgangswort auch ein Verb ist. Die verschiedenen Bildungselemente und Bildungsarten verteilen sich bei dem Verb *fahren* z. B. wie folgt:

Bildungsart:	Bildungen mit *fahren:*[1]
1. Überführung in ein Substantiv durch Konversion	*das Fahren*
– Ableitung durch Suffix	*die Fahr-t; Fahr-erei, der Fahr-er*
– Ableitung durch Halbsuffix	*das Fahr-zeug*

---

[1] Stark lexikalisierte Bildungen, die historisch noch zu dieser Wortfamilie gehören, sind z. B.: *Furt, Fährte, Gefährte; fertig, fahrig; entfahren, widerfahren;* die Partizipia *erfahren, zerfahren; Hoffart* und andere Komposita.

Bildungsart:	Bildungen mit *fahren:*

– durch Präfix u. Suffix
– durch Vokalwechsel (nach
  Art des Ablauts/Umlauts) u.
  Suffix
	das Ge-fahr-e
	die Fähr-e, Fuhr-e

– Ausbau des substantivischen
  Wortschatzes durch das Verb
  fahr(en) als Bestimmungs-
  glied in Komposita
	Fahr-ausweis, -bahn, -bereich, -dienst, -erlaubnis,
	-gast, -geld, -gelegenheit, -gestell, -karte, -kosten,
	-kunst, -lehrer, -plan, -praxis, -preis, -prüfung,
	-rinne, -schein, -schule, -straße, -verbot, -wasser,
	-weg, -weise, -wind, -zeit usw.

2. Überführung in ein Adjektiv – Ableitung durch Suffixe	*fahr-bar*
– Komposition	*fahr-bereit, -kundig, -tauglich, -tüchtig*

3. Ausbau der Wortart Verb
  – durch Ableitung (mit Vokal-
    wechsel; vgl. 819)
	fahren → führen

– durch Präfixe (vgl. 774 ff.)	*etw. befahren, erfahren, sich verfahren, etw. zer-* *fahren*
– durch Halbpräfixe (vgl. 783 ff.)	*abfahren, anfahren, auffahren, ausfahren,* *durchfahren, einfahren, mitfahren, überfahren,* *umfahren*
– durch weitere Verbzusätze (vgl. 795 ff.)	*vorfahren, nachfahren, zufahren, losfahren,* *entgegenfahren*

– durch Komposition (vgl.
    757 ff.) mit Adjektiven,
    Adverbien, Substantiven
	festfahren, hochfahren, fortfahren, heimfahren,
	wegfahren, darüberfahren, herfahren, hinfahren,
	herausfahren, herabfahren, hinauffahren, voraus-
	fahren usw.; radfahren, schlittenfahren usw.

Bei der Frage, wie der Ausbau der Wortfamilie erfolgt, ist also primär auf die gängigen Muster der Komposition und Ableitung zu verweisen. Wie weit dieser Ausbau im Einzelfall geht, hängt davon ab, ob die verschiedenen (kognitiv/semantisch) mit dem Ausgangswort *(fahren)* verbundenen Dinge/Begriffe, Eigenschaften/Zustände und Tätigkeiten/Vorgänge schon durch andere Lexeme des Wortschatzes benannt werden, etwa durch Simplizia (wie *Wagen*), Entlehnungen (wie *Kutsche*), abgeleitete Bedeutungen (wie bei *Rad*) usw.

3 Das Substantiv

Wenn im Folgenden die Typen, die semantischen Muster und die Regularitäten der Kombination (mit Morphemen) möglichst genau beschrieben werden, so mit dem Ziel, den dadurch geformten Wortschatz so weit wie möglich systematisch zu erfassen. Die einzelnen Muster können deshalb noch nicht als Regeln verstanden werden, denen alle möglichen Neubildungen folgen. Für den Sprachunterricht ist hier besonders ein Wörterbuch des aktuellen Sprachgebrauchs ergänzend zu benutzen, das die usuellen Bildungen und ihre Muster beschreibt.[1]

          822

---

[1]   So z. B. D. Götz, G. Haensch, H. Wellmann (Hg.). Langenscheidts Großwörterbuch Deutsch
    als Fremdsprache. Berlin usw. 1993.

3.1 Die Substantivzusammensetzung

823 Substantivzusammensetzungen gliedern sich in zwei leicht erkennbare lexikalische Bestandteile mit einem Haupt- und einem Nebenakzent: in das Bestimmungswort und in das Grundwort. Die grammatische Funktion und die semantische Kategorie der Zusammensetzungen werden im allgemeinen durch das Grundwort festgelegt. Die Bedeutungsbeziehung, in der das Bestimmungswort zum Grundwort steht, läßt sich durch Auflösung in eine Satzfügung verdeutlichen, in der beide Teile – im Gegensatz zur Ableitung – als selbständige Lexeme vorkommen (vgl. 834 u. ö.). Diese Lexeme sind zum kleineren Teil einfache Wörter (Simplizia), zum größeren Teil komplex, d. h. ihrerseits wieder Wortbildungen (vgl. 734) oder Wortgruppen (bei „Zusammenbildungen"; vgl. 743). Die beiden Bestandteile der Zusammensetzung können auch – freilich nur selten – gleichgeordnet verbunden sein (Kopulativzusammensetzungen; vgl. u. 824); der erste Bestandteil ist sonst dem zweiten untergeordnet (Determinativzusammensetzungen; vgl. 825).

Ohne zugehörigen Kontext wirken zahlreiche Komposita vieldeutig, worauf mit Beispielen wie *Fischfrau* und *Holzkiste* (‚Kiste aus Holz', ‚Kiste für das Holz') hingewiesen worden ist.[1] Im Kontext aber sind fast alle Komposita eindeutig. Dasselbe Bild zeigt auf eine Unterordnung der Bedeutungen von Komposita in der Standardsprache (der ‚Langue'), wie sie den Wörterbuchdarstellungen zugrunde liegt.[2]

3.1.1 Kopulativzusammensetzungen

824 Als Kopulativbildungen werden im Deutschen Zusammensetzungen wie *Gottkönig, Strumpfhose, Ofenkamin* und *Dichterkomponist* bezeichnet. Die Bildungsweise ist in ihrer Produktivität eingeschränkt; sie findet sich am ehesten noch in Berufs- und Fachsprachen, z. B. in der Chemie (*Jodkalium, Chlorwasserstoff* usw.), ferner bei Bezeichnungen in Sparten wie der Mode, in der es einen besonderen Sachgrund für diese Art der Benennung von Kleidungsstücken gibt: wenn sie auf zweierlei Art verwendet werden können *(Schürzenkleid, Hosenrock, Kostümkleid, Westenpullover)*[3]. In der Zeitungssprache werden heute Bildungen dieses seltenen Typs am ehesten verwendet, wenn es um die ausgefallene Doppelrolle bestimmter Personen geht *(Dichter-Übersetzer, Arzt-Geologe, Maler-Poet)* oder wenn seltsame Kreuzungen der Tier- und Pflanzenwelt bezeichnet werden: *Kartoffel-Tomate; „drei kleine ‚Tiger-Löwen', die ungewöhnliche Kreuzung zwischen der Tigerin Julia und einem Löwen"*[4]. Es gibt auch schon – allerdings selten – Kopulativbildungen mit zusammengesetzten Konstituenten: *Doppelbett-Couch, Radio-Kassettenrecorder, Studienratdoktor.* Bei Namen wird das Kopulativkompositum dagegen häufig gebraucht – als geeignetes Mittel, den früheren Familiennamen nach der Hochzeit beizubehalten *(Pümpel-Mader),* oder um zwei Vor-

---

[1] Z. B. von L. Seppänen (Auffassungen über die Motivation der nominellen Komposita. In: Logos Semantikos 4 [1981], S. 67 ff.) und H.-J. Heringer (Wortbildung: Sinn aus dem Chaos. In: Deutsche Sprache 12 [1984], S. 1 ff.).

[2] So in den Untersuchungen DW = ‚Deutsche Wortbildung' 1973–91 (vgl. 718, Anm. 3).

[3] Vgl. H. Ortner: Wortschatz der Mode. Düsseldorf 1981, S. 69.

[4] Zitat aus: DW, Bd. 4, S. 148.

namen zu verbinden *(Karlheinz),* selten dagegen bei Ortsnamen *(Garmisch-Partenkirchen).*

Von Kopulativkomposita spricht man:
- wenn beide Glieder der Zusammensetzung der gleichen Bezeichnungsklasse angehören und einander gleichgeordnet sind (wie in einer Konstruktion mit der kopulativen Konjunktion *und*), was etwa für *Hemdbluse (Hemd und Bluse)* gilt;
- wenn ihre Reihenfolge theoretisch vertauschbar ist; das kommt praktisch auch in Ausdrücken der Mode und der Wirtschaftswerbung vor *(Hosenrock/Rockhose, Blusenjacke/Jackenbluse, Pulloverweste/Westenpullover, Westenmantel/Mantelweste, Uhrenradio/Radiouhr, Ofenkamin/Kaminofen).*

In Kopulativzusammensetzungen kann der zweite Bestandteil die ganze Bildung ersetzen: das *Schürzenkleid* ist – auch – ein *Kleid,* der *Dichterkomponist* – auch – ein *Komponist.* Diese Bildungen ebenso zu erklären wie die Determinativkomposita,[1] d. h. nach dem Schema Bestimmungswort – determiniertes Grundwort, ist also bei einigen von ihnen möglich *(Dichterkomponist = Komponist, der Dichter ist),* bei anderen nicht (der *Strichpunkt* ist nicht ein *Punkt, der ein Strich ist).*

Die Möglichkeit, Kopulativkomposita zu bilden, die von der Syntax mit ihren vielen Kopulativkonstruktionen her eigentlich sehr naheliegt, wird im Deutschen wenig genutzt (0,4 %; ohne die Namenverbindungen; s. o.). Die Bildungen sind größtenteils das Ergebnis einer sehr bewußten Sprachprägung einzelner. In der Gemeinsprache herrscht eindeutig die Zusammensetzung vom Typ des Determinativkompositums vor.

3.1.2 Determinativzusammensetzungen

Beim Haupt- und Grundtyp der Substantivzusammensetzung, der auch weitaus am häufigsten ist, legt die Reihenfolge der Glieder fest, welche Bedeutung welche spezifiziert. Beim *Zahlenlotto* sagt das Bestimmungswort, um welche ‚Art‘ der Gattung *Lotto* es sich handelt (im Unterschied etwa zum *Bilderlotto*), und bei den *Lottozahlen,* von welcher ‚Art‘ von *Zahlen* die Rede ist. Anders als beim Kopulativkompositum (vgl. 824) führt eine Umstellung der Glieder hier also zu ganz anderen Bedeutungsbeziehungen; vgl. *Treppenhaus* und *Haustreppe, Schrankwand* und *Wandschrank, Reisebus* und *Busreise.*

Im Unterschied zu den Kopulativkomposita, die fast immer (vgl. 824) aus zwei Lexemen bestehen, treten bei den Determinativkomposita häufig auch Zusammensetzungen als Grund- oder Bestimmungswörter auf. Folgende Strukturtypen (von denen der erste am häufigsten ist) lassen sich in dem Fall unterscheiden:
- Linksverzweigung:

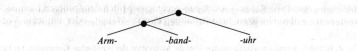

Arm-   *-band-*   *-uhr*

825

---

1   Das erwägt H. Marchand (vgl. 714, Anm. 2), S. 41 ff.

– Rechtsverzweigung:

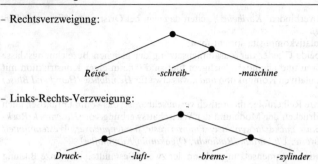

Reise- -schreib- -maschine

– Links-Rechts-Verzweigung:

Druck- -luft- -brems- -zylinder

Zu überlangen Bildungen, in denen noch mehr Wörter miteinander verbunden sind, neigen besonders Autoren von Fachtexten der Wissenschaft, Technik und Verwaltung:[1]

Rund/sicht//wind/schutz/scheibe,
Landes/spar/kassen//zweig/anstalt,
Super/nutz/stich//frei/arm/näh/maschine,
Atom/kraft/werk/stand/ort/sicherungs//programm.

Neuerdings gibt es als Gelegenheitsbildungen sogar vielgliedrige Gebilde, die durch Koppelung einer Satzfügung mit einem (Einzel)wort entstehen *(der Ab-und-zu-muß-man-es-wieder-einmal-probieren-Einsatz).*
Bei den Determinativzusammensetzungen unterscheidet man gewöhnlich exozentrische und endozentrische Komposita. Exozentrische Zusammensetzungen wie *Dickkopf* oder *Milchgesicht* weisen zwar dieselbe (determinative) Bedeutungsbeziehung zwischen den Bestandteilen auf wie die endozentrischen Zusammensetzungen *(Dickdarm, Milchkanne* usw.), unterscheiden sich von diesen aber in der Bezeichnungsweise[2], da sie sich nicht auf die im Grundwort genannte Größe beziehen, sondern insgesamt charakterisierend auf eine ungenannte: Während die endozentrische Zusammensetzung *Milchkanne* eine Kanne bezeichnet, bezieht sich die exozentrische Zusammensetzung *Milchgesicht* nicht auf ein Gesicht, sondern eine Person. Entsprechend bezeichnet man mit *Rotkehlchen* einen Vogel, der eine rote Kehle (rotes Gefieder an der Kehle) hat, oder mit *Löwenmäulchen* eine Blume, deren Blüten wie kleine aufgesperrte Löwenmäuler aussehen.

Der Typ Substantiv + Substantiv

Parallelen zwischen Zusammensetzungen und Wortgruppen

Bildungen des Typs Substantiv + Substantiv, deren Inhalt durch die Ausgangswörter im Lexikon vorgezeichnet ist, stellen vier Fünftel aller Substantivkomposita dar.

---

1 Zu dem Fall, daß in mehrgliedrigen Zusammensetzungen das Mittelstück ausgespart wird, wodurch Klammerformen entstehen *(Fernamt* aus *Fernsprechamt)*, vgl. 721,3.
2 Zum Unterschied zwischen Bedeutungsstruktur und Bezeichnungsfunktion von Wortbildungen vgl. neben 709 besonders E. Coseriu (vgl. 733, Anm. 2), S. 48–61.

Zwischen ihnen und aus Substantiven gebildeten Wortgruppen können Entsprechungen der folgenden Art bestehen:

1. Die Zusammensetzungen entsprechen Wortgruppen mit einem Genitivattribut.   826

Nicht alle Genitivattribute bestimmen das Substantiv, auf das sie sich beziehen, in der gleichen Weise. Dasselbe gilt für die entsprechenden Zusammensetzungen:

Zusammensetzung	entsprechende Wortgruppe	traditionelle Attributbezeichnung
(a) *Kindergeschrei*	*Geschrei der Kinder*	Subjektsgenitiv
(b) *Kinderbetreuung*	*Betreuung der Kinder*	Objektsgenitiv
(c) *Kinderschuhe*	*Schuhe der Kinder*	possessiver Genitiv
(d) *Kinderschar*	*Schar der Kinder*	explikativer Genitiv

Die unter (a) und (b) genannten Genitivattribute signalisieren eine rein grammatische Beziehung: Die Bezeichnungen *Subjektsgenitiv* und *Objektsgenitiv* sind aus der Satzgliedrolle abgeleitet, die diesen Substantiven in einem entsprechenden Aussagesatz zukommt:

> Kindergeschrei – Geschrei der Kinder – Kinder schreien.
> Kinderbetreuung – Betreuung der Kinder – jemand betreut die Kinder.

Die unter (c) und (d) genannten Genitive signalisieren neben der grammatischen Beziehung auch eine semantische, die sich aus dem Prädikat ergibt, mit dessen Hilfe man aus den Ausgangswörtern einen entsprechenden Satz bildet:

> Kinderschuhe – Schuhe der Kinder – Kinder haben/tragen diese Schuhe.
> Kinderschar – Schar der Kinder – Diese Kinder sind/bilden eine Schar.

Das im ersten Fall ergänzte Prädikat *haben* hat Attributen dieser Art die Bezeichnung possessiv, das ergänzte Prädikat *sein/bestehen aus* die Bezeichnung explikativ eingebracht.

2. Die Zusammensetzungen entsprechen Wortgruppen mit einem Präpositionalattribut.   827

Die Beziehungsbedeutung, die hier zwischen den Teilen (vor)herrscht, läßt sich meist annähernd aus der Bedeutung der Präposition im entsprechenden Präpositionalattribut erschließen. Dabei sind zwei Arten zu unterscheiden:

a) Die Präposition ist fest an das entsprechende Ausgangswort gebunden, nicht austauschbar und (da ohne Minimalopposition) ohne eigene Bedeutung:

Zukunftshoffnung	Hoffnung *auf* die Zukunft	hoffen *auf* etwas
Berufsstolz	Stolz *auf* den Beruf	stolz sein *auf* etwas

Die Präposition *auf* ist hier durch das Ausgangswort *(hoffen* bzw. *stolz sein)* geboten und nicht durch eine andere Präposition ersetzbar; das präpositionale Attribut steht in der rein grammatischen Beziehung eines Objekts zum Grundwort, es geht auf ein Präpositionalobjekt zurück.

b) In allen anderen Fällen signalisiert die Präposition (und auch die Vergleichspartikel *wie)* der entsprechenden Attribute eine eigene Bedeutungsbeziehung zwischen Grund- und Bestimmungswort. Welche es ist, das richtet sich oft nach der Bedeutung der komponierten Ausgangswörter. Die Präpositionalattribute gehen dann auf die verschiedensten adverbialen Bestimmungen mit einer Präposition (bzw. Vergleichspartikel) zurück. In größerer Häufigkeit kommen insbesondere die folgenden Entsprechungen vor:

Zusammensetzung	entsprechende Wortgruppe	präpositional signalisierte Bedeutungsbeziehung
Seidenkleid	*Kleid aus Seide*	Stoff
Randglosse	*Glosse am Rand*	Ort
Gartentor	*Tor zum Garten*	Richtung: Zielpunkt
Südfrucht	*Frucht aus dem Süden*	Herkunft
Julitag	*Tag im Juli*	Zeit
Freudentränen	*Tränen aus Freude*	Grund, Ursache
Weinglas,	*Glas für den Wein,*	
Hustenbonbon	*Bonbon gegen Husten*	Zweck, Motiv
Schußwunde	*Wunde von einem/durch einen Schuß*	Instrument
Puder-, Staubzucker	*Zucker wie Puder/Staub*	Art, Beschaffenheit
Rechtsstandpunkt	*Standpunkt in bezug auf das R.*	Bezugsrahmen
Indianerbuch	*Buch über Indianer*	Thema
Kirschkuchen	*Kuchen mit Kirschen*	Bestandteile
Goethevers	*Vers von Goethe*	Urheber

Die Präposition (und auch die Vergleichspartikel) ist in allen diesen Fällen nicht durch eines der Ausgangswörter geboten und gibt meistens annähernd darüber Aufschluß, welche Beziehung zwischen ihnen besteht. Allerdings sind verschiedene Präpositionen (z. B. *aus, mit, in*) mehrdeutig (vgl. etwa *Südfrucht - Frucht aus dem Süden* und *Seidenkleid - Kleid aus Seide*) und bedürfen einer Präzisierung durch den Kontext, insbesondere durch ein Prädikat (vgl. 829 ff.).

828 3. Die Zusammensetzungen entsprechen Fügungen mit Adjektivattributen.

In der Gegenwartssprache ist die Tendenz zu beobachten, Zusammensetzungen der unter 827 besprochenen Art so in (zweigliedrige) Konstruktionen aufzulösen, daß ihr Bestimmungswort einem abgeleiteten attributiven Adjektiv entspricht, also etwa

Adventsstunde – adventliche Stunde, Abendkonzert – abendliches Konzert, Kriegseinwirkungen – kriegerische Einwirkungen.

Fügungen dieser Art können gespreizt wirken, wo die entsprechende Zusammensetzung allgemein üblich ist. Mitunter meinen sie aber nicht ganz dasselbe: a) Die attributive Fügung kann auch eine besondere Perspektive enthalten. Wer z. B. statt *Gewebeveränderung* die Fügung *gewebliche Veränderung* oder statt *Winterlandschaft* die Fügung *winterliche Landschaft* gebraucht, lenkt die Aufmerksamkeit stärker auf das Grundsubstantiv *(Veränderung, Landschaft);* während das Bestimmungswort in der Zusammensetzung zum Wortinhalt entscheidend prägt und integrierter Bestandteil ist, dient das Adjektivattribut in der Wortgruppe eher dazu, eine nur zusätzliche Charakterisierung zu geben. b) Es bestehen inhaltliche Unterschiede zwischen dem Kompositum und der attributiven Fügung. Eine *winterliche Landschaft* braucht keine *Winterlandschaft* zu sein, sondern nur den Anschein des Winterlichen *(wie im Winter)* zu haben, und eine *abendliche Stimmung* kann – im Unterschied zur *Abendstimmung* – auch schon vor Einbruch des Abends zu beobachten sein; noch größer sind die Unterschiede zwischen *schulischen Aufgaben* und *Schulaufgaben, häuslicher Ordnung* und *Hausordnung.*

Die Adjektivattribute, die vor Zusammensetzungen stehen, beziehen sich gewöhnlich auf die Bedeutung der gesamten Bildung *(exotisches Kunsthandwerk)*

oder des Grundwortes *(schneller Ortswechsel – schneller Wechsel des Ortes)*. Zu den Konstruktionen, in denen sich das Attribut primär auf die Bedeutung des Bestimmungswortes bezieht *(kirchlicher Funktionsträger – Träger einer kirchlichen Funktion)* und die oft Gegenstand der Sprach- und Stilkritik sind, obwohl sie sich in Fach- und Verwaltungstexten heute sehr ausbreiten *(atlantischer Störungsausläufer – Ausläufer einer atlantischen Störung, tropische Waldtiere – Tiere des tropischen Waldes)* vgl. 446.

Parallelen zwischen Zusammensetzungen und syntaktischen Fügungen

Komposita können auch umfangreicheren syntaktischen Konstruktionen, etwa einem Satz oder einem Substantivkern mit (mehreren) Attributen, entsprechen. Das Grundwort der Zusammensetzung steht dann für den Satz oder Substantivkern und nennt einen Themabereich (topic). Insofern nun sowohl das Prädikat als auch das Subjekt, die Objekte und adverbialen Bestimmungen zum Thema (topikalisiert) werden[1] können, werden vom Grundwort her (vier) verschiedene Themabereiche angegeben, über die das Bestimmungswort etwas sagt. $\underline{829}$

Ist das Bestimmungswort ein Substantiv, so kommt es darauf an, welche Funktion es in entsprechenden (parallelen) Sätzen erfüllt. Dafür sind vor allem Bezeichnungskriterien entscheidend, insbesondere die Frage, ob es sich um eine Teil-, Stoff-, Abstrakt-, Orts-, Zeit-, Instrumentbezeichnung o. dgl. handelt. Die folgende Gliederung ist durch syntaktische Beziehungen bestimmt, die sich bei der Umformung in Sätze zeigen, durch entsprechende Bedeutungsbeziehungen zwischen den Bestandteilen der Wörter und ihren Bezeichnungsfunktionen.

1. Am besten sind diese Verhältnisse bei substantivischen Zusammensetzungen zu überblicken, deren Zweitglied wie in *Kindergeschrei* und *Kinderbetreuung* ein Verbalabstraktum ist, d. h. auf eine Verbprädikation zurückgeht. Von daher lassen sich folgende Fälle unterscheiden: $\underline{830}$

– Bestimmungswort und Grundwort sind in derselben Weise aufeinander bezogen wie im entsprechenden Satz Subjekt bzw. Objekt und Prädikat:

(1 a)	Subjekt + Prädikat:	*Kindergeschrei – Die Kinder schreien.*
	Akkusativobjekt + Prädikat:	*Kinderbetreuung – Man betreut die Kinder.*
	Dativobjekt + Prädikat:	*Altenhilfe – Man hilft den Alten.*
(1 b)	Genitivobjekt + Prädikat:	*Schlafbedürfnis – Man bedarf des Schlafes.*
	Präpositionalobjekt + Prädikat:	*Zahlungserinnerung – Man erinnert jemanden an die Zahlung.*

– Bestimmungswort und Grundwort sind in derselben Weise aufeinander bezogen wie im entsprechenden Satz Adverbialbestimmung und Prädikat. Für die Zusammensetzungen mit *Reise* ergeben sich daraus folgende Arten:

(2 a)	*Österreichreise*	– *Man reist durch/in/nach Österreich* (lokal: Ort oder Richtung).
(2 b)	*Osterreise*	– *Man reist zu Ostern* (temporal: Zeitpunkt).
	Tagesreise	– *Man reist einen Tag lang* (temporal: Dauer).
(2 c)	*Schiffsreise*	– *Man reist mit dem Schiff* (instrumental).
(2 d)	*Vergnügungsreise*	– *Man reist zum Vergnügen* (final).
(2 e)	*Gesellschaftsreise*	– *Man reist in Gesellschaft* (modal).
(2 f)	*Geschäftsreise*	– *Man reist wegen der Geschäfte* (kausal).
(2 g)	*Hochzeitsreise*	– *Man reist anläßlich seiner Hochzeit* (konditional).

---

[1] Vgl. H. E. Brekle: Generative Satzsemantik und transformationelle Syntax im System der englischen Nominalkomposition. München ²1976.

831   2. Wenn das Erstglied ein Verbalabstraktum, d. h. aus einer Verbprädikation abgeleitet ist, folgen die Zusammensetzungen den gleichen semantischen Mustern wie die Komposita mit einem Verbstamm als Erstglied (vgl. 839 ff.). Doppelformen wie *Werbeanzeige* neben *Werbungsanzeige* kommen allerdings nicht oft vor. Ob der Verbstamm oder die Verbableitung als Bestimmungswort erscheint, richtet sich besonders danach, an welches Muster sich die betreffende Zusammensetzung im Einzelfall anlehnt. Komposita mit dem substantivierten Infinitiv *Vergnügen* als Erstglied werden z. B. nicht gebildet, es heißt vielmehr *Vergnügungsreise, -fahrt, -lokal* usw., nach dem Vorbild von Komposita mit dem früher allgemein gebräuchlichen Substantiv *Vergnügung* (heute nur noch im Plural üblich).

832   3. Ist das substantivische Grundwort ein Adjektivabstraktum, d. h. aus einer adjektivischen Prädikation abgeleitet, so kommt es im wesentlichen zu folgenden zwei Arten von Zusammensetzungen: Bestimmungswort und Grundwort sind in derselben Weise aufeinander bezogen wie im entsprechenden Satz:

     (3 a)   Subjekt + Prädikat: *Meeresbläue – Das Meer ist blau.*
     (3 b)   Adverbialbestimmung + Prädikat: *Polarkälte – Es ist kalt am Pol.*

833   4. Wenn das substantivische Bestimmungswort ein Adjektivabstraktum, d. h. aus einer adjektivischen Prädikation abgeleitet ist *(Freiheitsideal, Schönheitswettbewerb),* folgen die Zusammensetzungen meist den gleichen Mustern wie die unten (vgl. 834) besprochenen mit anderen Substantiven.

834   5. Sonst lassen sich die Zusammensetzungen nur in der Weise mit entsprechenden Sätzen vergleichen, daß in diesen sinngemäß eine Prädikation ergänzt wird. Näher bestimmt wird das Grundwort dann durch die Verbindung aus dieser Prädikation und dem Bestimmungswort. Welcher Art sie ist, das ergibt sich oft aus den Grundbedeutungen der Ausgangswörter. Nach der Bedeutungskategorie der ergänzten Verbprädikation lassen sich im einzelnen folgende Inhaltstypen voneinander abheben:

     (5 a)   Die possessiven Zusammensetzungen   *Anwaltsbüro – Das Büro, das ein An-*
                mit einer *haben*-Prädikation: *walt hat/besitzt.*
     (5 b)   Die partitiven Zusammensetzungen mit   *Dornenhecke – Hecke, die Dornen*
                einer *haben*-Prädikation, die ein   *aufweist/enthält.*
                Teil-Ganzes-Verhältnis wiedergibt: *Stacheldraht – Draht, der Stacheln*
                                             aufweist/mit Stacheln versehen ist.
     (5 c)   Die materialen Zusammensetzungen,   *Ledertasche – Tasche, die aus Leder*
                die eine Prädikation für das Verhältnis   *besteht/hergestellt ist.*
                Stoff – Form voraussetzen:
     (5 d)   Die explikativen Zusammensetzungen,   *Verlustgeschäft – Geschäft, das ein*
                die eine *sein*-Prädikation ausdrücken: *Verlust ist.*
     (5 e)   Die Vergleichszusammensetzungen, die   *Puderzucker – Zucker, der (fein) wie*
                eine *sein*-Prädikation mit *wie* voraus-   *Puder ist.*
                setzen:
     (5 f)   Die effizierenden Zusammensetzungen,   *Honigbiene – Biene, die Honig er-*
                die eine *tun*-Prädikation mit hervorbrin-   *zeugt*
                gender Bedeutung voraussetzen:
     (5 g)   die affizierenden Zusammensetzungen,   *Aaskäfer – Käfer, der (nur) Aas frißt*
                die eine *tun*-Prädikation anderer Art
                voraussetzen:

Weiter sind hier die zuordnenden Zusammensetzungen zu nennen, die eine *sein*- oder eine *tun*-Prädikation mit einer Angabe des Ortes, der Zeit, des Zwecks, des Mittels, des Grundes, des Bezugrahmens oder dgl. voraussetzen:

(5 h)	Gartenlaube	– *Laube, die im Garten ist/steht* (lokal).
	Nordwind	– *Wind, der von Norden weht* (direktional).
(5 i)	Osterferien	– *Ferien, die um Ostern sind* (temporal).
(5 j)	Federskizze	– *Skizze, die mit einer Feder ausgeführt wird* (instrumental).
(5 k)	Notbremse	– *Bremse, die man im Notfall zieht* (konditional).
(5 l)	Papierschere	– *Schere, die zum Schneiden von Papier dient* (final).
(5 m)	Gesellschaftspolitik	– *Politik, die sich auf die Gesellschaft bezieht/die Gesellschaft zum Thema hat* (themaangebend).
(5 n)	Standardhaus	– *Haus, das dem Standard entspricht* (eine Entsprechung angebend).

Zu den Komposita, die umfangreicheren syntaktischen Konstruktionen entspre-   835
chen, gehören neben denen mit einem substantivischen Gattungswort als Bestimmungsglied auch solche mit einem Namen in dieser Position; wir unterscheiden:
–   Namenkomposita, die primär als Gattungsbegriffe dienen:

Beethovensonate – Sonate, die von Beethoven geschaffen wurde.
Hölderlinstudie – Studie, die Hölderlin gilt.

Mit Zusammensetzungen dieser Art werden Gattungen o. ä., die das Grundwort
bezeichnet, dem im Bestimmungswort genannten Namensträger zugeordnet.
Ähnlich gebildet sind Prägungen des öffentlichen Sprachgebrauchs wie *Trakl-*
Spezialist, Wittgenstein-Symposion.

–   Namenkomposita, die sich auf ein Einzelwesen oder -ding beziehen:

Marshallplan, Köchelverzeichnis, Schillertheater, Lessingstraße.

Diese Zusammensetzungen werden selbst als Namen gebraucht. Ihr Bestimmungswort dient dazu, aus der durch das Grundwort bezeichneten Gattung ein
einziges Exemplar durch Namenprägung abzuheben und eigens zu kennzeichnen.

–   Namenkomposita, die primär zur Verdichtung syntaktischer Fügungen die-
    nen:

*Kohl*besuch – Besuch, den *Kohl* macht/gemacht hat.
*Berlin*abkommen – Abkommen, das über/für *Berlin* getroffen worden ist.
Maradona-Tore – Tore, die *Maradona* schießt/geschossen hat.

In der nach Kürze drängenden Pressesprache besteht – etwa bei Überschriften –
die Neigung, Zusammensetzungen mit einem Namen als Bestimmungswort auch
dann zu bilden, wenn es nicht um eine Klassifizierung, Namengebung o. ä. geht,
sondern um die Zusammenfassung eines Textinhalts. Nach diesem Muster entstehen größtenteils Augenblickskomposita; auch vergleichbare Zusammensetzungen mit Abkürzungen kommen vor *(EG-Gipfeltreffen).*
Was in der Zeitungssprache oft zweckmäßig ist, fällt in anderen Kontexten vielfach so aus dem Erwartungsrahmen, daß es als stilistisch abweichend auffällt.
Wenn nicht das Bestimmungs-, sondern das Grundwort ein Name ist, behält auch
die Zusammensetzung dessen identifizierende Funktion; so in Bildungen wie *Trä-*
nen-Maria oder *Ochsensepp,* die als Übernamen fungieren.
Komposita aus zwei Namen können dem kopulativen Typ folgen (vgl. 824), aber
auch Determinativkomposita sein; sie haben dann ebenfalls identifizierende
Funktion (*VW-Piëch, ÖVP-Busek* usw.).

Der Typ Adjektiv (Partizip) + Substantiv

836 Diese Komposita sind formal und inhaltlich ziemlich einheitlich geprägt. Ihr Anteil an den Substantivzusammensetzungen liegt bei 6%. Das Bestimmungswort wird im allgemeinen ohne Fugenelement (vgl. 854f.) mit dem Substantiv verbunden und steht gewöhnlich in der Grundform (im Positiv; vgl. *Rotlicht, Kleinkind, Heißluft*). Neuerdings kommen – besonders aus der Sprache des Sports, der Technik und der Werbung – einige Zusammensetzungen mit Superlativform hinzu, die vor allem dazu bestimmt sind, einen Bewunderungs- oder Kaufeffekt auszulösen:

> Best-/Höchstleistung; Höchst-, Tiefstpreis, Billigsttarifangebot, Kleinstgerät.

In den wenigen Fällen, in denen das Erstglied als ein Komparativ erscheint, handelt es sich gewöhnlich um Ableitungen aus Wortgruppen oder Verbkomposita, etwa bei *Besserwisser* (aus *alles besser wissen*), *Höherstufung* (aus *jemanden höher [ein]stufen*), *Weiterbildung* (aus *sich weiterbilden*).

Neben Adjektiven treten vereinzelt auch 2. Partizipien als Bestimmungselemente auf *(Gebrauchtwagen, Gemischtwaren);* ein 1. Partizip steht aber nur im Ausnahmefall *(Lebendgewicht; Liegendkranke).*

Die Zusammensetzung mit Kardinal- und Ordinalzahlwörtern ist heute reihenhaft entwickelt:

> Erst-, Zweitwagen; Zwei-, Fünf-, Zehnkampf.

Über die Hälfte der Bestimmungswörter sind einsilbige Adjektive, mehr als ein Drittel zweisilbige. Unter diesen finden sich in erster Linie alte Adjektivbildungen mit dem Präfix *ge- (Geheimbund, Gemeinsprache),* ferner – neuerdings (überwiegend in Fach- und Sondersprachen) zunehmend – alte Adjektivbildungen mit dem Suffix *-ig (Fertiggericht, Billigangebot, Niedrigwasser),* Zusammensetzungen mit dem Bestimmungswort *allein- (Alleinherrschaft)* und vor allem auch entlehnte mehrsilbige Adjektive, insbesondere auf *-al* und *-iv (Normalbenzin, Massivbau* usw.); nur ausnahmsweise kommen dagegen Adjektivzusammensetzungen vor *(Vollfrischeier).*

Längere Bestimmungswörter machen höchstens 5% aus. Von Einzelfällen wie *allgemein-* abgesehen, sind sie entlehnt (vgl. *repräsentativ-).* Die Komposita mit *General- (Generalamnestie, -beichte, -vollmacht* usw.) gehören als Varianten zu dem Adjektiv *generell,* mit *Spezial- (Spezialbehandlung, -fall, -sorte* usw.) zu *speziell,* die mit *Sexual-* zu *sexuell (Sexualaufklärung, -trieb).* Durch formale Kürzung des Adjektivs entstehen die Bildungen mit *Dokumentar- (Dokumentarbericht, -spiel;* zu *dokumentarisch), Sonder- (Sonderfall, -rabatt* usw.; zu *besonders), Einzel- (Einzelfall, -karte* usw.; zu *einzeln), Polit- (Politbüro, -aktion;* zu *politisch).*

837 Etwas mehr als die Hälfte der Bildungen entsprechen attributiven Konstruktionen mit einem Adjektiv, Partizip oder Zahlwort:

> Kleinkind – kleines Kind, Kleinempfänger – kleiner Empfänger, Gebrauchtwagen – gebrauchter Wagen.

Bei einer ganzen Reihe von Bildungen des Typs funktioniert diese Gleichsetzungsprobe jedoch nicht. Sie sind

– zum größten Teil lexikalisiert (der *Schöngeist* ist kein *schöner Geist;* vgl. *Jungfrau, Junggeselle* usw.);

– vereinzelt Bildungen mit Halbpräfixen: *Hochglanz, -betrieb; Vollsalz, -ziegel; Edelganove, -rocker* (vgl. *Hochglanz* ‚sehr großer Glanz‘, *Hochbetrieb* ‚ein besonders lebhafter Betrieb‘ usw.).

- exozentrisch gebildet (vgl. 825); z. B. *Blondschopf (jmd., der einen blonden Schopf hat), Bleichgesicht, Dickkopf, Rotkehlchen* usw.;[1]
- einer adverbialen Beziehung zu dem im Grundwort *(Straße)* enthaltenen Verbbegriff äquivalent: *Schnellstraße, Quertrakt* usw. (*Schnellstraße – Straße, auf der man schnell fährt* usw.);
- adverbialen Konstruktionen mit ausgesparten Verben (Verbprädikationen) äquivalent, auf die sich das Adjektiv semantisch bezieht, wie bei *Leergewicht (Gewicht, das etw. hat, wenn es leer ist), Trockengewicht, Rotstift (Stift, mit dem man rot schreibt)* usw.;
- attributiven Konstruktionen mit ausgesparten Substantiven äquivalent, vgl. z. B. die elliptischen Bildungen *Feinbäckerei (Bäckerei, in der man feines Gebäck herstellt), Weißnäherei (Näherei, in der weißes Tuch genäht wird).*

Anders steht es um dreigliedrige Zusammensetzungen mit einem adjektivischen Erstglied, das sich auf das unmittelbar folgende (d. h. mittlere) Kompositionsglied bezieht, mit dem es eine (attributive) Wortgruppe bildet: **838**

> Breitschwanzschaf – Schaf, das einen breiten Schwanz hat.
> Linksparteienliste – Liste, auf der die linken Parteien stehen.

Da das Adjektiv selbst bei ihnen nicht die Funktion des Bestimmungsgliedes hat, gehören sie strenggenommen ebensowenig in diese Gruppe wie die – seltenen – dreigliedrigen Bildungen, in denen vorn zwei Adjektive stehen: *Schwarzweißmalerei, Schwarzweißfernseher* (hier stehen die Adjektive in einem [kopulativen] *und*-Verhältnis zueinander).

Der Typ Verb + Substantiv

Ursprünglich gab es nur Zusammensetzungen mit einem Substantiv als Erstglied. In vielen Fällen – *Schlafzimmer, Baustein, Trauerkleid, Reisegeld* usw. – ist der erste Teil nicht von einem Verbalstamm zu unterscheiden. Sie gehören zu der heute großen Gruppe von Zusammensetzungen, deren erstes Glied ein Verb sein kann (z. B. in *Bohrmaschine*). Ein Teil dieser Bildungen bezieht sich allerdings zugleich auf ein substantivisches Verbalabstraktum, ist also gewissermaßen doppelt motiviert. Insgesamt beträgt der Anteil der durch ein Verb motivierten Bildungen an den Substantivkomposita überhaupt – je nach Textart – 5–10 %.   **839**

Das Bestimmungswort erscheint in Form des reinen Verbstamms (d. h. ohne die Infinitivendung *-en*) oder mit einer *-e*-Fuge (vgl. 846) und besteht entweder aus einem einfachen Verb *(Schreib-, Spülmaschine)* oder aus einem mit einem Präfix, Halbpräfix oder einem anderen abtrennbaren Bestandteil zusammengesetzten Verb *(Versteck-spiel, Abzähl-reim, Durchlauf-erhitzer).*   **840**
Bildungen mit einfachen Verben nehmen öfter ein adjektivisches Bestimmungselement zu sich *(Tiefgefrierfach, Fernmeldesatellit, Breitwalzverfahren, Langlaufski).* Adjektiv und Verbelement stehen in diesen Fällen in einer engeren lexikalischen Verbindung, sie sind ihrerseits zum Teil schon als Zusammensetzungen im Gebrauch (vgl. *etwas tiefgefrieren* und *Tiefgefrierkost).*

---

[1] Diese exozentrischen Komposita haben die gleiche Binnenstruktur wie die oben genannten Adjektiv + Substantiv-Zusammensetzungen, aber eine andere Bezeichnungsfunktion (vgl. S. 401, Anm. 1, S. 415, Anm. 1, S. 468, Anm. 2).

Dreigliedrige Zusammensetzungen entstehen gewöhnlich in der Weise, daß an eine gebräuchliche Zusammensetzung aus Verbalstamm + Substantiv ein neues Substantiv als Bestimmungselement tritt (*Schuh-putzzeug, Haar-färbemittel, Scheiben-waschanlage* usw.). Das Erweiterungsglied nennt hier das Patiens zum Verb; dies ist der häufigste Fall. Gelegentlich bezeichnet es aber auch das Agens *(Bus-haltestelle)* und kann daneben eine lokale *(Hallen-schwimmbad),* temporale *(Winter-fahrplan),* instrumentale *(Funk-sprechgerät),* materiale *(Holz-bauelement)* oder finale *(Reise-schreibmaschine)* Bestimmung angeben.

Nur selten werden Zusammensetzungen des Typs Verb + Substantiv ihrerseits durch einen Verbalstamm erweitert, am ehesten noch in Fachsprachen (vgl. *Schluck-impfstoff, Warn-blinkanlage, Schwimm-lehrbecken, Bau-sparkasse).* Hier (und in der Verwaltungssprache) sticht auch das Muster hervor, in dem das Verb mit einem objektangebenden *(Geschirr-spülmaschine, Panzer-abwehrkanone)* oder umstandsangebenden Substantiv *(Reise-, Büro-schreibmaschine)* verbunden ist (s. o.). Schließlich kommt es auch vor, daß das Erweiterungsglied zusammen mit dem Verbalstamm vor das Grundwort tritt (z. B. bei *Viehhalte-plan;* vgl. 743).

841 Für die semantischen Beziehungen in den Zusammensetzungen vom Typ Verb + Substantiv gilt allgemein, daß das Bestimmungswort einen Zustand, Vorgang oder eine Handlung angibt, wodurch der im Grundwort genannte Gegenstand oder Begriff (seltener eine Person) näher charakterisiert wird (vgl. *Wohn-, Bade-, Eß-, Schlafzimmer).* Daneben gibt es auch den Fall, daß das Bestimmungsverb ein bereits im Grundwort enthaltenes Merkmal noch einmal explizit hervorhebt (vgl. etwa *Trag-bahre,* wo *Bahre* allein bereits die Bedeutung des Tragens mitenthält).

Die Beziehung zwischen dem Bestimmungswort A und dem Grundwort B orientiert sich oft natürlich an deren Bedeutung. Dann sind bei den Verb + Substantiv-Zusammensetzungen rund zehn Bedeutungsarten (also „semantische Muster") zu unterscheiden, in denen sich vor allem charakteristische Satzbeziehungen des substantivischen Grundworts (B) zu dem Verbprädikat im Bestimmungswort (A) spiegeln. Solche Satzbeziehungen sind etwa[1] die der (1) Subjektgröße (Agens), (2) Objektgröße (Patiens) und Bestimmungen mit (3) instrumentaler, (4) lokaler, (5) temporaler, (6) effizierender oder (7) kausaler Bedeutung; schließlich erscheint das substantivische Grundwort (B) auch als prädikative Bestimmung des (8 a) Bezugrahmens und (8 b) des umfassenderen Begriffs, mit dem die Verbbedeutung (von A) präzisierend verbunden wird:

semantische Muster	Beispiele	häufige Grundwörter
(1) Agens (A ‚tut' B)	*Lebewesen – Wesen, das lebt.* *Begleitumstand – Umstand, der* *etw. begleitet.* (Ersatzprobe mit dem 1. Partizip + Substantiv; z. B. *begleitender Umstand*)	Personen-, Tier-, Pflanzenbez. *(-frau, -vogel* usw.), Körperteilbez., Bez. für Geräte, Kleidungsstücke, Fahrzeuge, Stoffe, abstrakte Größen *(-motiv, -gedanke* usw.).

---

[1] Weitgehend nach A. Kienpointner: Wortstrukturen mit Verbalstamm als Bestimmungsglied in der deutschen Sprache. Innsbruck 1985, und nach dem Abschnitt von E. Müller-Bollhagen in DW, Bd. 4, S. 508, 526 u. ö.

semantische Muster	Beispiele	häufige Grundwörter
(2) Patiens (B ist ‚Ziel' von A)	*Mischgetränk – Getränk, das man mischt/gemischt hat.* *Wickelkind – Kind, das man (noch) wickelt.* (Ersatzprobe mit dem 2. Partizip + Substantiv oder Gerundiv; z. B. *das zu wickelnde Kind*)	Bez. für Nahrungsmittel, Speisen (*-fleisch, -obst* usw.), Sachteile (*-bild, -gewebe* usw.), Möbel, Spielzeug, Fahrzeuge, geistige Gegenstände (*-wort, -gedanke*), seltener für Personen (*-bote, -kind*).
(3) instrumental (A ‚tut' etw. mit B)	*Rasierapparat – Apparat, mit dem man sich rasiert.* *Kühlanlage – Anlage, mit der man etw. kühlt.*	Bez. für Geräte (*-anlage, -apparat, -einrichtung, -gerät, -maschine, -mittel, -vorrichtung*), Stoffe (*-masse, -material, -stoff*), Aktivitäten (*-arbeit, -maßnahmen*).
(4) lokal/direktional (B ‚geschieht' in/nach A)	*Sendebereich – Bereich, in dem man etw. sendet.* *Ladefläche – Fläche, auf die man etw. lädt.* *Anflugrichtung – Richtung, aus der man anfliegt.*	*-anstalt, -bereich, -ecke, -gebiet, -halle, -haus, -ort, -platz, -raum, -saal, -station, -statt, -stätte, -stelle, -stube, -tisch, -zimmer* usw.
(5) temporal (A findet an B statt/dauert B)	*Waschtag – Tag, an dem man wäscht.* *Studienzeit – die Zeit, die das Studium dauert.*	Zeitbez. wie *-alter, -dauer, -frist, -jahr, -pause, -phase, -stunde, -tag, -termin, -zeit.*
(6) effizierend (B bewirkt A)	*Lachreiz – Reiz, der das Lachen auslöst.* *Niespulver – Pulver, das Niesen bewirkt.*	Stoffbez. wie *-pulver, -stoff,* Abstraktbez. wie *-reiz,* Gegenstandsbez. wie *-klappe, -korb.*
(7) kausal (A bewirkt B)	*Lachfalten – Falten, die durch Lachen entstehen.* *Schleuderunfall – Unfall, der durch Schleudern entsteht.*	Bez. für Sinneseindrücke (*-geräusch, -geruch, -ton*), Krankheiten und Wunden (*-fieber, -infektion*), Kosten (*-geld, -preis* usw.), technische oder handwerkliche Produkte (*-blech, -faser, -korb, -waren* usw.).
(8 a) Themabezug (B bezieht sich auf A)	*Erzähltalent – Talent in bezug auf das Erzählen.* *Lernpsychologie – Psychologie, die sich mit dem Lernen befaßt.*	Abstraktbez. wie *-fähigkeit, -kunst, -pflicht, -sucht, -technik, -verbot, -vermögen.*
(8 b) explikativ (B ‚besteht in' A)	*Bastelarbeit – Arbeit, die darin besteht, daß jmd. bastelt.* *Anlegemanöver – Manöver, das darin besteht, daß jmd. (irgendwo) anlegt.*	*-arbeit, -kunst, -manöver, -spiel, -sport, -übung* usw.
(9) modal (B ‚erfolgt' so [= A])	*Sitzbad – ein Bad das man sitzend (ein)nimmt.*	

Ein Drittel aller Komposita mit einem Verb als Bestimmungsglied (A) folgt dem instrumentalen Typ (3); ein weiteres Drittel verteilt sich auf Typ (1), (2) und (4); bei den restlichen Komposita ist Typ (8 a) der häufigste.

Unter den Zusammensetzungen mit einem Verb als Bestimmungsglied (A) finden sich relativ viele Klammerformen: *Flickkorb (Flickzeugkorb), Schreibmappe (Schreibzeugmappe), Reitstall (Reitpferdestall);* vgl. 721. Bei anderen Komposita, die den gleichen Eindruck machen, läßt sich die Bedeutung ebensogut vom substantivierten Infinitiv her erklären *(Brenndauer – Dauer des Brennens/Dauer, während der etw. brennt).*

Ansätze zur Reihenbildung mit dem gleichen Verb finden sich vor allem dann, wenn das (semantische) Muster der Komposition – dazu s. o. (1) bis (8 b) – gleich bleibt, also etwa bei *Leit-* (*Leitplanke, -schnur, -faden, -währung* usw. nach (1)); *Brat-* (*Bratfisch, -apfel, -huhn, -wurst* usw.) oder *Räucher-* (*Räucheraal*) usw. nach (2); *Zeichen-* (*Zeichenstift, -block, -feder, -dreieck* usw.; zu: *zeichnen*) oder *Rechen-* (*Rechenmaschine* usw.; zu: *rechnen*) nach (3); *Sammel-* (*Sammelstelle, -platz, -lager* usw.) nach (4).

Eine Tendenz zu präfixartiger Verwendung entsteht daraus bei *Dauer-: Dauerbelastung, -auftrag, -beschäftigung, -betrieb, -gast, -geschwindigkeit, -regen, -schlaf* (mit der Bedeutung ,für lange oder unbegrenzte Zeit'). *Fehl-* (*Fehlentwicklung* usw.) hat schon den Status eines Halbpräfixes mit der Bedeutung ,falsch' (vgl. 865).

Der Typ Partikel + Substantiv

842

Von den flexionslosen Wortarten werden bestimmte Gruppen wie die Konjunktionen (*ob, wenn* usw.) und Gesprächspartikeln (*hm, ja, nein*), fast nie, die modalen Satzadverbien (*vielleicht* usw.) wenig, andere Adverbien – und zwar mit spezifizierender Bedeutung – aber durchaus schon öfter zur Zusammensetzung herangezogen: *Sofortprogramm, Beinahekatastrophe, Nur-Hausfrau, Noch-Parteichef* usw. Lange Reihen bildet die Komposition mit *Nicht-* (*Nichtchrist* usw.; vgl. 864).

Systematisch ausgebaut ist der Typ Präposition + Substantiv:

a) Nachsommer – der Sommer nach dem Sommer
   Vorstadt – die Stadt vor der Stadt

In diesen Fällen lauten das Bezugssubstantiv (*Sommer, Stadt*) und der Kern des präpositionalen Attributs gleich; so rückt die Präposition in die Position des Bestimmungswortes.

b) Zwischeneiszeit – die Zeit zwischen den Eiszeiten
   Vormittag – die Zeit vor dem Mittag

In diesen Fällen ist das mit den Zusammensetzungen Bezeichnete nicht in dem Begriff des Grundworts enthalten; sie geben einen Zeitraum außerhalb des durch das Grundwort Bezeichneten an.

Die verschiedenen Muster erlauben hauptsächlich eine räumliche und zeitliche Ein- oder Zuordnung des im Grundwort Genannten:

vor: *Vorort, Vorstadt* (,Ort/Stadt vor einem Ort, einer Stadt'), *Vorzeit* usw.[1]
unter: *Unterabteilung, Untergeschoß, Unterrock* usw. (anders *Unterdruck* usw.; vgl. 867)

---

[1]   Nicht hierher gehören lexikalisierte Bildungen wie *Vorhut* (heute nicht *vor* + *Hut;* sondern: Lehnbildung nach frz. *avantgarde*) und Ableitungen aus Verbalkomposita, z. B. *Vorschrift* (nicht aus *vor* + *Schrift*, sondern aus etw. *vorschreiben*), *Vortäuschung* (aus etw. *vortäuschen*).

über: *Überrock, Überstunde, Überweg* usw. (anders *Überdruck* usw.; vgl. 867)
hinter: *Hinterhaus, Hinterrad, Hintertür* usw. (gewöhnlich nur mit räuml. Bedeutung)
nach: *Nachsaison, Nachbehandlung* usw. (meistens zeitlich; vgl. aber z. B. *Nachname*)
neben: *Nebenzimmer, Nebenhöhle, Nebensaison* usw.
zwischen: *Zwischenraum, Zwischendeck, Zwischenmahlzeit* usw.
innen: *Innenbeleuchtung, Innenhof, Innenkurve, Innenstadt* usw.

Darüber hinaus dienen diese Bildungen häufiger auch zur abstrakten Einordnung des Grundwortinhalts:

> *Über-/Unter*angebot, *Unter*bezirk, -gruppe; *Neben*bedeutung, -beruf, -interesse; *Zwischen*handel, -produkt usw.

Abstraktere Beziehungen drücken auch die Zusammensetzungen aus, in denen die Präpositionen *mit* und *gegen* Erstglieder sind:

> *Mitschüler, -bürger, -mensch, -direktor* („komitativ")
> *Gegenaktion, -antrag, -argument, -beispiel, -demonstration* usw. (vgl. 867).

In Zusammensetzungen wird das Adverb *zurück* zu *Rück-* verkürzt (vgl. *Rückweg, -fahrt* usw.; vgl. 867).

Formvariation („Allomorphie") an der Kompositionsfuge

Zum größten Teil (zu über zwei Dritteln) bestehen Komposita aus zwei ‚Bauteilen', die ‚nahtlos', d. h. ohne Verbindungszeichen (z. B. Flexive) aneinandergefügt sind. Bei Bestimmungswörtern, die nicht abgewandelt werden können (Adverbien, Präpositionen usw.), liegt das auf der Hand. Für Adjektive gilt das aber auch (vgl. *das blaue Licht* und das *Blaulicht*). Daß von einem Verb als Erstglied der Stamm ohne Endungen in die Komposition eingeht (vgl. u. 846), entspricht der ‚Stammkomposition' in anderen (besonders den germanischen) Sprachen. Anders beim Substantiv: Die Vielfalt der Fugenelemente erinnert an die Formvariation der Flexion. Sie hat aber (synchron) nichts mit ihr zu tun, sondern ist durch andere Regeln gesteuert (vgl. 847ff.). Das ist historisch zu erklären: Die Komposita, die aus Wortgruppen entstanden sind (vgl. *des Herzens Freude* und *Herzensfreude*), haben zum Teil von daher die ursprüngliche Form (z. B. mit einem *-[n]s*, das den Genitiv anzeigt) bewahrt und zeigen eine ‚flexionsgemäße' Fügung. Nach ihrem Vorbild sind dann andere Zusammensetzungen entstanden, in denen die Form nichts mehr mit der Herkunft aus der Flexion zu tun hat (z. B. bei Wörtern auf *-heit* wie *Freiheit-s-kampf;* mit flexionsfremder Fuge). Die Elemente, die an der Nahtstelle oder ‚Fuge' zum Zweitglied auftreten, werden daher als ‚Fugenelemente' bezeichnet. Sie sind gewöhnlich vom Erstglied abhängig und bestimmen dessen Variation in der Zusammensetzung (Allomorphie), markieren so die Grenze zum Zweitglied, ohne etwas über die Bedeutungsbeziehungen zu sagen. Nur das Merkmal der ‚Mehrzahl' können sie markieren, wenn sie der Pluralform des Erstglieds entsprechen. Aber das gilt nicht für alle Fälle (vgl. u.). Daß diese Fugenelemente bei demselben Bestimmungswort wechseln können, ist dafür ebenfalls typisch, wenn es auch nicht so häufig auftritt:

> Rind*er*-/Rind*s*-, Schweine-/Schwein*s*-, Kalb*s*braten, Kälb*er*futter; (aber: Rind-, Kalbfleisch usw.).

Manchmal wird die Nahtstelle zwischen den zusammengesetzten Wörtern – zur Verdeutlichung – mit einem Bindestrich gekennzeichnet; dies insbesondere bei ungewöhnlichen (*Sichel-Sehnsucht*, P. Celan) und unübersichtlichen Bildungen (*Braunkohlen-Tagebau)*, bisweilen bei geläufigen Zusammensetzungen, deren

843

Teile dem Leser ganz besonders ins Bewußtsein gehoben werden sollen (z. B. *Wórt-Árt* statt *Wórtàrt*), und häufig bei Zusammensetzungen mit einem Namen *(Lessing-Ausstellung, Wohmann-Lesung, Möbel-Müller)*. Obligatorisch (verbindlich) ist der Bindestrich dagegen bei Komposita mit Abkürzungen *(Kfz-Papiere, UKW-Sender)* und mit Sätzen *(der Gott-sei-Dank-daß-du-da-bist-Zustand)*.

Fugen und Flexionsendung

844 Obwohl die Fugenelemente ursprünglich den Inventaren der Flexion entnommen wurden (vgl. *Lebenszeit – die Zeit eines/des Lebens*), haben sie heute nicht mehr deren syntaktische Funktion (also etwa in dem genannten Beispiel die Aufgabe, ein Genitivattribut zu kennzeichnen) und sind allenfalls als „erstarrte" Flexionsendungen anzusehen (z. B. die veralteten Genitive [vgl. 384, Anm. 2,4] in *Storchennest – Nest des Storchen/Storchs, Erdenrund – Rund der Erden/Erde*).

Im übrigen entsprechen die Fugenelemente in vielen Fällen gar nicht den Flexionsendungen des Bestimmungswortes in den entsprechenden syntaktischen Fügungen, sondern stehen in Analogie zu anderen festen Kompositionsmustern.[1] So ist z. B. die *-en*-Fuge aus Bildungen mit der Pluralform des Bestimmungswortes[2] *(Strahlenkranz, Dornenkrone)* oft auch in solche Zusammensetzungen übernommen worden, deren Erstglied als Singular zu verstehen ist:[3]

Pfeifenspitze (– Spitze einer/der Pfeife), Schwellenwert, Spinnennetz, Kirchenschiff, Tortenstück, Raketenstufe, Rentenbetrag usw.

Ebenso wird umgekehrt auch das singularische Genitiv-*s* als Verbindungselement in Zusammensetzungen übernommen, die eine Pluralbedeutung des Bestimmungswortes voraussetzen (vgl. *Bischofskonferenz [Konferenz mehrerer Bischöfe]* nach dem Muster *Bischofsmütze* oder *Freundeskreis* nach *Freundesdienst*).

Schließlich gibt es noch den Fall, daß eine Endung in der Fuge steht, die gar nicht zur Flexion des Bestimmungswortes (im Singular oder Plural) gehört, sondern ganz anderen Deklinationsmustern entnommen ist. Am häufigsten kommt dies bei der *-s*-Fuge nach femininen Substantiven vor *(Liebe-s-brief, Arbeit-s-lohn, Wohnung-s-not, Gleichheit-s-prinzip)*.

Die Fugenelemente können also keine grammatische Funktion haben; die ehemaligen syntaktischen Beziehungen zwischen den Wörtern einer Zusammensetzung sind aufgehoben. Aber in einer Reihe von Fällen haben sie die – semantische – Funktion, auf einen Plural zu verweisen.

Die einzelnen Fugenelemente

845 Die Verbindungselemente *-(e)s-, -e-, -(e)n-, -er-* treten überwiegend bei Zusammensetzungen mit einem Substantiv als Bestimmungswort, seltener auch bei Zusammensetzungen mit einem Verb (hier kann nur *-e-* vorkommen: *Les-e-buch* usw.) als Bestimmungswort auf; ferner vor Halbsuffixen *(gewohnheit-s-mäßig)* und einigen Suffixen (*-haft [greis-en-haft]*, *-schaft [Pate-n-schaft]*, *-tum [Christ-en-*

---

1 Obwohl im Folgenden die Determinativkomposita im Mittelpunkt stehen, sind auch andere Wortbildungstypen einbezogen, bei denen Fragen der Wortfuge eine Rolle spielen, etwa Substantiv- und Adjektivableitungen *(Patenschaft, greisenhaft)*.

2 Bei femininen Bestimmungswörtern auf *-e* fällt dieses manchmal aus, vgl. *Mühlrad, Rebstock; hilfreich*.

3 Der Vorschlag, die Fugenelemente zusammen mit den Präfix- und Suffixvarianten als „Interfixe" zu bezeichnen (W. Fleischer, I. Barz, M. Schröder [vgl. 711, Anm. 1], S. 32 u. ö.), wird hier nicht aufgenommen, weil sie im Unterschied zu den anderen Affixen (Präfixen, Suffixen) gewöhnlich keine Bedeutungsfunktion haben.

tum], -heit, -ität, -ion, -en, -ling [vgl. 852]), wobei sich die Fugensetzung in gleicher Weise wie bei den Zusammensetzungen nach Bedingungen des Erstgliedes richtet. Nach Adjektiven stehen in Substantivbildungen nie Fugenelemente (ausgenommen sind einige Namen: *Altenburg, Neuenkirchen, Grünenwalde).*

Ob ein Fugenelement steht oder nicht, das hängt weitgehend von der Beschaffenheit des Erstgliedes ab (Erstgliedregel): 1. insbesondere von der Wortart des Bestimmungswortes, 2. von seiner morphologischen Grundausstattung (Flexionsklasse), 3. von seiner Lautstruktur (Umfang, Silbenzahl, Auslaut), 4. von seiner Wortbildungsstruktur (davon, ob es sich um ein Simplex, eine Ableitung oder eine Zusammensetzung handelt), 5. zum Teil auch davon, ob das Kompositum nur eine oder mehrere der im Bestimmungswort bezeichneten Personen oder Sachen voraussetzt, und 6. von regionalen Bedingungen (letzteres besonders im Hinblick auf Österreich und die Schweiz).

Nach den Eigenschaften des Zweitgliedes richtet sich die Fuge dagegen nur in wenigen Einzelfällen. Da sich diese wenigen Zweitgliedregularitäten auf die Adjektivbildung (und Adverbialbildung) beschränken,[1] sind damit zugleich auch alle Unterschiede zwischen den Fugen der Substantiv- und Adjektivbildungen genannt. Sie betreffen nur Suffixe und Halbsuffixe:

-er- steht regelmäßig vor

-lei *(zwei-er-lei),* -dings *(neu-er-dings),* -maßen *(erwiesen-er-maßen),* -seits *(väterlich-er-seits;* außer in den lexikalisierten Wörtern *dies-, jenseits),* -weise (und zwar – ähnlich wie bei *-seits* – nach adjektivischem Erstglied *[verständlich-er-weise];* mit Verben und Substantiven verbindet sich *-weise* dagegen nahtlos *[leih-, fall-weise]),* -hand *(kurz-er-hand)* und – allerdings nur vereinzelt – -lich *(neu-er-lich),* -isch *(halsbrech-er-isch),* -ig *(kleb-r-ig).*

-ens- steht regelmäßig vor *-wert* und manchmal vor *-würdig* nach Verbstämmen *(seh-ens-wert, empfehl-ens-wert);* bei eindeutig substantivischem Erstglied fehlt es *(preiswert).*

-en- steht meistens vor *-falls* (in Übereinstimmung mit der Adjektivflexion: *nötig-en-falls, gegeben-en-falls;* Ausnahmen: *gleich-, eben-, keines-, notfalls).*

Kein Fugenelement steht in Adjektiv/Adverbzusammensetzungen insbesondere vor *-ab, -an, -auf, -aus* und *-ein (bergab-, -an, -auf; tagaus, -ein).*

Die Fuge nach einem Verb

In den meisten Fällen (80–90 %) erfolgt die Zusammensetzung nahtlos, die Infinitivendung entfällt *(Schreibmaschine; schreibfaul);*[2] sonst steht der Vokal *-e-* *(Les-e-buch; les-e-begierig).*

846

---

[1] Eine Ausnahme bei der Substantivbildung stellen einige der z. T. veraltenden Personenbezeichnungen mit den Zweitgliedern *-mann, -frau, -leute* dar, vor denen *-s-* steht: *Reiter-s-mann, Bäcker-s-frau, Bauer-s-leute.* Andererseits fehlt das *-s-* abweichend von der Erstgliedregel, wonach nach Feminina auf *-ung* und nach *Arbeit-* immer die *-s-*Fuge steht (s. o.), manchmal in Scheinkomposita wie *Stellung-, Fühlungnahme, Arbeitnehmer.* Bei diesen Wörtern handelt es sich um Ableitungen aus Wortgruppen mit dem Verb *nehmen (Stellung nehmen* usw.), nicht um Zusammensetzungen mit *-nahme, -nehmer;* vgl. ferner *Auftrag-, Gesetzgeber.* Das gleiche gilt – ohne feste Regel – für einige Partizipien; hier findet sich *richtungweisend* neben *richtungsweisend, aufsichtführend* neben *aufsichtsführend* (sonst gilt für *Aufsicht* die Erstgliedregel, nach der immer *-s-* steht).

[2] Nach dem Verb *rechnen* fällt in der Zusammensetzung der stammschließende Nasal *n* aus, und die Infinitivendung bleibt dafür formal erhalten *(Rechenbuch, -automat).* Ähnlich ist es bei *zeichnen, atmen* und *trocknen (Zeichengerät, Atemgeräusch, Trockenhaube),* wo sich die Wortbildung lautlich dem entsprechenden Nomen angleicht.

Ohne *-e-* stehen regelmäßig viele mehrsilbige Verbalstämme, insbesondere alle Verben auf *-(e)l(n)*, *-(e)r(n)*, und *-ier(en) (Pendelverkehr, Wanderweg, Rangier-bahnhof)* und diejenigen mit unbetontem Präfix (Ausnahmen: *verschieben [Ver-schieb-e-probe], verladen [Verlad-e-rampe]*).

Bei den anderen Verben – also denjenigen mit einsilbigem Stamm und ihren Ver-bindungen mit betontem Präfix bzw. Halbpräfix – ist gewöhnlich der Stammaus-laut bestimmend. So steht das *-e-* z. B. nach Verschluß- und Reibelauten, insbe-sondere nach den stimmhaften Verschlußlauten: Nach [d] und [g] meistens *(Send-e-zeit, Anleg-e-platz)* und nach [b] etwa in der Hälfte aller Fälle *(Reib-e-laut).* Darüber hinaus steht das *-e-* noch sehr häufig (in etwa der Hälfte der Fälle) nach dem Laut [z] *(Blas-e-balg),* ferner (zu rund einem Drittel) nach [t] und [ŋ] (vgl. *Wart-e-raum* neben *Reitstunde; Häng-e-lampe* neben *Schlingpflanze).*

Manchmal spielt neben dem Auslaut des Erstgliedes auch noch der Anlaut des Zweitgliedes eine Rolle: So findet sich nach Verbalstämmen auf [d] dann ein *-e-* in der Fuge, wenn ein Vokal *(Send-e-anlage,* aber *Sendbote),* ein [m] *(Bind-e-mittel,* aber *Bindfaden)* oder ein [R] *(Send-e-reihe)* folgt, ferner vor den stimmlosen Ver-schlußlauten [p], [t], [k] *(Sied-e-punkt, Sied-e-temperatur, Umkleid-e-kabine);* nach Verbstämmen auf [t] steht ein *-e-,* wenn das Zweitglied mit [t] oder [z] anlau-tet *(Hinhalt-e-taktik, Wart-e-saal).*

Regionale Unterschiede sind nicht häufig, aber auffällig: So tendiert z. B. das Schweizerdeutsche eher zu einer Fügung ohne *-e-: Badanstalt, Wartsaal* (sonst steht im Deutschen nach *baden* und *warten* regelmäßig das *-e-),* *Ruhbett, Sied-fleisch, Zeigfinger.* Im österreichischen Deutsch zeigen sich hierzu nur wenige Ansätze; vgl. *Löskaffee, Ablösrechner, Ausrufzeichen.*

Die Fuge nach einem Substantiv

847   Hier kommen verschiedene Formen vor. Während in zwei Dritteln der Fälle die Verbindung nahtlos erfolgt, steht in je 10–20% ein *-(e)s-* oder ein *-(e)n-;* viel selte-ner (1–2%) sind *-er-* und *-e-* als Verbindungselemente.

-e-

848   Es steht nur nach einer kleinen Zahl von Substantiven, deren Plural mit *-e* gebil-det wird *(Hund-e-hütte).* Wo dieses Plural-*e* mit einem Umlaut des Stammvokals verbunden ist, erscheint er auch in der Zusammensetzung *(Gäns-e-leber, Läus-e-pulver;* Ausnahme: *Maus* in *Mauseloch, -falle).* Nach einigen Bestim-mungswörtern tritt *-e-* immer auf, insbesondere nach *Hund, Gans, Pferd, Getränk, Gerät;* nach *Tag, Maus, Schwein* findet es sich oft *(Tag-e-blatt* neben *Tagblatt, Maus-e-falle, Schwein-e-fett* usw.). Wenn sich die Bedeutung der Zusammenset-zung auf eine Mehrzahl des im Bestimmungswort Genannten bezieht, steht *-e-* auch bei den Maskulina *Gast, Arzt, Weg, Hof* und nach den Feminina *Laus, Macht, Kraft, Hand, Stadt (Gäst-e-buch, Ärzt-e-kammer, Weg-e-bau* usw.).

Im süddeutschen und österreichischen Sprachgebrauch fehlt *-e-* vor allem bei Bil-dungen mit *Gans (Gansbraten)* und *Tag (Tagblatt).* Andererseits kommt es in der österreichischen Sportsprache auch nach *Punkt* vor *(Punkt-e-gewinn, -sieg).*

-er-

849   *-er-* kommt ebenfalls nur nach Bestimmungswörtern vor, deren Plural mit der gleichlautenden Endung gebildet wird. Es sind in der Regel neutrale Simplizia *(Kind-er-spiel; kind-er-lieb),* vereinzelt auch Maskulina *(Geist-er-erscheinung).* Wo

der Plural Umlaut aufweist, erscheint dieser auch in der Zusammensetzung
(Länd-er-name), auch wenn keine Vielzahl gemeint ist (vgl. 844; *Hühn-er-ei,
Hühn-er-keule, Kind-er-hemd* usw.). Nach einigen Wortstämmen (den Neutra
Huhn, Kleid, Gespenst) steht *-er-* immer. Häufiger ist es auch nach den Neutra
Bild, Buch, Ei, Kalb, Kind, Land, Rind (Bild-er-rahmen usw.) und nach den Mas-
kulina *Geist, Mann.* Andere Substantive dieser Flexionsklasse werden dagegen
gewöhnlich ohne *-er-* gebildet, wie die Maskulina *Rand, Strauch* und die Neutra
Loch, Haupt, Gehalt (Lochstreifen usw.). Bei den übrigen Neutra und Maskulina
ist für *-er-* gewöhnlich eine Wortbedeutung bestimmend, die einen Mehrzahlbezug des Bestimmungswortes voraussetzt; vgl. besonders die Neutra:

> Blatt, Feld, Brett, Geschlecht, Glas, Glied, Grab, Haus, Korn, Horn, Kraut, Lied,
> Rad, Schild, Volk, Weib, Wort in Blätt-er-dach, Brett-er-wand, Gräb-er-feld, Lied-er-
> abend usw. gegenüber Blattfläche, Brettspiel, Grabstein, Liedform usw.

-(e)n-

Wenn das Bestimmungswort auf *-e* ausgeht, steht in der Fuge *-n-*, sonst *-en-*.   850

1. *-(e)n-* kann einerseits vom Plural herrühren *(Narbe-n-gesicht)*, andererseits
auch vom Singular *(Hase-n-braten)*. Bei den Maskulina, deren Flexionsendung
im Genitiv, Dativ und Akkusativ Singular *-(e)n* ist, steht *-(e)n-* regelmäßig
(Zeuge-n-aussage; rabe-n-schwarz usw.). Dasselbe gilt für substantivierte Adjektive *(Kranke-n-haus, Sieche-n-heim)*.

2. Nach Maskulina mit *-s* im Genitiv Singular und *-en* im Plural, die ohnehin selten sind, findet sich kaum ein *-(e)n-*. Regelmäßig – also auch bei singularischem
Verständnis *(Professor-en-hut)* – steht es nur nach den Lehnwörtern *Professor,
Nerv, Typ* und der alten Personenbezeichnung *Vetter.* Nach den anderen Maskulina dieser Deklinationsklasse dagegen wird *-(e)n-* nur vereinzelt gesetzt, und zwar
dann, wenn die Bedeutung der Zusammensetzung eine Mehrzahl beim Bestimmungswort voraussetzt *(Staat-en-bund, Strahl-en-bündel, Mast-en-wald, Dorn-en-
hecke* [neben *Dorn-hecke*], *Niet-en-hose* [neben *Niethose*]).

3. Nach einigen Neutra mit der Flexionsendung *-s* im Genitiv Singular und *-(e)n*
im Plural steht *-(e)n-* regelmäßig, so nach *Auge* (Ausnahme: *Augapfel*) und einigen Fremdwörtern wie *Elektron, Interesse, Juwel (Elektron-en-gehirn, Inter-
esse-n-lage* usw.). Sonst findet es sich nur bei bewußtem Bezug des Bestimmungswortes auf eine Vielheit *(Bett-en-zahl* gegenüber *Bettdecke); bei Fremdwörtern
auf *-um (Datum, Faktum, Studium, Ministerium)* wird dann wie bei der Pluralbildung diese Endung gegen *-en-* ausgetauscht *(Dat-en-schutz* usw.).

4. Nach den zahlreichen Feminina mit *-en* im Plural, die im Singular keine Flexionsendung haben, steht in der Zusammensetzung vor allem dann *-(e)n-*, wenn sie
im Singular vokalisch (auf [e]) auslauten, und zwar unabhängig davon, ob sich die
Bedeutung auf ein Einzelding oder -wesen bezieht oder nicht:

> Linde-n-blatt, Mücke-n-stich, Sonne-n-schein, Rente-n-bescheid, Rakete-n-stufe,
> Kirche-n-besuch, Torte-n-stück.

Dies ist besonders häufig bei Bestimmungswörtern, die aus Adjektiven abgeleitet
sind *(Länge-n-grad, Tiefe-n-psychologie)*, seltener bei Ableitungen aus Verben
(Fragezeichen, Probeschuß, Klagelied usw.; aber auch: *Lüge-n-gewebe)*. Dagegen
weisen die wenigen konsonantisch auslautenden Feminina (10%) gewöhnlich nur
da *-(e)n-* auf, wo sie als Bestimmungswörter Mehrzahlbedeutung voraussetzen
(Nachricht-en-agentur, Tat-en-drang).

Ausnahmslos gesetzt wird *-(e)n-* nach den Tierbezeichnungen *Auster, Natter, Kreuzotter,* ferner nach *Jungfer, Moritat, Anschrift* u. a.:

Auster-n-schale, Natter-n-, Kreuzotter-n-biß; Jungfer-n-fahrt, Moritat-en-geschichte, Anschrift-en-änderung.

5. Auch nach einigen Maskulina und Neutra, bei denen weder im Singular noch im Plural die Flexionsendung *-en* vorkommt, steht *-(e)n-*, und zwar bei den Maskulina durchgehend nach den Personenbezeichnungen *Greis* und *Schelm,* meistens nach den Tierbezeichnungen *Hahn, Schwan, Star, Storch, Strauß,* manchmal nach den Gestirnbezeichnungen *Mond* und *Stern* und nach den Wörtern *Zwerg* und *Sinn.* Bei den Neutra weisen lediglich die mehrsilbigen – Fremdwörter mit dem Akzent auf der letzten Silbe – *-(e)n-* auf, allerdings nur bei Mehrzahlbedeutung *(Prädikat-en-logik, Zitat-en-schatz, Dokument-en-mappe* usw.); wo es den Bezug auf ein Einzelding oder -wesen gibt, steht, anders als bei den Maskulina, kein *-en-* (vgl. *Prädikat-s-ausdruck).*

Zu den Punkten 1–4 sind einige regionale Besonderheiten nachzutragen: In der Schweiz tritt *-(e)n-* auch nach anderen als den oben genannten Feminina auf *-e* auf (vgl. *Farbe-n-film, Wolle-n-jacke, Hüfte-n-gürtel);* für Süddeutschland und Österreich ist u. a. die Variante *Pappe-n-deckel* bezeugt.

Nach Feminina auf Konsonanten finden sich in der Schweiz *Schrift-en-wechsel, Uhr-en-macher* (gegenüber *Schriftwechsel, Uhrmacher),* in Österreich *Fracht-en-bahnhof, Bank-en-krach,* im westlichen Österreich auch *Uhr-en-macher.* Häufiger ist aber, daß die Fuge bei Zusammensetzungen mit Feminina auf *-e* nicht gekennzeichnet wird, so in der Schweiz bei *Fragekreis, Wirbelsäulefraktur, (Vieh)herdetrennung,* in Österreich bei *Toilettespiegel, -tisch.* Das *-e* fehlt in der Schweiz z. B. auch bei *Baustellbesichtigung, Kirchgemeinde, Patrontasche, Sittlehrer, Pfründinhaber, Tannast, Auglid,* in Österreich z. B. bei *Kirschknödel, Maschinschreibkurs, Klarinettspieler;* für beide Gebiete bezeugt sind Bildungen wie *Adreßänderung, Wiesland, -baum* usw.

Regionale Besonderheiten zu 5.: In Österreich findet sich noch bei einigen anderen als den oben beschriebenen Fremdwörtern das *-(e)n-* (z. B. in *Ornament-en-stil).*

-(e)ns-

851 In Übereinstimmung mit der Flexionsendung des Genitivs Singular kommt bei Bildungen mit dem Neutrum *Herz* in der Zusammensetzung *-ens-* vor, vgl. *Herz-ens-angelegenheit, -bildung, herz-ens-gut* (neben *Herz-e-leid* und den Bildungen *Herzbeklemmung, Herzblut* und *Herzschlag).* Etwas Ähnliches ist bei einigen Maskulina zu beobachten: *Name-ns-zug, -vetter* (anders bei Pluralbezug: *Namenliste, -buch* usw.), *Wille-ns-bildung, -ausdruck, wille-ns-schwach* (aber: *wille-n-los),* *Glaube-ns-bekenntnis, -artikel* und *Friede-ns-vertrag, -apostel.*

-(e)s-

852 1. Das *-(e)s-* von Fugenkomposita fällt formal nach Maskulina und Neutra mit der Flexionsendung *-(e)s* im Genitiv Singular zusammen; ob es *-es-* oder *-s-* lautet, richtet sich dabei weitgehend nach dieser Genitivform.

Regelmäßig steht *-s-* nach den Suffixen *-ling* und *-tum (Säugling-s-pflege, Altertum-s-forschung)* und dem *-en* substantivierter Infinitive *(Schlafen-s-zeit),* ferner nach einigen auffälligen Stammendungen, insbesondere den maskulinen und neutralen Institutionsbezeichnungen auf *-at (Magistrat-s-beamter)* und nach Neutra auf *-um (Museum-s-leiterin)*, soweit nicht ein besonderer Mehrzahlbezug des Bestimmungswortes hervorgehoben werden soll (vgl. 848 ff.); stammabhängig ist es ferner nach *Bahnhof, Bischof, Friedhof, Leumund, Maulwurf (Bahnhof-s-halle, Bischof-s-mütze* usw.), die sprachgeschichtlich Zusammensetzungen sind, und nach vielen Bildungen mit dem Präfix *Ge-* wie

> *Gebiet, Gebirge, Gebot, Gebrauch, Gefecht, Gefolge, Gesicht, Gespräch, Gewicht, Geschäft, Gestein.*

Regelmäßig fehlt diese Kennzeichnung der Fuge dagegen nach Ableitungen auf *-er (Bäckerladen, Maurerlehre;* ausgenommen in altertümlichen Bildungen wie *Reiter-s-mann* [vgl. 845, Anm. 1] und Zusammensetzungen mit *Henker, Freier, Müller: Henker-s-knecht, Freier-s-füße, Müller-s-knecht* usw.), einigen Bildungen mit *Ge- (Geflügel, Gedicht, Gehirn, Gelände)* und – aus Gründen des Wohlklangs – auch oft nach Zischlauten bzw. Affrikaten wie [ʃ] *(Fleisch-gericht* ; aber *Fleisch-es-lust)*, [ts] *(Platzkarte)*, [s] *(Preisliste, Flußbett)*. Der Anlaut des Grundwortes spielt dagegen keine Rolle.

2. Nach femininen Bestimmungswörtern tritt unter bestimmten Bau- und Auslautbedingungen *-s-* in der Fuge auf:[1]

– Es erscheint nie nach einsilbigen, sondern nur nach mehrsilbigen Bestimmungswörtern (Ausnahmen kommen z. T. bei *Hilfe* und *Miete* vor, wo das auslautende *-e* in der Zusammensetzung ausfällt und das Bestimmungswort einsilbig wird: *Hilf-s-fond, hilf-s-bereit, Miet-s-kaserne, Miet-s-haus;* aber: *Hilfestellung).*

– Es steht regelmäßig nach den zahlreichen Ableitungen auf *-heit/-keit, -schaft, -ung, -ion, -ität (Gesundheit-s-amt, Gesellschaft-s-politik).* Damit sind 90 % aller Bildungen mit *-s*-Fuge bei den Feminina erfaßt.

– Es erscheint ferner nach femininen Wortstämmen, die auf *-at* oder *-ut* ausgehen *(Heirat-s-gut, Armut-s-zeugnis),* dagegen nie nach Feminina auf *-ur* und *-ik (Kulturfilm, Kritikfreude).*

– Es steht stammabhängig auch nach Zusammensetzungen mit den Grundwörtern *-zucht, -sicht, -nacht, -sucht, -macht, -furcht, -flucht, -fahrt (Aufzucht-s-futter, Ansicht-s-karte* usw.), ferner nach *Gegenwart-, Unschuld-, Geduld-, Einfalt-, Sorgfalt-, Anstalt-, Bibliothek-, Herberg(e)-, Geschicht(e)-* (‚[Wissenschaft von der] Vergangenheit').

Besonderheiten:

Durch behördliche Sprachregelung ist das Fugen-*s* manchmal beseitigt, manchmal erst eingeführt worden (vgl. im BGB *Vermögensteuer, Versicherungsteuer; Schadensersatz).*

Besonders in Österreich ist das Fugen-*s* in stärkerem Maße üblich, z. T. in Übereinstimmung mit süddeutschen Sprachgewohnheiten. Insbesondere sind folgende

853

---

[1] Dies, obwohl in der Flexion bei den Feminina keine Endung *-s* vorkommt. Daß dennoch häufig ein *-s*-Fugenelement gesetzt wird, hat folgenden Grund: Als sich die Nachstellung des attributiven Genitivs durchsetzte, wurde das *-s*- vorangestellter Substantivattribute zum Fugenelement verallgemeinert und auch auf feminine Bestimmungswörter, vor allem Abstrakta, übertragen *(Liebe-s-dienst, Scheidung-s-grund, Armut-s-zeugnis).* Es sollte bei Zusammensetzungen dieser Art mit flexionsfremder Fuge u. a. dazu dienen, die Grenze zwischen Bestimmungswort und Grundwort zu markieren. Daneben mag mitgespielt haben, daß das eingeschobene *-s-* manchmal die Aussprache erleichtert, etwa wenn zwei gleichlautende Konsonanten aufeinander stoßen *(Geburt-s-tag).*

Varianten zu beobachten: Nach Maskulina und Neutra folgt *-s-* reihenhaft den Bestimmungswörtern *Gelenk-, Gepäck-, Gesang-, Magazin-, Rayon-, Rind-, Schwein-, Spital-, Unfall-, Zug-* (*Gelenk-s-entzündung, Gepäck-s-aufbewahrung* usw.); ferner in Einzelfällen wie *Abbruch-s-arbeit, Auslaut-s-bezeichnung, Bahnhof-s-restaurateur, Beleg-s-sammlung, Beschlag-s-schlosser, Bestand-s-vertrag, Werk-s-vertrag* usw. Hinzu kommt die spezielle Zweigliedregel, daß vor dem Grundwort *Witwe* in Österreich regelmäßig ein Fugen-*s* steht: *Goldschmied-s-witwe, Major-s-witwe* usw. (Aber *-s-* fehlt entgegen sonstigem Gebrauch bei österr. *Tagsatzung*).

Auch nach Feminina weicht der Gebrauch in Österreich, manchmal in Übereinstimmung mit Süddeutschland, von der sonst geltenden Gebrauchsnorm ab. So steht nach Bestimmungswörtern mit *-nahm(e)* bei Tilgung des auslautenden *-e* immer das Fugen-*s*, das hier sonst nur in wenigen Adjektivbildungen (*ausnahms-los, -weise; teilnahm-s-voll, -los*) vorkommt: *Aufnahm-s-prüfung* (statt *Aufnahmeprüfung*), *Einnahm-s-quelle, Übernahm-s-stelle* usw. Nach *Fabrik* und *Werk* lautet die Kompositionsfuge immer *-s-* (*Fabrik-s-arbeiter, Werk-s-angehöriger*). Darüber hinaus sind Einzelbildungen wie *Person-s-beschreibung, Heimat-s-pflege, Nationalbank-s-präsident* zu nennen.

In der Schweiz schreibt man ohne das sonst übliche Fugen-*s* etwa *Auslandmission, Beileidtelegramm, Bahnhofbuffet; Geduldfaden, Abfahrtzeit*.

Die Fuge nach einem Adjektiv

854 In der Regel ist die Fuge nicht gesondert markiert. Folgende Sonderfälle sind zu beachten: Wo entgegen den Regularitäten des Sprachgebrauchs, für den die Zusammensetzung zwischen einem Adjektiv auf *-isch* und einem substantivischen Grundwort nur als Ausnahme (z. B. *Kölnischwasser*) existiert, eine Zusammensetzung gewagt wird (mit *chemisch, elektrisch, mechanisch, galvanisch*), fällt die Endung *-isch* aus, und *-o-* tritt an seine Stelle (*Chem-o-therapie, Elektr-o-technik, Galvan-o-, Mechan-o-chemie* usw.); Einzelfälle wie *Optoelektronik, Technostruktur, Italowestern* schließen sich an. Bei Bildungen mit *Euro-* (*Eurodollar*), *Afro-* (*Afro-Look*), *Anarcho-* (*Anarchoszene*) ist vom adjektivischen Bestimmungsglied mehr als nur die Endung *-isch* ausgefallen.

Hier werden auf dem Umweg über Fachsprachen fremdsprachige (insbesondere griechische und lateinische) Wortbildungsmuster wirksam. Im übrigen tritt das *-o-* vereinzelt auch bei adjektivischen Erstgliedern auf, die nicht mit *-isch* enden (*Brutalowestern*).

Zusammensetzungen ohne Fugenelement; Doppelformen und Besonderheiten

855 Die Darstellung der Kompositionsfuge unter 843–854 kann nicht darüber hinwegtäuschen, daß die einfache, nahtlose Verbindung weitaus häufiger ist: Sie findet sich in zwei Dritteln aller Zusammensetzungen; nach Verben in 88 % aller Fälle und nach Adjektiven nahezu ausnahmslos. Da die Fugung mithin kompliziert nur nach Substantiven ist, seien hier die im Hinblick auf ihre nahtlose Verbindung bestimmenden Faktoren zusammengestellt:

1. Von der Beschaffenheit des Zweitgliedes hängt die nahtlose Verbindung in Wortbildungen mit einem Adjektiv bzw. Adverb bei *-ab, -an, -auf, -aus, -ein, -wärts, -mals* und *-fach* ab (vgl. 845).

2.　Häufig ist das Bestimmungswort entscheidend, und zwar

a) durch seine Herkunft: Fremdwörter, die kein erkennbares Suffix haben, neh-men selten ein Fugenelement zu sich *(Tenorstimme, Dialektdichter, Akzentver-schiebung).*

b) durch seine Lautgestalt, besonders den (konsonantischen) Auslaut: Ohne Fu-genelement stehen z. B. viele Bestimmungswörter, die auf [ʃ], [s], [ts] und [st] aus-gehen *(Geräuschkulisse, Gefäßsystem, Krebsgang, Platznachbar, Lastwagen* usw.). Gegenbeispiele finden sich besonders dann, wenn die Bedeutung der Zusammen-setzung es nahelegt, das Bestimmungswort auf eine Vielheit zu beziehen und da-mit als Plural zu verstehen *(Zins-en-berechnung, Mast-en-wald, Instanz-en-weg).*

c) durch seine Silbenstruktur: Einsilbige Feminina gehen gewöhnlich nahtlose Verbindungen ein; *-e-* bzw. *-en-* stehen fast ausschließlich bei Zusammensetzun-gen, deren Bedeutung einen Bezug auf die Mehrzahl des im Bestimmungswort Genannten voraussetzt. Obwohl bei einsilbigen Maskulina und Neutra keine ent-sprechende Regularität zu beobachten ist, besteht immerhin auch bei ihnen eine Tendenz zur nahtlosen Verbindung.

d) durch seine Formenbildung:

– Nach Adjektiven und Partikeln steht kein Fugenelement *(Schnellzug, Gegen-beispiel, Vorwort, Außenminister, Nichtmitglied).*

– Wo – bei Substantiven – keine Pluralform in Gebrauch ist, wo sie mit *-s* gebil-det wird oder wo Singular und Plural übereinstimmen, erfolgt die Zusammen-setzung gewöhnlich nahtlos.[1]

– Wenn – bei Substantiven – der Genitiv Singular keine Flexionsendung auf-weist, wird dadurch die nahtlose Verbindung mit dem Grundwort gefördert. (Zur Bedeutung der Flexionsklasse für die Fugenwahl vgl. allgemein 844).

e) durch seine Bedeutung: Hier spielt vor allem die unter b und c genannte Bedin-gung eine Rolle, daß die Bedeutung der Zusammensetzung einen Bezug auf die Mehrzahl des im Bestimmungswort Genannten voraussetzt.

Doppelformen sind vor allem landschaftlich bedingt: So sind in Österreich und zum Teil auch in Süddeutschland z. B. *Schweins-, Rindsbraten, Kindsmutter* und *Toiletteartikel, -raum* gegenüber *Schweinebraten, Rinderbraten, Kindsmutter* und *Toilettenartikel, -raum* (vgl. 847 ff.) gebräuchlich.

Für Doppelformen dieser Art lassen sich – bis auf wenige Ausnahmen – keine grammatischen Regeln formulieren; hier kann in jedem einzelnen Fall nur das Wörterbuch Auskunft geben.

Nur ausnahmsweise entspricht fugenbedingten Doppelformen ein Bedeutungs-unterschied, wie es etwa bei *Storchschnabel* (,Zeichengerät') – *Storchenschnabel* (,Schnabel des Storchs') der Fall ist.

Stilistische Differenzierungen kommen dagegen bei Doppelformen häufiger vor; vgl. *Mondschein – Mondenschein, Mainacht – Maiennacht,* wo die Bildungen mit *-en-* stärker rhythmisiert sind (und als gehobener Sprachgebrauch gelten). Das-selbe gilt für manche Zusammensetzungen mit *-(e)s*-Fuge:

Fest-es-freude, -jubel, -stimmung gegenüber Festfreude usw.; Eis-es-kälte, Berg-es-gipfel, -höhe, -zinne; Mond-es-glanz, -licht; Kreuz-es-tod, -zeichen.

Von den beschriebenen Regularitäten für zweigliedrige Zusammensetzungen weichen bei den mehrgliedrigen die Fälle ab, in denen ein Fugen-*s* steht, wo es bei

---

[1]　Abweichungen mit Fugen-*s* zeigen hier manche Bestimmungswörter auf *-el (Teufel-, Handel-, Adel-), -en (Examen-, Frieden-, Segen-, Schrecken-, Orden-* sowie alle substantivierten Infini-tive; vgl. 852) und *-er (Henker-, Freier-, Müller-).*

den zweigliedrigen Bildungen fehlt (vgl. *Bahnhofsbeamter – Hofbeamter, Mitter-nachtsstunde – Nachtstunde, Jahrmarktsbude – Marktbude*). Diese Verwendung der -s-Fuge ist auch bei einer Reihe von Präfixkomposita zu beobachten (vgl. *Sichtfeld – Gesichtsfeld, Steinbrocken – Gesteinsbrocken, Zugkraft – Anzugskraft, Triebkraft – Antriebskraft, Druckstelle – Eindrucksstelle*).[1]

Vereinzelt gibt es bei der Fugensetzung auch den Fall, daß sich das Fugenelement nach Art einer Flexionsendung ändert. Adjektivische Bestimmungswörter werden dabei so flektiert, als ob sie in einer Satzkonstruktion stünden:

> der Hohepriester – die Hohenpriester – ein Hoherpriester; das Hohelied – des Hohen-liedes – ein Hoheslied; der Dummejungenstreich – des Dummenjungenstreiches – ein Dummerjungenstreich; „Fortführung des Schnellen-Brüter-Projekts" (Tiroler Tages-zeitung).

3.2 Der Zusatz von Präfixen und Halbpräfixen

856 Wie bei der Verbbildung dient auch die einfache Präfigierung von Substantiven nur der – gewöhnlich – reihenhaft geprägten Bedeutungsabwandlung (semanti-schen Modifikation; vgl. 858 ff.), während der grammatische Stellenwert (Wort-art und -klasse) und die Bezeichnungskategorie (z. B. Personen-, Tier-, Sach-, Ab-straktbezeichnung) der (substantivischen) Grundwörter in der Regel unverändert bleiben:

> (Präfixe:) Ex-/Vizebürgermeister, Miß-/Fehlgriff, Unsumme; (Halbpräfixe:) Altkanz-ler, Riesensumme, -spaß, Heidenlärm, -angst, Höllenqualen, Mordsglück.

Dabei zeigen umgangssprachliche Bildungen wie *Mordsglück* usw., daß mit der Präfigierung bisweilen nicht allein eine semantische, sondern auch eine stilistische Modifikation verbunden ist.

3.3 Die Substantivableitung

857 Neben der einfachen Ableitung mit Suffixen wie *-ung*, *-(er)ei* und Halbsuffixen wie *-werk*, *-zeug* ist die kombinierte Präfixableitung (durch „Zirkumfix") nur mit einem einzigen Muster an der Substantivbildung beteiligt: Das Präfix *Ge-* kann als Bestandteil des alten Ableitungsmusters Präfix + *-e*-Suffix an der Umwand-lung (Transposition) von Verben in Substantive (vgl. *tosen – Ge-tös-e*) mitwirken. Umlaut ist dabei heute nur noch bei 10 % der (Abstrakt)bildungen vorhanden, und zwar fast nur bei denen ohne *-e*-Suffix (vgl. *Ge-spött, Ge-zänk* gegenüber *Ge-frag-e, Ge-lauf-e*). Dieses Suffix fehlt zum Teil aus lautlichen Gründen (manchmal nach Verschlußlaut, durchgehend nach [r] und [l]: *Ge-zappel, Ge-wieher*), zum Teil aus semantischen (vgl. 878).[2]

Zu den einfachen Suffix- und kombinierten Präfixableitungen gesellen sich bei der Substantivbildung zahlreiche („implizite") Ableitungen ohne Suffix (auch: „Nullableitungen"; vgl. 876). So entstehen z. B. durch die Bildung von *Lauf* aus

---

1 Weitere Beispiele bei S. Žepić: Morphologie und Semantik der deutschen Nominalkomposita. Zagreb 1970, S. 53 f. Eine feste Fugungsregel („Zweimorphemregel") läßt sich aus diesen Be-funden allerdings nicht ableiten, nur eine Formtendenz. Meistens sind es die neueren Bildun-gen, die hier -s-Fuge haben.

2 Von den vergleichbaren Kollektivbildungen aus Substantiven weisen im heutigen Deutsch nur noch wenige das *-e*-Suffix auf (z. B. *Ge-länd-e*); dagegen steht der Umlaut noch fast regelmäßig (z. B. *Gesträuch*).

laufen oder *Erwerb* aus *erwerben* in gleicher Weise Substantive aus Verben wie durch die Anfügung des Suffixes *-(er)ei (Lauf-erei)* oder *-ung (Erwerb-ung)*. Bei Ausgangsverben, deren Zeitformen mit Ablaut gebildet werden (vgl. 230), erscheint dieser z. T. auch in den entsprechenden Kurzformen *(reiten/Ritt, finden/ Fund)*. Diesen Ableitungen gehören nicht nur Maskulina an, sondern auch Feminina *(heiraten/Heirat, rasten/Rast)* und einige Neutra *(baden/Bad, leiden/Leid)*; sie konkurrieren mit den entsprechenden substantivierten Infinitiven (z. B. *das Laufen/der Lauf, das Werfen/der Wurf)*.

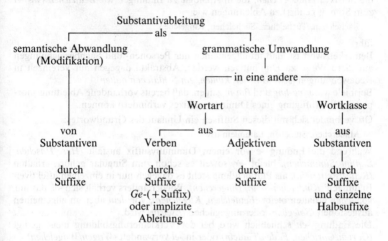

3.4 Die Funktionen der Präfix- und Suffixbildungen

3.4.1 Die semantische Abwandlung (Modifikation)

Die (Halb)suffixe und (Halb)präfixe der semantischen Abwandlung (Modifikation) tragen durch mehrere Bildungsmuster zum Ausbau der folgenden Substantivgruppen bei:

858

Die semantischen Muster

Diminutivbildungen (Verkleinerungsbildungen)

Bei dieser Gruppe von Substantiven geht es nicht nur um eine Bedeutungsabstufung im Sinne von ‚klein‘, die der Begriff *diminutiv* nahelegt, sondern zugleich um den Ausdruck einer Einstellung, persönlichen Beziehung oder Einschätzung als ‚bekannt‘, ‚vertraut‘ o. ä., wodurch viele Bildungen eine emotionale Bewertung erfahren.

859

-chen ist heute die am häufigsten gebrauchte Diminutivendung:[1]

Häuschen, Bübchen, Töchterchen, Städtchen, Pferdchen.

---

[1] Niederd. *-ken*, z. B. *Stücksken*.

Das Suffix **-lein** ist ursprünglich oberdeutsch[1]. Es wird heute aber, allerdings nur in einzelnen Textarten (z. B. Märchen, Lyrik, geistliche Prosa) allgemeiner gebraucht:

> Lämmlein, Kindlein, Mücklein.

Sonst wird nach Wörtern, die auf *-g* oder *-ch* ausgehen, eher *-lein (Zwerglein, Bächlein)*, nach solchen auf *-l* eher *-chen (Spielchen)* verwendet.

Daneben gibt es, besonders in der nord- und mitteldeutschen Umgangssprache, die Suffixvariante *-el-chen*, die in Analogie zu Bildungen wie *Beutelchen* (wo *-el* zum Stamm gehört) zu Ableitungen wie

> Bächelchen, Tüchelchen, Sächelchen, Ringelchen

führt.[2]

Bemerkenswert ist, daß im allgemeinen nur Personen- und Sachbezeichnungen auf diese Weise zu Diminutiven werden, Abstrakta dagegen nur vereinzelt in Redewendungen *(sein Mütchen kühlen, ein Schläfchen halten)*.

Beispiele wie *Jüng-ling* und *Bot-in* zeigen, daß bereits vorhandene Ableitungsmorpheme die Anfügung eines Diminutivsuffixes verhindern können.

Oft verbindet sich mit diesen Suffixen ein Umlaut des Grundwortes:

> Mäuerchen, Stübchen, Lämmlein usw.

Während die Endung *-e* vor einem Diminutivsuffix ausfällt *(Hase/Häschen, Summe/Sümmchen)*, bleibt *-er*, soweit es schon zum Singular gehört, erhalten *(Reiter/Reiterlein)*; als Pluralendung steht es dagegen nur in einzelnen affektiven Bildungen *(Kinderchen/-lein, Dingerchen)*. Wieder anders verhält sich *-el*, das nur vor *-chen* erhalten bleibt *(Beutelchen, Kügelchen)*, vor *-lein* aber im allgemeinen ausgestoßen *(Spieglein)* oder angeglichen *(Eselein)* wird.

Die Endung *-en* schließlich wird bei der Verkleinerungsbildung meist getilgt *(Garten/Gärtchen, Faden/Fädlein)* oder in *-el* verwandelt *(Wagen/Wägelchen)*.

Schließlich ist hier auch das Suffix **-i** anzuführen, das – abgesehen vom mundartlichen Bereich (vgl. *Weibi, Käppi*) – besonders bei der Bildung hypokoristischer (zärtlicher) Anredeformen zu Vornamen *(Fritzi)* und anderen, besonders mündlichen Bezeichnungen *(Schatzi)* und im Umgang mit Kindern produktiv ist, nur vereinzelt nach einsilbigem *(Knasti)*, sonst nach Kürzung des mehrsilbigen Ausgangswortes:

> Rudi aus Rudolf, Mutti aus Mutter, Vati aus Vater; Harti aus Reinhard, Gitti aus Brigitte; Ami aus Amerikaner, Knacki aus Knacker, Molli aus Molotowcocktail, Wessi aus Westdeutsche(r).

Diminutivbildungen mit dem Suffix **-ette** *(Stiefelette, Sandalette)* und dem Präfix **Mini-** *(Minipreis, -staubsauger, -bus)* kommen hinzu. Sie werden ergänzt durch Komposita mit Bestimmungsgliedern wie **Liliput-** *(Liliputformat)*, **Zwerg-** (auch in Fachbezeichnungen: *Zwergbirke, -huhn* usw.), die keine emotionale Bewertung vermitteln, ferner durch pejorative Bildungen wie die mit **Westentaschen-** *(Westentaschencasanova, -mafiosi* usw.).

---

1 Vgl. schwäb. *-le*, schweiz. *-li*, bair.-österr. *-el, -erl*, thüring.-sächs. *-el*, schles. *-la, -le (Vögele, Müsle, Hunderl* usw.).

2 Als alleiniges Mittel der Diminutivbildung kommt *-el* in der Schriftsprache nur vereinzelt und weitgehend lexikalisiert vor (vgl. *Knöchel* zu *Knochen*). Diese Lexikalisierung zeigen auch Bildungen wie *Kaninchen, Mädchen, Fräulein, bißchen*, die entweder den Bezug zu ihren Ausgangswörtern verloren oder eine spezielle Bedeutung angenommen haben.

(„Steigernde") Augmentativbildungen

Wie bei den Diminutiva sind mit der Größeneinstufung durch Augmentativa oft
zusätzlich bewertende Komponenten verbunden, die z. B. die Anteilnahme des
Sprechers/Schreibers ausdrücken können. Sie dienen daher oft primär dem kommunikativen Zweck, etwas dem Hörer/Leser als besonders beeindruckend oder
wichtig vor Augen zu führen. Im Deutschen sind es (im Unterschied zu den verschiedenen Augmentativsuffixen in den romanischen Sprachen) vereinzelt Präfixe, im wesentlichen aber Halbpräfixe, die diese Aufgabe erfüllen:

Un- ('unzählbar, unübersehbar'): *Unmenge, -summe, -zahl.*

Mega- ('überragend, sehr groß'): *Megastar, -hit, -projekt* (neben neutralen Bezeichnungen in der Physik wie *Megahertz, -watt*).

Über- ('zu groß, hoch'): besonders in Verbindung mit Abstrakta in *Überfülle, -an-*
gebot, -eifer (im Unterschied zu der räumlichen Bedeutung in *Überrock, -kleid*).

Erz- ('groß, unverbesserlich'): neben neutralen Rangbezeichnungen wie *Erzher-*
zog, -bischof vereinzelt in Verbindung mit negativ bewerteten Personenbezeichnungen *(Erzgauner, -heuchler).*

Super- ('überragend, sehr groß, wichtig'): *Superathlet, -leistung, -film, -macht;*
manche Bildungen sind direkt aus dem Englischen übernommen und einge-
deutscht *(Supermann).*

Eine positive Sprechereinschätzung vermitteln besonders

Spitzen- ('größt-, höchst-, ausgezeichnet, sehr groß'): besonders mit Abstrakt-,
Sach- und Personenbezeichnungen *(Spitzengeschwindigkeit, -leistung, -film,*
-gehalt, -sportler, -mannschaft usw.).

Muster- ('vorbildlich, sehr gut'): *Musterbetrieb, -farm, -prozeß, -land.*

Meister- ('der beste, ausgezeichnet'): *Meisterdieb, -schütze; -leistung, -schuß.*

Pracht- ('großartig'): *Prachtstraße, -bau; Prachtmensch, -weib, -junge.*

Top- ('hervorragend'): *Topausstattung, -leistung, -lage.*

Parade- ('beispielhaft'): *Paradestück, -beispiel.*

Traum- ('beste, ideal'): *Traumberuf, -frau, -note.*

Deutlich emotional verstärkend wirken auch die folgenden, meist umgangssprachlichen Halbpräfixe:

Riesen- ('sehr groß, riesig'): insbesondere mit Tier-, Pflanzen-, Sach- und Abstraktbezeichnungen aller Art *(Riesenhirsch, -tanne, -kran, -erfolg* usw.). Neben den zum Teil umgangssprachlichen Bildungen, die eine (meist positive)
Sprecherwertung vermitteln *(Riesenbaby, -erfolg, -kran),* gibt es in Disziplinen
wie Zoologie, Botanik, Astronomie und Sport auch hierhergehörende neutrale
Fachausdrücke wie *Riesenbovist, -hirsch, -schlange, -tanne, -stern, -torlauf.*

Bomben*gehalt, -geschäft, -erfolg, -besetzung, -reklame, -stimmung, -wirkung;* **Hei-**
den*lärm, -spektakel, -angst, -respekt, -arbeit, -spaß;* **Höllen***lärm, -angst, -tempo,*
-durst; **Mords***angst, -arbeit, -freude, -ärger, -appetit;* ugs. *Mordsgaudi;* **Affen-**
schande, -tempo, -hitze; ugs. *Affenzahn* ('hohes Tempo'); **Pfunds***idee, -sache,*
-stimmung.

Ansätze zu vergleichbarer Reihenbildung zeigen sich auch – mit negativer Bewer-
tungskomponente – bei **Mammut***betrieb, -konzern;* **Marathon***rede, -sitzung;* **Bier-**
eifer, -ernst; **Monster***programm, -prozeß.*

Anschließen lassen sich hier einige Bildungen, deren (augmentative) Bewertung
mit einer speziellen Art der Hervorhebung verbunden ist, wie etwa **Blitz-** mit
'überaus schnell' *(Blitzaktion, -gespräch, -krieg).*

860

Daß zuviel von etwas da ist oder entsteht, sollen pejorative Kollektiva auf **-berg** *(Butter-, Fleischberg)*, **-schwemme** *(Milch-, Ärzteschwemme)* oder **-lawine** *(Kosten-, Preislawine)* ausdrücken.

Movierungen (Motionsbildungen)

861 Feminine Substantive, die weibliche Personen parallel zu männlichen bezeichnen, werden im allgemeinen so gebildet, daß das feminine Suffix **-in** an maskuline Personenbezeichnungen gefügt wird, wobei der Stammvokal zum Teil umgelautet wird:

> *Arzt – Ärztin, Bauer – Bäuerin, Studienrat – Studienrätin; Franzose – Französin;* ohne Umlaut: *Botin, Genossin, Patin, Russin* usw.

Durch die Emanzipation der Frau kommen zunehmend neue Bildungen für die Bezeichnung von Berufsrollen in Gebrauch, die früher nur Männern vorbehalten waren: *Mechanikerin, Maurerin, Pilotin, Soldatin, Bischöfin, Ministrantin, Optikergesellin.*

Zu fremdwörtlichen (maskulinen) Berufsbezeichnungen auf *-eur* gibt es daneben einige Feminina auf **-euse** *(Masseuse, Friseuse, Kommandeuse).* Die Suffixe **-ine** *(Heroine)* und **-ice** *(Direktrice)* kommen nur in einzelnen Wörtern vor.[1]

Zur Bildung von Bezeichnungen für Berufe und Rollen, die von Frauen ausgeübt werden, dient heute zunehmend die Komposition mit **-frau:** *Kamerafrau* (vgl. *Kameramann), Kauffrau* (vgl. *Kaufmann), Amtfrau* neben *Amtmännin* (vgl. *Amtmann), Torfrau* (vgl. *Tormann), Landsfrau* neben *Landsmännin* (vgl. *Landsmann).*

Daneben ist im heutigen Deutsch die Tendenz zu beobachten, für die Bedürfnisse der modernen Arbeitswelt geschlechtsneutrale Berufsbezeichnungen zu bilden. Dazu dienen vor allem das Halbsuffix **-kraft** *(Kassenkraft* neben *Kassierer/Kassiererin; Hilfskraft* neben *Helfer/Helferin)* und Abstrakta in konkreter Verwendung *(Hilfe* für *Helfer/Helferin* und *Bedienung* für eine bedienende Person beiderlei Geschlechts). Vgl. dazu 345.

Bei Bezeichnungen für Tiere gibt es, wo keine eigenen Grundwörter für das weibliche Lebewesen zur Verfügung stehen (etwa *Stute* neben *Hengst, Sau* neben *Eber),* die Movierung mit **-in** nur in einem sehr engen Rahmen: *Hünd-in, Kätz-in, Esel-in.*[2]

Kollektivbildungen

862 Als Modifikationsbildungen lassen sich die Kollektiva insoweit ansehen, als eine Ersatzprobe mit der Pluralform des Ausgangssubstantivs möglich ist (vgl. *Lehrerschaft/die Lehrer).*

Zahlreiche Ableitungen bezeichnen Personengruppen. Gebildet sind sie oft mit **-schaft** *(Beamten-, Bürgerschaft),* seltener mit **-tum** *(Bürger-, Christentum),* um-

---

[1] Mundart und Umgangssprache kennen noch andere, teilweise abwertende Endungen wie *-sche (die Krügersche)* und *-se (die Tippse), -sche* dient dort dazu, weibliche Personen nach ihrem Familiennamen zu bezeichnen, wie es früher auch mit *-in* geschehen ist: *(Luise) Müllerin* [Schiller], *die Karschin, die Neuberin.* Heute begegnen solche Bildungen nur noch in der (scherzhaften) Umgangssprache *(die Müllerin, die Preußin),* vielfach lautlich abgeschwächt *(die Schulzen, die Schmidt[e]n, die Rödern).*

[2] Movierte Maskulina gibt es kaum; vgl. Tierbezeichnungen auf *-erich (Enterich, Gänserich, Mäuserich).*

gangssprachlich auch mit **-leute** *(Nachbarsleute)* und **-volk** *(Weiber-, Männervolk)*. Kollektive Sachbezeichnungen werden in erster Linie mit **Ge(+-e)** *(Geäst, Gewölk, Gelände;* vgl. 878) und **-werk** *(Ast-, Busch-, Wurzel-, Regelwerk)* gebildet, umgangssprachlich manchmal mit **-zeug** *(Lumpenzeug)* und fachsprachlich zuweilen mit **-gut** *(Namengut ‚die Namen‘, Ideengut* usw.) und **-material** *(Zahlen-, Faktenmaterial)*. Die Bildungen mit **-wesen** dienen demgegenüber zur umfassenden Bereichsbezeichnung, insbesondere in der modernen Verwaltungssprache *(Zoll-, Vermessungs-, Planungs-, Bauwesen)*. Sie stehen ganz für sich.

Soziativbildungen

Bildungen dieser Art, die eine Person als Partner von jemandem charakterisieren, kommen nur ganz vereinzelt vor. Sie sind mit **Ko-** *(Koautor, -pilot)* oder **Mit-** *(Mitbürger, -mensch)* gebildet.   863

Negationsbildungen

Abstrakta werden manchmal durch die Präfixe **Un-** *(Unlust, -ordnung, -glück, -kenntnis)* und – teilweise damit konkurrierend – **Miß-** *(Mißbehagen* neben *Unbehagen, Mißgunst, -achtung, -vergnügen)* oder **In-** *(Inhomogenität, Intoleranz)* negiert. Bei den entsprechenden Bildungen mit **Nicht-** *(Nichtachtung, -wissen)* gibt es auch einige Personenbezeichnungen *(Nichtchrist, -fachmann, -mitglied)*. Manche von ihnen sind mit *-er* aus Wortgruppen abgeleitet (z. B. *Nichtraucher* aus *nicht rauchen; Nichtschwimmer* aus *nicht schwimmen können)*, stehen aber zugleich neben und in Opposition zu entsprechenden Nomina agentis auf *-er (Schwimmer, Raucher)*.   864

Daß etwas nur dem Schein nach, aber nicht wirklich vorhanden ist, vermitteln Bildungen mit **Pseudo-** in *Pseudoproblem, -lösung, -wissenschaft, -antwort* und **Schein-** in *Scheinproblem, -lösung, -frage*.

Bildungen der „taxierenden" Einstufung

Nicht der Negation, sondern einer taxierenden Bewertung im Sinne von ‚falsch, verkehrt, schlecht, schlimm‘ dienen **Un-** und **Miß-** in Bildungen wie *Unsitte* und *Untat, Mißwirtschaft* und *Mißstimmung;* **Fehl-** erfüllt in *Fehlentscheidung, -zündung, -schluß* eine ähnliche Funktion. Die negativ wertende Einschätzung vermitteln in der Umgangssprache auch **Mist-** *(Mistwetter, -stück)*, **Dreck-** *(Dreckwetter, -arbeit)*, **Scheiß-** *(Scheißwetter, -spiel, -arbeit)*.   865

Zur wertneutralen Einstufung, durch die Wichtiges und Unwichtiges voneinander abgehoben werden, dienen

Haupt- (‚hauptsächlich, besonders wichtig‘) in *Hauptmotiv, -beruf, -alter, -anschluß* usw. im Gegensatz zu **Neben-** *(Nebenmotiv* usw.);

Grund- (‚zugrunde liegend‘) in *Grundprinzip, -bedeutung, -haltung, -tendenz* usw.;

Kardinal- (‚zentral‘) in *Kardinalfrage, -problem;*

Kern- (‚zentral‘) in *Kernfrage, -gedanke, -punkt, -truppe*.

Hier schließen sich die Bildungen mit **Schlüssel-** an:

Schlüsselerlebnis, -frage, -position, -reiz usw. (im Gegensatz zu **Begleit-**).

Das ‚ursprünglich Grundlegende‘ wird dagegen durch die Bildungen mit **Ur-** hervorgehoben: *Urproblem, -frage, -form, -beginn*. Bei **Pilot-** wird der (hohe) Stellen-

wert einer Sache ebenfalls durch eine zeitliche Komponente (,vorbereitend')
signalisiert: *Pilotstudie, -projekt, -film.*
Als mittelmäßig eingeschätzt wird eine Sache dagegen in Bildungen wie **Aller-
welts***thema, -geschmack, -stück, -gesicht,* die neben Komposita mit **Durchschnitts-**
stehen *(Durchschnittsgeschmack, -gesicht, -begabung).*

Rollenbezeichnungen

866   Präfixe und Halbpräfixe wie **Alt-, Ex-, Vize-** können in Verbindung mit Berufsbezeichnungen o. ä. auch zur genaueren Positions- und Rollenbestimmung herangezogen werden:
Alt- in *Altbürgermeister, -präsidentin;* **Ex-** in *Exkanzler, -gattin, -general;* **Vize-** in
Vizemeisterin, -konsul; **Ehren-** in *Ehrenbürger, -präsident, -senator;* **Pro-** in *Pro-
rektor, -dekan.*
Eine glanzvolle Rolle wird durch **Star-** *(Staranwalt, -autor),* die leitende Stellung
neben **Haupt-** *(Hauptsachbearbeiter* usw.) u. a. durch Komposita mit **Chef-** abgehoben *(Cheflektor, -dirigent),* wenn nicht ganz andere Bildungstypen wie diejenigen auf **-leiter** *(Abteilungsleiter* usw.) genützt werden. Daß jmd. eine Aufgabe nur
ersatzweise wahrnimmt, drücken u. a. Komposita mit **Hilfs-** wie *Hilfspolizist,
-kellner* oder **Ersatz-** wie *Ersatzkraft, -mann, -spieler* aus. Nach einem privaten
Tun werden dagegen Personen bezeichnet, die man mit den Kompositionsgliedern **Hobby-** *(Hobbybauer, -fotograf, -gärtner),* **Amateur-** *(Amateurfotograf, -spie-
ler, -musiker)* oder – leicht abwertend – **Sonntags-** *(Sonntagsmaler, -fahrer, -jäger)*
abhebt. Zur (distanzierten) Kennzeichnung einer führenden Rolle dienen u. a. die
Halbsuffixe **-papst** in *Rock-, Ski-, Kulturpapst* und **-zar** in *Presse-, Modezar.*

Fachsprachliche Bildungen mit spezifischer Bedeutung

867   In den Fachsprachen sind es besonders folgende (Halb)präfixe, die reihenhaft
semantisch modifizierend verwendet werden:[1]

(Halb)präfix	Bedeutung	Beispiel
Allo-	,anders, verschieden'	*Allophon, Allomorph*
Anti-	,gegen'	*Antizyklone, Antikörper, Antiklopfmittel*
Auto-	,selbst, ohne fremde Wirkung'	*Autokatalyse, Autohypnose*
Binnen-	,im Innern von etw. gelegen'	*Binnenmarkt, -währung*
Epi-	,auf, darüber, darauf (örtl. u. zeitl.), bei, (da)neben'	*Epizentrum, Epigenese*
Gegen-	,entgegengesetzt, gegenüber'	*Gegendruck, Gegenpol*
Hyper-	,über, über ... hinaus, übermäßig'	*Hyperphosphat, Hypermetamorphose*
Hypo-	,(dar)unter, unterhalb des Normalen'	*Hypochlorit, Hypozentrum*

---

[1] Ausführlicher in: Deutsche Fachsprache der Technik. Ein Ratgeber für die Sprachpraxis.
   Hg. v. einem Autorenkollektiv. Leipzig 1975, S. 100 ff.

(Halb)präfix	Bedeutung	Beispiel
Iso-	‚gleich'	*Isobare, Isoamplitude*
Makro-	‚groß'	*Makrogefüge, Makromolekül*
Mega-	‚sehr groß'; vor (physik.) Maßeinheiten ‚eine Million mal (so groß)'	*Megahertz, Megawatt*
Meta-	‚jenseits, über, nach'	*Metasprache, Metakritik*
Mikro-	‚sehr klein'; vor (physik.) Maßeinheiten ‚ein Millionstel der betreffenden Einheit'	*Mikrowellen, Mikrosekunde*
Neo-	‚neu, erneuert'	*Neodarwinismus, Neoklassizismus*
Per-	‚durch, über, höher'	*Perchlorat, Perborat*
Poly-	‚viel, mehrere'	*Polyvalenz, Polyfunktion*
Rück-	‚zurück'	*Rückfracht, Rückfahrt*
Semi-	‚teilweise, halb'	*Semivokal, Semifinale*
Sub-	‚unter(halb von)'	*Subtangente, Subkultur*
Über-	‚über das Normale hinaus'	*Überproduktion, Überdruck*
Ultra-	‚über ... hinaus, äußerst'	*Ultraschall, Ultrakurzwellen*
Unter-	‚unterhalb des Normalen'	*Unterdruck, Untergewicht*

3.4.2 Die Umwandlung in eine andere Wortart

Die Tatsache, daß ein Wort grammatisch (und semantisch) umgewandelt und da- **868**
bei in eine andere Wortart *(schreiben – Schreib-er)* überführt wird, kommt bei der
Substantivableitung viel häufiger als die bloße (semantische) Modifikation vor,
bei der die Wortart die gleiche bleibt *(Schreiber – Schreiber-ling,* vgl. auch *die Le-
ser* und *die Leser-schaft* einer Zeitung; vgl. 859, 862). Als Mittel dienen vor allem
Suffixe (vgl. neben *Schreib-er* auch *Schreib-ung, Schreib-erei, Schreib-e),* auch die
Nullableitung *(rauben – der Raub,* vgl. 873; z.T. mit Ablaut: *schreiben – der
Schrieb;* neben der Konversion *das Schreiben)* und die kombinierte Präfixableitung mit *Ge-(+ -e) (Geschreib-e).*
Der Anteil der drei Hauptwortarten an der Substantivableitung ist verschieden:
Meistens ist (wie bei *schreiben)* ein Verb das Ausgangswort, oft auch ein Adjektiv
(bzw. Partizip).
Daneben gibt es auch noch den Fall, daß ein Wort durch das Suffix aus einer substantivischen Bezeichnungsklasse in die andere überführt wird *(Nachbar → Nachbarschaft;* Personenbezeichnung → Abstraktum); vgl. *Pate* und *Patenschaft, Spie-
ßer* und *Spießertum, Teufel* und *Teufelei.* In diesen Fällen verändert das Suffix
nicht die Wortart, sondern die Wortklasse des Ausgangswortes. Im Falle von
-schaft oder **-ei** kann dasselbe Suffix einmal zur Überführung in eine andere Bezeichnungsklasse innerhalb desselben Wortart, zum anderen zur semantischen
Modifikation innerhalb derselben Bezeichnungsklasse dienen.
Die Substantivableitungen, von denen hier die Rede ist, lassen sich durch Satzkonstruktionen erklären und von daher in zwei Gruppen einteilen: Abstrakta, die

(1) Prädikatsinhalte[1], und Konkreta, die verschiedene (2) Satzgliedinhalte[2] thematisch verdichten. Im einzelnen erfüllen sie folgende Bezeichnungsaufgaben:

Substantivableitungen für	wie z. B.	bezeichnen vor allem
Abstrakta (1) Prädikatsinhalte	*Prüf-ung* *Klug-heit*	Vorgänge, Handlungen (Nomina actionis), Eigenschaften, Zustände, Verhalten und Verhältnisse (Nomina qualitatis)
Konkreta (2 a) Subjektinhalte	*Prüf-er* *Leucht-er*	Lebewesen, insbesondere Personen (Nomina agentis), vereinzelt auch Sachen
(2 b) Objektinhalte	*Prüf-ling* *Erzeug-nis*	vereinzelt Personen (Nomina patientis), sonst Gegenstände (Produkte) und Stoffe (Nomina facti)[3]
(2 c) instrumentale Adverbialinhalte	*Bohr-er* *Ge-hör*	Gegenstände (Geräte, Materialien), Organe (Nomina instrumenti)
(2 d) lokale Adverbialinhalte	*Näh-erei* *Sultan-at*	Arbeitsstätten (Nomina loci), Zuständigkeitsbereiche[4]

869 Bei der Ableitung aus Verben können Substantive (Verbalsubstantive) aller fünf Bezeichnungsklassen entstehen, allerdings nie alle zu dem gleichen Ausgangswort:

Ausgangs- verben	Substantivableitungen für				
	Prädikats- inhalte (1)	Subjekt- inhalte (2 a)	Objekt- inhalte (2 b)	instrumentale Adverbial- inhalte (2 c)	lokale Adverbial- inhalte (2 d)
etw. lesen	Lesung	Leser			
etw. schreiben	Schreibung	Schreiber	Geschreibsel Schrieb	(Kugel)schreiber Schreibzeug	
	Geschreibe Schreiberei				
etw. hören		Hörer		Gehör, (Telefon)hörer	
jmdn. prüfen	Prüfung	Prüfer	Prüfling		
etw. backen	Backerei	Bäcker	Gebäck		Bäckerei
etw. isolieren	Isolation Isolierung	Isolierer		Isolator	
etw. lehren	Lehre	Lehrer	Lehrling		
jmdn./ etw. senden	Sendung	Sender	Sendling (Brief)sen- dung		

---

[1] Vgl. *K. prüft P. – Die Prüfung von P. durch K. …*
[2] Vgl. *K. prüft P. – Prüfer K.* (= Subjektinhalt)/*Prüfling P.* (= Objektinhalt).
[3] Auch Nomina acti genannt. Zu diesen Ausdrücken aus der lateinischen Schulgrammatik vgl. G. Kramer: Zur Abgrenzung von Zusammensetzung und Ableitung. In: Beiträge zur Geschichte der deutschen Sprache und Literatur (Halle) 84 (1962), S. 406–438.
[4] Auch Nomina muneris genannt.

Lücken werden auf dreierlei Weise geschlossen:
Bei den ersten drei Bezeichnungsklassen durch Substantivierung, und zwar bei (1) durch substantivierte Infinitive (vgl. 727), die einen Vorgang bezeichnen (z. B. *das Hören*); bei (2 a) durch substantivierte 1. Partizipien, die einen Urheber (Agens) bezeichnen (z. B. *der/die Isolierende*); bei (2 b) durch neutrale substantivierte 2. Partizipien, die das Ergebnis der im Verb genannten Tätigkeit bezeichnen (z. B. *das Gelesene*), und durch personenbezeichnende substantivierte Maskulina und Feminina (z. B. *der/die Erhörte; vgl.* 729).

Lücken der Spalten (2 a)–(2 d) können ferner durch eine Bezeichnungsverschiebung bei den schon abgeleiteten Wörtern ausgefüllt werden: So wird in Fachsprachen *Leser* (2 a) auch für ein Instrument ([2 c], ‚Lesegerät‘) gebraucht, *Geschreibe* (1) umgangssprachlich auch für ‚das Geschriebene‘ (2 b), *Isolierung* (1) auch für ‚Isoliermaterial‘ (2 c), *Sendung* (1) auch für ‚das Gesendete‘ (2 b) und *Sender* (2 a) auch für ein Sendegerät (2 c) und den Sendeort (2 d). Durch solche Verschiebung (Metonymie) entstehen „sekundäre" Bildungen mit einer Motivation nach Art der Subjekt-, Objekt-, Mittel- und Ortscharakterisierung.
Schließlich dienen zur Ergänzung fehlender Bildungen – hauptsächlich in den Spalten (2 b)–(2 d) – auch Zusammensetzungen mit dem jeweiligen Ausgangsverb als Bestimmungswort und einem Substantiv von allgemeiner, weiterer Bedeutung als Grundwort; vgl. zu *lesen* etwa *Lesestoff* (2 b), *Lesegerät* (2 c), *Lesesaal* (2 d), zu *schreiben* etwa *Schreibgerät* (2 c) und *Schreibstube* (2 d), zu *senden Sendeanlage* (2 c) und *Sendestation* (2 d).

Die Ableitungen aus Substantiven verteilen sich auf folgende Bezeichnungs- 870
klassen:

| Ausgangssubstantive | Substantivableitungen für | | |
	Prädikatsinhalte (1)	Subjektinhalte (2 a)	lokale Adverbial-inhalte (2 d)
Kind	Kindheit		
Freund	Freundschaft		
Nachbar	Nachbarschaft		
Herzog			Herzogtum
Käse			Käserei
Ziegel			Ziegelei
Gitarre		Gitarrist	
Schlagzeug		Schlagzeuger	
Trommel		Trommler	

Eine Möglichkeit, die Lücken ähnlich wie bei den Ableitungen aus Verben durch grammatische Mittel zu ergänzen, gibt es nicht. Auch Bezeichnungsverschiebungen zu „sekundären" Subjekt- oder Orts- bzw. Raumbezeichnungen kommen selten vor. So wird etwa *Nachbarschaft* zuweilen auch als Bezeichnung für den Bereich, in dem Nachbarn wohnen, gebraucht (*In meiner Nachbarschaft* [= *im Nachbargebiet*] *wird gebaut;* [2 d]), *Herzogtum* manchmal auch abstrakt für die Funktion, die Rolle eines Herzogs (1). Zusammensetzungen ergänzen Spalte (1) nur ausnahmsweise *(das Kindsein),* die Spalten (2 a) und (2 d) dagegen reihenhaft *(Gitarren-/Schlagzeugspieler, Käse-/Ziegelfabrik* usw.).

871   Die Substantivableitungen aus Adjektiven verteilen sich auf nur zwei Bezeichnungsklassen:

	Substantivableitungen für	
Ausgangsadjektive	Prädikatsinhalte (1)	Subjektinhalte (2a)
frech	Frechheit	Frechling
schwach	Schwachheit, Schwäche	Schwächling
fanatisch	Fanatismus	Fanatiker
neu	Neuheit	Neuling
grob	Grobheit	Grobian
eng	Enge	

Ergänzt werden diese Ableitungen bei (2a) systematisch durch die Substantivierung von Adjektiven (*der/die Freche, Schwache;* vgl. 729); oft durch (konkretisierende) Bezeichnungsverschiebung (etwa von *Frechheit* im Sinne von ‚freches Benehmen, Frechsein‘ zu ‚freche Äußerung, Handlung‘ in Verbindungen wie *Frechheiten sagen/tun*)[1]; und manchmal durch Zusammensetzungen des Typs (Ausgangs)adjektiv + Substantiv (vgl. *Neuschöpfung* neben *Neuheit, Engstelle* neben *Enge;* vgl. 836 ff.).

Die semantischen Muster

Abstrakta

872   Syntaktisch besteht die Gemeinsamkeit hierhergehörender Substantivableitungen wie *Breite, Freiheit, Verbreiterung* und *Befreiung* darin, daß sie alle Prädikatsinhalte verdichten (*... ist breit/frei, ... wird verbreitert/befreit);* da sie sich inhaltlich auf Nichtgegenständliches, Abstraktes beziehen, werden sie Abstrakta genannt.

Verbalabstrakta

Vorgangs- und Handlungsbezeichnungen aus Verben

873   An der Ableitung dieser auch Nomina actionis genannten Handlungs-, Vorgangs- und Ereignisbezeichnungen sind heute neben den Suffixen *-e (Such-e)* und *-er (Seufz-er)* vor allem die Suffixe *-ung* und *-(er)ei* sowie die kombinierte Präfixableitung mit *Ge-* (in Verbindung mit dem Suffix *-e*) produktiv beteiligt:

> Grabung, Graberei, Lauferei, Gelaufe usw.

Sie ergänzen den vorhandenen Bestand an Abstrakta, zu denen neben Ableitungen mit den genannten Suffixen vor allem die reihenhaften Nullableitungen gehören:

> (mask.:) Erwerb, Lauf, Wurf (zu werfen), Ritt (zu reiten); (fem.:) Rast, Trauer; (neutr.:) Lob.

Hinzu kommen ferner einzelne Bildungen mit *-nis (Empfängnis)* und mit Lehnsuffixen *(Manipulation, Reparatur, Massage, Bombardement).* Sie alle haben substantivierte Neutra neben sich (vgl. *das Graben* neben *Grabung* und *Graberei*).

---

[1]   Manche der hierhergehörenden Substantivableitungen werden überhaupt nur (noch) in dieser „sekundären" Weise konkret gebraucht (vgl. *Neuigkeit, Flüssigkeit*); häufiger Pluralgebrauch fördert diese Konkretisierung (vgl. *Süßigkeiten, Sehenswürdigkeiten*).

Die meisten Verbalabstrakta sind mit dem Suffix *-ung* gebildet; in abnehmender Häufigkeit folgen die substantivierten Infinitive (vgl. 727), die maskulinen Nullableitungen (*Sprung* usw.), die Ableitungen mit „frequentativem" Aspekt nach dem Muster *Springerei* und *Gespringe* und schließlich die Bildungen der Muster *Manipulation* und *Pflege*. Alle anderen Bildungsweisen bleiben im Durchschnitt unter einem Prozent. Dabei richtet sich die Häufigkeit auch danach, mit welchen Verbgruppen die Suffixe gewöhnlich verbunden werden und mit welchen nicht. So ergibt sich für die Frage, ob und wie aus Verben, die bereits Wortbildungen darstellen, Abstrakta abgeleitet werden können, etwa folgender Befund[1]:

mit den Ableitungsmitteln \ Verbalabstrakta aus Verben,	die Ableitungen ohne Präfixe sind,	mit unbetonten Präfixen,	mit betonten Präfixen
-ung	Reinigung	Belieferung	Anlieferung
-(e)n	(das) Reinigen	(das) Beliefern	(das) Anliefern
Nullableitung	–	Erhalt	Abbau
-(er)ei	Träumerei	–	Anstreicherei
Ge-(+ -e)	Gehämmer	–	(ugs. das Ausgeziehe)
-(at)ion	Manipulation	–	–
-e	–	–	Anzeige

Vor einer Darstellung der einzelnen Ableitungsgruppen, denen die Vorgangs-   **874**
und Handlungsbezeichnungen aus Verben angehören, noch eine Bemerkung zu deren syntaktischem Verständnis: Bei der Überführung des Prädikatsinhalts eines Satzes wie *Der Sieger sprang 7,80 m weit* in ein Abstraktum kann das Subjekt mitgenannt werden, entweder in der Form eines substantivischen Attributs *(der Sprung des Siegers),* eines Kompositionsglieds *(Siegersprung)* oder eines Pronomens *(sein Sprung)*. Die obligatorischen Ergänzungen des Ausgangsverbs werden dabei zu fakultativen *(der [7,80 m weite] Sprung [des Siegers])*. Hier zeigen die einzelnen Ableitungsmuster auffällige Unterschiede: So haben etwa die mit *Ge-(+ -e)* und *-(er)ei* gebildeten „frequentativen" Abstrakta nur selten ein auf ein Objekt zurückgehendes Attribut bei sich (aus: *Die Gangster plünderten die Geschäfte ...* wird also kaum *Die Plünderei der Geschäfte ...*) und die Abstrakta auf *-(at)ion* fast nie ein Attribut, dem im zugrundeliegenden Satz das Subjekt entspricht (aus: *Der Buchhalter manipulierte die Bilanz* wird also kaum *Die Manipulation des Buchhalters ...,* sondern eher *Die Manipulation der Bilanz ...*).

Es folgt eine Darstellung der einzelnen Ableitungsgruppen, denen die substantivischen Vorgangs- und Handlungsbezeichnungen aus Verben angehören:

---

[1] Berücksichtigt sind nur die meistgebrauchten Ableitungsmittel.

-ung

875 Dieses zahlenmäßig an erster Stelle zu nennende Suffix tritt vor allem bei Verben auf, die durch Präfixe und Halbpräfixe erweitert sind:

> Vera *wirkt* bei der Vorbereitung des Festes *mit.* – Die *Mitwirkung* Veras bei der Vorbereitung des Festes ...

Viele Verbalsubstantive auf *-ung* bezeichnen nicht nur (als Nomina actionis) den Geschehensablauf, sondern (als Nomina acti) auf Grund von Bezeichnungsverschiebungen (Metonymien) auch den Abschluß oder das Ergebnis eines Geschehens; oder sie sind zu Sach-, Raum- oder Personenbezeichnungen geworden:

> Ordnung, Zeichnung, Kleidung; Wohnung, Siedlung; Bedienung.

Bei der Ableitung von Geschehensbezeichnungen können starke Verkürzungen eintreten:

> Die Regierung *befragt* das Volk über die Ausrüstung der Streitkräfte mit Atomwaffen. → Die *Befragung* des Volkes (durch die Regierung) über die Ausrüstung der Streitkräfte mit Atomwaffen ... → *Atombefragung.*

(Zur Umsetzung von Verben in substantivierte Infinitive, die mit den *-ung*-Ableitungen besonders häufig konkurrieren, vgl. 727 und 873).

Nullableitung

876 Es gibt maskuline Vorgangs- und Handlungsbezeichnungen, die durch die Kürzung von starken Verben (zum Teil mit Ablaut; d. h. durch Kürzungskonversion) oder *-ung*-Ableitungen entstanden sind:

> Ruf, Wuchs, Sprung; Beweis (aus: Beweisung).

Diese älteren Ableitungen „blockieren" oft eine neue Bildung mit *-ung* aus dem gleichen Verb. So kann die Umsetzung des Satzes *Sie hat nicht gehört, daß ich gerufen habe* nicht lauten *Sie hat meine Rufung nicht gehört,* sondern nur: *Sie hat meinen Ruf/mein Rufen nicht gehört.* Ebensowenig wird der Satz *Es ist verboten, in diesem Gebiet Campingplätze anzulegen* in *Die Anlegung von Campingplätzen ...* umgesetzt; es heißt vielmehr: *Die Anlage/Das Anlegen von Campingplätzen ...* Während neben suffixlosen Ableitungen regelmäßig substantivierte Infinitive als Parallelformen stehen, die inhaltlich mit ihnen konkurrieren *(der Ruf = das Rufen, der Wurf = das Werfen),* weisen andere Abstrakta gewöhnlich Bedeutungsunterschiede auf: *Verstoß* bedeutet etwas anderes als *Verstoßung,* und *Übertretung* ist keine Konkurrenzform zu *Übertritt.*

Die Neigung, solche suffixlosen Geschehensbezeichnungen neu zu bilden, ist heute in der Schweiz zu beobachten:

> Der Unterbruch (statt: die Unterbrechung) der Arbeiten, der Untersuch (statt: die Untersuchung) des Verbrechens, der Verlad (statt: die Verladung) von Fässern.

Auch in den Fachsprachen entstehen aus dem Wunsch nach Kürze gelegentlich noch (ablautende) Nullableitungen wie *Abrieb* („Verschleiß von Reifen') zu *abreiben.*

Neben den maskulinen Nullableitungen gibt es auch feminine, die als Abstrakta aber nur auf schwachen Verben basieren[1]:

> Antwort, Dauer, Feier, Heirat, Abkehr, Umkehr, Rast.

---

[1] Wobei deren Umlaut fehlen kann; vgl. *Brut* zu *brüten, Furcht* zu *fürchten, Qual* zu *quälen.*

-(er)ei

Dieses Suffix verbindet sich hauptsächlich (zu 90 %) mit intransitiven Verben und 877
erfüllt in der Regel die Aufgabe, den Abstraktbezeichnungen eine (frequentative)
Inhaltskomponente des wiederholten oder andauernden Tuns zu geben, oft verbunden mit der Bewertung, ‚das dauert länger als erwünscht (oder erwartet)'. Dabei lautet die Suffixform *-ei* bei Verben auf *-eln* und *-ern (Bummelei, Meckerei),*
sonst *-erei (Sucherei, Ruferei).* Diese (frequentativen) Vorgangswörter entstehen
also dadurch, daß Verben durch *-(er)ei* in Substantive überführt werden, und eine
spezielle Bedeutungsfärbung dann auch durch die Opposition zu den parallelen
substantivierten Infinitiven erhalten (*das Bummeln – die Bummelei* usw.).

Ge-(+-e)

Auch die Abstrakta dieses Bildungstyps (kombinierte Präfixableitung) enthalten 878
eine (frequentative) Komponente des wiederholten oder andauernden Tuns, weshalb es zahlreiche Konkurrenzformen zu den Ableitungen auf *-(er)ei* gibt *(Ge-*
frage/Fragerei, Gelaufe/Lauferei). Ohne *-e*-Suffix stehen besonders die Bildungen
zu Verben auf *-eln* und *-ern (Gezappel, Gestöber).* Bei Wahlmöglichkeit zwischen
Formen mit und ohne *-e*-Suffix kann dieses zusätzlich eine Bewertung des Über-
drusses vermitteln (vgl. *Gebrüll/Gebrülle, Geschrei/Geschreie*).
Die Wahl zwischen *Ge-(+-e)* und *-(er)ei* wird dabei nicht nur durch die Bauform
des Ausgangsverbs (vgl. 873) bestimmt, sondern auch durch seine Bedeutung: So
wird die kombinierte Präfixableitung mit *Ge-(+-e)* z. B. bevorzugt, wenn das zugrundeliegende Verb ein pluralisches, tierisches oder sachliches Subjekt voraussetzt *(Gewühl, Gewimmel; Gewieher, Gequieke; Geratter, Geholper);* dasselbe ist
als Tendenz auch bei Ausgangsverben mit einem starken Gefühlselement zu beobachten (*weinen – das Geweine; seufzen – das Geseufze; jammern – das Gejam-*
mer neben *die Jammerei*).[1]
In grammatischer Hinsicht ist bemerkenswert, daß die kombinierten Präfixableitungen mit *Ge-(+-e)* – anders als die Suffixableitungen mit *-(er)ei* – nicht pluralfähig sind.

-(at)ion

Verbalabstrakta mit diesem Suffix (die gewöhnlich aus dem Französischen ent- 879
lehnt sind) entsprechen Verben auf *-ieren (operieren/Operation* usw.)[2] und konkurrieren in erster Linie mit Abstrakta auf *-ung* (vgl. *Inspektion/Inspizierung,*
Klassifikation/Klassifizierung) bzw. behindern ihre Bildung (etwa im Falle von *In-*
terpretation, Kapitulation, Organisation, Demonstration).

-e

Mit diesem Suffix sind – synchron gesehen – z. B. 880

Anklage, Auslese, Ernte, Folge, Pflege, Reise, Suche; Analyse, Katalyse, Revolte

gebildet. Die Ableitung ist nur noch ansatzweise in der saloppen Umgangssprache (bes. Jugendsprache) produktiv (vgl. *Sause* ‚Feier, Zechtour', *Anmache* das
‚Ansprechen', *Aufmache* ‚Aufmachung').

---

1 Vgl. R. Kurth: Das Fragen, das Gefrage, die Fragerei, die Befragung. In: Muttersprache
(1957), S. 188–192.
2 Die kürzere Suffixform *-ion* findet sich in Einzelfällen wie *Adoption* und bei zusätzlichem,
durch die lateinische Ausgangssprache vorgezeichnetem Konsonantenwechsel (*Inspektion* zu
inspizieren).

Die folgenden Ableitungsgruppen sind an der Bildung von Vorgangs- und Handlungsbezeichnungen aus Verben nur am Rande beteiligt:

-er

881 Mit diesem Suffix sind maskuline Bezeichnungen für eine einmalige Verhaltensäußerung oder Bewegung (bzw. deren Ergebnis) gebildet:

> Hopser, Seufzer, Schnarcher, Rülpser, Ausrutscher.

-(at)ur, -ement, -age

882 Mit diesen Suffixen gibt es kleine Ableitungsgruppen, die wieder (vgl. 879) bestimmten Verben auf *-ieren (reparieren – Reparatur)* entsprechen und sich so, obwohl sie ursprünglich (aus dem Französischen) entlehnt sind, in das ‚System‘ der Verbableitung integrieren:

> Reparatur, Approbatur, Dressur, Gravur;
> Amüsement, Arrangement, Bombardement;
> Blamage, Kolportage, Massage, Montage, Sabotage.

Diese Ableitungen bezeichnen ein Tun, eine abgeschlossene Handlung, ein Verhalten, einen Vorgang oder ein Geschehen. Darin werden sie nicht durch Halbsuffixe, aber durch (explikative) Komposita ergänzt, die ein Bedeutungsmerkmal hervorheben. Dazu dienen u. a. *-geschehen (Wirtschafts-, Sport-, Betriebsgeschehen* usw.), *-leben (Wirtschafts-, Geschäfts-, Arbeitsleben), -verhalten (Geschäfts-, Berufs-, Krankenhausverhalten).*

Zustandsbezeichnungen aus Verben

883 Zu diesen Abstrakta, die nicht eine Handlung oder einen Vorgang, sondern einen erreichten Zustand bezeichnen, gehören neben Zusammensetzungen aus 2. Partizip + *-sein (Erregtsein, Emanzipiertsein)* zahlreiche Verbalbildungen auf *-ung (Erregung* ‚das Erregtsein‘; *Erschütterung, Erstarrung, Verblüffung, Erbitterung* usw.) und *-(at)ion (Resignation* ‚Resigniertheit‘; *Degeneration, Emanzipation, Zivilisation* usw.). Deren Zustandsbedeutung entsteht also aus Vorgangsabstrakta.

Ergänzung erfahren sie nicht nur durch einige Zustandsbildungen mit *-nis (Verderbnis* [neben *Verderbtheit*], *Bekümmernis, Betrübnis), sondern reihenhaft durch das sehr produktive Ableitungsmuster 2. Partizip + -heit.* Den größten Anteil haben dabei Ableitungen, die auf ein Partizip transitiver Verben zurückgehen:

> Beseeltheit, Angepaßtheit, Begrenztheit, Verstörtheit (neben Verstörung), Verwirrtheit (neben Verwirrung).

(Desubstantivische) Rollen- und Verhaltensabstrakta

884 Über 90 % der Substantivabstrakta sind – gewöhnlich in kleineren Reihen – mit den Suffixen *-schaft (Mutterschaft), -tum (Mönchtum), -(er)ei (Rüpelei)* und *-ismus (Despotismus, Snobismus, Opportunismus)* gebildet, ergänzt um *-heit (Narrheit), -erie (Clownerie)* und *-(i)at (Patronat, Vikariat).* Sie entstehen vor allem dort, wo ein Gleichsetzungsnominativ Gegenstand einer neuen Aussage wird, wie bei *Lehrer – Lehrertum* im folgenden Beispiel:

> Ich aber bin König und *Lehrer* ... Auch ist zwischen Schonung und Wissen kein Widerspruch, und nicht braucht *Lehrertum* das Wissen zu dämpfen (Th. Mann).

-ismus

Die Ableitungen mit dem Suffix *-ismus* lassen sich sowohl auf ein Substantiv als   885
auch auf ein Adjektiv (vgl. 891; 893,3) beziehen:

  Sozialismus – Sozialist – sozialistisch, Heroismus – Heroe – heroisch, Dogmatismus –
  Dogmatiker – dogmatisch.

Die Wortbildung erfolgt dann nicht nur durch Anfügen, sondern Ersetzung eines
Suffixes (Suffixtausch). – Mit einigen wenigen konkurrieren vergleichbare Bildungen auf *-tum (Heroismus/Heroentum)*.

-tum

Dieses Suffix wird gewöhnlich an Personenbezeichnungen gefügt, manchmal un-   886
ter Einschaltung eines Fugenelements: So steht ein *-(e)s-* in *Mannestum, Offiziers-
tum, Volkstum* und ein *-(e)n-* in Übereinstimmung mit den Fugenregeln der
Zusammensetzungen (vgl. 850) nach schwach flektierten Substantiven wie in
Held-en-tum und *Epigone-n-tum*.

-schaft

Dieses Suffix ist ebenfalls nur mit Personenbezeichnungen (insbesondere auf *-er*,   887
-mann, -ent) produktiv *(Kanzlerschaft, Regentschaft);* werden sie schwach flektiert, folgt meistens eine *-(e)n-*Fuge *(Zeuge-n-schaft, Pate-n-schaft)*. Bildungen mit
anderen Grundwörtern sind lexikalisiert *(Wissenschaft, Hinterlassenschaft)*.

-(er)ei

Das Suffix wird mit Personen-, vereinzelt auch mit Tierbezeichnungen verbun-   888
den. Nach Substantiven auf *-el* und *-er*, von denen die Bildungen meistens ausgehen, lautet das Suffix *-ei (Rüpelei, Ferkelei)*, sonst *-erei (Schweinerei;* vgl. 877). Die
Ableitungen geben nicht nur einen Zustand an, sondern kennzeichnen auch das
Auftreten oder Verhalten der betreffenden Person (vgl. *Sektiererei, Schurkerei)*.

-heit, -erie, -(i)at

Die Reihen der mit diesen Suffixen gebildeten Substantivabstrakta sind klein: 889
  Kindheit, Narrheit; Clownerie, Scharlatanerie; Matriarchat, Vikariat.

(Deadjektivische) Eigenschaftsabstrakta

Die Ableitung von Abstrakta aus Prädikationen mit Satzadjektiven *(Er ist*   890
dumm. – Seine Dummheit ...) spielt im heutigen Deutsch eine große Rolle. An ihr
sind insbesondere die Suffixe *-heit, -e, -enz, -ität, -ismus* und *-ik* beteiligt, in geringerem Maße auch *-ion, -nis, -schaft* und *-ie* bzw. *-erie:*

-heit

Dieses Suffix einschließlich seiner Formvarianten (Allomorphe) *-keit* und *-igkeit*
ist am produktivsten und hat den weitaus größten Anteil:
  Beklommenheit, Feigheit, Freiheit, Schüchternheit, Schlauheit; Eitelkeit, Fruchtbar-
  keit, Fröhlichkeit, Nachgiebigkeit; Dreistigkeit, Lebhaftigkeit, Ahnungslosigkeit usw.

-e

Dieses Suffix ist in der Gegenwartssprache fast unproduktiv geworden, findet
sich aber – wo möglich, mit Umlaut des Ausgangsadjektivs – noch in einer ganzen

Anzahl meist alter Ableitungen: *Schwere, Schwäche* (neben *Schwachheit*), *Länge, Tiefe, Kühle, Dicke, Dichte* (neben *Dichtigkeit*) und *Schläue* (neben *Schlauheit*).

-nis

Mit diesem heute unproduktiven Suffix sind nur einzelne Adjektivabstrakta gebildet, die überdies unter dem Konkurrenzdruck von Bildungen mit *-(ig)keit* stehen:

Bitternis (neben Bitterkeit), Finsternis (neben Finsterkeit), Düsternis (neben Düsterkeit), Bängnis (neben Bangigkeit).

891 Die folgenden, nach der Häufigkeit geordneten Suffixe stellen Abstrakta aus fremdwörtlichen Adjektiven dar:

-ismus

Liberalismus, Konservativismus, Aktivismus, Extremismus; mit Suffixtausch zwischen *-isch/-istisch* und *-ismus: Fanatismus* (zu *fanatisch*), Optimismus (zu *optimistisch*) (vgl. 885)

-ität

Banalität, Virtuosität, Universalität, Explosivität; Flexibilität (zu *flexibel*); Religiosität (zu *religiös*), Grandiosität (zu *grandios*); mit dem Suffixtausch *-isch/-izität:* Elastizität, Exzentrizität, Authentizität.

-ik

Exzentrik (neben Exzentrizität; zu *exzentrisch*), Dogmatik (neben Dogmatismus; zu *dogmatisch*), Komik (zu *komisch*), Symbolik (zu *symbolisch*). Die formale Stütze dieser Motivationsbeziehung ist hier also ebenfalls der Suffixtausch.

-erie/-ie

Galanterie, Bigotterie, Pikanterie; mit einem Wechsel zwischen *-isch* und *-ie:* Apathie, Lethargie, Anarchie, Ironie.

-enz/-anz

Mit Suffixtausch: Impertinenz (zu *impertinent*), Renitenz (zu *renitent*), Konsequenz (zu *konsequent*), Militanz (zu *militant*), Larmoyanz (zu *larmoyant*).

892 Die Verteilung (Distribution) dieser Ableitungsmittel richtet sich u. a. nach der Bauform der Ausgangsadjektive[1]:

Suffixe Adjektive	-heit/-(ig)keit	-e	-ismus	-ität	-ik	-(er)ie	-enz/-anz
einsilbig, ohne besondere Endung	+	+		( )			
mit: -ig	+						
-bar, -lich, -haft, -los	+						

[1] + bedeutet reihenhaftes, ( ) dagegen nur vereinzeltes Vorkommen.

Adjektive \ Suffixe	-heit/-(ig)keit	-e	-ismus	-ität	-ik	-(er)ie	-enz/-anz
-(ist)isch	( )		+	+	+		
-iv, -al/-il, -ell, -är			+	+			
-abel/-ibel, -(i)os/-ös				+			
-ent/-ant							+

Ergänzt werden die Suffixbildungen durch einige wenige (historische) Rückbildungen wie *Demut* aus *demütig, Freimut* aus *freimütig, Sanftmut* aus *sanftmütig*[1] und durch einzelne Ableitungen auf *-nis*.

Kommentar:

1. Das Suffix *-heit* hat nach einsilbigen Adjektiven gewöhnlich die gleiche Form wie nach Partizipien (vgl. 883), nach den wenigen zweisilbigen Simplizia auf Konsonant + *-er* daneben z. T. auch die Form *-keit (Hagerkeit, Tapferkeit).* Während diese Formvariante darüber hinaus nach den Adjektivbildungen auf *-lich, -ig, -bar* und *-isch* steht, folgt auf *-haft* und *-los* regelmäßig die Erweiterungsform *-igkeit (Glaubhaftigkeit);* dies auch nach einer Reihe von einsilbigen Simplizia *(dreist, feucht, hell, leicht, matt, nett, schnell, zäh)* und nach manchen Zweisilbern mit *ge- (genau, gerecht, geschwind).*

2. Im Zusammenhang mit dem Suffix *-e* wird das Ausgangsadjektiv, soweit möglich, umgelautet *(schlau – Schläue).*

3. Die meisten Bildungen mit dem Suffix *-ismus* gehören zu Adjektiven auf *-istisch* oder *-isch*, Endungen, die im Substantivabstraktum fehlen *(humanistisch –Humanismus, zynisch – Zynismus).* Wo nicht schon ein entsprechendes Substantiv auf *-ik* (wie z. B. *Linguistik*) in Gebrauch ist, kann man zu Adjektiven auf *-istisch* generell ein Substantiv mit *-ismus* bilden. Dabei sind die Ableitungen auf *-ismus* nicht nur mit diesen Adjektiven bzw. solchen auf *-iv, -al* und *-ell (konservativ – Konservativismus, kolonial – Kolonialismus, provinziell – Provinzialismus)* verbunden, sondern daneben meistens noch mit der entsprechenden Personenbezeichnung (oft auf *-ist: kommunistisch – Kommunismus – Kommunist, strukturalistisch – Strukturalismus – Strukturalist).*

4. Zu dem Suffix *-ität* gibt es im Zusammenhang mit Adjektiven auf *-isch* die regelhafte Variante *-izität (periodisch – Periodizität). -ität* kommt hier als Ausnahme bei *musikalisch, moralisch, solidarisch* vor *(Musikalität, Moralität, Solidarität).* Vor *-ität* ändert sich die Adjektivendung *-(i)ös* zu *-(i)os* (vgl. *nervös – Nervosität, religiös – Religiosität*), *-ell* zu *-al (sexuell – Sexualität), -el* zu *-il (sensibel – Sensibilität)* und *-är* zu *-ar (regulär – Regularität).*

5. Die mit *-ik* gebildeten Adjektivabstrakta sind besonders vom Französischen und Englischen beeinflußt. Im Deutschen stehen sie durchgehend im Wechselbezug zu Adjektiven mit der Endung *-isch (symbolisch – Symbolik, dynamisch – Dynamik, komisch – Komik).*

893

---

[1] Das gleiche Bedeutungsverhältnis besteht zwischen *geizig* und *Geiz, mutig* und *Mut*, nur ist die Wortbildung hier den entgegengesetzten Weg gegangen; die Adjektive sind aus den Substantiven entstanden.

6. Auch die Adjektivabstrakta auf *-ie* gehören fast immer zu Adjektiven auf *-isch* *(apathisch – Apathie, aristokratisch – Aristokratie)*, mit dem Suffixwechsel *-ie/-isch* oder auch *-sie-/-tisch (Epilepsie, Idiosynkrasie, Häresie, Poesie)*. Andere Fälle sind selten (vgl. etwa *autonom – Autonomie*).

7. Beziehen sich Bildungen auf Adjektive mit der Endung *-ent*, dann lautet das Abstraktsuffix *-enz (potent – Potenz)*, sonst *-anz (dominant – Dominanz)*.

Abgeleitete Konkreta

894 Im Unterschied zu den Prädikatsinhalte verdichtenden Abstrakta (vgl. 872) lassen sich viele Substantivableitungen syntaktisch entweder Subjektinhalten *(Bäkker – jmd., der backt)*, Objektinhalten *(Erzählung – etw., das erzählt wird)* oder Adverbialinhalten *(Druckerei – der Ort, wo etw. gedruckt wird)* zuordnen; da mit ihnen hauptsächlich Wahrnehmungsobjekte (Personen und Sachen) bezeichnet werden, nennt man sie Konkreta.

Ableitungen, die eine Person oder Sache als Subjekt einer Aussage charakterisieren

Personenbezeichnungen aus Verben

895 Die hierhergehörenden Bildungen, die den Handelnden oder den Träger eines Geschehens bezeichnen und deshalb auch Nomina agentis heißen, werden vor allem mit dem Suffix *-er (Reiter – jmd., der reitet; Fahrer* usw.), mit Halbsuffixen wie *-mann (Steuermann – jmd., der [etw.] steuert)* und mit neueren Lehnsuffixen wie *-ant* und *-ator (Lieferant – jmd., der jmdm. etw. liefert)* gebildet. Ihre subjektbezeichnende Funktion ist gegenüber der der Grundwörter in den vergleichbaren Zusammensetzungen des Typs Verb + Substantiv (vgl. *-gemeinschaft* in *Fahrgemeinschaft*; vgl. 839) unspezifischer und zudem in vielen Fällen sekundär, erst nachträglich im Zuge einer Konkretisierung von Abstrakta entstanden (vgl. *Wache* und *Bewachung* im Sinne von ‚jmd., der [jmdn.] [be]wacht‘ oder *Regierung* im Sinne von ‚Regierende‘).

Obgleich mit dem substantivierten 1. Partizip durchgehend eine Form zur Bezeichnung von Personen nach ihrer Tätigkeit verfügbar ist (vgl. *der/die Lesende*), bilden gerade die abgeleiteten Personenbezeichnungen den größten Teil der Nomina agentis. Sie zeigen eine größere Stabilität als die substantivierten 1. Partizipien, von denen nur wenige als feste Lexikalisierungen in Wörterbücher eingegangen sind (vgl. etwa *der Reisende*), und eignen sich dementsprechend auch besser als Bezeichnungen für Berufe *(Lehrer)* und gewohnheitsmäßige Handlungsrollen *(Leser)*. Sie werden mit folgenden (Halb)suffixen gebildet:

-er

896 Dieses Suffix ist sehr produktiv und leitet über zwei Drittel aller Nomina agentis ab *(Schwimmer, Lehrer, Sparer* usw.). Zu Verben auf *-ieren* gibt es neben

Lackierer, Gravierer, Montierer, Kopierer

entlehnte Nebenformen wie *Monteur, Kopist, Graveur* (s. u.), die mit ihnen konkurrieren.

Zu Präfixverben vergleiche man *Bearbeiter, Verarbeiter* usw., zu Wortgruppen

Geldgeber, Berichterstatter, Leisetreter, Heimlichtuer usw. (vgl. 743).

-ling, -bold

Es gibt nur kleine Reihen von Bildungen mit diesen Suffixen: 897

Eindringling, An- und Nachkömmling; Raufbold, Scherzbold, Saufbold (ugs.).

Innerhalb des Deutschen sind auch viele Ableitungen, die auf Lehnsuffixe ausgehen, durch die entsprechenden (entlehnten) Verben motiviert, insbesondere diejenigen auf:

-ant/-ent

Dieses Suffix findet sich in Nomina agentis zu Verben auf *-ieren: Demonstrant,*   898
Repräsentant, Informant, Kapitulant usw. Von den selteneren *-ent*-Bildungen sind
u. a. im allgemeinen Gebrauch:

Abonnent, Absolvent, Assistent, Dirigent, Dozent, Inserent, Interessent, Konkurrent, Konsument, Korrespondent, Präsident, Produzent, Referent, Regent, Rezensent, Subskribent, Student.

-ator

Dieses Suffix steht vor allem in Bildungen, die systematisch zu denjenigen Verben   899
auf *-ieren* gehören, zu denen es ein Abstraktum auf *-ation* gibt: *Organisator, Koordinator, Agitator, Kalkulator, Illustrator, Imitator* usw.

-eur/-euse

Die mit diesem Suffix gebildeten Substantive, die durch Verben auf *-ieren* moti-   900
viert sind, bilden nur eine kleine Gruppe (*Monteur, Kommandeur, Friseur, Deserteur, Retuscheur* usw.). Vergleichbare Feminina auf *-euse (Kommandeuse, Friseuse)* lassen sich einerseits auf das entsprechende Verb, andererseits als Movierungen (vgl. 861) auf die Maskulina mit *-eur* beziehen.

-ist

Ableitungen mit diesem Suffix bleiben auf Einzelfälle wie *Komponist, Kopist,*   901
Publizist beschränkt.

Aus alten Komposita entstanden ist die Bildung mit

-mann/-frau usw.

Von den Halbsuffixen trägt *-mann* am meisten zur Bildung von Nomina agentis   902
bei. Sie bezeichnen Berufe *(Zimmermann, Wachmann),* Rollen und Funktionen
(Spielmann, Schlagmann, Steuermann). Zu den entsprechenden Movierungen mit
-frau (Kauffrau, Kamerafrau usw.) vgl. 861.

An Bildungen mit Zweitgliedern, die ursprünglich auf Vor- und Familiennamen, Verwandtschaftsbezeichnungen, Körperteil- und Tierbezeichnungen zurückgehen, aber ihre Ausgangsbedeutung verloren haben und als Halbsuffixe erscheinen, ist besonders die Umgangssprache reich:

Meckerfritze (neben Meckerer), Nörgelpeter (neben Nörgler), Prahlhans (neben Prahler); Heultrine, -suse; Drückeberger, Schwindelmeier (neben Schwindler); Saufbruder (neben Säufer), Klatschtante; Lästermaul, Quasselkopf, Schmierfink, Leseratte, Leithammel usw.

Sachbezeichnungen aus Verben

903 Aus Verben abgeleitete Sachbezeichnungen, die dem Strukturtyp der Nomina agentis (vgl. 895) folgen, sind selten. Zu ihnen gehören – von den Nomina instrumenti (vgl. 911) abgesehen – einzelne Ableitungen mit *-er (Leuchter, Schwimmer* ‚Schwimmkörper‘, *Alleskleber)*, mit *-nis (Hindernis, Hemmnis* ‚was etw. hindert, hemmt‘), mit dem Halbsuffix *-gut (Treibgut, Sinkgut)* sowie Konkreta, die durch Bezeichnungsverschiebung aus Abstrakta hervorgegangen sind (*Erhebung* ‚Hügel‘, *Abfall* ‚abfallender Überrest‘, *Geläut* ‚die läutenden Glocken‘).

Personenbezeichnungen aus Substantiven

904 Die aus Substantiven abgeleiteten Wörter dienen durchweg der Personenbezeichnung. Gebildet werden sie vor allem mit *-er* und *-ler;* zu geringeren Anteilen auch mit *-ner, -iker* und *-ist;* vereinzelt mit *-ier, -är* u. a. Daneben begegnen häufiger Ableitungen mit dem Halbsuffix *-mann* bzw. solchen umgangssprachlichen Halbsuffixen, die aus Personennamen (*-fritze, -huber* usw.), vielgebrauchten Gattungsbezeichnungen (*-muffel, -papst* usw.) und einigen übertragen gebrauchten Tier- und Sachbezeichnungen (z. B. *-fink, -ratte, -nudel*) entstanden sind.
Die Ableitungen mit den vergleichsweise produktivsten Suffixen *-er* und *-ler* untergliedern sich in drei Gruppen:

905 1. Bildungen, die Personen danach bezeichnen, womit sie viel zu tun haben (das Basiswort nennt das [Akkusativ]objekt zu einem ‚Tun‘):

-er

Fleischer, Handwerker, Mathematiker, Falschmünzer.

-ler

Sportler, Heimatkundler, Wissenschaftler (neben österr. Wissenschafter), Zivildienstler.

In kleinen Reihen schließen sich Ableitungen mit anderen Suffixen an, so mit

-iker

Satiriker, Alkoholiker, Symphoniker (durch *Satire, Alkohol, Symphonie* und die entsprechenden Adjektive *satirisch, alkoholisch, symphonisch* motiviert).

-ist

Hornist, Karikaturist, Traktorist, Essayist.

-(at)or

Auktionator, Inquisitor (zu Inquisition), Editor (zu Edition), Aggressor (zu Aggression).

-mann

Sportsmann (neben Sportler), Forstmann (neben Förster), Weltrekordmann (neben Weltrekordler).

Vergleichbare Bildungen mit aus Namen hervorgegangenen umgangssprachlichen Halbsuffixen sind

Zigaretten-, Pressefritze (vgl. Pressemann); Musik-, Sanitätsheini; Stoffhuber; Umstandsmeier usw.

In der Umgangssprache gibt es eine ganze Reihe weiterer, suffixartig verwendeter Glieder, mit denen Personen nach ihrem Verhalten in einem bestimmten Bereich kritisiert werden. Dazu gehören im Wirtschaftsleben der *Kredit-, Immobilien-, Wirtschaftshai* (*-hai*, jmd., der andere ruiniert), im gesellschaftlichen Leben bei Gruppen die *Zeitungs-, Partei-, Versicherungsmafia,* bei einzelnen Personen die *Skandal-* und *Betriebsnudel* (*-nudel,* jmd., der Aufsehen erregt), der *Hut-, Sex-, Gurt-, Sportmuffel* („jmd., der das Gewünschte nicht tun mag") usw.

2. Bildungen, deren Basiswort das (Akkusativ)objekt zu einem ,Haben' (bzw. ,Bekommen') nennt: 906

-er

> Dickhäuter, Vierbeiner; Spalthufer; Achttonner, Einmaster, Viertürer, Zweireiher.

Sie sind meistens aus Wortgruppen abgeleitet; es sind insbesondere Tier- und Sachbezeichnungen.

-ler

> Dolden-, Korbblütler; Kopf-, Gliederfüßler; Leicht-, Schwergewichtler.

Hier handelt es sich besonders um Pflanzen- und Tierbezeichnungen aus Substantiven, die einen Teil angeben; aber auch verschiedene Personenbezeichnungen kommen vor.

-är

> Millionär, Aktionär, Konzessionär, Funktionär.

Die Gruppe der Bildungen mit diesem Suffix ist eng begrenzt.

3. Bildungen, die Personen nach einem (im Basiswort genannten) Zugehörigkeits- bzw. Herkunftsbereich bezeichnen: 907

-(n)er

> Berliner, Tiroler; mit Umlaut: Römer, Städter, Engländer; -ner steht bei Landesbezeichnungen auf *-a:* Koreaner, Afrikaner, Andorraner.

-ler

> Gewerkschaftler (neben österr. Gewerkschafter), Postler, Geheimdienstler, Provinzler, Südstaatler, ÖVP-ler, Mittelständler.

-ist

> Avantgardist, Reservist, Seminarist, Kavallerist.

Personen- und Sachbezeichnungen aus Adjektiven

Hier bezeichnen Suffixableitungen mit *-ling* und *-iker,* vereinzelt auch mit *-i* Personen als Träger einer adjektivisch charakterisierten Eigenschaft: 908

> Feigling, Fremdling, Rohling;
> Fanatiker, Zyniker, Choleriker.
> ugs. Doofi, Schlaffi.

Andere Ableitungen, die insbesondere Sachen nach Eigenschaften bezeichnen, haben ihre konkrete Bedeutung erst durch eine Bezeichnungsverschiebung erhalten; sie gehen gewöhnlich auf gleichlautende Abstrakta zurück. Zum Teil ist die Konkretisierung auf den Pluralgebrauch zurückzuführen:

Die *Sehenswürdigkeit* (= Abstraktum) der Tempelanlage steht außer Frage. – *Sehenswürdigkeiten* (= Konkretum) besuchen.
Durch ähnliche semantische Derivation sind auch eine *Berühmtheit/Schönheit* (z. B. *Sie ist eine B./S.*) usw. geprägt.

Ableitungen, die eine Person oder Sache als Objekt einer Aussage charakterisieren

909 Die hierhergehörenden Ableitungen gehen alle auf Verben zurück.

1. Die Substantive, die Personen als Zielobjekt eines Tuns bezeichnen und deshalb auch Nomina patientis heißen, werden mit den Suffixen *-ling* (vgl. *Anlernling – jmd., der angelernt wird; Findling, Prüfling, Impfling*) und *-and (Examinand, Konfirmand, Habilitand)* gebildet. Ihre Zahl ist gegenüber der der Nomina agentis (vgl. 895 ff.) klein.

910 2. Die Substantive, die Sachen als Zielobjekt eines Tuns bezeichnen, sind vor allem mit den Suffixen *-er (Aufkleber – etw., das aufgeklebt wird; Anhänger), -sel (Anhängsel, Mitbringsel)* und dem Halbsuffix *-gut (Back-/Bratgut – etw., das gebacken/gebraten werden soll)* gebildet, aber nur in kleinen Reihen.

3. Die Substantive, die Sachen als Ergebnis eines Tuns bezeichnen und deshalb auch Nomina facti heißen, werden – ebenfalls nur in kleinen Reihen – mit den Suffixen *-schaft (Erbschaft – etw., das man erbt; Errungenschaft, Hinterlassenschaft), -at* (aus Verben auf *-ieren: destillieren – Destillat; Diktat, Filtrat*) und dem Halbsuffix *-werk (Backwerk* [neben *Gebäck*], *Bauwerk, Flechtwerk*) gebildet.
Nomina facti, deren konkreter Inhalt aus einer Bezeichnungsverschiebung vom Abstrakten zum Konkreten hervorgegangen ist, sind im gegebenen Kontext etwa

Lieferung ,das Gelieferte', Abmachung ,das Abgemachte', Erlaß ,das Erlassene', Ausgabe ,das Ausgegebene', Gemisch ,das Gemischte', Stickerei ,das Gestickte', Erkenntnis ,das Erkannte', Auswahl ,das Ausgewählte'.

Ableitungen, die etwas als Mittel einer Tätigkeit bezeichnen (Gerätebezeichnungen; Nomina instrumenti)

911 Dies sind ausnahmslos Sachbezeichnungen. Sie werden fast durchgehend aus transitiven Verben abgeleitet, und zwar am häufigsten mit dem Suffix *-er,* seltener mit *-e* und ansatzweise bei manchen Verben auf *-ieren* mit *-ator.* Ergänzend kommen außerdem *-zeug* und Kompositionsglieder wie *-gerät, -anlage, -mittel, -maschine* ins Spiel.

-er

912 Substantivableitungen mit diesem Suffix sind etwa

Entsafter (,Apparat, mit dem man etw. entsaftet'), Öffner, Ordner, Knipser, Regler.

Zu vielen dieser Gerätebezeichnungen gibt es gleichlautende Personenbezeichnungen. Ob ein Nomen instrumenti oder ein Nomen agentis vorliegt, geht im Zweifelsfall aus dem Zusammenhang hervor (vgl. *Brief-/Fernsehempfänger*). Ein Grund für dieses reihenhafte Nebeneinander ist, daß die transitiven Ausgangsverben *ordnen, regeln, empfangen* usw. sowohl den semantischen Bezug auf das Subjekt als auch auf die instrumentale Adverbialbestimmung zulassen; ein anderer liegt in dem Bestreben, Geräte, die die Arbeitsgänge von Menschen übernommen haben, analog zu diesen zu behandeln.

-e

Die femininen Nomina instrumenti auf *-e* sind ganz wie die maskulinen auf *-er* ge- 913
bildet, aber nur im Einzelfall aus dem gleichen Verb *(Schneide – [Glas]schneider)*.
Im allgemeinen steht entweder *-er* oder *-e*, wie bei Autoteilen etwa die Bezeichnungen *Hupe, Bremse* einerseits und *Wischer, Anlasser* andererseits.
Ob das Substantiv in diesen Fällen aus dem Verb abgeleitet ist oder eventuell umgekehrt das Verb aus dem Substantiv (vgl. auch *eggen* und *Egge, feilen* und *Feile,
schließen* und *Schließe, hacken* und *Hacke*), ist – synchron betrachtet – nicht so
entscheidend. Wichtig ist in diesem Zusammenhang allein, daß der Motivations-
zusammenhang zwischen Nomen instrumenti und entsprechendem Verb deutlich
und das Muster – wenn auch nur in der Umgangssprache – noch etwas produktiv
ist (ugs. *Puste* ‚Pistole‘, *Halte* ‚Gürtel‘).

-ator

Wenn Substantive mit dem Suffix *-ator* durch Verben motiviert sind – es sind 914
durchgehend Verben auf *-ier(en)* – zeigen sie die Bedeutungsstruktur von Nomina
instrumenti *(Stabilisator, Regulator)*. Die meisten finden sich in der Fachsprache
der Technik *(Transformator, Katalysator, Simulator* usw.).

-zeug

Mit diesem Halbsuffix werden Substantive gebildet, die man im weiteren Sinne 915
als Gerätebezeichnungen auffassen kann. Sie gehören zu Verben wie *flicken, nähen, putzen, heben, rasieren,* die Tätigkeiten des Alltags bezeichnen *(Flickzeug,
Nähzeug, Rasierzeug* usw.).

Kommentar:

1. Viele Gerätebezeichnungen, die durch ein Verb motiviert sind, haben ihre 916
konkrete Bedeutung durch eine Bezeichnungsverschiebung von Abstrakta bekommen. Oft läßt erst der Kontext erkennen, daß es sich um Nomina instrumenti
und nicht um Abstrakta handelt:

   eine Leitung (installieren), Befestigung (niederreißen), Bindung (reparieren).

Den instrumentalen Bezeichnungen für Autoteile mit *-er, -ator, -e* (vgl. 912 ff.)
schließen sich mit *-ung* etwa die *(defekte) Steuerung* und *(helle) Beleuchtung* an,
als Nullableitungen (vgl. 876) z. B. der *(Tank)verschluß* und *(Seil)zug,* als Ableitungen auf *-ation* etwa die *(ausgebesserte) Isolation, (aufgebaute) Dekoration*.
2. Zusammensetzungen mit einem Verb als Bestimmungswort, die die Gerätebezeichnungen systematisch ergänzen, sind am häufigsten mit *-mittel* (Heil-, Spül-
mittel), *-gerät* (Bohr-, Steuergerät), *-anlage* (Wasch-, Steueranlage) und *-maschine*
(Bohr-, Nähmaschine) gebildet (vgl. 839 ff.).

Ableitungen, die den Ort einer Tätigkeit bezeichnen (Raumbezeichnungen; Nomina loci)

-(er)ei

Mit diesem Suffix werden zu transitiven Verben insbesondere Bezeichnungen für 917
den Raum einer gewerblichen Arbeit gebildet:

   Näherei, Rösterei, Stanzerei, Spinnerei.

Eine Reihe von Bildungen ist außerdem durch eine substantivische Berufsbezeichnung motiviert, so *Bäckerei* durch *backen* und *Bäcker,* ähnlich *Druckerei, Färberei, Brauerei* usw.

-e

918 Auch mit dem femininen Suffix *-e* sind einige Bezeichnungen für den Ort/Raum gebildet, an dem etwas im Basiswort Angegebenes getan wird:

Ausleihe, Ablage, Durchreiche, Schmiede, (ugs.) *Absteige.*

Andere Bildungen

919 1. Die weitaus meisten Raumbezeichnungen (Nomina loci) werden nicht durch die genannten Ableitungen, sondern durch Zusammensetzungen des Typs Verb + Substantiv (vgl. 839) gebildet *(Leseraum, -zimmer, -ecke, -saal; Badezimmer, -haus, -stube, -anstalt).*

2. Einige Raumbezeichnungen (Nomina loci) entstehen auch durch Bezeichnungsverschiebung aus Verbalabstrakta, und zwar fast nur aus Nullableitungen (vgl. *Abfluß [eines Beckens];* ähnlich: *Versteck, Durchschlupf*).

Die semantischen Muster der Substantivableitung im Überblick[1]

920

	Bezeichnungstyp	Ableitungsmittel alt	entlehnt	Beispiele
Abstrakta	Vorgangs- und Handlungsbezeichnungen aus Verben	-ung -(e)n Null-ableitung Ge-(+ -e) -e -er[3]	-(er)ei[2] -(at)ion -(at)ur -ement -age	*die Erwerbung, Stabilisierung das Erwerben, Suchen der Erwerb, Schrei die Schreierei, Sucherei das Geschrei, Gesuche die Demonstration, Manipulation die Suche, Pflege der Seufzer, Ausrutscher die Reparatur, Dressur das Bombardement, Amüsement die Montage, Sabotage*
	Zustandsbezeichnungen aus Verben	-ung -nis -heit	-(at)ion	*die Verzweiflung, Erregung die Resignation, Isolation die Betrübnis, Bedrängnis die Aufgeregtheit, Verliebtheit*
	Verhaltens- und Verhältnisbezeichnungen aus Substantiven	-schaft -tum	-ismus -(er)ei -(i)at	*der Heroismus, Despotismus die Tyrannei, Sektiererei die Vaterschaft, Gegnerschaft das Sektierertum, Heroentum das Patriarchat, Vikariat*

[1] Generell unberücksichtigt bleiben in der folgenden Aufstellung die Modifikationsbildungen (vgl. 859 ff.); von den Ableitungsmitteln werden nur die jeweils wichtigsten genannt.

[2] Das Suffix wurde bereits in mittelhochdeutscher Zeit aus dem Französischen (vgl. *-erie*) entlehnt (Endbetonung) und dann diphthongiert.

[3] Ursprünglich unter lateinischem Einfluß entwickelt, aber schon in vordeutscher Zeit.

	Bezeichnungstyp	Ableitungsmittel alt	Ableitungsmittel entlehnt	Beispiele
Abstrakta	Eigenschafts- bezeichnungen aus Adjektiven	-heit/ -(ig)keit -e	-ität -(er)ie -ismus -ik	die Schlauheit, Minderwertigkeit die Frivolität, Nervosität die Milde, Schläue die Apathie, Bigotterie der Optimismus, Zynismus die Exzentrik, Komik
Konkreta	Personen- bezeichnungen aus Verben	-er -ung	-ant/-ent -eur -ator	der Spieler, Begleiter der Demonstrant, Dirigent die Bedienung, Regierung der Kommandeur, Monteur der Organisator, Multiplikator
	aus Substantiven	-er -ler -ner	-iker -ist	der Handwerker, Mathematiker der Sportler, Völkerkundler der Epigrammatiker, Alkoholiker der Gitarrist, Essayist der Rentner, Bühnenbildner
	aus Adjektiven	-ling	-iker	der Fremdling, Schwächling der Fanatiker, Zyniker
	Sachbezeichnungen aus Verben	-ung Null- ableitung -e Ge- -werk		die Erzählung, Dichtung der Bericht, Beitrag die Abgabe, Spende das Gedicht, Gebäck das Dichtwerk, Backwerk
	Gerätebezeichnungen aus Verben	-er -ung -e -zeug	-ator	der Anlasser, Regulierer die Sicherung, Steuerung die Schließe, Bremse der Regulator, Stabilisator das Nähzeug, Rasierzeug
	Raumbezeichnungen aus Verben aus Substantiven		-(er)ei -(er)ei	die Druckerei, Spinnerei die Käserei, Ziegelei
	Bezeichnungen des Zuständigkeitsbereichs aus Substantiven	-tum	-at	das Scheichtum, Fürstentum das Sultanat, Konsulat

Kommentar:

Besonders in den Fachsprachen gibt es darüber hinaus reihenhaft wirksame Suffixe mit ganz spezifischen semantischen Funktionen.[1] So weisen etwa *-itis* und *-ose* in medizinischen Fachausdrücken auf eine entzündliche *(Bronchitis)*[2] bzw. nichtentzündliche *(Psychose)* Krankheit hin, *-at, -it* und *-id* in chemischen Termini auf das Salz einer sauerstoffreichen *(Bromat, Chlorat),* sauerstoffarmen *(Chlorit,*

921

---

[1]   Vgl. dazu: Deutsche Fachsprache der Technik (vgl. 867, Anm. 1), S. 137 ff.
[2]   Daran schließen sich umgangssprachliche Bildungen wie *Telefonitis* und *Substantivitis* an.

Phosphit) bzw. sauerstofffreien *(Chlorid, Bromid)* Säure und *-em* in sprachwissenschaftlichen Bezeichnungen wie *Phonem* oder *Morphem* auf eine Einheit des Sprachsystems.

4 Das Adjektiv

922 Die drittgrößte Wortart bilden die Adjektive. Ihr Anteil am Gesamtwortschatz beträgt zwischen 10 und 15 %, was hauptsächlich auf das Konto der Wortbildungen geht: Während die Zahl der einfachen, d. h. weder abgeleiteten noch zusammengesetzten Adjektive nur bei einigen hundert liegt, beträgt die der abgeleiteten Adjektive ein Vielfaches davon.[1] Den weitaus größten Beitrag (knapp 40 %) leisten dabei die drei adjektivischen Hauptsuffixe *-ig, -isch* und *-lich,* die sehr produktiv sind und deren Ableitungen in die Tausende gehen. Dagegen beträgt der Anteil der Ableitungen mit den anderen heimischen Suffixen nur etwa ein Zehntel, auch der mit Fremdsuffixen *(-abel, -ös* usw.) knapp ein Zehntel. Sie sind zwar kaum in der Neubildung produktiv, stellen aber ‚durchsichtige‘, motivierte Ableitungen mit analoger Struktur dar und können insofern als strukturelle Wortbildungselemente angesehen werden. Die Bildung mit Halbsuffixen wie *-fähig, -mäßig* usw. macht zwei Zehntel, mit den überkommenen Präfixen *un-, ur-* usw. ein Sechstel, die mit Halb- und Fremdpräfixen zusammen noch einmal ein Zehntel aus. Hinzu kommen die Zusammensetzungen *(röstfrisch, parteischädigend, blondgelockt),* deren Anteil in den letzten Jahrzehnten zwar gewachsen, im Vergleich zu dem der Zusammensetzungen im Bereich der Substantivbildung jedoch immer noch klein zu nennen ist. (Zu den Zusammensetzungen vgl. 923 ff.). Das Wortbildungsnest, das sich dabei um ein Adjektiv (z. B. *bitter*) bildet *(Bitterkeit, verbittern, Verbitterung* usw.) entwickelt sich umso mehr, je größer die ‚Wortbildungsaktivität‘[2] ist.

Die Ableitung mit Suffixen und Halbsuffixen (vgl. 943 ff., 950 ff.) ist fast durchweg (zu über 97 %) mit der Umwandlung (Transposition) in eine andere Wortart verbunden:

> glauben/Glaube – gläubig, [un]glaublich, glaubhaft;
> Bild/bilden – bildlich, bildhaft, bildbar, bildsam.

Sie dient besonders zur adjektivischen Qualitäts-, Merkmals- und Beziehungsbezeichnung.

Präfixe und Halbpräfixe (vgl. 927 ff.) bauen den adjektivischen Grundwortschatz vor allem in folgenden Bereichen aus:

– (polare) Gegenwörter (Antonyme; Negationswörter) durch *un-, in-, nicht-, anti-* usw.;
– steigernde (augmentative) Vergleichswörter durch *über-, super-* usw.;
– orientierende Zuordnungsbezeichnungen durch Halbpräfixe mit lokalem oder temporalem Bezug wie *inner-, außer-, vor-* usw.

---

1   Daß Substantive ohne besondere Wortbildungsmittel, durch einfachen Wortartwechsel (Konversion; vgl. 731), in Adjektive überführt werden *(Er hat Angst dabei. – Ihm ist angst dabei),* kommt kaum vor (vgl. in der Gegenwartssprache salopp *Das ist klasse/spitze!).* Die wenigen Bildungen dieser Art erwecken den Eindruck sprachlicher „Versteinerungen" und haben auch nicht alle Eigenschaften eines Adjektivs (sie können z. B. nicht gesteigert und größtenteils auch nicht attributiv oder adverbial gebraucht werden).

2   Zu dem Begriff vgl. W. Fleischer, I. Barz, M. Schröder (vgl. S. 402, Anm. 1), S. 60.

4.1 Die Adjektivzusammensetzung

Wie beim Substantiv bilden auch beim Adjektiv die Determinativzusammensetzungen (vgl. 825) den Hauptanteil. Dabei erfolgt die nähere Bestimmung des Zweitgliedes durch das Erstglied entweder mehr gradabstufend *(hellblau)* oder mehr erläuternd *(röst-/taufrisch)*. Die Zahl der daneben auftretenden Kopulativzusammensetzungen *(naßkalt;* vgl. 824), die gleichrangigen, nebengeordneten Adjektivgruppen entsprechen *(naß und kalt),* ist größer als bei der Substantivbildung.

923

4.1.1 Der Typ Verb + Adjektiv (Partizip)

In formaler Hinsicht besteht der Hauptunterschied zwischen Zusammensetzungen wie *sitzmüde* und solchen des vergleichbaren Typs Verb + Substantiv (*Sitzbank, Blasebalg;* vgl. 839) darin, daß bei den Adjektivzusammensetzungen das Verb immer nahtlos, nie durch ein Fugenelement mit dem Grundwort verbunden ist.

In semantischer Hinsicht fällt auf, daß den zahlreichen Bedeutungstypen im Bereich der Substantivkomposition (vgl. 829 ff.) nur drei bzw. vier – zudem seltener vorkommende – beim Adjektiv gegenüberstehen. Der verbale Inhalt des Bestimmungswortes gibt folgendes an:

924

1. eine Ursache, einen Grund:

   röstfrisch – frisch, weil (gerade) geröstet; sitz-/fernsehmüde.

2. eine Folge, Wirkung:

   tropfnaß – so naß, daß es tropft; klapperdürr, bettelarm.

3. einen Geltungsbereich:

   schreibgewandt – gewandt in bezug auf das Schreiben; treffsicher, lerneifrig, -freudig.[1]

Ihnen verwandt sind (4.) Bildungen, deren Zweitglied die Art und Weise angibt:

bremselastisch (Auto) – Auto, das elastisch bremst.

Bei den meisten Bildungen dieser Art hat das Zweitglied allerdings nicht mehr die Bedeutung, die ihm sonst im Sprachgebrauch zukommt; es ist auf dem Weg, suffixartigen Charakter anzunehmen. Die Bildung *lauffreudig* zum Beispiel wird durch Fügungen mit *läuft gern* umschrieben und nicht durch eine Konstruktion mit *freudig.* Das gleiche gilt für *kritisierfreudig, denkfreudig* u. a., wo der zweite Bestandteil die adverbiale Bedeutung ‚gern' angenommen hat. Diese Bildungsweise kommt insbesondere durch die Werbesprache in Gebrauch, in der heute zunehmend Adjektive, die primär Eigenschaften von Menschen ausdrücken, als Zweitglieder von Wortbildungen auch auf Sachen übertragen werden *(rieselfreudiges Salz – Salz, das leicht rieselt)* und auf diese Weise den Status von Halbsuffixen erhalten, deren Bedeutung nicht mehr mit der der Ausgangsadjektive übereinstimmt (dazu vgl. 950).

---

[1] Diese Bildungen basieren oft auf Verbindungen aus adverbial gebrauchtem Adjektiv und Verb wie *gewandt schreiben, sicher treffen, eifrig/freudig lernen.*

4.1.2 Der Typ Substantiv + Adjektiv (Partizip)

925 Die Adjektivbildungen, die durch Zusammensetzung mit einem substantivischen Bestimmungswort entstehen, lassen sich nach den zugrundeliegenden bzw. entsprechenden syntaktischen Fügungen folgendermaßen einordnen:

1. Die substantivischen Bestimmungswörter der Adjektivzusammensetzungen entsprechen abhängigen[1] Genitiven (a), Dativen (b), Akkusativen; so dem Akkusativ der Erstreckung in Fällen wie *drei Meter hoch* (c) und Präpositionalgruppen (d)[2], was den Bedeutungstyp nur bei (c) näher bestimmt:

Zusammensetzung	syntaktische Fügung
(1 a) *hilfsbedürftig*	*(jmd. ist) der Hilfe bedürftig/bedarf der Hilfe*
(1 b) *lebensfremd*	*(jmd. steht) dem Leben fremd (gegenüber)*
(1 c) *meterlang*	*(etw. ist) mehrere Meter lang*
(1 d) *hilfsbereit*	*(jmd. ist) bereit zur Hilfe*

2. Die substantivischen Bestimmungswörter entsprechen Präpositionalgruppen, deren Funktion darin besteht, die näheren Umstände für die Geltung der adjektivischen Grundwortinhalte anzugeben:

Zusammensetzung	syntaktische Fügung		Funktion
(2 a) *stadt-, weltbekannt*	*(jmd. ist)*	*in der Stadt/Welt bekannt*	lokal
(2 b) *brusthoch, knielang*	*(etw. ist)*	*bis zur Brust hoch/ bis zum Knie lang*	maß-angebend
(2 c) *morgenmüde, nachtblind*	*(jmd. ist)*	*am Morgen müde*	temporal
(2 d) *arbeitsmüde, altersschwach*	*(jmd. ist)*	*von der Arbeit müde*	kausal bzw. instrumental
(2 e) *diensttauglich, hitzebeständig*	*(jmd. ist)*	*tauglich zum Dienst*	final
(2 f) *funktionsgleich, geschlechtsreif*	*(etw. ist)*	*gleich in bezug auf die Funktion*[3]	referentiell

3. Die substantivischen Bestimmungswörter entsprechen Vergleichsfügungen:

grasgrün – (etw. ist) grün wie Gras
butterweich – (etw. ist) weich wie Butter
wieselflink – (jmd. ist) flink wie ein Wiesel

Diese Vergleichskomposita haben den größten Anteil an den Adjektivzusammensetzungen mit substantivischem Bestimmungswort. Bei vielen ist dabei dieses Bestimmungswort nicht mehr echte Vergleichsgröße, sondern dient nur noch zur Verstärkung des Grundwortinhalts (*todunglücklich, brandgefährlich, nagelneu*; vgl. zu elativischen Bildungen dieser Art auch 933).

Noch stärker syntaktisch geprägt als die Substantiv + Adjektiv-Bildungen sind diejenigen mit Partizipien als Grundwörtern. Zwei Drittel der mit 1. Partizipien

---

[1] Die Abhängigkeit ist dabei durch die Valenz der Grundadjektive bedingt (*bedürftig* + Genitiv, *fremd* + Dativ usw.).
[2] Die Präposition ist dabei durch das jeweilige Grundadjektiv geboten und hat – im Unterschied zu den Fällen unter 2. – keine besondere bedeutungsstiftende Funktion.
[3] Viele Bildungen dieser Art entstehen nach Art einer Umstellung von attributiven Fügungen wie *die gleiche Funktion (habend).*

gebildeten Zusammensetzungen folgen dabei dem Muster (1 c) *(gefahrbringend – etw. ist Gefahr bringend/bringt Gefahr; erdölproduzierend* usw.), nur einzelne wie *hilfeflehend* dem Muster (1 d). Beispiele wie *postlagernd* und *wasserlebend* schließen sich dem Muster (2 a) an; *angstbebend, kopfnickend* (2 d); *sommerblühend* (2 c); *wintersportaufstrebend* (2 f). Nur wenige Bildungen weisen die Vergleichsstruktur von *grasgrün* usw. auf *(samtglänzend, perlschimmernd)*, und in Zusammensetzungen wie *chromblitzend, harzduftend* usw. entspricht der Abfolge von Bestimmungs- und Grundwort syntaktisch eine (agentive) Subjekt-Prädikat-Konstruktion *(das Chrom blitzt, das Harz duftet).*
Häufiger als die Zusammensetzungen mit einem 1. Partizip als Grundwort sind die mit einem 2. Partizip. Dabei folgen Beispiele wie *wirklichkeitsverpflichtet* und *traditionsverhaftet* dem Muster (1 b), *gedankenversunken* dem Muster (1 d); *hausgemacht* schließt sich (2 a) an, *herbstentlaubt* (2 c), *handgeschrieben* und *luftgekühlt* (2 d). Hier häufen sich Zusammensetzungen, deren Bestimmungswort agentiven Charakter hat *(sturmzerfetzt, mondversilbert;* 19 %), und ornative Bildungen *(raketenbestückt – mit Raketen ausgestattet; schmutzüberzogen;* 25 %). Deutlich ausgeprägt ist auch der instrumentale Typ *(batteriebetrieben – durch eine Batterie betrieben;* 7 %) und die Bildungsweise, bei der das Erstglied den Geltungsbereich nennt *(steuerbegünstigt;* 11,5 %).

4.1.3 Der Typ Adjektiv + Adjektiv (Partizip)

1. Zwei Adjektive werden meistens so zusammengesetzt, daß sie ihre Eigenbedeutungen bewahren. Ist die Verknüpfung darüber hinaus (additiv) gleichordnend, entsprechen den Zusammensetzungen also gleichrangige Adjektivverbindungen mit *und (feuchtwarm – feucht und warm),* dann liegen Kopulativzusammensetzungen vor (vgl. Substantiv, 824):

926

> dummdreist, taubstumm, taubblind, wissenschaftlich-technisch(er Fortschritt), französisch-deutsch(e Kontakte), verzinkt-verkupfert(e Trommel) usw.

Das sind 25 % aller Komposita mit einem Adjektiv als Grundwort. Auch Farbbezeichnungen wie *schwarzrotgold* und die Zahlwörter *dreizehn, neunzehn* usw. gehören hierher. Dagegen tritt in Bildungen wie

> graugrün(er Farbton), freundschaftlich-kameradschaftlich(er Händedruck)

die additive Beziehung zwischen den Gliedern zugunsten einer eher „medialen" zurück, die gewissermaßen eine Zwischenstufe (,bis') signalisiert.

2. Determinativzusammensetzungen (vgl. Substantiv, 825), deren adjektivische Bestimmungswörter eine gradweise abstufende Bedeutung[1] haben, liegen in folgenden Fällen vor:

> hellrot, dunkelrosa, blaßgelb, lauwarm, schwerkrank usw.

Ein determinatives Verhältnis besteht auch bei solchen Adjektivzusammensetzungen, deren untergeordnetes erstes Glied das zweite nach Art einer attributiven Adverbialbestimmung präzisiert:

> frühreif (temporal), gutbezahlt, schöpferisch-tätig (modal), hinfällig-pflegebedürftig (kausal).

---

[1] Zu den elativischen Bildungen *(tiefblau* ,sehr blau'), in denen das Erstglied wie ein Präfix wirkt und den adjektivischen Grundwortinhalt verstärkend hervorhebt, vgl. 933.

Besonders deutlich tritt diese adverbiale Beziehung bei Zusammensetzungen mit dem 1. und 2. Partizip hervor:

wildwachsend(e Erdbeeren), hart-/weichgekocht(e Eier).

4.2 Der Zusatz von Präfixen und Halbpräfixen

927 Diese Art der Adjektivbildung erfolgt vor allem mit alten, tradierten Präfixen wie *un-* und mit aus anderen Sprachen übernommenen Lehnpräfixen wie *super-*.[1] Daneben kommen in größerem Umfang Bildungselemente ins Spiel, die als Halbpräfixe aus Zusammensetzungen hervorgegangen sind bzw. in die hier besonders breite Übergangszone zwischen Zusammensetzung und Halbpräfixbildung gehören. Zum Beispiel geben viele der unter 933 genannten Bildungen zwar auch einen Vergleich wieder *(blitzschnell – so schnell wie der Blitz)*, in erster Linie dienen sie jedoch einfach wie andere Präfixe zur Ausdrucksverstärkung (,sehr'; vgl. auch *blitzgescheit).*

Adjektive werden in ganz ähnlicher Weise wie Substantive mit Präfixen und Halbpräfixen verbunden. So dienen *un-, ur-, erz-, hoch-, super-, riesen-* zum Ausbau beider Wortarten, vor allen Dingen dort, wo es darum geht, den Grundwortinhalt hervorzuheben. Sie haben dabei freilich nicht immer genau die gleichen Bedeutungskomponenten (vgl. *Unmenge* und *unfroh, Urzeit* und *urkomisch, Hochverrat* und *hochintelligent).* Insgesamt und besonders in den Fachsprachen tragen Präfixe und Halbpräfixe mehr zum Ausbau der adjektivischen Wortart bei als zu dem der substantivischen. Größere Vielfalt gewinnt die Adjektivbildung ferner durch einige kombinierte Ableitungen, insbesondere mit dem Präfix *un-* und den Suffixen *-lich (un-wiederbring-lich, un-ausatch-lich)* und *-bar (un-übersah-bar, un-verkenn-bar),* nur vereinzelt auch mit anderen Suffixen *(inter-diszplin-är).*

Man kann folgende Bedeutungsgruppen unterscheiden:

1. Die Negationsbildung trägt insofern am meisten zum systematischen Ausbau der Wortart Adjektiv bei, als sie dazu dient, für den weithin gegensätzlich ausgebildeten adjektivischen Wortschatz (vgl. *breit – schmal, groß – klein, dick – dünn)* dort Gegen[satz]wörter (Antonyme) zu schaffen, wo sie der Grundwortschatz nicht bereithält, insbesondere bei Ableitungen und Entlehnungen.

Die einzelnen Elemente:

un-

928 Dieses Präfix ist der Hauptträger der Negationsbildung. Es verbindet sich mit einer ganzen Reihe ein- und zweisilbiger Simplizia, zu denen es keine festen Gegenwörter gibt *(undicht, unedel, unsicher).* Wo diese vorhanden sind, können die *un-*Bildungen der (wertenden) Differenzierung des Gegensatzes dienen *(richtig – falsch/unrichtig; gut – schlecht/ungut; schön – häßlich/unschön).* Auch adjektivisch gebrauchte Partizipien *(unbeachtet, ungezwungen; unbefriedigend)* und aus Verben abgeleitete Adjektive *(unaufschiebbar, unerschwinglich)* werden häufig mit *un-* verbunden.[2] Von letzteren erscheinen etliche – besonders die auf *-bar* und

---

1 Im Vergleich zu den Lehnsuffixen (vgl. 958 ff.) lassen sich die Lehnpräfixe viel leichter mit sowohl heimischen als auch entlehnten adjektivischen Basen zu neuen Wörtern verbinden.
2 Dagegen ist zu Farbbezeichnungen wegen ihrer abstufenden (,,skalaren'') Bedeutung keine Negation üblich.

-lich, vereinzelt auch die auf *-sam* – in der Regel nur negiert (so daß man sie von daher als Ableitungen mit dem „Zirkumfix" *un-+-lich/-bar/-sam* ansehen könnte):

> unverkennbar, unverzichtbar, unrettbar, unnahbar, unausrottbar, unwägbar; unausstehlich, unüberwindlich, unerforschlich, unumstößlich, unwiderruflich, unvergleichlich; unliebsam, unaufhaltsam.

Darüber hinaus kommen viele von Substantiven abgeleitete Bildungen auf *-ig,* *-isch* und *-lich* mit *un*-Präfix vor *(ungiftig, unbürgerlich, unsoldatisch).* Unnegiert bleiben dagegen die Stoffadjektive auf *-(e)n* bzw. *-ern* und *-ig* (also nicht: *unseiden, unsandig)* und attributiv gebrauchte Adjektive vom Typ *dortig, heutig, abendlich* sowie Adjektivbildungen vom Typ *leistungsmäßig.*

Von den Fremdwörtern werden – soweit sich nicht schon die Bildung mit einem entsprechenden Lehnpräfix wie *in-* und *a-* eingebürgert hat (vgl. 929 f.) – besonders die häufig gebrauchten mit *un-* verbunden (vgl. *unfair, unreell, unrationell, unpopulär, unsolide).*

in-

Negationsbildungen wie   929

> inaktiv, indiskret, informell, inhuman, intolerant usw.

sind aus anderen Sprachen übernommen[1] und werden vor allem in wissenschaftlichen Fachtexten gebraucht. Zu vielen gibt es gemeinsprachliche Entsprechungen mit einem *un*-Präfix:

> unbeweglich – immobil, unrechtmäßig – illegitim, unbestimmt – indeterminiert.

Morphologische Varianten zu *in-* sind *im-, ir-* und *il-: im-* steht vor den Lippenverschlußlauten [b], [p] und dem Nasenlaut [m] *(impotent, immobil), ir-* und *il-* als Assimilationsformen vor [r] und [l] *(irreal, illegitim).*

a-

Dieses Präfix ist weitaus seltener. Es findet sich vor allem in den Wissenschafts-   930
sprachen als wertungsneutrale Negation. Die meisten Bildungen gibt es – wie zahlreiche Bildungen mit *in-* – auch als „Internationalismen" (angeglichene „Interlexeme") in den europäischen Nachbarsprachen:

> apolitisch, alogisch, areligiös, asozial, anormal, atypisch, atonal.

dis-/des-, non-

Bildungen mit diesen Negationspräfixen kommen nur vereinzelt (in den Wissen-   931
schaftssprachen) vor:

> disharmonisch, diskontinuierlich, disproportional; (vor einigen Partizipien:) desinteressiert, desorientiert, desintegriert; nonkonformistisch, nonverbal.

schein-, pseudo-, quasi-, semi-

Zu einer modifizierenden Negation im Sinne von ‚nicht, aber dem Anschein   932
nach' dienen die Bildungen mit *schein- (scheintot, -fromm, -rechtlich;* ‚nicht, sondern nur dem Anschein nach tot, fromm, rechtlich') und *pseudo- (pseudodemokratisch, -wissenschaftlich, -legal).* Die Abstufung ‚nicht, aber nahezu' signalisiert (in Fachsprachen) *quasi- (quasistationär, -stabil, -kristallin),* und für ‚nicht, aber

---

[1]   Nur als Ausnahme gibt es einmal eine Nachbildung dazu (vgl. *infundiert, inegal).*

zum Teil' steht *semi- (semiantik, -professionell),* das dem Kompositionsglied *halb-(halbfertig, -automatisch, -amtlich)* entspricht.

933 2. Zur Ausdrucksverstärkung und ("elativischen") Hervorhebung dienen mehrere Präfixe, zum Teil alt *(ur-),* zum Teil erst spät entlehnt *(hyper-);* dazu kommen Halbpräfixe aus Präpositionen *(über-),* Adjektiven *(hoch-),* Substantiven *(stock-)* und Verben *(stink-):*

ur- ,sehr' (z. T. mit dem Zusatzmerkmal ,ursprünglich, eigentümlich'):
uralt, -deutsch, -gemütlich, -komisch; uramerikanisch, urwienerisch.

erz- ,sehr' (mit negativer Wertung oder mit negativ bewerteten Adjektiven):
erzkonservativ, -reaktionär, -dumm; auch: erzkatholisch.

super- ,sehr, besonders' (gewöhnlich in Verbindung mit einer positiven Sprecherwertung):
supermodern, -stark, -klug, -schnell, -breit, -elegant.

hyper- ,zu sehr, übertrieben':
hypermodern, -nervös, -sensibel, -mondän.

ultra- ,extrem, zu sehr':
ultrakonservativ, -reaktionär, -links; ultraschnell, -lang.

hoch- steht häufig als Ausdruck der vergleichenden Heraushebung (,sehr') vor adjektivisch gebrauchten 2. Partizipien *(hochgelehrt, -berühmt, -begabt, -industrialisiert)* und fremdwörtlichen Adjektiven *(hochelegant, -abstrakt, -offiziell, -aktuell, -aromatisch);* nur vereinzelt dagegen vor einfachen Adjektiven *(hochblond, -rot)* und Ableitungen *(hochanständig, -empfindlich).*

tief- ,sehr' findet sich in abstufenden Farbbezeichnungen *(tiefbraun, -rot)* und gefühlsbetonten Prägungen wie *tiefernst, -religiös;* mit 2. Partizipien: *tiefgekränkt, -empfunden.*

Nur kleinere Reihen bilden die Halbpräfixe

voll- ,ganz, vollständig':
vollautomatisch, -elektronisch, -synthetisch, -gültig, -verantwortlich.

extra- ,besonders':
extragroß, -flach, -lang, -stark, -breit.

bitter- ,sehr':
bitterböse, -ernst, -kalt.

grund- ,sehr, von Grund auf', meistens mit positiv bewerteten Adjektiven:
grundanständig, -ehrlich, -gescheit, -gut; aber auch: grundverschieden, grundfalsch, grundhäßlich.

tod- ,sehr, äußerst':
todernst, -sicher, -müde, -schick, -unglücklich.

stock- ,völlig':
stocktaub, -steif, -konservativ, -betrunken.

kreuz- ,sehr':
kreuzfidel, -brav, -ehrlich.

blut- ‚sehr‘:

blutarm, -jung, -wenig.

brand- ‚sehr, ganz‘:

brandneu, -eilig, -aktuell.

Sehr produktiv ist dagegen die Bildungsweise mit

über- ‚zu sehr, überaus‘:

überglücklich, -froh; meistens mit der mißbilligenden Sprecherwertung, daß die genannte Eigenschaft oder Verhaltensweise der Situation nicht angemessen ist: überängstlich, -reif, -nervös, -empfindlich, -laut, -mächtig, -korrekt usw. (‚allzu ängstlich ...‘).

Andere Muster haben ausschließlich umgangssprachliche Geltung:

*sau*dumm, -blöd, -kalt; *hunds*gemein, *hunde*elend; *scheiß*freundlich, -egal; *arsch*klar, -kalt; *stink*vornehm, -fein; *knall*hart, -rot.

3. Der Vergleich, den die „elativischen" Bildungen unter 933 nur indirekt voraussetzen, bestimmt deutlicher eine Reihe von „komparativischen" Adjektiven mit   **934**

über-, unter-

über-/unterdurchschnittlich, über-/untertariflich.

4. Andere Präfixe bzw. Halbpräfixe signalisieren das Ergebnis einer räumlichen, räumlich vorgestellten oder abstrakt in Bereiche gliedernden Zuordnung. Viele sind in den naturwissenschaftlich-technischen und medizinischen Fachsprachen beheimatet; manche dringen von dort aus in den allgemeinen Sprachgebrauch: **935**

(Halb)präfixe	Bedeutung	Beispiele
inner- intra- endo- binnen-	‚in, innerhalb von‘	*innerbetriebliche Mitbestimmung;* *innerparteilich, innerarabisch* *intrapersonale Konflikte;* *intrakristallin, intrazellulär, intramolekular* *endopsychische Erscheinungen; endoplasmatisch* *binnensoziologische Probleme; binnendeutsch*
außer- extra- über-	‚nicht in, außerhalb von‘	*außergerichtlicher Vergleich;* *außerberuflich, außerparlamentarisch* *extralinguistische Variable;* *extrazellulär, extraterritorial* *übernatürliche Kräfte*
über- supra-	‚übergreifend‘	*überbetriebliche Mitbestimmung;* *überregional, überindividuell, überkonfessionell* *supranationale Gruppe, suprasegmental*
inter-	‚zwischen‘	*interdisziplinäre Zusammenarbeit;* *interkontinental, interplanetarisch, intermolekular*
trans-	‚durch‘	*transsibirische Eisenbahn;* *transasiatisch, transkontinental*
sub- hypo- unter-	‚unterhalb von‘	*subalpine Vegetation; subarktisch* *hypokristalline Phase* *unterseeische Sedimente*

(Halb)präfixe	Bedeutung	Beispiele
supra-	‚oberhalb von'	*suprakrustale Ablagerungen*
epi- peri- para-	‚in der Umge- bung von, neben'	*epikontinentale Meere; epituberkulös* *periarterielle Gefäße; perimagmatisch* *paranasale Entzündung; paravenös*

936 5. Einer zeitlichen Zuordnung dienen die (Halb)präfixe

prä-, vor-, post-, nach-

ein vor-/nachtechnisches Zeitalter, vor-/nachchristliches Jahrhundert; eine vor-/prä-/nach-/postrevolutionäre Lage, ein prä-/postembryonaler Zustand; das vor-/nach-/postindustrielle Zeitalter.

937 6. In einer Vorstellungswelt des „Pro und Kontra", in der Bestrebungen, Bewegungen, Absichten danach eingeordnet werden, wogegen sie gerichtet sind oder was sie fördern, dienen als einfache Orientierungshilfen die Lehnpräfixe

anti-, pro-

antidemokratische, -liberale, -sozialistische Tendenzen; die anti-/proarabische Bewegung; eine anti-/prowestliche, anti-/prosowjetische Politik.

938 7. Gleichartigkeit und Ähnlichkeit signalisieren in einzelnen naturwissenschaftlichen Fachsprachen die Fremdpräfixe

homo-, homöo-, iso-

homozentrisches Strahlenbündel – ein Bündel von Strahlen mit dem gleichen Zentrum, homosexuell, -erotisch; homöopolare Bindung – eine Bindung auf Grund einer gleichen polaren Ladung, homöostatisch; isostrukturelle/isozyklische Verbindungen – Verbindungen, die die gleiche Struktur/den gleichen Zyklus aufweisen.

Zum Ausdruck der Verschiedenheit dient

hetero-

heteroplasmonische Zellen – Zellen, die verschiedene Plasmone enthalten; heterogametisch, -sexuell, -zyklisch.

939 8. Zahlenangebende Präfixe (in den Fachsprachen) sind

mono-, bi-, poly-, multi-

monokausal – auf nur eine Ursache zurückgehend, monogenetisch, -zyklisch; bipolar – zweipolig, bimolekular, -zentrisch; polyzentrisch – mehrere Zentren aufweisend, polyfunktional, -molekular; multilingual – vielsprachig, multiperspektivisch, -medial.

940 9. Vor Adjektiven, die sich auf politische Einheiten beziehen, steht gelegentlich das Präfix

pan-

panarabischer Sozialismus, panamerikanische Bewegung, panafrikanisches Symbol.

Es bezeichnet eine allesvereinigende Bestrebung, Tendenz.

4.3 Die Arten der Adjektivableitung

941 Im Mittelpunkt steht die einfache Ableitung von Adjektiven aus Substantiven und Verben, selten (als Modifikationsbildungen, vgl. 942) aus anderen Adjektiven

durch die Suffixe -*lich, -isch, -ig, -(er)n* (z. T. mit Umlaut des Grundwortes), -*bar,*
-*haft, -sam.* Sie werden (bei fremdwörtlichen Basen) durch Bildungen auf -*abel,*
-*ell/-al, -iv, -ar/-är* usw. ergänzt. Implizite Ableitungen fehlen dagegen, ebenso
kombinatorische Präfixbildungen (mit „Zirkumfix"), wenn man von den Sonderfällen des Typus *un-wiederbring-lich* (*un-ausweich-lich, un-widersteh-lich;* vgl.
928) absieht, neben denen es keine entsprechenden Adjektive ohne Präfix gibt. Ergänzt werden die Suffixe vielmehr durch einen Fächer von Halbsuffixen, die vor
allem an Substantive, z. T. aber auch an Verben treten:

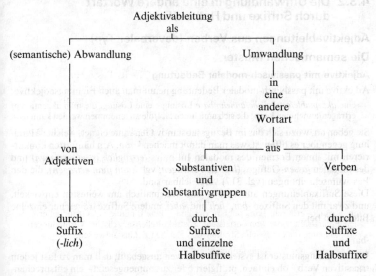

4.3.1 Die semantische Abwandlung („deadjektivisch")

Reihenhaft erfolgt in der Standardsprache die semantische Abwandlung von Adjektiven nur mit dem Suffix -*lich* (fast regelmäßig mit Umlaut: *schwarz – schwärz-*
lich). Ausgangspunkte sind in erster Linie Farbbezeichnungen (*blau – bläulich,*
rot – rötlich; mit Bezeichnung einer Farbabstufung), dann auch einige vielgebrauchte Personeneigenschaftsbezeichnungen (*alt – ältlich; bänglich, dicklich,*
dümmlich usw.). In einer Reihe weiterer Bildungen drückt die -*lich*-Ableitung annähernd dasselbe aus wie das adjektivische Grundwort (vgl. *ein karges/kärgliches*
Mahl; froh/fröhlich lachen), allerdings ist ihre Verwendungsweise im Satz teilweise
anders:

942

> jmdm. ist *ernst* mit etw. – etw. *ernstlich* in Zweifel ziehen; *grob* sein – etw. *gröblich* ver-
> letzen; *reich* sein – *reichlich* geben usw.

Andere Suffixe tragen nur am Rande zur Modifikationsbildung bei. Einzelfälle
finden sich mit -*ig (dumpf – dumpfig, untertan – untertänig)* und -*sam (beredt – be-*
redsam, unlieb – unliebsam). Die wenigen Erweiterungsbildungen mit -*isch* wirken
zum Teil archaisch *(antik – antikisch, genial – genialisch, sentimental – sentimenta-*
lisch); diejenigen mit -*istisch* können eine Bewertung des Grundwortinhalts in
dem Sinne ausdrücken, daß das Bezeichnete als überspitzt oder einseitig überstei-

gert abgelehnt wird (vgl. *formal – formalistisch, liberal – liberalistisch, objektiv – objektivistisch*).

Die Adjektivbildungen auf *-lei* aus Numeraladjektiven (*vielerlei, mancherlei, dreierlei* usw.) werden nicht adverbial, sondern in unflektierter Form attributiv *(mancherlei Übel, allerlei Gedanken)* oder aber pronominal gebraucht *(allerlei wissen)*.

4.3.2 Die Umwandlung in eine andere Wortart durch Suffixe und Halbsuffixe

Adjektivableitungen aus Verben (deverbaler Typ)

Die semantischen Muster

Adjektive mit passivisch-modaler Bedeutung

943 Adjektive mit passivisch-modaler Bedeutung nennt man auch Eignungsadjektive:

> eine *akzeptable/erträgliche/annehmbare* Lösung – eine Lösung, die man akzeptieren/ertragen/annehmen kann; die sich annehmen läßt/die angenommen werden kann usw.

Sie geben an, wozu sich das im Bezugssubstantiv Genannte eignet, welcher Handlung gegenüber es offen ist, was man damit machen kann. Am häufigsten konkurrieren mit ihnen Formen des modalen Infinitivs *(erträglich/ist zu ertragen)* und des modalen *lassen*-Gefüges *(läßt sich ertragen;* vgl. *kann man ertragen)*, die den Passivumschreibungen (vgl. 317) vergleichbar sind.

Diese Suffixableitungen aus Verben sind systematisch am weitesten entwickelt, und zwar mit den Suffixen *-bar, -lich* und *-abel;* andere Suffixe tragen nur einzelne Bildungen bei.

-bar

944 Das Ableitungsmuster ist systematisch so weit ausgebaut, daß man zu fast jedem transitiven Verb – ob einfach, präfigiert oder zusammengesetzt – ein entsprechendes Adjektiv bilden kann, sowohl mit positiver als auch mit negativer Ausrichtung:

> heilbare – unheilbare Krankheit; berechenbare – unberechenbare Zufälle; vorhersehbare – unvorhersehbare Faktoren; (mit fremdwörtlichen Verben:) manipulierbar, passierbar, reproduzierbar usw.

Die passivisch-modale Prägung ist für das Suffix so typisch, daß ihr über 93 % seiner Ableitungen folgen. Während manche nur mit Negationspräfix üblich sind (z. B. *unleugbar, unverkennbar, unnahbar*), fehlt bei anderen das negative Gegenstück ganz (z. B. *achtbar, bemerkbar, ersetzbar* [aber *unersetzlich*], *vergleichbar* [aber *unvergleichlich*]).[1]

In den wenigen Fällen, wo – aus Gründen des Wohlklangs und der Aussprache vor allem bei abgeleiteten Verben wie *vereinigen* oder *verwirklichen* – die Ableitung mit *-bar* blockiert ist, springt das Halbsuffix *-fähig* ein.[2] Darüber hinaus be-

---

[1] Einzelne sprachübliche *-bar*-Ableitungen aus dem 19. Jh. oder aus früheren Jahrhunderten sind auch zu intransitiven Verben gebildet *(unverzichtbar, verfügbar),* teilweise mit aktivisch-modaler Bedeutung (vgl. *brennbares Material = Material, das brennen kann)*. In der Gegenwartssprache ist – von fachsprachlichen Ausnahmen abgesehen – diese Bildungsweise weitgehend blockiert.

[2] Allerdings verbindet sich *-fähig* nicht wie *-bar* mit abgeleiteten Verben, sondern mit Verbalsubstantiven (auf *-ung: vereinigungs-, verwirklichungs-, besserungsfähig* usw.).

steht generell die Tendenz, die Bildungsweise mit *-fähig* in das Gefüge der passivisch-modalen Adjektive einzugliedern; das zeigen Konkurrenzformen wie *transportierbar/transportfähig* oder *verwendbar/verwendungsfähig.*

-lich

Der Anteil der passivisch-modalen Ableitungen mit *-lich* ist beträchtlich, obwohl   945
das Suffix in dieser Funktion nicht mehr produktiv ist. Gleichwohl sind *-lich*-Adjektive als Wortbildungen größtenteils noch durchsichtig, d. h. auflösbar (vgl. *löblich – kann gelobt werden, erklärlich – kann erklärt werden*). Die meisten (über 70 %) stammen aus Verben mit Präfix (*begreiflich, erdenklich, verletzlich* usw.). Bei ihnen kommt es besonders häufig vor, daß sie eine konkurrierende *-bar*-Ableitung neben sich haben (vgl. *erklärlich/erklärbar, unersetzlich/unersetzbar*). Manchmal besetzen aber auch *-lich*-Ableitungen die Stelle negierter *-bar*-Bildungen (*ersetzbar – unersetzlich;* vgl. 944). Neben dem starken Ableitungsmuster aus transitiven Verben (über 10 % aller Bildungen) gibt es – wie bei *-bar* – auch einzelne Ableitungen aus Verben mit Dativ- oder Präpositionalobjekt (vgl. *verzeihlich – jmdm. verzeihen; erinnerlich – sich an etw. erinnern, verläßlich – sich auf jmdn./etw. verlassen*). Eine Reihe von Ableitungen ist nur in Verbindung mit dem Präfix *un-* in Gebrauch: *un-wiederbring-lich, un-widersteh-lich, un-übertreff-lich, un-vergleich-lich* (vgl. 928).
Aus fremdwörtlichen Verben werden selten Adjektive mit *-lich* abgeleitet (vgl. etwa *despektierlich*). Dies geschieht gewöhnlich entweder mit *-bar* (vgl. 944) oder dem Lehnsuffix *-abel.*

-abel

Adjektive mit diesem Lehnsuffix (und seiner besonders fachsprachlichen Va-   946
riante *-ibel*) haben passivisch-modale Bedeutung, wenn sie durch fremdwörtliche Verben auf *-ieren* motiviert sind:

respektabel, praktikabel usw.; disponibel, konvertibel usw.

Gelegentlich konkurrieren mit *-abel*-Bildungen solche auf *-bar* (vgl. *deklinierbar/ deklinabel*).

-ig, -sam usw.

Bei diesen Suffixen gibt es nur Ansätze zur Ableitung passivisch-modaler Verbal-   947
adjektive; vgl. etwa

zulässig, doppeldeutig; bildsam, unaufhaltsam.

-fest, -echt usw.

Schließlich werden Verbaladjektive des passivisch-modalen Typs auch mit Halb-   948
suffixen wie *-fest, -echt* usw. (vgl. 969) gebildet, die sich neuerdings unter dem Einfluß der Werbesprache aus Mustern der Adjektivzusammensetzung herauszulösen beginnen. Dabei ist bei *-fest (kochfest), -echt (bügelecht)* und *-beständig (waschbeständig)* mit der passivisch-modalen Bedeutung ‚kann ... werden‘ ein Merkmal wie ‚ohne Schaden‘ verbunden, bei *-gerecht (lesegerecht)* und *-freundlich (spülfreundlich)* das Merkmal ‚leicht‘ und bei *-fertig (kochfertig), -bereit (eßbereit)* und *-reif (verkaufsreif;* [analog auch aus Verbalabstrakta:] *abschlußreif, aufführungsreif)* das Merkmal ‚sofort‘.

Hier wurde mit Hilfe der Wortbildung für die Werbung eine Wertungsskala geschaffen, die vom *strapazierbaren* und *strapaz(ier)fähigen* über den *strapazierfesten* und *-starken* bis zum *strapazierfreudigen Teppich* reicht, vom *waschbaren* und *-fähigen* bis zum *waschechten, -festen* und *-sicheren Stoff.*

Adjektive mit aktivisch-modaler Bedeutung

949 Diese auch Verhaltensadjektive genannten Ableitungen mit aktivisch-modaler Bedeutung sind nicht so systematisch ausgebaut wie die des passivisch-modalen Typs (vgl. 943); sie sind auch weniger produktiv.
Die beteiligten Suffixe und Halbsuffixe werden vor allem mit intransitiven Verben verbunden und mit den transitiven, deren Akkusativobjekt leicht ausgelassen wird:

> Der Tisch wackelt. – der *wackelige* (wackelnde) Tisch; das *wirksame* (wirkende) Mittel. Die Äußerung provoziert/ist *provokativ* (provozierend). Sie greift an/ist *angreiferisch.* Das amüsiert (blamiert) mich/ist *amüsant (blamabel)* für mich.

Entsprechende Ansätze finden sich auch bei reflexiven Verben:

> das *veränderliche* (sich verändernde) Wetter, der *fügsame* (sich fügende) Junge, eine *ärgerliche* (sich ärgernde) Frau.

Die aktivische Grundbedeutung dieser Bildungen (probeweise Ersetzung durch das 1. Partizip, dessen „Gegenwartsbedeutung" allerdings fehlt, ist möglich) ist oft in dem Sinne modifiziert, daß eine Fähigkeit oder Neigung zum jeweils genannten Verhalten angegeben wird. Zum Teil kommen durch die Suffixe (besonders *-sam* und *-haft*) auch Bedeutungsmerkmale aus dem Umkreis von ‚gern', ‚leicht', ‚gut' und ‚oft' hinzu.

-ig

Bei den Adjektiven mit aktivisch-modalem Inhalt ist das Bildungsmuster Verb + *-ig* das meistgenutzte *(nörgeliger Mann, zittrige Hand, bröckelige Kohle).* Ihm folgen auch Zusammenbildungen (vgl. 743) wie *luftdurchlässig* und *geringschätzig,* wobei das substantivische Erstglied *(Luft)* ein Akkusativobjekt zum folgenden Verbstamm *(durchlass-),* das adjektivische Erstglied *(gering-)* ein objektbezogenes Satzadjektiv zum folgenden Verbstamm *(schätz-)* nennt.

-lich

Dieses Suffix dient vor allem zur Ableitung solcher aktivisch-modaler Verbaladjektive, mit denen Abstrakta näher charakterisiert werden *(hinderlicher Zustand, betrübliche Tatsache, gedeihliche Zusammenarbeit).* Zu einigen Negationsbildungen dieses Musters wie *unermüdlich, unaufhörlich, unausbleiblich* gibt es keine positive Entsprechung.

-sam, -haft

Den genannten Ableitungen auf *-ig* und *-lich* sind einige auf *-sam* und *-haft* mit aktivisch-modalem Inhalt an die Seite zu stellen *(bedeutsam; schmeichel-, zaghaft).*

-(er)isch

Unter den zahlreichen Ableitungen mit *-(er)isch* gibt es neben einigen verbal motivierten Bildungen aktivisch-modalen Inhalts wie *haushälterisch, mürrisch* und *neckisch* eine Gruppe, die sowohl auf ein Substantiv (auf *-er,* z. T. mit negativer Sprecherwertung) als auch auf ein Verb mit der Suffixvariante *-erisch* zurückgeführt werden kann (*angeberisch, betrügerisch, gebieterisch* usw.).

-ant/-ent, -(at)iv, -abel

Adjektive mit diesen Lehnsuffixen haben oft aktivisch-modale Bedeutung, sofern sie durch fremdwörtliche Verben auf *-ieren* motiviert sind:

frappant, mokant, kongruent; demonstrativ, repräsentativ, informativ, spekulativ, suggestiv; blamabel, repräsentabel, rentabel, spendabel.

-fähig

Einige Adjektive aktivisch-modalen Inhalts aus Verben (mit der „potentiellen" Bedeutungskomponente ‚können') sind auch mit dem Halbsuffix *-fähig* gebildet (*geh-, lern-, schwimmfähig); ähnlich mit *-freudig: rieselfreudig (Salz), lauffreudig (Motor).*

Adjektivbildungen aus Substantiven (desubstantivischer Typ)

Adjektivableitungen aus Verbalabstrakta

An die aus Verben abgeleiteten Adjektive mit aktivisch-modaler Bedeutung (vgl. 949) schließen sich unmittelbar solche aus Verbalabstrakta und den Halbsuffixen *-fähig* und *-tauglich* an (vgl. *lernfähig* und *anpassungsfähig, fahrtauglich* und *flugtauglich*):   950

-fähig

Da *-fähig* hier besonders produktiv ist, ist die Zahl der damit abgeleiteten Adjektive aus Verbalabstrakta wesentlich größer als die der entsprechenden Adjektive aus Verben (vgl. 949):

anpassungs-, aufnahme-, beschluß-, konkurrenz-, heirats-, urteils-, zahlungsfähig.

-tauglich

flugtauglich, diensttauglich; (ähnlich:) fahrtauglich.

Adjektive mit der passivisch-modalen Bedeutung der teils aufmunternden, teils dringenden Empfehlung (‚soll[te], müßte') entstehen aus Verbalabstrakta (einschließlich substantivierter Infinitive) und folgenden Halbsuffixen:

-wert

lesens-, bewunderns-, begrüßens-, nachahmenswert.

-würdig

Neben Verbindungen mit Verbalabstrakta (*bewunderungs-, nachahmungswürdig*) begegnen hier auch solche mit dem reinen Verbalstamm, entweder wahlweise (*förderwürdig* neben *förderungswürdig*) oder ausschließlich (*denk-, glaubwürdig*).

-bedürftig

pflege-, hilfs-, renovierungs-, korrekturbedürftig.

Bei diesen passivisch-modalen Adjektivableitungen aus Verbalabstrakta verbindet sich mit der ‚sollen'-Komponente *(renovierungsbedürftig[es Haus] – [Haus, das] renoviert werden sollte)* das Merkmal einer entschiedenen Stellungnahme, wonach etwas als erforderlich angesehen wird.

-pflichtig

genehmigungspflichtig; (ähnlich:) impf-, registrierpflichtig.

Mit diesen passivisch-modalen Adjektivableitungen ist die Bedeutungsvariante einer – z. B. behördlicherseits festgestellten – Notwendigkeit verbunden *(genehmigungspflichtig[e Anlage] – [Anlage, die] genehmigt werden muß)*.

Adjektivableitungen aus anderen Substantiven

951 Hier zeigt die adjektivische Wortbildung ihre größte Vielfalt. Die Suffixe *-(e)(r)n, -esk, -al/-ell, -ar/-är* und *-ös/-os* kommen nur vor Substantiven vor, während *-ant/ -ent, -(at)iv, -haft, -ig, -isch* und *-lich* auch mit anderen Basen verbunden werden; *-sam, -abel* und *-bar* begegnen hier dagegen nur selten. Für die „Allerweltssuffixe" *-ig, -isch* und *-lich* schließlich ist vielfältige Verwendung in fast allen Bildungsmustern festzustellen. Dann erscheinen sie fast als (quasi) syntaktische Verbindungsstücke, die Bezugsnomen und Basiswort aufeinander beziehen (z. B. *Allegorie* und *Figur* in alle*gorische Figur* usw.). Gleichwohl sind auch sie nicht beliebig anfügbar: *-ig* kann z. B. nicht zur agensbezogenen Ableitung (vgl. 952,1) herangezogen werden. Aber auch da, wo zwei Suffixe dieselbe Funktion erfüllen, verbinden sie sich oft mit verschiedenen Grundwörtern, z. B. *-lich* bei der Bildung adjektivischer Zeitbestimmungen bevorzugt mit Simplizia *(täglich, jährlich), -ig* mit Wortgruppen *(vierzehntägig, einjährig)*. Darüber hinaus zeigen die Suffixe vielfach eine besondere Produktivität bei bestimmten Klassen von Ausgangswörtern, z. B. *-ig* bei attributiven Wortgruppen *(vierfüßig), -lich* bei adjektivischen Simplizia *(grün-, gelblich)* und neutralen Personenbezeichnungen *(bürgerlich)* und *-isch* bei Eigennamen *(lutherisch)*, negativ bewerteten Personenbezeichnungen *(diebisch)* und Fremdwörtern *(komparativisch)* usw. Diese Aufgabenteilung führt dazu, daß die auffallend seltenen Parallelformen oft Verschiedenes bezeichnen; vgl. z. B. bei den Zeitbezeichnungen *zweistündig* (‚zwei Stunden dauernd') und *zweistündlich* (‚alle zwei Stunden'), bei den Personenbezeichnungen *weiblich* und *kindlich* gegenüber *weibisch* und *kindisch* (mit negativer Sprecherwertung) und reihenhaft bei den Ableitungen aus Stoffbezeichnungen *golden, seiden, gläsern* usw. (‚aus Gold/Seide/Glas') gegenüber *goldig, seidig, gläsern* usw. (‚wie aus Gold/Seide/Glas').

952 Die insgesamt 13 Muster kann man in vier Gruppen gliedern:

1. Ableitungen aus Bezeichnungen für einen Ausgangsbereich (Urheber, Agens, logisches Subjekt); ihr Suffix signalisiert a) eine *tun-,* b) eine *haben*-Prädikation.

2. Ableitungen aus Bezeichnungen für einen Zielbereich (Patiens, logisches Objekt); ihr Suffix signalisiert a) eine *tun-,* b) eine *haben*-Prädikation.

3. Ableitungen aus Bezeichnungen für a) eine Gleichsetzungsgröße, b) eine Vergleichsgröße.

4. Ableitungen aus Bezeichnungen für Bestimmungen mit a) räumlicher, b) zeitlicher, c) instrumentaler, d) modaler, insbesondere auf die Form der Durchführung oder auf das Material bezogener Bedeutung, e) mit Angabe eines Grundes und f) eines Betrachtungsaspektes oder einer thematischen Einordnung:

Die semantischen Muster:

das Suffix signalisiert	Beispiele und syntaktische Entsprechungen
(1 a/agentiv) einen Urheber, ein Agens	*polizeilich(e Anordnung) – die Anordnung der Polizei/die Polizei ordnet es an*
(1 b/possessiv, z. T. auch partitiv) einen Besitzer, Träger	*ärztlich(e Praxis) – die Praxis des Arztes/ der Arzt hat/besitzt diese Praxis*
(2 a/zielangebend) ein Objekt, Patiens	*ärztlich(e Ausbildung) – die Ausbildung der Ärzte/man bildet Ärzte aus*
(2 b/ornativ) einen Teil, ein Merkmal	*haarig(e Finger) – Finger mit Haaren/ diese Finger haben Haare*
(3 a/identifizierend) etwas Gleiches	*trottelig(er Mensch) – ein Trottel von Mensch/dieser Mensch ist ein Trottel*
(3 b/komparativisch) etwas Ähnliches, Entsprechendes, Vergleichbares	*bäuerlich(er Eigensinn) – Eigensinn, wie ihn ein Bauer hat*
(4 a/lokal) eine Raumbestimmung	*römisch(e Wohnung) – Wohnung in Rom*
(4 b/temporal) eine Zeitbestimmung	*abendlich(e Zusammenkunft) – Zusammenkunft am Abend*
(4 c/instrumental) eine Mittelbestimmung	*mikroskopisch(e Untersuchung) – Untersuchung mit dem Mikroskop*
(4 d/modal, form- und stoffbezogen) die Gestaltungsform	*symbolisch(es Denken) – Denken in Form von Symbolen*
(4 e/kausal) einen Grund, eine Absicht	*absichtlich(e Verzögerung) – Verzögerung aus/mit Absicht*
(4 f/aspekthaft) eine thematische Zuordnung	*gesellschaftlich(e Fragen) – Fragen bezüglich der Gesellschaft/diese Fragen betreffen die Gesellschaft*

Die beteiligten Suffixe

-ig

Dieses Suffix wird – von den Ableitungen aus Verben (*findig;* vgl. 949) und Ad-   953
verbien (*dortig;* vgl. 972) abgesehen – in der Hauptsache (zu 83 %) zur Ableitung
von Adjektiven aus Substantiven gebraucht und ist hier auch weitaus am stärksten produktiv. Es erfüllt seine Hauptfunktion bei der ornativen Adjektivbildung
(2 b) aus einfachen Substantiven *(haarig[e Brust]),* Zusammensetzungen *(rechtskräftig[er Beschluß])* und Wortgruppen *(schmallippig[er Mund]),* wofür *-ig* überhaupt das wichtigste Bildungsmittel ist. Daneben spielt es eine Rolle bei der
Vergleichsbildung (3 b; *milchig[es Glas])* und Gleichsetzung (3 a; *trottelig[er
Mensch]),* der Ableitung aus Raum- (4 a; *außerhäusig[e Tätigkeit]),* Zeit- (4 b;
zweijährig[e Praxis]) und Mittelbestimmungen (4 c; *eigenhändig[e Unterschrift])*
und Objekt- bzw. Zielbezeichnungen (2 a; *verdächtig[es Benehmen]).*

-isch

Dieses Suffix wird im wesentlichen (zu 95 %) zur Ableitung aus Substantiven ge-   954
braucht (zu der kleinen Gruppe, die aus Verben gebildet ist, vgl. 949). Seine
Hauptfunktion (in ca. einem Viertel aller Fälle) besteht in der Ableitung possessi-

ver Adjektive (1 b; *heidnisch[e Sitten]*). Die wichtigsten Nebenfunktionen sind wie bei *-ig* die Vergleichsbildung (3 b; annähernd 20 %; *bäurisch[er Kerl]*) und die Gleichsetzung (3 a; *diebisch[e Person]*); dann folgen die Ableitungen nach dem einen Betrachtungsaspekt nennenden Muster (4 f; *gesellschaftlich[e Fragen]*), dem agentiven (1 a; *fachmännisch[es Urteil]*), dem instrumentalen (4 c; *mikroskopisch[e Untersuchung]*) und dem zielangebenden Muster (2 a; *kaufmännisch[e Ausbildung]*).

-lich

955 Dieses Suffix, das sich in der Adjektivableitung am meisten aufsplittert, weist die drittgrößte Zahl an Bildungen auf, ist aber nur streckenweise produktiv. Bei der Ableitung aus Substantiven[1] liegt seine Hauptfunktion bei den possessiven Bildungen (1 b; *ärztlich[e Praxis]*). Nebenfunktionen erfüllt es – mit abnehmender Häufigkeit – bei den zielangebenden (2 a; *ärztlich[e Ausbildung]*), agentiven (1 a; *polizeilich[e Anordnung]*), vergleichenden (3 b; *mütterlich[e Freundin]*), identifizierenden (3 a; *freiherrlich[er Marschall]*) und temporalen (4 b; *abendlich[e Zusammenkunft]*) Ableitungen.

-haft

956 Dieses Suffix wird nahezu ausschließlich (zu 96 %) zur Ableitung aus Substantiven genutzt. In fast der Hälfte aller Fälle tritt das Fugenelement *-(e)n-* an das Ausgangswort, insbesondere dann, wenn dessen Plural ebenfalls mit *-(e)n* gebildet wird. Der Ableitungsschwerpunkt liegt mit über 80 % bei den Mustern der Vergleichs- (3 b; *feen-, hünenhaft[e Erscheinung]*) und Gleichsetzungsbildung (3 a; *laien-, dilettantenhaft[e Klavierspielerin]*). Sonst sind noch die possessiven (2 b; *fehlerhaft[e Arbeit]* – ‚Arbeit mit Fehlern') Ableitungen besonders zu erwähnen.

-(er)n

957 Mit diesem Suffix werden modale „Stoffadjektive" (4 d) abgeleitet. Dabei wechselt seine Form von *-n (seide-n, kupfer-n)* über *-en (metall-en)* bis zu *-ern,* das regelmäßig mit Umlaut verbunden ist *(gläs-ern, hölz-ern).*
Ableitungen mit betonten Suffixen sind aus anderen Sprachen übernommen. Zur Bildung neuer Wörter im Deutschen tragen die meisten dieser Lehnsuffixe allerdings nicht bei, auch wenn ganze Ableitungsreihen mit ihnen eingebürgert und analog strukturiert sind, so daß sie einheimische ergänzen.[2]

Folgende Lehnsuffixe sind für die Adjektivableitung aus Substantiven am wichtigsten:

-al/-ell

958 Dieses Suffix findet sich vor allem in verwaltungs- und fachsprachlichen Bildungen. Diejenigen, die ‚durchsichtig' sind, werden durch ein Substantiv motiviert. 60 % enden auf *-al* und – in Einzelfällen – seine Varianten *-ual (prozentual, prozessual)* und *-ial (äquatorial, tangential),* die übrigen auf *-ell* bzw. *-iell (vektoriell, tendenziell;* besonders nach Substantiven auf *-enz/-anz)* und – selten – *-uell (graduell,*

---

[1] Zu *-lich*-Ableitungen aus Verben vgl. 945, aus Adjektiven 941.
[2] So werden z. B. possessive Ableitungen (1 b) auf *-ig (schwermütig, traurig)* und *-isch (melancholisch)* ergänzt durch solche mit dem Lehnsuffix *-iv (depressiv;* mit Suffixtausch aus *Depression).*

Das Adjektiv

intellektuell). In einem Drittel der Fälle entsprechen die Ableitungen dem Typ (3) mit seinen Mustern (3 a, *katastrophal[e Niederlage];* 3 b, *substantiell[e Änderung] – Änderung der Substanz*); daneben kommen das agentive (1 a; *ministeriell[er Beschluß]*), ornative (1 b; *kulturell[es Niveau]*) und partitive/ornative Muster (2 b; *dreidimensional[er Körper];* vgl. *-ig*) vor.

-iv

Bildungen auf *-iv* sind zu zwei Dritteln durch Substantive motiviert. Am häufigsten steht das Suffix in Ableitungen des identifizierenden Musters (3 a; *attributiv[es Adjektiv]*). Häufiger finden sich daneben noch die – meist fremdsprachlich vorgeprägten – Bildungen mit Basen, die das Ziel (Objekt, Patiens) einer Handlung (2 a; *normativ[e Grammatik]*) oder ihren Urheber (Agens) bezeichnen (1 a; *eruptiv[es Gestein]*), die eine *haben*-Aussage (1 b; *depressiv[e Person]*), ein Mittel (4 c; *operativ[er Eingriff]*) oder auch einen Grund (4 e; *instinktiv[es Handeln]*) vermitteln.

959

-ar/-är

Das Suffix *-ar/-är* ist auf viele Muster verteilt. Motivierend wirken nur Substantive. Vergleichsweise am häufigsten begegnet es beim identifizierenden (3 a; *illusionär[e Pläne]*), komparativischen (3 b; *linear[e Abfolge]*), zielangebenden (2 a; *muskulär[e Massage]*) und ornativen Muster (2 b; *doktrinär[er Sozialismus]*), aber auch bei den Raum- (4 a; *stationär[e Behandlung]*) und Mittelbestimmungen (4 c; *autoritär[e Erziehung]*). Von den beiden Suffixvarianten ist *-är* die häufigere (sie steht vor allem unter französischem Einfluß, *-ar* unter lateinischem). Regelmäßig wird sie gewählt bei substantivischen Basen auf *-ität (Autorität – autoritär)* und *-ion (Inflation – inflationär);* demgegenüber zeigen die Ableitungen, deren Basen kleinste Teilchen bezeichnen, fast immer die Suffixform *-ar (atomar).*

960

-ös/-os

Das ebenfalls nur nach Substantiven stehende Suffix *-ös* (die Variante *-os* erscheint – von Ausnahmen wie *nebulos* abgesehen – nur in fachsprachlichen Bildungen wie *lepros, humos*) findet sich im ornativen (2 b; *ambitiös[er Sportler]*), komparativischen (3 b; *philiströs[e Pedanterie]*) und identifizierenden Muster (3 a; *schikanös[es Verbot]*).

961

-ant/-ent

Während sich die Suffixvariante *-ant* an Substantive auf *-anz* anschließt, steht *-ent* neben solchen auf *-enz.* Zwei Drittel der Ableitungen gehören zum ornativen Muster (2 b; *arrogant[e Person], intelligent*).

962

-oid, -esk

Diese und andere Lehnsuffixe sind an der Adjektivableitung aus Substantiven nur selten beteiligt. Beispiele wie *faschistoid, negroid* bzw. *balladesk, kafkaesk* folgen dem Muster der Vergleichsbildung (3 b).

963

Die beteiligten Halbsuffixe und entsprechenden Kompositionsglieder

Manche der Beziehungen, die Suffixe bei der Adjektivableitung aus Substantiven ausdrücken (vgl. 952), geben auch Halbsuffixe wieder. Nur sind sie nicht so „bedeutungsarm" wie jene, sondern vermitteln zusätzliche semantische Merkmale.

12*

Semantisch am weitesten aufgefächert ist dabei das Muster (2 b), das eine (ornative) *haben*-Prädikation signalisiert (vgl. 952). Das Suffix *-ig* wird darin vor allem von folgenden Halbsuffixen ergänzt:

-haltig

964 Das Halbsuffix gibt an, daß das im substantivischen Grundwort Genannte in etwas anderem enthalten ist *(kupferhaltig[es Erz], ozonhaltig, bromhaltig).*

-reich, -voll, -stark, -schwer, -selig;
-arm, -schwach, -los, -frei, -leer

965 Die erstgenannten, teilweise miteinander konkurrierenden Halbsuffixe signalisieren, daß (besonders) viel von dem im Grundwort Genannten vorhanden ist:

-reich: baumreich[e Gegend], abwechslungsreich;
-voll: demutsvoll[e Gebärde], liebevoll, neidvoll;
-stark: ausdrucksstark[er Tanz], charakterstark;
-schwer: folgenschwer[er Entschluß], erinnerungsschwer;
-selig („zu viel"): vertrauensselig[e Haltung], gefühlsselig.

Ihnen stehen ein geringes Vorhandensein oder ein Nichtvorhandensein signalisierende Halbsuffixe gegenüber, die ebenfalls teilweise miteinander konkurrieren:

-arm: baumarm[e Gegend], kalorienarm;
-schwach: charakterschwach[er Mensch], verkehrsschwach;
-los: hilflos[es Wesen], freudlos;
-frei: risikofrei[er Kauf], niederschlagsfrei;
-leer: menschenleer[e Gegend], gedankenleer.

Die Suffixe, die eine Gleichsetzung oder einen Vergleich (3 a/b; vgl. 952) ausdrücken *(-ig, -haft, -isch, -lich, -ern)*, werden vor allem durch folgende Halbsuffixe ergänzt:

-mäßig

966 Die Aufgabe, eine Entsprechung auszudrücken („in der Art von, wie') erfüllt das Halbsuffix *-mäßig* in Ableitungen wie *berufsmäßig[e Freundlichkeit), robotermäßig (arbeiten)* usw., insbesondere die Einschränkung einer Beziehung („in bezug auf', ‚hinsichtlich'): *zweckmäßig (Kleidung), bühnenmäßig* usw. Darüber hinaus signalisiert es die Durchführungsart in Bildungen wie *fahrplanmäßig (verkehren), instinktmäßig (handeln), (etw.) listenmäßig (zusammenstellen),* den Bezug auf eine (verbindende) Norm in Fällen wie *vorschriftsmäßig (handeln)* oder *verfassungsmäßig[e Entscheidung).*[1]

---

1 In dieser Funktion tritt sie teilweise in Konkurrenz zu *-gemäß,* d. h., es werden Bildungen mit *-mäßig* an Stelle der lexikalisierten Bildungen mit *-gemäß* gebraucht: *Ich habe das ordnungsmäßig* (statt richtig: *ordnungsgemäß) erledigt. Die pflichtmäßige* (statt richtig: *pflichtgemäße) Benachrichtigung blieb aus. Der nächste Lehrgang findet turnusmäßig* (statt richtig: *turnusgemäß) am 22. 2. statt.*
Am häufigsten kommt heute das Halbsuffix *-mäßig* mit der Bedeutungsvariante ‚in bezug auf, hinsichtlich, was ... betrifft' vor *(arbeitsmäßig, gehaltsmäßig, wohnungsmäßig* usw.). Diese Bildungen, die häufig aus Bequemlichkeit gebraucht werden, weil man auf diese Weise das, was man meint, nicht präzis zu formulieren braucht, wirken meistens stilistisch unschön. Das ist besonders der Fall, wenn sie an Stelle einer Zusammensetzung, eines Genitivs oder einer knappen präpositionalen Fügung gebraucht werden: *Die farbenmäßige Zusammenstellung* (statt: *Farbzusammenstellung) gefällt mir nicht. Übersetzungsmäßige Probleme* (statt: *Probleme der Übersetzung) treten besonders in lyrischer Dichtung auf. Sie ist ihm intelligenzmäßig* (statt: *an Intelligenz) überlegen.* Vgl. W. Seibicke: Wörter auf *-mäßig.* Sprachkritik und Sprachbetrachtung. In: Muttersprache (1963), S. 33–47 und S. 73–78.

-gemäß, -gerecht

Beide Halbsuffixe haben die Bedeutung ‚wie ... verlangt, (genau) entsprechend'   967
(standesgemäß[e Heirat], programmgemäß[er Ablauf]; mediengerecht[e Verfil-
mung], jugendgerecht [präsentieren]); sie konkurrieren teilweise nicht nur untereinander *(kindgemäß/-gerecht),* sondern auch mit *-mäßig,* soweit es keine Vergleichsfunktion im engeren Sinne (vgl. 966) erfüllt *(planmäßig/-gemäß/-gerecht,*
opernmäßig/-gemäß/-gerecht).

-getreu, -gleich, -förmig, -ähnlich, -artig

Auch diese reihenbildenden Halbsuffixe haben im Hinblick auf den substantivischen Grundwortinhalt Gleichsetzungs- bzw. Vergleichsfunktion:

original-, wirklichkeitsgetreu; schlangengleich; halbkreisförmig; menschenähnlich;
dünenartig.

Aber: -widrig

Das Gegenteil von diesen Halbsuffixen (vgl. 967) drückt in Adjektivableitungen   968
-widrig aus:

planwidrig gegenüber planmäßig, plangemäß; wahrheitswidrig gegenüber wahrheits-
getreu, -gemäß; formwidrig gegenüber formgerecht, -getreu.

Andere Kompositionsglieder, deren Bedeutung nicht mehr mit der des Ausgangs-   969
wortes übereinstimmt (Halbsuffixe), dienen zum Ausbau von Mustern, für die es
keine Suffixableitungen gibt. Manche sind durch die Fach- und Werbesprache in
allgemeinen Gebrauch gekommen; dazu gehören diejenigen, die ausdrücken, daß
etwas gegen das im Ausgangswort Genannte geschützt oder gesichert ist (Protek-
tiva):

-fest: frostfest[e Getreidesorten], hitzefest, maschenfest, säurefest;
-sicher: kugelsicher[es Glas], mottensicher, frostsicher;
-beständig: frostbeständig[e Pflanzen], hitzebeständig, säurebeständig;
-echt: kußecht[er Lippenstift], säureecht;
-dicht: wasserdicht[e Uhr], staubdicht, schalldicht.

Das Gegenteil kann etwa durch Zusammensetzungen mit *-empfindlich (frostemp-*
findlich[e Pflanzen], stoßempfindlich, druckempfindlich) ausgedrückt werden.

Die Adjektivsuffixe mit ihren Beziehungsbedeutungen werden also durch eine   970
ganze Reihe von Halbsuffixen ergänzt, die auch noch als freie Lexeme in Gebrauch sind. Besonders weit geht die dabei erreichbare semantische Abstufung
bei den aus Verben abgeleiteten, modal geprägten Adjektiven auf *-bar, -abel, -lich,*
wo zum Ausdruck der potentiellen Bedeutung ‚kann ... werden' auch *-fähig* und –
mit ergänzenden Nuancen wie ‚sofort', ‚ohne Schaden' – *-fest, -bereit* und *-bestän-*
dig verwendet werden können. Weiter erlauben es Halbsuffixe wie *-wert* und
-würdig, auch die Modalität zu variieren, und zwar in Richtung auf den Ausdruck
des Sollens *(nachahmenswerte, -würdige Tat)* bzw. Wollens *(heiratswillige, -lustige*
Person). Auch bei den aus Substantiven abgeleiteten ornativen Adjektiven (2 b;
vgl. 952) sind die Bildungen mit bedeutungsabstufenden Halbsuffixen sehr zahlreich (vgl. neben *kalkig* etwa *kalkhaltig* und *kalkreich);* ihre Skala reicht von
-fähig und *-mäßig* mit deutlichem Suffixcharakter bis zu *-beständig* mit den
Eigenschaften eines Kompositionsglieds. Ihre Produktivität erklärt sich aus der
Tatsache, daß die Adjektivbildung mit ihnen nicht so strengen Einschränkungen
unterliegt wie die mit manchen Suffixen.

Adjektivbildung nach dem Vorbild von Partizipien („Scheinpartizipien")

971 Bei Bildungen wie *gestreift, geblümt* oder *gemustert* handelt es sich insofern nur um adjektive Scheinpartizipien, als sie zwar formal in Adjektive umgesetzten Partizipien wie *geborgt(es Geld)* gleichen (vgl. 731), tatsächlich aber nicht auf Verben, sondern auf Substantiven basieren (vgl. *gestreift* und *Streifen, geblümt* und *Blume[n]*). Sie lassen sich in *haben*-Sätze[1] auflösen *(gestreifter Rock – der Rock hat Streifen),* gehören also zum Muster der ornativen Adjektivableitungen aus Substantiven (2 b; vgl. 952) und konkurrieren am ehesten mit den entsprechenden *-ig*-Ableitungen (vgl. *moosig[es]/bemoost[es Dach]*). Am produktivsten sind

ge- + -t: geharnischt[er Reiter], gestreift, geblümt, gezackt, geädert; flach-ge-giebel-t
    (zu: flacher Giebel);
be- + -t: bebrillt[er Herr], bemoost; gummi-be-reif-t (zu: Gummireifen).

Seltener genutzt werden

ver- + -t (mit negativer Bewertung): verrunzelt[e Person], verkatert;
-(is)iert: talentiert[er Schauspieler], alkoholisiert, routiniert;
zer- + -t: zerfurcht[es Gesicht], zernarbt.

Adjektivableitungen aus Adverbien (deadverbialer Typ)

972 Durch die Bildung von Adjektiven aus Adverbien wird die Zahl attributiv verwendbarer Wörter vermehrt, was insbesondere für die Nominalisierung verbaler Fügungen von Bedeutung ist (vgl. *Inge reist morgen ab. – Ihre morgige Abreise...*). Einziges Ableitungsmittel für diese Art der grammatischen Umwandlung ist das Suffix *-ig*. Ohne inhaltliche Veränderungen überführt es im wesentlichen Lokaladverbien *(dort – dortig, abseitig, jenseitig)* und Temporaladverbien *(heute – heutig, einstig, ehemalig)* in Adjektive, andere Adverbien (wie *sonst, etwa, allein)* nur vereinzelt.

5 Das Adverb

5.1 Die Bildung von Adverbien durch Zusammensetzung, Inversionsbildung und Konversion

973 Zusammengesetzte Adverbien sind im allgemeinen zweigliedrig. Zwischen ihren beiden Teilen besteht das determinative Verhältnis, das gewöhnlich bei den Substantivzusammensetzungen die Beziehung zwischen Bestimmungswort und Grundwort prägt, aber nur in Fällen wie *flußaufwärts, taleinwärts.*
Sonst gibt das Zweitglied – entgegen der allgemeinen Regel – nicht die Wortart der gesamten Bildung an. Das gilt für zwei ganz verschiedene Arten der Wortbildung, die streng auseinanderzuhalten sind. Das eine ist die Konversion in Fällen wie *heutigentags, jederzeit, zu guter Letzt* usw. (manchmal als „Zusammenrückung" bezeichnet, vgl. 745), das andere die ‚Inversionsbildung': In Bildungen wie *hierauf, dabei* stellt das Erstglied die (lexikalisierte) Basis dar (→ *auf dies hin, bei dieser Sache*); und motiviert wird sie durch ein Zweitglied, das aus einer Präposition hervorgeht, also zu einer ganz anderen Wortart gehört. An erster Stelle stehen hier die drei Lokaladverbien *da, hier, wo* und an zweiter Stelle Präpositionen wie *an, auf, für, gegen* usw.[2]:

---

[1]   Vgl. H. Brinkmann: Die deutsche Sprache. Gestalt und Leistung. Düsseldorf ²1971, S. 125.
[2]   Vor vokalisch anlautenden Präpositionen werden *da* und *wo* zu *dar-* bzw. *wor-* erweitert.

Lokaladverb	Präposition	Pronominaladverb
da/hier/wo	an, auf, aus,	daran, darauf, dafür usw.;
+	bei, durch, für, →	hierauf, hierfür, hiergegen usw.;
	gegen, hinter usw.	woran, wodurch, wohinter usw.

Weiter gibt es die reihenhafte Verbindung von Lokal- und Temporaladverbien mit den Zweitgliedern *her* und *hin (daher, hierher; dorthin, wohin)*, von Präpositionen *(nebenher/-hin, vorher/-hin, hinterher, umher)* und Adjektiven *(künftighin, fernerhin, weiterhin)* als Erstgliedern. Daneben stehen Bildungen aus Substantiv + Adverb wie *bergan, flußauf, kopfüber; tagein, tagaus*. Das Zweitglied scheint hier als eine Art Halbsuffix zu fungieren; es trägt aber im Unterschied zu Komposita wie zu Ableitungen oft den Hauptakzent.

Schließlich entstehen Adverbien auch durch Konversion (und Zusammenrückung; vgl. 745), d. h. so, daß die Wortstellung der Nominalgruppe erhalten bleibt, und zwar aus Präpositionen wie *außer, während, ohne* und Demonstrativpronomen wie *dem (außerdem), dessen (währenddessen)* und *dies (ohnedies)*.

Von diesen weitgehend reihenhaften und durchsichtigen Adverbbildungen sind die Zusammenrückungen, die völlig lexikalisiert sind, zu unterscheiden:

> vorderhand, zu guter Letzt, keineswegs, jederzeit, kurzerhand, heutigentags, allemal usw.

5.2 Die Adverbableitung durch Suffixe

1. Die Ableitung von Adverbien geschieht einmal durch das Suffix *-s*, und zwar aus substantivischen Zeitbezeichnungen *(morgens, mittags, abends, nachts);* vereinzelt aus anderen Substantiven *(anfangs, eingangs)*, Wortgruppen *(beider-, allerseits, allerorts* als Zusammenbildungen aus den Wortgruppen *auf allen, beiden Seiten, an allen Orten)*, aus 1. Partizipien *(eilends, zusehends)* und Superlativformen von Adjektiven *(schnellstens, bestens, frühestens)*.

2. Auf Einzelfälle beschränkt bleiben auch die Bildungen mit *-dings (neuerdings)* und *-lings (jählings)*.

3. Mit *-wärts* werden aus Substantiven reihenhaft Richtungsadverbien abgeleitet *(see-, talwärts, nord-, westwärts)*.

4. Sehr produktiv ist die Bildung von Adverbien insbesondere modaler Bedeutung mit *-weise*. Verbunden wird das Halbsuffix

a) mit Adjektiven – über eine *-er*-Fuge – zu Satzadverbien wie *seltsamer-, verständlicher-, möglicher-, überraschender-, erklärlicherweise;*

b) mit Substantiven zu verbbezogenen[1] Adverbien mit der Bedeutung ‚in Form von‘, ‚Stück für Stück‘:

> etw. stufenweise, schrittweise ändern; massenweise auswandern;
> etw. fässerweise liefern; scharenweise erscheinen; quartalsweise zahlen.

5. Bei der Bildung von Satzadverbien aus 2. Partizipien ist – ebenfalls über eine *-er*-Fuge – besonders *-maßen* produktiv *(bekannter-, zugegebener-, nachgewiesenermaßen)*.

---

[1] Diese Adverbien werden im heutigen Deutsch zunehmend auch attributiv gebraucht, und zwar vor Verbalsubstantiven: *der stufenweise Abbau von Subventionen, die schrittweise Annäherung* (vgl. 601).

6. Aus Zahlwörtern (Numeralia) werden Adverbien abgeleitet, die angeben, wie oft oder an welcher Stelle etwas vorkommt, und zwar in den Vervielfältigungszahlwörtern mit *-fach* und *-mal* einerseits *(fünf-, sechsfach, -mal)*, in den Kardinalzahlwortbildungen mit *-tens* andererseits *(fünftens, sechstens)*[1].

6 Andere Wortarten

975 Deren Bestand wird nur wenig durch Wortbildung ergänzt. Die Konjunktionen bestehen aus „geschlossenen" Inventaren, aber weitgehend auch die Präpositionen. Wenn einmal eine neue Form in Gebrauch kommt, dann nicht spontan, nach einem produktiven Muster der Komposition, des Zusatzes oder der Ableitung, sondern langsam; die Einbürgerung dauert meistens sehr lange. Sie erfolgt dann auf dem Weg der Konversion vielgebrauchter (a) Lexeme und (b) Wortgruppen aus anderen Wortarten, aber so, daß diese Umsetzung meistens einen langen Zeitraum in Anspruch nimmt. Als Ausgangspunkte zur Gewinnung neuer Präpositionen erscheinen (a) besonders Adjektive auf *-lich* (vgl. *hinsichtlich, bezüglich, vorbehaltlich)*, aber auch andere (z. B. *gemäß)*, ferner einzelne 1. und 2. Partizipien (vgl. *während, entsprechend; ungeachtet, unbeschadet)*, ursprüngliche Adverbien *(jenseits, innerhalb)* und Substantive *(kraft, dank, statt, zwecks)*. (b) Es entstehen Präpositionen oder Konjunktionen durch die Umsetzung (Konversion) von Wortgruppen, die so „zusammengerückt" und dann oft auch zusammengeschrieben (vgl. 745) werden: *anhand/an Hand, aufgrund/auf Grund, infolge, in bezug auf, von seiten, seitdem, wenngleich* usw.

7 Wortbildung und (mentaler) Sprachbesitz

976 Inwieweit die vorstehend behandelten Bildungsarten, -typen und -muster vom Sprecher/Schreiber bewußt oder unbewußt gebraucht werden, läßt sich nicht eindeutig entscheiden. Am leichtesten wird man diese Frage bei Mustern bejahen, die stark reihenbildenden Charakter haben. Hierzu gehört z. B. die Ableitung der Eignungsadjektive (vgl. 943), wo das Suffix *-bar* ein festes „Programm" mit passivisch-modaler Bedeutung (‚kann getan werden') entstehen läßt *(abwaschbar, dehnbar, zerlegbar)*. Weitere Wortbildungsmittel dieser Art sind etwa *-chen* und *-lein (Häubchen, Kärtchen; Dörflein, Gäßlein)* oder *-mäßig (arbeits-, gehalts-, wohnungsmäßig)*. Bewußt ist dem Sprecher/Schreiber zweifellos oft auch die Bildung mit besonders auffälligen Suffixen (vgl. *-esk* in *balladesk, clownesk*). Bei anderen Wortbildungsmustern kann es dagegen sein, daß sich der Sprecher/Schreiber der reihenbildenden Wirkung – sieht man von besonderen Sprech- und Schreibsituationen wie Sprachkommentar, -spielerei und Wortwitz ab – nicht bewußt ist, etwa bei Ableitungen von Stoffadjektiven aus Substantiven durch die Suffixe *-ig (holzig)* und *-(er)n (kupfern, gläsern)* oder den verschiedenen Bildungsmustern mit dem Präfix *be-* (vgl. 776). Man muß davon ausgehen, daß der Sprecher/Schreiber nicht nur viele Bildungen als bereits „fertige" Wörter lernt und speichert, sondern auch über vielerlei Wortbildungsmuster verfügt und in der Lage ist, Wörter nach internalisierten „Programmen" zu bilden.

---

1 Die Ableitung von Gattungszahlwörtern durch *-lei* dagegen führt zu Adjektiven, die nur attributiv konstruiert, aber unflektiert gebraucht werden: *keinerlei, vielerlei, fünferlei, hunderterlei* (also aus bestimmten und unbestimmten Numeralia mit dem Fugenelement *-er-* gebildet).

(Satzübergreifende) Wortbildung im Textganzen

Die Wortbildung wird in vielfältiger Weise auch dazu genutzt, sicherzustellen, **977** daß die inhaltliche Verbindung zwischen Sätzen, die zusammengehören, deutlich wird und bleibt und so auch die Kommunikation erhalten und fortgeführt wird[1]; neben der reinen Wiederholung tritt so die Wortabwandlung durch alle Arten der Suffigierung, Präfigierung und Komposition auf:

1. Die „Durchsichtigkeit" motivierter Wortbildungen bedingt, daß diese in besonderer Weise zur satzübergreifenden Textverflechtung genutzt werden. Zum Beispiel werden Sätze und satzwertige Fügungen durch ein Kompositum des Folgesatzes wieder aufgenommen:

> Schillers Helden sind mir die liebsten ...
> Das macht sie zu Helden Schillers bzw. zu meinen Lieblingshelden (Die Zeit).

Oder umgekehrt: Eine Wortbildung geht voraus und wird im Folgesatz erklärt. Wenn es sich um eine Neubildung handelt, die besondere Neugier erweckt, tritt diese vorausdeutende (kataphorische) Funktion deutlicher zutage, wie in dem folgenden Modetext:

> Ein Etuikleid ... umschließt die Figur schmal und gerade wie ein Etui (neue mode).

Aufgrund der vielfältigen Möglichkeiten, die es zur Variation des sprachlichen Ausdrucks gibt, bietet sich die Wortbildung als Mittel, Textkohärenz herzustellen, geradezu an.

2. Das zeigt sich dort besonders augenfällig, wo das Bezeichnete, von dem die Rede ist, gleich bleibt (also bei „Referenzidentität"). Die Bezeichnung des Gemeinten erfolgt nicht nur durch die bekannten Mittel der Wortwiederholung, der Wiedergabe durch sinnverwandte Wörter, insbesondere Oberbegriffe *(Katze→Tier)* und Pronomina *(sie)* usw., sondern sehr oft durch Wortkomposita, insbesondere durch:
Reduktion (Kürzung) auf das Grundwort *(Sie kaufte einen Regenschirm. Der Schirm war besonders elegant)* oder variierenden Ersatz des Grundwortes *(Regenschirm →Regenschutz);* seltener durch Reduktion auf das Bestimmungswort *(Er kam mit seinem Dreiradlieferwagen ... sich mit seinem Dreirad durch den Pariser Stadtverkehr quälte* [Simenon]) oder durch variierenden Ersatz des Bestimmungswortes *(→Kleinlieferwagen).*
Beide Arten der Reduktion können gelegentlich zugleich erfolgen: *In beiden Abfahrtsläufen ... in der ersten Abfahrt ... im 2. Lauf* (Tiroler Tageszeitung).
Häufig ist es auch ein ganz anderes Kompositum, das zur Weiterführung des Themas dient, so z. B., wenn zuerst von *Tigerbabies* und dann den *Geparden-Säuglingen* die Rede ist (Geo).
Nicht nur, wie hier, bei „Themakonstanz", auch bei „Themaprogression" trägt die Wortbildung viel zur Textkonstitution bei. Das zeigt sich schon bei der „verzweigten" Themaführung („Themaspaltung"), zu der sich das Substantivkompositum besonders gut eignet:

> Die einfache Hauskatze ... ist durch Vermischung der verschiedenen Hauskatzentypen entstanden ... So sind die Merkmale der nubischen Falbkatze, der türkischen Angorakatze sowie der europäischen Wildkatze in ihr vertreten (Ratgeber 1990).

---

[1] Diese Funktion sei hier neben derjenigen der Referenz (s. u.) und derjenigen der ‚Instruktion', die in H. Weinrichs ‚Textgrammatik' (Mannheim 1993) in den Mittelpunkt gestellt wird, ganz besonders hervorgehoben.

Die so ausgegliederten Untergruppen (die im Rhema des Satzes genannt sind) werden dann im einzelnen zum Thema von Folgesätzen und so mit neuen, weiterführenden Aussagen (Rhemata) verbunden:

Zuerst zeigen Wildkatzen mehr Gelbbraun in ihrem Fell usw.

Wo das verbindende Merkmal nicht genannt, sondern implizit vorausgesetzt ist, wird das (Ausgangs)thema oft durch ganz andere Bildungen – nach Art eines „thematischen Sprungs" – weitergeführt und das Bezeichnete *(Hauskatze)* z. B. durch *Nutztier, Artgenosse, Mäusefänger* usw. wieder aufgenommen.

Wenn das Thema durch „lineare Progression" weitergeführt wird, kommt neben dem Substantivkompositum auch vermehrt die Substantivableitung ins Spiel. Häufig wird so eine Aussage (als Rhema des Vorgängersatzes) nachfolgend in ein Themawort umgebildet:

Sie fuhr mit ihrem Wagen zur Ostsee. Auf dieser Fahrt platzte plötzlich ein Reifen ...

Verbalabstrakta wie *Fahrt,* aber auch Adjektivabstrakta dienen oft zu dieser Art der („progredienten") Themaführung. Insbesondere können so zu neuen Themata der Textbildung werden:

– der Inhalt der vorausgehenden Prädikation, die einen Vorgang, eine Handlung oder eine Beziehung bezeichnet *(fahren → das Fahren, die Fahrt, Autofahrt* usw.);

– das Agens als Träger der (genannten) verbalen Handlung (z. B. *fahren → der Fahrer des Wagens, [Auto]fahrer* usw.);

– das Mittel, Instrument der verbalen Handlung (z. B. *fahren → Fahrzeug* usw.);

– das Objekt, der begleitende Umstand, Grund der verbalen Handlung usw.

Über die Art dieser Beziehungen geben die beschriebenen Modelle der Substantivbildung (vgl. 826 ff., 841 ff.) Auskunft.

3. Je stärker die Aussagen komprimiert werden, ein desto höherer Anteil von Wortbildungen kommt meistens ins Spiel. Aus der *Entschädigungssumme* für einen *Neubau* wird so kurz die *Bausumme* (Zeitmagazin). Für Schlagzeilen der Zeitungsberichte wird diese Möglichkeit besonders oft genutzt. Die (erwartungsweckende) Überschrift lautet dann z. B.: *Ulenspiegel-Vierteiler!* Und der Text beginnt mit den Worten:

Zwei Jahre drehten die Russen an dem Fernseh-Vierteiler „Ulenspiegel" (Kurier).

Einen besonders hohen Grad der Informationsverdichtung zeigen besondere Textarten wie der Lexikonartikel. Hier treten die Möglichkeiten, die Wortbildung zur Strukturierung von Sachverhalten zu nutzen, besonders deutlich hervor: *Brunnen* wird z. B. (im Bertelsmann-Lexikon) als *Anlage zur Gewinnung von Grundwasser für Trink- oder Nutzzwecke* definiert. Die Möglichkeiten, die das Determinativkompositum zur geistigen Ordnung eines Bereichs bietet, kommen eindrucksvoll zur Geltung, wenn es in dem Artikel weiter heißt: *Schachtbrunnen, Bohrbrunnen, Abessinier-* oder *Rammbrunnen, artesische Brunnen* – und dann (nach Wiederaufnahme des Rhemaelements *Wasser): Das Wasser wird durch besondere Pumpen gefördert: Bohrlochwellenpumpen, Tiefbrunnenkolbenpumpen, Unterwassermotorpumpen u. a.*

Andere Spielarten der Textbildung durch Wortbildung als die paradigmatischen, die zwischen Ober- und Unterbegriffen vermitteln, treten in dem Schlußsatz hervor:

Die Ergiebigkeit des Brunnens ist die in einer Zeiteinheit entnommene Wassermenge bei der im Dauerbetrieb gleichbleibenden Absenkung des Grundwasserspiegels.

Die Wortbildungen als Zeichen

Von der Zeichenbeziehung (z. B. der ikonischen), die eine Wortbildung prägen kann, ist ihre zeichenhafte Verwendung zu unterscheiden. Dabei erkennt man: 1) die Ausdrucksfunktion, eine subjektive Bewertung des Sprechers/Schreibers zu vermitteln, wie es z. B. Diminutiva tun; 2) die Instruktionsfunktion[1], die den Hörer/Leser dazu bringen soll, etwas so oder anders aufzufassen, auszuführen usw., wie z. B. bei Bildungen mit pejorativer Bedeutung; 3) die referentielle, darstellende Funktion:

Sie betrifft nicht nur Objekte der Wahrnehmung, sondern auch Erzeugnisse des – begrifflichen oder imaginativen – Denkens:

978

> (Ulrich) begann seine zukünftigen Möbel eigenhändig zu entwerfen. Aber wenn er sich soeben eine wuchtige Eindrucksform ausgedacht hatte, fiel ihm ein, daß man an ihre Stelle doch ebensogut eine technisch-schmalkräftige Zweckform setzen könnte ... Schließlich dachte er sich überhaupt nur noch unausführbare Zimmer aus, Drehzimmer, kaleidoskopartige Einrichtungen ... und seine Einfälle wurden immer inhaltsloser (Musil).

Die Art, in der diese Objekte bezeichnet werden, ist durch grundverschiedene „Benennungsaktivitäten" bestimmt.[2] Neben der Wortbildung dient zur Lexemgewinnung die Entlehnung aus anderen Sprachen, die Übernahme von Wörtern aus Fachsprachen und Dialekten, die Idiomatisierung von Wortgruppen (Wortgruppenlexeme), die semantische Derivation durch Zeichenübertragung (von Wörtern oder Wortkomplexen auf neue Sachverhalte, wodurch Polysemie entstehen kann), durch indirekten (metaphorischen) oder direkten Vergleich. Für diese Spielarten der „Nomination" sind zu unterscheiden:

1) der Bezug des Ausdrucks im Text und in der gegebenen (Sprech-, Schreib)situation auf ein ganz bestimmtes Objekt (das „Gemeinte" der „Parole"), und

2) die Referenz des Ausdrucks einer Einzelsprache auf Klassen von Objekten, die man (in der „Langue") damit zu bezeichnen pflegt.

Im ersten Fall (1) heben sich – wie in der Namenkunde[3] die Namenbildung, Namengebung (‚Taufakt') und die Namenverwendung – voneinander ab:

(a) die Bildung eines (neuen) Ausdrucks:

> Die tiefe Spur, die Schuld und Verschweigen ... in Nellys Gesicht zogen, ist mit Glitzerworten besetzt. Den Erwachsenen, die sie aussprachen, begannen die Augen zu glitzern ... (Christa Wolf).

(b) der Akt der Benennung, Referenz auf ein Objekt, z. B. der Bezug auf alles, was in diesem Text (wie hier *artfremd*) als *Glitzerwort* bezeichnet wird;

(c) die Subsumption (begriffliche Zusammenfassung) verschiedener Objekte unter dem – neuen – Wort im Textganzen, wenn in diesem Roman z. B. genau gesagt wird, was mit den *Glitzerworten* gemeint ist, nämlich die Wörter *Geschlechtskranke, Schwindsucht, triebhaft, artfremd, unfruchtbar* usw.

Im zweiten Fall, bei der Sprache im ganzen (2), kommt es primär auf die Unterscheidung zwischen (a) der Bildung des Ausdrucks, der Schaffung einer Nominationseinheit, und (b) seiner (subsumptiven) Verwendung (in der „Langue") an.

---

[1] Die H. Weinrich in seiner Textgrammatik (vgl. 977, Anm. 1) allzusehr generalisiert.
[2] Vgl. I. Barz: Nomination durch Wortbildung. Leipzig 1988; S. 40 ff.
[3] G. Bellmann: Zur Nomination und Nominationsforschung. In: Beiträge zur Erforschung der deutschen Sprache 9 (1989), S. 29

Wort und Wortschatz

1 Wort, Lexem und Bedeutung

1.1 Die sprachliche Konstitution der Welt

979 Das „Evangelium des Johannes" (im Neuen Testament) beginnt Vers 1–3 mit folgenden Worten: „Im Anfang war das Wort, und das Wort war bei Gott, und Gott war das Wort. Dasselbe war im Anfang bei Gott. Alle Dinge sind durch dasselbe gemacht, und ohne dasselbe ist nichts gemacht, was gemacht ist". Der Evangelist Johannes nimmt damit Bezug auf „Das erste Buch Mose" (im Alten Testament), in dem die Schöpfungsgeschichte der Welt erzählt wird. Hier heißt es Vers 3–5: „Und Gott sprach: Es werde Licht. Und es ward Licht. Und Gott sah, daß das Licht gut war. Da schied Gott das Licht von der Finsternis und nannte das Licht Tag und die Finsternis Nacht. Da ward aus Abend und Morgen der erste Tag".

Sprechend („Und Gott sprach") erschafft Gott die Welt, hier das Licht, von dem er die Finsternis trennt. Darüber hinaus benennt er die Welt („und nannte das Licht Tag und die Finsternis Nacht"), er faßt sie in Wörter einer Sprache. Sehen wir näher hin, so gibt die Benennung, zumindest auf den ersten Blick, Rätsel auf. Gott hat das Licht *Tag* und die Finsternis *Nacht* genannt, und daran anschließend heißt es: „Da ward aus Abend und Morgen der erste Tag". Hier ist doch *Tag* nicht die Entgegensetzung von *Nacht* (wie zuvor), sondern hier hat *Tag* die Bedeutung ‚Zeitraum von 24 Stunden', also von Mitternacht bis Mitternacht. In diesem Sinn sprechen wir von 14 *Tagen* (Sie kommt in 14 Tagen), die englisch sprechende Welt aber von *Nächten* (She will come in a fortnight). *Tag* hat offensichtlich nicht nur die Bedeutung ‚Zeitraum zwischen Sonnenaufgang und Sonnenuntergang', sondern auch die Bedeutung ‚Zeitraum von 24 Stunden'. In den Redewendungen *Tag und Nacht* und *Tag für Tag* sind jeweils unterschiedliche Bedeutungen von *Tag* aktualisiert. Die Wörter einer Sprache sind also keine bloße Nomenklatur, kein Namenverzeichnis, das einen Namen für ein Ding setzt; vielmehr konstituieren, besser: gründen Wörter einer Sprache die Welt auf eine je besondere Weise. Das hat man die gegenstandskonstitutive Kraft von Sprachen genannt: Erst mit der sprachlichen Benennung gewinnt die außersprachliche Wirklichkeit Gestalt. W. v. Humboldt, der Sprachphilosoph im frühen 19. Jahrhundert, spricht in diesem Zusammenhang von der „Verschiedenheit der Weltansichten": Die Menschen begreifen in ihren Sprachen und speziell mit ihren Wörtern die Welt je auf ihre Weise.[1]

1.2 Wort und Lexem

980 Auf die sprachliche Konstitution der Welt bezieht sich der eingangs zitierte Anfang des Johannesevangeliums: „Im Anfang war das Wort". *Wort* steht hier für

---

[1] Die „Sapir-Whorf-Hypothese" ist eine Weiterführung dieser Ansicht. Sie besagt, daß Sprache menschliches Denken d e t e r m i n i e r e und die sprachliche Welterfahrung r e l a t i v zu den jeweiligen Sprachen und ihren Strukturen sei. Vgl. B. L. Whorf: Sprache, Denken, Wirklichkeit. Beiträge zur Metalinguistik und Sprachphilosophie. Reinbek 1963; H. Gipper: Gibt es ein sprachliches Relativitätsprinzip? Untersuchungen zur Sapir-Whorf-Hypothese. Frankfurt/M. 1972.

griech. *lógos,* das u. a. ‚Wort‘, aber auch ‚zusammenhängende Rede, Äußerung, Sprache‘ bedeuten kann. Das deutsche Wort *Wort* ist ja in gleicher Weise mehrdeutig: „wie heiszt doch das wort, dessen ich mich nicht mehr recht erinnern kann?“ – so läßt Jacob Grimm in seiner Vorrede zum ersten Band seines „Deutschen Wörterbuchs“ von 1854 (Sp. XII) einen potentiellen Benutzer fragen. Dieser Bedeutung von *Wort* als ‚kleinste selbständige Sinneinheit‘, und zwar sowohl in der Rede („*Tag* um *Tag* verging!“) wie außerhalb der Rede (*Tag* und seine englische Übersetzung im Wörterbuch), steht die Bedeutung ‚zusammenhängende Rede, Äußerung‘ (z. B. in der Wendung „jemanden nicht zu Wort kommen lassen“) wie auch die von ‚Versprechen‘ („Sie hat mir ihr Wort gegeben!“) gegenüber.

Es ist einsichtig, daß die Sprachwissenschaft zwar die Bedeutung von *Wort* erklären muß; daß sie mit diesem mehrdeutigen Sprachzeichen als wissenschaftlichem Begriff und Terminus aber kaum arbeiten kann. Sie bedarf eines Begriffes, der eine spezielle Bedeutung von *Wort* terminologisch erfaßt.

Folgende Beispielsätze seien gegeben:

(1) Die kalten *Winde* bliesen mir ins Gesicht.
(2) Der *Wind* brachte Regen.
(3) Der *Wind* wehte von Westen.
(4) Er kann mit allen *Winden* segeln.

Man kann nun fragen: Wie viele kursiv gesetzte Wörter (*Wort* hier in der Bedeutung ‚Sinneinheit der Rede‘) enthalten die vorstehenden vier Sätze? Folgende Antworten sind möglich:

(a) Vier Wörter, in jedem Satz ein Wort.
(b) Ein Wort, vierfach gebraucht.
(c) Drei Wörter, nämlich *Wind* (Nominativ Singular), *Winde* (Nominativ Plural) und *Winden* (Dativ Plural).

Die Antwort, die auf den Weg führt, der hier gewählt wird, steht unter (c): In den vier Beispielsätzen stehen drei flektierte Wörter, die durch Flexionsmerkmale (Endungen oder deren Fehlen), also Kasus- und Numeruseigenschaften, unterschieden werden können: Nom. Pl.; Nom. Sg.; Dat. Pl. Dagegen haben die drei flektierten Wörter das Genus ‚maskulin‘ („männlich“) gemeinsam. In den Beispielen (2) und (3) liegt derselbe Typus eines flektierten Wortes vor, jeweils mit dem Merkmal Nominativ Singular. Wird ein flektiertes Wort (als Typus) in einem bestimmten Zusammenhang oder auch in verschiedenen Texten aktualisiert, so spricht man von seinem Vorkommen: Es liegt also mit dem flektierten Wort ein Typus (engl. type) vor, der in unterschiedlichen Vorkommen (engl. token) aktualisiert wird. In unseren Beispielsätzen liegen den drei Typen vier Vorkommen zugrunde.

Ein flektiertes Wort ist also auf Grund seiner Flexionsmerkmale eine grammatische Einheit, die eine bestimmte Position in einer syntaktischen Struktur, z. B. einem Satz, einnehmen kann. Auf Grund der ihm zukommenden Flexionsmerkmale ist nun ein flektiertes Wort einem grammatischen Paradigma zuzuordnen. Am Beispiel:

981

der Wind	*die Winde*
des Windes	*der Winde*
dem Wind[e]	*den Winden*
den Wind	*die Winde*

Genus, Kasus und Numerus, also grammatisches Geschlecht, der „Fall“ und Einzahl bzw. Mehrzahl, sind in diesem Beispiel eines Substantivs die bestimmenden

Flexionsmerkmale. Da Sätze in Texten (und als solche kann man sich die Beispielsätze 1–4 jederzeit vorstellen) das empirisch Vorfindliche in der Sprache sind, wurde hieraus der Begriff eines flektierten Wortes (als Typus und Vorkommen) abgeleitet und zugleich der eines grammatischen Paradigmas konstituiert. Auf dieser Grundlage ist nunmehr der Begriff eines Lexems (von griech. *léxis* ‚Wort') zu bestimmen: Ein L e x e m ist eine in bezug auf die Flexion neutrale Einheit. Diese Einheit ist also eine gedachte, in angenommene Größe ohne Grammatik, d. h. ohne Flexionsmerkmale. Ein Lexem ist die einem grammatischen Paradigma zugrundeliegende lexikalische Einheit.

Als Zitierform dient im allgemeinen beim Substantivlexem der Nominativ Singular, z. B. *Wind,* und beim Adjektivlexem die prädikative Form, z. B. *frisch;* beim Verb müßte die Zitierform eigentlich der Imperativ Singular *heul* (als unflektierte Form) sein – diese Zitierform benutzt J. G. Schottelius im 17. Jahrhundert –, gemäß Tradition und Konvention nehmen wir hier aber den – eigentlich flektierten – Infinitiv, z. B. *heulen.*

1.3 Lexikalische Bedeutung und ihre Erklärung

982

Damit ist der Begriff erarbeitet, der eine Konzentration auf Probleme des Wortes und seiner Bedeutung erlaubt. Begriff und Terminus eines Lexems sind aus Sätzen in Texten empirisch abgeleitet. Der Terminus L e x e m erlaubt, von nichts als dem Wort in seiner lexikalischen Bedeutungsstruktur und Benennungsfunktion zu sprechen. Daß Lexeme Bedeutung haben, ist eine unmittelbar einsichtige Aussage. Allerdings ist ein Nachweis für deren Richtigkeit – eben wegen ihrer generalisierten Form – ohne Zirkularität nicht möglich; denn jede Aussage über „die Bedeutung" muß Bedeutung insofern voraussetzen, als sie immer schon mit bedeutungstragenden Zeichen operiert. Hingegen ist es sehr wohl möglich, die Bedeutung eines bestimmten Lexems, z. B. von *Wind,* zu b e s c h r e i b e n. Solche Beschreibungen erfolgen z. B. in einsprachigen Wörterbüchern. Sie haben dort etwa folgende Form: Wind, der; -[e]s, -e. **1.** *Luft in Bewegung im freien Raum, deutlich bis stark spürbar.*

Das Stichwort, im Wörterbuch halbfett gesetzt, wird durch grammatische Angaben (maskulines Genus, Genitiv Singular und Nominativ Plural) näher bestimmt; danach wird die lexikalische Bedeutung durch eine in der Regel kursiv gesetzte Paraphrase beschrieben, die der Technik der traditionellen Definition folgt: definitio fit per genus proximum et differentiam specificam; zu deutsch: Eine Definition erfolgt, indem man die nächsthöhere Gattung und die spezifische Differenz angibt (zu ergänzen: welche die zu bestimmende Art, hier *Wind,* von verwandten Arten trennt). Man kann „Luft in Bewegung im freien Raum" als Angabe der nächsthöheren Gattung und „deutlich bis stark spürbar" als eine spezifische Differenz zu verwandten Arten, hier zu *Luft[hauch],* interpretieren. Diese Paraphrase als eine Form der Umschreibung liefert nun die Grundlage für das, was man die Dekomposition der Bedeutung eines Lexems, also ihre Zerlegung in Teile nennt. Die Teile sind Komponenten der Bedeutung und erhalten den Terminus s e m a n t i s c h e M e r k m a l e.

983

Bedeutung von Lexemen ist somit eine komplexe Größe. Diese wird im Beschreibungsprozeß mit Hilfe anderer Sprachzeichen, deren Kenntnis methodisch vorausgesetzt werden muß, zerlegt und insofern beschrieben. Damit wird Bedeutung an Beschreibung im Sinne von (mit Hilfe von Zeichen formulierter) Erklärung festgemacht, ja auf sie gegründet. Der österreichische Philosoph L. Wittgenstein formuliert es so: „,,Die Bedeutung des Wortes ist das, was die Erklärung der Bedeutung erklärt.' D. h.: willst du den Gebrauch des Worts ‚Bedeutung' verstehen, so sieh nach, was man ‚Erklärung der Bedeutung' nennt."[1]

Nun ist offensichtlich, daß ein Lexem nicht nur eine mentale Bedeutungsstruktur hat, sondern eine gleichfalls mentale, im Sprechen und Schreiben aber materialisierbare Ausdrucksseite. Im Anschluß an den Schweizer Sprachwissenschaftler F. de Saussure spricht man von den zwei Seiten eines Sprachzeichens (s. dazu Kap. 2). Unter den Begriff eines Sprachzeichens fallen offensichtlich auch die Lexeme. Einer phonisch (mit Hilfe von Schallwellen) oder graphisch materialisierbaren Ausdrucksseite steht eine Inhaltsseite gegenüber. Diese Inhaltsseite sprachlicher Zeichen ist zuvor unter dem Begriff Bedeutung eingeführt worden. Die Zeichenhaftigkeit der Lexeme bedeutet, daß sie auf etwas anderes verweisen – in den meisten Fällen auf Klassen von Gegenständen. Gegenstand ist hier im weitesten Sinne zu verstehen und meint jeweils dasjenige der außersprachlichen Wirklichkeit, dem ein Sprachzeichen zugeordnet werden kann (s. dazu Kap. 2). In der aktuellen Kommunikation wird dann auf die Klasse als ganze, zumeist aber auf einen spezifischen Gegenstand der Klasse Bezug genommen, also referiert (,,Ein heftiger *Wind* kam auf!" – z. B. als Teil eines Ferienberichts). Daraus wird ersichtlich, daß Lexeme Einheiten darstellen, über die ein Sprecher kraft seiner sprachlichen Kompetenz verfügt – die Sprachwissenschaft spricht von virtuellen Einheiten (die also in der Sprachkompetenz vorhanden sind); sie haben als solche eine lexikalische Bedeutung und sind Voraussetzung für die Kommunikation, in der sie eine aktuelle Bedeutung erhalten.

1.4 Lexikalische Verwandtschaft und Mehrdeutigkeit

Naheliegend ist nun die Annahme, daß Lexeme in Nachbarschaftsbeziehungen zu semantisch verwandten Lexemen stehen. Bei der Formulierung des oben zitierten Beispielsatzes (im Rahmen eines Ferienberichts) mußte der Berichtende überlegen, ob er nicht eventuell das Lexem *Sturm* wählen sollte. Die beiden Lexeme (*Wind* und *Sturm*) stehen in einem Wortfeld, das durch den Begriff)Luft in Bewegung(gestiftet wird. Diese gibt es)im beschränkten Raum(und)im freien Raum(. Im ersten Fall hat das Deutsche hierfür *[Luft]zug* zur Verfügung, im zweiten Fall einerseits *Wind,* gekennzeichnet durch das Merkmal)deutlich bis stark spürbar(, andererseits *[Luft]hauch,* gekennzeichnet durch das Merkmal)kaum spürbar(. *Lüftchen* ist hierzu bedeutungsgleich, also ein echtes Synonym, während die übrigen Mitglieder partielle Synonyme, also nur bedeutungsähnlich sind. Dem Lexem *Wind* untergeordnet wiederum sind die Lexeme *Sturm* mit dem Merkmal)sehr stark und gefährlich(, *Brise* mit)gleichmäßig(und *Bö* mit)heftig, stoßweise(. Dem Lexem *Sturm* wiederum ist *Orkan* untergeordnet, der durch das Merkmal)mit größter Stärke und vernichtender Gewalt(von *Sturm* unterschieden ist.

Damit ist zumindest ein Ausschnitt aus dem Wortfeld)Luft in Bewegung(benannt (hier nicht eingeordnet sind lokale Winde wie *Föhn* und *Mistral,* überdies gefährliche Winde ferner Breiten wie *Taifun, Tornado, Hurrikan*). Dieser Wortfeldausschnitt läßt sich folgendermaßen in eine Skizze umsetzen (zur ‚lexikalischen Lücke' vgl. 1016):

984

---

[1] L. Wittgenstein: Philosophische Untersuchungen. Frankfurt/M. 1971, § 560.

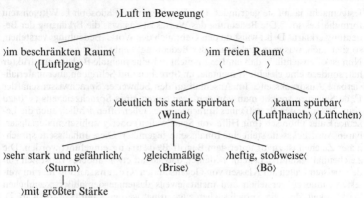

Die Winkelklammern ⟨ ⟩ zeigen die Ausdrucksseite der Lexeme an, und zwar ihre (ortho)graphische Struktur, die Spitzklammern ⟩⟨ semantische Merkmale, welche die Inhaltsseite, also die Bedeutung (hierfür auch S e m e m) der Lexeme beschreiben. Die Kanten stellen die Über- und Unterordnung der lexikalischen Struktur her.

Seinen Ausgang nimmt dieses Wortfeld von einem Begriff, der in die Dimension des freien und beschränkten Raumes führt. Wie auf Grund der realen Gegebenheiten zu erwarten, wird vor allem die Dimension des freien Raumes lexikalisch entfaltet, und zwar durch die Dimension Intensität, die wiederum hinsichtlich der größeren Stärke dreifach gestuft ist: *Wind; Sturm, Brise, Bö; Orkan.*

Die semantische Verwandtschaft der Lexeme sichert der Begriff ⟩Luft in Bewegung⟨, der als gemeinsames semantisches Merkmal (hierfür auch N o e m) fungiert. Die untergeordneten Merkmale (Seme) treiben ein Doppelspiel: Sie sichern die gemeinsame semantische Qualität der untergeordneten Lexeme u n d grenzen nebengeordnete Lexeme ab, stellen also oppositive lexikalische Strukturen her. Da die Merkmale eine Über- bzw. Unter- bzw. Nebenordnung angeben, spricht man von einer Konfiguration, einer besonderen Gestalt semantischer Merkmale: Die Bedeutung von ⟨Wind⟩ ist z. B. bestimmt durch das übergeordnete Merkmal ⟩im freien Raum⟨ und durch das Merkmal ⟩deutlich bis stark spürbar⟨, wodurch sie von der Bedeutung des nebengeordneten ⟨Luft(hauch)⟩ unterschieden ist. Die Über- und Unterordnung zeigt sich auch im Verhältnis der Lexeme. So ist jede *Bö* ein *Wind*. Die Umkehrung gilt jedoch gerade nicht.[1]

---

[1] Ein Wortfeld ist eine lexikalische Struktur, welche die semantische Verwandtschaft von Lexemen als Semembeziehungen abbildet. Wortfelder sind also Sememfelder. Diese werden „gebildet", also nach Regeln aufgestellt. Sie nehmen, wie dargestellt, ihren Ausgang von einem übergeordneten Begriff, der durch ein Lexem repräsentiert sein kann, und führen in unterschiedliche Dimensionen, die als „semantische Gliederungsgesichtspunkte" (Geckeler) fungieren. Semantische Merkmale innerhalb der Dimensionen sichern gemeinsame semantische Qualität und stellen zugleich oppositive lexikalische Strukturen her. Vgl. H. Geckeler: Strukturelle Wortfeldforschung heute. In: P. R. Lutzeier (Hrsg.): Studien zur Wortfeldtheorie. Studies in Lexical Field Theory. Tübingen 1993, S. 15; vgl. auch G. Wotjak: Quo vadis Wortfeldtheorie? In: Zeitschrift für germanistische Linguistik 20 (1992), S. 112–117; zum paradigmatischen Aspekt s. 1.7; s. auch 4.4.

Von Wortfeldern der natürlichen Sprache und ihren Strukturen sind terminologisierte, also normierte Feldstrukturen zu unterscheiden (wie die Zensurenskalen der Schule oder die Bezeichnungen für militärische Ränge); hier liegen festgesetzte und damit fachsprachlich definierte Beziehungen vor, die als solche zu rekonstruieren sind.

Nun sind Bedeutungsbeschreibungen mittels semantischer Merkmale wie im Wortfeld ⟩Luft in Bewegung⟨ nur sehr grob. Aufschlußreich ist vor allem die Angabe der semantischen Struktur, also der Unter-, Über- und Nebenordnung, in der die Lexeme stehen. Für sich genommen ist eine Bedeutungsbeschreibung mit Hilfe semantischer Merkmale, wie die von *Sturm,* eher ärmlich – wenn sie nicht ergänzt wird z. B. von Belegen, also literarischen Beispielen mit Gewähr, die im Kontext zeigen, was *Sturm* bedeutet: *wenn der Sturm mit seinen Wetterwoogen ... durch die Berge fuhr; vom Sturme getragen schrie und stürzte der Aar.* Diese Belege sind dem Wörterbuch zu Friedrich Hölderlin[1] entnommen; sieht man die über 60 Nachweise für *Sturm* durch, so wird schnell deutlich, daß die Bedeutung von *Sturm* über diejenige hinausgeht, die im Wortfeld ⟩Luft in Bewegung⟨ steht. Der literarische Gebrauch von Hölderlin: *Im heiligsten der Stürme falle zusammen meine Kerkerwand* (auch Anfang seiner Grabinschrift) weist über die oben genannte Wortfeldbedeutung hinaus und nimmt hier die Bedeutung ‚innere Bewegung‘ an, wozu auch etwa dieser Beleg sich fügt: *Keine Stürme mehr das stille Herz ermüden.*

In Wendungen wie *ein Sturm der Entrüstung* oder *ein Sturm der Begeisterung* ist diese Bedeutung in der Gegenwartssprache präsent. Man spricht hier von übertragener oder metaphorischer Bedeutung (vgl. 987), die sich von der eigentlichen oder konkreten Bedeutung von *Sturm* als ‚sehr starker und gefährlicher Wind‘ abhebt, aber die Bewegung bewahrt und sie nach innen verlegt.

Ein zweiter Bedeutungsbereich ist ablesbar aus Beispielen wie *den Befehl zum Sturm auf die Stadt geben* oder *die Festung im Sturm nehmen.* Hier ist eine Bedeutung ‚schnell vorgetragener militärischer Angriff‘ anzusetzen. Eine Variante hierzu ist *Sturm* in der Bedeutung ‚Erhebung, Aufruhr‘, wie sie etwa der Zeile aus Theodor Körners Kriegslied vom April 1813 zugrunde liegt: *Das Volk steht auf, der Sturm bricht los.* Solche Wendungen wie *Sturm läuten* bzw. *schlagen* leiten sich historisch von der *Sturmglocke* her, *die geläutet* bzw. *geschlagen wurde,* womit die Einwohner einer bedrohten oder belagerten Stadt gewarnt wurden. Heute verbindet sich hiermit eine allgemeinere Bedeutung im Sinne von ‚langanhaltend bzw. heftig läuten (lassen)‘ (etwa das Telefon oder die Türklingel). In der Wendung *gegen etwas Sturm laufen* ist der Kampf zivil geworden, wie auch in der Wendung *jemandes Herz im Sturm erobern* oder in dem im Sommer- und Winterschlußverkauf wiederkehrenden *Sturm auf die Geschäfte.*

Ein dritter Bedeutungsbereich schließlich ist mit ‚Gesamtheit der Stürmer einer Mannschaft‘ anzugeben und erschließt sich als folgendem Beispiel: *Der Sturm der Nationalmannschaft spielte drucklos.*

Die hier entworfene Bedeutungsstruktur von *Sturm* macht deutlich, daß Lexeme nicht nur mit anderen Lexemen bedeutungsverwandt, sondern auch in sich selbst mehrdeutig sind. Die Bedeutung von *Sturm* greift über den Bereich ⟩Wind⟨ und ⟩Luft in Bewegung⟨ hinaus, und somit kann man nunmehr von Teilbedeutungen (Sememen) eines Lexems sprechen, das insofern mehreren Wortfeldern ange-

985

---

1 Wörterbuch zu Friedrich Hölderlin, 1. Teil: Die Gedichte. Bearbeitet von H.-M. Dannhauer [u. a.]. Tübingen 1983.

hört. Die aufgeführten Bedeutungen sind durch das gemeinsame Merkmal ›Bewegung‹ verbunden, die zur ›Bewegung der Luft‹, zur ›inneren‹ und ›äußeren Bewegung‹ abgewandelt wird. Die äußere Bewegung kann unterschiedlich orientiert sein: militärisch ausgerichtet *(Sturm auf die Stadt)*, als eine Form politischer Erhebung *(der Sturm bricht los)*, als Signal interpretierbar *(Sturm läuten)*, zivil umgedeutet *(Sturm auf die Geschäfte)* und kollektiv geronnen *(der Sturm der Nationalmannschaft)*.

Ein tieferes Verständnis dieses Zusammenhangs ergibt sich dann, wenn man etymologische und sprachhistorische Fakten berücksichtigt. Im Mittelhochdeutschen stehen die Bedeutungen ‚Unwetter‘, ‚Unruhe, Lärm‘ und ‚Kampf‘ schon nebeneinander, von ‚Kampf‘ ist die Bedeutung ‚innerer Kampf, heftige Gemütsbewegung‘ abgeleitet.[1] Das althochdeutsche und mittelhochdeutsche *sturm* ist eine Suffixbildung (*m*-Ableitung), die wahrscheinlich zu der germanischen Verbgruppe von *stören* (ursprünglich ‚durcheinanderbringen; zerstreuen; vernichten‘) gehört. Der Bezug auf das Wetter ist in etymologischer und historischer Sicht nicht notwendig primär, ‚Unruhe, Lärm‘ und ‚Kampf‘ bzw. ‚Angriff‘ stehen neben der „Wetterbedeutung“. In gegenwartssprachlicher Perspektive hingegen ist diese dominant, und andere Bedeutungen sind um sie gruppiert.

1.5 Denotative und konnotative Bedeutung

986
Der Bedeutungskreis von *Sturm* ist noch nicht vollständig abgeschritten. Im Vokabular des Nationalsozialismus war *Sturm* eine Einheit der SA (*Sturm*abteilung) und SS (Schutzstaffel) etwa in der Größe einer Kompanie, die von einem *Sturm*führer (SA) bzw. Unter*sturm*führer (SS) geführt wurde.[2] Zitiert man diese Bedeutung, ist unmittelbar einsichtig, daß Lexeme nicht nur einen außersprachlichen Bezug haben (wie oben dargelegt), sondern auch „Mit-Information“ (Begleitvorstellungen, Gefühlswerte) tragen können, die unter dem Begriff K o n n o t a t i o n geführt wird. Im Gegensatz dazu wird dann von der gegenstandsbezogenen Bedeutung als d e n o t a t i v e r Bedeutung gesprochen. Die konnotative Bedeutung von Lexemen ist in zwei Gruppen zu ordnen: Zum einen gibt es solche Konnotationen, die Emotionen und Einstellungen der Sprecher zum außersprachlichen Gegenstand aufnehmen; zum anderen solche, die spezielle Vorzüge und Einschränkungen beim Gebrauch der Wörter (Gebrauchspräferenzen und -restriktionen) widerspiegeln. Die „nationalsozialistische“ Bedeutung von *Sturm* fällt in die erste Gruppe: Diese Bedeutung ist mit Distanz, Reserve und Ablehnung, also negativ aufgefüllt. Konnotative Gebrauchspräferenzen und -restriktionen hingegen spiegeln den sozialen Geltung (z. B. *übergeschnappt* als umgangssprachlicher Ausdruck), regionale Bindung (z. B. *Rundstück* als Hamburger Pendant zum *Brötchen*) und zeitliche Gebundenheit (z. B. *alldieweil* als veraltete Konjunktion) wider.[3]

1 M. Lexer: Mittelhochdeutsches Handwörterbuch. Bd. 2. Leipzig 1876, Sp. 1276.
2 Vgl. K.-H. Brackmann, R. Birkenhauer: NS-Deutsch. „Selbstverständliche“ Begriffe und Schlagwörter aus der Zeit des Nationalsozialismus. Straelen 1988, S. 180 f.; vgl. auch Duden. Dt. Universalwörterbuch. 2., völlig neu bearb. und stark erweiterte Aufl. Mannheim [usw.] 1989, S. 1492.
3 Vgl. K. O. Erdmann: Die Bedeutung des Wortes. Aufsätze aus dem Grenzgebiet der Sprachpsychologie und Logik. 4. Aufl. Leipzig 1925, S. 103 ff.: „Nebensinn und Gefühlswert der Wörter“. K.-D. Ludwig: Markierungen im allgemeinen einsprachigen Wörterbuch des Deutschen. Ein Beitrag zur Metalexikographie. Tübingen 1991.

1.6 Wortartenbedeutung, syntagmatische und übertragene Bedeutung

Neben der denotativen und konnotativen Bedeutung gibt es eine Wortartenbe-   987
deutung, die eigentlich mit dem Lexem unmittelbar gegeben und somit „vorgän-
gig" ist: Von dem Substantiv *Sturm* sind das Verbum *stürm* (Zitierform *stürmen*) und das Adjektiv *stürmisch* abgeleitet. Die Wortartenbedeutung, terminologisch auch kategoriale Bedeutung, bestimmt das „Wie" der Benennung, also
dasjenige, was *Sturm, stürmen* und *stürmisch* unterscheidet und grammatisch
Substantiv, Verb, Adjektiv genannt wird. Dabei benennen Substantive („Ding-
wörter") konkrete *(Gast)* oder abstrakte *(Geist)* Dinge, aber auch Vorgänge
(Sturz) und Zustände *(Kälte);* Verben, was in der Zeit geschieht oder ist, z. B. als
Handlungs- *(Er repariert das Auto),* Vorgangs- *(Das Bild fällt herunter)* und Zustandsverben *(Der Zug steht),* und Adjektive Eigenschaften, Beschaffenheiten,
Merkmale, auch Beziehungen *(verwandt)* und Bewertungen *(akzeptabel)* (vgl.
121 ff.). Die kategoriale Bedeutung ist bei Wortfeldstrukturen der hier diskutierten Form insofern vorausgesetzt, als jeweils Lexeme gleicher kategorialer Bedeutung in dieser besonderen Bedeutungsverwandtschaft stehen.

Kraft seiner kategorialen, denotativen und gegebenenfalls konnotativen Bedeutung setzt ein Lexem syntagmatische, d. h. auf die Kombination im Satz bezogene
Erwartungen. Damit ist u. a. die Ausfüllung eines bestimmten Kontextes gemeint,
so daß den drei Schichten der Bedeutung von Lexemen die syntagmatische
Bedeutung oder Kontextregel hinzuzufügen ist. Die Kontextregel bestimmt
also die Kontextfähigkeit der Teilbedeutung eines Lexems. Für die Teilbedeutung
von *Sturm* im Sinne von ,sehr starker und gefährlicher Wind' kann man z. B., bei
Subjektstellung von *Sturm,* das Prädikat *toben,* das Attribut *verheerend* und das
Adverbiale *über der Nordsee* erwarten: *Ein verheerender Sturm tobt über der Nordsee.* Konsequenterweise kann man umgekehrt Beispiele oder Belege benutzen,
um die komplexe Bedeutung eines Lexems, wie zuvor am Beispiel von *Sturm*
demonstriert, zu entflechten: *Der Sturm über der Nordsee* und *der Sturm der Entrüstung* und *der Sturm auf die Stadt* usw. zeigen unterschiedliche Teilbedeutungen des Lexems an.

Die Fügung *stürmisches Wetter* erfüllt Kontexterwartungen, bezogen auf das
Lexem *stürmisch,* nahezu „prototypisch"; eine *stürmische Debatte* ist in historischer Sicht gleichfalls der Kontextregel gemäß (insofern die Bedeutung ,lebhaft,
lärmend' seit dem 16. Jahrhundert an *Sturm* im Sinne von ,Unruhe, Lärm'
anknüpft); aber in synchronisch-gegenwartsbezogener Sicht wird man eher von
einem „konterdeterminierenden Kontext"[1] sprechen, der die zusätzlich entstandene Bedeutung bestimmt. Die Kontexterwartung wird also durchbrochen („kon-
terdeterminiert"), und es kommt so zu einer übertragenen oder metaphorischen
Bedeutung: Spezifische Merkmale nämlich, die auf das Wetter bezogen sind, werden gelöscht und durch solche, die sich auf menschliche Verhaltensweisen beziehen, ersetzt. Dabei ist zu bemerken, daß die übertragene Bedeutung in diesem
Fall in gewisser Weise als konventionell (und nicht neu) empfunden wird, der
Rückbezug auf den „prototypischen" Kontext Wetter aber das Bewußtsein des
Übertragenseins schafft (s. dazu Kap. 4).

---

[1] H. Weinrich: Sprache in Texten. Stuttgart 1976, S. 320.

1.7 Paradigmatische und syntagmatische Beziehungen

988 Der Begriff Kontextregel weist also darauf hin, daß Sprache eine syntagmatische Dimension hat, mithin eine Und-und-Beziehung. Diese verknüpft Lexeme zu flektierten Wörtern, Wortbildungen, Fügungen, Sätzen und Texten; ergänzend dazu eine paradigmatische Dimension, also eine Entweder-oder-Beziehung, welche die Wahl der sprachlichen Einheiten ermöglicht. Textbildung beruht auf dem Zusammenspiel der paradigmatischen und syntagmatischen Dimension. Wortfelder kann man dann auch als lexikalische Paradigmen bestimmen; sie stellen eine spezifische Entweder-oder-Struktur dar, deren Elemente in einem speziellen Kontext, also auf syntagmatischer Ebene austauschbar sind. Sie können in eine syntaktische Leerstelle, z. B. eine Subjektposition, eintreten und hier mit gleichem Prädikat agieren: *Ein Wind* oder *ein Sturm* oder *eine Brise* usw. *kam auf.* Andererseits gibt es spezielle Kontexte, in denen Mitglieder eines lexikalischen Paradigmas einander ausschließen. *Ein Orkan* oder *ein Sturm tobte,* aber nicht: **Ein Lüftchen tobte.* Das zeigt, daß lexikalische Elemente eines Paradigmas semantisch verwandt und different sind.

Neben den paradigmatischen gibt es auch spezielle syntagmatische Beziehungen. Solche lexikalischen Strukturen wurden unter den Begriff eines syntaktischen Feldes gefaßt: „In *beißen* ist *Zahn* als Organ des Beißens schon mitgesetzt, ebenso in *lecken* die *Zunge.* Als Subjekt der Handlung steckt *Hund* in *bellen* schon drin, und als Objekt die *Bäume* in *fällen.* [...] In *reiten* ist das *Reittier,* aber jede Art von Reittier, *Pferd, Esel, Kamel,* mitgesetzt, in *fahren* jede Art von Fahrzeug, *Wagen, Schlitten, Schiff*".[1] Demnach kann man von syntaktischen Feldern wie *bellen* und *Hund, fällen* und *Baum, fahren* und *Fahrzeug* bzw. *Wagen, Schiff* usw. sprechen. Coseriu hat „syntaktische Felder" unter den Begriff lexikalische Solidarität gefaßt und die Beziehung der Lexeme als gerichtete Beziehung interpretiert[2], was bei Porzig schon angelegt war (dazu Kap. 4, S. 566). Syntagmatische lexikalische Strukturen führen aber auch in den Bereich, der mit den Begriffen Phraseologismus und Kollokation in Kap. 3 aufgegriffen wird.

2 Sprachzeichen und Sprachzeichenmodelle

2.1 Bilaterales („zweiseitiges") Zeichenmodell Saussures

989 In Kapitel 1 wurde bereits auf den Zeichencharakter von Sprache verwiesen. Den Zusammenhang von Sprachzeichen, deren Bedeutung und außersprachlicher Wirklichkeit machen zwei einflußreiche Entwürfe deutlich. In dem 1916 posthum veröffentlichten „Cours de linguistique générale" von Ferdinand de Saussure formuliert der Verfasser[3]: „Das sprachliche Zeichen ist also etwas im Geist tatsäch-

---

[1] W. Porzig: Das Wunder der Sprache. 3. Aufl. Bern u. München 1962, S. 123; zuvor schon Porzig: Wesenhafte Bedeutungsbeziehungen. In: Beiträge zur Geschichte der dt. Sprache und Literatur 58 (1934), S. 70–97.

[2] E. Coseriu: Lexikalische Solidaritäten. In: Poetica. Zeitschrift für Sprach- und Literaturwissenschaft 1 (1967), S. 293–303.

[3] Deutsch 1931 unter dem Titel „Grundfragen der allgemeinen Sprachwissenschaft". Verweise und Zitate nach der 2. Auflage Berlin 1967, S. 78.

lich Vorhandenes, das zwei Seiten hat und durch folgende Figur dargestellt werden kann:"

Die beiden Pfeile sollen offensichtlich darauf hinweisen, daß man sowohl vom Lautbild zur Vorstellung gelangt (was bedeutet /baum/?) wie von der Vorstellung zum Lautbild (wie wird ‚Baum' in der deutschen Sprache benannt?). Saussure nennt die Verbindung der Vorstellung mit dem Lautbild das Zeichen. Damit weicht er ab vom Begriff eines Sprachzeichens, das nur das Laut- oder Schriftbild, nicht aber die Bedeutung umfaßt. Zuvor hatte er notiert, daß die sprachliche Einheit etwas „Doppelseitiges" sei. Seitdem spricht man von dem bilateralen, also doppelseitigen Sprachzeichen, dessen beide Seiten Saussure mit Bezeichnendes (frz. signifiant, für Lautbild) und Bezeichnetes (frz. signifié, für Vorstellung) benennt. Der „signifié" Saussures ist die Inhaltsseite des Sprachzeichens – hierfür setzen wir auch Bedeutung –, dem die Ausdrucksseite, der „signifiant", gegenübersteht. In Erweiterung der in Kapitel 1 getroffenen Schreibkonventionen soll im Folgenden gelten: Das Ausdrucks- und Inhaltsseite umfassende Sprachzeichen wird kursiv gesetzt, die lautliche Ausdrucksseite in Schrägstriche //, die Inhaltsseite in einfache Häkchen ‚'.
Nach Saussure hat das sprachliche Zeichen zwei Grundeigenschaften. Es ist beliebig, womit gemeint ist, daß z. B. die Ausdrucksseite von *Wind,* die graphisch ⟨Wind⟩, lautlich /vint/ zu notieren ist, in einer arbiträren, also willkürlichen (im Sinne von nicht motivierten) Beziehung zur Inhaltsseite, also Bedeutung stehe. Diese These ist auf den ersten Blick überraschend, macht sie doch die eigene Sprache fremd. Die These von der Willkürlichkeit der Sprachzeichen fiele einem Sprecher eher im Blick auf fremde Sprachen ein. Die Ausdrucksseite ⟨Hund⟩ und ⟨Katze⟩, so könnte man meinen, hinge mit der Inhaltsseite doch „irgendwie" zusammen. Ist *Katze* nicht irgendwie ‚katzenartig'? Aber dagegen *felis* für ‚Katze' im Lateinischen? Was hat das noch mit ‚Katze' zu tun? Überzeugender wäre diese Argumentation, wenn ‚Hund' im Deutschen *Wauwau* und ‚Katze' *Miaumiau* hieße, so wie der ‚Kuckuck' tatsächlich *Kuckuck* heißt. Es gibt also wirklich in jeder Sprache, vor allem in der Sprache der Kinder, Sprachzeichen, bei denen die Ausdrucksseite der Inhaltsseite entspricht, ihr analog gebildet ist. Es handelt sich um Bildungen, die durch Lautnachahmung oder Lautcharakterisierung entstanden sind und für die Saussure den Terminus Onomatopoetika benutzt. Die Onomatopöie, die Klangmalerei, die einen Namen *(onoma)* durch Wiedergabe klanglicher Eindrücke „schöpft" *(poiein)* und insofern die Ausdrucksseite durch die Inhaltsseite motiviert, ist jeweils keine „reine", sondern zugleich eine abstrahierende Tätigkeit; sonst hieße der *Kuckuck* z. B. im Englischen nicht *cuckoo* und im Französischen nicht *coucou.* Das heißt, die Arbitrarität wird immer nur teilweise aufgehoben, und das gilt insbesondere für solche klangmalenden Bildungen wie ⟨Ticktack⟩ (kindersprachlich ‚Uhr'), ⟨quaken⟩ (‚den Laut der Ente, des Frosches hören lassen') u. ä.
Die Frage, die sich im Anschluß an Saussures Charakterisierung des Sprachzeichens als arbiträr stellt, lautet, ob diese Kennzeichnung hinreichend sei. In dem

990

philosophischen Dialog „Kratylos" von Platon (aus dem 5./4. vorchristlichen Jahrhundert) streiten sich Hermogenes und Kratylos über die natürliche Richtigkeit der Benennungen (die Kratylos verficht) und rufen dabei Sokrates als Schiedsrichter an. Hermogenes formuliert, ohne Argumente, den Standpunkt seines Gegners: „Kratylos hier, o Sokrates, behauptet, jegliches Ding habe seine von Natur ihm zukommende richtige Benennung, und nicht das sei ein Name, wie einige unter sich ausgemacht haben etwas zu nennen, indem sie es mit einem Teil ihrer besonderen Sprache anrufen; sondern es gebe eine natürliche Richtigkeit der Wörter, für Hellenen und Barbaren insgesamt die nämliche".[1] Kratylos verficht also die These, daß die Wörter natürlich (phýsei) seien und also wesensmäßig die Dinge benennen. Hermogenes dagegen formuliert seine These von den Benennungen, die auf Vertrag und Übereinkunft gründen und folglich konventionell (thései) seien: „Ich meines Teils, Sokrates, [...] kann mich nicht überzeugen, daß es eine andere Richtigkeit der Worte gibt, als die sich auf Vertrag und Übereinkunft gründet. [...] Denn kein Name irgendeines Dinges gehört ihm von Natur, sondern durch Anordnung und Gewohnheit derer, welche die Wörter zur Gewohnheit machen und gebrauchen".[2] Das Band, das Ausdrucksseite und Inhaltsseite verbindet, ist, im Zuge einer Außensicht, willkürlich, arbiträr (um mit Saussure zu sprechen); im Zuge einer Innensicht aber ist es historisch-konventionell (um mit Hermogenes zu sprechen). Die mit der Ausdrucksseite verbundene Bedeutung, so kann man fortfahren, ist den Mitgliedern einer Sprachgemeinschaft vorgegeben, und erst die Möglichkeit, die Wörter auszuwählen und sie zu speziellen Texten zu verbinden, gibt uns Spielraum in einer Sprache und stellt zugleich die Bedingung der Fortentwicklung der Sprache dar. Das Band, das die Seiten der Sprachzeichen verbindet, ist historisch-konventionell, insofern der Inhalt und sein Ausdruck uns tief vertraut sind; es ist arbiträr, insofern man die (eigene) Sprache wie ein Fremder betrachtet. Arbitrarität und Konventionalität sind komplementäre, also einander ergänzende Sichtweisen. Wie eine Übersetzung in dichterische Sprache liest sich dazu Botho Strauß' Bemerkung: „Es schafft ein tiefes Zuhaus und ein tiefes Exil, da in der Sprache zu sein".[3]

991

Die zweite Grundeigenschaft, die Saussure hervorhebt, ist der „lineare Charakter des Zeichens"[4] im Gegensatz etwa zu Verkehrszeichen: Die akustischen Elemente der Ausdrucksseite in der mündlichen Sprache treten nacheinander, also in zeitlicher Aufeinanderfolge auf, und dem entspricht in der schriftlichen Sprache die Linie der graphischen Zeichen im Raum. Für den Wortschatz hat das Konsequenzen dort, wo Kombinationen von Sprachzeichen dem Wortschatz zugerechnet werden und insofern der „serielle" (je spezifisch zu interpretierende) Charakter die lexikalische Bedeutung der Wortbildungen und Phraseologismen prägt.

In Saussures Zeichenmodell fehlt eine Komponente, die den Bezug des Sprachzeichens zur außersprachlichen Wirklichkeit herstellt. Nach Saussure bestimmt sich die Bedeutung allein durch den Bezug zu anderen Sprachzeichen, woraus sich deren „Geltung oder Wert"[5] ergibt. So ist französisch *mouton* im Deutschen nicht nur mit *Schaf,* sondern ggf. auch mit *Hammel* zu übersetzen; in speziellen Kontexten (wo von Fleisch, das verzehrt wird, die Rede ist) aber auch mit *Ham-*

---

1 Platon: Sämtliche Werke. Bd. 2. Menon, Hippias I, Euthydemos, Menexenos, Kratylos, Lysis, Symposion. Hamburg 1957, S. 126.
2 A. a. O., S. 127.
3 B. Strauß: Paare, Passanten. München 1981, S. 101.
4 Saussure (vgl. 989, Anm. 3), S. 82.
5 Saussure (vgl. 989, Anm. 3), S. 136.

mel(fleisch). Vergleicht man somit *mouton* und *Schaf,* so muß man diesen Sprachzeichen in ihrer Einzelsprache einen je unterschiedlichen Wert zusprechen, und diesen versucht Saussure durch die Darstellung der Zeichen im lexikalischen Teilsystem einer Sprache zu bestimmen.

2.2 Bedeutungsdreieck nach Ogden und Richards

Die Beziehung zu den „Dingen", worauf die Zeichen verweisen, bildet ein anderes einflußreiches Modell ab, das Gedanken, Wörter und Dinge („thoughts, words and things") in einen Zusammenhang bringen möchte: das Bedeutungsdreieck von Ogden und Richards.[1] Die Verfasser wollen vor allem die Indirektheit der Beziehung zwischen Wörtern und Dingen darstellen. Dazu dient ein Dreieck, das an die untere linke Spitze den Terminus Symbol („symbol"), an die obere Spitze Gedanke oder Bezugnahme („thought or reference") und an die untere rechte Spitze Bezugspunkt, also etwas, worauf man sich bezieht („referent"), stellt. Die Beziehungen zwischen Symbol und Gedanke oder Bezugnahme und zwischen diesem/dieser und dem Bezugspunkt sind mehr oder weniger direkt („more or less direct") und werden insofern durch einen durchgezogenen Strich dargestellt, während die Beziehung zwischen Symbol und Bezugspunkt indirekt und insofern gepunktet ist:

992

Gedanke oder Bezugnahme

Symbol   Bezugspunkt
          (etwas, worauf man sich bezieht)

Ogden und Richards legen, im Gegensatz zu Saussure, ein monolaterales („einseitiges") Sprachzeichen- und ein Gebrauchs-Modell vor. Sie behaupten, nur wenn man Wörter gebrauche, bedeuteten sie etwas, und diesen Gebrauch, interpretiert als psychischer Akt des Sprechers, soll ihr Modell veranschaulichen. Dabei verstehen sie unter Symbol eine spezifische Klasse von Zeichen, zu denen sie auch die Sprachzeichen („words") rechnen.

Sofern die aktuelle Bedeutung eines Sprachzeichens durch dieses Modell dargestellt werden soll, fehlen die Modellelemente Kontext, also innersprachlicher, und Situation, also außersprachlicher Zusammenhang, die ja erst die lexikalische Bedeutung (unter diesen Terminus fassen wir die vierschichtige virtuelle Bedeutung, vgl. 982 f.) in eine aktuelle Bedeutung verwandeln. Wenn ein Sprecher in einer spezifischen Situation sagt: „Ein verheerender *Sturm* brauste über das Land", dann hat er das mehrdeutige (polyseme) Lexem *Sturm* dergestalt eindeutig (monosem) gemacht, daß der Hörer die Teilbedeutung ›Wind‹, ›sehr stark und gefährlich‹ erkennt und die aktualisierte Teilbedeutung auf das entsprechende außersprachliche Denotat (den Gegenstand, der zu bezeichnen ist) bezieht.

---

[1] C. K. Ogden and I. A. Richards: The Meaning of Meaning. 1. Aufl. 1923, zit. nach der 10. Aufl. London 1966, S. 11.

2.3 Neuere Zeichenmodelle

993 Saussures bilaterales Sprachzeichenmodell ist zumindest zweifach verändert worden: Erstens insofern ein Bezug zur Welt der „Dinge" hergestellt wird, z. B. von Kurt Baldinger, der folgendes Dreieck konzipiert:[1]

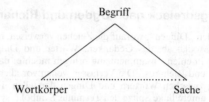

Begriff

Wortkörper   Sache

Wortkörper und Begriff entsprechen Saussures „signifiant" und „signifié", also der Ausdrucks- und Inhaltsseite eines Sprachzeichens. Über die Bedeutung, also Inhaltsseite, wird eine Beziehung zur Sache vermittelt, und nur insofern stellt der Wortkörper eine Sache dar.

Zweitens insofern von Klaus Heger die Spitze des Dreiecks „gedehnt", d. h. zu einer Linie verwandelt wird und das Dreieck in ein Trapez übergeht, das die Struktur der Bedeutung eines Sprachzeichens darstellt und zugleich, in der vorliegenden Fassung, seine Mehrdeutigkeit abbildet.[2] Terminologisch und inhaltlich abgeändert, sei folgendes Modell präsentiert:

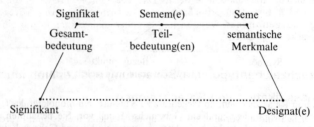

Signifikat   Semem(e)   Seme

Gesamt-   Teil-   semantische
bedeutung   bedeutung(en)   Merkmale

Signifikant   Designat(e)

Dieser Entwurf stellt in Rechnung, daß Sprachzeichen mehrdeutig sind. Das Signifikat wird somit als Gesamtbedeutung konzipiert, die aus unterschiedlichen Sememen, also Teilbedeutungen, bestehen kann, die wiederum durch Seme, also semantische Merkmale, konstituiert werden. Ein lexikalisches Sprachzeichen ist polysem, also mehrdeutig, wenn es zwei oder mehr Teilbedeutungen hat, die ein gemeinsames semantisches Merkmal aufweisen (wie die Teilbedeutungen von *Sturm* das Merkmal ⟩Bewegung⟨, vgl. 985). Ist das nicht der Fall, dann gelten die Sprachzeichen als homonym, z. B. *Heide* als ‚Landschaft' und *Heide* als ‚Nichtchrist'.

---

[1] K. Baldinger: Die Semasiologie. Versuch eines Überblicks. Berlin 1957, S. 14; vgl. auch H. Henne und H. E. Wiegand: Geometrische Modelle und das Problem der Bedeutung. In: Zeitschrift für Dialektologie und Linguistik 36 (1969), S. 139 ff.; die terminologische Mehrfachbesetzung der Dreieckspunkte durch Baldinger ist hier beseitigt.

[2] K. Heger: Die methodologischen Voraussetzungen von Onomasiologie und begrifflicher Gliederung. In: Zeitschrift für Romanische Philologie 80 (1964), S. 515.

Die linke Seite des Trapezes wäre mit „virtuelles Sprachzeichen" zu beschriften; die obere Seite bildet die Struktur der Bedeutung, also der Inhaltsseite, ab; die rechte Seite stellt den Bezug her zur außersprachlichen Wirklichkeit, zu dem, was bezeichnet werden kann. Sie könnte mit „Bezeichnung" beschriftet werden. Designat sei bestimmt als die Klasse der Gegenstände, auf die eine Teilbedeutung, konzipiert als ein Ensemble semantischer Merkmale, verweist. Vom Designat führt der Weg zum Sprachzeichen nur über den „Bedeutungskomplex", die Beziehung zwischen Designat und Signifikant existiert nur mittelbar (und deshalb die unterbrochene Linie im Modell).[1] In Erweiterung der Schreibkonventionen (vgl. 984 und 989) ist nunmehr die Gesamtbedeutung in doppelte runde Klammern ((Sturm)), die Teilbedeutung/das Semem in einfache runde Klammern (Sturm) zu setzen.

Zeichenmodelle haben, über ihre theorieerläuternde Aufgabe hinaus, eine didaktische Funktion: Sie zeigen, was sonst nur erklärt werden kann. Dabei stehen sie allerdings in der Gefahr, durch Anschauung zu verfestigen, was in der Praxis der Sprache, vor allem bezogen auf die Kategorie Bedeutung, sehr beweglich ist. Insofern zuvor Bedeutung als Erklärung der Bedeutung verstanden wurde (vgl. 983), ist diese eine interpretative Kategorie, die den Sprachbenutzer als Interpreten voraussetzt. Die auf der Grundlage der lexikalischen Bedeutung eines Sprachzeichens gesetzte aktuelle Bedeutung ist nicht starr vorgegeben, sondern wird in der Kommunikation, im sprachlichen und außersprachlichen Kontext interpretativ erschlossen. Diese interpretative Komponente ist in der Nachfolge Saussures nicht intensiv genug herausgearbeitet worden. Hierauf hinzuweisen ist notwendig, wie auch das folgende Zitat erweist: „Daß jede Sprache ein System von Zeichen ist, daß die Sprachlaute vom Sprecher als Zeichen gesetzt, vom Hörer als Zeichen aufgenommen werden [...] – so oder ähnlich kann man beginnen über Sprache zu sprechen".[2]

3 Sprachzeichentypologie, Benennung und Lexembildung

3.1 Klassifikation von Sprachzeichen

Sprachzeichen sind im vorhergehenden Kapitel als Elemente bestimmt worden,   994
denen durch Interpretation Bedeutung zugesprochen wird. Sprachzeichen sind demnach signifikativ – sie „haben" Bedeutung durch Interpretation. Minimalsignifikative Sprachzeichen sind solche, die nicht weiter geteilt oder reduziert werden können, ohne daß sie den Status eines Zeichens verlören. Sie erhalten den Terminus Morphem. Diese Klasse von Zeichen ist zu differenzieren in lexikalische und grammatische Zeichen, wofür die Termini Lexem und Grammem stehen. Lexeme sind Sprachzeichen, die einem relativ offenen Inventar, Grammeme solche, die einem relativ geschlossenen Inventar zuzurechnen sind. Letzteres zeichnet sich dadurch aus, daß punktuelle Veränderungen tendenziell eingreifende Auswirkungen auf das gesamte Inventar haben; das gilt für das offene Inventar gerade nicht. Substantive, Verben, Adjektive und Adverbien sind sicher einem solchen offenen Inventar zuzurechnen und fallen somit unter den Begriff und Terminus eines Lexems, das als freies Lexem, aber auch in gebundener Va-

---

1   Die „-emische" Terminologie (Sem*em*) soll dabei anzeigen, daß es sich (wie bei dem Terminus Phon*em*) um virtuelle Einheiten handelt.
2   K. Bühler: Die Axiomatik der Sprachwissenschaften. Frankfurt/M. 1969, S. 25.

riante *(nehm-, Preisel-)* vorliegt. Grammeme liegen gleichfalls in freier wie in gebundener Form vor. Freie Grammeme sind einerseits flexionsfähig (wie *der, sie mein*), andererseits flexionslos (wie *und* und *auf*). Als gebundene Grammeme sind Flexionsgrammeme (der Deklination und Konjugation) und Wortbildungsgrammeme (wie *an-, be-, -nis, -keit*) zu unterscheiden. Eine Systematik zur Klassifikation minimalsignifikativer Sprachzeichen ergibt folgendes Bild:

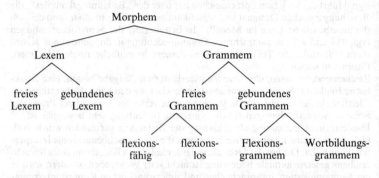

Wenn zuvor als Beispiele für freie Grammeme Konjunktionen, Präpositionen, Artikel und Pronomen angegeben wurden, dann darf nicht der Eindruck entstehen, damit sei eine erschöpfende Aufzählung gegeben worden. Das Arsenal der freien Grammeme ist weitaus vielfältiger. Umfangreich ist die Gruppe der flexionslosen Grammeme, die als Partikeln gelten. Dazu gehören u. a. die Negationspartikeln *nicht,* Fokuspartikeln wie *nur, selbst, sogar,* die sich auf einen bestimmten Teil einer Aussage beziehen und diesen hervorheben, Gradpartikeln wie *sehr, ziemlich,* die sich vor allem auf Adjektive (z. T. auch nur auf deren Komparative: *viel* fleißiger) beziehen und den Grad oder die Intensität näher bestimmen. Daneben gibt es sogenannte pragmatische Partikeln, die in textuellen, vor allem dialogischen Zusammenhängen ihre Funktion haben: Abtönungspartikeln wie *halt, denn* (Das ist *halt* so. Was ist *denn* los?) drücken die Stellung des Sprechers zum Gesagten aus und ordnen dieses in die Rede ein, die dem Gesagten vorausgeht; Gesprächspartikeln, die sprecherseitig (wie *also, nun*) der Gliederung des Gesprächs dienen und hörerseitig (wie *hm, ja*) als Rückmeldesignale verwendet werden. Dazu kommen noch die Partikeln, die z. B. eine Antwort auf eine Entscheidungsfrage *(ja, nein, doch)* oder Bestätigungs-, Verstärkungs- oder Einschränkungssignale sein können *(genau, eben, schon),* aber auch Grüße *(hallo),* Gebote *(pst)* u. ä. Schließlich gehören hierher noch die Interjektionen, die einerseits schallnachahmend *(plumps, hui),* andererseits „emotiv" sind *(aua, huch, oh, ach)* und die auch Wendungen wie *potz Blitz* und *au Backe* umfassen[1]. Interjektionen haben ihren Ort in dialogischer gesprochener Sprache: Sie kürzen Mitteilungen ab *(Plumps!)* oder aber sind willkommener Ersatz für das, was detailliert sprachlich nicht mehr ausdrückbar ist *(Ach!).* Zu beachten ist, daß die unflektierbaren Sprachzeichen oft eine mehrfache Funktion erfüllen, also z. B. als Konjunktion wie als Abtönungspartikel fungieren (etwa *denn).*

---

[1]   Vgl. A. Burkhardt: Gesprächswörter. In: W. Mentrup (Hrsg.), Konzepte zur Lexikographie. Studien zur Bedeutungserklärung in einsprachigen Wörterbüchern. Tübingen 1982, S. 138–171.

Partikeln als freie Grammeme sind Struktur- und Funktionswörter, die keine lexikalische Bedeutung haben, sondern grammatische und pragmatische (textuelle) Aufgaben erfüllen und von der Lexik als dem Nennwortschatz zu unterscheiden sind. Hierfür steht dann auch der Terminus nennlexikalische Einheiten oder Zeichen (s. 3.2), worunter die sogenannten Autosemantika, also Substantiv, Verb, Adjektiv und Adverb, gefaßt werden.

3.2 Wortschatz und Wortbildung

Über lexikalische Sprachzeichen erschließt eine Sprachgemeinschaft die Welt. Fragt man danach, wie eine Sprache Außersprachliches benennt, ist dies eine Umkehrung der Frage nach der Bedeutung lexikalischer Sprachzeichen (wie *Sturm, Wind*). Spricht man in diesem Fall von einer semasiologischen Fragestellung (Was ist die Bedeutung eines Sprachzeichens?), so im entgegengesetzten Fall von einer onomasiologischen Fragestellung (Wie wird ein bestimmter Begriff, z. B. ›Luft in Bewegung‹, lexikalisch benannt?). Verallgemeinert man den Gehalt dieser Frage, so führt das zum Konzept einer Benennungslehre, die Antwort gibt auf die Frage nach der lexikalischen Erschließung der Welt durch eine Sprache, in diesem Fall die deutsche Standardsprache. Dazu gehört auch zu fragen, welche Formen lexikalischer Sprachzeichen eine Einzelsprache zur Benennung bereitstellt.

Für die sprachliche Erschließung der Welt in ihrer ganzen Komplexität, so wie sie uns in ihrer wirklichen, vorgestellten und literarisch entworfenen Gestalt gegenübertritt, reichen einfache Lexeme nicht aus. Diese werden deshalb wortbildnerisch erweitert, u. a. durch Zusammensetzungen *(Sturmangriff)*, Ableitungen *(Stürmer)* und Präfixbildungen *(Ansturm);* zudem durch Phraseologismen, und zwar als nominale Fügung *(Sturm und Drang)* wie auch als prädikative Konstruktion *(gegen etwas Sturm laufen)*. Damit wird einsichtig, daß die Kategorie Lexem nur eine Basiseinheit darstellt, die u. a. durch Komplexlexem und Phraseolexem zu erweitern ist. Der Wortschatz insgesamt, die Lexik also, ist somit mehr als die Summe der Lexeme: Der Wortschatz ist zudem wortgebildet und phraseologisch. Und noch auf einen weiteren wesentlichen Bestandteil des lexikalischen Sprachzeicheninventars ist hinzuweisen: *Sturm* z. B. ist auch ein häufiger Familienname, der im Telefonbuch 1992/93 für die Stadt Braunschweig 30mal verzeichnet ist. *Der Sturm* war zudem der Titel einer „Wochenschrift für Kultur und Künste", die von 1910 bis 1932 von H. Walden herausgegeben wurde. Neben den mehrfach geschichteten lexikalischen Sprachzeichen sind also Namenzeichen als Benennungspotential ins Auge zu fassen (vgl. 1001 ff.).

Wenn wir das Lexem *lehr-* in der Zitierform *lehren* als Beispiel nehmen, so wird unmittelbar einsichtig, daß eine Benennung für die Person vonnöten ist, die lehrt. Eine solche Benennung könnte wiederum über ein von *lehren* unabhängiges Lexem erfolgen (wie bei *heilen* und *Arzt*); benutzerfreundlicher, also einprägsamer und übersichtlicher, zudem Familienähnlichkeit stiftend ist aber eine Lexembildung, die *lehr-* z. B. mit dem Suffix *-er* kombiniert, das dann als Wortbildungsgrammem zusammen mit dem Verbstamm für denjenigen steht, der in diesem Fall die Handlung des Lehrens ausführt. Die Wortbildungslehre nennt eine solche Lexembildung ein Nomen agentis, also ein Substantiv, das den Träger der Handlung benennt. Demjenigen, der lehrt, wird durch das *er*-Suffix die Tätigkeit des professionellen Lehrens zugesprochen. Die Benennung derjenigen, die pro-

995

996

fessionell lehrt, erfolgt dann durch das movierende Wortbildungsgrammem *-in,* das die Berufsbezeichnung *Lehrer* in eine feminine Form überführt. Für diejenigen, die nicht die Benennung *Lehrer* bzw. *Lehrerin* (als Beruf) beanspruchen können, dennoch aber lehren, hält die deutsche Sprache die nominalisierte Form des Partizip Präsens *lehrend* bereit: *der* bzw. *die Lehrende. Lehrer* bzw. *Lehrerin* sind dann *dem/der Lehrenden* gegenübergestellt, die in Opposition stehen zu *dem/der Lernenden.* Diese Beispiele machen deutlich, wie lexikalische Einheiten durch Kombination von Lexem und Wortbildungsgrammemen (hier als Suffix) systematisch erweitert werden und der Wortschatz dadurch vermehrt wird. Das erfolgt zudem durch Wortbildungsgrammeme als Präfix: *lernen* wird zu *erlernen* und damit semantisch modifiziert im Sinne von ‚durch Lernen in seinen geistigen Besitz bringen'. Zu den Ableitungen (mit Suffix) und Präfixbildungen gesellen sich Präfix-Suffixbildungen *(Gelehrsamkeit).*

Wortbildungen können semantisch motiviert sein – wie *Beamtenheimstättenwerk,* dessen Kurzwort *BHW* die Motivierung aufhebt (vgl. 726). Saussure[1] spricht in diesem Zusammenhang von „relativer Motivierung" – im Gegensatz zur Arbitrarität einfacher Sprachzeichen (vgl. 990) –, weil z. B. *drei-zehn* im Gegensatz zu *elf* „an die Glieder denken läßt, aus denen es zusammengesetzt ist". Relativ ist die Motivierung deshalb, weil ein Rest bleibt – die minimalsignifikativen Zeichen *(drei, zehn),* die ihre Arbitrarität behaupten. In der Wortbildungslehre wird dennoch allgemein von der Motivierung der Wortbildungen gesprochen, was heißt, daß die Wortbildung durchsichtig ist und die Bedeutung erschließbar aus den Teilen der Bildung, die in eine Paraphrase überführt werden. Ein *Diskussionsbeitrag* ist ein ‚Beitrag zur Diskussion'; hingegen ist die Bedeutung von *Hochzeit* (mit kurzem o) im Sinne von ‚Vermählung' nicht aus den Bestandteilen zu erklären. Wohl aber kann man diese Zusammensetzung remotivieren, wenn man von der *Hochzeit* (mit langem o), also ‚der hohen Zeit', z. B. der Sprachwissenschaft im 19. Jahrhundert spricht. Notwendigerweise unterscheidet man Grade der Motiviertheit. Vollmotiviert: *Gerechtigkeitssinn;* teilmotiviert: *Krisenstab;* demotiviert: *Zeitschrift.* Natürlich scheint auch bei demotivierten Bildungen, also solchen, die aus den Teilen nicht erschließbar und somit idiomatisch sind, die Semantik der Teile noch durch: *Zeitschrift* ist eine Schrift (im Sinne von Publikation), die periodisch, also in bestimmten Zeitabständen, erscheint. Motiviertheit und Demotiviertheit betreffen auch Ableitungen; so ist *deutbar* ‚sich deuten lassend' motiviert und *deutlich* demotiviert, die Berufsbezeichnung *Schreiner* kaum noch erklärbar aus den Teilen der Wortbildung (obwohl *-er* als Indikator für ‚Person' erkennbar ist), *Musiker* sehr wohl deutbar: ‚jemand, der beruflich Musik macht'.

Eine sekundäre Motivierung ist eine aus dem Sprachgebrauch erwachsene, deshalb volksetymologisch genannte Umdeutung. *Hängematte* geht zurück auf niederländisch *hangmak,* jünger *hangmat,* was wiederum auf indianisch *(h)amaca* zurückzuführen ist: Das niederländische Wort ist erst sekundär eine Umdeutung zu *hängen* und *Matte* und wird so ins Deutsche übernommen. *Maulwurf* ist gleich zweimal umgedeutet worden: ahd. *mūwerf* ist deutbar als ‚Haufenwerfer' (altenglisch *mūha, mūwa,* engl. *mow* ‚Haufe'); nachdem das erste Glied der Zusammensetzung ungebräuchlich geworden war, wurde das Tier im Spätalthochdeutschen als *mul(t)wurf,* mhd. als *moltwerf* bezeichnet nach ahd. *molta,* mhd. *molt(e)* ‚Erde, Staub' (etymologisch verwandt mit *Müll).* Nunmehr herrschte die Vorstellung vom ‚Erd(auf)werfer'. Nachdem auch *molte* aus dem Gebrauch kam und nicht

---

[1] Saussure (vgl. 989, Anm. 3), S. 156 f.

mehr verstanden wurde, deutete man das Erstglied nach mhd. *mūl(e)* ‚Maul, Mund' abermals um: Die nhd. Form *Maulwurf* beruht auf dieser „Deutung": Sie benennt, der Wirklichkeit nicht entsprechend, ein ‚Tier, das die Erde mit dem Maul aufwirft'.[1]

An diesem Beispiel ist zugleich ersichtlich, daß Wortbildungen eine Motivationsbedeutung haben, die sich aus der Besonderheit der jeweiligen Konstruktion ergibt (weshalb sie auch als Konstruktionsbedeutung geführt wird). Im Fall von *Maulwurf* liegt ein Wandel dieser Bedeutung vor. Die Motivationsbedeutung wird besonders deutlich, wenn konkurrierende Wortbildungen vorliegen: *Fremdarbeiter* und *Gastarbeiter* bezeichnen dieselbe Personengruppe, lassen aber unterschiedliche Motive der Benennung, eben einerseits die Fremdheit, andererseits den Status eines Gastes erkennen. *Greifvogel* und *Raubvogel* bzw. *Zugvogel* und *Wandervogel* sind weitere Beispiele für die Abwandlung von Motiven der Benennung. Bei *Putzfrau* und *Raumpflegerin* liegt dann nicht mehr eine Abwandlung, sondern ein jeweils motivierter Ersatz vor. Die unterschiedliche Einstellung und Bewertung der Sprecher hat somit eine konnotative Differenz zur Folge.

997

Schließlich muß man neben der speziellen Motivationsbedeutung eine reihenbildende Wortbildungsbedeutung annehmen. Das ist eine semantische Beziehung, die man verallgemeinern kann, eine Beziehung zwischen den Gliedern einer Wortbildung innerhalb einer Wortart (also der kategorialen Bedeutung). Zum Beispiel sind *Hörer, Leser, Sprecher* Personen, die eine Tätigkeit ausüben, welche das zugrundeliegende Verb jeweils benennt. „Die Kategorien Gegenständlichkeit (der Wortart Substantiv), Prozessualität (der Wortart Verb) und Merkmalhaftigkeit (der Wortart Adjektiv) (vgl. 987) werden durch die – ebenfalls kategoriale – Wortbildungsbedeutung spezifiziert."[2] *Goldhaar, Silberhaar* sind Gegenstandsbenennungen, *steinhart, himmelblau* Merkmalsbenennungen, *büffeln, hamstern, ochsen* Verhaltensbenennungen, jeweils auf der Grundlage eines Vergleichs.

‚Vergleich' ist ein Beispiel für eine Kategorie, die das Verhältnis von Erst- und Zweitglied einer Wortbildungskonstruktion bestimmt. Eine Übersicht über Wortbildungsbedeutungen substantivischer Determinativkomposita (vgl. 825 ff.) ergibt 17 Kategorien, z. B. lokal: *Gartenbeet* (‚Beet im Garten'), *Büroarbeit, Seewind* usw.; temporal: *Tagesfahrt, Morgenfrühstück* usw.; final: *Strandanzug* (‚Anzug für den Strand'), *Damenkleid, Hundekuchen* usw.

Am Ende einer Wortbildungslehre des Wortschatzes stehen diejenigen Wortbildungen, die in der Situation oder im Text gemäß den Regeln neu gebildet werden, deshalb noch nicht lexikalisiert sind und ggf. auch nicht in den Wortschatz übernommen werden. Man spricht in diesem Fall von Gelegenheits- oder Ad-hoc-Bildungen. So bildet F. Nietzsche (in „Ecce homo"), analog zu *Einsamkeit, Vielsamkeit*: „– ich habe immer nur an der ‚Vielsamkeit' gelitten."

---

1 Vgl. dazu Duden. Etymologie. Herkunftswörterbuch der deutschen Sprache. 2., völlig neu bearb. und erweiterte Aufl. von G. Drosdowski. Mannheim [usw.] 1989; F. Kluge: Etymologisches Wörterbuch der deutschen Sprache. 22. Aufl. [...] völlig neu bearb. von E. Seebold. Berlin, New York 1989; H. Paul: Deutsches Wörterbuch. 9., vollständig neu bearb. Aufl. von H. Henne u. G. Objartel unter Mitarbeit von H. Kämper-Jensen. Tübingen 1992; Etymologisches Wörterbuch des Deutschen. Erarbeitet von einem Autorenkollektiv [...] unter der Leitung von W. Pfeifer. Bd. 1–3. Berlin 1989.

2 W. Fleischer, I. Barz: Wortbildung der deutschen Gegenwartssprache. Unter Mitarbeit von M. Schröder. Tübingen 1992, S. 19; die vorstehenden Definitionen und die Beispiele zu den Kategorien Motivierung, Motivationsbedeutung und Wortbildungsbedeutung z. T. nach dieser Wortbildungslehre, desgleichen die nachstehende Übersicht über Wortbildungsbedeutungen (a. a. O., S. 98 f.).

3.3 Wortfamilie

998 Eine solche Reihe wie *lehr-, Lehrer, Lehrende(r), Lehre* usw. soll als Wortfamilie gelten. Sie wird gestiftet durch ein Basislexem (dafür in der historischen
Sprachwissenschaft auch Stammlexem), das mit den Mitteln der Wortbildung zu
einer Wortfamilie erweitert wird. Eine systematische Darstellung der Wortfamilie
lehr- könnte folgendes Aussehen haben:

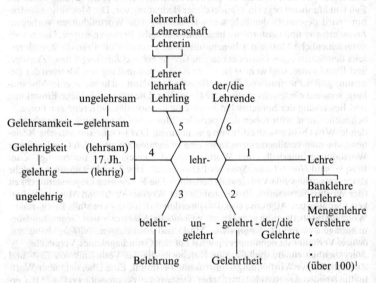

Der Stamm *lehr-* wird sechsfach erweitert. Zwei „Zweige" (6, 2) führen über
grammatische Strukturen, nämlich über Partizipialformen *(gelehrt, lehrend),* die
einerseits adjektiviert, andererseits substantiviert werden. Die Zusammensetzungen mit dem abgeleiteten *Lehre* als Grundwort (Zweig 1) und unterschiedlichen
Bestimmungswörtern erweisen, daß Komposition eine Wortbildungsart ist, welche die Fülle und fortwährende Erweiterbarkeit des Wortschatzes garantiert. Die
Zweige 3, 4 und 6 sind durch Präfigierung und Suffigierung bzw. Präfigierung zusammen mit Suffigierung gekennzeichnet. Zweig 4 demonstriert, daß Gegen-
wartsstrukturen des Wortschatzes nur auf dem Hintergrund historischer Erklärung ganz verständlich sind: *gelehrsam* bzw. *gelehrig* sind Präfixbildungen mit
verstärkendem *ge-,* die an die im 17. Jahrhundert ausgestorbenen *lehrsam* und
lehrig anknüpfen. Der substantivierte Infinitiv *(das Lehren)* ist in diese Wortfamilie nicht aufgenommen worden, da er, anders als solche Beispiele wie *das Treffen,*
nicht lexikalisiert, also Teil des etablierten, mit besonderer Bedeutung versehenen
Wortschatzes ist und somit auch nicht im Wörterbuch geführt wird.

1 Vgl. G. Muthmann: Rückläufiges deutsches Wörterbuch. Handbuch der Wortausgänge im
Deutschen, mit Beachtung der Wort- und Lautstruktur. Tübingen 1988, S. 259.

Die Darstellung der Wortfamilie *lehr-* lehrt, daß Wortbildungen gestuft sind. Eine erste Stufe, z. B. die Präfixbildung *belehr-*, wird durch eine Suffigierung *Belehrung* um eine Stufe erweitert. Die *un-*Präfigierung bzw. die Substantivableitung durch das Suffix *-keit* führen z. B. *gelehrig* auf eine dritte Stufe. Die Klammer ⊔ zeigt an, daß z. B. Suffigierung von *lehr-* mehrfach, z. B. durch *-er, -haft, -ling* erfolgt oder daß Komposition mit *Lehre* als Grundwort vielfach vorliegt. *Lehr-* als Bestimmungswort von unterschiedlichen Grundwörtern, z. B. *Lehrbuch*, gehört nicht in die Wortfamilie *lehr-*. Diese Wortbildungsstrukturen sind in den jeweiligen Wortfamilien aufgehoben, die vom Grundwort als Stammlexem, hier *Buch*, ausgehen. Dennoch ist die linkserweiternde Kompositareihe mit *lehr-* als Bestimmungswort (Determinans), wie z. B. *Lehramt, -beruf, -betrieb, -dichtung* usw. sehr aufschlußreich für die Semantik von *lehr-*. Besonders ergiebig sind die Wortfamilien, die von den starken Verben (wie *fahren, trinken, sprechen* usw.) ihren Ausgang nehmen, weil hier die Ablautformen *fuhr* usw. die Wortfamilie bereichern. Die von *fahr-* abgeleitete Wortfamilie führt in Bereiche (z. B. *fertig*, ursprünglich ‚zur Fahrt bereit‘), die nur über historisch-etymologische Kenntnisse zu erschließen sind und in semantischer Hinsicht nur noch weitläufig an das Stammlexem anschließen. Man hat deshalb die historisch-diachronisch fundierte Wortfamilie von der synchronisch-gegenwartsbezogenen Wortfamilie (hierfür auch ‚Wortbildungsnest‘) geschieden.

Eine Wortfamilie ist eine durch den Prozeß der Wortbildung erzeugte objektivierte lexikalische Struktur. Sie zeigt den lexikalischen Zusammenhang, der durch die Wortbildung gestiftet wird. Die vergleichbare und divergierende Semantik der Wortbildungen wird im Zusammenhang deutlicher, zudem werden undurchsichtige Strukturen (wie *gelehrig* und *gelehrsam*) einsichtig. Diese beiden Adjektive werden in gegenwartssprachlichen Wörterbüchern als gleichbedeutend angegeben. Man kann von einem *gelehrsamen Pferd* sprechen und dieses im Sinne von ‚gelehrig‘ meinen und deshalb denselben Sachverhalt auch durch *gelehriges Pferd* ausdrücken. Aber für Sprachempfindliche bleibt ein Rest von Befremden hinsichtlich dieser Gleichsetzung, eben weil hinter *gelehrsam* die *Gelehrsamkeit* im Sinne von ‚umfassender wissenschaftlicher Bildung‘ steht. Deshalb gibt es zumindest eine veraltete Bedeutung von *gelehrsam* im Sinne dieser Substantivbildung, wofür üblicherweise *gelehrt* eintritt.

3.4 Kurzwortbildung

Die Erweiterung des Wortschatzes erfolgt paradoxerweise auch durch Kürzung   999
von Wortstrukturen (vgl. 719 ff.). Den Kurzformen liegt eine Vollform zugrunde,
aus der die Kurzform hervorgeht. In semantischer Hinsicht ergibt sich die Frage,
ob die neuen Formen lediglich Lexeme in Kurzform sind, die als semantische
Dublette neben das Original treten, oder ob auch eine semantische Variation
vorliegt.

ABM für *Arbeitsbeschaffungsmaßnahme* und *ARD* für *Arbeitsgemeinschaft der öffentlich-rechtlichen Rundfunkanstalten der Bundesrepublik Deutschland* sind erst einmal verkürzende und damit ökonomische, also Ersparnis gewährende Benennungen. Sie treten als solche in Konkurrenz zu den Originalen, wie auch *APO* zu *außerparlamentarische Opposition* und *TÜV* zu *Technischer Überwachungsverein*. Der Unterschied der beiden Beispielgruppen zeigt sich lediglich darin, daß die erste Gruppe gemäß den Buchstabennamen, die zweite gemäß den Lautwerten gesprochen wird.

Die aus Initialen der Vollformen gebildeten Kurzwörter beziehen sich auf Zusammensetzungen wie *FC* für *Fußballclub* oder auf feste Wortverbindungen wie *EDV* für *Elektronische Datenverarbeitung.* Von diesen Initialkurzwörtern sind solche Kurzformen zu unterscheiden, die silbische oder silbenähnliche Anfangssegmente wie *Foto* für *Fotografie,* Endsegmente wie *Bus* für *Autobus* oder Kombinationen dieser Formen wie *Kripo* für *Kriminalpolizei* und *Krad* für *Kraftfahrrad* zu ihrer Bildung nutzen.

Kurzwörter sind Namen von Institutionen (wie *ZDF* für *Zweites Deutsches Fernsehen*) und Gattungsbezeichnungen (wie *Ober* für *Oberkellner*). Sie sind nicht nur kürzer und insofern ökonomischer als die Originalbenennungen, sondern die Durchsichtigkeit ihrer Benennungsstruktur ist, vor allem bei den Initialkurzwörtern, aufgehoben: In *ZDF* ist der Begriff des „Zweiten" nicht mehr enthalten. Die verdunkelnde Benennungsstruktur des Kurzworts kommt Firmennamen zugute, die – wie z. B. *BASF* – den Produktionsbereich weit über die Bedeutung des ursprünglichen Namens *Badische Anilin- und Sodafabrik* hinaus ausgeweitet haben; oder die – wie z. B. *BHW* – mit dem Kurzwort die betuliche Semantik der Vollform *Beamtenheimstättenwerk* verdecken können. Kurzwörter können also auch eine Verschlüsselungsfunktion übernehmen. Diese Eigenschaft wird im medizinischen Bereich genutzt. Ärzte schließen betroffene Patienten, die sie schonen wollen, aus der Kommunikation durch Benutzung verhüllender Kurzwörter aus, so wenn sie untereinander in Gegenwart der Patienten *CLL* für *Chronisch-lymphatische Leukämie* benutzen. Andererseits können Kurzwörter eine zusätzliche Semantik entfalten: *GAU* für *größter anzunehmender Unfall* als Störungsfall in einem *KKW,* also *Kernkraftwerk,* setzt als dumpf und dunkel klingendes Kurzwort eine bedrohliche Semantik frei, während *LiLi* für *Zeitschrift für Literaturwissenschaft und Linguistik* den potentiellen Beiträger und Leser durch hellen Wohlklang beflügeln soll.

Kurzwörter sind jedoch nicht nur ökonomisch und können Bedeutung verschlüsseln und neu entfalten; sie sind auch in der Lage, Zugehörigkeit auszudrücken. Wer von der *Uni* spricht, gehört zur *Universität;* und wer vom *DWb* [deːveːˈbeː] spricht statt vom *Deutschen Wörterbuch* von Jacob Grimm und Wilhelm Grimm, gibt sich als Sprachwissenschaftler zu erkennen. Und Kurzwörter können abwerten (*Nazi* statt *Nationalsozialist*) und ironisieren (*Zivi* statt *Zivildienstleistender*). Sie entfalten insgesamt ein subsemantisches Potential, das bisher nicht zureichend dargestellt wurde.[1]

Kurzwörter treten ihrerseits in Wortbildungen ein und geben zudem den Verfassern von Texten Probleme auf. „Das deutsche ICE-Konsortium [...] ist nicht nur enttäuscht darüber, daß Korea statt des deutschen Hochgeschwindigkeitszugs ICE das französische Konkurrenzprodukt TGV kaufen will ..." – so beginnt ein Artikel im Wirtschaftsteil der FAZ (Frankfurter Allgemeine Zeitung) vom 9. 9. 1993. Der Verfasser macht das Initialkurzwort *ICE (Intercity-Expreßzug),* dessen Kenntnis er voraussetzt (wie auch die von *TGV = train à grande vitesse*), zu dem Bestimmungswort eines Determinativkompositums. Dadurch komprimiert er den Text, verkürzt also nicht nur durch Verwendung des Kurzworts, sondern auch durch eine Form der „Satzkürzungs-Wortbildung".

---

[1]   Vgl. dazu G. Bellmann: Zur Variation im Lexikon: Kurzwort und Original. In: Wirkendes Wort 30 (1980), S. 369–383; D. Kobler-Trill: Das Kurzwort im Deutschen. Eine Untersuchung zu Definition, Typologie und Entwicklung. Tübingen 1994.

Andere Formen der Einführung von Kurzwörtern in den Text bestehen darin, daß bei der erstmaligen Nennung das „Original" benutzt wird und das Kurzwort in Klammern folgt. Im weiteren Text wird dann das solchermaßen erklärte Kurzwort verwendet: „Zur Internationalen Automobil-Ausstellung (IAA) in Frankfurt [...]. Besucher der IAA können erstmals [...]" (FAZ, 9. 9. 1993). *IAA* läßt keinen Zweifel darüber aufkommen, daß das Kurzwort gemäß den Buchstabennamen zu sprechen ist. Bei anderen Kurzwörtern, wie z. B. *FAZ,* ist die Aussprache [fats] Indikator von Saloppheit und möglicherweise Distanz; die Aussprache [ef-a-'tsɛt] hingegen folgt den Regeln der erwünschten Selbstbenennung und wird durch ein punktiertes Kurzwort *F. A. Z.* vorgegeben.

3.5 Phraseologischer Wortschatz

Eine andere Art, den Wortschatz zu bereichern, ist die Bildung von **Phraseologismen**. Das sind Wortgruppen, die festgefügt und lexikalisiert sind und vielfach eine „idiomatische", ganzheitliche Bedeutung haben, die sich nicht oder nur teilweise aus der Summierung der Einzelbedeutungen ergibt. Wenn man z. B. vom *kleinen Mann* spricht, der doch alles auszubaden habe, dann ist damit weder notwendigerweise *ein Mann* noch ein solcher, der *klein* von Wuchs ist, gemeint; vielmehr der Typus des mäßig verdienenden Arbeitnehmers (männlichen oder weiblichen Geschlechts), der den größten Teil der Gesellschaft ausmacht. Schon diese Bedeutungserklärung zeigt, daß Phraseologismen Einstellungen und Bewertungen aufnehmen und die mit ihnen verbundene Bedeutung anschaulich machen können. Wenn man von einer Sache sagt, sie *habe Hand und Fuß,* dann ist das eine ziemlich eindeutige Form positiver Bewertung, die über ein entsprechendes Adjektiv (z. B. *gut* oder *solide*) hinausführt, weil *Hand und Fuß* gewissermaßen bildhaft zeigen, was das Adjektiv nur „ver-spricht". Insofern Phraseologismen vorgeformt sind, müssen sie erlernt werden. Sie geben dem Sprechen und Schreiben einen authentischen Ton, können aber gelegentlich modifiziert werden (wenn z. B. jemand von der *„traurigen" Kehrseite der Medaille* spricht).

Man kann Phraseologismen als lexikalisierte Redewendungen (sie funktionieren wie Lexeme, sind aber, vor allem unter semantischen Gesichtspunkten, **mehr**) grob in zwei Sorten einteilen: Sie stellen zum einen eine nominale *(ein Häufchen Elend, blinder Passagier)* bzw. adverbiale Fügung *(mit Ach und Krach)* dar und sind zum anderen eine verbale Konstruktion *(bei jmdm. einen Stein im Brett haben, etwas auf die lange Bank schieben).* Wie das letzte Beispiel zeigt, ist seine Bedeutung mit der von *etwas verzögern* nur zu vergleichen; nicht aber gleichzusetzen. In diesen Zusammenhang gehören auch Funktionsverbgefüge (wie *zur Versteigerung bringen* statt *versteigern, zur Aufführung bringen* statt *aufführen, eine Ergänzung vornehmen* statt *ergänzen*), die an die Stelle der einfachen Verben treten. Funktionsverbgefüge reduzieren den semantischen Gehalt der Verben zugunsten einer aspektuellen Bedeutung (Aktionsart), wobei das Substantiv den wesentlichen Teil der begrifflichen Bedeutung trägt. In der Aussage *Der Bundestag bringt ein Gesetz zur Abstimmung* werden durch das Funktionsverbgefüge *zur Abstimmung bringen* der inchoative („Anfang") und der resultative („Ende") Aspekt einer gedehnten, aber begrenzten Entwicklung („perfektiv") zum Ausdruck gebracht (um selbst ein Funktionsverbgefüge zu gebrauchen). Funktionsverbgefüge betonen also das Moment des Prozessualen. Darüber hinaus liegen Phraseologismen u. a. auch als implizite Satzkonstruktionen *(Hand aufs Herz!)* und ausgefüllte Sätze *(Das wäre ja gelacht!)* vor.

1000

Redewendungen wie *leibliches Wohl* und *üble Nachrede* sind eigentlich nur mehrgliedrig und in gewisser Weise festgefügt; ihre Bedeutung ist die, welche sich aus dem Zusammenspiel der Teile ergibt. Diese Variante vorgeformten Sprachguts wird u. a. auch als **Kollokation** bezeichnet. Kollokationen sind usuelle, also durch den Sprachgebrauch vorgegebene und gegenseitig erwartbare Wortverbindungen. Wenn man sagt, damit *schließe sich eine Lücke,* so kann man *schließen* kaum durch *füllen* oder andere vergleichbare Verben ersetzen, was unter semantischem Aspekt leicht denkbar wäre. In der Kollokation *schallendes Gelächter* ist das Adjektiv fest mit dem Substantiv verbunden, ebenso wie in *harmloses Vergnügen.* Die Semantik der lexikalischen Formeln ist jeweils durch ihre syntaktische Struktur bestimmt. Im Fall der idiomatischen Phraseologismen ist sie übersummativ, d. h., die Bedeutung ist mehr als die Summe ihrer Teile, im Fall der Kollokation ist sie summativ insofern, als die Bedeutung sich aus der je spezifischen Konstruktion der Teile vollständig erschließt.[1]

3.6 Namenwortschatz

1001 Zum Wortschatz gehören schließlich noch die Namen als besondere Form lexikalischer Bildung. Ein Namenzeichen (Nomen proprium ,Eigenname') verweist nicht wie ein übliches Sprachzeichen (Nomen appellativum ,Gattungsbezeichnung') auf eine Klasse von Gegenständen (vgl. 341), verstanden als Wesen oder Dinge usw., sondern eindeutig auf ein Einzelwesen oder -ding. Man nennt dies die **Identifizierungsfunktion** von Namen, was umgekehrt anzeigt, daß Namen als Sprachzeichen keine verallgemeinernde Bedeutung haben. Dennoch können Namen auch eine charakterisierende Bedeutung aufweisen, die bei Vornamen durch deren Historizität zumeist gelöscht ist. Aber *Waldhausen* und *Lilienthal* sind Ortsnamen, die identifizieren und charakterisieren; und wenn eine *Breite Straße* zwar so noch heißt, aber gar nicht mehr *breit* ist, so ist das der Entwicklung und Geschichte der Stadt geschuldet. Zudem stehen Namen in einem sprachhistorischen und -kulturellen Kontext, der z. B. *Eberhard* als männlichen deutschen Vornamen ausweist. Darüber hinaus kann man eine Bedeutsamkeit spezieller Namen ausmachen, bei *Eberhard* als Rufname württembergischer Herzöge, z. B. in der Form *Eberhard I. im Barte* (1445–1496), hier mit einem zählenden Beinamen *(der Erste)* und einem charakterisierenden Namenszusatz *(im Barte).* Da Eberhard I. 1477 die Universität Tübingen gründete, ist diese wiederum u. a. nach ihm benannt: *Eberhard-Karls-Universität.*

1002 Die Namenwelt ist erst einmal zweigeteilt: Menschen und Orte werden benannt. Somit gibt es **Personennamen** (Anthroponyme) und **Ortsnamen,** die sowohl topographische Namen (Ortsnamen im engeren Sinn) wie geographische Namen umfassen. Zu der zweigeteilten Namenwelt gesellt sich ein dritter Zweig, der unterschiedliche, für die Menschen bedeutsame Erscheinungen der Welt mit Namen benennt (vgl. 1003).

Die Personennamen kann man in fünf Gruppen einteilen:

---

[1] Vgl. insgesamt dazu Duden. Redewendungen und sprichwörtliche Redensarten. Wörterbuch der deutschen Idiomatik. Bearb. von G. Drosdowski u. W. Scholze-Stubenrecht. Mannheim [usw.] 1992, insbes. S. 7–13; H. H. Munske: Wie entstehen Phraseologismen? In: Vielfalt des Deutschen. Festschrift für W. Besch. Hrsg. von K. J. Mattheier [u. a.]. Frankfurt/M. [usw.] 1993, S. 481–516; E. Donalies: Idiom, Phraseologismus oder Phrasem? Zum Oberbegriff eines Bereichs der Linguistik. In: Zeitschrift für germanistische Linguistik 22 (1994), S. 334–349.

1. Vorname bzw. Rufname (bei mehreren Vornamen);
2. Familienname bzw. Geschlechtername;
3. Beiname, und zwar als charakterisierender oder ehrender Übername *(der Große)*, als bürgerlicher Nebenname in Form eines Pseudonyms oder, innerhalb eines Vereins oder einer Gruppe, als Spott-, Kose- oder Spitzname;
4. der Name Gottes, Göttername, mythischer Name;
5. Völkername, Stammesname, Name von Nationen, Ortsbewohnername.

Die Ordnung schreitet vom Familiären und Vertrauten (1) zum Kollektiven (5) und stellt dazwischen die offizielle Version der Namen (2), die den einzelnen unterscheidbar macht, die persönliche Charakterisierung (3) und die Benennung über-menschlicher Personen (4).[1]

Eine funktionale Differenzierung der Ortsnamen, die diese nach ihren Bezeichnungsfunktionen systematisch trennt, muß unterscheiden:

1. Überregionaler und regionaler Landschafts- oder Raumname: Erdteile, Staaten, Länder, Landesteile, Regionen usw.

2. Orts- und Siedlungsname, und zwar
2.1 Städte, Dörfer, Weiler wie auch Teile davon: Plätze, Straßen, Gassen;
2.2 einzelne Höfe, Burgen, Schlösser;
2.3 sakrale Gebäude: Klöster, Kirchen, Kapellen.
Einen Sonderfall stellen Wüstungen als abgegangene Siedlungen dar.

3. Name von Verkehrseinrichtungen: Wege, Brücken, Pässe usw., auch Name von Flugplätzen, Bahnhöfen usw.,

4. Flurname im weiteren Sinn, und zwar
4.1 Kulturname genutzten Landes, Waldname, auch Name von Gerichts- und Spielplätzen, Gedenkstätten;
4.2 Naturname, nicht genutzt, unbewirtschaftet: Geländename, Bergname.

5. Gewässername von Meeren, Meeresteilen, Seen, Buchten, Teichen, Flüssen bis hin zu Stauwerken.

Der dritte Zweig, der nicht eindeutig einzugrenzen und zu systematisieren ist, umfaßt solche Namen, die sich der Zweiteilung in Personen- und Ortsnamen nicht fügen. Das sind u. a. 1. Tiername, der Haustieren von ihren Besitzern gegeben wird; 2. Schiffsname; 3. Institutionsname, der herausgehobenen Institutionen wie Universitäten, Vereinen, Firmen zukommt; 4. Ereignisname zu wichtigen Stationen von Geschichte, Kultur und Politik; 5. Produktname, hierfür auch Warenname, der wirtschaftliche Produkte eindeutig identifizieren und als solche kenntlich und verkäuflich machen soll.

1003

Eine durchgehende Beispielkette für die Systematik der Personen- und Ortsnamen erübrigt sich, da man sie aus eigenem Sprachwissen abrufen kann. Hingegen sind einige weiterführende Bemerkungen nötig. Bei zwei oder mehr Vornamen, wie *Johann Wolfgang* (Goethe), gibt es normalerweise einen Rufnamen, in diesem Fall *Wolfgang,* gegebenenfalls auch einen Kosenamen, in diesem Fall *Häschelhans* (von Seiten der Mutter). Bekannt sind die Pseudonyme Kurt Tucholskys *(Peter Panter, Ignaz Wrobel, Kaspar Hauser, Theobald Tiger),* weniger

---

[1]   Die Systematik der Personen- und Ortsnamen folgt – auch in der Übernahme der Begrifflichkeit – S. Sonderegger: Terminologie, Gegenstand und interdisziplinärer Bezug der Namengeschichte. In: Sprachgeschichte. Ein Handbuch zur Geschichte der deutschen Sprache und ihrer Erforschung. Hrsg. von W. Besch [u. a.] 2. Halbbd. Berlin, New York 1985, S. 2069 f.

bekannt die seit Beginn des 19. Jahrhunderts üblichen, heute rückläufigen Biernamen korporierter Studenten (wie *Ehrenfest, Vollmann*) als eine Form bürgerlichen Nebennamens. Solche Namen sind vor allem in Gruppen (Vereinen, Ensembles, Schulklassen usw., auch in Familien) üblich und drücken jeweils besondere Beziehungen aus. Spitznamen sind oft „sprechende", also charakterisierende Namen. Sie bedeuten das, was sie benennen (z. B. *Feuerlocke* für einen Rothaarigen oder *Ente* für einen Menschen mit besonderer Gangart) und sind insofern unter Jugendlichen, die nach Anschauung drängen, sehr beliebt. Spitznamen sind auch Gelegenheitsnamen und daher ein schnell vergängliches Produkt; in Schulklassen halten sie sich oft nur wenige Wochen oder Monate.

Die Ortsnamen legen Zeugnis ab von der sprachlichen Aneignung der Welt durch eine Sprachgemeinschaft. Sie reichen von der Benennung der Erdteile bis in die letzten Winkel und Gassen menschlicher Besiedlung; von den Weltmeeren bis zum heimatlichen Teich; von den Millionenstädten des Landes bis zu einsamen Gehöften. Und selbst die Wüstungen, Siedlungen also, die aufgegeben wurden, sind dem Namengedächtnis eingeschrieben. Auch die Gestirne finden hier ihren Platz: Es sind Orte im Weltall, die durch die Namen identifiziert *(Mars, Venus)* und zu „Bildern" verbunden werden *(Großer Wagen, Kreuz des Südens)*.

Im dritten Zweig sind Institutionsnamen Benennungen u. a. von Universitäten *(Heinrich-Heine-Universität)*, Theatern *(Schaubühne* in Berlin) und Firmen *(M. A. N.)*. Ereignisnamen sind u. a. wichtige Stationen der Geschichte, vgl. dazu *30jähriger Krieg, Französische Revolution, Hambacher Fest.* Produktnamen, dafür auch Warennamen, identifizieren einen besonderen Gegenstand: Indem dieser aber „Produkt" ist, wird er fortwährend vervielfacht, idealiter in immer dasselbe Produkt als identisches Element eines Typus (und nicht als individuelles Element einer Klasse). Produktnamen spielen im modernen Wirtschaftsleben eine besondere Rolle und sind, sofern sie eine besondere Stellung einnehmen, in vieler Munde *(Persil, Nivea, Golf)*.

Namen fiktionaler Personen in der Dichtung sind „Scheineigennamen"[1], weil sie keiner wirklichen Person zugeordnet sind. Um so nachdrücklicher weisen literarische Namen eine Bedeutung aus, mit der sie die fiktionalen Namensträger auszeichnen. Diese Bedeutung kann darin bestehen, daß die literarischen Personen „verkörperte Namen" tragen, die auf reale oder fiktionale Namensträger und deren Eigenschaften verweisen (z. B. *Prometheus, Faust)*; daß sie „klassifizierende Namen" tragen, die auf Gruppen verweisen, die national, religiös oder sonstwie bestimmt sind *(Dubslav von Stechlin, Herodes)*; daß sie „klangsymbolische Namen" tragen, die mit Klängen reden und, wie z. B. *Don Horribilicribrifax* in Gryphius' Komödie „Herr Peter Squentz", das Polternd-Großsprecherische schon mit dem Namen bekunden; daß sie schließlich „redende Namen" tragen, bei denen die Bedeutung des alltagssprachlichen Wortschatzes durchschlägt (wie bei dem Chemiker Doktor *Adam Asche* in W. Raabes „Pfisters Mühle") und sie insofern charakterisiert werden. Auch Mischklassen sind möglich: B. Brecht bezieht sich in seinem Stück „Der aufhaltsame Aufstieg des Arturo Ui" mit *Roma, Givola* und *Giri* auf *Röhm, Goebbels* und *Göring,* präsentiert also verkörperte Namen und gibt diesen zugleich, indem er ihnen einen italianisierenden Mafia-Hintergrund beimischt, eine klassifizierende Wirkung.[2]

---

[1] H. Birus: Vorschlag zu einer Typologie literarischer Namen. In: Zeitschrift für Literaturwissenschaft und Linguistik 17 (1987), S. 38 im Anschluß an Frege.
[2] Klassifikation und Teile der Beispiele nach Birus, a. a. O., S. 38–51.

Historisch sind Namen aus Gattungsbezeichnungen erwachsen. Bedeutsam ist
nun, daß Namen wiederum zu Gattungsbezeichnungen werden können und so
den Wortschatz bereichern. Zu unterscheiden sind hier:[1]

1. Negative Typenbezeichnungen aus Vornamen: Solche Vornamen, die besonders weit verbreitet sind, wachsen heran zur Benennung von Menschen, denen
eine besondere Unart eigen ist. So ist ein *Stoffel*, abgeleitet von der Koseform des
männlichen Vornamens *Christoph,* eine ‚tölpelhafte, ungehobelte männliche Person‘: Die überlebensgroße Figur des Heiligen *Christopherus* verwandelte sich im
Volksglauben ins Ungeschlachte. Und *Hans,* als eine Kurzform des überaus häufigen männlichen Vornamens *Johannes,* wird, vor allem in Zusammensetzungen,
zur negativen Markierung von Personen gebraucht: Der *Prahlhans* und der *Hans-
narr* sind prahlsüchtige und närrische Menschen, und wo *Schmalhans Küchen-
meister ist,* herrscht Hunger. Häufig stehen die negativen Typenbezeichnungen
auch in Phraseologismen. Die Bedeutung des Phraseologismus *jemanden zur
Minna machen* im Sinne von ‚jemanden unverhältnismäßig grob zurechtweisen‘
resultiert eben daraus, daß *Minna,* eine Kurzform von *Wilhelmine,* die jetzt veraltete Bedeutung ‚Dienstmädchen, Hausangestellte‘ erhielt, der man eine solche
Behandlung zumuten zu können meinte. Aus häufigen Vornamen können dann
auch Verben abgeleitet werden, wie *uzen* ‚necken, foppen‘ von der Koseform von
Ulrich, dazu auch *Uz* ‚Neckerei, Scherz‘, *Uzerei* und *Uzname* ‚Spitzname‘.

2. Gattungsbezeichnungen nach Eigennamen berühmter Personen:
2.1 Konkrete und herausgehobene Namensträger übertragen die ihnen zuge-
schriebenen Eigenschaften auf die aus ihrem Namen hervorgegangenen Gattungsbezeichnungen. Einen *Krösus* nennt man denjenigen, der als besonders reich
gilt, ein *Casanova* ist ein Frauenheld, gar ein Verführer, was dann auf jeden Fall
für einen *Don Juan* zutrifft. *Nestor* ist, nach einer Gestalt der Ilias und Odyssee,
eine herausragende ältere Forscherpersönlichkeit eines Faches, unter *Mentor,* der
in der Odyssee väterlicher Freund und Erzieher von Odysseus’ Sohn Telemach
ist, versteht man eben einen väterlichen Freund und Förderer. Da haben es die
weiblichen Namensträger schwerer, sich ins rechte Licht zu setzen. Eine *Xan-
thippe* nennt man eine zänkische Frau; strittig ist, ob der Frau des Sokrates, deren
Name für diese Gattungsbezeichnung herhalten mußte, tatsächlich diese Charak-
tereigenschaft zugeschrieben werden kann. In besserem Licht steht da schon *Dul-
zinea* in der Bedeutung ‚Geliebte, Freundin‘; sie (D. de Toboso) war die große
Liebe des Don Quichotte und als solche Spenderin der allgemeinen Bedeutung.
2.2 Der Namensträger steht in engem Verhältnis zu der mit seinem Namen verbundenen begrifflichen Bedeutung dergestalt, daß sein Name metonymisch für
seine Erfindung steht: so etwa *Zeppelin* (nach dem Konstrukteur Graf von Zeppelin), *Dieselmotor,* hierfür auch die Kurzform *Diesel* (nach dem Ingenieur Rudolf Diesel) oder *Röntgenstrahlen* (nach dem Physiker W. C. Röntgen). Hiervon
können wiederum Verben abgeleitet werden, vgl. *röntgen, einwecken* ‚einmachen‘
mit Präfix, nach dem Namen des Herstellers *Weck,* der das Verfahren einführte.
2.3 Eine vergleichbare Beziehung liegt vor, wenn der Name eines Künstlers für
sein Werk bzw. eins seiner Werke steht. Wir sprechen dann z. B. von einem *Picasso* oder einem *Dürer,* bezogen auf literarische Werke z. B. auch von dem neuen
Handke. Ableitungen von den Namen von Philosophen oder Wissenschaftlern
sind z. B. *Marxismus* oder *Darwinismus;* mit Hilfe des Suffix *-ismus* wird eine Gat-

---

[1]   Vgl. auch M. Gottschald: Deutsche Namenkunde. 5. verbess. Aufl. [...] von R. Schützeichel.
      Berlin, New York 1982, S. 71–74.

tungsbezeichnung für ein spezifisches Lehrgebäude abgeleitet. Hierzu werden dann wieder *Marxist* bzw. *Darwinist* gebildet, um diejenigen zu benennen, die als Anhänger der betreffenden Lehre gelten. Die entsprechenden Adjektive lauten *marxistisch* bzw. *darwinistisch*. Eine andere Form der Suffigierung ergibt sich für den Reformator Luther und seine Lehre und Anhänger: *Luthertum, Lutheraner, lutherisch*.

3. Gattungsbezeichnungen aus Produkt- bzw. Warennamen: Diese können als Gattungsbezeichnung für den Gegenstand stehen, der unter ihrem Warenzeichen hergestellt wird. So steht *Tempo* für *Papiertaschentuch (Hast du mal ein Tempo für mich?), Selters,* ursprünglich ein Ortsname, für *(natürliches) Mineralwasser* und *Tesafilm* für *(durchsichtige) Klebefolie*.

4. Eine Mischklasse bilden Verben, die aus Stammes- oder Stadtnamen abgeleitet sind: *sächseln, schwäbeln, berlinern* ‚in der Art der Sachsen usw. sprechen'; Adjektive aus Stammesnamen: *fränkisch,* vor allem in der Zusammensetzung *altfränkisch,* ‚altmodisch, altväterisch'.

4 Bedeutung: Konzepte, Strukturen, Probleme

4.1 Bezugnahme auf die Welt und semantische Merkmalanalyse

1005   Zuvor wurde ein Bedeutungsbegriff entwickelt, der pragmatisch fundiert ist insofern, als Sprachbenutzer lexikalische Bedeutungen im Kommunikationsprozeß erlernen, verwenden und modifizieren; der mental orientiert ist insofern, als die lexikalischen Bedeutungen im Sprachzentrum des Gehirns als verfügbare Einheiten gespeichert sind. Lexikalische Bedeutungen sind ein gegenstandsbezogenes (denotatives) und bewertetes (konnotatives) Sprachwissen, mit dem die Sprachbenutzer, auf die Welt Bezug nehmend, sprachlich kommunizieren und somit handeln. Das „Auf-die-Welt-Bezug-Nehmen", und zwar mit Sprachzeichen, ist noch etwas genauer darzustellen.

Mit Eigennamen nimmt man Bezug auf einen Gegenstand und identifiziert ihn zugleich. Der Ortsname *Wolfenbüttel* nimmt Bezug auf eine Stadt und identifiziert sie, grenzt sie somit gegen andere „Ortschaften" ab. Eigennamen sind also, gesehen auf ihre Funktion, kontextfreie Identifikatoren, während man mit Pronomina kontextbezogen – zeigend (deiktisch) oder verweisend (phorisch) – identifiziert. Nomina appellativa, also Gattungsbezeichnungen, in grammatischer Terminologie Substantive (Nennwörter), gehören zur Klasse der Prädikatoren, die auch Adjektive, Verben und Adverbien umfaßt. Mit ihnen nimmt man Bezug und prädiziert („legt zu") dem, worauf man Bezug nimmt, eine Eigenschaft oder Beziehung. *Sturm* (in der Bedeutung ‚sehr starker und gefährlicher Wind') kann auf etwas in der Wirklichkeit Bezug nehmen und ihm die durch die einfachen Anführungszeichen angegebene Eigenschaft zulegen. In gleicher Weise ist mit *schwer*, indem man Bezug auf *Sturm* nimmt, diesem die Eigenschaft ‚von großer Intensität' zugesprochen. Mit dem Verb *durchbrausen* nun kann man Bezug auf *Sturm* und *Wolfenbüttel* nehmen und die Eigenschaft ‚sich geräuschvoll und mit hoher Geschwindigkeit bewegen' prädizieren. Dadurch wird zugleich eine Beziehung zwischen *schwer, Sturm* und *Wolfenbüttel* hergestellt, die sich, grammatisch verbunden, so liest: *Ein schwerer Sturm durchbraust Wolfenbüttel*.

Ersichtlich wird aus dieser Darstellung, daß Namen und nennlexikalische Zeichen, gesehen auf die Art ihrer Bezugnahme auf die Welt, (kon)textuell jeweils unterschiedliche, einerseits identifizierende und andererseits prädizierende Funktion haben; daß zudem die prädizierende Funktion der nennlexikalischen Zeichen unterschiedlich ist relativ zu ihrer kategorialen Bedeutung, welche die Wortartenspezifik der Zeichen ausmacht. Den Identifikatoren (Namen und Pronomina) und Prädikatoren (nennlexikalischen Zeichen) sind darüber hinaus Quantoren (Zahlwörter, Artikelwörter) und Junktoren (u. a. Konjunktionen, Präpositionen) zur Seite zu stellen. Unter diesem Aspekt gehört der nennlexikalische Teil zum Kern des Wortschatzes. Die Bezugnahme auf die Welt ist jedoch nur zu erklären durch die Erklärung der Bedeutung von Sprachzeichen.

Dazu ist bereits (Kap. 1) auf die Technik der semantischen Merkmalanalyse zurückgegriffen worden.[1] Semantische Merkmale, also Seme, sind inhaltliche Komponenten der Bedeutung. Diese Komponenten werden benannt mit Hilfe anderer Sprachzeichen, welche die Bedeutung in einen Zusammenhang rücken und ihre Vernetzung aufzeigen. Die zu erklärende Bedeutung wird bekannt gemacht, indem die Bedeutung der erklärenden Sprachzeichen als bekannt vorausgesetzt wird. Daß Bedeutung (hier: von Lexemen) mit Hilfe anderer Sprachzeichen erklärt wird, resultiert aus der Selbstreflexivität natürlicher Sprache, also daraus, daß Menschen Sprache mit Sprache erklären können – eine Eigenschaft natürlicher Sprache, die sie allen anderen Zeichensystemen voraus hat. Andere Möglichkeiten der Erklärung von Bedeutung sind die Übersetzung, die aus der Übersetzbarkeit natürlicher Sprachen folgt, und, für einen reduzierten Bereich von Sprache, die sogenannte Zeigdefinition, welche die Bezugnahme von Sprache auf Welt erklärend nachvollzieht. Aber nur ein Teil dessen, worauf Bezug genommen wird, läßt sich zeigen bzw. zeichnen. So kann man, wenn einer nach der Bedeutung von *Haus* fragt, auf ein Haus zeigen und es so erklären; oder man kann auf ein Blatt Papier ein Haus zeichnen. Aber wenn jemand nach der Bedeutung von *Freiheit* fragt oder auch nur nach der von *häuslich (Er ist ein häuslicher Typ),* so gibt es nichts zu zeigen; dann gilt es zu beschreiben und damit zu erklären.

1006

4.2 Zur Analyse synonymischer und mehrdeutiger Lexeme

1007

Die aus der Selbstreflexivität von Sprache folgende Beschreibung der Bedeutung lexikalischer Einheiten mit eigenen Mitteln ist eine Paraphrase, eine Um-schreibung. Die Selbstreflexivität der Sprache hat deren Paraphrasierbarkeit zur Folge, die in eine Analyse mündet. Solche Merkmalanalysen wird man zunächst vornehmen für lexikalische Einheiten, die in einem synonymischen Zusammenhang stehen, also z. B. für *krank, kränklich* und *bettlägerig,* für *keck, dreist* und *mutig,* für *eilen, laufen* und *rennen; Orkan, Sturm* und *Wind; Kutsche, Droschke* und *Karosse* (die dann meist zu Wortfeldern „ausgebaut" werden). Die Analyse wird die zu

---

[1]   Diese Form der Darstellung von Bedeutung ist nicht unumstritten (vgl. G. Lüdi: Die Zerlegbarkeit von Wortbedeutungen. In: C. Schwarze, D. Wunderlich (Hrsgg.): Handbuch der Lexikologie. Königstein/Ts. 1985, S. 64–102). Die weitläufigen Argumente, die gegen eine Dekomposition von Lexemen und Lexembildungen ins Feld geführt werden, können hier nicht ausgebreitet werden (vgl. H. E. Wiegand: Die lexikographische Definition im allgemeinen einsprachigen Wörterbuch. In: F. J. Hausmann [u. a.] (Hrsg.): Wörterbücher. Dictionaries. Dictionnaires. Bd. 1. Berlin, New York 1989, S. 530–588); wohl aber soll die „Natürlichkeit" dieser Analysemethoden gerechtfertigt werden.

erklärende verwandte Bedeutung einem gemeinsamen Allgemeineren zuordnen, für *Kutsche, Droschke* und *Karosse* z. B. ⟩Gefährt⟨, und anschließend die Differenzen aufzeigen. Bedeutung wird also als Konfiguration, als strukturierte Menge semantischer Merkmale aufgefaßt. Eine solche Bewegung folgt der natürlichen Form der Erklärung, die man anwendet, wenn man Erwachsenen, die eine Sprache lernen, eine Lexembedeutung, also ein Semem erklärt. Die wissenschaftliche Definition, die der gleichen Bewegung folgt (dem zu Definierenden wird die nächsthöhere Gattung und die spezifische Differenz gleichgesetzt), ist aus der alltäglichen Praxis sprachlicher Erklärung hervorgegangen. Diese Praxis wird sprachwissenschaftlich interpretiert, indem das Allgemeinere und die Differenz sich zu semantischen Merkmalen verwandeln: ⟩Wind⟨, also das Allgemeinere, und ⟩sehr stark und gefährlich⟨, also die spezifische Differenz z. B. zu (Brise), sind semantische Merkmale des Semems/der Teilbedeutung (Sturm). Eine solche Erklärung mit Hilfe semantischer Merkmale kann man dann in einen Aussagesatz überführen: „*Sturm* ist ein sehr starker und gefährlicher Wind", der die semantischen Merkmale nunmehr als Prädikate innerhalb einer Satzstruktur vorführt. Dabei wird, im Unterschied zur wissenschaftlichen Definition, in der Bedeutungserklärung nichts festgesetzt, sondern lediglich ein Erklärungsangebot gemacht.

Dabei sei darauf verwiesen, daß semantische Merkmale als einstellige Pädikate (Eigenschaftsmerkmale: ⟩sehr stark und gefährlich⟨ bezogen auf *Sturm*) wie auch als mehrstellige Prädikate (relationale Merkmale) vorliegen, so wenn *Tochter* als ⟩weibliche Person in Beziehung auf die Eltern⟨ bestimmt wird und *Mutter* bzw. *Vater* in gleicher Weise relational als ⟩Elternteil von⟨ charakterisiert sind.

1008 Verfahren der Merkmalanalyse – als eine spezifische Form der Bedeutungsumschreibung – kann man auch für Teilbedeutungen vornehmen, die in unterschiedlichen Kontexten stehen. Am Beispiel des polysemen Lexems *Sitz:* (Sitz)$_1$ ⟩Gelegenheit, Möbelstück⟨ ⟩zum Sitzen⟨: „Sie nahm auf dem vorderen Sitz Platz"; (Sitz)$_2$ ⟩Sitzfläche⟨ ⟩eines Möbelstücks⟨ ⟩zum Sitzen⟨: „Die Sitze der Stühle waren verschlissen"; (Sitz)$_3$ ⟩Stätte⟨ ⟩dauernden Aufenthalts⟨ ⟩von Menschen⟨ (veraltet): „Er hat zu Gitschin einen schönen Sitz" (Schiller, Piccolom. 3,4); (Sitz)$_4$ ⟩Ort⟨ ⟩einer Institution⟨: „Kassel ist der Sitz des Bundessozialgerichts"; (Sitz)$_5$ ⟩legitimer Platz⟨ ⟩in einer Institution⟨: „Sie hat einen Sitz im Parlament gewonnen"; (Sitz)$_6$ ⟩Art und Weise⟨ ⟩des Sitzens⟨ ⟩v. a. von Reitern⟨: „Der Sitz des Reiters war tadellos"; (Sitz)$_7$ ⟩Paßform⟨ ⟩von Kleidung⟨: „Der Sitz des Kostüms wurde bemängelt"; (Sitz)$_8$ ⟩Ort⟨ ⟩wo Unterschiedliches sich befindet⟨: „Sitz der Krankheit, alles Bösen" usw.

1009 Eine wichtige Frage ist, ob die Entfaltung einer solchen Mehrdeutigkeit Regeln folgt. Mit Blick auf Lexeme wie *Schule, Theater, Gericht* usw., die u. a. sowohl die Institution wie das Gebäude der Institution benennen, hat man von konzeptueller Verschiebung gesprochen: Die Bedeutungsvarianten eines Lexems (in bestimmten Kontexten) sind in naheliegende konzeptuelle (begriffliche) Bereiche verschoben.[1] Für eine solche „Verschiebung", die traditionell unter den Begriff Metonymie fällt, ist *Sitz* ein aufschlußreiches Beispiel: Die Teilbedeutungen 1 und 2 sind Varianten der eigentlichen Bedeutung, die einen „Platz, Ort zum Sitzen" benennt. Mit Teilbedeutung 3 setzt der Prozeß der Verschiebung ein vom Platz, Ort, auf dem man sitzt, auf einen Ort, in dem man wohnt (Teilbedeutung 3)

---

[1] M. Bierwisch: Semantische und konzeptuelle Repräsentation lexikalischer Einheiten. In: R. Růžička, W. Motsch (Hrsgg.): Untersuchungen zur Semantik. Berlin 1983, S. 61–99.

oder in dem sich eine Institution befindet (Teilbedeutung 4). Teilbedeutung 5 ist
verschoben und übertragen zugleich: Mit dem Sitz (in einer Institution) ist zugleich die Legitimation gegeben, vollberechtigtes Mitglied der Institution zu sein:
Sitz ist nun auf Mitgliedschaft und damit auf einen neuen Sachbereich übertragen
worden (metaphorischer Gebrauch). In Teilbedeutung 6 verschiebt sich die Bedeutung auf die Art und Weise des Sitzens. In den Teilbedeutungen 7 und 8 liegen
weitere übertragene Bedeutungen vor.

Das Zusammenspiel verschobener und übertragener Prozesse zeigt die – historisch zu begründende – Variabilität lexikalischer Bedeutung auf. Für solche Lexeme wie *Kammer* und *Feld* sind vergleichbare semantische Strukturen zu erwarten, die ähnlichen Prozessen unterworfen sind. Verschobene oder übertragene
Bedeutungen sind lexikalisierte – wie $[Sitz]_{3ff.}$ – oder offene Bedeutungen – wie
$[Sitz]_8$ –, die das Unabgeschlossene lexikalischer Semantik deutlich machen. Eine
übertragene Bedeutung geht auf eine „widersprüchliche Prädikation" zurück
(vgl. 1005) – wie *Sitz der Krankheit* –, sie ist auf jeden Fall aus einem Kontext entstanden, der Kontextregeln verletzt (vgl. 987). Zwischen der Ausgangsbedeutung
und der neuen Bedeutung gibt es einen gemeinsamen „Grund"; die übertragene
Bedeutung ist weniger und zugleich mehr als die Ausgangsbedeutung. Sie nimmt
der „alten" Bedeutung etwas und fügt „Neues" hinzu. Bei *Sitz* im Sinne von *Sitz
der Krankheit* bleibt der ⟩Ort⟨ als gemeinsamer Grund erhalten; aber ⟩zum Sitzen
(für einen Menschen)⟨ wird gelöscht, und an dessen Stelle tritt die Fähigkeit eines
⟩Ortes⟨, ⟩der Unterschiedliches aufnimmt⟨, also z. B. eine Krankheit. Insofern
sind übertragene Bedeutungen als Metaphern ein innovatives Element der Sprache. Und ein systematisches zudem: Spezielle Lebensbereiche sind besonders me-
tapherneempfänglich (s. u.), wie umgekehrt spezielle Wortschatzbereiche – z. B.
die Tierbezeichnungen wie *Esel, Kamel, Affe* usw. – Metaphernspender, z. B. für
Schimpfwörter, sind:[1] Der „Tierbereich" wird, wenigstens zum Teil, gelöscht,
und die ursprünglich dem Tier zugesprochene Eigenschaft nimmt das „tierische"
Schimpfwort auf und spricht sie dem zu, der damit belegt wird.

Man kann sagen, daß Metaphern konzeptuelle Systeme sind, die unsere alltägliche Wirklichkeit und unsere Orientierung in ihr bestimmen. Wir verstehen und
behandeln das eine mit Hilfe des anderen – der „konzeptuellen Metapher" als einem metaphorischen Grundmuster.[2] So läßt sich z. B. zeigen, daß das Deutsche
– und das trifft auch für andere Sprachen weitgehend zu – seinen alltäglichen Ar-
gumentationswortschatz u. a. aus Kriegsausdrücken bezieht und so das eine, die
Argumentation, durch das andere, den Krieg, erklärt: Man *verteidigt* seine Meinung, *greift* jemandes Standpunkt *an*, ist selbst *Ziel* der Kritik, *zerstört* eine Argu-
mentations*strategie* und erfährt eine *vernichtende* Kritik. *Angriff, Verteidigung,
Gegenangriff* sind grundlegend für unsere Argumentation, die dadurch zu einer
Schlacht mit Worten wird. Man kann daraus schließen, daß eine solche „konzeptuelle Metapher" mehr als Sprache ist, daß sie vielmehr der Gesellschaft und Kultur zugrunde liegt und daß insofern die Menschen dieser Sprache und Kultur davon normalerweise keine bewußte Kenntnis haben. Metaphern zeigen also nicht
nur die innovative Kraft einer Sprache an, sie sind auch in die Sprache eingelas-

---

[1] Vgl. G. Strauß: Metaphern – Vorüberlegungen zu ihrer lexikographischen Darstellung. In:
G. Harras, U. Haß, G. Strauß: Wortbedeutungen und ihre Darstellung im Wörterbuch. Berlin,
New York 1991, S. 125–211.

[2] Metaphern, von denen und mit denen wir leben („Metaphors we live by"), ist der plakative
Titel eines Buches von G. Lakoff und M. Johnson (Chicago 1980), in dem diese These entwickelt und belegt wird.

sene Kenntnis- und Erkenntnissysteme, die auf Grund ihrer Indirektheit (eins steht für das andere) anschauliche Instrumente der Sprache sind.

In vergleichbarer Weise muß ‚Metonymie' als „semantisches Prinzip" begriffen werden.[1] Sie stellt eine qualitativ bedingte Wortersetzung dar, die z. B. den *Menschen* mittels charakteristischer Merkmale benennt: Man ruft nach neuen *Köpfen* für das Land, trifft auf freundliche *Gesichter* und kassiert 20,– DM pro *Nase*. Daß Alltags- und Literatursprache diese Form der Umbenennung pflegen, darf man erwarten.

1010   Die Analyse von Bedeutungen vermittelt zusätzlich die Einsicht, daß Bedeutungserklärungen nichts Starres und ein für allemal Festgesetztes sind: zum einen wegen der Komplexität und interindividuellen Differenz von Bedeutung und des zweckbezogenen Auswahlverfahrens, das jede Erklärung darstellt; zum anderen, weil Bedeutungen in der Aktualisierung je spezifisch genutzt werden (z. B. durch Ausblendung und Ergänzung von Merkmalen). Bedeutungserklärungen stellen also immer nur einen Vesuch dar; Merkmale sind zwar notwendige Bestandteile der Bedeutung, aber sicher nicht hinreichende. Und Erklärungen haben keine endgültige Form, sind also variabel und als solche auch zu formulieren. Ja sie sind gegebenenfalls umzuformulieren, was mit Hilfe der Regelform semantischer Merkmale an dem performativen Verb *taufen* gezeigt werden soll.[2] Dieses Verb wird durch folgende Merkmale gekennzeichnet: ⟩Person, insbesondere ein Kind⟨ ⟩durch ein Ritual, hier Begießen oder Besprengen des Kopfes mit Wasser oder Untertauchen des Kopfes oder Körpers⟨ ⟩bei gleichzeitigem Aussprechen des performativen Verbs und eines Namens⟨ ⟩durch einen Geistlichen⟨ u. a. ⟩zum Zweck der Aufnahme in die christliche Gemeinschaft und der Namengebung⟨. Die Regelform überführt die Merkmale in die Syntax natürlicher Sprache: „Wenn ein Geistlicher eine Person [usw.] durch ein Ritual [usw.] in die Kirche aufnimmt und ihr einen Namen gibt, dann bezeichne das als *taufen*." In gleicher Weise kann man etwa Substantive und deren Teilbedeutungen in eine Regelform fassen, z. B. die Bedeutung von [Sitz]$_5$ (vgl. 1008): „Wenn jemand den Ort einer Institution bezeichnen möchte, kann er dafür *Sitz* (im Sinne einer seiner Teilbedeutungen) gebrauchen."

1011   Das Ergebnis semantischer Merkmalbestimmungen, sofern sie z. B. das Allgemeinere und die spezifische Differenz (zum Nebengeordneten) angeben, sind di-stinktive Merkmale, die zugleich referentiell sind, also auf die außersprachliche Wirklichkeit Bezug nehmen. Distinktive Merkmale stellen, in ihrer „unterscheidenden" Funktion, eine ökonomische Minimalbeschreibung dar, die durch sogenannte enzyklopädische (im Sinne von zusätzliche Wissensstrukturen repräsentierende) Merkmale zu erweitern ist. *Löwe* z. B. ist dann nicht nur ⟩großes katzenartiges Raubtier⟨ (was *Löwe*, *Panther* und *Tiger* verbindet) und ⟩mit kurzem graugelben bis ockerfarbenen Fell⟨ (wodurch *Löwe* sich von den anderen großen Raubkatzen unterscheidet), sondern darüber hinaus sind noch: ⟩Mähne im Nakken und an den Schultern⟨ (für die männlichen Löwen) und ⟩in Afrika heimisch⟨, zudem auch die Verbindung mit Wüste, Zoo, Gebrüll („Gut gebrüllt, Löwe!" in

---

1   Vgl. zum Folgenden A. Burkhardt: Zwischen Poesie und Ökonomie. Die Metonymie als semantisches Prinzip. (Demnächst.) In Abgrenzung zur Metonymie wird die Synekdoche als quantitative Form der „Wortersetzung" bestimmt.

2   Vgl. A. Burkhardt, H. Henne: Wie man einen Handlungsbegriff „sinnvoll" konstituiert. In: Zeitschrift für germanistische Linguistik 12 (1984), S. 342f. Performative Verben wie *taufen, versprechen, befehlen* u. a. vollziehen in explizit performativen Äußerungen („Ich verspreche hiermit, ...") genau die Handlung, die die Verben beschreiben.

Shakespeare, Ein Sommernachtstraum V, 1), König der Tiere (in der Fabel)
anzuführen. Die Netzwerkmodelle der kognitiven Semantik versuchen, in diese
Richtung zu arbeiten und Bedeutung so umfassender in das sprachliche Umfeld
einzuordnen.

4.3 Neuere Konzepte:
Stereotypen-, Prototypen- und Rahmensemantik

Die von H. Putnam entworfene Stereotypensemantik kann man als einen   1012
Beitrag zur Variabilität der Bedeutungsbeschreibung betrachten. Stereotyp,
von Putnam[1] als sprachwissenschaftlicher Beschreibungsbegriff eingeführt, geht
zurück auf Stereotyp als „eine konventional verwurzelte (häufig übelmeinende
und möglicherweise völlig aus der Luft gegriffene) Meinung darüber, wie ein X
aussehe oder was es tue oder sei".[2] Putnam sieht nun Stereotypen auch verknüpft
mit lexikalischen Bedeutungen, etwa mit *Tiger,* welchem Lexem üblicherweise
)gestreift sein(zugeschrieben werde, obwohl es Tiger gebe, die Albinos seien und
somit das Merkmal)gestreift sein(nicht allgemein zutreffe. Putnams Beispiele
(u. a. *Wasser, Gold*) liegen nun insgesamt in einem Bereich, der offen ist für eine
fachliche Bedeutung. D. h., Putnams Beispiele haben eine semantische Merkmal-
struktur, die fachsprachlich und gemeinsprachlich (hier mit jeweiligen Stereotypen, für *Gold* z. B.)gelb() bestimmt ist. Putnam verweist darauf, daß Wortbedeutungen nicht als solche, sondern jeweils in bestimmten Kontexten, also fachsprachlichen und gemeinsprachlichen, gebraucht werden und spricht insofern
von einer sprachlichen Arbeitsteilung von Laien und Fachleuten. Dabei liegt der
fachsprachlichen Sicht allerdings die „richtigere" Bedeutung zugrunde, weil diese
zutreffend die Extension (als Menge aller Dinge, die unter die Bedeutung fallen) des Lexems angibt, während gemeinsprachliche stereotypische Merkmale die
Wirklichkeit und damit die Extension verzerren können (wenn z. B. das Merkmal
)blutrünstig(für Wolf angenommen wird). Damit leistet Putnam einen Beitrag
zur „sozialen Dimension der Erkenntnis", die je spezifisch, also gemein- oder
fachsprachlich, vermittelt wird.
Diese Erkenntnis ist nicht ganz neu. Daß Lexeme innerhalb einer Sprache eine
durch Region, soziale Schicht und Beruf bestimmte variierende Bedeutung haben, ist schon am Ende des 19. Jahrhunderts ausdrücklich formuliert und zum
Forschungsprogramm erhoben worden.[3] Putnam hat für diese Aufgabe einen
anregenden Begriff (Stereotyp) eingebracht und die Diskussion über laien- und
fachsprachliche lexikalische Semantik belebt.[4]
Einen anderen Ansatz zur Bedeutungsbeschreibung wählt die Prototypen-   1013
semantik. Ausgehend von den Forschungen Eleanor Roschs[5] wird Prototyp
als Exemplar einer Kategorie angesehen, das die Kategorie in herausragender
Weise repräsentiert. In linguistischer Sicht ist ein Prototyp Teil des Wortschatzes,

---

[1] H. Putnam: Die Bedeutung von „Bedeutung". Frankfurt/M. 1979.
[2] H. Putnam, a. a. O., S. 68.
[3] H. Paul: Über die Aufgaben der wissenschaftlichen Lexikographie mit besonderer Rücksicht
     auf das deutsche Wörterbuch. München 1894 (Sitzungsberichte der philosoph.-philolog. und
     der histor. Classe der Königl. bayer. Akademie der Wissenschaften. Heft 2), S. 54–56.
[4] S. Wichter: Experten- und Laienwortschätze. Umriß einer Lexikologie der Vertikalität. Tübin-
     gen 1994.
[5] E. Rosch: Human Categorization. In: N. Warren (Ed.): Studies in Cross-Cultural Psychology.
     Vol. 1. London [etc.] 1977, S. 1–49.

über den ein Sprecher verfügt (mentales Lexikon); ein Prototyp repräsentiert die Kategorie, deren Grenzen oft unbestimmt sind. Dabei kann ein Prototyp sowohl ein typisches Exemplar einer Kategorie sein („ein ganz bestimmtes *Rot,* ein bestimmter *Stuhl*") als auch ein untergeordnetes Lexem („z. B. *rot* hinsichtlich *Farbe, Stuhl* hinsichtlich *Möbel*").[1] Die Prototypensemantik kann nun einerseits als eine psychologische Theorie über die Ordnung lexikalischer Strukturen und deren Verständnis im Text gedeutet, andererseits zur Beschreibung lexikalischer Strukturen genutzt werden. Wenn ein Prototyp ein – traditionell gesprochen – ganzes Wortfeld „repräsentiert", also den inneren Kreis, das Zentrum darstellt, muß das Konsequenzen für die semantische Erklärung lexikalischer Strukturen haben (vgl. 982 f.). Statt oppositiver und gemeinsamer Merkmale, die ein Wortfeld wie ›Luft in Bewegung‹ beschreiben, müßte (erst einmal) die Angabe des Prototyps, z. B. von *Wind* als der üblichsten Erscheinungsform, stehen und eine holistische, d. h. ganzheitliche „Ansicht" des Wortfeldes präsentieren. Zugleich könnte man versuchen, prototypische Teilbedeutungen eines Lexems auszumachen, die in gewisser Weise dessen semantische Mitte darstellen. Für *Sturm* wäre das sicher die Teilbedeutung, die innerhalb des Wortfeldes ›Luft in Bewegung‹ steht – für Sprachbenutzer mit etymologisch-historischer Kompetenz ist das nicht mit gleicher Sicherheit vorauszusagen (vgl. 984 f.). Landwirte werden z. B. bei *Domäne* eher an ‚staatliches Gut‘, Wissenschaftler eher an ‚Spezialgebiet, auf dem sich jemand bevorzugt betätigt und auskennt‘ denken. Die Prototypentheorie führt also in eine Semantik der Alltagssprache, die dem Blick der Sprachbenutzer folgt und der beschreibungsorientierten Merkmalsemantik eine psychologische Wahrscheinlichkeit – in Form ganzheitlicher Prototypen – entgegensetzt.[2]

1014 Menschliches Wissen ist „schematisch" organisiert: Das Einzelwissen ist überformt von Regularitäten im Sinne von Allgemeinem, Prinzipiellem, Prototypischem. Schemawissen liegt aktuellem Wahrnehmen und Verstehen zugrunde. Entsprechend hat man für lexikalische Strukturen spezifische „Formate", also Subklassen schematischen Wissens postuliert, welche die Einbettung des Wortschatzes in das Schemawissen darstellen. Nach Minsky werden Wahrnehmungen über Strukturen aktiviert, die er Rahmen nennt.[3] Ein Rahmen ist für ihn eine Datenstruktur, die eine stereotype Situation repräsentiert, z. B. die, in einer bestimmten Art von Wohnzimmer sich aufzuhalten oder zu einem Kindergeburts-

---

1 C. Schäffner: Prototypen-Konzept – Stand der internationalen Diskussion und abgeleitete Fragen. In: C. Schäffner (Hrsg.): Gibt es eine prototypische Wortschatzbeschreibung? Eine Problemdiskussion. Berlin 1990, S. 1–15. (Linguistische Studien, Reihe A. Arbeitsberichte. 202.); vgl. G. Kleiber: Prototypensemantik. Eine Einführung. Tübingen 1993.

2 Fast gerät man mit solchen Überlegungen in die Nähe von Arno Schmidts Etymtheorie, der unter Etyms Wörter als „polyvalente Gesellen" versteht, die in unterschiedlicher Weise „Unbewußtes" an die semantische Oberfläche bringen: „Aber Wir sind uns also darüber einig: daß einem Deutschen bei ›lauf‹ sowohl der Vorderfuß eines Rehes einfallen dürfe; als auch das graziose Bahnumkreisen von Damen bei 4-mal-Hundert-Meter-Staffel; das steiff-folgenreiche Gewehrröhrchen ebenso, wie das ›laufen‹ etwelchen Wasser-Hähnchens?" (Arno Schmidt: Der Triton mit dem Sonnenschirm. Großbritannische Gemütsergetzungen. Karlsruhe 1969, S. 279). Solche – wahrscheinlich unterschiedliche – Bewußtmachung kann dann noch forciert werden, indem die „polyvalente" Semantik durch orthographische Manipulation bloßgelegt wird: Der Untertitel zu Arno Schmidts 1975 erschienenem Werk „Abend mit Goldrand" lautet: „Eine Märchenposse. 55 Bilder aus der Lä/Endlichkeit für Gönner der VerschreibKunst." Die orthographisch differenzierten *ländlich* und *Lende,* in einer Wortbildungskonstruktion zusammengeführt, können so unterschiedliche Assoziationsstränge freilegen.

3 M. Minsky: A Framework for Representing Knowledge. In: P. H. Winston (Ed.): The Psychology of Computer Vision. New York 1975, S. 211–278, hier S. 212.

tag zu gehen. An jeden Rahmen sind mehrere Arten von Informationen gebunden, von denen einige angeben, was voraussichtlich als nächstes geschehen wird. Einen Rahmen kann man folglich als eine musterhafte Gestaltung von Sachen, Personen und Handlungen unter einem bestimmten Stichwort („Was gehört zu einer Tankstelle?") verstehen. Sofern dieses Konzept sprachwissenschaftlich genutzt werden soll, muß es als Beschreibungsanweisung aktiviert werden.[1] Ein lexikalischer Rahmen ist dann ein Gerüst zur systematischen Erschließung der Bedeutung von Sprachzeichen und insofern ein Text über Sprache. In diesem Sinne ist ein Rahmen eine Darstellung sprachlicher Daten. Er stellt nicht die gespeicherte Datenstruktur selbst (die Gedächtnisinhalte) dar.

Ein lexikalischer Rahmen hat eine triadische Struktur, ist also in dreifacher Weise ausgezeichnet: Er besteht aus dem Rahmenstichwort, den Kategorien, welche die Beschreibung leiten, und dem sprachlichen Beschreibungsinventar. Die Kategorien sind abstrahierende Begriffe[2], die durch das Beschreibungsinventar spezifiziert werden. Eine entscheidende Frage ist, ob eine Theorie entwickelt werden kann, welche die Kategorien systematisch zuweist. Minsky hat daran erinnert, daß man durch systematisches Fragen einen Rahmen erschließen kann.[3] Eine Darstellung von *Sturm* nach dem vorgegebenen Konzept könnte so aussehen:

Sturm

Typus:	Natürliche Art
Gattung:	*Wind;* vgl. J. C. Adelung, Bd. 4. 1801: „*Der Sturm* 1. ein hoher Grad des Windes, dessen nächster und höchster Grad ein Orkan genannt wird."
Unterarten:	*Landsturm, Seesturm:* wo? *Frühlingssturm, Herbststurm, Novembersturm:* wann? *Sandsturm, Schneesturm, Gewittersturm, Wirbelsturm:* womit?
Entstehung:	*Sturm* ist wie *Wind* eine „Folge des Ausgleichs von Luftdruckunterschieden in der Atmosphäre, v. a. durch ungleichmäßige Erwärmung der Erdoberfläche durch die Sonneneinstrahlung" (Meyers Enzyklopädisches Lexikon. Mannheim [usw.] 1979, Bd. 25. 1979, S. 393).
Ort:	Sowohl über dem Meer als auch über dem Festland.
Stärke:	Sturm ist „Wind der Stärke 9–11 nach der Beaufortskala (21–33 m/s), zwischen Sturm (9), schwerem Sturm (10) und orkanartigem Sturm (11) unterschieden" (Brockhaus Enzyklopädie. 19. Aufl. Mannheim [usw.] 1993, Bd. 21, S. 377).
Warnsystem:	„In Mitteleuropa geben die Wetterdienste Sturmwarnungen aus, in Deutschland v. a. durch das Seewetteramt Hamburg, für Seegebiete über Norddeich-Radio und Kiel-Radio durch Sprechfunk und Funktelegrafie sowie durch optische Signale an den Sturmwarnstellen für die Küsten verbreitet, durch die Radarzentralen Elbe und Weser für die betreffenden Flußgebiete, im Binnenland für größere Seen, z. B. in Oberbayern, am Bodensee und an den Schweizer Seen (durch Blinkscheinwerfer und andere optische und akustische Signale)" (Brockhaus Enzyklopädie, a. a. O.).

---

1 Vgl. K.-P. Konerding: Frames und lexikalisches Bedeutungswissen. Untersuchungen zur linguistischen Grundlegung einer Frametheorie und zu ihrer Anwendung in der Lexikographie. Tübingen 1993, S. 141.
2 Dafür auch Slot, Variable, Dimension.
3 Minsky (vgl. 1014, Anm. 3), S. 246.

Wirkung:	Führt auf See zu hohen Wellenbergen, verbunden mit Sichtbeeinträchtigung; zumeist schwere Schäden *(Sturmschäden)* in Stadt und Land, Land- und Forstwirtschaft. Diese unterscheidet *Sturmwurf* (,mit der Wurzel aus dem Boden gehobene Bäume'); *Sturmbruch* (,zersplitterte Bäume'); *Sturmschub* (,zur Seite geneigte Bäume').
Mitspieler:	A d j e k t i v i s c h e (in attributiver und prädikativer Funktion): heftig, orkanartig, verheerend; v e r b a l e: der S. kommt auf, erhebt sich, bricht los; heult, braust (über das Land); peitscht (das Meer) auf, wühlt (das Meer) auf, deckt (die Dächer) ab, entwurzelt (die Bäume); wütet, tobt, fegt (über das Land); steigert sich (zum Orkan); erlahmt, läßt nach, legt sich. Darüber hinaus gibt es unterschiedliche Mitspieler in nominalen und prädikativen Fügungen: bei/in S. und Regen, gegen den/mit dem S. kämpfen, in einen S. geraten, Stille vor dem S.

1015 Eine solche Darstellungsform integriert Wortfeld- und Wortbildungsstrukturen („Gattung", „Unterarten"), bietet Sacherläuterung und -darstellung („Entstehung", „Ort", „Stärke", „Warnsystem", „Wirkung") und bettet das Lexem (in einer seiner Teildeutungen) in den sprachlichen Kontext ein („Mitspieler"). Hier wird die paradigmatisch-syntagmatische Vernetzung des Wortschatzes sichtbar. Über die Einzelbedeutung hinaus wird Bedeutungswissen entfaltet, das in einem weiteren Bedeutungsbereich, hier „Wetter", aufgehoben ist. Teile der Darstellung, und zwar sowohl die Kategorien wie das Beschreibungsinventar, können ihrerseits zu Stichwörtern lexikalischer Rahmen werden.

In diesem Zusammenhang ist an Darstellungsformen des „Sprach-Brockhaus. Deutsches Bildwörterbuch von A–Z" zu erinnern, das systematisch „Abbildungen und Übersichten" in das Wörterbuch einfügt, die als Entwürfe für lexikalische Rahmen interpretiert werden können. So wird in der 9. Auflage von 1984 die Antwort auf die Frage: Was alles gehört zu einem Flughafen? so gegeben:

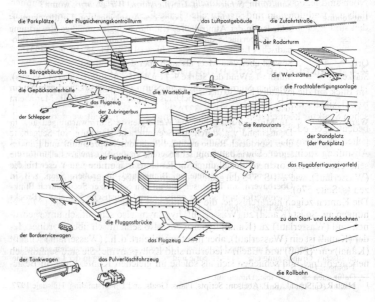

Die mehrdeutige Lexembildung *Flughafen* ist durch den Klammerzusatz monosemiert und der Rahmen durch Abbildungen und deren Bezeichnungen aufgefüllt. Diese Bezeichnungen sind realitätsgemäß angeordnet; aber es fehlt doch eine Ordnung der Kategorien, die den Rahmen systematisch ergliedert. Von den Rahmen sind sogenannte S c r i p t s zu unterscheiden.[1] Diese beziehen sich u. a. auf Nomina actionis, also Substantivbildungen, die von Verben abgeleitet sind und Handlungen und Vorgänge ausdrücken *(Besuch, Flug, Griff, Entschuldigung).* Scripts haben eine zeitliche Struktur und beschreiben das Wissen um die Abfolge von Handlungen und Vorgängen. Ein klassisches Beispiel aus der Forschung: „Was passiert bei einem Restaurantbesuch?" Entsprechend kann man nun fragen: „Was passiert bei einem Flug von Frau X von Y nach Z?" Die Antwort hierauf wäre ein Script (ein Drehbuch), das unterschiedliche Szenen und Rollen enthielte. Script: Flug von X nach Y. Rollen: Flugpassagier; Angestellte der Fluggesellschaft; staatliche Beamte usw. Wenigstens die ersten beiden Szenen seien hier entworfen. Szene 1: A n f a h r t d e s F l u g p a s s a g i e r s : *anfahren* z. B. mit dem eigenen *Auto,* dieses *abstellen* im *Parkhaus* für den Zeitraum der Abwesenheit, das *Fluggepäck* dem *Auto entnehmen.* Szene 2: E i n c h e c k e n : *sich orientieren* und das *Abfertigungsgebäude suchen;* den *Flugschein* durch die *Angestellte der Fluggesellschaft kontrollieren lassen* und das *Fluggepäck aufgeben;* den *Warteraum betreten,* nachdem zuvor *Beamte* den *Passagier* und sein *Handgepäck* nach *Waffen* u. ä. *durchsucht haben.* – Daß es für Scripts keinen natürlichen Anfang gibt, sondern dieser jeweils gesetzt wird, ist daraus ersichtlich, daß auch die Vorgeschichte des *Flugs,* die Beschaffung des *Flugscheins,* dem Script als Szene 0 zugeordnet werden könnte. Rahmen und Script sind Analysekonzepte, die einen speziellen Bezug von Lexemen zur Sachwelt herstellen und Bedeutungswissen im Zusammenhang rekonstruieren.

Noch sind jedoch nicht alle strukturellen Beziehungen dargestellt, wie sie innerhalb der traditionellen und strukturellen lexikalischen Semantik erarbeitet worden sind.

4.4 Lexikalische Bedeutungsbeziehungen

Im Blick auf die lexikalischen Strukturen wurde u. a. der Begriff eines Wortfeldes bzw. lexikalischen Paradigmas erarbeitet (vgl. 988). I n n e r h a l b dieser lexikalischen Struktur können nun Bedeutungsbeziehungen hergestellt werden, die Teilbedeutungen oder Sememe (hierfür auch der Terminus L e s a r t) betreffen; diese gelten als synonym im weiteren Sinne, stehen aber gerade deshalb in semantischer Abstufung zueinander. Die Abstufung ist einerseits eine hierarchische, andererseits eine nebengeordnete Beziehung. So kann man Elemente des Wortfeldes (Wasserlauf), wie auf S. 576 dargestellt, folgendermaßen gegeneinander abgrenzen (s. Seite 576).

Die Kanten zeigen hierarchische, die gepunkteten Linien nebengeordnete Beziehungen an. So ist (Kanal) zu (Wasserlauf) hyponym, also semantisch untergeordnet, und (Wasserlauf) zu (Kanal) hyperonym, also semantisch übergeordnet: Jeder (Kanal) ist ein (Wasserlauf), aber nicht umgekehrt, d. h., (Wasserlauf) schließt (Kanal) ein; (Fluß) und (Bach) wiederum sind Kohyponyme: Sie sind semantisch nebengeordnet und schließen sich als solche im gleichen Kontext aus; in Bezie-

1016

---

1   Nach R. C. Schank, R. P. Abelson: Scripts, Plans, Goals, and Understanding. Hillsdale 1977.

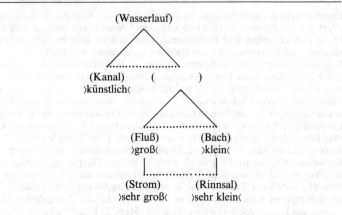

hung zu der (Kanal) nebengeordneten, lexikalisch nicht besetzten Position (**lexi-kalische Lücke**) sind sie untergeordnet. Lexikalische Lücken zeigen an, daß eine Sprache nicht alles lexikalisch erfaßt, was sie erfassen könnte; daß man aber dennoch in Sprache fassen kann, was man fassen möchte. So könnte ein Sprecher, bei Bedarf, die angesprochene lexikalische Lücke durch die Fügung *natürlicher Wasserlauf* füllen (vgl. auch die lexikalische Lücke, die mit *nicht durstig* gefüllt werden muß).

Hyponymie, Hyperonymie und Kohyponymie sind semantische Beziehungen innerhalb eines Wortfeldes, das insgesamt durch semantisch abgestufte Beziehungen gekennzeichnet ist. Sofern „reine" Synonymie vorliegt, die Lesarten folglich gleichbedeutend und daher gegenstandsbezogen identisch sind, liegt gewöhnlich eine konnotative Differenzierung vor: Die Lesarten sind „völlig gleichbedeutend, aber nicht gleichgültig".[1] Diese Erklärung gibt der Lexikograph des 18. Jahrhunderts z. B. für die Benennungen der letzten Mahlzeit des Tages: (Abendmahl) ⟩veraltet⟨, (Abendmahlzeit) ⟩feierlich⟨, (Abendbrot) ⟩gering⟨, während er (Abendessen) unmarkiert läßt.

1017 „,Vor allen Dingen jetzt was Warmes, und dazu was Kühles, Wilhelm', seufzte Vater Gutmann."[2] Der Braunschweiger Autor kommt ohne die entsprechende Benennung der Mahlzeit aus, läßt dafür aber ihre angenehmen Qualitäten erkennen, die im mittleren Bereich einer Temperaturskala liegen, deren Pole durch *heiß* und *kalt* geprägt sind. Solche Lexeme, die polare Positionen auf einer Skala markieren und insofern **konträr** sind, nennt man Antonyme (Gegen[satz]wörter) – und auch hier geht es um spezifische Teilbedeutungen von Lexemen, die Mitglieder eines Wortfeldes sind (das in diesem Fall durch ‚Temperatur' gestiftet wird). Die Übergänge auf dieser Skala von *heiß* zu *kalt* sind durch Grade bzw. Abstufungen besetzt, wie *kühl* und *warm*. Die Besonderheit der semantischen Beziehung der antonymischen Lexeme *heiß* und *kalt* ergibt sich aus dieser Struktur:

---

1 J. A. Eberhard: Versuch einer allgemeinen deutschen Synonymik [...]. Erster Theil. A–C. Nebst einem Versuche einer Theorie der Synonymik. Halle und Leipzig 1795, S. 4; vgl. H. Henne: Semantik und Lexikographie. Untersuchungen zur lexikalischen Kodifikation der deutschen Sprache. Berlin, New York 1972, S. 76.
2 W. Raabe: Gutmanns Reisen. Berlin 1892, S. 71.

Die Verneinung beider Lexeme ergibt einen akzeptablen Satz (weil ein Drittes gegeben ist): „Die Suppe war weder heiß noch kalt". Indem *kalt* negiert wird, ist damit nicht notwendig die polare Position *heiß* behauptet; vielmehr eine modifizierte Position, z. B. *kühl:* „Der Dezember war nicht *kalt,* aber doch *kühl"*. Zudem ist die relative, also durch die unterschiedlichen Kontexte bedingte Referenz (Bezugnahme) der Adjektive offensichtlich: Ein *dunkler* Tag ist *heller* als eine *helle* Nacht.

Im Vergleich mit Antonymen haben komplementäre (sich gegenseitig ergänzende) Lexeme keine Abstufungen: Sie heben sich also gegenseitig auf (logisch gesprochen: sie sind kontradiktorisch). Die Behauptung des einen Lexems (in einer Aussage) hat die zumindest implizite Verneinung des komplementären Lexems zur Folge. Wenn einer *verheiratet* ist, kann er nicht zugleich *ledig,* wenn er *tot* ist, nicht *lebendig* sein; *Vater* und *Mutter* schließen sich aus in dem Sinne, daß man physisch nicht beides zugleich sein kann. Die einzelnen Elemente in den Beispielpaaren stehen im Verhältnis der Komplenymie, also einer sich gegenseitig ergänzenden, aber einander zugleich ausschließenden (kontradiktorischen) Beziehung. Zudem kann man komplementäre Lexeme nicht steigern (wie Antonyme: *größer als* x) oder gleichsetzen *(so groß wie* x) oder mit Gradpartikeln kombinieren *(sehr groß)*.

Konversität als dritte Form gegensätzlicher lexikalisch-semantischer Beziehungen meint den Bedeutungsgegensatz zweier Lexeme, der sich aus der Benennung eines Vorgangs *(kaufen* und *verkaufen, geben* und *erhalten)* oder eines Verhältnisses *(Arzt* und *Patient, Ehemann* und *Ehefrau)* aus entgegengesetzter Perspektive ergibt. Daraus resultiert, daß der Satz *Dr. Schmidt ist Arzt von B. Meier* und der Satz *B. Meier ist Patient von Dr. Schmidt* das existierende Verhältnis aus gegensätzlicher Sicht darstellen. Diese Form konverser Aussagen wird dadurch ermöglicht, daß die Bedeutung der Lexeme aufeinander Bezug nimmt. So ist *Arzt* bestimmt als ‚Person mit staatlicher Zulassung, Patienten zu behandeln' und *Patient* als ‚vom Arzt behandelte Person'. Die konverse („umgedrehte") Struktur zweier Lexeme (Konversonymie) ist von der selteneren Form der Konversität von Teilbedeutungen eines Lexems unterschieden worden (Konversosemie); *leihen* (wie auch *borgen)* kann gebraucht werden für diejenige Handlung, mit der man etwas zeitweise zur Verfügung stellt, wie auch für diejenige, mit der man etwas zeitweise zur Verfügung erhält: *Du leihst mir dein Rad. Ich leihe es von dir.*[1]

Daß die Wirklichkeit des Wortschatzes nicht so übersichtlich ist, wie die zuvor dargestellten gegensätzlichen lexikalischen Strukturen nahelegen, hat die Forschung inzwischen erwiesen.[2] So muß man die Mehrdeutigkeit von Lexemen in diese Strukturen einbeziehen. Das Lexem *alt* z. B. steht sowohl zu *jung* wie zu *neu* in einer antonymischen Beziehung. Das komplementäre Gegensatzpaar *rein – unrein* hat eine mehrfache Bedeutungsstruktur im Sinne von: $(rein)_1$ ‚echt, unvermischt, unverfälscht': *reiner Alkohol;* $(rein)_2$ ‚makellos, sauber': *reines Hemd;* $(rein)_3$ ‚lauter, moralisch einwandfrei': *reine Absichten* (wobei im letzten Fall die Gegenposition zumeist *unlauter* ist). Darüber hinaus gibt es komplementäre Ge-

1018

---

[1] T. Roelcke: Lexikalische Konversen. Definition und Klassifikation. In: Zeitschrift für germanistische Linguistik 20 (1992), S. 323. – Antonymie, Komplementarität und Konversität sind von J. Lyons in die Semantik eingeführt worden. Vgl. z. B. J. Lyons: Einführung in die moderne Linguistik. München 1971, S. 471 ff.

[2] Die folgenden Ausführungen nach R. Rachidi: Gegensatzrelationen im Bereich deutscher Adjektive. Tübingen 1989, die sich für die abstufbaren Komplementärwörter auf D. A. Cruse: Lexical Semantics. Cambridge [etc.] 1986 stützen kann.

gensatzpaare, die sehr wohl abstufbar sind. Wenn man von zwei Brüdern sagt, sie sähen sich nicht *ähnlich,* so folgt daraus, daß sie sich *unähnlich* sind: Die Verneinung des einen Lexems hat die Behauptung des anderen zur Folge; es handelt sich um ein komplementäres Gegensatzpaar. Sagt man andererseits, die Brüder sähen sich nicht *unähnlich,* so folgt daraus, daß sie sich zumindest *etwas ähnlich* sind. Das aber ist eine Abstufung *(etwas ähnlich),* die für „richtige" Komplementärwörter (wie *tot* und *belebt: tote* bzw. *belebte Materie*) nicht gilt. Diese Fähigkeit zur Abstufung beruht darauf, daß das eine Komplementärwort den Endpunkt einer Skala (wie *unähnlich*), das andere den Rest der Skala (wie *ähnlich*) besetzt und dieses letztere abstufbar (z. B. *etwas ähnlich*) ist.

1019   Sogenannte syntaktische Felder sind eigentlich semantisch-syntaktische Felder. Die syntaktischen Beziehungen gehen aus der Semantik der Lexeme hervor. Beziehungen dieser Art nennt man nach Coseriu l e x i k a l i s c h e   S o l i d a r i t ä t e n.[1] So determiniert *Fahrzeug* als A r c h i l e x e m (lexikalischer Oberbegriff) des Wortfeldes *Auto, Wagen, Schiff* etc. die Bedeutung von *fahren. Fahrzeug* ist also das determinierende, *fahren* mit der Bedeutung ›mit einem Fahrzeug‹ das determinierte Lexem. Solche Beziehungen sind aus dem Kontext lexikalischer Paradigmen abzulesen:

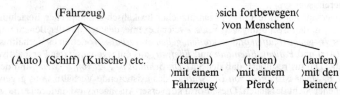

fahren impliziert (enthält) *Fahrzeug,* insofern aber auch *Auto, Schiff, Kutsche* usw. Deshalb spricht man mit Bezug auf lexikalische Solidarität von S e l e k t i o n : *Ich fahre mit einem Fahrzeug; mit dem Auto; mit dem Schiff* – ohne daß man die ‚Auswahl' in allen Kontexten nennen muß –, aber man sagt nicht: **Ich fahre mit einem Pferd.*
Was man eine I m p l i k a t i o n genannt hat,[2] daß nämlich *bellen Hund* impliziert, ist gleichfalls eine Selektion deshalb, weil *Hund* auf nächster Ebene ebenfalls als Archilexem fungiert und somit *bellen* bedeutet ‚von Hunden gesagt', desgleichen aber auch von *Dackeln, Pinschern* und sonstigen *Struppis.* (Abgesehen davon, daß z. B. auch *Füchse, Hyänen* und *Seehunde* bellen.) Lexikalische Solidaritäten als „gerichtete" Beziehungen sind ein Spezialfall dessen, was man allgemein s e m a n t i s c h - s y n t a k t i s c h e   K o m p a t i b i l i t ä t (Verträglichkeit) nennt.[3] Dazu gehört z. B. auch die Valenz eines Verbs (als Prädikat), das notwendige Ergänzungen in quantitativer und qualitativer Hinsicht zu sich nimmt: *weinen* z. B. kann in die Subjektposition nur Lexeme aufnehmen, die durch das Merkmal ›menschlich‹ bestimmt sind. Die sogenannten Witterungsimpersonalia *(Es schneit. Es taut* usw.) wiederum zeichnen sich dadurch aus, daß sie nur die dritte Person neutrum des Personalpronomens *(es)* zu sich nehmen. Man hat sie als „nullwertig" bezeichnet deshalb, weil das formale Subjekt *es* nicht austauschbar ist. Andererseits

---

[1]   Coseriu (vgl. 989, Anm. 2).
[2]   Coseriu, a. a. O.
[3]   Vgl. U. Püschel: Semantisch-syntaktische Relationen. Untersuchungen zur Kompatibilität lexikalischer Einheiten im Deutschen. Tübingen 1975.

kann man fragen, mit welchen Verben z. B. *Mond* (in der Subjektposition) verträglich (kompatibel) ist: Der Mond *steigt herauf, scheint, nimmt zu, verdunkelt sich, geht auf* und *unter* usw.

4.5 Zur Unbestimmtheit sprachlicher Zeichen

Sprachwissenschaftliche Konzepte und Ergebnisse und ihre Formulierung entwickeln – vor allem im Bereich der Semantik – oft eine begriffliche Festigkeit, die dem Gegenstand nicht zukommt. Andererseits werden grundlegende Einsichten darüber, wie das Konzept eines sprachlichen Zeichens beschaffen sei, fortwährend neu gefaßt. Das konstruktive Element dieses Konzepts, zumindest was die Bedeutung des Zeichens betrifft, verführt dazu. Selbst in der aktuellen Kommunikation sind sprachliche Zeichen materialisiert nur als Schall- oder Lichtwellen existent; ihre Bedeutung ist direkter Beobachtung nicht zugänglich. Erst die Substitution (Ersetzung) der Sprachzeichen durch andere Sprachzeichen kann die Bedeutung „erklären". Die Erklärung der erklärenden Sprachzeichen wird fortgesetzt – falls die Erklärung unzulänglich ist; oder aber sie wird in anderen, neuen Zusammenhängen und Situationen wieder aufgenommen, so daß ein fortwährender Substitutionsprozeß durch Sprache und Kommunikation geht.[1]

Im Kommunikationsprozeß der Sprachbenutzer bleibt zudem eine unaufhebbare semantische Differenz, die der Individualität der Kommunikanten geschuldet ist. Überdies liegt der sprachlichen Kommunikation ein fortwährender Prozeß der Deutung der Sprachzeichen zugrunde. Die Variabilität der Deutung folgt auch aus dem, was man die **semantische Unbestimmtheit** sprachlicher Zeichen genannt hat (und was mit „Unterbestimmtheit" besser benannt wäre).[2]

Darunter versteht man einerseits, daß nennlexikalische Zeichen durch Klassenbildung ihrer Merkmale von der Wirklichkeit (notwendig) abstrahieren, also mehr oder weniger verallgemeinern. Die generelle Spannweite der Bedeutung (z. B. von *Flügel*) wird erst in der aktuellen Kommunikation eingegrenzt und konkretisiert: Die aktuelle Festlegung durch Kontext und Situation (z. B. als *Flügel einer Libelle*) monosemiert die Bedeutung und läßt in der weiteren Auffüllung (z. B. als *schimmernder Flügel einer Libelle*) konkret etwas von der farblichen Eigenart des Libellenflügels erahnen. Diese Dialektik von abstrakter Virtualität und konkreter Aktualisierung gibt der Kommunikation eine „geschmeidige" Grundlage: Lexeme sind eben nicht Teile einer Nomenklatur, eines fachlich festgesetzten Ver-

1020

---

1 A. Burkhardt: Die Semiotik des Umberto „von Baskerville". In: A. Burkhardt, E. Rohse (Hrsgg.): Umberto Eco. Zwischen Literatur und Semiotik. Braunschweig 1991, S. 38 f.

2 Schon der englische Philosoph John Locke spricht in seinem „Essay Concerning Human Understanding" (1690) im Dritten Buch, Kapitel 9 „of the Imperfections of Words" („von der Unvollkommenheit der Wörter"), die er auf „the undetermined meaning" („die unbestimmte Bedeutung") komplexer Wörter zurückführt (a. a. O., § 20). Locke fragt z. B., welche genaue Kombination einfacher Ideen solche Wörter wie *modesty* („Bescheidenheit") oder *frugality* („Mäßigkeit") bezeichneten (§ 18).
Auf die Unbestimmtheit von Sprachzeichen kann man sich in vielfältiger Weise wiederum mit Sprachzeichen beziehen, u. a. mit *(zu) abstrakt, (zu) allgemein, ambivalent, mehrdeutig, nichtssagend, unbestimmt, undeutlich, ungenau, unklar, unpräzise, unscharf, unspezifisch, vage, vieldeutig, zweideutig* (nach M. Pinkal: Kontextabhängigkeit, Vagheit, Mehrdeutigkeit. In: Schwarze, Wunderlich (vgl. 1006, Anm. 1), S. 39. Von diesem terminologischen Angebot hat die Sprachwissenschaft, auch nach der Vorgabe von Locke, u. a. den Terminus Unbestimmtheit übernommen.

13*

zeichnisses, sondern erlernte und eingespielte und dann auch Spielraum gewährende alltagsweltliche Sprachzeichen.

Zum anderen werden unter den Begriff Unbestimmtheit spezielle Erscheinungsformen semantischer Konstitution gefaßt:

- So die Verwendungsvielfalt.[1] Ist die *Operation,* die von einem Chirurgen bzw.
  dem Generalstab durchgeführt wird, unter eine einzige Bedeutung zu fassen,
  oder ist mit Polysemie zu rechnen?

- So „randbereichsunscharfe" Lexeme wie *Stuhl* oder *Haus,* von denen Wittgenstein, demonstriert am Beispiel von *Spiel,* sagt, sie hätten „verschwommene
  Ränder".[2]

- So die schon zuvor erwähnten (vgl. 1017) gradierbaren Adjektivlexeme (wie
  hell, dämmrig, dunkel). Sie liegen auf einer Skala, die durch eine variable,
  jeweils Toleranz gewährende pragmatische Norm geeicht wird.

In diesen Zusammenhang gehören die sogenannten Heckenausdrücke, nach engl.
to hedge u. a. ‚sich (nach allen Seiten) sichern'. Eine solche „sichernde" Aussage
ist z. B.: „Ein Pinguin ist *eine Art* Vogel". Ausdrücke wie *eine Art* „kommentieren"[3] lexikalische Kategorisierungen (die Zuordnung des Lexems *Pinguin* zur
Kategorie *Vogel*). Dieser Kommentar kann präzisierend *(strenggenommen, genau, eigentlich),* depräzisierend *(sozusagen, ungefähr, grob gesagt, oder so),* modifizierend *(sehr, ziemlich, zu)* und quantifizierend *(eindeutig, in jeder Hinsicht)*
sein.[4]

1021 Das Gewicht vieler Wörter ist mit Hilfe einer sprachwissenschaftlichen Semantik
nicht zureichend zu bestimmen. Schlagwörter wie *Sterbehilfe* oder *Emanzipation,*
die der öffentlichen Meinungssprache zuzurechnen sind und der Einwirkung auf
die öffentliche Meinung dienen; Modewörter wie *super* oder *Knackpunkt;* Euphe-
mismen wie *entschlafen* für *sterben, Kuckuck* für *Teufel (Hol dich der K.!),* freiset-
zen für *entlassen, Entsorgungspark* als ‚Anlage für die Entsorgung von Atommüll',
die beschönigend und insofern verhüllend benennen, führen in allgemeinere poli-
tik- und sozialwissenschaftliche Bereiche. Und dann gibt es die Wörter großen
Gewichts. Da sind die historisch und politisch fundierten wie *Aufklärung, Demo-
kratie* und *Sozialismus;* die geistesgeschichtlich und philosophisch bestimmten
wie *Natur, Erkenntnis, Vernunft.* Viele Wörter sind konnotativ so besetzt, daß sie
sich einer deskriptiven Darstellung entziehen. Da gibt es die Schuldwörter der
Geschichte: *Pogrom, Konzentrationslager, vergasen;* und die Wahnsinnswörter
wie *entartet, aufnorden, Endlösung.* Peter Handke hat das Allgemeine der konnotativen Belastung konkretisiert und individualisiert und unter den Begriff eines
Reizwortes gefaßt: „[...] das Reizwort des Streifenbeamten ist / *Querschläger* / das
Reizwort des Fußballverteidigers ist / *Eigentor* / das Reizwort des Sterbenden ist /
leise / das Reizwort des Tobsüchtigen ist / *Wunsiedel* / das Reizwort der Schwan-
geren ist / *Topflappen* / das Reizwort des Mörders ist / *Luftzug* / mein Reizwort
ist / jedes Wort / [...]".[5]

---

1 Englisch „shifts in application" (M. Pinkal, a. a. O., S. 54 nach S. Ullmann: The Principles of
   Semantics. Second Edition. Oxford 1957).
2 „Randbereichsunscharf" nach Pinkal, a. a. O.; Wittgenstein (vgl. 983, Anm. 1), § 71.
3 G. Kolde: Zur Lexikographie sog. Hecken-Ausdrücke. In: W. Weiss [u. a.] (Hrsgg.): Textlinguistik contra Stilistik? Wortschatz und Wörterbuch. Grammatische oder pragmatische
   Organisation von Rede? Tübingen 1986, S. 170.
4 Die Ordnung nach Pinkal (vgl. 1006, Anm. 1), S. 48.
5 P. Handke: Die Innenwelt der Außenwelt der Innenwelt. Frankfurt 1969, S. 90.

5 Geordnete Fülle des Wortschatzes

5.1 Wörterbuch-Wortschatz

Das erste deutsche Wörterbuchwort ist althochdeutsch *dheomodi,* zu übersetzen   1022
mit *demütig.* Das althochdeutsche Wort ist wiederum die Übersetzung von lat.
abrogans, dem ersten Stichwort eines Wörterbuchs um die Wende vom 8. zum
9. Jahrhundert nach Christus. Das letzte Stichwort des „Duden. Deutsches Universalwörterbuch" von 1989 ist (vor *Zytotoxität) zytotoxisch* (Med., Biol.) ‚(von
chemischen Substanzen) schädigend, vergiftend auf die Zelle einwirkend'. Von
demütig bis *zytotoxisch* – über 1 200 Jahre reicht die Geschichte des deutschen
Wortschatzes, vom christlich-religiös inspirierten Wortschatz bis zu den Fachwörtern der Medizin und Biologie. Dabei war der lexikalische Anfang eher be-
scheiden. Im „Abrogans" (das erste Stichwort gab dem Wörterbuch den Namen)
sind, nimmt man alle drei Handschriften zusammen, 3 693 althochdeutsche Wörter verzeichnet,[1] im Universalwörterbuch von 1989 rund 120 000. Wir rechnen im
Althochdeutschen, der Sprachepoche vom 8. Jahrhundert bis 1050, mit einem
überlieferten Wortschatz von 32 000 Wörtern (davon ist über die Hälfte Wort-
schatz aus Glossen, also Übersetzungen oder Erklärungen vor allem lateinischen
Wortschatzes); mit 90 000 im Mittelhochdeutschen (1050 bis 1350), 150 000 im
Frühneuhochdeutschen (bis 1650). Dann werden die Zahlen noch unsicherer.
Für die Gegenwartssprache schätzt man 300 000 bis 400 000 Wörter. In diesen
Zahlen sind sowohl umgangssprachliche als auch fach- und gruppensprachliche
Wörter, die in einer Beziehung zur Gemeinsprache stehen, enthalten. Für die in
Wörterbüchern und Grammatiken kodifizierte deutsche Standardsprache der
Gegenwart, diese bereinigt um die abgelegeneren Teile der Fach- und Gruppen-
sprachen, nimmt man 150 000 bis 180 000 Wörter an,[2] *Wort* im Sinne von Lexem
und Lexembildung, also Komplexlexem. Die Fülle ist offensichtlich, der Kern,
also der nicht zusammengesetzte oder abgeleitete Teil des Wortschatzes, beträgt
bis zu 10 000 Grundwörter, wenn man darunter die „etymologisch zu unterscheidenden Grundwörter der Allgemeinsprache" versteht.[3]

Wortschatz ist ein relativ junges Wort; es taucht zuerst am Ende des 17. Jahrhunderts auf und meint zunächst nur eine spezielle ‚Wörtersammlung'. Erst im Laufe
des 18. Jahrhunderts nimmt es die heutige Bedeutung an und setzt sich im
19. Jahrhundert gegen das bis dahin üblichere *Sprachschatz* durch.[4] Darunter versteht der Lexikograph Campe 1810[5]: „der sämmtliche Reichthum an Wörtern,
Fügungsarten, Wendungen". Im Begriff von *Schatz* ist also der in gewisser Weise
unübersichtliche Reichtum gemeint, der die lexikalischen Einheiten und ihre
Bedeutung vor den übersichtlichen Regeln der Grammatik auszeichnet.

---

1   S. Sonderegger: Grundzüge deutscher Sprachgeschichte. Diachronie des Sprachsystems. Bd. 1.
    Einführung – Genealogie – Konstanten. Berlin, New York 1979, S. 237; diese Menge ist ge-
    zählt, die folgenden Zahlen sind Schätzungen.
2   Die Zahlen nach J. Bahr: Entwurf eines historischen Wortschatzarchivs. In: Zeitschrift für
    germanistische Linguistik 15 (1987), S. 141–168; vgl. H. Henne: Armut oder Fülle? Sprache
    im technischen Zeitalter. In: S. Bachmann [u. a.] (Hrsgg.): Industriegesellschaft im Wandel.
    Hildesheim 1988, S. 77–87.
3   H. Schmidt: Wörterbuchprobleme. Untersuchungen zu konzeptionellen Fragen der histori-
    schen Lexikographie. Tübingen 1986, S. 104.
4   Vgl. H. Paul: Deutsches Wörterbuch (vgl. S. 557, Anm. 1), S. 829, 1059.
5   J. H. Campe: Wörterbuch der deutschen Sprache. Bd. 4. Braunschweig 1810, S. 545.

Dieser Schatz hat sich historisch entwickelt. Auch seine Benennung hat eine Geschichte: *Schatz* bedeutet zunächst ‚Vieh, Geld, Vermögen‘, erst seit dem 16. Jahrhundert nimmt es die Bedeutung ‚besonders Aufzubewahrendes‘ an. Nicht zufällig fügen sich *Sprache* und *Schatz* bzw. *Wort* und *Schatz* im 17. und 18. Jahrhundert zusammen, entstehen doch zu dieser Zeit große Wörterbücher, die den Wortschatz bewahren und seine Geschichte erzählen.[1] Im 19. Jahrhundert setzt Sanders mit seinem dreibändigen „Wörterbuch der deutschen Sprache" (1860 ff.) diese Arbeit fort, und auch im 20. Jahrhundert dokumentieren mehrbändige Wörterbücher den Wortschatz der deutschen Gegenwartssprache.[2] Und zwischen 1854 und 1960 wächst, unter Teilnahme mehrerer Germanistengenerationen, das historisch-philologische Monumentalwerk heran, welches das lexikalische Inventar der neuhochdeutschen Schrift- und Literatursprache seit dem 15. Jahrhundert auf der Grundlage von Belegen und unter Berücksichtigung regionaler Aspekte insgesamt aufzunehmen versucht.[3] Man hat den Lemmabestand dieses 32bändigen Wörterbuchs auf 400 000 geschätzt, ungleichmäßig über das Alphabet verteilt.[4] Eine Neubearbeitung der Buchstaben A bis F, des von den Grimms (bis *Frucht*) bearbeiteten Teils, erscheint seit 1965. Und da Deutschland das Land der Fremdwörterbücher ist, sei hier ausdrücklich auf das entsprechende wissenschaftliche Werk von Schulz/Basler u. a. (1913–1988) verwiesen.[5]

5.2 Wortschatz in der Geschichte

1023 Von den sieben „äußeren Konstanten" der deutschen Sprachgeschichte, die S. Sonderegger verzeichnet, sind vier für den Wortschatz besonders bedeutsam: „Vervolkssprachlichungs- bzw. Verdeutschungsprozeß von Überlieferung und Sprachschichten" (1); „umgekehrt proportional verlaufende Entwicklung von Mundarten und Schreibsprachen bzw. Schriftsprache" (2); „Fremdeinflüsse auf das Deutsche in der Lexik" (3); „kontinuierliche Zunahme des Wortschatzes" (4).[6] Auch für denjenigen, der in erster Linie auf den gegenwärtigen Wortschatz schaut, sind die historischen Konstanten aufschlußreich.

Zu (1): Am Beispiel des religiösen, rechtswissenschaftssprachlichen und literarischen Wortschatzes kann man zeigen, wie ein fortdauernder Prozeß der „Entlatinisierung"[7] durch die Sprache geht und den Wortschatz ausbildet. Das Deutsche erlangt so Anteil an der „copia verborum" (‚Fülle des Ausdrucks‘)

1 K. Stieler: [...] Teutscher Sprachschatz, 1691; C. E. Steinbach: Vollständiges Deutsches Wörter-Buch, 1734; J. L. Frisch: Teutsch-Lateinisches Wörter-Buch, 1741; J. C. Adelung: Grammatisch-kritisches Wörterbuch [...], 1773 ff.; J. H. Campe, a. a. O., 1807 ff.; vgl. H. Henne (Hrsg.): Deutsche Wörterbücher des 17. und 18. Jahrhunderts. Hildesheim, New York 1975.
2 Duden. Das große Wörterbuch der deutschen Sprache. Hrsg. und bearbeitet vom Wissenschaftlichen Rat und den Mitarbeitern der Dudenredaktion unter Leitung von G. Drosdowski. Bd. 1-6. Mannheim [usw.] 1976–1981, 2. Aufl. in 8 Bänden 1993 ff.; R. Klappenbach und W. Steinitz (Hrsgg.): Wörterbuch der deutschen Gegenwartssprache. Bd. 1-6. Berlin 1961–1977; Brockhaus Wahrig. Hrsg. von G. Wahrig, H. Krämer, H. Zimmermann. Bd. 1-6. Wiesbaden, Stuttgart 1980–1984.
3 J. Grimm und W. Grimm: Deutsches Wörterbuch. Bd. 1–16 (recte 32). Leipzig 1854–1960.
4 H. Schmidt (vgl. 1022, Anm. 3), S. 105.
5 H. Schulz, O. Basler [u. a.]: Deutsches Fremdwörterbuch. Bd. 1–7. Straßburg bzw. Berlin 1913–1988.
6 S. Sonderegger (vgl. 1022, Anm. 1), S. 219.
7 S. Sonderegger, a. a. O., S. 227

der lateinischen Sprache. Die Kommunikationsbereiche, die diesem Prozeß ausgesetzt sind, hat P. v. Polenz so charakterisiert: „von überwiegend geistlichen Texten (Ahd. und Frühmhd.) über die Buchepen der höfischen Dichter (um 1200), Urkunden und Rechtstexte (ab 13. Jh.), Predigten, Erbauungsliteratur und Bibelübersetzungen (14.–16. Jh.), politische Publizität in Flugschriften, Flugblättern und frühen Zeitungen (Reformationszeit) bis zur kultivierten Literatur-, Verwaltungs- und Wissenschaftssprache".[1]

Zu (2): Der Abnahme der Mundarten – hinsichtlich ihrer Bedeutung für die Kommunikation und ihren Anteil an der Kommunikation – steht der Aufstieg der Schriftsprache seit dem Spätmittelalter gegenüber, auch vorangetrieben durch technische Entwicklungen wie Buchdruck (15. Jh.), Zeitungsdruck (19. Jh.), Schreibmaschine (19. Jh.), Kopierer und Computer (20. Jh.). Es entwickelt sich eine überregionale Sprachform (Varietät) des Deutschen, an der teilhaben muß, wer mitreden will. Diese Varietät, die man Schrift- und Hochsprache nennt und für die sich seit 1970 der Terminus Standardsprache einbürgert, ist mit ihrem Wortschatz in den großen Wörterbüchern aufgehoben. Die Standardsprache als Schriftsprache trägt Literatur, Kultur, Wissenschaft und Technik. Erst im Medium schriftlicher Sprache kann Wissen systematisch dargestellt und gespeichert werden; ist Wissen jederzeit über Zeit- und Raumschranken hinaus verfügbar; kann Wissen auf der Grundlage des Vorhandenen weiterentwickelt und modifiziert werden. Andererseits erhält die Standardsprache als mündliche Sprache eine neue Qualität durch die neue Medienwelt, die sich seit dem 19. Jh. entwickelt und sich an der Schriftsprache orientiert. Diese neue Qualität mündlicher Standardsprache wird u. a. durch Telefon (1879 ff.), Rundfunk (1923 ff.), Tonfilm (1929 ff.) und Fernsehen (1950 ff.) erzwungen.[2]

Zu (3): Lexikalische Interferenz ist wechselseitige Aufnahme und Abgabe lexikalischer Einheiten zwischen benachbarten wie auch weiter entfernten Sprachen. Ein „ununterbrochener Beeinflussungsstrom"[3] ergießt sich, um im Bilde zu bleiben, über die deutsche Sprache, insbesondere die Standardsprache. Die Gebersprachen reichen vom Griechischen und Gotischen bis zu den slawischen Sprachen und etwa dem Malaiischen *(Gong, Orang-Utan)*. Hervorzuheben ist der Einfluß des Lateinischen, Italienischen, Französischen und Englischen. Für das Neuhochdeutsche ist seit dem 17. Jahrhundert der Einfluß des Französischen wesentlich, der seit dem späten 18. Jahrhundert durch das Englische und (später) Amerikanische abgelöst wird. Den äußeren Einflüssen (z. B. *Embargo, Junta* aus dem Spanischen) stehen innere (oder verborgene) gegenüber, die in unterschiedlicher Form vorliegen; nämlich als Lehnübersetzung *(Jungfernrede* für *maidenspeech)*, Lehnübertragung *(Titelgeschichte* für *cover story)* und Lehnschöpfung *(Fließheck* für *fast back)*. Dazu ist noch mit Lehnbedeutung zu rechnen: *kontrollieren* z. B. im Sinne von ‚beherrschen' (nach engl. *control).*[4] Zwischen den äußeren und inneren Einflüssen stehen Scheinentlehnungen wie *Smoking* ‚(zumeist) schwarzer Abendanzug mit seidenem Revers' (nach englisch *smoking jacket)* oder *Goalgetter* ‚Torjäger, Torschütze' (dafür englisch *goal scorer)*. Auch Mischkomposita wie *Popsänger* und *Jetflug* sind in diesem Zusammenhang zu erwäh-

1 P. v. Polenz: Deutsche Sprachgeschichte vom Spätmittelalter bis zur Gegenwart. Bd. 1. Berlin, New York 1991, S. 84.
2 Vgl. S. Sonderegger (vgl. 1022, Anm. 1), S. 229.
3 S. Sonderegger, a. a. O., S. 231.
4 Vgl. H. H. Munske: Lexikologie und Wortgeschichte. In: G. Stötzel (Hrsg.): Germanistik – Forschungsstand und Perspektiven. Bd. 1. Berlin, New York 1985, S. 27–43.

nen. Darüber hinaus ist eine deutsche Lehn-Wortbildung anzusetzen, die ihr produktives Spiel treibt mit entlehnten Präfixen *(de-, anti-)*, Suffixen *(-ität, -ieren)* und Konfixen (unselbständigen Lehnlexemen, die als Ableitungsbasis: *fanat-;* als Erstglied: *Thermo-* oder als Zweitglied: *-drom* in Zusammensetzungen fungieren). Beispiele: *Latinität, Liquidität, dezentralisieren, Thermodynamik, Autodrom.*[1] Auf Grund unterschiedlicher Integration des transferierten Wortschatzes hat man versucht, Fremdwörter (als graphisch bzw. lautlich und/oder flexivisch nicht oder nur teilweise integrierte Sprachzeichen) von dem integrierten Lehnwortschatz zu trennen – mit fragwürdigem Erfolg. Demnach wäre *Manager* ein Fremdwort – obgleich flexivisch, wortbildungsmäßig (z. B. *managen*) und semantisch integriert – und *Flexion* ein Lehnwort.[2]

1024 In den Blick sind neuerdings sogenannte Internationalismen gekommen: Lexeme, die in europäischen Sprachen eine vergleichbare Ausdrucks- und Inhaltsseite haben wie *Minute, minute, minute, minuto, minuto* im Deutschen, Englischen, Französischen, Italienischen und Spanischen. Dabei ist allen Lexemen die Bedeutung ‚Zeitmaß‘ zuzuschreiben; darüber hinaus hat aber das Englische die zusätzliche Bedeutung ‚Notiz, Konzept, Protokoll‘ und das Französische die Bedeutung, Urschrift‘.[3] Unter dem Sachbegriff *Theater* kann man z. B. ein entsprechendes Ensemble von Internationalismen versammeln wie *Dialog, Monolog, Mimik* usw. und ihre Entsprechungen in den europäischen Sprachen.[4] Auf Grund der Untersuchung von Schülerwörterbüchern im Deutschen, Englischen und Französischen wird die Zahl der Internationalismen mit 3 500 bis 4 000 angegeben.[5] In diesem Zusammenhang sind die „falschen Freunde" zu erwähnen. Diese Freundschaft, die in die Irre führt, bezieht sich auf Wortpaare, die bei Gleichheit oder Ähnlichkeit der Ausdrucksseite eine prägnante semantische Differenz aufweisen. So hat das aus dem Französischen übernommene *Chef* im Deutschen die Bedeutung ‚Vorgesetzter, Leiter einer Dienst- oder Arbeitsstelle‘, im Englischen hingegen die Bedeutung ‚Chefkoch‘. Im Französischen sind beide Bedeutungen vereint (vor allem ‚Chefkoch‘, in speziellen Kontexten auch ‚Vorgesetzter‘).

In eine entgegengesetzte Richtung führen „Bezeichnungsexotismen",[6] die auch „Zitatwörter" genannt werden. Sie sind aus anderen Sprachen übernommene Benennungen, deren Sachwelt es so im deutschsprachigen Gebiet nicht gibt, wie *Siesta, Kolchose, Iglu, Lord, Geisha.* Daß allerdings auch den Prozeß der Bedeutungsübertragung Entlehnung stattfinden kann, zeigen Beispiele wie *Lord (Er ist ein richtiger Lord!)* und *Siesta,* umgangssprachlich in der Bedeutung von ‚[Ruhe]pause‘.

Zu (4): Die quantitativen Aspekte der Zunahme wurden eingangs (vgl. 1023) dargestellt. Die Öffnung gegenüber anderen Kulturen, die Entwicklung von Religion, Wissenschaft und Kunst, seit dem 18. Jahrhundert der Technik, haben die

---

1   Zu ‚Konfix‘ vgl. G. D. Schmidt: Das Kombinem. Vorschläge zur Erweiterung des Begriffsfeldes und der Terminologie für den Bereich der Lehnwortbildung. In: G. Hoppe [u. a.] (Hrsgg.): Deutsche Lehnwortbildung. Tübingen 1987, S. 50; W. Fleischer, I. Barz (vgl. 987, Anm. 2), S. 25.

2   Die Beispiele nach P. von Polenz (vgl. S. 583, Anm. 1), S. 46 f.; vgl. P. v. Polenz: Fremdwort und Lehnwort sprachwissenschaftlich betrachtet. In: Muttersprache 77. 1967, S. 65–80.

3   P. Braun: Internationalismen – gleiche Wortschätze in europäischen Sprachen. In: P. Braun [u. a.] (Hrsg.): Internationalismen. Studien zur interlingualen Lexikologie und Lexikographie. Tübingen 1990, S. 19.

4   J. Volmert [u. a.]: Internationalismen in der europäischen Theatersprache. In: P. Braun, a. a. O., S. 123 ff.

5   Braun, a. a. O., S. 17.

6   v. Polenz (1967) (s. o., Anm. 2), S. 75.

Fülle zur Folge. Zur Überfülle wird, aus der Sicht des Laien, der Wortschatz in den Fachsprachen. Der heute verfügbare Gesamtwortschatz der Medizin wird, die medizinischen Begriffe aus den Nachbargebieten wie Physik, Biochemie usw. mitgerechnet, auf 500 000 Termini geschätzt. Einer davon ist *zytotoxisch*. Und nur etwa 500 sind umgangssprachlich, also in der Sprache der Laien präsent.[1] Einseitige Fülle darf man das nennen, wenn nicht Armut in der Fülle – gesehen vom Standpunkt des Laien.

Neologismen, Neuwörter also, die zu einem bestimmten Zeitpunkt in Gebrauch genommen und von der Sprachgemeinschaft als ‚neu' empfunden werden, sind gleichfalls Ausdruck dieser lexikalischen Zunahme. Sie sind zumeist Wortbildungen, die Neuartiges benennen, wie *Ozonloch, abfackeln und verkehrsberuhigt.* Neologismen sind demnach Neuprägungen, oder sie sind Neulexeme (wie *Computer* seit Anfang der 60er Jahre für u. a. ‚Elektronengehirn'), oder sie sind Neusememe, mithin neue Bedeutungen (wie *Virus* in *Computervirus*). 1025

Der Gegenbegriff zu Neologismus ist Archaismus. Archaismen sind veraltetes und veraltendes Wortgut, das, bewußt oder eher absichtslos gebraucht, auf jeden Fall stilistisch und somit konnotativ markiert ist, wie *allgemach* (‚allmählich') und *weiland* (‚einst, früher'). In gegenwartssprachlichen Wörterbüchern ist dieser Wortschatz mit ‚veraltet' bzw. ‚veraltend' markiert, weitere Kennzeichnungen sind noch ‚scherzhaft' und ‚altertümelnd'.[2]

Der lexikalischen Zunahme steht der Verlust von Wortgut gegenüber (z. B. *Docke,* dafür *Puppe; brandmahlen,* dafür *brandmarken; dahlen* u. a. ‚tändeln, läppisch reden'). Die Gründe für den Wortverlust sind vielfältig, z. T. sind sie sachlich bedingt (wenn z. B. das speziellere *Biergeld* durch das allgemeinere *Trinkgeld* ersetzt wird), z. T. innersprachlich (wenn z. B. in der Gemeinsprache *Beute* durch *Bienenstock* ersetzt wird – als Imkerwort lebt es fort –, weil *Beute* auch ‚Erbeutetes' bedeutet, also Homonymie die Ursache des Verlusts ist). Untergegangener Wortschatz ist verschiedentlich gesammelt, auch, vor allem im 18. und 19. Jahrhundert, wiederbelebt worden (z. B. *Hain, Halle, Hort*). Der zentrale, häufig gebrauchte Wortschatz ist vor dem Verlust eben durch regelmäßigen Gebrauch geschützt. Einem beschleunigten Austausch unterliegt der Fremdwortschatz. Man schätzt, daß ein Drittel der zur Zeit der deutschen Klassik gebräuchlichen Fremdwörter inzwischen unverständlich bzw. ungebräuchlich ist. Von Goethes „Werther" seien ca. 50 der über 150 Fremdwörter heute nicht mehr geläufig (z. B. *Chapeau* ‚Herr, Tänzer', *radotieren* ‚viel Worte machen, schwatzen'). Die von Konrad Duden in der 1. Auflage seines Orthographiewörterbuchs von 1880 zu Anfang des A gebuchten *Abalienation* ‚Entfremdung', *Abjuration* ‚Abschwörung' und *Aberration* ‚Abirrung, Abweichung' werden in der 15. Auflage von 1961 (die beiden ersten) bzw. in der 20. Auflage von 1991 (auch das dritte) fallengelassen.[3]

1 H.-R. Fluck: Fachsprachen. Einführung und Bibliographie. München 1976, S. 91.
2 Zu Neologismen vgl. u. a. D. Herberg: Stand und Aufgaben der Neologismenlexikographie des Deutschen. In: G. Harras (Hrsg.): Das Wörterbuch. Artikel und Verweisstrukturen. Jb. 1987 des Instituts für dt. Sprache. Düsseldorf 1988, S. 265–302. Vgl. dazu P. Braun: Tendenzen in der dt. Gegenwartssprache. Sprachvarietäten. 3. erweiterte Aufl. Stuttgart 1993, S. 182; zu Archaismen vgl. D. Cherubim: Sprach-Fossilien. Beobachtungen zum Gebrauch, zur Beschreibung und zur Bewertung der sog. Archaismen. In: H.-H. Munske [u. a.] (Hrsgg.): Deutscher Wortschatz. Lexikologische Studien. Berlin, New York 1988, S. 525–552.
3 15. Aufl. Mannheim [usw.]; 20. Aufl. Mannheim, Leipzig [usw.]. Zu diesem Themenkomplex vgl. N. Osman: Kleines Lexikon untergegangener Wörter. Wortuntergang seit dem Ende des 18. Jahrhunderts. München 1972; W. Kuhberg: Verschollenes Sprachgut und seine Wiederbelebung in neuhochdeutscher Zeit. Frankfurt/M. 1933. Zum Wandel des Fremdwortschatzes vgl. H. Meier: Deutsche Sprachstatistik. 2. Aufl. Hildesheim 1967, S. 22–25.

5.3 Wortschatz und innere Mehrsprachigkeit

1026 Die sprachliche Wirklichkeit ist komplexer, als die zuvor entwickelte Opposition Fachmann und Laie suggeriert. Die Standardsprache ist nicht nur offen gegenüber den Fachsprachen, sondern wird auch von Gruppensprachen beeinflußt. Soll fachsprachlicher Wortschatz die „Welt", ihre „Dinge" detaillieren und präzisieren und insofern neu benennen (*lexikalische Bedeutung* erhielt oben die Termini *Signifikat, Semem, Sem* zugeordnet), so soll im gruppensprachlichen Wortschatz die Welt umbenannt werden: *etwas verstehen* wird jugendsprachlich zu *etwas checken, schnallen, blicken, raffen, ticken, durchticken, spannen,* zumeist jeweils in der Negation: *Das schnall' ich nicht!*[1] Dabei zeigt die Batterie synonymischer Vokabeln die „Betroffenheit" von Jugendlichen diesem Sachverhalt gegenüber an, ihre emotionale Befangenheit; eine Interpretation im Kontext hätte zudem differenzierende Bedeutungsaspekte freizulegen. Gruppensprachliche Lexeme wie *checken* können dann in die lockere Form gesprochener Standardsprache mitgenommen und so Gemeingut werden.

Solcher Wortschatz wird dann in Wörterbüchern mit „umgangssprachlich" markiert, was bedeutet, daß er unterhalb der normalen Stilschicht liegt und oft nur regionale Geltung hat. Die Bedeutung dieser Markierung läßt sich aus dem terminologischen Gebrauch von *Umgangssprache* ableiten, die im späten 18. Jahrhundert und im 19. Jahrhundert die Bedeutung von ‚gesprochene Version der Gemeinsprache', dann seit Ende des 19. Jahrhunderts ‚sprachliche Existenzform zwischen Standardsprache und Mundart mit regionaler Geltung' hat.[2] Diese regionale Komponente bestimmt heute den Gebrauch von *Umgangssprache* in der Germanistik.[3]

Aus standardsprachlicher Perspektive ergeben sich dann regionale Mehrfachbenennungen, also landschaftliche Synonyme, die Thomas Mann in den „Buddenbrooks"[4] so charakterisiert (eine in Bayern lebende Lübeckerin spricht von ihren Schwierigkeiten mit der bayrischen Köchin): „Und wenn ich ‚Frikadellen' sage, so begreift sie es nicht, denn es heißt hier ‚Pflanzerln'; und wenn sie ‚Karfiol' sagt, so findet sich wohl nicht so leicht ein Christenmensch, der darauf verfällt, daß sie Blumenkohl meint; und wenn ich sage: ‚Bratkartoffeln', so schreit sie so lange ‚Wahs!', bis ich ‚Geröhste Kartoffeln' sage, denn so heißt es hier, und mit ‚wahs' meint sie ‚wie beliebt'." P. Kretschmer[5], der den regionalen Wortschatz der Umgangssprachen untersucht hat, stellt dieses Zitat an den Anfang seiner Arbeit. Es sind vielfach Dinge des alltäglichen Lebens, die diesen lexikalischen Zuschnitt haben. Folgende Sachbereiche, die einem zweibändigen „Wortatlas der deutschen Umgangssprachen" zugrunde liegen, sind empfänglich für regionalen Wortschatz: ‚der Mensch', ‚Arbeit und Beruf', ‚Haus und Straße', ‚Zeit, Feste und Grüße' [...], ‚Kinderspiele' [...], ‚Essen und Trinken', ‚Haushalt', ‚Kleidung',

---

[1] H. Henne: Jugend und ihre Sprache. Darstellung, Materialien, Kritik. Berlin, New York 1986, S. 213.

[2] H. Henne: Stichwort Umgangssprache. Werkstattbericht zum neuen ‚Paul'. In: H. H. Munske (vgl. 1025, Anm. 2), S. 813–826.

[3] H. Steger: Bemerkungen zum Problem der Umgangssprachen. In: W. Besch [u. a.] (Hrsgg.): Festschrift für S. Grosse zum 60. Geburtstag. Göppingen 1984, S. 251–278.

[4] 1901, zitiert nach der 37. Auflage 1908, S. 523.

[5] Wortgeographie der hochdeutschen Umgangssprache. 2., durchgesehene und ergänzte Aufl. Göttingen 1969.

‚Pflanzen und Früchte' und ‚Tiere'.[1] Th. Manns Angaben zur Raumsynonymik
für *Frikadelle* kann man durch folgende landschaftliche Synonyme erweitern:
Klops, Bratklops, Bulette, Beefsteak, Bällchen, Fleischklößchen, Gehackteskloß –
diese im wesentlichen nördlich der Mainlinie; *Fleischküchle, Fleischpflanzl,
Fleischla(i)be(r)l, Fleischlaibchen, faschiertes La(i)berl/Laibchen, Faschiertes,
Fleischkrapfl, Hackblätzli, Fleischtäschli* – diese südlich der Mainlinie einschließ-
lich Österreichs und der deutschsprachigen Schweiz.[2]
Diese Raumsynonymik ragt in die Standardsprache hinein, weil es in einigen Fäl-
len eine im ganzen deutschsprachigen Bereich akzeptierte Normalform nicht gibt.
Selbst bei einem doch eher zentralen Wort wie *es klingelt* ist das deutschsprachige
Gebiet dreigeteilt (von Norden nach Süden): *es klingelt, es schellt, es läutet* (mit
vereinzeltem *es bimmelt*).[3]

Zusätzliche Wortschatzdifferenzen ergeben sich aus dem Nebeneinander der   1027
„Deutschs"; sie sind kodifiziert in Wörterbüchern, die den Titel tragen „Wie sagt
man in der Schweiz?" bzw. „[...] in Österreich?" bzw. „Kleines Wörterbuch des
DDR-Wortschatzes"[4]: Das *Abitur* gab es in der DDR und gibt es in der BRD, in
Österreich die *Matura* und in der Schweiz *die Matur, Matura* und *Maturität*. In
der Bundesrepublik legt man das Abitur auf dem *Gymnasium* ab, ebenso in Österreich, wo bis 1962 die entsprechende Institution *Mittelschule* hieß, wie sie noch
heute in der Schweiz heißt; dafür hieß die vergleichbare Institution in der DDR
Erweiterte Oberschule (EOS).

Die zuvor eingeführten Termini für die Sprachvarietäten Standardsprache, Fachsprache, Gruppensprache, Umgangssprache und Mundart zeigen an, daß die
deutsche Sprache durch i n n e r e M e h r s p r a c h i g k e i t gekennzeichnet ist.[5] Gegenüber der herausgehobenen Varietät Standardsprache sind alle anderen Varietäten in den Plural zu setzen: Sie sind in ihrer Vielzahl auf die standardsprachliche
Mitte bezogen – auch indem sie ihren Wortschatz u. a. der Standardsprache entnehmen und semantisch neu bestimmen: *schnallen* wird gruppensprachlich zu
‚verstehen', *Glühbirne* fachsprachlich zu *Glühlampe* und das standardsprachliche
Lampe dementsprechend zu fachsprachlich *Leuchte*. Doch die Standardsprache
ist nicht nur Gebersprache, sie ist auch (vgl. 1023) Nehmersprache. Aus der Stu-
dentensprache des 18. und 19. Jahrhunderts stammen z. B. folgende Verben:
*aufschneiden, blamieren, blechen, büffeln, duzen, kneipen, kohlen, ochsen, prellen,
pumpen* ‚leihen', *schäkern*.[6] Zudem öffnet sich die Standardsprache weit den
Fachsprachen (vgl. 1024): Der *Computer* ist z. B. mit folgenden Wortbildungen
im Duden-Universalwörterbuch verzeichnet: *-ausdruck, -bild, -diagnostik, -fahn-
dung, -gesteuert, -gestützt, -isieren, -kriminalität, -kunst, -spiel, -tomographie, -un-
terstützt, -virus,* präsent ist er darüber hinaus bei folgenden Lexemen und Lexembildungen unter dem Buchstaben *a: abfragen, ablocken, abrufen, Adresse,
ALGOL, algorithmisch, Algorithmus, Analogrechner, Assembler, Aufruf, aufrufen,
Ausdruck, ausdrucken, Ausgabe, ausgeben, Automat.*[7]

---

[1] J. Eichhoff: Wortatlas der deutschen Umgangssprachen. Bd. 1–2. Bern und München
     1977–1978.
[2] Eichhoff, a. a. O., Bd. 2, S. 65; weitere Nebenformen sind ausgelassen.
[3] Eichhoff, a. a. O., Bd. 1, S. 27.
[4] Von K. Meyer, Mannheim [usw.] 1989; von J. Ebner, 2., vollständig überarb. Aufl. Mannheim
     [usw.] 1980; von M. Kinne und B. Strube-Edelmann, Düsseldorf 1980.
[5] H. Henne (vgl. 1026, Anm. 1), S. 220.
[6] Henne, a. a. O., S. 2.
[7] Vgl. S. Wichter: Zur Computerwortschatz-Ausbreitung in die Gemeinsprache. Elemente der
     vertikalen Sprachgeschichte einer Sache. Frankfurt/M. [usw.] 1991.

Der Anteil der schriftlichen Sprache an den Varietäten ist sehr unterschiedlich, die Varietäten Gruppensprache, Umgangssprache und Mundart stellen sicher eine absteigende Linie hinsichtlich des Anteils schriftlicher Sprache dar. In der Standardsprache selbst gibt es prinzipielle Unterschiede zwischen schriftlicher und mündlicher Sprache oberhalb der lautlichen und (ortho)graphischen Ebene. Unstrittig ist, daß mündliche und schriftliche Sprache über die unterschiedliche phonische und graphische Realisierungsform hinaus funktional bedingte Teilsysteme sind; diese haben je spezifische kommunikative Textformen, die wiederum unterschiedliche grammatische und lexikalische Strukturen favorisieren. So gibt es lexikalische Bedeutungen, die schriftlicher Sprache vorbehalten sind, wie *oben* und *unten* als Verweis in schriftlichen Texten im Sinne von ‚weiter vorne in einem Text‘: *siehe oben!* (und entsprechend *siehe unten!*); es gibt Ellipsen, also Aussparungen in schriftlicher Sprache (z. B. *Sprachwissenschaft* und *-didaktik*), die in mündlicher Sprache ausgefüllt werden müssen;[1] es gibt mündliche Grüße wie *(Auf) Wiederhören!* und schriftliche Entsprechungen wie *Freundlich(st)!* o. ä.

5.4 Wortschatz in der Literatur

1028 Ausgespart wurden bisher die (schöne) Literatur und der literarische Wortschatz. Literatursprache ist ein Ausdruck mit fragilem Inhalt, sofern man nicht einfach Standardsprache darunter versteht. Literatursprache ist keine den Sprachvarietäten entsprechende Existenzform; vielmehr ist Literatursprache eine vagabundierende Sprache, die ihre eigene Geschichte hat, sich fortwährend auf andere „Sprachen", vor allem auf die Standardsprache, bezieht und ihr semantisches Spiel erst im Kontext entfaltet.

Demnach gibt es keinen literarischen Wortschatz als solchen; vielmehr nur den, der sich im literarischen Text zeigt – was, ganz allgemein, auf den engen Textbezug des Wortschatzes verweist. Literarische Texte seien u. a. gekennzeichnet durch „Überlagerung der Sprache durch sekundäre Strukturen und bewußte Abweichungen von der Normalstruktur".[2] R. Jakobson hat die Eigenart literarischer Texte im Prinzip der Äquivalenz gesehen, der Gleichwertigkeit bzw. Ähnlichkeit ihrer lautlichen, semantischen und syntaktischen Struktur. Diese Ähnlichkeit zeigt sich im Parallelismus, der sowohl Gegensatz wie auch Nebeneinander und Übergang meinen kann.[3] Die „Verdichtung", die daraus folgt, demonstriert der literarische Text.

Astern –, schwälende Tage,
alte Beschwörung, Bann,
die Götter halten die Waage
eine zögernde Stunde an.

Die erste Strophe eines Gedichts von Gottfried Benn (zuerst 1948 in dem Band „Statische Gedichte"), das den Titel „Astern" trägt, zeigt Gegensatz wie auch

---

1   Beispiele nach O. Ludwig: Sprache oder Sprachform. Zu einer Theorie der Schriftlichkeit. In: Zeitschrift für germanistische Linguistik 19 (1991), S. 274–292.
2   M. Bierwisch: Strukturalismus. Geschichte, Probleme und Methoden. In: Kursbuch 5/1966, S. 141 f.
3   R. Jakobson: Linguistik und Poetik. In: J. Ihwe (Hrsg.): Literaturwissenschaft und Linguistik. Ergebnisse und Perspektiven. Bd. II/1: Zur linguistischen Basis der Literaturwissenschaft, I. Frankfurt/M. 1971, S. 166.

Nebeneinander und Übergang in unterschiedlicher Verteilung: Die ersten zwei Zeilen sind durch ihre nominale Sprechweise gezeichnet – die verblose Benennung in Form einer Aufzählung schafft einen Stau, der sich in der einfachen Syntax der nächsten zwei Zeilen zu lösen scheint. Der syntaktische Gegensatz wird gemildert durch zwei parallele Partizipialkonstruktionen (*schwälende Tage* und *zögernde Stunde*), welche die beiden Teile wieder verbinden. Die Partizipialadjektive fügen, in ihrer Mittellage zwischen Nomen und Verb, den *Tagen* und der *Stunde* eine zeitlich offene Dimension zu. Die ersten beiden Zeilen fassen die „Asterntage" unter die Metapher des Feuers – inspiriert wohl vom „Farbenfeuer der Astern": Es sind *schwälende Tage* (Benn greift auf die ältere Schreibung zurück), also solche, die ‚verglimmen, flammenlos brennen'. Diese Tage des Spätsommers sind magischen Kräften überantwortet: *Beschwörung, Bann* – letzteres im Sinne von ‚beherrschender Einfluß, geheimnisvolle Bindung'. Die nächsten zwei Zeilen führen die Magie fort – *die Götter* stehen im Subjekt; *die Waage* als Indikator für Verteilung und Vergehen *(die Waage neigt sich)* wird von ihnen angehalten und so ein unsicherer Schwebezustand erreicht. Die durch Alliteration (zweite Zeile) und Endreim verdichtete Strophe zeigt einen Wortschatz, in dem sich Alltägliches *(Astern, Tage, Waage, Stunde, zögernd)* und Geheimnisvolles, ja Magisches *(schwälen, Beschwörung, Bann, Götter)* mischt. Erst im Kontext, in der Spannung von Gegensatz und Gleichgeordnetem entfaltet sich die Semantik des literarischen Wortschatzes. Nur im literarischen Text ist er existent, dann auch, vielleicht, im literarischen Beleg eines Wörterbuchs.

Der Satz

1 Gegenstandsbereich und Grundbegriffe der Syntax

1.1 Der Gegenstandsbereich

1029   Gegenstand der Syntax (Satzlehre) ist der Bau von Wortgruppen und Sätzen. Sätze sind sprachliche Einheiten, die relativ selbständig und abgeschlossen sind. Sie bauen sich aus kleineren sprachlichen Einheiten auf, die ihrerseits auch schon einen gewissen Selbständigkeitsgrad haben, aus Wörtern und gegliederten Wortgruppen; und sie erscheinen normalerweise in größeren selbständigen und abgeschlossenen sprachlichen Einheiten, in Texten (vgl. dazu Kap. 5). Von Texten spricht man sowohl bei schriftlicher wie bei mündlicher Sprachverwendung.

Relativ selbständig und abgeschlossen sind Sätze unter verschiedenen Gesichtspunkten:

- Sie haben einen bestimmten grammatischen Bau; dieser ist hauptsächlich vom Verb (Prädikat, vgl. 1063 ff.) bestimmt: Das Verb eröffnet um sich herum Stellen für weitere Bestandteile des Satzes
- Sie sind inhaltlich relativ abgeschlossen
- Sie sind – in gesprochener Sprache – durch ihre Stimmführung als (relativ) abgeschlossen gekennzeichnet. In Texten geschriebener Sprache übernehmen Satzschlußzeichen die Aufgabe der Stimmführung: Punkt, Ausrufezeichen, Fragezeichen. Sie kennzeichnen den Satz als abgeschlossen und legen zugleich eine bestimmte Stimmführung nahe.

In der Syntax steht der erste Gesichtspunkt im Vordergrund; die beiden anderen spielen eher am Rand eine Rolle.[1]

Konkrete Sätze lassen sich einer bestimmten Satzart (vgl. 1030 ff.) zuordnen, und sie repräsentieren eine bestimmte Satzform (vgl. 1045 ff.).

---

[1]   Diese Bestimmung versucht verschiedene Gesichtspunkte zu kombinieren, die in der Sprachwissenschaft zur Definition des Satzes herangezogen werden. Eine wissenschaftlich allgemein akzeptierte Satzdefinition gibt es nicht. Schon 1934 hat K. Bühler in seiner „Sprachtheorie" geschrieben: „Es ist schwer, keine Elegie zu schreiben im Anblick all des Scharfsinns, der schon an die Aufgabe einer Definition des Satzbegriffes gewendet worden ist" (K. Bühler: Sprachtheorie. ²1965, S. 356). 1931 hatte J. Ries in seinem Buch: Was ist ein Satz? Prag 1931, 141 Definitionen zusammengestellt; 1935 fügte E. Seidel in: Geschichte und Kritik der wichtigsten Satzdefinitionen. Jena 1935, 83 weitere hinzu. In der Zwischenzeit ist die Übereinstimmung nicht größer geworden. Neuerdings hat die Diskussion wieder eröffnet B. L. Müller: Der Satz. Definition und sprachtheoretischer Status. Tübingen 1985 (= RGL 57). – Die Schwierigkeit hängt im wesentlichen mit folgendem Umstand zusammen: Mit Satz bezeichnet man einmal eine in geschriebener Sprache durch Interpunktion und Großschreibung markierte Einheit, zum andern eine grammatische Einheit, die meist auf einem Verb beruht. Eine Einheit nach der ersten Unterscheidung kann nun durchaus mehrere nach der zweiten Unterscheidung enthalten (vgl. 1047). – In anderen Sprachen wird hier oft genauer unterschieden. So spricht man im Englischen von „sentence", im Französischen von „phrase", wenn man die durch Interpunktion und Großschreibung markierte Einheit meint, hingegen von „clause" (engl.) bzw. „proposition" (franz.), wenn man die grammatische Einheit meint. Verschiedentlich wird versucht, auch für das Deutsche eine entsprechende Unterscheidung nahezulegen. So spricht z. B. H. Glinz (Grammatiken im Vergleich. Deutsch – Französisch – Englisch – Latein. Formen – Bedeutungen – Verstehen. Tübingen 1994 [= RGL 136]) auch für das Deutsche von „Proposition", wo die grammatische Einheit Satz gemeint ist.

1.2 Satzarten

Als Satzarten[1] bezeichnet man feste sprachliche Muster, die aus dem Zusam-   1030
menwirken verschiedener Faktoren entstehen. Solche Faktoren sind:
- der Modus des finiten Verbs
- die Stellung des Verbs im Satz
- das Vorkommen bzw. die Besetzung von bestimmten syntaktischen Positionen
  (Ist ein Einleitewort obligatorisch? Kommen bestimmte Abtönungspartikeln
  vor?)
- die Intonation und – damit zusammenhängend – bei geschriebener Sprache
  eine bestimmte Interpunktion.

Es handelt sich also um formal und funktional bestimmte Faktoren. Die Satzarten, die sich auf Grund des Zusammenwirkens dieser Faktoren ergeben, haben
dann zugleich eine inhaltliche Bestimmung – allerdings nur im Sinne einer „Normalzuordnung". Davon abweichende Bestimmungen kommen vor (vgl. z. B.
1031 und 1041).

Im Deutschen kann man fünf Satzarten unterscheiden:[2]
- Aussagesatz (auch: Deklarativsatz)
- Fragesatz (auch: Interrogativsatz)
- Aufforderungssatz (auch: Imperativsatz)
- Wunschsatz (gelegentlich auch: Desiderativsatz)
- Ausrufesatz (auch: Exklamativsatz).

1.2.1 Der Aussagesatz

Aussagesätze[3] oder Deklarativsätze sind Sätze mit folgenden typischen   1031
Merkmalen:
- Das finite Verb steht im Indikativ oder Konjunktiv II (nie im Imperativ)
- es steht normalerweise an zweiter Stelle im Satz
- an Partikeln sind im Aussagesatz möglich z. B. *doch, eben, halt, ja, schon,* kombiniert: *denn auch, denn wohl, doch einfach, eben einfach, ja auch, ja eben, ja
  einfach, wohl auch* oder Adverbien *vielleicht, möglicherweise.* Nicht im Aussagesatz können Fragepronomen oder -adverbien stehen (z. B. *wer, wie, wann*)
- die Intonation[4] ist gegen Satzende hin fallend; das normale Satzschlußzeichen
  ist der Punkt.

---

[1] Die folgende Darstellung der Satzarten berücksichtigt (bei Zurückhaltung im Terminologi-
     schen) die Diskussion der zurückliegenden Jahre um die „Satzmodi". Vgl. dazu besonders
     J. Meibauer (Hrsg.): Satzmodus zwischen Grammatik und Pragmatik. Tübingen 1987 (= Lin-
     guistische Arbeiten 180); H. Altmann (Hrsg.): Intonationsforschungen. Tübingen 1988
     (= Linguistische Arbeiten 200).
[2] Häufig werden auch nur drei Satzarten unterschieden: Aussagesatz, Fragesatz und (zusam-
     mengefaßt) Aufforderungs- und Wunschsatz (Ausrufesätze werden dann den Aussagesätzen
     zugeordnet).
[3] Vgl. dazu: W. Oppenrieder: Aussagesätze im Deutschen. In: J. Meibauer (= Anm. 1 zu 1030),
     S. 161–189.
[4] Wenn hier und im Folgenden von Intonation die Rede ist, ist damit immer eine idealisierte
     oder aber eine neutrale Form gemeint. Einfluß auf die Satzintonation können die regionale
     Herkunft von Sprechern ausüben, Gestimmtheit, Emotionalität, aber auch individuell-persön-
     liche Merkmale. Von all dem wird hier abgesehen.

Typische Aussagesätze sind also z. B. die Sätze des folgenden kleinen Textes:

Neun Personen sind in der Nacht zum Montag bei einem Verkehrsunfall in Südostfrankreich ums Leben gekommen. Zwei Personenwagen waren aus unbekannten Gründen zusammengestoßen. Einer ging in Flammen auf. Ein drittes Auto fuhr auf die Unfallwagen auf.

Von seiner Grundprägung her bezeichnet der Aussagesatz in einem sehr allgemeinen, unspezifischen Sinn ein „Ich sage das". Normalerweise wird etwas (als tatsächlich gegeben) behauptet, es wird etwas ausgesagt. Unter kommunikativem Gesichtspunkt sind solche Sätze oft Antworten auf Fragen.

Diese Grundprägung kann abgewandelt werden durch Verben in bestimmter Verwendung (1. Person, unmittelbare Anrede):

„Ich frage Sie (hiermit) nach Ihrem Namen." (Frage). – „Ich befehle Aufbruch um 6 Uhr." (Befehl)

Im Gespräch, in alltäglicher Redeweise, aber auch in einfacher poetischer Sprache (im Märchen, im Lied) bleibt die Stelle vor dem finiten Verb gelegentlich auch unbesetzt:

„Und was macht Peter?" – „*Arbeitet* den ganzen Tag für seine Prüfung."
„Kommen Sie heute zu der Sitzung?" – „*Tut* mir leid, *habe* keine Zeit."
Kommt ein Vogerl geflogen, *setzt* sich nieder auf meinem Fuß ...

Eine Verwechslung mit Satzarten, die durch Erststellung des Verbs bestimmt sind, ist in diesen Fällen nicht zu befürchten. Zum einen läßt sich die unbesetzte Position leicht füllen, zum andern bleiben die übrigen Merkmale (vgl. dazu 1030) intakt.

Dem Aussagesatz kann man normalerweise auch die verblosen Wortfolgen zuordnen, die für Titel und Überschriften (z. B. in Zeitungen) typisch sind:

Neues Beben an den internationalen Börsen. Tiefster Indexstand seit gut einem Jahr.

1.2.2 Der Fragesatz

1032 Fragesätze[1] oder Interrogativsätze treten in unterschiedlicher Gestalt auf. Gemeinsam ist ihnen dabei ein „Ich will wissen".
Bei den Fragesätzen lassen sich grob zwei Gruppen unterscheiden:
1. Ergänzungsfragesätze oder Wortfragesätze;
2. Entscheidungsfragesätze oder Satzfragesätze.

1033 Ergänzungsfragesätze oder Wortfragesätze sind durch folgende Merkmale bestimmt:
– Sie werden eingeleitet durch ein Interrogativpronomen oder ein Interrogativadverb;
– das finite Verb steht an zweiter Stelle im Satz, gelegentlich auch an letzter (nie an erster Stelle);
– ihr Modus ist der Indikativ oder der Konjunktiv II (ausgeschlossen ist der Imperativ);
– charakteristische Partikeln sind z. B. *bloß, wohl, eigentlich, denn,* kombiniert: *denn auch, denn wohl, denn eigentlich, denn bloß, denn nur, denn schon,* und zwar bei Zweitstellung des Verbs; steht das Verb am Satzende, sind es *bloß, nur, wohl;*

---

[1] Vgl. dazu detaillierter: L. Luukko-Vinchenzo: Formen von Fragen und Funktionen von Fragesätzen. Tübingen 1988 (= Linguistische Arbeiten 195).

– hinsichtlich der Satzintonation existieren große Spielräume: Es kommt sowohl gegen Satzende hin fallende als auch steigende Intonation vor. In letzterem Fall bestehen immerhin deutliche Unterschiede zu der markanten Intonation in Ausrufesätzen (vgl. 1044). Satzschlußzeichen ist das Fragezeichen.

Ergänzungsfragesätze liegen danach in folgenden Beispielen vor:

Wie weit sind Sie mit Ihrer Arbeit? Wann kann ich einen ersten Blick hineinwerfen? Warum haben Sie denn die persönlichen Daten nicht getilgt?

Für die Ergänzungsfragesätze gilt, daß nicht der gesamte im Satz ausgedrückte Sachverhalt fraglich ist, sondern lediglich ein Teil, ein Aspekt dieses Sachverhalts. An obigem Beispiel: Nicht fraglich ist im ersten Satz, daß der andere bei seiner Arbeit vorangekommen ist; fraglich ist nur das „Wie weit?".

Ergänzungsfragesätze mit Endstellung des finiten Verbs dienen oft der Nachfrage – man spricht auch von Echofragen. Sie treten dort auf, wo eine Frage nicht (ganz) verstanden worden ist und nachgefragt wird:

„Wann wird der Hundertmeterlauf beginnen?" – „Bitte?" – „Wann der Hundertmeterlauf beginnen wird?"

Folgt eine Nachfrage auf einen Aussagesatz, steht das Fragewort oft im Satzinnern oder auch am Satzende. Es trägt dann den Akzent:

„Ich bin gestern schnell mal in Rom gewesen." – „Du bist *wó* gewesen?" / „Du warst *wó?*" / „*Wó* bist du gewesen?"

Diese Form haben auch die sogenannten Prüfungsfragen:

„Die Schlacht bei Cannae war *wánn?*"

Formal gleich wie Ergänzungsfragesätze mit Endstellung des Verbs sehen Beispiele wie die folgenden aus (sie finden häufig Verwendung in Überschriften):

Wie sich der Sternenhimmel in diesem Monat verändert. Warum man in diesem Jahr in manchen Badeorten nicht ins Wasser darf.

Hier handelt es sich aber um indirekte Fragesätze (vgl. 1307 f.), die vor dem Hintergrund der folgenden Struktur zu sehen sind:

(Hier wird darüber berichtet,) wie sich der Sternenhimmel in diesem Monat verändert.

Mit dieser Struktur hängt auch zusammen, daß weder Frageintonation vorliegt noch ein Fragezeichen gesetzt wird.

Zum Teil andere Merkmale kennzeichnen den Entscheidungsfragesatz oder die Satzfrage:

– Das finite Verb steht im Indikativ oder Konjunktiv II (nie im Imperativ);
– es steht an erster Stelle im Satz; in speziellen Fällen (vgl. 1036 f.) kann es auch an zweiter oder letzter Stelle stehen;
– charakteristische Partikeln sind hier bei Erststellung des Verbs *etwa, mal, wohl, eigentlich, auch, denn,* kombiniert: *denn auch, denn wohl, denn eigentlich, denn etwa;* bei Endstellung des Verbs reduzieren sie sich auf *mal* und *wohl;*
– die Intonation steigt normalerweise gegen Satzende an (Ausnahmen kommen vor, wenn ein Wort kurz vor dem Satzende einen starken Akzent trägt). Satzschlußzeichen ist das Fragezeichen.

Entscheidungsfragesätze sind mithin Sätze wie die folgenden:

„Hast du schon Radio gehört?" ... „Sind die Lottozahlen schon bekanntgegeben worden?" ... „Du hast den richtigen Sender nicht gefunden?" ... „Ob wir wohl diesmal etwas gewinnen?"

1034

1035

Anders als beim Ergänzungsfragesatz steht bei Entscheidungsfragesätzen nicht ein bestimmter Gesichtspunkt zur Debatte, es geht vielmehr um die Frage, ob der gesamte im Satz ausgedrückte Sachverhalt zutrifft oder nicht. Antworten auf Entscheidungsfragen sind denn auch üblicherweise *ja* und *nein* oder Adverbien wie *wahrscheinlich, sicher, möglicherweise, kaum.*

1036 Entscheidungsfragesätze mit Endstellung des Finitums (und *ob* in der Satzeinleitung) drücken oft Nachfragen aus (vgl. auch 1033):

> „Soll der Hundertmeterlauf wirklich um 18.00 Uhr beginnen?" – „Bitte?" – „Ob der Hundertmeterlauf wirklich um 18.00 Uhr beginnen soll?"

Bei Sätzen mit *ob* + Endstellung des Finitums kann es sich aber auch um indirekte Fragesätze (wie in 1034) handeln:

> „Ob das der Chef wohl weiß?" = „Ich frage mich, ob das der Chef wohl weiß."

Solche Sätze heißen deliberative Fragesätze.

1037 Entscheidungsfragesätze mit Zweitstellung des Verbs treten in unterschiedlicher kommunikativer Funktion auf:

1. Man fragt aus einer Art Verunsicherung heraus, man will sich vergewissern. Oft stehen dann am Satzende Wörter oder Fügungen wie *nicht wahr, nicht, ja:*

> „Sie können mich (doch) verstehen? Ich darf Mundart mit Ihnen sprechen, nicht wahr?"

Solche Fragesätze nennt man auch Vergewisserungssätze.

2. Der Fragende will sich vom Befragten etwas bestätigen lassen, was er im Grunde schon weiß. Dieser Typus kommt vor allem in institutionellen Zusammenhängen vor, z. B. häufig im Umgang mit Behörden:

> „Ihr Name ist Meier?" ... „Sie reichen zum ersten Mal ein solches Gesuch ein?"

Man spricht hier von Bestätigungsfragesätzen.

3. Entscheidungsfragesätze mit Verbzweitstellung können auch der Nachfrage dienen (vgl. 1033):

> „Die Tizian-Ausstellung ist um einen Monat verlängert worden." – „Die Tizian-Ausstellung ist um einen Monat verlängert worden???"

Anders als in 1033 drückt hier die Nachfrage Überraschung, Verwunderung, Erstaunen aus.

1038 Entscheidungsfragen können schließlich als Alternativfragesätze formuliert werden. Hierbei wird dem Befragten die Entscheidung zwischen zwei (oder mehr) Möglichkeiten angeboten:

> „Möchten Sie das Auto, oder sollen wir Ihnen den Preis in DM auszahlen?" „Verreist Ihr in den Ferien, oder können wir uns einmal sehen?"

1039 Ergänzungsfragesätze und Entscheidungsfragesätze stehen prinzipiell unter dem gleichen Gestus „Ich will wissen" (vgl. 1032). Beide kommen aber auch in Fällen vor, in denen gar keine Antwort erwartet wird:

> „Habe ich nicht oft genug auf die Unmöglichkeit der Situation hingewiesen? Doch wer hört schon auf einen alten Mann?"

Solche Fragen, auf die keine Antwort erwartet wird, Fragen also, die im Grunde etwas feststellen, nennt man rhetorische Fragen.[1]

---

1 Vgl. dazu: J. Meibauer: Rhetorische Fragen. Tübingen 1986 (= Linguistische Arbeiten 167).

1.2.3 Der Aufforderungssatz

Aufforderungssätze[1] (auch Imperativsätze) sind Sätze mit folgenden 1040
Merkmalen:
- Das finite Verb steht im Imperativ; das schließt immer direkte Hinwendung zu einem Gegenüber ein;
- es steht grundsätzlich an erster Stelle im Satz (Voranstellung anderer Glieder aus Gründen der Betonung ist möglich);
- charakteristische Partikeln sind *doch, bloß* (nur betont), *eben, einfach, halt, ja* (betont), *mal, ruhig, schon,* kombiniert: *doch bloß, doch nur, doch einfach, eben einfach, eben mal, halt einfach, halt mal, doch schon, doch mal, doch ruhig, ruhig mal;*
- die Intonation ist gegen Satzende fallend. Satzschlußzeichen ist entweder der Punkt oder (bei größerem Nachdruck) das Ausrufezeichen.

Aufforderungssätze sind also Sätze wie die folgenden:

„Laßt jetzt alles hier stehen! Setzt euch. Setzen Sie sich bitte auch. Fangen wir mit der Arbeit an!"

Generell meint der Aufforderungssatz ein „Ich will, daß du ... tust". Dahinter kann im konkreten Fall sehr Unterschiedliches stehen – eine Bitte, ein Befehl, eine Forderung, ein Ratschlag oder Vorschlag, eine Anleitung, auch eine Erlaubnis.

Aufforderungen lassen sich nicht nur durch Aufforderungssätze, sondern auch 1041
durch zahlreiche andere sprachliche Mittel ausdrücken:
- durch Fragesätze (häufig ergänzt durch Partikeln wie *mal* oder *bitte*):

„Würdest du mir (mal) das Heft geben?" (= Gib mir [mal] das Heft.) – „Können Sie (bitte) das Fenster schließen?" (= Schließen Sie [bitte] das Fenster.)

- durch Aussagesätze (sie dürfen dann kein Vergangenheitstempus haben, richten sich häufig nicht ausdrücklich an ein Gegenüber und werden oft mit nachdrücklichem Ton gesprochen – in geschriebener Sprache entspricht dem das Ausrufezeichen):

„Jetzt ist aber Schluß mit diesem ständigen Nörgeln!" (= Hört auf zu nörgeln!) – „Du gehst jetzt sofort ins Bett!" (= Geh jetzt sofort ins Bett!)

Der Aufforderungscharakter solcher Sätze kann durch den Einsatz von Modalverben und auch von Vollverben besonders kenntlich gemacht werden:

„Ich *will* das jetzt wissen." (= Sag es mir jetzt.) – „Ich *verlange* jetzt von Ihnen die Herausgabe der beschlagnahmten Unterlagen." (= Geben Sie die beschlagnahmten Unterlagen heraus.)

In diesen Fällen ist der Punkt häufiger als das Ausrufezeichen.
- durch Sätze mit *daß* oder *wenn* und Verb in Endstellung:

„Daß ihr mir **ja** ruhig seid!" (= Seid ruhig!). – „Das ist – wenn Sie bitte ein paar Schritte weitergehen wollen – ein Bild von Rubens." (= ... gehen Sie bitte ein paar Schritte weiter ...)

- durch Infinitiv- und Partizipialkonstruktionen:

„Alle mal herhören!" – „Aufgepaßt jetzt!" – „Stillgestanden!"

---

[1] Vgl. auch: E. Winkler: Der Satzmodus ‚Imperativsatz' im Deutschen und Finnischen. Tübingen 1989 (= Linguistische Arbeiten 225).

– durch Konstruktionen und Wörter ganz unterschiedlicher Art – der Aufforderungscharakter resultiert hier aus der Wortbedeutung:

„Hilfe!" – „Ruhe!" – „Schneller!" – „Weiter!"

Der Aufforderungscharakter kann sich schließlich auch aus dem Verhältnis von ganz beliebiger Äußerung und Situation ergeben. Eine Aussage wie „Es zieht" kann als Aufforderung geäußert und verstanden werden, Tür oder Fenster zu schließen. Verallgemeinert gesagt: Es gibt zwar eine starke Affinität zwischen Satzart und entsprechender Handlung, aber keine ausschließliche Eins-zu-Eins-Beziehung. Beim Aufforderungssatz zeigt sich das noch deutlicher als bei anderen Satzarten.

1.2.4 Der Wunschsatz

1042 Beim Wunschsatz[1] (gelegentlich auch als Desiderativsatz bezeichnet) kann man zwei unterschiedliche Typen unterscheiden:

1. Charakteristisch für den ersten Typ sind folgende Merkmale:
– Modus des Verbs ist der Konjunktiv I;
– das finite Verb steht an zweiter Stelle, im heutigen Deutsch fast ausschließlich in der 3. Person (in älterem Deutsch und in poetischer Sprache auch in der 2., selten in der 1. Person);
– die Intonation fällt gegen das Satzende hin ab; das normale Satzschlußzeichen ist der Punkt oder das Ausrufezeichen.

Hierher gehören Beispiele wie:

„Für nähere Auskünfte wende man sich an das Rektorat." – „Man stelle sich doch einmal die Konsequenzen vor!" – „Man nehme 6 Eier, 300 g Mehl und 300 g Zucker..." – „Hoch lebe unser verehrter Herr Bürgermeister!"

2. Der zweite Typ hat die folgenden charakteristischen Merkmale:
– Modus des Verbs ist der Konjunktiv II;
– das finite Verb steht an erster oder letzter Stelle im Satz;
– charakteristische Partikeln sind *bloß, nur, doch,* kombiniert: *doch bloß, doch nur;*
– die Satzintonation ist gegen Ende hin fallend, Satzschlußzeichen ist das Ausrufezeichen.

Beispiele für diesen Typ sind:

„Käme doch endlich dieser Zug!"/„Wenn doch endlich dieser Zug käme!" – „Hätten wir uns nur nie auf dieses Spiel eingelassen!"

1043 Grundsätzlich bringt der Wunschsatz ein „So soll(te) es sein" zum Ausdruck. Dabei wird beim ersten Typ mit dem Konjunktiv I angezeigt, daß Erfüllbarkeit des Wunsches unterstellt wird. Beim zweiten Typ signalisiert der Konjunktiv II Plusquamperfekt unterstellte Unerfüllbarkeit, hinter einem Konjunktiv II Präteritum kann grammatisch ebenso der erfüllbare wie der unerfüllbare Wunsch stehen. Im Gegensatz zum Aufforderungssatz richtet sich der Wunschsatz nicht an ein Gegenüber.

---

[1] Vgl. auch: U. Scholz: Wunschsätze im Deutschen – formale und funktionale Beschreibung. In: J. Meibauer (= Anm. 1 zu 1030), S. 234–258.

1.2.5 Der Ausrufesatz

Ausrufesätze[1] (oder Exklamativsätze) sind Sätze mit folgenden typischen   <u>1044</u>
Merkmalen:
- Modus des Verbs ist der Indikativ oder der Konjunktiv II;
- das finite Verb kann an erster, zweiter oder letzter Stelle des Satzes stehen. An letzter Stelle steht es, wenn der Satz durch *daß* oder durch ein w-Wort (Pronomen oder Adverb) eingeleitet wird, das aber keine Fragebedeutung hat;
- typische Partikeln sind *doch, ja, aber,* kombiniert: *aber auch;*
- charakteristisch für den Ausrufesatz ist seine Intonation. Sie ist bestimmt durch Abfallen gegen Ende des Satzes hin in Kombination mit Hervorhebung *einer* Satzposition durch markanten Akzent. Diese Intonation drückt Emotionalität, vor allem Bewunderung oder Verwunderung aus. Satzschlußzeichen ist das Ausrufezeichen.

Beispiele für den Ausrufesatz sind:

„Das ist ja ein *áusgezeichneter* Einfall!" – „Was diese Frau nicht alles *erlébt* hat!" – „Wie *gérn* wäre ich mit ihr befreundet gewesen." – „*Dú* hast aber einen hübschen Ring!" – „Hast *dú* aber einen hübschen Ring!" – „Was *dú* für einen hübschen Ring hast!" – „Daß du einen *só* hübschen Ring hast!"

Generell bringt der Ausrufesatz ein „Ich wundere mich, daß ..." oder „Ich bewundere ..." zum Ausdruck.

1.3 Satzformen

Sätze erscheinen in sehr unterschiedlicher Form. Die Unterschiede der Satz-   <u>1045</u>
form lassen sich mittels folgender Begriffe beschreiben:
1. Einfacher Satz (vgl. 1046)
2. Zusammengesetzter Satz (vgl. 1047); bei den zusammengesetzten Sätzen lassen sich weiter unterscheiden:
   a) Satzverbindung (auch: Satzreihe; vgl. 1048)
   b) Satzgefüge (vgl. 1049 f.)
   c) Periode (vgl. 1051)
3. Satzäquivalent (vgl. 1052)

1.3.1 Der einfache Satz

Einfache Sätze sind Sätze, denen grundsätzlich ein Verb (Prädikat) zugrunde   <u>1046</u>
liegt; von diesem Verb aus sind Stellen für weitere Elemente aufgerufen, und diese Stellen sind im Satz besetzt. (Für eine genauere Bestimmung der Merkmale des einfachen Satzes vgl. 1059 ff.) Einfache Sätze sind also z. B.:

Meine Familie ist verreist. Besuch mich doch bitte später! Paßt dir das?

Ein einfacher Satz ist entweder ein Aussagesatz, ein Fragesatz, ein Aufforderungssatz, ein Wunschsatz oder ein Ausrufesatz (vgl. dazu 1031 bis 1044).

---

[1] Vgl. auch: A. Näf: Gibt es Exklamativsätze? In: J. Meibauer (= Anm. 1 zu 1030), S. 140–160; I. I. Suschtschinskij: Zur kommunikativen Funktion des Ausrufesatzes. In: Deutsch als Fremdsprache 24 (1987), S. 156–160.

1.3.2 Der zusammengesetzte Satz

1047 Zusammengesetzte Sätze sind komplexere Konstruktionen, die als Satzverbindung (auch: Satzreihe), als Satzgefüge oder als Periode erscheinen. Gemeinsam ist allen diesen Konstruktionen, daß Teilsätze zu einer größeren Einheit zusammentreten; unterschiedlich ist die Selbständigkeit bzw. die grammatische Abhängigkeit der Teilsätze in der jeweiligen Satzform: Die Satzverbindung besteht aus Teilsätzen, die einen hohen Selbständigkeitsgrad haben und einfach aneinandergereiht sind. Demgegenüber besteht das Satzgefüge aus Teilsätzen, zwischen denen (grammatische) Abhängigkeit besteht.[1] Ein und derselbe Sachverhalt in den beiden unterschiedlichen Satzformen formuliert, könnte so lauten:

> Das Wasser ist knapp geworden, die Lebensmittel gehen zur Neige, und nun kommt die anstrengendste Etappe (Satzverbindung). – Nachdem das Wasser knapp geworden ist und jetzt auch die Lebensmittel zur Neige gehen, kommt nun die anstrengendste Etappe (Satzgefüge).

Auch jeder zusammengesetzte Satz als Ganzes läßt sich einer Satzart zuordnen.

Satzverbindung (Satzreihe)

1048 In der Satzverbindung (Satzreihe) behalten die einzelnen Teilsätze grundsätzlich ihre formale Selbständigkeit. Oft könnte sogar ohne einschneidende Veränderung der Aussage jeder Teilsatz für sich allein stehen: als einfacher Satz. Um terminologisch sowohl den Aspekt der relativen Selbständigkeit als auch den der Einbindung in ein größeres Ganzes ausdrücken zu können, sprechen wir hier von selbständigen Teilsätzen; oft nennt man diese Teilsätze auch einfach Hauptsätze.[2]

Die selbständigen Teilsätze einer Satzreihe müssen nicht notwendig aufeinanderfolgen, der eine kann auch in den anderen eingeschoben sein; der eingeschobene Teilsatz wird dann normalerweise in Gedankenstriche eingeschlossen:

> Laut Unfallstatistik des Bundesamtes – sie ist gerade vor wenigen Tagen erschienen – sind die Autounfälle im letzten Jahr weiter zurückgegangen.

Einen derart eingeschobenen Satz bezeichnet man als Schaltsatz oder Parenthese. Parenthesen unterbrechen intonatorisch den Bogen des Satzes, in den sie eingeschoben sind.

Die selbständigen Teilsätze einer Satzreihe gehören normalerweise zur gleichen Satzart; an der Bestimmung des Satzschlußzeichens haben sie damit gleichen Anteil:

> Wo war sie in dieser Zeit, wovon hat sie gelebt, wer hat ihr Kind versorgt? Der Himmel verdunkelt sich, Blitze zucken, der Regen strömt herab.

Gehören die Teilsätze unterschiedlichen Satzarten an, richtet sich das Satzschlußzeichen nach der Satzart des letzten Teilsatzes. Parenthesen erhalten entsprechend ihrer Satzart Fragezeichen oder Ausrufezeichen, nicht aber den Punkt:

> Elisabeth hat es gewußt, Hans war informiert, warum hat man mich nicht eingeweiht? Sie hat – erinnerst du dich? – öfter davon gesprochen. Sie hat – ich erinnere mich – öfter davon gesprochen.

---

[1] Bei der Satzverbindung spricht man auch von Parataxe (griech. *parátaxis*, ‚Beiordnung, Nebenordnung‘), beim Satzgefüge von Hypotaxe (griech. *hypótaxis* ‚Unterordnung‘).
[2] Zu den Terminologieproblemen hier und bei den Satzgefügen vgl. detaillierter Anm. 1 zu 1050.

Satzgefüge

Ein Satzgefüge besteht aus Teilsätzen, zwischen denen (grammatische) Abhängigkeit besteht. Anders gesagt: Satzgefüge sind dadurch gekennzeichnet, daß (mindestens) *ein* Teilsatz einem anderen grammatisch (also nicht etwa inhaltlich oder seinem Gewicht nach) untergeordnet ist. Den untergeordneten Teilsatz bezeichnet man als Nebensatz. Nebensätze können sein: 1049

1. Teilsätze mit einleitender Konjunktion + Finitum in Endstellung:

   Weil er völlig entkräftet war, gab er das Rennen auf. Wieder wurde erwähnt, *daß die Regenfälle zu großen Schäden geführt hätten.*

2. Teilsätze mit einleitendem Relativpronomen oder einleitender Relativpartikel + Finitum in Endstellung:

   Sie löste das Problem, *das sie schon lange gequält hatte.* Sie verließen das Land, *wo sie lange gelebt hatten.*

3. Teilsätze mit einleitendem Fragepronomen oder einleitender Fragepartikel + Finitum in Endstellung:

   Sie fragte, *wer noch komme.* Sie fragte, *ob er komme und wann er komme.*

4. Teilsätze mit Finitum in Spitzenstellung, ohne einleitende Konjunktion:

   Sollte er heute nicht kommen, werde ich anrufen. *Ist die eine Wohnung zu klein,* so ist die andere zu weit entfernt.

5. Teilsätze mit Finitum in Zweitstellung, bei bestimmten Konjunktionen (*als* im Sinne von *als ob*):

   Sie verhielten sich, *als wären sie das erste Mal auf dem Platz.*

6. Teilsätze mit Finitum in Zweitstellung ohne Konjunktion in Fällen angeführter Rede und bei verwandten Erscheinungen:

   Man hat uns gesagt, *es werde noch eine Weile dauern.* Ich dachte, *ich sehe nicht recht.*

Den Nebensätzen rechnen wir im Folgenden auch zu:

7. Satzwertige Infinitivkonstruktionen:

   Es freut mich, *ihm ein bißchen geholfen zu haben.*

Es handelt sich hier um Infinitivkonstruktionen, die im zusammengesetzten Satz die gleiche Funktion erfüllen wie Teilsätze mit finitem Verb. Man bezeichnet sie auch als Infinitivsätze.

8. Satzwertige (Adjektiv- und) Partizipialkonstruktionen:

   Vom plötzlichen Einbruch der Nacht überrascht, war er ohne Orientierung.

Man spricht hier auch von Partizipialsätzen. Sie werden vornehmlich in der gehobenen Sprache verwendet.

Den Teilsatz im Satzgefüge, von dem ein anderer Teilsatz grammatisch abhängig   1050
ist, bezeichnet man als übergeordneten Teilsatz. Ein übergeordneter Teilsatz kann seinerseits wieder von einem anderen Teilsatz abhängig, also selbst ein Nebensatz sein; das ändert aber nichts daran, daß er einem anderen übergeordnet ist. Derjenige übergeordnete Satz im Satzgefüge, der keinem anderen Satz untergeordnet ist, ist der Hauptsatz:[1]

   (a) Ich glaube, (b) daß es leichter geworden ist, (c) seit wir wissen, (d) was die Ursache ist.

---

[1] Mit dem Terminus „Hauptsatz" wird in einigen Grammatiken auch der „übergeordnete Teilsatz" oder der „selbständige Teilsatz" in der Satzverbindung bezeichnet.

Der Teilsatz (b) ist hier (c) übergeordnet, aber zugleich ein Nebensatz zu (a); (a) ist zugleich übergeordneter Satz zu (b) und bezogen auf das ganze Satzgefüge der Hauptsatz. Um den Grad der Abhängigkeit von Teilsätzen im Satzgefüge beschreiben zu können, kann man verschiedene Abhängigkeitsebenen unterscheiden. Teilsatz (b) – abhängig vom Hauptsatz – ist ein Nebensatz ersten Grades; Teilsatz (c) – abhängig von einem Nebensatz ersten Grades – ist ein Nebensatz zweiten Grades usw. Einander nebengeordnete Nebensätze haben den gleichen Grad der Abhängigkeit.[1]

Periode

1051 Hauptsätze (oft selbst schon komplex ausgebaut), übergeordnete Teilsätze, Nebensätze und selbständige Teilsätze lassen sich zu kunstvollen Gesamtsätzen vereinigen, die man Perioden nennt. Dafür ein Beispiel:

> Dies Verhältnis ist das zentrale Kapitel seiner Biographie, und eine wie große Bedeutung die Begegnung, diese auf Gegensätzlichkeit, Polarität gegründete Freundschaft auch für Goethe besessen haben mag, wie hoch er sie, namentlich nach des anderen Tode, gehalten hat – der ihr eigentlich Verfallene, immer tief mit ihr Beschäftigte, mit ihr Ringende, der, dem sie Leid und Glück jeder Liebesheimsuchung ersetzte, war Schiller, und Goethes Verhalten darin war kühl und affektfern im Vergleich mit der zu ihm drängenden Haßliebe des Partners, der seinen Egoismus schilt, von ihm als von einer spröd-hochmütigen Schönen redet, der man „ein Kind machen" müsse, ganz und gar der Werbende ist; dessen erregt antithetisches Denken ganz vom Dasein des anderen bestimmt ist und dessen Gefühl für dieses dem seinen so fremde Dasein sich in Gedankenlyrik ergießt, welche in schwermütiger Demut, wenn auch mit vollkommener Manneswürde, die heldische Mühe, die sein Teil und Los ist, der Begnadung unterordnet und sich verbietet, ihr zu „zürnen" (Th. Mann: Versuch über Schiller).

1.3.3 Das Satzäquivalent

1052 Zwischen Satzschlußzeichen stehen oft Ausdrücke, die von ihrer Struktur her nicht als Sätze angesehen werden, vor allem weil sie kein Verb enthalten oder weil sie aus irgendeinem Grund unvollständig sind. Sie leisten aber das gleiche wie ausgebaute Sätze. Entsprechendes begegnet auf Teilsatzebene. Man spricht hier von Satzäquivalenten oder Teilsatzäquivalenten. Im engeren Sinn gehören hierher Wendungen wie:

Ja! Nein! Bitte! Danke! Vorsicht!

In einem weiteren Sinn gehört hierher auch die sogenannte Ellipse (vgl. dazu Kap. 2.6).

1.4 Operationale Verfahren in der Syntax

1053 Für die Gewinnung und für die Begründung von Kategorien zur Analyse von Sätzen hat die Sprachwissenschaft bestimmte (operationale) Verfahren entwickelt. Wer mit diesen Kategorien arbeiten und sie selbständig auf neue Texte anwenden will, muß die Verfahren kennen, die hinter ihnen stehen. Aus diesem Grund werden im Folgenden für die Syntax einschlägige und häufiger vorkommende Verfahren zusammenfassend vorgestellt.

---

[1] Zur Stellung von Teilsätzen insgesamt vgl. Kap. 4.6

1.4.1 Klangprobe

Bei der Klangprobe handelt es sich um die kontrollierte Umsetzung eines
schriftlichen Textes in mündliche Form, also um das kontrollierte laute Lesen
eines Textes; das Ziel ist dabei, für andere hörbar zu machen, wie der Leser den
Text versteht.

1054

> Der Werbespruch *Contrex macht natürlich schlank* kann auf zweierlei Weise gelesen
> werden, mit Betonung entweder von *natürlich* oder von *schlank.* Je nachdem, wie ein
> Leser betont, gibt er dem *natürlich* eine andere Bedeutung, einmal im Sinne von *auf
> natürliche Weise,* das andere Mal im Sinne von *selbstverständlich.* Der Reiz des
> Spruchs als Werbespruch liegt in dem Spiel mit den beiden Möglichkeiten, in der Of-
> fenheit gegenüber dem Festlegen auf die eine oder andere. Diese Offenheit existiert
> freilich nur in der geschriebenen Sprache; Umsetzung in die gesprochene Sprache läßt
> sofort die eine oder die andere Möglichkeit deutlicher hervortreten.

Im Grunde geht es bei der Klangprobe um eine Systematisierung dessen, was automatisch bei jedem (auch stillem) Lesen abläuft, nämlich Sinngebung durch den
Leser. Damit sind zugleich auch die Grenzen der Klangprobe sichtbar gemacht:
Sie führt nicht etwa auf das richtige Lesen, sie macht lediglich Lese- und Verste-
hensmöglichkeiten hörbar und zugänglich. Ihr Wert für die Grammatik liegt vor
allem darin, daß man sich in kontrolliertem lautem Lesen der Satzauffassung des
andern vergewissern kann.

1.4.2 Verschiebeprobe (Umstellprobe, Permutation)

Bei der Verschiebeprobe handelt es sich um die kontrollierte Veränderung
der Abfolge einzelner Wörter und Wortgruppen im Satz. Dabei muß der Satz
grammatisch korrekt bleiben, und die Information, die er enthält, darf nicht faßbar verändert werden; d.h., es dürfen durch die Verschiebung nur geringfügige
Variationen der Information, Verlagerungen in der Gewichtung oder dergleichen, nicht aber wirkliche Veränderungen vorkommen.

1055

Ein Beispiel: Für den Satz *Die Mannschaft aus England trifft morgen hier ein* sind
folgende Verschiebungen möglich, wenn man sich an die eingeführten Bedingungen hält:

1. Morgen trifft die Mannschaft aus England hier ein.
2. Hier trifft morgen die Mannschaft aus England ein.

Nicht möglich, weil nicht zu einer grammatisch korrekten Form führend, wäre z.B.:

3. Morgen die Mannschaft aus England hier trifft ein.
4. Die Mannschaft aus England morgen hier trifft ein.

Ebenfalls nicht zulässig (obwohl grammatisch möglich) wäre:

5. Die Mannschaft trifft morgen aus England hier ein.

Gegenüber dem Ausgangssatz hat sich die Information verändert: Aus der *Mannschaft aus England* ist *irgendeine Mannschaft* geworden, die, aus England kom-
mend, hier eintrifft.
Ein anderes Problem liegt im folgenden Fall vor:

6. Trifft die Mannschaft aus England morgen hier ein?

Zweifellos handelt es sich hier um einen grammatisch korrekten Satz, und es gibt
auch keine Veränderung der Information in der Form wie unter (5). Gegenüber
den anderen als korrekt zugelassenen Umformungsmöglichkeiten besteht aber

ein entscheidender Unterschied: Der Satz hat die Form einer Frage erhalten. Man muß von Fall zu Fall entscheiden, ob man diese Möglichkeit zulassen will.

Verschiebeproben können auch an zusammengesetzten Sätzen vorgenommen werden. Dabei zeigen z. B. die folgenden Satzgefüge charakteristische Unterschiede in der Stellung des Finitums:

> Er hat mich getäuscht, wenn er den Beleg nicht geschickt hat.
> Er hat mich getäuscht, wenn du die Wahrheit wissen willst.

Eine Verschiebeprobe beim ersten Beispiel ergibt:

> Wenn er den Beleg nicht geschickt hat, hat er mich getäuscht.

Beim zweiten Beispiel ist hingegen nur möglich:

> Wenn du die Wahrheit wissen willst: Er hat mich getäuscht.

Mit der Verschiebeprobe kann man zunächst nur feststellen, daß Unterschiede zwischen Beispielen bestehen; welcher Art diese Unterschiede sind und wie sie zu erklären sind, müssen weitere Proben erweisen.

1.4.3 Ersatzprobe (Substitutionstest, Kommutation)

1056 Bei der Ersatzprobe geht es darum, ein Wort oder eine Wortgruppe innerhalb eines gegebenen Satzes gezielt zu ersetzen.

> Der Witz des Satzes *Ein Junggeselle ist ein Mann, dem zum Glück die Frau fehlt* beruht auf seiner Doppeldeutigkeit. Diese kann man dadurch aufheben, daß man den doppeldeutigen Teil in jeweils eindeutiger Weise ersetzt:
> Ein Junggeselle ist ein Mann, dem *glücklicherweise* die Frau fehlt.
> Ein Junggeselle ist ein Mann, dem – *um glücklich zu sein* – die Frau fehlt.

Eine Ersatzprobe wie diese nennt man eine sinngebundene Ersatzprobe; sie dient dazu, den möglichen Sinn eines Wortes oder einer Wortgruppe sichtbar zu machen. Weder die Wortform noch die Wortart, ja nicht einmal die Konstruktion der entsprechenden Stelle des Ausgangssatzes muß dabei erhalten bleiben. Auch hier ist es freilich wieder so, daß die Probe Möglichkeiten des Verstehens zeigt, nicht die „richtige Lösung". Um diese zu bestimmen, muß der Kontext herangezogen werden.

Entsprechend geht man vor, wenn eine Wortform nicht eindeutig ist und man diese bestimmen will. Ein solcher Fall liegt im folgenden Beispiel vor:

> Das Schiff ereilte auf der Heimfahrt ein Unglück.

Wer ereilte hier wen? Die Möglichkeiten, die bestehen, kann man dadurch sichtbar machen, daß man an den nicht eindeutigen Stellen maskuline Personalpronomen einsetzt; an ihnen ist der Kasus am leichtesten ablesbar:

> *Ihn* ereilte auf der Heimfahrt ein Unglück.
> Das Schiff ereilte auf der Heimfahrt *er.*
> *Er* ereilte auf der Heimfahrt ein Unglück.
> Das Schiff ereilte auf der Heimfahrt *ihn.*

Auf dieser Grundlage (und – wo das nötig ist – unter Berücksichtigung des Kontextes) läßt sich eine begründete Entscheidung fällen: Die erste Lösung ist die überzeugendste; *das Schiff* ist Akkusativ, *ein Unglück* dann Nominativ.

Eine solche Ersatzprobe, bei der es um die Bestimmung einer Form geht, ist eine formgebundene Ersatzprobe; sie muß die Formeigentümlichkeiten des Ausgangssatzes getreu abbilden.

1.4.4 Umformungsprobe (Transformation)

Bei der Umformungsprobe geht es um die Umsetzung größerer Konstruktio-   1057
nen oder ganzer Textstellen in andere; dabei muß die Bedeutung des Ausgangs-
beispiels erhalten bleiben. Die Umformungsprobe ist gewissermaßen eine erweiterte sinngebundene Ersatzprobe.
Eine Umformungsprobe liegt etwa vor, wenn ein ganzer Teilsatz in einen Satzteil
umgesetzt wird:

> *Wenn Sie überholen,* sollten Sie die linke Spur benutzen.
> *Beim Überholen* sollten Sie die linke Spur benutzen.

Zur Umformungsprobe wird hier auch gerechnet, was man sonst als sinnexplizierende Paraphrase bezeichnet; es handelt sich dabei um eine Umschreibung, die den Sinn einer Textstelle sichtbar macht, der an der Ausgangsformulie-
rung so deutlich nicht abzulesen ist.
Dafür ein Beispiel: In den folgenden beiden Satzgefügen bezeichnet *weil* jeweils
ein anderes Verhältnis zwischen den Teilsätzen:

> Weil der Motor kaputt war, brannte auch das Lämpchen nicht mehr.
> Weil das Lämpchen nicht mehr brannte, war der Motor kaputt.

Die Unterschiede sind intuitiv wahrnehmbar; sichtbar gemacht werden können
sie durch eine sinnexplizierende Paraphrase:

> Daß der Motor kaputt war, *war der Grund dafür,* daß auch das Lämpchen nicht mehr
> brannte. – Daß das Lämpchen nicht mehr brannte, *war ein Zeichen dafür,* daß der
> Motor kaputt war.

1.4.5 Weglaßprobe (Abstrichprobe, Eliminierungs-
transformation)/Erweiterungsprobe (Augmentation)

Bei der Weglaßprobe geht es um die gezielte Weglassung von Wörtern oder   1058
Wortgruppen innerhalb eines Satzes, bei der Erweiterungsprobe um die gezielte Anreicherung eines Satzes mit Wörtern oder Wortgruppen. Eine spezielle
Fragestellung kann dabei z. B. sein, welche Teile eines Satzes notwendig sind für
seinen Bestand, ohne welche er also sprachlich falsch wird oder seinen Sinn
ändert:

> 1. Ich fand ihn schnell heraus.
> 2. Ich fand ihn schnell.
> 3. Ich fand ihn.
> 4. Ich fand.

Geht man in diesem Beispiel von Stufe 1 zu Stufe 2, so wird ein vorher eindeutiger
Satz plötzlich doppeldeutig: Es kann plötzlich auch gemeint sein, daß jemand als
schnell empfunden wird. Eine neue Eindeutigkeit ergibt sich auf Stufe 3. Der Satz
auf Stufe 4 ist nur noch in bestimmten Kontexten denkbar.
Bei der Erweiterungsprobe wird in umgekehrter Richtung probiert, einen Satz
mit weiteren Elementen anzureichern.
Eine spezielle Form der Weglaß- und Erweiterungsprobe ist die Negationsprobe: Man tilgt eine Negation, wo sie steht, oder man setzt eine ein, wo sie
nicht steht, und prüft die Veränderung, die sich ergibt. Auch die Negationsprobe
vermag (wie oben die Verschiebeprobe) unterschiedliche Verhältnisse in äußerlich gleich scheinenden Satzgefügen offenzulegen:

Er wird, wenn es stark regnet, zu Hause bleiben.
Er wird, wenn ich das so sagen darf, ein Versager bleiben.

Unterzieht man die beiden Satzgefüge einer Negationsprobe, so ergibt sich:

Er wird, wenn es nicht stark regnet, nicht zu Hause bleiben.
(Nicht:) Er wird, wenn ich das nicht so sagen darf, nicht ein Versager bleiben.

Auch hier ist mittels weiterer Analysen der Unterschied zu erklären; die Negationsprobe erweist zunächst nur, daß ein Unterschied besteht.

Die vorgeführten operationalen Verfahren sind Hilfsmittel, mit denen grammatische Einteilungen vorgenommen und nachvollzogen werden können. Dabei ist es wichtig, zu wissen, daß sie nie automatisch auf „richtige Lösungen" führen. Sie setzen immer einen kompetenten Sprecher voraus, d. h. einen Sprecher, der die betreffende Sprache sicher beherrscht. Dieser Sprecher muß z. B. eine Umschreibungsmöglichkeit nachvollziehen und als angemessen oder nicht angemessen bestimmen können; dafür muß er das sprachliche Beispiel, um das es geht, verstanden haben. Nur so kann er entscheiden, ob z. B. eine bestimmte Umschreibungsmöglichkeit im konkreten Fall auch zutrifft. Vorausgesetzt ist also – pointiert formuliert – ein Sprecher, der schon können muß, was er wissen will.

2 Der einfache Satz

2.1 Allgemeines

1059 Einfache Sätze sind Sätze, denen grundsätzlich *ein* Verb zugrunde liegt. Im Satz erscheint es in finiter Form (als Finitum):

Sie *schenkte* ihm ein Buch. Vor den Ferien *schreiben* wir keine Arbeit mehr.

(Manchmal enthalten einfache Sätze auch mehrere Verbformen. Zu den verschiedenen Möglichkeiten vgl. 1064 f.)

1060 Der Bau einfacher Sätze erschließt sich am besten vom Verb her: Das Verb wird hier als das Element gesehen, das in besonderem Maße die Satzstruktur bestimmt.[1] Das gilt in mehrfacher Hinsicht:

Sie schenkt ihm ein Buch.

1. Wesentlich vom Verb hängt ab, wie viele und welche weiteren Elemente im Satz vorkommen können und oft auch müssen. Man spricht in diesem Zusammenhang davon, daß ein Verb bestimmte Stellen im Satz „eröffnet" oder daß es bestimmte Satzglieder „aufruft". So eröffnet ein Verb wie *schenken* z. B. eine Stelle für die Nennung dessen, der etwas schenkt, dessen, dem etwas geschenkt wird, und dessen, was geschenkt wird.

2. Mit dem gewählten Verb hängt in hohem Maße auch die inhaltliche Bestimmung der Elemente zusammen: An der Stelle für die Bezeichnung dessen, der schenkt, kann im Grunde nur ein menschliches Wesen genannt werden, denn nur ein solches kann „schenken". Kein menschliches Wesen kann dagegen dort genannt werden, wo das zu Schenkende bezeichnet wird: In unserer Kultur können

---

[1] Zur wissenschaftlichen Begründung und zu detaillierterer Legitimation des hier gewählten Vorgehens bei der Satzanalyse vgl. ausführlicher P. Gallmann/H. Sitta: Satzglieder in der wissenschaftlichen Diskussion und in Resultatsgrammatiken. In: ZGL 20 (1992), S. 137–181.

Menschen nicht „geschenkt" werden – jedenfalls nicht in dem Sinne, in dem ein Buch geschenkt werden kann.[1]

3. Eine wichtige Rolle spielt das Verb auch für die Anordnung der Elemente im Satz, für die Wortstellung (vgl. Kap. 4). Es ist gewissermaßen die Achse des Satzes, um die sich die anderen Elemente bewegen lassen:

1061

> Sie *schenkt* ihm ein Buch.
> Ein Buch *schenkt* sie ihm.
> Ihm *schenkt* sie ein Buch.

Jedes der drei vom Verb aufgerufenen Elemente des Satzes kann in mehreren verschiedenen Stellungen stehen, allein das Finitum nicht. Es bleibt an zweiter Stelle. Dabei bedeutet „zweite Stelle" nicht, daß es das zweite Wort im Satz sein muß. *Ein* und *Buch* z. B. sind als zusammengehörig anzusehen, die beiden Wörter lassen sich bei einer Verschiebung nicht trennen und treten insgesamt vor das Finitum (vgl. zur Stellung des Finitums ausführlicher 1347–1350).

Mit seinen verschiedenen Formen kann das Verb auch gewissermaßen den Rahmen bilden für die weiteren Elemente des Satzes:

> Sie *hat* ihm ein Buch *geschenkt*.
> Ein Buch *hat* sie ihm *geschenkt*.

Normalerweise steht in solchen Fällen im Deutschen der finite Teil der zusammengesetzten Verbform an zweiter Stelle, der infinite an letzter (vgl. dazu ausführlicher 1350 f.).

Das die Struktur des Satzes bestimmende Verb im einfachen Satz bezeichnen wir als Prädikat. Das Prädikat kann seiner Form nach einteilig oder mehrteilig sein (vgl. dazu ausführlicher 1063–1065).

1062

Aufgerufen vom Prädikat und in ihrer Anordnung von ihm mit bestimmt, stehen im Satz Satzglieder. Satzglieder sind die kleinsten in sich zusammengehörigen Elemente des Satzes (Wörter und Wortgruppen), die sich nur geschlossen verschieben lassen und die zugleich als ganze ersetzbar sind (vgl. dazu ausführlicher 1072 ff.).[2]

Neben dem Prädikat und den Satzgliedern kommen Verbindungsteile vor; sie dienen der Verknüpfung von Sätzen. Auf sie werden wir insbesondere bei der Behandlung des zusammengesetzten Satzes stoßen. Im Folgenden geht es zunächst detaillierter um das Prädikat, dann um die Satzglieder.

2.2 Das Prädikat

Das Prädikat ist fest mit der Wortart Verb verbunden. Wenn es aus *einer* Verbform besteht, spricht man von einem einteiligen Prädikat; besteht es aus *mehreren* Verbformen, bezeichnet man es als mehrteiliges Prädikat:

1063

> Einteiliges Prädikat: Er *verdient* sein Geld als Maurer.
> Mehrteiliges Prädikat: Er *hat* sein Geld als Maurer *verdient*.

---

[1] Um ein anderes „Schenken" handelt es sich danach in Sätzen wie *Sie schenkte ihm ein Kind*.
[2] Wir fassen hier das Prädikat – im Gegensatz zu einer lange geltenden Auffassung, die Subjekt und Prädikat als die zentralen Satzglieder betrachtet hat – nicht als ein Satzglied auf. In seiner Funktion als Achse oder Rahmen des Satzes ist das Prädikat vielmehr das strukturelle Zentrum, von dem aus Satzglieder aufgerufen werden. Wenn man gegen diese Auffassung das Prädikat weiterhin als Satzglied bezeichnen will, muß man sich bewußt sein, daß man damit Phänomene auf zwei verschiedenen Ebenen faßt.

In einfachen Sätzen enthält das Prädikat immer eine finite Verbform – beim einteiligen sie allein, beim mehrteiligen die finite zusammen mit infiniten Formen. Im einfachen Aussagesatz steht das Finitum an zweiter Stelle; je nach Satzart kann es auch an erster oder letzter Stelle stehen; von dieser Stelle kann es (ohne Veränderung der Satzart) nicht verschoben werden (vgl. dazu detaillierter 1347 ff.):

> Die Hitze *stört* sehr. *Stört* die Hitze sehr? Wie die Hitze *stört!*

1064 Mehrteilige Prädikate enthalten außer der finiten eine oder mehrere infinite Formen. Im einzelnen kommen hier vor:

1. Zusammengesetzte Tempus- und Modusformen (Vollverb + ein oder mehrere Hilfsverben):

> Sie *haben* schon ihr drittes Boot *gebaut.* Plötzlich *ist* ein Stein *heruntergefallen.* Sie *wird* unterdessen in Köln *eingetroffen sein.* Das *würde* ich mir noch einmal *überlegen.*

2. Passivformen, einschließlich Passivvarianten (Vollverb + Hilfsverb für das Passiv, vgl. 317):

> Das Thema *wurde* wieder *aufgegriffen.* Er *bekam* viele Bücher *geschenkt.* Dieses Thema *gehört* genauer *behandelt.* Dieses Thema *ist* genauer *zu behandeln.*

3. Verbindungen mit Modalverben:

> Sie *wollen* schon ihr drittes Boot *bauen.* Vor den Ferien *sollten* wir noch eine Arbeit *schreiben.*

In die Reihe der Modalverben tritt in der Gegenwartssprache auch das Verb *brauchen,* das vor allem in mündlicher Rede häufig ohne *zu* verwendet wird:

> Sie *muß* das nicht *annehmen.* Sie *braucht* das nicht *an[zu]nehmen.*

4. Verbindungen mit anderen Verben, die einen Infinitiv ohne die Partikel *zu* bei sich haben können:

> Wir *sahen* ihn *kommen.* Ich *lasse* mir das nicht *nehmen.* Wir *hörten* die Regentropfen auf die Dächer *prasseln.* Die Kinder *gingen* nachmittags *baden.*

5. Verbindungen mit Verben, die einen nicht satzwertigen Infinitiv mit der Partikel *zu* bei sich haben können:

> Die Kinder *scheinen* fest *zu schlafen.* Sonntags *pflegt* sie *auszugehen.* Das *hat* niemanden *zu interessieren.*

6. Verbindungen von Vollverben mit einem 2. Partizip:

> Sie *kamen angerannt.*

7. Einzelfälle wie z. B. *tun* als Hilfsverb mit dem Infinitiv:

> *Warten tu* ich nicht gern. Bücher *lesen tut* er nie.

Wird der Infinitiv nicht vorangestellt *(Ich tu nicht gern warten),* ist dieser Gebrauch standardsprachlich allerdings nicht korrekt.

8. Zum Prädikat rechnet man auch die an sich nicht verbal geprägte trennbare Vorsilbe von Verben, die sich bei der Verwendung des Verbs im Satz von diesem ablösen kann, den Verbzusatz:

> Er *schaut* den Spielen der Kinder gern *zu.*
> Wir *kommen* unter diesen Umständen sicher *mit.*
> Mich *werdet* ihr so schnell nicht wieder *los.*

Dieser Verbzusatz ist eigentlich ein Bestandteil des finiten Verbs. Hinsichtlich der Wortstellung verhält er sich aber wie die infiniten Formen und steht an letzter

Stelle im Satz, wenn er allein mit einem Finitum in Zweitstellung das Prädikats-gefüge bildet.

Darüber hinaus ist zu beachten: 1065
– Die angeführten Konstruktionen können miteinander kombiniert werden:

> Sie *könnte* von Heinz *gesehen worden sein.* (1 + 2 + 3) Ich *habe* die Vase *fallen lassen.* (1 + 4) Wir *konnten* gestern abend viele Sternschnuppen über den Himmel *huschen sehen.* (1 + 3 + 4) Du *hättest* den Hund nicht nach draußen *gehen lassen dürfen.* (1 + 3 + 4)

– Einfache Sätze können Reihungen enthalten. Gereiht werden kann auch das Prädikat – das einteilige, das mehrteilige oder auch Teile eines mehrteiligen Prädikats:

> Ich *kam, sah* und *siegte.* Er *läuft* und *läuft* und *läuft.*
> Die Tanne *ist umgestürzt* und *hat* zwei Wohnhäuser *beschädigt.*
> Erika *hat* das Buch *zugeschlagen* und ins Regal *gestellt.*

Schwierigkeiten bei der Prädikatsbestimmung kann es in folgenden Fällen geben: 1066
1. In Infinitiv- und Partizipialsätzen bildet ein Infinitiv bzw. ein Partizip den Kern der Konstruktion, also das Prädikat. In solchen Sätzen fehlt eine finite Verbform:

> Wir hatten geplant, vor Mittag auf dem Gipfel *zu sein.* Die Zeitung bedauerte, von einer Falschmeldung *getäuscht worden zu sein.*
> Vor Wut *kochend,* rannte Ilse ins Zimmer. Mit einem Schraubenzieher *bewaffnet,* wagte sich Petra durch den dunklen Gang.

Hier ist es nicht immer einfach, zu bestimmen, ob es sich um einen zusammenge-setzten oder um einen einfachen Satz handelt, d. h., ob der Infinitiv oder das Partizip Kern eines eigenständigen Prädikats und damit satzwertig ist oder ob sie mit einem übergeordneten Verb zusammen ein mehrteiliges Prädikat bilden. Häufig gibt immerhin die Wortstellung Hinweise. Vgl. die folgenden Beispiele:

> Ruth wünschte(,) diesen Film *zu sehen.*
> Ruth hat diesen Film *zu sehen* gewünscht.
> Ruth hat gewünscht, diesen Film *zu sehen.*

2. Infinite Verbformen können nicht nur als Prädikatsteile verwendet werden. So sind z. B. 2. Partizipien bei adjektivischem Gebrauch nicht als Bestandteile des Prädikats zu bestimmen (sondern je nachdem als Satzadjektive oder als Attribute, vgl. dazu 1102 und 1120 ff.).

> Die Tür blieb *verschlossen.* Die Wanderer suchten *durchnäßt* nach einem Unter-stand. Die *ausgetrunkenen* Flaschen lagen unter dem Tisch. Das Foto war gestochen *scharf.*

2.3 Die Satzglieder im Deutschen

Unter den Elementen, in die sich ein (einfacher) Satz aufgliedern läßt, spielen ne- 1067
ben dem Prädikat die Satzglieder eine besondere Rolle. Im folgenden ist zu-nächst genauer zu zeigen, wie Satzglieder abgegrenzt werden. Man spricht hier von der Segmentierung von Satzgliedern; anschließend soll demonstriert wer-den, wie man die segmentierten Satzglieder einteilen, klassifizieren kann. So-wohl bei der Segmentierung als auch bei der Klassifizierung stützen wir uns auf operationale Verfahren, wie sie oben (vgl. 1053–1058) dargestellt worden sind.

2.3.1 Die Segmentierung von Satzgliedern

1068   Satzglieder sind die kleinsten in sich zusammengehörigen Elemente des Satzes (Wörter und Wortgruppen), die sich nur geschlossen verschieben und als ganze ersetzen lassen (vgl. 1062).[1] Das heißt: Die Segmentierung von Satzgliedern wird an das Kriterium der Verschiebbarkeit gebunden. Wo das nicht ausreicht, wird zusätzlich das Kriterium der Ersetzbarkeit herangezogen. Verschiebbarkeit stellt man mittels der Verschiebeprobe (vgl. 1055) fest, Ersetzbarkeit mittels der Ersatzprobe (vgl. 1056).

1069   Für die Segmentierung von Satzgliedern kann man folgenden Normalablauf festlegen:

1. Man bestimmt die verbalen Teile/das Prädikat eines Satzes.

2. Man unterwirft den Satz einer Verschiebeprobe (das Prädikat bzw. die verbalen Teile müssen dabei ihren Platz behalten). Normalerweise sind damit die Satzglieder segmentiert.

(3. Führt die Verschiebeprobe nicht zu einem befriedigenden Ergebnis, ist noch eine Ersatzprobe durchzuführen.)

Am Beispiel:

> Die Studentin hat die Klausur am 10. Dezember geschrieben.

1. Prädikat ist *hat ... geschrieben.*

2. Eine Verschiebeprobe (unter Beibehaltung der Position der verbalen Teile) ergibt:

> Am 10. Dezember hat die Studentin die Klausur geschrieben.
> Die Klausur hat die Studentin am 10. Dezember geschrieben.

3. Zum Nachweis der geschlossenen Ersetzbarkeit (d. h. das Glied ist als Ganzes ersetzbar) kann man eine Ersatzprobe ansetzen:

> Die Studentin *hat* die Klausur am 10. Dezember *geschrieben.*
> | | |
>   Sie   sie   gestern

Als Satzglieder ergeben sich mithin *die Studentin – die Klausur – am 10. Dezember*. Diese Satzglieder wären nun zu klassifizieren.

1070   Wie schon gesagt: Normalerweise reicht zur Segmentierung von Satzgliedern das Kriterium der Verschiebbarkeit allein aus. Das zusätzliche Kriterium der geschlossenen Ersetzbarkeit ist zur Lösung bestimmter Problemfälle eingeführt, wie sie z. B. in Sätzen wie den folgenden vorliegen:

> Eigentlich nahm er genug Geld mit.
> Im Kasten waren nur noch rostige Nägel.

Eine Verschiebeprobe führt hier nämlich unter anderem auf folgende Möglichkeiten:

> Geld nahm er eigentlich genug mit.
> Nägel waren nur noch rostige im Kasten.

Damit wären durch Verschiebung die folgenden „Satzglieder" segmentiert:

> eigentlich – er – genug – Geld
> im Kasten – nur noch rostige – Nägel

---

[1]   Mit dieser Fassung des Satzgliedbegriffs folgen wir H. Glinz, auf dessen Arbeiten zur Satzlehre generell (vgl. Literaturverzeichnis) zu verweisen ist.

Nun sollten aber *genug* und *Geld* im ersten Satz bzw. *nur noch rostige* und *Nägel* im zweiten nicht getrennt werden, erfüllen sie doch *zusammen* eine Rolle im Satz. Dafür, daß diese Elemente jeweils eine Einheit bilden, sprechen überdies auch grammatische Gründe. So können sie sehr wohl zusammen an der Spitze eines Satzes vor der Personalform stehen (d. h. einen einzigen Satzgliedplatz besetzen):

> Genug Geld nahm er eigentlich mit.
> Nur noch rostige Nägel lagen im Kasten.

Die Einheiten *genug* und *nur noch rostige* können aber nicht allein dort stehen:

> (Nicht:) Genug nahm er eigentlich Geld mit.
> (Nicht:) Nur noch rostige lagen Nägel im Kasten.

Die Trennung derartiger Elemente ist also nur unter bestimmten Bedingungen möglich. Zwischen ihnen besteht eine engere Verbindung, und das operationale Kriterium dafür ist die gemeinsame Ersetzbarkeit:

> Eigentlich nahm er *das* mit.
> Im Kasten waren *sie*.

Verschiebeprobe und Ersatzprobe gemeinsam ermöglichen es schließlich, eine   1071
ganz bestimmte Problemform zu analysieren, wie sie z. B. in folgendem Satz vorkommt:

> Es ritten drei Reiter zum Tor hinaus.

Das *es* vor dem Finitum ist nicht ersetzbar. Zwar kann man scheinbar Ersatzstücke einsetzen:

> Soeben ritten drei Reiter zum Tor hinaus.
> Im Morgengrauen ritten drei Reiter zum Tor hinaus.

Bei genauem Hinsehen aber zeigt sich, daß solche Ersatzausdrücke ebensogut *neben* das *es* treten könnten:

> Es ritten soeben drei Reiter zum Tor hinaus.
> Es ritten im Morgengrauen drei Reiter zum Tor hinaus.

Wo so etwas aber möglich ist, liegt kein Ersatz im strengen Sinne vor; das bedeutet: *es* ist hier kein Satzglied.
Dieser Befund läßt sich auch durch die Verschiebeprobe stützen: Das *es* fällt ersatzlos weg, wenn man die Glieder verschiebt:

> Drei Reiter ritten zum Tor hinaus.

Man bezeichnet dieses *es* als Platzhalter oder Platzhalter-*es*. Es hat ledig-
lich die Aufgabe, in einem Satz, in dem das Finitum an zweiter Stelle steht und die erste Stelle (= die Stelle vor dem Finitum) nicht besetzt ist, vor das Finitum zu treten und damit den freien Platz zu besetzen. Auf weitere Probleme mit *es* wird noch einzugehen sein; vgl. dazu 1082 b).
Vom Gebrauch des Pronomens *es* als Platzhalter zu unterscheiden ist dessen Gebrauch als *Korrelat*, das heißt als Wort, das auf einen Nebensatz verweist. Korrelate können auch an nichterster Stelle im Satz stehen:

> *Es* freut mich, daß sie dieses Angebot gemacht hat.
> Mich freut *es,* daß sie dieses Angebot gemacht hat.

Mit dem Platzhalter gemeinsam hat das Korrelat-*es,* daß es in bestimmten Verwendungsweisen wegfallen kann oder muß. Letzteres ist beispielsweise der Fall, wenn der Nebensatz vorangeht:

> Daß sie dieses Angebot gemacht hat, freut mich.

1072 Nachdem die Satzglieder segmentiert sind, kann man sie klassifizieren. Haupt-
orientierungspunkte für die Klassifizierung sind, daß Satzglieder eine bestimmte
Form haben (vgl. 1073 ff.) und daß sie im Satz eine besondere Funktion (Aufgabe; vgl. 1076 ff.) erfüllen. Erst danach (und eher im Sinne eines Ausblicks) wird
berücksichtigt, daß Satzglieder auch inhaltlich eine bestimmte Interpretation
erfahren können (vgl. 1109 ff.).

2.3.2 Die Klassifizierung von Satzgliedern

Satzglieder unter formalgrammatischem Aspekt

1073 Versucht man die Glieder, die über das Kriterium der Verschiebbarkeit ermittelt
worden sind, auf der Basis formalgrammatischer Merkmale zu ordnen, fällt zunächst auf, daß diese Glieder von ganz unterschiedlicher Komplexität sind. Einwortige können an der gleichen Stelle stehen wie mehrwortige (und sie nehmen
dort die gleichen Aufgaben wahr wie diese):

Sie schenkte ihm ein Buch.
Eine von ihm außerordentlich beeindruckte junge Frau schenkte ihm ein Buch.

Wenn wir nach den grammatischen Merkmalen fragen, die die beiden hervorgehobenen Satzglieder gemeinsam haben, können wir den Gesichtspunkt der internen Komplexität vernachlässigen. (Er wird bei der Behandlung des Satzgliedinnenbaus [vgl. Kap. 2.4] berücksichtigt werden). Unter diesen Umständen gilt für
die beiden Glieder gleichermaßen, daß sie im Nominativ stehen. Offenbar ist
diese Prägung dafür entscheidend, daß sie an der gleichen Stelle stehen können.
Innerhalb des Glieds *eine von ihm außerordentlich beeindruckte junge Frau* steht
zwar neben dem Nominativ *eine ... junge Frau* auch ein von einer Präposition abhängiger Dativ *(von ihm)*. Dieser Dativ ist aber nicht von Gewicht für die formal-
grammatische Prägung des Gesamtglieds. Es handelt sich hier um das Problem,
daß innerhalb eines Glieds ganz unterschiedliche formalgrammatische Merkmale
auftreten können, das Glied als Ganzes aber einen bestimmten Gesamtwert hat,
hier einen Gesamtfallwert. Dieser wird durch das Teilglied bestimmt, das im
Satz erhalten bleiben muß, wenn man das ganze Glied einer Weglaßprobe (vgl.
1058) unterwirft:

Eine ~~von ihm~~ außerordentlich beeind~~ruck~~te junge Frau schenkte ihm ein Buch.

Dem entspricht, daß ein Glied, obwohl es einen Kasus enthält, als Ganzes überhaupt keinen Fallwert haben muß:

Sie kam einen Tag später.

Hier stehen zwar im Satzglied *einen Tag später* zwei Wörter im Akkusativ. Eine
Weglaßprobe zeigt aber, daß hier *später* den Kern des Gliedes bildet:

Sie kam ~~einen Tag~~ später.

1074 Vernachlässigt man fürs erste die immer gegebene Möglichkeit eines internen
Ausbaus, so lassen sich die Glieder, die man im deutschen Satz antrifft, auf einige
wenige Muster mit bestimmten formalgrammatischen Merkmalen zurückführen.
Man kann sie nach den folgenden Kriterien ordnen:

1. Ist das Glied (a) im Kasus bestimmt oder ist es (b) im Kasus nicht bestimmt?
   a) Wenn es im Kasus bestimmt ist: In welchem?
   b) Wenn es im Kasus nicht bestimmt ist: Welcher Wortart gehört es an?
2. Enthält es ein Einleitewort (Präposition, Konjunktion) oder nicht?

Geordnet nach den aufgeführten Kriterien und tabellarisch aufgelistet, ergibt sich
damit die folgende Aufstellung (auf die Beispiele, die wir in der Tabelle zur Verdeutlichung anführen, werden wir später z. T. wieder zurückkommen):

1075

Glieder, die im Kasus bestimmt sind:	
1. im Nominativ:	*Der Sturm* vernichtete den Wald.
	Dirk ist *mein Freund.*
	Peter will nun doch auswandern, *ein schwerer Entschluß.*
	Frau Meier, Sie haben die meisten Stimmen erhalten.
2. im Akkusativ:	Man hat *ihn* entlassen.
	Sie arbeitete *den ganzen Tag.*
	Ich nenne ihn *einen Lügner.*
3. im Dativ:	Ilse hilft *ihrem Vater.*
4. im Genitiv:	Er bedarf dringend *meiner Hilfe.*
	Dieser Tage traf ich ihn wieder.
5. mit Präposition + obliquem Kasus:	Sie kommt *wegen der Annonce.*
	Ich denke *an dich.*
	Ich stehe *zu dir.*
	Vera wohnt *auf dem Lande.*
	Wir fahren *in die Ferien.*
6. mit Satzteilkonjunktion	Er lügt *wie eine Zeitung.*
	Ich betrachte ihn *als meinen Freund.*
Glieder, die im Kasus nicht bestimmt sind:	
1. mit einem Adjektiv als Kern:	
a) ohne Zusatz:	Das Essen ist *gut.*
	Das Essen schmeckt *gut.*
b) mit Präposition:	Sie hat das *von klein auf* gelernt.
	Sag es mir *auf deutsch.*
c) mit Satzteilkonjunktion:	Er lügt *wie gedruckt.*
	Ich erachte das *als gut.*
2. mit einer Partikel als Kern:	
a) ohne Zusatz:	Wir sind *gestern* gekommen.
	Sie war *schon* da.
b) mit Präposition:	Wir sind *seit gestern* da.
	Er kommt *von oben.*
c) mit Satzteilkonjunktion:	Ich fühle mich hier *wie überall.*
	Es geht ihm jetzt schon besser *als neulich.*

Satzglieder unter funktionalem Aspekt

Mit übereinstimmender formalgrammatischer Prägung sind allerdings keineswegs gleiche Funktionen im Satz verbunden. Ein Beispiel dafür:

1076

Meine Damen und Herren, diese Behauptung ist eine Unverschämtheit.

Alle drei im Fall bestimmten Glieder dieses Satzes stimmen hinsichtlich der formalgrammatischen Grundprägung „Nominativ" miteinander überein. Jedes erfüllt aber eine erkennbar unterschiedliche Funktion im Satz. Und eben die Frage

nach der Funktion führt nun zur zweiten (und wichtigeren) Stufe der Klassifikation von Satzgliedern.

1077 In einem ersten Ansatz kann man sagen: Satzglieder kann man nach der Funktion, die sie im Satz erfüllen, drei unterschiedlichen Funktionstypen zuordnen:

1. **Subjekt und Objekte** (= Glieder, die Verbergänzungen darstellen)

   Die Bauern bezahlten *dem Grundbesitzer den Pachtzins. Die hohen Zinsen* beraubten *die Bauern ihres Lohnes. Sie* kamen *um ihren Lohn. Die alte Bäuerin* denkt sorgenvoll *an morgen.*

2. **Prädikative Glieder** (= Glieder mit Bezug auf ein anderes Satzglied)

   Dieser Schmetterling war früher einmal *eine Raupe.* Die Raupe wurde *ein Schmetterling.* Die Raupe entwickelte sich *zu einem Schmetterling.* Die Raupe war *braun.* Sie gilt nicht *als Schädling.* Sie gilt *als unschädlich.* Man hält sie *für unschädlich.*

3. **Adverbiale Glieder** (= Glieder mit ausgeprägterer inhaltlicher Bestimmung)

   Peter ist *am Freitag* gekommen. Er blieb *eine Woche.* Er blieb *ziemlich lange.* Er reist *morgen* ab. Er verreist *über kurz oder lang.*

1078 Die formalgrammatischen Merkmale, die oben (vgl. 1074) herausgestellt worden sind, und die eben angesprochenen funktionalen Gesichtspunkte lassen sich nun aufeinander beziehen. An einem Beispiel erläutert:

   Gib mir *die Hand!*

Bei dem Satzglied *die Hand* handelt es sich:
– hinsichtlich der formalen Prägung um eine Wortgruppe im Akkusativ,
– hinsichtlich der funktionalen Bestimmung um ein Objekt.

Die beiden Gesichtspunkte führen in ihrem Bezug aufeinander (anders gesagt: mittels Kreuzklassifikation) zum Begriff des Akkusativobjekts (vgl. 1086).

Auf gleiche Weise lassen sich auch die übrigen Satzglieder klassifizieren.

Für die genauere Klassifizierung der Satzglieder orientieren wir uns an den Unterscheidungen, die oben (vgl. 1074) vorgenommen worden sind. In einem ersten Schritt trennen sich damit Satzglieder, die im Kasus bestimmt sind, von solchen, die im Kasus nicht bestimmt sind.

Satzglieder, die im Kasus bestimmt sind

Grundsätzliches

1079 Den Kern im Kasus bestimmter Satzglieder können Substantive, Pronomen oder substantivierte Wortformen von Wörtern anderer Wortartprägung bilden – das gilt für alle Positionen:

1. Substantive	*Die Leute* lachten.	Ich hasse *Lärm.*	Sie entsinnt sich *jenes Abends.*
2. Pronomen	*Sie* lachten.	Ich hasse *das.*	Sie entsinnt sich *dessen.*
3. Substantivierungen	*Die Umstehenden* lachten.	Ich hasse *lautes Schwatzen.*	Sie entsinnt sich *des Näheren.*

Als eine Art Substantivierung kann man auch angeführte Begriffe, Werktitel,
Zitate usw. ansehen; Einheiten dieser Art können daher die Position im Kasus
bestimmter Satzglieder einnehmen:

> *Stolz* ist nicht *eitel.* Wir sahen uns „*Die Wüste lebt*" an. Mit ihrem „*Das weiß ja jeder*"
> ärgerte sie ihre Kolleginnen.

Daß es sich bei Gliedern dieser Art tatsächlich um im Kasus bestimmte Satzglieder handelt, kann eine Erweiterungsprobe zeigen: Man fügt ein Nomen hinzu,
das einen passenden Gattungsbegriff ausdrückt.

> *Der Begriff „stolz"* ist nicht gleich *dem Begriff „eitel".* Wir sahen uns *den Film „Die
> Wüste lebt"* an. *Mit ihrem Ausspruch „Das weiß ja jeder"* ärgerte sie ihre Kolleginnen.

Satzgliedpositionen aller Art können durch Nebensätze, teilweise auch durch
satzwertige Infinitive oder satzwertige Partizipialgruppen besetzt werden. Dies
gilt auch für Satzglieder, die im Kasus bestimmt sind:

> *Der Kluge* reist im Zuge.
> *Wer klug ist,* reist im Zug.
> Der Politiker bedauerte *seine Fehleinschätzung.*
> Der Politiker bedauerte, *dies falsch eingeschätzt zu haben.*
> Der Politiker bedauerte, *daß er dies falsch eingeschätzt hatte.*
> *Mit einem großen Schritt* überquerte Manuela den Graben.
> *Einen großen Schritt nehmend,* überquerte Manuela den Graben.

Die Satzglieder im einzelnen

Im einzelnen unterscheiden wir die folgenden im Kasus bestimmten Satzglieder:

Subjekt

Das S u b j e k t ist der formale und funktionale Ansatz- bzw. Ausgangspunkt des
verbalen Geschehens, das durch das Prädikat bezeichnet wird. Merkmal dafür ist
die im deutschen Satz zwingend vorgeschriebene Kongruenz zwischen Subjekt
und Finitum (vgl. dazu 1241 ff.). Mit ihr hängt zusammen, daß die Subjektstelle in
der Regel durch ein Glied im Nominativ besetzt ist; wo das nicht so ist, ist immer
Ersatz durch ein Glied mit diesem Fallwert möglich (vgl. 1082 f.).

Das Subjekt kann man mittels folgender Verfahren bestimmen:

1. I n f i n i t i v p r o b e : Man löst das Prädikat aus dem Satz heraus und setzt es in
den Infinitiv; ihm ordnet man die Glieder zu, die auch bei infinitivischer Formulierung innerhalb des Wortverbands, der durch das Verb organisiert wird, bleiben. Man nennt diesen Wortverband die (v e r b a l e) W o r t k e t t e (vgl. 148):

> Das Architektenteam stellt das Haus innerhalb eines Jahres fertig.
> Das Haus innerhalb eines Jahres *fertigstellen* ‖ das Architektenteam

Das Glied, das aus der verbalen Wortkette herausfällt, ist das Subjekt.

2. K o n g r u e n z p r o b e : Man ersetzt die Singularform des Finitums durch eine
Pluralform (oder die Pluralform des Finitums durch eine Singularform). Das
Glied, das notwendig seinen Numerus ändert, ist Subjekt:

> Das Architektenteam stellt das Haus innerhalb eines Jahres fertig.
> *Die Architektenteams stellen* das Haus innerhalb eines Jahres fertig.

3. P a s s i v p r o b e (für Sätze mit passivfähigen Verben, die im Aktiv stehen): Das
Subjekt eines Satzes, in dem das Prädikat im Aktiv steht, wird zu einem präpositional eingeleiteten Glied mit *von* oder auch *durch*, wenn das Prädikat in das Passiv gesetzt wird:

Das Architektenteam stellt das Haus innerhalb eines Jahres fertig.
Von dem/Durch das Architektenteam wird das Haus innerhalb eines Jahres fertiggestellt.

Man kann hier bestimmen: Subjekt ist das Glied, das bei einer sinngebundenen Umformung des Aktivsatzes in einen Passivsatz die Form *von X* oder auch *durch X* erhält, nachdem es im aktivischen Ausgangssatz die Form *der/die/das X* gehabt hat.

4. Ist die Bestimmung des Subjekts vor allem deswegen ein Problem, weil eine Nominativform nicht eindeutig erkennbar ist, sind folgende Verfahren möglich:
- Ersatz der mehrdeutigen Form durch einen eindeutigen Nominativ (am besten ein maskulines Pronomen):

Das Architektenteam	stellt das Haus innerhalb eines Jahres fertig.
Der Architekt	
Er	

- Nachfrage, in diesem Fall mit der Hilfsfrage „wer oder was?":

Das Architektenteam stellt das Haus innerhalb eines Jahres fertig.
Wer oder was stellt das Haus innerhalb eines Jahres fertig? *Das Architektenteam.*

1082 Schwierigkeiten bei der Bestimmung des Subjekts treten besonders in folgenden Fällen auf:

a) Ein Satz enthält mehrere Satzglieder im Nominativ:

Einsteins Ansatz ist doch *ein gewaltiger Fortschritt.* Oder ist *er das* etwa nicht? Natürlich ist *er das.*

In diesen Fällen führen Kongruenzprobe und Infinitivprobe am sichersten auf die Bestimmung des Subjekts:

Einsteins Ansätze sind doch ein gewaltiger Fortschritt. Oder sind *sie* das etwa nicht? Natürlich sind *sie* das.
Ein gewaltiger Fortschritt *sein* ‖ Einsteins Ansätze
das *sein* ‖ sie

b) Vor dem Finitum steht ein *es,* das sich nicht auf ein neutrales Substantiv oder Pronomen zurückbezieht. Hier gibt es zwei Möglichkeiten:
- Das *es* ist nicht ersetzbar und fällt, wenn man eine Verschiebeprobe ansetzt, heraus. Es ist Platzhalter (vgl. 1071):

Es ging ein Jäger jagen.
Ein Jäger ging jagen.

Hier vermag überdies eine Kongruenzprobe deutlich zu erweisen, daß *es* nicht Subjekt sein kann:

Es ging ein Jäger jagen.
Es gingen zwei Jäger jagen.

Das *es* kongruiert nicht mit dem Finitum. Subjekt ist im Ausgangssatz *ein Jäger.*
- Das *es* ist mit sogenannten unpersönlichen Verben verbunden; bei einer Verschiebeprobe bleibt es erhalten. Hierher gehören Beispiele wie:

Es regnet den ganzen Tag. – Den ganzen Tag regnet *es.*
Es geht mir gut. – Mir geht *es* gut.
Es blitzt draußen. – Draußen blitzt *es.*
Jetzt gilt *es,* gründlich aufzuräumen. – Gründlich aufzuräumen gilt *es* jetzt.
Es grünt und blüht im Wald. – Im Wald grünt und blüht *es.*

Das *es* wird hier als Subjekt anerkannt, obwohl es nahezu inhaltsleer und auch nur begrenzt ersetzbar ist.[1]

c) Die Stelle des Subjekts ist nicht durch ein Satzglied im Nominativ besetzt; vielmehr kommen komplexere Konstruktionen vor, deren Fallwert erst noch zu erweisen ist. Schwierigkeiten können hier in folgenden Fällen auftreten:
– Die Subjektstelle ist durch einen Teilsatz besetzt:

> *Wer andern eine Grube gräbt,* fällt selbst hinein.
> *Daß ihr mit ins Theater gehen wollt,* freut mich.

Hier ist der Fallwert eines Teilsatzes zu bestimmen. Das geschieht am besten durch eine Infinitivprobe, durchgeführt am zusammengesetzten Satz, kombiniert mit einer Ersatzprobe, durchgeführt am Nebensatz:

selbst *hineinfallen* || wer andern eine Grube gräbt
                                          |
                                         er
mich *freuen* || daß ihr mit ins Theater gehen wollt
                                  |
                                 es

– Die Subjektstelle ist durch einen Infinitiv besetzt:

> *Impfen* schützt vor Kinderlähmung.
> *Dabeizusein* ist alles.
> *Bachs Fugen zu spielen* ist nicht leicht.

Fälle wie im ersten Beispiel sind nicht schwer zu entscheiden; es liegt ein substantivierter Infinitiv vor, der durch Ersatzprobe leicht als Glied mit Fallwert Nominativ erweisbar ist:

Impfen	schützt vor Kinderlähmung.
Das Impfen	
Es	

Etwas komplizierter liegen die anderen Fälle. Hier hilft eine Infinitivprobe, eine Ersatzprobe an der Infinitivstelle und die Frage „wer oder was?":

nicht leicht *sein* || Bachs Fugen zu spielen
                                  |
                                 es
                          wer oder was?

– Die Subjektstelle ist durch ein Partizip oder eine Partizipialgruppe besetzt:

> *Aufgeschoben* ist nicht aufgehoben.
> *Frisch gewagt* ist halb gewonnen.

Hier ist die Erweiterung unter ausdrücklicher Beibehaltung des Satzsinns eine sinnvolle Operation:

> *(Etwas) aufgeschoben (haben)* ist nicht (gleich) (etwas) aufgehoben (haben).
> *(Etwas) frisch gewagt (haben)* ist (gleich) (etwas) halb gewonnen (haben).

---

[1] Immerhin ist es gelegentlich ersetzbar: *Der Regen, der regnet jeglichen Tag. Sein Auge blitzt. Die Wiese grünt und blüht.* – Zu Problemen mit *es* vgl. im übrigen H. Pütz: Über die Syntax der Pronominalform „es" im modernen Deutsch. Tübingen 1975; G. Helbig: Die pronominale Form *es* im Lichte der gegenwärtigen Forschung. In: J. O. Askedal/C. Fabricius-Hansen/K. E. Schöndorf: Gedenkschrift für Ingerid Dal. Tübingen 1988, S. 150–167. J. O. Askedal: Zur syntaktischen und referentiell-semantischen Typisierung der deutschen Pronominalform *es*. In: Deutsch als Fremdsprache 27 (1990), S. 213–223.

Die Erweiterungen sind dann wie Infinitive zu behandeln. Man kann solche Beispiele aber auch wie die folgenden auffassen:
– An der Subjektstelle stehen ganz unterschiedliche Glieder, z. B. unflektierte Adjektive, Partikeln oder präpositionale Fügungen:

Sauber ist nicht rein.
Oben ist nicht unten.
Auf dem Haus ist nicht im Haus.

In solchen Fällen werden in der Regel Begriffe, Kategorien, Namen oder dergleichen zur Sprache gebracht; man kann dann erweitern:

(Der Begriff) „sauber" ist nicht (gleich dem Begriff) „rein".

Über diese Erweiterung ist die Bestimmung leicht möglich (vgl. dazu auch 1080).
– Nur in altertümlicher oder poetischer Verwendung kommen Genitive oder ihnen gleichwertige Formen (also solche mit der Präposition *von*) an Subjektstelle vor:

... und *solcher Stellen* waren überall (O. Ludwig). ... und der Aspekte sind zahlreiche (Katalog).

(Zur inhaltlichen Interpretation des Subjekts vgl. 1116)

Prädikative Satzglieder im Nominativ und im Akkusativ

Gleichsetzungsnominativ

1083 Nicht jedes Glied im Nominativ ist Subjekt. In dem Satz *Einsteins Ansatz ist doch ein gewaltiger Fortschritt* haben wir zwei Nominative. Mittels Kongruenzprobe und Infinitivprobe läßt sich *Einsteins Ansatz* als Subjekt bestimmen. Das andere Glied im Nominativ *(ein gewaltiger Fortschritt)* bleibt bei der Infinitivprobe Bestandteil der verbalen Wortkette, kann also nicht Subjekt sein.
Dieses Satzglied, das im Nominativ steht, nicht Subjekt ist und sich durch die Infinitivprobe als fester Bestandteil der verbalen Wortkette erweisen läßt, ist der Gleichsetzungsnominativ. Der Gleichsetzungsnominativ gehört in die Gruppe der prädikativen Satzglieder.
Der Name Gleichsetzungsnominativ darf nicht so verstanden werden, als handle es sich in entsprechenden Sätzen immer um ein Verhältnis logischer Gleichsetzung. Viel häufiger gibt der Gleichsetzungsnominativ eine Gattung, eine allgemeine Klasse (von Gegenständen, Begriffen) an, in die das an Subjektstelle Genannte eingeordnet werden soll (vgl. dazu detaillierter 1115).
Der Gleichsetzungsnominativ kommt nur in Verbindung mit einer begrenzten Reihe von (allerdings häufig verwendeten) Verben vor, so *sein, scheinen, bleiben, werden, heißen, jemanden dünken,* und beim Passiv einer Reihe von anderen Verben wie *nennen, schelten* u. a. (vgl. dazu 1084). Er hat eine besonders enge Beziehung zum Subjekt und steht in der Regel im gleichen Numerus wie dieses. Ausnahmen sind dort möglich, wo auf Grund der inhaltlichen Besetzung der Stelle des Gleichsetzungsnominativs deutlich eine Klasse bezeichnet wird, in die auch mehrere (an Subjektstelle aufgeführte) Personen, Dinge, Sachverhalte usw. eingeordnet werden:

Wolfgang und Peter werden Arzt.

(Zu weiteren derartigen Kongruenzproblemen vgl. 1265)

Wie die Subjektstelle ist die Stelle des Gleichsetzungsnominativs in der Regel durch ein Glied im Nominativ besetzt. Normalerweise gibt es in solchen Fällen keine größeren Klassifikationsprobleme. Schwierigkeiten tauchen hingegen auf, wenn eine andere Besetzung vorliegt:

1. Die Stelle des Gleichsetzungsnominativs ist durch einen Teilsatz besetzt:

> Werde, *der du bist!*

Daß es sich in diesem Satz um eine Stelle für den Gleichsetzungsnominativ handelt, kann man durch Ersatzprobe und anschließende Infinitivprobe am Teilsatz erweisen:

> Werde *ein guter Mensch!* – ein guter Mensch *werden.*

Dabei bleibt *ein guter Mensch* Bestandteil der verbalen Wortkette.

2. Die Stelle des Gleichsetzungsnominativs ist durch einen Infinitiv besetzt:

> Verbannt werden heißt *sterben.*

Auch hier bietet sich eine Ersatzprobe, kombiniert mit einer Infinitivprobe, an.

3. Die Stelle des Gleichsetzungsnominativs ist durch ein flektiertes Adjektiv besetzt:

> Diese Frage ist *keine wirtschaftliche, sondern eine politische.*

Solche Konstruktionen können als elliptisch betrachtet werden, die zu verstehen sind im Sinne von:

> Diese Frage ist keine wirtschaftliche (Frage), sondern eine politische (Frage).

Nicht hierher gehören alle die Fälle, wo das Adjektiv nicht flektiert ist, und zwar deswegen, weil dort kein fallbestimmtes Glied vorliegt (vgl. 1101 f.).

4. Zu einem Problem können auch hier Fälle werden, wie sie bereits bei der Behandlung des Subjekts (vgl. 1081 f.) vorgekommen sind:

> Aufgeschoben ist nicht *aufgehoben.*
> Frisch gewagt ist *halb gewonnen.*
> Sauber ist nicht *rein.*

Man kann sie in der Weise, wie wir dort vorgegangen sind, erweitern und dann einen Gleichsetzungsnominativ ansetzen; man kann sie aber auch als Satzadjektive (vgl. 1102) behandeln.
(Zur inhaltlichen Interpretation des Gleichsetzungsnominativs vgl. detaillierter 1115.)

Gleichsetzungsakkusativ

Der Gleichsetzungsnominativ ist ein Satzglied im Nominativ, das in besonders enger Beziehung zum Subjekt steht; entsprechend gibt es ein Satzglied im Akkusativ, das in besonders enger Beziehung zum Akkusativobjekt (vgl. 1086) steht. Wie der Gleichsetzungsnominativ gehört es zum Funktionstyp der prädikativen Glieder (vgl. 1077). Man findet es nach den Verben *nennen, heißen* (transitiv), *schelten, schimpfen, schmähen:* 1084

> Ich nenne ihn *einen Lügner.*

Man nennt dieses Glied Gleichsetzungsakkusativ.
In der Regel ist die Stelle des Gleichsetzungsakkusativs durch ein Glied im Akkusativ besetzt. Daneben bestehen aber andere Möglichkeiten, und die können zu Schwierigkeiten bei der Klassifikation führen:

1. Die Stelle des Gleichsetzungsakkusativs ist durch einen Teilsatz besetzt:

> Ich nenne ihn auch heute, *was ich ihn schon früher genannt habe,* nämlich einen Lügner.

2. Die Stelle des Gleichsetzungsakkusativs ist durch einen Infinitiv besetzt:

Das nenne ich *arbeiten.*
Das nenne ich *Wasser in den Rhein schütten.*

3. Die Stelle des Gleichsetzungsakkusativs ist durch ein flektiertes Adjektiv besetzt:

Solche Konstruktionen nennt man *geometrische.*

Auch hier ist darauf hinzuweisen, daß eine Formulierung mit nicht flektiertem Adjektiv, die im heutigen Deutsch die Regel wäre (Solche Konstruktionen nennt man *geometrisch*), nicht hierher, sondern zu den Satzadjektiven gehört (vgl. 1101 f.).
Eindeutig zu den Satzadjektiven gehören auch die nach Verben wie *nennen* möglichen Partizipialkonstruktionen:

Das nenne ich *gekonnt.*
Das nenne ich *den Bock zum Gärtner gemacht.*

Sie lassen sich nicht durch Erweiterungen verändern, wie es beim Subjekt naheliegend (vgl. 1081 f.) und beim Gleichsetzungsnominativ noch möglich war (vgl. 1083).
Die Klassifikationsschwierigkeiten in diesen drei Fällen lassen sich in gleicher Weise lösen wie beim Gleichsetzungsnominativ (vgl. 1083).
(Zur inhaltlichen Interpretation des Gleichsetzungsakkusativs vgl. 1115.)

Objekte

1085 Das Subjekt ist oben (vgl. 1081 f.) als formaler und funktionaler Ansatzpunkt des verbalen Geschehens bestimmt worden; analog lassen sich die Objekte als der Art und dem Grad nach unterschiedliche Zielpunkte des verbalen Geschehens auffassen. Objekte sind Glieder, die in ihrem Kasus direkt durch das Prädikat oder – seltener – durch ein Satzadjektiv (Typus: Ich bin ihm *einen größeren Betrag* schuldig) bestimmt sind. Nach ihren spezifischen grammatischen Merkmalen unterscheidet man Akkusativobjekt, Dativobjekt, Genitivobjekt und Präpositionalobjekt.

Akkusativobjekt

1086 Das am häufigsten vorkommende Objekt ist das Akkusativobjekt. Seine Stelle ist in der Regel durch ein Glied im Akkusativ besetzt. Der Kasus ist abzulesen an den Flexionsformen; wo das nicht möglich ist, kann er durch die Ersatzprobe (am deutlichsten mit maskulinen Pronominalformen) bestimmt werden; hilfreich kann auch die Frage „wen oder was?" sein:

Ich werde *meinen Bruder* fragen.

Sie hat	*das Schiff* *den Dampfer* *ihn* *wen oder was?*	nicht erreicht.

Die Stelle des Akkusativobjekts kann auch durch einen Teilsatz besetzt sein:

Sie lernt, *daß sie auf eigenen Füßen stehen muß.*
Ich weiß, *daß du tüchtig bist.*

Soweit die Bestimmung des Fallwerts hier Schwierigkeiten bereitet, kann man Ersatzproben vornehmen:

Ich weiß, | *daß du tüchtig bist.*
etwas/einen Sachverhalt.

(Zu einem weiteren Identifikationsproblem vgl. 1095, zur inhaltlichen Interpretation des Akkusativobjekts vgl. 1117.)

Dativobjekt

Die Stelle des Dativobjekts ist in der Regel besetzt durch ein Glied im Dativ. Auch hier ist der Kasus an den Flexionsformen ablesbar oder durch Proben leicht zu bestimmen. Die Hilfsfrage lautet hier „wem?":

1087

Sie hilft *ihrem Vater.*

Das gehört | *der Lehrerin.*
dem Lehrer.
ihm.
wem?

An Stelle eines Satzglieds im Dativ kann auch hier ein Teilsatz, und zwar ein Relativsatz (vgl. 1279 ff.), stehen:

Er hilft, *wem er helfen kann.*

(Zur inhaltlichen Interpretation des Dativobjekts vgl. 1118.)

Genitivobjekt

Die Stelle des Genitivobjekts ist regulär besetzt durch ein Glied im Genitiv. Auch hier ist der Kasus an den Flexionsformen ablesbar oder durch Proben leicht zu bestimmen. Die Hilfsfrage lautet hier „wessen?":

1088

Sie erinnert sich gern *ihrer Studentenzeit.*
Er bedarf dringend *meiner Hilfe.*

In der Gegenwartssprache kommt das Genitivobjekt verhältnismäßig selten vor. (Zu einem Identifikationsproblem vgl. 1096, zur inhaltlichen Interpretation des Genitivobjekts vgl. 1119.)

Präpositionalobjekt und adverbiales Präpositionalgefüge

Satzglieder mit Präposition können hinsichtlich ihrer grammatischen Merkmale in folgender Weise charakterisiert sein (vgl. dazu 1075):[1]

1089

– im Kasus bestimmt: Ich denke *an dich.*
– im Kasus nicht bestimmt mit Adjektiv als Kern: Er hat das *von klein auf* gelernt.
– im Kasus nicht bestimmt mit Partikel als Kern: Er kommt *von oben.*

Unter Berücksichtigung dieser grammatischen Merkmale nennt man Glieder, die durch eine Präposition bestimmt sind, Präpositionalgefüge. Die fallbestimmten Präpositionalgefüge nennt man auch Präpositionalkasus.

---

[1] Außerdem ist zu berücksichtigen, daß bestimmte Partikeln als Wortbildungsbestandteil eine Präposition enthalten (z. B. *danach, außerdem*). Man nennt diese Partikeln Pronominaladverbien (vgl. 626 ff.).

1090 Als Satzglied kann ein Präpositionalgefüge mindestens zwei unterschiedlichen Funktionstypen (vgl. dazu 1077) zugeordnet werden:

1. Es kann Objekt sein, nämlich Präpositionalobjekt. Als solches ist es so fest in den Satz integriert wie die anderen Objekte (vgl. dazu 1085 ff.).

2. Es kann ein adverbiales Glied sein. Das ist z. B. in folgenden Sätzen der Fall:

Sie kommt *wegen der Annonce*. *An diesem Tage* zogen wir nicht weiter. *In Deutschland* ist die Todesstrafe abgeschafft.

Solche Präpositionalgefüge bezeichnet man als adverbiale Präpositional-gefüge.[1]

1091 Beim Präpositionalobjekt handelt es sich im Normalfall um ein substantivisches oder pronominales Satzglied mit Präposition (zu fallfremden präpositionalen Satzgliedern vgl. 1103 und 1106). Dabei ist die Präposition zwar Bestandteil des Satzgliedes, *was für eine* Präposition aber zu stehen hat, wird von dem Wort bestimmt, von dem das Präpositionalobjekt abhängig ist:

Wir hoffen *auf bessere Zeiten*.
Sie dachte *an sein Versprechen*.

Je nach dem Kasus, der durch die Präposition gefordert wird, kann man ein Präpositionalobjekt im Akkusativ und ein Präpositionalobjekt im Dativ unterscheiden (ein Präpositionalobjekt im Genitiv gibt es nicht):

– Präpositionalobjekt im Akkusativ:

Er pochte *auf sein Recht*. Sie klagen *auf Schadenersatz*.

– Präpositionalobjekt im Dativ:

Sie steht *zu ihrem Wort*. Sie begnügen sich *mit einem matten Protest*.

1092 Auch bei den adverbialen Präpositionalgefügen kann man nach dem Kasus, der durch die gliedinterne Präposition gefordert ist, unterscheiden:

– Adverbiales Präpositionalgefüge im Akkusativ:

Sie kam nur *für kurze Zeit*. Der Index ist *um fünf Punkte* gestiegen.

– Adverbiales Präpositionalgefüge im Dativ:

Seit dem Essen sind vier Stunden vergangen. Diese Figur ist *aus Holz*.

– Adverbiales Präpositionalgefüge im Genitiv:

Das Spiel fiel *wegen des schlechten Wetters* aus.

Wie bei den anderen adverbialen Gliedern handelt es sich bei den adverbialen Präpositionalgefügen um Glieder mit ausgeprägter inhaltlicher Bestimmung (vgl. 1077). Zu ihrer Interpretation vgl. detaillierter 1110 ff.

---

1 Über diese Unterscheidung hinaus sind Präpositionalgefüge manchmal (wenn man ihre Funktion genau nimmt) eigentlich als prädikative Glieder zu bestimmen (vgl. dazu 1077): Sie wurde *zu einer gesuchten Fachfrau* (vgl. daneben mit Gleichsetzungsnominativ: Sie wurde *eine gesuchte Fachfrau*). Die Fachwelt hält den Wunderheiler *für einen Scharlatan* (vgl. daneben mit Gleichsetzungsakkusativ: Die Fachwelt nennt den Wunderheiler *einen Scharlatan*). Ähnlich: Sie wurde *zur Vorsitzenden* gewählt. Die Agentin verwandelte sich *in eine unauffällige Touristin*. Der Bagger fuhr den Manta *zu Schrott*. Es handelt sich hier also um einen eigenständigen Satzgliedtyp, der aber in der wissenschaftlichen Grammatik nicht gesondert angesetzt wird. Vgl. dazu auch: P. Gallmann/H. Sitta: Satzglieder in der wissenschaftlichen Diskussion und in Resultatsgrammatiken. In: RGL 20 (1992), S. 137–181.

Präpositionalobjekte und adverbiale Präpositionalgefüge sind nicht immer eindeutig voneinander zu trennen.¹ Grundsätzlich kann man sagen:

1. Ein Präpositionalobjekt liegt dort vor, wo vom Prädikat eine ganz bestimmte
Präposition gefordert ist. Diese Präposition kann daher in der Regel auch nicht
durch eine andere ersetzt werden; wenn sie ersetzt werden kann, ergibt sich kein
wesentlicher Bedeutungsunterschied. Die Präpositionen tragen hier zur Bedeutung des Präpositionalgefüges nicht viel bei. Ein Präpositionalobjekt liegt danach
in Beispielen wie den folgenden vor:

> Die Mannschaften warten *auf den Anpfiff.*
> Der Lehrer berichtet *über seine Reise/von seiner Reise.*

Im ersten Fall ist die Präposition nicht austauschbar, im zweiten Fall ist sie es bedingt, doch führt der Austausch zu keinem faßbaren Bedeutungsunterschied.
Demgegenüber sind die Präpositionen in den adverbialen Präpositionalgefügen
prinzipiell austauschbar, und mit dem Austausch sind zugleich Bedeutungsunterschiede verbunden. Um ein adverbiales Präpositionalgefüge handelt es sich danach in Beispielen wie den folgenden:

> Die Mannschaften warten *in der Kabine.*
> Die Mannschaften warten *neben der Kabine.*
> Die Mannschaften warten *an der Kabine.*

Diese Beispiele machen auch deutlich, daß ein und dasselbe Verb (hier: *warten*)
sowohl ein Präpositionalobjekt als auch ein adverbiales Präpositionalgefüge
neben sich haben kann.

2. Präpositionalobjekte sind diejenigen Präpositionalgefüge, die bei Ersatz durch
im Kasus nicht bestimmte Glieder nur Pronominaladverbien (vgl. 626 ff.) zulassen. Es handelt sich dabei immer um Pronominaladverbien mit derjenigen
Präposition, die das Präpositionalobjekt bestimmt:

> Die Mannschaften *warten auf den Anpfiff/darauf.*
> Der Lehrer berichtet *über seine Reise/darüber – von seiner Reise/davon.*

Adverbiale Präpositionalgefüge können demgegenüber auch durch einfache
Adverbien ersetzt werden:

> Die Mannschaften *warten in der Kabine/dort.*

3. Auf der gleichen Unterscheidungsgrundlage kann man auch unterschiedliche
Hilfsfragen ansetzen: Das Präpositionalobjekt erfragt man mit einer Frage, deren
notwendiger Bestandteil die Präposition ist, die im Präpositionalobjekt steht:

> *Auf wen/Auf was* warten die Mannschaften? – Die Mannschaften warten *auf den
> Anpfiff.*

Beim adverbialen Präpositionalgefüge kann die Frage freier formuliert sein:

> *Wo* warten die Mannschaften? – Die Mannschaften warten *in der Kabine.*

---

¹ Manche Grammatiker haben daraus die Konsequenz gezogen, daß die Unterscheidung aufzu-
   geben sei, so H. Glinz: Die innere Form des Deutschen. Eine neue deutsche Grammatik. Bern,
   München ⁶1973; ders.: Der deutsche Satz. Wortarten und Satzglieder wissenschaftlich gefaßt
   und dichterisch gedeutet. Düsseldorf ⁵1967; ebenso H. J. Heringer: Theorie der deutschen Syntax. München ²1973. Eingehend diskutiert wird das Problem bei K. Brinker: Konstituenten-
   strukturgrammatik und operationale Satzgliedanalyse. Methodenkritische Untersuchungen
   zur Syntax des einfachen Satzes im Deutschen. Frankfurt/M. 1972. Pointiert formuliert P. Eisenberg (Grundriß der deutschen Grammatik. Stuttgart ²1989, S. 292): „Tatsächlich ist es noch
   niemandem gelungen, die Objekt- und Adverbialfunktion der Präpositionalgruppen durchgän-
   gig zu trennen".

Adverbialkasus

1094 Wie bei den Präpositionalgefügen ist noch in zwei weiteren Fällen bei den im Kasus bestimmten Gliedern eine Zuordnung sowohl zum Funktionstyp der Objekte als auch zu dem der adverbialen Glieder möglich: bei den Satzgliedern im Genitiv und bei denen im Akkusativ. Objekte sind hier diejenigen Glieder, die pronominal ersetzbar sind. Der Unterschied läßt sich am Beispiel zweier scheinbar ganz parallel gebauter Sätze erläutern:

> Wir haben *die ganze verfügbare Zeit* eingesetzt.
> Wir haben *die ganze verfügbare Zeit* geschlafen.

Beide Sätze enthalten ein Satzglied im Akkusativ. Nur im ersten Satz aber ist dieses Satzglied pronominal ersetzbar:

> Wir haben *sie* eingesetzt.
> Nicht möglich: Wir haben *sie* geschlafen.

Daß die beiden Glieder unterschiedlich sind, zeigt auch eine Passivprobe:

> Die ganze verfügbare Zeit ist von uns eingesetzt worden.
> Nicht aber: Die ganze verfügbare Zeit ist von uns geschlafen worden.

Schließlich ist auffällig, daß bei sinnorientierter Ersetzung im ersten Fall nur Ersatzstücke möglich sind, die im Kasus bestimmt sind, im zweiten Fall dagegen auch nicht bestimmte:

| Wir haben | die ganze verfügbare Zeit
die ganze Woche
den ganzen Monat | eingesetzt. |

| Wir haben | die ganze verfügbare Zeit
lange Zeit
lange | geschlafen. |

Ähnlich verhalten sich auch manche Satzglieder im Genitiv:

> Du wirst dich *eines Tages* dieser Warnung erinnern.

Solche Akkusative und Genitive kommen auch in der Umgebung von Verben vor, die gar keine Ergänzung im Akkusativ oder Genitiv verlangen:

> *Den ganzen Sommer* schlief sie morgens bis 10 Uhr.
> *Eines Tages* erwachte er als Millionär.

Es handelt sich hier eindeutig nicht um Objekte, sondern um adverbiale Glieder. Soweit sie fallbestimmt sind, spricht man von Adverbialkasus und unterscheidet Adverbialakkusativ und Adverbialgenitiv.

Adverbialakkusativ

1095 Entsprechend den oben herausgestellten Merkmalen läßt sich der Adverbialakkusativ definieren als das Satzglied, das im Akkusativ steht, jedoch – im Gegensatz zum Akkusativobjekt – nicht durch ein Pronomen (also z. B. durch *ihn, sie, es*) ersetzt werden kann. Sein Kasus ist nicht durch ein Element seiner Umgebung festgelegt, z. B. durch das Prädikat; es handelt sich vielmehr um ein autonomes Satzglied. Bei Umsetzung eines Aktivsatzes in einen Passivsatz kann der Adverbialakkusativ nicht (wie das Akkusativobjekt) in den Nominativ treten,

sondern bleibt erhalten. Bei sinnorientierter Ersatzprobe sind auch Ersatzstücke
möglich, die nicht im Kasus bestimmt sind:

> Er kommt *jeden Tag* – Er kommt *täglich*.
> Wir haben *die ganze Zeit* geschlafen – Wir haben *immer* geschlafen.

(Zur inhaltlichen Interpretation des Adverbialakkusativs vgl. 1110 ff.)

Adverbialgenitiv

Der Adverbialgenitiv ist das Satzglied, das im Genitiv steht, jedoch – im Gegensatz zum Genitivobjekt – nicht pronominal (also z. B. durch *dessen* oder *seiner*) ersetzbar ist. Sein Kasus ist außerdem nicht durch ein Element seiner Umgebung festgelegt; es handelt sich vielmehr um ein autonomes Satzglied. Anders als
das Genitivobjekt ist der Adverbialgenitiv auch durch Glieder ersetzbar, die nicht
im Kasus bestimmt sind:

> *Eines Abends/Da* begegnete sie mir zum ersten Mal.
> *Dieser Tage/Neulich* traf ich sie wieder.
> *Meines Erachtens/Wahrscheinlich* lebt sie hier.

(Zur inhaltlichen Interpretation des Adverbialgenitivs vgl. 1110 ff.)

1096

Zugeordnete und lockerer integrierte Glieder

Von anderer Art als die bisher behandelten Satzglieder sind die zugeordneten
Glieder, die im Kasus bestimmt sind. Unter diesem Namen faßt man die Glieder zusammen, die von den Satzteilkonjunktionen *wie* und *als* eingeleitet werden.

Satzteilkonjunktionen unterscheiden sich von den Präpositionen, die ein Präpositionalgefüge einleiten, dadurch, daß sie keinen eigenen Fall fordern, also den
Fallwert des Satzglieds nicht beeinflussen. Oft sind zugeordnete Glieder auf bestimmte Satzglieder des gleichen Satzes bezogen (ein solcher Bezug ist auf jedes
Satzglied möglich); sie stehen dann im gleichen Fall wie diese:

> Ich vertraue ihm *wie einem Freund*.
> Ich schätze ihn *als einen alten Freund*.
> Ich stehe zu ihm *wie zu einem Freund*.

Zugeordnete Glieder können aber auch ohne einen derartigen Bezug vorkommen; das ist besonders häufig der Fall, wenn es sich um (zugeordnete) Präpositionalgefüge handelt:

> Das sind ja Zustände *wie im alten Rom*.

Die Besonderheit dieser Satzglieder liegt darin, daß ihre Zuordnung oft zu bereits
besetzten Satzgliedstellen erfolgt und daß sie damit eine Erweiterung eines an sich
schon vollständigen Satzes bewirken. Man faßt solche Glieder manchmal auch als
verkürzte Nebensätze auf.

1097

Anredenominativ

Beim Anredenominativ handelt es sich um ein Satzglied im Nominativ, das in
seiner Stellung absolut frei ist und überdies ohne Folgen für die Satzstruktur weggelassen werden kann. Es fällt damit in gewisser Hinsicht aus dem Rahmen des
Satzes als eines Stellungsgefüges heraus. Ein Bezug auf andere nominativische
Satzglieder ist nicht verlangt. Die Stelle kann nominal oder pronominal besetzt
sein:

> *Frau Meier,* Sie haben die meisten Stimmen erhalten.
> *Du,* sie hat die meisten Stimmen erhalten.

1098

Eine Besonderheit des Anredenominativs ist ferner, daß sich durch eine Verschiebung dieses Gliedes an der Stellung der übrigen Glieder nichts ändert:

> Sie, *Frau Meier,* haben die meisten Stimmen erhalten.
> Sie haben, *Frau Meier,* die meisten Stimmen erhalten.
> Sie haben die meisten Stimmen erhalten, *Frau Meier.*

Das Glied kann nicht nur in jeder Stellung erscheinen, anders als andere wirkt es auch bei Erststellung nicht im strengen Sinne als erstes Satzglied: Im einfachen Aussagesatz kann das Finitum nicht unmittelbar hinter dem Anredenominativ erscheinen.

(Zur inhaltlichen Interpretation des Anredenominativs vgl. 1115.)

Absoluter Nominativ

1099 Von einem absoluten Nominativ spricht man bei Sätzen wie den folgenden:

> Peter will nun doch auswandern, *ein schwerer Entschluß.*
> Der Fürst fuhr durch das Schloßtor, *ein Reiter voraus.*
> Die beiden verstehen sich – *ein Glück.*
> *Champions der nationalen Sicherheit,* hinterlassen sie jetzt das bittere Erbe einer Rekordinflation.

Glieder wie *ein schwerer Entschluß* und *ein Reiter voraus* stehen im Nominativ. Sie gehen aber weder mit dem Prädikat wie Subjekt und Gleichsetzungsnominativ zusammen noch haben sie die absolute Stellungsfreiheit des Anredenominativs. Ihre Besonderheit ist am besten über Erweiterungsproben folgender Art zugänglich:

> Peter will nun doch auswandern; *das ist ein schwerer Entschluß.*
> Der Fürst fuhr durch das Schloßtor; *ein Reiter ritt voraus.*

Die Erweiterung macht deutlich, daß wir uns hier am Übergang zum zusammengesetzten Satz befinden.

Absoluter Akkusativ

1100 Analog zum absoluten Nominativ spricht man von einem absoluten Akkusativ; er liegt vor in Sätzen wie den folgenden:

> Neben ihm saß der dünnhaarige Pianist, *den Kopf im Nacken,* und lauschte ... *Das Kneiferband hinter dem Ohr,* sprach sie nicht nur geziert, sondern geradezu gequält (Th. Mann).

Auch in solchen Beispielen kann man Erscheinungsformen des Übergangs zum zusammengesetzten Satz sehen: Sie wirken wie unvollständige Teilsätze.

Satzglieder, die nicht im Kasus bestimmt sind

Grundsätzliches

1101 Den Kern von Satzgliedern, die nicht im Kasus bestimmt sind, bildet entweder ein Adjektiv bzw. Partizip oder eine Partikel (ein Adverb). Je nachdem kann man in einem ersten Angang Satzadjektiv und Satzpartikel voneinander unterscheiden.

Unter Berücksichtigung zusätzlicher *formalgrammatischer* Merkmale kann man noch weiter differenzieren, wenn man neben der Wortartprägung des Gliedkerns auch das Vorhandensein bzw. Fehlen von Einleitewörtern (Präpositionen, Konjunktionen *als* und *wie*) berücksichtigt. Auf diese Weise lassen sich die folgenden sechs Satzglieder, die nicht im Kasus bestimmt sind, unterscheiden:

1. Satzadjektiv: Die Wand war *weiß*.
2. Präpositionales Satzadjektiv: Das wird sich *über kurz oder lang* herausstellen.
3. Zugeordnetes Satzadjektiv: Wir betrachten dieses Projekt *als aussichtsreich*.
4. Satzpartikel: Die Gäste kamen *gestern*.
5. Präpositionale Satzpartikel: Das andere Fahrzeug kam *von links*.
6. Zugeordnete Satzpartikel: Sie hatte *wie oft* die besseren Argumente.

Eine Klassifizierung nach *funktionalen* Gesichtspunkten ist in diesem Bereich weniger deutlich möglich. Von Gewicht ist hier vor allem der Bezug auf andere Satzglieder oder auf das Prädikat. Das läßt sich besonders deutlich am Beispiel des Satzadjektivs zeigen. Satzadjektive können auf ganz unterschiedliche weitere Elemente des Satzes bezogen sein, nämlich:

1. auf das Subjekt, z. B. bei den Verben *sein, bleiben, werden, scheinen, aussehen, schmecken* u. a.:

> Sie ist *tüchtig/klug/geschickt.*
> Sie werden *groß.*
> Das sieht *gut* aus.

2. auf ein Objekt, vor allem bei den Verben, die ein Nennen, Wahrnehmen oder Urteilen bezeichnen:

> Ich nenne ihn *verlogen.*
> Ich finde sie *klug.*

3. auf das Prädikat, und zwar zu dessen näherer Bestimmung:

> Er schläft *gut.*
> Sie arbeitet *schwer.*

Anders als in anderen europäischen Sprachen (z. B. im Englischen, Französischen, Italienischen oder Lateinischen) ist dieser unterschiedliche Bezug des Adjektivs im Deutschen nicht an unterschiedlichen Formen ablesbar. Nicht weiter differenziert steht je ein endungsloses Adjektiv in den folgenden drei Sätzen, obwohl ein jeweils anderer Bezug vorliegt:

> Der Beamte verlangte den Ausweis *zerstreut.*
> Der Beamte verlangte den Ausweis *aufgeschlagen.*
> Der Beamte verlangte den Ausweis *laut.*

Daß der Bezug jeweils ein anderer ist, zeigt sich, wenn man das Satzadjektiv in ein attributives Adjektiv (vgl. 1123) umformt und prüft, was dann attribuiert wird: Im ersten Fall handelt es sich um einen *zerstreuten Beamten* (= Bezug auf das Subjekt), im zweiten um einen *aufgeschlagenen Ausweis* (= Bezug auf ein Objekt), im dritten um ein *lautes Verlangen* (= Bezug auf das Verb).
Das Problem ist nun, daß diese verschiedenen Bezüge in der deutschen Sprache auch durch operationale Verfahren nicht immer eindeutig nachweisbar sind. So kann man sich etwa fragen, ob im letzten Beispiel *lautes Verlangen* angesetzt werden *muß;* es könnte ja auch an einen *lauten Beamten* gedacht sein. Vollends unmöglich wird eine Entscheidung in Beispielen wie *Er liest ruhig seine Zeitung.*[1]
Diese Schwierigkeiten hängen natürlich an der fehlenden Eindeutigkeit im formalgrammatischen Bereich. Um hier mit der jeweils angemessenen Genauigkeit

---

[1] Manchmal kann unterschiedliche Zuordnung zu ganz verschiedenen Auffassungen eines Satzes führen: *Er hat es leicht gefunden.* (= 1. *Er hat gefunden, daß es leicht ist.* 2. *Er hatte keine Schwierigkeit, es zu finden.*) Auf dieser Grundlage beruht ein bestimmter Typ von Wortwitzen: *Ich kenne sie nur flüchtig (= weniger gut* oder *als Fliehende).*

vorzugehen, setzen wir zunächst eine globale Kategorie Satzadjektiv an. In einem zweiten Schritt kann man dann zusätzliche Kennzeichnungen einführen: Wo der Bezug des Satzadjektivs auf ein bestimmtes Element des Satzes zweifelsfrei belegbar ist, notiert man dies – entweder als Satzadjektiv zum Subjekt, zum Objekt oder zum Verb. Wo ein mehrfacher Bezug möglich ist, ist auch dies zu notieren, z. B. „Satzadjektiv zum Subjekt und zum Prädikat".

Die gleichen Unterscheidungen kann man auch für die anderen Satzglieder, die nicht im Kasus bestimmt sind, einführen. Ein eindeutiger Bezug auf ein bestimmtes Element des Satzes ist allerdings bei den Satzpartikeln noch weniger deutlich herzustellen als hier.

Die Satzglieder im einzelnen

Satzadjektiv

1102 Das Satzadjektiv läßt sich bestimmen als ein im Kasus nicht bestimmtes Glied mit einem Adjektiv im Kern. An Stelle von (unflektierten) Adjektiven kommen auch adjektivische Formen des Verbs vor, Partizipien also. Sie gehören hierher, soweit sie nicht infinite Verbformen bilden. Satzadjektive liegen in Beispielen wie den folgenden vor:

> Er kam *froh* nach Hause.
> Er kam *singend* nach Hause.
> Er kam *erschöpft* nach Hause.

Und diese Glieder können auch erweitert auftreten (man spricht dann von satzwertigen Adjektiv- und Partizipialkonstruktionen):

> Er kam – *über seinen Erfolg froh* – nach Hause.
> Er kam – *eine Arie von Mozart singend* – nach Hause.
> Er kam – *von der Wanderung erschöpft* – nach Hause.

Der Begriff Satzadjektiv meint ungeschieden das Vorkommen eines unflektierten Adjektivs oder Partizips neben einem „Vollverb" wie neben einem „Hilfsverb", d. h. sowohl „adverbialen" als auch „prädikativen" Gebrauch:

> Das Essen *ist* gut.
> Das Essen *schmeckt* gut.

Und er berücksichtigt zunächst nicht, daß unflektierte Adjektive als Satzglieder auf ganz unterschiedliche weitere Elemente des Satzes bezogen sein können (vgl. dazu 1101).
(Zur inhaltlichen Interpretation des Satzadjektivs vgl. 1115.)

Präpositionales Satzadjektiv

1103 Von einem präpositionalen Satzadjektiv spricht man bei im Kasus nicht bestimmten Satzgliedern mit Adjektiv als Kern, wenn sie durch eine Präposition eingeleitet sind:

> Sie hat das *von klein auf* gelernt.
> *Über kurz oder lang* muß er nachgeben.

Präpositionale Satzadjektive kommen selten vor, am häufigsten finden wir sie in festen Wendungen.

Zugeordnetes Satzadjektiv

1104 Von einem zugeordneten Satzadjektiv spricht man bei im Kasus nicht bestimmten Satzgliedern mit einem Adjektiv als Kern, wenn sie durch eine Satzteilkonjunktion (vor allem *wie* und *als*) eingeleitet sind:

> Sie betrachteten das Problem *als gelöst*.
> Dann war alles wieder *wie neu*.

Satzpartikel

Unter einer Satzpartikel versteht man ein im Kasus nicht bestimmtes Satzglied mit einer Partikel im Gliedkern: 1105

> *Gestern* ist er angekommen.
> *Dort* haben sie elendes Wetter.

(Für die unterschiedlichen Bezugsmöglichkeiten der Satzpartikel vgl. 1101; zum Spezialproblem der Negation vgl. Kap. 2.7.)

Präpositionale Satzpartikel

Als präpositionale Satzpartikel bezeichnet man ein im Kasus nicht bestimmtes Satzglied mit einer Partikel im Kern, wenn es durch eine Präposition eingeleitet wird: 1106

> *Seit heute* haben wir einen Fernsehapparat.
> Der Hinweis kam *von oben*.

Zugeordnete Satzpartikel

Von einer zugeordneten Satzpartikel spricht man bei im Kasus nicht bestimmten Satzgliedern mit einer Partikel im Kern, wenn sie durch eine Satzteilkonjunktion (vor allem *wie* und *als*) eingeleitet sind: 1107

> Sie hat gestern den ganzen Tag gearbeitet *wie heute*.
> Einmal ist für mich *wie nie*.

Prädikat und Satzglieder im Überblick

Prädikat und Satzglieder lassen sich in folgender Weise systematisch zusammenstellen: 1108

Prädikat:
(Finitum, infinite Form, Verbzusatz)

Glieder, die im Kasus bestimmt sind:

Subjekt	Gleichsetzungsnominativ	
Akkusativobjekt	Gleichsetzungsakkusativ	Adverbialakkusativ
Dativobjekt		
Genitivobjekt		Adverbialgenitiv
Präpositionalobjekt		adverb. Präpositionalgefüge

Zu allen Gliedern sind möglich: zugeordnete Glieder, die im Kasus bestimmt sind.

Außerhalb des eigentlichen Satzverbandes stehen: Anredenominativ
absoluter Nominativ
absoluter Akkusativ

Glieder, die im Kasus nicht bestimmt sind:

| Satzadjektiv | Satzpartikel |
| präpositionales Satzadjektiv | präpositionale Satzpartikel |

Zu allen Gliedern sind möglich: zugeordnete Satzadjektive und Satzpartikeln.

14*

Zum Problem einer inhaltlichen Interpretation der Satzglieder

Vorbemerkung

Im vorangehenden Kapitel wurden Satzglieder auf Grund ihrer formalgrammatischen Merkmale und unter Berücksichtigung der Aufgaben (Funktionen), die sie im Satz erfüllen, unterschieden. Dabei hat sich gezeigt, daß bestimmte Satzglieder miteinander austauschbar sind: Bei unterschiedlicher Form ist ihr inhaltlicher Beitrag zum Satz gleich. Einmal gilt das für das Satzadjektiv (zum Subjekt) und den Gleichsetzungsnominativ[1] (z. B. Frank ist katholisch – Frank ist Katholik), zum andern für adverbiale Satzglieder.

Werfen wir zunächst einen Blick auf die letzteren. Hier zeigt sich: Betrachtet man die Satzglieder, die adverbial bestimmt und dabei gegenseitig austauschbar sind, unter *inhaltlichen* Gesichtspunkten, so lassen sich Gruppen bilden, die recht deutlich unterscheidbar sind. Man spricht von adverbialen Bestimmungen des Ortes oder des Raumes, der Zeit, der Art und Weise und des Grundes.

Wir haben uns dieser Möglichkeit einer inhaltlichen Ordnung von Satzgliedern bisher nicht bedient. Damit wäre nämlich eine völlig neue Perspektive in die Satzgliedbestimmung hereingekommen: Geht es bei Satzgliedern wie Subjekt oder Objekt um eine prinzipiell formal- bzw. funktionalgrammatische Betrachtungsweise, so läßt sich von einer Bestimmung des Raumes oder der Zeit, der Art und Weise oder des Grundes nur unter inhaltlichen Gesichtspunkten sprechen. Im Zusammenhang damit ist festzustellen: Man kann wohl sagen, ein Prädikat „regiere" ein Objekt, ein adverbiales Präpositionalgefüge „gehöre" zu einem Prädikat; Aussagen dieser Art beziehen sich auf das Zusammenwirken von Satzgliedern im Satz. Man sollte aber nicht sagen, das Prädikat „vollziehe sich" an einem bestimmten Ort oder – etwa bei einem Passivsatz – das Subjekt „erleide eine Handlung". Mit anderen Worten: Unterscheidungen wie Subjekt, Objekt, adverbiales Präpositionalgefüge usw. beziehen sich auf eine Ebene, Unterscheidungen wie Ort, Zeit, Grund usw. auf eine andere. Auf der letzteren wird den Einheiten, die auf der ersten gewonnen worden sind, eine inhaltliche Interpretation zugeschrieben. Dabei können Abgrenzungen, die sich dort ergeben haben, hier unwichtig werden.

Beide Ebenen haben ihren Sinn, aber wichtig ist auch, beide – die formal-funktionale und die inhaltliche Ebene – möglichst sauber auseinanderzuhalten. Darüber hinaus muß es Ziel grammatischer Forschung sein, in gleicher Weise wie den adverbial gebrauchten Satzgliedern auch den übrigen Elementen des Satzes eine inhaltliche Interpretation zuzuordnen. Einem solchen Programm stellen sich allerdings besondere Schwierigkeiten entgegen. So haben alle Arbeiten auf diesem Gebiet zu der Erkenntnis geführt, daß eine Eins-zu-eins-Entsprechung zwischen formalgrammatischen, funktionalgrammatischen und inhaltlichen Einteilungen nicht herzustellen ist.

Im Folgenden geht es unter den gegebenen Umständen zunächst darum, den adverbial gebrauchten Satzgliedern eine deutlichere inhaltliche Interpretation zuzuordnen. Daran schließt sich eine Skizze der inhaltlichen Werte anderer Satzglieder in der allgemeinen Form an, die heute möglich ist.

---

[1] Damit hängt zusammen, daß man beide Kategorien auch unter dem Terminus Prädikatsnomen zusammenfaßt. Vgl. J. M. Zemb: Was ist eigentlich (ein) Prädikatsnomen? In: Bolletino dell'istituto di lingue estere 11 (Genova 1978) S. 17–37.

Zur inhaltlichen Interpretation adverbial gebrauchter Satzglieder

Adverbial gebrauchte Satzglieder beziehen sich nicht notwendig, wie man aus   **1110**
dem Namen ableiten könnte, ausschließlich auf das Verb. Man muß hier unterscheiden:

1. Adverbiale Bestimmungen können sich – gewissermaßen von außen – auf die
Aussage als Ganzes beziehen. Die Aussage wird durch sie jeweils unterschiedlich
situiert. Beispiele dafür sind:

> *Wahrscheinlich/Vielleicht/Sicher/Vermutlich* kommt sie.
> *Meines Erachtens/Nach meinem Empfinden/Für mein Gefühl/Nach meinem Eindruck*
> ist das falsch.

Die gleiche Leistung wie diese Satzglieder erbringen auch Teilsätze in Satzgefügen:

> *Es ist wahrscheinlich/sicher/zu vermuten,* daß er kommt.
> *Wie ich es empfinde,* ist das falsch.
> *Soviel ich weiß,* ist das falsch.
> Das ist, *um meinen Eindruck wiederzugeben,* falsch.

Es handelt sich dabei um Trägersätze zu Inhaltssätzen (vgl. 1292 ff.), um bestimmte Zuordnungsweisen im Bereich der Verhältnisbeziehungen (vgl. 1320 ff.)
sowie um das Verhältnis der Aussagenpräzisierung im Bereich der Verhältnisbeziehungen (vgl. 1344).

2. Adverbiale Bestimmungen können sich – gewissermaßen von innen – auf das
Verb, aber auch auf den Satzinhalt insgesamt beziehen:
– auf das Verb: Sie trug das Paket *vorsichtig.*
– auf den Satzinhalt insgesamt: *Heute* brachte sie das Paket mit.

Nicht immer sind die beiden Möglichkeiten mit letzter Sicherheit auseinanderzuhalten (vgl. 1101).
Die adverbialen Bestimmungen der unter (2) genannten Gruppe kann man unter
inhaltlichen Gesichtspunkten weiter untergliedern. Dabei ergeben sich vier Großgruppen, die in sich noch weiter unterteilt werden können. Im einzelnen kann
man unterscheiden:

Adverbiale Bestimmung des Raumes

Adverbiale Bestimmungen des Raumes geben an: **1111**

1. *einen Ort* (Frage: „wo?")

> Karl arbeitet *in München.*
> Er arbeitet schon lange *dort.*

2. *eine Richtung* (Frage: „wohin?")

> Elisabeth geht *ins Theater.*
> Er schickt ein Paket *nach Mannheim.*
> Sie schreibt auch *dorthin.*

3. *eine Herkunft* (Frage: „woher?")

> Inge kommt *aus dem Schwimmbad.*
> *Von wo* kommt er?

4. *eine (räumliche) Erstreckung* (Frage: „wie weit?")

> Peter wirft den Ball *bis an den Fluß.*
> Er ist *die ganze Strecke* zu Fuß gegangen.

Adverbiale Bestimmung der Zeit

1112 Adverbiale Bestimmungen der Zeit geben an:

1. *einen Zeitpunkt* (Frage: „wann?")

   Eines Tages sah ich ihn wieder.
   Am 11. September hat sie Geburtstag.

2. *eine (zeitliche) Wiederholung* (Frage: „wie oft?")

   Er läuft *jeden Tag* diese Strecke.

3. *eine (zeitliche) Erstreckung* (Frage: „wie lange?", „seit wann?", „bis wann?")

   Sie schreibt *einen ganzen Tag*.
   Er war *zehn Jahre* im Gefängnis.
   Sie blieb nur *für kurze Zeit*.
   Seit dem Essen sind vier Stunden vergangen.
   Bis zum Essen kannst du noch lesen.

Adverbiale Bestimmung der Art und Weise

1113 Adverbiale Bestimmungen der Art und Weise geben an:

1. *eine Beschaffenheit, ein bestimmtes Sosein* (Frage: „wie?")

   Sie arbeitet *vorbildlich*.
   Ohne erkennbare Erregung gingen sie hinaus.
   Er rennt *sehenden Auges* ins Unglück.

2. *eine Quantität* (Frage: „wieviel?")

   Otto arbeitet *genug*.
   Michael schläft *zuwenig*.

3. *einen Grad, eine Intensität* (Frage: „wie sehr"?)

   Er peinigt mich *bis aufs Blut*.
   Wir kämpften *auf Leben und Tod*.

4. *eine (graduelle) Differenz* (Frage: „um wieviel?")

   Der Index ist *um fünf Punkte* gestiegen.

5. *eine stoffliche Beschaffenheit* (Frage: „woraus?")

   Er schnitzt *aus Holz* eine Figur.

6. *ein Mittel oder Werkzeug* (Frage: „womit?", „wodurch?")

   Sie schlug den Nagel *mit dem Hammer* in die Wand.
   Er schneidet das Brot *mit dem Messer*.
   Sie überflügelte ihn *durch ihr gutes Spezialwissen*.

7. *eine Begleitung* (und das Gegenteil; Frage „mit wem?")

   Mein Freund fährt *mit seinen Eltern* nach Hamburg.

Adverbiale Bestimmungen des Grundes

1114 Adverbiale Bestimmungen des Grundes geben an:

1. *einen Grund oder eine Ursache im engeren Sinn* (Frage: „warum?")

   Das Verbrechen geschah *aus Eifersucht*.
   Er ist *Hungers* gestorben.
   Er schrie *vor Schmerz*.
   Der Tenor konnte *wegen Heiserkeit* nicht singen.
   Für die Geschwindigkeitsübertretung wurde er mit einer Geldbuße belegt.

2. *den Verursacher oder die Ursache (Agens) in Passivsätzen* (Frage: „von wem?" „wodurch?")

Dieses Bild wurde *von einem Industrieunternehmen* gestiftet.
Das Reh wurde *vom Licht* geblendet.
Die Fahrbahn ist *vom/durch das Salz* beschädigt worden.

3. *eine Bedingung* (Frage: „in welchem Fall?", „unter welcher Bedingung?")

Bei Regen fällt das Spiel aus.
Im Wiederholungsfall wird er belangt.
Unter diesen Umständen arbeite ich nicht.

4. *eine Folge* (Frage: „mit welcher Folge?", „mit welchem Ergebnis?")

Es ist *zum Haareraufen.*

5. *eine Folgerung* (Frage: „auf Grund welcher Prämisse?")

Angesichts seines Einkommens glaube ich ihm seine Armut nicht.
Bei seinem Einkommen glaube ich ihm seine Armut nicht.
Seinem Einkommen nach muß es ihm gut gehen.

6. *einen Zweck* (Frage: „wozu?", „in welcher Absicht?")

Wir fuhren *zur Erholung* an die See.
Zum Verdunkeln ließ sie die Rolläden herunter.

7. *einen (wirkungslosen) Gegengrund* (Frage: „mit welcher Einräumung?", „trotz welchen Umstands?")

Trotz des Regens ging sie spazieren.
Ungeachtet seiner Begabung ist er doch nur mittelmäßig.
Bei all seiner Begabung ist er doch nur mittelmäßig.

Zur inhaltlichen Interpretation anderer Satzglieder

Eine inhaltliche Interpretation der anderen (nicht adverbialen) Satzglieder ist um so schwieriger, je enger sie mit dem Prädikat zusammenhängen und je größer die Anzahl der Verben ist, in deren Umgebung sie vorkommen können: Zwischen dem Inhalt der Verben und dem inhaltlichen Wert der mit ihnen zusammenspielenden Satzglieder besteht ein enger Zusammenhang.   1115

Umgekehrt bedeutet das, daß z. B. Satzgliedern wie dem Anredenominativ sehr eindeutig ein Inhalt zuzuordnen ist: Sein Zusammenhang mit dem Verb ist sehr lose. Der Anredenominativ bezeichnet immer eine angesprochene oder angerufene Größe:

Karin, du mußt noch Klavier spielen!

Ein recht eindeutiger inhaltlicher Wert ist auch den Gleichsetzungskasus zuzuschreiben. Sie sind nur bei einer begrenzten Anzahl von Verben möglich und bezeichnen im wesentlichen einen identifizierenden Begriff, der in einer „Gleichsetzung" den in der Subjekt- oder Objektstelle genannten Begriff definieren soll, oder aber einen klassifizierenden Begriff, der das Genannte in eine Klasse einordnen soll. Mit dieser Klasseneinordnung kann auch eine Funktionszuweisung verbunden sein:

Berlin ist *die Hauptstadt Deutschlands.*
Berlin ist *eine große Stadt.*
Er nennt ihn *einen Lügner.*
Er ist *Lehrer.*

In gleicher Eigenschaft kommt auch das Satzadjektiv vor (Berlin ist *groß*). Dieser Umstand begründet die bereits angesprochene teilweise Austauschbarkeit zwischen Satzadjektiv und Gleichsetzungskasus.

Sehr viel weniger eindeutig lassen sich dem Subjekt und den Objekten inhaltliche Interpretationen zuordnen, und zwar offensichtlich wegen ihrer engen Verbindung mit dem Prädikat. Besonders schwierig ist es bei den Präpositionalobjekten, bei denen eine spezifische Präposition die Verbindung zwischen Prädikat und Nominal- bzw. Pronominalgruppe herstellt (vgl. 1091). Wir begnügen uns hier mit einer Zusammenstellung dessen, was durch eine längere grammatische Tradition als gesichert gelten kann.[1]

1116 a) Das **Subjekt** kann z. B. bezeichnen:

1. einen Täter, jemanden, der eine Tätigkeit oder Handlung vollzieht. Man spricht hier vom Agens.[2]

Er schlägt den Hund.
Der Fahrer bremst.

Wir rechnen hierzu auch die Fälle, wo eine – gewissermaßen als tätig, aber nicht eigentlich personal gesehene – Kraft an Subjektstelle genannt wird:

Der Taifun zerstörte die ganze Stadt.

In Passivsätzen wird das Agens in einem Präpositionalgefüge ausgedrückt:

Der Hund wird *von ihm* geschlagen.

2. den Träger eines Vorgangs oder Zustands.

Das Laub fällt.
Das Kind schläft ruhig.

3. das Resultat eines Geschehens, das durch das Prädikat angegeben wird. Man spricht hier von einem effizierten Subjekt.[3] Es kommt vorwiegend in Passivsätzen vor. In Aktivsätzen entspricht ihm das sogenannte effizierte Objekt (vgl. b2).

Das Haus wird gebaut.

4. das Geschehen selbst. Das ist dort der Fall, wo an der Prädikatstelle ein bedeutungsarmes Verb steht:

Eine Veränderung tritt ein.

5. eine Person (ein Lebewesen) oder eine Sache, die von einer Tätigkeit oder Handlung betroffen ist. Man spricht hier vom Patiens[4] (als Gegenbegriff zum Agens, vgl. a1; man kann auch von einem affizierten Subjekt[5] sprechen, analog zum affizierten Objekt, vgl. b1).

Der Hund wird geschlagen.

6. den Träger einer Identifizierung oder Klassifizierung, einer Funktionszuschreibung oder einer Eigenschaftszuordnung. Dies ist anzusetzen in Sätzen mit

---

1 Die folgende Darstellung stützt sich weitgehend auf die Untersuchungen von G. Helbig: Die Funktionen der substantivischen Kasus in der deutschen Gegenwartssprache. Halle/Saale 1973. Sie vereinfacht aber stark und übernimmt auch nicht deren sprachtheoretische Grundannahmen.
2 Lat. *agere* ‚handeln‘.
3 Lat. *efficere* ‚bewirken‘.
4 Lat. *pati* ‚erleiden, erdulden‘.
5 Lat. *afficere* ‚auf jemanden einwirken‘.

einem Gleichsetzungsnominativ und solchen mit einem gleichwertigen Satzadjektiv.

> *Berlin* ist die Hauptstadt Deutschlands.
> *Berlin* ist eine große Stadt.
> *Er* ist Lehrer.
> *Berlin* ist groß.

7. das Mittel einer Tätigkeit oder Handlung; man spricht hier von einem Instrumental.[1]

> *Ein Lied* beendete die Feier.

Der Instrumental kann auch in einem Präpositionalgefüge ausgedrückt werden:

> Die Feier wurde (von den Teilnehmern) *mit einem Lied* beendet.

b) Das **Akkusativobjekt** kann z. B. bezeichnen: 1117

1. eine Person (ein Lebewesen) oder eine Sache, die von einer Tätigkeit oder
Handlung betroffen ist. Man spricht hier vom **affizierten Objekt** oder vom
Patiens (vgl. auch a5). Die Weise des Betroffenseins kann sehr unterschiedlich
sein, je nachdem, welchen Charakter die Tätigkeit oder Handlung hat. Wichtig ist
nur, daß das im Akkusativobjekt Genannte unabhängig von der Tätigkeit oder
Handlung, die im Prädikat genannt wird, existiert; es wird nicht durch sie hervorgebracht (vgl. zum Unterschied b2).

> Sie backt *den Fisch.*
> Er lobt *den Schüler.*
> Sie verrückt *den Tisch.*

2. das Resultat eines Geschehens, einer Tätigkeit oder einer Handlung, die durch
das Prädikat angegeben wird; man spricht in solchen Fällen von einem **effizierten Objekt.**

> Sie backt *einen Kuchen.*
> Sie bauen *ein Haus.*

3. ein Geschehen selbst, das durch das im Prädikat stehende Verb in seinem Verlauf charakterisiert wird.

> Er leistet *Hilfe.*
> Sie gibt *Unterricht.*

4. eine Person, der physische oder psychische Zustände zugesprochen werden.

> Es friert *mich.*
> Es drängt *mich.*

5. den Inhalt eines Verbalbegriffs, der dadurch in seiner Art gekennzeichnet
wird. Dieses Objekt kommt bei intransitiven Verben vor.

> Er starb *einen leichten Tod.*
> Sie schläft *einen süßen Schlaf.*

Man spricht hier von einem **inneren Objekt.**

6. eine Quantitätsbestimmung, oft eine Menge oder einen Preis.

> Das Faß enthält *100 Liter.*
> Das Buch kostet *20 Mark.*

7. den Besitz einer Person.

> Er besitzt *ein Auto.*
> Sie hat *eine Boutique.*

---

[1] Lat. *instrumentum* ‚Mittel, Werkzeug'.

8. ein Befinden, eine Eigenschaft oder eine Funktion, die jemand „hat".

Wir haben *Angst.*
Er hat *einen kräftigen Griff.*
Sie hatte *einen Beruf.*

9. den Träger einer Klassifizierung, die durch den Gleichsetzungsakkusativ vorgenommen wird.

Er nennt *ihn* einen Feigling.

1118 c) Das **Dativobjekt** gilt generell als sogenanntes indirektes Objekt, weil hier vorwiegend jemand oder etwas genannt wird, dem sich eine Tätigkeit oder Handlung eher mittelbar zuwendet. Im einzelnen kann es z. B. bezeichnen:

1. im allgemeinsten Sinn einen Bezugspunkt oder (häufig) eine Bezugsperson für ein Geschehen.

Sie begegnet *ihm.*
Es dient *meiner Gesundheit.*
Das nützt *dem Staat.*

2. einen Besitzer (Eigentümer) oder auch Empfänger, aber auch eine Person, der ein Besitz (Eigentum) fehlt. Man spricht hier von einem possessiven Dativ.[1]

Das Buch gehört *mir.*
Das Buch ist *mir* eigen.

3. eine Person, an deren Stelle und für die bzw. zu deren Vorteil oder Nachteil etwas geschieht. Man spricht hier von einem Dativus commodi und incommodi.[2]

Er trägt *ihr* den Koffer.
Sie hat *mir* den Teller zerbrochen.
Er hat *ihr* (= für sie) einen Apfel gestohlen.

4. eine Person (ein Lebewesen) oder Sache, auf die – als Ganzheit – ein Teil bezogen wird. Man spricht hier vom Pertinenzdativ[3] oder Zugehörigkeitsdativ.

Mir schmerzt der Kopf.
Ich putze *mir* die Schuhe.
Er fuhr *dem Lastwagen* in die Seite.

5. eine Person, die nur zusätzlich und gefühlsmäßig an einer Handlung beteiligt ist. Praktisch ist dieser Gebrauch auf die Personalpronomen der 1. und 2. Person beschränkt. Er steht bei Ausdrücken der Verwunderung, Aufforderung und Frage und bezeichnet emotionale Beteiligung. Man spricht hier vom Dativus ethicus.[4]

Daß du *mir* nicht zu spät kommst!

6. den Zweck; man spricht hier von einem finalen Dativ.[5] An seiner Stelle steht oft ein Präpositionalgefüge mit *für.*

Er lebt nur *seiner Arbeit* (= Er lebt nur *für seine Arbeit*).

---

[1] Lat. *possessivus* ‚einen Besitz anzeigend'.
[2] Lat. *commodum* ‚Vorteil', *incommodum* ‚Nachteil'.
[3] Lat. *pertinere* ‚betreffen, gehören, sich beziehen'.
[4] Griech. *ethikós* (im weitesten Sinne:) ‚innere Beteiligung anzeigend'.
[5] Lat. *finis* ‚Zweck, Ende'.

d) Dem **Genitivobjekt** lassen sich zwar auch inhaltliche Interpretationen zuord- 1119
nen, doch gelten sie – angesichts der geringen Anzahl von Verben mit Genitivobjekt – jeweils nur für ganz kleine Verbgruppen.[1] Von allgemeinerer Bedeutung ist
lediglich die Bezeichnung des Inhalts bzw. Sachbetreffs der Beschuldigung in der
Gerichtssprache. Man spricht hier von einem Genitivus criminis.[2]

> Er wird *des Mordes* beschuldigt.

2.4 Der Satzgliedinnenbau

2.4.1 Allgemeines

Bisher war es um Satzglieder als ganze gegangen; im Folgenden soll nun die Re- 1120
gularität des Innenbaus von Satzgliedern in den Blick genommen werden, zumal
dort, wo diese von hoher Komplexität sind: Satzglieder können ja ganz unterschiedlich komplex sein, so gibt es solche, die aus einem einzigen Wort bestehen,
aber auch solche, die sehr viele Wörter umfassen (vgl auch 1073):

> *Picasso* ist schon tot.
> *Der bedeutende spanische Maler Pablo Picasso* ist schon tot.

Alles, was in beiden Sätzen vor dem Finitum steht, gehört zu *einem* Satzglied. Ist –
wie im ersten Beispiel – die Satzgliedposition mit nur *einem* Wort besetzt, handelt
es sich um ein einfaches Satzglied; besteht das Satzglied aus mehreren Wörtern, spricht man von einem komplexen Satzglied. Ein komplexes Satzglied besteht aus dem Kern (des Satzgliedes) und dem Attribut (einem einfachen Satzglied fehlt jegliches Attribut, es besteht gleichsam nur aus dem Kern). Kern bzw.
Attribut lassen sich durch die Weglaßprobe bestimmen (vgl. 1058).

Attribuierung kann man auffassen als Anreicherung eines (prinzipiell als einwor- 1121
tig anzusehenden) Satzgliedkerns, Attribute charakterisieren das, was im Gliedkern gegeben ist, näher, sie deuten es aus oder bestimmen es genauer. Damit sind
Attribute zugleich Elemente, die sich nicht unmittelbar auf den Satz, sondern auf
seine Gliedkerne beziehen (bzw. nur mittelbar über den Kern auf den Satz). In
diesem Sinne sind sie syntaktisch auch nicht notwendig (das ist nur der Gliedkern). Wenn sie in konkreten Sätzen doch nicht immer weggelassen werden können, so kann das zwei Gründe haben:

1. Eine Attribuierung ist notwendig, weil eine Formulierung ohne sie grammatisch unkorrekt wäre:

> (Nur:) *Ein* Baum fiel auf die Straße. (Nicht:) Baum fiel auf die Straße.

2. Eine Attribuierung ist notwendig, weil eine Formulierung ohne sie inhaltlich
unsinnig wäre:

> (Nur:) *Bellende* Hunde beißen nicht. (Nicht:) Hunde beißen nicht.

In manchen Fällen, zumal wenn Präpositionalgefüge beteiligt sind, ist nicht 1122
immer klar zu entscheiden, ob ein Attribut oder ein selbständiges Satzglied vorliegt:

> Maria schrieb täglich einen liebevollen Gruß aus München an ihren Verlobten.

---

[1] Vgl. G. Helbig: Die Funktionen der substantivischen Kasus in der deutschen Gegenwartssprache. Halle/Saale 1973, S. 212f.
[2] Lat. *crimen* ,Vorwurf, Anschuldigung'.

Eine Verschiebeprobe kann hier insgesamt drei unterschiedliche Möglichkeiten aufzeigen:

Aus München schrieb Maria täglich einen liebevollen Gruß an ihren Verlobten.
Einen liebevollen Gruß aus München schrieb Maria täglich an ihren Verlobten.
Einen liebevollen Gruß aus München an ihren Verlobten schrieb Maria täglich.

Die Schwierigkeit der Bestimmung hängt in solchen Fällen nicht an der Unschärfe der Kategorie, sondern am Verständnis des zugrundeliegenden Satzes. Sätze können oft unter Heranziehung sowohl der einen als auch der anderen Kategorie verstanden werden. In Zweifelsfällen muß man beide Möglichkeiten gelten lassen.

Im Folgenden geht es um die Beschreibung der Regularität des Innenbaus komplexer Satzglieder. Wie bei der Analyse von Satzgliedern als ganzen ist auch hier zu unterscheiden zwischen komplexen im Kasus bestimmten Satzgliedern (vgl. 1123 f.) und komplexen im Kasus nicht bestimmten Satzgliedern (1125). Bei den komplexen im Kasus bestimmten Satzgliedern ist darüber hinaus zwischen dem einfachen Attribut (1123) und der Apposition (1124; 1137–1143) zu unterscheiden.

2.4.2 Die Attribute im einzelnen

Attribute in Gliedern, die im Kasus bestimmt sind

1123   Als Attribute in Satzgliedern, die im Kasus bestimmt sind, kommen vor allem vor:

- Adjektive (oder adjektivisch gebrauchte Partizipien):

  Das *gelbe* Blinklicht hat uns gewarnt. *Aufgebrachte* Bürger wandten sich gegen die Demonstranten.

- Begleiter (Artikel und Pronomen):

  Der Polizist verlangte *meinen* Führerschein.

- Substantive im Genitiv:

  Der Süden *Europas* gehört zu den weniger entwickelten Regionen.
  Europas Süden gehört zu den weniger entwickelten Regionen.

- Präpositionalgefüge:

  Die Museen *in München* sind sehr interessant. Der Mensch *von heute* ist verunsichert.

- Adverbien:

  Die Museen *dort* sind großartig. *Nur* Möwen können auf dieser Insel leben.

- Adverbien mit Satzteilkonjunktion:

  Ein Spiel *wie gestern* sieht man nicht alle Tage. Ein besseres Spiel *als vorhin* siehst du in dieser Saison kaum mehr.

Die Stelle eines Attributs können auch ganze Teilsätze sowie Infinitivkonstruktionen ausfüllen, wie es die folgenden Beispiele demonstrieren:

Die Frage, *ob die Erscheinung vom Mondwechsel abhängt,* ist noch nicht geklärt. Ihr Wunsch, *den Preis zu gewinnen,* ließ sie jede Vorsicht vergessen.

Auf derartige Möglichkeiten wird hier nicht weiter eingegangen; sie werden bei der Behandlung des zusammengesetzten Satzes noch einmal angesprochen (vgl. 1276).

Eine besondere Form der Attribuierung ist die **Apposition**. Sie ist durch fol-   1124
gende Merkmale bestimmt:

1. Kern der Apposition ist grundsätzlich ein Substantiv.
2. Grundsätzlich folgt die Apposition ihrem Bezugswort.
3. Die Apposition stimmt mit ihrem Bezugswort im Kasus überein (vgl. aber 1261).[1]

Unter Berücksichtigung dieser (formalen) Merkmale lassen sich zwei Grundtypen der Apposition unterscheiden:

1. Appositionen im engeren Sinn sind Teilglieder, die einem anderen Teilglied
nachgetragen sind, mit ihm in der Regel kongruieren und hinsichtlich der Stimmführung unter einem eigenen Teilbogen stehen. In schriftlichen Texten sind sie gewöhnlich durch Kommas oder Gedankenstriche abgetrennt. Sie sind sowohl zum
Gliedkern als auch zu einem Attribut möglich. Zum Kern:

> Fritz, *mein Freund aus der Studienzeit,* hat meine Hilfe gern in Anspruch genommen.
> Er erinnerte sich Fritz Meiers, *seines Studienfreundes.* Er half Fritz Meier, *seinem Stu-
> dienfreund,* nach Kräften. Eines bestimmten Abends, *eines Abends im Spätsommer,*
> traf ich ihn wieder.

Zu Attributen:[2]

> Das Zusammentreffen mit Fritz, *meinem Studienfreund,* gestaltete sich erfreulich. Die
> Ankunft des D 735, *eines Nachtschnellzugs,* erfolgte verspätet.

Hier ordnet man auch Attribuierungserscheinungen wie die folgenden ein (und
zwar, weil sie unter gleichen Kongruenzbedingungen stehen):

> Karl *der Große* residierte meist in Aachen. Ludwig *der Sechzehnte* wurde ein Opfer der
> Französischen Revolution.

Es handelt sich hier um Zusätze zu Personennamen mit dem bestimmten Artikel.
Anders als in der ersten Beispielgruppe sind die Zusätze stimmlich nicht abgesetzt; in geschriebener Sprache erscheinen sie entsprechend ohne Komma.

2. In einem weiteren Sinn rechnet man zur Apposition auch Attribute mit den
Konjunktionen *als* und *wie:*

> Ohne eine Expertin *als Beraterin* wäre das Experiment nicht gelungen. Ohne eine Ex-
> pertin *wie sie* wäre das Experiment nicht gelungen.

Substantive in dieser Position können einen Begleiter (Pronomen oder Artikel)
bei sich haben sowie selbst wiederum mit adjektivischen oder anderen Attributen
erweitert werden:

> Mit Robert *als unserem Linksaußen* sollten wir das Spiel gewinnen. Mit Robert *als
> starkem Linksaußen* sollten wir das Spiel gewinnen. Mit Robert *als dem stärksten
> Linksaußen der Mannschaft* sollten wir das Spiel gewinnen.

Eine detailliertere Klassifikation der Appositionsmöglichkeiten läßt sich unter
Einbezug inhaltlicher Gesichtspunkte erstellen, vgl. dazu 1137–1143.

---

[1] Damit sind besonders typische Merkmale der Apposition erfaßt. Eine wirklich umfassende Beschreibung müßte mit Merkmalmöglichkeiten wie den folgenden arbeiten: (a) Stimmlich (in
   geschriebener Sprache: mit Komma) abgesetzt: *immer / optional / nie;* (b) Wortart des Kerns:
   Nomen / andere Wortart; (c) Kasuskongruenz: *immer / teilweise / ausnahmsweise / nie;* (d) Begleiter möglich: *ja / nein;* (e) adjektivisches Attribut möglich: *ja / nein;* (f) besonderes Einleitewort vorhanden: *ja / nein;* (g) Stellung zum Bezugsnomen: *nachfolgend / vorangehend.*
[2] Zur Kombination verschiedener Attribuierungsformen vgl. 1116.

Attribute in Gliedern, die im Kasus nicht bestimmt sind

1125 Als Attribute in Gliedern, die im Kasus nicht bestimmt sind, kommen vor allem vor:
- Adjektive (oder Partizipien) unflektiert:
  Sie sind *eng* befreundet. Er ist *hinreichend* gewarnt.
- Adjektive (oder Partizipien) mit Satzteilkonjunktion:
  Er ist dümmer *als lang.*
  Er ist dümmer *als erlaubt.*
- Partikeln:
  Er besucht uns *sehr* fleißig.
  Sie kommt *noch* heute.
- Partikeln mit Satzteilkonjunktion:
  Sie blieb länger *als gestern.*
- Substantive mit Satzteilkonjunktion:
  Er ist so groß *wie sein Bruder.*
  Der Baum ist höher *als das Haus.*
- Präpositionalgefüge:
  Rechts *von dieser Eiche* stand das Reh.
  Dort *am Hang* blüht der Ginster.
  Am weitesten hinten sitzt sie.
  Am schönsten sichtbar ist das Tal von hier aus.
  Am ehesten erträglich ist das Seeklima.
- (Adverbial)akkusative:
  Den ganzen Nachmittag lang hat er Klavier gespielt.

2.4.3 Spezielle Probleme attributiver Konstruktion

Mehrwortigkeit an verschiedenen Stellen des Satzglieds

1126 Die Beispiele, die vorstehend für Attribuierungsmöglichkeiten angeführt worden sind, haben vorzugsweise mit einfacher Besetzung der Stelle des Attributs operiert. Nun kann eine solche Stelle aber auch mit mehreren Wörtern besetzt sein.

Hier sind zwei Möglichkeiten zu unterscheiden:

1. Die Stelle des Adjektivs (zwischen Pronominalteil und Kern) ist mit mehreren Wörtern besetzt; dabei besteht ein Verhältnis der Unterordnung:
   Ich traf diesen *von mir sehr geschätzten* Mann öfter.

Man kann hier weiter untergliedern: Es liegt ein attributives Partizip vor, dem seinerseits eine Partikel und ein Präpositionalgefüge attribuiert sind (der *geschätzte* Mann/der *sehr* geschätzte Mann/der *von mir* sehr geschätzte Mann).

2. Die Stelle des Attributs ist mit mehreren, einander nebengeordneten Wörtern besetzt. Man spricht hier von einer Wortreihe. Die Glieder einer Wortreihe können auf verschiedene Weise miteinander verknüpft sein:
- syndetisch (d. h. durch Konjunktionen):
  Das ist ein *zwar interessanter, aber gefährlicher* Vorschlag.
  Das ist ein *guter und neuer* Gedanke.

– asyndetisch (d. h. ohne Konjunktionen):

Das ist ein *interessantes, lesenswertes, wichtiges* Buch.

– monosyndetisch (d. h. nur die letzten Glieder der Wortreihe sind durch eine Konjunktion verbunden):

Das ist ein *läppischer, dummer und schädlicher* Einfall.

Hier ist es nicht sinnvoll, weiter zu analysieren. Wir sprechen, bezogen auf diesen Typ, von mehrwortiger Besetzung einer Stelle, die man gelegentlich auch bei begleitenden Pronomen trifft:

Der *eine oder andere* Hörer wird diese Auffassung vertreten.
Das geschieht in *deinem und seinem* Interesse.

Mehrwortigkeit kommt übrigens auch im Kern vor: 1127

1. Mehrwortigkeit im Gliedkern, der im Kasus bestimmt ist. Hierher gehören Beispiele der Wortreihung im Kern, syndetisch, asyndetisch oder monosyndetisch, also z. B.

Er ist ein glänzender *Lehrer und Vorgesetzter und Freund.*
Er ist ein glänzender *Lehrer, Vorgesetzter, Freund.*
Er ist ein glänzender *Lehrer, Vorgesetzter und Freund.*

Solche Erscheinungen von Wortreihung sind in jeder Position möglich.

2. Mehrwortigkeit im Gliedkern, der im Kasus nicht bestimmt ist. Hierher gehören Beispiele wie

nach und nach, hin und wieder, dann und wann.

Zur Kombination unterschiedlicher Attribuierungsmöglichkeiten

Die unterschiedlichen Attribuierungsmöglichkeiten können vielfältig miteinander   1128
kombiniert auftreten. Dabei sind es nicht primär grammatische Gesichtspunkte, die über die Grenzen der Kombinierbarkeit entscheiden: Grundsätzlich können Satzglieder beliebig komplex ausgestaltet werden, so daß außerordentlich umfangreiche und vielfach in sich gegliederte Gebilde möglich sind. Die Grenzen für diese Beliebigkeit setzt nicht die Grammatik, sondern der Atem der Sprechenden, das Stilgefühl der Schreibenden und die Verstehensfähigkeit der Lesenden oder Hörenden.

Die Möglichkeiten können mittels einer Erweiterungsprobe angedeutet werden (bei der Analyse des Satzgliedinnenbaus von gegebenen Sätzen bedient man sich umgekehrt der Weglaßprobe):

Ein berühmter Mann lebte in Jerusalem.

Schon dieses Beispiel enthält im Subjekt ein begleitendes Pronomen und ein adjektivisches Attribut. Man kann nun das Adjektiv erweitern, z. B. durch eine attributive Partikel *(damals),* durch ein attributives Präpositionalgefüge *(wegen seiner Weisheit)* und durch ein attributives Substantiv mit Satzteilkonjunktion *(als Ratgeber);* man fügt dann Attribute zum Attribut, d. h. solche zweiten Grades, ein:

ein *damals wegen seiner Weisheit als Ratgeber* berühmter Mann ...

Der Kern kann z. B. erweitert werden durch ein attributives Substantiv im Genitiv *(jüdischer Religion)* und durch ein attributives Präpositionalgefüge *(ohne eigene Kinder);* fügt man diese ein, so ergibt sich:

ein damals wegen seiner Weisheit als Ratgeber berühmter Mann *jüdischer Religion ohne eigene Kinder ...*

Abgesehen davon, daß zumal die Möglichkeit, im Kasus nicht bestimmte Teilglieder und Präpositionalgefüge einzusetzen, bei weitem noch nicht ausgeschöpft ist, sei nur darauf hingewiesen, daß natürlich auch die Erweiterungen ihrerseits wieder erweitert werden können:

> wegen seiner *alles in den Schatten stellenden und von allen anerkannten* Weisheit ...

2.4.4 Zum Problem einer inhaltlichen Interpretation der Teilglieder

Vorbemerkung

1129   Als Leistung des Attributs hatten wir oben (vgl. 1121) allgemein herausgestellt, daß es die Information, die im Kern des Satzglieds gegeben ist, charakterisiert, ausdeutet und genauer bestimmt. Ausschlaggebend für diese Leistung ist natürlich primär die Bedeutung der Einzelwörter, die an Attributstelle stehen. Darüber hinaus (und im Zusammenhang mit der Wortbedeutung) trägt aber in verschiedenen Fällen auch etwas zur (inhaltlichen) Leistung des Attributs bei, was man „syntaktische Bedeutung" nennen könnte. So kann man z. B. in Fällen, wo der Kern eines Satzglieds aus einem Verbalsubstantiv (vgl. 873 ff.) besteht, das Satzglied als Entsprechung zu einem Satz auffassen:

> *Die Verteilung* der Medikamente an die Notleidenden durch Helfer ...

Dem entspricht:

> Helfer *verteilen* Medikamente an die Notleidenden.

Die attributiven Glieder in einem Satzglied entsprechen dann selbständigen Satzgliedern in ganzen Sätzen; ihnen wären prinzipiell gleiche inhaltliche Interpretationen zuzuordnen wie diesen Satzgliedern (vgl. 1109 ff.). So kann beispielsweise einem attributiven Präpositionalgefüge entsprechen:

- ein Subjekt:
  die Befreiung der Geiseln *durch die Polizei* – Die Polizei befreit die Geiseln.

- ein Akkusativobjekt:
  ihre Liebe *zu ihrer Mutter* – Sie liebt ihre Mutter.

- ein Dativobjekt:
  sein Dank *an die Behörden* – Er dankt den Behörden.

- ein Genitivobjekt:
  das Beschuldigen des Angeklagten *wegen Mordes* – Der Angeklagte wird des Mordes beschuldigt.

- ein Präpositionalobjekt:
  unser Kampf *um saubere Gewässer* – Wir kämpfen um saubere Gewässer.

- ein adverbiales Präpositionalgefüge:
  seine Arbeit *im Garten* – Er arbeitet im Garten.

Einem attributiven Substantiv im Genitiv oder einem Possessivpronomen kann entsprechen (vgl. detaillierter 1131):

- ein Subjekt:
  Petras Ankunft – Petra kommt an.
  Ihre Ankunft – Sie kommt an.

– ein Akkusativobjekt:

> Die Befreiung *der Geiseln* – Man befreit die Geiseln.

Einem attributiven Adjektiv kann ein Satzadjektiv oder eine Satzpartikel entsprechen:

> seine *schnelle* Fahrt – Er fährt schnell.
> ihre *heutige* Abreise – Sie reist heute ab.

Vorwiegend auf der Grundlage solcher Entsprechungen soll im folgenden an drei Stellen etwas detaillierter auf inhaltliche Strukturen im Attribuierungsbereich eingegangen werden, zum ersten bei den attributiven adverbialen Bestimmungen, zum zweiten bei Genitivattributen und zum dritten bei der Apposition.

Attributive adverbiale Bestimmungen

Was wir bei den Satzgliedern inhaltlich an adverbialen Bestimmungen im einzelnen unterschieden haben, treffen wir entsprechend auch im Satzgliedinnenbau wieder an. Zur Illustration dieser Entsprechung bedienen wir uns weitgehend gleicher oder ähnlicher Beispiele, wie wir sie dort gewählt haben (vgl. 1110 ff.); im einzelnen unterscheidet man: **1130**

Attributive Bestimmungen des Raumes:

> Die Leute *auf dem Lande* leben ruhiger.
> Die Fahrt *nach Mannheim* war anstrengend.
> Die Mannschaft *aus England* belegte den zweiten Platz.
> Der Weg *zum Fluß* ist beschwerlich.

Attributive Bestimmungen der Zeit:

> Die Schule *heute* ist freier geworden.
> Die Zeit *bis zum Essen* verstrich im Fluge.
> Die Sitzungen *jeden Donnerstag* belasteten uns schwer.

Attributive Bestimmungen der Art und Weise:

> Ihr Auftritt *ohne jede Aufregung* hat mich sehr beeindruckt.
> Eine Arbeit *von 200 Seiten* ist für diesen Anlaß viel zu aufwendig.
> Der Kampf *auf Leben und Tod* war faszinierend anzuschauen.
> Eine Indexsteigerung *um fünf Punkte* war vorherzusehen.
> Die Figur *aus Holz* ist sehr kostbar.
> Der Schlag *mit dem Hammer* ging daneben.
> Seine Reise *mit seinen Eltern* dauerte drei Wochen.
> Ein Buch *für 50 Mark* kann ich mir nicht leisten.

Attributive Bestimmungen des Grundes (im weiteren Sinne):

> Er ist Wanderer *aus Leidenschaft.*
> Eine Arbeit *unter diesen Umständen* ist sinnlos.
> Sie war *zum Weinen* glücklich.
> Seine Lebensführung *bei diesem Einkommen* ist zu aufwendig.
> Eine Reise *zur Erholung* wird dir guttun.
> Ein Spaziergang *trotz des Regens* ist dringend anzuraten.

Zur inhaltlichen Interpretation des attributiven Genitivs

Dem attributiven Genitiv lassen sich verschiedene und recht unterschiedliche inhaltliche Interpretationen zuordnen. Im einzelnen kann man unterscheiden: **1131**

1. Der Genitiv drückt eine Zugehörigkeit im weitesten Sinne aus, d. h., dem Verhältnis zwischen Kern und Attribut entspricht ein „Haben" oder „Zugehören":

Die Mutter *meines Freundes* ...
Das Zimmer *des Chefs* ...

Als Spezialfall dieses Verhältnisses kann man die Besitzbeziehung betrachten. Man spricht dann von einem Genitivus possessivus[1]:

Das Auto *der Tante* ...

2. Das Genitivattribut eines komplexen Satzglieds entspricht dem Subjekt eines äquivalenten (gleichwertigen) Satzes. Es ist dann z. B. Agens der Tätigkeit/Handlung oder Träger des Geschehens/Zustands im Gliedkern. Man spricht hier von einem Genitivus subiectivus:

Die Behauptung *des Angeklagten* ...
Das Wirken *dieses Mannes* ...

Als Spezialfall dieses Verhältnisses kann man die Angabe eines Herstellers auffassen. Der Attribuierung liegt dann ein Verhältnis des „Schaffens" zugrunde. Man spricht hier von einem Genitivus auctoris[2]:

Die Werke *des Komponisten* ...
Die Gedichte *der Lyrikerin* ...

3. Das Genitivattribut eines komplexen Satzglieds kann auch dem Objekt eines äquivalenten Satzes entsprechen. Es ist dann Ziel der Handlung oder des Geschehens, das im Gliedkern bezeichnet wird. Man spricht hier von einem Genitivus obiectivus:

Die Befreiung *der Geiseln* ...
Die Verteilung *der Medikamente* ...

Als Spezialfall innerhalb dieses Genitivs kann man – analog zum Genitivus auctoris – das Verhältnis betrachten, wo durch den Genitiv das Geschaffene ausgedrückt wird:

Der Komponist *dieser Symphonie* ...
Die Verfasserin *der Judenbuche* ...

Man spricht hier von einem Genitiv des Produkts.

4. Der Genitiv bezeichnet eine Eigenschaft oder Beschaffenheit:

Ein Mann *mittleren Alters* ...
Ein Mensch *guten Willens* ...

Man spricht hier von einem Genitivus qualitatis[3]. Der Genitivus qualitatis wird hauptsächlich in gehobener Sprache verwendet; außerhalb dieser Stilschicht ist sein Vorkommen an feste Wendungen gebunden.

5. Der Genitiv bezeichnet ein Ganzes, von dem im Bezugswort ein Teil angegeben wird:

Die Hälfte *meines Vermögens* ...
Eine große Anzahl *Industrieller* ...

Man spricht hier von einem Genitivus partitivus[4] oder vom Genitiv des geteilten Ganzen.

---

[1] Lat. *possessivus* ‚einen Besitz anzeigend'.
[2] Lat. *auctor* ‚Urheber'.
[3] Lat. *qualitas* ‚Beschaffenheit, Eigenschaft'.
[4] Lat. *pars* ‚Teil'.

6. Der Genitiv kann einem allgemeineren Begriff (der im Bezugswort genannt ist) eine spezielle, nähere Bestimmung beifügen. Dabei geht es immer um eine „ist-wie-Beziehung":

> Ein Strahl *der Hoffnung* – die Hoffnung ist wie ein Strahl;
> Die Nacht *des Faschismus* – der Faschismus ist wie die Nacht.

Man spricht hier von einem Genitivus explicativus[1]. Ihm nahe verwandt ist der Genitivus definitivus[2], der eine reine „ist-Beziehung" repräsentiert[3]:

> Das Rechtsmittel *des Einspruchs* – der Einspruch ist ein Rechtsmittel.
> Die Strafe *der Verbannung* – die Verbannung ist eine Strafe.

Einzelbemerkungen zur Verwendung des Genitivattributs

Neben dem Genitivattribut gibt es im Deutschen konkurrierende Fügungen, und zwar unterschiedlich je nach der inhaltlichen Leistung des Genitivattributs. Die alternativen Fügungen werden unter anderem gebraucht, um eine Beschränkung des Genitivattributs zu umgehen: Genitivattribute können – von artikellosen Eigennamen abgesehen – im heutigen Deutsch nur noch stehen, wenn sie ein adjektivisch oder pronominal dekliniertes Wort enthalten.[4] Andernfalls steht die alternative Fügung, im folgenden Beispiel das Präpositionalgefüge mit *von:*   1132

> die Gefährdung *der Menschen*
> die Gefährdung *dieser Menschen*
> die Gefährdung *unbeteiligter Menschen*
> die Gefährdung *Unbeteiligter*
> Aber nicht: die Gefährdung *Menschen*. Sondern: die Gefährdung *von Menschen*.
>
> die Reinigung *des Wassers*
> die Reinigung *verschmutzten Wassers*
> Aber nicht: die Reinigung *Abwassers*. Sondern: die Reinigung *von Abwasser*.

Die alternativen Fügungen stehen teilweise auch, wo das Genitivattribut eigentlich möglich wäre. Diese Ausweitung des Gebrauchs ist nicht immer hochsprachlich anerkannt; Einzelheiten werden im Folgenden diskutiert.[5]

Der Genitivus possessivus und verwandte Gebrauchsweisen des Genitivattributs

Genitivus possessivus, subiectivus, obiectivus und *auctoris* sowie der *Genitiv des Produkts* haben die folgenden Eigenschaften gemeinsam: 1133

1. Der Genitiv kann vor oder nach dem Nomen stehen; Voranstellung ist allerdings im heutigen Deutsch, außer bei Personennamen, stilistisch auffällig.

2. Er kann durch ein Possessivpronomen ersetzt werden.

---

1 Lat. *explicare* ‚entfalten, erläutern'.
2 Lat. *definire* ‚bestimmen'.
3 Vgl. dazu B. Engelen: Der Genitivus definitivus und vergleichbare Konstruktionen. In: Zielsprache Deutsch 1990, S. 2–17.
4 Siehe hierzu: P. Gallmann: Kategoriell komplexe Wortformen. Tübingen 1990 (= RGL 108). S. Schachtl, Ch. Bhatt, E. Löbl, C. Schmidt: „Morphological case and abstract case: evidence from the German genitive construction". In: (eds.): *Syntactic Phrase Structure Phenomena.* Amsterdam/Philadelphia: John Benjamins (= Linguistik Aktuell, 6), Seiten 99–112.
5 Diese Darstellung stützt sich unter anderem auf die folgende Arbeit: Thomas Lindauer: Genitivattribute, Tübingen 1994 (= RGL 155).

3. Er kann durch ein Präpositionalgefüge mit *von* ersetzt werden (zum hochsprachlichen Gebrauch siehe unten). Die ersten beiden Eigenschaften kommen nur bei den hier behandelten Genitivattributen vor, die dritte läßt sich auch bei einigen weiteren Gebrauchsweisen beobachten.

> das Büro *des Chefs, des Chefs* Büro, *sein* Büro, das Büro *vom Chef*
>
> die Meinung *vieler Menschen, vieler Menschen* Meinung, *ihre* Meinung, die Meinung *von vielen Menschen*
>
> das Werk *Picassos, Picassos* Werk, *sein* Werk, das Werk *von Picasso*
>
> die Entdeckung *Amerikas, Amerikas* Entdeckung, *seine* Entdeckung, die Entdeckung *von Amerika*
>
> der Komponist *des Figaro, des Figaro* Komponist, *sein* Komponist, der Komponist *von Figaro*

Im einzelnen gelten die folgenden Gesetzmäßigkeiten:

1. Der Ersatz des Genitivattributs durch das Präpositionalgefüge mit *von* ist hochsprachlich korrekt, wenn dem Nomen kein adjektivisch oder pronominal dekliniertes Wort vorangeht, ein Genitivattribut also gar nicht möglich ist. Der Anschluß ist ferner erlaubt, wenn das Attribut deklinierte Adjektive (oder ein substantiviertes Adjektiv als Kern) enthält, nicht aber einen deklinierten Artikel oder ein dekliniertes Pronomen:

> der Verkauf *von Büromaterial,* der Verkauf *von günstigem Büromaterial,* (auch:) der Verkauf *günstigen Büromaterials*
>
> die Arbeit *von fünf Studentinnen,* die Arbeit *von fünf zuverlässigen Studentinnen,* (auch:) die Arbeit *fünf zuverlässiger Studentinnen*
>
> die Arbeit *von drei Studentinnen,* (auch:) die Arbeit *dreier Studentinnen;* die Arbeit *von drei zuverlässigen Studentinnen,* (auch:) die Arbeit *dreier zuverlässiger Studentinnen*
>
> die Probleme *von Heranwachsenden,* (auch:) die Probleme *Heranwachsender*

Korrekt ist das Gefüge mit *von* auch bei artikellosen Eigennamen, die an sich immer im Genitiv stehen können, so bei Personennamen, geographischen Eigennamen und Firmenbezeichnungen:

> der Vorschlag *von Ingrid Weber,* (auch:) der Vorschlag *Ingrid Webers, Ingrid Webers* Vorschlag; die Königin *von England,* (auch:) die Königin *Englands, Englands* Königin; die Firmenpolitik *von Hoechst,* (auch:) die Firmenpolitik *Hoechsts, Hoechsts* Firmenpolitik

Wenn das Attribut den *Artikel* enthält, gilt der Ersatz des Genitivs durch das Gefüge mit *von* als umgangssprachlich:

> das Büro *vom Chef,* (hochsprachlich besser: das Büro *des Chefs*); die Arbeit *von den Studentinnen,* (hochsprachlich besser:) die Arbeit *der Studentinnen*
>
> ein Brief *von einem Unbekannten,* (hochsprachlich besser:) ein Brief *eines Unbekannten*

Bei Reihungen von Attributen ist paralleler Anschluß vorzuziehen:

> die Niederlage *von Drusus* und *seinen Soldaten,* (oder:) die Niederlage *Drusus'* und *seiner Soldaten,* (weniger gut:) die Niederlage *von Drusus* und *seiner Soldaten*
>
> wegen des Fehlens *von Kontexten* und *(von) anderen Voraussetzungen,* (weniger gut:) wegen des Fehlens *von Kontexten* und *anderer Voraussetzungen* (A. Scherer)

2. Das Genitivattribut steht zuweilen im Wechsel mit attributiven adverbialen Bestimmungen (vgl. 1130):

> die Museen *Münchens* – die Museen *in München;* die Brücken *des Rheins* – die Brücken *über den Rhein*

Mit der Wahl einer attributiven adverbialen Bestimmung lassen sich zuweilen Zweideutigkeiten vermeiden:

(zweideutig:) das Geschenk Marias (= das Geschenk, das von Maria stammt, oder das Geschenk, das Maria bekommt); (eindeutig:) das Geschenk für Maria

Dies gilt auch für Unklarheiten, die entstehen können, wenn bei einem Nomen sowohl ein Genitivus subiectivus als auch ein Genitivus obiectivus möglich ist:

Der Polizist beschreibt jemanden → die Beschreibung *des Polizisten* (Genitivus subiectivus)

Jemand beschreibt *den Polizisten* → die Beschreibung *des Polizisten* (Genitivus obiectivus)

Hier empfiehlt es sich oft, anstelle des Genitivus subiectivus ein Präpositionalgefüge mit *durch* zu wählen (attributive adverbiale Bestimmung des Grundes; vgl. auch 1114):

die Beschreibung *durch den Polizisten*

3. Dativ- und Genitivobjekte können nicht in einen Genitivus obiectivus verwandelt werden; bei manchen Verbalsubstantiven kann statt dessen ein Gefüge mit einer Präposition wie *an* verwendet werden:

Man gedenkt *der Erdbebenopfer* → (nicht:) das Gedenken *der Erdbebenopfer,* (sondern:) das Gedenken *an die Erdbebenopfer*

Man hilft *den Erdbebenopfern* → (nicht:) die Hilfe *der Erdbebenopfer,* (sondern:) die Hilfe an *die Erdbebenopfer*

Manchmal gibt es keinen Ersatzanschluß:

Jeder Politik wird entsagt → (falsch:) die Entsagung *jeder Politik*

Dem Unfug wird gesteuert → (falsch:) die Steuerung *des Unfugs*

4. Statt eines *Genitivus possessivus* (oder eines Possessivpronomens) kann bei bestimmten Verben auch ein Pertinenzdativ gewählt werden (vgl. 1118, 1150, 1195 ff.):

Mein Kopf schmerzt. → *Mir* schmerzt der Kopf.

Ein Zahn *des Kindes* wackelt. → *Dem Kind* wackelt ein Zahn.

Ich kämme *meine* Haare. → Ich kämme *mir* die Haare.

Ich verbinde die Hand *des Kindes.* → Ich verbinde *dem Kind* die Hand.

5. Der Ersatz des *Genitivus possessivus* durch eine Fügung aus Dativ und Possessivpronomen gilt als umgangssprachlich, obwohl dies in gesprochener Sprache seit langem im gesamten deutschen Sprachraum üblich ist:[1]

dem Vater sein Hut, (statt:) *des Vaters* Hut, der Hut *des Vaters*

der Mutter ihre Schwester, (statt:) *der Mutter* Schwester, die Schwester *der Mutter*

Der Genitivus qualitatis

Der *Genitivus qualitatis* kann im heutigen Deutsch allgemein durch Präpositionalgefüge mit *von* oder *aus* ersetzt werden:

ein Mann *von mittlerem Alter,* (auch:) ein Mann *mittleren Alters*

ein Becher *aus edlem Gold,* (nur noch selten:) ein Becher *edlen Goldes*

Nur noch: ein Mann *von Geist,* ein Becher *aus Gold*

1134

---

[1] B. Henn-Memmesheimer: Nonstandardmuster. Ihre Beschreibung und das Problem ihrer Arealität. Tübingen 1986 (= RGL 66).

Der Genitivus partitivus

1135 Der *Genitivus partitivus* wird durch Präpositionalgefüge oder – überwiegend – die partitive Apposition (vgl. 1139) ersetzt. Im Singular hat die partitive Apposition den Genitivus partitivus bereits weitgehend verdrängt, ebenso im Plural nach Maß- und Mengenangaben:

> eine Tasse *Kaffee,* (nicht mehr:) eine Tasse *Kaffees,* (auch:) eine Tasse *mit Kaffee*
>
> eine Tasse *heißer Kaffee,* (seltener:) eine Tasse *heißen Kaffees,* (auch:) eine Tasse *mit heißem Kaffee*
>
> ein Dutzend *frische Eier,* (seltener:) ein Dutzend *frischer Eier;* vier Zentner *neue Kartoffeln* (seltener:) vier Zentner *neuer Kartoffeln*

Substantivierte Adjektive stehen nach Mengenangaben aber meist im Genitiv:

> eine Anzahl *[steinreicher] Industrieller,* (seltener:) eine Anzahl *[steinreiche] Industrielle*
>
> eine Horde *[randalierender] Halbstarker,* (seltener:) eine Horde *[randalierende] Halbstarke*

Nach anderen Substantiven als Maß- und Mengenangaben überwiegt im Plural der Genitivus partitivus:

> ein Strauß *duftender Rosen,* (seltener:) ein Strauß *duftende Rosen,* (auch:) ein Strauß *mit duftenden Rosen;* ein Stapel *unausgefüllter Formulare,* (seltener:) ein Stapel *unausgefüllte Formulare,* (auch:) ein Stapel *aus unausgefüllten Formularen*

Wenn der Genitivus partitivus dem Genitivus possessivus nahekommt, ist die partitive Apposition ausgeschlossen; außer dem Genitiv ist dann nur noch der Anschluß mit einer Präposition möglich:

> die Hälfte *meines Vermögens,* (auch:) die Hälfte *von meinem Vermögen*
>
> die älteste *meiner Schwestern,* (auch:) die älteste *unter meinen Schwestern*

Genitivus explicativus und definitivus

1136 Mit dem *Genitivus explicativus* und *definitivus* konkurrieren Präpositionalgefüge mit *von* und die enge Apposition (Juxtaposition; vgl. 1141):

> das Rätsel *des Urknalls,* (oder:) das Rätsel *Urknall*
>
> Nur mit Präpositionalgefüge: ein Hüne *von einem Mann,* ein Hüne *von Mann*

Zur Klassifikation der Appositionen

1137 Über die sehr grobe formale Einteilung der Abschnitte 1124 f. hinaus läßt sich eine feinere Klassifikation der Apposition geben, wenn man inhaltliche Aspekte mit berücksichtigt. Hier lassen sich unterscheiden:[1]

- – lockere Apposition
- – Apposition nach Maß- und Mengenausdrücken (partitive Apposition; enge Apposition I)
- – Juxtaposition (enge Apposition II)

1138 1. Die l o c k e r e Apposition ist ein Nachtrag, der vom Satzgliedkern (bzw. Attributkern) stimmlich abgesetzt ist; entsprechend wird sie in geschriebener Spra-

---

[1] Die Klassifizierung orientiert sich im wesentlichen an den Arbeiten von P. Gallmann: Kategoriell komplexe Wortformen. Das Zusammenwirken von Morphologie und Syntax bei der Flexion von Nomen und Adjektiv. Tübingen 1990 (= RGL 108) sowie von E. Löbel: Apposition und Komposition in der Quantifizierung. Syntaktische, semantische und morphologische Aspekte quantifizierender Nomina im Deutschen. Tübingen 1986.

che durch Komma abgetrennt. Was in einer lockeren Apposition steht, erläutert oder identifiziert das, was im zugehörigen Satzgliedkern (Attributkern) steht. Lockere Appositionen stimmen mit ihrem Kern im Kasus überein (vgl. aber 1261):

> Peter Müller, *der Vertreter in Stuttgart,* hat sich gestern gemeldet. Ich erinnerte mich Peter Müllers, *des Vertreters in Stuttgart.* Ich überlasse das Peter Müller, *dem Vertreter in Stuttgart.* Ich schätze Peter Müller, *den Vertreter in Stuttgart.* Ich dachte an Peter Müller, *den Vertreter in Stuttgart.*

Das Substantiv der Apposition kann allein stehen, es kann aber auch einen Begleiter (Artikel oder Pronomen) bei sich haben sowie durch adjektivische oder andere Attribute erweitert werden:

> Diesen Brief hat Gerd Müller, *Abteilungsleiter,* unterschrieben. Diesen Brief hat Gerd Müller, *der (ein, unser) Abteilungsleiter,* unterschrieben. Diesen Brief hat Gerd Müller, *technischer Leiter,* unterschrieben. Diesen Brief hat Gerd Müller, *der technische Leiter des Betriebs,* unterschrieben.

2. Nach einer Maß- oder Mengenangabe folgt das Gezählte, Gemessene oder Geschätzte als Attribut. Unter inhaltlichem Gesichtspunkt handelt es sich dabei um partitive Attribute. Partitive Attribute können im Genitiv stehen (Genitivus partitivus, vgl. 1131,5) oder aber – als Apposition – mit der Maß- bzw. Mengenangabe im Kasus übereinstimmen. Im letzteren Fall handelt es sich um eine par titive Apposition: **1139**

> (Partitiver Genitiv:) Erwin stärkte sich mit einem großen Krug *schwarzen Kaffees.*
> (Partitive Apposition:) Erwin stärkte sich mit einem großen Krug *schwarzem Kaffee.*

Die partitive Apposition ist von ihrem Bezugswort stimmlich nicht abgesetzt; man faßt sie daher (zusammen mit der Juxtaposition, vgl. 1140–1142) auch als enge Apposition. Das Substantiv der partitiven Apposition hat im Gegensatz zu dem der lockeren Apposition und der Apposition mit *als* oder *wie* nie einen Begleiter (Artikel oder Pronomen) bei sich, es kann aber wie diese mit adjektivischen oder anderen Attributen erweitert werden:

> Auf dem Tisch stand ein Glas *Oliven* (ein Glas *griechische Oliven,* ein Glas *Oliven aus Griechenland*).

Zur partitiven Apposition zu stellen sind auch Fügungen nach Substantiven wie *Art* oder *Sorte,* zum Beispiel:

> Unter dem Stein fanden wir eine Art *grünliche Raupe.* Anna wählte eine andere Sorte *Stoff.*

Um eine partitive Apposition handelt es sich ferner bei Fügungen mit einem Substantiv oder einem substantivierten Adjektiv, die nach einem Personal- oder Indefinitpronomen stehen:

> Wir *Europäer* wissen kaum noch, was Hunger ist. So etwas hat nur dir *armem Kerl* geschehen können!
> Hanna weiß noch nichts *Neues.* Norbert ißt nur wenig *Fleisch.* Wir bekamen genug *frische Früchte.* In diese Abteilung muß jemand *Neues* (umgangssprachlich: jemand *Neuer*) frischen Wind bringen.

3. Zur Apposition rechnet man auch die substantivische Juxtaposition[1]. Darunter versteht man ein Substantiv, das sich eng an ein anderes Substantiv anlehnt und selbst nicht attribuiert ist. Substantivische Juxtapositionen werden (zusam-   **1140**

---

[1] Lat. *iuxtapositio* ‚Nebeneinanderstellung'.

men mit der partitiven Apposition, vgl. 1139) auch als **enge Apposition** bezeichnet. Man kann hier zwei Untergruppen unterscheiden:

1141 a) Auf eine Gattungsbezeichnung mit dem bestimmten Artikel (oder einem anderen Begleiter) kann unmittelbar ein Eigenname folgen. Die Gattungsbezeichnung ist dann Kern des Satzglieds (oder Attributs); der Eigenname ist als Juxtaposition (enge Apposition) zu bestimmen:

> der bekannte Dirigent *Stjepan Urgan,* die Rechtsanwältin *Sabine Tessendorff,* mein alter Freund *Ferdinand;* die Stadt *Rom,* der Freistaat *Bayern,* das Bundesland *Sachsen-Anhalt,* die Insel *Rügen;* das Kaufhaus *Edeka,* der Pharmakonzern *Sandoz.*

Der Eigenname wird hier von der Gattungsbezeichnung expliziert oder prädiziert, wie eine Umformungsprobe deutlich machen kann:[1]

> die Rechtsanwältin Sabine Tessendorf: Sabine Tessendorf ist eine Rechtsanwältin; die Stadt Rom: Rom ist eine Stadt.

Man spricht daher von einer **explikativen**[2] **Juxtaposition** oder **explikativen Apposition**. Daß die Gattungsbezeichnung Kern der Fügung ist, zeigt sich daran, daß der Artikel mit der Gattungsbezeichnung im Genus übereinstimmt, ebenso Pronomen, die sich auf die Fügung als Ganzes beziehen:

> *die* Stadt Rom (gegenüber: *das* schöne Rom)
> Ich liebe die Stadt Rom, weil *sie* (unmöglich: *es*) modernen und antiken Städtebau auf bemerkenswerte Weise vereinigt.

Explikative Appositionen können nicht nur aus Eigennamen bestehen, sondern auch aus sprachlichen Einheiten aller Art. Solche Einheiten haben dann oft den Charakter von Zitaten; sie werden in geschriebener Sprache nicht selten mit Anführungszeichen (oder anderen graphischen Mitteln wie Kursivschrift, Unterstreichung) gekennzeichnet, besonders wenn sie größeren Umfang haben. Die Zitate können unterschiedlich komplex sein – grammatisch zählen sie im Satz, in dem sie eingebettet sind, nur wie ein einfaches Wort (vgl. dazu auch 1080):

> Die Räume des Erdgeschosses sind mit dem Buchstaben *E* gekennzeichnet. Die Präposition *„ohne"* regiert den Akkusativ. Das Sprichwort *„Wer Wind sät, wird Sturm ernten"* hat sich wieder einmal bewahrheitet.

Zu Fügungen dieser Art sind auch Verbindungen aus Gattungsbezeichnung und Werktitel (Titel von Büchern, Zeitschriften, Musikstücken, Objekten der bildenden Kunst usw.) zu zählen. In der Position einer explikativen Apposition bleiben Werktitel immer unverändert:

> die Oper *„Undine",* die Novelle *„Michael Kohlhaas",* der Artikel des Magazins *„Der Spiegel",* die Auseinandersetzung mit dem abstrakten Gemälde *„Zwölf Parallelen und ein Kreis".*

1142 b) Auf ein beliebiges Substantiv kann ein zweites folgen, welches das erste näher bestimmt (determiniert). In diesem Fall liegt eine **determinative Apposition**

---

[1] Zur Semantik solcher Fügungen vgl. eingehend C. Fabricius-Hansen/A. von Stechow: Explikative und implikative Nominalerweiterungen im Deutschen. In: Zeitschrift für Sprachwissenschaft 8 (1989), S. 173–205.

[2] Lat. *explicare* ‚entfalten, erläutern'. In anderen Sprachen entspricht dieser Juxtaposition oft ein Genitiv explicativus oder ein explikatives Präpositionalgefüge, vgl.: die Stadt *Rom* gegenüber urbs *Romae,* la ville *de Rome,* the city *of Rome.* Auch im Deutschen bestehen gelegentlich beide Möglichkeiten: der Begriff *der Konnektivität* (Genitivus explicativus) neben: der Begriff *„Konnektivität"* (explikative Juxtaposition).

oder determinative Juxtaposition vor. Sie kann meist in ein umfangreicheres Attribut umgewandelt werden, wobei die Struktur deutlicher wird:

die Universität *Hamburg* (= die Universität *in Hamburg*), die Villa *Müller* (= die Villa *der Familie Müller*), die Startbahn *West* (= die Startbahn *im Westen,* die *westliche* Startbahn), ein Whisky *Soda* (= ein Whisky *mit Soda*).

die Begegnung *Clinton–Jelzin* (= *zwischen Clinton und Jelzin*), die Eisenbahnstrecke *Heilbronn–Lauda–Würzburg* (= *von Heilbronn über Lauda nach Würzburg*), an der Kreuzung *Rheinstraße/Gartenweg* (= *von Rheinstraße und Gartenweg*), der Krieg *1870/71* (= *von 1870 und 1871*).

Eine enge Verbindung von Substantiven liegt auch in mehrgliedrigen Personennamen vor. Der Kern steht hier rechts, die anderen Namensteile sind ihm untergeordnet. Dekliniert wird nur der Kern; das wird daran sichtbar, daß nur er das Genitiv-s erhält: 1143

Rainer Maria Rilke, die Gedichte *Rainer Maria Rilkes.*

Da die untergeordneten Namensteile dem Kern *vorangehen,* rechnet man diese Erscheinung normalerweise nicht zu den appositiven Fügungen. Sie muß trotzdem hier erwähnt werden, weil es eine Reihe von Berührungspunkten mit der explikativen und der lockeren Apposition gibt. Das gilt insbesondere für Fügungen mit Titeln, Berufs- und Verwandtschaftsbezeichnungen. Substantive dieser Art können nämlich in einen mehrgliedrigen Personennamen integriert werden. Die ganze Fügung steht dann – wie für Personennamen üblich – ohne Artikel; der Titel wird nicht dekliniert.

Frau Ebneter, ein Gespräch mit *Ministerpräsident* Duroix, *Bäckermeister* Pfisters Torten, *Onkel* Ottos Erzählungen aus seiner Jugend.

Verunklärend kann hier wirken, daß Personennamen in bestimmten Verwendungsweisen mit dem Artikel oder mit einem Possessivpronomen versehen werden (vgl. 413 ff.):

die Geschichten *des* alten Wilhelm, *unsere* Gisela, *mein* geliebtes Venedig.

Diese Konstruktion kann auch auf Personennamen mit integriertem Titel angewendet werden:

die Praxis *des Doktor Müller* (nicht: *des Doktors Müller*).

Es ist deshalb im Einzelfall genau zu unterscheiden:

(Mehrteiliger Personenname mit integriertem Titel, Kern rechts:)
das Geschenk für *Prinz Adalbert; Prinz Adalberts* Geschenk. (Mit Artikel und Adjektiv:) ein Geschenk *für den kleinen Prinz Adalbert,* das Geschenk *des kleinen Prinz Adalbert.*

(Fügung aus Gattungsbezeichnung und explikativer Apposition:)
das Geschenk *für den Prinzen Adalbert,* das Geschenk *des Prinzen Adalbert.* (Mit Adjektiv:) ein Geschenk *für den kleinen Prinzen Adalbert,* das Geschenk *des kleinen Prinzen Adalbert.*

(Fügung mit Personennamen als lockere Apposition:)
das Geschenk *für den Prinzen, Adalbert.* (Mit Adjektiv:) das Geschenk *für den kleinen Prinzen, Adalbert.*

(Vgl. im übrigen auch die Übersicht über appositionelle Konstruktionen mit Titeln und Personennamen 1264).

2.5 Die deutschen Satzbaupläne

2.5.1 Allgemeines zu den Satzbauplänen

1144 In den vorangehenden Abschnitten war es um den Innenbau des einfachen Satzes im Deutschen gegangen. Wir hatten gezeigt, wie sich Sätze aufbauen aus voneinander abgrenzbaren Satzteilen, nämlich Satzgliedern, die eine bestimmte Form haben und im Satz eine ganz bestimmte Aufgabe erfüllen. Im Anschluß daran hatten wir uns mit dem Innenbau der Satzglieder beschäftigt. Im Folgenden soll nun ein weiterer Aspekt der Strukturiertheit des Satzes angesprochen werden, die Möglichkeit nämlich, auch ganzen Sätzen eine abstrakte Struktur, ein Baumuster zuzuweisen: Man kann hinter der grundsätzlich unendlich großen Zahl konkreter deutscher Sätze eine endliche und überschaubare Anzahl von abstrakten Plänen sehen, Satzbaupläne. Im Folgenden geht es um die Begründung und Beschreibung solcher Satzbaupläne.

1145 Zentral für die Begründung von Satzbauplänen ist der Begriff der Valenz (Wertigkeit). Bezogen auf das Verb, meint er dessen Fähigkeit, um sich herum bestimmte Stellen zu eröffnen, die in einem Satz durch Satzglieder zu besetzen sind.[1] In dem Satz *Sie schenkt ihm ein Buch* (vgl. auch 1061) eröffnet z. B. das Verb *schenken* eine Stelle für das Subjekt zur Nennung eines Schenkenden, eine Stelle für das Dativobjekt zur Nennung eines Beschenkten und eine Stelle für das Akkusativobjekt zur Nennung eines Geschenks.

Valenzeigenschaften zeigen sich auch bei anderen Wortarten, so beim Adjektiv, beim Substantiv und bei bestimmten Partikeln:

Mit der Silbermedaille noch nicht zufrieden, trainierte sie weiter (abhängig von *zufrieden*). Er hat kein Gespür *für solche Feinheiten* (abhängig von *Gespür*). Wir erfuhren es *einen Tag* vorher (abhängig von *vorher*).

Grundsätzlich kann man mindestens zwei verschiedene Valenzbegriffe unterscheiden. Sie werden in den Bemerkungen zu dem Beispiel *Sie schenkt ihm ein Buch* zum einen mit Bezeichnungen wie *Subjekt, Dativobjekt, Akkusativobjekt,* zum andern mit Bezeichnungen wie *Schenkender, Beschenkter, Geschenk* angedeutet. Sehr vereinfachend könnte man hier von einem eher formal und einem eher inhaltlich orientierten Valenzbegriff sprechen.[2]

Entsprechend dieser Unterscheidung könnte man sich die Begründung und Beschreibung von Satzbauplänen auf verschiedenen Ebenen vorstellen. Auf der einen Ebene könnten die Elemente, aus denen sich die Satzbaupläne zusammensetzen, rein formal bestimmt werden; es handelt sich dabei gleichsam um „Hülsen", um formale Muster, in die sich verbale Wortketten „einpassen", wenn sie zu Sätzen formuliert werden. Auf der anderen Ebene könnte man Inhalts- und Hand-

---

[1] Die Denkweise, die diesem Ansatz zugrunde liegt, leitet sich vom Atommodell her; in der Chemie wird mit *Valenz* die Fähigkeit von Atomen bezeichnet, Wasserstoffatome einer bestimmten Anzahl im Molekül zu binden oder zu ersetzen.

[2] Eine dritte Ebene der Valenz, die außersprachlich und universal ist, unterscheidet G. Helbig in G. Helbig/W. Schenkel: Wörterbuch zur Valenz und Distribution deutscher Verben. Leipzig ⁴1978, S. 65. Vgl. zum Gesamtproblem auch G. Helbig (Hrsg.): Beiträge zur Valenztheorie. Halle/Saale 1971; B. Engelen: Untersuchungen zu Satzbauplan und Wortfeld in der geschriebenen deutschen Sprache der Gegenwart. München 1975; M. D. Stepanowa/G. Helbig: Wortarten und das Problem der Valenz in der deutschen Gegenwartssprache. Leipzig ²1981; G. Helbig: Valenz – Satzglieder – semantische Kasus – Satzmodelle. Leipzig 1982; vgl. auch H. Schumacher: Valenzbiographie. Mannheim ²1989.

lungsmuster ansetzen; ihre Beschreibung müßte mittels semantischer und eventuell logischer Verfahren erfolgen.[1]

In diesem Kapitel werden für die Beschreibung der Satzbaupläne der deutschen Sprache sowohl form- und funktionsbezogene als auch inhaltliche Kategorien gewählt. Dem liegen folgende Überlegungen zugrunde:

1. Als strukturelles Zentrum des Satzes gilt das Verb – bezogen auf den Satz kann man auch sagen: das Prädikat (vgl. auch 1063 ff.). Vom Verb hängt zunächst ab, wie viele Stellen im Satz noch besetzt sein müssen oder können (quantitativer Aspekt); darüber hinaus entscheidet sich vom Verb her auch, wie diese Stellen inhaltlich charakterisiert sein müssen (qualitativer Aspekt). Jedes Verb hat also eine spezifische Ergänzungsbedürftigkeit. Auskünfte darüber finden sich in Valenzwörterbüchern.[2] In der Syntax hingegen werden global Baupläne aufgestellt, denen sich die einzelnen Verben mit den von ihnen aufgerufenen Stellen zuordnen.

1146

In Sätzen gibt es dann Stelleninhaber, die vorkommen **müssen**, und solche, die vorkommen **können**. Wir nennen erstere **obligatorische**, letztere **fakultative** Ergänzungen und sprechen zusammenfassend von **konstitutiven Gliedern**. An zwei Beispielsätzen erläutert:

> Der Gärtner bindet die Blumen.
> Der Bauer pflügt (den Acker).

Obwohl das Akkusativobjekt nur im ersten Satz stehen **muß**, also obligatorisch ist, erscheint es dennoch sinnvoll,[3] auch für das Verb *pflügen* einen Satzbauplan mit konstitutivem Akkusativobjekt anzusetzen. Im Rahmen konstitutiver Ergänzungen kann man dann wegfallbare Ergänzungen als **fakultativ** bestimmen. Prädikat und Ergänzung(en) bilden den **Prädikatsverband**.

2. Neben den Ergänzungen, die konstitutiv sind, können im Satz Glieder auftreten, die nicht an das in der Prädikatstelle stehende Verb gebunden sind; sie können in der Umgebung ganz verschiedener Verben vorkommen. Man spricht hier von **freien Satzgliedern**.

1147

---

[1] Es hängt vorwiegend mit unterschiedlichen Entscheidungen in diesem Bereich zusammen, wenn verschiedene Grammatiken zu verschiedenen Satzbauplänen gelangen. In der Tradition dieser Grammatik liegt es begründet, daß im Folgenden sowohl eher form- und funktionsbezogene als auch inhaltliche Kategorien gewählt werden. Dabei bleibt die Vermischung der Ebenen ein theoretisches Ärgernis, das freilich im Moment nicht vermeidbar erscheint: Zum einen ist eine Begründung und Beschreibung von Satzbauplänen nur bezogen auf inhaltliche Gesichtspunkte noch nicht zu leisten; zum andern hätte ein vollständiger Rückzug auf formale Gesichtspunkte zwar den Vorzug wünschenswerter theoretischer Einheitlichkeit, müßte aber Dinge ausblenden, die für den Sprachunterricht interessant sind.
   Wenn wir den eingeführten Namen „Satzbauplan" beibehalten, so geschieht das trotz der Einsicht, daß hier das Programm, das dem Konzept des Satzbauplans zugrunde liegt, nicht voll einzulösen ist. Vgl. dazu L. Weisgerber: Grundzüge der inhaltbezogenen Grammatik. Düsseldorf 1962, S. 372 ff.; ders.: Die ganzheitliche Behandlung eines Satzbauplans. Düsseldorf 1962. Einen guten Einblick in die Forschungsgeschichte und die bestehenden Probleme vermittelt B. Engelen (vgl. Anm. 1). Vgl. im übrigen auch U. Engel: Die deutschen Satzbaupläne. In: Wirkendes Wort 20 (1970), S. 361–392; ders.: Syntax der deutschen Gegenwartssprache. Berlin ²1982.

[2] Hier sind zu nennen G. Helbig/W. Schenkel: Wörterbuch zur Valenz und Distribution deutscher Verben. Leipzig ⁴1978; U. Engel/H. Schumacher: Kleines Valenzlexikon deutscher Verben. Tübingen ²1978; K. E. Sommerfeldt/H. Schreiber: Wörterbuch zur Valenz und Distribution deutscher Adjektive. Leipzig 1974; dies.: Wörterbuch zur Valenz und Distribution der Substantive. ²1980. H. Schumacher (Hrsg.): Verben in Feldern. Valenzwörterbuch zur Syntax und Semantik deutscher Verben. Berlin 1986.

[3] Dafür sind vor allem Ökonomiegründe anzuführen: Ein anderes Vorgehen müßte die Anzahl der Satzbaupläne stark vermehren.

Freie Satzglieder sind vor allem Angaben, die sich auf einen Ort, eine Zeit, eine Art und Weise oder einen Grund beziehen:

Der Gärtner bindet die Blumen *im Gewächshaus/am Abend/nachlässig* ...

Diese Angaben rekrutieren sich aus den adverbialen Bestimmungen des Raums, der Zeit, der Art und Weise und des Grundes.[1] Wir fassen sie als freie Umstandsangaben und unterscheiden genauer (vgl. auch 1110–1114):

– freie Umstandsangaben des Raumes
– freie Umstandsangaben der Zeit
– freie Umstandsangaben der Art und Weise
– freie Umstandsangaben des Grundes

Bei den freien Umstandsangaben handelt es sich also nicht um verbspezifische Elemente. Sie sind freie Ausbaustücke konkreter Sätze und begründen keine Satzbaupläne.

Zu den freien Satzgliedern rechnen wir auch Glieder im Dativ, wenn es sich dabei nicht um Objekte im strengen Sinn handelt (= freie Dative). Der freie Dativ ist eine Dativkonstruktion, die durch *für* + Pronomen ersetzbar ist, oder ein Dativus ethicus (vgl. 1118):

Er ist *mir* ein lieber Freund. Die Zeit verging *uns* schnell. Karl trägt *seinem Freund* den Koffer zum Bahnhof.
Du bist *mir* ein hübsches Bürschchen. Du bist *mir* der Rechte. Komm *mir* ja nicht zu spät!

1148 3. Satzbaupläne werden begründet durch Verben und ihre obligatorischen und fakultativen Ergänzungen. Die Ergänzungen entsprechen zum Teil Satzgliedern (vgl. 1067 ff.), zum Teil überschreitet man für die Bestimmung von Ergänzungen unter Berücksichtigung inhaltlicher Gesichtspunkte Grenzen, die bei der Satzgliedbestimmung gezogen worden sind. Im einzelnen sind zu unterscheiden:

– Subjekt
– Gleichsetzungsnominativ
– Gleichsetzungsakkusativ
– Akkusativobjekt
– Dativobjekt
– Genitivobjekt
– Präpositionalobjekt
– Raumergänzung
– Zeitergänzung
– Artergänzung
– Begründungsergänzung

Für die Bestimmung des Subjekts vgl. 1081, der Gleichsetzungskasus 1083 f. und der Objekte 1085 ff.; Raumergänzung, Zeitergänzung, Artergänzung und Begründungsergänzung decken sich mit den entsprechenden adverbialen Bestimmungen (vgl. 1110–1114), soweit diese konstitutiv sind.

Wichtig ist, daß hier auch die Satzadjektive und Satzpartikeln unter inhaltlichen Gesichtspunkten aufgeteilt werden; dabei ordnen sich die Satzadjektive im wesentlichen den Artergänzungen zu. Zugeordnete Glieder zählen wir prinzipiell zu den Artergänzungen (obwohl man sie unter inhaltlichen Gesichtspunkten bei

---

[1] Allerdings sind – unter dem Aspekt der Beschreibung von Satzbauplänen – nicht alle adverbialen Bestimmungen im Deutschen *Angaben;* sie können auch (konstitutive) *Ergänzungen* sein – z. B. in Sätzen wie: Silke wohnt *auf dem Lande.* Die Sitzung dauerte *zwei Stunden.*

manchen Verben auch zu den Gleichsetzungskasus stellen könnte). Reflexivpronomen gelten nur dann als Akkusativ- bzw. Dativobjekte, wenn sie im Satz eine eigene Rolle tragen, also nicht bei den echt reflexiven Verben (vgl. 195). Hingegen zählen wir das Pronomen *es* auch dann als Subjekt, wenn es praktisch inhaltsleer ist, also keine eigene Rolle trägt, zum Beispiel in Sätzen wie: *Es geht mir gut. Es regnet.* Konstruktionen ohne Subjekt behandeln wir wie Konstruktionen mit diesem *es,* gehen also davon aus, daß hier *es* weggelassen worden ist: *Mir graut vor der Zukunft. Ihr ist übel.*

Auf dieser Grundlage lassen sich zunächst 23 Hauptsatzbaupläne aufstellen (vgl. dazu 1152–1184).

4. Außer den aufgeführten Elementen gibt es konstitutive Glieder, die nur mittelbar abhängig, „zweitabhängig" sind. Es sind dies Ergänzungen zweiten Grades. **1149**
Die Zweitabhängigkeit entsteht dadurch, daß an der Stelle einer Ergänzung ein Wort steht, das seinerseits eine Stelle eröffnet, also ebenfalls eine Valenz hat, z. B.:

> Der Laborant war mit den Ergebnissen zufrieden.

In diesem Satz ist – abgesehen vom Subjekt *Der Laborant* – nur die Artergänzung *zufrieden* unmittelbar vom Verb abhängig:

> Der Laborant war *zufrieden.*

Das Präpositionalobjekt *mit den Ergebnissen* hängt hingegen von *zufrieden* ab, d. h., es ist nur mittelbar vom Verb abhängig. Man spricht hier auch von einem Ergänzungsverband:

Auf der Grundlage dieser Art von Zweitabhängigkeit lassen sich insgesamt 8 Satzbaupläne aufstellen. Man spricht hier von Nebenplänen (vgl. dazu 1185–1194).

5. Eine besondere Art der Zweitabhängigkeit findet sich schließlich dort, wo ein Pertinenzdativ (vgl. 1118) steht. Hierher gehören Beispiele wie: **1150**

> Ich klopfe *meinem Freund* auf die Schulter.
> Ich verbinde *dem Kind* die Hand.

In diesen Fällen kann die Dativergänzung in ein Genitivattribut oder in ein Possessivpronomen umgewandelt werden:

> Ich klopfe auf die Schulter *meines Freundes.* – Ich klopfe auf *seine* Schulter.
> Ich verbinde die Hand *des Kindes.* – Ich verbinde *seine* Hand.

Die Abhängigkeit der Ergänzungen ist in diesen Beispielen die folgende:

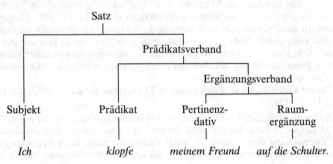

Satz

Prädikatsverband

Ergänzungsverband

| Subjekt | Prädikat | Pertinenz- dativ | Raum- ergänzung |

Ich — *klopfe* — *meinem Freund* — *auf die Schulter.*

Der Pertinenzdativ steht immer dann, wenn in der Ergänzung, auf die sich der Dativ bezieht, ein Körperteil genannt wird (wie in den obigen Beispielen) oder wenn bei dem, was in der Ergänzung genannt wird, ein „Zugehörigkeitsverhältnis" im weiteren Sinne besteht:

> Der Regen tropft *mir* auf den Hut. (Der Regen tropft auf meinen Hut.)
> Rehe laufen *mir* über den Weg. (Rehe laufen über meinen Weg.)

Auf der Grundlage dieser Art von Zweitabhängigkeit lassen sich insgesamt 5 Satzbaupläne unterscheiden. Wir sprechen hier von Nebenplänen mit einem Pertinenzdativ (vgl. dazu 1195–1199).[1]

2.5.2 Die Satzbaupläne im einzelnen

1151 Im Folgenden werden die Satzbaupläne des Deutschen geordnet zusammengestellt. Die Stellen für die einzelnen Ergänzungen sind dabei abstrakt beschrieben. Es heißt also z. B. *Subjekt, Prädikat, Akkusativobjekt;* nicht eingegangen wird auf die mögliche unterschiedliche Besetzung dieser Stellen durch ein einfaches oder komplexes Satzglied, durch ein Pronomen, eine Substantivgruppe oder einen Teilsatz usw. Hinweise auf inhaltliche Besonderheiten von Satzgliedstellen (wie sie besonders unter 1109 ff. skizziert worden sind) werden gegeben, wenn das für detailliertere Unterscheidungen hilfreich ist.

Den einzelnen Satzbauplänen werden Beispiele von Verben (bei den Nebenplänen auch von Adjektiven und Partikeln) beigegeben, die sich im Satzbau den entsprechenden Plänen zuordnen. Nicht berücksichtigt sind Besonderheiten der Intonation und der Wortstellung.

Von Satzbauplänen sollte man nur dort sprechen, wo ein Muster mehrfach belegt ist. Nur ein- oder zweimal belegte Fälle sind daher von vornherein nicht berücksichtigt worden: Sie gehören in das Lexikon. Ebenfalls nicht berücksichtigt werden Einwortsätze (vgl. 1211); sie werden als Ellipsen betrachtet.

---

1 Vgl. P. v. Polenz: Der Pertinenzdativ und seine Satzbaupläne. In: Festschrift für H. Moser zum 60. Geburtstag. Düsseldorf 1969, S. 146–171. H. Wegener: Der Dativ im heutigen Deutsch. Tübingen 1985. H. Wegener: Komplemente in der Dependenzgrammatik und in der Rektions- und Bindungstheorie. Die Verwendung der Kasus im Deutschen. In: ZGL 18 (1990), S. 150–184.

Hauptpläne

1. Subjekt + Prädikat

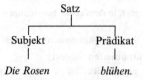

```
                Satz
                 |
        ┌────────┴────────┐
     Subjekt           Prädikat
        |                 |
    Die Rosen          blühen.
```

Beispiele für Sätze nach diesem Satzbauplan sind:

> Ich singe. Sie lacht. Er träumt. Die Glocke tönt. Die Wiese grünt. Das Eisen rostet. Die Äpfel verfaulen. Das Flugzeug landet. Die Kuh kalbt. Das Pferd lahmt. Die Kinder frühstücken. Seine Frau schriftstellert. Er segelt. Wir experimentieren. Der See friert zu.

Hier sind auch die Verben einzuordnen, bei denen die Subjektstelle durch *es* besetzt ist (vgl. 1082, aber auch 1155):

> Es schneit, regnet, donnert, friert, nieselt.
> Es grünt, blüht, sprießt, raschelt.

2. Subjekt + Prädikat + Akkusativobjekt

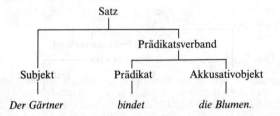

```
                        Satz
                         |
        ┌────────────────┴────────────────┐
        |                        Prädikatsverband
        |                          |
        |              ┌───────────┴───────────┐
     Subjekt        Prädikat            Akkusativobjekt
        |               |                       |
   Der Gärtner       bindet              die Blumen.
```

Zu diesem Satzbauplan gehören zunächst Verben, die unbeschränkt passivfähig sind, z. B.:

> Ich schreibe einen Brief. Ihre Tochter strickt einen Pullover. Wir bauen ein Haus. Die Männer reinigen das Gerät. Sie filtert den Kaffee. Die Beamtin stempelt die Post. Der Koch versalzt das Essen. Ihre Kinder verschwenden das Geld. Der Außenseiter gewinnt das Rennen. Der Lehrer lobt den Schüler. Sie liebt den Moderator. Die Polizei verdächtigt die Jugendlichen.

Eine ganze Gruppe von Verben, die diesem Satzbauplan zuzuordnen sind, werden dadurch charakterisiert, daß sie nur beschränkt oder gar nicht passivfähig sind; hier kann man unterscheiden:

– unechte reflexive Verben:

> sich waschen, sich töten, sich retten usw. (vgl. dazu 198).

– Verben mit einem Akkusativobjekt, das einen Körperteil bezeichnet:

> Ich hebe die Hand, breite die Arme aus, schüttle den Kopf.

– Verben mit einem inneren Objekt:

> Ich habe einen schweren Kampf gekämpft usw. (vgl. dazu 1117,5).

- Verben, nach denen das Akkusativobjekt eine Quantitätsbestimmung bezeichnet:

  Das Faß enthält 100 Liter. Der Saal faßt 1000 Menschen usw. (vgl. dazu 1117,6).

- Verben mit einem Subjekt, in dem etwas bezeichnet wird, was nicht agensfähig ist:

  Der Finger juckt mich. Sein Verhalten wundert mich (vgl. 309 ff.).

- Verben mit einem neutralisierten Subjekt:

  Es hagelt Vorwürfe. Es gibt kein Bier auf Hawaii (Schlagertitel).

- Hierher kann man auch die „subjektlosen Verben" des Typs „mich hungert", „mich friert" stellen (vgl. 1148).

- Verben mit einem Akkusativobjekt, die eine feste Verbindung bilden:

  Ich fasse Mut, schöpfe Atem, laufe Gefahr, trage Sorge, verliere die Besinnung, stehe kopf.

- Verben mit einer haben-Perspektive:[1]

  Ich habe Lust, bekomme Angst, behalte das Geld, erhalte Unterstützung, besitze kein Vermögen.

1156   3. Subjekt + Prädikat + Dativobjekt

Die Stelle des Dativobjekts ist in Sätzen nach diesem Plan überwiegend persönlich besetzt. Des näheren kann man hier unterscheiden:

Sätze mit „persönlichem" Subjekt und „persönlichem" Dativobjekt

1157   In dieser Gruppe stehen Sätze, in denen an der Stelle des Subjekts und des Dativobjekts mindestens im weiteren Sinne Personenbezeichnungen stehen:

Ich pflichte ihm bei. Der Politiker gehört dem Kabinett an. Sie helfen den Armen. Die Menge jauchzte ihm zu. Der Verbrecher entging seinen Verfolgern. Die Kinder folgen dem Lehrer. Die Freunde reden mir zu. Ich eifere ihr nach.

Sätze mit einem „sachlichen" Subjekt und einem „persönlichen" Dativobjekt:

1158   Das steht mir bevor. Der Name fällt mir nicht ein. Die Erklärung leuchtet ihnen nicht ein. Dieses Buch gehört mir. Ihre Leistung imponiert ihnen. Das Essen gelingt ihr. Der Aufstieg fällt mir schwer. Die Süßigkeiten sind den Kindern nicht bekommen.

---

[1]   Vgl. H. Brinkmann: Die deutsche Sprache. Gestalt und Leistung. Düsseldorf ²1971, S. 542. ff.

4. Subjekt + Prädikat + Genitivobjekt

Zu diesem Satzbauplan gehören zum Beispiel folgende Verben (es handelt sich vorwiegend um echte Reflexiva):

> Ich nehme mich *der Kinder* an. Der Kanzler rühmt sich *seiner Verdienste*. Sie enthält sich *eines Urteils*. Die Politiker bedürfen *seines Rates*. Sie entledigten sich *ihrer Kleidung*. Die Sängerin bedient sich *ihrer Beziehungen*. Die Zuschauer harrten *der Ereignisse*. Die Einbrecher bemächtigten sich *der Gemälde*.

Darüber hinaus ist das Genitivobjekt noch in einigen stehenden Wendungen fest:

> sich eines Besseren besinnen, jeder Beschreibung spotten, jeder Grundlage entbehren, sich seiner Haut wehren.

Wo das Genitivobjekt sonst noch als einzige Ergänzung auftritt, steht es bereits in Konkurrenz mit anderen Kasus (vgl. dazu 1204):

> Ich schäme mich *seines Verhaltens*. – Ich schäme mich *wegen seines Verhaltens/für sein Verhalten*.

An Stelle von früher üblichen Genitivobjekten findet sich in der Gegenwartssprache häufig das Akkusativobjekt und besonders das Präpositionalobjekt.

5. Subjekt + Prädikat + Präpositionalobjekt

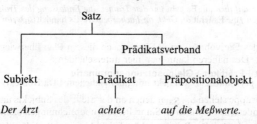

Zu diesem Satzbauplan stellt sich eine große Anzahl von Verben. Damit sind bestimmte Möglichkeiten gegeben, die bei Satzbauplänen mit reinen Objektkasus nicht bestehen, z. B.:

1. Die Präpositionen gestatten – wenn auch begrenzt und nicht so frei wie bei den Angaben – einen präziseren Ausdruck der Beziehung zwischen Verb und Ergänzung.

2. Mit Hilfe der Präpositionalobjekte ist es – begrenzt – möglich, Aktionsarten (vgl. 142) auszudrücken:

> Ich schreibe einen Roman. – Ich schreibe *an einem Roman* (= Ich bin dabei, einen Roman zu schreiben).

3. Verben mit Präpositionalobjekt erlauben in besonderem Maße den Anschluß umfangreicherer Inhalte über ein Pronominaladverb in Verbindung mit einem Inhaltssatz (vgl. 1292 ff.):

> Sie kümmert sich *darum,* daß morgen, wenn die Gäste kommen, die Tische gedeckt sind und der Wein bereitsteht.

4. Sätze mit einem Präpositionalobjekt lassen sich besonders leicht in ein attributives Gefüge umformen, wodurch wieder leichter Anschlüsse und zusätzliche Attribuierungen im Text möglich werden (vgl. 1120 ff.):

> Die Polizei schreitet schnell gegen die Demonstranten ein. – Das schnelle Einschreiten der Polizei gegen die Demonstranten ...

Man kann die Verben, die ein Präpositionalobjekt als einzige Ergänzung verlangen, danach ordnen, wie das Subjekt jeweils bestimmt ist:

Sätze mit „persönlichem" Subjekt

1161
Ich rege mich *über ihn* auf. Sie fürchten sich *vor der Prüfung* (vgl. auch 1204). Der Kanzler denkt *an Rücktritt.* Die Spieler beginnen *mit dem Training* (vgl. auch 1204). Die Kinder freuen sich *an den Geschenken, auf den Ausflug, über den Preis.* Die Mannschaft fiebert *nach Revanche.* Ich erfreue mich *an der Natur* (vgl. auch 1204). Wir verlassen uns *auf sein Wort.* Die Menschen fliehen *vor der Flut* (vgl. auch 1204). Ich erinnere mich *an ihn* (vgl. auch 1204). Sie zweifelt *an seinem Verstand.* Der Angeklagte verlegt sich *aufs Schweigen.*

Sätze mit „sachlichem Subjekt"

1162
Das Blech besteht *aus Kupfer.* Die Bürste gehört *zu dieser Garnitur.* Das Flugzeug gewinnt *an Höhe.* Die Wurst schmeckt *nach Seife.* Das Mittel taugt *zur Fleckenentfernung.*

Sätze mit *es* als Subjekt

1163
Es kommt *auf dich* an. Es geht *um den Trainer, die Entlassung des Trainers.* Es sieht *nach Regen* aus. Es fehlt *an Geld, an Facharbeitern.* Es handelt sich *um eine wichtige Sache.*

1164
6. Subjekt + Prädikat + Gleichsetzungsnominativ

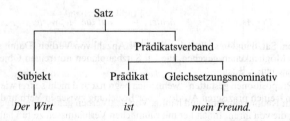

Zu diesem Satzbauplan gehören nur wenige Verben, die allerdings häufig gebraucht werden:

> sein, werden, bleiben, sich dünken, heißen, scheinen.

Das Verb *dünken* ordnet sich darüber hinaus noch einer anderen Konstruktion zu: Es kann außer dem Gleichsetzungsnominativ auch ein (nichtreflexives) Akkusativobjekt bei sich haben:

Ähnlich kann bei *scheinen* ein Dativobjekt stehen:

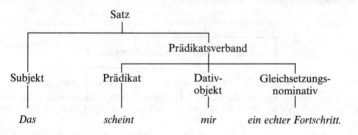

Es scheint sich hier aber um spezielle Einzelfälle zu handeln, so daß man darauf verzichten kann, eigene Satzbaupläne anzusetzen.

7. Subjekt + Prädikat + Raumergänzung 1165

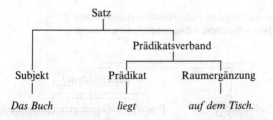

Sätze mit Raumergänzung sind häufig. Von den Verben gehören naturgemäß die hierher, die von ihrem Inhalt her mit räumlichen Verhältnissen zu tun haben. Dafür einige Beispiele:

Sie wohnt/lebt *auf dem Lande*. Die Mannschaft hält sich *in Berlin* auf. Mainz liegt *am Rhein*. Die Klasse fährt *nach Bremen*. Vera geht *ins Theater*. Das Unglück ereignete sich *am Bahnhof*. Der Ziegel fällt *vom Dach*. Der Wald erstreckt sich *bis Holzhausen*.

1166 **8. Subjekt + Prädikat + Zeitergänzung**

Verben, die eine Zeitergänzung verlangen, sind selten:

> Die Versammlung währte *bis Mitternacht.* Die Beratungen dehnten sich *bis zum Morgen* aus. Die Feierlichkeiten zogen sich *über drei Tage* hin. Das Verbrechen ereignete sich *am hellen Tag.*

1167 **9. Subjekt + Prädikat + Artergänzung**

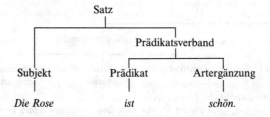

Artergänzungen stehen vor allem bei Verben, die (im weiteren Sinne) ein Sichverhalten bezeichnen. Beispiele für Sätze nach diesem Satzbauplan sind:

> Das Publikum benimmt sich *schlecht.* Der Fahrer verhält sich *einwandfrei.* Die Flüchtlinge zeigen sich *dankbar.* Der Sänger gilt *als Dummkopf.* Er wirkt *komisch.* Der Patient sieht *schlecht* aus. Das Haus steht *leer.* Sie sind *glücklich.*

Hierher stellen sich auch: Sie arbeitet *als Grafikerin.* Der Polizeichef sieht *wie ein Gangster* aus.

1168 **10. Subjekt + Prädikat + Begründungsergänzung**

Diesem Satzbauplan lassen sich nur wenige Verben zuordnen:

> Der Mord geschah *aus Eifersucht.* Viele Unfälle ereignen sich *infolge Übermüdung des Fahrers.* Der Brand entstand *aus Unachtsamkeit.*

11. Subjekt + Prädikat + Dativobjekt + Akkusativobjekt

Die Zahl der Verben, die in diesem Satzbauplan an Prädikatsstelle stehen können, ist recht groß. Als geschlossene Gruppen heben sich die Verben des Gebens oder Nehmens sowie des Mitteilens oder Verschweigens heraus. Im wesentlichen gilt hier: Subjektstelle und Dativobjektstelle sind „persönlich", die Akkusativobjektstelle ist „sachlich" bestimmt. Beispiele sind:

> Ich kaufe *ihm ein paar Kleinigkeiten* ab. Der Ober empfiehlt *dem Gast das Menü*. Der Bibliothekar gibt *ihr das Buch*. Ich teile *ihm meine Adresse* mit. Das Gericht traut *dem Angeklagten die Tat* zu.

Nur wenige Verben lassen hier auch im Akkusativobjekt eine Personenbezeichnung zu:

> Ich schicke ihnen *einen Ortskundigen* entgegen. Sie stellt mir *ihren Mann* vor.

Bei Verben mit bestimmten Verbzusätzen/Präfixen kann selbst die Stelle des Dativobjekts mit einer Sache besetzt sein:

> Ich ziehe ihn *jemandem* vor. – Ich ziehe Wein *dem Bier* vor.

12. Subjekt + Prädikat + Akkusativobjekt + Genitivobjekt

Die Konstruktion mit dem Genitiv neben dem Akkusativobjekt ist heute auf wenige Verben beschränkt, die vorwiegend dem gerichtlichen Bereich angehören; im Akkusativ wird dann eine Person, im Genitiv ein Sachbetreff, ein Inhalt oder ein Vorwurf genannt (vgl. auch 1119):

> Sie klagten *ihn des Landesverrats* an. Man beraubte *ihn seines Vermögens*. Er bezichtigte *den Minister der Lüge*. Der Vorstand entbindet *den Trainer seiner Pflichten*. Der König enthob *ihn aller Ämter*. Der Richter überführte *ihn des Verbrechens*. Der Chef verdächtigte *sie der Untreue*. Der Prüfer versicherte *ihn seines Wohlwollens*.

Auch hier ist in verschiedenen Fällen ein Wechsel zu anderen Satzbauplänen zu beobachten (vgl. 1204).

13. Subjekt + Prädikat + Akkusativobjekt + Präpositionalobjekt

Satz

Prädikatsverband

| Subjekt | Prädikat | Akkusativ-objekt | Präpositional-objekt |

Er   *verriet*   *ihn*   *an seine Feinde.*

Die verhältnismäßig große Anzahl von Verben, die hierher gehören, läßt sich danach ordnen, ob die einzelnen von ihnen aufgerufenen Stellen „persönlich" oder „sachlich" besetzt sind. Beispiele für die unterschiedlichen Gruppen sind im Folgenden zusammengestellt:

Verben mit „persönlichem" Subjekt und „persönlichem" Akkusativobjekt

Ich beneide *ihn um seine Frau.* Der Intendant bat *die Zuschauer um Geduld.* Der Fremde fragte *den Polizisten nach dem Weg.* Sie überredeten *ihn zum Mitmachen.* Wir zählen *ihn zu unseren Freunden.* Die Abgeordneten wählten *sie zur Präsidentin.*

Verben mit „persönlichem" Subjekt und „sachlichem" Akkusativobjekt

Ich verkaufe *das Grundstück an die Gemeinde.* Sie schreibt *ein Buch über den Islam.* Der Chef verlangt *Pünktlichkeit von seinen Mitarbeitern.* Wir benutzen *das Mittel zur Desinfektion.* Die Helfer verteilten *die Lebensmittel an die Flüchtlinge.*

Verben mit „sachlichem" Subjekt und „persönlichem" Akkusativobjekt

Die Musik lenkt *mich von der Arbeit* ab. Die Sendung regt *die Zuschauer zum Nachdenken* an. Die Prämien spornen *die Mitarbeiter zu höheren Leistungen* an. Die Erzählung erinnert *mich an meine Kindheit.*

14. Subjekt + Prädikat + Akkusativobjekt + Raumergänzung

Satz

Prädikatsverband

| Subjekt | Prädikat | Akkusativ-objekt | Raum-ergänzung |

Ich   *hänge*   *das Bild*   *an die Wand.*

In Sätzen nach diesem Plan können an der Stelle des Prädikats alle Verben stehen, die eine Tätigkeit ausdrücken, durch die jemand oder etwas im Raum betroffen wird. Beispiele dafür sind:

Die Schriftstellerin legt *das Buch auf den Tisch.* Die Verkäuferin gab *das Geld* nicht *aus der Hand.* Die Mutter näht *den Knopf an den Mantel.* Der Showmaster zieht *den Vorhang zur Seite.* Der Kassierer barg *das Papier in der Brusttasche.*

15. Subjekt + Prädikat + Akkusativobjekt + Zeitergänzung   1176

Diesem Satzbauplan lassen sich nur ganz wenige Verben zuordnen:
Ich verschiebe *die Arbeit auf die nächste Woche.*

16. Subjekt + Prädikat + Akkusativobjekt + Artergänzung   1177

Hierher gehören Beispiele wie die folgenden:

> Die Mutter färbt *das Kleid blau.* Ich reibe *den Spiegel blank.* Die Ärztin schreibt *den Patienten krank.* Sein Verhalten stimmt *mich nachdenklich.* Die Sekretärin trug *die Haare kurz.* Der Gast empfindet *das als kränkend.* Die Handwerker verwenden *das Brett als Unterlage.* Man betrachtet *dies als einen großen Vorteil.* Der Arzt behandelt *mich wie einen Geisteskranken.*

Die Adjektive tendieren hier dazu, mit dem Verb eine Einheit zu bilden, also zu einem Verbzusatz zu werden, vor allem, wenn sie in übertragener Bedeutung gebraucht werden. Es liegt dann ein Übergang zum Satzbauplan 2 vor (vgl. dazu auch 1201):

> (Plan 16:) Der Koch hat *das Dessert kalt* gestellt.
> (Plan 2:) Die Ministerpräsidentin *hat den Finanzminister* kaltgestellt. (Ebenso:) Sie will *das Zimmer* sauberhalten. Der Kleine hatte *sein Spielzeug* kaputtgemacht.

Die nicht ganz deutliche Position mancher Beispiele zwischen Satzbauplan 2 und Satzbauplan 16 wird an der unterschiedlichen Rechtschreibregelung sichtbar, ist aber natürlich ein Problem der Grammatik (u. a. der Wortbildung).
Zu Fügungen mit dem Verb *machen* vgl. auch 1200.

17. Subjekt + Prädikat + Artergänzung + Präpositionalobjekt

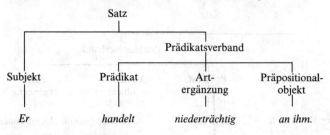

Hierher gehören zum Beispiel:

> Die Schwester geht *behutsam mit dem Patienten* um. Es steht *schlecht um unsere Pläne.*
> Ich verhalte mich *ihm gegenüber nachlässig.*

18. Subjekt + Prädikat + Artergänzung + Raumergänzung

Dieser Satzbauplan hat eine sehr spezielle Charakteristik. In der Subjektstelle steht immer *es,* in der Prädikatstelle am häufigsten *zugehen* oder *hergehen:*

> Bei dem Fest ging es *harmonisch, natürlich, gesittet* zu. Auf der Geburtstagsfeier ging es *toll, hoch, laut* her.

19. Subjekt + Prädikat + Akkusativobjekt + Gleichsetzungsakkusativ

Zu diesem Satzbauplan gehören nur wenige Verben, deren Konstruktion mit dem Akkusativobjekt und Gleichsetzungsakkusativ z. T. veraltet ist:

> Der Kommandeur hieß *den Unteroffizier einen Vollidioten.* Die Bäuerinnen scholten/ schimpften *den Händler einen Narren.* Die anderen schmähten *ihn einen Verräter.*

20. Subjekt + Prädikat + Akkusativobjekt + Akkusativobjekt   1181

Satz
│
Prädikatsverband
│
Subjekt   Prädikat   Akkusativ-   Akkusativ-
│   │   objekt   objekt
│   │   │
Sie   *lehrt*   *mich*   *die französische Sprache.*

Die Konstruktion mit zwei Akkusativobjekten ist nur bei wenigen Verben üblich, am häufigsten bei *lehren* und *kosten*[1]:

> Das kostete *ihn seinen Kopf, ein Vermögen, einige Mark.* Die Lehrerin hört *ihn die Vokabeln* ab. Die Mutter fragt *ihn das Gedicht* ab. Die Untersuchungskommission hat *mich schwierige Dinge* gefragt.

Deswegen besteht bei diesen Verben eine starke Tendenz zu den üblicheren Konstruktionen mit Dativ- und Akkusativobjekt:

> Lange hatte er scheinbar vergeblich sich bemüht, ihn zu belehren, *ihm die Sprache* zu lehren (H. Hesse). Und dieses Zögern kostete *seinem Sohn das Kaiserreich* und *ihm selbst die Freiheit* (St. Zweig). Aber *dem Zilpzalp* kostete es *das Leben* (Hausmann). Die Großmutter ... würde *ihm den Katechismus* abfragen (Böll). Der freundliche, sehr melancholische Vater ... hörte *ihm die Vokabeln ab* (Böll).

Im Passiv ist bei den aufgeführten Verben der Dativ schon ziemlich fest geworden:

> *Mir* ist Dankbarkeit gelehrt worden. *Den Schülern* wurden die Vokabeln abgefragt.

Das persönliche Passiv, wie es nach transitiven Verben eigentlich richtig ist, kommt jedoch noch vor, wenn ein Nebensatz oder satzwertiger Infinitiv folgt:

> *Ich* bin gelehrt worden, daß dies meine Pflicht ist. *Wir* sind gelehrt worden, dankbar zu sein.

Wird die Sache, die gelehrt oder abgefragt wird, nicht genannt, dann steht die Personenbezeichnung im Akkusativ:

> Sie lehrte auch *die fremden Kinder.*
> Er hat *die Klasse* abgefragt.

Falsch ist die Verwendung von *lernen* an Stelle von *lehren.* Man kann nicht sagen:

> Ich *lerne ihn* (auch nicht: *ihm*) die englische Sprache.

---

[1] Bei *kosten* könnte man auch einen besonderen Satzbauplan Subjekt + Prädikat + Akkusativobjekt + Artergänzung (Form: adverbialer Akkusativ) ansetzen, wobei die Artergänzung ein Maß ausdrückt. Wenn nun der Maßcharakter in den Hintergrund rückt, wird das Akkusativglied zum Objekt uminterpretiert, das bisherige Objekt weicht dann nach dem sehr häufigen Satzbauplan 11 in den Dativ aus. Beispiele: Das kostet mich 30 Mark (nicht: Das kostet mir 30 Mark). Aber: Das kostete mich oder mir fast das Leben.

1182 **21. Subjekt + Prädikat + Dativobjekt + Präpositionalobjekt**

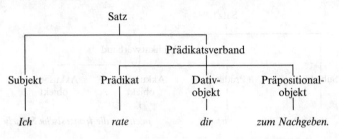

Satz			
Prädikatsverband			
Subjekt	Prädikat	Dativ-objekt	Präpositional-objekt
Ich	*rate*	*dir*	*zum Nachgeben.*

Zu diesem Satzbauplan gehören beispielsweise:

Mein Freund berichtete *meiner Mutter über mein Examen.* Ich verhelfe *dem Studenten zu einer Stellung.* Es fehlt *den Gemeinden an Geld.* Es liegt *mir an deiner Freundschaft.* Die Mitarbeiter gratulieren *dem Chef zum Geburtstag.*

Hier ordnet man am besten auch subjektlose Konstruktionen wie *Mir graut vor der Zukunft* ein: Man kann annehmen, daß das unpersönliche *es* hier weggelassen worden ist.

1183 **22. Subjekt + Prädikat + Dativobjekt + Artergänzung**

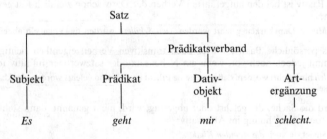

Satz			
Prädikatsverband			
Subjekt	Prädikat	Dativ-objekt	Art-ergänzung
Es	*geht*	*mir*	*schlecht.*

Hierher gehören zum Beispiel:

Es tut *mir leid.* Es wird *mir zu bunt.* Diese Arbeit fällt *ihr leicht.* Wir begegnen *den Besuchern kühl.* Das Kleid steht *seiner Lebensgefährtin gut.* Der Wein bekommt *mir schlecht.* Das erscheint *uns merkwürdig.* Das kam *ihm zugute/zupaß/zustatten.* Das gereichte *der Gemeinde zum Schaden/zum Nutzen.* Die Höhle dient *den Fledermäusen als Winterlager.*

Das Adjektiv tendiert manchmal dazu, zu einem Verbzusatz zu werden; es liegt dann ein Übergang zu Plan 3 (1156) vor (vgl. auch 1177 und 1201):

Es ist *mir gutgegangen.* Diese Entscheidung ist *dem Politiker schwergefallen.*

23. Subjekt + Prädikat + Präpositionalobjekt + Präpositionalobjekt 1184

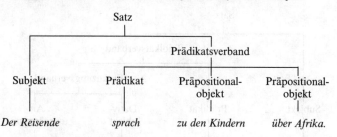

Satz
Prädikatsverband
Subjekt | Prädikat | Präpositional-objekt | Präpositional-objekt
Der Reisende | *sprach* | *zu den Kindern* | *über Afrika.*

Beispiele für diesen Satzbauplan sind:

Ich einige mich *mit ihm über die Höhe des Schadenersatzes.* Die Spieler wetten *mit dem Trainer um eine Flasche Sekt.* Das Ehepaar ließ sich *mit dem Vertreter in ein Gespräch* ein. Die Firma klagt *auf Schadenersatz gegen Herrn Meier.* Die Familie rächte sich *an ihm für diese Schmach.*

Nebenpläne 1

24. Subjekt + Prädikat + Artergänzung + Akkusativobjekt 1185
   2. Grades

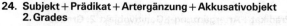

Satz
Prädikatsverband
Ergänzungsverband
Subjekt | Prädikat | Akkusativ-objekt | Art-ergänzung
Das | *ist* | *den Aufwand* | *wert.*

Hierher gehören nur Fälle mit echtem Akkusativobjekt, also Beispiele wie die folgenden:

Sie ist *den Lärm* gewohnt. Ich habe *den Straßenverkehr* satt. Das ist *die Mühe* wert (vgl. aber auch Plan 26). Sie war *die guten Ratschläge* überdrüssig (vgl. auch Plan 26).

1186 **25. Subjekt + Prädikat + Artergänzung + Dativobjekt 2. Grades**

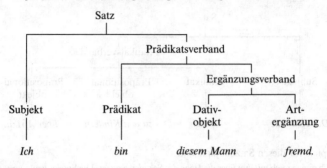

Nach diesem Satzbauplan sind z. B. gebaut:

> Der Parteichef ist *dem Alkohol abhold*. Sie ist *ihrer Schwester ähnlich*. Das Leiden ist *ihm angeboren*. Die Entscheidung war *den Bürgern nicht begreiflich*. Das ist *ihm nützlich, dienlich, schädlich*. Der Kaiser war *den Christen feind*. Seine Frau ist *ihm gram*. Die Suppe war *den Kindern zuwider*.

Zu diesem Satzbauplan kann man auch subjektlose Konstruktionen stellen wie *Mir ist schwindlig* oder *Mir ist kalt*.

1187 **26. Subjekt + Prädikat + Artergänzung + Genitivobjekt 2. Grades**

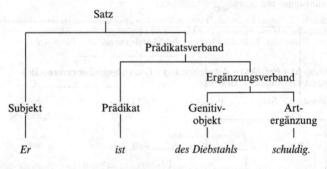

Diesem Bauplan lassen sich z. B. zuordnen:

> Die Männer wurden *des Feuerscheins ansichtig*. Diese Chaoten sind *bar jeder Vernunft*. Die Katastrophenopfer sind *unserer Hilfe bedürftig*. Er ist sich *keiner Schuld bewußt*. Sie sind sich *des Widerspruchs gewärtig*. Die Mannschaft war *ihres Sieges gewiß*. Die Polizei wird *seiner nicht habhaft*. Die Wanderer sind *des Ortes (un)kundig*. Sie sind *aller Pflichten ledig*. Der Meister ist sich *seines Sieges sicher*. Die politischen Gefangenen wurden *der Amnestie teilhaftig*. Der Kassierer ist *der Unterschlagung verdächtig*. Er ging *seines Vermögens verlustig*. Der Schriftsteller ist *des Preises würdig*.

In Konkurrenz mit dem Genitivobjekt steht ein Akkusativobjekt oder ein Präpositionalobjekt bei den Adjektiven *fähig, gewahr, müde, satt, überdrüssig, wert*:

> Ich bin *neuer Eindrücke/zu neuen Eindrücken fähig*. Sie ist *seiner/ihn überdrüssig*.

27. Subjekt + Prädikat + Artergänzung + Präpositionalobjekt 2. Grades <u>1188</u>

In Sätzen, die nach diesem Satzbauplan aufgebaut sind, können die Stelle der Artergänzung verhältnismäßig viele Adjektive besetzen. Meistens sind sie mit „persönlichem", seltener mit „sachlichem" Subjekt verbunden:

Artergänzungen mit „persönlichem" Subjekt:

Ich bin *ärgerlich über die Kollegen/auf die Kollegen*. Die Urlauber sind *begierig auf/* <u>1189</u> *nach Sonne*. Die Zuschauer waren *über die Inszenierung erstaunt*. Sie ist *zu höheren Leistungen fähig* (vgl. aber 1187). Wir sind jetzt *frei von allen Sorgen*. Die Bergsteiger waren *froh über / (schweiz. und südd.:) um den glücklichen Ausgang*. Die Polizei ist *auf neue Krawalle gefaßt*.

Artergänzungen mit „sachlichem" Subjekt:

Der Saft ist *reich an Vitaminen*. Entschlußlosigkeit ist *bezeichnend für seine Politik*. Der <u>1190</u> Schrank ist *voll von Kleidern*. Der Hinweis ist *nützlich für die Aufklärung des Verbrechens*. Diese wirtschaftliche Flaute ist *vergleichbar mit früheren Rezessionen*.

28. Subjekt + Prädikat + Artergänzung + Dativobjekt 2. Grades + Prä- <u>1191</u>
positionalobjekt 2. Grades

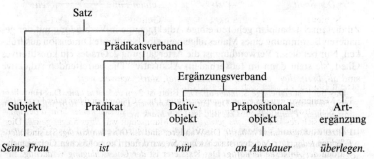

Nach diesem Satzbauplan sind z. B. gebaut:

Sie ist *ihm im Charakter gleich*. Der Sohn wird *seinem Vater im Aussehen immer ähnlicher*. Der Herausforderer wird *ihm an Schlagkraft ebenbürtig* sein. Brigitte war *mir in der Musik voraus*.

1192 **29. Subjekt + Prädikat + Artergänzung + Raumergänzung 2. Grades**

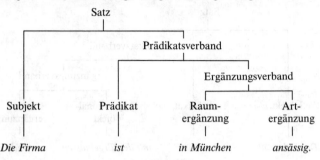

Zu diesem Satzbauplan gehören nur wenige Konstruktionen, die vor allem in der Amts- und Verwaltungssprache vorkommen:

> Er war *in Sachsen begütert, in Magdeburg beheimatet, in Köln wohnhaft, in Zürich hei-matberechtigt.*

1193 **30. Subjekt + Prädikat + Artergänzung + Artergänzung 2. Grades**

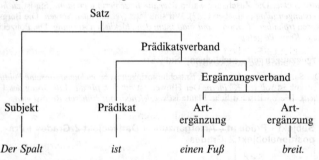

Zu diesem Satzbauplan gehören einige Adjektive, die in Verbindung mit der genaueren Bestimmung eines Maßes allgemein eine bestimmte Dimension ausdrükken. Nur bei dieser Verwendung ist die Artergänzung 2. Grades ein konstitutives Glied; sie steht dann im (adverbialen) Akkusativ[1]. Die betreffenden Adjektive sind *alt, breit, dick, entfernt, hoch, lang, tief, stark, schwer, wert:*

> Das Baby ist *erst einige Stunden alt.* Das Brett ist *2 cm dick, 4 m lang.* Das Haus liegt nur *500 m vom Fluß entfernt.* Der Turm ist *15 m hoch.* Das Loch ist *10 m tief.* Der Stein ist *mehrere Pfund schwer.* Das Bild ist *1000 Mark wert.*

In Verbindung mit Verben, die eine Handlung ausdrücken, wird das Adjektiv zuweilen eingespart; der adverbiale Akkusativ wird dann zum Akkusativobjekt, das sogar passiviert werden kann (Plan 2):

---

[1] Probleme, die mit dieser Bestimmung zusammenhängen, thematisiert G. Kolde: Zur Lexikologie der akkusativzuweisenden Adjektive des Deutschen. In: Cahiers Ferdinand de Saussure 44 (1990), S. 95–121.

(Plan 30:) Die Meisterin sprang *7,52 Meter weit.*
(Plan 2:) Die Meisterin sprang *7,52 Meter.* (Passiv:) *7,52 Meter* wurden (von ihr) ge-
sprungen.

Hier wie bei den folgenden drei Nebenplänen ist es oft schwierig, zwischen Satzglied und bloß attribuiertem (Teil)glied zu unterscheiden.
Von inhaltlich anderer Charakteristik, aber auf Grund der eingeführten Systematik ebenfalls hierher zu zählen sind Satzbaupläne, wie sie in den folgenden Sätzen
vorliegen:

> Seine Frau ist *als gute Tänzerin bekannt.* Norbert ist *als Zimmermann tätig.* Mein
> Freund ist *schlecht aufgelegt.* Der Rektor war *feierlich gekleidet.*

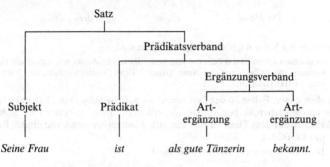

31. Subjekt + Prädikat + Akkusativobjekt + Artergänzung + Artergänzung   1194
2. Grades (adv. Akkusativ)

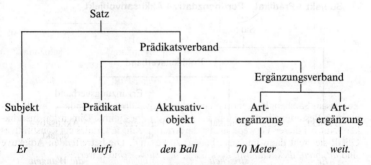

Auch zu diesem Satzbauplan gehören einige Adjektive, die in Verbindung mit der
genaueren Bestimmung eines Maßes allgemein eine bestimmte Dimension ausdrücken. Nur bei dieser Verwendung ist die Artergänzung 2. Grades ein konstitutives Glied; sie steht dann im (adverbialen) Akkusativ (vgl. 1193):

> Die Arbeiter machen *den Graben 10 m breit.* Wir graben *das Loch einige Meter tief.* Er
> stößt *die Kugel 20 m weit.* Sie schießt *den Pfeil 50 m hoch.* Seine Frau strickt *den Schal
> 80 cm lang.* Die Kinder schmieren *die Butter zwei Finger dick.* Sie hängt *das Bild 30 cm
> höher.*

Auch bei diesem Satzbauplan ist es schwierig, die Grenze zwischen Satzglied und
bloß attribuiertem (Teil)glied zu ziehen.

Nebenpläne 2

1195 **32. Subjekt + Prädikat + Pertinenzdativ**

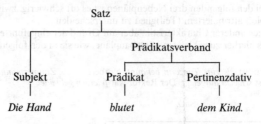

Satz

Prädikatsverband

Subjekt | Prädikat | Pertinenzdativ

Die Hand | *blutet* | *dem Kind.*

Beispiele für Sätze nach diesem Satzbauplan sind:

Dem Mann schmerzt das Bein (= sein Bein). *Ihr* tränen die Augen, zittern die Hände, brennen die Füße, friert die Nase. (Auch:) *Dem Bauern* verendet das Vieh. *Ihm* brannte das Haus ab.

In allen diesen Fällen ist der Pertinenzdativ auf das Subjekt des Satzes bezogen. Bei verschiedenen Verben, die ein körperliches Empfinden bezeichnen, steht der Akkusativ mit dem Dativ in Konkurrenz. Man spricht dann von einem **Pertinenzakkusativ**:

Die Füße schmerzen *mich. Ihn* juckt das Fell.

1196 **33. Subjekt + Prädikat + Pertinenzdativ + Akkusativobjekt**

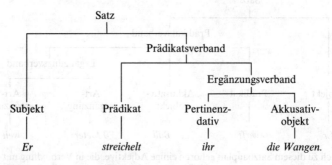

Satz

Prädikatsverband

Ergänzungsverband

Subjekt | Prädikat | Pertinenz-dativ | Akkusativ-objekt

Er | *streichelt* | *ihr* | *die Wangen.*

Beispiele für Sätze nach diesem Satzbauplan sind:

Die Mutter kämmt *dem Kind das Haar,* reinigt *ihm die Fingernägel.* Sein Freund wäscht *ihm den Wagen.* Der Stallbursche bürstet *dem Pferd das Fell.* Er bricht *dem Käfer ein Bein.* Die Zahnärztin zog *ihm einen Zahn.*

Der Pertinenzdativ ist in diesen Fällen auf das Akkusativobjekt bezogen.

34. Subjekt + Prädikat + Pertinenzdativ + Akkusativobjekt + Artergänzung   1197

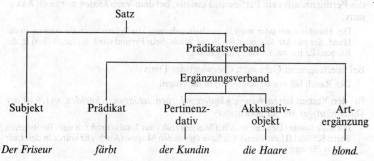

Subjekt	Prädikat	Pertinenzdativ	Akkusativobjekt	Artergänzung
Der Friseur	*färbt*	*der Kundin*	*die Haare*	*blond.*

Beispiele für diesen Satzbauplan sind:

> Ich mache *ihm die Hand heil* (= seine Hand), *den Fuß gesund, das Auto kaputt.* Sie hält *ihr die Wohnung sauber.* Der Arzt richtet *dem Boxer die Nase gerade.*

Auch hier ist der Pertinenzdativ auf das Akkusativobjekt bezogen.

Wenn das Adjektiv mit dem Verb eine Einheit bildet, also tendenziell zu einem Verbzusatz wird, liegt ein Übergang zu Plan 33 (1196) vor:

> Sie hat *ihr das Zimmer* saubergehalten. Der Arzt wird *dem Boxer die Nase* geraderichten.

Eine ähnliche Erscheinung findet sich bei Plan 16 (1177); vgl. hierzu auch 1201.

35. Subjekt + Prädikat + Pertinenzdativ + Raumergänzung   1198

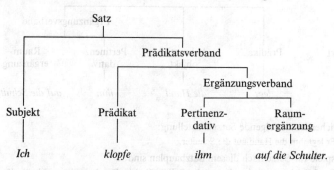

Subjekt	Prädikat	Pertinenzdativ	Raumergänzung
Ich	*klopfe*	*ihm*	*auf die Schulter.*

Beispiele für Sätze nach diesem Satzbauplan sind:

> Ich schaue *ihr in die Augen* (= in ihre Augen). Der Regen läuft *den Wanderern in die Schuhe.* Er schlägt *ihm ins Gesicht.* Ich streichle *ihr über das Haar.* Rehe liefen *ihm über den Weg.* Seine Freunde gingen *ihm aus dem Weg.* Der Chef steht *ihm zur Seite.* Er tritt *dem Hund auf den Schwanz.*

Der Pertinenzdativ ist hier auf die Raumergänzung bezogen.

15 Duden 4

Bei den Verben, die eine körperliche Berührung ausdrücken, steht oft an Stelle des Pertinenzdativs ein Pertinenzakkusativ, bei dem Verb *küssen* nur noch Akkusativ:

> Der Hund hat *mir* oder *mich* in das Bein gebissen. Die Wespe stach *ihr* oder *sie* in die Hand. Sie zwickte *ihm* oder *ihn* in die Wade. Sein Freund stieß *ihn* (auch *ihm*) in die Rippen. Er hat *sie* auf die Stirn geküßt.

Bei übertragenem Gebrauch überwiegt der Dativ:

> Der Rauch biß *mir* (selten: *mich*) in die Augen.

Bei den Verben *boxen, hauen, klopfen, schießen, schlagen, schneiden, treten* ist der Dativ häufiger als der Akkusativ:

> Ich haue *ihm* ins Gesicht. (Auch:) Morgen früh haut Jumbo *mich* mit dem Bootshaken übern Schädel (Hausmann). Ich boxe *ihm* in den Magen. (Auch:) Er wurde in den Leib geboxt (Spiegel).

Die Schwankung kann beim gleichen Autor auftreten:

> Er sah ... wie sie *ihm* ins Gesicht schossen (Ott). Dabei schossen sie *den IWO* durch den Kopf (Ott). Dreißig Minuten später schossen sie *ihm* noch ein Torpedo in den Bauch (Ott). Er erinnerte sich, daß sie *ihn* in den Bauch geschossen hatten (Ott).

1199 **36. Subjekt + Prädikat + Pertinenzdativ + Akkusativobjekt + Raum-
      ergänzung**

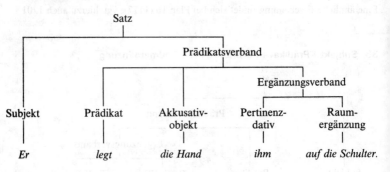

Satz — Prädikatsverband — Ergänzungsverband

Subjekt	Prädikat	Akkusativobjekt	Pertinenzdativ	Raumergänzung
Er	*legt*	*die Hand*	*ihm*	*auf die Schulter.*

Üblicher ist die folgende Satzgliedstellung:

> Er legt ihm die Hand auf die Schulter.

Beispiele für Sätze nach diesem Satzbauplan sind:

> Das Mädchen wirft *dem Jungen den Ball ins Gesicht*. Der Agent jagte *sich eine Kugel durch den Kopf*. Der Vater schnallt *dem Kind den Ranzen auf den Rücken*. Der Arzt streicht *ihm die Salbe auf die Wunde*. Sie hat *mir Farbe an den Rock* geschmiert/*Tinte über die Hose* gegossen/*Salz in den Kaffee* geschüttet. Der Gärtner pflanzt *uns Blumen in den Garten*.

Auch in diesen Fällen ist der Pertinenzdativ auf die Raumergänzung bezogen.

2.5.3 Zu einigen Detailfragen bei den Satzbauplänen

1. Bei der Aufstellung von Satzbauplänen in den vorstehenden Abschnitten wurden nur Sätze zugrunde gelegt, deren Satzgliedstellen unterschiedliche Besetzungsmöglichkeiten boten. Das heißt: Feste Wendungen und Funktionsverbgefüge wurden nicht berücksichtigt, obwohl auch sie ihrer äußeren Struktur nach bestimmten Satzbauplänen entsprechen; der angemessene Ort für ihre Behandlung ist das Wörterbuch:

1200

> Er lügt das Blaue vom Himmel herunter. Sie ärgerte sich die Schwindsucht an den Hals. Er jagt ihn ins Bockshorn. Sie versetzte die Zuhörer in Begeisterung.

2. Manche Sätze, die üblicherweise als einfache Sätze gelten, werden besser nicht auf einen Satzbauplan bezogen, sondern auf eine Verknüpfung von zwei Satzbauplänen:

> Ich höre ihn ein Lied Schuberts singen. – Ich höre ihn: Er singt ein Lied Schuberts.

Wir treffen hier auf die gleichen Probleme, die wir schon bei der Abgrenzung des einfachen Satzes vorgefunden haben. Die Verben, um die es hier geht, sind *lassen, hören, sehen, fühlen, spüren, heißen:*

> Der Chef läßt ihn kommen. Ich höre ihn ein Lied singen. Wir sehen sie kommen. Die Tiere spüren/fühlen den Winter kommen. Wir heißen euch hoffen.

Verben dieser Art können mit einem Infinitiv verbunden werden, der seinerseits Satzglieder aller Art bei sich haben kann. Der Infinitiv füllt mit seinen Satzgliedern zusammen immer einen der oben dargestellten Satzbaupläne aus. Sein „Subjekt" steht allerdings nicht im Nominativ, sondern bekommt von einem übergeordneten Verb den Akkusativ zugewiesen. Man bezeichnet diese Konstruktion als „Akkusativ mit Infinitiv" oder AcI (Accusativus cum Infinitivo). Graphisch repräsentiert sieht das so aus:

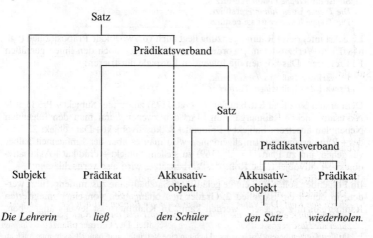

Ähnlich sind gewisse Fügungen mit *machen* zu beurteilen; statt des Infinitivs steht hier ein Adjektiv:

> Die Lehrerin machte den Schüler auf das Problem aufmerksam.

15*

1201 3. Manche Ergänzungen, vor allem Art- und Raumergänzungen, tendieren dazu, mit dem Verb eine Einheit zu bilden, also zu einem Verbzusatz zu werden; man kann dann von integrierten (oder inkorporierten) Ergänzungen sprechen. Dabei ist eine Abgrenzung zwischen integrierten Ergänzungen (Verbzusätzen) und selbständigen Ergänzungen aus grammatischer Sicht nicht immer eindeutig, auch wenn die orthographischen Normen meist eindeutig entweder Zusammenschreibung (Auffassung als Verbzusatz) oder Getrenntschreibung (Auffassung als selbständige Ergänzung) vorschreiben. Vgl. nebeneinander:

> Edgar ist *rückwärts* gegangen.
> Edgar ist zurückgegangen.

Aus der Schreibung ist im ersten Beispiel auf Satzbauplan 7 (vgl. 1165) zu schließen (Subjekt + Prädikat + Raumergänzung), im zweiten auf Satzbauplan 1 (vgl. 1152) (Subjekt + Prädikat). Ähnlich sind die folgenden Beispiele zu beurteilen, in denen von der Schreibung her nur im zweiten Satz eine selbständige Artergänzung anzusetzen ist:

> Sie hat den Fußboden saubergemacht.
> Sie hat den Fußboden *schmutzig* gemacht.

Bei manchen Satzgliedern ist deutlich zu erkennen, daß sie von einer integrierten Raumergänzung und nicht etwa vom zusammengesetzten Verb als Ganzem abhängen; es liegt also eine Art Abhängigkeit 2. Grades vor. Zumindest in bestimmten Fügungen kann dann das Satzglied 2. Grades nicht nur allein, sondern auch zusammen mit der Raumergänzung an den Satzanfang gestellt werden; man schreibt dann getrennt. Vgl. die folgenden Beispiele:

> Wasser ist *durch eine Ritze hindurch*gedrungen.
> *Durch eine Ritze* ist Wasser *hindurch*gedrungen.
> *Durch eine Ritze hindurch* ist Wasser gedrungen.
> Sie ist *die Treppe hinunter*gestürzt.
> *Die Treppe* ist sie *hinunter*gestürzt.
> *Die Treppe hinunter* ist sie gestürzt.

Eine Art integrierte Raumergänzung liegt auch vor, wo lokale Präpositionen (vgl. 648 ff.) zu Verbzusätzen geworden sind, aber immer noch den ihnen gemäßen Fall regieren. Das können die folgenden Beispiele illustrieren:

> Er warf den Ball *zu seinem Partner*.
> Er warf den Ball *seinem Partner* zu.

Dem ersten Satz liegt Satzbauplan 14 (vgl. 1175) zugrunde: Subjekt + Prädikat + Akkusativobjekt + Raumergänzung. Für den zweiten kann man den folgenden Nebenplan ansetzen: Subjekt + Prädikat + Akkusativobjekt + Dativobjekt 2. Grades + Raumergänzung. Im allgemeinen wird man es aber der Einfachheit halber vorziehen, ihn zu Plan 11 (vgl. 1169) zu stellen: Subjekt + Prädikat + Akkusativobjekt + Dativobjekt; die Rolle des Verbzusatzes wird also vernachlässigt.[1]

1202 Im Folgenden sollen nun einige geläufigere Satzbaupläne zusammengeführt werden, in denen ein Satzglied 2. Grades in Abhängigkeit von einer integrierten Raumergänzung angesetzt werden kann. In Klammern ist jeweils angegeben,

---

[1] Daß es sich bei diesem Vorgehen wirklich um eine Vereinfachung handelt, sieht man auch an Verben, die als eigentlich intransitive Bewegungsverben im Perfekt mit *sein* konjugiert werden, aber dennoch mit einer Ergänzung im Akkusativ verbunden werden können. Der Akkusativ stammt in diesem Fall eindeutig vom Verbzusatz, also der integrierten Raumergänzung: Wir sind *den Bericht* noch einmal *durch*gegangen.

welchem Hauptsatzbauplan der Satz zuzuordnen ist, wenn man die Rolle des Verbzusatzes nicht eigens berücksichtigt:[1]

– Subjekt + Prädikat + Raumergänzung 1. Grades + Raumergänzung 2. Grades (vgl. Plan 7: Subjekt + Prädikat + Raumergänzung):

Wir stiegen *den Berg hinauf*. Sie geht *die Straße hinunter*. Ich schlendere *die Wiesen entlang*. Das Mädchen schaute *zum Fenster hinaus*. Die Truppe ist *von München hergekommen*.

– Subjekt + Prädikat + Akkusativobjekt + Raumergänzung 1. Grades + Raumergänzung 2. Grades (vgl. Plan 14: Subjekt + Prädikat + Akkusativobjekt + Raumergänzung)

Die Kinder zogen *den Schlitten den Berg hinauf*. Ich rollte *den Wagen die Böschung hinunter*. Die Arbeiter schoben *die Leiter drei Regale weiter*. Sie ließen *den Eimer 5 m hinunter*.
Die Zecher warfen *die Bierflaschen zum Fenster hinaus*. Die Retter brachten *den Skifahrer ins Tal hinunter*.

---

[1] Zum Problem vgl. grundsätzlicher und ausführlicher H. Paul: Deutsche Grammatik, Band III, Teil IV: Syntax. Halle 1959. §§ 200 ff. und 262 ff.

- Subjekt + Prädikat + Dativobjekt 2. Grades + Raumergänzung (vgl. Plan 3: Subjekt + Prädikat + Dativobjekt):

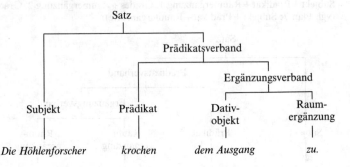

Die Höhlenforscher krochen dem Ausgang zu.

Die Kommission ging *dem Problem nach.* Die Hunde jagten *dem Hasen hinterher.* (Vgl. daneben: Die Hunde jagten *hinter dem Hasen her.*)

- Subjekt + Prädikat + Akkusativobjekt + Dativobjekt 2. Grades + Raumergänzung (vgl. Plan 11: Subjekt + Prädikat + Dativobjekt + Akkusativobjekt):

Der Kommissar schickte den Polizisten dem Verdächtigen hinterher.

1203   4. In bestimmten Sätzen finden sich Präpositionalgefüge, die als konstitutiv anzusehen sind (vgl. 1146) und sich wie Satzglieder verschieben lassen, obwohl sie von einem Substantiv abhängen. Das Substantiv ist dann jeweils Kern eines Akkusativobjekts oder – bei bestimmten intransitiven Verben – des Subjekts. Man vergleiche dazu die folgenden Varianten, unter denen das Präpositionalgefüge im jeweils dritten und vierten Satz nicht in der für Attribute zu erwartenden Position steht:

Er hat zahlreiche Bücher *über Ufos* geschrieben.
Zahlreiche Bücher *über Ufos* hat er geschrieben.
Er hat *über Ufos* zahlreiche Bücher geschrieben.
Über Ufos hat er zahlreiche Bücher geschrieben.

Es sind zahlreiche Bücher *über Ufos* erschienen.
Zahlreiche Bücher *über Ufos* sind erschienen.
Es sind *über Ufos* zahlreiche Bücher erschienen.
Über Ufos sind zahlreiche Bücher erschienen.

Nach den Grundüberlegungen zu den Satzbauplänen (vgl. insbesondere 1149) müßten hier die untenstehenden Nebenpläne mit Präpositionalobjekten 2. Grades angesetzt werden (In Klammern ist angegeben, welchen Hauptsatzbauplänen die Sätze zuzuordnen sind, wenn man die besonderen Stellungsmöglichkeiten der Präpositionalgefüge vernachlässigt):

- Subjekt + Prädikat + Präpositionalobjekt 2. Grades (vgl. Plan 1: Subjekt + Prädikat):

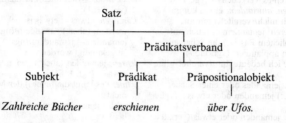

Zu diesem Vorfall erschienen zahlreiche Berichte. *Von der Burg* standen nur noch ein paar Grundmauern.

- Subjekt + Prädikat + Präpositionalobjekt 2. Grades + Akkusativobjekt (vgl. Plan 2: Subjekt + Prädikat + Akkusativobjekt):

Über Goethe hat sie schon zehn Arbeiten verfaßt. *Für üppiges Essen* zeigt er eine große Vorliebe.

In beiden Plänen finden sich auch zahlreiche Funktionsverbgefüge (vgl. hierzu aber 1200):

> *Über seine Herkunft* besteht keine Klarheit. *Auf seine Versprechungen* ist Verlaß. Der Politiker nahm *zu dieser Frage* keine Stellung. Der Sender nahm *auf den Vorfall* keinen Bezug. Der Alte nahm *am Geschehen* regen Anteil.

5. Nicht immer ordnen sich Verben fest einem bestimmten Satzbauplan zu. Auch bei gleicher Bedeutung gibt es nicht selten Schwankungen in der Rektion. Das gilt z. B. in folgenden Fällen: 1204

abfragen, abhören: jemanden/(auch:)
jemandem etwas – (vgl. 1181)

achten: auf jemanden oder etwas/(veraltet
oder gewählt:) jemandes oder einer
Sache – (vgl. 1160)

angleichen: etwas einer Sache/an eine
Sache –

anklagen: jemanden eines Vergehens/
wegen eines Vergehens – (vgl. 1170)

ankommen, anwandeln: etwas kommt,
wandelt mich/(veraltet:) mir an;

applaudieren: jemandem –; (auch mit
persönlichem Passiv:) die Schauspieler
wurden applaudiert (vgl. 1157);

bedeuten: ich bedeute ihm/(veraltet:) ihn,
daß ...

bedürfen: jemandes oder einer Sache/
(veralt.:) jemanden oder etwas – (vgl.
1159)

begehren: jemanden oder etwas/(veraltet:)
jemandes oder einer Sache –

beginnen: etwas/mit etwas – (vgl. 1161)

beißen: (vgl. 1198)

bescheren: jemandem etwas –; (auch:)
jemanden [mit etwas] –

besinnen: sich auf jemanden oder etwas –;
(aber:) sich eines Besseren – (vgl. 1159)

danken: jemandem für etwas –; (aber:) ich
danke der Nachfrage;

dünken: mich/mir dünkt ... (vgl. 1164)

ekeln: mir/mich ekelt vor jemandem oder
etwas; (aber nur:) ich ekle mich vor
jemandem oder etwas;

entbehren: jemanden, etwas –; (aber:) das
entbehrt jeder Grundlage (vgl. 1159);

entbinden: jemanden von etwas/(gewählt:)
einer Sache – (vgl. 1170)

entsinnen: sich jemandes oder einer
Sache/sich an jemanden oder etwas –
(vgl. 1161)

erbarmen: sich jemandes/über jemanden –
(vgl. 1161); er erbarmt mich/(österr.:) er
erbarmt mir (= tut mir leid);

erfreuen: sich einer Sache/an einer Sache –
(vgl. 1161)

erinnern: sich an jemanden oder
etwas/(veraltet oder gewählt:) sich
jemandes oder einer Sache – (vgl. 1161);
(landsch. auch:) etwas –

fliehen: vor jemandem/(veraltet:)
jemanden – (vgl. 1161)

fürchten: jemanden –; (aber:) sich vor
jemandem – (vgl. 1161)

[ge]trauen: ich [ge]traue mich/(seltener:)
mir ...

grauen: mir/(seltener:) mich graut vor
jemandem oder etwas;

grausen: mir/(seltener:) mich graust es;

gruseln: mir/mich gruselt vor etwas;

harren: jemandes oder einer
Sache/(gelegentlich auch:) auf
jemanden, etwas –

klingeln: jemandem/nach jemandem –

klopfen: (vgl. 1198)

kommen: vgl. stehen

kosten: das kostet mich/mir das Leben
(vgl. 1181);

kündigen: etwas –; etwas ist gekündigt
worden; (aber:) jemandem/(ugs.:)
jemanden –; jemandem/(ugs.:) jemand
ist gekündigt worden;

lehren: jemanden/(auch:) jemandem
etwas – (vgl. 1181)

lohnen: es lohnt die/(auch:) der Mühe
nicht;

machen: jemanden/jemandem bange,
heiß –

rufen: jemanden –; (vor allem südwestdt.
und schweiz.:) jemandem –

sagen: jemandem/zu jemandem etwas –

schaudern: mir/mich schaudert vor
jemandem oder etwas;

schauern: mir/mich schauert bei diesem
Gedanken;

schlagen: (vgl. 1198)

schmerzen: mir/mich schmerzt etwas;

schneiden: (vgl. 1198)

schreiben: jemandem/an jemanden –

schwindeln: mir/(selten:) mich schwindelt; (aber nur:) mir schwindelt der
Kopf;

spotten: über jemanden od. etwas/
(veraltet oder gewählt:) jemandes, einer
Sache –

stechen: (vgl. 1198)

zu stehen kommen: das kommt
mir/(häufiger:) mich teuer zu stehen;

trauen: vgl. getrauen

treten: (vgl. 1198)

überzeugen: sich von etwas –; (aber noch:)
sich eines Besseren –

unterstehen: untersteh dich/(selten:) dir,
das zu tun!

vergessen: jemanden oder etwas –; (süddt.
oder österr.:) auf jemanden, etwas –;
(veraltet oder gewählt:) jemandes, einer
Sache –

versichern: ich versichere Ihnen/(veraltet:)
Sie, daß ... ich versichere Sie meines
Vertrauens/ich versichere Ihnen mein
Vertrauen; (aber nur:) versichere dich,
ob ... ich versichere Sie gegen ... (Unfall)

wurmen: es wurmt mich/(veraltet:) mir;

zwicken: (vgl. 1198)

Nr.	Satzbauplan	Beispiel
1.	Subjekt + Prädikat	*Die Rosen blühen.*
2.	Subjekt + Prädikat + Akkusativobjekt	*Der Gärtner bindet die Blumen.*
3.	Subjekt + Prädikat + Dativobjekt	*Der Sohn dankte dem Vater.*
4.	Subjekt + Prädikat + Genitivobjekt	*Die Angehörigen gedachten der Toten.*
5.	Subjekt + Prädikat + Präpositionalobjekt	*Der Arzt achtet auf die Meßwerte.*
6.	Subjekt + Prädikat + Gleichsetzungsnominativ	*Der Wirt ist mein Freund.*
7.	Subjekt + Prädikat + Raumergänzung	*Das Buch liegt auf dem Tisch.*
8.	Subjekt + Prädikat + Zeitergänzung	*Die Beratung dauerte zwei Stunden.*
9.	Subjekt + Prädikat + Artergänzung	*Die Rose ist schön.*
10.	Subjekt + Prädikat + Begründungsergänzung	*Das Verbrechen geschah aus Eifersucht.*
11.	Subjekt + Prädikat + Dativobjekt + Akkusativobjekt	*Der Junge schenkt seiner Mutter Blumen.*
12.	Subjekt + Prädikat + Akkusativobjekt + Genitivobjekt	*Der Richter beschuldigt den Angeklagten des Diebstahls.*
13.	Subjekt + Prädikat + Akkusativobjekt + Präpositionalobjekt	*Er verriet ihn an seine Feinde.*
14.	Subjekt + Prädikat + Akkusativobjekt + Raumergänzung	*Ich hänge das Bild an die Wand.*
15.	Subjekt + Prädikat + Akkusativobjekt + Zeitergänzung	*Der Vorsitzende verlegte die Sitzung in die Abendstunden.*
16.	Subjekt + Prädikat + Akkusativobjekt + Artergänzung	*Der Maler streicht die Wand weiß.*
17.	Subjekt + Prädikat + Artergänzung + Präpositionalobjekt	*Er handelt niederträchtig an ihm.*
18.	Subjekt + Prädikat + Artergänzung + Raumergänzung	*Es geht lustig zu auf der Festwiese.*
19.	Subjekt + Prädikat + Akkusativobjekt + Gleichsetzungsakkusativ	*Der Nachbar nennt mich einen Lügner.*
20.	Subjekt + Prädikat + Akkusativobjekt + Akkusativobjekt	*Sie lehrt mich die französische Sprache.*
21.	Subjekt + Prädikat + Dativobjekt + Präpositionalobjekt	*Ich rate dir zum Nachgeben.*
22.	Subjekt + Prädikat + Dativobjekt + Artergänzung	*Es geht mir schlecht.*
23.	Subjekt + Prädikat + Präpositionalobjekt + Präpositionalobjekt	*Der Reisende sprach zu den Kindern über Afrika.*
24.	Subjekt + Prädikat + Artergänzung + Akkusativobjekt (2. Grades)	*Das ist den Aufwand wert.*
25.	Subjekt + Prädikat + Artergänzung + Dativobjekt (2. Grades)	*Ich bin diesem Mann fremd.*
26.	Subjekt + Prädikat + Artergänzung + Genitivobjekt (2. Grades)	*Er ist des Diebstahls schuldig.*
27.	Subjekt + Prädikat + Artergänzung + Präpositionalobjekt (2. Grades)	*Der Laborant war mit den Ergebnissen zufrieden.*
28.	Subjekt + Prädikat + Artergänzung + Dativobjekt (2. Gd.) + Präp.-Obj. (2. Gd.)	*Seine Frau ist mir an Ausdauer überlegen.*
29.	Subjekt + Prädikat + Artergänzung + Raumergänzung (2. Grades)	*Die Firma ist in München ansässig.*
30.	Subjekt + Prädikat + Artergänzung + Artergänzung (2. Grades)	*Der Spalt ist einen Fuß breit.*
31.	Subjekt + Prädikat + Artergänzung + Artergänzung + Raumergänzung (2. Grades)	*Er wirft den Ball 70m weit.*
32.	Subjekt + Prädikat + Pertinenzdativ	*Dem Kind blutet die Hand.*
33.	Subjekt + Prädikat + Pertinenzdativ + Akkusativobjekt	*Er streichelt ihr die Wangen.*
34.	Subjekt + Prädikat + Pertinenzdativ + Akkusativobjekt + Artergänzung	*Der Friseur färbt der Kundin die Haare blond.*
35.	Subjekt + Prädikat + Pertinenzdativ + Raumergänzung	*Ich klopfe ihm auf die Schulter.*
36.	Subjekt + Prädikat + Pertinenzdativ + Akkusativobjekt + Raumergänzung	*Er legt ihm die Hand auf die Schulter.*

2.6 Ellipse (Ersparung von Redeteilen)

2.6.1 Allgemeines

1206 Nicht immer müssen die abstrakten syntaktischen Strukturen, die wir in den vorangehenden Kapiteln behandelt haben, in konkreten Sätzen auch ganz gefüllt werden. Vielmehr können – aus unterschiedlichen Gründen – verschiedene Positionen unbesetzt bleiben. So kann z. B. bei der Umwandlung eines Aktivsatzes in einen Passivsatz das „Agens" erspart bzw. weggelassen werden:

> Sie hat das Fluggepäck schon am Bahnhof aufgegeben. – Das Fluggepäck ist (von ihr) schon am Bahnhof aufgegeben worden.

Eine „Weglassung" wird – nach alter Grammatiktradition – auch in Ausdrücken wie *Hilfe!* (= *Ich brauche Hilfe!*) oder *Danke* (= *Ich danke dir/Ihnen.*) gesehen. In Stilistik und Grammatik wird eine solche Erscheinung üblicherweise pauschal als Ellipse[1] bezeichnet; ebenso pauschal wurde sie früher negativ beurteilt.[2]

1207 In diesem Zusammenhang ist zunächst zweierlei zu betonen:

1. Man muß sich davor hüten, den Begriff der Ellipse inflationär zu gebrauchen. Oft wird ja vom Sprachbenutzer überhaupt keine „Auslassung" empfunden (z. B. bei dem Notruf *Hilfe!;* im Gegenteil: Der – theoretisch – vollständige Satz *Ich brauche Hilfe!* wäre als unangemessen zu beurteilen). Von „Auslassung" kann hier nur die Rede sein gemessen an einem von der Grammatik angesetzten idealen und abstrakten Bauplan eines isolierten Satzes, nicht aber gemessen an so konkret erlebten und wirksamen Faktoren wie Thema, kommunikative Situation, Beziehung zwischen den Gesprächspartnern usw.

2. Man muß sich ebenfalls davor hüten, „Auslassungen" pauschal negativ zu beurteilen. Viel eher kann man sie – positiv – sehen als Mittel der Sprachökonomie, die tendenziell entlastend wirken und den Ausdruck „verschlanken". Diesen Aspekt hebt der heute auch geläufige Terminus Ersparung hervor.

1208 Als Ellipsen im strengen Sinn können vor dem Hintergrund dieser Einschränkung Fälle gelten, in denen – immer gemessen am Programm eines Satzbauplans – eine Position (es können auch mehrere sein) nicht besetzt ist und diese Nichtbesetzung vom Sprachteilhaber als Auslassung empfunden wird.

1209 Ellipsen in diesem Sinn liegen z. B. in folgenden – literarischen – Beispielen vor:

> Hast [du] mich denn auch lieb? fragte sie (H. Hesse). ... daß das persönliche Unbehagen, das ihm zugefügt worden [war], mit Arnheim zusammenhängen müsse (Musil). Die Herren wüßten, daß er gegen die Welt hier oben manches auf dem Herzen habe, sooft er es sich bereits davon heruntergeredet [habe] (Th. Mann).

Hier ist das pronominale Subjekt bzw. das Hilfsverb aus *stilistischen* Gründen ausgelassen.

1210 Gleichfalls elliptischen Sprachgebrauch kann man in Fällen wie den folgenden ansetzen:

---

[1] Von griech. *élleipsis* = Auslassung. – Zum ganzen Komplex vgl. R. Meyer-Hermann/ H. Rieser (Hrsg.): Ellipsen und fragmentarische Ausdrücke. Tübingen 1985 (= Linguistische Arbeiten 148); H. Ortner: Die Ellipse. Ein Problem der Sprachtheorie und der Grammatikschreibung. Tübingen 1987 (= RGL 80).

[2] Das negative Urteil kommt schon im Terminus „Auslassung" zum Ausdruck. Explizit heißt es bei Isidor: Eclipsis est defectus dictionis, in quo necessaria verba desunt: Die Ellipse ist ein Sprachverstoß, bei dem notwendige Wörter ausgelassen sind. (Vgl. dazu H. Lausberg: Handbuch der literarischen Rhetorik. München 1973, § 690).

[Ich] *Komme sofort.* [Alle sollen sich jetzt] *Festhalten.* [Das] *Wird erledigt! Wozu* [ist]
diese große Mühe [erforderlich]? [Halten Sie die] *Hände auf den Rücken.* [Komm] *Zur*
Sache. Er will heute noch nach Frankfurt [fahren]. *Ihre Tochter ist noch nicht 16 Jahre*
[alt].

Ellipsen kommen vor allem in dialogischer Rede vor. Ganz natürlich fügt man
sich mit seinem Redebeitrag in den Satzrahmen ein, den der Partner vorgegeben
hat (man setzt diesen Rahmen voraus, setzt ihn nicht noch einmal selbst):[1]

„Ich habe das Ticket schon gestern gebucht." – „Ich auch." (= Ich habe es auch schon
gestern gebucht.) „Mit wieviel Stundenkilometern soll ich diese Ortschaft passiert
haben?" – „Mit 80!" (= Sie haben diese Ortschaft mit 80 Stundenkilometern
passiert.)

Eine eigene Kategorie hingegen bilden die sogenannten S a t z ä q u i v a l e n t e oder
T e i l s a t z ä q u i v a l e n t e – Einzelwörter, die Sätzen entsprechen und die gleiche
Funktion erfüllen wie jene.[2] Auch sie kann man auf vollständige Sätze zurückführen, wobei allerdings nicht immer klar ist, auf welche. Bei den meisten Satzäquivalenten liegt – nach dem Sprachgefühl – gar keine Ersparung von Redeteilen
vor:

Hilfe! (etwa: Ich brauche Hilfe!); *Feuer!* (etwa: Dort ist Feuer!); *Herein!* (etwa: Kommen Sie herein!); *Wunderbar!* (etwa: Das ist wunderbar!); *Guten Tag!* (etwa: Ich wünsche Ihnen einen guten Tag!); *Willkommen!* (etwa: Seien Sie uns willkommen!); *Hunger!* (etwa: Ich habe Hunger!); *Geduld!* (etwa: Habe Geduld!).

Man spricht hier auch von K u r z s ä t z e n oder E i n w o r t s ä t z e n.

Alle anderen Fälle werden im Folgenden unter der Rubrik „Ersparung" zusammengefaßt. Für sie gilt übereinstimmend die (gemessen an kommunikativen Bedürfnissen sinnvolle) Tendenz, Gemeinsames nur einmal auszudrücken.

margin: 1211

2.6.2 Die Ersparung von Redeteilen

Redeteile können auf ganz unterschiedlichen Ebenen erspart bzw. ausgelassen
werden:

Ersparung von gemeinsamen Redeteilen in gleichwertigen Sätzen[3]

Wenn gleichwertige Sätze Redeteile gemeinsam haben, braucht das Gemeinsame
nur einmal (in der Regel beim ersten Vorkommen) ausgedrückt zu werden:

margin: 1212

Der Hauseigentümerverband *hat* gegen die Hypothekarzinserhöhung *protestiert,* der
Mieterbund gegen die angekündigte Mieterhöhung. *Weil die Benzinpreise* erneut angezogen haben und wohl auch in den nächsten Monaten nicht zurückgehen werden, steigen im Moment viele auf die Bundesbahn um. *In diesem Jahr* haben *die Reisen in die*
Türkei um ein Drittel zugenommen, sind kaum teurer geworden und machen damit
einen wichtigen Posten in der Kalkulation der Reisebüros aus.

---

1   Vgl. dazu 1428.
2   Vgl. dazu 1052.
3   Die Formulierung „Ersparung von Redeteilen in gleichwertigen Sätzen" könnte die Deutung
    nahelegen, es habe ursprünglich selbständige Sätze gegeben, die dann – sekundär – zusammengezogen worden sind. Solche Sätze werden ja oft auch z u s a m m e n g e z o g e n e   S ä t z e genannt – diese Terminologie ist besonders in der Schule beliebt. Man muß hier aber vorsichtig
    sein: Normalerweise wird nicht im Sprech- oder Schreibprozeß nachträglich etwas zusammengezogen, der Satz wird vielmehr in der Regel sofort so gebildet.

Die Zusammenfassung gleichwertiger Sätze mit gemeinsamen Satzgliedern kann, wie die normale Reihung, asyndetisch (ohne Konjunktion) oder syndetisch (mit Konjunktion) erfolgen:

(Asyndetisch:) Klaus liest ein Buch, Lutz eine Zeitung. (Syndetisch:) Er war immer krank *und* verdiente *deshalb* wenig. Sie hat es *weder* gewußt *noch* geahnt. Bei einem Verstoß muß eine gebührenpflichtige Verwarnung ausgesprochen *oder* ein Bußgeld festgesetzt werden.

Bei der Ersparung von Redeteilen in gleichwertigen Sätzen sind einige Regeln zu beachten:

1. Ein Pronomen in zwei gleichwertigen Attributsätzen darf nicht erspart werden bei Kasusunterschied zwischen den Pronomen; das gilt auch dort, wo die Formen des Pronomens bei unterschiedlichem Kasus gleich lauten:

(Nicht:) Welch eine Inbrunst lag in dem herrlichen Gesang jener, die *uns* haßten, ja vielleicht einige Tage vorher feindlich gegenübergestanden hatten. (Sondern:) ..., die *uns* (= Akkusativ) haßten, ja vielleicht *uns* (= Dativ) ... gegenübergestanden hatten.

2. Die Ersparung des Hilfsverbs ist nicht möglich, wenn sich das Prädikat einmal auf ein Satzglied im Singular, einmal auf eines im Plural bezieht. Das Hilfsverb muß dann zweimal gesetzt werden:

(Nicht:) Die Kontrolle wurde verstärkt und in einem Monat zehn Schmuggler verhaftet. (Sondern:) Die Kontrolle *wurde* verstärkt, und in einem Monat *wurden* zehn Schmuggler verhaftet.

Möglich hingegen ist Ersparung des Verbs bei unterschiedlicher Person:

Ich *gehe* heute ins Theater, meine Frau aber ins Konzert.

3. Die Ersparung und die Zusammenfassung gleichwertiger Sätze ist dann nicht möglich, wenn das Verb, das erspart werden soll, entweder in seiner Bedeutung oder in seiner Konstruktion abweicht, wenn es in einer festen Wendung steht oder wenn es eine neue syntaktische Funktion hat:

Die Uhr *schlug* Mitternacht und der Mann *schlug* mit der Faust auf den Tisch (= Bedeutungsunterschied). Wir *danken* herzlich für die vielen Kranz- und Blumenspenden, und wir *danken* allen, die dem Verstorbenen die letzte Ehre erwiesen haben (= Konstruktionsunterschied). Sie *warf* noch einen Blick auf ihn, und er *warf* das Fenster zu. Der Vater *nahm* das Gepäck, die Mutter *nahm* Abschied von den Kindern (= feste Wendung: *einen Blick werfen, Abschied nehmen*). Er *ist* Artist und *ist* schon oft hier gewesen (= Vollverb/Hilfsverb). ... ob jemand zu streichen *ist* oder [ob] jemand neu hinzugekommen *ist* (= neue syntaktische Funktion).

Das schließt nicht aus, daß solche Formulierungen um der Pointe willen geradezu gesucht werden:

Das Kabinett *hielt* den Mund und Adenauer seine Rede.

4. In Aufforderungssätzen kann weder das *Sie* noch das Reflexivpronomen erspart werden:

Bitte seien *Sie* so freundlich und teilen *Sie* uns mit ... Geben *Sie sich* zufrieden, und kümmern *Sie sich* nicht mehr darum!

5. Nicht immer möglich ist die Ersparung von Pronomen:

Für Ihren Bescheid möchten *wir* Ihnen verbindlich danken, und *wir* freuen uns ... (Aber bei Vorfeldstellung des ersten Pronomens:) *Wir* möchten Ihnen für Ihren Bescheid ... danken und freuen uns ...

6. Nicht möglich ist auch die Ersparung der Infinitivkonjunktion *zu:*

Er begann, seine Vorgesetzten *zu* beschimpfen und *zu* beleidigen.

Ersparung eines Attributs, das mehreren Substantiven gemeinsam ist

Bezieht sich ein Attribut (Adjektiv oder Pronomen) auf zwei oder auf mehrere Substantive, muß es nur einmal gesetzt werden, wenn die Bezugssubstantive in Numerus und Genus übereinstimmen:

1213

> Sie beschäftigt sich mit *französischer* Literatur und Geschichte. Er freut sich über die *bunten* Kleider und Tücher. *Meine* Bücher und Bilder bereiten mir Freude. *Die* Kraft und Tiefe seiner Gedanken. (Aber nicht bei verschiedenem Genus:) Sie erledigte diesen Auftrag mit *großer* Umsicht und Verständnis. (Sondern:) ... mit *großer* Umsicht und mit *großem* Verständnis. (Nicht – bei gleicher Form, aber verschiedenem Numerus –:) Die Einfachheit *ländlicher* Natur und Sitten ... (Sondern:) Die Einfachheit *ländlicher* Natur und *ländlicher* Sitten. (Nicht:) Sehr *geehrter* Herr und Frau Schulze! (Sondern:) Sehr *geehrter* Herr Schulze, sehr *geehrte* Frau Schulze!

Die Ersparung ist auch dann möglich, wenn der Genusunterschied der Bezugssubstantive nicht zum Ausdruck kommt und Übereinstimmung im Numerus besteht; das gilt z. B. immer bei Pluralkonstruktionen:

> die Versorgung *des* Hauses und [des] Gartens, die *schönen* Plastiken und [schönen] Gemälde, *seine* Brüder und [seine] Schwestern.

Ein genitivisches oder präpositionales Attribut braucht nur einmal zu stehen, wenn es sich in gleicher Weise auf die Bezugssubstantive bezieht:

> Die Bäume und Sträucher *unseres Gartens* (oder: *im Garten*) blühen.

Bezieht sich dagegen das genitivische oder präpositionale Attribut nur auf das letzte Substantiv, sollte man, um Mißverständnisse zu vermeiden, andere Formulierungen wählen:

> (Nicht:) Von dort siehst du die Burgen, die Weinberge und die Gärten des Königs. (Sondern z. B.:) ... die Burgen, die Weinberge und die *königlichen* Gärten.

Eine Ersparung ist gleichfalls nicht möglich, wenn es sich um mehrere Genitive handelt, denen eine unterschiedliche inhaltliche Interpretation zuzuordnen ist (vgl. 1131):

> (Nicht:) Beschreibung und Arbeitsweise der *Maschine.* (Sondern:) Beschreibung *der Maschine* und Arbeitsweise *der Maschine.* (Oder:) Beschreibung *der Maschine* und *ihre* Arbeitsweise.

Ersparung eines Substantivs, das mehreren Attributen gemeinsam ist

Beziehen sich mehrere Attribute auf gleiche Substantive, so braucht das Substantiv unter Umständen nur einmal zu stehen:

1214

> Das alte und das neue *Rathaus* ... Die weißen und die roten *Rosen* ... Des Wassers und des Feuers *Kraft* ...

Hier ist allerdings zu beachten:

1. Im Fall der ersten beiden Beispiele ist die Ersparung des Artikels nicht korrekt, weil die beiden Adjektive nicht Eigenschaften benennen, die demselben Objekt, sondern solche, die verschiedenen Objekten zugesprochen werden:

> (Also nicht:) Das alte und neue Rathaus ... Die weißen und roten Rosen ...

2. Wenn ein attribuiertes Substantiv mit einem zusammengesetzten Wort kombiniert wird, dessen Grundwort mit diesem Substantiv identisch ist („zahme

Schweine und Wildschweine"), sollte das Substantiv – aus stilistischen Gründen – nicht erspart werden:

> zahme Schweine und Wildschweine (nicht: zahme und Wildschweine); öffentliche und private Mittel (nicht: öffentliche und Privatmittel).

3. Wenn ein Substantiv im Singular und im Plural in Verbindung mit Attributen gebraucht wird, kann im allgemeinen eine der Substantivformen ausgelassen werden:

> das große und die kleinen Häuser, das große Haus und die kleinen; mit einer oder zwei Fugen, mit einer Fuge oder zwei; für einen oder mehrere Betriebe, für einen Betrieb oder mehrere.

Ersparung bei Zusammensetzungen, bei Verben mit einem Verbzusatz und bei Ableitungen

1215 In einer Abfolge von Zusammensetzungen oder von Verben mit Verbzusatz, die einen Bestandteil gemeinsam haben, wird dieser Bestandteil gewöhnlich nur einmal gesetzt:

> Feld- und Gartenfrüchte, Ein- und Ausgang, Waren auf- und abladen, Lederherstellung und -vertrieb.

Bei Ableitungen ist Ersparung im allgemeinen nicht möglich:

> Wahr*heit* oder Falsch*heit,* von solchen Seltsam*keiten* und Nichtig*keiten,* die Arbeiter*schaft* und Angestellten*schaft.*

2.7 Redeansätze und Satzbrüche

Redeansätze

1216 In mündlicher Rede kommt es vor, daß ein Sprecher mehrmals ansetzen muß, bevor ein syntaktisch korrekter Satz gelingt. Das ist bei ungeübten Sprechern zu beobachten, aber auch bei routinierten, z. B., wenn sie mit großer innerer Bewegung sprechen:

> Was? Ich? Ich soll –? Ich soll das Geld gestohlen haben?

Man spricht hier von Redeansätzen. In literarischer Sprache wird der Redeansatz dort gewählt, wo (speziell in direkter Rede) innere Bewegung sprachlich sichtbar gemacht werden soll. Ein besonders eindrückliches Beispiel stammt von Kleist (Penthesilea):

> Was! Ich? Ich hätt ihn –? Unter meinen Hunden –?
> Mit diesen kleinen Händen hätt ich ihn –?
> Und dieser Mund hier, den die Liebe schwellt –?
> Ach, zu ganz anderm Dienst gemacht, als ihn –!
> Die hätten, lustig stets einander helfend,
> Mund jetzt und Hand, und Hand und wieder Mund –?

Satzbrüche

1217 Ein Satzbruch oder Anakoluth[1] liegt dann vor, wenn die konstruktiven Elemente eines Satzes (Satzglieder, Teilsätze) grammatisch nicht zusammenstim-

---

[1] Der (oder das) Anakoluth, von griech. *anakóluthon,* das [der Satzkonstruktion] nicht Folgende oder Entsprechende; das, was aus der Konstruktion fällt. Vgl. zum Anakoluth ausführlicher L. Hoffmann: Anakoluth und sprachliches Wissen. In: Deutsche Sprache 19 (1991), S. 97–119.

men. So fällt in dem folgenden Beispiel der zweite Teilsatz eines zusammengesetzten Satzes aus der syntaktischen Konstruktion heraus, die der erste Teilsatz vorgibt:

> Wenn ich nach Hause komme *und der Vater ist noch da,* dann ... (Statt:) Wenn ich nach Hause komme und [wenn] der Vater noch da ist, dann ...

Sprechpsychologisch betrachtet, handelt es sich hier entweder um Versprecher oder um den Niederschlag von Differenzen zwischen sprachlicher Planung und sprachlicher Realisierung: Ein Plan wird – mitten im Sprechprozeß – nicht weiter verfolgt – er wird verworfen, korrigiert, durch einen neuen ersetzt. Das geschieht beim Schreiben ebenso wie beim Sprechen, ist aber vor allem beim Sprechen wahrnehmbar, weil der Schreiber die Spuren der Prozesse seiner Planungsänderung (Streichungen, Ersetzungen, Umstellungen) in der Reinschrift verwischen kann. Nutzt er diese Möglichkeit nicht, wird ihm Nachlässigkeit oder Unachtsamkeit vorgeworfen.

Das ist anders in der gesprochenen Sprache: Anakoluthe sind hier geradezu normal. Das hängt mit der extrem verkürzten Planungszeit zusammen, die beim Sprechen zur Verfügung steht. Man kann hier ganz unterschiedliche Formen des Anakoluths antreffen: | 1218

1. Ein einmal gefaßter Plan wird realisiert; mitten im Sprechablauf aber wird ein neuer Plan eingesetzt, der syntaktisch nicht zum ersten paßt (vgl. dazu auch 1217):

> Ich kann mich an dieser Veranstaltung nicht beteiligen, weil ich Ausländer bin *und ich habe also nicht die Möglichkeit,* mich politisch zu äußern. (Statt: ... weil ich Ausländer bin und also nicht die Möglichkeit habe, mich politisch zu äußern.)

2. Ein einmal verfolgter Plan wird ganz aufgegeben; zurück bleibt ein Torso, der sich in den weiteren Textablauf nicht integrieren läßt:

> Die Schießerei gestern im Biergarten ... habt ihr denn überhaupt nichts gehört?

Für die Aufgabe des Plans kann es sehr unterschiedliche Gründe geben. Er kann sich z. B. als unangemessen erweisen, oder seine sprachliche Realisierung kann Schwierigkeiten bereiten. Der Abbruchcharakter der Äußerung ist an der fehlenden Schlußintonation zu erkennen, ebenso am fragmentarischen syntaktischen Bau.

Man findet solche Erscheinungen des Anakoluths übrigens durchaus nicht nur in gesprochener Sprache, und keineswegs immer sind sie negativ zu beurteilen. So gibt es etwa standardsprachlich, auch in geschriebener Sprache, ja bewußt rhetorisch eingesetzt, die Herausstellung[1] eines Satzgliedes und dessen Wiederaufnahme oder Vorausnahme durch ein Pronomen:

> *Der dicke Graue mit der Brille und dem Stubbelbart, haben Sie den* gesehen? (Fallada).
> Und wer sie liebte, der mußte *es* wohl mitlieben, *dieses verfluchte Genie* (Carossa).

3. Ein einmal gefaßter Plan behält seine Gültigkeit; auf der Ebene der sprachlichen Realisierung kommt es aber zu einer „Panne": Es werden beispielsweise Planpositionen doppelt besetzt – aus Versehen oder mit Bedacht (z. B. als Berich-

---

[1] Vgl. dazu detaillierter: H. Altmann: Formen der „Herausstellung" im Deutschen. Rechtsversetzung, Linksversetzung, Freies Thema und verwandte Konstruktionen. Tübingen 1981 (= Linguistische Arbeiten 106).

tigung oder zur Richtigstellung)[1]. Zum korrekten Verständnis muß man dann Teile des Gesagten „vergessen":

> Da haben gestern zwei maskierte Gangster haben da die Tankstelle überfallen. Sie haben fünfzehntausend Franken, nein fünfzehntausend Mark erbeutet.

1219 In der Literatur werden die verschiedenen Formen des Anakoluths oft dort als (Stil)mittel benutzt, wo die (gesprochene) Umgangssprache oder auch nur sprunghaftes Denken charakterisiert werden soll:

> Da trat der Leutnant einen Schritt zurück, steckte die Daumen vorn unter das Koppel und sagte mit listigem Lächeln, *das stand ihm nicht schlecht in der schmalen Visage:* Die Sturmgeschütze konnten sie tatsächlich nicht finden (Kolb).
>
> „Nein, hör doch, ich hab so ein Gefühl, so leer, so ..." – „Typisch. Das ist geradezu – bezeichnend ist das. Du stirbs, Wölfchen." – „Die richtige Liebe deinerseits ist das auch nicht! Erst lasse ich dich auf Medizin studieren, und jetzt willst du nich mal durch dein Hörrohr kucken." – „Ach Gott, nicht wahr, was heißt denn hier überhaupt! – Nicht wahr? – Wer denn schließlich ..." (Tucholsky).

2.8 Die Negation

2.8.1 Allgemeines[2]

1220 Negieren (verneinen) kann man nicht nur mit Hilfe spezifischer (direkt dafür ausgebildeter) sprachlicher Mittel; auch unspezifische stehen zur Verfügung. Zu letzteren gehören z. B. nonverbale Mittel (etwa das Kopfschütteln) oder sprachliche Strategien wie die Antwort *Morgen muß ich in Zürich sein* auf die Frage *Kommst du morgen mit nach Bern?* – eine Negierung ohne Verwendung eines Negationswortes, wie z. B. *nein* oder *nie.* Derartige Formen der Negierung sind kommunikativ ebenso wichtig wie häufig, müssen aber aus grammatischen Beschreibungen ausgeklammert bleiben; sie werden heute unter pragmatischem Aspekt (und da unter dem Stichwort „Negierung" verso „Negation") gesondert behandelt.[3]

1221 Neben unspezifischen hat jede Sprachgemeinschaft spezifische sprachliche Mittel der Negation ausgebildet. So gibt es auf der Wortebene Gegenbegriffe (*fasten*

---

1 Detaillierter dazu: H. Ortner: Hervorgehobene Korrektur- und Bestätigungssignale in Texten geschriebener Sprache. In: J. Holzner et al. (Hrsg.): Studien zur deutschen Grammatik. Johannes Erben zum 60. Geburtstag (= Innsbrucker Beiträge zur Kulturwissenschaft. Germanistische Reihe Band 25). Innsbruck 1985, S. 239–254.

2 Probleme der Negation haben in jüngerer Zeit ein starkes Interesse in der linguistischen Forschung erfahren. Bibliographisch verschaffen Zugang zur Forschungsliteratur: S. Seifert/W. Welte: A basic bibliography on negation in natural language. Tübingen 1987 (= Tübinger Beiträge zur Linguistik 313); G. Falkenberg/G. Leibl/J. Pafel: Bibliographie zur Negation und Verneinung. Trier 1984 (= Linguistic Agency University of Trier (L.A.U.T.), Series A, Paper Nr. 124); E. Brütsch/M. Nussbaumer/H. Sitta: Studienbibliographie zur Negation im Deutschen. Heidelberg 1990 (= Reihe Studienbibliographien Sprachwissenschaft 1). Wichtige größere Arbeiten zur *Grammatik* der Negation aus neuerer Zeit sind: G. Stickel: Untersuchungen zur Negation im Deutschen. Braunschweig 1970; G. Helbig/H. Ricken: Die Negation. Leipzig 1973; J. Jacobs: Syntax und Semantik der Negation im Deutschen. München 1982; W. Kürschner: Studien zur Negation im Deutschen. Tübingen 1983; K. Adamzik: Probleme der Negation im Deutschen. Studien zur zeitgenössischen Grammatikographie. Münster 1987.

3 An neueren Arbeiten unter diesem Aspekt sind zu nennen: M. Sennekamp: Die Verwendungsmöglichkeiten von Negationszeichen in Dialogen. Ein dialoggrammatischer Ansatz mit empirischer Überprüfung an Texten gesprochener deutscher Standardsprache. München 1979; W. Heinemann: Negation und Negierung. Handlungstheoretische Aspekte einer linguistischen Kategorie. Leipzig 1983.

oder *hungern* vs. *essen; groß* vs. *klein;* vgl. dazu 1117); solche Gegenbegriffe können in einer Sprache wie dem Deutschen auch in gewissem Maße produktiv hergestellt werden – auf dem Wege der Wortbildung (vgl. dazu 768): Für Nomen und Adjektive gibt es z. B. Präfixe wie *un-, a-, in-, dis-* usw. und Suffixe wie *-frei, -los;* für Verben gibt es Präfixe wie *ent-, ver-, ab-* usw. Auf der Satzebene haben wir vor allem die sogenannten Negationswörter. Sie in erster Linie sind der Gegenstand der Syntax der Negation. Hierher gehören:

1. Negationswörter als Satzäquivalent:

   Typischster Vertreter dieser Gruppe ist *nein.* Außerdem gehören hierher *keineswegs, keinesfalls, auf keinen Fall, in keinem Fall.*

2. *nicht* und ähnliche Negationswörter wie *auch nicht, ebensowenig, mitnichten, nicht mehr, noch nicht, nicht einmal.*

3. Negationswörter, die als negative Indefinitpronomen bzw. -adverbien aufgefaßt werden können:

   Wenn in einem Satz ein Indefinitpronomen oder ein Indefinitadverb negiert werden soll, so kann dies oft nicht durch einfache Einfügung von *nicht* geschehen: *Es ist jemand gekommen.* Nicht: *Es ist nicht jemand gekommen.* Möglich ist nur: *Es ist niemand gekommen.*

   In entsprechender Weise auf Indefinitpronomen und -adverbien beziehbar sind folgende Negationswörter: *niemand, keiner, nichts, nie, niemals, nimmer, nimmermehr, nirgends, nirgendwo, nirgendwoher, nirgendwohin, kein, keinerlei.*

4. Den Negationswörtern ordnet man oft auch die folgenden zwei Gruppen zu:
   – Konjunktionen (mit negierender Bedeutung):

     Hierher gehören z. B.: *ohne daß; ohne zu; (an)statt daß; (an)statt zu; außer daß; ausgenommen daß; außer wenn; weder ... noch.*

   – Präpositionen (mit negierender Bedeutung):

     Hierher gehören z. B. *ohne, außer, statt, an Stelle (anstelle), entgegen, ungeachtet, unbeschadet.*

Diese beiden Gruppen werden aus der folgenden Darstellung ausgeklammert.

2.8.2 Die Negation im einzelnen

Zur Klassifikation der Negationswörter

Grammatisch lassen sich die angesprochenen Negationswörter in folgender Weise ordnen:

1. Negationspronomen:

Negationspronomen können im Satz die Stelle eines Satzglieds oder eines Gliedteils einnehmen. Im ersten Fall können sie die Subjekt- oder Objektstelle besetzen; im zweiten Fall nehmen sie eine Attributsstelle ein.

Negationspronomen an der syntaktischen Stelle von Subjekt oder Objekt sind *keiner, niemand* und *nichts:*

   Keiner/Niemand/Nichts kommt.
   Ich höre keinen/niemanden/nichts.

Negationspronomen an der Stelle eines Attributs sind
– *kein:*

   Ich habe kein Glück. – Kein Glück habe ich. (Mit Nachdruck:) *Glück habe ich kein[e]s.*

1222

1223

– *niemand:*

Niemand anderer/anderes ist gekommen.

– *nichts* (in Verbindung mit substantivierten Adjektiven):

Ich habe *nichts* Rechtes gegessen.

1224 2. Negationspartikeln:

Negationspartikeln können wie Negationspronomen die Stelle eines Satzglieds oder eines Gliedteils einnehmen. Im ersten Fall sind sie Satzpartikeln, im zweiten Fall stehen sie an Attributsstelle.

Negationspartikeln an der syntaktischen Stelle von Satzpartikeln sind *nicht, nie, nie und nimmer, niemals, nirgends, nirgendwo, nirgendwoher, nirgendwohin, keinesfalls, keineswegs.* Sie können allein eine syntaktische Stelle ausfüllen:

Ich habe sie *im Haus* gesehen. – Ich habe sie *nirgends* gesehen.

Sie können aber auch zu anderen Gliedern hinzutreten, z. B. zu reinen Kasus, zu Satzadjektiven, Satzpartikeln oder Präpositionalgefügen; in diesem Fall negieren sie die Glieder an dieser syntaktischen Stelle (vgl. dazu 1228 f.):

Ich habe *nie* dich geliebt. Ich habe dich *nie* geliebt.

Das Negationswort steht in diesem Falle vor dem Glied, auf das es sich bezieht.

1225 Einen Sonderstatus in dieser Gruppe hat *nicht.* Während die anderen Negationswörter ohne Folgen für die Beziehbarkeit der Negation allein vor das Finitum in Zweitstellung treten können, trifft das für *nicht* nicht zu:

Der Lift funktioniert *nie.* – *Nie* funktioniert der Lift.
Der Lift funktioniert *nicht.* – (Nicht:) *Nicht* funktioniert der Lift.

Möglich wäre nur:

Nicht der Lift funktioniert.

In diesem Fall negiert *nicht* aber lediglich das Subjekt – und nur dieses.
Ein erweitertes *nicht* kann hingegen vor das Finitum treten:

Ebenfalls nicht gilt Regel 3.

Ein spezieller Fall ist *nicht* in der Verbindung *nicht ein;* es steht hier in einem bestimmten Austauschverhältnis mit *kein* (vgl. 1233). Zu Stellungsproblemen bei *nicht* vgl. 1231 f.

1226 Die bisher aufgeführten Negationswörter können

– verstärkt werden durch Partikeln wie *gar, überhaupt, absolut:*

Das ist *gar* kein Problem. Ich bin *überhaupt* nicht eifersüchtig.

– zeitlich näher bestimmt werden durch die Partikeln *noch* und *mehr:*

Ich war *noch* nie in Spanien. Ich habe kein Geld *mehr.*

1227 3. Das Negationswort *nein:*

Dieses Negationswort kommt nur als Satzäquivalent vor, d. h., es entspricht einem negierten Satz:

Kommt sie? – Nein. (= Sie kommt nicht.)

Es ist damit nie *Bestandteil* eines Satzes und wird daher von der weiteren Behandlung ausgeschlossen.

Nicht als eigentliche Satzäquivalente betrachtet man hingegen *keinesfalls* oder *keineswegs* in Fällen wie

Hilft er ihr? – Keinesfalls!

Man versteht solche Fälle als Ellipsen (vgl. Kap. 2.6). Ebenso kann verstärktes *nicht* elliptisch vorkommen:

Hilft sie ihm? – Überhaupt nicht!

Nicht kann elliptisch sogar allein vorkommen: „Nicht!" (= „Mach das nicht!").

Zum Wirkungsbereich von Negationswörtern

Der Wirkungsbereich (bzw. die Reichweite) von Negationswörtern im deutschen Satz ist unterschiedlich; bestimmt wird er – außer durch das Negationswort selbst – auch durch Kontext (d. h. z. B.: Auf welche Frage, Behauptung, Aufforderung und dergleichen ist der Satz mit dem Negationswort eine Antwort?), Akzent, Intonation und Wortstellung.

1228

Man kann das an den folgenden durch *nicht* negierten Beispielsätzen erkennen:

1. Sie hat ihn nicht be-, sondern verraten. / Sie hat ihn nicht beraten, sondern verraten. (Akzent auf *be-* und *ver-*)
2. Ich habe die nicht leichte, sondern mühselige Aufgabe übernommen. (Akzent auf *leichte* und *mühselige*)
3. Ich habe nicht diese Frau geliebt. (Akzent auf *diese Frau*)
4. Ich habe diese Frau nicht geliebt. (Akzent auf *nicht*)

Im ersten Beispiel wirkt das Negationswort auf eine Vorsilbe, im zweiten auf ein Wort, im dritten auf ein ganzes Satzglied, im vierten – in einer eher unspezifischen Weise – auf den ganzen Satz.

Man hat die Unterschiedlichkeit des Wirkungsbereichs von Negationswörtern begrifflich in verschiedener Form zu fassen versucht.[1] Wir unterscheiden hier zwischen Satznegation und Sondernegation: Grundsätzlich wird in der Satznegation der ganze Satz verneint, in der Sondernegation nur ein Teil.

1229

Von einer Sondernegation sprechen wir dort, wo ein Negationswort nicht über das akzenttragende Element nach dem Negationswort hinaus wirkt; Beispiele dafür bieten die Sätze (1), (2) und (3) oben. Prinzipiell liegt hier eine positive Satzaussage vor, aus der an einer Stelle etwas – berichtigend oder richtigstellend – ausgenommen wird. Diese Stelle muß aus dem Kontext herleitbar sein oder – explizit – durch einen Korrektursatz (der etwa durch Partikeln wie *sondern* eingeleitet sein kann) gefüllt werden.

Von einer Satznegation sprechen wir, wo das Negationswort potentiell auf den ganzen Satz bzw. auf alle im Satz vorkommenden Beziehungen zwischen verbalen Teilen und Satzgliedern wirkt. Nicht notwendig ist hier der ganze Satz „negiert"; die Negierung ist lediglich weniger auf eine bestimmte Stelle festgelegt und wirkt weiter als bei der Sondernegation.

Die Unterscheidung von Satz- und Sondernegation ist theoretisch sinnvoll und in der Praxis meist hilfreich.[2] Es gibt allerdings Fälle, wo sie Schwierigkeiten berei-

1230

---

[1] So hat man in älteren Grammatiken häufig Satznegation und Wortnegation unterschieden.
[2] Gegen die Möglichkeit und den Sinn einer solchen Unterscheidung ist allerdings wiederholt opponiert worden, vom Standpunkt der generativen Grammatik aus z. B. von W. Hartung (Die Negation in der deutschen Gegenwartssprache. In: Deutsch als Fremdsprache 1966/2. S. 13 ff.) und von G. Stickel (Untersuchungen zur Negation im heutigen Deutsch. Braunschweig 1970. S. 49 ff.). Aus der jüngeren Zeit sind vor allem zwei Konzepte zu erwähnen, das von J. Jacobs (vgl. Anm. 1 zu 1220) und das von W. Kürschner (ebenda). J. Jacobs (a. a. O., vor allem S. 25–46) ersetzt die Unterscheidung von Satznegation und Sondernegation durch die von *kontrastierender* und *nichtkontrastierender* Negation. W. Kürschner unterscheidet unter Rekurs auf sprachphilosophische Überlegungen je nach Bezug der Negation eine *neustische,* eine *tropische* und eine *phrastische Negation* (a. a. O., vor allem S. 54–72).

tet, selbst wenn man nur auf das Negationswort *nicht* sieht, nur auf einfache Hauptsätze (hier auf Aussagesätze) und die kommunikative Einbindung eines Satzes in einen Text nicht weiter berücksichtigt. Diese Schwierigkeiten hängen damit zusammen, daß die Stellung des Negationswortes bei Satznegation und Sondernegation zusammenfallen kann (vgl. dazu 1231) und daß zusätzlich die Intonation eine Rolle spielt.

Man kann hier folgende zusätzliche Differenzierung einführen:

1. **Eindeutige Sondernegation:**
Das Negationswort wirkt nicht über das ihm folgende akzenttragende Element hinaus:

> Ich habe nicht dich geliebt. (= Ich habe geliebt, aber nicht dich.)

2. **Eindeutige Satznegation:**
Das Negationswort wirkt potentiell auf alle im Satz vorkommenden Beziehungen zwischen verbalen Teilen und Satzgliedern. Es steht normalerweise gegen Schluß des Satzes.

> Ich habe sie nicht geliebt. (= Für die Relation *Ich - sie - geliebt* gilt: Sie wird negiert.)

Grundsätzlich kann man sagen: Eine eindeutige Satznegation liegt dort vor, wo folgende Bedingungen erfüllt sind:

a) Im Satz kommen keine Glieder vor, die wie *nicht* einen eigenen Wirkungsbereich („Skopus") haben (vgl. dazu 3);

b) Der Satzakzent liegt nicht auf einem nichtverbalen Glied (normalerweise liegt er auf *nicht;* vgl. dazu 3).

3. **Problemfälle:**
Probleme treten dann auf, wenn von der Position des Negationswortes her eine Sondernegation nicht vorzuliegen scheint, einzelne Elemente des Satzes sich aber der potentiellen Wirkung von *nicht* auf den ganzen Satz eindeutig entziehen, so daß auch keine Satznegation vorzuliegen scheint. Das betrifft Fälle wie die folgenden:

– In einem Satz kommen neben *nicht* andere Elemente vor, die – wie dieses – einen eigenen Wirkungsbereich haben, der mit dem von *nicht* (oder mit dem von anderen derartigen Gliedern) „in Konflikt kommt". Solche Elemente können sein:

a) Wörter wie *viele, wenige, alle* (sogenannte Quantoren):

> Ich habe viele Bücher nicht gelesen. (= Es trifft für viele Bücher nicht zu, daß ich sie gelesen habe.)

b) Adverbiale Bestimmungen, die sich – gewissermaßen von außen – auf die Aussage als Ganzes beziehen (vgl. auch 1110); hierher gehören Ausdrücke wie *hoffentlich, ärgerlicherweise:*

> Peter fährt hoffentlich nicht nach München.

Solche Sätze können nie so umgeformt werden, daß die Negation auch die adverbiale Bestimmung erreicht.

– Der Satz steht unter einem besonderen Akzent. Wir gehen von folgendem Beispiel aus:

> Peter fährt heute nicht nach München.

Der Akzent liegt hier nicht (wie bei der eindeutigen Satznegation zu erwarten) auf *nicht,* sondern auf *Peter.* Man erhält dadurch gewissermaßen eine positive Aussage über das akzentuierte Glied mittels eines komprimierten, die Negation als abgeschlossen in sich enthaltenden Prädikats.

Man nennt diese Form der Negation (= positives Urteil mit negativem Prädikat) eine Limitation. In der Alltagsrede spielt sie dort eine Rolle, wo die Negation bereits vorab eingeführt ist (der Beispielsatz etwa als Antwort auf die Frage: „Wer fährt heute nicht nach München?").[1]

Zur Stellung von *nicht*

Im Zusammenhang mit der Bestimmung des Wirkungsbereichs der Negation hat sich gezeigt, daß die Stellung des Negationsworts im Satz besondere Beachtung verdient. Im Folgenden sei auf dieses Problem (am Beispiel von *nicht*) noch etwas detaillierter eingegangen. Wichtig ist hier generell, daß *nicht* bei Zweitstellung des Finitums nicht allein vor das Finitum treten kann. Im übrigen kann man sich an zwei Faustregeln halten, die sich prinzipiell an der Unterscheidung von Satznegation und Sondernegation orientieren:

1231

1. Bezieht sich *nicht* auf ein Satzglied, einen Satzgliedteil, ein Wort oder einen Wortteil, so steht es in der Regel unmittelbar vor diesem. Es handelt sich dann um eine Sondernegation.

> Ich habe *nicht* dich geliebt. (= Geliebt schon, aber nicht dich, sondern ...)

Die Regel gilt nicht in jedem Fall für das Finitum, mit dessen Negation ja zumeist eine Satznegation einhergeht.

Ein spezielles Problem ist die Stellung von *nicht* innerhalb eines Satzglieds. Hier ist zu unterscheiden:

a) Bei attribuierten fallbestimmten Gliedern ist sondernegierendes *nicht* nur unmittelbar vor den betroffenen Gliedteilen möglich, wenn es sich handelt um:
– Adjektiv/Partizip:

> Wir haben den *nicht ausgeführten* Auftrag kurzerhand storniert.

– zugeordnetes Glied:

> Ich greife die Psychologie *nicht als Wissenschaft* an.

Nicht unmittelbar vor dem betroffenen Glied möglich ist sondernegierendes *nicht:*
– vor dem Gliedkern (d. h. zwischen Präposition bzw. Pronomen und Substantiv):

> (Nicht:) Sie steht *vor nicht dem Haus* (sondern vor der Garage).
> (Möglich, aber ohne vereindeutigende Betonung mehrdeutig:) Sie steht *nicht* vor dem Haus.

– vor einem attributiven Genitiv:

> (Nicht:) Das ist das Bild *nicht des Vaters* (sondern des Onkels).
> (Möglich, aber ohne vereindeutigende Betonung mehrdeutig:) Das ist *nicht* das Bild des Vaters.

– vor einem attributiven Präpositionalgefüge:

> (Nicht:) Ich habe den Schrank *nicht aus Italien,* sondern aus Frankreich gekauft.
> (Möglich, aber ohne vereindeutigende Betonung mehrdeutig: Ich habe *nicht* den Schrank aus Italien, sondern (den) aus Frankreich gekauft.

---

[1] Detaillierter zum Ganzen: M. Nussbaumer/H. Sitta: Negationstypen im Spannungsfeld von Satz- und Sondernegation. In: Deutsch als Fremdsprache 23 (1986), S. 348–359.

b) Bei attribuierten Gliedern, die im Kasus nicht bestimmt sind, steht das Attribut meist vor dem Kern. Ein *nicht* tritt hier vor das ganze Glied. Es kann sich dann auf das Attribut, auf den Kern oder auf beide beziehen:

Er ist *nicht* sehr **schön**. Er ist *nicht* **sehr** schön (= nur mäßig schön). Er ist *nicht* **sehr schön**, aber sehr klug.

Direkt vor dem Kern ist *nicht* nur möglich, wenn das Attribut ein Präpositionalgefüge ist:

Er ist in hohem Maße *nicht* **erfolgreich**.

c) Bei Reihung im Satzglied ist *nicht* innerhalb der Reihung immer möglich:

Ich habe *nicht* den Bauer, *nicht* die Bäuerin, sondern den Knecht getroffen.

d) Die Negation von Wortteilen betrifft hauptsächlich Vorsilben oder Bestandteile von zusammengesetzten Wörtern. Dabei gelten grundsätzlich die oben angeführten Regeln. Möglich ist beispielsweise:

Man hat die Sache *nicht* **unter-**, sondern **über**bewertet.

Nicht möglich ist z. B.:

Das ist ein *nicht* **Sommer-**, sondern **Winter**mantel.
(Möglich:) Das ist *nicht* ein **Sommer-**, sondern ein **Winter**mantel.

1232 2. Negiert *nicht* die ganze Aussage (= Satznegation), so tendiert es dazu, im Satz relativ weit nach hinten zu treten. Oft bildet es dann zusammen mit dem Finitum eine Klammer, die andere Satzelemente einschließt. Man kann hier von einer N e g a t i o n s k l a m m e r sprechen.

$$\overline{\text{Ich } \textit{verreise} \text{ wegen des schlechten Wetters } \textit{nicht.}}$$

Da aber im deutschen Satz die nichtfiniten Prädikatsteile und andere verbnahe Elemente ebenfalls zum Satzende hin tendieren (vgl. dazu 1350f.), erhält *nicht* Konkurrenz. Genaue Regeln für die Abfolge der Elemente lassen sich hier nur schwer angeben, zumal auch die Intonation eine wichtige Rolle spielt. Immerhin lassen sich folgende Tendenzen festhalten:

Endstellung gegenüber *nicht* behaupten
– der Verbzusatz: Ich rufe dich nicht *an.*
– die infinite Form: Ich werde dich nicht *anrufen.*
– das Satzadjektiv: Ich finde das nicht *gut.*
– die Gleichsetzungskasus: Ich nenne ihn nicht *einen Lügner.*
– adverbiale Bestimmungen im Rang von Ergänzungen: Sie wohnt nicht *in Rom.*
– Objektskasus, die mit dem Verb zusammen einen festen Verband bilden (z. B. Phraseologismen): Ich spiele nicht *Klavier.*

Zum Verbleib in der Negationsklammer tendieren
– Satzpartikeln: Er kommt *trotzdem* nicht.
– adverbiale Bestimmungen: Er kommt *wegen seiner Krankheit* nicht.

Zum Verhältnis von *kein* zu *nicht ein* und *nicht*

1233 Das Negationswort *kein* negiert als Pronomen ein Substantiv. Dabei ersetzt es als Negation immer den unbestimmten Artikel und tritt in der Regel zu Substantiven ohne Artikel. Ein Problem ist hier, daß das an sich immer attributiv (und damit eigentlich als Sondernegation) verwendete *kein* hinsichtlich seiner negierenden Leistung höchst schillernd ist, wie die folgenden Beispiele zeigen:

Ich habe *kein* Geld.
Ich habe *keinen* Menschen gesehen.

kein kann sowohl Satznegation als auch Sondernegation bewirken. Im ersten Beispiel wird faktisch der ganze Satz negiert. Der zweite Satz hingegen ist mehrdeutig: Gemeint sein kann:

Ich habe niemanden gesehen.
Ich habe nicht einen Menschen (aber z. B. ein Tier) gesehen.

Im einzelnen sind bei der Verwendung von *kein* folgende Fälle auseinanderzuhalten:

1. Das Negationswort *kein* ersetzt im Negationsfall bei einem Nomen im Singular den unbestimmten Artikel:

Ich habe einen Verdacht – Ich habe *keinen* Verdacht.

In den Fällen, in denen *ein* Zahlwort sein könnte, ist *nicht ein* als verstärkte Negation oder Negation des Zahlworts möglich:

Ich habe ein Buch gekauft. – Ich habe *kein/nicht ein* Buch gekauft.

Ebenfalls ersetzbar durch *nicht ein* ist *kein* dann, wenn es speziell den Gliedkern negiert:

Ich habe *kein/nicht ein* Auto gekauft, sondern einen Sportwagen.

2. Das Negationswort *kein* verneint ein Nomen im Plural ohne Artikel:

Sie hat Brüder. – Sie hat *keine* Brüder.

Wie in (1) ist hier zu unterscheiden zwischen einem *kein,* das eine unbestimmte Mengenangabe ohne Artikel, und einem *kein,* das den Gliedkern negiert. Im ersten Fall ist *nicht* unmöglich:

(Nicht:) Sie hat *nicht* Brüder.

Im zweiten Fall ist es möglich; es steht hier in einem Austauschverhältnis mit *kein:*

Sie hat *nicht* Brüder, nur Schwestern.

3. Das Negationswort *kein* negiert ein Nomen im Singular ohne Artikel:

Ich hatte Angst. – Ich hatte *keine* Angst. – Ich hatte *nicht* Angst.

Wo *kein* hier mit *nicht* austauschbar ist, wird *nicht* eher als Satznegation aufgefaßt.

Ein spezieller Fall ist die Verneinung des (artikellosen) Gleichsetzungsnominativs, sofern dieser einen Beruf, einen Titel oder eine Funktion bzw. Nationalität oder Weltanschauung ausdrückt:

Sie ist Krankenschwester / Nobelpreisträgerin / Deutsche / Protestantin.

Eindeutig negiert hier *nicht;* die Negation durch *kein* läßt demgegenüber offen, was für eine Qualität negiert wird:

Sie ist nicht Krankenschwester (= Das ist nicht ihr Beruf). Sie ist keine Krankenschwester (= Sie verfügt nicht über die Fähigkeiten bzw. Eigenschaften einer Krankenschwester).

4. Die Negationswörter *kein* und *nicht* können bei nachgetragenen Gliedern nur im Fall einer unterschiedlichen Aussage oder gar nicht ausgetauscht werden:

> Ich sage das *nicht* als Arzt. – (Nicht:) Ich sage das als *kein* Arzt.
> Sie arbeitet *nicht* als Psychologin. – (Nicht:) Sie arbeitet als *keine* Psychologin.

5. Im Zusammenhang mit Eigennamen ist als Negationswort nur *nicht* möglich:

> Das ist Isabelle. – Das ist *nicht* Isabelle. – (Nicht:) Das ist *keine* Isabelle.

Nur wo Eigennamen den Charakter von Gattungsbezeichnungen annehmen, kann *kein* stehen:

> Sie ist *keine* Sappho.

2.8.3 Zu einigen Detailfragen bei der Negation

1234 Bis ins 19. Jahrhundert konnte eine Mehrfachsetzung von Negationswörtern im deutschen Satz eine Verstärkung der Negation bedeuten:

> Unsere Weiber haben *nie kein* Geld und brauchen immer viel (Goethe). Alles ist Partei und *nirgends kein* Richter (Schiller). Reiß dir deshalb *kein* Haar *nicht* aus! (M. Claudius).

In Dialekten und landschaftlichen Umgangssprachen hat sich das teilweise bis heute erhalten:

> Das reicht zum Essen, für die Schuhsohlen und selten einmal für ein Tasse Kaffee; aber kaufen kann ich mir *nie nischt* (Die Zeit).

In der Hochsprache ist eine derartige Negationshäufung hingegen nur in additiver Weise möglich, z. B.:

> *Das hat es noch nirgends gegeben, an keiner Stelle, weder bei uns noch bei euch. Das glaube ich dir nie und nimmermehr.*

Sonst heben sich in der Gegenwartssprache zwei Verneinungen im selben Satz auf:

> *Kein* einziger ist *nicht* gekommen (= Alle sind gekommen).

1235 Eine noch geläufige Form „doppelter Verneinung" liegt allerdings vor in der Verbindung von Negationswörtern mit einem Wort mit negativer Bedeutung:

> Sie macht das *nicht ungern.* Die Prüfung ist *nicht schlecht* ausgefallen. Er hat es *nicht ohne* Erfolg abgeschlossen.

Solche Fälle sind bekannte Stilmittel für den Ausdruck vorsichtiger Bejahung:

> Sie macht das *ganz gern.* Die Prüfung ist *recht gut* ausgefallen. Er hat es *mit einem gewissen Erfolg* abgeschlossen.

Positiver Sinn entsteht auch, wenn sich ein verneinter Relativsatz an ein verneintes Substantiv anschließt:

> Es war *niemand* im Zimmer, der das *nicht* gewußt hätte. (= Jeder im Zimmer hatte das gewußt.) Es gibt *keinen* Menschen, der das *nicht* erfahren hätte. (= Alle Menschen haben das erfahren.)

1236 Als nicht mehr korrekt gelten heute doppelte Verneinungen nach Verben des Verhinderns oder Unterlassens (*abhalten, sich in acht nehmen, ausbleiben, sich enthalten, fürchten, hindern, sich hüten, verhindern, verhüten, verweigern* u. a.), nach Verben des Abratens und Verbietens (*abraten, untersagen, verbieten, warnen, widerraten* u. a.) und nach Verben des Leugnens und des Bezweifelns (*bestreiten,* *bezweifeln, leugnen, zweifeln* u. a.). Noch in der Klassik war hier die doppelte Verneinung üblich:

> Was *hindert* mich, daß ich *nicht* eine der grünen Schnüre ergreife? (Goethe). *Hüte* dich, daß du mit Jacob *nicht* anders redest! (Lessing).

Wir können heute nur noch sagen:

> Was hindert mich, eine der grünen Schnüre zu ergreifen? Hüte dich, mit Jacob anders zu reden.

Nach verneintem Hauptsatz wird im Nebensatz, der durch die Konjunktionen *bevor, bis, ehe*[1] eingeleitet wird, die Negation *nicht* dann nicht gesetzt, wenn der Nebensatz rein zeitliche Bedeutung hat:

1237

> Die Mutter geht *nicht* schlafen, *bevor* die Kinder zu Hause sind. Ich stelle *nicht* ab, *bevor* du deine Gründe sagst (Frisch). Sie ließ ihn schwören, sie *nicht* mehr anzurühren, *ehe* sie es ihm erlaube (Musil).

Schwingt hingegen ein Ausdruck der Bedingung mit, so wird die Negation gesetzt. Das gilt zumal dann, wenn der Nebensatz dem Hauptsatz vorangeht:

> Bevor die Kinder *nicht* zu Hause sind, geht die Mutter *nicht* schlafen.

In Ausrufe- und Fragesätzen kann *nicht* stehen, ohne daß damit eine Verneinung ausgedrückt wird; *nicht* ist hier geradezu eine Modalpartikel, kein Negationswort. Die Partikel zeigt in diesen Fällen die gefühlsmäßige Beteiligung des Sprechers an:

1238

> Was haben wir *nicht* alles zusammen gemacht! Pardon, sind Sie *nicht* Peter Mayer?

In Fragesätzen kann *nicht* signalisieren, daß der Fragende eine Bestätigung seiner Vermutung erwartet:

> Waren sie bei der Einweihung *nicht* zugegen? – Doch!

2.9 Grammatische Kongruenz

2.9.1 Allgemeines

Unter grammatischer Kongruenz[2] versteht man die Abstimmung bzw. die Übereinstimmung zwischen unterschiedlichen Elementen des Satzes (vor allem: Satzgliedern und zusammengehörenden Teilen von Satzgliedern) hinsichtlich bestimmter grammatischer Merkmale. Diese Merkmale sind Person (1., 2., 3. Person), Numerus (Singular, Plural), Genus (Maskulinum, Femininum, Neutrum) und Kasus (Nominativ, Genitiv, Dativ, Akkusativ). Im einzelnen geht es hier um

1239

---

[1] In einem gewissen Sinn enthalten diese Konjunktionen bereits eine negative Aussage, denn sie drücken aus, daß das im Nebensatz genannte Geschehen o. ä. zu der Zeit des Geschehens im Hauptsatz noch nicht eingetreten ist: *Er ging auf den Bahnsteig, bevor der Zug einfuhr* heißt, daß der Zug noch nicht eingefahren war, als er auf den Bahnsteig ging.

[2] Probleme der grammatischen Kongruenz haben in der jüngsten Vergangenheit nicht eben im Vordergrund wissenschaftlichen Interesses gestanden. Sie sind auch weniger dem großen theoretischen Entwurf zugänglich als vielmehr mühsamer philologischer Kleinarbeit. An neueren größeren Arbeiten auf diesem Gebiet sind vor allem zu nennen: A. Findreng: Zur Kongruenz in Person und Numerus zwischen Subjekt und finitem Verb im modernen Deutsch. Oslo, Bergen, Tromsö 1976 (= Germanistische Schriftenreihe der norwegischen Universitäten und Hochschulen 5); Ch. Jaeger: Probleme der syntaktischen Kongruenz. Theorie und Normvergleich im Deutschen. Tübingen 1992 (= RGL 132).

folgende Bereiche (bei den „betroffenen Elementen" verweist der Pfeil auf die
Richtung der Kongruenz):

Betroffene Elemente	Ka-sus	Nu-merus	Ge-nus	Per-son	Beispiele
Subjekt →Finitum		●		●	*Ich lese* ein Buch. *Wir lesen* ein Buch. *Petra liest* ein Buch.
Gleichsetzungsnominativ →Finitum		●			Das *sind keine guten* *Aussichten.*
Subjekt →Gleichsetzungsnominativ	●	●	●		*Alexander* ist *ein guter Fahrer.* *Alexandra* ist *eine gute* *Fahrerin.*
Akkusativobjekt →Gleichsetzungsakkusativ	●	●	●		Ich finde *Alexander einen* *guten Fahrer.* Man nennt *Alexandra eine gute* *Fahrerin.*
Satzglied, Attribut, Einzelwort →Wortgruppen mit *als/wie*	●	●	●		*Ihm* ist *als erfahrenem* *Schiedsrichter* die Entscheidung leicht gefallen.
Satzglied, Attribut →Apposition	●	●	●		Mit *Herrn* Meier, *dem Chef* dieses Betriebs, hatte die Journalistin noch nie gesprochen.
Substantiv →attributives Adjektiv	●	●	●		ein *spannendes Buch,* ein *spannender Roman,* aus einem *spannenden Roman*
Substantiv →Begleiter	●	●	●		*dieses Buch, dieser Roman,* aus *diesem Roman*
Satzglied, Attribut, Einzel-wort →Stellvertreter		●	●	●	Das Parlament protestiert, weil *es* in *seinen* Rechten beschnitten worden ist.

(Teilweise bestehen Einschränkungen in der Kongruenz hinsichtlich bestimmter
Merkmale. So kongruiert der Gleichsetzungsnominativ nur dann im Genus mit
dem Subjekt, wenn er eine Personenbezeichnung enthält (vgl. 1266 ff.). Zu Details vgl. die folgenden Ausführungen.)

1240   Kongruenz ist grundsätzlich eine Sache der grammatisch-formalen Übereinstimmung, geradezu ein grammatisch-formaler Mechanismus. Mit den Regularitäten
dieses Mechanismus gibt es nun vor allem dort Probleme, wo die formale Prägung eines sprachlichen Elements mit seinem Inhalt nicht zusammenstimmt. So
steht z. B. die Wortgruppe *Eine Menge Demonstranten* – formal betrachtet – im
Singular; inhaltlich ist aber eine „Vielzahl" bezeichnet. Muß nun ein Prädikat
nach dieser Wortgruppe im Singular oder im Plural stehen *(Eine Menge Demonstranten überschwemmte* oder *überschwemmten den Hof)*? Ist die formale Prägung
bestimmend oder der Inhalt?
Die Frage ist nicht rein rhetorisch: Bei Differenz zwischen formaler und inhaltlicher Prägung kann in vielen Fällen nach dem Inhalt entschieden werden; man

spricht dann von einer Constructio ad sensum oder Konstruktion kata synesin[1]. Solche Konstruktionen sind aber nicht immer möglich. Um die Bedingungen für die eine oder andere Möglichkeit und um weitere spezielle Regeln im Bereich der Kongruenz geht es im Folgenden.

2.9.2 Die Kongruenz zwischen Subjekt und Prädikat[2] (Finitum)

1. Kongruenz hinsichtlich der Person

Als Grundregel kann gelten: Subjekt und Finitum stimmen hinsichtlich der gram- **1241** matischen Person miteinander überein; gleichermaßen kongruieren mit dem Subjekt das Reflexiv- und das Possessivpronomen,[3] sofern sie sich auf das Subjekt beziehen bzw. es vertreten:

1. Pers. Sing.: *Ich habe mich* über *meine* Geschenke gefreut.
2. Pers. Sing.: *Du hast dich* über *deine* Geschenke gefreut.
3. Pers. Sing.: *Er (sie, es) hat sich* über *seine (ihre, seine)* Geschenke gefreut.
1. Pers. Plur.: *Wir haben uns* über *unsere* Geschenke gefreut.
2. Pers. Plur.: *Ihr habt euch* über *eure* Geschenke gefreut.
3. Pers. Plur.: *Sie haben sich* über *ihre* Geschenke gefreut.
Höflichkeitsform: *Sie haben sich* über *Ihre* Geschenke gefreut.

Probleme hinsichtlich der Personenkongruenz treten dann auf, wenn in der Subjektposition mehrere Wörter stehen, die unterschiedlichen grammatischen Personen angehören. Die Regeln, die hier gelten, unterscheiden sich danach, ob die Wörter in Subjektposition durch anreihende oder durch ausschließende Konjunktionen miteinander verbunden sind (zu ersterem Fall vgl. 1242 f., zu letzterem 1244 f.); Besonderheiten sind außerdem beim relativischen Anschluß (vgl. 1246) und beim subjektlosen Satz (vgl. 1247) zu beachten.

Mit anreihenden (kopulativen) Konjunktionen verbundene Subjektteile

Wenn an Subjektposition mehrere Wörter unterschiedlicher grammatischer Per- **1242** son stehen, die durch anreihende Konjunktionen (z. B. *und, weder – noch, sowohl – als auch*) miteinander verbunden sind, gilt generell: Das Finitum steht im Plural; dabei rangiert 1. Person vor 2. Person, 2. Person vor 3. Person, z. B.:

1. Person (Singular oder Plural) + 2./3. Person (Singular oder Plural) → 1. Person Plural:

> Du und ich (= wir) haben uns über unseren Erfolg gefreut.
> Ich und ihr (= wir) haben uns über unseren Erfolg gefreut.
> Wir und du (= wir) haben uns über unseren Erfolg gefreut.

2. Person (Singular oder Plural) + 3. Person (Singular oder Plural) → 2. Person Plural:

> Du und er (= ihr) habt euch über euren Erfolg gewiß gefreut.
> Sie und ihr (= ihr) habt euch über euren Erfolg gewiß gefreut.

---

[1] Griech. *katà sýnesin:* dem Sinne nach.
[2] Vgl. zu Problemen hier detaillierter: M. van de Velde: Schwierigkeiten bei der Subjekt-Verb-Kongruenz im Deutschen. In: Beiträge zur Geschichte der deutschen Sprache und Literatur 110 (1988), S. 172–201.
[3] Diese Pronomen werden hier aus praktischen Gründen mit behandelt (vgl. sonst 1270 f.).

Zur Verdeutlichung kann man zusätzlich das pluralische Pronomen *wir* oder *ihr* einfügen; das empfiehlt sich auch deswegen, weil dann die grammatische Fügung weniger hart ist:

> Meine Frau und ich, *wir* haben uns auseinandergelebt. Du und ich, *wir* sind die einzigen wirklich Aufrichtigen hier.

Dem ganzen Kongruenzproblem kann man natürlich einfach dadurch entgehen, daß man das zusammenfassende Pronomen zum Subjekt macht; die Ausgangswörter bilden dann eine Apposition (zur Kongruenz bei Apposition vgl. 1261–1264):

> *Wir,* meine Frau und ich, haben uns auseinandergelebt. *Wir,* du und ich, sind die einzigen wirklich Aufrichtigen hier. *Wir beide,* Leo und ich, betrachteten unsere Eltern nur noch als eine Art Heimleiterpaar (Böll). ... wir waren glücklich, *dein Vater, du und ich* (Bild und Funk 1967).

Die oben formulierte generelle Regel gilt übrigens nicht, wo die einzelnen Subjektteile getrennt stehen oder nachgetragen sind bzw. wo das Finitum eingeschoben ist; in diesen Fällen kongruiert das Finitum mit dem nächststehenden Subjektteil:

> Wenn *du* gekommen *wärest* und dein Freund ... (Gegenüber:) Wenn *du und dein Freund* gekommen *wärt* ...

1243   Wenn das zusammenfassende Pronomen *wir* oder *ihr* fehlt, kann man gelegentlich beobachten, daß die Regel vom Vorrang der 1. Person vor der 2. Person bzw. der 2. Person vor der 3. Person (vgl. 1242) nicht beachtet wird; das betrifft vor allem zwei Bereiche: den Pronominalgebrauch und das Finitum:

– Beim Reflexivpronomen gibt es eine starke Tendenz zur Verwendung von *sich* (und nicht *uns* oder *euch*):

> Mein Büro und ich haben *sich* (richtig: *uns*) für die erste Schreibart entschieden und freuen *uns* (= richtig), daß Sie diese als korrekt bezeichnen. Meine Frau und ich würden *sich* (richtig: *uns*) über ihren Besuch sehr freuen (Ott).

Insbesondere steht im allgemeinen *sich,* wenn das Reflexivpronomen dem Subjekt vorausgeht und im ersten Subjektteil eine 3. Person genannt wird:

> Fernab vom Verkehr sonnten *sich meine Frau und ich.* Heute glaube ich, daß *sich* die Mühe, die *sich mein Freund und ich* gegeben haben ... (Hingegen bei nachgestelltem Pronomen:) ... begaben *meine Frau und ich uns* im Flugzeug nach Gagra (Der Spiegel 1967).

– Das Finitum wird oft nicht in die 2. Person, sondern in die 3. Person Plural gesetzt, wenn in der Subjektposition eine 2. und 3. Person nebeneinander vorkommen:

> ... ohne die Versicherung, daß auch *du und deine Frau hingehen* (richtig: *hingeht*).

Mit ausschließenden (disjunktiven) Konjunktionen verbundene Subjektteile

1244   Bei disjunktiven Konjunktionen (z. B. *oder, entweder – oder*) sollte man ein gemeinsames Finitum vermeiden:

> Glaub' ja nicht, daß *du* oder *die Richter* die Aufgabe *hätten,* eine Untat zu sühnen (Tucholsky).

Am besten umgeht man diese Konstruktionen durch Einfügung eines unbestimmten Pronomens:

Glaub ja nicht, daß *einer* von euch, du oder die Richter, die Aufgabe *hätte* ... *Einer* von uns beiden – wir oder die Reeder – *wird* kaputtgehen, wenn der Streik länger als zwölf Monate dauert (Der Spiegel 1966). Er oder ich – *einer* war geliefert (Tucholsky). In jedem Fall *muß* doch *einer* Haare lassen, entweder die FDP oder wir (Der Spiegel 1966).

Wenn von mehreren Subjektteilen einer verneint ist, richtet sich das Finitum normalerweise nach dem nächststehenden Subjektteil:

1245

Nicht ich, *du hast* das gesagt.

Aus stilistischen Gründen empfiehlt es sich allerdings in solchen Fällen, das Finitum zweimal zu setzen:

Nicht *ich habe* das gesagt, *du hast* es gesagt.

Kongruenz bei relativischem Anschluß[1]

Wenn sich ein Relativpronomen (als Subjekt eines Relativsatzes) auf ein Personalpronomen der 1. oder der 2. Person bezieht, wird normalerweise nach dem Relativpronomen die passende Nominativform des Personalpronomens eingefügt:

1246

Wir, die *wir* immer vor zu engen Beziehungen gewarnt haben, werden nun mit angegriffen.

Das Finitum des Relativsatzes sowie vorkommende Reflexiv- oder Possessivpronomen kongruieren dann mit dem Personalpronomen (nicht mit dem Relativpronomen):

Ich, der ich in dieser Situation *mein* Bestes versucht *habe* ... Für mich, der ich ja die Regeln nicht *kannte* und nicht einmal den Ort, der ich nicht einmal *wußte,* ob ich überhaupt eingeladen war ... (Gaiser). Es muß besonders schlimm sein für euch, die ihr *euch* so gefreut *habt.*

Wenig gebräuchlich ist es – zumindest bei unmittelbarem Anschluß des Relativsatzes –, das Personalpronomen nach dem Relativpronomen wegzulassen. Tut man es doch, stehen Finitum und Pronomen in der 3. Person:

Du, *der* so etwas erlebt *hat* ... Wir, *die sich* so gefreut *haben* ...

Weglassung des Personalpronomens kommt aber durchaus häufiger vor, wenn der Relativsatz dem Personalpronomen nicht unmittelbar folgt:

Was kann *ich* tun, der *ich* krank und hilflos *bin?* (Auch möglich:) Was kann *ich* tun, *der* krank und hilflos *ist?*

Generell nicht wiederaufgenommen wird das Personalpronomen dann, wenn der übergeordnete Satz ein Gleichsetzungssatz ist:

Ihr wart *die Männer, die* das getan *haben.*

Kongruenz bei subjektlosen Sätzen

In subjektlosen Sätzen steht das Finitum in der 3. Person Singular:

1247

Ihnen *ist* schwindlig. Mich *friert* an den Füßen. Uns *graute* vor der Zukunft.

Das gleiche gilt für Sätze mit passiven Verbformen, die kein Subjekt haben:

Wie *wird* damit umgegangen? Morgen *wird* nicht gearbeitet. Darüber *muß* noch gesprochen werden.

---

[1] Vgl. dazu auch F. Freund: Ich, der ich ... / Ich der ... – Bemerkungen zu einer altbekannten Variation in Relativsätzen. In: J. Buscha/J. Schröder: Linguistische und didaktische Grammatik. Beiträge zu Deutsch als Fremdsprache. (= Linguistische Studien) Leipzig 1989, S. 128–136.

2. Kongruenz hinsichtlich des Numerus

1248 Als Grundregel gilt: Subjekt und Finitum stimmen im Numerus, der grammatischen Zahl, miteinander überein:

> Die Rose blüht. – Die Rosen blühen.

Schwierigkeiten mit dieser Grundregel können auftreten,
– wenn das Subjekt formal im Singular steht, inhaltlich aber damit die Vorstellung einer Vielheit verbunden ist (vgl. dazu 1249);
– wenn das Subjekt formal im Plural steht, damit aber inhaltlich die Vorstellung einer Einheit verbunden ist (vgl. dazu 1250);
– wenn mehrere Subjektteile vorkommen, deren Numerus unterschiedlich ist (vgl. dazu 1251–1253);
– in Sätzen mit einem Gleichsetzungsnominativ (vgl. dazu auch 1254f. sowie Kap. 2.9.4).

Wir gehen diesen Schwierigkeiten im Folgenden detailliert nach.

Subjekt im Singular

1249 Steht das Subjekt im Singular, gelten Sonderregelungen für die Kongruenz mit dem Finitum in folgenden Bereichen:

1. Folgt einer singularischen (Maß)angabe wie etwa *1 Pfund/Gramm/ Kilo[gramm]* die Stoffbezeichnung im Singular, dann steht das Finitum ebenfalls im Singular. Steht die Stoffbezeichnung im Plural, ist – streng grammatisch gesehen – das Finitum eigentlich ebenfalls in den Singular zu setzen; doch findet sich gelegentlich (vor allem wenn die Stoffbezeichnung im gleichen Fall wie das Bezugswort steht) auch der Plural des Finitums (Konstruktion nach dem Sinn):

> *Ein Gramm* Pfeffer *wurde* gekauft. *Ein Kilogramm* Linsen *reicht* (gelegentlich: *reichen*) aus für die Suppe. *Ein Pfund* dieser schönen Erbsen *kostet* (selten: *kosten*) 4,20 DM.

2. Wenn einer Mengenangabe im Singular, die keine genaue Zahl ausdrückt (z. B. *Anzahl, Bande, Gruppe, Hälfte, Handvoll, Haufen, Heer, Herde, Kreis, Masse, Mehrzahl, Menge, Reigen, Reihe, Schar, Teil, Trupp, Unmasse, Volk, Zahl*), das Gezählte im Plural folgt, dann müßte – streng grammatisch gesehen – das Finitum im Singular stehen:

> *Eine Menge* fauler Äpfel *lag* unter dem Baum. *Eine Menge* von faulen Äpfeln *lag* unter dem Baum. *Eine Menge* faule Äpfel *lag* unter dem Baum. Es *war eine Menge* Leute da.

Doch findet sich in solchen Fällen auch in der Standardsprache statt des Singulars häufig der Plural des Finitums (Konstruktion nach dem Sinn). Das gilt vor allem dann, wenn das Gezählte und die Mengenangabe im Kasus übereinstimmen:

> ... wo *eine Menge* sonderbare Sachen *herumliegen* (Th. Mann). *Eine Menge* Freundschaften *waren* geschlossen (Hesse). *Eine Unmasse* Familien *geraten* ins Elend (H. Mann). ... *schreiten eine Anzahl* Pilger (Nigg). *Eine Reihe* von edlen und nüchternen Geistern *haben* den Rauchtabak verabscheut (Th. Mann). *Die Hälfte* meiner Gedanken *waren* immer bei ihr (Grass). ... darum erzählt sie aller Welt von der *Unmasse unbeheizter Pracht,* die sich hinter der zehn Zimmer kleinen Fürstenwohnung in St. Emmeran, dem Schloß in Regensburg, tagelang abwandern *ließen* (Der Spiegel 1986).

Allerdings kommt der Plural des Finitums nur selten dann vor, wenn nach einer Mengenangabe das Gezählte nicht genannt wird:

> Gewiß *würden eine Menge* die Gelegenheit benutzen (A. Zweig).

Häufig wiederum ist die Konstruktion nach dem Sinn bei Verbindung eines Subjekts mit einem Gleichsetzungsnominativ im Singular:

> ... *eine Reihe von Studenten war* (neben: *waren*) bereits Parteimitglied.

Hingegen ist nur der Plural des Finitums möglich, wenn der Gleichsetzungsnominativ im Plural steht (vgl. 1255):

> ... *eine Reihe von Studenten waren* bereits Parteimitglieder. *Ein Drittel der Arbeitnehmer* dieser Stadt *sind* Angestellte des Renz-Konzerns.

3. Bei Mengenangaben, mit denen eine *genaue* Zahl genannt wird (z. B. *Dutzend, Paar, Schock*), steht häufig der Singular des Finitums:

> *Ein Dutzend* Eier (= 12 Stück) *kostet* 3 Mark. *Dieses Paar* [Schuhe] *kostet* 130 Mark.

4. Das Platzhalter-*es* (vgl. 1071) hat keinen Einfluß auf den Numerus des Finitums:

> Es *werden acht Stunden* dazu benötigt (*Acht Stunden werden* dazu benötigt). Es *ist Brot* zu kaufen, und es *sind Schuhe* zu kaufen (*Brot ist* zu kaufen, und *Schuhe sind* zu kaufen).

Ist das Pronomen *es* dagegen Subjekt (bei unpersönlichen bzw. unpersönlich gebrauchten Verben, als Korrelat für einen nachfolgenden Teilsatz oder als neutrales Personalpronomen), dann steht das Finitum im Singular:

> *Es regnet* den ganzen Tag. *Es ist* nicht daran *gedacht, die Weisung zurückzunehmen.* Das Kind ist halb verhungert: *Es ist* monatelang nicht richtig *ernährt worden.*

Im Plural steht es nur (und zwar ausnahmslos), wenn das Pronomen *es* mit einem Gleichsetzungsnominativ im Plural verbunden ist (vgl. 1255):

> Es *waren* nur etwa fünf Personen (Nur etwa fünf Personen *waren* es).

5. Folgt einem singularischen Subjekt eine Apposition, die im Plural steht oder aus aneinandergereihten Teilen besteht, dann steht das Finitum grammatisch korrekt im Singular. Häufig richtet es sich aber auch nach der näher stehenden Apposition und weist dann Pluralform auf:

> *Die dritte Stufe,* die Stilratschläge, *ist* besonders gut (Lebende Sprachen). (Aber auch:) ... *beides, Rahmen und Spiegel, waren* schmutzig (Seelhoff). Die moderne Literatur, *Erzählung wie Drama, sind* durch eine seltsame Abwendung von der Figur des Helden gekennzeichnet (Lüthi). Niemand, *weder die Mutter noch die Hausangestellte, hatten* das Röcheln des Sterbenden gehört (Jens).

6. Folgt einem Subjekt im Singular ein substantivisches Attribut, das mit einer Präposition angeschlossen ist, oder eine attributive Partizipialkonstruktion, dann steht das Finitum im Singular:

> Viele Grüße *sendet* (nicht: *senden*) dir Karl *nebst Familie. Frau Kater mit ihrer ... Tochter Susi brachten* (richtig: *brachte*) gerade beim Matzerath ihr Beileid an (Grass). ... *der* unlängst *gemeinsam mit seiner Ehefrau und Bekannten* Freunde in Erfurt und Weimar *besuchte ...* (Der Spiegel). Furchtlosigkeit, *gepaart mit Klugheit, ist* bestimmend für Tapferkeit.

7. Wenn *je* in Verbindung mit *ein* vorkommt, geht es zwar um eine Vielzahl. Gemeint ist aber jedes Exemplar einzeln; aus diesem Grund steht das Finitum immer im Singular:

> *Je ein Exemplar* dieser Bücher *wurde* (falsch: *wurden*) an die Bibliotheken verschickt. An der Universität Zürich sowie an der Universität Freiburg *ist je ein Lehrbeauftragter* damit betraut.

8. Bei der Verbindung von *nichts, anderes, mehr, weniger* u. a. + *als* und einem pluralischen Attribut kann das Finitum im Singular oder im Plural stehen:

> *Anderes als leere Kartons fand/fanden* sich nicht in dem Verschlag. *Mehr als Lumpen war/waren* da nicht zu finden. In der Mappe *war/waren nichts als ein paar leere Bögen*.

Im allgemeinen wird es jedoch in den Plural gesetzt:

> Wo vor dem Krieg nicht *weniger als 50 000 Menschen gelebt hatten ... ... wo nichts als Leichenbeine herausstarren* (Plievier). *Mehr als 10 Angestellte dürfen* nicht beschäftigt werden.

9. Wenn auf *keiner, jeder* oder *niemand* ein Genitivattribut oder ein attributives Präpositionalgefüge mit *von* folgt, wird das Finitum in den Singular gesetzt:

> Aber *keines* dieser Boote *ging* verloren. *Niemand* von ihnen *denkt an* die Folgen.

10. Sind *wenig* und *genug* Subjekt, so steht das Finitum dann im Plural, wenn ein Wort hinzuzudenken ist, das von seinem Inhalt her eine Vielzahl ausdrückt (z. B. *Menschen, Leute*); das gleiche gilt, wenn ein pluralisches Genitivattribut hinzugefügt ist:

> *Wenig/Genug [Menschen] waren* dort versammelt. *Genug der Worte sind* nun gewechselt.

Hingegen steht der Singular des Finitums, wenn nichts zu ergänzen ist:

> *Wenig gehört* zum Glück!

Subjekt im Plural

1250   Sonderregelungen für die Kongruenz mit dem Finitum gelten, wenn das Subjekt im Plural steht, in folgenden Bereichen:

1. Pluralische Maß- oder Währungsangaben mit *Mark, Pfennig, Pfund* usw. als Subjekt werden besonders alltags- und umgangssprachlich häufig mit dem Singular des Finitums verbunden. Der psychologische Grund dafür dürfte sein, daß Zahl und Gezähltes als Einheit aufgefaßt werden. Standardsprachlich zieht man jedoch den Plural im Finitum vor:

> Mir *bleibt* (standardsprachlich: *bleiben*) noch *30 Pfennig[e]*. *Zwei Pfund ist* (standardsprachlich: *sind*) zuviel. (Standardsprache:) Als Preis *wurden DM 58,–* vereinbart.

Wenn die pluralische Maß- oder Währungsangabe mit einem Gleichsetzungsnominativ im Singular verbunden ist, gilt der Singular des Finitums auch in der Standardsprache allgemein als korrekt:

> *Tausend Kilogramm ist* (neben: *sind*) ein großes Gewicht.

Bei pluralischen Gradangaben steht standardsprachlich das Finitum im Plural:

> Es *herrschten 30 Grad* [Wärme]. *37 Grad* im Schatten *sind* ein neuer Hitzerekord.

Folgt den Angaben des Maßes (usw.) ein singularisches Substantiv wie *Gewicht*, so kommt auch die „Konstruktion nach dem Sinn" vor. Das Finitum steht dann im Singular:

> *20 Pfund Gewicht wurde* gewogen. (*Ein Gewicht von 20 Pfund wurde* gewogen.)

2. Folgt einer pluralischen Angabe mit *Kilo[gramm], Gramm, Pfund, Meter, Liter* u. a. die Stoffbezeichnung im Singular, steht das Finitum im allgemeinen im Plural:

> *2 kg Fleisch reichen* nicht aus (selten: *2 kg Fleisch reicht* [= Ein Stück von 2 kg reicht] nicht aus). *100 g Kaviar kosten* (selten: *kostet*) viel. *300 g Speck werden* in Würfel ge-

schnitten. *2 Pfund Kalbsleber werden* gebraten. *3 m Seide reichen* für dieses Kleid aus. *2 l Milch müssen* noch gekauft werden.

> Beim Gleichsetzungsnominativ: *2 Kilogramm Fleisch sind* (gelegentlich: *ist*) eine ausreichende Menge (vgl. auch 1255).

Folgt der pluralischen Angabe die Stoffbezeichnung im Plural, dann ist standardsprachlich nur der Plural des Finitums zulässig:

> *200 g Bohnen reichen* (nicht: *reicht*) aus. *4 kg Wurzeln werden* (nicht: *wird*) gekocht.

> Beim Gleichsetzungsnominativ: *200 g Bohnen sind* (nicht: *ist*) eine ausreichende Menge (vgl. auch 1239).

3. Bei pluralischen Prozent-, Bruch- und Dezimalzahlen als Subjekt wird standardsprachlich das Finitum in den Plural gesetzt. Der Singular kommt eher in der Alltags- und Umgangssprache vor:

> *1,5 ml* des Serums *wurden* (alltagsspr. u. ugs.: *wurde*) vernichtet. *20 Prozent* des Materials *wurden* (alltagsspr. u. ugs.: *wurde*) beschlagnahmt. *0,20 DM* in Briefmarken *sind* beigefügt. Wenigstens *45 Prozent* der Wähler *werden* sich für die Konservativen entscheiden.

Auch bei Bezug der Fügung auf einen Gleichsetzungsnominativ im Plural steht das Finitum allgemein im Plural (vgl. auch 1255):

> *Zwei Drittel der Arbeitnehmer sind* Angestellte des Renz-Konzerns. *Über 50 Prozent der Einwohner wurden* Opfer der Cholera.

Folgt hingegen der Mengenangabe die Stoffbezeichnung im Nominativ Singular, dann ist der Singular des Finitums auch standardsprachlich korrekt:

> *70 % Kohle stammt* (neben: *stammen*) aus dem Ruhrgebiet. *1,5 ml Serum wurde* (neben: *wurden*) vernichtet. Man sagt, daß in der Welt etwa *20 Prozent mehr Erdöl* gefördert als laufend gebraucht *wird.*

4. Bei Rechenaufgaben mit allein stehenden pluralischen Zahlen steht in der Standardsprache das Finitum in der Regel im Singular; doch kommt bei *sein* als Prädikat auch der Plural vor:

> *Drei und drei ist/sind (macht/gibt)* sechs. *Fünf weniger drei macht* zwei. *Zwei mal zwei gibt* vier. *Zehn geteilt durch fünf ist/sind* zwei.

5. Wenn der pluralische Titel eines Buches, einer Zeitung, eines Theaterstücks oder dgl. Subjekt ist, erscheint das Finitum im Plural. Das gilt zumindest dann ausnahmslos, wenn ein bestimmter Artikel o. ä. zum Titel gehört:

> *„Die Räuber" haben* immer eine starke Wirkung auf die Jugend ausgeübt. *Die Berliner Nachrichten berichteten* über dieses Ereignis. (Aber ohne Artikel:) *„Gespenster" erregte* tiefes Interesse bei den Zuschauern.

Ist freilich der pluralische Titel mit einem Gleichsetzungsnominativ im Singular verbunden, steht das Finitum normalerweise im Singular (vgl. 1255):

> „Die Räuber" *ist* ein Drama von Schiller. „Die Verdammten" *bleibt* ein Roman, der ... „Pioniere in Ingoldstadt" *ist* unsere nächste Lektüre.

Aus stilistischen Gründen wird man es hier oft vorziehen, den Gattungsbegriff vor den Titel zu setzen:

> *Das Drama* „Die Räuber" *hat* immer eine starke Wirkung auf die Jugend ausgeübt.

Fremdsprachige Titel, die in der Herkunftssprache pluralisch sind (ohne daß dies dem Deutschsprachigen im Moment präsent ist, z. B. die Zeitungstitel *Times* oder *Iswestija*) werden in der Regel mit dem Singular des Finitums verbunden:

Die „New York Times" meldet in ihrer gestrigen Ausgabe ... *Die „Iswestija" bestätigt* in einem Leitartikel ...

Im Singular steht das Finitum schließlich auch, wenn eine pluralische Wortform nur als Lautgestalt genannt wird.

„Zeugnisse" schreibt sich mit Doppel-s. *„Häuser" ist (heißt)* der Plural von „Haus" (vgl. auch 1255,7).

6. Folgt einem Subjekt im Plural eine Apposition im Singular, dann steht das Finitum grammatisch korrekt im Plural. Nicht selten richtet es sich aber auch nach der zunächst stehenden Apposition und erscheint dann im Singular:

Die ausländischen Arbeiter, der Konjunkturpuffer, spielen eine ganz wichtige Rolle. *Sehr viele Menschen, vor allem die intellektuelle Elite, hat* sich in den dunklen Jahren dem Regime verweigert.

7. Folgt einem pluralischen Firmennamen eine Abkürzung wie *AG* oder *GmbH*, dann richtet sich das Finitum nach dem Numerus des Firmennamens und steht im Plural. Sind jedoch *Aktiengesellschaft* oder *Gesellschaft mbH* das Grundwort des Firmennamens, dann richtet sich das Finitum nach diesem und steht im Singular:

Die Flottmann-Werke AG/GmbH *suchen* Arbeiter. (Aber:) *Die Flottmann-Werke-Aktiengesellschaft hat* beschlossen ... (vgl. 1263).

8. Nach pluralischen Initialwörtern (vgl. 724 ff.) als Subjekt steht das Finitum im Plural:

Die USA (= die Vereinigten Staaten von Amerika) *haben* einen Flugzeugträger ins Krisengebiet geschickt. *Die SBB* (= die Schweizerischen Bundesbahnen) *fördern* den Gütertransitverkehr.

Mehrere Subjektteile

1251   *Ohne Konjunktion oder mit* und

Grundsätzlich gilt:

(a) Wenn das Subjekt aus nebengeordneten Teilen ohne Konjunktion oder mit *und* besteht, wird das Finitum in den Plural gesetzt. Das gilt insbesondere bei Plural beider Subjektteile oder eines Subjektteils:

(Ohne Konjunktion:) ... *mein Hals, meine Brust, mein Kopf waren* entzündet (Weiss). Eine unfehlbare *Sicherheit* des Geschmacks, eine lächelnde, gleitende *Überlegenheit machen* uns vibrieren (Tucholsky). (Mit *und:*) *Schwarz und weiß werden* noch auf lange Zeit Probleme miteinander haben. *Sie und er hätten* Freunde werden können. (Pluralische Subjektteile:) *Bund, Länder und Gemeinden haben* zu wenig Mittel.

(b) Stehen die Subjektteile im Singular, so kommt (seltener) beim Finitum auch der Singular vor, vor allem bei Abstrakta in Subjektposition:

Der Haß, die Gewalttätigkeit nützte nichts mehr (Weiss). *Die Korruption und die Verkennung der Lage fraß* nach unten weiter (Tucholsky). ... da sich in ihrem Haushalt noch *ihr 14jähriger Sohn und ihre 10jährige Tochter befinden* (seltener: *befindet*).

Diese Regel gilt unabhängig davon, ob das Subjekt – wie in den vorangehenden Beispielen – dem Finitum vorangeht oder ob es ihm – wie in den nachstehenden – folgt:

(Üblich Plural des Prädikats:) Unmittelbar darauf *sprachen der Außenminister und der Verteidigungsminister.* Bei keinem anderen Teilproblem ... *wirkten sich Mangel an Sachkunde und technische Naivität der Bonner Plänemacher* so katastrophal aus (Der

Spiegel 1966). (Seltener Singular des Prädikats:) *... wetteiferte Bürgerschaft und ein Teil irregeleiteter Sozialisten ...* (Tucholsky). Zwischen die drei Deutschen *hatte* sich nur *der Schwede Kjell Sjöberg und der Russe Iwannikow* geschoben (Olympische Spiele 1964).

Eine Bevorzugung des Singulars bei vorangestelltem Finitum ist bei den mit *und* verbundenen Subjektteilen nicht feststellbar. Dagegen scheint die Voranstellung des Finitums eine Rolle zu spielen

– bei folgenden Subjektteilen ohne Konjunktion:

... denn ohne sie wäre die Frau, das Kind vielleicht verhungert (Der Spiegel 1966).

– wenn die Subjektteile durch Prädikatsteile voneinander getrennt sind:

Hermine Kleefeld gehörte dazu wie *Herr Albin ...*; ferner *... der Jüngling ...* (Th. Mann). Dort *kann* sowohl *die Menge* der Loden eines Baumstumpfs *gemeint sein* als auch *die Gesamtheit* aller Loden im Ausschlagswald (Kehr).

– wenn die Subjektteile dem Prädikat in Form einer tabellarischen Übersicht folgen:

Als Härtemittel *wird* empfohlen:
    Tapio
    Holzzement
    Duran
Vorausgesetzt, daß uns ein entsprechender Antrag der Versicherungsnehmerin einge-
reicht wird, *beträgt*

die prämienfreie Versicherungssumme	398,40 DM
der Rückkaufswert	119,80 DM
das Dividendenguthaben	210,35 DM

Eine besonders starke Tendenz (gegen die in 1251 formulierte Grundregel), das   1252
Finitum in den Singular zu setzen, besteht in folgenden Fällen:

1. Das Finitum wird auf einen singularischen Subjektteil bezogen, der den anderen Subjektteil inhaltlich einschließt:

Er und alle Welt redet darüber schon seit Wochen. *Die Mitschüler und jedermann gab* zu ... (Hesse).

Gelegentlich wird auch durch Wörter wie *damit, somit, mithin* u. ä., die dem *und*
beigefügt sind, eine enge inhaltliche Kopplung des zweiten Subjektteils mit dem
ersten angedeutet. In diesen Fällen sind Singular und Plural des Finitums möglich:

Die Arbeit in der EU *und damit (somit)* auch *die Vertretung* der Interessen der deutschen Wirtschaft *stellen* (neben: *stellt*) hohe Ansprüche an die deutsche Delegation. Da
sich zudem durch höhere Umdrehungszahl ... *die Luft-Anströmungsgeschwindigkeit* an
den Rotorpaddeln *und mithin der Auftrieb* noch beträchtlich steigern *läßt*, dürften ...
(Der Spiegel 1966).

2. Bei formelhaften Subjekten, die oft aus Teilen ohne Artikel u. ä. bestehen,
steht das Finitum im Singular, wenn das Subjekt als Einheit aufgefaßt wird. Der
Plural ist zu setzen, wenn die Vorstellung einer Mehrheit ausgedrückt werden
soll:

Singular: *Grund und Boden darf* nicht zum Objekt wilder Spekulationen werden. *Groß
und klein* (= jedermann) *aß* davon. *Zeit und Geld fehlt* uns. *Krankheit und Müdigkeit
macht* auch Bauern fein (Kafka). *Positives und Negatives ist* zu beachten. *Barsänger
und Sportsmann* (gleichzeitig, das) *verträgt* sich nicht. Plural: *... die* verdrehten Vorstellungen, die *Freund und Feind* sich von diesem Lande *machen* (Koeppen). Unaufhaltsam *wachsen ... Mißmut und Unbehagen* (Der Spiegel 1966).

3. Wird in Sätzen mit zwei gleichlautenden Subjektteilen eines erspart (vgl. dazu 2.6.2), so besteht vor allem bei Abstrakta die Möglichkeit, die zusammengerückten Subjektteile als Einheit aufzufassen und das Finitum in den Singular zu setzen:

> *Die technische [Begabung] und künstlerische Begabung* des Jungen *ist* (neben: *sind*) hervorragend. Das ist ein Beruf, für den *persönliche [Qualifikation] und berufliche Qualifikation erforderlich ist* (neben: *sind*). *Seine mündliche und schriftliche Ausdrucksweise ist* (neben: *sind*) klar. (Mit Konkreta:) Auf dem Tisch *liegt* (neben: *liegen*) *das alte und das neue Buch.*

Dies gilt auch dann,
- wenn die Subjektteile Zusammensetzungen mit einmal erspartem gleichem Grundwort sind:

> Während sich *die Kanzlei- und Geschäftssprache ... entwickelte ...* (v. Polenz).

- wenn die Zusammengehörigkeit verschiedener Subjektteile durch ein gemeinsames Attribut betont wird:

> *Alle Zerstörungswut und Herrschsucht* in uns *durfte* sich entfalten (Weiss). *... oft geriet ihr Aussehen und Name* schon in Vergessenheit (Kafka). Wir hoffen, daß Ihnen *viel Freude, Glück und Gesundheit beschieden sei* (neben: *seien*).

4. Folgt den Subjektteilen eine Apposition im Singular, dann steht das Finitum im Plural, wenn es auf die Subjektteile bezogen ist; im Singular steht es, wenn es auf die zusammenfassende Apposition bezogen wird. Beide Konstruktionen sind korrekt:

> *Schmidt u. Co., Buchdruckerei, drucken* (neben: *druckt*) für Behörden und Private schnell und billig. Turm und Brücke – *das Hoechster Firmenzeichen – ist* in allen Erdteilen zu Hause (Chemie hat Zukunft 1964).

5. Ist das Subjekt der Titel eines Theaterstücks u. ä., dessen Teile durch *und* miteinander verbunden sind, dann wird das Finitum in den Singular gesetzt. Der Plural gilt in diesen Fällen nicht als korrekt:

> *„Hermann und Dorothea"* wird (nicht: *werden*) heute kaum noch in den Schulen gelesen. *„Romeo und Julia"* wurde (nicht: *wurden*) in zwei Theatern gleichzeitig aufgeführt. *„Schneewittchen und die sieben Zwerge"* wird (nicht: *werden*) auch heute noch oft gelesen.

6. Sind die aneinandergereihten Subjektteile Infinitive, dann wird das Finitum im allgemeinen in den Singular gesetzt:

> Zu Hause *sitzen* und nichts tun *können* und auf die Bomben ... *warten ist* grauenvoll (Feuchtwanger). *Schimpfen, Lachen* und *Schwatzen drang* durch mehrere Türen ... (Th. Mann).

Wenn beide Infinitive einen Artikel haben oder wenn statt eines Infinitivs ein Verbalsubstantiv steht, scheint der Plural häufiger zu sein:

> So *tauchten das Füttern ... und das Nähren ...* auf höheren Stufen ... mit gewandelter Bedeutung wieder auf (Der Spiegel 1965). *Schlafen und Doping waren* verboten (Die Zeit 1966). (Mit einem gemeinsamen Artikel, vgl. 3:) *Das Morden und Brennen wurde* immer ärger (Der Spiegel 1966).

7. Wenn den singularischen Subjektteilen *kein, jeder, mancher* vorangestellt ist, steht das Finitum gewöhnlich im Singular; möglich ist jedoch auch der Plural. Motiv für die Wahl des Singulars mag sein, daß diese Wörter stark vereinzelnd wirken, Motiv für die Wahl des Plurals die Zweiteiligkeit des Subjekts:

Jeder Kunde und *jeder Mitarbeiter macht* sich klar, daß ... (Auch möglich:) *Jeder Ehemann und jede Ehefrau dürften* selbst entscheiden, ob ... *Keine Ärzteorganisation, kein Offizierscorps hat* Kollegen und Kameraden öffentlich zur Verantwortung gezogen (Tucholsky). Das ist ein Argument, dem *mancher Gelehrte* und *[mancher] Bibliothekar* skeptisch *gegenübersteht/-stehen.*

Wenn die genannten oder ähnliche Pronomen als (selbständige) Subjektteile gebraucht werden, steht das Finitum in der Regel im Singular:

Jeder und jede fühlte sich wohl dabei.

Mit bestimmten verbindenden Wörtern   1253

1. Wenn singularische Subjektteile mit *nicht nur – [sondern] auch* verbunden sind, wird das Finitum im allgemeinen in den Singular gesetzt:

Nicht nur der jüdische Tischler Emanuel Blatt, *auch ein Widerstandskämpfer ... hat* sich in das Kloster geflüchtet (Bild und Funk 1966). Bisher *hat nicht nur der US-Präsident, sondern auch Rotchina* gewissenhaft jeden Schritt vermieden, der ... (Der Spiegel 1966).

Das gleiche gilt für die Verbindung *nicht – sondern:*

Er behauptet, daß *nicht die Tochter, sondern der Sohn* auf die Anklagebank *gehört.*

2. Wenn singularische Subjektteile mit *weder – noch* oder mit *[so]wie* verbunden sind, kommen sowohl der Singular als auch der Plural des Finitums vor. Dabei ist der Plural häufiger, wenn das Subjekt dem Finitum vorausgeht:

Weder Pippig noch ein anderer wußte davon (Apitz). *Weder er noch ein Mitarbeiter ... hatten* es unterschrieben (Der Spiegel 1966). ... wobei *seine würdige Erscheinung sowie die wache Präzision* seiner Aussage allgemeine Anerkennung *erntete* (Habe). *Die* tatsächliche sowjetische *Kräfteverteilung sowie die Präsenz* der Atomwaffen in Ost und West *führen* uns zu einem Lagebild ... (Der Spiegel 1966).

Steht das Subjekt dagegen nach dem Finitum, ist der Singular häufiger:

Im Fall Rupp *war weder Ruhm noch persönliche Genugtuung* zu finden (Baum). Für jeden Etat *ist ein Kundenberater ... sowie eine „kreative Gruppe"* von Textern und Graphikern zuständig (Der Spiegel 1966).

3. Wenn singularische Subjektteile mit *sowohl – als/wie [auch]* verbunden sind, wird das Finitum häufig in den Plural gesetzt; der Singular ist jedoch auch möglich:

... muß ich darauf hinweisen, daß es *sowohl Gewissenhaftigkeit wie Integrität* des Forschers *gebieten* ... (Jens). *Sowohl die Konzeption* seines Werkes *als auch der Film* selbst *bestand* zu diesem Zeitpunkt nur in Fragmenten (Bild und Funk 1966).

4. Wenn singularische Subjektteile mit disjunktiven Konjunktionen *(oder, entweder – oder, beziehungsweise)* verbunden sind, wird das Finitum im allgemeinen in den Singular gesetzt:

... und wenn einmal *die öffentliche Meinung oder gar das Parlament* allzusehr Sturm *läuft* ... (Tucholsky). *Entweder Vater oder Mutter hat* das gesagt. *Die Firma Meier bzw. die Firma Müller wird* dazu Stellung nehmen.

Bei Voranstellung des Subjekts findet sich jedoch auch relativ häufig der Plural:

Tatsächlich *sind* auch beim Menschen – noch bevor *Vernunft oder Moral zum Zuge kämen* – eben die gleichen ... Mechanismen wirksam (Der Spiegel 1968).

Wenn einer der Subjektteile im Plural steht, dann hat das Finitum den Numerus des ihm zunächst stehenden Subjektteils:

Der Vater oder *alle müssen* die Verantwortung dabei übernehmen. Alle oder *ich muß* ...
Dann *würden* ... *zwei Prozent* ... oder knapp eine halbe Million arbeitslos sein (Der
Spiegel 1966). (Bei Ersparung eines gleichlautenden, im Numerus nicht übereinstimmenden Substantivs, vgl. Kap. 2.6.2:) ... *kann* sehr wohl *ein [Teil]* oder auch zwei Teile
wegfallen. Ein [Teil] oder *zwei Teile können* wegfallen.

Von den Sätzen mit mehreren Subjektteilen sind zusammengezogene Sätze zu
unterscheiden, in denen gleichlautende Prädikate oder Prädikatsteile ausgelassen
sind (vgl.1212 f.):

> Bei einem Unfall wurde der Fahrer getötet und [wurde] der Beifahrer verletzt. Ich zog
> die Schublade heraus, links lag ein Stoß Schreibmaschinenpapier, rechts [lag] Durch-
> schlagpapier, dahinter [lag] eine Mappe mit Kohlepapier (Kreuder).

2.9.3 Die Kongruenz zwischen Gleichsetzungsnominativ und Finitum

1254   In Kapitel 2.9.2 hat sich an verschiedenen Stellen gezeigt, daß für die Kongruenz
zwischen Gleichsetzungsnominativ und Finitum besondere Bedingungen gelten;
die entsprechenden Sonderregeln werden im Folgenden noch einmal zusammenfassend dargestellt.

Grundsätzlich gilt: Das Finitum richtet sich auch in Sätzen mit einem Gleichsetzungsnominativ im Numerus und in der Person nach dem Subjekt (vgl. dazu
1241–1253):

> Ilse *ist* Apothekerin. Dieser Mann *bin ich. Bist du* es? *Seid ihr* es?
> *Beide Männer sind* Angestellte.
> Besonders *Rechtschreibfehler waren* ihm immer ein Greuel. *Die beiden Kinder waren*
> Zeuge dieses Vorfalls.

1255   Abweichend von dieser Grundregel gilt:

1. Wenn sich ein Gleichsetzungsnominativ im Singular auf ein Subjekt mit einem
singularischen Substantiv wie *Reihe, Menge, Gruppe* usw. + angeschlossenem Pluralwort bezieht, kann das Finitum im Singular oder im Plural stehen (vgl. auch
1249,2):

> ... *eine Reihe von Studenten waren* (oder: *war*) bereits Parteimitglied (W. Leonhard).
> *Eine riesige Herde Schafe war* (oder: *waren*) das Pfand.

Hingegen ist nur der Plural des Finitums möglich, wenn der Gleichsetzungsnominativ im Plural steht:

> ... *eine Reihe von Studenten waren* bereits Parteimitglieder. *Ein Drittel der Arbeitnehmer*
> dieser Stadt *sind* Angestellte des Renz-Konzerns.

2. Bei den sächlichen Pronomen *es, das, dies* steht das Finitum im Plural, wenn
sie mit einem pluralischen Gleichsetzungsnominativ verbunden sind (vgl. auch
1249,4):

> *Es* waren *nur etwa fünf Personen* (Nur etwa fünf Personen waren es). *Das* sind *über-
> raschende Vorschläge. Dies* sind *die kümmerlichen Reste.*

3. Wenn eine pluralische Maß- oder Währungsangabe mit einem Gleichsetzungsnominativ im Singular verbunden ist, kann das Finitum im Singular oder im
Plural stehen (vgl. aber 1250,1):

> *Tausend Kilogramm ist* (neben: *sind*) ein großes Gewicht. *Fünfhundert Franken sind*
> (neben: *ist*) eine Menge Geld.

Der Singular und Plural des Finitums sind auch möglich, wenn die Maß- oder Währungsangabe im Singular mit einem Gleichsetzungsglied im Plural vorkommt:

Eine Mark *sind* (auch: *ist*) 100 Pfennige.

4. Folgt einer pluralischen Maß- oder Mengenangabe als Subjekt das Gemessene im Plural, dann ist standardsprachlich nur der Plural des Finitums zulässig (vgl. auch 1250,2). Diese Regel gilt unabhängig davon, ob der Gleichsetzungsnominativ im Singular oder im Plural steht:

200 g Pilze sind (nicht: *ist*) die notwendigen Zutaten/eine ausreichende Menge.

5. Wenn pluralische Prozent-, Bruch- oder Dezimalzahlen mit einem pluralischen Gleichsetzungsnominativ verbunden sind, steht das Finitum im Plural (vgl. auch 1250,3):

Zwei Drittel der Arbeitnehmer sind Angestellte des Renz-Konzerns. Über *50 Prozent der Einwohner wurden* Opfer der Cholera. *3/4 eines regulären Deputats reichen* mir völlig aus.

6. Wenn Rechenaufgaben mit allein stehenden pluralischen Zahlen einen Gleichsetzungsnominativ enthalten, kann das Finitum im Singular oder im Plural stehen (vgl. auch 1250,4):

Fünf und achtzehn ist/sind dreiundzwanzig. *Hundert geteilt durch fünfzig ist/sind* zwei.

7. Wenn pluralische Werktitel mit einem singularischen Gleichsetzungsnominativ verbunden sind, steht das Finitum im Singular (vgl. auch 1250,5):

„Die Verlobten" *ist* ein Roman von Manzoni. „Buddenbrooks" *ist* unsere nächste Lektüre.

Ähnlich steht das Finitum im Singular, wenn eine pluralische Wortform nur als Lautgestalt genannt wird.

„Atlanten" ist (heißt) der Plural von „Atlas".

2.9.4 Die Kongruenz bei Gleichsetzungsgliedern und verwandten Satzteilen

Verschiedene Satzteile mit einem Substantiv oder einem Pronomen als Kern haben – zumindest teilweise – keine eigenständigen grammatischen Merkmale; sie lehnen sich vielmehr an andere Satzteile an und übernehmen die grammatischen Merkmale von jenen. Das gilt grundsätzlich für die Gleichsetzungsglieder. Besonders gut läßt es sich am Gleichsetzungsnominativ beobachten: Der Gleichsetzungsnominativ bezieht sich auf das Subjekt des Satzes und stimmt mit ihm im Kasus, zum Teil auch im Genus und im Numerus überein.

1256

Reden ist *Silber*, Schweigen ist *Gold*. Anna ist *Ärztin*. Die Spieler der Spielvereinigung Fürth waren schließlich *die Sieger*.

Diejenigen Satzteile, die sich in diesem Sinne ähnlich dem Gleichsetzungsnominativ verhalten, nennen wir im Folgenden kongruierende Satzteile; die, von denen die kongruierenden Satzteile Merkmale übernehmen, bezeichnen wir als Bezugssatzteile. Im einzelnen gibt es hier folgende Entsprechungen:

Bezugssatzteil (= Satzteil, von dem die grammatischen Merkmale übernommen werden):	Kongruierender Satzteil (= Satzteil, der seine grammatischen Merkmale – zumindest zum Teil – von einem anderen Satzteil übernimmt):
Subjekt	Gleichsetzungsnominativ
Akkusativobjekt	Gleichsetzungsakkusativ
Subjekt; Akkusativobjekt	Prädikatives Präpositionalgefüge
Subjekt; Akkusativ-, Dativ- oder Genitivobjekt	Glied mit *als* oder *wie*
Kern eines Satzglieds oder Attributs; Genitivattribut, Attribut mit *von*, Possessivpronomen	Attribut mit *als* oder *wie*
Kern eines Satzglieds oder Attributs	Apposition

In einigen Fällen der engen Apposition werden Genus und Numerus auch in der umgekehrten Richtung übernommen (vgl. dazu 1263).

Spezielle Kongruenzverhältnisse gibt es hier vor allem beim Kasus (vgl. dazu 1257–1264), dann auch beim Numerus (vgl. 1265) und beim Genus (vgl. 1266 f.).

Kongruenz hinsichtlich des Kasus

1257 Als Grundregel gilt:

Gleichsetzungsglieder und die damit verwandten substantivischen Satzglieder stimmen im Kasus mit ihrem Bezugswort überein:

1. Gleichsetzungsglieder ohne Einleitewort mit Bezug auf das Subjekt (= Gleichsetzungsnominativ) stehen im Nominativ (vgl. dazu 1083):

   Sie ist *meine Freundin. Emil* ist *ein ewiger Student.*

2. Gleichsetzungsglieder ohne Einleitewort mit Bezug auf das Akkusativobjekt (= Gleichsetzungsakkusativ) stehen im Akkusativ (vgl. dazu 1084):

   Sie hat *ihn einen Lügner* genannt. ... er ... heißt *ihn einen Schurken* (Sieburg).

3. Zugeordnete fallbestimmte Glieder mit *als* und *wie* können sich auf das Subjekt oder auf ein Objekt beziehen; je nach Bezug nehmen sie einen unterschiedlichen Kasus an:

   (Bezug auf Subjekt → Nominativ:) *Er* lebt ... *als poetisches Symbol* (K. Mann). *Er* trug die Haare *wie ein Beatle. Wilhelm* hat *als Freund* an mir gehandelt.

   (Bezug auf Akkusativobjekt → Akkusativ:) Lehrer Gerber behandelte *ihn* in der Schule *wie einen Kranken* (Strittmatter).

   (Bezug auf Dativobjekt → Dativ:) *Als jungem Lehrer* ist *ihm* der Krach auf dem Pausenhof noch auf die Nerven gegangen.

   (Bezug auf Genitivobjekt → Genitiv:) Der Vorsitzende gedachte *Edmund Rasts als eines verdienten Förderers* der Hühnerzucht.

4. Fallbestimmte Attribute mit *als* und *wie* orientieren sich grundsätzlich am Kern ihres Bezugswortes (vgl. dazu detaillierter 1260):

   (Bezug auf einen Satzgliedkern im Dativ → Dativ:) Mit *reinem Alkohol als relativ ungiftigem Lösungsmittel* sollte sich der Klebstoff entfernen lassen.

5. Ebenfalls grundsätzlich am Kern ihres Bezugswortes orientiert sich die Apposition (vgl. dazu detaillierter 1261–1264):

   (Bezug auf einen Satzgliedkern im Nominativ → Nominativ:) *Eine Tasse schwarzer Kaffee* wird dir guttun.

(Bezug auf einen Satzgliedkern im Akkusativ →Akkusativ:) Sie richtete den Brief an *W. Ronner, den Personalchef* des Betriebs.

Von der in 1257 formulierten Grundregel gibt es einige Abweichungen, die sich im wesentlichen auf die beiden folgenden Fallgruppen beziehen lassen:[1]   **1258**

1. Fügungen, in denen die Zuordnung der Kasusmerkmale „gegen jede vernünftige Erwartung" geschieht. So kann z. B. in Appositionen mit einem Substantiv, dem nur ein dekliniertes Adjektiv, nicht aber ein Artikel oder sonst ein Begleiter (Pronomen) vorangeht, der Nominativ stehen, auch wenn der Bezugssatzteil einen anderen Kasus aufweist.

Der genaue Bericht von Professor Lohse, *leitender Direktor* der Hochschulbibliothek (neben: *leitendem Direktor* der Hochschulbibliothek), belegt das eindeutig.

2. Gebrauchsweisen, in denen Substantive keine Kasusendungen aufweisen. Es liegt dann eine kasusindifferente Form vor, die immer mit der Nominativform identisch ist. Dies betrifft:

– gewöhnliche Substantive im Singular, denen kein dekliniertes Wort (Artikel, Pronomen, Adjektiv oder Partizip) vorangeht:

Der genaue Bericht von Professor Lohse, *Direktor* der Hochschulbibliothek (veraltend: *Direktors* der Hochschulbibliothek), belegt das eindeutig.

– artikellose Eigennamen (Personennamen, geographische Namen) in der Position einer Apposition:

Der genaue Bericht des Direktors, *G. Lohse*, belegt das eindeutig.

Im Folgenden soll detailliert und präzisierend auf die verschiedenen Probleme eingegangen werden, die sich hier stellen. Zu unterscheiden ist dabei zwischen den Verhältnissen bei den Gleichsetzungsgliedern (vgl. 1259), bei den Wortgruppen mit *als* und *wie* (vgl. 1260), bei der lockeren Apposition (vgl. 1261), der partitiven Apposition (vgl. 1262) und weiteren Formen der engen Apposition (vgl. 1263).

Gleichsetzungsglieder

1. Wenn ein Verb wie *sein, werden, bleiben* zusammen mit einem Gleichsetzungs-   **1259**
glied von einem transitiven Verb wie *lassen, sehen, hören* abhängt, bezieht sich das Gleichsetzungsglied auf das Akkusativobjekt des transitiven Verbs. Von daher wäre zu erwarten, daß das Gleichsetzungsglied im Akkusativ steht. In festen Redewendungen, in der älteren Literatur und regional im heutigen Deutsch (z. B. in der Schweiz) ist das auch tatsächlich der Fall:

Sie läßt *den lieben Gott einen guten Mann* sein. Laß *ihn* niemals *einen Hirten* werden (Bergengruen). Die Nacht ... umarmt mich sanft und läßt *mich ihren Freund und ihren Bruder* sein (Hesse). Ihr müßt ihn auch einmal *sich selbst* sein lassen.

Demgegenüber dominiert heute in der Standardsprache der Nominativ, wie er sonst bei den Verben *sein, werden* und *bleiben* üblich ist:

Laß *den wüsten Kerl*, den Grobitzsch, meinetwegen *ihr Komplize* sein (Hartleben). Laß *mich dein treuer Herold* sein (M. Hartmann). Die Mutter sah ihren Sohn schon *ein großer Künstler* (seltener: *einen großen Künstler*) werden. Ich fühlte mich *ein besserer Mensch* werden (C. Goetz).

---

[1] Zu diesen Regularitäten detaillierter: P. Gallmann: Kategoriell komplexe Wortformen. Tübingen 1990 (= RGL 108).

2. Bei Präpositionalgefügen, die in ihrer Funktion einem Gleichsetzungsglied entsprechen (= prädikatives Präpositionalgefüge), wird der Kasus von der Präposition bestimmt:

Ich hielt ihn *für einen Freund.* Wir wählten sie *zur Vorsitzenden.*

Wortgruppen mit „als" und „wie"

1260 Wenn sich Satzglieder mit *als* oder *wie* (= zugeordnete Glieder, die im Kasus bestimmt sind, vgl. 1097) auf ein anderes Satzglied beziehen, stimmen sie mit diesem grundsätzlich im Kasus überein:

Uns schmeckte *als Kindern* alles Süße besonders gut. *Als erfahrener Hundezüchterin* kam ihr das Verhalten der Welpen merkwürdig vor. Der Politiker bediente sich der Lokalzeitung *als eines Mittels* zur Verleumdung seiner Gegner. *Als Abgeordnetem* wird ihm das sehr schaden. *Als Deutscher* mißtrauten ihr die Dorfbewohner. Sie feierten ihn *als den Größten.*

Entsprechendes gilt für Attribute mit *als* und *wie.* Sie stehen im gleichen Fall wie das Wort, auf das sie sich beziehen:

Sie befaßt sich mit Französisch *als zweiter Fremdsprache.* Mich *als Jüngsten* hatten sie vergessen. Mit Methylalkohol *als relativ ungiftigem Lösungsmittel* haben wir gute Erfahrungen gemacht.

Hier sind allerdings einige Sonderfälle zu beachten:

1. Substantive, die den Genitiv, Dativ und Akkusativ Singular eigentlich mit der Endung *-en* bilden (vgl. 381), erscheinen oft endungslos, wenn ihnen kein dekliniertes Wort (Artikel, Pronomen, Adjektiv, Partizip) vorangeht. Das Substantiv weist dann eine kasusindifferente Form auf, die mit der Nominativform identisch ist.

Als Assistent gelang ihm eine sensationelle Entdeckung (Neben: *Als Assistenten* gelang ihm eine sensationelle Entdeckung). Der Betriebsleiter stellte einen jungen Mann mit Abitur *als Praktikant* ein (Neben: Der Betriebsleiter stellte einen jungen Mann mit Abitur *als Praktikanten* ein). Über R. Gardener *als Architekt* weiß ich nur Gutes zu berichten (Neben: Über R. Gardener *als Architekten* weiß ich nur Gutes zu berichten).

Sobald ein dekliniertes Wort vorangeht, das den Fall der Apposition anzeigt, sind – außer bei Bezug auf ein Wort im Nominativ – nur die Substantivformen mit Endung *-en* korrekt:

Als jungem Assistenten gelang ihm eine sensationelle Entdeckung. Der Betriebsleiter stellte einen jungen Mann mit Abitur *als neuen Praktikanten* ein. Über R. Gardener *als unseren langjährigen Architekten* weiß ich nur Gutes zu berichten.

2. Wenn Satzglieder mit *als* oder *wie* von einem unechten reflexiven Verb (vgl. 198) abhängen, ist sowohl Bezug auf das Subjekt als auch Bezug auf das Reflexivpronomen möglich. Das angeschlossene Substantiv steht dann entsprechend im Nominativ oder im Akkusativ; dabei überwiegt der Nominativ:

(Nominativ:) Der Film läßt keinen Zweifel daran, daß sich *Lawrence* letzten Endes *als chaotischer Verlierer* empfand (Deutsche Zeitung). ... wenn *er* sich für 1969 *als aussichtsreicher Gegenspieler* ... aufbauen will (Der Spiegel). (Akkusativ:) Nachher frage ich mich, warum ich *mich* nicht wirklich *als ihren Freund* empfinde (Frisch).

Bei echten reflexiven Verben können sich die Glieder mit *als* oder *wie* in der Gegenwartssprache nur auf das Subjekt beziehen, stehen also immer im Nominativ:

Sir Henry verhielt sich *wie ein echter englischer Gentleman.*

3. Attribute mit *als* können sich auf ein anderes Attribut (gleichen Grades) beziehen, zum Beispiel ein Genitivattribut, ein präpositionales Attribut mit *von* oder ein Possessivpronomen. Das Attribut mit *als* und das andere Attribut hängen dann häufig von einem Verbalsubstantiv ab (= von einem Substantiv, das von einem Verb abgeleitet worden ist). In diesem Fall steht das Attribut mit *als* heute gewöhnlich im Nominativ, wenn dem Substantiv nur ein attributives Adjektiv, aber kein Artikel (oder Pronomen) vorangeht.

> (Der General wurde als eigentlicher Drahtzieher des Aufstandes entlarvt →) die Entlarvung des Generals *als eigentlicher Drahtzieher* des Aufstandes (gelegentlich auch noch: die Entlarvung des Generals *als eigentlichen Drahtziehers* des Aufstandes); die Anstellung von Müller *als technischer Leiter* (gelegentlich noch: die Anstellung von Müller *als technischen Leiter*). Ich schätze seine Tätigkeit *als verantwortlicher Choreograph* einer Tanzgruppe (nicht: seine Tätigkeit *als verantwortlichen Choreographen* einer Tanzgruppe). Ihre große Bekanntheit *als stimmgewaltige Sängerin* lockte viele Zuschauer in die Oper (nicht: Ihre große Bekanntheit *als stimmgewaltiger Sängerin* lockte viele Zuschauer in die Oper).

Wenn das Attribut mit *als* den Artikel enthält und sich auf ein Genitivattribut bezieht, steht gewöhnlich der Genitiv. Entsprechend steht bei Bezug auf ein Attribut mit *von* in der Regel der Dativ:

> die Entlarvung des Generals *als des eigentlichen Drahtziehers* des Aufstandes; die Entlarvung von Conchado *als dem eigentlichen Drahtzieher* des Aufstandes.

> Aber bei Bezug auf ein Possessivpronomen: seine Entlarvung *als der eigentliche Drahtzieher* des Aufstandes.

4. Wenn dem Substantiv weder ein dekliniertes Adjektiv oder Partizip noch ein Artikel oder Pronomen vorangeht, werden nur noch die kasusindifferenten Formen (die mit der Nominativform identisch sind) gebraucht:

> die Entlarvung des Generals *als Drahtzieher* des Aufstandes; die Anstellung von Müller *als Laborant;* seine Tätigkeit *als Choreograph* einer Tanzgruppe.

Bei substantivierten Adjektiven und Partizipien steht bei Bezug auf ein Possessivpronomen oder einen Genitiv überwiegend der Nominativ, bei Bezug auf ein Attribut mit *von* hingegen der Dativ:

> Seinen vielen Verpflichtungen *als Abgeordneter* kam er gewissenhaft nach. Die Bedeutung Sven Burgers *als Verantwortlicher* für die Kundenbetreuung war groß. Petras Verantwortung *als Delegierte* der Gruppe brachte viele Pflichten mit sich. Unsere Bemühungen *als Studierende* hatten damals Erfolg.

> (Aber:) Die Bedeutung von Sven Burger *als Verantwortlichem* für die Kundenbetreuung (weniger üblich: *als Verantwortlicher* für die Kundenbetreuung) war groß. Die Verantwortung von Petra *als Delegierter* der Gruppe (weniger üblich: *als Delegierte* der Gruppe) brachte viele Pflichten.

5. Attribute mit *wie,* die einem Substantiv folgen, werden oft als elliptische Vergleichssätze empfunden. An Stelle einer Kasusangleichung an das Glied, auf das sie bezogen sind, findet sich daher oft der Nominativ:

> Es geschah an einem Tag *wie jeder andere* (= *wie* es jeder andere *ist;* statt: *wie jedem anderen*). In Zeiten *wie die heutigen* (= *wie* es die heutigen *sind;* statt: *wie den heutigen*). Das ist nichts für Leute *wie wir* (= *wie wir* es *sind;* statt: *wie uns*).

Das gleiche kann beim Komparativ auftreten:

> Es gibt nichts Schlimmeres *als ein Betrunkener* (= *als* es ein Betrunkener *ist;* statt: Es gibt nichts Schlimmeres *als einen Betrunkenen*).

Lockere Apposition

1261

1. Lockere Appositionen stimmen mit dem Bezugswort grundsätzlich im Kasus überein. Das ist der Fall, wenn die Apposition den Artikel aufweist:

> der Rechenschaftsbericht D. Pellers, *des technischen Direktors* des Forschungsinstituts (falsch: der Rechenschaftsbericht D. Pellers, *dem technischen Direktor* des Forschungsinstituts); der Rechenschaftsbericht von D. Peller, *dem technischen Direktor* des Forschungsinstituts (falsch: der Rechenschaftsbericht von D. Peller, *des technischen Direktors* des Forschungsinstituts); ein Gespräch mit Monsignore Zanelli, *dem Gesandten des Papstes.*

Wenn dem Substantiv ein dekliniertes Adjektiv, aber weder ein Artikel noch ein Pronomen vorangeht, steht meist der Nominativ. Das gleiche gilt für substantivierte Adjektive und Partizipien:

> der Rechenschaftsbericht D. Pellers, *technischer Direktor* des Forschungsinstituts (seltener: der Rechenschaftsbericht D. Pellers, *technischen Direktors* des Forschungsinstituts); der Rechenschaftsbericht von D. Peller, *technischer Direktor* des Forschungsinstituts (seltener: der Rechenschaftsbericht von D. Peller, *technischem Direktor* des Forschungsinstituts); ein Gespräch mit Monsignore Zanelli, *Gesandter des Papstes* (seltener: ein Gespräch mit Monsignore Zanelli, *Gesandtem des Papstes*).

Wenn dem Substantiv überhaupt kein dekliniertes Wort vorangeht, wird heute gewöhnlich die Nominativform (kasusindifferente Form, vgl. 1258) verwendet:

> der Rechenschaftsbericht D. Pellers, *Direktor* des Forschungsinstituts; das Wirken dieses Mannes, *Vorkämpfer* für die Rassengleichheit; das Referat von A. Müller, *Dozent* an der Universität.

Dies gilt auch für artikellose Eigennamen:

> Das Referat der Direktorin, *A. Seegmüller,* zeigte die Neuerungen auf. Die Medaillen der drei besten Athleten, *Kurt Wesner, Paul Kiesmann und Stefan Urban,* waren verdient.

2. Nicht selten wird die Apposition – vor allem nach Präpositionalgefügen – fälschlich in den Dativ gesetzt, obwohl das Bezugswort in einem anderen Kasus steht:[1]

> Was bisher geschehen ist, läßt sich am besten am Beispiel Brasiliens, *dem größten Land* (statt richtig: *des größten Landes*) des Subkontinents zeigen. Der Preis für Brot, *dem Grundnahrungsmittel* der Bevölkerung (statt richtig: *das Grundnahrungsmittel* der Bevölkerung), ist gestiegen.

3. Wenn ein attributiver Nachtrag mit den Indefinitpronomen *all* oder *jeder* eingeleitet wird, nimmt man oft eine Kasusangleichung vor, weil man den Nachtrag als Apposition auffaßt. Solche Nachträge lassen sich aber oft besser als Teile eines

---

1 Für dieses Ausweichen auf den Dativ, das sich schon in der ersten Hälfte des 19. Jahrhunderts nachweisen läßt, können neben der allgemeinen Scheu vor dem (gehäuften) Genitiv besonders zwei Gründe angeführt werden: Oft ist es die Verwechslung des Genitivs weiblicher Substantive mit dem gleichlautenden Dativ, die den falschen Dativ der Apposition nach sich zieht (... *unweit der* [= Genitiv] *alten Festung Germersheim, jenem* [= falscher Dativ] *traditionellen Manöverfeld* in der Kaiserzeit [Mannheimer Morgen, 14. 10. 1970, S. 12]); in anderen Fällen ist es die Wirkung einer vorangehenden Präposition, die fälschlicherweise den Dativ der Apposition bewirkt (*Mit* [= Präposition + Dativ] *Hilfe des Allerflüchtigsten ..., dem Gespenst* [= falscher Dativ] *von Gerede, Klatsch und Gerüchten ...* [Börsenblatt 20 (1970), S. 1676]). Vgl. dazu H. Eggers: Beobachtungen zum ,präpositionalen Attribut' in der deutschen Sprache der Gegenwart. In: Wirkendes Wort 8 (1957/58), S. 257 ff.; W. Winter: Vom Genitiv im heutigen Deutsch. In: Zeitschrift für deutsche Sprache 22 (1966), S. 21 ff.

elliptischen Gleichsetzungssatzes verstehen. Kasusangleichung ist dann fehl am Platz:

> Die Expedition bestand aus Finnen, Norwegern und Schweden, *alles Männer* aus echtem Schrot und Korn (nicht: *...alles Männern aus ...*). Die Gruppe bestand aus Schriftstellern, Malern und Schauspielern, *alles junge Menschen* der Nachkriegsgeneration (nicht: *...alles jungen Menschen...*). Sie sahen die Soldaten in Reih und Glied marschieren, *jeder für sich* ein überzeugter Krieger (nicht: *jeden für sich ...*).

4. Wenn die Apposition – in gehobener Sprache – von ihrem Bezugssubstantiv getrennt und zur Hervorhebung vorangestellt wird, muß sie im Nominativ stehen; oft kann man das Glied dann auch als einen absoluten Nominativ (vgl. dazu 1099) auffassen:

> *In zahlreichen Familien ein gern gesehener Gast,* betraute man ihn mit dieser Aufgabe (statt: *ihn, einen gern gesehenen Gast*).

Partitive Apposition

1. Nach einer Maß- oder Mengenangabe folgt das Gezählte, Gemessene oder   1262
Geschätzte heute überwiegend als Apposition (= partitive Apposition); vor allem
im Plural kommt daneben auch noch der partitive Genitiv vor (vgl. dazu 1131,5).
Die partitive Apposition stimmt grundsätzlich mit der Maß- oder Mengenangabe
im Kasus überein:

> (Nominativ:) *Eine Tasse schwarzer Kaffee* wird dir guttun.
> (Genitiv:) Der Genuß *einer Tasse schwarzen Kaffees* macht dich wieder munter.
> (Dativ:) Mit *einer Tasse schwarzem Kaffee* wird dir bald wieder besser sein.
> (Akkusativ:) Ich schenke dir *eine Tasse schwarzen Kaffee* ein.

2. Wenn die Maß- oder Mengenangabe im Dativ Singular steht, steht das Gemessene, wenn es sich um einen Plural handelt, schon oft im Nominativ, vor allem, wenn ihm kein dekliniertes Wort vorangeht:

> mit einem Korb *Äpfel* (seltener: mit einem Korb *Äpfeln*); mit einem Korb *frische Äpfel* (oder: mit einem Korb *frischen Äpfeln;* daneben auch mit partitivem Genitiv: mit einem Korb *frischer Äpfel*); mit einem Paar *Schuhe* (seltener: mit einem Paar *Schuhen*); mit einem Paar *schwarze Schuhe* (oder: mit einem Paar *schwarzen Schuhen;* daneben auch mit partitivem Genitiv: mit einem Paar *schwarzer Schuhe*).

3. Wenn die Apposition nach einer Maß- oder Mengenangabe aus einem bloßen Substantiv im Singular besteht, weist dieses normalerweise keine Kasusendungen auf (kasusindifferente Form, vgl. 1258):

> der Genuß einer Tasse *Kaffee* (nicht: einer Tasse *Kaffees*); der Verbrauch einer ganzen Packung *Kochsalz* (nicht: einer ganzen Packung *Kochsalzes*).

Wenn beide Nomen grundsätzlich einen s-Genitiv bilden können, steht das Genitiv-s zuweilen auch am zweiten Substantiv. Falsch ist es, das Genitiv-s zweimal oder gar nicht zu setzen:

> der Genuß *eines Glases Bier* (seltener: der Genuß *eines Glas Biers;* falsch: der Genuß *eines Glas Bier/eines Glases Biers*).

Weitere Formen der engen Apposition

1. Vor einen Eigennamen, zum Beispiel einen Personennamen, einen geographi-   1263
schen Namen oder einen Werktitel, kann eine Gattungsbezeichnung mit bestimmtem Artikel gestellt werden, die den Eigennamen erläutert. Die Gattungs-

bezeichnung ist dann Kern der Fügung und wird dekliniert. Der Eigenname bildet eine enge Apposition, genauer eine explikative Juxtaposition (vgl. 1141), und bleibt unverändert (vgl. auch 417):

> ein neues Buch *der Erfolgsautorin Renate Zoller;* die neue Platte *des Dirigenten E. Schuchardt;* die Thronrede *der englischen Königin Elisabeth;* die Museen *der Stadt Rom;* ein Artikel *aus der Wochenzeitung "Die Zeit";* ein Zitat *aus dem Roman "Die nackte Unschuld";* ein Nachdruck *von Picassos berühmtem Bild "Das Mädchen mit der Taube".*

Einen Sonderfall bilden Herrschernamen u. ä. mit einem Beinamen. Der Beiname wird hier im Gegensatz zum eigentlichen Namen dekliniert:

> die Nachkommen des sächsischen Königs *August des Starken;* die neueste Reise des Papstes *Johannes Paul II.* (lies: *des Zweiten*); die letzte Frau von *Heinrich VIII.* (lies: *dem Achten*).

2. Anredeformen und Titel können mit einem Personennamen eine Einheit bilden; sie verhalten sich dann wie Teile mehrgliedriger Eigennamen. In mehrgliedrigen Eigennamen wird grundsätzlich nur das letzte Glied dekliniert (vgl. 415); Anredeformen und Titel bleiben daher endungslos (vgl. auch 416):

> das Geschenk für *Prinz* Arthur; ein Interview mit *Präsident* Jelzin; *General* Hurzados politische Ambitionen; *Onkel* Ottos Lieblingshund.
>
> (Ähnlich:) die Holzbrücke *Bad* Säckingens; in *Markt* Schwabens gemütlichen Gasthäusern.

Eine Ausnahme bildet die Anrede *Herr.* Sie wird normalerweise dekliniert, auch wenn ihr kein dekliniertes Wort vorangeht:

> Das ist mit *Herrn* Lohmann so besprochen worden. Treffen Sie *Herrn* Krause morgen?

Ähnlich behandelt werden zuweilen noch Anreden und Titel, die im Nominativ auf *-e* ausgehen, so zum Beispiel *Kollege* und *Genosse:*

> Ich habe das mit *Genossen* Meier (oder: mit *Genosse* Meier) so ausgemacht. Sagen Sie es *Kollegen* Müller (oder: *Kollege* Müller) weiter?

3. Wenn üblicherweise artikellose Eigennamen mit dem bestimmten Artikel (oder einem Pronomen) versehen werden – beispielsweise in Verbindung mit einem Attribut –, bleiben sie auch im Genitiv endungslos (vgl. 417):

> Die ersten Gehversuche des kleinen *Daniel.* Das ist die Handschrift entweder des durchtriebenen *Peter* oder des trickreichen *Paul.*

Dies gilt auch für mehrgliedrige Eigennamen mit integriertem Titel (Punkt 2). Es muß also unterschieden werden:

> Mehrgliedriger Eigenname (Punkt 2): des kleinen *Prinz* Arthur (Kern der Fügung ist das letzte Glied des Namens; der Titel ist in den Namen integriert).
>
> Explikative Apposition (Punkt 1): des kleinen *Prinzen* Arthur (Kern der Fügung ist der Titel).

Normalerweise als Namensbestandteil aufgefaßt wird der Titel *Doktor;* er bekommt also kein Genitiv-s:

> Dort ist die Praxis des *Doktor* Rauschebart. Ich habe das mit dem Herrn *Doktor* durchgesprochen.

4. Wenn Abkürzungen wie *GmbH, AG* einem Firmennamen als determinative Apposition (vgl. 1142) folgen, ist das Genus des Firmennamens ausschlaggebend:

> die Bilanz *des* Deutschen *Milchhofs* GmbH; *das* Bibliographische *Institut* AG.

Bilden jedoch *Aktiengesellschaft, Gesellschaft mbH* u. ä. das Grundwort des Firmennamens, dann ist deren Genus bestimmend:

die Aktien der Flottmann-Werke-*Aktiengesellschaft*

Überblick über Kongruenzphänomene bei appositiven Fügungen

Der besseren Übersichtlichkeit halber sollen an dieser Stelle noch einmal die wichtigsten Beispiele der appositiven Fügungen zusammengestellt werden, die Titel und Personennamen enthalten können:

der Bericht von Laborant Christoph Müller; Laborant Christoph Müllers Bericht: Die Berufsbezeichnung *Laborant* ist in einen mehrgliedrigen Eigennamen integriert. Der am weitesten rechts stehende Namensteil ist Kern der Fügung und bekommt im Genitiv die Endung -*s*.

der Bericht des Laboranten Christoph Müller: *Laboranten* ist Kern einer Fügung mit explikativer Apposition und wird darum dekliniert. Der Name bleibt endungslos.

der Bericht Christoph Müllers, unseres Laboranten: *Laboranten* ist Kern einer lockeren Apposition mit Possessivpronomen und wird darum dekliniert. Der Personenname ist der Kern der ganzen Fügung, der am weitesten rechts stehende Teil bekommt daher das Genitiv-*s*.

der Bericht Christoph Müllers, Laborant bei der Chemag: *Laborant* ist kasusindifferenter Kern einer lockeren Apposition und bleibt endungslos.

der Bericht des Laboranten bei der Chemag, Christoph Müller: *Laboranten* ist Kern der Fügung und wird dekliniert; der Personenname ist in appositiver Stellung und bleibt daher endungslos.

die Arbeit Christoph Müllers als technischer Laborant bei der Chemag: *Laborant* ist Kern eines Attributs mit *als*. Das Attribut bezieht sich auf das Attribut *Christoph Müllers* und steht im Nominativ. Ähnlich: die Arbeit von Christoph Müller als technischer Laborant, seine Arbeit als technischer Laborant.

die Arbeit Christoph Müllers als Laborant bei der Chemag: *Laborant* ist kasusindifferenter Kern eines Attributs mit *als*. Ähnlich: die Arbeit von Christoph Müller als Laborant, seine Arbeit als Laborant.

Die Chemag stellt Christoph Müller als technischen Laboranten ein: *Laboranten* ist Kern eines Satzglieds mit *als*.

Die Chemag stellt Christoph Müller als Laborant[en] ein: *Laborant[en]* ist Kern eines Satzglieds mit *als*. Da dem Titel kein dekliniertes Wort vorangeht, kann die Kasusendung fehlen.

1264

Kongruenz hinsichtlich des Numerus

Grundsätzlich kongruiert der Gleichsetzungsnominativ im Numerus mit dem Subjekt; das gleiche gilt prinzipiell auch für andere fallbestimmte Satzteile, die zu einem Bezugswort gehören.

1265

Humor ist *der Regenschirm der Weisen* (E. Kästner). *Die Grenzen meiner Sprache* sind *die Grenzen meiner Welt* (Wittgenstein). ... *der Zorn und die Ungeduld* sind *schlechte Begleiter* für einen Slalomfahrer (Olympische Spiele 1964). Ich nenne *ihn einen Lügner*. Wir wählen *sie zur Vorsitzenden*.

Davon abweichend gelten Sonderregelungen in folgenden Fällen:

1. Ein pluralisches oder ein mehrteiliges Subjekt (oder Objekt) kann mit einem singularischen Kollektivum gleichgesetzt werden; umgekehrt ist das jedoch nicht möglich:

Dieser *Schrank* und dieser *Tisch* bleiben mein *Eigentum.* (Aber nicht: Meine *Familie* sind *Frühaufsteher.*)

2. Substantive in einer feststehenden Verbindung (z. B. in *Zeuge sein, Gast sein, Herr sein*) behalten auch bei pluralischem Subjekt (oder Objekt) den Singular:

Nur Wachsfiguren waren *Zeuge* (Romantitel). Er machte *sie alle* zum *Zeugen* seiner verwerflichen Tat. Beide *Brüder* werden *Ingenieur.* Es werden *Tausende zu Gast* kommen. *Wir* waren nicht mehr *Herr* der Lage.

3. Bei Appositionen besteht hinsichtlich des Numerus meist Kongruenz; doch sind Abweichungen dort möglich und üblich, wo im Gliedkern ein Plural steht und das substantivische Attribut einen Kollektivbegriff enthält (und umgekehrt):

Wir verdanken *den Franzosen, der großen Nation,* Werke von unschätzbarem Wert. *Die moderne Literatur, besonders lyrische Gedichte und Dramen,* ist schwerer zugänglich.

Kongruenz hinsichtlich des Genus bei Personen- und Berufsbezeichnungen

1266 Bei den Personen- und Berufsbezeichnungen sind drei verschiedene Gruppen auseinanderzuhalten, für die sich das Kongruenzproblem in ganz unterschiedlicher Weise stellt:

1. Es gibt Bezeichnungen, die sich unabhängig von ihrem grammatischen Geschlecht (Genus) auf Personen beiderlei natürlichen Geschlechts (Sexus) beziehen; sie werden immer geschlechtsneutral verwendet:

die Person, die Fachkraft, der Mensch, das Mitglied, das Individuum, das Kind.

2. Eine zweite Gruppe von Nomen wird immer geschlechtsspezifisch verwendet:

der Mann, die Frau, der Junge, das Mädchen.

3. In einer dritten Gruppe schließlich steht neben einem maskulinen Wort eine feminine Ableitung, meist mit dem Suffix *-in:*

Abiturient → Abiturientin; Agent → Agentin; Anhalter → Anhalterin; Beifahrer → Beifahrerin; Bürger → Bürgerin; Chef → Chefin; Erbe → Erbin; Favorit → Favoritin; Freund → Freundin; Gewinner → Gewinnerin; Hersteller → Herstellerin; Kollege → Kollegin; Lebensgefährte → Lebensgefährtin; Partner → Partnerin; Sieger → Siegerin; Teilnehmer → Teilnehmerin.

Mit den femininen Wörtern werden ausschließlich weibliche Personen bezeichnet, mit den maskulinen können männliche Personen bezeichnet werden, die Wörter können aber grundsätzlich auch geschlechtsneutral verwendet werden, das heißt, sie können sich auf männliche ebenso wie auf weibliche Personen beziehen:

Einige *Politiker* meinen, *Ärzte* verdienten zuviel. Die *Schüler* müssen in dieser Gegend oft weite Schulwege zurücklegen. Jeder *Gärtner* kennt diese Schädlinge.

Die Kongruenzregeln, um die es im Folgenden geht, beziehen sich hauptsächlich auf die dritte Gruppe von Personenbezeichnungen.

Als Grundregel für Genuskongruenz bei Personenbezeichnungen kann gelten: Wenn eine Personenbezeichnung Kern eines Gleichsetzungsnominativs ist, stimmt sie im Genus grundsätzlich mit dem Subjekt überein. Ebenso übernehmen Personenbezeichnungen in den anderen kongruierenden Satzteilen im allgemeinen das Genus ihres Bezugswortes.

Im einzelnen gilt:

1. Kongruenz ist die Regel, wenn das Bezugswort eine maskuline oder eine feminine Personenbezeichnung enthält:

> Petra ist *Besitzerin* eines Hauses. Tobias ist *Besitzer* eines Hauses. Sie gilt als *beste Kun-
> din.* Er gilt als *bester Kunde.* Er nannte Peter *seinen Freund*/Petra *seine Freundin.* (Als
> Apposition:) Petra, *Besitzerin* eines Hauses; Karl, *Besitzer* eines Hauses. (Abwei-
> chend:) Marika Kilius ... gehörte in Innsbruck zu den sichersten *Anwärtern* auf olympi-
> sches Gold (Olympische Spiele 1964).

2. Wenn der Bezugssatzteil eine Personenbezeichnung mit neutralem Genus enthält, hat die Personenbezeichnung im kongruierenden Satzteil normalerweise
maskulines Genus:

> *Jedes Mitglied* ist *Besitzer* eines Vereinsausweises. *Das Kind* ist *ein Dieb.*

Bezeichnet die Personenbezeichnung mit neutralem Genus im Bezugssatzteil eine
weibliche Person, hat die Personenbezeichnung im kongruierenden Satzteil meist
feminines Genus:

> *Das Mädchen* ist *eine gute Rechnerin* (seltener: *ein guter Rechner*). *Das Fräulein* ist *eine
> gute Fürsprecherin* (seltener: *ein guter Fürsprecher*).

3. Wenn der Bezugssatzteil eine Sachbezeichnung mit maskulinem oder neutralem Genus enthält, wählt man bei der kongruierenden Personenbezeichnung das
maskuline Genus:

> *Der Motor* ist *ein treuer Helfer* der Menschheit. *Das Gesetz* ist *der Freund* der Schwa-
> chen. *Deutschland* – größter *Autoexporteur* der Welt.

Bei femininen Sachbezeichnungen kann die kongruierende Personenbezeichnung
maskulines oder feminines Genus haben:

> *Die Autoindustrie* ist *der beste Abnehmer* (auch: *die beste Abnehmerin*) für Kunststoffe.
> *Die Not* ist *ein echter Lehrmeister* (auch: *eine echte Lehrmeisterin*). *Die Not als der beste
> Lehrmeister* (auch: *als die beste Lehrmeisterin*).

Abweichungen von den genannten Regeln ergeben sich in folgenden Fällen: 1267

1. Ein Gleichsetzungsnominativ (oder ein anderer kongruierender Satzteil) kann
auch bei Bezug auf eine weibliche Person eine maskuline Berufsbezeichnung enthalten. Die maskuline Berufsbezeichnung wird dann geschlechtsneutral verwendet und stellt meistens eine Rolle oder eine Funktion heraus; normalerweise fehlt
in dieser Verwendung der Artikel. Wenn es möglich ist, wird aber heute Kongruenz im Genus vorgezogen:

> Tanja Meier ist *Ärztin* (seltener: *Arzt*). Hilde Krause wird *Typographin* (seltener: *Typo-
> graph*). Ulla Müller arbeitet als *Zeichnerin* (seltener: *Zeichner*).

Wenn der kongruierende Satzteil die Zuordnung zu einer Gruppe oder eine
Gleichsetzung im engeren Sinn bezeichnet, steht der bestimmte oder der unbestimmte Artikel; geschlechtsneutraler Gebrauch des Maskulinums ist dann ausgeschlossen:

> Tanja Meier ist *eine Ärztin.* Hilde Krause ist *die Typographin,* die diesen Katalog ge-
> staltet hat. Ulla Müller ist *eine hervorragende Zeichnerin.*

Gelegentlich ist es zur Vermeidung von Mißverständnissen notwendig, Doppelformen oder andere Formulierungen zu wählen:

> (Mißverständlich:) Tanja Meier war die erste *Ärztin,* die diese Operation gewagt hat.
> (Man könnte fälschlicherweise annehmen, männliche Kollegen hätten die Operation
> schon vor ihr gewagt.)

(Eindeutig:) Tanja Meier war die erste unter den *Ärzten und Ärztinnen,* die diese Operation gewagt hat.

Umschreibungen können in solchen Fällen auch bei maskulinen Berufsbezeichnungen nötig werden:

> Daniel Meier war der erste unter den *Ärzten und Ärztinnen,* der diese Operation gewagt hat.

2. Die Kongruenz im Genus wird in festen Redewendungen oft nicht beachtet (zur Kongruenz im Numerus vgl. 1265):

> Die Betriebsleiterin ist *Herr* der Lage (neben: *Herrin* der Lage). Die beiden Frauen waren *Zeuge des Vorfalls* (neben: waren *Zeuginnen des Vorfalls*). Ich machte mir die alten Damen *zum Freunde* (neben: *zu Freundinnen*).

3. In Verbindung mit *Frau* stehen die Titel *Doktor* und *Professor* gewöhnlich in der maskulinen Form:

> *Frau Doktor; Frau Professor; Frau Doktor* Weber; *Frau Professor* Waltraut Weber. Sehr geehrte *Frau Doktor!* Sehr verehrte *Frau Professor* Weber!
> Das hat *Frau Professor* Waltraut Weber als erste festgestellt.

Ohne *Frau* (und außerhalb der Anrede) werden die femininen Formen gebraucht:

> Erika Neßler, *Doktorin* der Rechte, hat ... Waltraut Weber, *Professorin* an der hiesigen Universität, wird ... Sie wurde zur *Professorin* ernannt. Sie ist *Doktorin* der Rechte. Sie kennt als *Professorin* die Fakten sehr genau.

Bei allen anderen Berufsbezeichnungen werden in Verbindung mit *Frau* gewöhnlich die femininen Formen verwendet.

> *Frau Bürgermeisterin, Frau Bürgermeisterin* Klara Meier, *Frau Rechtsanwältin.*

4. Wenn ein deklinierter Komparativ oder Superlativ ein die Zugehörigkeit bezeichnendes Attribut mit einer Personenbezeichnung bei sich hat, stimmt er im Genus normalerweise mit der Personenbezeichnung überein:

> *Der schnellere* von diesen *zwei Sportlern* lief barfuß. *Der schnellste* von den *Sportlern* lief barfuß. *Die schnellere* von diesen *zwei Sportlerinnen* lief barfuß. *Die schnellste* der *Sportlerinnen* lief barfuß. *Das eifrigste* der *Mitglieder* sammelte mehr als 100 Mark.

Bei Personenbezeichnungen mit neutralem Genus kann man sich allerdings gelegentlich auch an das natürliche Geschlecht halten:

> Gert war *der hübscheste* von den Bandmitgliedern. Gisela war *die hübscheste* von den Bandmitgliedern.
> Gisela war *das hübschere/hübscheste* (selten: *die hübschere/hübscheste*) dieser *Mädchen.* Gisela, *das hübschere/hübscheste* (selten: *die hübschere/hübscheste*) dieser *Mädchen* ...

2.9.5 Die Kongruenz zwischen begleitendem Pronomen (Artikel) bzw. attributivem Adjektiv (Partizip) und Bezugssubstantiv

1268 Grundsätzlich gilt: Artikel und begleitende Pronomen stimmen ebenso wie vorangestellte attributive Adjektive und Partizipien mit dem Substantiv, dessen Attribut sie sind, im Genus (sowie im Numerus und im Kasus) überein:

> der Kaffee, die Schokolade, das Wasser; jeder Mann, jede Frau, jedes Kind; heißer Kaffee, heiße Schokolade, heißes Wasser.

Zum attributiven Adjektiv und Partizip siehe auch 476, zum Gebrauch flexionsloser Adjektive 445. Zum Artikel siehe 532 ff., zu den übrigen Begleitern (Pronomen) 542 ff.

In Verbindungen aus Artikel + *Fräulein* (+ Personenname) ist *Fräulein* Kern der ganzen Fügung (vgl. 1120) und bestimmt deshalb das Genus von Artikeln, Pronomen, Adjektiven und Partizipien:

1269

> *Ihr Fräulein* Tochter; *Ihr Fräulein* Schwester; (entsprechend in Verbindung mit Namen:) *das Fräulein* Irmgard; *Liebes Fräulein* Irmgard!, *das Fräulein* Duske; *Liebes Fräulein* Duske!

2.9.6 Die Beziehungskongruenz des Pronomens als Stellvertreter eines Wortes

Wenn ein Pronomen als Stellvertreter gebraucht wird, nimmt es im allgemeinen die grammatischen Merkmale des Wortes an, das es vertritt (Bezeichnung für Person, Sache, Sachverhalt, Vorgang usw.). Man spricht hier von Beziehungskongruenz. Die Beziehungskongruenz betrifft die grammatische Person (1., 2. oder 3. Person), die grammatische Zahl (Singular, Plural) und das grammatische Geschlecht (Maskulinum, Femininum, Neutrum):

1270

1. Zur grammatischen Person: Pronomen, die den Sprechenden vertreten, stehen in der 1. Person; Pronomen, die für den Angesprochenen stehen, erscheinen in der 2. Person. (Für die höfliche Anrede wird das Pronomen der 3. Person Plural verwendet, vgl. 550.) In allen übrigen Fällen haben Stellvertreter das grammatische Merkmal der 3. Person. Formen für die 1. und die 2. Person haben nur das Personal-, das Reflexiv- und das Possessivpronomen.

2. Zum Numerus: Pronomen stimmen mit dem Wort, das sie vertreten, im Numerus überein. Wenn sich Pronomen auf etwas Nichtzählbares beziehen, stehen sie im Singular.[1]

3. Zum Genus: Alle Pronomen der 3. Person Singular sind auch nach dem Genus bestimmt. Dieses richtet sich grundsätzlich nach dem Genus des vertretenen Wortes.

Nicht der Beziehungskongruenz unterworfen ist der Kasus: Er wird von der Konstruktion des Satzes bestimmt, in dem das Pronomen steht.
Beispiele:

> Kannst *du* mir zu essen geben? *Der Vater* ist nicht zu sprechen, *er* schläft. *Die Mutter* ist im Garten; bringe *ihr* bitte die Schaufel! *Unser Kind* ist krank; wir können *es* deshalb an dem Ausflug nicht teilnehmen lassen. *Meine Eltern* haben sich sehr über das Geschenk gefreut, das ich *ihnen* zu Weihnachten machte. *Seine Schwester* und *deren* Verlobter. Folgende Fragen: *Diese* sind: ... *Die Frau*, von *der* ich dir erzählte.

Als Besonderheit ist hier zu beachten: Das Possessivpronomen ist Stellvertreter eines „Besitzers", zugleich aber auch „Begleiter" des Substantivs, dessen Attribut es ist. Es stimmt daher mit dem „Besitzer" in der Person, im Numerus und teilweise auch im Genus (vgl. oben, Punkt 3) überein (= Beziehungskongruenz), was an der Form seines Stamms abgelesen werden kann. Vom nachfolgenden Sub-

---

[1] Ausnahmen von dieser Regel bieten spezifische Sprechweisen wie „*Wie geht es uns denn heute?*" (Krankenschwester zu Patient) oder „*Ja, was machen wir denn da?*" (Mutter zu Kind).

stantiv übernimmt es Kasus, Numerus und Genus, was an seinen Endungen sichtbar wird (vgl. auch 555 f.).

> *Ich* kenne doch *meinen* Freund (*meine* Freunde)! Hast *du dein* Heft (*deine* Hefte) gefunden? *Wir* haben *unsere* Verwandten eingeladen. *Er/Es* kennt *seinen* Freund genau. *Sie* kennt *ihren* Freund genau.

Zur Kongruenz des Possessiv- und des Reflexivpronomens mit dem Subjekt vgl. 1241.

1271 Im Zusammenhang mit der Beziehungskongruenz sind folgende Punkte zu beachten:

1. Wird durch ein Personal- oder Demonstrativpronomen ein Satzglied innerhalb des gleichen Satzes (im Sinne einer „Herausstellung") wiederaufgenommen, dann kongruiert es im allgemeinen auch im Kasus:

> *Das unendliche Leid* der Flüchtlinge, *es* läßt ihn kalt. Und erst *die Fans, sie* waren völlig aus dem Häuschen.

Seltener kommt ein Wechsel der Konstruktion vor und im Zusammenhang damit die Wiederaufnahme in einem anderen Kasus:

> *Die friedlosen Steppenwölfe* ..., die sich zum Unbedingten berufen fühlen und doch in ihm nicht zu leben vermögen: *ihnen* bietet sich ... (Hesse).

2. Ohne Konjunktion aneinandergereihte oder durch kopulative Konjunktionen wie *und* verbundene singularische Substantive werden durch ein pluralisches Personal-, Demonstrativ- oder Relativpronomen wiederaufgenommen:

> *Holger und Kathrin* waren vergnügt, weil *sie* nicht in die Schule zu gehen brauchten. *Ein Heller und ein Batzen, die* waren beide mein.

Der Singular des Pronomens ist in diesen Fällen nur zulässig, wenn die Wortgruppe genusgleiche Substantive enthält und eine Einheit bildet:

> Er zeigte sich loyal gegenüber seinem Präsidenten und *von einer menschlichen Wärme und Herzlichkeit, die* überraschend *wirkte* (Der Spiegel 1966).

Vgl. im übrigen auch die Regeln zur Kongruenz zwischen Subjekt und Finitum (1241–1253).

3. Wenn zwei singularische Bezugswörter durch eine disjunktive (ausschließende) Konjunktion wie *oder* verbunden sind, richtet sich das Pronomen nach dem nächststehenden Substantiv. Es steht dann im Singular und hat das entsprechende Genus:

> Das Buch oder *die Schrift, die* mein Interesse erregte, habe ich leider nicht erhalten. Entweder ein einzelnes Wort oder *die ganze Wendung, die* ihm zu Ohren kam, hatte ihn verletzt.

4. Wenn einem Substantiv eine Apposition folgt, die ein anderes Genus hat, richtet sich das Genus des folgenden Relativpronomens danach, welchem der beiden Substantive das Hauptgewicht zukommt oder mit welchem der beiden Substantive sich der Inhalt des Relativsatzes am ehesten verbindet:

> Unser Kunde, *die Firma Meier, die* uns diesen Auftrag vermittelt hat ...

In diesem Fall liegt das Hauptgewicht des Satzes auf der Bezeichnung der Firma. Der Bezug auf *Kunde (Unser Kunde, die Firma Meier, der uns diesen Auftrag vermittelt hat ...)* ist in diesem Fall grammatisch auch korrekt, aber weniger üblich. Ähnlich ist auch folgender Satz zu beurteilen:

> Es gab *eine Art* Brei, *die* ich nicht kannte.

Der Relativsatz bezieht sich inhaltlich stärker auf *Art* als auf *Brei*, deshalb der Anschluß mit *die*. Bezöge sich hingegen der Relativsatz inhaltlich stärker auf Brei, wäre auch Anschluß mit *der* möglich:

> Es gab eine Art *Brei, der* mir sehr gut schmeckte.

5. Mit den neutralen Singularformen vieler Pronomen ist Bezug auf Substantive möglich, unabhängig davon, welches Genus oder welchen Numerus diese aufweisen. Oft ist damit eine zusammenfassende oder auch vereinzelnde Funktion verbunden:

> Sie hält sich für eine *Künstlerin*, ohne *es (das, dies)* zu sein.
>
> (Zusammenfassend:) Früh übt sich, *was* ein Meister werden will.
>
> (Vereinzelnd:) *Die Messer und die Gabeln* stechen, drum rühre *keins* von beiden an!
> *Fundevogel und Lenchen* hatten einander so lieb, daß, wenn *eins das andere* nicht sah,
> *es* traurig war (Grimm).

Bei Nennung mehrerer Personen mit verschiedenem Geschlecht steht heute aber meist die maskuline Form des Pronomens:

> *Die Professorin und ihr Assistent* unterschrieben, *jeder* war zufriedengestellt.

6. Trotz vorausgehenden Singulars steht gelegentlich das Pronomen im Plural, wenn entweder eine Verallgemeinerung ausgedrückt werden soll oder der Singular kollektive Bedeutung hat (Konstruktion nach dem Sinn). Der Singular ist natürlich auch möglich:

> Der Fremde trug *ein Gewand,* wie *sie* bei Zirkusleuten üblich sind. ... einen blanken,
> niedrigen *Hut,* wie ich *solche* an unseren Droschkenkutschern zu sehen gewohnt war
> (R. Huch).

7. Bezieht sich ein Relativpronomen auf das neutrale Gleichsetzungsglied *es,* dem ein Personalpronomen als Subjekt gegenübersteht, dann wird nicht die neutrale, sondern entsprechend dem natürlichen Geschlecht die maskuline oder die feminine Form gewählt:

> *Ich* bin es, *der* (oder: *die*) das getan hat.

8. Wird ein einzelner oder ein einzelnes aus einer Gesamtheit herausgehoben und schließt sich ein Relativsatz an das die Gesamtheit bezeichnende Wort an, dann steht das Pronomen dieses Relativsatzes nicht im Singular, sondern im Plural:

> Er war *einer der ersten, die* das taten (und nicht: *der* das tat). Er war damals *einer der*
> *letzten, die* sich ergaben (und nicht: *der* sich ergab).

9. Bezieht sich ein Personal-, Demonstrativ-, Relativ- oder Possessivpronomen auf ein Substantiv mit neutralem Genus, das eine Person bezeichnet, dann tritt heute in der Regel grammatische Kongruenz ein:

> Was macht Ihr *Söhnchen?* Ist *es* noch krank? – *Das Mädchen, das* mir vor einiger Zeit
> aufgefallen war, lief gerade über die Straße. Ein kleines, schwarzes *Männlein, welches*
> auf der Bank an der anderen Seite der Tür saß ... (Raabe).
>
> (Veraltet:) Bitte, grüßen Sie *das gnädige Fräulein, die* so gut ist ... (Fontane). Als mich
> *das Mädchen* erblickt, trat *sie* den Pferden näher (Goethe).

Nur wenn das Pronomen in einem langen Satz oder im folgenden Satz weiter entfernt steht, richtet es sich in seinem Genus nach dem natürlichen Geschlecht:

> Ein ... *Mädchen* ... strich dicht an Hans Castorp vorbei, indem *es* ihn fast mit dem Arme
> berührte. Und dabei pfiff *sie* ... (Th. Mann). ... stürzten sich auf *das Mädchen, das* in der
> Ecke stand, und drohten *ihr* mit Erschießen (Quick).

Tritt *Fräulein* ohne Artikel vor einen Namen, dann zeigt das Pronomen feminines Genus. Die Anrede bildet mit dem Eigennamen eine Einheit, wobei der Eigenname Kern der Fügung und damit für das Genus des Ganzen maßgebend ist (vgl. dazu auch 1269):

> *Fräulein Becker* wird sich durch *ihren* Personalausweis ausweisen. *Sie* ist berechtigt ...
> *Fräulein Lieschen Wendriner* übt etwas, was *sie* nie lernen wird ... (Tucholsky).

Immer tritt grammatische Kongruenz ein, wenn ein feminines Substantiv einen Mann bezeichnet:

> *Eine Mannsperson, deren* Kleidung sich nicht deutlich erkennen ließ.

2.9.7 Die Kongruenz im Numerus beim Bezug einer Sache auf eine Mehrzahl von Personen

1272 Das Substantiv für einen Körperteil oder eine Sache (Konkretum oder Abstraktum), die sich in gleicher Weise auf eine Mehrzahl vor allem von Personen bezieht, kann im Singular stehen. Dieser Singular hat distributive Bedeutung (vgl. 364). Der Plural ist hier selten:

> *Die Herren* zündeten sich *eine Zigarre* an (Ompteda). *Alle* hoben *die rechte Hand. Haltet den Kopf* gerade! *Viele* haben *ihr Leben* dabei verloren. Auf *den Titelseiten der Illustrierten* erschien ihr Bild. ... *alle* drehten *ihren Kopf* (Frisch). (Aber auch:) *Alle Nachbarn* drehten sofort *ihre Köpfe.*

Diese (rein grammatische) Regel gilt nicht, wo es um inhaltliche Unterscheidungen geht:

> *Die Antragsteller* werden gebeten, *das ausgefüllte Formular/die ausgefüllten Formulare* rechtzeitig einzureichen.

Hier bezeichnet der Plural *die ausgefüllten Formulare,* daß jeder Antragsteller mehrere Formulare einreichen soll.

3 Der zusammengesetzte Satz

3.1 Allgemeines

1273 Ein zusammengesetzter Satz ist ein Satz, der aus mehreren Teilsätzen besteht (vgl. 1047 ff.). Man unterscheidet zwei verschiedene Formen des zusammengesetzten Satzes: die Satzverbindung (oder Satzreihe) und das Satzgefüge. Eine Satzverbindung besteht aus mindestens zwei selbständigen Teilsätzen, ein Satzgefüge aus mindestens *einem* Hauptsatz und *einem* Nebensatz.

1274 Gegenstand der Syntax des zusammengesetzten Satzes ist das wechselseitige Verhältnis der Teilsätze im zusammengesetzten Satz. Dabei ist von besonderem Interesse das Verhältnis von Hauptsatz und Nebensatz im Satzgefüge; es läßt sich am besten vom Nebensatz her in den Blick nehmen und kann unter drei verschiedenen Gesichtspunkten beschrieben werden:

1. unter formalem Gesichtspunkt;
2. unter dem Gesichtspunkt der Funktion, speziell: des Satzgliedwerts des Nebensatzes für den Hauptsatz;

3. unter dem Gesichtspunkt der inhaltlichen Beziehung zwischen Hauptsatz und Nebensatz (die normalerweise am Nebensatz erkennbar ist).

Im Folgenden sollen alle drei Gesichtspunkte berücksichtigt werden. Dabei wird der dritte das Hauptgewicht erhalten.

3.1.1 Die formale Ordnung der Nebensätze

Für eine Ordnung unter formalem Gesichtspunkt ist die Nebensatzeinleitung (das Einleitewort) und die Stellung des finiten Verbs ausschlaggebend. Danach ergeben sich folgende ausgebildete Nebensätze (Nebensätze mit Personalform):

1275

1. **Konjunktionalsätze:**
Konjunktionalsätze sind Nebensätze, die durch eine unterordnende Konjunktion (vgl. 692 ff.) eingeleitet werden; das finite Verb steht im Konjunktionalsatz in Endstellung, nur nach *als* (im Sinne von *als ob*) in Zweitstellung:

> *Wie ein Mitarbeiter der NASA angab,* ist mit dem nächsten Flug der Weltraumfähre erst in einem Jahr zu rechnen. Die Verzögerung hängt damit zusammen, *daß der Schutzschild der Fähre völlig erneuert werden muß. Obwohl alle vorhandenen Kräfte eingesetzt werden,* wird es nicht schneller gehen. Er rannte, *als ginge es um sein Leben.*

2. **Pronominalsätze:**
Pronominalsätze sind Nebensätze, die durch Relativ- und Interrogativpronomen (vgl. 568 ff.) oder entsprechende Pronominaladverbien (vgl. 626 ff.) eingeleitet werden. Auch hier steht das finite Verb in Endstellung:

> Wir organisieren Badeferien, *die auch die Möglichkeit zum Sprachstudium geben. Wer an den Sprachstudien teilnimmt,* kann ein Diplom erwerben. *Mit welchen Anforderungen das verbunden ist und worauf besonderes Gewicht gelegt wird,* ist dem beigelegten Faltblatt zu entnehmen.

3. **Uneingeleitete Nebensätze:**
Uneingeleitete Nebensätze sind Nebensätze, die kein spezifisches Einleitewort haben, also weder durch eine Konjunktion noch durch ein Pronomen oder ein Pronominaladverb eingeleitet werden. Sie kommen entweder mit Zweitstellung oder mit Spitzenstellung des finiten Verbs vor:

> Sie sagte, *sie sei der Aufgabe gewachsen. 48 Kilogramm Gold habe der Fahrer eines Lastzugs unter seinem Sitz versteckt,* teilte das Zollamt Salzburg mit. *Führe man keine strengeren Kontrollen ein,* sei dem Schmuggel nicht beizukommen.

Zu den ausgebildeten Nebensätzen treten als Nebensatzäquivalente noch der Infinitivsatz und der Partizipialsatz (vgl. dazu 1049).

3.1.2 Die funktionale Ordnung der Nebensätze

Einer Einteilung unter funktionalem Gesichtspunkt liegt folgende Überlegung zugrunde: Satzgefüge können wie einfache Sätze der Satzgliedanalyse unterzogen werden. Eine solche Analyse kann man für jeden Teilsatz gesondert vornehmen; man kann aber auch den Satzgliedwert des Nebensatzes insgesamt für den Hauptsatz berücksichtigen. So steht z. B. in dem Satz *Wer andern eine Grube gräbt, fällt selbst hinein* der Nebensatz *Wer andern eine Grube gräbt* insgesamt an der Stelle des Subjekts des Hauptsatzes. In gleicher Weise können Nebensätze an der Stelle von anderen Satzgliedern oder von Teilgliedern (Attributen) stehen. Im einzelnen bestehen hier folgende Möglichkeiten:

1276

Der Nebensatz steht als	Beispiele
Subjekt	Kann befreien, *wer selbst unterworfen ist?* *Daß du mir schreiben willst,* freut mich besonders. *Ob er kommt,* ist völlig ungewiß. *Euch zu helfen* ist mein größter Wunsch. Nun trat in Erscheinung, *wie stark die Regierung war.*
Gleichsetzungs-nominativ	Er ist heute, *was ich vor fünf Jahren war.*
Gleichsetzungs-akkusativ	Ich nenne ihn auch heute, *was ich ihn schon früher genannt habe,* (nämlich einen Lügner).
Akkusativobjekt	Sie erläuterte, *woran er gestorben sein soll.* Er sah, *wie sie auf ihn zukam.* Ich weiß nicht, *ob sie kommt.* Ich weiß nicht, *kommt sie oder kommt sie nicht.* Ich weiß, *daß du ein Künstler bist.* Er sagte, *er sei krank gewesen.* Er sagte: *„Ich bin krank gewesen."* Sie beschloß, *eine kleine Atempause einzulegen.*
Dativobjekt	Ich konnte nur zusehen, *wie die Überschwemmung zurückging.*
Genitivobjekt	Er brüstete sich, *daß er unschlagbar sei.* Ich erinnere mich, *daß sie weiße Haare hatte.* Ich erinnere mich nicht mehr, *ob ich sie wirklich gesehen habe.* Sie darf sich rühmen, *das entdeckt zu haben.*
Präpositional-objekt	Er erkundigte sich, *was ich im Theater gesehen habe.* Er war glücklich, *daß sie plötzlich lächelte.* Ich zweifle, *ob dieser Versuch gelingt.* Er war erstaunt, *wie klein sie war.* Ich bitte dich, *das nicht zu glauben.*
Adverbiale Bestimmung	*Wo früher Wiesen waren,* stehen jetzt Häuser. *Als es dunkel geworden war,* gingen wir nach Hause. Sie wagten sich nicht herein, *weil sie sich fürchteten.* *Seid ihr aufgeregt,* dann gelingt euch gar nichts. *Aus dem Dunkel heraustretend,* stand er geblendet im Sonnenlicht.
Attribut	Hunde, *die bellen,* beißen nicht. Die Ungewißheit, *ob sie kommt,* beunruhigt mich. Er hat den Fehler, *daß er jeden Tag in die Kneipe geht.* Er hat den Fehler, *jeden Tag in die Kneipe zu gehen.* Oft erschienen mir Gestalten, *wie ich sie im Traum gesehen habe.* Das geschah zu der Zeit, *als man noch zu Pferde ritt.* Der Auftrag, *das Gesamtwerk zu übersetzen,* war zu schwierig. Albrecht Dürer, *gestorben 1528,* war für Humanismus und Reformation gleichermaßen aufgeschlossen.

Unter Berücksichtigung dieser Möglichkeiten unterscheidet man Subjektsätze, Objektsätze, Adverbialsätze und Attributsätze. Ein fester Name für Nebensätze, die an der Stelle eines Gleichsetzungskasus stehen, hat sich nicht eingebürgert; man könnte sie Prädikativsätze nennen. Nebensätze, die an der Stelle eines Satzgliedes stehen, nennt man zusammenfassend auch Gliedsätze[1].

[1] Der Terminus *Gliedsatz* wird heute allerdings uneinheitlich verwendet. Anders als im oben verwendeten Sinn steht er oft für nichts anderes als *Nebensatz*.

3.1.3 Die inhaltliche Ordnung der Nebensätze

Eine Einteilung unter inhaltlichem Gesichtspunkt hat sich an der Beziehung bzw.   1277
dem Verhältnis zu orientieren, das zwischen den Teilsätzen eines Satzgefüges besteht (z. B. Kausalität, Finalität usw.). Eine solche Beziehung wird zwar nicht
durch den Nebensatz hergestellt; sie ist aber an ihm (vor allem am spezifischen
Einleitewort) besonders gut zu erkennen. Damit hängt zusammen, daß die Nebensätze oft nach den Beziehungen geordnet und benannt werden, die zwischen
beiden Teilsätzen herrschen. Am Beispiel: Zwischen den Teilsätzen des folgenden
Satzgefüges besteht eine Beziehung der Kausalität. Das ist der Grund dafür, daß
der Nebensatz in diesem Satzgefüge als Kausalsatz bezeichnet wird:

> *Da er völlig entkräftet war,* gab er das Rennen auf.

In diesem Sinne werden dann weitere inhaltliche Bestimmungen vorgenommen[1]:
- Kausalsatz
- Konditionalsatz
- Finalsatz
- Konsekutivsatz
- Konzessivsatz
- Adversativsatz
- Temporalsatz
- Modalsatz
- Indirekte Rede
- Indirekter Fragesatz
- Relativsatz

Die folgende Darstellung der inhaltlichen Beziehungen im zusammengesetzten
Satz beschränkt sich nicht auf diese (grobe) Ordnung der Nebensätze, sondern
faßt den Beziehungswert (kategorialen Wert) zwischen Teilsätzen im zusammengesetzten Satz insgesamt ins Auge, d. h. nicht nur im Satzgefüge, sondern auch in
der Satzverbindung: Kausalität z. B. liegt ja nicht nur in zusammengesetzten Sätzen wie dem vor, den wir als Beispiel herangezogen haben, sondern in der ganzen
folgenden Reihe:

  a) Da er völlig entkräftet war, gab er das Rennen auf.
  b) Er war völlig entkräftet, weswegen er das Rennen aufgab.
  c) Er war völlig entkräftet, deswegen gab er das Rennen auf.
  d) Er gab das Rennen auf, denn er war völlig entkräftet.
  e) Er gab das Rennen auf, er war völlig entkräftet.

Im Folgenden soll es also um die Beschreibung der unterschiedlichen kategorialen Werte gehen, wie sie zwischen Teilsätzen vorkommen – unabhängig von ihrer
Erscheinungsform. Dabei wird jeweils von der Zuordnung von Hauptsatz und
Nebensatz ausgegangen, wie sie Beispiel (a) realisiert; anschließend folgen knap-
pere Ausführungen zu den durch die Beispiele (b–e) illustrierten Möglichkeiten,
wobei sich die Abfolge der Darstellung an der Wichtigkeit bzw. Üblichkeit der
einschlägigen Konjunktionen und anderen Verknüpfungsmittel orientiert[2]. Was

---

[1] Daß diese Bestimmungen sich nicht auf einheitliche Kriterien berufen können (wohl aber auf
     eine alte Tradition), ist öfter herausgestellt worden. Vgl. z. B. W. Boettcher/H. Sitta: Deutsche
     Grammatik III. Zusammengesetzter Satz und äquivalente Strukturen. Frankfurt/M. 1972;
     G. Helbig: Probleme der Subklassifizierung der deutschen Nebensätze nach Form und Inhalt.
     In: Deutsch als Fremdsprache 19 (1982), S. 202–212.
[2] Die Darstellung folgt im grundsätzlichen dem Ansatz von W. Boettcher/H. Sitta a. a. O. (vgl.
     Anm. 2 zu 1277).

zum kategorialen Wert von Beziehungen zwischen Teilsätzen in der Satzverbindung gesagt wird, ist dann auch übertragbar auf die Beziehung zwischen einfachen Sätzen: In inhaltlich-kategorialer Hinsicht ist es ja unwichtig, ob zwischen Sätzen ein Komma, ein Semikolon oder ein Punkt steht.[1]

3.1.4 Zum Aufbau der Darstellung

1278 Um einer übersichtlichen Darstellung willen gliedern wir den Gesamtbereich der Teilsatzbeziehungen im Satzgefüge in drei Teilbereiche:

1. In einer ersten Gruppe fassen wir die Satzgefüge zusammen, in denen die Nebensätze durch Relativpronomen oder Relativpartikeln eingeleitet werden sowie Hauptsatz und Nebensatz über eine gemeinsame Stelle miteinander verbunden sind (für eine detailliertere Bestimmung vgl. 1279). Diese Nebensätze nennen wir Relativsätze.

2. In einer zweiten Gruppe werden alle die Satzgefüge zusammengefaßt, in denen die Nebensätze entweder durch ein Fragepronomen oder eine Fragepartikel oder durch *daß* eingeleitet werden. Dazu kommt eine Reihe von Satzgefügen mit Nebensätzen, die zwar nicht durch *daß* angeschlossen werden, aber leicht einen solchen Anschluß erhalten könnten (für eine detailliertere Bestimmung vgl. 1292). Wir nennen diese Sätze Inhaltssätze (oft nennt man sie auch Ergänzungssätze).

3. Die dritte Gruppe umfaßt alle Satzgefüge, die nicht in die Relativbeziehungen und nicht in die Inhaltsbeziehungen gehören. Die Teilsätze sind hier nicht über ein beiden gemeinsames Element miteinander verknüpft; ihre Anschlußmittel sind anders und vielfältiger als bei den Inhaltsbeziehungen, und Ersetzbarkeit durch einen *daß*-Anschluß ist kaum gegeben. Nach ihrem Satzgliedwert gehören hier die meisten Nebensätze zu den Adverbialsätzen. Wir bezeichnen diese Nebensätze als Verhältnissätze (oft heißen sie auch Angabesätze). Für eine detailliertere Bestimmung vgl. 1320 ff.

Da es in der folgenden Darstellung nicht um die Klassifizierung von Nebensätzen geht, sondern um eine Beschreibung der jeweiligen Beziehung zwischen Teilsätzen im zusammengesetzten Satz insgesamt, müßte man korrekterweise von Relativbeziehungen, Inhaltsbeziehungen und Verhältnisbeziehungen sprechen. Weil aber der spezielle Wert der Satzverknüpfung besonders deutlich an den einzelnen Nebensätzen ablesbar ist und weil Beispiele mit Satzgefügen im Zentrum stehen, überschreiben wir die folgenden Kapitel abkürzend mit Relativsätze, Inhaltssätze und Verhältnissätze.

3.2 Relativsätze

3.2.1 Allgemeines

1279 Ein Relativsatz ist ein Nebensatz, der durch ein Relativpronomen (vgl. 568 ff.) oder eine Relativpartikel (Relativadverb vgl. 605 ff.) eingeleitet ist; grundsätzlich (zu der Einschränkung vgl. 1286 f.) ist für die Relativbeziehung charakteristisch, daß Hauptsatz und Nebensatz durch eine beiden Teilsätzen gemeinsame Stelle miteinander verbunden sind. Diese Stelle ist im Nebensatz durch das Relativpro-

---

1 Vgl. dazu auch Kap. 5.

nomen oder die Relativpartikel besetzt; im Hauptsatz kann die Stelle besetzt sein oder auch nicht. Je nachdem nimmt der Nebensatz die Position eines Satzglieds oder Gliedteils (Attribut) ein. Inhaltlich ordnet der Relativsatz dem Satzglied im übergeordneten Satz (bzw. der Satzgliedposition) eine nähere Bestimmung zu. Relativpronomen sind *der, die, das; welcher, welche, welches; wer, was.* Relativpartikeln sind z. B. *wo, wie, wohin, woher, wodurch.* Relativsätze, die durch Relativpartikeln eingeleitet sind, lassen sich ohne Veränderung des Sinns in pronominal eingeleitete Relativsätze überführen:

> Sie verhält sich *[so], wie* man sich im Kindergarten verhält.
> Sie verhält sich *in der Weise, in der* man sich im Kindergarten verhält.

Die Einleitewörter des Relativsatzes besetzen die erste Stelle im Satz; nur eine Präposition kann sie von dort an die zweite Stelle verdrängen:

> Der Fluß, *der* Hochwasser führte, ...
> Der Fluß, in *dem* noch viele Fische leben, ...

Die oben angesprochene charakteristische Gemeinsamkeit einer Stelle können die folgenden Beispiele belegen:

> Ich erfuhr lediglich *[das], was* er auch schon erfahren hat.
> Sie verhält sich *[so], wie* man sich im Kindergarten verhält.
> *Wodurch* wir belästigt wurden, *dadurch* werdet auch ihr belästigt werden.
> Der Besuch kam gerade *(da), als* wir ihn schon nicht mehr erwarteten.
> *Wo* sonst Kinder herumtollen, *[dort]* ist es jetzt leer.

Relativsätze können (für die Konstruktion des Satzgefüges) n o t w e n d i g oder   1280
n i c h t n o t w e n d i g sein. Notwendig ist ein Relativsatz dann, wenn durch seine Tilgung bzw. durch Nichtbesetzung der Stelle, die er innehat, ein ungrammatischer Satz entsteht. Notwendiger Anschluß liegt danach z. B. in folgendem Satzgefüge vor:

> Sie verhält sich, wie man sich im Kindergarten verhält.

Die Stelle, die der Relativsatz besetzt, kann hier nicht unbesetzt bleiben (nicht möglich: *Sie verhält sich*).
Nicht notwendig wäre der Relativsatz in folgendem Beispiel:

> Sie verhält sich kindisch, *wie man sich im Kindergarten verhält.*

Nur Satzgefüge mit nicht notwendigen Relativsätzen können – bei strenger Bindung an den Ausgangssinn – in eine Satzverbindung umgeformt werden. Man kann daraus geradezu ein Kriterium für die Unterscheidung von notwendigem und nicht notwendigem Anschluß ableiten. Ist eine Umformung möglich, handelt es sich um einen nicht notwendigen Relativsatz; ist sie hingegen nicht möglich, so ist der Relativsatz notwendig:

> Sie verhält sich kindisch; so verhält man sich im Kindergarten.
> (Aber nicht:) Sie verhält sich; so verhält man sich im Kindergarten.

Nicht notwendig sind auch die Relativsätze, die als w e i t e r f ü h r e n d e R e l a t i v -
s ä t z e bezeichnet werden:

> Wir wollten unsere Lehrerin besuchen, *die aber nicht zu Hause war.*
> Er suchte eine Telefonzelle, *die er schließlich auch fand.*

Normalerweise sind in Satzgefügen mit weiterführenden Relativsätzen Sachverhalte aufeinander bezogen, die inhaltlich recht unabhängig voneinander sind:

> Wenn wir wüßten, wie Kriege entstehen, so hätten wir eine allumfassende Welterklärungsformel, *die es wohl nie geben wird* (Augstein).

Bei dieser Weiterführung muß man darauf achten, daß die beiden Teilsätze durch ein (in den Relativsatz) eingefügtes *aber, dann, denn, auch* o. ä. hinreichend voneinander abgesetzt sind, damit die zeitliche Folge oder der Gegensatz deutlich wird:

> (Nicht:) Er öffnete den Schrank, dem er einen Anzug entnahm. (Sondern:) Er öffnete den Schrank, dem er *dann* einen Anzug entnahm. (Oder:) Er öffnete den Schrank und entnahm ihm einen Anzug. (Nicht:) Sie machte einen Versuch, der restlos scheiterte. (Sondern:) Sie machte einen Versuch, der *aber* restlos scheiterte.

Unproblematisch ist dagegen der einfache weiterführende Anschluß mit der Relativpartikel *wo:*

> Ich komme eben aus der Stadt, *wo* ich Zeuge eines Unglücks gewesen bin.

Wo man den Informationsbeitrag von Relativsätzen ins Auge faßt, unterscheidet man auch f r e i e, b e s c h r e i b e n d e von u n t e r s c h e i d e n d e n Relativsätzen.[1] Letztere stehen in engerer Verbindung mit ihrem Bezugswort im Hauptsatz; sie werden daher, wenn sie unmittelbar auf ihr Bezugswort folgen, oft ohne wahrnehmbare Sprechpause angeschlossen:

> Waren, *die im Preis herabgesetzt sind,* werden nicht zurückgenommen.

1281 In Satzgefügen mit notwendigen Relativsätzen sind im Hauptsatz verschiedene sprachliche Mittel des Verweises auf den Nebensatz möglich; man kann hier neutrale (in der Regel Partikeln) von eher charakterisierenden (in der Regel Substantive) unterscheiden. Beide sind auch miteinander kombinierbar. An einem Beispiel demonstriert:

> Wo er jemanden traf, blieb er stehen.

Mögliche Verweiselemente sind hier:

1. wiederaufnehmend (neutral):

> Wo er jemanden traf, *dort* blieb er stehen.

2. vorwegnehmend (neutral):

> *Dort,* wo er jemanden traf, blieb er stehen.

3. wiederaufnehmend + vorwegnehmend (neutral):

> *Dort,* wo er jemanden traf, *dort* blieb er stehen.

4. wiederaufnehmend (charakterisierend):

> *Wo* er jemanden traf, *an der Stelle* blieb er stehen.

5. vorwegnehmend (charakterisierend):

> *An der Stelle,* wo er jemanden traf, blieb er stehen.

6. wiederaufnehmend + vorwegnehmend (charakterisierend):

> *An der Stelle,* wo er jemanden traf, *an jeder Ecke* blieb er stehen.

In dem letzten Beispiel sind allerdings bereits die Grenzen des stilistisch Zulässigen erreicht.

1282 Die gemeinsame Stelle, über welche Relativsätze mit ihren übergeordneten Sätzen verbunden sind, hat eine je bestimmte Grundprägung. Man kann hier unterscheiden:

---

1 Vgl. J. Erben: Deutsche Grammatik. Ein Abriß. München [12]1980, S. 293.

- Uncharakterisiertheit/Offenheit (vgl. 1283)
- Modalität (vgl. 1284)
- Lokalität (vgl. 1285)
- Kausalität, Instrumentalität, Temporalität (vgl. 1286)

Über diese Grundprägung hinaus können Relativsätze Zusatzcharakteristiken aufweisen, die die jeweilige Grundprägung aber nicht außer Kraft setzen. Solche Zusatzcharakteristiken sind etwa die der Beliebigkeit und die der Potentialität bzw. Irrealität:

> Sie nahm, was man ihr gab. – Sie nahm, was *auch immer* man ihr gab.
> Er sang, wo er sich befand. – Er sang, wo *auch immer* er sich befand.

Die Zusatzprägung „Beliebigkeit" erfolgt über das *(auch) immer.*

> (Ich kenne ein wirksames Mittel): Dieses Mittel wäre sofort in der Apotheke zu bekommen – Ich kenne ein wirksames Mittel, das sofort in der Apotheke zu bekommen wäre.

Die Zusatzprägung „Potentialität/Irrealität" wird durch den Konjunktiv II signalisiert.

3.2.2 Die Relativsätze im einzelnen

Am häufigsten sind die (inhaltlich) u n c h a r a k t e r i s i e r t e n R e l a t i v s ä t z e. Bei ihnen ist die beiden Teilsätzen gemeinsame Stelle nicht in irgendeine Richtung speziell bestimmt. Einleitewort im Nebensatz ist ein Relativpronomen. Der Relativsatz kann notwendig oder nicht notwendig sein. Notwendig ist er in Beispielen wie dem folgenden: 1283

> *Wer diese Auffassung vertritt,* ist ein Verbrecher.

Nicht notwendig ist er in folgendem Beispiel:

> Volker, *der gern angelt,* hat gestern zwei Fische gefangen.

Umformung eines relativen Satzgefüges in eine Satzverbindung ist nur bei nicht notwendigem Relativsatz möglich. Sie lautete:

> Volker – er angelt gern – hat gestern zwei Fische gefangen.

Wenn die beiden Teilsätzen gemeinsame Stelle modal – und zwar im Sinne einer Vergleichsbeziehung – geprägt ist, spricht man von m o d a l e n R e l a t i v s ä t z e n. Hier bestehen verschiedene Möglichkeiten: 1284

1. Es geht um den Ausdruck von Gleichheit. Der Relativsatz kann notwendig oder nicht notwendig sein. Notwendig ist er in Satzgefügen wie den folgenden:

> Sie verhält sich, *wie sie es gelernt hatte.* Wir möchten ein Boot, *wie sie es haben.*

Um einen nicht notwendigen Relativsatz handelt es sich dagegen im nächsten Beispiel:

> Sie handelte sehr anständig, *wie sie es gelernt hatte.*

Die gleiche Beziehung kann in einer Satzverbindung so ausgedrückt werden:

> Sie handelte sehr anständig; so hatte sie es gelernt.

2. Im Rahmen der relativischen Vergleichsbeziehungen können zwei Sachverhalte auch als „unterschiedlich" charakterisiert werden, und zwar als „insgesamt unterschiedlich" („anders") oder als „im einzelnen bestimmbar unterschiedlich"; im Fall der globalen Unterschiedlichkeit gilt die Konstruktion *anders als;* im Fall

der im einzelnen bestimmbaren Unterschiedlichkeit gibt es verschiedene Möglichkeiten, die sich nicht aus der Grammatik, sondern aus dem Wortschatz herleiten. Im Satzgefüge kommen hier nur notwendige Relativsätze vor:

Global: Sie handelte anders, *als sie es gelernt hatte.* Einzeln bestimmbar: Sie handelte weniger anständig, *als wir es erwartet hatten.*

3. Oft wird die relativische Vergleichsbeziehung gleichsam erweitert um ein Bedingungselement. Als Konjunktionen kommen hier vor: *als* (mit unmittelbar folgendem Finitum), *als ob, als wenn* (selten), *wie wenn.* Normalerweise steht in den Teilsätzen, die durch diese Konjunktionen eingeleitet werden, der Konjunktiv II, seltener (ohne erkennbaren Bedeutungsunterschied) der Konjunktiv I, noch weniger der Indikativ:

Er läuft, als ginge (gehe, geht) es um sein Leben.
Er läuft, als ob (wie wenn, als wenn) es um sein Leben ginge (gehe, geht).

Bei Infinitivgruppen mit *wie um ... zu* kommt ein finales Element hinzu:

Er ballt die Faust, wie um zu drohen. (= Er ballt die Faust, als ob er drohen wollte.)

Der Wert dieser Beziehungen kann durch folgende Umformung verdeutlicht werden:

Er läuft, wie er laufen würde, wenn es um sein Leben ginge.
Er ballt die Faust, wie er sie ballen würde, wenn er drohen wollte.

Für die sprachlichen Mittel der relativischen Vergleichsbeziehung gilt: Wenn es um den Ausdruck von Gleichheit geht, steht *wie;* wenn es um Ungleichheit geht, wählt man *als:*

Ilse ist mindestens so schön, wie es ihre Mutter im gleichen Alter war.
Ilse ist weitaus schöner, als es ihre Mutter im gleichen Alter war.

Die Konjunktion *als* steht aber auch bei Gleichheit, wenn es sich um die festen Verbindungen *als ob* und *als wenn* handelt oder wenn das Finitum unmittelbar auf *als* folgt.

1285 Ist die beiden Teilsätzen gemeinsame Stelle lokal geprägt, spricht man von l o k a - l e n   R e l a t i v s ä t z e n. Es geht hier um die Bestimmung eines Ortes. Lokale Relativsätze können notwendig sein:

Er stand noch immer, *wo sie ihn verlassen hatte.*

Sie können auch nicht notwendig sein:

Er stand noch immer am Strand, *wo sie ihn verlassen hatte.*

Die äquivalente Formulierung in der Form der Satzverbindung lautet hier:

Er stand noch immer am Strand; dort hatte sie ihn verlassen.

1286 Innerhalb von Relativbeziehungen sind schließlich auch kategoriale Werte ausdrückbar, die eher bei den Verhältnissätzen anzusiedeln sind, zumindest dort deutlicher grammatikalisiert sind: Kausalität (vgl. dazu 1325), Instrumentalität (vgl. dazu 1344) und Temporalität (vgl. dazu 1328–1332): Zu den Relativbeziehungen gehören die Konstruktionen, in denen – bei formal relativischer Konstruktion – die den beiden Teilsätzen gemeinsame Stelle inhaltlich k a u s a l, i n - s t r u m e n t a l oder t e m p o r a l geprägt ist:

(Kausale Prägung/Notwendiger Relativsatz:) Er kam deswegen nicht, *weswegen auch ich nicht kam.*

(Kausale Prägung/Nicht notwendiger Relativsatz:) Er kam wegen des schlechten Wetters nicht, *weswegen auch ich nicht kam.*

(Instrumentale Prägung/Notwendiger Relativsatz:) *Wodurch sie Bewunderung erregte,* dadurch hatte schon ihre Mutter gewirkt.

(Instrumentale Prägung/Nicht notwendiger Relativsatz:) Ihre Mutter hatte durch ihre Klugheit gewirkt, *wodurch auch sie Bewunderung erregte.*

Unter spezielleren Bedingungen stehen die temporal bestimmten Gefüge: Sie folgen einerseits Gesetzen, die für relative Beziehungen gelten; andererseits haben sie charakteristische Besonderheiten mit Satzgefügen aus dem Verhältnissatzbereich gemeinsam. Zu ersterem gehört, daß Temporalsätze in uncharakterisierte Relativsätze (vgl. 1283) umgeformt werden können, wie das folgende Beispiel zeigt:

Der Vortrag beginnt, *wenn alle Platz genommen haben.* – Der Vortrag beginnt in dem Moment, *in dem alle Platz genommen haben.*

Zu letzterem gehört, daß bei manchen temporalen Satzgefügen, wenn man die Teilsatzinhalte umgekehrt auf Hauptsatz und Nebensatz verteilt, Satzgefüge möglich werden, die bei den übrigen Relativbeziehungen völlig ausgeschlossen sind:

Nachdem sie ausgetrunken hatte, ging sie nach Hause. – Sie trank aus, worauf sie nach Hause ging.

Im letzten Beispielssatz sind – anders als in den bisher besprochenen Beispielen – die beiden Teilsätze des relativen Satzgefüges nicht über eine gemeinsame Stelle miteinander verbunden. Das kann eine Umformungsprobe erweisen:

Sie trank aus, worauf sie nach Hause ging.
(Aber nicht:) Sie trank darauf aus; darauf ging sie nach Hause.

Unter Berücksichtigung der hier vorliegenden Bedingungen (und weil es praktisch ist, die temporalen Beziehungen zusammen an *einer* Stelle zu behandeln) wird auf die temporalen Satzgefüge insgesamt bei der Darstellung der Verhältnissätze eingegangen (vgl. 1326–1330 ff.).

Das Problem der Abgrenzung von Relativsätzen

Wir sind im letzten Abschnitt darauf gestoßen, daß es Satzgefüge gibt, deren Nebensätze zwar durch Relativpronomen bzw. -partikeln eingeleitet sein können, daß Haupt- und Nebensatz aber nicht über eine beiden gemeinsame Stelle miteinander verbunden sind. Das gilt auch für Beispiele wie sie sich in den folgenden Sätzen finden.   **1287**

Er hat es versprochen, *was mich gefreut hat.*
Es hat alles seine Ordnung, *wie sie sagt.*
Es wird eine Baustelle eingerichtet, *weswegen es eine Umleitung gibt.*
Du bist zu spät gekommen, *wofür du eine Runde zahlen mußt.*
Er hatte die Probezeit bestanden, *wonach es etwas leichter war.*
Er zerhieb den Knoten, *wodurch er die Aufgabe löste.*

Man hat diese Satzgefüge gelegentlich den weiterführenden Relativsatzbeziehungen zugeordnet. Mit dieser Zuordnung wird man aber den wirklichen Bedingungen nicht gerecht: Im Folgenden wird sich zeigen, daß zwischen den Teilsätzen dieser Satzgefüge Beziehungen wie bei den Inhalts- und Verhältnissätzen bestehen. Wir behandeln sie daher nicht hier, sondern kommen an den entsprechenden Stellen der Kapitel 3.3 und 3.4 (vgl. dazu detaillierter 1292, 1322 ff.) auf sie zurück.

Details der Konstruktion von Relativsätzen

1288 1. Zur Stellung des Relativsatzes im Satzgefüge:
Der Anschluß des Relativsatzes an sein Bezugswort soll, damit Unklarheiten oder gar unfreiwillige Komik vermieden werden, möglichst eng sein:

> Ein *Klavierspieler, der nicht ständig übt,* wird es nie zum Solisten bringen. (Nicht:) Ein Klavierspieler wird es nicht zum Solisten bringen, *der nicht ständig übt.*

Die Absetzung vom Bezugswort ist dann möglich, wenn der Relativsatz Satzteile trennen würde, die eng zusammengehören:

> (Nicht:) Bei mir stellte sich eine starke *Abneigung, deren ich nicht Herr werden konnte,* gegen Richards Freund ein. (Sondern:) Bei mir stellte sich eine starke *Abneigung* gegen Richards Freund ein, *deren ich nicht Herr werden konnte.*

1289 2. Zum Problem des Anschlusses mit *das* oder *was:*
Wenn man für den Anschluß eines Relativsatzes unsicher ist, ob als Pronomen *das* oder *was* zu wählen sei, kann man sich an folgenden Grundregeln orientieren:

a) *das* wird gebraucht, wenn das Bezugswort ein sächliches Substantiv oder ein substantiviertes Adjektiv (Partizip) ist, das etwas Bestimmtes oder Einzelnes bezeichnet:

> Das Werkzeug, *das* man an der Ausgabe bekommt ... Das Kleine, *das* sie im Arm hielt ...

b) *was* wird gebraucht, wenn das Bezugswort ein substantiviertes Adjektiv (Partizip) ist, das etwas Allgemeines, etwas Unbestimmtes oder etwas rein Begriffliches ausdrückt:

> All das Schöne, *was* wir in diesen Tagen erlebten, war zerstört.

was wird außerdem im allgemeinen dann gesetzt, wenn das Bezugswort ein substantivierter Superlativ ist. *was* bezieht hier den Relativsatz auf die Gesamtheit der verglichenen Dinge und nicht auf das, was aus der Gesamtheit der verglichenen Dinge durch den Superlativ herausgehoben wird:

> Das ist das Komischste, *was* ich in meinem Leben gehört habe. (= Das ist das Komischste von allem, was ich in meinem Leben gehört habe.)

was wird schließlich grundsätzlich nach dem Bezugswort *das, dasjenige, dasselbe, alles, einiges, nichts, vieles* oder *weniges* gebraucht:

> *Das, was* du sagst, ist nicht wahr.
> *Alles, was* ich besitze, gehört auch dir.
> *Vieles, was* hier gesagt worden ist, stimmt nicht.

c) Nach *etwas* wird im allgemeinen *was* gebraucht, gelegentlich kommt auch *das* vor:

> Er tat etwas, *was* man ihm nicht zugetraut hatte. ... etwas anderes, Erschütterndes, *was* er neulich gesehen hatte (Th. Mann). Auch die Fische sind seltsam ... sind sie doch wie etwas, *das* der Mensch nicht sehen sollte (Koeppen).

1290 3. Zum Anschluß von Relativsätzen mit einleitenden Relativpartikeln wie *wo, wohin, woher, womit, worauf, wodurch, wovon:*

a) Die Relativpartikeln *wo* und auch *da* können sich nur auf ein Substantiv beziehen, das den Ort bzw. die Zeit bezeichnet:

> Die Krankenschwester führte den Schlosser ... in einen kleinen Raum, *wo* Kranke in ihren Betten lagen (Sebastian). Aber wir leben heute in einer Zeit, *wo* Verkaufen arm macht (Remarque). ... aus den Tagen, *da* die Generation ... das Leben genießen wollte (Koeppen).

Der Bezug von *wo* auf Substantive, die nicht Ort oder Zeit bezeichnen, gilt hochsprachlich als nicht korrekt. Also nicht:

> Das Geld, *wo* auf der Bank liegt, ... Die Männer, *wo* auf dem Bau arbeiten, ...

b) Die mit einer Präposition verschmolzenen Relativpartikeln (*wobei, womit, wodurch, worin, woran, worauf, worunter, wovor* u. a.) können sich auf alle Sachsubstantive beziehen:

> Nur einen Napf trug er bei sich, *worin* er sich gelegentlich ... ein wenig Suppe holte (Nigg). Matrosen liegen umher und singen das Lied, *wovon* die Rede gewesen ist (Frisch).

In der Gegenwartssprache werden diese Relativpartikeln jedoch mehr und mehr durch Relativpronomen in Verbindung mit einer Präposition verdrängt, besonders bei Personenbezeichnungen. Es heißt jetzt zumeist:

> Die Stelle, *an der* (seltener: *wo*) das Unglück geschah. Dies ist der Dolch, *mit dem* (selten: *womit*) er sich erstach. Das Bett, *auf dem* (seltener: *worauf*) ich schlafe, ist hart.

Bezieht sich aber der Relativsatz auf Pronomen wie *das, alles, manches* oder *etwas,* dann wird die Relativpartikel gebraucht (*das, woran* du denkst, ...).

3.2.3 Die Relativbeziehungen im Überblick

1291

Typ	Variante, Modifikation	Anschlußmittel	Beispiele
uncharakterisiert		*der, die, das; welcher, welche, welches; wer, was*	Volker, der (welcher) gern angelt, hat zwei Fische gefangen. Wer diese Auffassung vertritt, ist ein Verbrecher.
modal		*wie, wie wenn, als ob, als, wie um*	Sie handelte, wie sie es gelernt hatte. Sie handelte anders, als sie es gelernt hatte. Er läuft, wie wenn es um sein Leben ginge. Er ballt die Faust, wie um zu drohen.
	unterscheidender Vergleich	*als*	Sie handelte anders, als sie es gelernt hatte.
lokal		*wo, wohin, woher*	Er stand noch immer, wo sie ihn verlassen hatte. Er stand noch immer am Strand, wo sie ihn verlassen hatte.
kausal		*weswegen, weshalb*	Er kam deswegen nicht, weswegen auch ich nicht kam. Er kam wegen des schlechten Wetters nicht, weswegen auch ich nicht kam.
instrumental		*womit, wodurch*	Wodurch wir belästigt wurden, dadurch werdet ihr auch belästigt werden. Auch ihr werdet durch Eingriffe von außen belästigt werden, wodurch (schon) wir belästigt wurden.

3.3 Inhaltssätze

3.3.1 Allgemeines

1292 Inhaltssätze sind Nebensätze mit folgenden charakteristischen Merkmalen:

1. Sie sind auf ganz bestimmte Formen der Teilsatzeinleitung bzw. der Konstruktion festgelegt (vgl. dazu im Detail 1293); prototypische Satzeinleitung ist *daß*:

Er behauptet, *daß* er nichts weiß/wisse. (Nicht möglich z. B.: Er behauptet, *damit, wenn, als* ... er nichts weiß.)

2. Die Möglichkeit, überhaupt einen Inhaltssatz an einen Hauptsatz anzuschließen, bzw. die Möglichkeit, einen Inhaltssatz mit ganz bestimmter Satzeinleitung an einen Hauptsatz anzuschließen, ist abhängig von Bedingungen im Hauptsatz (vgl. dazu 1295):

Er behauptet, daß er nichts weiß/wisse. (Nicht möglich z. B.: Er arbeitet, daß er nichts weiß. Nicht möglich auch: Er behauptet, ob er nichts weiß.)

3. In Satzgefügen mit Inhaltssätzen geht es nicht, wie sonst meist im Satzgefüge, darum, zwei verschiedene Aussagen zueinander in Bezug zu setzen (z. B. *Er arbeitete im Garten, während sie die Zeitung las* = Aussage 1: *Er arbeitete im Garten;* Aussage 2: *Sie las die Zeitung*). Vielmehr stellt die Aussage des Nebensatzes so etwas wie den Inhalt des Rahmens dar, der durch den Hauptsatz eröffnet wird; es bleibt damit letztlich bei *einer* Aussage:

Er behauptet, daß er nichts weiß. (Nicht: Aussage 1: *Er behauptet etwas;* Aussage 2: *Er weiß nichts.* Vielmehr: *Er behauptet sein Nichtwissen*).

Von diesem letzten Merkmal leitet sich auch der Name *Inhaltssatz* her.

1293 Im einzelnen können Inhaltssätze folgende Anschlußmerkmale haben:

1. *daß* + Endstellung des Finitums (vgl. dazu 1299):

Es hat mich gefreut, *daß er das versprochen hat.*
Er sagt, *daß alles seine Ordnung hat/habe.*
Es ist wichtig, *daß er einmal kommt.*

2. Infinitivanschluß mit und (manchmal) ohne *zu* (vgl. dazu 1300):

Es hat mich gefreut, *ihn gesehen zu haben.*
Sie behauptet, *darüber betroffen zu sein.*
Er vermochte *dies nicht einzuschätzen.*
(Er konnte *dies nicht einschätzen.*)
Es würde mich freuen, *ihn zu sehen.*
Sie war so freundlich, *uns zu helfen.*

3. *wenn* + Endstellung des Finitums (in nicht konditionaler und nicht temporaler Bedeutung; vgl. dazu 1301):

Es würde mich freuen, *wenn ich ihn sehen würde.*

4. *als* + Endstellung des Finitums (in nicht temporaler und nicht vergleichender Bedeutung und nicht austauschbar mit *als ob*; vgl. dazu 1302):

Es hat mich gefreut, *als er das versprochen hat.*

5. *als* + Zweitstellung und *als ob* + Endstellung des Finitums (wechselseitig austauschbar; vgl. dazu 1303):

Mir schien, *als wüßte er nicht weiter.*
Mir schien, *als ob er nicht weiterwüßte.*

6. *wie* + Endstellung des Finitums (in nicht temporaler und nicht vergleichender Bedeutung; vgl. dazu 1304):

Ich merkte, *wie meine Kräfte nachließen.*

7. Akkusativ mit Infinitiv (vgl. dazu 1305):

Ich sah *sie näher kommen.*
Sie ließen *ihn gehen.*

8. Angeführter Satz mit Finitum in Zweitstellung (vgl. dazu 1306):

Sie sagte, *sie komme später.*

9. *ob* + Endstellung des Finitums (vgl. dazu 1307):

Er fragte, *ob ich käme.*
Er weiß nicht, *ob sie kommt.*
Es ist ganz egal, *ob sie kommt (oder nicht).*

10. W-Anschluß (= Fragepronomen oder Fragepartikel) + Endstellung des Finitums (vgl. dazu 1308):

Er fragte, *wann er komme.*
Sie wird dir sagen, *wie es richtig ist.*
Es spielt keine große Rolle, *wer kommt.*

Die verschiedenen Anschlußmittel können sich z. T. gegenseitig ersetzen. Dabei **1294** verändert sich zwar (mindestens teilweise) das inhaltliche Verhältnis der Teilsätze zueinander, nicht aber die allgemeine Charakteristik des Nebensatzes als Inhaltssatz. So kann z. B. an Stelle eines *daß*-Anschlusses in dem Satz *Es freut mich, daß ich sie sehe* auch stehen:

– ein Infinitivanschluß mit *zu*:

Es freut mich, *sie zu sehen.*

– ein *wenn*-Anschluß mit Endstellung des Finitums:

Es freut mich, *wenn ich sie sehe.*

– ein *als*-Anschluß mit Endstellung des Finitums (allerdings nur bei Vergangenheitstempora):

Es hat mich gefreut, *als ich sie gesehen habe.*

An Stelle des *daß*-Anschlusses in dem Satz *Mir scheint, daß er nicht weiterweiß* kann *als* + Zweitstellung des Finitums oder *als ob* + Endstellung des Finitums treten:

Mir scheint, *als wüßte er nicht weiter.*
Mir scheint, *als ob er nicht weiterwüßte.*

An Stelle des *daß*-Anschlusses in dem Satz *Er sagte, daß alles seine Ordnung habe* kann ein angeführter Satz mit Finitum in Zweitstellung treten:

Er sagte, *alles habe seine Ordnung.*

Möglich ist hier auch:

Er sagte: „Alles hat seine Ordnung."

Schließlich kann an Stelle des *daß*-Anschlusses in dem Satz *Ich sah, daß sie näher kam* ein Akkusativ mit einem Infinitiv, aber auch ein Nebensatz mit *wie* + Endstellung des Finitums stehen:

Ich sah *sie näher kommen.*
Ich sah, *wie sie näher kam.*

Wo ein *ob*-Anschluß möglich ist, ist auch ein W-Anschluß möglich (das gilt aber nicht immer auch umgekehrt; vgl. 1308). Der *ob*-Anschluß entspricht dabei (im einfachen Satz) oft einer Satzfrage, der W-Anschluß einer Wortfrage (vgl. 1032 ff.):

> Sie fragte, *ob er käme.* – Kommt er?
> Sie fragte, *wann er käme.* – Wann kommt er?

1295 Inhaltssätze lassen sich nicht an jeden beliebigen Hauptsatz anschließen. Möglich ist ihr Anschluß z. B., wenn im Hauptsatz ein Ausdruck der Wahrnehmungs- oder Gefühlsäußerung, auch des Denkens oder des Wollens steht. Dieser Ausdruck muß nicht notwendig ein Verb sein – ausschlaggebend für die Anschlußmöglichkeit ist nicht die Wortartprägung, sondern die Bedeutung:

> Ich *behaupte/beobachte/habe den Eindruck/meine/wünsche,* daß er kommt. *Die Behauptung,* er komme, ist verfrüht. *Bestrebt,* schnell zu kommen, warf er alles weg.

1296 Wie bei den Relativsatzgefügen (vgl. 1281) gibt es auch bei den Inhaltssatzgefügen im Hauptsatz die Möglichkeit der Verweisung auf den Nebensatz; wie dort unterscheiden wir an einem Beispiel:

> Daß sie das Angebot gemacht hat, freut mich.

1. wiederaufnehmend (neutral):

> Daß sie das Angebot gemacht hat, *das* freut mich.

2. vorwegnehmend (neutral):

> *Dies,* daß sie das Angebot gemacht hat, freut mich.
> *Dies* freut mich, daß sie das Angebot gemacht hat.
> Mich freut *dies,* daß sie das Angebot gemacht hat.

3. wiederaufnehmend + vorwegnehmend (neutral):

> (Gerade) *dies,* daß sie das Angebot gemacht hat, *das* freut mich.

4. wiederaufnehmend (charakterisierend):

> Daß sie das Angebot gemacht hat, *diese Großzügigkeit* freut mich.

5. vorwegnehmend (charakterisierend):

> *Die Tatsache,* daß sie das Angebot gemacht hat, freut mich.

6. wiederaufnehmend + vorwegnehmend (charakterisierend):

> *Die Tatsache,* daß sie das Angebot gemacht hat, *diese Großzügigkeit* freut mich.

Als Verweiswörter kommen auch Pronominaladverbien vor, die aus *da(r)*- und einer Präposition zusammengesetzt sind.[1] Sie stehen bei Verben, die auch ein Präpositionalgefüge (Präpositionalobjekt) mit der entsprechenden Präposition bei sich haben können:

> Daß sie dieses Angebot gemacht hat, *darüber* habe ich mich gefreut.
> *Darüber,* daß sie dieses Angebot gemacht hat, habe ich mich gefreut.
> *Darüber* habe ich mich gefreut, daß sie dieses Angebot gemacht hat.
> (Vgl.: Ich habe mich über dieses Angebot gefreut.)

---

[1] Vgl. zum Ganzen detaillierter: W. Oppenrieder: Von Subjekten, Sätzen und Subjektsätzen. Untersuchungen zur Syntax des Deutschen. Tübingen 1991 (= Linguistische Arbeiten 241); H. Pütz: Über die Syntax der Pronominalform „es" im modernen Deutsch. Tübingen 1986 (= Studien zur deutschen Grammatik 3); B. Sonnenberg: Korrelate im Deutschen. Beschreibung, Geschichte und Grammatiktheorie. Tübingen 1992 (= RGL 124).

Daß sie dieses Angebot gemacht hat, *damit* habe ich nicht gerechnet.
Damit, daß sie dieses Angebot gemacht hat, habe ich nicht gerechnet.
Damit habe ich nicht gerechnet, daß sie dieses Angebot gemacht hat.
(Vgl.: Ich habe nicht mit diesem Angebot gerechnet.)

Wenn das verweisende Wort unbetont ist, also keine wirklich hinweisende Bedeutung hat, spricht man von einem *Korrelat.* Als solches treten bei Inhaltssätzen das
Pronomen *es* sowie die Pronominaladverbien auf, die aus *da(r)-* und einer Präposition zusammengesetzt sind.

Es freut mich, daß sie dieses Angebot gemacht hat.
Mich freut *es,* daß sie dieses Angebot gemacht hat.

Ich habe mich *darüber* gefreut, daß sie dieses Angebot gemacht hat.
Ich habe nicht *damit* gerechnet, daß sie dieses Angebot gemacht hat.

Wenn der Nebensatz vorangeht, ist kein unbetontes Korrelat möglich:

Daß sie dieses Angebot gemacht hat, freut mich.

Bei manchen Verben können Korrelate auch weggelassen werden, wenn der Nebensatz nachgestellt ist:

Mich freut *(es),* daß sie dieses Angebot gemacht hat.
Ich freue mich *(darüber),* daß sie dieses Angebot gemacht hat.
(Aber nur:) Wir haben *damit* gerechnet, daß sie dieses Angebot gemacht hat.

Andere Verben wiederum erlauben bei den von ihnen abhängigen Nebensätzen
überhaupt keine Korrelate (wohl aber betonte Verweiswörter):

Sie erklärte, daß sie dieses Angebot annehmen will. (Nicht: Sie erklärte *es,* daß ...)
(Aber:) Daß sie dieses Angebot annehmen will, *das* hat sie erklärt.

Bei den Inhaltsbeziehungen spielen satzwertige Infinitivkonstruktionen eine
wichtige Rolle. Dabei ist hinsichtlich der Satzwertigkeit einer Infinitivkonstruktion und besonders der Notwendigkeit einer Konstruktion mit oder ohne *zu* eine
Übergangszone anzusetzen. Im einzelnen kann man festhalten:

– Nach *lehren, lernen, helfen, heißen* steht der Infinitiv ohne *zu,* wenn das Verb
  allein folgt:

  Sie lehrte mich schwimmen. Er half mir graben.

– Treten mehrere Glieder zu dem Verb, so daß die Infinitivgruppe an Gewicht
  gewinnt, steht im allgemeinen der Infinitiv mit *zu:*

  Mein Chef lehrte mich, dieses Instrument nur so an*zu*wenden. Er ... lernte auch, die
  Frauen in ihrer Mannigfaltigkeit *zu* sehen, *zu* fühlen, *zu* tasten, *zu* riechen (Hesse).

– Wenn ein satzwertiger Infinitiv in der Rolle des Subjekts oder des Gleichsetzungsnominativs steht, dann kann der Infinitiv mit oder ohne *zu* stehen:

  Ein Tier *[zu]* quälen ist böse. Für sie *[zu]* kochen müßte ein Vergnügen sein.

1297

3.3.2 Die Inhaltssätze im einzelnen

Bei der genauen Bestimmung des Anschlusses von Teilsätzen in Inhaltssatzgefügen gibt es zwei Schwierigkeiten. Zum einen ist hier der Anschlußwert weniger
deutlich zu fassen als in anderen Satzgefügen, zum andern stecken hinter äußerlich gleichen Anschlußmitteln teilweise unterschiedliche Werte – und umgekehrt
hinter unterschiedlichen Anschlußmitteln gleichartige Werte. Zum leichteren
Verständnis gehen wir daher im Folgenden zunächst von den verschiedenen An-

1298

schlußmitteln aus und bestimmen die unterschiedlichen Werte, die sie anzeigen. Erst im Abschnitt 1321 kehren wir die Perspektive um, gehen von den verschiedenen Werten aus und ordnen diesen die Anschlußmittel zu. Die Namen, die wir dabei einführen, sind nicht als feste Termini zu verstehen: Sie versuchen lediglich einige nachvollziehbare Charakteristiken zu geben.

daß + Endstellung des Finitums

1299   Mit Hilfe eines *daß*-Anschlusses können recht unterschiedliche Werte angezeigt werden:

1. Der Inhalt des Inhaltssatzes wird als tatsächlich gegeben, als faktisch gesetzt. Seine Realität besitzt er unabhängig von dem geistig-seelischen Verhalten (im weitesten Sinne), das im übergeordneten Satz genannt ist:

> Es hat mich gefreut, *daß er das versprochen hat.*
> Es ist sehr vernünftig, *daß er kommt.*

Man könnte hier auch sagen:

> Er hat das versprochen, und das hat mich gefreut.
> Er kommt, und das ist sehr vernünftig.

Das „geistig-seelische Verhalten" kann – wie im ersten Beispiel – ein Fühlen sein oder – wie im zweiten – ein Urteilen. Der Wert des Anschlusses ist unabhängig davon in beiden Beispielen gleich. Man kann hier von einem faktischen *daß*-Anschluß sprechen.

2. Der Inhalt des Inhaltssatzes kann durch einen *daß*-Anschluß auch als Ergebnis des geistig-seelischen Verhaltens gesetzt werden, das im übergeordneten Satz genannt wird:

> Sie sagt, *daß alles seine Ordnung hat/habe.*
> Mich freut ihr Bericht, *daß alles seine Ordnung hat/habe.*
> Ich dachte, *daß alles seine Ordnung hat/habe.*
> Sie hatte das Gefühl, *daß alles seine Ordnung hat/habe.*

„Geistig-seelisches Verhalten" ist hier sprachliche Tätigkeit, gedankliches Hervorbringen, geistig-sinnliches Wahrnehmen (= Bedeutungsvoraussetzungen, die im übergeordneten Satz erfüllt sein müssen). Eine Umformung des Satzgefüges in der Weise, wie sie unter (1) vorgenommen worden ist, ist hier nicht möglich: Die Aussage des Inhaltssatzes wird erst hervorgebracht durch die Handlung, die im übergeordneten Satz genannt wird. Man kann hier von einem anführenden oder referierenden *daß*-Anschluß sprechen.

Daß durch diesen Anschluß der Inhalt des Inhaltssatzes als Ergebnis einer sprachlichen, gedanklichen, wahrnehmenden usw. Tätigkeit gesetzt wird, schließt nicht aus, daß es sich bei ihm zugleich um eine Tatsache handelt:

> Ich weiß, *daß alles seine Ordnung hat.*

Faktische und referierende Charakteristik können sich also in einem Satz überlagern. Welche Charakteristik höheren Rang hat, hängt einmal von der Bedeutung des Hauptsatzes und seinen Tempus- und Modusverhältnissen ab, daneben aber auch von inhaltlichen Bedingungen der Gesamtaussage. Ein sehr sicherer Test ist die Frage, ob es möglich ist, im Inhaltssatz einen Konjunktiv zu setzen. Ist das möglich, so kann man den Anschluß als referierend verstehen; ist es nicht möglich, scheidet dieses Verständnis aus.

Je nach Charakteristik bestehen außerdem unterschiedliche Umformungsmöglichkeiten in ein Satzgefüge mit umgekehrter Verteilung der Teilsatzinhalte auf
Haupt- und Nebensatz:

> Er sagt, daß alles seine Ordnung hat.

> (a) mit referierender Charakteristik im Vordergrund:
> Es hat alles seine Ordnung, *wie* er sagt.

> (b) mit faktischer Charakteristik im Vordergrund:
> Es hat alles seine Ordnung, *was* er ihm (auch) gesagt hat.

Dem entspricht bei Umformung in eine Satzverbindung:

> (a) Es hat alles seine Ordnung, *so* sagt er.

Das *so* kann in diesem Fall auch wegfallen.

> (b) Es hat alles seine Ordnung; *das* hat er ihm auch gesagt.

3. Der Inhalt des Inhaltssatzes kann durch einen *daß*-Anschluß in einen modalen
Rahmen im weitesten Sinne gestellt werden:

> Es ist wichtig, *daß sie einmal kommt.*
> Er ist nicht dazu gemacht, *daß er uns hilft.*
> Er ist nicht in der Verfassung, *daß er uns hilft.*

Man kann sagen, dieses *daß* dient dazu, Inhaltssätze an Ausdrücke anzuschließen, die sich zu einer großen Gruppe unter dem gemeinsamen Nenner „Modalität" zusammenstellen lassen. Hierher gehören zunächst Ausdrücke, die im weitesten Sinne ein Dürfen, Können, Mögen, Müssen, Sollen oder Wollen und deren
Gegenteil bezeichnen, d. h. Ausdrücke, die die Modalverben inhaltlich ausdiffe-
renzieren. In diesem Sinne gehören in die Rubrik Können z. B. *in der Lage sein,
die Fähigkeit haben, imstande sein, Möglichkeit, Fähigkeit, Gelegenheit* u. a.; zu
Wollen ordnen sich etwa *begehren, wünschen, das Bestreben* usw. Aber nicht nur
diese Modalität im engeren Sinne bestimmt die hierher gehörenden Ausdrücke,
sondern auch das, was man gelegentlich „Handlungsmodalität" nennt: Ausdrücke also, die eine nähere Bestimmung von Handlungs- oder Tätigkeitsabläu-
fen darstellen, die Anfang, Verlauf, Ende, Versuch, Üblichkeit usw. bezeichnen,
z. B. *(damit) anfangen, (damit) beschäftigt sein, (damit) aufhören, probieren, gewohnt sein, es so gewöhnt sein, es so halten.* Wir sprechen hier von einem **m o d a -
l e n** *daß*-Anschluß.

Wie bei dem referierenden *daß*-Anschluß gilt hier: Grundsätzlich modaler Wert
des Anschlusses verhindert nicht, daß der Inhalt des Inhaltssatzes zugleich als tatsächlich gegeben gesetzt wird. Das ist z. B. dann besonders häufig, wenn das Satzgefüge in der Vergangenheitsform steht. Die Verbindung zwischen Haupt- und
Nebensatz wird dann lockerer:

> *Daß sie gekommen ist,* war wirklich wichtig.

Danach läßt sich auch hier eine Unterscheidung treffen zwischen Sätzen mit primär modaler und solchen mit primär faktischer Charakteristik. Das ist insofern
wichtig, als nur für die faktisch bestimmten Sätze die Darstellungsform mit umgekehrter Verteilung der Teilsatzinhalte auf Hauptsatz und Nebensatz möglich ist:
Dem Satzgefüge

> Sie ist gekommen, was wirklich wichtig war.

entspricht in der Satzverbindung:

> Sie ist gekommen; das war wirklich wichtig.

Infinitivanschluß mit und ohne *zu*

1300 Auch hinter einem Infinitivanschluß können ganz unterschiedliche Werte stehen. Teilweise stimmen sie mit denen überein, die schon für den *daß*-Anschluß aufgewiesen worden sind. Im übrigen ist hier zu beachten: Wenn ein *daß*-Anschluß nicht einfach durch einen Infinitivanschluß mit *zu* ersetzbar ist, kann das seinen Grund darin haben, daß Infinitivanschlüsse grundsätzlich nur dort möglich sind, wo Haupt- und Nebensatz in einem Satzglied(teil) übereinstimmen.

1. Wie beim *daß*-Anschluß kann durch einen Infinitivanschluß (mit *zu*) der Inhalt des Inhaltssatzes als tatsächlich gegeben, als faktisch gesetzt werden. Man kann hier von einem **faktischen** Infinitivanschluß sprechen.

> Es hat mich gefreut, *sie gesehen zu haben.*
> Es ist sehr vernünftig, *hierher zu kommen.*

Vgl. im übrigen 1299.

2. Ebenso kann ein Infinitivanschluß (mit *zu*) den Inhalt des Inhaltssatzes als Ergebnis eines geistig-seelischen Verhaltens setzen, das im übergeordneten Satz genannt ist; wir sprechen hier – wie beim entsprechenden *daß*-Anschluß – von einem **referierenden** Infinitivanschluß.

> Er behauptet, *darüber betroffen zu sein.*
> Sie hatte das Gefühl, *alles in Ordnung gebracht zu haben.*

Wie beim *daß*-Anschluß ist auch hier Überlagerung des referierenden durch den faktischen Infinitivanschluß möglich (zu den Einzelheiten vgl. 1299).

3. Auch ein infinitivischer Anschluß kann den Inhalt des Inhaltssatzes in einen modalen Rahmen stellen. Wir sprechen hier von einem **modalen** Infinitivanschluß. Der Wert dieses Anschlusses entspricht voll dem des analogen *daß*-Anschlusses. Er kommt mit und ohne *zu* vor.

– mit *zu:*

> Er vermochte *dies nicht einzuschätzen.* Er konnte es sich leisten, *das nicht zu wissen.* Sie sehnte sich danach, *ins Ausland zu reisen.* Es drängte sie, *ihr Votum abzugeben.* In mehr als dreißig Jahren Kernenergieforschung ist es nicht gelungen, *diesen Prozeß vollständig in der Realität darzustellen* (Weltwoche).

In diesem Zusammenhang dürften auch Wendungen der folgenden Art zu sehen sein:

> Das *bleibt* noch *zu besprechen.* Das *gilt* es noch *fertigzumachen.* Das *war* noch *abzuschließen.*

– ohne *zu:*

> Er konnte *das nicht einschätzen.* Er mußte *das nicht wissen.* Sie wollte *ins Ausland reisen.*

Beispiele wie diese werden normalerweise nicht als zusammengesetzte Sätze behandelt, weil die Infinitive nicht satzwertig sind. Wir gehen hier und weiter unten (vgl. 1305) auf solche Fälle wenigstens kurz ein, um darauf aufmerksam zu machen, daß formale Einteilung (wie satzwertiger oder nicht satzwertiger Infinitiv) und Einteilung nach dem inhaltlichen Wert zu unterschiedlichen Ergebnissen führen können. Dabei droht Zusammengehöriges auseinandergerissen zu werden.

Was für den modalen *daß*-Anschluß hinsichtlich der Überlagerung von modaler und faktischer Charakteristik gesagt worden ist (vgl. 1299), gilt auch hier; das betrifft auch die Möglichkeit der Umformung in andere Darstellungsweisen.

4. Keine direkte Entsprechung zu einem *daß*-Anschluß hat ein vierter Infinitivanschluß (mit *zu*). Wir finden ihn in Sätzen wie den folgenden:

Es würde mich freuen, *ihn zu sehen.*
Es wäre sehr vernünftig, *hier nachzugeben.*

Dieser Anschluß ist dort möglich, wo – allerdings bei Indikativ im Hauptsatz –
auch der faktische *daß*-Anschluß möglich ist:

Es freut mich, *daß ich ihn sehe.*

Der Infinitivanschluß bezeichnet aber keine Faktizität, sondern setzt den Inhalt
des Inhaltssatzes als angenommen, bloß denkbar oder hypothetisch (genauso wie
ein *wenn*-Anschluß, der hier auch möglich ist; vgl. dazu 1301). Wir sprechen hier
von einem **hypothetischen** Infinitivanschluß. Im Hauptsatz stehen vor diesem
Anschluß oft Ausdrücke, die eine gefühlsmäßige Reaktion, eine innere Einstellung oder Einschätzung bezeichnen. Bei Endstellung – und, wo das möglich ist,
bei Zwischenstellung – des Inhaltssatzes ist hier ein Verweisungselement *es* im
Hauptsatz üblich.

wenn + Endstellung des Finitums (in nicht konditionaler und nicht temporaler Bedeutung)

Für den *wenn*-Anschluß läßt sich nur *ein* Wert bestimmen: Er entspricht ganz
dem des hypothetischen Infinitivanschlusses: **1301**

Es würde mich freuen, *wenn ich ihn sehen würde.*
Es wäre sehr vernünftig, *wenn man hier nachgeben würde.*

Dieser Anschluß ist nicht zu verwechseln mit konditionalem Anschluß bei den
Verhältnissätzen, mit dem er allerdings die bedingende Grundprägung gemeinsam hat (vgl. 1333 ff.). Zur Unterscheidung: Inhaltssätze mit *wenn* können immer
in solche mit *daß* umgeformt werden (wobei man allerdings im Hauptsatz den Indikativ einführen muß), Konditionalsätze nicht.
Bei End- oder Zwischenstellung des Inhaltssatzes ist in diesen Satzgefügen ein
Verweisungselement wie *es* im Hauptsatz üblich; bei Voranstellung des Inhaltssatzes ist es notwendig. Es erscheint dann oft als *das:*

Es würde mich sehr freuen, wenn ich ihn sehen würde. Wenn ich ihn sehen würde,
würde mich *das* sehr freuen.

als + Endstellung des Finitums (in nicht temporaler und nicht verglei-
chender Bedeutung und nicht austauschbar mit *als ob*)

Auch für den *als*-Anschluß läßt sich nur ein einziger Wert bestimmen. Wir treffen
ihn in Sätzen wie dem folgenden an: **1302**

Als er plötzlich auftauchte, freute mich das ungemein.

Der Wert dieses Anschlusses läßt sich am besten in Abhebung von dem faktischen *daß*-Anschluß beschreiben, in den er jederzeit überführbar ist:

Daß er plötzlich auftauchte, (das) freute mich ungemein.

In beiden Fällen wird der Inhalt des Inhaltssatzes als tatsächlich gegeben gesetzt;
mittels des *als*-Anschlusses wird aber über diese Charakteristik hinaus zusätzlich
der Verlaufscharakter einer Handlung, eines Geschehens oder dergleichen angegeben. Dieser Anschluß darf weder mit dem noch zu behandelnden zweiten

Inhaltssatzanschluß mit *als* (austauschbar mit *als ob*) verwechselt werden (vgl. 1303 ff.) noch mit dem temporalen Anschluß (vgl. 1326 ff.). Er wird allerdings von vielen (wohl wegen der Konjunktion und weil er nur nach Hauptsätzen mit einem Vergangenheitstempus möglich ist) als stark temporal geprägt empfunden.

als + Zweitstellung und *als ob* + Endstellung des Finitums
(wechselseitig austauschbar)

1303   Der Wert dieses Anschlusses ist deutlich von dem des eben behandelten *als*-Anschlusses zu unterscheiden. Äußeres Kennzeichen der Unterschiedlichkeit ist schon, daß der *als*-Anschluß dort nicht in einen *als-ob*-Anschluß überführbar ist, was hier immer möglich ist. Beispiele für diesen Anschluß bieten folgende Satzgefüge:

> Mir schien, *als wüßte er nicht weiter.*
> Mir schien, *als ob er nicht weiterwüßte.*
> Es hatte den Anschein, *als wüßte er nicht weiter.*
> Es hatte den Anschein, *als ob er nicht weiterwüßte.*

Der Anschluß ist möglich, wenn im Hauptsatz Ausdrücke stehen, die so etwas wie eine undeutliche Wahrnehmung oder eine ungenaue Einschätzung bezeichnen. Der Anschluß verstärkt diese Charakteristik ausdrücklich (das unterscheidet ihn von dem *daß*-Anschluß, der hier auch möglich ist): Der Inhaltssatz enthält gleichsam versuchsweise die Interpretation einer noch undeutlichen, noch ungeklärten Wahrnehmung oder ungenauen Einschätzung. Als Modus tritt gewöhnlich der Konjunktiv II auf, seltener (ohne irgendeinen Bedeutungsunterschied auszudrücken) der Konjunktiv I, ganz selten der Indikativ:

> Mir scheint, als wüßte (wisse, weiß) er nicht weiter.
> Mir schien, als wüßte (wisse, wußte) er nicht weiter.

Der Anschluß kommt selten vor. Formal betrachtet, ist Verwechslung mit den modalen Relativsätzen (vgl. 1284) möglich, die auch über *als (ob)* miteinander verbunden sind. Eine einwandfreie Unterscheidung ist aber mittels zweier Operationen möglich:

- Die bei den Relativsätzen mögliche Umschreibung über *wie – wenn* ist hier nicht möglich:

> (Relativsatz:) Er lief, *als ginge es um sein Leben.* – Er lief, *wie er laufen würde, wenn es um sein Leben ginge.*
> (Inhaltssatz:) Mir schien, *als wüßte er nicht weiter.* – (Nicht:) Mir schien, *wie es mir scheinen würde, wenn er nicht weiterwüßte.*

- Dafür ist in jenen Fällen die Konstruktionen mit *daß* nicht möglich:

> Mir schien, *daß er nicht weiterwußte.*
> (Nicht:) Er lief, *daß es um sein Leben ging.*

wie + Endstellung des Finitums
(in nicht temporaler und nicht vergleichender Bedeutung)

1304   Zu den Inhaltssätzen, die über *wie* mit Endstellung des Finitums angeschlossen sind, gehören Beispiele wie die folgenden:

> Ich merkte, *wie meine Kräfte nachließen.* Die Krankenschwester tritt an das Bett, sie hat beobachtet, *wie das Mädchen wach geworden ist und sich mit eigentümlich stillen Augen im Zimmer umsieht* (Ch. Wolf).

Dieser Anschluß kommt ausschließlich bei einer Gruppe von Ausdrücken vor, die eine geistig-sinnliche Wahrnehmung bezeichnen (z. B. *fühlen, beobachten, spüren*). Bei ihnen ist immer auch der referierende *daß*-Anschluß möglich:

> Ich merkte, *daß meine Kräfte (allmählich) nachließen.*

Von diesem *daß*-Anschluß hebt sich der *wie*-Anschluß dadurch ab, daß durch ihn der intensive Wahrnehmungsverlauf deutlich gemacht wird, der bei *daß*-Anschluß allenfalls durch zusätzliche Wörter wie *allmählich* hereingebracht werden kann. Im übrigen darf man diese Inhaltssätze nicht mit modalen Relativsätzen mit *wie*-Anschluß (vgl. 1284) verwechseln.

Akkusativ mit Infinitiv

Wie für manche Infinitivanschlüsse (vgl. 1300) gilt für den Akkusativ mit Infinitiv, daß er nur bedingt den zusammengesetzten Sätzen zuzuordnen ist. Wir erwähnen ihn hier kurz aus den oben schon genannten Gründen (vgl. 1300). Ein Akkusativ mit Infinitiv kommt im Deutschen in zwei im allgemeinen gut unterscheidbaren Zusammenhängen vor: **1305**

1. Sein Wert entspricht dem des *wie*-Anschlusses; man kann hier von einem v e r - l a u f s d a r s t e l l e n d e n Akkusativ mit Infinitiv sprechen:

> Ich sah *sie näher kommen.*
> Ich hörte *ihn schreien.*

Das Objekt der übergeordneten Aussage ist hier zugleich Subjekt des Inhaltssatzes; der Anschluß erfolgt ohne *zu*. Diese Anschlußmöglichkeit ist im heutigen Deutsch auf wenige Verben beschränkt (*sehen, hören, fühlen, spüren;* vgl. 1200).

2. Der zweite Wert eines Anschlusses mit Akkusativ mit Infinitiv ist gleich dem der bereits besprochenen modalen Anschlüsse. Man kann hier von einem m o d a - l e n Akkusativ mit Infinitiv sprechen:

> Sie ließen *mich gehen.*
> Wir heißen *euch hoffen.*

Angeführter Satz mit Finitum in Zweitstellung

Angeführte Sätze mit Finitum in Zweitstellung stellen ihren Inhalt als Ergebnis des geistig-seelischen Verhaltens dar, das im übergeordneten Satz genannt ist. Geistig-seelisches Verhalten ist dabei in erster Linie sprachliche Tätigkeit und gedankliches Hervorbringen. Der Wert des hier vorliegenden Anschlusses entspricht damit grundsätzlich dem der schon behandelten referierenden Anschlüsse (mit *daß* und mit *zu*), nur mit der Besonderheit, daß das Ergebnis nicht nur global referiert, sondern in getreuerer Anlehnung an den Wortlaut aus der referierten Situation wiedergegeben wird. Das ist am deutlichsten in der sogenannten direkten Rede: **1306**

> Er sagte: *„Ich bin selbst schuld."*

Mittelbarer geschieht es in der sogenannten indirekten Rede:[1]

> Er sagte, *er sei selbst schuld.*

---

[1] Direkte und indirekte Rede unterscheiden sich darüber hinaus durch Verschiebung der Pronomen (*ich – er, mein – sein* usw.) und durch Besonderheiten im Modus- und Tempusgebrauch. Vgl. dazu detaillierter 1309–1318.

ob + Endstellung des Finitums

1307 Inhaltssätze mit *ob*-Anschluß (und W-Anschluß vgl. 1308) werden gemeinhin zusammenfassend als indirekte Fragesätze klassifiziert. Man kann diesen eingeführten Namen beibehalten, muß sich aber bewußt sein, daß sich hinter einer solchen einheitlichen Bezeichnung im einzelnen sehr unterschiedliche Beziehungen verbergen. Will man hier eine treffendere einheitliche Charakteristik geben, so bietet sich etwa an „Offenheit eines Sachverhalts". Man kann weiter unterscheiden:

1. Durch einen *ob*-Anschluß wird der Inhalt des Inhaltssatzes als global fraglich gesetzt; damit verbunden ist immer eine referierende Charakteristik. Im Hauptsatz stehen Ausdrücke des sprachlichen oder geistigen Hervorbringens:

> Er fragte, *ob ich käme.*
> Sie überlegte, *ob sie nachgeben sollte.*

Man kann hier von einem f r a g l i c h k e i t s d a r s t e l l e n d e n ob-Anschluß sprechen. Dieser Anschluß liegt immer dann vor, wenn es möglich ist, den *ob*-Satz in eine direkte Frage umzuformen; es handelt sich also im Grunde um eine angeführte Frage.

> Er fragt: *„Kommst du?"*
> Sie überlegte: *„Soll ich nachgeben?"*

Dabei ist die oben (vgl. Anmerkung zu 1306) angesprochene Notwendigkeit der Verschiebung der Pronomen, des Tempus und des Modus zu beachten.

2. Ein anderer Anschlußwert liegt in folgenden Beispielen vor:

> Sie weiß, *ob er kommt.*
> Sie wird dir sagen, *ob das richtig ist.*

Von den Beispielen mit fraglichkeitsdarstellendem *ob*-Anschluß sind diese dadurch abgesetzt, daß keine Umsetzung in eine direkte Frage möglich ist:

> (Nicht:) Sie weiß: *„Kommt er?"*
> (Nicht:) Sie wird dir sagen: *„Ist das richtig?"*

Die Fraglichkeit des Sachverhalts, der im Inhaltssatz angegeben ist, ist hier (jedenfalls aus der Erzählerperspektive) gleichsam aufgehoben. Eine mögliche Umformung des ersten Beispiels, die diesen Sachverhalt sichtbar machen kann, wäre etwa:

> Sie weiß *(die Antwort auf die mögliche Frage anderer), ob er kommt.*

Man kann hier von einem f r a g l i c h k e i t s a u f h e b e n d e n ob-Anschluß sprechen.

3. Wieder ein anderer Anschlußwert liegt in Beispielen wie den folgenden vor:

> Es ist nicht so wichtig, *ob er kommt (oder nicht).*
> Es spielt eine große Rolle, *ob er kommt (oder nicht).*

Wo dieser Anschluß vorliegt, ist immer auch der *daß*-Anschluß möglich; dabei handelt es sich um den faktischen *daß*-Anschluß. In Abhebung von dessen Wert kann man den hier vorliegenden so bestimmen: Der Inhalt des Inhaltssatzes wird als offen gegenüber zwei Möglichkeiten gegeben, die als Alternativen angesetzt sind. Man kann hier von einem a l t e r n a t i v s e t z e n d e n ob-Anschluß sprechen.

W-Anschluß (Fragepronomen oder Fragepartikel) + Endstellung des Finitums

1308

Unter „W-Anschluß" werden im Folgenden alle die interrogativen Inhaltssatzeinleitungen zusammengefaßt, die mit einem *w-* beginnen (z. B. *wer/was, welcher/welche/welches, wie, wo, wann, wohin, woher, wieso, weshalb*). Die internen Unterschiede zwischen diesen Anschlüssen werden nicht berücksichtigt, obwohl man auch hier, wie bei den Relativsätzen, weiter differenzieren könnte. Wichtig ist, daß alle derartigen Anschlüsse möglich sind, wenn *einer* als möglich erweisbar ist.

Für die W-Anschlüsse gilt weitgehend dasselbe wie für die *ob*-Anschlüsse (vgl. 1307), weshalb oft auf diese nur verwiesen wird. Der grundsätzliche Unterschied zwischen beiden Anschlußformen ist, daß es bei den *ob*-Anschlüssen um die globale Fraglichkeit, Offenheit usw. eines Sachverhalts geht, während durch die W-Anschlüsse ein spezieller Gesichtspunkt zum Thema wird – ein temporaler, ein lokaler usw. Letztlich geht es auch hier um den Unterschied von Wortfragen und Satzfragen (vgl. 1032 ff.). Im einzelnen kann man unterscheiden:

1. Analog zum fraglichkeitsdarstellenden *ob*-Anschluß gibt es einen **fraglichkeitsdarstellenden** W-Anschluß. Der Wert beider Anschlüsse ist grundsätzlich gleich, der Unterschied liegt darin, daß sich der W-Anschluß nicht global auf den Satz, sondern speziell auf einen Teilgesichtspunkt bezieht, der durch das Fragewort bestimmt ist:

> Sie fragte, *wann er kommt.*
> Er überlegte, *wo er nachgeben sollte.*

Wie dort ist hier Umformung in eine direkte Frage möglich:

> Sie fragte: *„Wann kommt er?"*
> Er überlegte: *„Wo soll ich nachgeben?"*

2. Gleichermaßen gibt es einen W-Anschluß, dessen Wert dem des fraglichkeitsaufhebenden *ob*-Anschlusses grundsätzlich gleich ist (bei der gleichen Einschränkung wie unter 1). Wir sprechen hier von einem **fraglichkeitsaufhebenden** W-Anschluß. Wie dort ist Umformung in eine direkte Frage nicht möglich:

> Er weiß, *wann er kommt.* – (Nicht:) Er weiß: *„Wann kommt er?"*
> Sie wird dir sagen, *wie es richtig ist.* (Nicht:) Sie wird dir sagen: *„Wie ist es richtig?"*

3. Schließlich gibt es einen W-Anschluß, der auf den alternativsetzenden *ob*-Anschluß beziehbar ist. Beispiele dafür sind:

> Es ist nicht so wichtig, *wann er kommt.*
> Es spielt eine große Rolle, *wer kommt.*

Man kann hier interpretieren: Beim ersten Beispiel ist klar, daß jemand kommt; es geht um verschiedene Möglichkeiten des Wann. Im zweiten Beispiel ist klar, daß *irgendwer* kommt, und es geht um verschiedene Möglichkeiten („Alternativen") des Wer. Wir sprechen hier von einem **alternativsetzenden** W-Anschluß.

4. Keine Entsprechung bei den *ob*-Anschlüssen hat ein W-Anschluß, der in folgendem Beispiel vorliegt:

> Mich hat geärgert, *was da behauptet worden ist.*

Er ist dort möglich, wo ein *ob*-Anschluß nicht, wohl aber ein faktischer *daß*-Anschluß möglich ist:

(Nicht:) Mich hat geärgert, *ob das behauptet worden ist.*
(Wohl aber:) Mich hat geärgert, *daß das behauptet worden ist.*

Dieser Anschluß umreißt eine Stelle, die in keiner Weise fraglich, sondern nur nicht konkretisiert ist (umreißender W-Anschluß).

Besonderheiten der Umsetzung von direkter Rede in „indirekte Rede"

1309 Einen wichtigen Platz im Gesamtbereich der Inhaltssätze nehmen Konstruktionen ein, die sich dem Bereich „indirekte Rede" zuordnen lassen. Beispiele indirekter Rede lassen sich immer auf solche direkter Rede zurückführen. Inhaltlich besteht der Unterschied zwischen den beiden Konstruktionen darin (vgl. 1306), daß in direkter Rede eine Äußerung in getreuem Bezug auf den Wortlaut der referierten Situation angeführt wird, wogegen dieser Bezug bei der indirekten Rede weniger unmittelbar ist.

Wir gehen im Folgenden detaillierter auf die Regeln ein, die bei Umsetzung von direkter Rede in indirekte Rede zu beachten sind.

Umsetzung des Aussagesatzes

1310 Bei Umsetzung eines Aussagesatzes in indirekte Rede gilt:

1. Der Inhalt des Aussagesatzes erscheint als Nebensatz – entweder eingeleitet durch *daß* oder uneingeleitet mit Finitum in Zweitstellung:

Hans behauptet, daß er davon nichts gewußt hat/habe.
Hans behauptet, er habe davon nichts gewußt.

2. Gegebenenfalls werden Personenbezeichnungen und Raum- und Zeitangaben entsprechend dem Blickwinkel des berichtenden Sprechers/Schreibers geändert:

– Änderung der Personenbezeichnung („Pronominalverschiebung"):

Hans behauptet: „*Ich* habe davon nichts gewußt." – Hans behauptet, daß *er* davon nichts gewußt habe/*er* habe davon nichts gewußt.

– Änderung der Raumangabe:

Hans behauptet: „Ich habe *hier* nichts zu tun." – Hans behauptet, daß er *dort* nichts zu tun habe.

– Änderung der Zeitangabe:

Hans behauptet: „*Morgen* regnet es." – Hans behauptete, daß es *am nächsten Tag* regne.

3. Gegebenenfalls ändert sich das Tempus des Finitums:

Hans behauptet: „Ich *wußte* davon nichts." – Hans behauptet, daß er davon nichts *gewußt habe.*

4. Schließlich wird – gegebenenfalls – an Stelle eines Indikativs der Konjunktiv eingesetzt:[1]

Hans behauptet: „Davon *weiß* ich nichts." – Hans behauptet, daß er davon nichts *wisse.*

---

[1] Der umgekehrte Fall ist nicht möglich, d. h. ein Konjunktiv in der direkten Rede bleibt auch bei Umsetzung in die indirekte Rede immer erhalten: Hans sagt: „Das *hätte* man mir mitteilen müssen." – Hans sagt, das *hätte* man ihm mitteilen müssen.

Umsetzung des Fragesatzes

Bei der Umsetzung von direkten Fragesätzen in indirekte sind im wesentlichen   **1311**
die gleichen Operationen durchzuführen wie beim Aussagesatz (vgl. 1310). Wichtig ist folgender Unterschied: Während Satz- oder Entscheidungsfragen (vgl.
1035) mit der Konjunktion *ob* an den übergeordneten Satz angeschlossen werden, übernehmen diese Funktion bei den Wort- oder Ergänzungsfragen (vgl.
1033) deren Einleitewörter (Fragepronomen und -adverbien u. ä.); in beiden Fällen steht das Finitum am Satzende:

(Satz- oder Entscheidungsfrage:)
Hans fragt Maria: „Kommst du mit auf die Reise?" – Hans fragt Maria, *ob* sie mit auf
die Reise *komme.*

(Wort- oder Ergänzungsfrage:)
Hanna fragt Peter: „Von wem hast du das Buch bekommen?" – Hanna fragt Peter,
von *wem* er das Buch bekommen *habe.*

Der Fremde erkundigte sich bei einem Einheimischen: „Wohin führt dieser Weg?" –
Der Fremde erkundigte sich bei einem Einheimischen (danach), *wohin* dieser Weg
führe.

Umsetzung des Aufforderungs- und Wunschsatzes

Ein in direkter Rede geäußerter Imperativ („Geh!", „Lauf!") kann als solcher in   **1312**
der indirekten Rede weder beibehalten noch konjunktivisch umgesetzt werden.
Hier sind Umschreibungen notwendig, zu denen in erster Linie die Modalverben
sollen, mögen und *müssen* herangezogen werden, dann aber auch Gefüge aus
haben/sein + Infinitiv (vgl. 186 ff.). Im übrigen gelten die Umsetzungsregeln
des Aussagesatzes (vgl. 1310) bis auf einen Punkt: Der Aufforderungs- und
Wunschsatz wird im allgemeinen ohne die Konjunktion *daß* angeschlossen.

Was die Wahl der Modalverben *sollen* und *mögen* sowie des *haben/sein*-Gefüges
betrifft, so richtet sie sich nach der Strenge der imperativischen Äußerung: Handelt es sich um eine freundliche Bitte, wird *mögen* gewählt, handelt es sich um
einen Befehl oder eine barsche Aufforderung, muß *sollen* oder das Gefüge aus
haben/sein + Infinitiv herangezogen werden:

(Bitte:)
Die Mutter bittet das Kind bei Tisch: „Reiche mir bitte das Salz." – Die Mutter bittet
das Kind bei Tisch, es *möge* ihr (bitte) das Salz reichen.

(Im Plural wird der Konjunktiv II von *mögen* vorgezogen:)
Die Mutter bat uns: „Kinder, holt mir mal Petersilie aus dem Garten." – Die Mutter
bat uns Kinder, wir *möchten* ihr mal Petersilie aus dem Garten holen.

(Aufforderung:)
Der Beamte forderte mich auf: „Gedulden Sie sich noch einige Augenblicke." – Der
Beamte forderte mich auf, ich *möchte/soll(t)e* mich noch einige Augenblicke gedulden.

(Befehl:)
Der Vorarbeiter befahl mir: „Erledige diese Arbeit heute noch!" – Der Vorarbeiter befahl mir, ich *soll(t)e* diese Arbeit noch am gleichen Tag erledigen/ich *hätte* diese Arbeit
noch am gleichen Tag *zu erledigen*/diese Arbeit *sei* noch am gleichen Tag von mir *zu
erledigen.*

Auch diejenigen Bitten, Aufforderungen und Befehle, die nicht in der Imperativform geäußert werden, müssen in der indirekten Rede mit Hilfe der genannten Modalverben bzw. des Gefüges aus *haben/sein*+Infinitiv umschrieben werden:

> Die Mutter befiehlt dem Kind: „Du machst zuerst deine Schularbeiten!" – Die Mutter befiehlt dem Kind, es *solle* zuerst seine Schularbeiten machen.

> Mein Freund schrieb mir: „Und daß Du nicht vergißt, mir eine Karte aus dem Urlaub zu schicken!" – Mein Freund schrieb mir, ich *soll(t)e/möchte* nicht vergessen, ihm eine Karte aus dem Urlaub zu schicken.

> Der Beamte forderte ihn auf: „Wollen/Würden Sie sich bitte noch etwas gedulden!" – Der Beamte forderte ihn auf, er *möge/möchte* sich noch etwas gedulden.

> Plötzlich rief jemand: „Zurücktreten!" – Plötzlich rief jemand, daß wir *zurückzutreten hätten.*

Zur Modusumwandlung in indirekter Rede

1313 Der Konjunktiv ist nur e i n Merkmal neben anderen, wodurch sich die indirekte Rede von der direkten abhebt. So erklärt es sich, daß der Konjunktiv an Stelle des Indikativs in der indirekten Rede zwar immer gewählt werden k a n n, aber nicht immer gewählt werden m u ß :

> Renate behauptet: „Davon *habe* ich nichts *gewußt.*"
> Renate behauptet, daß sie davon nichts *gewußt hat/gewußt habe.*

In bestimmten Fällen ist freilich die Wahl des Konjunktivs verbindlich. Das führt zu der Frage, wann denn nun der Indikativ der direkten Rede in den Konjunktiv der indirekten Rede transformiert wird. Dabei ist zu berücksichtigen, daß im Konjunktiv die Tempora nach anderen Gesichtspunkten zu wählen sind als im Indikativ. (Vgl. dazu die Ausführungen zur Tempuswahl in der indirekten Rede 1317 ff.).

1314 Als Grundregel läßt sich hier formulieren: Der Normalmodus der indirekten Rede ist der Konjunktiv. Er kann immer gewählt werden und ist daher niemals falsch.

Unter bestimmten Bedingungen darf jedoch die Modusumwandlung unterbleiben. Für diese Fälle, in denen also der Indikativ statt des Konjunktivs steht, lassen sich keine festen Regeln formulieren, sondern nur Tendenzen im Gebrauch beschreiben und Empfehlungen geben: Je mehr sich die geschriebene Sprache in ihrem Stil- und Normniveau der gesprochenen Sprache annähert, desto größer ist die Neigung, den Indikativ zu setzen:

> Onkel Georgylein, Mami hat uns versprochen, du *fährst* (statt *fahrest/führest*) uns heute spazieren (Münchner Merkur). Jetzt hast du gesagt, du *willst* (statt *wollest/wolltest*) ihn nicht mehr (Aberle).

Man kann dies so erklären, daß die geschriebene Sprache hier einem in der gesprochenen Sprache herrschenden Ökonomieprinzip folgt, indem sie auf eine Transformation verzichtet, wenn der kommunikative Effekt (hier: Kennzeichnung einer Äußerung als indirekte Rede) nicht beeinträchtigt wird. Auch das Weglassen der einleitenden Konjunktion *daß* in den genannten Beispielen kann mit dem Ökonomieprinzip erklärt werden, ist doch – für die gesprochene Sprache – neben der Modustransformation auch die *daß*-Transformation entbehrlich, da die Information „indirekte Rede" durch die Pronominalverschiebung (*du* aus *Onkel Georgylein, uns* aus *euch, du* aus *ich*) gesichert ist.

Begnügt sich also die gesprochene Sprache vielfach mit einem einzigen Signal zur Kennzeichnung einer Äußerung als indirekte Rede (nämlich mit der Pronominalverschiebung), verlangt die geschriebene Sprache im allgemeinen eine Transformation mehr, wenn sie auf die Modusumwandlung verzichtet, nämlich die *daß*-Transformation. Unter dieser Voraussetzung ist auch in Texten mit größtem Öffentlichkeitscharakter und entsprechendem Stil- und Normniveau (z. B. in Nachrichtentexten) in indirekter Rede der Indikativ möglich:

> Der Finanzminister kündigte an, *daß* jetzt die Stabilitätspolitik vielleicht korrigiert werden kann (tz). (Mit Fragewort:) Bahr konnte auch nicht sagen, *wie lange* er sich in Moskau aufhalten wird (Süddeutsche Zeitung).

Zählungen haben ergeben, daß in Nachrichtentexten die durch *daß* bzw. ein Fragewort eingeleitete indirekte Rede durchschnittlich einen Indikativanteil von 35–40 % aufweist. Dagegen ist der Indikativ nicht üblich, wenn die einleitende Konjunktion *daß* fehlt; also nicht:

> Der Kanzler erklärte, er *ist* zu weiteren Verhandlungen bereit.

sondern nur

> Der Kanzler erklärte, er sei zu weiteren Verhandlungen bereit.

Hier steht der Konjunktiv zwingend, weil er – neben der Pronominalverschiebung – das einzige Merkmal für die indirekte Rede bildet. Dasselbe gilt für die sogenannte b e r i c h t e t e R e d e – eine Folge mehrerer in indirekte Rede umgewandelter Sätze. Danach müßte der folgende Text

> Wir *haben* das Feuer nicht *gelegt*. Vielleicht *waren* es die Lehrlinge der Schichauwerft, vielleicht aber auch Leute vom Westerlandverband. Die Stäuber *waren* keine Brandstifter ... (G. Grass).

in indirekter Rede so lauten:

> (Oskar versicherte,) *daß* sie das Feuer nicht *gelegt hätten.* Vielleicht *seien* es die Lehrlinge der Schichauwerft *gewesen,* vielleicht aber auch Leute vom Westerlandverband. Die Stäuber *seien* keine Brandstifter *gewesen* ... (G. Grass).

Im ersten Satz hätte die Umwandlung des Indikativs in den Konjunktiv unterbleiben können, ohne daß die Kennzeichnung der Äußerung als indirekte Rede verlorengegangen wäre. Nicht so im zweiten und dritten Satz, wo bei unterlassener Konjunktivumwandlung der unzutreffende Eindruck entstünde, es handelte sich um eine vom Erzähler hinzugefügte Vermutung und Erklärung.

Der Indikativ steht bei indirekter Rede mit „daß" vor allem dann, wenn diese etwas Allgemeingültiges wiedergibt, also etwas, was auch zum Zeitpunkt der Berichterstattung wahr ist:

> Sabine sagte: „Der Schlüssel liegt jeweils unter der Fußmatte." → Sabine sagte, daß der Schlüssel jeweils unter der Fußmatte liegt.
> Der Chemiker betonte: „Diese Verbindung ist toxisch." → Der Chemiker betonte, daß diese Verbindung toxisch ist.

Der Indikativ steht allgemein, wenn der übergeordnete Satz die Einstellung des Sprechenden zum Ausgesagten wiedergibt. Es liegt dann eigentlich gar keine indirekte Rede vor; entsprechend ist die Umformung in direkte Rede nicht möglich:

> Ich glaube, daß sich dieses Problem lösen läßt/dieses Problem läßt sich lösen. (Nicht: Ich glaube: „Dieses Problem läßt sich lösen.")
> Wir vermuten, daß er den Zug in Offenburg verlassen hat/er hat den Zug in Offenburg verlassen. (Nicht: Wir vermuten: „Er hat den Zug in Offenburg verlassen.")

Zur Tempusumwandlung in indirekter Rede

1317 Bei der Tempusumwandlung sind zwei Fälle zu unterscheiden, je nachdem ob a) der Indikativ der direkten Rede beibehalten wird oder ob b) eine Umwandlung in den Konjunktiv stattfindet.

1318 a) Wenn der Indikativ beibehalten wird, ändert sich in der Regel auch das Tempus der direkten Rede nicht:

> Ich hatte ihr zu verstehen gegeben: „Es *ist* Schluß." – Ich hatte ihr zu verstehen gegeben, daß Schluß *ist*.

Es ist jedoch auch möglich, das Tempus der direkten Rede gemäß den Bedingungen der Tempuswahl (mit Bezug auf den Sprechzeitpunkt; vgl. 246) umzuformen:

> Auf der Polizei sagte man mir: „Er *liegt* im Krankenhaus." – Auf der Polizei sagte man mir, daß er im Krankenhaus *lag*.

Ausgeschlossen ist die Tempusumwandlung bei Zusagen und Versprechungen:

> Sie versprach: „Ich werde Euch begleiten." Sie versprach, daß sie uns *begleiten wird* (nicht: *begleitete*).

b) Wenn der Indikator der direkten Rede nicht beibehalten wird, sind die folgenden Entsprechungen zwischen den indikativischen und den konjunktivischen Formen zu beachten:

Indikativ	Konjunktiv	
	Konjunktiv I	Konjunktiv II
Präsens	Präsens	Präteritum/Futur I
Präteritum		
Perfekt	Perfekt	Plusquamperfekt/Futur II
Plusquamperfekt		
Futur I	Futur I	Futur I
Futur II	Futur II	Futur II

Der Bedeutungsunterschied, wie er zwischen den indikativischen Tempusformen besteht, ist bei den beiden Varianten des Konjunktivs weitgehend aufgehoben, besonders beim Konjunktiv II. Die Futurformen des Konjunktivs II werden mit *würde* gebildet. Die Formen des Futurs II werden nur sehr selten gebraucht; hingegen dienen die Formen des Futurs I sehr häufig als Ersatzformen für den einfachen Konjunktiv II des Präteritums. Das Verb des übergeordneten Satzes beeinflußt die Wahl des konjunktivischen Tempus nicht.
Man vergleiche dazu die folgenden Beispiele:

1. Indikativ Präsens → Konjunktiv I Präsens/Konjunktiv II Präteritum/Konjunktiv II Futur I:

> Der Angler sagt(e): „Wir *plaudern,* und das Wasser *steigt*." → Der Angler sagt(e), daß sie *plaudern/plauderten/plaudern würden* und das Wasser *steige/stiege/steigen würde*.

2. Indikativ Präteritum → Konjunktiv I Perfekt/Konjunktiv II Plusquamperfekt/ Konjunktiv II Futur II (selten):

> Sie sagt(e): „Mein Mann *war* nie dabei." → Sie sagt(e), daß ihr Mann nie *dabeigewesen sei/dabeigewesen wäre/dabeigewesen sein würde*.

3. Indikativ Perfekt → Konjunktiv I Perfekt/Konjunktiv II Plusquamperfekt/ Konjunktiv II Futur II (selten):

> Betty sagt(e): „Dieses Bild *habe* ich immer besonders *geliebt*." → Betty sagt(e), dieses Bild *habe/hätte* sie immer besonders *geliebt/würde* sie immer besonders *geliebt haben*.

4. Indikativ Plusquamperfekt→ Konjunktiv I Perfekt/Konjunktiv II Plusquamperfekt/Konjunktiv II Futur II (selten):

> Vera erzählt(e): „Manchmal *hatte* Vater mich *rufen lassen,* und ich *hatte* ihm etwas *vorgelesen.*" → Vera erzählt(e), ihr Vater *habe/hätte* sie manchmal *rufen lassen* und sie *habe/hätte* ihm etwas *vorgelesen*/ihr Vater *würde* sie manchmal *haben rufen lassen* und sie *würde* ihm etwas *vorgelesen haben.*

5. Indikativ Futur I → Konjunktiv I Futur I/Konjunktiv II Futur I:

> In einem Sachbuch heißt (hieß) es: „Ohne Sauerstoffmaske *wird* man sich auf dem Mars nicht *bewegen können.*" → In einem Sachbuch heißt (hieß) es, daß man sich ohne Sauerstoffmaske auf dem Mars nicht *werde/würde bewegen können.*

6. Indikativ Futur II → Konjunktiv I Futur II/Konjunktiv II Futur II:

> Ein Verlagsprospekt kündigt(e) an: „Bis zum Jahresende *wird* die erste der insgesamt zwölf Lieferungen *erschienen sein.*" → Ein Verlagsprospekt kündigt(e) an, daß bis zum Jahresende die erste der insgesamt zwölf Lieferungen *erschienen sein werde/würde.*

Zur Wahl zwischen Konjunktiv I und II

In der indirekten Rede kann sowohl der Konjunktiv I als auch der Konjunktiv II   1319
stehen. Ist die Wahl zwischen den beiden Konjunktiven völlig frei? Aus grammatischer Sicht muß man die Frage heute mit Ja beantworten. Es ist eine Sache des *Stils,* welcher Konjunktivform der Vorzug gegeben wird. Für die geschriebene Standardsprache lassen sich die folgenden Empfehlungen aussprechen:

1. Wenn eindeutige Formen des Konjunktivs I zur Verfügung stehen, sind sie gegenüber Formen des Konjunktivs II vorzuziehen. Als eindeutig gelten alle Konjunktivformen, die sich äußerlich vom Indikativ unterscheiden. Besonders deutlich sind die folgenden:

- alle Formen des Verbs *sein:*

> Stefan hat angefragt, ob wir schon fertig *seien.* Die Siegerin sagte, sie *sei* erstaunt über die schwachen Leistungen der Gegnerinnen.

- die Singularformen (alle Personen) der Verben *wollen, sollen, müssen, dürfen, können, mögen, wissen:*

> Vera sagte zu mir, sie *wolle* einen zweiten Beruf erlernen. Gisela schrieb auf dem Zettel, ich *könne* sie telefonisch noch bis 22 Uhr erreichen. Andrea sagte, du *wissest* Bescheid.

- die 3. Person Singular der übrigen Verben mit der Endung *-e:*

> Inge sagt, sie *komme* morgen und *bringe* das Buch mit. In der Zeitung stand, die Maschinenfabrik *suche* noch zwei Schlosser oder Schlosserinnen. Thomas behauptete, er *habe* keine Zeit.

2. Wenn sich die Formen des Konjunktivs I nicht von denen des Indikativs unterscheiden, verwendet man den Konjunktiv II:

> Inge und Sabine sagten, sie *kämen* morgen und *brächten* das Buch mit. (Statt: Inge und Sabine sagten, sie *kommen* morgen und *bringen* das Buch mit.)
> In der Zeitung stand, die Metallwerke *nähmen* noch zwei Schlosser oder Schlosserinnen auf. (Statt: In der Zeitung stand, die Metallwerke *nehmen* noch zwei Schlosser oder Schlosserinnen auf.)
> Thomas und Markus behaupteten, sie *hätten* keine Zeit. (Statt: Thomas und Markus behaupteten, sie *haben* keine Zeit.)

Die einfacheren Formen des Konjunktivs II (Präteritum, Plusquamperfekt) gelten gegenüber denen mit *würde* (Futur I, Futur II) als stilistisch besser. Die würde-Formen werden vor allem gewählt, a) um Mißverständnisse zu vermeiden, vor allem bei regelmäßigen Verben, bei denen Indikativ und Konjunktiv II Präteritum die gleiche Form haben; b) zur Vermeidung veraltender einfacher unregelmäßiger Konjunktivformen, c) in Texten, die sich formal an der gesprochenen Sprache orientieren.

(Vermeidung von Mißverständnissen:) Ein Kollege erzählte mir, in diesem Gebäude *würden* acht Personen in einer Dachkammer *hausen*. (Statt: Ein Kollege erzählte mir, in diesem Gebäude *hausten* acht Personen in einer Dachkammer.) Die Zeitung schrieb, die Fans *würden* mit einem Sieg ihrer Mannschaft *rechnen*. (Statt: Die Zeitung schrieb, die Fans *rechneten* mit einem Sieg ihrer Mannschaft.)

(Vermeidung veraltender Konjunktivformen:) Der Apotheker meinte, in solchen Fällen *würden* sie meistens Kräutertee *empfehlen*. (Statt: Der Apotheker meinte, in solchen Fällen *empföhlen (empfählen)* sie meistens Kräutertee.) Die Gärtnerin versprach, die Pflanzen *würden* sehr schnell *sprießen*. (Statt: Die Gärtnerin versprach, die Pflanzen *sprössen* sehr schnell.)

3. Viele Schreiber ziehen außerdem den Konjunktiv II in der 2. Person Singular und Plural vor:

Die Großmutter glaubt, du *hättest* sie vergessen. (Statt: Die Großmutter glaubt, du *habest* sie vergessen.)

Ich habe gehört, ihr *wäret* mit dem Beschluß der Klasse nicht einverstanden. (Statt: Ich habe gehört, ihr *seiet* mit dem Beschluß der Klasse nicht einverstanden.)

4. Wenn in der direkten Rede Formen des Konjunktivs II stehen, bleiben sie in der indirekten Rede erhalten:

Klaus sagte: „Ich *hätte* das Fußballspiel noch *gesehen,* wenn ich eher *gekommen wäre.* " – Klaus sagte, er *hätte* das Fußballspiel noch *gesehen,* wenn er eher *gekommen wäre.*

Zusatz: Erlebte Rede und innerer Monolog

1320 Neben der direkten und indirekten Rede benutzen (Prosa)schriftsteller oft die erlebte Rede und den inneren Monolog, um unausgesprochene Gedanken und Empfindungen ihrer Protagonisten wiederzugeben:

(Direkte Rede:) Er dachte: „Morgen gehe ich ins Theater. Ich werde mir ‚Die Nashörner' ansehen. "

(Indirekte Rede:) Er dachte [daran], daß er am anderen Tag ins Theater gehe. Er werde sich „Die Nashörner" ansehen.

(Erlebte Rede:) Er dachte: Morgen ging er ins Theater. Er würde sich „Die Nashörner" ansehen.

(Innerer Monolog: [Ich dachte:]) Morgen ginge ich ins Theater. Ich würde mir „Die Nashörner" ansehen.

Erlebte Rede und innerer Monolog gleichen der indirekten Rede insofern, als auch sie von der direkten Rede abgeleitete Formen darstellen. Im einzelnen sind sie vor allem durch folgende Merkmale gekennzeichnet:

Erlebte Rede

Die Pronomen und Tempora werden gemäß der Perspektive des Erzählers transformiert: Die 1. Person wird in die 3. umgewandelt, Präsens und Perfekt in Präteritum bzw. Plusquamperfekt. Präsens und Futur I mit Zukunftsbezug werden vorzugsweise durch die *würde*-Form wiedergegeben. Sonst wird der Modus nicht transformiert, d. h., Indikativ und Konjunktiv werden beibehalten. Ebenso werden raum- und zeitbezügliche Angaben nicht umgeformt.

Hans würde „Don Carlos" lesen, und dann würden sie etwas miteinander haben, worüber weder Jimmerthal noch irgendein anderer mitreden könnte! Wie gut sie einander verstanden! Wer wußte, – vielleicht brachte er ihn noch dazu, ebenfalls Verse zu schreiben? ... Nein, nein, das wollte er nicht! ... (Th. Mann).

Innerer Monolog

Das Pronomen der 1. Person *(ich, mein)* wird beibehalten, die indikativischen Tempusformen werden in den Konjunktiv II bzw. die *würde*-Form umgewandelt und raum- und zeitbezügliche Angaben übernommen:

> Alle bei meiner Mutter versammelten Idioten würden mein Auftreten für einen herrlichen Witz erklären, meine Mutter selbst würde es mit saurem Lächeln als Witz durchgehen lassen müssen – und keiner würde wissen, daß es todernst war (Böll).

Die auffälligsten Unterschiede bestehen also darin, daß die erlebte Rede in der 3. Person und vorwiegend im Indikativ, der innere Monolog aber in der 1. Person und im Konjunktiv steht. (Allerdings ist hier immer mit Abweichungen und Mischformen zu rechnen; handelt es sich doch um Darstellungsmittel, die vielfach abgewandelt werden können.)

3.3.3 Überblick: Kategorialer Wert und Anschlußmittel bei den Inhaltssätzen

Wir stellen im Folgenden die herausgearbeiteten Anschlußmöglichkeiten in einem zusammenfassenden Überblick dar. Dabei geht es darum, gleichwertige Anschlüsse auch bei unterschiedlichen Nebensatzformen einander zuzuordnen. Darüber hinaus werden aufeinander beziehbare Anschlußwerte in größeren Gruppen zusammengefaßt.

1321

Kategorialer Wert	Anschlußmittel	Beispiele
faktisch	*daß*	Es hat mich gefreut, daß er das versprochen hat.
	Infinitiv	Es hat mich gefreut, sie gesehen zu haben.
– verlaufsdarstellend	*als*	Als er plötzlich auftauchte, freute mich das ungemein.
– hypothetisch	Infinitiv	Es würde mich freuen, ihn zu sehen.
	wenn	Es würde mich freuen, wenn ich ihn sähe.
referierend	Infinitiv	Sie behauptet, darüber betroffen zu sein.
	daß	Sie sagt, daß alles seine Ordnung hat/habe.
– indirekte Rede	angeführter Satz	Er sagt, er sei selbst schuld.
– direkte Rede	angeführter Satz	Er sagt: „Ich bin selbst schuld."
– verlaufsdarstellend	*wie*	Ich merkte, wie meine Kräfte nachließen.
	Akk. mit Infinitiv	Ich sah sie näher kommen.
– undeutliche Wahrnehmung	*als/als ob*	Mir schien, als wüßte er nicht weiter. Mir schien, als ob er nicht weiter wüßte.

Kategorialer Wert	Anschlußmittel	Beispiele
modal	*daß*	Es ist wichtig, daß sie einmal kommt.
	Infinitiv	Er vermochte dies nicht einzuschätzen. (Er konnte dies nicht einschätzen).
	Akk. mit Infinitiv	Sie ließen ihn gehen.
Offenheit eines Sachverhalts global fraglichkeits- darstellend		
indirekt	*ob*	Er fragte, ob ich käme.
direkt	angeführte Frage	Er fragte: „Kommst du?"
– fraglichkeitsaufhebend	*ob*	Sie weiß, ob er kommt.
– alternativsetzend	*ob*	Es spielt eine große Rolle, ob er kommt.
speziell fraglichkeits- darstellend		
indirekt	W-Anschluß	Sie fragte, wann er komme.
direkt	angeführte W-Frage	Sie fragte: „Wann kommst du?"
– fraglichkeitsaufhebend	W-Anschluß	Er weiß, wann er kommt.
– alternativsetzend	W-Anschluß	Es spielt eine große Rolle, wer kommt.
– umreißend	W-Anschluß	Mich hat geärgert, was da behauptet worden ist.

Noch einmal sei festgehalten: Welchen kategorialen Wert der Nebensatz haben kann, steuert das übergeordnete Verb. So erlaubt *wissen* Nebensätze, bei denen das Berichtete als faktisch oder offen charakterisiert ist:

> Sie weiß, daß die Sitzung stattfindet.
> Sie weiß, ob die Sitzung stattfindet.

Ebenso hängt es vom übergeordneten Verb ab, welches Anschlußmittel innerhalb eines kategorialen Werts tatsächlich gewählt werden kann. So erlaubt *merken* den Anschluß mit *daß* und mit *wie*; bei *scheinen* sind gleich vier Anschlußmittel möglich:

> Sie merkte, daß ihre Kräfte nachließen.
> Sie merkte, wie ihre Kräfte nachließen.
> Es schien, daß er nicht weiter wußte.
> Er schien nicht weiterzuwissen.
> Es schien mir, er wisse nicht weiter.
> Es schien, als ob er nicht weiter wüßte.

3.4 Verhältnissätze

3.4.1 Allgemeines

1322 Die Verhältnissätze bilden eine weniger einheitliche Gruppe als die Relativsätze oder die Inhaltssätze: Ihnen fehlt ein für alle gemeinsames Merkmal wie das
der Verbundenheit über eine Stelle (so bei den relativen Satzbeziehungen) oder

das der Konzentration auf bestimmte Anschlußmittel (so bei den Inhaltssätzen). Generell kann man nur sagen: In den Satzgefügen, die hierher gehören, werden zwei Aussagen, die inhaltlich und strukturell vollständig sind, zueinander in eine bestimmte Beziehung gesetzt; es wird ein bestimmtes Verhältnis zwischen ihnen hergestellt. Der kategoriale Wert dieses Verhältnisses ist (anders als beim Inhaltssatzanschluß) unabhängig von irgendwelchen Merkmalen im übergeordneten Satz, und gegenüber keiner Verknüpfung bestehen Einschränkungen grammatischer Art. Von ihrem Satzgliedwert her sind die meisten Verhältnissätze Adverbialsätze. Genauer werden im Folgenden behandelt:

- Kausalsätze
- Konsekutivsätze
- Konzessivsätze
- Temporalsätze
- Konditionalsätze
- Finalsätze
- Modalsätze
- Nebensätze in einer Konfrontationsbeziehung
- Nebensätze der Aussagenpräzisierung

Weil diese Verhältnisse jeweils durch sehr unterschiedliche Anschlußmittel bestimmt sind, orientieren wir uns für unsere Darstellung nicht an diesen Mitteln, sondern gleich an den kategorialen Werten, die ja auch der Bezeichnung der Nebensätze (in der oben gegebenen Aufstellung) zugrunde liegen. Bei der Einzeldarstellung werden wir dann auf die Anschlußmittel eingehen.

Der sprachliche Ausdruck von kategorialen Werten wie Kausalität ist nicht an „Kausalsätze", der Ausdruck von Konditionalität nicht an „Konditionalsätze" gebunden – und das gleiche gilt für alle anderen Verhältnisse: Gerade in diesem Bereich sind alternative Ausdrucksweisen besonders gut ausgebaut. Zusätzlich zu den eigentlichen „Kausalsätzen", „Konditionalsätzen" usw. sollen daher im Folgenden von den verschiedenen Möglichkeiten, die es hier gibt, wenigstens zwei etwas weiter verfolgt werden: 1323

1. Darstellung im Satz*gefüge* bei (gegenüber dem Ausgangsgefüge) veränderter Verteilung der Teilsatzinhalte auf Hauptsatz und Nebensatz. Es handelt sich hier um die Darstellungsform, die 1277 unter (b) aufgeführt ist:

a) Da er völlig entkräftet war, gab er das Rennen auf.
b) Er war völlig entkräftet, weswegen er das Rennen aufgab.

Als Einleitewort im Nebensatz steht hier immer eine Relativpartikel; die durch sie eingeleiteten Teilsätze sind aber nicht in dem strengen Sinn Relativsätze, daß sie mit ihrem Hauptsatz eine Stelle gemeinsam haben (vgl. 1279).

2. Darstellung in verschiedenen Formen der Satz*verbindung*. Entsprechend den beiden Möglichkeiten im Satzgefüge ist hier zu unterscheiden:

c) (= Satzverbindung zu a) Er war völlig entkräftet, deswegen gab er das Rennen auf.
d) (= Satzverbindung zu b) Er gab das Rennen auf, denn er war völlig entkräftet.

Nicht sehr systematisch sind bei den Verhältnissatzgefügen die Möglichkeiten der Verweisung ausgebaut. Zwar gibt es auch hier wiederaufnehmende und vorwegnehmende, neutrale und charakterisierende Verweisung und deren unterschiedliche Kombination (wie bei den Relativ- und Inhaltsbeziehungen); die entsprechenden Möglichkeiten sind aber nicht in allen Verhältnissatzgefügen gleicher-   1324 maßen realisiert. Was grundsätzlich möglich ist, kann am Beispiel eines kausalen Satzgefüges demonstriert werden:

Weil es regnete, kam er nicht.

1. wiederaufnehmend (neutral):

   Weil es regnete, *deswegen* kam er nicht.

2. vorwegnehmend (neutral):

   Deswegen, weil es regnete, kam er nicht.

3. wiederaufnehmend + vorwegnehmend (neutral):

   Deswegen, weil es regnete, (nur) *deswegen* kam er nicht.

4. wiederaufnehmend (charakterisierend):

   Weil es regnete, *aus diesem Grunde* kam er nicht.

5. vorwegnehmend (charakterisierend):

   Aus dem Grunde, weil es regnete, kam er nicht.

6. wiederaufnehmend + vorwegnehmend (charakterisierend):

   Aus dem Grunde, weil es regnete, (wirklich nur) *aus diesem Grunde* kam er nicht.

3.4.2 Die Verhältnissätze im einzelnen

Kausalsätze

1325 1. Zwischen zwei Teilsätzen besteht ein Begründungsverhältnis; im wesentlichen wird im Kausalsatz (dem Nebensatz) die Ursache für das im Hauptsatz genannte Geschehen, das Motiv für eine Handlung oder der logische Grund für eine Aussage angegeben. Als Anschlußmittel für Kausalsätze dienen vor allem *da* und *weil:*

> *Da/Weil eine Baustelle eingerichtet wird,* gibt es eine Umleitung. Die Tanzweisen vermischten sich, *da in jedem Saal etwas anderes gespielt wurde,* zu einem wilden, ohrenbetäubenden Lärm (E. Kästner).

Im Hauptsatz kann als Korrelat *darum, deswegen* oder *deshalb* stehen, bei *da* auch *so.*

> Wendland störte gerade *deshalb, weil er versuchte, sich anzupassen* (Ch. Wolf).

Zwischen *da* und *weil* bestehen, obwohl sie oft gegeneinander austauschbar sind, feine Unterschiede: *Weil* wird vor allem dann verwendet, wenn das im Nebensatz genannte Geschehen verhältnismäßig gewichtig oder neu ist; der Nebensatz steht dann überwiegend hinter dem Hauptsatz. Dagegen wird *da* häufig verwendet, wenn das im Nebensatz genannte Geschehen ohne besonderes Gewicht oder schon bekannt ist. Außerdem kann nur mit einem durch *weil* eingeleiteten Satz auf eine Warum-Frage geantwortet werden, nicht mit einem durch *da* eingeleiteten:

> Warum warst du nicht bei der Vernissage? – *Weil* ich den Zug verpaßt habe. (Nicht:) *Da* ich den Zug verpaßt habe.

2. Bei veränderter Verteilung der Teilsatzinhalte auf Hauptsatz und Nebensatz bezeichnen *weswegen* oder *weshalb* das kausale Verhältnis:

> Es wird eine Baustelle eingerichtet, *weswegen/weshalb es eine Umleitung gibt.*

Für die Darstellung des kausalen Verhältnisses in der Satzverbindung gibt es – entsprechend den beiden Darstellungsformen im Satzgefüge – zwei Möglichkeiten:

(1) Es wird eine Baustelle eingerichtet; *deswegen* gibt es eine Umleitung.

Statt *deswegen* kann hier auch *daher, deshalb* oder *darum* stehen.

(2) Es gibt eine Umleitung; es wird *nämlich* eine Baustelle eingerichtet.

Statt *nämlich* kann auch *denn* (in Spitzenstellung) oder *ja* stehen.[1]

Neben *nämlich* und *denn* findet sich vor allem in gesprochener Sprache – nicht in der geschriebenen Standardsprache – auch *weil* als Einleitungswort in einer Satzverbindung[2]; entsprechend findet sich das finite Verb in solchen Teilsätzen an zweiter Stelle:

Es gibt eine Umleitung, *weil* es wird eine Baustelle eingerichtet.

Dieser Übergang von einer unterordnenden, das heißt nebensatzeinleitenden Konjunktion zu einer beiordnenden Konjunktion ist über Fügungen erfolgt, bei denen nach *weil* eine deutliche Pause wahrzunehmen ist – es liegt eine Art Ellipse vor:

Es gibt eine Umleitung, *weil* – es wird eine Baustelle eingerichtet. (Vervollständigt könnte man formulieren: Es gibt eine Umleitung, weil folgendes der Fall ist: Es wird eine Baustelle eingerichtet.)

Selbst eine völlig asyndetische Anfügung kann kausal verstanden werden:

Es gibt eine Umleitung, eine Baustelle wird eingerichtet.

Möglich sind schließlich auch Partizipialkonstruktionen:

Von seiner schauspielerischen Leistung überzeugt, ging er zum Theater (= weil er ... überzeugt war).

3. Der Begriff „Kausalität" darf auf sprachliche Äußerungen der Alltagssprache nicht im streng wissenschaftlichen Sinn angewandt werden; je nach inhaltlicher Füllung der Teilsätze kann er Unterschiedliches meinen. Dafür ein Beispiel:

Weil der Motor kaputt war, brannte auch das Lämpchen nicht mehr.
Weil das Lämpchen nicht mehr brannte, war der Motor kaputt.

Die unterschiedlichen Beziehungen zwischen den beiden Teilsätzen der zwei Beispiele lassen sich mit Hilfe einer Paraphrase deutlich machen:

Daß der Motor kaputt war, *war der Grund dafür,* daß auch das Lämpchen nicht mehr brannte.

Daß das Lämpchen nicht mehr brannte, *war ein Zeichen dafür,* daß der Motor kaputt war.

---

[1]   Hier wie auch sonst in diesem Kapitel bedeutet „x kann für y stehen" nicht, daß mit dem Ersatz des einen durch das andere der Sinn erhalten bleibt – es kann hier z. T. erhebliche Unterschiede geben. Vgl. dazu: A. Redder: Grammatiktheorie und sprachliches Handeln: „denn" und „da". Tübingen 1990 (= Linguistische Arbeiten 239).

[2]   Vgl. dazu: U. Gaumann: „Weil die machen jetzt bald zu". Angabe- und Junktivsatz in der deutschen Gegenwartssprache. Göppingen 1983 (= Göppinger Arbeiten zur Germanistik 381); Christoph Küper: Geht die Nebensatzstellung im Deutschen verloren? Zur Funktion der Wortstellung in Haupt- und Nebensatz. In: Deutsche Sprache 19 (1991), S. 133–158. S. Günthner: „...weil – man kann es ja wissenschaftlich untersuchen" – Diskurspragmatische Aspekte der Wortstellung. In: Linguistische Berichte 143 (1993), S. 37–59: R. Keller: Das epistemische *weil*. Bedeutungswandel einer Konjunktion. In: H. J. Heringer/G. Stötzel (Hrsg.): Sprachgeschichte und Sprachkritik. Berlin/New York 1993, S. 219–247.

In Beispielen der ersten Art steckt hinter dem *weil* eine Kausalbeziehung im strengen Sinn (= a ist Ursache/Motiv/Grund für b); den zweiten Fall kann man als „Symptombeziehung" verstehen (= a ist Anzeichen/Indiz/Symptom für b). Obwohl Satzgefüge der „Symptombeziehung" eigentlich gegen die Sprachlogik verstoßen, kommen sie in der Alltagssprache recht häufig vor:

> *Da wir alle beanstandeten Motive auch heute auf dem Gemälde wiederfinden,* hat es Veronese fertiggebracht, die Forderungen der Inquisition zu umgehen (Reclams Kunstführer Italien). Hier schlossen ... Fernando I. und Heinrich II. von Kastilien 1383 Frieden unter der Bedingung, daß Prinzessin Beatrix mit dem zweiten Sohn des Kastilierkönigs vermählt würde – was nicht geschah, *da sie später die Frau Juans I. von Kastilien wurde* (DuMont Kunst-Führer Portugal). Auch mit *denn:* Bei dieser Kante touchierte der Zürcher offensichtlich einen Stein, *denn sein Ski wies einen tiefen Riß im Belag auf* (Bieler Tagblatt).

4. Gelegentlich ist der Kausalsatz auf einen zu ergänzenden Hauptsatz zu beziehen. Man spricht hier auch von einem redesituierenden Kausalsatz[1]:

> Das läßt sich – *weil du mich gerade fragst* – nicht aufrechterhalten.

Nicht etwa wegen der „Frage", die in dem *weil*-Satz angesprochen ist, läßt sich etwas nicht aufrechterhalten; zu verstehen ist vielmehr:

> Das läßt sich – *ich sage das, weil du mich gerade fragst* – nicht aufrechterhalten.

In der Satzverbindung entspricht dem:

> Das läßt sich – *du fragst mich gerade* – nicht aufrechterhalten.

5. Um eine Verstärkung im Rahmen des kausalen Verhältnisses geht es in Fällen wie dem folgenden:

> Sie blieb gern im Bett, *zumal (da) sie ein bißchen Fieber hatte.*

Der Nebensatz führt hier einen zusätzlichen, sekundären Grund an, wodurch eine primäre Begründung (die aber nicht formuliert ist) verstärkt wird. An Stelle von *zumal (da)* kann auch *um so mehr als* stehen. In der Satzverbindung entspricht dem:

> Sie hatte ein bißchen Fieber, um so lieber blieb sie im Bett.

6. Dem kausalen Verhältnis im weiteren Sinn kann man schließlich eine Konstruktion zurechnen, bei der es im Grunde um ein Ausgleichsverhältnis geht: Der im Nebensatz genannte Sachverhalt motiviert, begründet oder legitimiert den im Hauptsatz aufgeführten Sachverhalt (im Beispiel: die Forderung), dieser formuliert demgegenüber einen Ausgleich für jenen:

> *Dafür, daß du zu spät kommst,* mußt du eine Runde zahlen.

Bei veränderter Verteilung der Teilsatzinhalte auf Haupt- und Nebensatz könnte das gleiche Verhältnis in folgender Weise dargestellt werden:

> Du bist zu spät gekommen, *wofür du (jetzt) eine Runde zahlen mußt.*

Dem entspricht in der Satzverbindung:

> Du bist zu spät gekommen; dafür mußt du (jetzt) eine Runde zahlen.

---

1 Wir treffen auf diese besondere Weise der Zuordnung von Nebensätzen auch sonst bei den Verhältnisbeziehungen; vgl. dazu auch 1327, 1340 f., 1343, 1344, 1346.

Konsekutivsätze

Zwischen zwei Teilsätzen eines Satzgefüges besteht ein Folgeverhältnis; in einem der beiden Teilsätze (= dem Konsekutivsatz) wird eine Folge, eine Wirkung des im anderen Teilsatz genannten Geschehens oder Sachverhalts angeführt. Als Anschlußmittel für Konsekutivsätze dienen *daß, so – daß, so daß, um – zu, zu* und *als daß:*

> Es regnete stark, *so daß die Wanderung recht anstrengend wurde.* Sie hatte aber bald nach der Beerdigung angefangen, die Dinge der Welt mehr und öfter nach religiösen Gesichtspunkten zu beurteilen, *so daß sie keine rechte Hilfe war und im Grunde der Aufsicht bedurfte* (U. Johnson).

Konsekutives Verhältnis kann in recht unterschiedlicher Weise realisiert werden:

1. Der Konsekutivsatz kann an ein im Hauptsatz stehendes *so* anschließen; er bezieht sich aber nicht nur auf dieses, sondern darüber hinaus auf den Inhalt des Hauptsatzes insgesamt:

> Er ließ das Radio *so* laut laufen, *daß sich alle Nachbarn aufregten.*

In der Satzverbindung entspricht dem (bei umgekehrter Verteilung der Teilsatzinhalte):

> Alle Nachbarn regten sich auf, so laut ließ er das Radio laufen.

2. Der Konsekutivsatz kann an eine im Hauptsatz nicht besetzte, aber erschließbare Stelle mit *so* anschließen:

> Er ließ das Radio laufen, *daß sich alle Nachbarn aufregten.*

3. Im Konsekutivsatz kann ein Wunsch als Folge dessen angeführt werden, was im Hauptsatz formuliert ist:

> Sie war dabei glücklich, *um in die Luft zu springen.*

Der besondere Wert dieses Anschlusses wird noch besser sichtbar, wenn man den hier auch möglichen *daß*-Anschluß wählt; im Konsekutivsatz muß dann nämlich ein Ausdruck (in der Regel ein Verb) mit Wollen-Charakteristik stehen:

> Sie war dabei (so) glücklich, *daß sie hätte in die Luft springen wollen.*

Dem entspricht in der Satzverbindung:

> Sie hätte in die Luft springen können, so glücklich war sie dabei.

4. Der Konsekutivsatz kann auch eine nur *mögliche* Folge dessen angeben, was im Hauptsatz genannt ist:

> Er hat den Einfluß, *den Beschluß durchzusetzen.*
> Er hat so viel Einfluß, *den Beschluß durchzusetzen.*
> Er hat Einfluß genug, *den Beschluß durchzusetzen.*

Wenn man in diesen Beispielen einen *daß*-Anschluß einführt, muß im Nebensatz ein Ausdruck (in der Regel ein Modalverb) mit Können-Charakteristik stehen:

> Er hat den Einfluß, *daß er den Beschluß durchsetzen kann.*
> Er hat so viel Einfluß, *daß er den Beschluß durchsetzen kann.*
> Er hat Einfluß genug, *daß er den Beschluß durchsetzen kann.*

Dem entspricht in der Satzverbindung:

> Er konnte den Beschluß durchsetzen, so viel Einfluß hatte er.

Daß es sich dabei hier um eine nur mögliche Folge handelt, geht auch daraus hervor, daß bei der Umformung in den *daß*-Satz noch andere – die Möglichkeit betonende – Formulierungen (z. B. Konjunktiv) stehen können:

Er hatte den Einfluß, *daß er den Beschluß hätte durchsetzen können.*

5. Bei Konsekutivsätzen mit einem Infinitiv mit *um* – zu steht im übergeordneten Satz gewöhnlich eine Graduierungspartikel wie *genug, nicht so, noch eben;* auch *solch einer, kein* kommen vor:

Er ist reich *genug,* um dieses Haus zu kaufen (= daß er dieses Haus kaufen kann). Er ist nicht *so* dumm, um das nicht verstehen zu können (= daß er das nicht verstehen kann). Jeden Samstag brüllte er das „Schweigen im Walde", trank *genug* Bier, um fast zu platzen (= so daß er fast platzte; Remarque). ... *keine* Bartstoppeln standen, um an ihnen herumzuzupfen (= so daß man an ihnen herumzupfen könnte; Becher).

6. Der Konsekutivsatz kann auch eine negative Folge dessen nennen, was im Hauptsatz aufgeführt ist:

Er ist zu müde, *als daß er heute noch kommt.*

Bei Umsetzung in die Konstruktion mit *daß*-Anschluß müßte das heißen:

Er ist so müde, daß er heute nicht mehr kommt. (Oder:) Er ist zu müde, so daß er heute nicht mehr kommt. (Auch:) Er ist sehr müde, so daß er heute nicht mehr kommt.

In der Satzverbindung entspricht dem:

Er kommt heute nicht mehr, er ist zu müde (dazu).

7. Der Konsekutivsatz kann schließlich eine nicht wünschbare, notwendige oder mögliche (d. h. eine in irgendeiner Form „modalisierte") Folge aus dem nennen, was im Hauptsatz mitgeteilt ist:

Ich bin zu alt, *um darauf noch zu hoffen.*

Eine Umformung in die Konstruktion mit *daß*-Anschluß ergäbe hier:

Ich bin so alt, *daß ich darauf nicht mehr hoffen will/darf/kann.* (Oder:) Ich bin zu alt, *als daß ich darauf noch hoffen wollte/dürfte/könnte.*

Dem entspricht in der Satzverbindung:

Ich will/darf/kann darauf nicht mehr hoffen; ich bin zu alt (dazu).

Konzessivsätze

1327 Konzessivsätze sind Nebensätze, die durch die Anschlußmittel *obgleich, obwohl, obschon, wenn auch, wenngleich, wennschon,* seltener *ungeachtet, gleichwohl* (ugs. auch *trotzdem*) eingeleitet werden; als Korrelat im Hauptsatz dient *trotzdem* oder *dennoch.*

Was man normalerweise zusammenfassend als konzessives Verhältnis beschreibt, kann zwei – zumindest in Nuancen unterschiedliche – Beziehungen bezeichnen:

1. Zwischen zwei Teilsätzen besteht ein Verhältnis des *unzureichenden Gegengrundes:* In einem der beiden Teilsätze wird ein Sachverhalt formuliert, der zwar im Gegensatz zu dem im anderen Teilsatz formulierten Sachverhalt steht, aber nicht ausreicht, um dessen Geltung außer Kraft zu setzen. Es geht hier gleichsam um den objektiv unzureichenden Gegengrund:

Obwohl er sich sehr beeilte, kam er zu spät.

Dem entspricht in der Satzverbindung:

> Er beeilte sich sehr; trotzdem kam er zu spät.
> Er kam zu spät; dabei hatte er sich sehr beeilt.

Nicht immer wirklich äquivalent, aber zweifellos kategorial ähnlich ist:

> Zwar hatte er sich sehr beeilt, aber er kam zu spät.

Nicht immer ist hier in den Satzgefügen der Verhältnissatz auf den bei ihm stehenden Hauptsatz zu beziehen; möglich ist auch Zuordnung zu einem zu ergänzenden, mitzudenkenden Hauptsatz der Art *Ich sage das ...* (vgl. dazu 1325,4 und Anmerkung):

> Sie ist mir – *obwohl wir eigentlich persönliche Stellungnahmen vermeiden wollten* – etwas unheimlich.

Dem entspricht in der Satzverbindung:

> Sie ist mir – wir wollten eigentlich persönliche Stellungnahmen vermeiden – etwas unheimlich.

2. Im Nebensatz kann ein Sachverhalt auch in der Form einer Einräumung formuliert sein, der (trotz des Einräumungscharakters) gleichwohl nicht ausreicht, die Geltung des im Hauptsatz Ausgesprochenen zu entkräften. Ein Beispiel dafür ist:

> *Wenn das Buch auch sehr gut ist,* (so) ist es doch für mich wenig nützlich. *Mag er sich auch von seiner alten Partei losgesagt haben,* ihre Sprache beherrscht ihn nach wie vor (Weltwoche).

In der Satzverbindung entspricht dem:

> Das Buch ist (zugestandenermaßen) sehr gut, es ist jedoch für mich wenig nützlich.
>   allein es ist für mich wenig nützlich.
>   trotzdem ist es für mich wenig nützlich.

Den Unterschied zwischen den beiden Möglichkeiten kann man in Folgendem sehen: Während bei unzureichendem Gegengrund eine Tatsache (gewissermaßen objektiv) der Geltung des im Hauptsatz formulierten Sachverhalts entgegensteht, wird im zweiten Fall dieses Entgegenstehen von vornherein zugestanden, wenn auch als etwas Unwichtiges. Das kann so weit gehen, daß die Einräumung zum bloß formalen Mittel wird, die tatsächlich ausgesprochene Ablehnung vor dem Gesprächspartner abzuschwächen. Hier wäre beispielsweise folgende Umschreibung möglich:

> Ich will ja gern zugeben, daß das Buch sehr gut ist – aber für mich ist es doch wenig nützlich.

3. In diesem Zusammenhang gehört schließlich auch die Möglichkeit, einer zugestandenen Eigenschaft eine entgegenstehende gegenüberzustellen (dabei bezeichnet das Letztgenannte häufig die eigentliche Einstellung des urteilenden Sprechers):

> *So wissenschaftlich das Buch ist,* so wenig nützlich ist es. *Wenn das Buch auch sehr wissenschaftlich ist,* so ist es doch andererseits sehr wenig nützlich. *So verschieden nun diese Stammgäste sein mögen,* Geld haben sie alle (E. Kästner).

Dem entspricht in der Satzverbindung:

> Das Buch ist (gewiß) sehr wissenschaftlich, andererseits ist es aber sehr wenig nützlich.
> Die Stammgäste mögen verschieden sein – Geld haben sie alle.

Temporalsätze[1]

1328 Temporalsätze sind Nebensätze, die die Aussage des Hauptsatzes zeitlich situieren. Nun ist Zeitlichkeit (im Sinne einer Orientierung auf einer Art Zeitachse) eine Bestimmung, die jedem Satz, jeder Aussage für sich bereits zukommt. Der kategoriale Wert „Temporalität" ist daher ein sehr neutraler bzw. unbestimmter Wert, der es ohne weiteres zuläßt, daß primär temporal bestimmte Satzgefüge im Satz- oder Textzusammenhang weitere – z. T. für das Verständnis relevante – Prägungen erhalten. So können temporale Satzgefüge nicht selten auch als zusätzlich kausal, konditional oder adversativ bestimmt verstanden werden.

Für die Beschreibung temporaler Satzgefüge werden drei Grundverhältnisse unterschieden, Gleichzeitigkeit, Vorzeitigkeit und Nachzeitigkeit, wobei immer vom Nebensatz her gedacht wird (Vorzeitigkeit meint also z. B., daß der Inhalt des Nebensatzes zeitlich vor dem des Hauptsatzes anzusiedeln ist). Nach diesem Kriterium werden auch die Anschlußmittel für Temporalsätze eingeteilt:

– Gleichzeitigkeit bezeichnende Konjunktionen:

während, indem, indes, indessen, solange, sobald, sowie, sooft, als, wie, wenn.

– Vorzeitigkeit bezeichnende Konjunktionen:

nachdem, als, seit, seitdem, sobald, sowie, wenn.

– Nachzeitigkeit bezeichnende Konjunktionen:

bis, bevor, ehe.

Als Hauptsatzkorrelate stehen die Zeitpartikeln *da, damals, dann, darauf, jetzt* u. a.

Ob in einem Satzgefüge tatsächlich ein Verhältnis der Vorzeitigkeit usw. besteht, ist nicht allein an der Konjunktion ablesbar. Auch Tempus und Modus wirken hier mit.

Unter Berücksichtigung der genannten Kriterien unterscheidet man:

Vorzeitiges Verhältnis

1329 1. Der Inhalt des Nebensatzes geht – nicht weiter spezifiziert – dem Inhalt des Hauptsatzes (zeitlich) voraus; er ist abgeschlossen:

Nachdem sie die Probezeit bestanden hatte, war es für sie leichter.

Bei umgekehrter Verteilung der Teilsatzinhalte auf Haupt- und Nebensatz ist auch möglich:

Sie hatte die Probezeit bestanden, *wonach es für sie leichter war.*

Dem entspricht in der Satzverbindung:

Sie hatte die Probezeit bestanden; danach war es für sie leichter.

2. Der Inhalt des Nebensatzes kann auch als dem des Hauptsatzes *unmittelbar* vorausgehend charakterisiert werden. Der Wert des Anschlusses addiert sich gleichsam aus dem Wert des unter 1 beschriebenen Typs und einem Element der Unmittelbarkeit (etwa *sofort nachdem*):

Sobald (= sofort nachdem) er das Haus verlassen hatte, gab es Alarm.

---

[1] Vgl. auch 1286.

Bei umgekehrter Verteilung der Teilsatzinhalte auf Hauptsatz und Nebensatz ist auch möglich:

> Kaum hatte er das Haus verlassen, *als es Alarm gab.*

Diese Darstellungsform ist vor allem dann gebräuchlich, wenn die Teilsätze in einem Vergangenheitstempus stehen. Im Hauptsatz sind hier Unmittelbarkeitssignale wie *kaum, soeben, gerade* usw. nötig. Als Satzverbindung entspricht dem:

> Er hatte kaum das Haus verlassen, da gab es Alarm.

3. Wieder etwas anders sieht es in Beispielen wie dem folgenden aus:

> *Seit(dem) er umgezogen ist,* lebt er viel ruhiger.

Auch hier gilt für den Inhalt des Nebensatzes Vorzeitigkeit; im Hauptsatz wird aber nun der gesamte Zeitbereich in seiner Ausdehnung in den Blick genommen. Dieser ist in Richtung auf die Gegenwart nicht abgeschlossen.

In der Satzverbindung entspricht dem oben angeführten Beispiel:

> Er ist umgezogen; seitdem lebt er viel ruhiger.

Nachzeitiges Verhältnis

1. Analog zum vorzeitigen Verhältnis gibt es im nachzeitigen den Fall, daß der im   **1330**
Nebensatz genannte Sachverhalt – nicht weiter spezifiziert – zeitlich später liegt
als der im Hauptsatz genannte:

> *Bevor sie die Probezeit bestanden hatte,* war es für sie schwer.

In der Satzverbindung entspricht dem:

> Sie hat die Probezeit bestanden; vorher war es für sie schwer (gewesen).

2. Etwas anders liegt der folgende Beispielsatz:

> *Bevor du die Probezeit nicht bestanden hast,* darfst du nicht Urlaub nehmen.

Dem entspricht in der Satzverbindung:

> Du mußt zuerst die Probezeit bestehen; vorher darfst du nicht Urlaub nehmen.

Der spezielle Wert dieses Anschlusses liegt darin, daß zwar (wie im vorgenannten Beispiel) hier auch die Angabe eines zeitlichen Nacheinanders enthalten ist; darüber hinaus aber geht es hier zusätzlich und wesentlich um die Aussage, daß etwas (was im Hauptsatz genannt wird) nicht gewährt wird oder nicht eintritt, wenn nicht vorher eine Bedingung erfüllt ist – und diese Bedingung wird im Nebensatz genannt. Der Anschluß enthält gewissermaßen ein zusätzliches Merkmal Forderung/Weigerung. Das signalisiert auch das *nicht* im Nebensatz (vgl. 1237).

3. Wie bei der Vorzeitigkeit kann auch hier der gesamte Zeitbereich vor dem Geschehen, das im Nebensatz genannt ist, in den Blick genommen werden:

> *Bis er umzog,* lebte er sehr unruhig.

In der Satzverbindung entspricht dem:

> Er ist umgezogen; bis dahin lebte er sehr unruhig.

4. Zusätzlich zum Merkmal der Zeitdauer kann man das Merkmal der Forderung oder der Bedingung formulieren:

> Ich genehmige dir den Urlaub nicht, *bis du (nicht) die Probezeit bestanden hast.*

Dem entspricht in der Satzverbindung:

> Besteh erst die Probezeit; bis dahin genehmige ich dir den Urlaub nicht.

Gleichzeitiges Verhältnis

1331 Beim gleichzeitigen Verhältnis liegen die Dinge einfacher. Grundsätzlich kann man zwei Möglichkeiten unterscheiden:

1. Der Inhalt des Nebensatzes wird als zeitlich parallel zu dem des Hauptsatzes gesetzt:

> *Während er schrieb,* gingen wir spazieren. Eine solche Flexibilität bleibt allerdings frommer Wunsch, *solange der sogenannte Sozialstaat unangenehm dazwischenfunkt* (Weltwoche).

Bei umgekehrter Verteilung der Teilsatzinhalte auf Hauptsatz und Nebensatz ist möglich:

> Er schrieb, *währenddessen wir spazieren gingen.*

Eine besondere Variante von Gleichzeitigkeit liegt vor, wenn zusätzlich betont werden soll, daß das Nebeneinanderlaufen der in Haupt- und Nebensatz ausgedrückten Handlungen, Vorgänge oder Zustände einen Anfang oder ein Ende hat:

> *Als* er auf dem Land lebte, war er viel ausgeglichener (neutral).
> *Seit* er auf dem Land lebte, war er viel ausgeglichener (Beginn der Gleichzeitigkeit betont).
> *Solange* er auf dem Land lebte, war er viel ausgeglichener (Ende der Gleichzeitigkeit betont).

Die Varianten mit *seit (seitdem)* und *solange* lassen sich leicht in Sätze mit vor- oder nachzeitigem Verhältnis umwandeln; im ersten Fall lassen sich dabei ebenfalls die Konjunktionen *seit* und *seitdem* verwenden:

> *Seit/seitdem/nachdem* er auf das Land gezogen war, war er viel ausgeglichener.
> *Bevor/bis* er vom Land wegzog, war er viel ausgeglichener.

Gleichzeitigkeit mit Betonung des Beginns liegt auch im folgenden Satz vor:

> Arbeit kann doch nicht länger das erste Gebot unserer Industriegesellschaft sein, *seit Fabriken auch ohne Schweiß wie geschmiert laufen* (Weltwoche).

2. Ein zeitlich kürzeres Geschehen o. ä. wird in ein zeitlich längeres eingebettet. Merkmal für die Bestimmung des zeitlich als länger charakterisierten Geschehens ist: In dem entsprechenden Teilsatz steht (oder kann stehen) ein Ausdruck, der einen Zeitausschnitt bezeichnet, z. B. *gerade.* Durch diesen wird aus dem zeitlich längeren Geschehen der Zeitausschnitt herausgehoben, innerhalb dessen sich das kürzere Geschehen ereignet:

> *Als* er *(gerade) schrieb,* brachen sie auf.

Bei umgekehrter Verteilung der Teilsatzinhalte auf Haupt- und Nebensatz ist auch möglich:

> Er schrieb gerade, *als sie (plötzlich) aufbrachen.*

Dem entspricht in der Satzverbindung:

> Er schrieb gerade, da brachen sie plötzlich auf.

Probleme der Tempuswahl und des Konjunktionengebrauchs

1332 Für die Abfolge der Tempora im zusammengesetzten Satz existiert im Deutschen (anders als in manchen benachbarten Fremdsprachen) keine strenge Regelung: Es gibt in unserer Sprache grundsätzlich keine consecutio temporum. Immerhin sind bei den Temporalsätzen gewisse Einschränkungen zu beachten, die zum Teil mit der Wahl der Konjunktion zusammenhängen. Man kann sich hier an folgender Regel orientieren:

1. Das Tempus des Temporalsatzes ist dem des übergeordneten Satzes so anzugleichen, daß entweder nur Vergangenheitstempora (Präteritum, Plusquamperfekt und die jeweils erste Verwendungsweise von Perfekt und Futur II – vgl. 268) oder nur Nichtvergangenheitstempora (Präsens, Futur I, die zweite und dritte Verwendungsweise des Perfekts und die zweite Verwendungsweise des Futurs II) miteinander kombiniert werden. Möglich sind demnach Kombinationen wie:

> Hans spielt Klavier, während es regnet.
> Hans spielte Klavier, während es regnete.

oder

> Sie ist glücklich, seit sie die Prüfung bestanden hat.
> Sie war glücklich, seit sie die Prüfung bestanden hatte.

Nicht möglich sind dagegen Kombinationen wie:

> Wir gehen ins Theater, sooft es uns die Zeit erlaubte/erlaubt hatte.
> Sie hatten noch ein Stück zu gehen, bevor sie am Ziel sind/gewesen sind.

2. Wenn beim Gebrauch der temporalen Konjunktionen *als* und *wie* Unsicherheiten auftreten, kann man sich an folgender Regel orientieren:
Im Zusammenhang mit Vergangenheitstempora steht standardsprachlich grundsätzlich *als:*

> Als wir nach Hause kamen, war die Tür geöffnet. Aber das war schon so gewesen, *als* er noch in die Schule ging (E. Kästner).

Die Konjunktion *wie* gilt im Zusammenhang mit Vergangenheitstempora als umgangssprachlich:

> Er kam, *wie* der Arzt noch an der Leiche herumhantierte (Dürrenmatt). ... *wie* die Alte tot war, da ist er zu mir gekommen und hat mich umarmt (V. Baum). ... ich hatte sie gegrüßt, gleich *wie* sie eintrat (H. Kolb). Ich mach mir nichts aus Vorahnungen, aber daß mir manchmal schwer zumute sein würde, das hab ich gewußt, *wie* ich da auf meinem Turm stand (Ch. Wolf).

Bei Verbformen im Präsens wird gewöhnlich *wie* gebraucht:

> *Wie* sie das Haus betritt, bemerkt sie Gasgeruch. Und nachts, *wie* die Kinder schlafen, da sagt er ... (V. Baum).

Daneben tritt in Darstellungen mit historischem Präsens (vgl. 252) auch *als* auf:

> *Als* er dann zu ihr in die Küche kommt, laufen ihre Augen ... *als* sie oben sind, stoßen sie auf eine Schneise (Fallada).

3. Bei Problemen der Tempuswahl nach *wenn* und *als* gilt:
Die Konjunktion *wenn* leitet sowohl Nebensätze ein, die ein einmaliges Geschehen bezeichnen (punktuelles *wenn*), als auch solche, die ein wiederholtes Geschehen meinen (iteratives *wenn*, ,immer wenn'). Das iterative *wenn* kann mit allen Tempora verbunden werden:

> (Immer) wenn die Sonne scheint/schien/geschienen hat, gehen/gingen wir spazieren/ sind wir spazierengegangen.

Das punktuelle *wenn* steht jedoch nur bei Nichtvergangenheitstempora. Bei Vergangenheitstempora tritt an seine Stelle die Konjunktion *als:*

> *Als* (nicht: *Wenn*) gestern die Sonne schien, gingen wir spazieren.

4. Die Konjunktion *nachdem* wird heute in der Standardsprache gewöhnlich temporal verwendet. Der früher übliche kausale Gebrauch findet sich heute noch vor allem im Süden des deutschen Sprachgebiets; er kommt in Verbindung mit Verbformen im Präsens oder Futur vor (während temporales *nachdem* nur in Verbindung mit Vergangenheitstempora auftritt):

> *Nachdem* die Staatssekretärin erst später kommen kann, muß die Sitzung verschoben werden. (Statt:) *Da/Weil* die Staatssekretärin ... *Nachdem* sich die Bauarbeiten weiter verzögern werden, sind die Wohnungen erst am 1. Januar beziehbar. (Statt:) *Da/Weil* sich die Bauarbeiten ...

Wenn beim temporalen *nachdem* Zweifel in der Tempuswahl entstehen, kann man sich an folgenden Hinweisen orientieren:

In der Regel wird die Konjunktion entweder mit dem Perfekt (übergeordneter Satz: Präsens) oder – der weitaus häufigere Fall – mit dem Plusquamperfekt (übergeordneter Satz: Präteritum) verbunden:

> Nachdem er mehrfach sein Versprechen *gebrochen hat, glaubt* man seinen Versicherungen nicht mehr.

> Nachdem er mehrfach sein Versprechen *gebrochen hatte, glaubte* man seinen Versicherungen nicht mehr.

Unter bestimmten Bedingungen kommen jedoch auch andere Tempuskombinationen vor:

(a) Nach Präsens oder Futur I im übergeordneten Satz ist im *nachdem*-Satz entweder das Perfekt oder das Präsens zu wählen – das Perfekt, wenn ausgedrückt werden soll, daß die Handlung des übergeordneten Satzes n a c h   d e m   A b s c h l u ß der Nebensatzhandlung einsetzt:

> Nachdem das Wunder *gelungen ist,* den Laplaceschen Dämon vom Thron seiner Tyrannei zu stoßen, wird des Menschen Neugier sich aufmachen, seine neue Freiheit zu nutzen (P. Bamm).

Das Präsens wird gewählt, wenn ausgedrückt werden soll, daß die Handlung des übergeordneten Satzes n a c h   d e m   B e g i n n der Nebensatzhandlung einsetzt:

> Erst nachdem der Ring am Finger *blitzt,* läßt der Eifer nach (Bildzeitung).

(b) Wenn im übergeordneten Satz Präteritum, Perfekt (1. Verwendungsweise – vgl. 268) oder Plusquamperfekt steht, ist im *nachdem*-Satz entweder das Plusquamperfekt oder das Präteritum einzusetzen. Das Plusquamperfekt wird eingesetzt, wenn ausgedrückt werden soll, daß die Handlung des übergeordneten Satzes n a c h   d e m   A b s c h l u ß der Nebensatzhandlung einsetzt:

> Was ist mit der Lampe geschehen, *nachdem Sie sich beschwert hatten* (Pinkwart)?

Das Präteritum wird gewählt, wenn ausgedrückt werden soll, daß die Handlung des übergeordneten Satzes n a c h   d e m   B e g i n n der Nebensatzhandlung einsetzt (wobei für die Kombination Perfekt – Präteritum gewisse Einschränkungen gelten):

> Wir ... *begannen,* nachdem die Streifen-HJ, eingeschüchtert, ihre Diensträume kaum noch verließ ..., unser Arbeitsfeld in die Kirchen zu verlegen (G. Grass).

5. Die temporale Konjunktion *wenn* darf nicht mit dem Fragewort *wann* verwechselt werden. Es muß also heißen:

> *Wann* kommst du? Ich wußte nicht, wann ich kommen sollte.

und nicht (wie häufig in der Umgangssprache):

> *Wenn* kommst du? Ich wußte nicht, wenn ich kommen sollte.

Konditionalsätze

Konditionalsätze sind Nebensätze, die eine Bedingung oder allgemeiner eine   1333
Voraussetzung für die Existenz oder für die Gültigkeit des im Hauptsatz Genannten einführen. Bezogen auf das konditionale Verhältnis kann man von einem Verhältnis des *möglichen* Grundes sprechen (im Gegensatz zum *wirklichen* Grund,
der in kausalen Satzgefügen vorliegt). Wie beim kausalen Verhältnis ist die Kategorie der Voraussetzung nicht streng im logischen Sinne als Kategorie der reinen
Bedingung zu verstehen, d. h. in dem Sinn, daß etwas die Existenz oder Gültigkeit
eines anderen notwendig bedingt. Vielmehr ist hier mit einem breiten Band von
Möglichkeiten zu rechnen. Das zeigt sich auch daran, daß Satzgefüge recht unterschiedlicher Prägung in ein konditionales Verhältnis eingebracht werden können.
Möglich ist z. B. sowohl:

> *Wenn der Motor kaputt ist,* brennt auch das Lämpchen nicht mehr.

als auch:

> *Wenn das Lämpchen nicht mehr brennt,* ist der Motor kaputt.

Das heißt, ein konditionales Satzgefüge läßt sich sowohl auf kausale Beziehungen
im strengen Sinn als auch auf „Symptombeziehungen" beziehen (vgl. dazu 1325).
Und man kann etwa auch sagen:

> *Wenn ich traurig bin,* bin ich gern allein.

Ein Beispiel wie dieses steht den temporalen Satzgefügen nahe, es ist leicht umzu-
setzen in:

> *Während/Zu Zeiten, wo* ich traurig bin, bin ich gern allein.

Konditionales Verhältnis im Satzgefüge kann auf unterschiedliche Art angezeigt
werden: durch die Konjunktionen *wenn, wofern, sofern* und *falls;* durch komplexere Fügungen, die sich der Möglichkeiten des Inhaltssatzanschlusses bedienen,
wie *im Fall, daß; unter der Voraussetzung, daß; unter der Bedingung, daß; vorausgesetzt, daß; gesetzt den Fall, daß;* schließlich auch durch einen uneingeleiteten
Nebensatz mit Finitum in Spitzenstellung; als Korrelat im Hauptsatz kann *dann*
oder *so* stehen. Und Konditionalität kann in recht unterschiedlicher Weise erscheinen:

1. Unter Berücksichtigung der Modi in den Verbformen konditionaler Satz-   1334
gefüge unterscheidet man drei Typen konditionaler Gefügebildung:

a) In beiden Teilsätzen steht der Indikativ (Präsens):

> *Wenn er gewählt wird, bleibt er.*

Man spricht hier vom Realis.

b) In beiden Teilsätzen steht der Konjunktiv II:

> *Wenn er gewählt würde, bliebe er.*

Man spricht hier vom *Irrealis der Gegenwart.*

c) In beiden Teilsätzen steht die umschreibende Form des Konjunktivs II:

> *Wenn er gewählt worden wäre, wäre er geblieben.*

Man spricht hier vom *Irrealis der Vergangenheit.*

Diese drei Typen unterscheiden sich hinsichtlich des Grades der Erfüllbarkeit von   1335
Bedingung und Folge: Je nach Sichtweise kann der Sprecher/Schreiber von der
Realität (= erfüllbare Bedingung und Folge) oder von der Irrealität (= nicht-

erfüllbare Bedingung und Folge) des Besprochenen ausgehen und dementsprechend entweder den Indikativ oder den Konjunktiv setzen. Man vergleiche:

> Wenn jemand im Büro *gewesen ist,* dann *hat* er mich *gehört.*/Wenn jemand im Büro *gewesen wäre,* dann *hätte* er mich *gehört.*

Man kann sagen: Im ersten Fall geht der Sprecher davon aus (oder schließt zumindest nicht aus), daß jemand im Büro gewesen ist. Im zweiten Fall schließt er es aus oder hält es zumindest für sehr unwahrscheinlich. Entsprechend sind die beiden folgenden Satzpaare zu beurteilen:

> Wenn sie den Zug um 9 Uhr *nimmt, kommt* sie noch rechtzeitig zur Eröffnung./Wenn sie den Zug um 9 Uhr *nähme, käme* sie noch rechtzeitig zur Eröffnung.
> Wenn diese ... Abkühlung noch 250 Jahre im gleichen Maße *anhält, beginnt* in Europa eine neue Eiszeit./Wenn diese ... Abkühlung noch 250 Jahre im gleichen Maße *anhielte (anhalten würde), begänne (würde beginnen)* in Europa eine neue Eiszeit.

Der Konjunktiv dient dazu, die Erfüllung der jeweils genannten Bedingung/Folge als unmöglich oder doch als sehr unwahrscheinlich zu markieren.

1336 Die drei Typen erscheinen in der konkreten Sprachverwendung freilich nicht immer deutlich getrennt; vor allem in gesprochener Sprache (aber nicht nur dort) kann eine Kombination aus Indikativ und Konjunktiv begegnen:

> „Wenn wir es wieder tun *müßten,* dann *werden* wir es allein tun", sagte er (Süddeutsche Zeitung).

Eine solche Modusmischung ist nicht einfach als falsch zu beurteilen: Man kann ja durchaus der Bedingung und der Folge einen unterschiedlichen Wahrscheinlichkeitsgrad zuweisen; ein Modusausgleich liefe unter diesen Umständen womöglich sogar der Kommunikationsabsicht des Sprechers/Schreibers zuwider. So muß etwa im folgenden Beispiel dann der Indikativ stehen, wenn der Zusammenhang die Erfüllung der Bedingung als sehr wahrscheinlich nahelegt und nicht nur eine bloße Spekulation des Sprechers/Schreibers vorliegt:

> Eine Wende könnte dann eintreten, wenn die Unternehmer (wie angekündigt) stärker *investieren* (statt: *investierten*).

1337 Nicht selten wird der Konjunktiv II von *sollen* mit einem Indikativ Präsens oder Futur im Hauptsatz kombiniert (*sollte* kann dabei Spitzenstellung oder – in Verbindung mit einer Konjunktion – Endstellung einnehmen):

> *Sollte* dies dennoch eintreten, dann *fällt* eine wesentliche Säule der Regierungspolitik (Der Spiegel; auch möglich: ... *wird* eine wesentliche Säule der Regierungspolitik *fallen.*/Wenn dieses dennoch eintreten *sollte* ...).

Mit *sollte* zielt der Sprecher/Schreiber immer auf einen hypothetischen Fall, der möglicherweise eintritt oder schon eingetreten ist. Es handelt sich also stets um eine erfüllbare Bedingung, die in dem *sollte*-Satz genannt wird; bei unerfüllbaren Bedingungen darf *sollte* nicht verwendet werden.

1338 2. Das Grundverhältnis der Voraussetzung findet sich in den folgenden Beispielen:

> *Wenn sie jetzt gewählt ist,* bleibt sie auch da.
> *Wenn sie uns nicht hilft,* sind wir verloren.
> *Wenn sie noch einen Punkt macht,* ist sie Siegerin.

Wenn der Nebensatz negiert ist, ist auch Darstellung mit umgekehrter Verteilung der Teilsatzinhalte auf Haupt- und Nebensatz möglich; manchmal muß dann allerdings ein modaler Ausdruck wie *hoffentlich* oder *vielleicht* eingeführt werden:

> Hoffentlich hilft sie uns, *ansonsten wir verloren wären.*

Darstellung in der Satzverbindung ist in allen Fällen möglich:

Sie ist jetzt gewählt, dann bleibt sie auch da.
Hoffentlich hilft sie uns, sonst sind wir verloren.
Vielleicht macht sie noch einen Punkt, dann ist sie Siegerin.

Für das letzte Beispiel wäre auch möglich:

Sie muß noch einen Punkt machen, und dann ist sie Siegerin.

Das notwendige modale Element kommt hier durch *müssen* herein.

3. Über das Grundverhältnis hinaus können weitere Verhältnisse beschrieben   1339
werden:

a) Im Nebensatz wird eine Ausnahmevoraussetzung gegeben, unter der die im
Hauptsatz formulierte Aussage nicht gilt:

Ich komme heute noch vorbei, außer wenn es sehr spät wird.
Ich komme heute noch vorbei, außer es wird sehr spät.
Ich komme heute noch vorbei, es sei denn, daß es sehr spät wird.
Ich komme heute noch vorbei, es sei denn, es wird sehr spät.

Die beiden letzten Beispiele *daß es sehr spät wird* und *es wird sehr spät* sind im
Grunde Inhaltssätze zu *es sei denn;* beides zusammen wird hier als ein komplexes
Anschlußmittel betrachtet, das den Anschlußmitteln in den beiden ersten Beispie-
len äquivalent ist. Man nennt solche Sätze auch Exzeptivsätze (vgl. 289).

b) Im Nebensatz wird ein Geschehen genannt, das das im Hauptsatz genannte
Geschehen auslöst:

Wenn er nur an sie dachte, wurde er schon ganz froh.

Bei umgekehrter Verteilung der beiden Teilsatzinhalte auf Hauptsatz und Nebensatz ist auch möglich:

Er brauchte nur an sie zu denken, um schon ganz froh zu werden.

Dem entspricht in der Satzverbindung:

Er brauchte nur an sie zu denken, dann wurde er schon ganz froh.
Er brauchte nur an sie zu denken, und schon wurde er ganz froh.

c) Im Hauptsatz werden bereits präzisierende Angaben zu einem Sachverhalt gemacht, dessen Eintreten selbst noch nicht gesichert ist, ja durch die Aussage im
Nebensatz als ausdrücklich ungesichert bestimmt wird:

Er stimmt wahrscheinlich mit Nein, wenn er überhaupt stimmt.

Das *überhaupt* kann dann wegfallen, wenn das *wenn* stark betont ist.

d) Zwei Sachverhalte, der eine im Hauptsatz, der andere im Nebensatz, werden
einander als korrelierend zugeordnet:

Je mehr sie sich um ihn bemühte, um so spröder wurde er.

In der Satzverbindung entspricht dem:

Sie bemühte sich immer mehr um ihn, da wurde er um so spröder.
Sie bemühte sich immer mehr um ihn, und er wurde um so spröder.

Daß dieser Fall als konditional hier eingeordnet wird, hängt damit zusammen,
daß man ihm eine Wenn-dann-Beziehung zugrunde legen kann, und zwar in folgender Weise:

Wenn sie sich (immer) mehr um ihn bemühte, wurde er (entsprechend) spröder.

Man spricht hier auch von Proportionalsätzen.

e) Die beiden Teilsätze eines konditionalen Satzgefüges können Beurteilungen zweier Personen, Dinge, Sachverhalte u. a. enthalten; mit Hilfe des Anschlusses wird ein angemessenes Gleichgewicht der beiden Beurteilungen gesucht, und zwar ausgehend von einer (dem Sprecher unangemessen erscheinenden) vorliegenden Beurteilung einer der beiden Personen, Sachverhalte usw.:

Wenn ihr liberal seid, dann sind wir ja Anarchisten.

1340   4. Auch im konditionalen Verhältnis haben wir den Fall, daß sich ein Nebensatz nicht auf den unmittelbar nebenstehenden Hauptsatz bezieht, sondern auf einen zu ergänzenden. Die Möglichkeiten sind hier sogar besonders reich ausgebaut:

Wenn ich mich nicht irre, geht sie nach Amerika.
Er ist, *wenn Sie mir ein offenes Wort gestatten,* ein Dummkopf.
Das Buch erschien, *wenn Sie sich erinnern,* erstmals 1982.

Man muß hier verstehen:

Wenn ich mich nicht irre, trifft die folgende Behauptung/das folgende Urteil zu: Sie geht nach Amerika. (Die Bedingung oder Voraussetzung betrifft hier die Gültigkeit der Aussage.)

Wenn Sie mir ein offenes Wort gestatten, mache ich folgende Äußerung: Er ist ein Dummkopf. (Die Voraussetzung betrifft hier die Möglichkeit, sich überhaupt zu äußern. Charakteristisch ist für diesen Fall eine auffällige Stellungsregularität: Bei Voranstellung des Nebensatzes steht im Hauptsatz das Finitum immer in Zweitstellung: *Wenn Sie mir ein offenes Wort gestatten – er ist ein Dummkopf.*)

Wenn Sie sich erinnern, können Sie folgendes bestätigen: Das Buch erschien erstmals 1982. (Die Voraussetzung betrifft hier die Feststellbarkeit bzw. Nachprüfbarkeit eines Sachverhalts.)

Unmittelbarer Bezug auf den nebenstehenden Hauptsatz wäre unangemessen, wie die nachfolgende Dialogsequenz erweisen kann:

A.: „Ich bin der Nachtportier – wenn ich nicht störe." B.: „Und was sind Sie, wenn Sie stören?"

1341   In gleicher Funktion wie diese durch *wenn* eingeleiteten Sätze stehen Partizipialkonstruktionen:

Obwohl dies, wie er wußte, eigentlich schwierig und, realistisch betrachtet (= wenn man es realistisch betrachtete), schon wegen der betäubenden Gase kaum möglich war (F. Thieß). Metaphysisch betrachtet, sieht die Sache anders ... aus (H. Hesse).

Sie sind oft geradezu zu Formeln erstarrt:

oberflächlich betrachtet, aus der Entfernung betrachtet, von außen/innen betrachtet, allgemein betrachtet, nüchtern betrachtet, bei Licht betrachtet, objektiv betrachtet, realistisch betrachtet; auf die Dauer gesehen, im großen gesehen, juristisch gesehen, rein praktisch gesehen, objektiv gesehen; die Sache so angesehen; mit dem nötigen Vorbehalt verstanden; angenommen, daß ...; zugegeben, daß ...; in einem gesagt, rundheraus gesagt, besser gesagt, in Kürze gesagt, richtig gesagt; besser ausgedrückt, positiv ausgedrückt, vereinfacht ausgedrückt; im Grunde genommen, genaugenommen, leicht/ernst/streng/wörtlich/beim Wort genommen, alles in allem genommen.

Einfacher und umschreibender Konjunktiv oder *würde*-Formen im Konditionalgefüge?

1342   Für den einfachen oder umschreibenden Konjunktiv II im Haupt- oder Nebensatz tritt ohne Bedeutungsunterschied auch *würde* + Infinitiv bzw. *würde* + Partizip + *haben/sein* auf, und zwar vor allem

– an Stelle des einfachen Konjunktivs II von regelmäßigen Verben:[1]

Wenn die Begeisterung für Umweltschutz die Welt *verändern würde* (statt *veränderte*), *würde* ich mich *freuen* (statt: *freute* ich mich).

– an Stelle des einfachen wenig gebräuchlichen oder ungebräuchlichen Konjunktivs II von unregelmäßigen Verben:

Wenn ein Hut auf dem Wasser *schwimmen würde* (statt *schwömme/schwämme*), wäre der Anblick weniger grausam (WDR).

– an Stelle eines Konjunktivs II mit Zukunftsbezug:

Würde diese ... Abkühlung noch 250 Jahre im gleichen Maße *anhalten* (statt: *Hielte ... an*), begänne in Europa eine neue Eiszeit (Der Spiegel).

– in einer Ausdrucksweise, die der gesprochenen Sprache nahesteht:

Wenn du dir etwas mehr Zeit *nehmen würdest, würde* vieles besser *herauskommen.* (Statt: Wenn du dir etwas mehr Zeit *nähmest, käme* vieles besser heraus.)

Dabei braucht jedoch nicht immer eine dieser Bedingungen vorzuliegen. Oft genügt der Wunsch nach Abwechslung, um den Sprecher/Schreiber die *würde*-Form wählen zu lassen, wobei nicht einmal schwerfällige Formulierungen wie *Wenn sie das getan haben würde* ... (statt: *Wenn sie das getan hätte* ...) vermieden werden. Im allgemeinen bevorzugt man jedoch Konstruktionen des folgenden Typs (konjunktionsloser Nebensatz mit *würde* in Spitzenstellung vor dem Hauptsatz):

Würde man hier statt Polizeiterror eine föderalistische Ordnung *einführen,* wäre schnell wieder Ruhe im Baskenland, glaubt der Rechtsanwalt (Süddeutsche Zeitung).

Finalsätze

Ein Finalsatz ist ein Nebensatz innerhalb eines Satzgefüges, der in der Hauptsache einen Zweck, ein Motiv, ein zu erreichendes Ziel oder die angestrebte Wirkung einer Handlung angibt, daneben oft auch die bestimmte Eignung eines Gegenstands oder einer Sache. Er wird eingeleitet durch *damit, daß, auf daß* und – soweit es sich um eine Infinitivkonstruktion handelt – *um ... zu.* Im Hauptsatz kann als Korrelat stehen: *dazu, dafür.* Normalerweise steht der Finalsatz im Indikativ; wenn der Sprecher/Schreiber den Konjunktiv wählt, signalisiert er damit, daß er die Absicht eines anderen mitteilt und daß es sich nicht um eine eigene Aussage handelt.

1343

Detaillierter kann man hier unterscheiden:

1. Im Nebensatz wird ein Zweck, eine Absicht oder eine Motivation für eine im Hauptsatz angegebene Handlung genannt. Der Nebensatz bezieht sich gewissermaßen auf den ganzen Hauptsatz. Dabei kann die Motivation eher „kausal" oder eher „konditional" begründet sein:

a) „Kausal" begründet ist sie in Beispielen wie dem folgenden:

Sie ließ die Rolläden herunter, *um das Licht zu dämpfen.*

---

[1]　Wenn in solchen Konditionalgefügen eine der beiden Konjunktivformen den Modus eindeutig zum Ausdruck bringt, kann auf die verdeutlichende *würde*-Form auch verzichtet werden:

... wenn man deine Briefe, deine Gespräche, deine kleinen Liebesabenteuer und deine Ehezerwürfnisse vor fremden Menschen *ausbreitete* (möglich, aber nicht nötig: *ausbreiten würde*), *sähen* sie ... ganz anders aus (Tucholsky). Wenn der das Bein *untersuchte* (möglich, aber nicht nötig: *untersuchen würde*), *sähe* er die Spuren der Mißhandlung (Bredel).

Der Finalsatz läßt sich hier unter strenger Anlehnung an den Sinn in einen (durch *wollen*) modalisierten Kausalsatz umformen:

Sie ließ die Rolläden herunter, weil sie das Licht dämpfen wollte.

b) „Konditional" begründet ist sie in Beispielen wie dem folgenden:

Um das Licht zu dämpfen, brauchst du nur die Rolläden herunterzulassen.
Um das Licht zu dämpfen, würde ich einfach die Rolläden herunterlassen.

Der Finalsatz läßt sich hier sinngebunden in einen (auch hier durch *wollen*) modalisierten Konditionalsatz umformen:

Wenn du das Licht dämpfen willst, brauchst du nur die Rolläden herunterzulassen.
Wenn ich das Licht dämpfen wollte, würde ich einfach die Rolläden herunterlassen.

2. Im Nebensatz wird eine bestimmte Eignung formuliert. Der Nebensatz bezieht sich hier nur auf ein Element innerhalb des Hauptsatzes (z. B. auf ein Substantiv) und erklärt eine Eignung des Gegenstands oder der Sache, die durch dieses Element bezeichnet wird:

Einen Lastwagen, um das Holz aus dem Wald abzufahren, haben wir nicht. „Das ist ein Tag", sagte er dann, „*um den Verstand zu verlieren.*" (E. Kästner).

Den besonderen Anschlußwert können zwei Umformungsproben deutlich machen, die zugleich als Identifikationsoperationen herangezogen werden können (es geht hier um *können* gegenüber *wollen* im vorangehenden Fall):

Einen Lastwagen, der (dazu) geeignet ist, das Holz aus dem Wald abzufahren, haben wir nicht.
Einen Lastwagen, mit dem man das Holz aus dem Wald abfahren kann, haben wir nicht.

3. Auch Finalsätze kommen in redesituierender Verwendung vor. Das gilt insbesondere für Infinitivkonstruktionen, die nicht selten geradezu formelhaft verwendet werden:

Ich habe – *um die Wahrheit zu sagen* – die Gefahren unterschätzt. Das ist – *um mich einmal deutlich auszudrücken* – eine Sauerei. (Erstarrt:) Ich bin *sozusagen* der letzte Zeuge dafür.

4. Für die Verwendung satzwertiger Infinitivkonstruktionen im finalen Verhältnis insgesamt ist zu beachten: Der mit *um ... zu* angeschlossene Infinitiv bezieht sich grundsätzlich auf das Subjekt des übergeordneten Satzes:

Er beeilt sich, um den Zug zu erreichen. (= Er will den Zug erreichen.)

Bezug auf das Objekt des übergeordneten Satzes – wie im folgenden Beispiel – ist nicht korrekt:

Man bezahlt Angestellte, um zu arbeiten. (= Sie sollen arbeiten)

Nicht korrekt ist auch der Bezug auf das Objekt in Verbindung mit den Verben *schicken, senden* und *bringen* (wenn an Objektstelle ein belebtes Wesen genannt wird):

Die Mutter schickte das Kind zur Nachbarin, um Brötchen zu holen (= das Kind soll Brötchen holen). Der Vater sandte den Sohn auf die Universität, um Theologie zu studieren (= der Sohn soll Theologie studieren). Man brachte die Kinder auf das Land, um bei der Ernte zu helfen (= sie sollen bei der Ernte helfen).

Bei dieser Konstruktionsweise können – wie die Beispiele zeigen – leicht Mißverständnisse auf Grund der doppelten Beziehbarkeit entstehen.

Modalsätze[1]

Ein Modalsatz ist ein Nebensatz, der Mittel und Umstände aufführt, unter denen   1344
das im Hauptsatz genannte Geschehen abläuft. Für das Satzgefüge stehen unterschiedliche Anschlußmittel zur Verfügung:

1. Im Nebensatz wird genauer erläutert, wie eine Handlung ausgeführt wird, die
im Hauptsatz genannt ist (oft liegt Instrumentalität vor):

> Er löste die Aufgabe, *indem er den Knoten zerhieb.*
> Er löste die Aufgabe *dadurch, daß er den Knoten zerhieb.*

Ein anderes Anschlußmittel ist *so – daß:*

> Er löste die Aufgabe *so, daß er den Knoten zerhieb.*

In solchen Fällen ist Verwechslung mit konsekutiven Satzgefügen möglich, wenigstens bei bestimmten Satzinhalten, z. B.:

> Sie ließ das Radio *so laufen, daß sich alle Nachbarn aufregten.*

Die beiden Typen können an Hand folgender Kriterien auseinandergehalten werden:
– Nur in konsekutiven, nicht in modalen Beispielen ist nach dem *so* ein qualifi-
  zierendes Adjektiv möglich.
– Nur in konsekutiven, nicht in modalen Beispielen ist das *so* ohne größere Sinnänderung weglaßbar.
– In modalen Satzgefügen ist *so – daß* durch *indem* und *dadurch – daß* ersetzbar,
  in konsekutiven nicht.

Bei umgekehrter Verteilung der Teilsatzinhalte auf Hauptsatz und Nebensatz ist
auch möglich:

> Er zerhieb den Knoten, *wodurch er die Aufgabe löste.*

Dem entspricht in der Satzverbindung:

> Er zerhieb den Knoten; dadurch löste er die Aufgabe.

2. Im Nebensatz wird eine Handlung, ein Sachverhalt oder dgl. als gerade *nicht*
zusammen mit der im Hauptsatz genannten Handlung usw. vorkommend charakterisiert; man kann darin eine Art Gegenmöglichkeit zu dem vorangehenden
Typ sehen:

> Er tat alles, *ohne jedoch Erfolg zu haben.*
> Er tat alles, *ohne daß er jedoch Erfolg hatte.*

Wie bei den Finalsätzen (vgl. 1343,4) gilt auch für satzwertige Infinitivkonstruktionen in Modalsätzen, daß sich der mit *um...zu* angeschlossene Infinitiv auf das
Subjekt des übergeordneten Satzes bezieht. Bezug auf das Objekt ist nicht korrekt:

> Die Mutter schickte die Kinder ins Bett, *ohne etwas zu essen* (= sie haben nichts geges-
> sen).

Bei dieser Konstruktionsweise können zudem Mißverständnisse auftreten, wenn
an der Subjektstelle und als Agens eines passivischen Satzes Personen genannt
sind:

> Die Kinder wurden von den Eltern ins Bett geschickt, *ohne ein Wort zu sagen.*

Wer sagte hier kein Wort?

---

[1]   Vgl. dazu auch die modalen Relativsätze (1284).

3. Wie in anderen Satzgefügen ist hier Zuordnung des Nebensatzes zu einem zu ergänzenden, mitzudenkenden Hauptsatz („ich sage das, ...") möglich:

Du bist, *ohne dich damit kritisieren zu wollen,* sehr selten dabeigewesen.

Dem entspricht in der Satzverbindung:

Du bist – ich will dich damit nicht kritisieren – sehr selten dabeigewesen.

Nebensätze in einer Konfrontationsbeziehung

1345 In dieser Gruppe werden verschiedene (inhaltlich nicht weiter miteinander verbundene) Beispiele für Verhältnisse zusammengestellt, wo zwei Aussagen in irgendeiner Weise einander konfrontierend zugeordnet werden. Den verschiedenen Typen entsprechen jeweils besondere Anschlußmöglichkeiten.

1. Zwei Aussagen, Sachverhalte usw. werden einander a d v e r s a t i v zugeordnet; dabei ist es relativ gleichgültig, welcher der beiden Sachverhalte im Hauptsatz und welcher im Nebensatz aufgeführt wird:

Während die eine Wohnung zu klein war, war die andere zu weit entfernt. Der Premier versucht die Mitte zu halten, während Gorbatschow nach links rückt (Weltwoche).

Bei diesem Typ gibt es Identifikationsprobleme: An Stelle von *während* ist oft auch *wenn* möglich; in solchen Fällen kommt Verwechslung mit Konditionalsätzen vor. Eine Trennung ist hier unter Beachtung folgender Punkte möglich:

– In adversativen Satzgefügen ist außer *wenn* keine der in Konditionalsätzen vorkommenden Anschlüsse (z. B. *falls, unter der Bedingung, daß*) möglich.
– Für den adversativen *wenn*-Anschluß ist nur Anfangsstellung des Nebensatzes möglich. Diese Einschränkung besteht bei Konditionalsätzen nicht.

Bei umgekehrter Verteilung der Teilsatzinhalte auf Hauptsatz und Nebensatz ist hier auch möglich:

Die zweite Wohnung war zu weit entfernt, *wo[hin]gegen die erste zu klein (gewesen) war.*

Dem entspricht in der Satzverbindung:

Die zweite Wohnung war zu weit entfernt; dagegen (demgegenüber) war die erste zu klein (gewesen).

2. Zwei Handlungsweisen werden einander s u b s t i t u t i v gegenübergestellt. Das heißt: Eine Handlungsweise hätte realisiert werden sollen, wurde es aber nicht; demgegenüber wurde eine andere realisiert, die es nicht hätte werden sollen:

Statt zu schlafen, las sie.
Statt daß sie schlief, las sie.

In der Satzverbindung entspricht dem:

Sie hätte schlafen sollen; statt dessen las sie.

3. Die Handlung (oder dgl.) im Nebensatz wird der im Hauptsatz genannten a u s g r e n z e n d gegenübergestellt; dabei lassen sich zwei Nuancen unterscheiden: In einem (gleichsam negativ geprägten) Fall geht es um die Nichterfüllung einer Erwartung, im anderen (positiv geprägten) Fall geht es um das Überbieten einer Erwartung:

(Negativ:) *Außer daß er eingekauft hat,* hat er nichts getan. *Außer einzukaufen,* hat er nichts getan.

(Positiv:) *Außer daß er eingekauft hat,* hat er auch noch gekocht. *Außer einzukaufen,* hat er auch noch gekocht.

Dem entspricht in der Satzverbindung:

(Negativ:) Er hat (lediglich) eingekauft, sonst hat er nichts getan.
(Positiv:) Er hat eingekauft; außerdem hat er (auch) (noch) gekocht.

4. Zwei Sachverhalte, die in irgendeiner Hinsicht eine ungewöhnliche, schicksalhafte, unvorhersehbare Konstellation bilden, werden miteinander verknüpft.[1] Diese Verknüpfung wird häufig als Stilmittel gewählt, um komische Wirkungen zu erzielen:

Sie stellte den Regenschirm neben sich, *um ihn dann doch noch zu vergessen.* (Statt korrekt: *Sie stellte den Regenschirm neben sich und vergaß ihn dann doch noch.*)
Er kam in seine Heimatstadt zurück, *um dort kurz darauf zu sterben.* (Statt korrekt: *Er kam in seine Heimatstadt zurück; dort starb er kurz darauf.*)

5. Zwei unter irgendeinem Gesichtspunkt vergleichbare oder ähnliche Sachverhalte werden miteinander in Zusammenhang gebracht. Ein besonderer Wert der Verbindung läßt sich darüber hinaus nicht nennen. Er kann in Satzgefüge dieser Art durch weitere (lexikalische) Mittel zusätzlich eingebracht werden:

So wie du gern angelst, spiele ich gern Tischtennis.

Nebensätze der Aussagenpräzisierung

Bei einer ganzen Reihe von Satzgefügen, die wir in den Abschnitten 1325–1345   **1346**
dargestellt haben, gab es die Möglichkeit, daß sich ein Nebensatz nicht auf den bei ihm stehenden, sondern auf einen zu ergänzenden, mitzudenkenden Hauptsatz bezog (vgl. dazu besonders 1325 u. Anm. und die Konditionalsätze unter 1333 f.); insgesamt galt jedoch, daß die Zuordnung des Nebensatzes zu einem nicht bei ihm stehenden Hauptsatz als Sonderfall zu betrachten war. Demgegenüber ist nun das hier angesprochene Verhältnis der Aussagenpräzisierung dadurch charakterisiert, daß der Bezug auf einen nicht realisierten Satz der normale ist.
Für alle hier zusammengestellten Nebensätze gilt also, daß sie – in jeweils besonderer Weise – ergänzenden, mitzudenkenden Hauptsätzen zuzuordnen sind. Weiterhin ist ihnen gemeinsam, daß sie die im gegebenen Hauptsatz stehende Aussage in irgendeiner Weise präzisieren. Wir unterscheiden wieder verschiedene Möglichkeiten und charakterisieren die jeweils vorliegende Zuordnungsweise durch Einfügung einer erläuternden Übergangsstruktur.

1. Im Nebensatz wird ein Vorbehalt gegenüber der Gültigkeit des im Hauptsatz Ausgesagten formuliert:

Er ist eigentlich ganz korrekt, *außer daß/nur daß er recht nachgiebig ist.* (= Er ist eigentlich ganz korrekt; diese Aussage trifft zu unter dem Vorbehalt, daß er recht nachgiebig ist.)

In der Satzverbindung entspricht dem:

Er ist recht nachgiebig; im übrigen/sonst ist er eigentlich ganz korrekt.

---

[1] Man spricht hier auch von einem „prospektiven *um*". Vgl.: O. Leys: Prospektives *um.* In: Deutsche Sprache 16 (1988), S. 97–102; ders.: Skizze einer kognitiv-semantischen Typologie der deutschen *um*-Infinitive. In: Leuvense Bijdragen 80 (1991), S. 167–203.

2. Der Nebensatz gibt eine Eingrenzung der Aussage, die im Hauptsatz steht:

> Der Plan ist, *was die statischen Berechnungen angeht,* in Ordnung. (Der Plan ist in Ordnung; diese Aussage trifft zu, bezogen nur auf die statischen Berechnungen.)

Im Nebensatz stehen hier immer Verben wie *angehen, betreffen* etc.

3. Nicht wie beim vorangehenden Typ der Ausschnitt, sondern der Aspekt, unter dem die im Hauptsatz gegebene Aussage eingegrenzt wird, wird im Nebensatz genannt:

> Das Ergebnis ist, *insofern hier erstmals Jugendliche mitgearbeitet haben,* durchaus zufriedenstellend. (= Das Ergebnis ist durchaus zufriedenstellend; diese Aussage trifft unter folgendem Aspekt zu: Es haben erstmals Jugendliche mitgearbeitet.)

Dem entspricht in der Satzverbindung:

> Erstmals haben hier Jugendliche mitgearbeitet; insofern ist das Ergebnis durchaus zufriedenstellend.

4. Durch den Nebensatz wird die Gültigkeit der Aussage des Hauptsatzes eingeschränkt; diese Einschränkung hängt mit begrenztem Wissen, begrenzter Urteilsfähigkeit usw. (oft des Sprechenden) zusammen:

> *Soviel ich weiß/Soweit ich weiß,* ist der Erdumfang 40 000 km. (= Soviel/Soweit ich weiß, trifft folgende Aussage zu: Der Erdumfang ist 40 000 km.)

5. Im Nebensatz werden die Umstände genannt, die zu berücksichtigen sind, wenn man die im Hauptsatz gemachte Aussage beurteilen will:

> *Dafür, daß sie nur 1,40 m groß ist,* springt sie sehr hoch. (= Die Aussage, daß sie sehr hoch springt, trifft zu unter Berücksichtigung des Umstands, daß sie nur 1,40 m groß ist.)

Bei umgekehrter Verteilung der Teilsatzinhalte auf Hauptsatz und Nebensatz ist auch möglich:

> Sie ist schließlich nur 1,40 m groß, *wofür sie (doch) (wirklich) sehr hoch springt.*

Dem entspricht in der Satzverbindung:

> Sie ist (schließlich) nur 1,40 m groß; dafür springt sie (doch) (wirklich) sehr hoch.

6. Der Aussage des Hauptsatzes wird im Nebensatz begleitend eine Aussage hinzugefügt; deren Status ist nicht durch syntaktische Regeln festgelegt:

> Seine Forderung ist übertrieben, *wobei ich über ihre Logik nichts aussagen will.* (= Seine Forderung ist übertrieben; dabei ist zu sagen, daß ich über ihre Logik gar nichts aussagen will.)

In der Satzverbindung entspricht dem:

> Seine Forderung ist übertrieben; dabei will ich über ihre Logik gar nichts aussagen.

7. Im Nebensatz wird ein Thema angesprochen und zugleich eingegrenzt. Der Nebensatz steht hier stets vor dem Hauptsatz; er ist gebunden an die Verwendung von Verben wie *angehen, betreffen* u. ä.:

> *Was nun diese Geschichte angeht,* so ist festzuhalten: ...

Das *nun* als verstärkendes Signal für einen Themenwechsel ist hier im Nebensatz häufig.

3.4.3 Die Verhältnisbeziehungen im Überblick

Wir stellen im folgenden die herausgearbeiteten Anschlußwerte bei den Verhält-   1347
nisbeziehungen tabellarisch geordnet zusammen. Dabei verwenden wir, soweit
vorhanden, die grammatischen Termini, ansonsten die Stichworte, die wir bei der
Herausarbeitung zu ihrer Charakterisierung herangezogen haben. Die Anschlußmittel lassen sich nur zum Teil einzelnen Typen zuordnen, oft gelten sie für eine
ganze Gruppe. In diesem Fall stehen sie in der Regel am Anfang des entsprechenden Teilbereichs. Die Aufstellung folgt im übrigen der Abfolge der Darstellung in
3.4.2.

Typ	Variante, Modifikation	*Anschlußmittel*	Beispiele
Kausalsätze (unspezifiziert) kausal		*da, weil*	Da/weil eine Baustelle eingerichtet wird, gibt es eine Umleitung.
	sekundärer Grund	*zumal [da], um so mehr als*	Sie blieb gern im Bett, zumal [da] sie ein bißchen Fieber hatte.
Ausgleich		*dafür daß*	Dafür, daß du zu spät kommst, mußt du eine Runde zahlen.
Konsekutivsätze		*daß, so ... daß, so daß, um ... zu, zu ... als daß*	
konsekutiv	allgemein	*so daß*	Es regnete stark, so daß die Wanderung recht anstrengend wurde.
	speziell	*so ... daß*	Er ließ das Radio so laut laufen, daß sich alle Nachbarn aufregten.
	Wunsch	*so ... daß, um ... zu*	Sie war dabei so glücklich, daß sie hätte in die Luft springen wollen.
	mögliche Folge	*zu*	Er hatte den Einfluß, den Beschluß durchzusetzen.
	negative Folge	*zu ..., als*	Er ist zu müde, als daß er heute noch kommt.
	modalisierte Folge	*zu ..., um ... zu*	Ich bin zu alt, um darauf noch zu hoffen.
Konzessivsätze		*obgleich, obwohl, obschon, obzwar wenn auch, wenn-gleich, wennschon, (ugs.) trotzdem*	
unzureichender Gegengrund			Obwohl er sich sehr beeilte, kam er zu spät.
	Einräumung		Wenn das Buch auch sehr gut ist, ist es doch für mich wenig nützlich.

Typ	Variante, Modifikation	*Anschlußmittel*	Beispiele
Folgerung			
Vermutungs-beleg		*daß*	Sie muß krank sein, daß sie nicht gekommen ist.
Konsequenz		*wie*	Wie sich die ganze Geschichte entwickelt hat, trete ich aus.
Temporalsätze			
1. Vorzeitigkeit		*nachdem, als, wie, seit, seitdem, sobald, sowie, sooft, wenn, kaum daß*	Nachdem sie die Probezeit bestanden hatte, war es für sie leichter. Kaum hatte er das Haus verlassen, als es Alarm gab. Seitdem er umgezogen ist, lebt er viel ruhiger.
2. Nachzeitig-keit		*bis, bevor, ehe*	Bevor sie die Probezeit bestanden hatte, war es schwer. Bevor du die Probezeit nicht bestanden hast, darfst du nicht Urlaub nehmen. Bis er umzog, lebte er sehr unruhig. Ich genehmige den Urlaub nicht, bis du (nicht) die Probezeit bestanden hast.
3. Gleichzeitig-keit		*während, indem, indes, indessen, solange, sobald, sowie, sooft, als, wie, wenn*	
	parallelisierend		Während er schrieb, gingen wir spazieren. Als er auf dem Land lebte, war er viel ausgeglichener.
	Beginn der Gleichzeitigkeit betont	*seit, seitdem*	Seit er auf dem Land lebte, war er viel ausgeglichener.
	Ende der Gleichzeitigkeit betont	*solange*	Solange er auf dem Land lebte, war er viel ausgeglichener.
	einbettend		Als sie (gerade) schrieb, brachen wir auf.
Konditionalsätze		*wenn, wofern, sofern, falls;* uneingeleiteter Nebensatz	
Voraussetzung			Wenn sie jetzt gewählt ist, bleibt sie auch da.
	Ausnahme-voraussetzung	*außer wenn, es sei denn*	Ich komme heute noch vorbei, außer wenn es sehr spät wird.
	auslösendes Geschehen		Wenn er nur an sie dachte, wurde er schon ganz froh.

Typ	Variante, Modifikation	*Anschlußmittel*	Beispiele
	Rahmen-bedingung		Er stimmt wahrscheinlich mit Nein, wenn er überhaupt stimmt.
	Proportionalität	*je ..., desto/um so*	Je mehr sie sich um ihn bemühte, um so spröder wurde er.
	Urteils-gleichgewicht		Wenn ihr liberal seid, dann sind wir ja Anarchisten
Finalsätze		*damit, daß, auf daß, um ... zu*	
Motivation	kausal		Sie ließ die Rolläden herunter, um das Licht zu dämpfen.
	konditional		Um das Licht zu dämpfen, brauchst du nur die Rolläden herunterzulassen.
Eignung			Einen Lastwagen, um das Holz abzufahren, haben wir nicht.
Modalsätze			
Handlungs-ausführung		*indem, so ... daß, dadurch ... daß*	Er löste die Aufgabe, indem er den Knoten zerhieb.
fehlender Begleitumstand		*ohne daß, ohne ... zu*	Er tat alles, ohne jedoch Erfolg zu haben.
Konfrontation			
adversativ		*während, wenn, wo[hin]gegen*	Während die eine Wohnung zu klein war, war die andere zu weit entfernt.
substitutiv		*statt daß, statt ... zu*	Statt zu schlafen, las sie.
ausgrenzend		*außer daß, außer ... zu*	Außer daß er eingekauft hat, hat er nichts getan.
Aussagen-präzisierung			
Vorbehalt		*außer daß, nur daß*	Er ist eigentlich ganz korrekt, nur daß er recht nachgiebig ist.
Aussagen-eingrenzung		*was*	Der Plan ist, was die statischen Berechnungen angeht, in Ordnung.
Aspekt-eingrenzung		*insofern*	Das Ergebnis ist, insofern hier erstmals Jugendliche mitgearbeitet haben, zufriedenstellend.
Aussagen-kompetenz		*soviel, soweit*	Soviel ich weiß, ist der Erdumfang 40 000 km.
Berück-sichtigung		*dafür, daß*	Dafür, daß sie nur 1,40 m groß ist, springt sie sehr hoch.
Aussagen-begleitung		*wobei*	Seine Forderung ist übertrieben, wobei ich über ihre Logik nichts sagen will.
Themen-eingrenzung		*was*	Was nun diese Geschichte angeht, so ist festzuhalten: ...

4 Die Wortstellung[1]

Wörter, Teile von Satzgliedern, Satzglieder im Satz und Teilsätze im zusammengesetzten Satz sind nicht beliebig angeordnet. Für ihre Anordnung gelten Regeln. Allerdings sind diese Regeln nur zum Teil grammatischer Natur (z. B. Stellung nach Satzgliedwert einer Wortgruppe oder nach Wortart). Einen wichtigeren Einfluß haben oft der Ausdruckswille des Sprechers, die Situation und der Kontext – Faktoren, die nicht in einer Grammatik abzuhandeln sind.[2]

Im Folgenden wird es ausschließlich um die grammatischen Faktoren der Wortstellungsregelung gehen.[3] Den Ausgangspunkt bildet dabei die Position des besonders stellungsfesten Prädikats bzw. die seiner Teile (vgl. 1063 ff.).

4.1 Die Prädikatsteile

4.1.1 Die Stellung des Finitums

Grundsätzlich steht das Finitum (die Personalform) im Satz an zweiter, erster oder letzter Stelle:

> Peter *hilft* seinem Vater im Garten. *Hilft* Peter seinem Vater im Garten? ... daß Peter seinem Vater im Garten *hilft*.

Sätze mit dem Finitum an zweiter Stelle nennt man **Kernsätze**. Bezogen auf diese Sätze spricht man auch von einer Mittel- oder Achsenstellung des Verbs. Alle diese Namen betreffen nur die Wortstellung; sie wollen darüber hinaus nichts weiter aussagen.

Den Kernsätzen ordnet man auch Beispiele wie das folgende zu:

> Denn sie *hatte* die Geldbörse vergessen.

Streng genommen steht das Finitum hier an dritter Stelle. Man kann aber sagen: Das *denn* tritt vor den Satz als Ganzes, die prinzipielle Zweitstellung des Finitums ist dadurch nicht berührt (vgl. dazu auch 1357).

Sätze mit Finitum in Zweitstellung können sein:[4]

– Aussagesätze (vgl. 1031):

> Gaby *ging* um 8 Uhr ins Theater. Der Gewitterregen *schlug* die Blüten von den Bäumen. In diesem Jahr *war* der Winter zu warm.

– Angeführte Sätze ohne Konjunktion (vgl. 1306):

> Ich erinnere mich, sie *trug* einen Hut. Ich glaube, er *war* dabei.

[1] Dem allgemeinen Sprachgebrauch folgend, sprechen wir hier von „Wortstellung", obwohl es streng genommen um die Stellung grammatischer Einheiten (Satzglieder, Teilsätze) geht.

[2] Vgl. dazu die Diskussion in I. Rosengren (Hrsg.): Sprache und Pragmatik. Lunder Symposium 1986. Lund 1987.

[3] Neuere Beiträge zur deutschen Wortstellung, denen die folgende Darstellung verpflichtet ist, sind: U. Engel: Regeln zur Wortstellung. Mannheim 1970; ders.: Regeln zur „Satzgliedfolge". Zur Stellung der Elemente im einfachen Verbalsatz. In: Linguistische Studien I. Düsseldorf 1972, S. 17–75; U. Hoberg: Die Wortstellung in der geschriebenen deutschen Gegenwartssprache. München 1981. Zur Forschungsgeschichte vgl. die Bibliographie von J. Etzensperger: Die Wortstellung der deutschen Gegenwartssprache als Forschungsobjekt. Berlin 1979, sowie U. Gosewitz: Wort- und Satzgliedstellung. Eine Bibliographie (in Auswahl). Hildesheim 1973 (= Germanistische Linguistik 3/73), schließlich A. Scaglione: Komponierte Prosa von der Antike bis zur Gegenwart. Band II: Die Theorie der Wortstellung im Deutschen. Stuttgart 1981.

[4] Zum Zusammenhang von Stellungstyp und Satzart vgl. J. O. Askedal: Über ‚Stellungsfelder' und ‚Satztypen' im Deutschen. In: Deutsche Sprache 14 (1986), S. 193–223.

- Ergänzungsfragesätze (vgl. 1033 f.):
  Wann *kommt* ihr? Was *kannst* du?
- Entscheidungsfragesätze (vgl. 1035 ff.):
  Ihr *kommt* doch morgen? Du *rauchst* doch nicht etwa?
- Ausrufesätze (vgl. 1044):
  Du *hast* aber einen langen Bart!
- Wunschsätze (vgl. 1042 f.):
  Sie *lebe* hoch! Der Herr *sei* mit euch.

Sätze mit dem Finitum an erster Stelle nennt man **Stirnsätze.** Sie können sein: 1350
- Entscheidungsfragesätze (vgl. 1035 ff.):
  Kommt ihr morgen? *Liebt* sie dich?
- Ausrufesätze (vgl. 1044):
  Wird der Augen machen! *War* das eine Hetze!
- Aufforderungssätze (vgl. 1040 f.):
  Schweigen Sie! *Tu* das bitte! *Seien* Sie bitte so freundlich! *Gehen* wir!
- Irreale Wunschsätze (vgl. 1042 f.):
  Käme er doch! *Hätte* sie doch länger gelebt!
- Uneingeleitete Nebensätze (vgl. 1275,3):
  Versagen die Bremsen, dann ... *Ist* es auch dunkel, wir ...

Sätze mit dem Finitum an letzter Stelle nennt man **Spannsätze.** Sie können   1351
sein:
- Ausrufesätze (vgl. 1044):
  Wie schön das alles *ist!*
- Irreale Wunschsätze (vgl. 1042 f.):
  Wenn er doch *käme!* Wenn er doch länger gelebt *hätte!*
- Eingeleitete Nebensätze (Konjunktionalsätze, Pronominalsätze; vgl. 1275, 1/2):
  Der Unfall ereignete sich, weil der Fahrer übermüdet *war.* Ich bin sicher, daß sie *kommt.* Ich weiß nicht, ob er Klavier *spielt.*

Das Finitum steht in diesen Sätzen nicht notwendig an letzter Stelle, immer aber später als an zweiter Stelle; das gilt für den Fall der Ausklammerung (d. h. Stellung von Satzgliedern hinter dem Finitum, vgl. 1358) und der Voranstellung des Finitums vor die infiniten Formen (vgl. 1352).

4.1.2 Die Stellung der Prädikatsteile bei mehrteiligen Prädikaten

Das Prädikat kann einteilig oder mehrteilig sein (vgl. 1063 ff.). Bei mehrteiligen   1352
Prädikaten gilt für die Stellung der einzelnen Prädikatsteile: Das Finitum steht in Kern- und Stirnsätzen an derselben Stelle wie in Sätzen mit einteiligem Prädikat, nämlich an zweiter oder erster Stelle. Die nichtfiniten Prädikatsteile (infinite

Form/Verbzusatz) stehen am Ende des Satzes oder – bei Ausklammerung (vgl. 1358) – zum Ende des Satzes hin:

> Peter *hat* seinem Vater *geholfen.* – *Hat* Peter seinem Vater *geholfen?* Peter *will* seinem Vater *helfen.* – *Will* Peter seinem Vater *helfen?* Peter *hilft* seinem Vater *aus.* – *Hilft* Peter seinem Vater *aus?*

1353 In Sätzen mit mehrteiligem Prädikat stehen oft mehrere Verben am Satzende; sie bilden dann einen Verbalkomplex. Die Reihenfolge richtet sich nach der syntaktischen Abhängigkeit, die zwischen den Verbformen besteht:

> Verbform 1 → Verbform 2
> Verbform 1 → Verbform 2 → Verbform 3
> Verbform 1 → Verbform 2 → Verbform 3 → Verbform 4

Für die Verbformen gilt dann grundsätzlich die folgende spiegelbildliche Abfolge:

> Verbform 2 – Verbform 1
> Verbform 3 – Verbform 2 – Verbform 1
> Verbform 4 – Verbform 3 – Verbform 2 – Verbform 1

Beispiele:

> ... weil sie auf das Gespräch *gewartet (2) hatte (1).*
> ... weil man sie lange *warten (2) ließ (1).*
> Sie hätte nicht so lange *warten (2) dürfen (1).*
> Man mußte sie lange *warten (2) lassen (1).*
> ... weil man sie lange *warten (3) lassen (2) mußte (1).*
> Du hättest sie *hereinkommen (3) lassen (2) sollen (1).*
> Ich habe die Vögel im Garten *zwitschern (2) gehört (1).* (vgl. 331)
> Ich habe die Vögel im Garten *zwitschern (2) hören (1).* (vgl. 331)
> Ich konnte die Vögel im Garten *zwitschern (2) hören (1).*
> ... als ich die Vögel im Garten *zwitschern (3) hören (2) konnte (1).*
> Sie sind von der Meldung *überrascht (2) worden (1).*
> Sie müssen von der Meldung *überrascht (3) worden (2) sein (1).*
> ... da sie von der Meldung *überrascht (4) worden (3) sein (2) müssen (1).*

Von dieser Abfolge wird in bestimmten Konfigurationen mit drei oder mehr Verbformen abgewichen:

1. obligatorisch in Verbalkomplexen mit einer Form von *haben,* wenn von *haben* ein Ersatzinfinitiv (vgl. 331) und von diesem (mindestens) ein weiterer Infinitiv abhängt;

2. fakultativ in Verbalkomplexen mit einer Form von *werden,* wenn von diesem Verb direkt oder indirekt zwei Infinitive abhängen.

Die Abfolge ist dann:

> Verbform 1 – Verbform 3 – Verbform 2
> Verbform 1 – Verbform 4 – Verbform 3 – Verbform 2

In Spannsätzen handelt es sich bei der Verbform 1 jeweils um das finite Verb. Beispiele:

> Er wird wegen seiner Verpflichtungen nicht *haben (1) kommen (3) können (2).*
> ... obwohl er die Arbeit nicht *hat (1) erledigen (3) können (2).*
> ... weil sie die Angaben *hätte (1) überprüfen (3) sollen (2).*
> ... als ich die Vögel im Garten *habe (1) zwitschern (3) hören (2).*
> (Aber mit Partizip II; vgl. 331:) ... als ich die Vögel im Garten *zwitschern (3) gehört (2) habe (1).*

... weil sie die Kinder draußen *hatte (1) spielen (3) lassen (2)*.
(Aber – selten – mit Partizip II; vgl. 331:) ... weil sie die Kinder draußen *spielen (3) gelassen (2) hatte (1)*.

... weil sie sich das Paket *wird (1) schicken (3) lassen (2)*.
(Oder:) ... weil sie sich das Paket *schicken (3) lassen (2) wird (1)*.

... weil diese Kinder immer *werden (1) spielen (3) wollen (2)*.
(Oder:) ... weil diese Kinder immer *spielen (3) wollen (2) werden (1)*.

Sie wird ihn nicht *haben (1) eintreten (4) lassen (3) können (2)*.
... weil sie ihn längst *hätte (1) eintreten (4) lassen (3) sollen (2)*.
... weil ich das Muster bereits *hätte (1) ausgesucht (4) haben (3) müssen (2)*.
... weil der Vorschlag *hätte (1) überprüft (4) werden (3) sollen (2)*.

Wenn der Verbalkomplex *werden* und *haben* (plus Ersatzinfinitiv) zugleich aufweist, ist die Abfolge:

Verbform 1 – Verbform 2 – Verbform 4 – Verbform 3
... weil er wegen seines Urlaubs nicht *wird (1) haben (2) kommen (4) können (3)*.

Satzglieder, die eng zu einem der Verben des Verbalkomplexes gehören, können zwischen den Teilen des Komplexes stehen:

... weil die Kinder *hätte (1)* in den Garten *schicken (3) sollen (1)*.
... weil niemand *hatte (1)* Zeitung *lesen (3) wollen (2)*.
... weil man mich nicht *hatte (1)* Zeitung *lesen (3) lassen (2)*.
(Aber mit Partizip II; vgl. 331:) ... weil man mich nicht Zeitung *lesen (3) gelassen (2) hatte (1)*.

4.2 Satzklammer und Stellungsfelder

In Kern- und Stirnsätzen bilden Finitum und nichtfinite Prädikatteile eine Klammer, in die die Satzglieder eingeschlossen sind; außerhalb dieser Klammer bleibt im Kernsatz das Satzglied, das Erststellung hat. (Zur Ausklammerung von Gliedern vgl. 1358) Man spricht hier von einer Satzklammer.

Kernsatz: Peter *hat* seinem Vater im Garten *geholfen*.

Stirnsatz: *Hat* Peter seinem Vater im Garten *geholfen*?

In Spannsätzen wird die Klammer aus dem Einleitewort und dem Finitum gebildet:

Spannsatz: ...*daß* Peter seinem Vater im Garten *geholfen hilft hat*

Von der Stellung der Klammerteile her gliedert man den Satz in Stellungsfelder. Das Feld vor dem ersten Klammerteil nennt man Vorfeld, das Feld zwischen den Klammerteilen Mittelfeld. In bestimmten Fällen kann man Teile des Satzes auch aus der Klammer herauslösen und hinter den zweiten Klammerteil setzen; man spricht dann von Ausklammerung und nennt das Feld hinter der zweiten Klammer Nachfeld[1] (vgl. 1358).

1354

1355

---

[1]　Dieses Denken in Stellungsfeldern (und die im Zusammenhang damit entwickelte Terminologie geht zurück auf E. Drach: Grundgedanken der deutschen Satzlehre. Frankfurt/M. 1937, Darmstadt ⁴1963.

1356 Auf Grund der Klammerbildung im deutschen Satz läßt sich folgendes allgemeine Schema aufstellen:

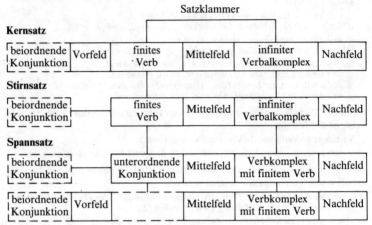

Satzklammer

Kernsatz

| beiordnende Konjunktion | Vorfeld | finites Verb | Mittelfeld | infiniter Verbalkomplex | Nachfeld |

Stirnsatz

| beiordnende Konjunktion | | finites Verb | Mittelfeld | infiniter Verbalkomplex | Nachfeld |

Spannsatz

| beiordnende Konjunktion | | unterordnende Konjunktion | Mittelfeld | Verbkomplex mit finitem Verb | Nachfeld |
| beiordnende Konjunktion | Vorfeld | | Mittelfeld | Verbkomplex mit finitem Verb | Nachfeld |

Bei den Spannsätzen existieren zwei Varianten: Liegt ein Konjunktionalsatz vor, so nimmt die unterordnende Konjunktion die Position ein, die das finite Verb in Spann- und Stirnsätzen aufweist:

Wir hoffen, **daß** Sie uns wieder einmal **besuchen werden.**

Liegt ein Pronominalsatz vor, so steht im Vorfeld ein Satzglied mit einem Interrogativ- oder einem Relativpronomen (oder einem entsprechenden Adverb); der erste Teil der Satzklammer fehlt (bzw. bleibt leer).

Das ist das Buch, | das | Ø mir der Buchhändler **empfohlen hat.**

Das ist das Buch, | aus dessen Vorwort | Ø ich das Zitat **entnommen habe.**

Ich frage mich, | welches Buch | Ø ich **wählen soll.**

Im Süden des deutschen Sprachraums finden sich zuweilen Pronominalsätze, in denen sowohl das Vorfeld als auch die erste Stelle der Satzklammer besetzt sind. Solche Konstruktionen sind nicht standardsprachlich:

Das ist das Buch, | das | wo mir der Buchhändler **empfohlen hat.**

Ich frage mich, | welches Buch | **daß** ich **wählen soll.**

4.3 Die Besetzung der einzelnen Stellungsfelder

4.3.1 Die Besetzung des Vorfelds

1357 In Spann- und Stirnsätzen ist das Vorfeld nicht besetzt (bzw. es ist nicht sinnvoll, von einem Vorfeld zu sprechen). Im Kernsatz ist es immer besetzt, in der Regel mit einem Satzglied (vgl. aber 1071).

Vorfeld		Mittelfeld	
Susanne	hat	gestern für ihren Freund ein Geschenk	ausgesucht.
Gestern	hat	Susanne für ihren Freund ein Geschenk	ausgesucht.
Für ihren Freund	hat	Susanne gestern ein Geschenk	ausgesucht.
Ein Geschenk	hat	Susanne gestern für ihren Freund	ausgesucht.

Grundsätzlich kann jedes Satzglied im Vorfeld stehen (ausgenommen natürlich das Prädikat). Im einzelnen gilt:[2]

1. Wenn das Subjekt im Vorfeld steht, spricht man von Grundstellung (gerader Wortstellung):

> *Susanne* hat gestern für ihren Freund ein Geschenk ausgesucht.

Wenn ein anderes Satzglied als das Subjekt im Vorfeld steht, spricht man von Gegenstellung (ungerader Wortstellung oder Inversion):

> *Für ihren Freund* hat Susanne gestern ein Geschenk ausgesucht.

2. Im Vorfeld kann neben einem Satzglied auch noch eine nebenordnende Konjunktion wie *denn* oder *und* stehen. Solche Konjunktionen sind Verbindungswörter zwischen Sätzen (vgl. 684 f.), keine Satzglieder. Sie beeinflussen daher auch die Wortstellung nicht. Eine Besetzung des Vorfelds allein mit *und,* wie sie gelegentlich noch in der Amts- und Kaufmannssprache zu beobachten ist, gilt als nicht korrekt:

> Die Abhaltung der Prüfung wird auf den 10. Juni festgesetzt und sind die Gesuche um Zulassung zu derselben bis zum 1. Juni einzureichen. (Statt korrekt: *und die Gesuche sind ...*)

3. Das Vorfeld kann auch mit einem Nebensatz besetzt werden:

> *Als er nach Hause kam,* setzte er sich zu Tisch.

4. Nur im Vorfeld steht *es* in Platzhalterfunktion; es fällt weg, wenn ein Satzglied ins Vorfeld gestellt wird (vgl. 1071):

> *Es* wartet jemand auf dich. – *Jemand* wartet auf dich.

5. Partikeln wie *nicht, [so]gar, eben (So geht es eben nicht), halt, schon (Es ist schon gut;* vgl. auch 638) und normalerweise Verbzusätze (vgl. aber 7.) sowie generell das Reflexivpronomen der echten reflexiven Verben (vgl. 195) können nicht ins Vorfeld gestellt werden.

6. Häufig nennt der Sprecher mit dem Satzglied im Vorfeld etwas, was dem Hörer bekannt ist bzw. was als bekannt vorausgesetzt wird, oder der Sprecher schließt mit dem Satzanfang an etwas an, was bereits gesagt worden ist. In diesen Fällen wird das Satzglied im Vorfeld nicht besonders betont und hervorgehoben:

> *Susanne* hat ein Geschenk ausgesucht. *Das Geschenk* ist für ihren Freund. *Es* ist federleicht. – *Peter* war gestern im Schwimmbad. *Er* war drei Stunden dort. *Dann* ging er ins Kino.

Der eigentliche Kern der Aussage steht dann im Mittelfeld, und zwar häufig gegen Ende des Satzes.

---

[1] Detaillierter dazu – insbesondere unter fremdsprachdidaktischem Aspekt – D. Mode: Syntax des Vorfelds. Zur Systematik und Didaktik der deutschen Wortstellung. Tübingen 1987 (= RGL 74).

7. Der Sprecher kann aber auch das Satzglied, mit dem er etwas Neues, ihm Unbekanntes angeben will, ins Vorfeld setzen. Es wird dadurch besonders hervorgehoben, mitunter auch zur Andeutung eines Gegensatzes:

> *Nach Hause* ist sie nicht gegangen. *Ihm* habe ich das nicht gesagt, wohl seinem Bruder. *Herrn Müller* habe ich nicht gesehen. *Schnell* ist er nicht gelaufen.

Oft ist diese Ausdrucksweise Anzeichen für starke innere Beteiligung:

> *Niemals* wird das geschehen! *So* habe ich das nicht gemeint!

Diese Stellung nennt man Ausdrucksstellung.
In die Ausdrucksstellung kann auch ein Prädikatsteil gebracht werden, ebenso eine ganze Folge von Satzgliedern, deren einzelne Teile betont sind:

> *Gelogen* hat er! *Gewonnen* haben wir nicht, aber auch nicht verloren! *Auf* fällt, daß keiner einen Anspruch anmeldet! *Mit den Hühnern ins Bett* gehen sie.

4.3.2 Die Besetzung des Nachfelds – die Ausklammerung

1358 Bestimmte Teile des Satzes können ausgeklammert, d. h. ins Nachfeld gestellt werden. Grammatisch notwendig ist das nie, doch können stilistische Gründe eine Ausklammerung nahelegen. Dabei spielt die Länge des Elements eine Rolle – so werden umfangreiche Satzglieder und längere Nebensätze häufig ausgeklammert – außerdem das Gewicht, das ein Element im Satz hat. Im einzelnen gilt:

1. Wenn ein Satzglied besonders umfangreich ist, kann es ins Nachfeld gestellt werden. Dadurch wird verhindert, daß der zweite Klammerteil „nachklappt":

> Die Kunst des herrschenden Geschmacks im vergangenen Jahrhundert ist zwar verschwunden, ihr Einfluß *dauert* jedoch *fort* in der Gefühlsstruktur des Publikums, der großen und der kleinen Diktatoren, der demokratischen Politiker und Regierungsleute (Beleg nach Rath).

Ein solches Vorgehen empfiehlt sich oft bei Wortreihen oder Teilen davon:

> Ich *drang ein* in die Musik, in die Architekturen der Fugen, in die verschlungenen Labyrinthe der Symphonien, in die harten Gefüge des Jazz (Weiß). Slalom und Abfahrtslauf gelten als Domäne der Jugend, *die* den Rausch der Geschwindigkeit *liebt* und das Risiko (Olympische Spiele 1964).

2. Nebensätze und satzwertige Infinitive werden häufig ausgeklammert, weil ihr Eigengewicht groß ist:

> Man *forderte* am folgenden Tag den Künstler zum Empfang des Preises *auf,* den er sich durch seine mühevolle und hervorragende Mitarbeit an diesem großen Werk zweifellos verdient hatte. Sie *sprach* die Hoffnung *aus,* daß sie bald fahren könne. Danach *fing* sie *an,* bitterlich zu weinen.

Bei Nebensätzen in attributiver Funktion wird oft auch das Satzglied ausgeklammert, auf das sich der Nebensatz bezieht. Dadurch kann die direkte Verbindung zum Bezugswort erhalten werden:

> Sie *kamen* dann nicht *vorbei* an der Tatsache, daß Hans Renners Kunststoffmatten ... eine wichtige Rolle spielten (Gast). Sie *nahm* die Hände *weg* vom Gesicht, das nicht starr war. Sie *will* nichts mehr *wissen* davon, was hier in der Kajüte geschehen ist vor siebzehn Jahren (Frisch).

3. Einzelne Satzglieder können ausgeklammert werden, wenn man sie als unwichtig nachtragen oder aber – umgekehrt – durch Nachtrag besonders herausheben will:

Ich *möchte* nicht *verreisen* in diesem Sommer. Morgen *soll* ich meinen Dienst *antreten* in diesem Hause (Th. Mann). Sie *haben* den Mut *bewundert* in den Versen unserer Dichter (Frisch). Er *wird* sich *rächen* für seinen eigenen Verrat (Frisch).

Bei den hier ausgeklammerten Gliedern handelt es sich im allgemeinen um Präpositionalgefüge.

Nie oder nur höchst selten stehen im Nachfeld dagegen Nomen aus Funktionsverbgefügen, Gleichsetzungsglieder, Adverbialkasus und Satzadjektive. Auch das Subjekt und die reinen Objekte (d. h. Objekte ohne Präposition) werden nicht ausgeklammert, zumal wenn sie pronominal gebildet sind. Man kann z. B. nicht sagen:

Ich *habe getroffen* den Chef. Er geht, wenn bei der Versammlung *eingebracht wird* eine Resolution.

Demgegenüber ist die Ausklammerung von Appositionen und gewissen Nachträgen (z. B. mit *und zwar, und dies*) häufig:

... so *wurde* eine vierte Volksschicht *geschaffen*, der sogenannte Pöbel. Hier *sollen* sie möglichst *gruppiert oder aufgereiht sein*, und zwar quer zur Sparrenrichtung.

Desgleichen stehen Glieder und Teilsätze in Vergleichsbedeutung allgemein außerhalb der Klammer:

Gestern *hat* es mehr *geregnet* als heute. Manchmal ... *kommt* er mir *vor* wie der liebe Gott (Frisch). Man *muß* den Kopf *drehen* wie ein Flamingo (Gast).

4.3.3 Die Besetzung des Mittelfelds

Im Mittelfeld können grundsätzlich alle Satzglieder vorkommen. Meistens stehen hier mehrere nebeneinander. Ihre Abfolge gehorcht komplizierten Regeln; dabei ist wieder auf den Einfluß von nichtgrammatischen Faktoren (Situation, Ausruckswille) hinzuweisen. Von den grammatischen Faktoren spielen eine Rolle:
– der spezifische Satzgliedwert eines Elements;
– die formale Besetzung einer Satzgliedstelle (besonders pronominale gegen nichtpronominale Besetzung);
– in einigen Fällen auch Bedeutungsmerkmale.

1359

Die verschiedenen Faktoren wirken so zusammen, daß sich (in einer Darstellung wie dieser) nur Faustregeln formulieren lassen.

Grundsätzlich gleichartiges Stellungsverhalten zeigen folgende Satzglieder:
– Umstandsergänzungen
– Gleichsetzungskasus
– Präpositionalobjekte
– Genitivobjekte
– prädikativ gebrauchte Satzadjektive

Wir fassen diese Satzglieder in einer Gruppe I zusammen: Wenn Satzglieder der Gruppe I im Mittelfeld stehen, tendieren sie dazu, dort ans Ende zu treten:

Er hat ihm grob den Ball *aus der Hand* geschlagen. Die Ferien dauern *sechs Wochen*. Er sagte, daß Frau Meier in dieser Stadt am Gymnasium *Lehrerin* wird. Susanne kümmert sich seit dem Tod ihrer Mutter aufopfernd *um ihren kleinen Bruder*. Sie gedachten gestern auf dem Friedhof in einer kurzen Feier *der Gefallenen*. Ist Andreas trotz der Operation und des langen Erholungsurlaubs immer noch *kränklich?*

Bei pronominaler Besetzung dieser Satzgliedstellung tendieren die Satzglieder dazu, weiter nach vorn zu treten:

Andreas ist trotz der Operation und des langen Erholungsurlaubs immer noch *kränklich.* Er ist *es* trotz der Operation und des langen Erholungsurlaubs immer noch.

Präpositionalobjekte, Umstandsergänzungen und Genitivobjekte 2. Grades können vor oder nach ihrem Bezugswort stehen:

> Er ist mir *an Fleiß* überlegen/überlegen *an Fleiß.* Er ist ansässig *in München/in München* ansässig. Er ist *des Diebstahls* schuldig/schuldig *des Diebstahls.*

1360 Eine weitere Gruppe (= Gruppe II) bilden S u b j e k t, D a t i v o b j e k t und A k-k u s a t i v o b j e k t. Wenn diese Satzglieder im Mittelfeld stehen, tendieren sie dazu, vor die Satzglieder der Gruppe I zu treten. Was die Reihenfolge unter den Satzgliedern der Gruppe II selbst betrifft, so gelten teilweise andere Abfolgeregularitäten, wenn eine oder mehrere Satzgliedpositionen mit einem Personalpronomen *(er, sie, es),* mit einem Reflexivpronomen oder mit dem Indefinitpronomen *man* besetzt sind (im folgenden als p r o n o m i n a l e B e s e t z u n g bezeichnet).

1. Wenn die Stelle des Akkusativobjekts nicht pronominal besetzt ist, gilt:

a) Grundabfolge ist Subjekt – Dativobjekt – Akkusativobjekt (wenn nur zwei dieser Glieder vorhanden sind, entsprechend: Subjekt – Dativobjekt oder Subjekt – Akkusativobjekt).

> Gestern hat *Thomas seinem Freund dieses Buch* geschenkt. Sie sagte, daß *Thomas seinem Freund dieses Buch* geschenkt hat. Am Schluß haben *die Zuschauer der Schauspielerin* heftig applaudiert. Am Abend wollte *Edwin seine Freundin* besuchen.

Bei manchen Verben findet sich aber eine Grundabfolge, bei der das Dativobjekt nach dem Akkusativobjekt steht. Ferner gibt es Verben, bei denen das Subjekt in der Grundabfolge dem Dativobjekt folgt:

> Endlich konnte *der Polizist den Jungen der Mutter* übergeben. Alle freuten sich, als *der Polizist den Jungen der Mutter* übergeben konnte.
>
> Unangenehmerweise fehlten *den Reisenden die Koffer.* Die Reiseführerin stellte fest, daß *den Reisenden die Koffer* fehlten.

b) Wenn das Subjekt pronominal besetzt ist, steht es bei allen Verben als erstes der Satzglieder von Gruppe II:

> Gestern hat *er seinem Freund dieses Buch* geschenkt. Sie sagte, daß *er seinem Freund dieses Buch* geschenkt hat. Am Schluß haben *sie der Schauspielerin* heftig applaudiert. Am Abend wollte *er seine Freundin* besuchen. Endlich konnte *er den Jungen der Mutter* übergeben. Alle freuten sich, als *er den Jungen der Mutter* übergeben konnte.

Dies gilt auch für Verben, bei denen das Subjekt sonst zur Stellung nach dem Dativobjekt tendiert:

> Unangenehmerweise fehlten *sie den Reisenden.* Die Reiseführerin stellte fest, daß *sie den Reisenden* fehlten.

c) Wenn sowohl die Stelle des Subjekts als auch die des Dativobjekts pronominal besetzt ist, gilt bei allen Verben die Abfolge Subjekt – Dativobjekt – Akkusativobjekt:

> Gestern hat *er ihm dieses Buch* geschenkt. Sie sagte, daß *er ihm dieses Buch* geschenkt hat. Am Schluß haben *sie ihr* heftig applaudiert.
>
> Wie immer habe *ich mir die Sache* genau überlegt. Ich glaube, daß *sie sich die Sache* genau überlegt hat. Nachher mußt *du dir die Zähne* putzen.
>
> Endlich konnte *er ihr den Jungen* übergeben. Alle freuten sich, als *er ihr den Jungen* übergeben konnte. Unangenehmerweise fehlten *sie ihnen.* Die Reiseführerin stellte fest, daß *sie ihnen* fehlten.

d) Wenn nur die Stelle des Dativobjekts pronominal besetzt ist, steht es bei allen Verben häufiger v o r dem Subjekt. Wenn es dem Subjekt folgt, steht es noch vor dem Akkusativobjekt:

> Gestern hat *ihm Thomas dieses Buch* geschenkt. Sie sagte, daß *ihm Thomas dieses Buch* geschenkt hat. Am Schluß haben *ihr die Zuschauer* heftig applaudiert. (Seltener: Gestern hat *Thomas ihm dieses Buch* geschenkt. Sie sagte, daß *Thomas ihm dieses Buch* geschenkt hat. Am Schluß haben *die Zuschauer ihr* heftig applaudiert.)
>
> Wie immer hatte *sich Gisela die Sache* genau überlegt. Ich glaube, daß *sich Gisela die Sache* genau überlegt hat. Nachher müssen sich *die Kinder die Zähne* putzen. (Seltener: Wie immer hatte *Gisela sich die Sache* genau überlegt. Ich glaube, daß *Gisela sich die Sache* genau überlegt hat. Nachher müssen *die Kinder sich die Zähne* putzen.)
>
> Endlich konnte *ihr der Polizist den Jungen* übergeben. Alle freuten sich, als *ihr der Polizist den Jungen* übergeben konnte. (Seltener: Endlich konnte *der Polizist ihr den Jungen* übergeben. Alle freuten sich, als *der Polizist ihr den Jungen* übergeben konnte.)
>
> Unangenehmerweise fehlten *ihnen die Koffer.* Die Reiseführerin teilte mit, daß *ihnen die Koffer* fehlten. (Seltener: Unangenehmerweise fehlten *die Koffer ihnen.* Die Reiseführerin teilte mit, daß *die Koffer ihnen* fehlten.)

2. Wenn die Stelle des Akkusativobjekts pronominal besetzt ist, gilt:

a) Grundabfolge bei allen Verben ist Subjekt – Akkusativobjekt – Dativobjekt. Dies gilt unter anderem, wenn alle Satzglieder pronominal besetzt sind:

> Gestern hat *er es ihm* geschenkt. Sie sagte, daß *er es ihm* geschenkt hat. Am Abend wollte *er sie* besuchen. Endlich konnte *er ihn ihr* übergeben. Alle freuten sich, als *er ihn ihr* übergeben konnte. Wie immer hatte *ich es mir* genau überlegt. Ich glaube, daß *sie es sich* genau überlegt hat. Langsam beugte *er sich* nach unten. Schließlich wandte *ich mich ihnen* zu. Wir sahen, daß *er sich ihnen* zuwandte.

b) Diese Abfolge gilt auch, wenn das Dativobjekt nicht pronominal besetzt ist:

> Gestern hat *er es seinem Freund* geschenkt. Sie sagte, daß *er es seinem Freund* geschenkt hat. Endlich konnte *er ihn der Mutter* übergeben. Alle freuten sich, als *er ihn der Mutter* übergeben konnte. Schließlich wandte *ich mich den Umstehenden* zu. Wir sahen, daß *er sich den Umstehenden* zuwandte.

c) Wenn hingegen die Stelle des Subjekts nicht pronominal besetzt ist, steht es gewöhnlich nach den Objektpronomen. Auch hier gilt bei allen Verben: Akkusativobjekt vor Dativobjekt:

> Gestern hat *es ihm Thomas* geschenkt. Sie sagte, daß *es ihm Thomas* geschenkt hat. Endlich konnte *ihn ihr der Polizist* übergeben. Alle freuten sich, als *ihn ihr der Polizist* übergeben konnte. (Seltener: Gestern hat *Thomas es ihm* geschenkt. Sie sagte, daß *Thomas es ihm* geschenkt hat. Endlich konnte *der Polizist ihn ihr* übergeben. Alle freuten sich, als *der Polizist ihn ihr* übergeben konnte.)
>
> Wie immer hatte *es sich Gisela* genau überlegt. Ich glaube, daß *es sich Gisela* genau überlegt hat. Langsam bewegte *sich der Ast* nach unten. Schließlich wandte *sich ihnen der Politiker* zu. (Seltener: Wie immer hatte *Gisela es sich* genau überlegt. Ich glaube, daß *Gisela es sich* genau überlegt hat. Langsam bewegte *der Ast sich* nach unten. Schließlich wandte *der Politiker sich ihnen* zu.)
>
> (Aber meist:) Am Abend wollte *Edwin* (Subjekt) *sie* (Akkusativobjekt) besuchen. (Mißverständlich: Am Abend wollte *sie* (Akkusativobjekt) *Edwin* (Subjekt) besuchen.)

Das pronominale Akkusativobjekt kann auch vor dem Subjekt stehen, das pronominale Dativobjekt danach:

> Gestern hat *es Thomas ihm* geschenkt. Sie sagte, daß *es Thomas ihm* geschenkt hat. Endlich konnte *ihn der Polizist ihr* übergeben. Alle freuten sich, als *ihn der Polizist ihr* übergeben konnte.

Wie immer hatte *es Gisela sich* genau überlegt. Ich glaube, daß *es Gisela sich* genau überlegt hat. Schließlich wandte *sich der Politiker ihnen* zu.

d) Wenn nur die Stelle des Akkusativobjekts pronominal besetzt ist, steht es gewöhnlich vor den anderen Satzgliedern der Gruppe II. Wenn es auf das Subjekt folgt, steht es bei allen Verben vor dem Dativobjekt:

Gestern hat *es Thomas seinem Freund* geschenkt. Sie sagte, daß *es Thomas seinem Freund* geschenkt hat. Endlich konnte *ihn der Polizist der Mutter* übergeben. Alle freuten sich, als *ihn der Polizist der Mutter* übergeben konnte. (Seltener: Gestern hat *Thomas es seinem Freund* geschenkt. Sie sagte, daß *Thomas es seinem Freund* geschenkt hat. Endlich konnte *der Polizist ihn der Mutter* übergeben. Alle freuten sich, als *der Polizist ihn der Mutter* übergeben konnte.)

Schließlich wandte *sich der Politiker den Umstehenden* zu. Ich sah, wie *sich der Politiker den Umstehenden* zuwandte. (Seltener: Schließlich wandte *der Politiker sich den Umstehenden* zu. Ich sah, wie *der Politiker sich den Umstehenden* zuwandte.)

3. Abweichungen von den obengenannten Regeln finden sich insbesondere, wenn ein Teil der Satzglieder indefinit ist (Besetzung durch Pronomen wie *jemand* oder *niemand,* durch Fügungen aus unbestimmtem Artikel und Nomen, Indefinitpronomen und Nomen oder durch ein artikelloses Nomen).

Vermutlich hat *diese Briefbombe dem Politiker ein Rechtsextremer* zugeschickt.
Bisher konnte *den Jungen noch niemand der Mutter* übergeben.

Generell gilt für Satzglieder der Gruppe I wie der Gruppe II, daß das rechts Stehende stärker hervorgehoben ist als das links Stehende. Die Hervorhebung ist stärker, wenn von der Normalabfolge abgewichen wird.

1361 Eine Gruppe III bilden die freien Umstandsangaben (vgl. 1147). Sie werden als eröffnende oder anschließende Satzteile oft ins Vorfeld gestellt:

Gestern war Peter im Schwimmbad. *Heute* geht er zum Sportplatz.

Wenn sie im Mittelfeld stehen, gehen sie in der Regel den Satzgliedern der Gruppe I voraus:

Die Äpfel liegen *seit drei Tagen* im Kühlschrank. Andreas ist *trotz der Operation und des langen Erholungsurlaubs* immer noch kränklich. Susanne kümmert sich *seit dem Tode der Mutter aufopfernd* um ihren kleinen Bruder.

Innerhalb der freien Umstandsangaben kann man nach der unterschiedlichen inhaltlichen Bestimmung unterscheiden:[1]

Unterabteilung 1 a: *damals, in der heutigen Zeit; dort, da, in einer solchen Umgebung; mit seiner/ihrer Hilfe, damit, dafür, zu diesem Zweck* u. a.

In dieser Unterabteilung stehen Temporal-, Lokal- und Kausalangaben.

Unterabteilung 1 b: *bald, endlich, plötzlich; immer, wieder, manchmal, bei verschiedenen Gelegenheiten* u. a.

In dieser Unterabteilung stehen Angaben, die zusätzlich eine Bewertung des Sachverhalts *(endlich)* oder aber eine Unbestimmtheit mit ausdrücken *(manchmal).*

Unterabteilung 2: *hoffentlich, natürlich, sicherlich, vermutlich, vielleicht, wahrscheinlich, zweifellos* u. a.

---

[1] Diese relativ grobe Aufteilung ist nach der von U. Engel: Regeln zur Wortstellung. Mannheim 1970, S. 48 ff. vorgenommen worden. Seine Gruppen sind umfangreicher und weiter in Untergruppen aufgeteilt, deren Stellung zueinander im einzelnen beschrieben ist. Diese feinere, aber auch kompliziertere Darstellung kann hier nicht referiert werden.

In dieser Unterabteilung stehen die Angaben, die sich – gewissermaßen von außen – auf die Aussage als Ganzes beziehen (vgl. 1110). Sie sind Ausdruck einer Stellungnahme. Man bezeichnet sie deshalb auch als *Existimatoria*.[1]

Unterabteilung 3: *nicht, kaum, niemals, keineswegs* u. a.

Diese Unterabteilung umfaßt im wesentlichen die Negationspartikeln.

Unterabteilung 4: *schnell, gern, sorgfältig, gelb, frisch* u. a.

Diese Unterabteilung umfaßt vor allem adverbiale Satzadjektive (vgl. 1101).

Innerhalb der Gruppe III stehen die unterschiedlichen freien Umstandsangaben (UA) regulär in folgender Abfolge:

Klammer	UA 1a	UA 2	UA 1b	UA 3	UA 4	Klammer
weil (sie)	morgen	wahrscheinlich				kommt.
weil (er)	trotz der Operation	vermutlich	immer			(kränklich) bleibt.
weil (er)	wegen des Beinbruchs	zweifellos		nicht	schnell	laufen kann.

Unter Berücksichtigung der Abschnitte 1359–1361 ergibt sich folgendes Grundschema für die Abfolge der Satzglieder im Mittelfeld (wobei zu betonen ist, daß hier eine Normalabfolge beschrieben wird; es gibt darüber hinaus viele Möglichkeiten der Umstellung):
	1362

Klammer	Gruppe II	UA 1a	UA 2	UA 1b	UA 3	UA 4	Gruppe I	Klammer
weil	sie ihm das Buch	gestern				eigenhändig		gegeben hat.
weil	der Mann	wegen der Verletzung	wahrscheinlich		nicht	schnell		laufen kann.
daß	er	trotz der Operation	vermutlich	immer			kränklich	bleibt.
weil	sie	an dieser Schule	sicherlich		nicht		Lehrerin	wird.

Ein eigenes Problem ist die Stellung von Modalpartikeln, d. h. Wörtern wie *denn, doch, etwa, halt, mal, nur, schon, wohl, ja* in bestimmter Verwendung (vgl. 638). Sie können nur im Mittelfeld stehen:
	1363

Jetzt müssen wir *halt mal* abwarten. Was soll *denn* da *schon* passieren? Komm *doch* morgen *ruhig mal* vorbei!

Auf der einen Seite bestehen bei diesen Partikeln zumindest untereinander sehr feste Reihenfolgebeziehungen, die nicht mißachtet werden dürfen; auf der anderen Seite scheinen die dieser Reihenfolgebeziehung zugrundeliegenden Regeln

---

[1] Lat. *existimare* ‚meinen, glauben, dafürhalten'.

sehr eng an die unterschiedliche Satzartprägung gebunden zu sein.[1] Als Faustregel läßt sich sagen:

1. Modalpartikeln mit einer „unspezifischeren" Bedeutung stehen vor solchen mit einer „spezifischeren" Bedeutung. Spezifischer ist die Bedeutung einer Modalpartikel dann, wenn sie die vorliegende Satzart verdeutlicht. Damit hängt zusammen:

2. Die Abfolge ist in den Sätzen unterschiedlicher Satzart verschieden:
– In Aussagesätzen gilt die Abfolge *ja* vor *halt* vor *doch* vor *einfach* vor *auch* vor *mal:*

> Es hat *ja doch* keinen Sinn. Sie machen *halt einfach* nicht mit.

– In Fragesätzen gilt die Abfolge *denn* vor *wohl* vor *etwa* vor *schon* vor *nur* vor *bloß:*

> Was ist *denn nur* mit euch los? Wie kann man sich *denn bloß* so anstellen?

– In Aufforderungs- und Wunschsätzen gilt die Abfolge *doch* vor *halt* vor *eben* vor *schon* vor *auch* vor *nur* vor (betontem) *ja:*

> Hört *doch schon* auf damit! Wenn es *doch nur* endlich einmal ein bißchen ruhiger würde!

1364 Freier in ihrer Stellung sind Glieder, die außerhalb des eigentlichen Satzverbandes stehen (vgl. 1098 ff.); in der Hauptsache geht es dabei um Interjektionen (vgl. 642) und Anredenominative. Hier gilt:

1. Interjektionen stehen, wenn sie weder als Satzglied noch als Attribut in einen Satz eingebaut sind, im allgemeinen vor dem Satz:

> *Oh,* wie ich dich beneide! *Ach,* wären wir zu Hause!

Gelegentlich werden sie auch in den Satz eingeschoben. Sie stehen dann gewöhnlich vor dem Element, auf das sie sich beziehen:

> Sie hat alte Stiche, *oh,* hervorragende Sachen!

Als Bestandteil eines Satzes oder einer festen Verbindung (z. B. *miau machen*), werden die Interjektionen hinsichtlich der Wortstellung genauso behandelt wie Wörter anderer Wortarten an dieser Stelle.

2. Der Anredenominativ ist in seiner Stellung im Satz prinzipiell frei. Im allgemeinen steht er bei stärkerer Affektgeladenheit eher am Anfang des Satzes, bei geringerer eher später:

> *Klaus,* deine Mutter hat schon lange nach dir gerufen. Komm, *Anne,* wir müssen jetzt gehen.

4.4 Die Wortstellung innerhalb des komplexen Satzglieds

1365 Komplexe Satzglieder (vgl. 1120) bestehen aus mehreren Wörtern, genauer: aus einem Kern und den diesem Kern angefügten Teilen, den Attributen. Die komplexen Satzglieder hatten wir danach unterschieden, ob ihr Kern im Kasus bestimmt oder nicht bestimmt ist. Im Folgenden geht es um die Wortstellung innerhalb solcher komplexen Satzglieder. Was hier ausgeführt wird, gilt dann analog auch für die Wortstellung innerhalb komplexer Glieder, die nicht selbständig, sondern ihrerseits wieder angefügt sind.

---

[1] Detaillierter zu diesem Problem M. Thurmair: Modalpartikeln und ihre Kombinationen. Tübingen 1989 (= Linguistische Arbeiten 223).

4.4.1 Die Wortstellung innerhalb komplexer, im Kasus bestimmter Satzglieder

Im Kern eines komplexen, im Kasus bestimmten Gliedes steht regulär ein Sub-   1366
stantiv oder ein substantiviertes Wort anderer Wortart. Im Kapitel 2.4 hatten wir
feststellen können, daß Attribuierungen sowohl links als auch rechts vom Kern
vorkommen. Analog zu der Einteilung nach Stellungsfeldern im Satz können wir
nun auch Stellungsfelder im Satzglied unterscheiden. Dabei ergibt sich folgende
Einteilung:

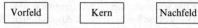

Die Besetzung des Vorfelds

1. Ein im Kasus bestimmtes Glied wird oft durch ein Pronomen (im weitesten   1367
Sinne) eröffnet; man spricht hier – zusammenfassend – von einem Pronominalteil
im Vorfeld:

> *das* neue Buch, *die* zahlreichen Bücher, *ein* kleines Kind, *meine* große Schwester, *alle*
> ehemaligen Schulkameraden, *jener* falsche Prophet usw.

2. Zwischen Pronominalteil und Kern können attributive Adjektive stehen. Wir
sprechen hier von einem Adjektivteil. Der Adjektivteil kann auch mehrfach
besetzt sein. Das Stellungsverhältnis verschiedener Adjektive im Adjektivteil
zueinander richtet sich nach bestimmten Merkmalen der Adjektive. Grob kann
man folgende verschiedene Gruppen unterscheiden:[1]

a) Nur attributiv verwendbare Zahladjektive u. ä. (vgl. 450,3):

> *beide, viele, wenige, verschiedene, zwei, drei, vier* usw., *andere, sonstige, weitere, solch,
> derartig, erste, zweite, dritte* usw.

b) Nur attributiv verwendbare Adjektive, mit denen eine zeitliche oder räumliche
Lage angegeben wird (vgl. 450,1):

> *damalig, heutig, gestrig, morgig, morgendlich, diesjährig, einstig* u. a.; *dortig, hiesig,
> linke, rechte, vordere, hintere, äußere, innere* usw.

c) Qualitative Adjektive und Farbadjektive:

> *groß, klein, mangelhaft, schlecht, zuverlässig, gut, böse, fleißig, faul* usw.; *blau, grün, rot*
> usw.

d) Nur attributiv verwendbare Adjektive, mit denen die stoffliche Beschaffenheit, die Herkunft, der Bereich bezeichnet wird (vgl. 450,2):

> *Goethisch, Drakonisch, französisch, bayrisch; steuerlich, schulisch* u. a.

Für die Stellung dieser Adjektive gilt folgendes Grundschema:

Prono-minalteil	Adjektivteil				Kern
	a	b	c	d	
diese	weitere		schlechte	schulische	Leistung
jenes	andere		neue	steuerliche	Problem
meine	zweite	gestrige	unerwartete		Begegnung

---

[1] Vgl. wieder U. Engel: Regeln zur Wortstellung. Mannheim 1970, S. 98 ff.

Wie die Adjektive verhalten sich die Partizipien; sind sie erweitert, stehen die davon abhängigen Teile davor:

Die *in diesem Jahr besonders zahlreich auftretenden* Maikäfer ...

3. Die Besetzung des Vorfelds durch attributive Genitive ist heute nur noch üblich bei Namen und namenähnlichen Substantiven sowie in festen Redewendungen:

Goethes Werk, *Petras* Hut, [des] *Vaters* Segen, *der Mutter* Hilfe; (aber:) *Mutters* Hilfe, *aller Laster* Anfang.

Die Voranstellung des namenähnlichen Substantivs wird vor allem dann bevorzugt, wenn das Bezugswort selbst noch durch Appositionen, Präpositionalgefüge, ein anderes Genitivattribut o. ä. näher bestimmt ist, weil sonst das Attribut zu weit von seinem Bezugswort entfernt stünde:

Vaters Nichte Susanne (für: *die Nichte Susanne des Vaters*); *Trudis* Bilder der Hochzeit.

Es bedeutet eine Erschwerung des Verständnisses, wenn man einen attributiven Genitiv einem anderen Genitiv, von dem er abhängt, voranstellt:

Meines Freundes Vaters Haus, das Haus *meines Freundes* Vaters. (Verständlicher:) Das Haus des Vaters *meines Freundes*.

Das vorangestellte Genitivattribut steht vor dem adjektivischen Attribut:

Vaters neuer Wagen; ... *seiner Schwester* wildsanfte Entschlossenheit (Musil).

Die Besetzung des Nachfelds

1368 1. Im Nachfeld steht regulär der attributive Genitiv (vgl. aber auch 1367); er steht dann unmittelbar hinter dem Kern, in jedem Falle wenn dem Bezugswort der Artikel oder ein Pronomen vorangeht:

Das Haus *meiner Schwester;* der Giebel *unseres Hauses;* die Werke *Goethes.*

2. Im Nachfeld können auch attributive Partikeln und Präpositionalgefüge stehen. Ist ein attributiver Genitiv vorhanden, folgen sie ihm in der Reihenfolge Partikel – Präpositionalgefüge:

Das Haus *dort,* die Sitzung *gestern,* das Haus *an der Straße,* die Explosion *am letzten Mittwoch,* seine Hoffnung *gestern auf Hilfe,* die Hoffnung *des Soldaten auf Hilfe,* die Hoffnung *des Soldaten gestern auf Hilfe.*

Das gilt aber nicht immer; zu beachten ist hier:
- Gelegentlich können attributive Präpositionalgefüge und ihnen äquivalente Partikeln auch vor dem Kern stehen, und zwar dann vor dem Pronominalteil:

  dort das Haus, *gestern* die Sitzung, *links* der Wald, *an der Straße* das Haus.

- Partikeln, die sich auf das Satzglied als Ganzes und nicht nur auf den Kern beziehen, stehen – je nach Partikel – teils vor der ganzen Substantivgruppe, teils danach:

  Nur die Nachbarn haben einen Garten. – Die Nachbarn *allein* haben einen Garten.

  Davon sind die Fälle zu unterscheiden, bei denen ein Gliedteil innerhalb der Wortgruppe mit einer Partikel attribuiert wird:

  ... in *fast* allen Fällen. (Im Gegensatz zu:) ... *fast* in allen Fällen.

Zum besonderen Problem der Stellung der Negationswörter vgl. Kap. 2.8.

3. In poetischer oder archaisierender Sprache werden Adjektive, vor allem solche der Adjektivgruppe c (vgl. 1367,2), gelegentlich nachgestellt, und zwar dann auch unflektiert:

> Alles geben die Götter, *die unendlichen,* ihren Lieblingen ganz, alle Freuden, *die unendlichen,* alle Schmerzen, *die unendlichen,* ganz (Goethe). Auf der Flut, *der sanften, klaren,* wiegte sich des Mondes Bild (Lenau). Bei einem Wirte *wundermild,* da war ich jüngst zu Gaste.

Aber auch sonst ist die Nutzung des Nachfelds für die Attribuierung von Adjektiven möglich, wie folgende Beispiele aus der Gegenwartssprache belegen können:

> Lump, *elender!* Schaf, *dummes!* Hast du die Bestie, *die verfluchte?* (Carossa). Gewehrkugeln, *groß wie Taubeneier und klein wie Bienen* (Brecht). Eine Katze, *groß und wohlgenährt.* Schrauben, *verzinkt;* Muttern, *sechseckig.* Band *80,* Heft *1,* Seite *46,* auf Platz *7.*

4. Trennung eines attributiven Adjektivs von seinem Bezugswort und Versetzung zum Satzende hin vermögen dieses besonders hervorzuheben:

> Beweise hat sie *äußerst triftige* vorgebracht.

4.4.2 Die Wortstellung innerhalb komplexer, im Kasus nicht bestimmter Satzglieder

Den Kern eines komplexen, im Kasus nicht bestimmten Gliedes bildet regulär ein unflektiertes Adjektiv oder eine Partikel. Sie können durch Wörter attribuiert werden, mit denen etwas über den Grad ausgesagt wird. Diese Attribute gehen dem Kern in der Regel voraus:　　　　　　　　　　　　　　　　　　　　　1369

> Der Wind ist *empfindlich/überaus/im höchsten Grade/sehr/ziemlich/ein wenig* kalt. Er ist *schlecht* gelaunt. Sie ist *gut* erzogen. Er kam *überaus* gern. Sie sitzt *weit* hinten. Sie steht *genau* daneben.

Nachgestellt wird im allgemeinen (die Partikel) *genug:*

> Sie ist gescheit *genug.*

4.5 Die Stellung von Präpositionen und Konjunktionen

4.5.1 Die Stellung von Präpositionen

Gewöhnlich steht die Präposition vor ihrem Bezugswort. Die Präpositionen　　　1370

> *entgegen, entlang, gegenüber, gemäß, unbeschadet, ungeachtet, wegen, zufolge, zugunsten, zunächst, zuungunsten*

können voran- oder nachgestellt werden; *nach* kann nur bei modaler Verwendung nachgestellt werden; nur nachgestellt werden *halber* und *zuwider:*

> deinen Anweisungen *entgegen/entgegen* deinen Anweisungen; den Bach *entlang* (neben: *entlang* dem Bach/[seltener:] des Baches); dem Bahnhof *gegenüber/gegenüber* dem Bahnhof; (aber bei Pronomen nur:) mir *gegenüber,* euch *gegenüber;* deinem Wunsche *gemäß* (seltener: *gemäß* deinem Wunsche); des großen Vergnügens *halber; nach* meinem Erachten/meinem Erachten *nach; unbeschadet* seiner verwandtschaftlichen Gefühle/seiner verwandtschaftlichen Gefühle *unbeschadet; ungeachtet* des Wetters/des Wetters *ungeachtet; wegen* des Kostüms (in gehobener Sprache häufig nachgestellt: des Kostüms *wegen*); ihrem Wunsch *zufolge/zufolge* ihres Wunsches; *zu-*

gunsten seines Sohnes/seinem Sohne *zugunsten; zunächst* dem Hause/dem Hause *zunächst;* ihrem Vorschlag *zuwider.*

Bei zweiteiligen Präpositionen wird das Substantiv u. ä. zwischen die Teile gesetzt:
von Rechts *wegen; um* des lieben Friedens *willen.*

4.5.2 Die Stellung der Konjunktion

Nebenordnende Konjunktionen

1371 Die Konjunktionen *und, [so]wie, oder, allein, sondern, denn* (vgl. 684) stehen immer vor dem Wort oder an der Spitze des Satzes, den sie nebenordnen:

> Wiesen *und* Felder ... Er grübelte *und* er grübelte. Frauke hat gute Anlagen, *allein* sie
> ist faul.

Die Konjunktionen *aber, [je]doch* und *nur* sind in ihrer Stellung freier:

> Ich ginge gern spazieren, *aber* das Wetter ist zu unsicher. Sieben Jungfrauen saßen im
> Kreis um den Brunnen; in das Haar der siebenten *aber,* der ersten, der einen ...
> (Th. Mann). Er ist streng, *aber* nicht brutal/nicht *aber* brutal.

Dies gilt auch für den zweiten Teil der Konjunktionen *sowohl – als auch* und *entweder – oder.* Der erste Teil ist in der Stellung freier:

> *Sowohl* der Vater *als auch* die Mutter/der Vater *sowohl als auch* die Mutter. *Entweder*
> er kommt, *oder* er geht. Sie kommt *entweder, oder* sie geht.

Unterordnende Konjunktionen

1372 Die unterordnenden Konjunktionen (vgl. 692) stehen an der Spitze des Nebensatzes:

> Karl ging nach Hause, *weil* ich ihn geärgert hatte. Ich hoffe, *daß* er wiederkommt.
> Wenn er kommt, geht sie.

Satzteilkonjunktionen

1373 Die Satzteilkonjunktionen (*wie, als, denn; desto, um so;* vgl. 690) stehen immer
vor dem Satzteil, der mit ihnen angeschlossen wird:

> Sie gilt *als* zuverlässig. Er benimmt sich *wie* ein Flegel. Je eher, *desto/um so* besser.

Infinitivkonjunktionen

1374 Die Infinitivkonjunktion (vgl. 691) *zu* steht immer unmittelbar vor dem Infinitiv
eines einfachen oder fest zusammengesetzten Verbs:

> Er hoffte *zu* kommen. Sie beschloß, das Buch *zu* übersetzen.

Bei unfesten Zusammensetzungen steht *zu* zwischen dem mit dem Verb zusammengeschriebenen Teil und dem Infinitiv:

> Er hoffte, pünktlich an*zu*kommen. Sie wünschte, diese Nachricht bekannt*zu*machen.
> Sie versuchte es an*zu*deuten.

Die Teile *ohne, um, [an]statt* stehen an der Spitze der Infinitivgruppe:

> Er verließ den Raum, *ohne* seinen Bruder eines Blickes *zu* würdigen. Ich ging in die
> Stadt, *um* die Weihnachtseinkäufe *zu* erledigen. Er spielte Fußball, *statt* seine Schul-
> aufgaben *zu* machen. Sie träumte, *anstatt* aufzupassen.

4.6 Die Stellung von Teilsätzen und von satzwertigen Infinitiven und Partizipien im zusammengesetzten Satz

Teilsätze und ihnen gleichwertige Konstruktionen (satzwertige Infinitive und Partizipien) können im zusammengesetzten Satz einander folgen, sie können aber
auch ineinandergefügt sein. In letzterem Fall besetzt ein Teilsatz einen Platz in einem bestimmten Stellungsfeld eines anderen Teilsatzes. Je nachdem unterscheidet man

– Sätze, die im Vorfeld stehen: Vorder sätze
– Sätze, die im Nachfeld stehen: Nach sätze
– Sätze, die im Mittelfeld stehen: Zwischen sätze oder Schaltsätze

Unter grammatischem Gesichtspunkt ist nur die Wortstellung im Satzgefüge ein
Problem. Hier ist bezüglich der Stellung von Nebensätzen und ihnen gleichwertigen Infinitiv- und Partizipialkonstruktionen wichtig, welche Satzgliedstelle sie in
dem Hauptsatz besetzen, auf den sie bezogen sind. Dazu kommt, daß sich Teilsätze gelegentlich anders verhalten als Infinitiv- und Partizipialkonstruktionen.
Im einzelnen kann man unterscheiden:

1. Der Teilsatz steht an Subjekt- oder Objektstelle. Er kann dann im Vorfeld oder
Nachfeld stehen; im Mittelfeld können Subjektsätze nicht, Objektsätze nur beschränkt stehen:

Wer das nicht erlebt hat, kann diesen Punkt nicht beurteilen. Diesen Punkt kann nicht
beurteilen, *wer das nicht erlebt hat.* Völlig ungewiß ist, *ob er kommt. Ob er kommt,* ist
völlig ungewiß. *Daß du mir schreiben willst,* freut mich besonders. Besonders freut
mich, *daß du mir schreiben willst.*
Er tat, *was ich wollte. Was ich wollte,* tat er. Ich weiß nicht, *ob er kommt. Ob er kommt,*
weiß ich nicht. Er sagte, *Inge sei krank. Inge sei krank,* sagte er.

2. Der Teilsatz steht an der Stelle einer adverbialen Bestimmung. Er kann dann
in allen drei Feldern stehen; eher kommt er im Vor- und Nachfeld vor, im Mittelfeld seltener.

Sie gingen nach Hause, *als es dunkel wurde. Als es dunkel wurde,* gingen sie nach
Hause. Sie gingen, *als es dunkel wurde,* nach Hause.

3. Der Teilsatz steht an der Stelle eines Attributs. Er folgt dann seinem Bezugswort. Steht dieses im Vorfeld, dann steht der Attributsatz im Vor- oder Nachfeld;
steht das Bezugswort im Mittelfeld, steht der Attributsatz im Mittel- oder Nachfeld:

Der Mann, der dies getan hat, ist bekannt. *Der Mann* ist bekannt, *der dies getan hat.* Seit
heute ist *der Mann, der dies getan hat,* bekannt. Seit heute ist *der Mann* bekannt, *der
dies getan hat.*

4. Infinitivgruppen können in den Satz einbezogen sein. Der Infinitiv ist dabei
Bestandteil des zweiten Klammerteils, und die mit ihm gegebenen Satzteile werden nach den bisher beschriebenen Regeln gestellt:

Die Welt versteht *ihn* nicht *zu würdigen.* Denn *in einen Raum, in dem Gregor ganz allein die leeren Wände beherrschte,* würde wohl kein Mensch außer Grete jemals *einzu-
treten* sich getrauen (Kafka). Jener Schüler, mit dem sie *in diesem Winter den Euklid zu
studieren* begonnen hatte.

Wenn die Infinitivgruppe unter einem eigenen Teilbogen steht, dann kann sie als Subjekt dem Satz vor- oder nachgestellt sein; als Objekt folgt sie ihm im allgemeinen; als adverbiale Bestimmung kann sie im Vor-, Mittel- oder Nachfeld stehen, und als Attribut folgt sie wieder ihrem Bezugswort:

> *Euch zu helfen* ist mein größter Wunsch. Mein größter Wunsch ist, *euch zu helfen.* Er beschloß, *eine kleine Atempause zu machen.* Sie ließ ihn pausenlos reden, *um ihn ansehen zu können. Um ihn ansehen zu können,* ließ sie ihn pausenlos reden. Sie ließ ihn, *um ihn ansehen zu können,* pausenlos reden. Er betrat, *ohne zu grüßen,* das Zimmer. *Ohne zu grüßen,* betrat er das Zimmer. Er betrat das Zimmer, *ohne zu grüßen.*

Für Partizipialgruppen gelten entsprechende Regeln:

> Der kleine, feste Mann war, *die Fäuste geballt wie ein Boxer,* auf mich eingedrungen (St. Zweig). *Die Fäuste geballt wie ein Boxer,* war der kleine, feste Mann auf mich eingedrungen. Der kleine, feste Mann war auf mich eingedrungen, *die Fäuste geballt wie ein Boxer.* Albrecht Dürer, *geboren 1471 ...*

Im übrigen sollte man hier beachten:
- Zwischensätze werden regulär nach dem Finitum des Hauptsatzes eingeschaltet; ausgenommen von dieser Regel sind jedoch Attributsätze:

> Wir bleiben heute, *weil wir arbeiten wollen,* zu Hause. Das Übereinkommen, das wir miteinander gesucht haben, war nicht von Dauer. Die Freundlichkeit, mit der wir aufgenommen wurden, hat uns überrascht.

Die Stellung nach dem ersten Satzglied ist mit einer besonderen Betonung verbunden:

> Der Zug, *wenn er wirklich noch kommt,* wird fürchterlich überfüllt sein. Das Flugzeug – *es handelt sich um die Maschine aus Frankfurt* – wird verspätet landen.

- In einen Nebensatz sollte ein Zwischensatz erst nach dem Satzglied eingefügt werden, das dem Einleitewort folgt:

> ... weil wir, *wie uns Frau Meier mitgeteilt hat,* erst morgen an der Reihe sind.

Die Einschaltung eines Nebensatzes unmittelbar nach dem Einleitewort erschwert das Verständnis:

> Es zeigt sich, *daß, wenn Karin uns hilft,* dies nur aus Eigennutz geschieht. (Mit drei Konjunktionen:) Man sieht aber auch, *daß, wenn – wie wir noch besprechen werden* – die Menschheit einmal die Vernunft verlieren sollte, die Atombombe die Welt zerstören wird.

5 Vom Wort und Satz zum Text – ein Ausblick

5.1 Zum Gegenstandsbereich

1376 Bisher war es grundsätzlich um Wort und Satz gegangen. Dabei war eine streng grammatische Perspektive angelegt worden: Es ging um die Form und die Funktion von Wörtern (und Wortgruppen) im Satz, um die Struktur von Sätzen und um ihren Aufbau aus Satzteilen.

Nun kommen Wörter und Sätze in aller Regel nicht für sich allein im Prozeß der menschlichen Verständigung vor; und wenn man sie dort untersucht und nach ihrem Beitrag zum Verständigungsprozeß fragt, gewinnen andere als streng grammatische Gesichtspunkte einen hohen Stellenwert – in einem weiteren Sinn kommunikationstheoretische und in einem engeren Sinn textlinguistische.[1] Letzteren soll im Folgenden nachgegangen werden, wenigstens ein Stück weit, im Sinne eines Ausblicks.

Wer den Prozeß der (mündlichen oder schriftlichen) Verständigung zwischen Menschen in den Blick nimmt, interessiert sich für das kommunikative Miteinander zwischen ihnen – und in diesem Zusammenhang für Sprache. Dieses Interesse reicht weiter als das grammatische. Bezogen auf Sprache gilt es vor allem der „Sprache in Verwendung", nicht (wie in der Grammatik) der „Sprache als System". Es operiert daher auch mit anderen Grundbegriffen. Der Hauptunterschied ist: Zentrale Begriffe sind nicht W o r t oder S a t z, sondern Ä u ß e r u n g und T e x t.

1377

5.2 Was ist ein Text?

Als T e x t soll hier in einem ersten Angang eine zusammenhängende Folge von sprachlichen Zeichen verstanden werden, die unter einem gemeinsamen Thema steht und als ganze eine kommunikative Funktion erfüllt.[2]

1378

---

[1] In einem weiteren Sinne kommunikationstheoretische Gesichtspunkte sind solche, die in den Paragraphen 1434 ff. kurz angesprochen werden – es sind Gesichtspunkte der Pragmatik. Sie sind für jedes Sprechen über den Text insofern von Bedeutung, als Texte letztlich pragmatische, nicht grammatische Größen sind. Dies gilt jedenfalls insofern, als Texte in ihren zentralen Textualitätseigenschaften nicht mit Hilfe grammatischer Begriffe und Regeln erklärt werden können, sondern nur unter Rekurs auf Sprachbenutzer und deren über das Sprachwissen hinausgehende Wissensbestände sowie unter Rekurs auf Faktoren wie Situation, Intention etc., d. h. eigentlich pragmatisch-kommunikationstheoretische Begriffe und Konzepte. Auf der anderen Seite kann hier nicht beabsichtigt sein, einen Ausblick in Richtung Pragmatik zu geben – das wäre zuviel. Es geht vielmehr um eine Beschränkung auf Texte als eine besondere Art pragmatisch faßbarer Spracheinheiten. Pragmatisches ist einbezogen, soweit es zur Hintergrundmarkierung notwendig ist. Dabei bleiben wichtige und zentrale Fragestellungen der Pragmatik ausgeblendet, z. B. alles, was dort heute unter Themen wie Sprechakttheorie oder Dialoganalyse diskutiert wird.

[2] Was ein Text ist, wird in der Textlinguistik noch immer kontrovers diskutiert. Unsere Bestimmung orientiert sich stark an den Arbeiten von K. Brinker (hier z. B.: Linguistische Textanalyse. Eine Einführung in Grundbegriffe und Methoden. Berlin [2]1988 [= Grundlagen der Germanistik 29]; derselbe: Bedingungen der Textualität. Zu Ergebnissen textlinguistischer Forschung und ihren Konsequenzen für die Textproduktion. In: Der Deutschunterricht 40 [1988], Heft 3, S. 6–18). Andere Texttheoretiker setzen die Akzente etwas anders. So ist für S. J. Schmidt (Texttheorie. München 1973, S. 150) ein Text „... jeder geäußerte sprachliche Bestandteil eines Kommunikationsaktes in einem kommunikativen Handlungsspiel, der thematisch orientiert ist und eine erkennbare kommunikative Funktion erfüllt, d. h. ein erkennbares Illokutionspotential realisiert." K. Ehlich (Development of writing as a social problem solving. In: F. Coulmas/K. Ehlich [Hrsg.]: Writing in focus. Berlin 1983, S. 63–82) betont (prinzipiell auf *Schriftlichkeit* bezogen) das Situationsüberdauernde als konstitutiv für den Text. In früheren Phasen der Textlinguistik hatte man sich nahezu ausschließlich an oberflächenstrukturellen Phänomenen der Verknüpfung von Sätzen orientiert (so z. B. R. Harweg: Pronomina und Textkonstitution. München 1968) und Text als kohärente Folge von Sätzen bestimmt. – Neben dem Buch von K. Brinker führen in Probleme der Textlinguistik ein: R.-A. de Beaugrande/W. U. Dressler: Einführung in die Textlinguistik. Tübingen 1981 (= Konzepte der Sprach- und Literaturwissenschaft 28) sowie W. Heinemann/D. Viehweger: Textlinguistik. Eine Einführung. Tübingen 1991 (= RGL 115). Neu (nach Manuskriptabschluß): H. Weinrich: Textgrammatik der deutschen Sprache. Mannheim; Leipzig; Wien; Zürich 1993. Wichtige Aspekte der Textualität für die Schule behandelt M. Nussbaumer: Was Texte sind und wie sie sein sollen. Tübingen 1991 (= RGL 119).

Mit dieser Bestimmung sind mehrere wichtige Merkmale verknüpft:

- Ein Text ist in aller Regel ein komplexes Gebilde:[1] Er besteht aus mehreren Teilen, ist also gegliedert; welcher Art diese Gliederung ist, hängt von seiner Gattungszugehörigkeit ab: Ein Drama gliedert sich in Akte und Szenen oder Bilder, ein Gedicht in Strophen, eine Erzählung in Kapitel und Abschnitte, eine Rede in Absätze, ein Artikel in Abschnitte, ein Gespräch in Gesprächsschritte. In den meisten Fällen ist das kleinste sinnvolle Segment eines Textes (unter eher grammatischem Aspekt) der Satz, auch der Teilsatz, bzw. (unter eher pragmatischem Aspekt) die Äußerung.
  Die einzelnen Elemente des Textes können in sich relativ selbständig sein. Als Teile sind sie aber auf das Ganze bezogen. Überdies sind sie in noch näher zu bestimmender Weise miteinander verknüpft. Und ungeachtet seiner Gegliedertheit gilt: Der Text ist ein Ganzes. Das heißt vor allem: Er ist mehr als die Summe seiner Teile.

- Ausgehend von alltagssprachlichem Wortsinn denkt man bei „Text" zunächst an geschriebene Sprache. Wir werden im Folgenden vor allem geschriebene Texte ins Auge fassen, sehen auch im geschriebenen Text prototypisch verwirklicht, was wir später an Merkmalen der Texthaftigkeit (Textualität) beschreiben werden. Darüber darf aber nicht vergessen werden, daß der linguistische Textbegriff gleichermaßen für Einheiten der gesprochenen Sprache gilt, die die genannten Bedingungen erfüllen.

- Ebenso denkt man bei dem Begriff „Text" zunächst fast ausschließlich an monologisch vorliegende Spracheinheiten. Im textlinguistischen Verständnis umfaßt der Begriff aber auch dialogische Einheiten (Gespräche): Allerdings darf man dabei die grundlegenden Unterschiede zwischen monologischen und dialogischen Texten nicht übersehen. So werden Gespräche erst durch mindestens zwei Sprecher konstituiert, was zur Folge hat, daß zumeist verschiedene Sprecherperspektiven oder gar -interessen wirksam werden.

- Ein Text ist eine kommunikative Einheit, dies in einem doppelten Verständnis: Einmal übermittelt er bestimmte Inhalte (Informationen); zum andern ist er in einen Kommunikationsprozeß (Sprecher/Hörer bzw. Schreiber/Leser) eingebettet und spielt in diesem Rahmen eine kommunikative Rolle.

- Ein Text ist eine begrenzte Einheit. So verlaufen Gespräche in der Zeit, sie haben einen Anfang und ein Ende. Geschriebene Texte werden durch Überschriften, Titel oder Einleitungsformeln eröffnet; Textanfänge erkennt man auch an graphischen Arrangements wie Buchstabengröße oder Leerzeile. Den Schluß markieren oft Schlußformeln oder wiederum nichtsprachliche (typo)graphische Elemente.
  In der konkreten Arbeit erhebt sich hier freilich oft die Frage nach der unteren und der oberen Grenze dessen, was als Text bezeichnet werden kann. Auf der einen Seite gibt es kommunikative Einheiten unter einem gemeinsamen Thema, die zwar abgeschlossen, aber ganz kurz sind, ja im Extremfall nur aus einem einzigen Wort bestehen (also nicht textuell komplex sind), zum Beispiel:

  „Zwei Kännchen Kaffee!" (Bestellung beim Kellner)
  „Peter, Telefon!" (Sie aus dem Haus zu ihm, der gerade draußen sein Motorrad repariert).

---

1 Vgl. lat. textum und textus: Gewebe, Geflecht.

Auf der anderen Seite stehen sprachliche Gebilde, in denen mehrere prinzipiell isolierbare und auch unterschiedliche Teile zu einem Ganzen zusammentreten: der Wetterbericht in der Tagesschau zum Beispiel (hier mindestens: „Wetterlage" und „Prognose") oder ein Kochrezept (mit „Zutaten" und „Zubereitung").

Man wird hier je nach Untersuchungsabsicht einmal mehr die Einheitlichkeit der kommunikativen Funktion berücksichtigen (und dann im Extremfall auch „Einworttexte" anerkennen), ein andermal mehr die Komplexität von „Vertextung" als entscheidendes Kriterium ansetzen und von einem Text erst dort sprechen, wo mehrere Sätze eine größere Einheit bilden.[1]

– Mit der eben diskutierten Frage hängt zusammen: Es gibt „Texte", die zwar ihrerseits als abgeschlossen angesehen werden können, zusammen mit anderen aber gewissermaßen einen „Text höherer Ordnung" bilden können: die einzelnen Nachrichtentexte einer Zeitung, die Gedichte eines Zyklus, die Erzählungen eines Erzählbandes – insbesondere wenn sie künstlerisch aufeinander bezogen sind (wie z. B. die einzelnen Geschichten in Boccaccios „Decamerone"). Man könnte hier von Teiltexten oder eingebetteten Texten sprechen, die am Zustandekommen eines Textes (höherer Ordnung) beteiligt sind; diesen Teiltexten stünde dann der Ganztext gegenüber.

Als ein wichtiges Merkmal der Texthaftigkeit wird oft (vgl. 1378) die Komplexität herausgestellt: Ein Text ist in der Regel eine Folge von Sätzen. Nun wird aber nicht jede Folge von Sätzen als Text anerkannt. Nicht als Text kann z. B. folgende Sequenz von Sätzen gelten (es handelt sich um Übungssätze aus einem Lehrbuch): 1379

> 1. In der Schale lagen herrliche Weintrauben: Portugieser, Traminer, Silvaner, Muskateller. 2. Arbeiter, Beamte, Bauern, Handwerker, Kaufleute, Soldaten: alle Berufe und Stände waren vertreten. 3. Man versuchte es bei dem Jungen mit Güte, man versuchte es mit Strenge: nichts half. 4. Kennst du das Sprichwort: Steter Tropfen höhlt den Stein?

Warum wird diese Folge von Sätzen nicht als Text akzeptiert? Allgemeiner gefragt: Was macht eine Folge von Sätzen für einen kompetenten Sprachteilhaber zu einem Text? Was bewirkt Textualität, d. h. den Zusammenhalt, der eine bloße Folge von Sätzen von einem Text unterscheidet, die Einheitlichkeit eines Ganzen?

Pointiert formuliert, dreierlei, wobei die drei Punkte – wie sich zeigen wird – in einem sehr engen Zusammenhang miteinander zu sehen sind:

1. Ein Text steht unter einem Thema.

2. Er erfüllt (für miteinander kommunizierende Menschen) eine Funktion.

3. Er ist eine zusammenhängende Folge von sprachlichen Zeichen, d. h., er ist durch Kohärenz bestimmt.

---

[1] In der Linguistik hat der letztgenannte Aspekt Vorrang.

5.3 Thema

1380 Ein Leser oder Hörer kann eine Folge von Sätzen dann als Text auffassen, wenn er sie unter *ein* Thema stellen kann.[1] „Thema" meint hier in einem sehr allgemeinen Sinn den Kerngedanken des Textinhalts, gewissermaßen seine Quintessenz. Oder anders gesagt: Das Thema ist die kürzestmögliche Antwort auf die Frage, worum es in einer Folge von Sätzen/einem Text geht.

1381 Ein Leser oder Hörer, der einen Text als Text verstehen will, muß die Frage, „worum es geht", für sich beantworten. Helfen kann ihm dabei die Überschrift, auch eine kurze Zusammenfassung am Textanfang (z. B. das sogenannte Lead in der Zeitungsmeldung). Vom Schreiber oder Sprecher her gesehen ist die Themenvorstellung das Primäre: In einem Text wird das Thema, um das es geht, abgehandelt; er weiß (normalerweise) von vornherein, was das Thema ist. Sinnvollerweise wird er dieses Wissen seinem Kommunikationspartner in geeigneter Form, z. B. durch Titel oder Überschrift, zur Kenntnis bringen: Damit leistet er einen wichtigen Anteil an der gemeinsamen Textarbeit (vgl. dazu 1411). An ihm ist es auch, eine angemessene Form der Themenentfaltung (s. dazu 1383 ff.) zu wählen.

1382 Thema kann etwas sehr Einfaches sein, oft ist ein Thema aber auch komplex, geschichtet. In diesem Fall kann man ein Hauptthema von Subthemen unterscheiden. Subthemen sind einem Hauptthema untergeordnet. Sie können einander nebengeordnet oder untergeordnet sein. In jedem Fall müssen sie – inhaltlich und in ihrem wechselseitigen Bezug – aufeinander abgestimmt sein, und das Ganze muß als geordnet wahrgenommen werden können.

Von Subthemen sind Nebenthemen zu unterscheiden: Themenbereiche, die sich dem Hauptthema nicht unterordnen lassen. Wo sich ein Schreiber ihres spezifischen Charakters bewußt ist, auf ihre Erwähnung aber gleichwohl nicht verzichten will, wird er Abschnitte, die ihnen zuzuordnen sind, als Exkurs deklarieren oder sonst in irgendeiner Form „in Klammern setzen". Sonst ist die Gefahr zu groß, daß der Leser den Eindruck hat, etwas „gehöre nicht zur Sache", der Schreiber verliere sich in Dingen, die „nicht hierher gehörten", er „gerate ins Plaudern", ja es sei gar „das Thema verfehlt". Damit sind negative Urteile über Texte gefällt – bezogen auf unsere Fragestellung: Dem Text wird unter thematischem Aspekt Textualität partiell abgesprochen. Ob dies zu Recht geschieht oder nicht, sei dahingestellt. Wichtig ist aber: Ob einer Folge von Sätzen Textualität zugesprochen werden kann oder nicht, das entscheidet nicht nur der Schreiber oder Sprecher, sondern auch der Leser oder Hörer (vgl. dazu auch 1411).

1383 Ein Thema kann nicht nur auf eine und nur eine bestimmte Weise textuell abgehandelt werden; wie in der Grammatik gibt es auch hier keine Eins-zu-Eins-Beziehung. Wohl aber gibt es so etwas wie eine Affinität zwischen bestimmten Themen und den Formen ihrer gedanklichen Ausführung, ihrer Entfaltung im Text. Man kann die folgenden wichtigen Grundformen thematischer Entfaltung[2] unterscheiden:

---

[1] Dazu kommt (im Sinne der Aussage aus Abschnitt 1379), daß ein Schreiber/Leser mit diesem Sachbezug eine bestimmte Funktionszuweisung verbindet und daß er Kohärenz herstellen kann. Vgl. zu diesem ganzen Komplex: M. Nussbaumer a. a. O. (vgl. Anm. zu 1378) und A. Lötscher: Text und Thema. Studien zur thematischen Konstituenz von Texten. Tübingen 1987 (= RGL 81).

[2] Wir orientieren uns hier an der Klassifikation K. Brinkers in: Linguistische Textanalyse S. 59–76. Vgl. auch G. Beck: Funktionale Textmuster und die Formen ihrer internen Verknüpfung. In: Der Deutschunterricht 45 (1988), Heft 6, S. 6–27; M. Nussbaumer a. a. O.

- deskriptive Themenentfaltung
- narrative Themenentfaltung
- explikative Themenentfaltung
- argumentative Themenentfaltung

Von **deskriptiver** Entfaltung spricht man dort, wo ein komplexes Thema aufgegliedert und – normalerweise – im Sinne eines räumlichen Nebeneinanders detaillierter ausgefaltet wird. Als Beispiel mag die folgende Regieanweisung zum ersten Bild von B. Brechts „Die Gewehre der Frau Carrar" dienen:

1384

> Eine der Nächte des April 1937 in einem andalusischen Fischerhaus. In einer Ecke der geweißten Stube ein großes schwarzes Kruzifix. Eine vierzigjährige Fischerfrau, Teresa Carrar, beim Brotbacken. Am offenen Fenster ihr fünfzehnjähriger Sohn José, einen Netzpflock schnitzend. Ferner Kanonendonner.

Die globale Situierung (fast im Sinne einer Überschrift) bietet in diesem Beispiel der erste Satz. Anschließend werden wichtige Einzelheiten aufgelistet, die den Themenrahmen nach und nach füllen. Wie auch sonst in Texten, die diesem Entfaltungstyp verpflichtet sind, ist die Abfolge der einzelnen Textelemente zwar nicht zufällig, aber doch in dem Sinn beliebig, daß sie nicht durch eine bestimmte Ordnung im dargestellten Bereich festgelegt wäre: Der Verknüpfungsgestus ist gleichsam bloß das einfache UND. Daß dabei oft die Abfolge „Ganzes – Teil" oder „Größeres – Kleineres" gilt, liegt nahe, ist aber nicht zwingend.

Die deskriptive Themenentfaltung ist konstitutiv für beschreibende Texte oder beschreibende Passagen jeglicher Art in Texten. Thema solcher Texte ist dann oft ein Gegenstand, ein Sachverhalt, auch ein Zustand oder Vorgang. Sprachliche Mittel, an denen die deskriptive Themenentfaltung erkannt werden kann, sind lokale Angaben unterschiedlichster Art (im Text oben z. B. „in einem andalusischen Fischerhaus", „in einer Ecke der geweißten Stube", „am offenen Fenster").

Eng verbunden der deskriptiven ist die **narrative** Themenentfaltung. Auch hier wird ein komplexes Thema aufgegliedert, allerdings nach dem Prinzip des zeitlichen Nacheinanders: Der Grundgestus ist hier also das UND DANN. Wir finden ihn in Erzählungen jeder Art, z. B. in Märchen:

1385

> Es war einmal ein Hühnchen und ein Hähnchen, die wollten zusammen eine Reise machen. Da baute das Hähnchen einen schönen Wagen, der vier rote Räder hatte, und spannte vier Mäuschen davor. Das Hühnchen setzte sich mit dem Hähnchen auf, und sie fuhren miteinander fort. Nicht lange, so begegnete ihnen eine Katze, die sprach: „Wo wollt ihr hin?" Hähnchen antwortete: „Als hinaus, nach des Herrn Korbes seinem Haus." – „Nehmt mich mit", sprach die Katze ... (Grimm)

Das Thema bezieht sich hier prinzipiell auf ein Ereignis bzw. einen Vorfall, der (real oder in der Fiktion) in der Vergangenheit abgelaufen ist, einmalig, ungewöhnlich oder jedenfalls interessant ist und an dem der, der erzählt, irgendwie beteiligt war oder den er besonders gut kennt. Oft steht im Zentrum eines narrativ bestimmten Textes eine Schwierigkeit, ein Problem, und die Entfaltung führt zur Lösung dieses Problems. Sprachliche Mittel, an denen die narrative Themenentfaltung erkannt werden kann, sind vor allem temporale Angaben unterschiedlichster Art.

Daß der narrative Grundgestus das UND DANN ist, bedeutet übrigens keineswegs, daß in Texten dieser Grundform immer vom realen zeitlichen Anbeginn her erzählt werden muß: Viele „Erzählungen" beginnen irgendwo „mitten in der Geschichte" und holen das Vorausgegangene in irgendeiner Form nach (z. B. wieder erzählend), andere beginnen geradezu vom Ende her (z. B. manche Kriminalgeschichten).

1386

1387   In einem prototypischen Sinn läßt sich die deskriptive Themenentfaltung eher der
Darstellung eines Zustands (im Sinne einer „Beschreibung"), die narrative dem
eines Ablaufs oder Vorgangs (im Sinne einer „Erzählung") zuordnen, doch geht
eine solche Zuordnung nicht voll auf. So sind etwa Abläufe, die als generalisiert
oder wiederholbar dargestellt werden, eher dem deskriptiven Muster verpflichtet,
z. B. alle instruktiven Texte wie Bedienungsanleitungen, Kochrezepte oder Gebrauchsanweisungen:

> Grillgut auf den Rost legen und Strahlen der oberen Heizstäbe aussetzen. Diese Grill-
> art ist für 2 bis 4 cm dicke Fleischstücke und zum Überbacken geeignet. Das Grillgut
> wird der Länge nach mit dem Spieß durchbohrt und mit zwei Klammern festgehalten.
> Durch die Drehbewegung des Spießes werden alle Seiten des Grillgutes den Strahlen
> der Heizstäbe ausgesetzt. Zuerst schließen sich die Poren des Fleisches, dann wird das
> Fleisch durchgebraten und zum Schluß gebräunt ...

Die Grundformen der Themenentfaltung sollten also nicht in zu enge Beziehung
zu konkreten Textformen gebracht werden. Es gibt keine Eins-zu-Eins-Beziehung, allenfalls so etwas wie Affinität.

1388   Von explikativer Themenentfaltung spricht man dort, wo innerhalb eines Textes aus gegebenen oder zugänglichen Bedingungen etwas (logisch) abgeleitet und
damit erklärt wird. In einem solchen Text gibt es immer Sequenzen, die das betreffen, was zu erklären ist, und solche, die Erklärendes beinhalten:

> Ihrem Antrag kann nicht entsprochen werden, weil Sie nicht zum Kreis der Berechtig-
> ten gehören. Berechtigt sind lediglich Bürger mit einem Monatseinkommen von DM
> 1 500,–, die überdies seit mindestens zwei Jahren in der Stadt ihren Wohnsitz haben.

Der Grundgestus, dem diese Entfaltung verpflichtet ist, heißt: AUS X LÄSST
SICH Y FOLGERN/ERGIBT SICH Y. Wir treffen den explikativen Entfal-
tungstypus vor allem in belehrenden Texten wissenschaftlicher oder allgemeiner
entwickelnder Art. Oft ist er in diesen Texten mit den Typen der deskriptiven und
der argumentativen Entfaltung (vgl. 1380 u. 1385) verbunden.

1389   Sowohl logisch als auch in der Verwendung von sprachlichen Mitteln steht der explikativen die argumentative Themenentfaltung nahe. Zentral ist hier die Beziehung von Ursache und Wirkung bzw. von Grund und Folge. Der Grundgestus
dieses Typs ist X WEIL Y, es geht also um Kausalität im engeren (vgl. 1325) und
darüber hinaus im weiteren Sinn: um Konditionalität (vgl. 1333 ff.), Konzessivität (vgl. 1325), Finalität (vgl. 1343) und Konsekutivität (vgl. 1326). Als Beispiel
dafür mag eine Textsequenz dienen, in der ein Mieter argumentativ versucht, eine
Mieterhöhung abzuwenden:

> ... kann ich Ihrer Forderung nach einer Erhöhung der Miete nicht nachkommen, weil
> das Mietverhältnis erst seit einem halben Jahr besteht, die Miete aber aufgrund gesetz-
> licher Bestimmungen innerhalb der ersten Jahres nicht erhöht werden darf. Im übrigen
> erlaube ich mir, darauf hinzuweisen, daß Sie Ihre Forderung nicht explizit begründet
> haben. Wenn Sie jedoch eine Erhöhung der Miete vornehmen wollen, bedarf es einer
> akzeptablen Begründung ...

Die argumentative Themenentfaltung treffen wir vor allem in Texten, in denen es
einem Sprecher/Schreiber darum geht, seinen Kommunikationspartner zum eigenen Standpunkt zu bekehren oder ihn zu überzeugen; auf jeden Fall sollte der
Hörer/Leser anerkennen, daß das Urteil bzw. die Argumente des Sprechers/
Schreibers plausibel sind. Sprachliche Mittel, an denen die argumentative Themenentfaltung erkannt werden kann, sind solche der Kausalität in dem oben ex-
plizierten sehr weiten Sinn.

5.4 Funktion / Sprachfunktion / Textfunktion

5.4.1 Sprachfunktion

In einem speziellen Sinn wird im Folgenden unter Funktion zunächst Sprach- 1390
funktion[1], dann Textfunktion verstanden.
Normalerweise werden drei Sprachfunktionen unterschieden, „Ausdruck",
„Appell" und „Darstellung".

1. Der „Sender" hat das Bedürfnis, *sich* auszusprechen, *sich* auszudrücken.
Wenn ihm ein Schmerz zugefügt wird, kann er mit einem Schrei reagieren
(„Au!"), ohne daß überhaupt jemand zuhört; er kann – überwältigt von einem
Naturereignis – auch wenn er ganz allein ist, sagen: „Wie schön!". Das ist Aus-
druck. „Ausdruck" bemißt sich nach der Kategorie „echt"/„unecht".

2. Der „Sender" will den „Empfänger" zu einer Handlung bewegen, auf ihn wirken, Einfluß ausüben. Er will beispielsweise warnen oder raten; auch das Kom-
mando gehört hierher. Es geht also um Handlungsaufforderung. Das ist Appell.
Appell kann man nach dem Kriterium „erfolgreich"/„erfolglos" bewerten.

3. Der „Sender" erläutert dem „Empfänger" gewissermaßen neutral einen Sachverhalt, er informiert ihn über einen Gegenstand. Im Vordergrund steht hier die
Sache, nicht Selbstaussprache, auch nicht Forderung nach einer Reaktion. Das ist
Darstellung. „Darstellung" bemißt sich nach der Kategorie „richtig"/
„falsch".

Zweierlei muß man sich bei dieser Unterscheidung vor Augen halten, wenn man 1391
sie sinnvoll anwenden will:

1. Konkrete „Sprechereignisse" (oder auch ganze Klassen von ihnen) repräsentieren nur mehr oder weniger rein eine bestimmte Funktion: Der wissenschaftliche Vortrag z. B. ist der Darstellungsfunktion zuzuordnen – wenn er zur Selbst-
darstellung oder zur Agitation würde, verfehlte er seine Bestimmung; Lyrik ist
der Kategorie „Ausdruck" zuzuordnen, Werbung der Kategorie „Appell". Häufiger aber sind alle drei Funktionen nebeneinander in einem „Sprechereignis"
wirksam: In einer Situation wie z. B. dem gesellschaftlichen Kontaktgespräch
(Konversation bei einer Einladung usw.) kann jede der drei Funktionen wirksam
sein.

2. Es ist durchaus nicht die Regel, daß sich einzelne Funktionen an bestimmten
sprachlichen Formen ablesen lassen. So gibt es zwar z. B. eine gewisse Nähe der
sprachlichen Form „Imperativ" zur Funktion „Appell", von „Aussagesatz" zu
„Darstellung", von „1. Person Singular" (beim Verb) zu „Ausdruck". Weder
aber gilt, daß eine bestimmte Funktion immer durch ein und dieselbe Form repräsentiert wird, noch gilt, daß eine bestimmte Form immer eine stets gleiche
Funktion ausdrückt: Auch hier gibt es zwischen Form und Funktion keine Eins-
zu-Eins-Beziehung.

---

[1] Bezüglich der Sprachfunktion stützen wir uns im Folgenden auf K. Bühler, der von drei Faktoren ausgeht, die ein „Sprechereignis" (wie er es nennt) bestimmen, dem „Sender", dem „Empfänger" und dem „Gegenständen und Sachverhalten". Prinzipiell wendet sich in einem Sprechereignis ein Sender an einen Empfänger, und beiden geht es um Gegenstände und Sachverhalte. Vgl. dazu K. Bühler: Kritische Musterung der neueren Theorien des Satzes. In: Indoger-
manisches Jahrbuch 6 (1918), S. 1–20; derselbe: Sprachtheorie. Stuttgart ²1965, besonders
S. 24–33.

5.4.2 Textfunktion

1392 Als Textfunktion kann man den gesellschaftlich fest und damit verbindlich gewordenen Zweck, das Bündel von Zwecken oder die Bedeutung, die mit einem Text bzw. einer gleichartigen Menge von Texten verbunden ist, bestimmen; fest und gültig geworden ist eine Textfunktion innerhalb einer Sprach- oder Kommunikationsgemeinschaft: Sie ist also eine soziale Größe. Praktisch erhellt aus der Textfunktion die Anweisung, wie (innerhalb einer bestimmten Gesellschaft) ein Text vom Hörer oder Leser aufgefaßt werden soll.

1393 Wie viele solche textuellen Grundfunktionen für unsere Sprachgemeinschaft auseinanderzuhalten sind, ist unter Sprachwissenschaftlern umstritten; auch ist man sich hinsichtlich der Kriterien, nach denen diese Funktionen zu unterscheiden sind, nicht einig. Wir versuchen hier (a) eine möglichst überschaubare Typologie zu geben, die (b) nicht in Widerspruch zu der oben angeführten Unterscheidung von Sprachfunktionen steht und (c) in ihrer internen Abgrenzung auf einem einheitlichen Kriterium beruht, nämlich dem der Art des kommunikativen Kontakts.[1] Danach lassen sich folgende sechs Textfunktionen unterscheiden:
- Informationsfunktion
- Appellfunktion
- Obligationsfunktion
- Kontaktfunktion
- Deklarationsfunktion
- Unterhaltungsfunktion (ästhetische Funktion)

1394 Der Informationsfunktion sind Texte zugeordnet, die Wissen bzw. Information über Gegenstände oder Sachverhalte vermitteln sollen. Konkrete Beispiele bieten etwa die Nachrichten im Rundfunk, der rein informative Teil in der Presse (d.h. nicht die kommentierenden Teile), Berichte und Beschreibungen jeglicher Art – sogenannte Sachtexte. Auch beurteilende Texte wie z.B. Gutachten oder Rezensionen können dieser Funktion zugeordnet werden.

1395 Appellfunktion haben Texte, die den Hörer oder Leser dazu bewegen sollen, einem Sachverhalt gegenüber eine bestimmte Haltung einzunehmen oder eine bestimmte Handlung zu vollziehen. Beispiele dafür sind Propagandatexte jeglicher Art, also z.B. Wahlempfehlungen, Werbeanzeigen, aber auch Gesuche, Anträge und in der Zeitung bzw. im Radio oder Fernsehen die Kommentare (in Abhebung von den eigentlichen Nachrichtentexten).

1396 Texte mit Obligationsfunktion sind solche, in denen sich ein Sprecher oder Schreiber selbst verpflichtet, eine bestimmte Handlung zu vollziehen. Hierher gehören Verträge jeglicher Art, Vereinbarungen, Gelöbnisse, Angebote, aber auch z.B. Gewährleistungserklärungen, der Garantieschein u. dgl. Dabei haben selbstverpflichtende Texte oft feste, starre Formen, und nicht selten wird die Textfunktion ausdrücklich signalisiert, z.B. durch Formeln wie „Ich schwöre ...", „Ich verspreche", „Ich verpflichte mich ..." usw.

1397 Der Kontaktfunktion sind Texte verpflichtet, in deren Mittelpunkt die persönliche Beziehung zwischen den Kommunikationspartnern steht; vor allem geht es hier um Herstellung bzw. Erhaltung des persönlichen Kontakts. Texte mit Kontaktfunktion sind unter den Bedingungen der Mündlichkeit etwa die be-

---

[1] Wir folgen damit der Einteilung von K. Brinker in: Linguistische Textanalyse. a.a.O. S. 97–113.

rühmten „Gartenzaungespräche", also das Gespräch mit dem Nachbarn über das Wetter, oder entsprechender Small talk jeglicher Art: Gespräche, in denen keine relevante Information ausgetauscht wird, die aber von großer Wichtigkeit sind für die soziale Beziehung; im Bereich der Schriftlichkeit gehört hierher z. B. die Ansichtskarte aus dem Urlaub, im Grunde auch das Gratulations- oder Kondolenzschreiben sowie der Liebesbrief.

Unter Deklarationsfunktion stehen Texte, die im juristisch bindenden Sinne eine neue Realität schaffen, etwas bewirken, was zuvor nicht gegolten hat. So bewirkt eine „Vollmacht", daß jemand nun zu einer bestimmten Handlung bevollmächtigt ist, eine Ernennungsurkunde, daß jemand (von nun an) ein bestimmtes Amt oder einen Titel hat, ein Testament, daß jemand nun als Erbe eingesetzt ist, ein Urteil, daß jemand rechtsgültig verurteilt ist, usw. Die Beispiele zeigen zugleich, daß Texte unter dieser Funktion eigentlich immer an bestimmte gesellschaftliche Einrichtungen und juristische Regelungen gebunden sind; zugleich sind sie oft durch feste, geradezu ritualisierte (sprachliche) Formeln geprägt: „Ich bevollmächtige hiermit ...", „Ich bescheinige hiermit ...". **1398**

Texte, die Unterhaltungsfunktion haben, zeigen oft ein besonderes Verhältnis zur Realität (sie sind oft fiktional) und stehen grundsätzlich unter dem Anspruch, dem Hörer oder Leser einen ästhetischen Reiz zu bieten. Hierher gehört der Bereich der Literatur in einem sehr weiten Sinn. **1399**

Schon oben (vgl. 1391) haben wir betont, daß konkrete Texte bestimmte Funktionen nicht immer in voller Reinheit, sondern oft mehr oder weniger vermischt repräsentieren; zugleich ist vor zwei naheliegenden Mißverständnissen zu warnen, wenn man mit diesem Funktionsbegriff arbeitet: **1400**

1. Der Begriff der Textfunktion bezeichnet nicht die wahre Absicht, die ein Sprecher individuell mit einem Text verbindet, sondern allein die soziale Form, die in einer Gemeinschaft für eine Funktion fest geworden ist. So kann ein Journalist z. B. durchaus einen Text, der offiziell Information vermittelt, mit der individuellen Absicht des Appellierens verbinden: ein Muster wäre etwa die ergreifende Darstellung eines katastrophalen Erdbebens mit seinen Folgen für menschliche Schicksale als Appell an unsere Hilfsbereitschaft.

2. Gleichfalls nicht bezeichnet der Begriff der Textfunktion die tatsächliche Wirkung, die ein Text auf den Empfänger ausübt: Wer sich z. B. über Partneranzeigen amüsiert (Unterhaltungseffekt), diese Anzeigen also „gegen den Strich" liest, der unterstellt sich bewußt nicht der Funktion, unter der der Schreiber seinen Text gelesen wissen wollte; entsprechend unterschiedlich ist die Wirkung.

5.4.3 Textfunktion und Textsorte

Textfunktionen, so haben wir oben (vgl. 1392) herausgestellt, sind soziale Größen: Sie sind innerhalb einer Sprach- oder Kommunikationsgemeinschaft fest und gültig geworden. Im Rahmen dieser Textfunktionen haben sich detailliertere kommunikative Muster (auch sprachlicher Natur) herausgebildet, die unseren gemeinsamen Umgang bestimmen. **1401**

Menschen handeln nicht nach dem Zufallsprinzip, sie folgen Regeln. Nun sind die Situationen, die sie kommunikativ bewältigen müssen, weder ihrer Zahl noch ihrer Art nach unbegrenzt; sie wiederholen sich vielmehr schnell einmal, ganz **1402** oder auch nur in wichtigen Merkmalen. Wo aber gleichartige situative Bedingungen und damit für das sprachliche Miteinander auch der Funktion nach gleichartige Erfordernisse gelten, da bilden sich tendenziell Muster für die Bewältigung der Situation, zumal wenn sich eine bestimmte Handlungsweise als erfolgreich erwiesen hat: Man greift dann bei nächster Gelegenheit wieder auf sie zurück. Die Folge ist: Bestimmte situative Muster stehen in unserer Welt mit bestimmten sprachlichen Mustern in Wechselbeziehung, sie verlangen sie oder legen sie zumindest nahe. So verhalten wir uns etwa in der Situation der Gratulation sprachlich spezifisch, in der Situation der Kondolenz auf andere Weise auch. Solche Muster sprachlichen Verhaltens kommen in einer Kommunikationsgemeinschaft immer wieder, sie sind erwartbar, üblich. Manchmal ist durch sie nur der große Rahmen sprachlichen Verhaltens vorgegeben, oft sind aber auch sprachliche Details – u. U. bis in die Wortwahl hinein – festgelegt. Muster dieser Art bezeichnet man als Textsorten. Beispiele für Textsorten in diesem Sinn sind etwa der Brief, die Todesanzeige, die Annonce, der Witz, das Telegramm. Grundsätzlich gehören hierher auch literarische Formen wie die Novelle, der Roman, die Tragödie – wir beschränken uns hier aber auf nichtliterarische Texte, die sogenannten Gebrauchstexte.

1403 Textsorten werden prinzipiell nicht durch die Wissenschaft geschaffen, sie werden allenfalls durch sie beschrieben. Im Verlauf der Geschichte einer Sprachgemeinschaft haben sie sich auf der Grundlage jeweiliger kommunikativer Bedürfnisse herausgebildet, haben sich entwickelt, auch gewandelt, und manche sind wieder verschwunden. Es hängt mit diesem Umstand zusammen, daß unterschiedliche kommunikative Bereiche unterschiedlich dicht mit festen Textsorten besetzt sind, auch daß in unterschiedlichen Kulturen bestimmte Bereiche überhaupt nicht (mehr) ausgebildet sind.[1] Als Sprachteilhaber haben wir im Verlauf unserer Sozialisation die Fähigkeit erworben, konkrete Texte einer bestimmten Textsorte zuzuordnen und sie demgemäß entsprechend ihrem Anspruch zu verstehen, ohne daß wir hierin theoretisch ausgebildet wären: Sehr bald schon können wir intuitiv zwischen beispielsweise einem Werbetext und einem informativen Text unterscheiden, oder wir wissen, ob wir einer Nachrichtensendung oder dem „Wort zum Sonntag" folgen. Als Mitglieder einer bestimmten Sprachgemeinschaft verfügen wir gleichsam über eine „Textsortenkompetenz".

1404 Jeder Text – so können wir jetzt den Merkmalen hinzufügen, die wir oben als konstitutiv für Texte zusammengestellt haben – läßt sich mindestens einer Textsorte (eventuell auch mehreren) zuordnen – mehr oder weniger eindeutig, mehr oder weniger schnell, klar und problemlos: Textsorten hat man sich als prototypische Größen zu denken – sie haben ein Zentrum mit besonders klaren, „reichen" Exemplaren und eine Peripherie mit mehr oder weniger fragwürdigen, „armen" Exemplaren. Die Fähigkeit und die Möglichkeit, einen Text einer Textsorte zuzuordnen, rangiert sogar *vor* der Zuerkennung von Texthaftigkeit. Anders gesagt: Wir sehen eine Folge von Sätzen als Text an, weil und soweit wir sie einer Textsorte zuordnen können. Auf der anderen Seite können wir uns als Sprecher oder Schreiber an unserem Textsortenwissen orientieren, wenn wir eine Situation kommunikativ zu bewältigen haben (sei dies eine Bewerbung, ein Kondolenzbrief

---

[1] So kann man heute wohl kaum noch von einer Textsorte des „Um-die-Hand-der-Tochter-Anhaltens" sprechen; auch würde ein „Ich verfluche dich" oder „Ich verstoße dich" kaum die Wirkung haben, die in früherer Zeit damit verbunden war oder in anderen Kulturen noch heute damit verbunden ist.

oder der Geburtstagsgruß an die Chefin). Wenn man das tut, wirkt man vielleicht nicht besonders originell, man ist aber sicher, daß man keinen entscheidenden Fehler macht.

Die Basis dafür, daß wir konkrete Texte bestimmten Textsorten zuordnen können, und auch dafür, daß wir Texte textsortenkonform abfassen können, ist offenkundig unsere Fähigkeit, relevante Eigenschaften von Texten wahrzunehmen und einen konkreten Text nach der Bündelung solcher Eigenschaften einzuordnen. Welcher Art sind diese Eigenschaften, die ja offenbar zentral für die Konstitution von Textsorten sind? Welche Klassifikationskriterien oder – von der anderen Seite her gefragt – welche Textsortenmerkmale gibt es? **1405**

Generell läßt sich hier sagen: Die Kriterien, die wir mehr oder weniger intuitiv bei einer Klassifikation von Texten anlegen, sind sehr heterogener Art, und die Merkmale, an denen wir uns dabei orientieren, gehören sehr unterschiedlichen Ebenen an. Auf der einen Seite haben *textexterne* Kriterien und Merkmale Gewicht, auf der anderen Seite *textinterne*. Eine Rolle können hier spielen:

- der Text i n h a l t (das Thema): Nach diesem Kriterium unterscheiden sich z. B. in der Klasse der „Berichte" der W e t t e r bericht, der R e i s e bericht, der S p o r t bericht, der A r b e i t s bericht. Vor allem dort, wo im täglichen Leben Textsorten unterschieden werden, spielt dieses Kriterium eine Rolle. **1406**
- die Text f u n k t i o n : Orientiert man sich an der Funktionendifferenzierung, die wir oben (vgl. 1393 ff.) vorgenommen haben, so lassen sich – im Sinne von Großklassen – unterscheiden: Informationstexte, Appelltexte, Obligationstexte, Kontakttexte, Deklarationstexte und Unterhaltungstexte. Unabhängig vom Inhalt, der ähnlich sein kann, können wir Texte unterschiedlichen Anspruchs (eben: nach der Funktion) voneinander unterscheiden: z. B. die Nachrichtenmeldung in der Zeitung vom Leitartikel zum gleichen Thema.
- die Behandlung des Themas, vor allem die thematische Entfaltung und die daraus resultierende Textstruktur: So wird etwa in einer wissenschaftlichen Abhandlung ein Thema anders, z. B. konsequenter und strenger, entfaltet als in einem persönlichen Brief; eine Informationspassage in den Fernsehnachrichten – z. B. über den Ablauf eines militärischen Konflikts – ist anders (nämlich z. B. deskriptiv) organisiert als der tendenziell argumentativ ausgerichtete Kommentar.
- die Kommunikations f o r m , im Zusammenhang damit das Kommunikationsmedium : Grundsätzlich können wir hier unterscheiden: Kommunikation in unmittelbarem Kontakt der Gesprächspartner, Telefon, Rundfunk, Fernsehen und Schriftlichkeit. Jedes dieser Medien ist mit spezifischen Merkmalen behaftet, die Kommunikationsform ist unter jedem Medium spezifisch anders. Damit sind noch keine Textsorten konstituiert, wohl aber wichtige Unterscheidungsmerkmale von Kommunikationssituationen, die Textsorten bestimmen: Eine Liebeserklärung wird schriftlich anders ausfallen als mündlich, eine Absage kann mündlich heikler sein als schriftlich.
- der Handlungsbereich, konkreter: der private, offizielle oder öffentliche Charakter einer Beziehung und die daraus erwachsende unterschiedliche Verbindlichkeit einer sprachlichen Handlung: Hier liegt etwa der Unterschied zwischen dem Privatbrief und der Geschäftskorrespondenz begründet. Hierher gehört aber auch, daß die „Bitte" des Vorgesetzten (z. B. kurz vor Geschäftsschluß noch eine Arbeit zu erledigen) in einem anderen Sinn eine Bitte ist als die, die etwa ein Freund in einem privaten Gespräch äußert.

- die Textgliederung und ihre Repräsentation auf der Textoberfläche: Informative Texte sind beispielsweise nach Paragraphen gegliedert, enthalten Zwischentitel; der Zeitungsartikel hat ein Lead, d. h. einen vom eigentlichen Text abgesetzten Überblicksteil; Geschäftsbriefe haben einen normativen Aufbau, Liebesbriefe nicht.
- der Satzbau: Grammatische Merkmale sind nicht sehr trennscharf. Immerhin lassen sich hier Tendenzen nennen: Fachsprachen und dazugehörende Textsorten neigen zu komplexen Sätzen, komprimierte Information tendiert oft zu stark entwickeltem Satzgliedinnenbau (vgl. Kap. 2.4), eine Textsorte wie das Telegramm hat ihren besonderen (der Ökonomie verpflichteten) Satzbau.
- die Wortwahl: Auch hier gilt: Es gibt keine eindeutige Zuordnung. Immerhin unterscheiden wir seit je Stilebenen, die wir Wörtern zuweisen („gehoben", „umgangssprachlich" usw.); und es gibt auch so etwas wie „Schlüsselwörter" für bestimmte Textsorten: Das „herzensgute Mädel" kommt eher in der Heiratsanzeige vor, die „versierte Juristin" in der Stellenanzeige; wenn wir Formeln wie „In stiller Trauer" oder „Wir haben die schmerzliche Pflicht ..." wahrnehmen, wissen wir auch ohne zusätzliche Textarrangements, daß wir es mit einer Todesanzeige zu tun haben.
- die Intonation: Mit den Stilebenen korrespondiert in der Mündlichkeit ein bestimmter Ton (der dann auch oft im nonverbalen Bereich Entsprechungen hat): Eher getragener gegen eher saloppen Ton zeichnet beispielsweise die Morgenandacht im Radio gegenüber der Talk-Show aus.

1407 Drei Schlußbemerkungen zum Thema „Textsorte":

1. Wir müssen uns hier damit begnügen, Kriterien und Merkmale für Textsortenzugehörigkeit aufzuzeigen. Eine fertige Textsortentypologie gehört zu den Zielen der Textlinguistik, sie liegt noch nicht vor.

2. Textsortenwissen (auch intuitives) ist zunächst einmal hilfreich, wenn man bestimmte Texte abzufassen hat. Nicht selten allerdings fühlt man sich durch ein solches Wissen auch auf unangenehme Weise festgelegt, zumal dann, wenn eine Textsorte auch sprachlich sehr enge Vorgaben macht: Viele Menschen haben beispielsweise ausgesprochen Mühe, ihre Trauer so auszudrücken, wie es „üblich" ist. Die Abgegriffenheit des „üblichen" Sprachinventars und das persönliche Gefühl stehen sich oft unvermittelbar gegenüber. In solchen Situationen wird man versuchen, die starren Formen und sprachlichen Muster aufzubrechen, um Eigenes deutlich zu machen.

3. Nicht für alles, was wir ausdrücken wollen, stehen Textsorten zur Verfügung. Textsorten, so hatten wir ja gesagt, entstehen als sprachliche Muster in immer wieder gleichartigen Situationen. Nun gibt es „neue" oder neuartige Situationen. Das sind solche, die es vorher noch nicht gegeben hat, oder solche, die vorher noch nicht gesellschaftlich anerkannt waren. In solchen Situationen ist man frei in seinem Sprachgebrauch; man wird sich freilich an übergeordneten Funktionen orientieren. Ein Beispiel: Geläufige Situationen in unserem Leben sind Eheschließung, Geburt eines Kindes, silberne Hochzeit u. ä.; entsprechend gibt es die festen Textsorten der Vermählungsanzeige oder der Geburtsanzeige. Keineswegs gleichermaßen „geläufig" ist z. B., daß Mann und Frau einfach zusammenziehen und daß Verheiratete sich trennen (natürlich hat es das gegeben, aber eben nicht „proklamiert"). In unserer Zeit kommt das immer häufiger vor, und damit entsteht das Bedürfnis nach einer Mitteilungsform. Es sieht so aus, als ob hier neue

Textsorten entstehen. Das zeigt auch: Textsorten sind etwas Sekundäres, das Primäre ist das soziale Bedürfnis, das seinen Ausdruck sucht. Mit ihm entstehen Textsorten, mit ihm entwickeln sie sich, und wenn es erloschen ist, vergehen sie mit ihm.

5.5 Kohärenz

Unter den Begriff der Kohärenz faßt man den inneren Zusammenhang zwischen einzelnen Textelementen (insbesondere Sätzen), also das, was im eigentlichen Sinn aus einer Folge von Sätzen einen Text macht. Von einem *inneren* Zusammenhang muß man deswegen sprechen, weil Kohärenz nicht notwendig außen, an der „Textoberfläche" sichtbar wird.

1408

Was hier gemeint ist, kann man sich leichter klar machen, wenn man vom Prozeß des Vertextens und des Textverstehens her denkt: Was man anderen Menschen vermitteln will, ein „Gemeintes", ist im Kopf präsent als ein Gedanken- und Vorstellungskomplex. Für die Vermittlung muß dieser Komplex in eine lineare Folge von Teilaussagen zerlegt werden. Das heißt, daß das Gemeinte aufgeteilt werden muß, auf Textelemente wie Einzelworte, Satzglieder und vor allem Sätze, die dann in ihrer Folge den Text ausmachen. In diesem Prozeß muß der Sprecher/ Schreiber zum einen darauf achten, daß die einzelnen Elemente (= Informationseinheiten) in sich korrekt organisiert sind – sprachlich wie inhaltlich; er muß zum andern darauf achten, daß das Verhältnis der einzelnen Textelemente zueinander nachvollziehbar ist. Nur dann nämlich hat der Hörer/Leser die Möglichkeit, den Gedanken- und Vorstellungskomplex angemessen zu rekonstruieren. Was in diesem Prozeß der Vertextung bzw. des Verstehens zum rein additiven Zusammenstellen von Informationselementen hinzukommt, ist die Kohärenz. Der „innere Zusammenhang", um den es hier geht, kann sehr unterschiedlicher Art sein. Par excellence gehören hierher die sprachlichen Verhältnisse der Satzverknüpfung, Kausalität also z. B., Konsekutivität, Konzessivität, Finalität, Modalität, Zeitlichkeit – um nur die geläufigsten zu nennen (vgl. dazu detaillierter 1320 ff.).

Wenn zuvor davon die Rede war, daß Kohärenz nicht notwendig an der „Textoberfläche" sichtbar ist, dann ist damit folgendes gemeint: In einer Satzfolge wie *„Unser Chef ist auf dem Heimweg vom Betriebsfest in den Graben gefallen. Er war völlig betrunken"* ist nicht ausdrücklich angezeigt, wie das Verhältnis zwischen den beiden Sätzen zu sehen ist. Trotzdem „wissen" wir, daß Kausalität im Spiel ist. Natürlich könnte die Kausalität auf der „Textoberfläche" auch angezeigt sein (in unserem Beispiel etwa: *„Unser Chef ist auf dem Heimweg vom Betriebsfest in den Graben gefallen. Er war nämlich völlig betrunken.")*. Für eine solche Verknüpfung auf der „Textoberfläche" hat man den Begriff der Kohäsion eingeführt. Kohäsive Mittel *stiften* nicht Kohärenz, Kohärenz läßt sich allenfalls an ihnen *erkennen*.[1]

1409

---

[1] Anders gesagt: Unter der „Textoberfläche", auf die ein Hörer/Leser im Kommunikationsprozeß trifft, ist eine „Text-Tiefenstruktur" anzusetzen. Sie besteht aus inhaltlichen Komplexen, die in je bestimmter Relation zueinander stehen. Auf dieser Relation beruht die Kohärenz. Die inhaltlichen Komplexe werden praktisch ausnahmslos in Einheiten der „Textoberfläche" (z. B. Sätzen) repräsentiert, die Relationen zum Teil auch – durch ganz unterschiedliche kohäsive Mittel. Das Interesse eines Hörers/Lesers zielt immer auf eine Rekonstruktion der „Text-Tiefenstruktur" bzw. weiter auf eine Rekonstruktion des „Gemeinten".

5.5.1 Wissensbestände beim Sprecher/Schreiber und beim Hörer/Leser

1410   Man kann jetzt sagen, daß eine Folge von Sätzen von Menschen im Kommunikationsprozeß als Text anerkannt wird, wenn zwischen diesen Sätzen Kohärenz herstellbar ist. Kohärenz ist ein Phänomen der Texttiefenstruktur. Insofern sie nicht durch explizite Mittel der Kohäsion repräsentiert wird, erhebt sich die Frage: Woher „weiß" ein Hörer/Leser, daß zwischen zwei Textelementen Kohärenz anzusetzen ist. Anders gefragt: Auf was für ein Wissen beim Hörer/Leser kann sich ein Sprecher/Schreiber in seinem Vertextungsprozeß verlassen? Und schließlich: Auf der Textoberfläche gibt es sprachliche Mittel der Kohäsion. Was für Mittel sind das und in welchem Verhältnis stehen sie zu Kohärenz?

1411   Vom Hörer/Leser her kann man es so sagen: Wenn er mit einer Folge von Sätzen konfrontiert wird, unterstellt er in der Regel, daß er einen Text vor sich hat, daß die Folge also kohärent ist. Im Bestreben, die Bedeutung dieses Textes zu erschließen, orientiert er sich zunächst an den konkreten Daten der Textoberfläche. Er versucht also, die verwendeten Textelemente je für sich zu verstehen; für ihre Verknüpfung orientiert er sich an ihrer Abfolge und an den Verknüpfungsanweisungen (= verwendete kohäsive Mittel). In manchen Fällen wird das schon ausreichen, in anderen nicht: Er muß dann aktivieren, was er an Wissen über die aktuelle Situation hinaus besitzt. Ein solches Wissen kann sich auf unsere Welt allgemein beziehen, es kann bestimmte Handlungsabläufe betreffen, und es kann sich auf spezielle Textmuster beziehen, wie sie etwa im Zusammenhang mit Textfunktionen (vgl. 1392 ff. und 1401 ff.) angesprochen worden sind. Bezogen auf diese Unterschiede spricht man von Weltwissen, Handlungswissen und Textmusterwissen.

Vom Sprecher/Schreiber her gesehen sieht es komplementär aus: Er will ein komplexes „Gemeintes" vermitteln. Dazu muß er Informationseinheiten bilden und diese Einheiten durch Anordnung und zusätzliche Verknüpfungsanweisungen so zueinander in Beziehung setzen, daß der Hörer/Leser die Möglichkeit einer angemessenen Rekonstruktion hat. Bei diesem Vorgehen muß er aber nicht alles ausformulieren. Er kann sich vielmehr darauf verlassen, daß sein Partner über die diversen Wissensbestände, die er bei ihm unterstellen kann, verstehend ergänzt, was nicht gesagt ist.

Das bedeutet nun: Bezogen auf Kohärenz müssen beide Partner Textarbeit leisten. Diese Textarbeit besteht seitens des Sprechers/Schreibers darin, daß er mit größtmöglichem Einfühlungsvermögen genau die Information gibt, die seinem Partner gutes Verständnis ermöglicht: nicht zu wenig – auch nicht zu viel, weil der Text sonst Überflüssiges enthält oder langweilig wird. Seitens des Hörers/Lesers besteht sie darin, daß er „mitdenkt", Nichtgesagtes erschließt, Beziehungen erkennt, auch dort, wo sie nicht explizit ausgedrückt sind.

Etwas pointiert formuliert kann man auch sagen, daß Kohärenz nicht in einem Text *liegt,* sondern von den Kommunikationspartnern in gemeinsamer Textarbeit *hergestellt* wird. Bei diesem Prozeß spielen die angesprochenen Wissensbestände eine wichtige Rolle.

Weltwissen

1412   Der Begriff des Weltwissens ist weder in der Linguistik noch in der Soziologie (woher er kommt) besonders präzis bestimmt; er bezeichnet in sehr diffuser Form die unterschiedlichsten Wissensinhalte. Hierher gehört das, was man auch All-tagswissen nennt (Schemawissen [mit der Struktur von All-Sätzen]: Alle Restaurants bieten Essen und Trinken an. Alle Restaurants haben Tische und Stühle. Wenn etwas ein Bahnhof ist, hat es ... In der Schweiz gibt es Bundesräte. Ferner gehört hierher das einzelheitenbezogene Wissen der Art: Die sieben Bundesräte heißen ... oder: Die Rufnummer der Polizei ist 117), ebenso das Faktenwissen (wie ein Auto aussieht, was ein Theater ist, daß es Mann und Frau gibt). Dazu gehört aber auch persönliches Erfahrungswissen sowie das, was man an Wissen über allgemeine Bildung und spezielle Ausbildung aufgebaut hat. Was alles dazu gehört bzw. dazu gerechnet werden kann, ist nicht zuletzt abhängig von dem sozialen und kulturellen Milieu, das einen Menschen bzw. die Gruppe, der er angehört, geprägt hat.

So unscharf der Begriff des Weltwissens bleiben muß, so wichtig ist die Sache selbst für unsere Kommunikation. Wenn wir miteinander kommunizieren, formulieren wir nie so explizit aus, daß alles, was für das Textverstehen wichtig ist, mitgeteilt wird. Will man eine Satzfolge wie *„Unser Chef ist auf dem Heimweg vom Betriebsfest in den Graben gefallen. Er war völlig betrunken"* zusammenhängend verstehen, muß im Prinzip folgendes mitgewußt (und im Verstehensprozeß ergänzt) werden:
– In Betrieben gibt es Chefs.
– Betriebe veranstalten gelegentlich Feste.
– Auf diesen Festen wird Alkohol getrunken.
– Wenn man viel Alkohol trinkt, wird man betrunken.
– Wenn man betrunken ist, kann man leicht stürzen.
    Usw.

Weil wir dies alles wissen – es gehört zu unserem Weltwissen –, muß es im Vertextungsprozeß nicht mitformuliert werden, es darf vorausgesetzt (präsupponiert) werden. In der Fachterminologie: Wir machen – und zwar vor dem Hintergrund unseres als gemeinsam unterstellten Wissens – in unserer Kommunikation Präsuppositionen, Wissensvoraussetzungen.

Präsuppositionen können sprachsystemgebunden oder sprachgebrauchsgebunden sein. Von sprachsystemgebundenen Präsuppositionen spricht man dort, wo eine Präsupposition an die Form eines sprachlichen Ausdrucks gebunden ist. In dem Beispiel: *„Es ist mir gelungen, das Auto günstig zu verkaufen"* wird sprachsystemgebunden implizit mitgeteilt, daß es ein bestimmtes Auto gibt, daß der Sprecher/Schreiber dieses Auto vorher besessen hat und daß er sich bemüht hat, das Auto günstig zu verkaufen. Letztere Präsupposition ist gewissermaßen durch die Bedeutung des Wortes *gelingen* gegeben.

Eine sprachgebrauchsgebundene Präsupposition liegt dagegen in der nachfolgenden Satzfolge vor: *„Ich komme heute mit dem Zug. Meine Tochter hat Nachtdienst."* Mitzuhören ist hier, daß in der Familie ein Auto da ist, daß Anspruch auf das Auto derjenige hat, der es dringender braucht, und daß das in diesem Fall für die Tochter gilt. Präsuppositionen dieser Art haben nichts mit dem Sprachsystem zu tun, sondern mit den allgemeinen Werten, Erfahrungen oder Umgangsformen, die eine Gemeinschaft bestimmen.[1]

1413

1414

---

[1] Das Beispiel kann zugleich deutlich machen, daß bei sprachgebrauchsgebundenen Präsuppositionen einiges an Verständnisproblemen auftreten kann: Die gegebene Erläuterung belegt ein *mögliches* Verständnis, keineswegs eines, das immer mit diesem Wortlaut verbunden ist.

Handlungswissen

1415 Wir haben das Konzept der Präsupposition im Zusammenhang mit dem Weltwissen erläutert; es bezieht sich aber gleichermaßen auf das sogenannte Handlungswissen. Das hängt schon damit zusammen, daß „Handlungswissen" und „Weltwissen" schwer voneinander zu trennen sind – oft werden sie gleichgesetzt. Wo Handlungswissen als ein eigener Begriff behandelt wird, meint er die Fähigkeit, in konkreten Kommunikationssituationen Handlungen so zu vollziehen, daß sie angemessen wirken; gleichermaßen meint er das Wissen und die Fähigkeit, Angemessenheit und Unangemessenheit von Handlungen zu beurteilen. So „wissen" wir, wie wir uns in einem Laden oder am Fahrkartenschalter zu verhalten haben. Wir wissen, daß wir uns bei einer Schlange hinten anzustellen haben, daß wir in Kontinentaleuropa rechts zu fahren haben und daß wir bei einem Auslandsflug früher am Abfertigungsschalter sein müssen als bei einem Inlandsflug. Wir kennen bei einer komplexeren Handlung (z. B. bei einem Festessen) die Abfolge der Teilhandlungen und orientieren uns an dem, was üblich ist. In der Interaktion nehmen wir normalerweise an, daß unsere Partner über das gleiche Wissen verfügen, und wir nehmen an, daß sie bei uns das gleiche voraussetzen. Eine spezielle Form des Handlungswissens ist das Sprachhandlungswissen. Grundsätzlich gilt für dieses das gleiche wie für jenes: Es geht um das Wissen, das einen Handelnden befähigt, Handlungen zu vollziehen, und das den Empfänger von Handlungen befähigt, solche zu erkennen, zu identifizieren und zu interpretieren – eben bezogen auf Sprachliches. So umfaßt z. B. das Wissen, wie man ein Versprechen macht, das Wissen, daß man nur Zukünftiges versprechen kann, daß man sich mit einem Versprechen selbst zu einer künftigen Handlung verpflichtet, daß man nur Dinge versprechen kann, die nicht von selbst eintreten, Dinge, die zu verwirklichen in der eigenen Macht steht, und Dinge, die derjenige, dem man sie verspricht, auch wünscht. Nur wer über eine solche Kenntnis verfügt, kann versprechen und eine Sprechhandlung eines andern als Versprechen interpretieren.

Textmusterwissen

1416 Zu den Wissensbeständen, die in unserem Zusammenhang eine Rolle spielen, gehört schließlich auch das Textmusterwissen. Anders als die beiden anderen Komplexe bezieht dieses sich unmittelbar auf Eigenschaften von Texten: Es ist das Wissen über Muster des Sprachgebrauchs, über die mögliche Struktur von Texten.

Unter dem Begriff des Textmusterwissens können wir Unterschiedliches subsumieren. Auf der einen Seite gehört hierher Wissen über allgemeine Gesetzmäßigkeiten des Aufbaus von Texten (z. B. daß man einen Text einleitet und nicht „mit der Tür ins Haus fällt", daß man bei einem größeren Text die Grobstruktur zweckmäßigerweise dem Partner durchsichtig macht, daß man nicht unvermittelt Übergänge schafft usw.); auf der anderen Seite gehört hierher auch Wissen über Grundformen thematischer Entfaltung (vgl. dazu 1383 ff.) bzw. Wissen um Textfunktionen (vgl. 1392 ff.) und Textsorten (vgl. 1401 ff.). Im letzteren Fall ist dieses Wissen oft sehr detailliert; es kann sowohl beim Verstehen wie beim eigenen Texteschaffen die Aktivität höchst wirkungsvoll steuern.

Für die Stiftung von Kohärenz ist Textmusterwissen vor allem deswegen von Bedeutung, weil es gewissermaßen unmittelbar die Interpretation einzelner Textelemente (im Sinne einer Einordnung in übergeordnete Textpläne) leistet.

Zusammenfassend läßt sich sagen: Kommunikationspartner sprechen in ihren
Kommunikationsakten einem Text u. a. dann Kohärenz zu, wenn sie aus der
Übereinstimmung gemeinsamer Wissensbestände heraus Textelemente als hin-
reichend zusammenhängend anerkennen können.   **1417**

5.5.2 Sprachliche Mittel der Kohäsion

Im Gegensatz zur Kohärenz, dem inneren Zusammenhang von Textelementen,   **1418**
geht es bei der Kohäsion um die sprachlichen (oft: grammatischen) Mittel der
Textverknüpfung. Folgende Kohäsionstypen sind hier zu nennen:
1. Junktion
2. Wiederaufnahme
3. „Stellung"
4. Textkommentierende sprachliche Mittel
5. Weiteres.

Junktion

Am ausgeprägtesten kohäsive (d. h. verknüpfende, zusammenhaltende) Funktion   **1419**
haben die Wörter, die wir unter dem Stichwort Junktion (oft sagt man auch:
Konnexion) hier zusammenfassen. Junktion liegt dann vor, wenn zwischen
zwei Sätzen oder Teilsätzen eine inhaltliche Relation besteht, die sprachlich durch
ein Element in einem der beiden Sätze signalisiert ist. Hierher gehören die Konjunktionen und in einem eingeschränkten Sinn die Adverbien.
Bei den Konjunktionen unterscheidet man unter formalgrammatischem Aspekt   **1420**
vor allem nebenordnende (vgl. 684 ff.) von unterordnenden (vgl. 692 ff.) Konjunktionen; dazu treten Satzteilkonjunktionen (vgl. 690) und Infinitivkonjunktionen (vgl. 691). In einem zweiten Schritt wird unter inhaltlichem Gesichtspunkt
unterschieden. So stehen bei den nebenordnenden Konjunktionen kopulative
(vgl. 686) neben disjunktiven (vgl. 687), restriktiven (vgl. 688), adversativen (vgl.
688) und kausalen (vgl. 689); bei den Infinitivkonjunktionen (vgl. 691) wird finale
neben konsekutiver Bedeutung und im Zusammenhang mit *anstatt ... zu* der
„stellvertretende Umstand" bestimmt. Bei den unterordnenden Konjunktionen
werden zunächst die Großgruppen *temporal* (vgl. 693), *modal* (vgl. 694 ff.) und
kausal (in einem sehr weiten Sinn; vgl. 698 ff.) unterschieden; differenziertere
Einteilungen auf inhaltlicher Ebene legt die Grammatik des zusammengesetzten
Satzes vor (vgl. 1273 ff.).
Mit diesen (inhaltlichen) Kategorien sind zugleich Kohärenzkategorien benannt.
Überhaupt stellen die Konjunktionen die Satzverknüpfungsmittel schlechthin
dar, sowohl innerhalb von zusammengesetzten Sätzen als auch zwischen selbständigen Sätzen: Sie signalisieren die Beziehung, die zwischen zwei Sätzen bzw. Teil-
sätzen besteht, am präzisesten. Die gleiche Rolle können Adverbien spielen (vgl.
594 ff.), doch muß man sich hier vor Augen halten, daß Adverbien – anders als
Konjunktionen – nicht auf Satzverknüpfung festgelegt sind.

Wiederaufnahme

Verknüpfung durch Wiederaufnahme liegt dort vor, wo ein Textelement in   **1421**
einer anderen Sequenz ganz oder teilweise wieder aufgenommen wird. Man kann
hier recht verschiedene Formen unterscheiden:

- Rekurrenz (Wiederaufnahme im engeren Sinne)
- Substitution (Ersetzung)
- Pro-Formen (Vertretung)
- Artikel
- implizite Wiederaufnahme

1422 Von Rekurrenz[1] spricht man dort, wo ein Element einer vorangehenden Sequenz in der nachfolgenden direkt wiederholt wird. Am auffälligsten ist das auf der lexikalischen Ebene. Praktisch betrifft Rekurrenz daher vor allem die Wiederholung von einzelnen Wörtern oder Ausdrücken im Text:

> Die Berliner Polizei setzt ihre *Wasserwerfer* derzeit auf höchst ungewöhnliche Weise ein: Wegen der hohen Temperaturen wurden am vergangenen Wochenende zwei *Wasserwerfer* kurzerhand zu Gießkannen umfunktioniert (Neue Zürcher Zeitung).

Voraussetzung dafür, daß Rekurrenz angesetzt werden kann, ist, daß sich das entsprechende Wort auf den gleichen „Gegenstand" bezieht (im Fachjargon: daß es auf den gleichen Weltausschnitt referiert, also „Referenzidentität" besteht). Die Verknüpfungsfähigkeit von Rekurrenz liegt gewissermaßen darin, daß durch Wortwiederholung Bezug auf die gleiche Sache hergestellt wird. Unter ästhetischem Gesichtspunkt gilt direkte Rekurrenz allerdings als problematisch: Sie widerspricht der stilistischen Forderung nach Abwechslung. In schriftlichen Texten trifft man sie daher eher selten an (bestimmte Fachtexte - mit „geeichten" Fachausdrücken - ausgenommen), häufiger in mündlichen, die normalerweise weniger exakt geplant sind.

Weniger problematisch unter diesem Gesichtspunkt ist die partielle Rekurrenz. Damit bezeichnet man eine Wiederaufnahme durch ein Wort gleichen Stammes bei veränderter Wortartzugehörigkeit oder auch nur veränderter Wortform:

> Wer hat hier *gespielt*? Ihr wißt doch, daß *Spielen* hier verboten ist.

Strenggenommen wird freilich in solchen Fällen nicht mehr auf den gleichen Gegenstand, sondern oft nur auf den gleichen Gegenstandsbereich rekurriert.

1423 Von Substitution[2] spricht man dort, wo ein Textelement (ein Wort, eine Wortgruppe) in einer nachfolgenden Textsequenz durch ein Element wiederaufgenommen wird, das dem ersten inhaltlich entspricht und im konkreten Fall den gleichen „Gegenstand" bezeichnet:

> *Ein 14jähriger Junge aus V.* ist am Montag nachmittag in die Maggia gestürzt und ertrunken. Rettungstrupps konnten *den leblosen Knaben* zwar bergen, doch blieben die Wiederbelebungsbemühungen erfolglos (Neue Zürcher Zeitung).

Als Substitutionselemente bieten sich Oberbegriffe und Unterbegriffe, Metaphern und nah verwandte Ausdrücke an. Dabei sind gewisse Regularitäten zu beachten: Als wiederaufnehmende Ausdrücke eignen sich eher oder ausschließlich die Ausdrücke mit dem größeren Bedeutungsumfang (also z. B. Oberbegriffe, auch weitere Metaphern). Man kann sagen: „*Heute mittag gab es Spinat. Ich kann dieses Gemüse nicht ausstehen.*" Nicht möglich ist hingegen: „*Heute mittag gab es Gemüse. Ich kann diesen Spinat nicht ausstehen.*"

Mit der Möglichkeit, für die Substitutionselemente Ausdrücke sehr unterschiedlicher Art einzusetzen, ist auch verbunden, daß - über das Bedeutungspotential dieser Ausdrücke - völlig neue Aspekte eingeführt werden:

---

1 Lat. *recurrere* - wiederkehren.
2 Lat. *substituere* - an die Stelle (einer Person oder Sache) setzen.

Beim Versuch, in eine leerstehende Wohnung einzubrechen, ist gestern abend *ein 29jähriger Mann* angeschossen worden. *Der Verbrecher* war von der Polizei schon lange gesucht worden.

Im Gegensatz zur Rekurrenz und Substitution, wo jeweils ein Bezugsausdruck aus einer vorangehenden Textsequenz verhältnismäßig präzis wiederaufgenommen wird, sind Pro-Formen sprachliche Mittel, die andere (in der Regel präzisere) *vertreten,* auf sie verweisen. Die geläufigste Pro-Form ist das Pronomen:

1424

Hier ist das Hauptgebäude der Universität. *Es* wurde 1918 erbaut. – Es war einmal ein Mann, *der* hatte eine Tochter, *die* hieß die kluge Else (Grimm).

Pronomina (im hier gemeinten Verständnis) sind Wörter, die Nomina vertreten. Nun lassen sich aber auch andere Wörter vertreten, z. B. Adjektive, Verben und Partikeln, ja ganze Satzglieder und Sätze. Die entsprechenden Stellvertreterwörter bezeichnet man zusammenfassend als Pro-Formen. Beispiele:

Zum Nachtisch gab es *wunderbar reife* Erdbeeren. *Solche* Erdbeeren habe ich schon lange nicht mehr gegessen. – Du mußt dich *anmelden.* Oder hast du *es* schon getan? – In der vergangenen Nacht hat *im Iran* die Erde gebebt. *Dort* ist immer wieder mit Erdbeben zu rechnen. – *In einem Jahr* muß die Arbeit abgeschlossen sein. *Dann* mache ich Ferien. – *Die böse Stiefmutter hat Schneewittchen zu töten versucht. Deswegen* mußte sie eines grausamen Todes sterben.

In den angeführten Beispielen verweisen die Pro-Formen immer *zurück.* Bei solchem Rückverweis spricht man von anaphorischem Gebrauch. Es gibt aber bei Pro-Formen auch – wenngleich seltener – den Verweis nach *vorn:*

Das ist der Weisheit letzter Schluß:
Nur *der* verdient sich Freiheit wie das Leben,
der täglich sie erobern muß (Goethe).

Man spricht hier von kataphorischem Gebrauch; kataphorischer Gebrauch ist nicht selten ein stilistisches Mittel zur Erzeugung von Spannung, gern verwendet in akustischen Medien (z. B. im Radio):

Sie ist intelligent und charmant. *Sie* gehört keiner Partei an. *Sie* war bis vor kurzem nur einer kleinen Gruppe von Insidern bekannt: die neue Kommissionspräsidentin.

Der Einsatz von Pro-Formen ist ein beliebtes, häufig verwendetes kohäsives Mittel. Bei seiner Anwendung ist allerdings Aufmerksamkeit geboten: Zum einen haben Pro-Formen keine eigene inhaltliche Bezugskraft. Sie nehmen im Grund nicht wieder auf, sondern vertreten, und sie wirken in ihrer Stellvertreterhaftigkeit (sieht man einmal davon ab, daß sie die allgemeinen semantischen Merkmale wie Genus und Numerus transportieren) zunächst einmal als Leerformen; Kohärenz stellt sich erst dann her, wenn man verstehend die Leerform füllt, konkreter: wenn der Hörer/Leser genau das einsetzt, was dem Sprecher/Schreiber vorgeschwebt hat. Zum andern haben Pro-Formen keine genau definierte Reichweite. Normalerweise verweisen sie auf das ihnen nächststehende Wort gleicher Wortartzugehörigkeit. Ungeübte Sprecher/Schreiber berücksichtigen das gelegentlich zu wenig und operieren mit so weit auseinander liegenden Verhältnissen, daß es der Hörer/Leser schwer hat, den intendierten Bezug zu rekonstruieren (das gilt insbesondere für Pro-Formen wie *daher, deshalb,* die ganze Sätze vertreten).

Ähnlich den Pro-Formen hat der Artikel kohäsive Funktion,[1] insbesondere in der Unterscheidung von bestimmtem und unbestimmtem Artikel (vgl. 535 ff.). Normalerweise erhält etwas, was zum ersten Mal im Text auftritt, den unbe-

1425

---

[1] Vgl. dazu H. Weinrich: Sprache in Texten. Stuttgart 1976.

stimmten Artikel, erst nach seiner Einführung erhält (und behält) es den bestimmten: Der bestimmte Artikel stellt damit Bezug zu einer Vorerwähnung her und kennzeichnet etwas als schon bekannt:

Auf dem Tisch steht *eine* Lampe ... *Die* Lampe brennt.

Bekanntheit stellt sich allerdings nicht allein auf Grund von Vorerwähnung ein, sie existiert oft einfach auf der Basis unseres Wissens. Anders gesagt: Es gibt außertextuelle Gründe für die Setzung des bestimmten Artikels. So verwenden wir z. B. grundsätzlich den bestimmten Artikel bei Fluß- und Bergnamen (der Rhein, der Säntis) oder bei Fakten, die „selbstverständlich" zu unserer Welt gehören (die Königin von England, der amerikanische Präsident).

1426 Auf dem letztgenannten Prinzip beruht auch eine Form der Wiederaufnahme, die man als implizit bezeichnet. Hier besteht zwischen dem wiederaufgenommenen und dem wiederaufnehmenden Ausdruck keine Referenzidentität; es ist vielmehr von unterschiedlichen „Gegenständen" die Rede. Zwischen diesen „Gegenständen" bestehen aber – und zwar in der „Welt der Gegenstände" ebenso wie in der „Welt der Worte" – bestimmte Beziehungen. An einem Beispiel erläutert:

Gestern war ich auf *einer Hochzeit*. *Der Bräutigam* sah elend aus.

Rein innertextuell läßt sich nicht rechtfertigen, daß im zweiten Satz der bestimmte Artikel steht. Er steht aber deswegen zu Recht (und der unbestimmte wäre falsch), weil durch *Hochzeit Bräutigam* mitgesetzt ist: Zu einer Hochzeit gehört ein (und nur *ein*) Bräutigam, *Bräutigam* ist sozusagen in *Hochzeit* enthalten. Die Wiederaufnahme, die zwischen den beiden Sätzen spielt, ist damit nicht explizit; es handelt sich um implizite Wiederaufnahme. Eine solche ist z. B. dort möglich, wo zwischen den beiden Ausdrücken eine Teil-Ganzes-Relation oder eine Relation des Enthaltenseins im Vorangegangenen besteht.

„Stellung"

1427 Von Verknüpfung durch Stellung spricht man dort, wo der Verknüpfungseffekt in irgendeiner Weise mit der Anordnung der Textelemente zu tun hat. Im einzelnen lassen sich hier unterscheiden:
– Parallelismus
– Chiasmus
– Thema/Rhema

1428 Parallelismus ist die formalgleiche Wiederholung von beliebigen syntaktischen Formen an der Textoberfläche, wobei die inhaltliche Füllung planmäßig variiert wird. Ein Beispiel:

Ich habe Frankreich gesehen, ich habe Italien besucht, ich habe die Türkei kennengelernt: Nichts hat mich so beeindruckt wie Kreta.

Dem formalen Parallelismus kann eine inhaltliche Steigerung entsprechen (Klimax), auch das Gegenteil (Antiklimax).

1429 Als eine Spielform des Parallelismus kann man den Chiasmus ansehen. Hier ist Symmetrie durch systematische Überkreuzstellung von syntaktischen oder semantischen Einheiten intendiert (abba):

Der *Schlaf* ist ein kurzer *Tod*, der *Tod* ist ein langer *Schlaf*.

Durch diese Stellungsform wird (ohne weitere sprachliche Mittel) eine stark antithetisch wirkende Aussage erreicht.

Schließlich kann man der Kategorie „Stellung" auch das Thema-Rhema-
Konzept zuordnen. Danach kann man einen Satz von seinem „Mitteilungswert" her gliedern in ein Thema und ein Rhema. Thema ist dabei zunächst einfach der Ausgangspunkt der Aussage, weiter das, worüber etwas mitgeteilt wird,
schließlich (kontextuell) das, was an Information bekannt, vorgegeben oder jedenfalls zugänglich ist. Rhema ist demgegenüber der Kern der Aussage, das, was
über das Thema mitgeteilt wird, die neue Information.

Man kann nun versuchen, die generelle Struktur von Texten als eine Sequenz von
Themen zu begreifen, wobei jeweils das Rhema des vorangehenden Satzes zum
Thema (oder Themenbestandteil) des nachfolgenden wird. Ein solcher Versuch
stützt sich nicht zuletzt darauf, daß – bei einer Art Grundstellung des Satzes – das
Bekannte eher in der ersten Hälfte, das Neue eher in der zweiten Hälfte angeordnet ist. Allerdings sind damit nur Tendenzen faßbar, thematische Entfaltung ist
(wie sich schon 1379 ff. gezeigt hat) um einiges komplizierter.

Textkommentierende sprachliche Mittel

Textkommentierende sprachliche Mittel sind grundsätzlich all jene
sprachlichen Signale, mit denen der Sprecher/Schreiber *in* seinem Text *über* diesen spricht. Das kann unterschiedlichen Zwecken dienen. Ein in unserem Zusammenhang wichtiger Zweck ist die ausdrückliche Angabe, in welchem Verhältnis
Teilaussagen zueinander zu sehen sind, wie einzuordnen ist, was schon gesagt
worden ist, was noch zu erwarten ist usw. Teilweise haben sich hier regelrechte
Formeln entwickelt („*Im folgenden werde ich ...*"; „*Aus dem Gesagten ergibt
sich ...*"; „*Wie ich schon eingangs gesagt habe ...*" und andere textorganisierende
Hinweise). Darüber hinaus bestehen viele Möglichkeiten der Kommentierung
außerhalb des Formelhaften.[1]

Weiteres

Es ist hier nicht möglich, abschließend einen detaillierten Katalog von Verknüp-
fungsmitteln vorzulegen. Immerhin sei noch erwähnt:
- Verknüpfende (oder gliedernde) Funktion im Text kommt der Intonation
  zu: Wo die Stimme nach einem Satz nicht voll zur Ausgangsposition zurück-
  kehrt, d. h. in der Schwebe bleibt, deutet sich eine engere Verbindung mit dem
  nachfolgenden Satz an. Rückkehr zur Ausgangsposition bleibt demgegenüber
  mindestens neutral. In der Orthographie entspricht dem der Unterschied
  zwischen Semikolon und Punkt.
- Nicht ganz ohne Bedeutung ist das Tempus. Zwar gibt es im Deutschen
  keine strenge Consecutio temporum (= streng geregelte Zeitenfolge wie im
  Latein und in anderen romanischen Sprachen), doch ist die Wahl des Tempus
  in der Satzfolge auch nicht völlig frei.
- Unter dem Verknüpfungsaspekt kann man auch die Ellipse, die Ersparung
  von Redeteilen, betrachten (vgl. Kap. 2.6). Wir kennen sie aus monologischen
  wie aus dialogischen Sequenzen, z. B.:
  „Ich kann das nicht länger ansehen. Du?" (= Kannst Du das länger ansehen?)
  „Ich lasse mir das nicht länger bieten!" – „Ich auch nicht!" (= Ich lasse mir das auch
  nicht länger bieten!)

---

[1] Vgl. zu diesem Komplex P. Michel: Textkommentierende Signale zur Verbesserung der Ver-
ständlichkeit. In: Der Deutschunterricht 40 (1988), S. 86–98.

In der Grammatik wird die Ellipse allgemein unter dem Aspekt der Sprachökonomie behandelt. Unter dem Verknüpfungsaspekt ist hervorzuheben: Mit der jeweils zweiten Äußerung stellt sich der Sprecher in den syntaktischen Rahmen, der durch die erste Äußerung eröffnet ist. Er läßt diesen Rahmen gewissermaßen weiter gelten, spricht in ihn hinein bzw. zwingt den Hörer/Leser, die nicht geäußerten Teile zu „ergänzen" und so den Rahmen noch einmal aufzugreifen. Dadurch entsteht eine besonders enge Verknüpfung zwischen den beiden Äußerungen. Den sprachlichen Reiz solcher Wendungen nutzt insbesondere die Werbung.

– Zu beachten ist hier schließlich alles, was mit dem Konzept der Deixis[1] zusammenhängt. Damit ist folgendes angesprochen: Es gibt in jeder Sprache Wörter, die weniger einen semantischen Gehalt als vielmehr eine Zeigefunktion haben, die sogenannten Deiktika. Hierzu gehören Wörter wie *hier* und *dort*, *jetzt* und *dann*. Es sind dies Wörter, die nicht z. B. einen absoluten Ort oder Zeitpunkt angeben, sondern einen solchen bezogen auf den Sprecher/Schreiber oder Hörer/Leser.

Problematisch beim Gebrauch von Deiktika kann sein, daß das „Hier" und „Jetzt" des Schreibers und des Lesers nicht immer identisch ist. Daher können beim Schreiben Kohärenzstörungen oder zumindest -verwerfungen entstehen. Hinsichtlich der Deixis falsch ist z. B. der folgende Text: *„Ich sitze hier und schreibe Euch jetzt den Brief, den Ihr nun in der Hand haltet."* Der Fehler liegt – natürlich – in dem Perspektivenwechsel der temporalen Deiktika (*jetzt* und *nun*): Es liegt ein Verstoß gegen die Verpflichtung deiktischer Kohärenz im Text vor.

Zum Abschluß

1433 1. Wir haben – aus Darstellungsgründen – die einzelnen Kohäsionsmittel sukzessiv und isoliert vorgeführt. Selbstverständlich ist ein konkreter Text dadurch charakterisiert, daß diese Mittel miteinander kombiniert wirken. Auch in diesem Sinne ist ein Text ein komplexes Geflecht.

2. Auch wenn in einem Text eine Fülle von verständnissichernden Hinweisen zusammenwirkt, sind wir doch in hohem Maße angewiesen auf die Kunst, zwischen den Zeilen zu lesen:[2] Wir verstehen auch mehr, als die Summe der in einem Text versammelten Informationen hergibt.

5.6 Perspektiven an der Grenze linguistischer Beschreibungsmöglichkeit

1434 Die textuelle Perspektive hat eine Erweiterung der grammatischen Perspektive gebracht; aber auch mit ihr haben wir den Horizont möglicher Fragen nicht erreicht. Nicht behandelt bleiben verschiedene kommunikationstheoretisch wichtige Punkte, die unser sprachliches Miteinander stark beeinflussen. Auf einige von ihnen soll hier zumindest mit ein paar wenigen Stichworten abschließend noch hingewiesen werden. Es sind dies:

---

[1] Griech. *deiknymi* – ich zeige.
[2] Vgl. in diesem Zusammenhang P. von Polenz: Deutsche Satzsemantik. Grundbegriffe des Zwischen-den-Zeilen-Lesens. Berlin/New York 1985.

– der Begriff der Situation;
– die Bedeutung des Nonverbalen in der Kommunikation;
– die Rückbindung von Kommunikation an Intention und Deutung.

Sprachliche Äußerungen sind zu verstehen aus ihrem Zusammenhang und vor   1435
dem Hintergrund der Situation, in der sie gemacht werden. Situationen werden
einmal durch gewissermaßen „objektive" Faktoren bestimmt; daneben spielt
auch die subjektive Deutung eine Rolle. Objektive Faktoren, die eine Situation
bestimmen, sind z. B.:

– Anzahl der Gesprächspartner: Sie entscheidet über den Grad an Ver-
  trautheit oder an Formalität, der möglich oder nötig ist; sie verbietet oder
  erlaubt eine bestimmte Herzlichkeit, Nonchalance usw.
– Lokale Bedingungen: Sie haben insofern Einfluß auf den Gesprächs-
  ablauf, als verschiedene Gespräche (z. B. solche zwischen Gesprächspartnern
  unterschiedlichen sozialen Rangs) sehr unterschiedlich verlaufen, je nachdem
  wo sie stattfinden, ob im unmittelbaren Einflußbereich eines der beiden (z. B.
  Dienstzimmer des Vorgesetzten) oder aber auf „neutralem" Boden (z. B. im
  Supermarkt oder am Urlaubsort).
– Zeitliche Bedingungen: Sie nötigen uns, unterschiedliche Sprechstrate-
  gien einzusetzen, je nachdem, ob man weiß, ein Gespräch kann nur fünf Minuten dauern, es steht eine halbe Stunde zur Verfügung oder es gibt überhaupt
  keine zeitliche Begrenzung.
– Anwesenheit oder Abwesenheit weiterer Beobachter: Sie entscheidet über den Grad an Öffentlichkeit bzw. Vertraulichkeit.
– Geschlossenheit oder Offenheit einer Situation und damit verbundene Störungsmöglichkeiten: Kommunikation kann anders ablaufen, wenn
  man weiß, daß man zusammen mit einem Partner für andere eine gewisse Zeit
  nicht erreichbar ist (z. B. bei einer gemeinsamen Autofahrt), als wenn man
  immer wieder mit Störungen (z. B. durch Telefonanrufe) rechnen muß.

Nach diesen und vielen anderen Faktoren organisieren wir unsere Sprachverwendung, im Hinblick auf sie reagieren wir auf die Sprachverwendung unserer Partner.
Neben derartigen („objektiven") Faktoren spielen die individuellen Deutungen
der Beteiligten eine Rolle. Sie stimmen im Idealfall mit dem zusammen, was sich
aus den „objektiven" Faktoren ergibt; das muß aber nicht so sein. Je offener (von
den „objektiven" Faktoren her) eine Situation ist, um so weiter ist der Spielraum
für persönliche Deutung.

Der Mensch redet nicht nur mit Worten. Menschliche Rede ist – vor allem in   1436
mündlichen Verständigungssituationen – immer „untermalt" von nicht eigentlich
sprachlichen Verständigungsmitteln, die für Sinn und Bedeutung der sprachlichen Äußerung eine wichtige Rolle spielen. Bezogen darauf spricht man von
nichtsprachlichen oder nonverbalen Mitteln. Die hier gegebenen Möglichkeiten kann man in folgender Weise ordnen:

– an sprachliche Strukturen gebundene nichtsprachliche Mittel (z. B. Akzent-
  regelungen, syntaktisch bedingte Veränderungen der Intonation, etwa im
  Fragesatz);
– von der Sprache getragene nichtsprachliche Phänomene (Stimmhöhe, Laut-
  stärke, Tonlage oder Klangfarbe im mündlichen Bereich, Schriftduktus im
  schriftlichen);
– sprachprozeßbegleitende nichtsprachliche Mittel (Mimik, Gestik, Augenkontakt);

- sprachprozeßerweiternde nichtsprachliche Handlungen (einen Blumenstrauß überreichen, jemanden auf die Schulter klopfen, jemanden streicheln, umarmen);
- persönlichkeitsdarstellende nichtsprachliche Aktivitäten im weitesten Sinn (die Art, sich zu kleiden, sich zu geben; das, was man auch Lebensstil nennt), soweit sie einer bestimmten Persönlichkeit eigen sind und die Eigenheit dieser Persönlichkeit zugleich stabilisieren.

Der Beitrag nichtsprachlicher Elemente zum Kommunikationsprozeß und ihre Verknüpfung mit sprachlichen kann sehr unterschiedlich sein, und entsprechend riskant ist es, bei der Analyse von Äußerungen von nichtsprachlichen Anteilen zu abstrahieren. Grob kann man etwa folgende Möglichkeiten unterscheiden:

- Nichtsprachliche Mittel werden eingesetzt, um sprachliche Kommunikation vorzubereiten: Bevor man jemanden anspricht, sucht man einen passenden Abstand zu ihm, wendet sich ihm mit einer Körperbewegung zu, sucht Augenkontakt zu ihm usw.
- Nichtsprachliche Signale verstärken oder sichern den inhaltlichen Ausdruck des sprachlich Mitgeteilten: Eine verbal freundlich gehaltene Äußerung wird auch in freundlichem Ton gemacht.
- Nichtsprachliche Signale kommentieren oder situieren den inhaltlichen Ausdruck des sprachlich Mitgeteilten. Hier ist an Fälle gedacht, wo sprachlicher Inhalt und nichtsprachlicher Rahmen differieren, etwa bei der ironisch gemeinten Freundlichkeit oder der freundlich gemeinten Bösartigkeit.
- Nichtsprachliche Mittel werden eingesetzt, um sprachlich unvollständige zu ergänzen oder sprachliche ganz zu ersetzen, z. B. in Situationen erschwerter sprachlicher Kommunikation.

Für die Analyse beispielsweise eines Gesprächs kann man auf die Einbeziehung dieser Mittel nicht verzichten.

1437 In ihrer Ausgestaltung verweisen sprachliche Äußerungen zurück auf Absichten und Ansprüche von Menschen (Intentionen), in ihrer Aufnahme sind sie bestimmt durch deren Erwartungen und Deutungen. Wie Menschen in Kommunikationssituationen miteinander umgehen, ist stark beeinflußt davon, was sie voneinander wollen und erwarten. Das gilt für alle Dimensionen dieses Umgangs – und eben auch für die sprachliche. Wer von einem anderen etwas haben will, kann dies auf unterschiedliche Weise zu erreichen suchen: Er kann befehlen, fordern, wünschen, bitten – je nach der Situation, in der er sich befindet, werden die Strategien, die sein sprachliches Verhalten bestimmen, andere sein. Das gleiche gilt für seinen Partner: Je nach dem Verhalten, das er von anderen erwartet, bestimmt sich sein eigenes Verhalten, eingeschlossen wiederum das sprachliche. Das heißt zugleich, daß die Weise, wie Kommunikationspartner ihr Verhältnis zueinander und darüber hinaus die Bedingungen ihrer Kommunikation sehen, Einfluß auf ihr Sprechen hat.

Deutung der Situation und des kommunikativen Verhältnisses, Orientierung an Gewolltem und Berücksichtigung von Erwartungen und Deutungen anderer sind nun keineswegs Prozesse, die voll bewußt ablaufen. Aus der Psychologie wissen wir, daß sogar die unmittelbaren Antriebskräfte unseres Handelns, die Intentionen, uns nur zum Teil bewußt sind. Insoweit kommunikationsorientierte Sprachbetrachtung diese Bereiche mit einbezieht, begibt sie sich ausdrücklich in die Nähe der Psychologie und anderer Nachbarwissenschaften.

Verzeichnis der verwendeten Abkürzungen

a. a. O.   am angegebenen Ort
aengl.   altenglisch
afrz.   altfranzösisch
ahd.   althochdeutsch
Akk.   Akkusativ
Akt.   Aktiv
alltagsspr.   alltagssprachlich
amerik.   amerikanisch
Anm.   Anmerkung
bayr.   bayrisch
Bez.   Bezeichnung
Bd.   Band
bergmänn.   bergmännisch
bes.   besonders
bzw.   beziehungsweise
ca.   circa
chem.   chemisch
Dat.   Dativ
ders.   derselbe
d. h.   das heißt
dicht.   dichterisch
dt.   deutsch
ebd.   ebenda
eigtl.   eigentlich
engl.   englisch
etw.   etwas
Ev.   Ergänzungsverband
f(f).   (und) folgende (Randziffer[n])
fachspr.   fachsprachlich
fem./Fem.   feminin/ Femininum
frz.   französisch
Fs.   Fernsehsendung
Fut.   Futur
Gd.   Grad
gebr.   gebräuchlich
geh.   gehoben
geleg.   gelegentlich
Gen.   Genitiv
Ggs.   Gegensatz
griech.   griechisch
H.   Heft
hg./Hg.   herausgegeben/ Herausgeber
hochd.   hochdeutsch
hochspr.   hochsprachlich
idg.   indogermanisch
Ind[ik].   Indikativ

Inf.   Infinitiv
intrans.   intransitiv
ital.   italienisch
i. w. S.   im weiteren Sinne
Jh.   Jahrhundert
jmd.   jemand
jmdm.   jemandem
jmdn.   jemanden
jmds.   jemandes
jur.   juristisch
kaufm.   kaufmännisch
Kinderspr.   Kindersprache
Konj.   Konjunktiv
landsch.   landschaftlich
landw.   landwirtschaftlich
lat.   lateinisch
latinis.   latinisiert
mask./   maskulin/
Mask.   Maskulinum
mdal.   mundartlich
med.   medizinisch
met.   meteorologisch
mhd.   mittelhochdeutsch
mitteld.   mitteldeutsch
mlat.   mittellateinisch
neutr./   neutral/
Neutr.   Neutrum
nhd.   neuhochdeutsch
niederd.   niederdeutsch
Nom.   Nominativ
nordd.   norddeutsch
Num.   Numerus
o. ä.   oder ähnliche
oberd.   oberdeutsch
Obj.   Objekt
o. dgl.   oder dergleichen
ostmitteld.   ostmitteldeutsch
österr.   österreichisch
Part.   Partizip
Pass.   Passiv
Perf.   Perfekt
Pers.   Person
physik.   physikalisch
Pl[ur].   Plural
Plusq.   Plusquamperfekt
Präp.   Präposition
Präs.   Präsens
Prät.   Präteritum
roman.   romanisch
s.   siehe
S.   Seite

sächs.   sächsisch
schles.   schlesisch
schwäb.   schwäbisch
schweiz.   schweizerisch
Sg./Sing.   Singular
s. o.   siehe oben
sog.   sogenannt
span.   spanisch
spätahd.   spätalthochdeutsch
spätlat.   spätlateinisch
Sportspr.   Sportsprache
sprachw.   sprachwissenschaftlich
Sprw.   Sprichwort
standardspr.   standardsprachlich
s. u.   siehe unten
Subst.   Substantiv
südd.   süddeutsch
südwestd.   südwestdeutsch
techn.   technisch
Temp.   Tempus
theol.   theologisch
trans.   transitiv
u.   und
u. a.   und andere
u. ä.   und ähnliche
u. a. m.   und andere mehr
Übers.   Übersetzung
übertr.   übertragen
übl.   üblich
u. E.   unseres Erachtens
ugs.   umgangssprachlich
usw.   und so weiter
u. U.   unter Umständen
v.   von
v. a.   vor allem
v. Chr.   vor Christus
verächtl.   verächtlich
veralt.   veraltet
vgl.   vergleiche
volkst.   volkstümlich
Wahlspr.   Wahlspruch
weidm.   weidmännisch
Wetterk.   Wetterkunde
z. B.   zum Beispiel
z. T.   zum Teil
Zus.   Zusammensetzung
z. Z.   zur Zeit

Verzeichnis der Fachausdrücke

Die folgenden Erklärungen zu den meistgebrauchten Fachausdrücken dieser Grammatik wollen lediglich erste Verständnishilfen bieten. Fehlende Bezeichnungen, ausführliche Erläuterungen und Beispiele findet man über das Register S. 843 ff.

A

Abkürzung: nur der geschriebenen Sprache angehörende Kürzung eines Ausdrucks auf Buchstaben[folgen] ohne Wortcharakter

Abkürzungswort: sowohl der geschriebenen als auch der gesprochenen Sprache angehörende Kürzung eines Ausdrucks auf Buchstaben- bzw. Silbenkombinationen mit Wortcharakter

Ablaut: regelmäßiger Wechsel des Stammvokals etymologisch zusammengehörender Wörter und Wortformen

Ableitung: Art der Wortbildung mit Hilfe von (Halb)suffixen (in Verbindung mit [Halb]präfixen = kombinierte Präfixableitung); das aus diesem Wortbildungsverfahren hervorgegangene Wort; zur impliziten A. vgl. Nullableitung

Abstraktum: Substantiv, mit dem etwas Nichtgegenständliches bezeichnet wird; Begriffswort

Adjektiv: deklinier- und komparierbares Wort, das eine Eigenschaft, ein Merkmal bezeichnet; Eigenschafts-, Art-, Bei-, Wiewort, Qualitativ

Adverb: unflektierbares Wort, das einen lokalen, temporalen, modalen oder kausalen Umstand angibt; Umstandswort

Adverbialakkusativ: adverbiales Satzglied im Akkusativ, dessen Kasus durch kein Element seiner Umgebung festgelegt ist

adverbiale Bestimmung: vgl. Bestimmung

Adverbialgenitiv: adverbiales Satzglied im Genitiv, dessen Kasus durch kein Element seiner Umgebung festgelegt ist

Adverbialsatz: Nebensatz an der Stelle einer adverbialen Bestimmung (Kausal-, Temporalsatz usw.)

adversativ: entgegensetzend, gegensätzlich

Affix: unselbständiges Wortbildungselement; vgl. Präfix, Suffix

Affrikate: Verbindung aus Verschluß- und Reibelaut mit ungefähr gleicher Artikulationsstelle

Agens: Träger eines durch das Verb ausgedrückten aktiven Verhaltens; Täter

Akkusativ: einer der vier Kasus; 4. Fall, Wenfall

Akkusativ, absoluter: unabhängiges Satzglied im Akkusativ

Akkusativobjekt: Satzglied im Akkusativ

Aktionsart: die Art und Weise, wie das durch ein Verb bezeichnete Geschehen abläuft; Geschehens-, Verlaufsweise, Handlungsart

Aktiv: verbale Kategorie neben dem Passiv, die ein Geschehen als „täterzugewandt" darstellt; Tatform, Tätigkeitsform

Allomorph: Realisierungsvariante eines Morphems

Allophon: Realisierungsvariante eines Phonems

Anaphorik: Bezugnahme auf vorausgegangene Ausdrücke im Text

anaphorisch: rückweisend

Angabe: vgl. Umstandsangabe

Anredenominativ: stellungsfreies, weglaßbares Satzglied im Nominativ, das den Angeredeten bezeichnet; Vokativ

Antonym: Gegenwort, Gegensatzwort, Oppositionswort

Antonymie: Bedeutungsgegensätzlichkeit von Wörtern

Appellativum: vgl. Gattungsbezeichnung

Apposition: substantivisches Attribut, das im Kasus mit seinem Bezugswort meist übereinstimmt; Beisatz

Artikel: deklinierbares Wort, Begleiter des Substantivs; man unterscheidet den bestimmten A. *(der, die, das)* vom unbestimmten A. *(ein, eine, ein)*; Geschlechtswort

Aspiration: Behauchung der Konsonanten *p, t, k*

Assimilation: vgl. Nasalassimilation

asyndetisch: konjunktionslos verbunden

Attribut: syntaktisch nicht notwendige Anreicherung eines Satzglieds, bes. Satzgliedkerns; Beifügung, Gliedteil

Attributsatz: Nebensatz an der Stelle eines Attributs

Aufforderungssatz: Satz, der eine Aufforderung, einen Befehl oder einen Wunsch beinhaltet; Wunschsatz

Augmentativbildung: Vergrößerungsbildung

Ausdrucksstellung: Satzstellung mit dem kommunikativ wichtigsten Satzglied im Vorfeld

Ausklammerung: Verlagerung von Satzteilen oder Nebensätzen aus dem Mittelfeld des Satzes ins Nachfeld

Ausrufesatz: Satz, der einen Sachverhalt mit starker innerer Anteilnahme ausdrückt

Ausrufewort: vgl. Interjektion

Aussagesatz: Satz, der einen Sachverhalt behauptet oder mitteilt

Äußerung: auf den Satz beziehbare, jedoch nicht unter grammatischem, sondern unter kommunikativem (pragmatischem) Aspekt (Beteiligte, Situation, Absichten, sprachliche Mittel, Wirkungen) betrachtete sprachliche Einheit

B

Befehlsform: vgl. Imperativ

Begleiter des Substantivs: vgl. Artikel, Pronomen

Beifügung: vgl. Attribut

Beisatz: vgl. Apposition

Bestimmung, adverbiale: adverbial gebrauchtes Satzglied, das sich entweder auf eine Aussage insgesamt oder den Satz- bzw. Verbinhalt bezieht; man unterscheidet: a. B. (Umstandsbestimmung) des Raumes, der Zeit, der Art und Weise, des Grundes; die syntaktisch notwendige (konstitutive) a. B. heißt Umstandsergänzung, die nicht notwendige (freie) Umstandsangabe

Bestimmungswort: vgl. Zusammensetzung

Beugung: vgl. Flexion

Bindewort: vgl. Konjunktion

Buchstaben-Laut-Zuordnung: vgl. Graphem-Phonem-Korrespondenz

C

Consecutio temporum: die Abfolge der Tempora im zusammengesetzten Satz bzw. Text; Zeitenfolge

D

Dativ: einer der vier Kasus; 3. Fall, Wemfall

Dativobjekt: Satzglied im Dativ

deiktisch: hinweisend

Deixis: auf Person, Ort oder Zeit bezogene Zeigefunktion bestimmter Wörter relativ zur tatsächlichen Äußerungssituation

Deklination: Formabwandlung, Beugung von Substantiv, Artikel, Pronomen und Adjektiv

Demonstrativpronomen: Untergruppe der Pronomen; hinweisendes Fürwort

Denotat: außersprachlicher Bezugspunkt eines sprachlichen Zeichens (Wortes)

Denotation: die dem Denotat entsprechende (begriffliche) Bedeutung eines sprachlichen Zeichens (Wortes)

Designat: Klasse der Gegenstände, auf die eine Teilbedeutung verweist

Determination: syntaktische und semantische Beziehung zwischen zwei sprachlichen Elementen

determinativ: bestimmend

Determinativzusammensetzung: vgl. Zusammensetzung

Diachronie: Darstellung der geschichtlichen Entwicklung einer Sprache

diachronisch: die Diachronie betreffend

Diminutivbildung: Verkleinerungsbildung

Dingwort: vgl. Substantiv

Diphthong: Doppellaut, Gleitlaut aus zwei Vokalen

disjunktiv: ausschließend

Distribution: Verteilung von Sprachelementen innerhalb größerer sprachlicher Einheiten; Gesamtheit aller Umgebungen, in denen ein sprachliches Element vorkommt

distributiv: eine sich wiederholende Verteilung angebend; in bestimmten Umgebungen vorkommend

durativ: vgl. imperfektiv

E

egressiv: vgl. resultativ

Eigenschaftswort: vgl. Adjektiv

Einwortsatz: Form der Ellipse

Einzahl: vgl. Singular

Elativ: Form des Adjektivs zum Ausdruck eines sehr hohen Grades; wie der Superlativ gebildet, aber außerhalb eines Vergleichs verwendet; absoluter Superlativ

Ellipse: Auslassung, Ersparung von Redeteilen

Entscheidungsfrage: Fragesatz mit dem Finitum an erster Stelle, der einen Sachverhalt als Ganzes in Frage stellt; Satzfrage

Ergänzung: durch die Valenz des Verbs bedingtes konstitutives (obligatorisches oder fakultatives) Satzglied; E.en ersten

Grades sind unmittelbar, E.en zweiten Grades nur mittelbar vom Verb abhängig

Ergänzungsfrage: Fragesatz mit einem einleitenden Fragewort und dem Finitum an zweiter Stelle, der einen Sachverhalt unter einem bestimmten Aspekt in Frage stellt; Wortfrage

Ergänzungsverband: Verband aus Ergänzungen ersten und zweiten Grades

Ersatzinfinitiv: Infinitiv, der nach einem reinen Infinitiv an die Stelle des 2. Partizips tritt

Exzeptivsatz: Form des Konditionalsatzes

F

Fall: vgl. Kasus

Femininum: eines der drei Genera (vgl. Genus); weibliches Geschlecht; Substantiv mit dem Artikel *die*

Finalsatz: derjenige von zwei Teilsätzen, in dem ein Zweck, Motiv oder Ziel oder eine angestrebte Wirkung des im anderen genannten Geschehens oder Sachverhalts angegeben wird

Finitum: Verbform, die nach Person, Numerus, Modus und Tempus bestimmt ist; finite Verbform, Personalform

Flexion: zusammenfassende Bezeichnung für Deklination und Konjugation; Beugung

Flexionsmorphem: unselbständiges Morphem zur Bildung der jeweils korrekten Form eines Wortes im Satzzusammenhang

Fokus: derjenige Teil des Satzes, der den höchsten Informationswert enthält; vgl. auch Rhema

Fokuspartikel: Partikel der Hervorhebung

Fragesatz: Satz, der einen Sachverhalt in Frage stellt; als Nebensatz heißt er indirekter Fragesatz

Fugenzeichen: Verbindungselement zwischen Wortbildungsbestandteilen

Funktionsverbgefüge: Verbindung aus einem inhaltsarmen Verb und einem sinntragenden Substantiv

Fürwort: vgl. Pronomen

Futur I: Tempus mit Zukunftsbezug; erste, unvollendete Zukunft

Futur II: Tempus, das den Vollzug oder Abschluß eines Geschehens als (vermutete) Tatsache für den Sprech- bzw. einen zukünftigen Zeitpunkt feststellt; zweite, vollendete Zukunft, Vorzukunft, Futurum exactum

G

Gattungsbezeichnung: Substantiv für eine Gattung von Lebewesen oder Dingen und zugleich für jedes Lebewesen oder Ding dieser Gattung; Appellativum, Gattungsname

Gegen[satz]wort: vgl. Antonym

Gegenstellung: Satzstellung mit einem anderen Satzglied als dem Subjekt im Vorfeld; ungerade Wortstellung, Inversion

Gegenwart: vgl. Präsens

Genitiv: einer der vier Kasus; 2. Fall, Wesfall

Genitivobjekt: Satzglied im Genitiv

Genus: grammatische Kategorie des Substantivs (Artikels, Adjektivs, Pronomens); grammatisches Geschlecht

Genus verbi: verbale Kategorie zur Kennzeichnung eines Geschehens als „täterzugewandt" (Aktiv) oder „täterabgewandt" (Passiv)

Geschlecht: vgl. Genus

Geschlechtswort: vgl. Artikel

Gesprächspartikel: Partikel, mit der in einem Gespräch Pausen überbrückt werden oder die dem Gesprächspartner anzeigt, ob und wie eine Äußerung aufgenommen worden ist

Gleichsetzungsakkusativ: Satzglied im Akkusativ, das in besonders enger Beziehung zum Akkusativobjekt steht

Gleichsetzungsnominativ: Satzglied im Nominativ, das in besonders enger Beziehung zum Subjekt steht

Gleichsetzungssatz: Satz mit einem Gleichsetzungsnominativ oder -akkusativ

Gliedsatz: Nebensatz an der Stelle eines Satzgliedes

Gliedteil: vgl. Attribut

Gradpartikel: Partikel des Grades und der Intensität

Graph: Buchstabe

Graphem: dem Phonem entsprechende Einheit des Schriftsystems

Graphematik: Lehre von den Schreibsystemen; Graphemik

Graphem-Phonem-Korrespondenz: regelhafte Zuordnung von Graphemen zu bestimmten Phonemen

Grundform: vgl. Infinitiv

Grundstellung: Satzstellung mit dem Subjekt im Vorfeld; gerade Wortstellung

Grundstufe: vgl. Positiv

Grundwort: vgl. Zusammensetzung

Grundzahl: vgl. Kardinalzahl

H

Halbpräfix: Wortbildungselement zwischen unselbständigem Präfix und selbständigem Wort

Halbsuffix: Wortbildungselement zwischen unselbständigem Suffix und selbständigem Wort

Halbvokal: nichtsilbischer Vokal

Hauptsatz: in einem Satzgefüge der übergeordnete Teilsatz

Hauptwort: vgl. Substantiv

Hilfsverb: *haben, sein* oder *werden* als Bestandteil einer zusammengesetzten Verbform

Höchststufe: vgl. Superlativ

Höherstufe: vgl. Komparativ

Homonymie: Gleichklang und -schreibung verschiedener Wörter

Hypotaxe: syntaktische Konstruktion nach Art eines Satzgefüges

I/J

Illokution: Sprechakt im Hinblick auf seine kommunikative Funktion

illokutiv: die Illokution betreffend

Imperativ: Modus, der eine direkte Aufforderung an eine oder mehrere Personen ausdrückt; Befehlsform

Imperfekt: vgl. Präteritum

imperfektiv: die zeitliche Unbegrenztheit eines Geschehens ausdrückend

inchoativ: den Beginn eines Geschehens ausdrückend

Indefinitpronomen: Untergruppe der Pronomen; unbestimmtes Fürwort

Indikativ: Modus, der ein Geschehen oder Sein als tatsächlich und wirklich, als gegeben darstellt; Wirklichkeitsform

infinite Verbform: vgl. Verbform, infinite

Infinitiv: Nenn-, Grundform des Verbs; vgl. Verbform, infinite

Infinitiv, modaler: modale Konstruktion aus *sein/haben* + Infinitiv mit *zu*

ingressiv: vgl. inchoativ

Inhaltsbeziehung: inhaltliche Beziehung in einem Satzgefüge mit einem Inhaltssatz; entsprechende Beziehung in einer Satzverbindung

Inhaltssatz: Nebensatz mit einem Fragewort oder *daß* (o. ä.) als Anschlußmittel

intensiv: die stärkere oder schwächere Intensität eines Geschehens ausdrückend

Interferenz, lexikalische: wechselseitige Aufnahme und Abgabe lexikalischer Einheiten zwischen verschiedenen Sprachen

Interjektion: unflektierbares Wort zum Ausdruck einer Empfindung, Gemütsbewegung o. ä.; Empfindungs-, Ausdrucks-, Ausrufewort

Interrogativadverb: Untergruppe der Adverbien; Frageumstandswort

Interrogativpronomen: Untergruppe der Pronomen; Fragefürwort

intransitiv: nicht transitiv

Inversion: vgl. Gegenstellung

iterativ: die Wiederholung eines Geschehens ausdrückend

Junktion: mit Hilfe eines koordinierenden Elements angezeigte Inhaltsbeziehung zwischen zwei (Teil)sätzen

K

Kardinalzahl: z. B. *null, zwei, dreißig;* Grundzahl

Kasus: grammatische Größe, die die Beziehungsverhältnisse der deklinierbaren Wörter im Satz kennzeichnet (vgl. Nominativ, Genitiv, Dativ, Akkusativ); Fall

Kasussynkretismus: Verschmelzung verschiedener Beugungsfälle in einem Fall

Kausalsatz: derjenige von zwei Teilsätzen, der Ursache, Grund und Motiv des im anderen genannten Geschehens oder Sachverhalts angibt

Kernsatz: Satz mit dem Finitum an zweiter Stelle

Kohärenz: textkonstituierender, inhaltlich und sprachlich korrekt organisierter Zusammenhang zwischen einzelnen Textelementen

Kohäsion: Textverknüpfung mit Hilfe sprachlicher (oft: grammatischer) Mittel

Kollektivum: vgl. Sammelbezeichnung

Kommentaradverb: außerhalb des Satzverbandes stehendes Adverb der Stellungnahme und Bewertung

Komparation: Steigerung; vgl. Vergleichsformen

Komparativ: Vergleichsform des Adjektivs (und einiger Adverbien) zum Ausdruck des ungleichen Grades; Mehr-, Höherstufe

Komposition, Kompositum: vgl. Zusammensetzung

Konditionalsatz: derjenige von zwei Teilsätzen, der Voraussetzung und Bedingung des im anderen genannten Geschehens oder Sachverhalts angibt

Kongruenz: Abstimmung von Satzgliedern oder Satzgliedteilen in Person, Numerus, Genus und Kasus

Konjugation: Formabwandlung, Beugung des Verbs

Konjunktion: unflektierbares Wort, das der Verknüpfung von Wörtern, Wortgruppen und Sätzen dient; Bindewort

Konjunktionaladverb: Adverb, das Gegebenheiten oder Sachverhalte miteinander koordiniert

Konjunktionalsatz: Nebensatz mit einer Konjunktion als Anschlußmittel

Konjunktiv: Modus, der ein Geschehen oder Sein nicht als wirklich, sondern als erwünscht, vorgestellt, von einem anderen nur behauptet darstellt; Möglichkeitsform

Konkretum: Substantiv, mit dem etwas Gegenständliches bezeichnet wird; Gegenstandswort

Konnexion: vgl. Junktion

Konnotation: gefühlsmäßige, wertende Nebenbedeutung eines sprachlichen Zeichens (Wortes)

Konsekutivsatz: derjenige von zwei Teilsätzen, der eine Folge oder Wirkung des im anderen genannten Geschehens oder Sachverhalts angibt

Konsonant: Laut, bei dessen Artikulation der Atemstrom während einer gewissen Zeit gehemmt (gestoppt) oder eingeengt wird

Kontamination: vgl. Wortkreuzung

Konversion: Wortartwechsel ohne Wortbildungsmorphem

Konzessivsatz: derjenige von zwei Teilsätzen, der eine Einräumung, einen Gegengrund zu dem im anderen genannten Geschehen oder Sachverhalt angibt, ohne ihn zu entkräften

kopulativ: anreihend

Kopulativzusammensetzung: vgl. Zusammensetzung

Kurzwort: Form der Ausdruckskürzung, die einen zusammenhängenden Teil eines Wortes darstellt

L

Laut: kleinste akustisch-artikulatorische Einheit der gesprochenen Sprache

Laut-Buchstaben-Beziehung: vgl. Phonem-Graphem-Korrespondenz

Leideform: vgl. Passiv

Lexem: kleinster selbständiger Bedeutungsträger des Wortschatzes

Lexik: Wortschatz einer (Fach)sprache

M

Maskulinum: eines der drei Genera (vgl. Genus); männliches Geschlecht; Substantiv mit dem Artikel *der*

Mehrstufe: vgl. Komparativ

Mehrzahl: vgl. Plural

Meiststufe: vgl. Superlativ

Metapher: bildliche Übertragung

metaphorisch: als Metapher gebraucht, eine Metapher darstellend

Mitlaut: vgl. Konsonant

Mittelfeld: vgl. Stellungsfeld

Mittelwort: vgl. Partizip

modal: die Art und Weise eines Geschehens o. ä. bezeichnend

Modalpartikel: Partikel, mit der eine Annahme, Erwartung oder innere Einstellung ausgedrückt wird

Modalsatz: derjenige von zwei Teilsätzen, der Mittel und Umstände des im anderen genannten Geschehens oder Sachverhalts angibt

Modalverb: Verb, das in Verbindung mit dem Infinitiv eines anderen dessen Inhalt modifiziert *(dürfen, können, mögen, müssen, sollen, wollen)*

Modifikation: grammatische, semantische oder stilistisch-pragmatische Wortabwandlung mit Hilfe von Wortbildungsmorphemen

modifizierendes Verb: vgl. Verb, modifizierendes

Modus: verbale Kategorie zur Verdeutlichung des Geltungsgrades einer Aussage; Aussageweise

Möglichkeitsform: vgl. Konjunktiv

momentan: vgl. punktuell

Morph: kleinste bedeutungstragende Spracheinheit

Morphem: Einheit des Sprachsystems, die alle bedeutungsgleichen (Allo)morphe repräsentiert

Morphophonem: Phonemwechsel innerhalb der Allomorphe eines Morphems

Motion: vgl. Movierung

Motivation: semantische Bestimmung einer Wortbildung durch ihre Bestandteile

Movierung: genusändernde Ableitung eines Substantivs aus einer Personen- oder Tierbezeichnung; Motionsbildung

N

Nachfeld: vgl. Stellungsfeld

Nasalassimilation: Angleichung des Artikulationsortes eines Nasals an den Artikulationsort eines ihm vorangehenden oder folgenden Obstruenten

Nebensatz: in einem Satzgefüge der untergeordnete Teilsatz an der Stelle eines Satzglieds (= Gliedsatz) oder Attributs (= Attributsatz)

Negation: Verneinung einer Aussage

Negationspartikel: vgl. Negationswort

Negationswort: zusammenfassende Bezeichnung für Negationspronomen *(keiner, niemand, nichts)* und -partikeln *(nicht, wie* usw.)

Nennform: vgl. Infinitiv

Neutrum: eines der drei Genera (vgl. Genus); sächliches Geschlecht; Substantiv mit dem Artikel *das*

Nomen: vgl. Substantiv

Nomen acti: Substantivableitung, die den Abschluß oder das Ergebnis eines Geschehens o. ä. bezeichnet; Nomen facti

Nomen actionis: Substantivableitung, die ein Geschehen, einen Vorgang, eine Handlung bezeichnet

Nomen facti: vgl. Nomen acti

Nomen agentis: Substantivableitung, die den Träger eines Geschehens o. ä. bezeichnet

Nomen instrumenti: Substantivableitung, die ein Werkzeug, Gerät bezeichnet

Nominativ: einer der vier Kasus; 1. Fall, Werfall

Nominativ, absoluter: unabhängiges, aber stellungsfestes Satzglied im Nominativ

Nullableitung: Ableitung ohne Suffix; implizite Ableitung

Nullmorphem: (Flexions)morphem, das sprachlich nicht ausgedrückt, inhaltlich aber vorhanden ist

Nullplural: endungsloser Plural

Numerale: vgl. Zahladjektiv

Numerus: grammatische Kategorie des Substantivs (und Verbs), die angibt, ob etwas einmal (Singular) oder mehrmals (Plural) vorhanden ist; Zahl

O

Objekt: in seinem Kasus direkt durch das Prädikat (Satzadjektiv) bestimmtes Satzglied

Objektsatz: Nebensatz an der Stelle eines Objekts

Obstruent: Konsonant, bei dem der Luftstrom ein starkes Hindernis überwinden muß

Onomasiologie: Bezeichnungslehre

Ordinalzahl: z. B. *erste, zweite, dritte;* Ordnungszahl

Ordnungszahl: vgl. Ordinalzahl

P

paradigmatisch: die Beziehung zwischen sprachlichen Elementen betreffend, die an einer Stelle im Satz austauschbar sind und sich dort gegenseitig ausschließen

Parataxe: syntaktische Konstruktion nach Art einer Satzverbindung

Partikel: unflektierbares Wort zur Angabe des Grades oder der Intensität, zur Hervorhebung, zum Ausdruck einer inneren Einstellung; Gesprächswort

Partizip: zum 1. P. (Mittelwort der Gegenwart, Präsenspartizip) und 2. P. (Mittelwort der Vergangenheit, Perfektpartizip) vgl. Verbform, infinite

Partizipialsatz: satzwertige Partizipialkonstruktion

Passiv: verbale Kategorie neben dem Aktiv, die ein Geschehen als „täterabgewandt" darstellt; näherhin als Vorgangs- oder *werden*-Passiv bezeichnet; Leideform

Patiens: Person oder Sache, die von einer Tätigkeit oder Handlung betroffen ist

Perfekt: Tempus, das den Vollzug oder Abschluß eines Geschehens als gegebene Tatsache für den Sprechzeitpunkt feststellt; vollendete Gegenwart, Vorgegenwart, zweite Vergangenheit

perfektiv: die zeitliche Begrenzung eines Geschehens ausdrückend; terminativ

Person: verbale Kategorie; 1. Person = Sprecher/Schreiber, 2. Person = Angesprochener, 3. Person = Besprochener/ besprochene Sache

Personalform: vgl. Finitum

Personalpronomen: Untergruppe der Pronomen; persönliches Fürwort

persönliches Verb: vgl. Verb, persönliches

Phon: Sprechlaut

Phonem: kleinster bedeutungsunterscheidender Sprachlaut

Phonem-Graphem-Korrespondenz: regelhafte Zuordnung von Phonemen zu bestimmten Graphemen

Phonetik: Lehre von der Lautbildung

Phonologie: Lehre von der Funktion der Sprachlaute

Phraseolexem: durch Idiomatizität, Stabilität und Lexikalisierung gekennzeichnete sprachliche Einheit

Phraseologie: typische Wortverbindungen,

feste Wendungen, Redensarten einer Sprache; deren Beschreibung
phraseologisch: die Phraseologie betreffend
Plosiv: Verschlußlaut
Plural: Mehrzahl; vgl. Numerus
Plusquamperfekt: Tempus, das den Vollzug oder Abschluß eines Geschehens als gegebene Tatsache für einen Zeitpunkt der Vergangenheit feststellt; vollendete Vergangenheit, Vorvergangenheit, dritte Vergangenheit
Polysemie: Mehrdeutigkeit eines Wortes
Positiv: Vergleichsform des Adjektivs (und einiger Adverbien) zum Ausdruck des gleichen Grades; Grundstufe
Possessivpronomen: Untergruppe der Pronomen; besitzanzeigendes Fürwort
Prädikat: das die Struktur des Satzes bestimmende (ein- oder mehrteilige) Verb; Satzaussage
Prädikatsverband: Verband aus Prädikat und Ergänzung[en]
Präfix: vorne an ein Wort oder einen Wortstamm angefügtes unselbständiges Wortbildungsmorphem; Vorsilbe
Präfixableitung, kombinierte: vgl. Ableitung
Präfixbildung: Art der Wortbildung mit Hilfe von [Halb]präfixen (Zusatzbildung); das aus diesem Wortbildungsverfahren hervorgegangene Wort (Präfixkompositum)
Präfixoid: vgl. Halbpräfix
Pragmatik: Lehre von den sprachlichen Äußerungen; Pragmalinguistik
pragmatisch: das Sprachverhalten, die Pragmalinguistik betreffend
Präposition: unflektierbares Wort, das die Beziehung, das Verhältnis zwischen Wörtern kennzeichnet; Verhältniswort
Präpositionalgefüge, adverbiales: Satzglied mit im Unterschied zum Präpositionalobjekt inhaltlich wichtiger Präposition und einem loseren Verhältnis zu den übrigen Satzelementen
Präpositionalobjekt: Satzglied mit im Unterschied zum adverbialen Präpositionalgefüge inhaltlich unwichtiger Präposition in enger Prädikatsbindung
Präsens: Gegenwartstempus; Gegenwart
Präsupposition: in einer Kommunikationssituation als mit dem Kommunikationspartner gemeinsam unterstelltes Vorwissen
Präteritum: Vergangenheitstempus; (erste) Vergangenheit
Pro-Form: sprachliches Element, das einen meist vorausgehenden, präziseren Ausdruck ersetzt bzw. auf ihn verweist

Pronomen: deklinierbares Wort, Begleiter oder Stellvertreter des Substantivs; Fürwort
Pronominaladverb: Untergruppe der Adverbien; Stellvertreter einer Fügung aus Adverb + Präposition; Umstandsfürwort
Pronominalisierung: Ersatz von Nomen, Nominalphrasen oder Sätzen durch Pronomen
Proportionalsatz: Form des Konditionalsatzes
Proposition: Inhalt eines Satzes
propositional: den Inhalt eines Satzes betreffend
punktuell: ein Geschehen ohne zeitliche Ausdehnung ausdrückend

R

reflexives Verb: vgl. Verb, reflexives
Reflexivpronomen: Untergruppe der Pronomen; rückbezügliches Fürwort
Rektion: Eigenschaft von Verben, Adjektiven und Präpositionen, den Kasus eines abhängigen Wortes zu bestimmen
Relativadverb: Untergruppe der Adverbien; bezügliches Umstandswort
Relativbeziehung: inhaltliche Beziehung in einem Satzgefüge mit einem Relativsatz; entsprechende Beziehung in einer Satzverbindung
Relativpronomen: Untergruppe der Pronomen; bezügliches Fürwort
Relativsatz: Nebensatz mit einem Relativpronomen oder einer Relativpartikel als Anschlußmittel
Restriktion: für den Gebrauch eines Wortes o. ä. geltende Einschränkung
restriktiv: einschränkend
resultativ: das Ende eines Geschehens ausdrückend
reziprokes Verb: vgl. Verb, reziprokes
Rhema: die bezüglich des Themas neue Information eines Satzes
Rückbildung: Ableitung durch Suffixtilgung

S

Sammelbezeichnung: Substantiv im Singular, mit dem eine Mehrzahl gleichartiger Lebewesen oder Dinge bezeichnet wird; Kollektivum
Satz: aus Wörtern und gegliederten Wortgruppen aufgebaute sprachliche Einheit,

deren relative grammatische und inhaltliche Selbständigkeit und Abgeschlossenheit auch in Stimmführung, Rechtschreibung (Anfangsgroßschreibung) und Zeichensetzung (Schlußpunkt, Ausrufe-, Fragezeichen) zum Ausdruck kommt; vom **einfachen** Satz mit einem zugrundeliegenden Verb ist der **zusammengesetzte** auf der Basis mindestens zweier Verben zu unterscheiden

Satzadjektiv: im Kasus nicht bestimmtes Satzglied mit einem (unflektierten) Adjektiv oder Partizip im Gliedkern; im einzelnen werden prädikative und adverbiale bzw. präpositionale und zugeordnete Satzadjektive unterschieden

Satzäquivalent: syntaktisch unvollständiger Ausdruck, der das gleiche wie ein ausgebauter Satz leistet

Satzart: vgl. Aussagesatz, Aufforderungssatz, Fragesatz

Satzaussage: vgl. Prädikat

Satzbauplan: abstraktes Satzmuster, begründet durch das Verb und die Art und Anzahl seiner (konstitutiven) Ergänzungen

Satzform: vgl. Satz, Satzgefüge, Satzverbindung, Teilsatz

Satzgefüge: zusammengesetzter Satz aus mindestens einem Hauptsatz und einem Nebensatz

Satzgegenstand: vgl. Subjekt

Satzglied: kleinstes selbständiges Satzelement (Wort, Wortgruppe), das nur geschlossen verschiebbar und zugleich insgesamt relativ frei ersetzbar ist; man unterscheidet einfache (einwortige) Satzglieder von komplexen, bestehend aus syntaktisch notwendigem Satzgliedkern und einem oder mehreren Attributen

Satzgliedkern: vgl. Satzglied

Satzklammer: im Kern- und Stirnsatz aus dem Finitum in Zweit- bzw. Erststellung und den nichtfiniten Prädikatsteilen in Endstellung gebildeter Stellungsrahmen für die Satzglieder; im Spannsatz aus Einleitewort und Finitum gebildet

Satzlehre: vgl. Syntax

Satzpartikel: im Kasus nicht bestimmtes Satzglied mit einer Partikel im Gliedkern; im einzelnen werden präpositionale und zugeordnete Satzpartikeln unterschieden

Satzverbindung: zusammengesetzter Satz aus mindestens zwei einfachen und voneinander unabhängigen [Teil]sätzen

Segment: [kleinster] Abschnitt einer

sprachlichen Äußerung als Ergebnis ihrer Zerlegung in phonetisch-phonologische bzw. morphologische Einheiten

Segmentierung: Zerlegung einer komplexen sprachlichen Einheit in einzelne Segmente

Selbstlaut: vgl. Vokal

Sem: kleinste Komponente einer Wortbedeutung

Semantik: Bedeutungslehre

semantisch: die Semantik, die Bedeutung (eines Wortes, Satzes oder Textes) betreffend

Semasiologie: Wortbedeutungslehre

Semem: Bedeutung eines sprachlichen Zeichens

Semiotik: allgemeine Zeichenlehre

Silbe: kleinster Bestandteil eines Wortes, der sich beim langsamen Sprechen ergibt; Sprechsilbe

Silbenbaugesetz: regelhaftes Silbenbauprinzip, wonach zwischen den Lauten zweier Sonoritätsklassen die Sonorität zum Silbenkern hin zu- und zum Endrand hin wieder abnimmt

Silbengelenk: Konsonanten, die zu zwei Silben gleichzeitig gehören

Silbenwort: vgl. Abkürzungswort

Singular: Einzahl; vgl. Numerus

Sinnbezirk: vgl. Wortfeld

Sonorant: Vokal oder Konsonant, der nicht zur Klasse der Obstruenten zählt

Sonorität: aus dem Verhältnis von Stimmton und Geräuschanteil resultierende Lauteigenschaft

Spannsatz: Satz mit dem Finitum an letzter Stelle

Stamm: vgl. Wortstamm

Stammvokal: der tontragende Vokal des Wortstamms

Steigerungsformen: vgl. Vergleichsformen

Stellungsfeld: syntaktische Position im Hinblick auf die Satzklammer; vor dem ersten Klammerteil liegt das Vorfeld, hinter dem zweiten das Nachfeld, zwischen beiden das Mittelfeld

Stellvertreter des Substantivs: vgl. Pronomen

Stirnsatz: Satz mit dem Finitum an erster Stelle

Subjekt: dasjenige Satzglied (im Nominativ), das formaler Ansatzpunkt des durch das Prädikat bezeichneten verbalen Geschehens ist; Satzgegenstand

Subjektsatz: Nebensatz an der Stelle eines Subjekts

Substantiv: deklinierbares, mit dem Artikel verbindbares Wort, das ein Lebewe-

sen, eine Pflanze, einen Gegenstand
oder einen Begriff bezeichnet; Nomen,
Nenn-, Namen-, Ding-, Hauptwort
Substantivierung: Bildung von Substantiven ohne Wortbildungsmorphem (Konversion)
Suffix: hinten an ein Wort oder einen
Wortstamm anzufügendes unselbständiges Wortbildungsmorphem; Nachsilbe
Suffixoid: vgl. Halbsuffix
Superlativ: Vergleichsform des Adjektivs
(und einiger Adverbien) zum Ausdruck
des höchsten Grades; Meist-, Höchststufe
Synchronie: Beschreibung einer Sprache
bezogen auf einen bestimmten Zeitraum
synchronisch: die Synchronie betreffend
syndetisch: durch Konjunktion verbunden
Synkretismus: vgl. Kasussynkretismus
Synonymie: (annähernde) Bedeutungsgleichheit von Wörtern und Konstruktionen
syntagmatisch: die Beziehung betreffend,
die zwischen Satzteilen besteht
Syntax: Lehre vom Satzbau, der Struktur
von Sätzen

T

Tatform: vgl. Aktiv
Tätigkeitswort: vgl. Verb
Teilsatz: Bestandteil eines zusammengesetzten Satzes
Temporalsatz: derjenige von zwei Teilsätzen, der die Aussage des anderen zeitlich festlegt
Tempus: verbale Kategorie zur Bestimmung eines Geschehens oder Seins als
vergangen, gegenwärtig oder zukünftig;
Zeit, Zeitform
terminativ: vgl. perfektiv
Thema: schon bekannte, vorauszusetzende
oder zu erschließende Information eines
Satzes
Tmesis: (umstellende) Trennung zusammengehörender Wortteile durch dazwischentretende andere Wörter
transitiv: ein Verb mit einem passivfähigen
Akkusativobjekt bezeichnend; zielend

U

Umlaut: Bezeichnung für die Vokale *ä, ö, ü*
Umstandsangabe, freie: im Unterschied
zur verbspezifischen syntaktisch notwendigen (konstitutiven) Ergänzung
freies Ausbaustück eines konkreten Satzes

Umstandsbestimmung: vgl. Bestimmung,
adverbiale
Umstandsergänzung: vgl. Ergänzung
Umstandswort: vgl. Adverb
unpersönliches Verb: vgl. Verb, unpersönliches

V

Valenz: Fähigkeit des Verbs (und mancher
Substantive, Adjektive und Partikeln),
um sich herum Stellen zu eröffnen, die
im Satz durch bestimmte Ergänzungen
zu besetzen sind
Varietät: sprachliche Variante
Verb: konjugierbares Wort, das einen Zustand oder Vorgang, eine Tätigkeit oder
Handlung bezeichnet und mit dem das
Prädikat des Satzes gebildet wird; Zeit-,
Tätigkeits-, Tuwort
Verb, modifizierendes: Verb, das in Verbindung mit dem um *zu* erweiterten Infinitiv eines anderen dessen Inhalt modifiziert
Verb, persönliches: Verb, das in allen drei
Personen bzw. in der 3. Person nicht nur
mit *es* in Subjektposition gebraucht werden kann; Personale
Verb, reflexives: Verb in Verbindung mit
einem Reflexivpronomen
Verb, reziprokes: reflexives Verb, dessen
Reflexivpronomen kein rück-, sondern
ein wechselbezügliches Verhältnis angibt
Verb, unpersönliches: Verb, das nur mit *es*
in Subjektposition gebraucht werden
kann; Impersonale
Verbform, finite: vgl. Finitum
Verbform, infinite: Verbform, die nach
Person, Numerus, Modus und Tempus
unbestimmt ist (Infinitiv, 1. und 2. Partizip)
Verbzusatz: (präfixartiger) erster Bestandteil eines Verbs, der sich bei dessen Verwendung im Satz meist ablösen läßt und
der keinen Satzgliedwert hat
Vergangenheit: vgl. Präteritum
Vergleichsformen: Formen des Adjektivs
(und einiger Adverbien), mit denen sich
verschiedene Grade einer Eigenschaft,
eines Merkmals kennzeichnen lassen;
Steigerungsformen; vgl. Komparation
Verhältnisbeziehung: inhaltliche Beziehung in einem Satzgefüge mit einem
Verhältnissatz; entsprechende Beziehung in einer Satzverbindung
Verhältnissatz: Nebensatztyp, zu dem insbesondere die Adverbialsätze gehören

Verhältniswort: vgl. Präposition

Vokal: Laut, bei dessen Artikulation die Stimmlippen im Kehlkopf schwingen und die Atemluft ungehindert durch den Mund ausströmt

Vokativ: vgl. Anredenominativ

Vollverb: Verb mit lexikalischer Bedeutung und der Fähigkeit, allein das Prädikat zu bilden

Vorfeld: vgl. Stellungsfeld

Vorgangspassiv: vgl. Passiv

W

Wemfall: vgl. Dativ

Wenfall: vgl. Akkusativ

Werfall: vgl. Nominativ

Wertigkeit: vgl. Valenz

Wesfall: vgl. Genitiv

Wirklichkeitsform: vgl. Indikativ

Wort: kleinster selbständiger, akustisch und orthographisch isolier- und verschiebbarer Bedeutungsträger im Satz

Wortbildungsmorphem: vgl. Präfix, Suffix

Wortfamilie: auf einem einzigen Ausgangswort basierende Wortgruppe

Wortfeld: Gruppe semantisch eng zusammengehöriger Wörter; Sinnbezirk

Wortkreuzung: Verschmelzung von [zwei] Wörtern oder Wendungen, die gleichzeitig in der Vorstellung des Sprechenden auftauchen, zu einem neuen; Kontamination, Wortmischung

Wortstamm: der um Wortbildungs- und Flexionsmorpheme verkürzte Teil eines Wortes; beim Verb der um die Infinitivendung verkürzte Wortteil

Wortstand: Gesamtheit aller semantisch zusammengehörigen Wortnischen

Wunschsatz: vgl. Aufforderungssatz

Z

Zahladjektiv: Adjektiv, das eine Zahl bezeichnet

Zeichen, sprachliches: vgl. Wort, Lexem

Zeitwort: vgl. Verb

Zukunft: vgl. Futur

Zusammenbildung: Art der Wortbildung (Zusammensetzung oder Ableitung) auf der Basis von Wortgruppen; das aus diesem Wortbildungsverfahren hervorgegangene Wort

Zusammenrückung: Wortbildung ohne Wortbildungsmorpheme durch Zusammenschreibung von Wortgruppen; das aus diesem Wortbildungsverfahren hervorgegangene Wort

Zusammensetzung: Art der Wortbildung mit Hilfe selbständiger Wörter (Komposition); das aus diesem Wortbildungsverfahren hervorgegangene Wort (Kompositum); sind dessen Bestandteile gleichgeordnet, spricht man von Kopulativzusammensetzung, ist der erste Bestandteil (Bestimmungswort) dem zweiten (Grundwort) untergeordnet, von Determinativzusammensetzung

Zustandspassiv: Passivvariante, die nicht wie das Vorgangspassiv eine Handlung, einen Vorgang ausdrückt, sondern den sich daraus ergebenden Zustand; *sein*-Passiv

Zustandsreflexiv: eine mit dem zweiten Partizip bestimmter reflexiver Verben gebildete Verbform mit aktivischer Bedeutung.

Literaturverzeichnis

Abraham, W.: Deutsche Syntax im Sprachenvergleich. Grundlegung einer typologischen Syntax des Deutschen. Tübingen 1995.

Admoni, W.: Der deutsche Sprachbau. München ⁴1982.

Altmann, H.: Gradpartikel-Probleme. Zur Beschreibung von *gerade, genau, eben, ausgerechnet, vor allem, insbesondere, zumindest, wenigstens.* Tübingen 1978.

Augst, G.: Wie stark sind die starken Verben? In: Augst, G.: Untersuchungen zum Morpheminventar der deutschen Gegenwartssprache. Tübingen 1975, S. 231–281.

Barz, I.: Nomination durch Wortbildung. Leipzig 1988.

Bausch, K.-H.: Modalität und Konjunktivgebrauch in der gesprochenen deutschen Standardsprache. Sprachsystem, Sprachvariation und Sprachwandel im heutigen Deutsch. Teil 1. München 1979.

Bech, G.: Studien über das deutsche Verbum infinitum. Tübingen ²1983.

Behaghel, O.: Deutsche Syntax. Eine geschichtliche Darstellung. 4 Bde. Heidelberg 1923–1932.

Bellmann, G.: Pronomen und Korrektur. Zur Pragmalinguistik der persönlichen Referenzformen. Berlin 1990.

Bergenholtz, H./Schaeder, B.: Die Wortarten des Deutschen. Stuttgart 1977.

Bettelhäuser, H.-J.: Studien zur Substantivflexion der deutschen Gegenwartssprache. Heidelberg 1976.

Bierwisch, M.: Strukturalismus. Geschichte, Probleme und Methoden. In: Kursbuch 5, 1966, S. 77–152.

Bierwisch, M.: Regeln für die Intonation deutscher Sätze. In: studia grammatica VII. Berlin ²1971, S. 99–201.

Bierwisch, M.: Schriftstruktur und Phonologie. In: Probleme und Ergebnisse der Psychologie 43 (1972), S. 21–44.

Birus, H.: Vorschlag zu einer Typologie literarischer Namen. In: Zeitschrift für Literaturwissenschaft und Linguistik 17 (1987), S. 38–51.

Boettcher, W./Sitta, H.: Deutsche Grammatik III. Zusammengesetzter Satz und äquivalente Strukturen. Frankfurt/M. 1972.

Boost, K.: Neue Untersuchungen zum Wesen und zur Struktur des deutschen

Satzes. Der Satz als Spannungsfeld. Berlin ⁵1964.

Braun, P. u. a. (Hg.): Internationalismen. Studien zur interlingualen Lexikologie und Lexikographie. Tübingen 1990.

Braun, P.: Tendenzen in der deutschen Gegenwartssprache. Sprachvarietäten. Stuttgart ³1993.

Brekle, H. E./Kastovsky, D. (Hg.): Perspektiven der Wortbildungsforschung. Bonn 1977.

Brinker, K.: Das Passiv im heutigen Deutsch. Form und Funktion. München 1971.

Brinkmann, H.: Die deutsche Sprache. Gestalt und Leistung. Düsseldorf ²1971.

Bühler, K.: Sprachtheorie. Die Darstellungsfunktion der Sprache. Jena 1934.

Burkhardt, A.: Gesprächswörter. In: W. Mentrup (Hg.), Konzepte zur Lexikographie. Studien zur Bedeutungserklärung in einsprachigen Wörterbüchern. Tübingen 1982, S. 138–171.

Buscha, J./Heinrich, G./Zoch, J.: Modalverben. Leipzig ³1979.

Calbert, J. P./Vater, H.: Aspekte der Modalität. Tübingen 1975.

Chomsky, N.: Aspekte der Syntax-Theorie. Frankfurt 1969.

Coseriu, E.: Sprache. Strukturen und Funktionen. Tübingen ²1971.

Donalies, E.: Idiom, Phraseologismus oder Phrasem? Zum Oberbegriff eines Bereichs der Linguistik. In: Zeitschrift für germanistische Linguistik 22 (1994), S. 334–349.

Drach, E.: Grundgedanken der deutschen Satzlehre. Darmstadt ⁴1963.

Drosdowski, G./Henne, H.: Tendenzen der deutschen Gegenwartssprache. In: Lexikon der Germanistischen Linguistik. Tübingen ²1980, S. 619–632.

Duden 6, Aussprachewörterbuch. Mannheim, Wien, Zürich ³1990.

Eichhoff, J.: Wortatlas der deutschen Umgangssprachen. Bde. 1 u. 2. Bern, München 1977–1978.

Eisenberg, P.: Syllabische Struktur und Wortakzent. Prinzipien der Prosodik deutscher Wörter. In: Zeitschrift für Sprachwissenschaft 10 (1991), S. 37–64.

Eisenberg, P.: Grundriß der deutschen Grammatik. Stuttgart ³1994.

Eisenberg, P.: German. In: König, E./van der Auwera, J. (Hg.): The Germanic Languages. London 1994, S. 349–387.

Eisenberg, P./Gusovius, A.: Bibliographie zur deutschen Grammatik. Tübingen ²1988.

Engel, U.: Syntax der deutschen Gegenwartssprache. Berlin ³1994.

Erben, J.: Deutsche Grammatik. Ein Abriß. München ¹²1980.

Erben, J.: Einführung in die deutsche Wortbildungslehre. Berlin ²1983.

Erdmann, K. O.: Die Bedeutung des Wortes. Aufsätze aus dem Grenzgebiet der Sprachpsychologie und Logik. Leipzig ⁴1925.

Eroms, H.-W.: Valenz, Kasus und Präpositionen. Untersuchungen zur Syntax und Semantik präpositionaler Konstruktionen in der deutschen Gegenwartssprache. Heidelberg 1981.

Essen, O. v.: Grundzüge der hochdeutschen Satzintonation. Ratingen 1971.

Essen, O. v.: Allgemeine und angewandte Phonetik. Berlin ⁵1979.

Fanselow, G.: Zur Syntax und Semantik der Nominalkomposition. Ein Versuch praktischer Anwendung der Montague-Grammatik auf die Wortbildung im Deutschen. Tübingen 1981.

Flämig, W.: Zum Konjunktiv in der deutschen Sprache der Gegenwart. Inhalte und Gebrauchsweisen. Berlin 1959.

Fleischer, W./Barz, I.: Wortbildung der deutschen Gegenwartssprache. Unter Mitarbeit von M. Schröder. Tübingen 1992.

Fleischer, W./Michel, G./Starke, G.: Stilistik der deutschen Gegenwartssprache. Frankfurt/M. 1993.

Gelhaus, H.: Zum Tempussystem der deutschen Hochsprache. Ein Diskussionsbeitrag. In: Wirkendes Wort 16 (1966), S. 217–230.

Gelhaus, H.: Das Futur in ausgewählten Texten der geschriebenen deutschen Sprache der Gegenwart. Studien zum Tempussystem. München 1975.

Gelhaus, H. (unter Mitarbeit von W. Schmitz): Der modale Infinitiv. Tübingen 1977.

Gelhaus, H./Latzel, S.: Studien zum Tempusgebrauch im Deutschen. Tübingen 1974.

Glinz, H.: Geschichte und Kritik der Lehre von den Satzgliedern. Bern 1947.

Glinz, H.: Die innere Form des Deutschen. Eine neue deutsche Grammatik. Bern, München ⁵1968.

Glinz, H.: Der deutsche Satz. Wortarten und Satzglieder wissenschaftlich gefaßt und dichterisch gedeutet. Düsseldorf ⁶1970.

Glinz, H.: Deutsche Grammatik I. Satz – Verb – Modus – Tempus. Frankfurt/M. 1970.

Glinz, H.: Deutsche Grammatik II. Kasussyntax – Nominalstrukturen – Wortarten – Kasusfremdes. Frankfurt/M. ²1975.

Graf, R.: Der Konjunktiv in gesprochener Sprache. Tübingen 1977.

Günther, H.: Schriftliche Sprache. Strukturen geschriebener Wörter und ihre Verarbeitung beim Lesen. Tübingen 1988.

Harras, G. (Hg.): Das Wörterbuch. Artikel und Verweisstrukturen. Jahrbuch 1987 des Instituts für deutsche Sprache. Düsseldorf 1988.

Harras, G./Haß, U./Strauß, G.: Wortbedeutungen und ihre Darstellung im Wörterbuch. Berlin, New York 1991.

Hartung, W.: Die zusammengesetzten Sätze des Deutschen. Berlin ⁴1970.

Hauser-Suida, U./Hoppe-Beugel, G.: Die Vergangenheitstempora in der deutschen geschriebenen Sprache der Gegenwart. Untersuchungen an ausgewählten Texten. Düsseldorf, München 1972.

Hausmann, F. J. u. a. (Hg.): Wörterbücher. Dictionaries. Dictionnaires. Ein internationales Handbuch zur Lexikographie. Bde. 1–3. Berlin, New York 1989–1991.

Helbig, G. (Hg.): Beiträge zur Klassifizierung der Wortarten. Leipzig 1977.

Helbig, G./Buscha, J.: Deutsche Grammatik. Ein Handbuch für den Ausländerunterricht. Leipzig ⁶1980.

Heidolph, K. E./Flämig, W./Motsch, W. u. a.: Grundzüge einer deutschen Grammatik. Berlin 1981.

Henne, H.: Armut oder Fülle? Sprache im technischen Zeitalter. In: S. Bachmann u. a. (Hg.): Industriegesellschaft im Wandel. Hildesheim 1988, S. 77–87.

Henne, H.: Ein erweiterter Rahmen für die lexikalische Semantik. Am Beispiel von *Nebel* und anderen undurchsichtigen Dingen. In: Germanistentreffen Bundesrepublik Deutschland–Polen: 26. 9.–30. 9. 1993. Dokumentation der Tagungsbeiträge. Bonn 1994, S. 273–284.

Heringer, H.-J.: Deutsche Syntax. Berlin, New York ²1972.

Heringer, H.-J.: Theorie der deutschen Syntax. München ²1973.

Hofrichter, W.: Die Abkürzungen in der deutschen Sprache der Gegenwart. Berlin 1977.

Höhle, T. N.: Lexikalistische Syntax. Die Aktiv-Passiv-Relation und andere Infinitkonstruktionen im Deutschen. Tübingen 1978.

Holmlander, I.: Zur Distribution und Leistung des Pronominaladverbs. Das Pronominaladverb als Bezugselement eines das Verb ergänzenden Nebensatzes/Infinitivs. Uppsala 1979.

Humboldt, W. v.: Schriften zur Sprachpsychologie. Darmstadt 1963.

Isačenko, A. V./Schädlich, H. J.: Untersuchungen über die deutsche Satzintonation. Berlin 1966.

Jäger, S.: Der Konjunktiv in der deutschen Sprache der Gegenwart. Untersuchungen an ausgewählten Texten. München, Düsseldorf 1971.

Jäntti, A.: Zum Reflexiv und Passiv im heutigen Deutsch. Eine syntaktische Untersuchung mit semantischen Ansätzen. Helsinki 1978.

Kaufmann, G.: Das konjunktivische Bedingungsgefüge im heutigen Deutsch. Tübingen 1972.

Kaufmann, G.: Die indirekte Rede und mit ihr konkurrierende Formen der Redeerwähnung. München 1976.

Kienpointner, A. M.: Wortstrukturen mit Verbalstamm als Bestimmungsglied in der deutschen Sprache. Innsbruck 1985.

Kleiber, G.: Prototypensemantik. Eine Einführung. Tübingen 1993.

Kobler-Trill, D.: Das Kurzwort im Deutschen. Eine Untersuchung zu Definition, Typologie und Entwicklung. Tübingen 1994.

Kohler, K. J.: Einführung in die Phonetik des Deutschen. Berlin 1977.

Kolb, H.: Das verkleidete Passiv; über Passivumschreibungen im modernen Deutsch. In: Sprache im technischen Zeitalter 19 (1966), S. 173–198.

Krivonosov, A. T.: Die modalen Partikeln in der deutschen Gegenwartssprache. Göppingen 1977.

Latzel, S.: Die deutschen Tempora Perfekt und Präteritum. München 1977.

Leiss, E.: Die Verbalkategorien des Deutschen. Berlin 1992.

Lindgren, K. B.: Über den oberdeutschen Präteritumschwund. Helsinki 1957.

Lipka, L./Günther, H. (Hg.): Wortbildung. Darmstadt 1981.

Ljungerud, I.: Zur Nominalflexion in der deutschen Literatursprache nach 1900. Lund 1955.

Lötscher, A.: Satzakzent und funktionale Satzperspektive im Deutschen. Tübingen 1982.

Lühr, R.: Neuhochdeutsch. München 1986.

Lutzeier, P. R. (Hg.): Studien zur Wortfeldtheorie. Tübingen 1993.

Martens, C. u. P.: Phonetik der deutschen Sprache. München 1961.

Martens, P.: Verfahren zur Darstellung des deutschen Lautsystems. In: Sprache und Sprechen 6 (1977), S. 11–89.

Matzel, K./Ulvestad, B.: Futur I und futurisches Präsens. In: Sprachwissenschaft 7 (1982), S. 283–328.

Meinhold, G./Stock, E.: Phonologie der deutschen Gegenwartssprache. Leipzig 1980.

Motsch, W.: Syntax des deutschen Adjektivs. Berlin 1966.

Mugdan, J.: Flexionsmorphologie und Psycholinguistik. Tübingen 1977.

Munske, H. H. u. a. (Hgg.): Deutscher Wortschatz. Lexikologische Studien. Berlin, New York 1988.

Nerius, D./Scharnhorst, J. (Hg.): Theoretische Probleme der deutschen Orthographie. Berlin 1980.

Ortner, H./Ortner, L.: Zur Theorie und Praxis der Kompositaforschung. Tübingen 1984.

Pape-Müller, S.: Textfunktionen des Passivs. Untersuchungen zur Verwendung von grammatisch-lexikalischen Passivformen. Tübingen 1980.

Paul, H.: Deutsche Grammatik. 5 Bde. Halle/Saale 1916–1920.

Pheby, J.: Intonation und Grammatik im Deutschen. Berlin ²1980.

Philipp, M.: Phonologie des Deutschen. Stuttgart 1974.

Polenz, P. v.: Wortbildung. In: Lexikon der Germanistischen Linguistik. Tübingen ²1980, S. 169–180.

Porzig, W.: Das Wunder der Sprache. Probleme, Methoden und Ergebnisse der modernen Sprachwissenschaft. Bern ⁷1982.

Reinwein, J.: Modalverb-Syntax. Tübingen 1977.

Rettig, W.: Sprachsystem und Sprachnorm in der deutschen Substantivflexion. Tübingen 1972.

Royé, H.-W.: Segmentierung und Hervor-
hebungen in gesprochener deutscher
Standardsprache. Aachen 1981.

Rüttenauer, M.: Vorkommen und Verwendung der adverbialen Proformen im
Deutschen. Hamburg 1978.

Saltveit, L.: Studien zum deutschen Futur.
Bergen, Oslo 1962.

Sandberg, B.: Die neutrale -(e)n-Ableitung
der deutschen Gegenwartssprache. Lexikalisierung bei den Verbalsubstantiven. Göteborg 1976.

Saussure, F. de: Grundfragen der allgemeinen Sprachwissenschaft. Berlin
²1967.

Scheerer, E.: Probleme und Ergebnisse
der experimentellen Leseforschung. In:
Zeitschrift für Entwicklungspsychologie
und pädagogische Psychologie 10
(1978), S. 347–364.

Schippan, T.: Lexikologie der deutschen
Gegenwartssprache. Tübingen 1992.

Schoenthal, G.: Das Passiv in der deutschen Standardsprache. Darstellung in
der neueren Grammatiktheorie und
Verwendung in Texten gesprochener
Sprache. München 1976.

Scholz, H.-J.: Untersuchungen zur Lautstruktur deutscher Wörter. München
1972.

Schrodt, R.: System und Norm beim Konjunktiv in deutschen Inhaltssätzen.
Wien 1980.

Schumacher, H. (Hg.): Verben in Feldern.
Valenzwörterbuch zur Syntax und Semantik deutscher Verben. Berlin 1986.

Schwarze, C./Wunderlich, D. (Hg.):
Handbuch der Lexikologie. Königstein/
Ts. 1985.

Serébrennikow, B. A. u.a.: Allgemeine
Sprachwissenschaft II: Die innere
Struktur der Sprache. München, Salz-
burg 1975.

Siebs, Th.: Deutsche Aussprache. Berlin
¹⁹1969.

Sitta, H.: Semanteme und Relationen. Zur
Systematik der Inhaltssatzgefüge im
Deutschen. Frankfurt/M. 1971.

Sommerfeldt, K.-E./Schreiber, H.: Wörterbuch zur Valenz und Distribution
deutscher Adjektive. Leipzig ²1977.

Sonderegger, S.: Terminologie, Gegenstand und interdisziplinärer Bezug
der Namengeschichte. In: Sprachgeschichte. Ein Handbuch zur Geschichte
der deutschen Sprache und ihrer Erforschung. Hg. von W. Besch u.a. Bd.2.2.
Berlin, New York 1985, S. 2067–2087.

Steinitz, R.: Der Status der Kategorie Aktionsart in der Grammatik oder Gibt es
Aktionsarten im Deutschen? Berlin
1981.

Stepanowa, M. D./Helbig, G.: Wortarten
und das Problem der Valenz in der deutschen Gegenwartssprache. Leipzig
²1981.

Steube, A.: Temporale Bedeutung im
Deutschen. Berlin 1980.

Stock, E./Zacharias, Chr.: Deutsche Satzintonation. Leipzig 1971.

Thieroff, R.: Das finite Verb im Deutschen. Tempus – Modus – Distanz. Tübingen 1992.

Trojan, F.: Deutsche Satzbetonung. Wien
1961.

Ulmer-Ehrich, V.: Zur Syntax und Semantik von Substantivierungen im Deutschen. Kronberg 1977.

Vachek, J.: Zum Problem der geschriebenen Sprache. In: Travaux du Cercle Linguistique de Prague 8 (1939), S. 94–104;
auch in: Grundlagen der Sprachkultur.
Teil 1. Berlin 1976, S. 229–239.

Vater, H.: Das System der Artikelformen
im gegenwärtigen Deutsch. Tübingen
²1979.

Vennemann, T.: Preference Laws for Syllable Structure and the Explanation of
Sound Change. Berlin 1988.

Vögeding, J.: Das Halbsuffix -frei. Zur
Theorie der Wortbildung. Tübingen
1981.

Wälterlin, K.: Die Flexion des Adjektivs
hinter Formwörtern in der neuen
deutschsprachigen Presse. Zürich 1941.

Wängler, H.-H.: Grundriß einer Phonetik
des Deutschen. Marburg ²1967.

Wegener, H.: Der Dativ im heutigen
Deutsch. Tübingen 1985.

Weigl, E.: Zur Schriftsprache und ihrem
Erwerb – neuropsychologische und psy-
cholinguistische Betrachtungen. In:
Probleme und Ergebnisse der Psychologie 43 (1972), S. 45–105.

Weinrich, H.: Tempus. Besprochene und
erzählte Welt. Stuttgart ³1977.

Weinrich, H.: Textgrammatik der deutschen Sprache. Mannheim 1993.

Weisgerber, L.: Grundzüge der inhaltbezogenen Grammatik. Düsseldorf ³1962.

Welke, K.: Untersuchungen zum System
der Modalverben in der deutschen Sprache der Gegenwart. Berlin 1965.

Wellmann, H. (Hg.): Synchrone und diachrone Aspekte der Wortbildung im
Deutschen. Heidelberg 1993.

Werner, O.: Das deutsche Pluralsystem. Strukturelle Diachronie. In: Sprache. Gegenwart und Geschichte. Düsseldorf 1969, S. 92–128.

Werner, O.: Phonemik des Deutschen. Stuttgart 1972.

Weydt, H. (Hg.): Aspekte der Modalpartikeln. Tübingen 1977.

Weydt, H. (Hg.): Die Partikeln der deutschen Sprache. Berlin, New York 1979.

Wichter, S.: Probleme des Modusbegriffs im Deutschen. Tübingen 1978.

Wichter, S.: Experten- und Laienwortschätze. Umriß einer Lexikologie der Vertikalität. Tübingen 1994.

Winkler, Chr.: Untersuchungen zur Kadenzbildung in deutscher Rede. München 1979.

Wittgenstein, L.: Philosophische Untersuchungen. Frankfurt/M. 1971.

Deutsche Wortbildung. Typen und Tendenzen in der Gegenwartssprache. Bd. 1 v. Kühnhold, J./Wellmann, H.: Das Verb. Düsseldorf 1973; Bd. 2 v. Wellmann, H.: Das Substantiv. Düsseldorf 1975; Bd. 3 v. Kühnhold, J./Putzer, O./Wellmann, H. u. a.: Das Adjektiv. Düsseldorf 1978; Bd. 4 v. Ortner, L./Müller-Bollhagen, E./Ortner, H./Wellmann, H./Pümpel-Mader, M./Gärtner, H.: Substantivkomposita. Berlin 1991; Bd. 5 v. Pümpel-Mader, M./Gasser-Koch, E./Wellmann, H./Ortner, L.: Adjektivkomposita und Partizipialbildungen. Berlin 1992.

Großes Wörterbuch der deutschen Aussprache. Leipzig 1982.

Wunderlich, D.: Tempus und Zeitreferenz im Deutschen. München 1970.

Sachregister, Wortregister und Register für sprachliche Zweifelsfälle

Wörter und Zweifelsfälle sind in diesem Register im Unterschied zu den Fachausdrücken o. ä. kursiv gesetzt. Die Zahlen verweisen auf die Randziffern im Text; halbfette Zahlen heben besonders wichtige Stellen hervor.

Da aus Platzgründen für einen Zweifelsfall nicht alle Wörter oder Wortformen verzeichnet werden konnten, muß der Benutzer gegebenenfalls unter der jeweiligen Grundform oder dem fraglichen Wortbestandteil nachschlagen, also z. B.

– *gesandt* oder *gesendet* unter *senden;*
– die Aussprache von *König* unter *-ig;*
– *staubgesaugt* oder *gestaubsaugt* unter *ge-;*
– *des Automats* oder *des Automaten* unter *-s* bzw. *-en;*
– den Plural von *Briefbogen* unter *Bogen.*

A

a- Präfix 930, 1221
ä Aussprache 53
ab Adverb *(abe Schnalle?)* 595 · Präposition 652, 662; 670,4
ab- Halbpräfix 783
-abel 922, 946, 949, 951
aber Abtönungspartikel 638 · Konjunktion 684, 688, 1370 (Stellung)
abfragen Rektion 1181, 1204
Abgeordneter Deklination 503
abhalten doppelte Verneinung 1236
abhören Rektion 1181, 1204
Abkürzung 113 f., 719 ff.
Abkürzungswort 718 f., 724 ff. · Deklination 429 · Genus 355
Ablaut 98, 226, 230 f. · -reihe 231
Ableitung 733, 739 ff., 748 · Betonung 42 · des Adjektivs 941 f. · des Adverbs 974 · des Substantivs 857, 868 · des Verbs 804 · implizit 714, Anm.; 727, 741 und Ellipse 812
abraten doppelte Verneinung 1236
Abscheu Genus 360
abseits Adverb 605 · Präposition 648 · Rektion 671
absolut Vergleichsformen 531,1
absoluter Akkusativ 378, 1098 · a. Nominativ 375, 1099
Abstraktionsverb 809
Abstraktum 339, 720, 727, 872 · Genus 347 · konkreter Gebrauch 727, 895, 916 · Numerus 540,9

Abstrichprobe 1058
Abszeß Genus 360
abtrocknen haben-/sein-Perfekt 222
abzüglich Präposition 671
acht sich in a. nehmen doppelte Verneinung 1236
achten Rektion 1204
Adjektiv 125, 441 · absolut 455 · adverbial 448, 453 · als Gleichsetzungsglied 454 · attributiv 444 ff., 449 f., 452 f. · attrib. A. u. Zusammensetzung *(verregnete Feriengefahr?)* 446 · Deklination 475, 503 · demonstrativ 474 · eingeschränkter Gebrauch 450 ff. · in der Apposition 501 · parallele Beugung *(nach langem schwerem Leiden)* 483 ff., 502 · prädikativ 447, 451 f. · relativ 455,3 · und Ergänzungen (Valenz) 455, 1149 · unflektiert 445 · Vergleichsformen 509 · Wortbildung 922
Adjektivableitung 941 · Typen 943, 949, 952
Adjektivabstraktum 832 f.
Adjektivierung 451, 731
Adjektivzusammensetzung 923 · Typen 925
Admiral Plural 403
Adressatenpassiv 317
Adverb 129, 594 · Form 595 ff. · Gebrauch 600 ff. · Vergleichsform 596 ff. · Wortbildung 973
Adverbableitung 974 · -zusammensetzung 973
Adverbialakkusativ 378, 1095 · -genitiv 376, 1042 · -kasus 1096 · -satz 1276

adverbiale Bestimmung 1110 ff., 1147 f. · der Art und Weise 1113 · des Grundes 1114 · des Raumes 1111 · der Zeit 1112
adversative Konjunktion 688, 696
Affen- 860
Affix 718, 742
Affrikate 9, 81, 85
AG Deklination 429 · Kongruenz 1250,7; 1263,4
-age 882, 920
Agens(angabe) 309 ff., 314 f., 319 f.,1116
Ahn Deklination 385,2
ähnlich Deklination des folgenden Adjektivs 483
-ähnlich 967
Akkusativ 378 · absolut 378, 1100 · mit Infinitiv 1293, 1305
Akkusativierung 766, 776, 778 f.
Akkusativobjekt 1086, 1117, 1148, 1154 ff.
Akt/Akte 363
Aktionsart 142, 1000, 1160
Aktiv 208, 227, 307
Aktzeit 246, Anm.
Akzent 25
-al Adjektivsuffix 951, 958
Album Plural 407, 409
all Indefinitpronomen *(alle/ ganze)* 575
all- + attributives Adjektiv 484 · + substantiviertes Adjektiv 504
allein Konjunktion 684, 688 · Stellung 1367
aller[aller]- + Superlativ 518
Allerwelts- 855
Allo- 867
Allophon 58

al[l]s ‚immere[fort], manchmal' 575,4
Alltagswissen 1408
Allüre/Allüren 372
Alp Genus 362
Alphabet 3 · phonetisch 4
Alphabetschrift 71, 82
als Inhaltssatzkonjunktion 1293 ff., 1302 f. · modale Konjunktion 697 · Satzteilkonjunktion 690, 1373 · temporale Konjunktion 693, 1326 ff., 1330,2 (als oder wie?) · Vergleichspartikel 510 ff.
als-Apposition u. Kongruenz 1260
als daß Konjunktion 699, 1324
als ob Konjunktion 697
als wenn Konjunktion 697
Alt- 866
altern haben-/sein-Pferfekt 222
Alternativfrage 1038
alveolar 7
am/an dem 540 · + subst. Inf. (Kochen usw.) + sein 147, Anm. 1; 540,3 · + Superlativ 540, 517, 522
am mindesten + Adjektiv (Grundstufe) 518
Ampere/Amperes 413
Amtmann vgl. -männer/-leute
am wenigsten + Adjektiv (Grundstufe) 518
an/an den 540,8 · Präposition (an für auf) 649, 670 · an was/woran vgl. Pronominaladverb
an- Halbpräfix 785
Anakoluth 1217
analytische Form (Verb) 219
anbauen an Rektion 670
anberaumen Tmesis 782
anbringen an Rektion 670
-and 909
ander- + attributives Adjektiv 485, 499 · + substantiviertes Adjektiv 504
andere 473 · anderes als Kongruenz 1249,8
anderthalb Deklination 468
anempfehlen Tmesis 782
anerkennen Tmesis 782
anfangs Präposition 671
Anfangsrand vgl. Silbenanfangsrand
Angabe vgl. Umstandsangabe
Angehöriger Deklination 504, 506
Angeklagter Deklination 505
angesichts Präposition 671
Angestellter Deklination 503, 506 f.
angleichen Rektion 1204

anhand Präposition 671
anklagen Rektion 1204
ankommen Rektion 1204
-anlage 916
anläßlich Präposition 658, 671
an'n 540,8
Anredenominativ 375, 1098, 1360
ans/an das 540
anstatt Präposition 671
[an]statt daß Konjunktion 695
[an]statt – zu Infinitivkonjunktion 691
an Stelle/anstelle Präposition 644, 671
-ant beim Adjektiv 949, 951, 962 · beim Substantiv 898, 920
Anthroponym 1002 f.
anti- 922, 937
Anti- 867
Antonym(ie) 738, 750, 768 f., 922; 927,1; 1017
antwortlich Präposition 671
anvertrauen Tmesis 782
anwandeln Rektion 1204
an was/woran vgl. Pronominaladverb
-anz 891 ff.
Anzahl Kongruenz 1249,2
Äon/Äonen 372
Apokope 218
Apostolat Genus 360
Apostroph 218, 540,8; 413,3; 416, 421
Appellativum 341
Appendix Plural 408
applaudieren Rektion 1204
Apposition 1124, 1135 · Kongruenz 379, 501, 505, 1242 ff., 1261 f.; 1271,4
Approximate vgl. Gleitlaut
April Deklination 436
-ar Adjektivsuffix 951, 960
Ar Genus 360
-är beim Adjektiv 951, 960 · beim Substantiv 904, 906
Arbitrarität des sprachl. Zeichens 990
Archaismus 1025
Archilexem 1019 · -phonem 34, Anm.
Argot Genus 360
-arm 965
Armesünderglocke 446
Aroma Plural 409
arsch- 933
Artangabe vgl. Umstandsangabe
Artergänzung 1148, 1167 ff.
-artig 967
Artikel 126, 532 ff. · Gebrauch 537 ff. · Verschmelzung mit Präpositionen 540

Artikelwort 534
Artikulation 1 ff., 5 ff., 27 f.
Artikulationsart 9 ff. · -ort 7
Aspiration 59
Assimilation 64
Ästhetenpräteritum 257, Anm.
asyndetisch 1126 f., 1212
-at Substantivsuffix 921 · vgl. auch -(i)at
-(at)ion 879, 920
-(at)iv 949, 951, 959
atlantischer Störungsausläufer? 446
Atlas Deklination 400, 407, 409
-(at)or 899, 905, 914, 920
attribuierende Deklination 478
Attribut 1120 ff., 1213 f. · Kongruenz 1268 f. · Stellung 1365 ff.
attributive Bestimmung 1130 · der Art und Weise 1130 · des Grundes 1130 · des Raumes 1130 · der Zeit 1130
Attributsatz 1276
-(at)ur 882, 920
auch Modalpartikel 638
auf Adverb (aufe Tür?) 601 · Präposition (an für auf) 649, 670 · auf es/was oder darauf/worauf vgl. Pronominaladverb
auf- Halbpräfix 787
auf daß Konjunktion 1341
Aufforderungssatz 1040 · indirekte Rede 1312
auf Grund/aufgrund Präposition 659, 671
auf'm 540,8
aufs/auf das (+ Elativ) 540,8; 522
aufnehmen in Rektion 670
Augenblicksbildung 707, 728, 835
Augmentation 1058
Augmentativbildung 860
August Deklination 436
Aula Plural 409
aus Präposition 667 · aus was/ woraus vgl. Pronominaladverb
aus- Halbpräfix 784
ausbleiben doppelte Verneinung 1236
Ausdrucksstellung 1353,7
ausgangs Präposition 671
Ausklammerung 1354
Auslage/Auslagen 372
Auslautverhärtung 34, 103
aus'm 540,8
Auspizium/Auspizien 372
Ausrufesatz 642, 1044
Aussagesatz 1031 · indirekte Rede 1310 · irreal 281

Aussageweise 270
ausschließlich Präposition 671
außer Präposition 662, 672
außer- 922, 935
außer daß 1343 f.
Äußere Deklination 506
außerhalb Präposition 671
äußerste 517
Äußerung 1373
außer zu 1343,3
Aussprachenorm 51 · -varietäten 43 ff.
Auto- 867
Autobezeichnung Genus 353
Automat Deklination 438

B

Baby Plural 406
Bach Genus 359
Backe/Backen 363
backen 236, 243
Baedeker/Baedekers 413
bald Vergleichsformen 597
Balg Genus 361 · Plural 391
Balkon Plural 409
Ballon Plural 409
Band Genus 361, 393
Bande Kongruenz 1249,2
bang[e] jemanden/jemandem b. machen 1204 · Vergleichsformen 520,2
Bank Plural 392
-bar 927, 944, 951
Bär Deklination 385,2; 392, 438
Barbar Deklination 438
Barock Deklination 437 · Genus 360
Bast Genus 359
Bau Plural 392
Bauer Genus 360 f.; 385,2; 393
Baumbezeichnung Genus 347,2
be- 768, 776
be- + -t Adjektiv 971
Beamter Deklination 504 ff.
bedeuten Rektion 1204
Bedeutung 979 ff., 982 ff., 1005 ff. · denotativ 986 f. · eigentlich/konkret 985 · kategorisch 987, 1006 · konnotativ 986 f. · lexikalisch 982 ff. · metaphorisch/übertragen 985 · syntagmatisch 987
Bedeutungsbeschreibung 985 · -beziehung, lexikalisch 1016 ff. · -dreieck 992 · -erklärung 1010 · -struktur 982 f.
bedürfen Rektion 1204
-bedürftig 950
befehlen 229, 243

Befehlsform 303 ff.
befleißen 243
Begehr Genus 360
begehren Rektion 1204
beginnen 229, 243 · Rektion 1204
Begründungsergänzung 1148, 1168
Behauchung 59
behufs Präposition 658, 671
bei statt *zu* 650 · *bei lautem/beim lauten Rufen* 540 · Rektion 668 · *bei was/wobei* vgl. Pronominaladverb
bei- Verbzusatz 799
beide für *zwei* 460,7 · + attributives Adjektiv 486 · + substantiviertes Adjektiv 504
beiderseits Präposition 671
Beifügung vgl. Attribut
beige Deklination 445,5
beim/bei dem 540 · + subst. Inf. (*Lesen* usw.) + *sein* 147, Anm. 1; 540,3
beißen 243
Rektion 1198
Bekannter Deklination 504, 506
bekommen Rektion 317
Beliebigkeit des sprachl. Zeichens 990
Bengel Plural 391
Bereich Genus 360
-bereit 948
bereits/schon 612, 625 · *b. schon?* 602
bergen 231, 243
Bergname Genus 349,3
bersten 243
Berufsbezeichnung 345,2; 861
besagt Deklination des folgenden Adjektivs 483
bescheren Passivfähigkeit 316,2 (Anm. 4) · Rektion 1204
besinnen, sich Rektion 1204
besitzanzeigendes Fürwort 554
-beständig 948, 969
Besteck Plural 391
bestimmt Modaladverb 624
bestimmt b.er Artikel 534 · *b.e* Verbform 326
Bestimmung, adverbiale vgl. adverbiale B. · attributive vgl. attributive B.
Bestimmungswort 734; 751,1; 752
bestreiten doppelte Verneinung 1236
Betonung 40 ff.
betreffend Präposition 644, 663

betreffs Präposition 658, 671
Beugung vgl. Deklination, Konjugation
bevor + Negation 1237 · Konjunktion 693, 1328 ff.
bewegen 236, 243
Bewegungsverb 771
Bewirkungsverb 816
Bezeichnungsexotismus 1024
Beziehung, paradigmatische/syntagmatische 988
beziehungsweise Kongruenz 1253
bezüglich Präposition 658, 671
bezügliches Fürwort 568
Bezugsadjektiv 450, Anm. 2
bezweifeln doppelte Verneinung 1236
bi- 939
Biedermeier Deklination 437
biegen 231, 243
Bier- 860
bieten 243
bilabiale Laute 8
binden 231, 243
Bindestrich 113, 843 · -wort 683
binnen Präposition 669
binnen- 935
Biotop Genus 360
bis + Negation 1237 · Konjunktion 692 f., 1328 ff. · Präposition 653, 664
bißchen Indefinitpronomen 576
bislange Lehre u. ä.? 601
bitten 231, 243
bitter- 933
blasen 231, 243
blaß Vergleichsformen 520,2
bleiben 231, 243 · + *zu* + Infinitiv/Passiv 317
bleichen 243
bleu Deklination 445,5
Blitz- 860
Block Plural 392
blöd/blöde 442
Blondine Deklination 507
Blumenbezeichnung Genus 347,2
blut- 933
Boden Plural 391
Bogen Plural 391
-bold 897
Bomben- 860
Bonbon Genus 360
Bord Genus 361
boxen Rektion 1198
brand- 933
braten 243
brauchen oder *gebraucht?* 331 · *brauchte/bräuchte?*

229, Anm. 1 · mit/ohne *zu*
164; 691, Anm. 1; 1064,3
brechen 234, 243
Breisgau Genus 360
brennen 237, 243
Brikett Plural 403, Anm. 3
bringen 238, 243
Brosame/Brosamen 372
Bruch Genus 360
Bruchzahl 467 · Kongruenz
1250,3
-bruder 902
Bub/Bube 385 · Deklination
438
Buchstabe Deklination 385
Buchstabe 68 ff., 76 ff. · substantiviert 356
Buchstaben-Laut-Zuordnung
79 ff.
Buchstabenwort 724 f.
bummeln haben-/sein-Perfekt
224
Bund Genus 361, 393
Bursche/Bursch 385 · Deklina-
tion 438
Butter Genus 359
bzw. Kongruenz 1253

C

Cartoon Genus 360
Casus obliquus, C. rectus 374,
Anm. 4
Cello Plural 408
chamois Deklination 445,5
Chemikalie/Chemikalien 372
-chen/-elchen 859
Chiasmus 1452
Chor Genus 360
City Plural 406
Consecutio temporum 269
Constructio ad sensum vgl.
Konstruktion nach dem
Sinn
creme Deklination 445,5
Curry Genus 360

D

da Adverb 605 · kausale Konjunktion 692, 1325 · Relativpartikel 1290 · temporale
Konjunktion 693
da + *-bei, -für* usw. vgl. *da(r)-*
dadurch – daß 1342
damit Konjunktion 1341
dank Präposition 660, 673
danken Rektion 1204
da(r)- + *-an/-auf/-aus* usw.
626 f. · darauf usw. oder
Präposition + Pronomen
(*auf ihm* usw.)? 630

das Artikel 344, 532 ff. ·
Demonstrativpronomen
558 · Relativpronomen 569,
1279 ff.
daß finale Konjunktion 1341 ·
Inhaltssatzkonjunktion 704,
1293 ff., 1299 · konsekutive
Konjunktion 699, 1324
das gleiche/dasselbe 565
dasjenige 564 · + Adjektiv
478
dasselbe 565 · + Adjektiv
478 · *d./das gleiche* 565
Dativ 377, 1118 · Endung
(Substantiv) 383 · final
1118 · frei 1147 ·
possessiv 1118
Dativierung 766, 777, 798
Dativobjekt 1087, 1118, 1148,
1156 ff.
Dativus ethicus 1118, 1147 ·
(in)commodi 1118
Datum Plural 407
de- 780
Deck Plural 391
Defektivum 134, 449
Dehnungs-h 87 f., 100
dein Possessivpronomen
554 ff.
deiner/dein Personalpronomen
549
Deixis 1428
Deklination Abkürzungswort
429 · Adjektiv 475 (attributiv), 503 (substantiviert) ·
Artikel 533, 544 · Eigen-
name 412 · Fremdwort
396 · geographischer Name
421 ff. · Kardinalzahl
459 ff. · Kurzwort 429 ·
parallel 483 ff. · Pronomen
544 · schwach/stark 395,
Anm.; 477 f. · Substantiv
374 · Unterlassung 430 ·
Völkername 428
Deklinationstyp Adjektiv 477,
503 · Substantiv 381 ff.,
386 ff.
Deklinationswechsel 438
Delegierter Deklination 503
demonstratives Adjektiv 474
Demonstrativpronomen 558
denken 238, 243
denn Modalpartikel 638 ·
Konjunktion 684, 689,
1323, 1367, 1369 (Stel-
lung) · Vergleichspartikel
512
Denotat(ion) 773, 992
dental 7
der Artikel 344, 533 ff. ·
Demonstrativpronomen
558 · Relativpronomen 569,
1279 ff.

derartig Deklination des folgenden Adjektivs 483 ·
demonstr. Adjektiv 474
derem? 570
deren + Adjektiv 500 ·
d./derer 570 · Demonstrativpronomen 560,2 · Rela-
tivpronomen 569
derer/deren 570 · Demonstrativpronomen 560,2
der gleiche/derselbe 565
derjenige 564 · + Adjektiv
478
derselbe 565 · + Adjektiv
478 · *d./der gleiche* 565
des- Präfix 931
Designat 993
dessem? 570
dessen 560,2 · + Adjektiv 500
desto Satzteilkonjunktion 690,
1369
Determinativzusammensetzung
825
determinierende Deklination
477
Deutsch/Deutsche 385
Deutscher Deklination 503
Dezember Deklination 436
Dezimalzahl Kongruenz
1250,3
Diät/Diäten 372
-dicht 966
dick/dicke 442
die Artikel 344, 533 ff. ·
Demonstrativpronomen
558 f. · Relativpronomen
569, 1279 ff.
die gleiche/dieselbe 565
diejenige 564 · + Adjektiv
478
Dienstag Deklination 436,2
Dienstmann vgl. *-männer/*
-leute
dies- + Adjektiv 478
dieselbe 565 · + Adjektiv
478 · *d./die gleiche* 565
diese(r), dieses Demonstrativpronomen 561 · *d. – jene(r),*
jenes 514,2
Diesel/Diesels 413,2
diesseits Präposition 671
Differentia specifica 751,1
Diminutivbildung 859
Ding Plural 391
dingen 243
-dings 974,2
Diphthong 32 · öffnend 32,
55 · schließend 32, 54 · 86
(Schreibung)
Diplomat Deklination 438
direkte Rede 294, 295
Dirigent Deklination 438
dis- Präfix 931
disjunktive Konjunktion 687

Diskus Plural 409
Dispens Genus 360
Distanzkompositum 755
DM Kongruenz 1250
doch Modalpartikel 638 ·
   Adverb/Konjunktion 688 ·
   Konjunktion 684, 1367
   (Stellung)
Dock Plural 409
Dogma Plural 407
Doktor (Dr.) Deklination 398,
   417, 419
Donnerstag Deklination 436,2
Doppelkonsonant 50 · -laut 9;
   vgl. auch Diphthong · -mor-
   phem 714
doppelt so ... wie/als? 510 ·
   d. oder zweifach 469
Dorn Plural 392
dorsal 8
Dotter Genus 360
Drache/Drachen 385
Drama Plural 407
Dramatur Deklination 438
dran 627
Drangsal Genus 360
drauf 627
draus 627
drei 460 · + Adjektiv 482,
   499 · + Viertel 468
dreimal so ... wie/als? 510
drein 627
dreschen 229, 231, 243 ·
   drischst/drischt? 232,
   Anm. 1
drin 627
dringen 243
dritter Fall 377
drob 627
Drohn/Drohne 363
drüber 627
Druck Plural 392
drum 627
drunter 627
Dschungel Genus 359
du Personalpronomen 547 f.
Dublette, semantische 999
Duden/Dudens 413
dumm Vergleichsformen 520,2
Dummerjungenstreich 446, 855
dünken 238, 243 · Rektion
   1204
dünn/dünne 442
durativ 144
Durativum 814
durch Präposition 659, 663 ·
   *durch die Nachbarin/von der
   N.?* 314 · *durch es/was* oder
   dadurch/wodurch vgl. Pronominaladverb
durch- Halbpräfix 789
Durchkopplung(sbindestrich)
   728
durch'n 540,8

durchs/durch das 540 f.
durchwegs 596
dürfen 157 ff., 243 · *d.* oder
   gedurft? 153 · Konjugation
   239 f.
Dutzend Mengenbez. 370, 461,
   1249,3

E

-e- Fugenzeichen 845, 848 ·
   Tilgung beim Adjektiv *(dunkel – dunkle)* 480, 515 · Tilgung beim Verb *(sammeln –
   sammle; trink[e]!)* 218, 233,
   303 · Verberweiterung
   (rett-e-st) 216, 232
-e Adjektivendung *(blöd[e])*
   442 · Adverbendung 595 ·
   Dativendung 383 · Imperativendung 212, 228, 303 ·
   Kardinalzahlendung 464 ·
   Nominativendung 385 ·
   Pluraltyp 386, 403 · Substantivsuffix 873, 880, 890,
   892 f., 913, 918, 920
eben Modalpartikel 638
-echt 948, 969
Eck/Ecke 363
e-Dativ 383
e-Erweiterung 216, 232
Effekt Plural 372, 409
effizierendes Verb 808
egressiv 143
ehe + Negation 1237 · Konjunktion 693,3; 1326 ff.
eher + Adjektiv (Grundstufe)
   514,5
-ei vgl. *-(er)ei*
Eigenname 109, 340, 1001 ·
   Artikel 539 · Deklination
   412 · Genus 348 · Numerus
   365
Eigenschaftswort 441, Anm. 1
Eignungsadjektiv 943
ein, eine + Adjektiv 479 · Artikel 533 · Kardinalzahl 459
ein- Halbpräfix 786
einander 199, 202, 553
ein bißchen 576
eine(r), eines Indefinitpronomen 577 · *eines/einer Ihrer
   Herren?* 577
eingangs Präposition 671
Einheit, nennlexikalische 994
einig- + attributives Adjektiv
   487 · + substantiviertes
   Adjektiv 504
einige Indefinitpronomen 578
einkehren in Rektion 670
Einkünfte 372
einliefern in Rektion 670
ein paar 576

eins Indefinitpronomen 577 ·
   Kardinalzahl 459
einschließen (sich) + *in* Rektion 670,1
einschließlich Präposition 671
-eintel 467
eintragen in Rektion 670
ein wenig 576
Einwortsatz 1211
Einzahl 324, 364
einzeln Deklination des folgenden Adjektivs 483
einzigste Möglichkeit? 531,
   Anm.
eisernes Hochzeitspaar? 446
e/i-Wechsel 234
Ekel Genus 361
ekeln Rektion 1204
EKG Deklination 429
-el Verkleinerungssuffix 859
Elastik Genus 360
Elativ 522 f.
Elefant Deklination 438
Element, chemisches Genus
   347,3
Eliminierungstransformation
   1058
-ell Adjektivsuffix 951, 958
Ellipse 315, Anm.; 1206 ff.
-eln Verbsuffix 804, 814, 817
Elter/Eltern 372
-em Substantivsuffix 752, 921
-ement 882, 920
empfangen 243
empfehlen 229, 243
empfinden 243
-empfindlich 969
-en Endung 2. Partizip 228,
   330 · substantivierend 727 f.
-[e]n- Fugenzeichen 844 f.,
   850
-[e]n oder *-s?* Deklinationswechsel 438 · Endung bei
   Personennamen 413 · Genitivendung 398 · Infinitivendung 212, 228, 804 ff. · Pluraltyp 386, 404 · Unterlassung der Deklination 438,
   440
-[e]nd Endung 1. Partizip 212,
   228, 329
endo- 935
endozentrische Zusammensetzung 825
Endrand vgl. Silbenendrand
Endung genusanzeigend 358
Engelaut 9
[e]n-Genitiv 398
Englisch/Englische 385
[e]n-Plural 386, 404
-[e]ns- Fugenzeichen 851
-ens Adverbialendung 598 ·
   Eigennamenendung 413 f.,
   421

[e]n-Singular 381
ent- 768, 777
-ent beim Adjektiv 949, 951,
962 · beim Substantiv 898,
920
entbehren Rektion 1204
entbinden Rektion 1204
Entfaltung, thematische
1379 ff.
entgegen Präposition 667 ·
Stellung 1366
entgegen- Verbzusatz 802
Entgelt Genus 360
enthalten, sich doppelte Verneinung 1236
entlang Präposition 662, 674,
1366 (Stellung)
Entscheidungsfrage 1032, 1035
entsinnen, sich Rektion 1204
entsprechend Präposition 644,
667
entweder – oder 684, 687 ·
Kongruenz 1244; 1253,4 ·
Stellung 1367
-enz 891 ff.
epi- 935
Epi- 867
Episkopat Genus 360
e-Plural 386, 403
er Personalpronomen 550
er- Präfix 768, 778
-er- Fugenzeichen 845, 849,
975
-er Komparativendung 515 ·
Substantivsuffix 873, 881,
896, 903 ff., 910, 912, 920
erbarmen, sich Rektion 1204
Erbe Genus 361
Erbteil Genus 360
Erdarten Genus 337,1
Erde Deklination 384, Anm. 4
-(er)ei 727, 873, 877, 884, 917,
920
Ereignisverb 805
Erfahrungswissen 1408
erfreuen, sich Rektion 1204
Ergänzung 1146 ff. · E.sver-
band 1149 · fakultativ
1146 ff. · konstitutiv 1146 ·
obligatorisch 1146 ff.
Ergänzungsfrage 1033
erhalten + 2. Partizip/Passiv
317
-erich 861, Anm. 2
-(er)ie 884, 889, 891 f., 920
erinnern Rektion 1204
-(er)isch 949 · vgl. auch *-isch*
Erkenntnis Genus 361
erkiesen 243
-erl Verkleinerungssuffix 859,
Anm. 2
erlauben/Erlaubnis geben 205
erlebte Rede 1318
erlöschen 231, 234

-e(e)(r)n Adjektivsuffix 951,
957
er-Plural 386, 405
Ersatzartikulation 65
Ersatzinfinitiv 331; 1350,1
Ersatzprobe 1056
erschrecken 236, 303
Ersparung 1206
erster Fall 375
erstere(r) – letztere(r) 514,2
erstes Partizip (Mittelwort)
327 ff.
erstklassig Vergleichsformen
531,1
Erweiterungsprobe 1058
erz- 523, 927, 933
Erz- 860
es 550,3 · bei unpersönl.
(gebrauchten) Verben 204,
1153, 1163, 1179 · Gleichsetzungsglied, Kongruenz
1271,7 · Korrelat 1071 ·
Platzhalter 1071, 1082;
1249,4; 1353,4
-(e)s- Fugenzeichen 735 ff.,
845, 852
-[e]s Genitivendung 382 · Singulartyp 381 · Unterlassung
der Deklination 430
-esk 951, 963
essen 234, 243
-[e]st Superlativendung 520
-[e]t Endung 2. Partizip 212,
215, 330 · Imperativendung
212, 228, 304
Etikett/Etikette 363; 403,
Anm. 3
e-Tilgung Adjektiv *(dunkel –
dunkle)* 480, 515 · Verb
*(sammeln – sammle;
trink[e]!)* 218, 233, 303
etlich- + attributives Adjektiv
488 · + substantiviertes
Adjektiv 504
etliche 578
-ette Verkleinerungssuffix 859
etwa Modalpartikel 638
etwaig Deklination des folgenden Adjektivs 483
etwas 579 · + Adjektiv 477
etwelch 589
etwelch- + attributives Adjektiv 489 · + substantiviertes
Adjektiv 504
euer Possessivpronomen 554 ·
eu[e]rem/euerm 556 ·
eu[e]ren/euern 556 · *Euer/
Eure Exzellenz* 556, Anm.
euer/eu[e]rer fünf? 549, Anm.
Euphemismus 1021
-eur 861, 900
-euse 861, 900
evangelisches Pfarrhaus?
446

Ex- 866
Examen Plural 407 f.
exklusive Präposition 671
exozentrische Zusammensetzung 825; 837, Anm.
Explizitlautung 38, 43, **44** ff.
Exponent Deklination 438
Extension 1012
etraes Geschenk? 601
extra- 933, 935
Exzeptivsatz 289, 1337

F

Fabrikant Deklination 438
Fabrik[s]arbeiter 853
-fach (-fältig/-faltig) 469
Fachmann vgl. *-männer/-leute*
Fachsprache 1022, 1024,
1026 f. · (Halb)präfixe 867,
935
fähig Rektion 1187
-fähig 922, 944, 949 f., 970
fahren Konjugation 231,
243 · *haben-/sein*-Perfekt
221 ff.
Faktitivum 816
Fall 374
-fälle pluralanzeigend 716,2 a;
751,4 c
fallen 231, 243
falls Konjunktion 700, 1331
falsche Freunde 1024
-fältig (-fältig) 469
Familienname · Deklination
412 · Genus 348 · Plural
365
fangen 231, 243
Farbadjektiv 445,5 · -bezeich-
nung 933, 942
Faß Mengenbezeichnung 370
Fasson Genus 361
Februar Deklination 436
fechten 243
fehl- 780
Fehl- 865
feig/feige 442
Feld, syntaktisches 988, 1019
Fels/Felsen 384, Anm. 3; 385
Femininum 344
fern Präposition 667
ferners 596
-fertig 948
fest 948, 969
Festbezeichnung Numerus
373
Feuerwehrmann vgl. *-männer/
-leute*
Filter Genus 360
finale Konjunktion 703
Finalsatz 279, 1341
Finanz/Finanzen 372
finden 243

Finitum 206, 324 ff., 1059, 1063 f. · Stellung 1347 ff.
-fink 902, 904
Fink Deklination 438
Firma Plural 407
Firmenname Deklination 427 · Kongruenz 1250,7; 1263
fit 449
Flasche Wein/Weines? 435
flattern haben-/sein-Perfekt 223
Flause/Flausen 372
flechten 243
Fleck/Flecken 385
flehen/flehn? 218
Fleisch und Blutes 431
Flexion vgl. Deklination, Konjugation
Flexionskasus 374 · -morphem 714
fliegen Konjugation 243 · haben-/sein-Perfekt 223 f.
fliehen 243 · f./fliehn 218 · flohen/flohn 218 · geflohen/geflohn 330 · Rektion 1204
fließen 231, 243
Flugzeugname Genus 352
Flur Genus 361, 393
Flußname Genus 349,5
folgend- + attributives Adjektiv 490 · + substantiviertes Adjektiv 504
Formenzusammenfall 213, 299, 302
-förmig 967
fort/weg 608
Forum Plural 409
Fossilie/Fossilien 372
fragen 243
Fragepartikel 1293, 1308 · -pronomen (-fürwort) 568, 1293, 1308
Fragesatz 1032 · indirekt 1277, 1311 · irreal 281
Französisch/Französische 385,1
Fratz Deklination 385,2
Frau Deklination 384,4, Anm. 4
Fräulein als Namensteil 417; 1266,2; 1269; 1271,9 · Plural 391
frei Präposition 644
-frei 965
freier Dativ 377
Freitag Deklination 436
Fremder Deklination 504
Fremdwort 1023 · Deklination 396 · Genus 359 · Schreibung 115 ff.
fressen 243
-freudig 924
freuen/freun? 218
-freundlich 948

Freund und Feind Kongruenz 1252,2
Friede/Frieden 385
frieren 243
Frikativ 9
-fritze 902, 905
froh frohen Herzens 477
fromm Vergleichsformen 520,2
Fuge 735 · F.nelement 843
Fügewort 683
fühlen/gefühlt? 331,2
Fuhrmann vgl. -männer/-leute
Fünftel Maßbezeichnung 371
Funke/Funken 385
Funktionsstand 738
Funktionsverb(gefüge) 205; 317,5; 1000
fürchten (sich) Rektion 1204 · Verneinung, doppelte 1236
für 663 · für + Pronomen oder freier Dativ 1147 · für das/es/was oder dafür/wofür vgl. Pronominaladverb
für'n 540,8
Furore Genus 360
fürs/für das 540,8
Fürst Deklination 438
Fürwort vgl. Pronomen
Fuß Maßbezeichnung 370
Futur I 247, 253 ff. · **Futur II** 247, 264

G

ganze/alle 575, Anm. 2
Ganze Deklination 506
Ganztext 1374
gären haben-/sein-Perfekt 222 · Konjugation 231, 236, 243
Gattungsbezeichnung 341, 348, 366, 1004 f. · -name 341 · -zahlwort
ge- Präfix 2. Partizip 214, 330: vorangestellt (ge-lobt) 330; eingefügt (ab-gehört) 330; weggelassen ([hat] studiert) 330 · Präfix, modifizierend 780
Ge- (+ -e) 727, 857, 862, 873, 878, 920
ge- + -t Adjektiv 971
gebären 231, 234, 243
Gebäudename Deklination 427
geben 231, 243 · + zu + Infinitiv/Passiv 317,4 · + g. oder gibt in Mathematikaufgaben 1250,4
Gebirgsname Genus 349,4
geborene Schmidt 501
Geck Deklination 438

gedacht Deklination des folgenden Adjektivs 483
Gedanke/Gedanken 385,1
gedeihen 243
Gefallen Genus 361
Gefangener Deklination 504
gefolgt werden 316,2 (Anm. 4)
gegen Präposition 648 · Rektion 663 · g. was/wogegen vgl. Pronominaladverb
Gegen- 867
gegen's 540,8
gegenseitig + Reflexivpronomen 553
Gegenstellung 1353,1
gegenüber Präposition 667 · Stellung 1366
Gegenwart 246
Gegenwort 738, 750, 768 f., 922; 927,1; 1017
Gehabe/Gehaben 385,1
Gehalt Genus 361
geheimes Wahlrecht? 446
gehen 235, 243 · + zu + Infinitiv/Passiv 317,4 · haben-/sein-Perfekt 224
gehören + 2. Partizip/Passiv 317,2
Geldbezeichnung Genus 347,1
Gelee Genus 360
Gelegenheitsbildung vgl. Augenblicksbildung
gelegentlich Präposition 644
Gelehrter Deklination 503 ff.
Gelenkschreibung 102
Geliebter Deklination 503 f.
gelingen 243
gelten 229, 243
gemäß Präposition 667 · Stellung 1366
-gemäß 966, Anm. 1; 967
gemischte Deklination 479
Geminatenreduktion 66
gen Präposition 663
Gendarm Deklination 438
General Plural 403
genesen 243
genießen 243
Genitiv 376 · attributiv 1131 · des geteilten Ganzen 1131,5 · des Produkts 1131,4 · Endung (Substantiv) 382
Genitivattribut 1131 ff. · oder Präpositionalgefüge o. ä. 1132 ff.
Genitivobjekt 1088, 1119, 1148, 1159
Genitivus auctoris 1131 · criminis 1119 · explicativus 1131, 1136 · obiectivus 1131 · partitivus 1131, 1135 · possessivus 1131,

1133 · qualitatis 1131,
1134 · subiectivus 1131
Genosse/Genossen 416
genug lange genuge Rede o. ä.?
601 · Kongruenz 1249,10
Genus Plural 408
Genus 344 ff. · Fremdwort
359 · genusanzeigende
Endung 358 · Kongruenz
1266 · G. proximum 751,1 ·
-schwankung 359 ff. · und
Sexus 345, 1266;
1271,5,7,9 · G. verbi 208 f.,
307 ff. · -wechsel 359
geographischer Name 340,
1002 f. · Artikel 539 · Deklination 421 ff. · Genus 349 ·
Numerus 365, 373
Gerade Deklination 507
-gerät 916,2
Gerätebezeichnung 911
-gerecht 948, 967
gern[e] Vergleichsformen
597
Gerundivum 329
Gesamtfallwert 1073
Gesandter Deklination 505
Geschäftsmann vgl. *-männer/*
-leute
geschehen 243
Geschlecht vgl. Genus
Geschlechtswort 533
Geschmack Plural 391
geschmeichelte Person? 316,2
(Anm. 4)
Geschwister/Geschwistern 372
geschworener Gegner von...
332, Anm. 1
Gesell/Geselle 385,1
Gesteinsart Genus 347,1
gesund Vergleichsformen 520,2
geteilt durch in Mathematikaufgaben 1250,4
getrauen, sich Rektion 196,
1204
Getrenntschreibung 112
getreu 967
Gevatter 385,2
gewahr Rektion 1187
Gewährsmann vgl. *-männer/*
-leute
gewinnen 229, 243
gewiß Deklination des folgenden Adjektivs 483
gießen 243
Gischt Genus 360
Glas Mengenbezeichnung
370 · *Glases Wassers?* 435
glatt Vergleichsformen 520,2
Glaube/Glauben 385,1
gleiche der/die/das g. -
der-/die-/dasselbe 565
-gleich 967
gleichen 243

Gleichsetzungsakkusativ 378,
1084, 1117,9; 1148, 1180,
1256 ff. · -kasus 1115, 1148 ·
-nominativ 375, **1083**, 1116,
1148, 1164, 1256 ff.
gleichwohl Konjunktion 702,
1325
Gleichzeitigkeit 1326
gleiten 243
Gleitlaut 32
Gliedmaße/Gliedmaßen 372
Gliedsatz 1276
glimmen 231, 243
Globus Deklination 399, 409
glottal 5,7
glücklicherweise vgl. Kommentaradverb
GmbH Deklination 429 · Kongruenz 1250,7; 1263,4
Gnom Deklination 438
gold- 523
Golf Genus 362
Gong Genus 360
graben 243
Grad 370 · Kongruenz
1250,1
Graf Deklination 438
Gramm 370 · Kongruenz
1249,1
grammatisches Geschlecht vgl.
Genus
Grammem 994
Graph(em) 76 ff.
Graphematik 77
Grapheminventar 78
Graphem-Phonem-Korrespon-
denz 79 ff.
Graphem-Phonem-Korrespon-
denzregel 79 ff.
grauen Rektion 1204
grausen Rektion 1204
Greif Deklination 385,2
greifen 243
grob Vergleichsformen
520,2
Großschreibung 107 ff.
Groß- und Kleinschreibung
106 ff.
größtmöglich Vergleichsformen 526, 530
groß und klein Kongruenz
1252,2
grund- 933
Grundform 327 · -stellung
1353 · -stufe 510 · -wort
734; 751,1; 752 · -zahl 457
Grund und Boden 431 · Kongruenz 1252,2
Grüner Deklination 503, Anm.
Gruppe Kongruenz 1249,2
gruseln Rektion 1204
Gulasch Genus 360
Gummi Genus 360
Gurt/Gurte 363

gut Vergleichsformen 529 ·
guten Mut[e]s 477
-gut 862, 903, 910

H

h · Dehnungs-h 87 f., 100 ·
intervokalisch 47 · silbenin-
itial 91, 101
haben (Hilfs)verb 243 · *h. + zu*
186 ff. · *h + zu + Infinitiv*
(*liegen* usw.) 691 · *h.* oder
sein? Perfektbildung
221 ff. · *habe/hatte ...*
gehabt? 225; 263, Anm. ·
Konjugation 241
Habseligkeit/Habseligkeiten
372
Hacke/Hacken 363
-haft 949, 951, 956
Hahn Deklination 385,2; 392
-hai 905
halb 243
-halben + Demonstrativpronomen 560,2 · + Personal-
pronomen 549,2 · + Rela-
tivpronomen 570
halber Präposition 671 · Stellung 1366
Halbpräfix 714, 738, 742 ·
Aktionsart 770 · beim
Adjektiv 856, 858 · beim Verb
760, 764, 781 ff.
Halbsuffix 740 ff. · beim
Adjektiv 950, 964 ff. · beim
Substantiv 857 ff., 895,
902 ff., 907, 915
Halbvokal 32
Hälfte Kongruenz 1249,2
Halfter Genus 360
halt Modalpartikel 638
halten 243
-haltig 964
-hammel 902
Hämorrhoide/Hämorrhoiden
372
Handlungsbereich 1402 · -verb
139 · -wissen 1407, 1411
Handvoll Kongruenz 1249,2
hängen 231, 243
-hans 902
harren Rektion 1204
Harz Genus 362
hauen 235, 243 · Rektion 1198
Haufe/Haufen 385,1 · Kongru-
enz 1249,2
Hauptsatz 1048, 1273 ff.
Hauptwort 337, Anm. 2
Hauptwortart 125
heben 229, 231, 243
Heer Kongruenz 1249,2
Heide Genus 362; 384, Anm. 4

Heiden- 860
heißen 231, 243 · + Gleichsetzungsakkusativ 1084 · *h.*
  oder *geheißen?* 331
-heit 884, 889 f., 892 f., 920
Held Deklination 438
helfen 229, 243 · *h.* oder *gehol-*
  fen? 331
her/hin 606
herab-/hinab- 606
heraus-/hinaus- 606
Herde Kongruenz 1249,2
Herr H./Herrn/Herren 223,
  Anm. 1; 416 · *H.* + Name
  417 ff.
herrschen herrschst/herrscht?
  217, Anm. 1
herum/umher 607
herunter-/hinunter- 606
Herz Deklination 384, Anm. 1
hetero- 938
hier- + *-an, -auf, -aus* usw.
  627 f.
Hilfsverb 149
Himmelsgegend Genus
  347,1
hin/her 606
hinab-/herab- 606
hinaus-/heraus- 606
hindern doppelte Verneinung
  1236
hinsichtlich Präposition 671
hinter Präposition 670 · *h. was/*
  wohinter vgl. Pronominaladverb
hinter- Halbpräfix 794
hinterm/hinter dem 540
hintern/hinter den 540
hinters/hinter das 540
hinterste 517
hinunter-/herunter- 606
hinweisendes Fürwort 558
Hirt Deklination 438
Hobby Plural 406
hoch Deklination 480,4 · Vergleichsformen 529
hoch- 927, 933
hochfliegend Vergleichsformen
  530
hochgestellt Vergleichsformen
  530
Hochlautung 51 ff.
hoffentlich Kommentaradverb
  625
Hoherpriester 855
Hoheslied 446, 855
Höllen- 860
homo- 938
Homonym(ie) 751,4; 1025
homöo- 938
Horde Kongruenz 1249,2
hören/gehört? 331
Horizontale Deklination 507
-huber 904

hundert/Hundert Kardinalzahl
  458, 461
hundertundein Deklination des
  folgenden Substantivs 459,2
hunds- 933
Hut Genus 361
hüten, sich doppelte Verneinung 1236
hyper- 524, 933
Hyper- 867
Hyperonym(ie) 1016
hypo- 935
Hypo- 867
Hyponym(ie) 1016
Hypotaxe 1047, Anm. 1

I

-i Verkleinerungssuffix 859
-(i)at Substantivsuffix 884,
  889, 910, 920
-ice geschlechtsanzeigend
  861
ich Personalpronomen 547
-id Substantivsuffix 921
Idyll/Idylle 363
-ie Substantivsuffix 893,6 · vgl.
  auch *-(er)ie*
-ien Pluralendung 404,3
-ier Substantivsuffix 904
-ieren Verbsuffix 804, 806 ff.,
  816 ff.
-iert Adjektivsuffix 971
-ies/-ys Pluralendung 406
-ig + Possessivpronomen
  557 · Adjektivsuffix 922,
  941 f., 947 ff. · Aussprache
  63
-igen Verbsuffix 804, 809, 816
-igkeit 890, 892, 920
ihr Personalpronomen 548 ·
  Possessivpronomen 554 f.
-ik 891 ff., 920
-iker 904 f., 908, 920
il- 929
Illustrierte Deklination 507
im + subst. Inf. (*Kommen*
  usw.) + *sein* 147, Anm. 1;
  540 · *im/in* 540
im- 929
im Falle Konjunktion 700
Imperativ 303 ff. · Passiv 305 ·
  Konkurrenzform 306
Imperfekt vgl. Präteritum
imperfektiv 144
Impersonale 204; 1082,b;
  1153, 1163
Import/Importe 363
Importen Pluralwort 372
in in/im, in den 540 · *in* + Jahreszahl 463, 654 · Präposition 649 (Ort), 650 (Richtung), 670 (Rektion) · *in*

das/was usw. oder *darein/*
  worein usw. vgl. Pronominaladverb
in- beim Adjektiv 922, 929,
  1221 · beim Verb 780
In- 864, 1221
-in geschlechtsanzeigend 345,
  715, 861; 1266,3
inchoativ 143
Indefinitpronomen 574
indefinites Zahlwort 574
indem modale Konjunktion
  694, 1342 · temporale Konjunktion 693, 1326 ff.
indes[sen] Konjunktion 693,
  1326 ff.
Index Plural 408
Indikativ 271
indirekte Rede 293 ff.,
  1309 ff. · Modusumwand-
  lung 297 ff., 1313 ff. · Tempusumwandlung 296, 1315 f.
-ine 861
infinite Verbform 327, 1063
Infinitiv 327 f. · Kongruenz
  1252,6 · modal 186
Infinitivkonjunktion 691 · Stellung 1370
Infinitivkonstruktion (mit/ohne
  zu) 1049,7; 1293, 1297,
  1300, 1341 · Stellung 1371
Infinitivprobe 148, 1081
Infinitivsatz 1275, 1049
Infix 714
infolge Präposition 659, 671
ingressiv 143
Ingressivum 815
Inhaltsbeziehung 1278 · *-satz*
  1278, 1292 ff.
Initialabkürzung, -wort 724 f.
inklusive Präposition 671
inmitten Präposition 671
in'n 540,8
inner- 922, 935
Innere Deklination 506
innerer Monolog 1318
innerhalb Präposition 671
innerste 517
ins/in das 540
[in]sofern Konjunktion 696;
  1344,3
[in]soweit Konjunktion 696,
  700; 1344,4
Instrumental 1116,7
instrumentales Verb 812
Intellektueller Deklination 504
intensiv 146
inter- 935
Interferenz, lexikalische 1023
Interjektion 642
Intermittierende 9
Internationale Lautschrift 4,
  18, 24, 65
Internationalismen 1024

Interrogativpronomen 568
Intonation 1402
intra- 935
intransitiv 190
Invalider Deklination 507
Inversion 1353,1
-ion 879, 920
ir- 929
irgendeiner 577
irgendwas 579
irgendwelch- 589 · *i.* + attributives Adjektiv 491 · *i.* + substantiviertes Adjektiv 504
irgendwer 590
irr/irre 442
irrealer Aussagesatz 281 · Fragesatz 281 · Konditionalsatz 285 ff., 1331 · Konsekutivsatz 291 · Konzessivsatz 288 · Wunschsatz 264
-isch 893, 922, 941 f., 951, 954 · vgl. auch *-(er)isch*
-isieren Verbsuffix 804, 808, 816 ff.
-(is)iert Adjektivsuffix 971
-ismus 884 f., 891 ff., 920
iso- 938
Iso- 867
-ist Substantivsuffix 893,3; 901, 907, 920
-istisch 893, 942
-it Substantivsuffix 921
Italienisch/Italienische 385
-ität 891 ff., 920
iterativ 145
Iterativum 820
-itis 752, 921
-iv vgl. *-(at)iv*
-izität 893,4

J

ja Modalpartikel 638
Jahreszahl 463
Jahreszeit Genus 347,1
Januar Deklination 436
je 662, Anm.; 663, 665 · je + Kardinalzahl 462 · Kongruenz 1249,7
jede(r), jedes 580 · Kongruenz 1249,9; 1252,7
jedermann 580
[je]doch 684 · Adverb/Konjunktion 688 · Stellung 1367
jedwed- + Adjektiv 478
jedweder 580
jeglich- + Adjektiv 478
jeglicher 580
jemand 581 · *j. anders* 473,2 · *j.* und Genus 345
jen- + Adjektiv 478

jene(r), jenes 561 · *j. – diese(r), dieses* 514,2
jenseits Präposition 671
Jesus Deklination 413,4
Joghurt Genus 359 f.
Juchten Genus 360
jucken Rektion 1195
Jugendlicher Deklination 504
Juli Deklination 436,1
Junge Genus 361
Jungen/Jungs/Jungens 391
Juni Deklination 436,1
Junktion 1415 f.
Jurist Deklination 438
Juwel Plural 409

K

Kabarett Plural 403, Anm. 3
Kaffee Genus 361
Kaktus Plural 409
Kalkül Genus 360
Kamerad Deklination 438
kaputtes Auto? 451
Kardinalzahl 457
karg Vergleichsformen 520,2
Karre/Karren 363
Kartoffel Plural 391
Karton Mengenbezeichnung 370 · Plural 409
Karussell Plural 409
Kasperle Genus 360
Kasten Plural 391
Kasus Plural 408
Kasus 374 · -abweichung (Apposition) 1258 ff.
Katapult Genus 360
Katheder Genus 360
Kaufmann vgl. *-männer/-leute*
kaum Kommentaradverb 625
kausale Konjunktion 689, 698 · k. Präposition 658
Kausalsatz 1323
Kausativum 819
Kehricht Genus 360
kein 582 · *kein(e)* + Adjektiv 479 · Kongruenz 1249,9; 1252,7 · Negationswort 1223, 1233 ff.
keinesfalls, -wegs 1224
-keit 890, 892 f., 920
Keks Genus 360
kennen 237, 243
Kerl Plural 391
Kernsatz 1347, 1351
Kernwortschatz 2
Kiefer Genus 362, 393
Kilo[gramm] Kongruenz 1249 f., 1255,3
Klafter Genus 360
Klammer vgl. Satzklammer

Klammerbildung/-form 721,3 f.
Klangprobe 1054
kleines Kindergeschrei? 446
Kleinode/Kleinodien 392
Kleinschreibung vgl. Groß- und Kleinschreibung
klettern haben-/sein- Perfekt 223
Klima Plural 407, Anm. 1; 409
klimmen 243
klingeln Rektion 1204
klingen 243
klopfen Rektion 1198
Klosett Plural 403, Anm. 3; 409
Knacklaut 7
knall- 523, 933
Knäuel Genus 360
kneifen 243
knien/knieen? 218
knochen- 523
Ko- 863
Kodex Plural 408
Kohärenz 1375, 1404 ff.
Kohäsion 1414 ff.
Kohyponym(ie) 1016
Kollege/Kollegen 416
Kollektiv Plural 409
Kollektivum 342 · Numerus 367 · Wortbildung 862
Koller Genus 362
Kollokation 998, 1000
Komet Deklination 438
Komma Plural 409
Kommandant Deklination 438
kommen 231, 243 · *kommt mir/mich teuer zu stehen* 1204
Kommentaradverb 623 ff.
Kommunikationsmedium 1402
Kommutation 1056
Komparation vgl. Vergleichsform
Komparativ 511 ff.
Komplenym(ie) 1017
Komplexlexem 995, 1022
Komposition 734 ff.
Kompositum vgl. Zusammensetzung
Kompromiß Plural 409
konditional k.e Konjunktion 700 · k.es Adverb 620
Konditionalsatz 1331 ff. · Modus 285 ff.
Kongruenz grammatisch 324, 1239 ff.; Apposition 1261 ff.; Attribut 533, 476, 544, 1268 f.; Gleichsetzungsglied 1256 ff.; Pronomen 544, 555 f., 1242 f., 1270 f.; Relativpronomen, -satz 1246, 1270 f.; Subjekt und Prädikat 1241

Konjugation, (un)regelmäßige 207 ff., 226 ff.
Konjunktion 683 ff. · Stellung 1367 ff.
Konjunktionaladverb 618 ff.
Konjunktiv 274
Konkretum 339 ff., 894
Konkurrent Deklination 438
können 154 ff., 243 · *k.* oder *gekonnt?* 153, 331 · Konjugation 239 f.
Konnexion 1415 f.
Konnotat(ion) 751,2; 986
konsekutiv k.es Adverb 620 · k.e Konjunktion 699
Konsekutivsatz 1324 · Modus 291
Konsonant 6 ff., 23 ff. · silbisch 56 · stimmhaft, -los 23
Konsonantenreduktion 66
Konsonantenwechsel 235, 238
Konsonantphonem 23 '
Konstituente(nstrukturanalyse) 709 ff.
konstitutives Glied 1146 ff.
Konstruktion nach dem Sinn 1240, Anm.; 1249 f.; 1271,6
Konstruktionsbedeutung 997
Kontamination 744, 773
Konto Plural 407 ff.
Kontrast 20, 22
Konus Plural 409
Konversion 718, 727 ff.; 922, Anm.
Konversität 1018
Konversonym(ie) 1018
Konzept 1005
konzessiv k.es Adverb 621 · k.e Konjunktion 702
Konzessivsatz 1325 · Modus 288
Konzil Plural 409
-kopf 902
Kopfform 721,1
Koppel Genus 393
kopulative Konjunktion 686
Kopulativzusammensetzung 734, 824, 923
koronal 8
Korporal Plural 403
kosten Rektion 1181
Kotelett Plural 372; 403, Anm. 3
kraft Präposition 671
-kraft 861
Kraftfahrzeugbezeichnung Genus 353
Kragen Plural 391
Kran Plural 391
krank Vergleichsformen 520,2
Kredit Genus 361
Kreis Kongruenz 1249,2
kreischen 243
kreuz- 933

kriechen 243
kriegen + 2. Partizip/Passiv 317,1
Kristall Genus 361
krumm Vergleichsformen 520,2
Kumpel Plural 391
Kunde Genus 361
kündigen Rektion 1204
Kunststilbezeichnung Deklination 437
küren 243
Kürzel 724 f.
Kurzwort Deklination 429 · Genus 355 · Wortbildung 718 f., 719 ff., 999
küssen Rektion 1198

L

-la Verkleinerungssuffix 859, Anm.
labial 7
labiodental 8
laden 243
Laden Plural 391
Lady Plural 406
Lager Plural 391
Lakai Deklination 438
Lama Genus 362
Lampion Genus 360
Land Lande/Länder 392 · *aus aller Herren Länder/Ländern* 440
Ländername Artikel 539 · Deklination 421 ff. · Genus 349,1 · Numerus 365
längs Präposition 675
längsseits Präposition 671
laryngal 5
lassen 243 · *sich l.* + Infinitiv 203 · *l.* oder *gelassen?* 331 · *l.* + Gleichsetzungsglied u. Kongruenz 1259
Lasso Genus 360
Laster Genus 362
Lateral 9
laufen Konjugation 231, 243 · haben-/sein-Perfekt 224
laut Präposition 661, 662, 671
Laut 1 ff., 19 ff. · Laut-Buchstaben-Beziehung vgl. Phonem-Graphem-Korrespondenz
Lautschrift 4
Lautsystem 19 ff.
-le Verkleinerungssuffix 859
-leer 965
Lehnbedeutung 1023 · -lexem 1023 · -übersetzung 1023 · -übertragung 1023
Lehnwort 1023 · -bildung 1023 · -schatz 1023

lehren (oder *lernen?*) 1181
-lei 974, Anm.
leiden 235, 243
leider Kommentaradverb 625
leihen 243
-lein 859
leis/leise 442
Leiter Genus 362, 393
Leopard Deklination 438
-ler 904 ff., 920
lernen oder *gelernt?* 331 · *l.* oder lehren? 1181
Leseaussprache 120
lesen 234, 243
letztere(r) Deklination des ff. Adjektivs 483 · *l. – erstere(r)* 514,2
leugnen doppelte Verneinung 1236
-leute 862 · -leute/-männer 392, Anm. 1
Lexem 708 ff., 979 ff., 994 ff., 1007 f.
Lexikalisierung 737, 837; 859, Anm. 3; 895
Lexikon Plural 408
-li Verkleinerungssuffix 859, Anm.
Liberaler Deklination 503
-lich 922, 941, 945, 949, 951, 955
liegen Konjugation 231, 243 · haben-/sein-Perfekt 222 · *l. u. ä.* + *haben* + *zu* 691,1
Lift Plural 409
lila Deklination 445,5
Liliput- 859
-ling 897, 908 f., 920
-lings 974,2
links Lokaladverb 605
Lippenlaut vgl. Labial
Liquid 9
Liter Maßbezeichnung 371 · *Liters Weins?* 435 · Genus 360 · Kongruenz 1250,2
Literatursprache 1028
LKW Deklination 429
Lobby Plural 406
logisches Adverb 619
Logogramm 114
lohnen Rektion 1204
Lokaladverb 605 ff.
lokale Präposition 648 ff.
lokatives Verb 813
-los Verbzusatz 801
-los 965
löschen 243, 303
Loseblattausgabe 446
Lücke, lexikalische 1016
Lug/Lüge 363
lügen 231, 243
Lump/Lumpen 385,1

M

-*m* oder -*n?* parallele Beugung
  beim Adjektiv *(nach langem*
  schwerem Leiden) 483 ff.,
  502
machen/gemacht? 331 · *jeman-*
  den/jemandem bange usw.
  m. 1204 · *m.* oder *gemacht*
  in Mathematikaufgaben
  1250,4
Mädchen Kongruenz 1266,2;
  1271,9
Mädel Plural 391
Magen Plural 391
Magnet Deklination 400, 409
mahlen 236, 243
Mai/Maie/Maien 363 · Deklination 363, 436
Makro- 867
mal Modalpartikel 638 · in
  Mathematikaufgaben
  1250,4
-*mal* 610 ff.
Mammut- 860
man 583
manch 587 · + Adjektiv 477 ·
  Kongruenz 1252,7
manch- + attributives Adjektiv 492 + substantiviertes
  Adjektiv 504
Mangel Genus 362, 393
mangels Präposition 658,
  671
Mann Mengenbezeichnung
  370 · Plural 392
-*mann* 392, Anm. 1; 902,
  904 f.
Mannequin Genus 360
-*männer/-leute* 392, Anm. 1
männlich(es Substantiv) 344
man-Probe 316, Anm. 3
Marathon- 860
Maria Deklination 413,4
Mark Genus 362 · Kongruenz
  1250,1; 1255,3 · Plural
  391
Marsch Genus 362
März Deklination 385,2;
  436,1
-*maschine* 916
Maskulinum 344
Maß Genus 361
Maßbezeichnung + Genitiv/
  Präpositionalgefüge/Appo-
  sition o. ä.? 1135 · Deklination 435 · Numerus 370
Masse Kongruenz 1249
-*maßen* 974,5
-*mäßig* 922, 966, 970
Mast Genus 362
Match Genus 360
-*material* 862

Mathematikaufgabe Kongruenz 1250,4
Matrix Plural 408
-*maul* 902
Maulwurf Bedeutung 996
-*maxe* 904
maximal Vergleichsformen
  531,1
Medikamentbezeichnung
  Genus 347,3
mediodorsal 8
Mega- 867
mehr + Adjektiv: Deklination
  477 · *mehr als* Kongruenz
  1249,8
mehrere 585 · *m.* + attributives Adjektiv 493 · *m.* + substantiviertes Adjektiv 504
Mehrgraph 77
Mehrsprachigkeit, innere
  1026 f.
Mehr-/Höherstufe 511
Mehrzahl Kongruenz 1249,2
Mehrzahl 324, 364
meiden 243
-*meier* 905
mein Possessivpronomen 554
meiner/mein Personalpronomen 549
meinesgleichen 586
meistbietend, -gelesen Vergleichsformen 530
Meist-/Höchststufe 516
melken 243
Memoiren 372
Menge Kongruenz 1249,2;
  1255,1
Mengenbezeichnung + Geni-
  tiv/Präpositionalgefüge/
  Apposition o. ä.? 1135 ·
  Deklination 435 · Kongru-
  enz 1249 f. · Numerus 370 f.
Mensch Deklination 438 ·
  Genus 361
Merkmal distinktiv 21, 1011 ·
  funktional 22 · kontrastiv
  22 · semantisch 983, 985,
  1007 · stereotypisch 1012
*Merkmal*analyse 1055 ff. ·
  -bestimmung 1011 · -struk-
  tur 1012
messen 231, 243
Messer Genus 362
Meta- 867
Metallbezeichnung Genus
  347,3
Metapher 1009
Meteor Genus 360
Meter Maßbezeichnung 371 ·
  Genus 360 · Kongruenz
  1250,2
Metonymie 1009
Mikro- 867
mild/milde 442

Milliarde Kardinalzahl 461
Million Kardinalzahl 461
Mineral Plural 409
Mini- 859
minimal Vergleichsformen
  531,1
Minimalpaar 21, 24, 77
Minimum Plural 408
minus Präposition 671
Minussuffix 714, Anm. 3
Minute nach Zahlen 464
Mischform (Verb) 236
miß- 768, 772, 780
Miß- 707, 864 f.
mißlingen 243
Mist- 865
mit Präposition 659, 667 · *mit*
  dem/was oder *damit/womit*
  vgl. Pronominaladverb
Mit- 863
Mitlaut 6 ff.
mit'm 540,8
mitsamt Präposition 667
mitteilen/eine Mitteilung
  machen 205
-*mittel* 916
Mittelfeld 1351 ff.
mittels[t] Präposition 658,
  671
Mittelwort der Gegenwart/
  Vergangenheit 327
Mittwoch Deklination 436,2
Möbel Genus 372
modal m.e Konjunktion 694 ·
  m.e Präposition 657 · m.er
  Infinitiv 186 · m.er Relativsatz 290, 1284, 1303
Modaladverb 614
Modalsatz 1342
Modalverb 150, 153 ff. · Imperativ 168 ff., 182 ·
  (in)direkte Rede 168 ff.,
  182 · Konjugation 239 f. ·
  Konkurrenzform 186, 203
Modalpartikel 638
Modifikation 738, 764 ff., 856,
  858 ff., 868, 941
modifizierendes Verb 150
Modus 270 ff.
mögen 182 ff., 243 · *m.* oder
  gemocht? 153, 331 · Konjugation 239 f.
möglicherweise Kommentaradverb 625
möglichst + Adjektiv (Grundstufe) 526
Mohr Deklination 438
Moment Genus 361
Monatsbezeichnung Deklination 436,1 · Genus 247,1
mono- 939
monosyndetisch 1126
Monster- 860
Montag Deklination 436,2

Morast Plural 403, Anm. 1
Mords- 860
Morphem 25, 96, 713 f., 994
Morphemgrenze 25, 39, 50, 97 · -konstanz 96
morphologische Schreibungen 119 · m.es Prinzip 96 ff., 119
Morphophonem 34, Anm. 1
Motionsbildung 861, 900
Motivation 716, 804, 839
Motivationsbedeutung 997
Motiviertheit 996
Motor Plural 409
Motorradbezeichnung Genus 353
Movierung 861, 900
müde Rektion 1187
Muff/Muffe 363
-muffel 904 f.
multi- 939
Mund Plural 391
Mundart 1023, 1026
Mündel Genus 360
Münster Genus 360
Münzbezeichnung 370
müssen 161 ff., 243 · *m.* oder *gemußt?* 153, 331 · Konjugation 239 f.
Mutter 413,1
Mütter/Muttern 392

N

-n- Fugenzeichen, vgl. *-[e]n-*
-n Adjektivsuffix, vgl. *-(e)(r)n* · Endung bei Personennamen 413 · Genitivendung 398 · Infinitivendung 212, 228 · Pluraltyp 386, 404 · Singulartyp 386
nach Präposition (*nach* für *zu* usw.) 650 · Stellung 1366 · *nach dem/was* oder *danach/wonach* vgl. Pronominaladverb
nach- beim Adjektiv 936 · Verbzusatz 797
Nachbar Deklination 385,2
nachdem Konjunktion 693, 1326 ff., 1330
Nachfeld 1351 ff.
nach Hause/zu Hause 650, 667
nach'm 540,8
nächst Präposition 667
Nachzeitigkeit 1326 ff.
nahe Präposition 667
nahe Vergleichsformen 529
naheliegend Vergleichsformen 530
Name/Namen 385,1
Name vgl. Eigenname
Namenkompositum 835
Namenwortschatz 1001

Narr Deklination 438
Nasal 9
Nasalassimilation 64
naschen naschst/nascht? 217, Anm. 1
Nasenlaut vgl. Nasal
naß Vergleichsformen 520,2
natürliches Geschlecht vgl. Genus
-nd Endung 1. Partizip 212, 228, 329
neben Präposition 670,3 · *neben dem/was* oder *daneben/woneben* vgl. Pronominaladverb
Neben- 865
nebenordnende (koordinierende) Konjunktion 684 f. · Stellung 1367
Nebensatz 1049, 1273 ff. · der Aussagepräzisierung 1344 · in einer Konfrontationsbeziehung 1343 · Satzgliedwert 1276 · uneingeleitet 1275
nebst Präposition 667
Negation 1220 ff. · doppelt 1234 ff.
Negationsbildung 864, 927 f. · -klammer 1232 · -partikel 1224 · -probe 1058 · -pronomen 1223 · -wort 1223 ff.
nehmen 231, 234, 243
nein 1227
nennen 237, 243, 1084
Nennform 327, Anm.
Neo- 867
Neologismus 1025
-ner 904, 907, 920
neuliche Erklärung? 601
Neuprägung 751, 753
Neutrum 344 · Kongruenz 1266,2; 1271,9
Neuwort 1025
n-Genitiv 398
nicht · *n. nur – sondern auch* 686 · n. weniger als/nichts weniger als 513 · Negationswort 1224 ff.
nicht- 922
Nicht- 864
nichts 587, 1223 · *n. als* Kongruenz 1249,8
Nickel Genus 361
nie (und nimmer) 1224 · *nie kein?* 1234
niederlassen, sich + auf Rektion 670
Niederschläge Genus 347,1
niemals 1224
niemand **581** · *n. anders* 473 · *n.* und Genus 345 · Kongruenz 1249,9 · Negationswort 1223

Niet/Niete 363
nirgends 1224 · *n. kein?* 1234
nirgendwo(her/-hin) 1224
-nis 873, 890, 903, 920
Nomen 337, Anm. 2 · acti 868, Anm. 1 · actionis 868, 873 ff. · agentis 868, 895, 996 · appellativum, vgl. Gattungsbezeichnung · facti 868, 909 · instrumenti 868, 911 · loci 868, 917 ff. · muneris 868, Anm. 2 · patientis 868, 909 · proprium, vgl. Eigenname · qualitatis 868
nominale Deklination 478
Nominativ 375 · absolut 375, 1099
non- 931
Nord/Norden 385,1
nördlich Rektion 644
Norm 51 · orthographisch 73 ff.
November Deklination 436,1
n-Plural 386
-ns- Fugenzeichen, vgl. *[e]ns-*
n-Singular 381
-nudel 905
Nullableitung 714, Anm. 2; 727, 741, 857, **876** · -fuge 855 · -plural 386 · -singular 381
Numerale 456
Numerus Plural 408
Numerus Substantiv 364 ff. · Verb 324
nun kausale Konjunktion 698 · temporale Konjunktion 693
nur Modalpartikel 638 · Konjunktion 684, 688, 1367 (Stellung)
nur daß 1344

O

-o- Fugenzeichen 854
ob Konjunktion 702, 704, 1293 ff., 1307
Obelisk Deklination 438
oberhalb Präposition 671
Oberst Deklination 385,2
oberste 517
obgleich Konjunktion 702, 1325
obig Deklination des folgenden Adjektivs 483
Objekt 1085 ff. · affiziert 1117 · effiziert 1116 f. · indirekt 1118 · innere 1117, 1155

Objektsatz 1276
Oblate Genus 361
obschon Konjunktion 702, 1325
Obstruent 9f., 23 · stimmlos/ -haft 27
obwohl Konjunktion 702, 1325
obzwar Konjunktion 702
Ochse Deklination 438
oder 684, 686f. · Kongruenz 1244; 1253,4; 1271,3 · Stellung 1367
oft Vergleichsformen 596
öfters 596
Ohm Genus 362
Ohm/Ohms 413,2
ohne Präposition 666
ohne daß Konjunktion 695; 1342,2
ohne – zu Infinitivkonjunktion 691; 1342,2
-oid 963
Oktober Deklination 436,1
oliv Deklination 445,5
Omnibus Deklination 399
Onomatopoetikum 990
Opposition 20f.
-or vgl. *-(at)or*
orange Deklination 445,5
Ordinalzahl 466
ordnen/in Ordnung bringen 205
Ordnungszahl 466
ornatives Verb 810
Ort Genus 360f., 393
Orthographie 3, 34, 47, 52, 73ff., 84
Ortsname 1002ff. · Artikel 539 · Deklination 421ff. · Genus 349,2
-os Adjektivsuffix 951, 961
-ös Adjektivsuffix 922, 951, 961
-ose 921
Ostern 373
östlich Rektion 644
Otter Genus 362

P

paar Indefinitpronomen 576
Paar Mengenbezeichnung 370 · Kongruenz 1249,3
Pack Genus 348
paddeln *haben-/sein*-Perfekt 223
palatal 7
pan- 940
Pantomime Genus 361
Papagei Deklination 400, 409
-papst 866, 904
para- 935
Parade- 860

Paradigma grammatisch 981 · lexikalisch 988, 1016
Paragraph Deklination 438
Parallele Deklination 507
parallele Deklination (Beugung) 483ff., 502
Parallelismus 1424
Paraphrase 708, 736, 982, 996, 1057
Parataxe 1047, Anm. 1
Park Plural 409
Partikel 130, 634ff. · -kompositum 760ff.
Partisan Deklination 400
Partizip 327ff. · oder Adjektiv 333ff. · und Substantivierung 336
Partizipialkonstruktion 1371
Partizipialsatz 1049, 1275
Party Plural 406
Passant Deklination 438
Passiv 220, 307ff. · Konjugationsmuster 209 · Konkurrenzform 187, 203, 317 · -probe 1081
Pastor Plural 409
Paternoster Genus 361
Patiens 309, 1116f.
Patient Deklination 438
Patriarchat Genus 360
Pauschale Genus 360
per Präposition 663
Per- 867
Perfekt 247, 258ff. · -bildung mit *haben/sein* 221ff. · -partizip 327 · szenisch 261
perfektiv 143
peri- 935
periphrastische Form (Verb) 219
Permutation 1055
Person 324
Personalia 204
Personalform 326
Personalpronomen 547ff. · + Adjektiv 481 · Kongruenz *(du und sie habt ...)* 1242
Personenbezeichnung Genus 345 · Wortbildung 895, 904, 908f.
Personenname 1002ff. · Artikel 539 · Deklination 412ff. · Genus 348 · Numerus 365
persönliches Fürwort 547 · p. Verb 204
Pertinenzakkusativ 378, 1195, 1198 · -dativ 377, 1118, 1150, 1195ff.
-peter 902
Pfaffe Deklination 438
Pfau Deklination 385,2
pfeifen 243

Pfennig 370 · Kongruenz 1250,1; 1255,3
Pfingsten 373
Pflanzenbezeichnung Genus 347,2
pflegen 243
-pflichtig 950
Pflichtteil Genus 360
Pfund Maßbezeichnung 370 · *Pfundes Fleisches?* 435 · Kongruenz 1249f.
Pfunds- 860
Philanthrop Deklination 438
Phon 20
Phonem 19ff. · Phonem-Graphem-Korrespondenz 83, 117 · P.system 80
Phonetik 19
Phonologie 19f.
Phraseolexem 995 · P.logismus 988, 1000ff.
Pkw Deklination 429
Place Genus 359
Platzhalter-*es* 1071, 1082; 1249,4; 1353,4
Plosiv 9, 65
Plural 324, 364, 372f.
Pluraletantum 340; 372, Anm.; 751,4c
Pluralis majestatis, modestiae 548
Pluralwort 372; 751,4c
plus Präposition 671
Plusquamperfekt 247, 263
Podest Genus 360
poly- 939
Poly- 867
Polysem(ie) 751,4; 1008, 1020
Pony Plural 406
Porto Plural 408f.
Positiv 510
Posse/Possen 363
Possessivpronomen 554ff. · + Adjektiv 479
post- 936
postdorsal 8
Poster Genus 360
prä- 936
Prädikat 138, **326, 1062ff.**, 1146 · Stellung 1347ff.
Prädikatsnomen 1109, Anm. · -verband 1146
prädorsal 8
Präfigierung 733, 738, 750 · Betonung 42 · des Adjektivs 927 · des Substantivs 856ff. · des Verbs 764
Präfix 714, 718, 738, 742 · Aktionsart 770 · beim Adjektiv 927 · beim Substantiv 856, 858 · beim Verb 764, 774ff.
Präfixableitung, kombinierte

714, 718, 733, **739**, 748, 755, 857, 868, 878
Präfixkompositum 738
Pragmatik 1372, Anm.
Präposition 131, 644 ff. · Gebrauch 645 f., 677 ff. · Rektion 662 ff. · Stellung 1366 · Verschmelzung mit Artikel 540
Präpositionalgefüge 1089 ff. · -kasus 374, 1089 · -objekt 1089 ff., 1148, 1160
Präpositionalisierung 766
Präsens 247 ff. · episch, historisch, szenisch 252 · -partizip 327, 329
Präsident Deklination 438
Präsupposition 1409 f.
Präteritopräsens 239 f.
Präteritum 247, 257
Praxis Plural 407
preisen 243
Primat Genus 360
Prinzip morphologisch 96 ff. · phonographisch 76 ff. · silbisch 84 ff.
Prinz Deklination 438
privatives Verb 811
pro Präposition 662, Anm.; 665
pro- 937
probeweise Einführung? 601
Pro-Formen 1420
Pronomen Plural 409
Pronomen 127, 542 ff. · Großschreibung 110 · Kongruenz 1270 f.
Pronominaladverb 626 ff. · Wortbildung 760, 973 · Syntax 1093,2
pronominale Deklination 477
Pronominalverschiebung (indirekte Rede) 1310, 1313
proportionale Konjunktion 690, 701
Proportionalsatz 1337
Proposition 1029, Anm.
Prototyp(ensemantik 1012 ff.
Protz Deklination 385,2
Prozent Kongruenz 1250,3
Prozentzahl Kongruenz 1250,3
pseudo- 932
Pseudokompositum 756
punkto Präposition 671,4
punktuell 143
Pyjama Genus 360

Q

Quader Genus 360
quasi- 932

Quell/Quelle 363
quellen 303
quitt 451

R

r Aussprache 9 f., 48, 57 · Rachen-r 9, 23 · r-Phonem 23 · Zäpfchen-r 7 · Zungen-r 9, 23 48
Radar Genus 359
Radius Plural 407
Rahmensemantik 1012 ff.
Raster Genus 360
raten 243
-ratte 902
Rauchwaren 372
Raumangabe vgl. Umstandsangabe · -bezeichnung 917 ff. · -ergänzung 1148, 1165 ff.
re- 780
Rechenaufgabe Kongruenz 1250,4
rechts Lokaladverb 605
Rechtschreibung vgl. Orthographie
Rede vgl direkte bzw. indirekte R.
Redewendung, lexikalisierte 1000
Reduktionsvokal vgl. Schwa
Reduplikation 746
reflexives Verb 191 · echt 195, 316, 1159 · reziprok 199 ff. · teilreflexiv 197 · unecht 198, 316
Reflexivpronomen 191 ff., 551 ff.
regelmäßig r.e Konjugation 207 ff., 230 · r.es Verb 207 ff.
Regent Deklination 438
Reibelaut 9
reiben 243
-reich 965
-reif 948
Reif/Reifen 385,1
Reigen Kongruenz 1249,2
Reihe Kongruenz 1249,2
reinen/reines Herzens 477
Reis Genus 362
reisen haben-/sein-Perfekt 224
reißen 243
Reisender Deklination 504, 506
reiten 231, 243 · haben-/sein-Perfekt 223
Rektion 374, 662 · Änderung 766, 796 · Schwankung 1204
Rekurrenz 1418
Relativbeziehung 1279 ff. · -partikel 1279 ff., 1290 · -pronomen 568, 1279 ff.

Relativsatz 292, 1277, 1279 ff. · Anschlußmittel 1279 ff., 1288 ff. · frei (beschreibend) 1280 · instrumental 1286 · kausal 1286 · Kongruenz 1271,4 · lokal 1285 · modal (Vergleich) 290 · (nicht) notwendig 1280, 1283 ff. · (temporal 1286) · weiterführend 1280 · unterscheidend 1280 · uncharakterisiert 1283, 1286
rennen 237, 243
Reptil Plural 409
restriktive Konjunktion 688, 696
resultativ 143
reziprokes Verb 191 f., 199 ff., 553
Rhema(tisierung) 313, 1426
Rhythmus Plural 407
riechen 243
riesen- 927
Riesen- 860
Rinderbraten/Rindsbraten 855
ringen 243
rinnen 229, 243
Risiko Plural 409
Ritz/Ritze 363
Rohr/Röhre 363
Rokoko Deklination 437
Rollenbezeichnung 866
rosa Deklination 445,5
Roß Plural 391
rot Vergleichsformen 520,2
Rote-Kreuz-Schwester 446
Rück- 867
rückbezügliches Verb vgl. reflexives Verb
Rückbildung 714, Anm.; 720, 741
rücksichtlich Präposition 671
Rückumlaut 98
rudern haben-/sein-Perfekt 223
rufen 231, 243, 1204
Ruin/Ruine 363

S

s (ss, ß) Schreibung 105
-s-Fugenzeichen, vgl. *-(e)s*
-s *-s* oder *-en?* Deklinationswechsel 438 · Adverbialendung 596, 974 · Genitivendung 382 · Pluralendung 386, 406: bei einfachen Buchstaben usw. 394; familienanzeigend 394 · Singulartyp 381 · Unterlassung der Deklination 430
Sachbezeichnung Genus 347 ·

Kongruenz 1266,3 · Wortbildung 903, 908
sächlich(es Substantiv) 344
Sack Mengenbezeichnung 370
sagen Rektion 1204
Sakko Genus 360
salzen 243
-sam 941, 947, 949, 951
Same/Samen 385,1
Sammelbezeichnung 342 · Numerus 367
Samstag/Sonnabend 436
samt Präposition 667
sämtlich Indefinitpronomen 588
sämtlich- + attributives Adjektiv 494 · + substantiviertes Adjektiv 504
satt Rektion 1187
Satz Mengenbezeichnung 370
Satz 1029 ff. · einfach 1045 f. · zusammengesetzt 1047, 1273
Satzadjektiv 1102 ff., 1115 f., 1148 · -äquivalent 1052 · -art 1030 ff. · -bauplan 1144 ff. · -bruch 1216 f. · -form 1045 · -frage 1035, 1308 · -gefüge 1045, 1273, 1277 ff. · -klammer 782, 1351 ff. · -negation 1229 ff. · -partikel 1105 ff., 1148, 1224 · -reihe 1045, 1048, 1273 · -verbindung 1045, 1048, 1273
Satzglied 1067 ff., 1102 ff., 1120 ff., 1144 ff., 1239 ff. · einfach 1120, 1151 · frei 1147 · komplex 1120, 1151, 1362
Satzteilkonjunktion 690 · Stellung 1369
sau- 933
saufen 231, 243
saugen 231, 243
Sauregurkenzeit 446
Schaden[s]ersatz 853
schaffen 231, 243
-schaft 862, 884, 887, 910, 920
schallen 231, 243
Schar Kongruenz 1249,2
schaudern Rektion 1204
schauern Rektion 1204
-sche geschlechtsanzeigend 861, Anm.
scheiden 243
schein- 932
scheinen 243
Scheinentlehnung 1023 · -partizip 971
scheiß- 933
scheißen 243

Schelm Deklination 384, Anm. 2
schelten 243
Schema Plural 409
Schemakonstanz 96
Scherbe/Scherben 363
scheren 243
schieben 243
schießen 243 · Rektion 1198
Schiffsname Genus 351
Schild Genus 361, 393
Schilling Münzbezeichnung 370
schinden 231, 243
schlafen 243
schlagen 243 · Rektion 1198
schleichen 243
schleifen 243
schleißen 243
schließen 243
schlingen 243
schmal Vergleichsformen 520,2
schmeißen 243
schmelzen 243
schmerzen Rektion 1195, 1204
schnauben 243
schneiden 235, 243 · Rektion 1198
Schock Genus 362 · Kongruenz 1249,3
schon/bereits 612 · Modalpartikel 638
Schreck/Schrecken 385,1
schrecken 243
schreiben 243, 1204
Schreibung, silbische 118
Schreibsilbe 84 ff.
schreien 243 · sch./schrein 218 · schrieen/schrien 218 · geschrieen/geschrien 330
schreiten 243
Schrift 71 · -sprache 1023 · -struktur (d. Wortes) 68 ff. · -system 71 f.
Schritt Maßbezeichnung 370
schrittweise Reduktion? 601
Schrot Genus 360
Schurz/Schürze 363
Schuß Mengenbezeichnung 370
Schutzmann vgl. -männer/-leute
Schwa 16, 46 · -silbe 26, 40 f., 56
schwach sch.e Deklination 380, Anm.; 478, 503 · sch.es Verb 206, Anm.; 226
-schwach 965
Schwan Deklination 384, Anm. 2
Schwanzform 721,2
schären 243

schweigen 243
Schweinebraten/Schweinsbraten 855
schwellen 243, 303
-schwer 965
schwerlich Kommentaradverb 625
schwertun, sich ich tue mir/mich schwer 196
schwerverständlich Vergleichsformen 530
schwerwiegend Vergleichsformen 530
schwimmen 229, 243 · haben-/sein-Perfekt 223
schwindeln Rektion 1204
schwinden 243
schwingen 243
schwören 229, 231, 243
Script 1015
See Genus 361
Seemann vgl. -männer/-leute
segeln haben-/sein-Perfekt 223
sehen 243 · s. oder gesehen? 331 · gesehen/gesehn 330
sehr Vergleichsformen 597
seien!/sind!? 305
sein (Hilfs)verb 243 · bin/war ... gewesen? 225; 262 f., Anm. · sein + zu 186 f. · sein + zu + Infinitiv/Passiv 317 · sein oder haben? Perfektbildung 221 ff. · ist oder sind in Mathematikaufgaben 1250,4 · Konjugation 241 f.
sein Possessivpronomen 554
seiner/sein Personalpronomen 549
sein-Passiv 318
sein-Perfekt 221 ff.
seit Präposition 651, 655, 667 · temporale Konjunktion 693, 1326 ff.
seitab 644
seitdem Konjunktion 692 f., 1326 ff.
Seitenlaut 9
seitens Präposition 658, 671
seitlich Präposition 671
seitwärts Präposition 671
Sekunde nach Zahlen 464
selb- 466
selber 567
selbig Deklination des folgenden Adjektivs 483
selbst 567
Selbstlaut vgl. Vokal
-selig 965
Sem 984, 993, 1006
Semantik 943 ff. · semantische Faktorenanalyse, semantisches Merkmal 982 f.
Semem 993, 1007, 1016

semi- 932
Semi- 867
Semikolon Plural 409
senden 237, 243
Senkrechte Deklination 507
September Deklination 436,1
Sexus und **Genus** 344 f., 1266;
　1271,5,7,9
s-Genitiv 382
sich Reflexivpronomen 191,
　551 · *s. einander* 553 · *s.* +
　Finitum/Passiv 203 · *s.* +
　lassen + Infinitiv/Passiv
　317,3 · *s.* oder *uns?* 1243
sicher 969
sicher(lich) Kommentaradverb
　273, 623
sie, Sie Personalpronomen 550
-(s)ie 893,6
sieden 235, 243
Sigle 724 f.
Silbe 25 ff. · (un)betont 25 ·
　einfach/komplex 26 · nackt/
　offen 26 · Bestandteile 30 ff.
Silbenanfangsrand 26, 29, 31,
　85, 105 · -bau 26 ff. · -bau-
　gesetz 27,29 · -endrand 26,
　29, 33, 87, 93 f., 103 ·
　-gelenk 38, 66, 92 ff. ·
　-grenze 25, 37 ff., 90 · -kern
　26, 32, 86 · -reim 26, 35 ·
　-schema 36 · -struktur 82 ·
　-trennung 90, 95 · -typ 24 ·
　-wort 624
silbisch vgl. Konsonant,
　Schreibung, Vokal
Simplex 706, 742
Sims Genus 360
sind!/seien!? 305
singen 243
Singular 324, 364 ff. · plura-
　lisch, distributiv 364
sinken 243
sinnen 229, 243
sitzen Konjugation 231, 235,
　243 · *haben-/sein*-Perfekt
　222
so Konjunktion 700
sobald Konjunktion 693,
　1326 ff.
Socke/Socken 363
so daß Konjunktion 699,
　1324
so – daß 1324, 1342
sofern konditionale Konjunk-
　tion 700, 1331 · restriktive
　Konjunktion 696
sogenannt Deklination des fol-
　genden Adjektivs 483
sogleiche Anmeldung? 601
solange Konjunktion 693,
　1326 ff.
solch demonstr. Adjektiv 474 ·
　s. + Adjektiv 477

solch- + attributives Adjektiv
　495, 499 · + substantivier-
　tes Adjektiv 504
Soldat Deklination 438
Solidarität, lexikalische 988,
　1019
sollen 165 ff., 243 · *s.* oder
　gesollt? 153, 331 ·
　(in)direkte Rede 168 ff. ·
　Konjugation 239 f.
Solo Plural 408 f.
sonder Präposition 663
sondern Konjunktion 684,
　686 · Stellung 1367
Sondernegation 1229, 1233
Sonntag Deklination 436,2
Sonorant 10 f., 23, 27
Sonorität 27
Sonoritätshierarchie 28 ·
　-klasse 28
sonstig 473 · Deklination des
　folgenden Adjektivs 483
sooft Konjunktion 693, 1326 ff.
soviel Konjunktion 696, 1344
soweit Konjunktion 696, 700,
　1344
[so]wie Konjunktion 684, 686,
　693, 697, 1326 ff. · Kongru-
　enz 1253,2 · Stellung 1367
so – wie/als Vergleichspartikel
　510
sowohl – als/wie [auch] 510,
　684, 686 · Kongruenz
　1253,3 · Stellung 1367
Soziativbildung 863
Spachtel/Spatel Genus 360
Spalt/Spalte 363
spalten 243
Spanisch/Spanische 385,1
Spann/Spanne 363
Spannsatz 1349
Sparre/Sparren 363
Spatz Deklination 385,2;
　438
speien 243 · *gespieen/gespien*
　330
Spind Genus 360
spinnen 229, 231, 243
Spirant 9
Spirantisierung (von g) 34, 63,
　103
Spitz/Spitze 363
Spitzen- 860
Spitzenstellung 1275
spleißen 243
s-Plural 386, 406
Sporen Pluralwort 372
spotten Rektion 1204
Sprachbezeichnung vgl.
　Deutsch usw.
Sprache geschrieben/gespro-
　chen 68 ff.
Sprachhandlungswissen
　1411

Sprachrhythmus 25 · -silbe
　25 ff.
Sprachzeichen 983, 989 ff. ·
　Arbitrarität/Willkürlichkeit
　d. S.s 990 · Klassifikation d.
　S.s 994 · Konventionalität d.
　S.s 990 · Unbestimmtheit d.
　S.s 1020 · vgl. auch Zeichen
Sprachzeicheninventar 995 ·
　-typologie 994
sprechen 231, 243
Sprechhandlung 1411 · -silbe
　25 ff.
Sprechzeit 246, Anm.
sprießen 243
springen Konjugation 243 ·
　haben-/sein-Perfekt 224
Sproß/Sprosse 363
Spund Plural 392
s-Schreibung 105
s-Singular 381
-st Superlativendung 520
Stahl Plural 391
Stammform 231; 243, Anm. ·
　-vokal 211
Standardaussprache 52 · -lau-
　tung 26, 43, 51 ff. · -sprache
　1022 f.
Stapfe/Stapfen 363
Star Deklination 384, Anm. 2
stark s.e Deklination 380,
　Anm.; 477, 503 · s.es Verb
　206, Anm.; 226 ff.
-stark 965
statt Präposition 671
statt daß Konjunktion 695;
　1343,2
stattgefundene Versammlung?
　334
statt – zu Infinitivkonjunktion
　691,3; 1343,2
Stau Plural 391
stechen 243 · Rektion 1198
stecken 243
stehen Konjugation 229, 235,
　243 · *haben-/sein*-Perfekt
　222 · *s. u. ä.* + *haben* + *zu*
　691 · *s.* + *zu* + Infinitiv/
　Passiv 317,4 · *kommt mir/
　mich teuer zu s.* 1204
stehlen 229, 231, 243
steigen 243
Steigerungsform vgl. Ver-
　gleichsform
stein- 523
Steinmetz Deklination 438
Stellungsfeld 1351 ff.
sterben 243
Stereotyp[ensemantik]
　1012
Stern(bild)name Genus 350
Steuer Genus 361, 393
stieben 243
Stiefel/Stiefeln 391

Stift 361 · Genus 361 · Plural 391
Stimmhaftigkeit 23
Stimmton 10 f.
stink- 523, 933
stinken 243
Stirnsatz 1348, 1351
stock- 933
Stoffbezeichnung 343, 368 · Kongruenz 1249 f.
Stolle/Stollen 363
Storch Deklination 384, Anm. 2
Story Plural 406
stoßen 231, 243 · Rektion 1198
Straßenname Deklination 427
Strauß Plural 392
streichen 243
Streife/Streifen 363
streiten 243
Strieme/Striemen 363
Struktur, lexikalisch 984 · semantisch 985
Stück Mengenbezeichnung 370 · *Stücks Papiers?* 435 · Plural 391
studierte Person 332, Anm.
Sturm Bedeutung 984 f., 992 · *-und Regens/Drangs* 431
sub- 935
Sub- 867
Subjekt 1081 ff., 1116, 1148 · affiziert 1116 · effiziert 1116
Subjektsatz 1276
Subsidium/Subsidien 372
subskribieren Rektion 1204
Substantiv 124, 337 · Bedeutungsgruppen 338 · Deklination 374 ff. · Genus 344 ff. · Numerus 364 ff. · und Artikel 533 · Wortbildung 822 ff.
Substantivableitung 857 · Typen 859 ff., 872 ff., 894 ff., 920
Substantivabstraktum 884
Substantivierung 133, 336, 727 f. · Deklination 434 · von Adjektiven 729 · von Verben 727 f. · von and. Wortarten 730
Substantivzusammensetzung 823 ff. · Typen 834, 841
Substitution 1419 · S.stest 1056
südlich Rektion 644
Suffigierung 733, 740 ff. · des Adjektivs 941 f. · des Adverbs 974 · des Substantivs 857 ff., 868 ff. · des Verbs 804
Suffix 714, 718, 740 ff. · beim Adjektiv 943 ff. · beim Adverb 974 · beim Substan-

tiv 857 ff., 875 ff. · beim Verb 804
Suffixoid 740
Suffixtilgung 714, Anm.; 720, 741
super- 523, 922, 927, 933
Super- 860
Superlativ 516 ff.
supra- 935
-suse 902
Symbol 992
syndetisch 1126 f., 1212
Synesis vgl. Konstruktion nach dem Sinn
Synonym(ie) 984, 1016
Syntax 1029
synthetische Form (Verb) 219

T

-t Endung 2. Partizip 212, 215, 330 · Imperativendung 212, 228, 304
Tabernakel Genus 360
Tagesbezeichnung Genus 347,1
tanzen haben-/sein-Perfekt 223
Tätigkeitsverb 139
Tau Genus 362
Taube Genus 362
-tauglich 950
tausend/Tausend Kardinalzahl 458, 461
tausendundein Deklination des folgenden Substantivs 459,2
Teil Genus 360 · Kongruenz 1249,2
Teilsatz 1047, 1273 ff. · Stellung 1371
Teiltext 1375
Tempo Plural 409
Temporaladverb 610 ff. · *-satz* 1326 ff.
temporale Konjunktion 693, 1330 · Präposition 651
Tempus Plural 408
Tempus 244 ff.
terminativ 143
t-Erweiterung 215
Text 1029, 1373 ff. · *-arbeit* 1377, 1407 · *-begriff* 1374 · *-funktion* 1375, 1386 ff., 1390 ff., 1402 · *-gliederung* 1402
Texthaftigkeit 1374 f., 1400
Textinhalt 1402 · *-linguistik* 1374, Anm.; 1403
Textmuster 1407 · *-wissen* 1407, 1412
Textoberfläche 1404, 1406 f.
Textsorte 1397 ff. · T.nmerkmal 1401 · T.nkompetenz 1399 · T.ntypologie 1403 · T.nwissen 1400, 1403

Texttiefenstruktur 1406
Textualität 1374; vgl. auch Texthaftigkeit
TH Deklination 429
Thema Plural 407, 409
Thema(tisierung/Rhema) 313, 1375 ff., 1426
Themenentfaltung 1377, 1383 ff.
Therapeut Deklination 438
tief- 933
Tierbezeichnung Genus 346
tipptoppes Ergebnis? 451
Titelzitat Deklination 427 · Kongruenz 1250,5; 1252,5; 1255,7
Tmesis 782
tod- 933
Top- 860
Tor Deklination 438 · Genus 362, 393
total Vergleichsformen 531,1
tragen 243
Traktat Genus 360
trans- 935
Transformation 1057
transitiv 190
Transitivierung 776,1
trauen, sich Rektion 1204
Traum- 860
treffen 243
treiben 243
treten 243 · Rektion 1198
triefen 243
Trikot Genus 360
-trine 902
trinken 243
trocknen haben-/sein-Perfekt 222
Tropf/Tropfen 385,1 · *Tropfens Öls?* 435
trotz Präposition 671
trotzdem Adverb 621 · konzessive Konjunktion 702, Anm. 1
trüb/trübe 442
trügen 243
Trupp/Truppe 363 · Kongruenz 1249,2
Tuch Plural 368, 392
-tum 862, 884, 886, 920
tun 235, 243 · vgl. auch *schwertun, sich*
Typ/Type 363
Typus Plural 407

U

über Präposition 648, 670 · *über es/was* oder *darüber/worüber* vgl. Pronominaladverb

über- beim Adjektiv 524, 922, 933 ff. · beim Verb 791
Über- 860, 867
überdrüssig Rektion 1187
Übergangsverb 807
Überlautung 44 ff.
überm/über dem 540,8 ff.
übern/über den 540,8 ff.
übers/über das 540,8 ff.
überschnappen Tmesis 782, Anm.
überzeugen, sich Rektion 1204
übrige Deklination des folgenden Adjektivs 483
Uhrzeit 464
ultra- 933
Ultra- 867
um Präposition 648 · Rektion 663 · *um es/was* oder *darum/worum* vgl. Pronominaladverb
um- Halbpräfix 790
Umformungsprobe 1057
Umgangslautung 26, 60 ff. · -sprache 1026
umher/herum 607
Umlaut 24, 53, 229, 386 ff. · bei Komparativ, Superlativ 520
Umlautschreibung 98
ums/um das 540,8
umschriebene Form (Verb) 219
um so Satzteilkonjunktion 690, 1369
Umstandsangabe, freie 1147 · der Art und Weise 1147 · des Grundes 1147 · des Raumes 1147 · der Zeit 1147
Umstandsbestimmung vgl. adverbiale Bestimmung · -ergänzung vgl. Ergänzung · -wort 594
Umstellprobe 1055
Umtrieb/Umtriebe 372
um – willen Präposition 671 · Stellung 1366
um – zu Infinitivkonjunktion 691, 1324
un- 922, 927 f., 1221
Un- 860, 864 f.
unbeschadet Präposition 671 · Stellung 1366
unbestimmt u.e Verbform 327 · u.er Artikel 535 ff. · u.es Fürwort, Zahlwort 574 ff.
Unbestimmtheit, semantische 1020
und 684, 686 · + Finitum (*und sind/werden* usw.) 1353,2 · in Mathematikaufgaben 1250,4 · Kongruenz 1242,

1251 ff.; 1271,2 · Stellung 1367
unerachtet Präposition 671
unfern Präposition 671
-ung 873, 875, 920
ungeachtet Konjunktion 702, 1325 · Präposition 658, 671, 1366 (Stellung)
ungezählt Deklination des folgenden Adjektivs 483
Univerbierung 112
Unmassse Kongruenz 1249,2
unpersönliches Verb 204, 1082, 1152 f.
unregelmäßig u. e. Konjugation 206, Anm.; 226 ff. · u.es Verb 226, 243 (Liste)
uns oder *sich?* 1243
unser Possessivpronomen 554 · *uns[e]re/-es/-er* 556
unser/uns[e]rer fünf? 549, Anm.
unsereiner 577
unter Präposition 648 · Rektion 670 · *unter es/was* oder *darunter/worunter* vgl. Pronominaladverb
unter- beim Adjektiv 934 f. · beim Verb 792
Unter- 867
unterhalb Präposition 671
unterm/unter dem 540,8
untern/unter den 540,8
unterordnende (subordinierende) Konjunktion 692 · Stellung 1368
unters/unter das 540,8 ff.
untersagen doppelte Verneinung 1236
unterste 517
unterstehen, sich Rektion 1204
Untertan Deklination 385,2
unverrichteterdinge Modaladverb 615
unverzichtbar 944
unweit Präposition 671
unzählbar/-zählig Deklination des folgenden Adjektivs 483
ur- 523, 922, 927, 933
-ur Substantivsuffix 882
uvular 7

V

Vagabund Deklination 438
Valenz 1145 ff. · Adjektivvalenz 455, 1149 · Änderung 755, 765 f., 796 · Verbvalenz 189 ff., 1145 ff.
Variation, freie 23
Varietät(en) 1023, 1027
Vater artikellos 413,1
velar 7

ver- 768, 770, 775
ver- + -t Adjektiv 971
Veranlassungsverb 819
Verb Plural 409
Verb 122 f., 137 ff. · absolut 189 · Aktionsart 142 · Bedeutungsgruppen 138 ff. · durativ 144, 814 · *e-* Erweiterung (*gründ-e-st*) 216, 232 f. · *e*-Tilgung (*sammeln – sammle; trink[e]!*) 218, 233, 303 · effizierend 808 · egressiv 143 · faktitiv 816 · Genus verbi (Aktiv/Passiv) 307 ff. · imperfektiv 144 · inchoativ 143 · ingressiv 143, 815 · instrumentativ 812 · intensiv 146 · intransitiv 190, 221 f. · iterativ 145, 820 · kausativ 819 · Konjugation 137, 206 ff. · lokativ 813 · Mischform 236 · modifizierend 150 · Modus 270 · momentan 143 · ornativ 810 · Passivfähigkeit 316, 1154 f. · perfektiv 143 · persönlich 204 · privativ 811 · punktuell 143 · reflexiv 191, 221 · regelmäßig 206 ff. · Rektion (+ Akkusativobjekt usw.) 1154 ff. · relativ 189 · resultativ 143 · reziprok 191 f., 199 ff. · schwach 206, Anm.; 226 · stark 206, Anm.; 226 ff. · Stellung 1347 ff. · teilreflexiv 197 · Tempus 244 ff. · terminativ 143 · transitiv 190, 221 · und Ergänzungen 189 ff. · unpersönlich 204, 1082, 1152 f., 1163 · unregelmäßig 226 ff., 243 · verhaltenscharakterisierend 817 · Wortbildung 755 ff.
Verbableitung 804 ff. · aus Adjektiven 814 ff. · aus Substantiven 805 ff. · aus Verben 819 f.
Verbalabstraktum 756, 830 f., 873 f.
Verbalisierung 732
verbieten doppelte Verneinung 1236
Verbalsubstantiv vgl. Nomen acti(onis)
Verbzusammensetzung 756
Verbzusatz 761, 782, **795 ff.**; 1063,8; 1215
verderben 243
Verdienst Genus 361
verdrießen 243
Verfahren (Syntax) 1053 ff.

Vergangenheit 246
vergessen 243, 1204
Vergleichspartikel 510, 512 ·
-verb 806
Vergleichsform Adjektiv
509 ff. · Adverb 596 ff.
vergraben in Rektion 670
Vergrößerungsbildung vgl.
Augmentativbildung
Verhaltensadjektiv 949
verhaltenscharakterisierendes
Verb 817
Verhältnisbeziehung 1278 ·
-satz 1278, 1323 ff. · -wort
644
Verhau Genus 360
verhindern doppelte Verneinung 1236
verhüten doppelte Verneinung
1236
Verkleinerungsbildung 859
Verlaufsform 147, Anm.; 333,
540, 770
verlieren 243
[ver]mittels[t] Präposition 658,
671
vermöge Präposition 658
Vermögen[s]steuer 853
vermutlich Kommentaradverb
267, 625
Verneinung, doppelte 1234 ff. ·
vgl. auch Negation
Versäumnis Genus 359 f.
Verschiebeprobe 1055
Verschiebung, konzeptionelle
1009
verschieden Deklination des
folgenden Adjektivs 483
Verschlußlaut 9 · Ersatzartikulation 65
Verschriftung der Wörter 1
versichern Rektion 1204
Versicherter Deklination
505
Versicherung[s]steuer 853
verstauen in Rektion 670
verstecken in Rektion 670
Vertikale Deklination 507
Vervielfältigungszahlwort 469
Verwandter Deklination 504,
506
Verwandtschaft, lexikalische
984
Verwandtschaftsbezeichnung
Artikelgebrauch 423,1
verweigern doppelte Verneinung 1236
Vibrant 9
viel unbest. Zahladjektiv 472 ·
viel + Adjektiv 477 · Vergleichsformen 529
viel- + attributives Adjektiv
496, 499 · + substantiviertes Adjektiv 504

vielleicht Modalpartikel 638 ·
Adverb 267, 273, 624
vierter Fall 378
Virus Genus 360
vis-à-vis Präposition 667
Vize- 866
Vokal(phonem) 11 ff., 24 ff. ·
(un)gerundet 14 · geschlos-
sen/offen 12 · (un)gespannt
17, 24, 49, 61, 80 · hinten/
vorne 12 · nasaliert 15 ·
oben/unten 12 · Entrundung
62 · Längung 49
Vokalgraphem 87, 89, 99 ·
-phonem 24 · -qualität 12 ·
-reduktion 61 · -viereck 13 ·
-wechsel 237 f.
Vokativ vgl. Anredenominativ
Volk Kongruenz 1249,2
-volk 862
Volksetymologie 718, Anm.
voll- 933
-voll 965
Vollverb 148
Volt/Volts 413,2
vom/von dem 540
von Präposition (von/vor) 659,
667 · von + Substantiv
(Dekl.) 432 · von o. ä. +
Dativ (oder Dativ + Possessivpronomen) oder Geniti-
vattribut? 1133 ff. · von der
Nachbarin/durch die N.?
314 · von dem/was usw. oder
davon/wovon usw. vgl. Pronominaladverb
von – ab 652
von – an 652
von – wegen Präposition 671 ·
Stellung 1366
vor Präposition (vor/von) 659,
670 · vor was/wovor vgl. Pronominaladverb
vor- beim Adjektiv 922, 936 ·
Verbzusatz 796
vorbehaltlich Präposition
671
vorderste 517
Vorfahr/Vorfahren 372 · Deklination 438
Vorfeld 1351 ff.
Vorgangs-/Handlungsbezeich-
nung 873
Vorgangspassiv 220, 308 ff. ·
Konjugationsmuster 209 ·
Konkurrenzform 317
Vorgangsverb 140
Vorgesetzter Deklination 503
vorm/vor dem 540,8
vorn 540,8
Vorname Artikel 540 · Deklination 412 · Genus 348 ·
Plural 365
vors/vor das 540,8

Vorsitzender Deklination 505
Vorvergangenheit 263
Vor-Vorvergangenheit 225
Vorzeitigkeit 1326 ff.

W

Waag[e]rechte Deklination 507
wachsen 243
Wagen Plural 391
wägen 243
während Konfrontationsbeziehung 1343 · modale Kon-
junktion 696 · temporale
Konjunktion 693,1;
1326 ff. · temporale Präposition 651, 656, 671
wahrscheinlich 267
wann w./wenn 1330,5 · Temporaladverb 613
W-Anschluß 1293, 1308
warnen doppelte Verneinung
1236
-wärts 595; 974,3
was Indefinitpronomen (vgl.
etwas) 579 · Interrogativ-/
Relativpronomen 573, 1279,
1289 (was oder das?)
waschen 243 · wäschst/wäscht?
232, Anm. 1
was für ein 572
Wasser Plural 368, 392
weben 243
weder – noch 686 · Kongruenz
1242; 1253,2
weg/fort 608
wegen Präposition 659, 662,
671 · +Personalpron. (w.
mir usw.) od. meinetwegen
usw. 671,5 · Stellung 1366
-wegen + Demonstrativpronomen 560,2 · + Personalpronomen 549 · + Relativpro-
nomen 570
Wegfallen/in Wegfall kommen
205
Weglaßprobe 151, 1058
Wehe/Wehen 372
Wehr Genus 361
weiblich(es Subst.) 344
weichen 243
Weihnachten 373
weil Konjunktion 689, 698,
1323
weil sie war krank? 698,
Anm. 1
Weise Genus 361
-weise 595, 974 · attribut.
Gebrauch der -weise- Adverbien 601; 974, Anm.
weisen 243
weitere Deklination des folgenden Adjektivs 483

weiters 596
weitgehend Vergleichsformen 530
weitreichend Vergleichsformen 530
welch + Adjektiv 477
welch- + attributives Adjektiv 497 · + substantiviertes Adjektiv 504
welch ein 571,4
welche(r), welches Indefinitpronomen 589 · Interrogativpronomen 571,3 · Relativpronomen 571,1; 1279
Wemfall 377
wenden 237, 243
Wenfall 378
wenig 472, 576, · Kongruenz 1249,10 · Vergleichsformen 529 · *weniger* in Mathematikaufgaben 1250,4 · *weniger* + Adjektiv (Grundstufe) 514,3 · *weniger als* Kongruenz 1249,8
wenig- + attributives Adjektiv 498 f. · + substantiviertes Adjektiv 504
wenn w./wann 1330,5 · Inhaltssatzkonjunktion 1293 ff., 1301 · Konfrontationsbeziehung 1343 · konditionale Konjunktion 700, 1331 ff. · temporale Konjunktion 693, 1326 ff.
wenn auch Konjunktion 689, 702
wenngleich Konjunktion 702, 1325
wennschon Konjunktion 702, 1325
wer wer und Genus 345 · Indefinitpronomen 590 · Interrogativ-/Relativpronomen 573, 1279
wer anders 473
werben 243
werden 231, 243 · *geworden/worden?* 242 · Konjugation 241
werden-Passiv 308 ff.
Werfall 375
werfen 243
-werk 862, 910
Werk[s]angehöriger 853
Werkzeugbezeichnung vgl. Gerätebezeichnung
wert Rektion 1187
-wert 950, 970
Wert, kategorialer (Syntax) 1277
Wertigkeit vgl. Valenz
wes/wessen 573
-wesen 862
Wesfall 376

weshalb Interrogativ-, Relativadverb 622
westlich Rektion 644
weswegen Interrogativ-, Relativadverb 622
wider Präposition 663
wider- Halbpräfix 793
widerhallen Tmesis 782, Anm.
widerraten doppelte Verneinung 1236
-widrig 968
wie Adverb 617 · Konjunktion 690, 704, 1293 ff., 1304, 1326 ff., 1350 (*wie* oder *als?* temporaler Anschluß), 1369 (Stellung) · Relativpartikel 1279, 1284 · Vergleichspartikel *(wie/als)* 510 · vgl. auch *[so]wie*
wie- Apposition u. Kongruenz 1260
wieder- Verbzusatz 800
Wiederaufnahme 1417
wiegen 243
wieso Interrogativ-, Relativadverb 622
wie wenn Konjunktion 697
wiewohl Konjunktion 702
Wille/Willen 385
-willen + Demonstrativpronomen 560,2 · + Personalpronomen 549,2 · + Relativpronomen 570
Willkürlichkeit des sprachl. Zeichens 990
Windbezeichnung Genus 347,1
winden 243
winken 243 · *gewinkt od. gewunken?* S. 142, Anm. 1
wir Personalpronomen 548,3
Wirklichkeitsform 271, Anm.
wissen 243 · Konjugation 239 f.
wo Interrogativ-, Relativadverb 609
wo- + *-bei, -gegen, -mit* usw. vgl. *wo(r)-*
wobei 1344,6
Wochentagsbezeichnung Deklination 436,2
wofern Konjunktion 1331
woher Interrogativ-, Relativadverb (-partikel) 609, 1290
wohin Interrogativ-, Relativadverb (-partikel) 609, 1290
wo[hin]gegen Konjunktion 696, 1343
wohl Modalpartikel 638 · Adverb 267 · Vergleichsformen 596
wohnen u. ä. + *haben* + *zu* 691

wollen 176, 243 · *w.* oder *gewollt?* 153, 331 · Konjugation 239
womit Interrogativ-, Relativadverb (-partikel) 609, 1290 · *w.* oder *mit was* vgl. *wo(r)-*
wo(r)- + *-an/-auf/-mit* usw. 626 ff., 1290 · *woran/womit* usw. oder Präposition + Pronomen (*an was/mit dem* usw.)? 1290
Wort Plural 392
Wort 1 ff., 706, 979 ff. · durchsichtig 716, 736
Wortart 121 ff. · -artenbedeutung 987 · -artwechsel vgl. Konversion · -betonung 40 ff. · -bildung s. u. · -familie 706; 751,4; 998 · -formen 38 f. · -fragesatz 1032 f., 1308 · -gruppenlexem 713, Anm. · -kette, verbale 1081, 1145 · -kreuzung 744, 773 · -reihe 1126 · -schöpfung 706 · -stamm 211 · -stellung 1346 ff.
Wortbildung 705 ff., 995 ff. · des Adjektivs 922 ff. · des Adverbs 973 ff. · des Substantivs 822 ff. · des Verbs 755 ff. · Formanalyse 708 ff. · Inhaltsanalyse 709
Wortbildungsbedeutung 997 · -grammem 996 · -mittel (aktiv/produktiv) 707 · -struktur 1015
Wortfeld 984 ff., 1007, 1015 f. · -bedeutung 985 · -struktur 987, 1015
wörtliche Rede vgl. direkte Rede
Wortschatz 2, 995 ff., 1022 ff., 1026 ff. · Anteil der Hauptwortarten 750, 922 · Umfang 705, 1022
Wortschreibung 106 ff. · -schrift 71
Wortwahl 1402
Wrack Plural 391
wringen 243
Wulst Genus 359
Wunschsatz 278, 284, 1042
würde-Form (Konjunktivumschreibung) 280, 285, 298 ff., 301, 1317
-würdig 950, 970
Wurm Genus 361
wurmen Rektion 1204

Y

-ys/-ies Pluralendung 406

Z

Zacke/Zacken 363
zäh/zähe 442
Zahl Kongruenz 1249,2
Zahladjektiv 456 · indefinit
471
zahllos/-reich Deklination des
folgenden Adjektivs 483
Zäpfchen-r 7
Zar Deklination 438
zartbesaitet Vergleichsformen
530
Zeh/Zehe 363
Zeichen Arbitrarität (Willkürlichkeit) 990 · ideographisch
114 · sprachlich 1, 989 ff.,
1020 f.
Zeichenmodelle 989 ff.
zeihen 243
zeit Präposition 671
Zeitangabe vgl. Umstandsangabe · -form (Verb) 244 ff. ·
-wort 137, Anm. 2
Zeitenfolge 269
Zeitergänzung 1148, 1166
Zeit und Geld Kongruenz
1252,2
Zentner Maßbezeichnung 371
Zentralvokal vgl. Schwa
Zepter Genus 359 f.
zer- 768, 779
zer- + -t Adjektiv 971
-zeug 862, 915, 920
Zeuge *Zeuge/Zeugen sein?*
1254
Ziegel Plural 391
ziehen 235, 243
zig, ,sehr viel' 465
Zigarillo Genus 359 f.

Zinke/Zinken 363
Zitatwort 1024
Zölibat Genus 360
Zoll Maßbezeichnung
370
zu Adverb (zu[n]e Flasche?)
601 · Infinitivkonjunktion
691, 1293 ff., 1300, 1324,
1370 · Präposition 650,
667 · *zu was/wozu* vgl. Pronominaladverb
zu- Verbzusatz 798
Zubehör Genus 360
zuerst Temporaladverb
612
zufolge Präposition 659, 676 ·
Stellung 1366
Zugehörigkeitsdativ 1118
zugenommene Kälte? 334
zugunsten Präposition 676 ·
Stellung 1366
zu Hause/nach Hause 650
Zukunft 246
zuletzt Temporaladverb
612
zum/zu dem 540
zumal Konjunktion 698
zu'n 540,8
zunächst Präposition 667 ·
Stellung 1366
Zungen-r 48
zurecht- Verbzusatz 803
Zusammenbildung 743, 949 ·
-rückung 973 · -schreibung
112
zusammengesetzte Form
(Verb) 219
Zusammensetzung 718, 734,
749 · Betonung 42 · des
Adjektivs 923 ff. · des
Adverbs 973 · des Verbs

756 ff. · des Substantivs
823 ff. · durchsichtig 736 f. ·
endo-/exozentrisch 825;
837, Anm. · Genus 357 ·
lexikalisiert 737 · u. Ellipse
1215
**Zusammen- und Getrennt-
schreibung** 112
Zustandsbezeichnung 883 ·
-passiv 210, 220, 318 · -refle-
xiv 194, 322 · -verb 141, 814
zutiefste Empörung? 601
zuungunsten Präposition 676,
1366
zuwider Präposition 667, 1366
(Stellung)
zuzüglich Präposition 671
zwecks Präposition 658,
671
zwei Kardinalzahl 460 ·
+ Adjektiv 482, 499
zweifach/doppelt 469
zweifeln doppelte Verneinung
1236
zweifelsohne, zweifellos Kommentaradverb 273,
623 ff.
Zweitabhängigkeit 1149
-zweitel 467
zweiter Fall 376
zweites Partizip (Mittelwort)
327, 329 ff.
zwicken Rektion 1198
Zwilling/Zwillinge 372
zwingen 243
zwischen Präposition 670 · *z.
was/wozwischen* vgl. Pronominaladverb
Zwischensatz 1371
zwo(te) 460,6
Zyklus Plural 407

DER DUDEN IN 12 BÄNDEN

Das Standardwerk zur deutschen Sprache
Herausgegeben vom Wissenschaftlichen Rat der
DUDEN-Redaktion: Professor Dr. Günther
Drosdowski · Dr. Wolfgang Müller · Dr. Werner
Scholze-Stubenrecht · Dr. Matthias Wermke

Band 1: Die Rechtschreibung
Das maßgebende deutsche Rechtschreibwörterbuch. Zweifelsfälle der Groß- und Kleinschreibung, der Zusammen- und Getrenntschreibung
und alle anderen orthographischen Probleme
werden auf der Grundlage der amtlichen Richtlinien entschieden. Ausführlicher Regelteil mit
Hinweisen für das Maschinenschreiben und den
Schriftsatz. 864 Seiten.

Band 2: Das Stilwörterbuch
Das DUDEN-Stilwörterbuch ist das umfassende
Nachschlagewerk über die Verwendung der Wörter im Satz und die Ausdrucksmöglichkeiten der
deutschen Sprache. Es stellt die inhaltlich sinnvollen und grammatisch richtigen Verknüpfun-
gen dar und gibt ihren Stilwert an. 864 Seiten.

Band 3: Das Bildwörterbuch
In diesem Wörterbuch werden über 27 500 Wörter aus allen Lebens- und Fachbereichen durch
Bilder definiert. Nach Sachgebieten gegliedert,
stehen sich Bildtafeln und Wortlisten gegenüber.
784 Seiten mit 384 Bildtafeln. Register.

Band 4: Die Grammatik
Die vollständige Beschreibung der deutschen
Gegenwartssprache. Sie hat sich überall in der
Welt, wo Deutsch gesprochen oder gelehrt wird,
bewährt. 864 Seiten mit ausführlichem Sach-,
Wort- und Zweifelsfälleregister.

Band 5: Das Fremdwörterbuch
Mit rund 50 000 Stichwörtern, mehr als 100 000
Bedeutungsangaben und 300 000 Angaben zu
Aussprache, Betonung, Silbentrennung, Herkunft
und Grammatik ist dieser DUDEN das grundlegende Nachschlagewerk über Fremdwörter und
fremdsprachliche Fachausdrücke. 832 Seiten.

Band 6: Das Aussprachewörterbuch
Etwa 130 000 Stichwörter über Betonung und
Aussprache sowohl der heimischen als auch der
fremden Namen und Wörter und eine ausführliche Aussprachelehre. 794 Seiten.

Band 7: Das Herkunftswörterbuch
Dieser Band stellt die Geschichte der Wörter von
ihrem Ursprung bis zur Gegenwart dar. Er gibt
Antwort auf die Frage, woher ein Wort kommt
und was es eigentlich bedeutet. 844 Seiten.

Band 8: Die sinn- und sachverwandten Wörter
Wem ein bestimmtes Wort nicht einfällt, wer den
treffenden Ausdruck sucht, wer seine Aussage
variieren möchte, der findet in diesem Buch
Hilfe. 801 Seiten.

Band 9: Richtiges und gutes Deutsch
Dieser Band ist aus der täglichen Arbeit der
Sprachberatungsstelle der DUDEN-Redaktion
entstanden. Er klärt grammatische, stilistische
und rechtschreibliche Fragen und enthält zahlreiche praktische Hinweise. 803 Seiten.

Band 10: Das Bedeutungswörterbuch
Dieses Wörterbuch stellt einen neuen Wörter-
buchtyp dar. Es ist ein modernes Lernwörter-
buch, das für den Spracherwerb wichtig ist und
den schöpferischen Umgang mit der deutschen
Sprache fördert. 797 Seiten.

**Band 11: Redewendungen und sprichwörtliche
Redensarten**
Dieses idiomatische Wörterbuch der deutschen
Sprache verzeichnet über 10 000 feste Wendungen, Redensarten und Sprichwörter, die im heutigen Deutsch verwendet werden. Neben zahlreichen
Anwendungsbeispielen, Bedeutungserklärungen
sowie sprach- und kulturgeschichtlich aufschluß-
reiche Herkunftserläuterungen. 864 Seiten.

Band 12: Zitate und Aussprüche
Das Wörterbuch erläutert klassische und
moderne Zitate aus Literatur, Film, Fernsehen,
Werbung und Politik. Es enthält rund 7 500
Zitate, Aussprüche, Bonmots, Sentenzen und
Aphorismen. 832 Seiten.

DUDEN – Das große Wörterbuch der deutschen Sprache in 8 Bänden

2., völlig neu bearbeitete und stark erweiterte
Auflage.
Herausgegeben und bearbeitet vom Wissen-
schaftlichen Rat und den Mitarbeitern der
DUDEN-Redaktion unter Leitung von Prof. Dr.
Günther Drosdowski. Über 200 000 Artikel und
Definitionen auf 4 000 Seiten. Mit ausführlichen
Angaben zu Aussprache, Herkunft, Grammatik,
Stilschichten und Fachsprachen sowie Beispielen
und Zitaten aus der Literatur der Gegenwart.
Jeder Band etwa 500 Seiten.

DUDEN – Deutsches Universalwörterbuch

Der Wortschatz der deutschen Sprache
2., vollständig überarbeitete und erweiterte Auflage. Über 120 000 Artikel, mehr als 500 000
Angaben zu Rechtschreibung, Aussprache, Herkunft, Grammatik und Stil, 150 000 Anwen-
dungsbeispiele sowie eine kurze Grammatik für
Wörterbuchbenutzer. 1816 Seiten.

DUDENVERLAG
Mannheim · Leipzig · Wien · Zürich

DUDEN-TASCHENBÜCHER

Praxisnahe Helfer zu vielen Themen
Herausgegeben vom Wissenschaftlichen Rat der
DUDEN-Redaktion: Prof. Dr. Günther Dros-
dowski · Dr. Wolfgang Müller · Dr. Werner
Scholze-Stubenrecht · Dr. Matthias Wermke

**Band 1: Komma, Punkt und alle anderen
Satzzeichen**
Sie finden in diesem Taschenbuch Antwort auf
alle Fragen, die im Bereich der deutschen
Zeichensetzung auftreten können. 165 Seiten.

Band 2: Wie sagt man noch?
Hier ist der Ratgeber, wenn Ihnen gerade das
passende Wort nicht einfällt oder wenn Sie sich
im Ausdruck nicht wiederholen wollen.
219 Seiten.

**Band 3: Die Regeln der deutschen
Rechtschreibung**
Dieses Buch stellt die Regeln zum richtigen
Schreiben der Wörter und Namen sowie die
Regeln zum richtigen Gebrauch der Satzzeichen
dar. 188 Seiten.

Band 4: Lexikon der Vornamen
Mehr als 3 000 weibliche und männliche Vornamen enthält dieses Taschenbuch. Sie erfahren,
aus welcher Sprache ein Name stammt, was er
bedeutet und welche Persönlichkeiten ihn getragen haben. 239 Seiten.

Band 5: Satz- und Korrekturanweisungen
Richtlinien für die Texterfassung.
Die Vorschriften für den Schriftsatz, die
üblichen Korrekturvorschriften und die Regeln
für Spezialbereiche. 282 Seiten.

**Band 6: Wann schreibt man groß, wann schreibt
man klein?**
Jeder weiß, daß die Groß- und Kleinschreibung
eines der schwierigsten Kapitel der deutschen
Rechtschreibung ist. Dieses Taschenbuch bietet
mit rund 8 200 Artikeln eine schnelle Hilfe für
die tägliche Schreibpraxis. 252 Seiten.

Band 7: Wie schreibt man gutes Deutsch?
Dieser Band stellt die vielfältigen sprachlichen
Ausdrucksmöglichkeiten dar. Ein unentbehrli-
cher Ratgeber für alle, die sich um einen guten
Stil bemühen. 163 Seiten.

Band 8: Wie sagt man in Österreich?
Das Buch bringt eine Fülle an Informationen
über alle sprachlichen Eigenheiten, durch die
sich die deutsche Sprache in Österreich von dem
in Deutschland üblichen Sprachgebrauch unterscheidet. 252 Seiten.

Band 9: Wie gebraucht man Fremdwörter richtig?
Mit 4 000 Stichwörtern und über 30 000 Anwen-

dungsbeispielen ist dieses Taschenbuch eine
praktische Stilfibel des Fremdwortes. 368 Seiten.

Band 10: Wie sagt der Arzt?
Dieses Buch gibt die volkstümlichen Bezeichnungen zu rund 9 000 medizinischen Fachwörtern an
und erleichtert damit die Verständigung zwischen
Arzt und Patient. 176 Seiten.

Band 11: Wörterbuch der Abkürzungen
Dieses Wörterbuch enthält rund 38 000 nationale
und internationale Abkürzungen aus allen Bereichen. 288 Seiten.

Band 13: mahlen oder malen?
Gleichklingende Wörter, die verschieden
geschrieben werden, gehören zu den schwierigsten Problemen der deutschen Rechtschreibung.
Dieses Buch bietet eine umfassende Sammlung
solcher Zweifelsfälle. 191 Seiten.

Band 14: Fehlerfreies Deutsch
Zahlreiche Fragen zur Grammatik werden im
DUDEN-Taschenbuch „Fehlerfreies Deutsch"
in leicht lesbarer, oft humorvoller Darstellung
beantwortet. 204 Seiten.

Band 15: Wie sagt man anderswo?
Dieses Buch will all jenen helfen, die mit den
landschaftlichen Unterschieden in Wort- und
Sprachgebrauch konfrontiert werden. 190 Seiten.

Band 17: Leicht verwechselbare Wörter
Der Band enthält Gruppen von Wörtern, die auf
Grund ihrer lautlichen Ähnlichkeit leicht ver-
wechselt werden. 334 Seiten.

**Band 21: Wie verfaßt man wissenschaftliche
Arbeiten?**
Dieses Buch behandelt ausführlich und mit vielen praktischen Beispielen die formalen und
organisatorischen Probleme des wissenschaftlichen Arbeitens. 216 Seiten.

Band 22: Wie sagt man in der Schweiz?
In rund 4000 Artikeln gibt dieses Wörterbuch
Auskunft über die Besonderheiten der deutschen
Sprache in der Schweiz. 380 Seiten.

Band 23: Wörter und Gegenwörter
Gegensatzpaare der deutschen Sprache.
Die verschiedensten Wortpaare, weitere Sprach-
nuancen und verwandte Begriffe. 267 Seiten.

Band 24: Jiddisches Wörterbuch
Mit Hinweisen zur Schreibung, Grammatik und
Aussprache. Die 8 000 wichtigsten Begriffe des
Jiddischen von A bis Z. 204 Seiten.

Band 25: Geographische Namen in Deutschland
In über 1 200 Artikeln werden 1 700 Ortsnamen,
Ländernamen, Fluß- und Gebirgsnamen erklärt
und die Entstehungsgeschichte der verschiedensten geographischen Namen erläutert. 288 Seiten.

DUDENVERLAG
Mannheim · Leipzig · Wien · Zürich